《山西省标准地名词典》编纂委员会 编

山西省标准地名词典

上卷

山西出版传媒集团
山西人民出版社

图书在版编目（CIP）数据

山西省标准地名词典 /《山西省标准地名词典》编纂委员会编．—太原：山西人民出版社，2023. 6
ISBN 978-7-203-12958-5

Ⅰ．①山… Ⅱ．①山… Ⅲ．①地名 - 山西 - 词典 Ⅳ．① K922.5-61

中国国家版本馆 CIP 数据核字（2023）第 112508 号

山西省标准地名词典

编　　著：《山西省标准地名词典》编纂委员会
责任编辑：贾　娟　冯灵芝
复　　审：李　鑫
终　　审：梁晋华
装帧设计：陈　婷

出 版 者：山西出版传媒集团・山西人民出版社
地　　址：太原市建设南路 21 号
邮　　编：030012
发行营销：0351 - 4922220　4955996　4956039　4922127（传真）
天猫官网：https://sxrmcbs.tmall.com　电话：0351 - 4922159
E — mail：sxskcb@163.com　发行部
sxskcb@126.com　总编室
网　　址：www.sxskcb.com

经 销 者：山西出版传媒集团・山西人民出版社
承 印 厂：山西出版传媒集团・山西人民印刷有限责任公司

开　　本：889mm × 1194mm　1/16
印　　张：86.5
字　　数：2450 千字
版　　次：2023 年 6 月　第 1 版
印　　次：2023 年 6 月　第 1 次印刷
书　　号：ISBN 978-7-203-12958-5
定　　价：498.00 元（上、下卷）

ISBN 978-7-203-12958-5
9 787203 129585 >

如有印装质量问题请与本社联系调换

《山西省标准地名词典》编纂委员会

编委会主任 姚　逊

编委会副主任 琚李梅　郝　平

编委会委员（按姓氏笔画排序）

王卫东　刘伟国　刘进文　刘竹芳　李永唐

张　云　张俊林　周　亚　赵世静　赵路明

郝江男　贾新平　高　波　高文元

《山西省标准地名词典》编辑部

凡　例

一、本词典收录山西省国土范围内的地名6000余条，收录地名分为8个大类。

（一）政区、居民点与城镇交通类

1.行政区域类地名

（1）镇、乡、街道及以上行政区域名；

（2）镇、乡及以上行政区域人民政府驻地名，独立设条；

（3）经多年形成，至今仍在使用的区片名；

（4）市级行政区域中已形成多年，具有地名意义的大型居民区名；

（5）经过正式批准的国家级和省级直接管理的开发区名（含工业区、保税区、科技园区、商务区、新区等）；

（6）城镇中已形成多年，具有地名意义的重要广场名（一般性的广场不收）；

（7）目前尚在使用的跨市、县的地域名。

2.居民点类地名

（1）经住建部和国家文物局等单位批准的“中国历史文化名镇名村”和“中国传统村落”名；

（2）具有明显特点的非镇、乡人民政府驻地的居民点（自然村），如：有省级及以上文物保护单位、重要历史事件发生地、名人故里、交通要口、物资集散地、著名土特产品产地等；

（3）中华人民共和国成立后新建的，具有一定规模、特点的新型居民住宅区，城市中具有地标意义或文化意义的住宅区和重要社区名。镇、乡不收居民区名和住宅区名。各级党政机构名（如××委员会、××政府、××部、××局、××办事处）一律不收。

3.城镇交通运输类地名

（1）城市道路与城镇街巷名只收至市、县（市）两级行政区域：省会城市可收录市区主干道名、次干道名和其他重要街巷名；地级市收录市区主干道名、次干道名和具有特色的一般街巷名；县和县级市收录市区主干道名和具有突出特色的一般街巷名。

（2）城镇有轨交通线路名（包括地铁、轻轨、有轨电车等）；

（3）规模大、历史久、有特色的城镇桥梁和立交桥名（一般性的不收）；

（4）特大型和大型的、具有地名意义的城市交通枢纽名；

（5）位于城市市区的铁路车站和公路长途汽车站名，释文列入“具有地名意义的交通运输设施类”，在该类中设“见条”，如：见第三部分“×××站”条；

（6）电车、汽车、地铁等各类公共交通车站名及各类停车场名一律不收。

（二）然地理实体类

1.陆地地形类地名

（1）面积在1000平方千米以上的盆地；

（2）绵亘100千米以上的大山和最高峰海拔1500米以上的独立山地；

（3）沟通大型自然地理单元的历史名关。

2. 水系类地名

（1）长度在 50 千米以上的河流；

（2）长 20 千米以上的峡谷；

（3）面积 20 平方千米以上的湖泊；

（4）落差 30 米以上的瀑布；

（5）有一定知名度、尚未开发的泉；

注：凡风景名胜点的峡谷、瀑布、泉，均在名胜古迹部分采收。

（三）交通运输设施类

1. 包括铁路运输、公路运输、民用航空和交通运输附属设施四类地名（注：城镇交通运输类地名已列入本词典的第一部分，此处不重复收录），内河航道和民用航空线、管道类地名，一律不收录；

2. 公开运营的铁路（含高铁、干线、支线），不采收专用线；

3. 国家干线公路、高速公路和主要省道（长 100 千米以上或一级公路）；

4. 铁路特等站、一等站、二等站及高铁站（货运站站名一律不收）；

5. 长途汽车站一级车站；

6. 长度在 2000 米以上的及其他有特色的隧道（长度不足 2000 米）、主桥桥身长度（不包括引桥）在 300 米以上及其他有特色的桥梁；

7. 全部建成通航的民用航空港。

（三）科教文卫体等事业单位类

1. 科研单位、教育单位（高等院校、中等专业学校、中小学）及文化设施、医疗设施、体育设施、城市大型建筑和优秀近现代建筑地名；

2. 国家级和重要的省级科研单位名称（具有特殊性质的省以下科研单位适当选收）；

3. 省属主要（或有特色）高等院校（高校的分校均不独立设条）、1949 年前及 1949 年后成立的有特色和知名度高的中等专业学校和中小学；

4. 国家一、二级和省级文化艺术团体；

5. 历史悠久、有特色的国家一、二级图书馆、博物馆、档案馆、展览馆、科技馆、文化宫、少年宫，大型剧场（院）、游乐场、动物园、植物园等文化设施；

6. 三级或有特色的医院、疗养院；

7. 大型的体育场（馆）；

8. 知名度高、有地名意义和重要社会意义的城市大型建筑（不包括城市独立广场）；列入国家级或省级优秀近现代建筑保护名录的建筑；

9. 面积在 20 公顷（20 万平方米，300 亩）以上的大型城市公园。

（五）名胜古迹和纪念地类

1. 纪念地、文物保护单位、风景名胜区、重要景点和一般名胜古迹、自然保护区名；

2. 国家和省级人物纪念地、事件纪念地（含陵园、纪念馆、旧址、故居）；

3. 经过正式批准的国家重点文物保护单位和省级文物保护单位、省级及以上重点烈士纪念建筑保护单位（墓、碑、塔、亭、楼、殿、阁、门、阙等孤立建筑及解放区和革命根据地名不收）；

4. 经过正式批准的国家 4A 级以上风景名胜区（风景名胜区中的重要景点单独选收）；

5. 有全国性知名度和有特色的一般名胜古迹；

6. 经过正式批准的国家级和省级自然保护区，包括森林公园、国家公园、湿地等。

（六）农业和水利设施类

1．农场、牧场、林场、渔场和水利枢纽、水库、灌区及渠道、堤防名；

2．大型农场、牧场、林场、渔场（面积 50 平方千米以上的）；

3．水库库容在 2 亿立方米以上、灌区面积在 1 万公顷（或 100 平方千米，15 万亩）以上的大、中型水利枢纽；

4．全长 50 千米以上的干线渠道、大型堤防（独立的闸、坝、排灌站等设施不收）。

（七）工矿企业类

1．采矿业、电站（厂）和加工工业地名，其中采矿业包括煤炭、石油、天然气、黑色金属、有色金属、非金属开采业；电站（厂）包括水电、火电、风电站（厂）；加工工业中冶金包括黑色冶金和有色冶金，化工包括酸碱、化肥、医药、化纤、橡胶、塑料、石油加工；机械制造包括重型、日用、交通、电器电子、仪器仪表，建材包括水泥、玻璃；纺织印染包括棉、麻、丝、毛，食品包括食品、饮料，轻工包括缝纫、皮革、造纸、日用品、工艺美术、陶瓷、钟表、自行车等；

2．特大型和大型电站、电厂（变电所和输电线路不收）；

3．各工业部门中具有地名意义的特大型、大型企业名称，在省内外有较高知名度、有特色和影响力的明星企业名称。

（八）服务业类

服务业即第三产业，通常分为 4 类：（1）信息传输、软件和信息技术服务业，（2）租赁和商业服务业，（3）交通运输、仓储和邮政业，（4）金融业；

1．商业，仓储和邮政业，金融业，信息传输、软件和信息技术服务业四类地名，其中商业包括商场、市场、宾馆、饭店、餐饮业，仓储包括物流业，邮政包括快递业；

2．营业面积 3 万平方米以上、具有地名意义的国家级和省级大型商场、市场；大型连锁商业实体的全国总店（总公司）和省级分店（分公司）；四星级及以上的宾馆、饭店；老字号、有特色和全国性餐饮业总店；

3．大型仓储物流、邮政（快递）企业；

4．国家级和省级国有金融企业（包括银行、保险、证券）；

5．具有地名意义的大型、知名信息传输、软件和信息技术服务业企业全国总公司和省级分公司；

6．服务业采词不考虑所有制问题。

三、词目按类别和地市相结合的原则排序。全部词目分八大类，大类下面分亚类，必要时亚类下面再分小类。

第一大类中的政区类按行政区划隶属关系依次排序。居民点先排乡镇政府所在地，其他居民点无统一要求。地级市内的城镇交通先排跨区的，再排区内的。跨区的和区内的排序无统一要求。

第二至八大类中，在同一亚类或小类中，先排全省性的、跨地市的大条目，再按地市的顺序（以行政区划代码为准）排地市内条目，然后再按县（市、区）的顺序（以行政区划代码为准）排县（市、区）内的条目，县（市、区）内按每类词条的特征进行排序，不做统一要求。

四、本词典中汉语地名拼音以中国地名委员会（1984）中地字第 17 号文件《中国地名汉字拼音字母拼写规则（汉语地名部分）》的规定为准。

五、本词典资料截止日期为 2021 年 12 月 31 日。人口数字以七普数据为准。

序

地名是重要的地理信息和社会公共信息，在国家和社会治理、经济发展、文化建设、国防外交等方面发挥着重要作用。地名能够反映一个地方的历史与文化特征，与人民群众的生活息息相关，加强对地名文化的保护、传承、弘扬，有助于保留人民群众对历史文化的情感与记忆，维护历史文化遗产的真实性、历史风貌的完整性、社会生活的延续性，保持历史文化底蕴，促进优秀历史文化和现代生活的传承和融合。山西是华夏文明的重要发祥地之一，三晋大地历史文化悠久厚重，有“五千年中国看山西”之说。在漫长的历史进程中留下了许多古老的地名，全省县级以上政区名称超过一千年的占到60%以上，体现了山西地名有非常深厚的底蕴和历史传承，同时也意味着我省地名文化保护、传承、弘扬工作任重道远。

按照民政部第二次全国地名普查成果转化和社会应用的部署安排，从2019年开始，山西省民政厅委托山西大学历史文化学院开展了《山西省标准地名词典》（以下简称《地名词典》）编纂工作，经过编纂人员多年的不懈努力，在各级民政部门和有关各方面的大力支持下，终于完成编纂任务，即将付梓出版。《地名词典》是山西历史上首部覆盖全省范围、涵盖各类地名的综合性辞书，是目前我省地名辞书的集大成者，也是各级政府行政管理和经济、交通、文教、新闻、测绘等必需的地名资料书、工具书，对于推动地名学术研究，助力全省社会、经济、文化的转型和高质量发展具有重要意义。

《地名词典》在应用第二次全国地名普查成果的基础上，查阅了大量的历史史料，多次征求了基层民政部门和有关专家的意见建议，力争对全省各类地名的标准书写形式和正确读音，地理位置、地名起源、历史演变以及所在地的自然、人文、历史、地理、工农业概况等进行全面系统准确的表述，经得起历史和广大读者的检验。现在展现在大家面前的《地名词典》，具有几个突出特征。一是在词目释义上突出了地名基本要素、地名文化属性、地名所指代地理实体性质与特征等“三个重点”；二是地名词典词条具有广、新、准、实的特点。“广”即收词广泛、应录尽录，是我省规模最大的一部省级地名词典。“新”即资料新、信息新，充分利用第二次地名普查最新成果和各学科最新研究成果，反映了全省各地地名的新情况、发展建设取得的新成就。“准”即实事求是，表述准确，考证严谨，词条释文中的资料、数据翔实有据，表述准确规范。“实”即具有实用性，词典在采词、释文内容和词目编排上尽量满足社会需求和读者需要；三是所有词条按基本要素、本质属性、所指代地理实体的基本特征编纂，作到释义表述规范、准确、统一；四是内容涵盖山西省境内的重要地名及与之相关的各种地名要素，包括地名书写、读音、位置、来历、含义、历史沿革、文化内涵、地理实体概况等。

要编纂一部完美的《地名词典》是有难度的，本词典虽经再三审校，遗漏、失误之处在所难免，请广大读者批评指正，以便日后修订日臻完善。

《山西省标准地名词典》编纂委员会

2022年10月

目 录

长治市

第一编

政区、居民点、城镇交通

第一编　政区、居民点、城镇交通

140000 **山西省**［Shānxī Shěng］简称晋。北纬 34° 35′—40° 44′，东经 110° 12′—114° 33′。位于中国中部，黄河中游东岸，黄土高原东部，太行山西麓。东、东南依太行山与河北、河南省交界，南、西南和西隔黄河与河南、陕西两省相望，北界长城与内蒙古自治区毗连，自古有“表里山河”的美称。面积约16万平方千米，常住人口 3481.35 万。有汉、回、满、蒙等 54 个民族，其中原住和长期居住的民族为汉族。辖太原、大同、阳泉、长治、晋城、朔州、晋中、运城、忻州、临汾、吕梁 11 地级市、26 市辖区、11 县级市、80 县。省会太原。

山西为中华民族的发祥地，传说时期的“尧都平阳”“舜都蒲坂”“禹都安邑”皆在省西南境。商代卜辞中有唐、缶、黎、基方、亘方、鬼方、沚、襄、长等方国。西周有晋、黎、冀、芮、贾、霍、杨、虢、郇、耿、虞、倗等诸侯国。春秋为晋国，故山西简称为“晋”。战国由韩、赵、魏三家分治，故称“三晋”。秦分属太原、河东、上党、雁门、代 5 郡。西汉分属太原、河东、上党、雁门、代、西河 6 郡。东汉河东郡属司隶校尉部；太原、上党、雁门、西河、定襄 5 郡属并州，州治太原郡；东北境属幽州代郡；东部属冀州常山国。东汉末，塞北5郡迁至太原郡北部，析置新兴郡。三国属魏，分属司州、并州、幽州、冀州。西晋因之。西晋末至十六国时期历属汉、后赵、前燕、代、前秦等国。北魏置并、肆、晋、建、汾、司、肆、泰、东雍等州。北齐置恒、肆、并、汾、建、晋、东雍、南汾、西汾等州，并侨治北朔、南朔、显、蔚、北灵等州。北周置勋、邵、泰、虞等州。隋大业三年（607 年）改州为郡，分属太原、河东、上党、雁门、西河、马邑、楼烦、离石、文城、龙泉、临汾、绛、长平等 13 郡。大业十一年（615 年），李渊拜山西河东慰抚大使，“山西”始为地域名。唐属河东道，治所并州。北宋大部属河东路（治太原府）；西南部属永兴军路；北部属辽西京道（治大同府）。金代分属西京路（治大同府）、河东北路（治太原府）、河东南路（治平阳府）。元代由中书省直辖，称腹里（也称都省）。设河东山西道宣慰使司（治大同路），分管大同路、冀宁路、晋宁路，“山西”始为政区名称。元末置冀宁中书分省（治冀宁路）、大同中书分省（治大同路）。明洪武二年（1369 年），置山西行中书省，治所太原府，“山西省”名始此。九年（1376 年），改山西承宣布政使司。清为山西省。1912 年废府州制，省辖 105 县。1937 年抗日战争全面爆发，全省划分为 7 行政区。八路军先后依托太行、吕梁建立晋察冀、晋绥、晋冀鲁豫三大敌后抗日根据地。抗战胜利后，全省辖 1 市、14 个行政督察区、105 县。1949 年 9 月 1 日山西省人民政府在太原成立，辖太原 1 地级市和忻县、兴县、榆次、汾阳、长治、临汾、运城 7 专区。1952 年 11 月，撤销察哈尔省，将大同市和雁北专区所辖的 13 个县划归山西省后成今境。

山西因在太行山之西而得名。简称“晋”，又称“三晋”“山右”。地名历史悠久，内涵丰富，区域特征显著。现行最古老的地名中有起源于殷商甲骨卜辞中的黎（今黎城）、芮（今芮城）、襄（今襄垣）、长（今长子）等，沿用至今已长达 3000 余年。东周时期就已出现，至今仍为市、县名的地名有太原、临汾、吕梁、曲沃、蒲县、绛县、屯留、离石、榆次、祁县、盂县、中阳、昔阳、翼城等，沿用时间均在 2000 年以上。秦、汉至清代形成的地名数量占全省地名总数的 80%

以上，它提供了两千年间山西境内姓氏分布、民族征战、经济交通、封建典章制度、伦理道德、民情风俗、人物故事等方面的信息。山西属北方方言区的晋语区，其语音完整保留了唐、宋时期的中古音，甚至还留有先秦上古音的孑遗，地名中因此产生了大量表音的方言字和土俗字。如方言称山的鞍部为“墕”，称黄土山头为“峁”，称沿河道路为“辿”等等。有的地名源自古代缓读的发音方法和少数民族发音方法，如“圈”被分读为圪恋，又俗写为圐圙、库伦；“閧”和“巷”被分读为胡同或衚衕、圪洞等。山西各地区的地名也各具特点。晋西南、晋中、晋北一带盆地区开发较早，地名中保留了大量开发者的姓氏，有古姓相里、令狐、库狄、薛孤、豆卢、宇文、呼延等。还有地名反映始居古部族条戎、茅戎、皋落、猃狁、仇池等，以及先秦古国贾、芮、焦、智、猗、霍、赵等。山西作为中原和北方游牧区的过渡地带，也留下大量北方民族语言的地名，如岢岚为匈奴语“驳马”；车赶为匈奴语“白”；武宿为蒙古语“水”；“三给”为蒙古语“仓库”等。雁北地区古为中原北部屏障，内、外长城横亘其间，历代战火频仍，其地名通名故多反映军事设施的关、隘、口、墩、台、营、堡、皂、寨、屯等。晋西北高原地名通名多墕、塬、垣、塔、峁、坪、申（岫）、节（岊）等，反映出黄土高原多样的地貌类型。晋东南在太行山和太岳山间，地名多反映山地特征的沟、峪、梁、山、河、掌、湾、岭、坡等。大量地名文化遗存展示了山西深厚的历史文化积淀和丰富的自然环境特征。1949年后，随着社会主义建设事业的发展，出现了一批具有鲜明时代特征的地名，主要以人民公社化时期、“文化大革命”时期的红色地名为主。在城市道路命名中逐步形成了以街、路、巷、条等作通名。改革开放以来，随着城镇化进程的加快，出现了以城、花园、广场、山庄为通名命名的居民区、商厦、大型建筑物地名。如服装城、大学城、歌城、御花园等。针对一些花园无花、山庄无山、广场无场、城中无城的地名进行了清理、更名，初步实现了山西地名的标准化。

山西是典型的由黄土广泛覆盖的山地高原。地势东北高西南低，东西高中间低，分三大纵列地形带：东部和东南部为太行山脉组成的恒山、五台山、太岳山、中条山，西部为吕梁山脉及黄土高原丘陵沟壑区，中部为一系列串珠状断陷盆地，自北向南依次为大同盆地、忻州盆地、太原盆地、临汾盆地和运城盆地。全省大部分地区海拔在1500米以上，最高峰叶斗峰位于五台山主峰，海拔3058米，为华北最高峰，有“华北屋脊”之称。最低点沁河出省口处位于晋城市泽州县竹林沟村，海拔225米。原最低点位于垣曲县境内西阳河入黄河处，海拔180米，已淹没在黄河小浪底水库库区中。属暖温带大陆性季风气候，冬季干冷漫长，夏季湿热多雨，春季升温急剧，秋季降温迅速，春秋两季短暂多风，干湿季节分明。多年平均气温为10.1℃，1月平均气温 –6℃，7月平均气温23.8℃，无霜期年平均187.4天，年平均降水量为467.3毫米。境内河道属黄河、海河两大流域，其中黄河流域面积97138平方千米，占全省面积的62.2%，海河流域面积59133平方千米，占全省面积的37.8%。大体向西、向南流的属黄河水系，汇入黄河干流中游河段。向东流的属海河水系，是海河流域永定河、大清河、子牙河、漳河、卫河等主要河流的发源地。主要河流有流域面积大于10000平方千米的黄河流域的汾河、沁河和海河流域的桑干河、漳河、滹沱河5条；其中，流域面积最大、流程最长的河流为汾河，从北至南流经境内忻州、太原、晋中、吕梁、临汾、运城等6个地级市34个县市，在河津市汇入黄河，长716千米，流域面积39471平方千米，称为山西的“母亲河”。山西资源富集，有矿藏120种，查明矿产资源储量的有70多种，保有资源储量居全国前10位的有36种。在经济社会发展中占有重要地位的矿产有煤、煤层气、铝土矿、铁矿、铜矿、金红石、冶金用白云岩、耐火粘土、水泥用灰岩、熔剂用灰岩、芒硝、石膏、硫铁矿13种。其中，煤炭和煤层气分布广、种类全、开发早。全省约有40%的国土面积富含煤炭资源，90多个县（市、区）地下有煤，自北向南分布有大同、宁武、西山、河东、沁水、霍西6大煤田。长期以来，山西年度原煤产量居全国首位。与煤炭资源相伴，山西煤层气资源也十分富集，总量达 10 万亿立方米，约占全国的 1/3，居全国各省首位。有丰富的动植物资源，已知的维管植物有 2700 多种，国家一级保护植物有南方红豆杉，国家二级保护植物有连香树、翅果油树、水曲柳、核桃楸、紫椴等。野生药用植物有 1000 多种，广泛分布在丘陵山地，比较著名的有党参、黄芪、甘草、连翘等。野生动物以陆栖类为主，已知的有 439 种（含历史记录种）。属于国家重点保护的珍稀动物有 71 种，其中，一级保护动物有褐马鸡、金雕、朱鹮、白鹳、黑鹳、玉带海雕、白尾海雕、虎头海雕、丹顶鹤、大鸨、胡兀鹫、遗鸥、虎、金钱豹、梅花鹿、原麝、林麝 17 种。全省有科研机构 170 个，其中国家级重点实验室 3 个，省级重点实验室 23 个，工程技术研究中心 53 家，国家级科技企业孵化器 3 个。有普通高等院校 71 所。其中，山西大学是山西省人民政府与教育部共同建设的国家重点大学，太原理工大学为国家“211 工程”重点建设大学。有幼儿园 7252 所，小学 4668 所，普通初中 1538 所，普通高中 517 所，中等职业教育学校 411 所。有群众艺术馆 12 个，文化馆 130 个，公共图书馆 127 个，广播电视台 112 座。省级档案馆 1 个，国家级博物馆 6 个。有体育场 99 个，体育馆 87 个。国家级户外体育活动营地 1 所，国家高水平体育后备人才基地 3 个，国家级单项基地 10 个，省优秀运动队后备人才训练基地 24 个，每年定期举办的体育活动有太原国际马拉松赛。全省共有卫生机构（含诊所、村卫生室）4 万个，专业公共卫生机构 422 个，妇幼保健院（所、站）129 个，疾病控制中心 135 个；其中，三级甲等医院 32 所（综合医院 21 所、中医医院 3 所、专科医院 7 所、中西医结合医院 1 所），三级甲等妇幼保健院 2 所，三级乙等医院 15 所。山西积累沉淀下信息丰富和价值丰厚的历史文化遗存。全国重点文物保护单位 452 处，占全国总数的 10.5%。先后有平遥古城（1997 年）、云冈石窟（2001 年）、五台山（2009 年）3 处集群性文化遗产入选世界文化遗产名录。有全国爱国主义教育示范基地 16 处。省级爱国主义教育基地 147 处。地方特色民间艺术有民间剪纸、皮影、堆锦、刺绣、面塑、年画、民居、神话、传说、故事、民间舞蹈、民间戏曲、民间鼓乐鼓舞等，其中广灵剪纸作为中国剪纸的联合申报项目之一，列入《人类非物质文化遗产代表作名录》；民间艺术黄河歌舞、绛州鼓乐等出访演出遍及亚洲、欧洲、美洲、大洋洲。举办的文化节主要有平遥国际摄影大展、五台山国际文化旅游节、介休清明寒食文化节等。重要的名胜古迹有晋祠、应县木塔、永乐宫、侯马晋国遗址、藏山寺、陈廷敬故居（皇城相府）、杏花村汾酒作坊、王家大院等。重要的纪念地有八路军总司令部旧址、平型关战役遗址、晋绥边区政府旧址、大寨人民公社旧址等。有国家风景名胜区五台山、恒山、壶口、北武当山、五老峰、碛口 6 个。国家级 A 级景区 218 家，5A 级景区 8 家，4A 级景区 121 家。大同、平遥、祁县、新绛、代县、太原为全国历史文化名城。在经济结构方面，山西一直以重工业著称，“倚重倚黑”是山西产业结构的特点。2021 年，全省生产总值 22590.16 亿元，其中，第一产业增加值 1286．87 亿元，第二产业增加值 11213.13 亿元，第三产业增加值 10090.16 亿元。一、二、三产占生产总值的比重分别为 5.7 ：49.6 ：44.7。山西杂粮在全国乃至世界都享有极高的美誉度，有“小杂粮王国”之称，有豆、麦、粟、薯、黍等类小杂粮 20 多种，其中谷子、荞麦、燕麦、马铃薯总产量分别居全国第二、三、四、五位。我国北方果品主要生产基地，水果种类多、品质优，主要有苹果、梨、红枣、核桃、葡萄、桃、柿子、杏、李、沙棘果、海红、山楂等。中药材主要有黄芪、黄芩、党参、柴胡、远志、地黄、连翘等，龟龄集、定坤丹是知名的中成药。老陈醋是我国四大名醋之一，其质量居全国食用陈醋系列首位。富有地域特色的传统手工产品有陶瓷、纺织、雕刻、金属等。山西是我国重要的工业生产基地，初步形成了以煤炭、焦化、冶金、装备制造、电力为主的工业体系。太原钢铁（集团）有限公司、山西煤炭运销集团有限公司、山西焦煤集团有限责任公司、山西潞安矿业（集团）有限责任公司、阳泉煤业（集团）有限责任公司、山西晋城无烟煤矿业集团有限责任公司、大秦铁路股份有限公司、山西煤炭进出口集团有限公司、山西省国新能源发展集团有限公司等9家企业（集团）列入中国企业500强。全省有49个经济开发区，入区企业17218家，其中500强投资企业107家。京包、京原、石太、太焦、同蒲、侯西、侯月、大秦、大准、太中银、石太客运专线、大西、神黄、瓦日等铁路干线和西山、上兰村、忻河、介西、礼垣、宁岢、太岚、口泉、云冈等支线铁路过境。5、18、20、22、55高速公路、108、109、207、208、209、307、309国道过境。省内已形成三纵十二横省高速公路和90余条省道构成的公路网络。有太原、大同、长治、运城、临汾、吕梁等机场。民用航空延伸境内境外，共187条航线。

太原市

140101　**太原市**［Tàiyuán Shì］山西省辖地级市。北纬37°27′—38°25′，东经111°30′—113°09′。在省境中部。面积6988平方千米。人口530.4万。民族以汉族为主，有回、蒙古、朝鲜等民族。辖杏花岭、小店、迎泽、尖草坪、万柏林、晋源6区，清徐、阳曲、娄烦3县，代管古交县级市。市人民政府驻杏花岭区。秦置太原郡，郡治晋阳。汉初先后为韩国、代国、太原国，汉武帝复为太原郡。东汉因之，属并州。三国魏、西晋为太原国，后改太原郡，属并州。北魏因之。东魏、北齐以晋阳为陪都。隋为并州，后改太原郡。唐为并州，属河东道。天授元年（690年）武则天加号晋阳为北都。开元十一年（723年）升北都太原府。天宝元年（742年）改北京太原府。五代后唐初为西京，旋改北京。北汉刘崇称帝为国都。宋太平兴国四年（979年）太原府降为并州，焚毁晋阳，迁治唐明镇，新建并州城，即今太原城区，属河东路。景祐四年（1059年）置太原府。金为太原府，属河东北路。蒙古太祖十一年（1216年）置太原路，直隶中书省。大德九年（1350年）因太原路地震，改冀宁路，属河东山西道宣慰司。明洪武二年（1369年）为太原府，属山西行中书省。九年（1376年）属山西等处承宣布政使司。清为太原府，属山西省。1912年府废。1913年属中路道，以阳曲为治所，属山西省。1914年改属冀宁道。1927年置太原市，为省辖市。1951年晋源县并入。1960年阳曲县并入。1972年娄烦县并入。1988年设古交市后成今境。太原是国家历史文化名城，自商周以来，太原地区一直是我国北方重要的政治、经济、军事重镇，有着2500多年的建城史。晋阳古城建成于春秋末年（前476年），毁于宋初（979年），历时1500余年。西汉初年，汉文帝刘恒即位前受封代王，国都便是今天的太原，太原也被称为潜龙之地。曹魏末期，封于太原郡的晋王司马氏家族取代曹魏建立政权，并以“晋”作为国号。前秦、北魏、东魏、北齐曾定都于晋阳或以晋阳为实际政治中心。北齐高祖高欢称太原为霸城。隋炀帝杨广即位前曾为晋王。隋末，李渊为唐国公和太原留守，起兵晋阳建立大唐，并以太原的古称作为国号。太原成为唐朝的龙兴之地，被唐太宗誉为“王业所基，国之根本”。武周时太原府为北都，宋太宗即位前也受封为晋王。太原地处汾河河谷平原，地势东、西、北三面环山，中、南部为河谷平原，东部东山为太行山延续，西部为吕梁山东翼，北部为系舟山。最高峰娄烦县西南赫赫岩山，海拔2708米；最低处清徐县韩武村海拔753米。年均气温10.8℃。1月平均气温-5.7℃，7月平均气温23.7℃。年均降水量607.1毫米。有野生动物170余种。其中国家一级保护鸟类4种，国家一级保护兽类1种。有褐马鸡、金雕、黑鹳、金钱豹等国家级重点野生保护动物。有植物1340多种。有蔷薇、豆、榆、杨柳、桦、松等植物。境内河道属黄河流域。最长河流为汾河。汾河由北向南贯穿全市，其间有大小几十条支流汇入，流域面积6331平方千米，占全市流域面积的90.6%。支流有大川河、屯兰河、平原河、柳林河、阳兴河、潇河等。矿产资源有煤、铁、铝矾土、锰铁、铜、硫磺、石膏、钒、硝石、石英、石灰石等。有国家级技术中心18家，省级技术中心124家。建成省级以上重点实验室108个、省级工程技术研究中心100个，拥有院士工作站74个。有山西大学、太原理工大学、山西医科大学、太原科技大学、中北大学、山西医科大学、山西财经大学、太原师范学院等高校50所，普通高中92所，普通初中130所，小学417所。其中山西省实验小学、山西大学附属中学为省级示范学校。有三级医院22个。有文化馆(站)12个，公共图书馆12个，博物馆21个，档案馆11个。有体育场馆16处，疗养院3家。有全国重点文物保护单位晋祠、龙山石窟、晋阳古城遗址等38处。有省级重点文物保护单位赵树理旧居、南高庄城址等28处。有山西省第一批省级红色文化遗址高君宇故居、晋绥边区八专署等13处。有全省第一批革命文物中共太原支部旧址、孙中山纪念馆等27处。有全省第二批革命文物太原兵工工人运动纪念地等7处。有国家4A级旅游景区晋祠博物馆、太原东湖醋园、太原动物园等11处。有省级晋祠—天龙山风景名胜区、崛围山风景名胜区、汾河水库风景名胜区。有省级森林公园山西省葡峰森林公园。有中国煤炭博物馆、山西省科学技术馆、太原市少年科技城等5个全国科普教育基地。有国家爱国主义教育基地山西国民师范旧址革命活动纪念馆、太原解放纪念馆、高君宇故居纪念馆。有永祚寺、晋商博物馆、少年科技城等19个省级爱国主义教育基地。有药膳八珍汤(头脑)、太原锣鼓、莲花落、清徐彩门楼、清徐老陈醋酿制技艺等国家级非物质文化遗产18项。有老鼠窟元宵、拨花花、二鬼摔跤、傅山传说等省级非物质文化遗产65项。有晋源东院村、万柏林区小西铭村等全国文明村18处。有唐叔虞、高欢、刘知远、唐俭、狄仁杰、王昌龄、王之涣、白居易、王琼、傅山等知名人物。有太原锣鼓、清徐背铁棍、清徐庙会、社火、舞龙、舞狮、二鬼摔跤、秧歌等民间艺术。三次产业比例为0.9 : 41.2 : 57.9。农业以种植业为主，主产小麦、玉米、谷子等，经济作物有番茄、白菜、豆角、苹果、梨、枣等。畜牧业以养殖生猪、牛、羊、家禽为主。工业形成以冶金、能源、机械、化工为主的工业体系。有高新技术产业、经济技术、民营经济三座开发区和不锈钢生态园区。服务业以农产品加工、物流、旅游等为主。特产清徐葡萄、沙金红杏。交通有北同蒲、南同蒲、太中银等7条铁路过境设站。京昆、青银、二广、太原—佳县、太原—古交、太原绕城高速，108、208、307国道，省道太长线、太小线(103省道：太原—小店公路)、太高线等经此。有太原地铁2号线。太原武宿国际机场通往世界主要国家和地区及国内大部分城市。

140100-D01 **坝陵桥**［Bàlíng Qiáo］在杏花岭北部。泛指坝陵路、坝陵南街、坝陵北街、北肖墙附近街区。明代此地原是荒草野地，为防水患，挖壕垒坝，以保王城。坝外一片荒野，王府官员死后，陵墓皆建于坝外。坝上有桥，故名。现为坝陵桥街道。有全国爱国主义教育基地太原国民师范旧址。为集购物、餐饮、旅游等于一体的商业中心。有省职工活动中心、太原大学、市中医医院等。童话大王的作者郑渊洁在此创作了童话人物—皮皮鲁。

140100-D02 **海子边**［Hǎizi Biān］在迎泽区境北部。传说原名金鸡岭。蒙语称湖泊为“海子”，因此元代称文瀛湖北湖为“圆海子”，南湖称“长海子”，附近修建有海子堰。明初谢成主持扩建太原城池，海子堰被圈入城内，后成为阳曲八景之一的“巽水烟波”。湖边形成道路，称海子边。清代因临近贡院，圆、长海子合称文瀛湖。清末以后成为太原人出游、集会之处。辛亥革命后建成文瀛公园。屡次更名为中山公园、人民公园、儿童公园后，复旧名。片区内有文瀛公园、海子边东街、海子边西街、孙中山纪念馆等。

140100-D03 **南官坊**［Nánguān Fāng］在迎泽区境北部。1902年法国人兴修正太铁路时，在太原府城之南建造法国官员住宅，称老官坊。老官坊南面的居民区称为南官坊。1956年成立南官坊居委会。1998年修建南官坊小区。片区内有太原长途汽车站、三晋饭店、桥东小区等。

140100-D04 **下元**［Xiàyuán］在万柏林区境中部。下元村本名下袁，以袁姓始居而得名。清代属阳曲县西关都。民国属阳曲县第三区。1947年属太原市外五区。1949年属第七区，设下元行政村。1958年属河西区。1961年由太纺、大众、工学院三个管理区合并组建下元人民公社。1979年设下元街道。1997年属万柏林区至今。辖11个社区居委会。片区内有下元百货商场、公园时代城购物中心、下元公交汽车总站、太原理工大学柏林小区等，是万柏林区重要的商圈。

140100-K01 **府东街**［Fǔdōng Jiē］在市区中部。西起解放路，东至东峰路。与五一路、建设北路、红沟路、经园路相交。长5.7千米，宽30米。沥青路面。因在旧太原府衙署东侧，故名。民国曾称都督东、西街。1955年建成。1955年将原府东街、龙王庙街、道门前街合并为一条街，统一以府东街命名。1980年后将府东街延伸至建设北路，成为太原市区东西走向的主要交通干道。两侧有晋商博物院（督军府旧址）、山西眼科医院、铁路医院等。通19、602路等公交车。

140100-K02 **府西街**［Fǔxī Jiē］在市区中部。西起漪汾桥，东至解放路。与滨河东路、桃园北路、新建路相交。长1.8千米，宽54米。沥青路面。府西街原称府前街，后成为太原建房材料的交易市场，又称“灰市街”。民国初年更名为“辉市街”。20世纪20年代末，因辉市街在督军府以西，故改名为府西街。1958年府西街、县前街、市儿头三街合并，统称今名。1993年将桃园一巷拓宽至漪汾桥并入。以解放路为界，分为府东街、府西街。两侧有太原市第二人民医院、饮马河公园、西海子公园、金融大厦、太原市杏花岭中心医院、山西省市场监管局、太原十二中（师爱中学）等。通10、4路等公交车。

140100-K03 **迎泽大街**［Yíngzé Dàjiē］在市区中部。西起迎泽大桥，东至太原火车站。与滨河东路、新建路、解放路等相交。为太原南北道分界线。长4.2千米，宽70米。沥青路面。“迎泽”二字源于太原古城大南门，又名迎泽门。道光《阳曲县志》卷三《建置》中称其为迎泽大南门街。1955年起建，1996年全线建成，2007—2008年改建。2016年开始迎泽大街东延下穿工程的建设。两侧有山西广播电视台、山西国际会议中心、山西国际金融中心大楼、并州饭店、三晋国际大酒店。有太原工人文化宫、南宫广场、迎泽公园、五一广场、太原长途汽车站等。为太原市中轴线。通1、308路等公交车。

140100-K04 **迎泽西大街**［Yíngzé Xīdàjiē］在市区西部。西起西机路，东至迎泽大桥。与千峰南路（北路）、和平南路（北路）、西矿街、西中环相交，为太原南北道的分界线。长6千米，宽70米。沥青路面。因处迎泽大街汾河以西而得名。1955年始建，1959年建成。1996、2008年改建，为太原市中轴线。两侧有太原理工大学、山西煤炭博物馆、山西省科学技术馆、中铁十二局医院、红十字血液中心、太原汽车客运西站等。有下元商圈、千峰业商圈、公园时代购物中心。通53、52路等公交车。

140100-K05 **南内环街**［Nánnèihuán Jiē］在市区南部。西起南内环桥，东至建设南路。与滨河东路、平阳路、并州路等相交。长4千米，宽50米。沥青路面。民国初年阎锡山修建兵营，驻军于此，故名大营盘。1982年，大营盘东、西街合并向西延伸至汾河隧道，统一命名为南内环街。两侧有中共太原市委党校、山西财经大学（迎泽校区）、太原市妇幼保健院、赛格技术广场、山西四建集团有限公司等。通27、3路等公交车。

140100-K06 **南内环西街**［Nánnèihuán Xījiē］在市区西部。西起普国路，东至南内环桥。与千峰南路、和平南路、晋祠路相交。长5.3千米，宽67米。城市快速路。因位置靠南，在晋祠路西边，故名。1988年始建，1989年建成，2016年拓建。两侧有太原和平公园、山西省经济管理干部学院、悦星花鸟鱼市场、华夏广场、省电建三公司、山西三建集团有限公司、太原四十九中等。横跨汾河东西向。通72、814路等公交车。

140100-K07 **长风街**［Chángfēng Jiē］在市区南部。西起滨河东路，东至建设南路。与滨河东路、平阳路、长治路、体育路、并州南路等相交。长4.7千米，宽80米。沥青路面。曾名三营盘西街，1982年更今名，取“乘长风破万里浪”之意。是太原城南一条贯通东西的城市大动脉。两侧有八一小学、北美新天地、太原市财贸学校、山西大学附属中学等。通858、619路等公交车。

140100-K08 **长风西街**［Chángfēng Xījiē］在市区南部。西起启春街，东至长风桥。与和平南路、西中环路、新晋祠路、滨河西路相交。长5.1千米，宽65米。沥青路面。因在长风桥西侧而得名。1959年随太原锅炉厂修建宿舍时开拓成巷。2009年改建，2010年建成。两侧有黄坡烈士陵园、太原市第六十二中学、晋阳湖国际会议中心、中国（太原）煤炭交易中心等。通 606、618 支路等公交车。

140100-K09 **龙城大街**［Lóngchéng Dàjiē］在市区南部。西起滨河东路，东至太原晋中边界。与滨河东路、平阳南路、坞城南路、长治路相交。长 8 千米，宽 110 米。沥青路面。是太原市主城区一条东西向快速路。2007 年始建，取太原别称“龙城”为名，体现了太原特有的历史文化气息。2014 年终点延伸至太行路。两侧有山西大医院（山西白求恩医院）、山西农业大学（龙城校区）、山西财经大学（华商学院）、山西路桥科技中兴、东篱公园等。通 311、916 路等公交车。

140100-K10 **龙城西大街**［Lóngchéng Xīdàjiē］在市区西南部。西起新晋祠路，东至祥云桥。与滨河西路相交。长 1 千米，宽 110 米。沥青路面。2008 年建成。位于龙城大街的西段，故名。两侧有山西广播电视中心、山西体育中心等。通 311、G7 路等公交车。

140100-K11 **和平北路**［Hépíng Běilù］在市区西北部。北起金桥西街，南至迎泽西大街。与北中环、兴华街、漪汾街、西矿街相交。以迎泽西大街为界分为和平南路、北路。长 8 千米，宽 50 米。沥青路面，城市一级主干道。始建于建国初期富有和平建设之意。故名。1955 年始建、1958 年加宽、1988 年取直、2011 年改建，是城市南北大通道。两侧有金桥公园、万科公园里、玉门河公园、太原理工大学等。是河西地区南北交通大动脉。通 831、803 路等公交车。

140100-K12 **和平南路**［Hépíng Nánlù］在市区西南部。北起迎泽西大街，南至晋祠路。与南内环西街、长风西街、长兴南街相交。长 6.5 千米，宽 50 米。沥青路面，城市一级主干道。始建于建国初期富有和平建设之意。故名。1955 年始建，1957 年、1958 年、1964 年、1989 年分别拓宽改建，成为河西地区的南北交通大动脉。两侧有太原和平公园、万柏林区实验小学等。通 5、858 路等公交车。

140100-K13 **千峰北路**［Qiānfēng Běilù］在市区西北部。北起北中环街，南至迎泽西大街。与兴华街、漪汾街相交。以迎泽西大街为界分为千峰南路、千峰北路。长 4.5 千米，宽 40 米。沥青路面。原系农田耕地，1956 年随太原工学院兴建而开拓成路。因驻有太原工业学院，故称工学院路。1982 年以石千峰（西山的顶峰）命名为千峰北路。两侧有太原理工大学、山西省广播电视大学、漪汾公园、太原市第十三中学等。通 57、6 路等公交车。

140100-K14 **千峰南路**［Qiānfēng Nánlù］在市区西南部。北起迎泽西大街，南至环湖北路。与南内环西街、长兴南街、南中环西街等相交。长 8.8 千米，宽 50 米。沥青路面，是山西省城西部地区贯通南北的一级城市次干道，因位于太原西山石千峰以南而得名，沿用至今。2001 年建成，2020 年拓建。两侧有太原理工大学虎峪校区、省财政税务专科学校、太原和平公园、太原技师学院、晋阳湖公园等。通多 57、606 路等公交车。

140100-K15 **晋祠路**［Jìncí Lù］在市区西南部。北起迎泽西大街，南至晋祠。与长风西街、南中环西街、长兴南街相交。长 19.5 千米，宽 50 米。沥青路面，太原市汾河西岸的一条城市主干道，横跨万柏林、晋源两大区。因全国重点文物保护单位晋祠得名。因与新晋祠路区分故称旧晋祠路。1952 年始建，1955 年南延至西镇。1957—1958 年全线改造，2016 年、2017 年、2018 年在原基础上进行拓宽改造。两侧有山西警察学院、山西省展览馆、河西农贸市场、太原科技大学（南区）、晋阳湖公园等。通 858、308 路等公交车。

140100-K16 **新晋祠路**［Xīnjìncí Lù］在市区南部。北起晋祠路与汇锦街交叉口，南至晋祠。与长风西街、南中环西街、龙城西大街相交。长 20 千米，宽 50 米，沥青路面。原晋祠路拓展改造后，故取名为新晋祠路。1987 年始建、1988 年建成、2011 年改建。两侧有晋阳湖国际会展中心、长风商务区、万国汽贸园、太原古县城等。通 804、76 路等公交车。

140100-K17 **滨河西路**［Bīnhé Xīlù］在市区西部。北起金桥北街，南至清徐境内。与北中环街、漪汾街、迎泽西大街、南内环街、太原绕城高速等相交。长 38.5 千米，宽 50 米。沥青路面。

因在汾河西侧，故名。1980年始建、1982年建成、2000年改建。两侧有山西博物院、长风商务区、山西省体育中心等。通清徐204、清徐206路等公交车。

140100-K18　**滨河东路**［Bīnhé Dōnglù］在市区东部。北起新兰路，南至西草寨村。与北中环街、漪汾街、迎泽大街等相交。长43.1千米，宽50米。沥青路面。因原为汾河东坝堰，故名。1980年始建、1982年建成、2000年改建。两侧有森林公园、太原汾河景区、龙潭北湖、清控创新基地、碑林公园、省实验中学等。通S11路公交车。

140100-K19　**桃园北路**［Táoyuán Běilù］在市区北部。北起旱西关街，南至迎泽大街。与府西街、水西关街相交。长1.7千米，宽40米。沥青路面。民国时期，城内有党氏出资在此种植桃树，人称桃花园。解放战争时期，阎锡山为给军队空投食物，便将这里的桃杏树全部砍伐。解放后，形成街巷，后拓建成一条南北向道，因该路位于北侧，故名。1984年建成，两侧有桃园、纺织大厦、桃园路小学等。通6、38路等公交车。

140100-K20　**桃园南路**［Táoyuán Nánlù］在市区南部。北起迎泽大街，南至双塔西街。与文源巷、康乐街相交。长1.7千米，宽30米。沥青路面。解放后，形成街巷，后拓建成一条南北路，因位于南侧，故名。1988年建成，两侧有山西省戏剧研究所等。通801、3路等公交车。

140100-K21　**大同路**［Dàtóng Lù］在市区北部。北起新兰路，南至胜利街。与南寨街、新城南大街相交。长11千米，宽50米。沥青路面。原是程家村外荒野滩，原新建北路，1982年向北延伸至太原第二热电厂，并将胜利街以北段以山西大同市命名，命名为大同路。1954年建成，1958、1984年改建。两侧有南寨公园、太原市第五十五中、太原市森林公园、太原钢铁集团医院等。通15、37路等公交车。

140100-K22　**新建路**［Xīnjiàn Lù］在市区中部。北起大同路，南至迎泽大街。与胜利街、北大街、旱西门街等相交。因新建城市之意而得名。以迎泽大街为界分为新建路、新建南路。长3.8千米，宽50米。沥青路面。1954年在城西护城河址筑成、1982年拓宽。两侧有龙潭公园、山西工程职业学院、西海子公园、太原十五中、南海子公园等。通10、27路等公交车。

140100-K23　**新建南路**［Xīnjiàn Nánlù］在市区南部。北起迎泽大街，南至南内环街。与双塔西街、菜园街、南内环街等相交。长2.3千米，宽57米。沥青路面。1958年建成，1983年改建。两侧有山西财经大学、山西医科大学、太原市第三人民医院、山西省人力资源市场等。通65、27路等公交车。

140100-K24　**平阳路**［Píngyáng Lù］在市区南部。北起南内环街，南至南中环街。与亲贤北街、长风街、学府街等相交。长10千米，宽50米。1950年在原官道的基础上扩建，曾称新建南路。1982年以古平阳府命名为平阳路。该路历史悠久，早在隋末已有，明清时又是太原府的官道，沿称东官道。两侧有山西省能源职业学校、八一小学、山西黄河医院、山西银河电子设备厂等。通21、39路等公交车。

140100-K25　**平阳南路**［Píngyáng NánLù］在市区南部。北起南中环街，南至电子西街、汾东路、人民北路交叉路口。与晋阳街、龙城大街相交。长6.8千米，宽27米。两侧有山西白求恩医院、博雅书院、太原融创中心等。通903、57路等公交车。

140100-K26　**钢园路**［Gāngyuán Lù］在市区东北部。北起阳曲镇司土窊村口，南至新城村口。与钢胜街、阳兴东路、丰泽路相交。长8千米，宽50米。沥青路面。1966年建成，1976—1979年改建。为108国道市区段，因太原不锈钢生态园区在此路，2004年改名钢园路。两侧有太原汽车客运北站、阳曲中学、尖草坪区第一职业中学等。通320、904路等公交车。

140100-K27　**恒山路**［Héngshān Lù］在市区东北部。北起钢园路，南至解放北路。与新店街相交。长6.1千米，宽50米。沥青路面。1960年建成，1993年拓建。因北岳恒山得名。两侧有恒山路食品批发市场、太钢职工活动中心、太原市第五十九中学、恒山路小学、北宫花园等。通2、

36 路等公交车。

140100-K28 **解放北路**［Jiěfàng Běilù］在市区北部。北起恒山路，南至胜利街。与涧河路、北中环街等相交。长 2.8 千米，宽 50 米。沥青路面。因是解放路北侧延伸路段，故名。1949 年建成碎石路。1953 年铺设沥青路面。1960 年改建。两侧有太原广播电视中等专业学校、太原小商品批发市场、太原工人北文化馆等。通 73、36 路等公交车。

140100-K29 **解放路**［Jiěfàng Lù］在市区北部。北起胜利街，南至迎泽大街。与北大街、府西街、府东街等相交。长 5.2 千米，宽 50 米。沥青路面。因此路一带是太原解放最早的地区，时称太原解放先声，后命名为解放路。20 世纪 50 年代在原大南门、南市街、活牛市、麻市街等基础上拓建而成。1978 年改建。两侧有清真古寺、古圆通寺、太原市育英中学、山西省实验中学、太原天主堂等。通 610、7 路等公交车。

140100-K30 **解放南路**［Jiěfàng Nánlù］在市区南部。北起迎泽大街，南至南内环街。与康乐街、双塔西街、菜园街等相交。长 2.5 千米，宽 50 米。沥青路面。因此街道为解放路的向南延伸路，故名。20 世纪 50 年代在大南关街、小南关街土路上铺筑碎石。1958 年改沥青路面，1978 年改建。两侧有迎泽公园、山西医科大学第一医院、山西医科大学、山西省体育馆等。通 3、61 路等公交车。

140100-K31 **长治路**［Chángzhì Lù］在市区南部。北起南内环街，南至电子西街。与亲贤北街、长风街、学府街等相交。长 9.8 千米，宽 50 米。沥青路面。1958 年建成。1998、2011 年改建。曾名解放南路，1982 年改为今名，以长治久安而得名。两侧有中国辐射放射研究院（太原）、火炬创业大厦、太原市第三实验小学、佛光禅寺、山西体育职业学院、北美新天地、天美新天地、长治路小学、山西省检验检测中心等。通 21、610 路等公交车。

140100-K32 **五一路**［Wǔyī Lù］在市区北部。北起涧河路，南至五一广场。与北中环街、胜利街、北大街、府东街相交。长 3.6 千米，宽 50 米。沥青路面。金元时期南段为东关要道，1954 年拓宽，将首义门街、新开路、松花坡、精营中街等并入。原名新开路，1955 年定今名，取劳动人民当家做主之意。两侧有赵树理旧居、国民师范旧址、杨爱源旧居、山西医科大学第二医院、山西省儿童医院、太原市中医医院、五一路小学、五一广场等。通 3、864 路等公交车。

140100-K33 **并州北路**［Bìngzhōu Běilù］在市区东南部。北起五一广场，南至南内环街。与迎泽大街、双塔寺街相交。以南内环街为界分为南、北路。长 3 千米，宽 50 米。沥青路面。1954 年拓展，1958 年以太原古称并州命名，2013 年改建。两侧有山西日报报业集团、中正天街等。通 11、902 路等公交车。

140100-K34 **并州南路**［Bìngzhōu Nánlù］在市区东南部。北起南内环街，南至长风街。与亲贤北街相交。长 2.8 千米，宽 50 米。沥青路面。1955 年在原土石路基础上拓宽建成。1993、1996 年拓建，2013 年改建。因太原别称并州，此路段位于南侧而得名。两侧有太原市第四十七中学、中国煤科院太原研究所、太原市二十七中学等。通 11、52 路等公交车。

140100-K35 **坞城路**［Wūchéng Lù］在市区东南部。南起晋阳街，北至长风街。与学府街、南中环街等相交。长 3.3 千米，宽 34 米，沥青路面。1955 年在原土路上扩建而成，因直穿坞城村东，1985 年命名为坞城路。两侧有山西省经贸学校、山西大学、山西大学附属中学、八一小学、九一小学、山西省司法学校、山西财经大学等。通 103、502 路等公交车。

140100-K36 **坞城南路**［Wūchéng NánLù］在市区东南部。北起晋阳街，南至汾东大街。与龙城大街、电子街等相交。长 10.5 千米，宽 50 米。因在坞城路南端而得名。两侧有晋阳街公园、山西高新农业技术市场、山西工商学院（龙城校区）等。通 836、870、877 路（内环）等公交车。

140100-K37 **建设北路**［Jiànshè Běilù］在市区东部。北起胜利街，南至迎泽大街。与北大街、小东门街、府东街等相交。以迎泽大街为界分为建设北路、建设南路。长 4 千米，宽 50 米。沥青路面。1953 年沿太原旧城城壕建成，名建设路。1955 年分南、北两段。1978、1996、2014 年改建。两侧有太原东站、建设北路小学、太铁体育馆、铁路医院、山西省建筑设计研究院、中国中铁六局、太原站等。通 9、410 路等公交车。

140100-K38　**建设南路**［Jiànshè Nánlù］在市区东部。北起迎泽大街，南至长风街。与朝阳街、双塔东街、南内环东街等相交。长 4.5 千米，宽 60 米。沥青路面。1953 年始建，1955 年建成，是纵贯全市南北的主干线之一。1978、1996、2014 年多次改建。两侧有省市中铁十二局集团、山西省人力资源服务行业协会、省邮电工程公司等。通 23、55 路等公交车。

140100-K39　**北中环街**［Běizhōnghuán Jiē］在市区北部。西起西中环路，东至东中环路。与和平北路、大同路、解放北路等相交。长 10.1 千米，宽 50 米。沥青路面。2013 年始建，2014 年完成。两侧有富力广场、太原市太航医院、渣山公园、太原动物园等。通 71、75 路等公交车。

140100-K40　**南中环街**［Nánzhōnghuán Jiē］在市区南部。西起西环高速，东至东环高速。与晋祠路、新晋祠路、滨河西路等相交。全长 12.3 千米，红线宽 50 米。沥青路面。2008 年修建，2010 年通车。两侧有新九洲家具广场、清控创新基地、大都会广场、山西职业技术学院等。通 903、501 路等公交车。

140100-K41　**西中环路**［Xīzhōnghuán Lù］在市区西部。北起北中环街，南至南中环街。与兴华西街、西矿街、长风西街等相交。长 13.2 千米，宽 50 米。沥青路面。2013 年通车。两侧有太原科技大学、太原市第二十中学等。通 839、72、606 路等公交车。

140100-K42　**东中环路**［Dōngzhōnghuán Lù］在市区东部。北起北中环街，南至南中环街。长 10.6 千米，宽 50 米。沥青路面。2013 年通车。两侧有山西大学、山西省中医药研究院、太原汽车客运东南站、太原南站等。通 70、71 路等公交车。

140100-N01　**北中环桥**［Běizhōnghuán Qiáo］在市区北部。西起北中环街，东至滨河东路。由滨河西路立交、滨河东路立交和北中环桥三部分组成。全长 1.3 千米，双向 8 车道。沥青桥面。2013 年建成。北中环桥的桥形如一条腾飞的巨龙，寓意“龙腾祥瑞”。该桥自西向东依次跨越滨河西路、汾河湿地公园、滨河东路等。通 71、75 路等公交车。

140100-N02　**胜利立交桥**［Shènglì Lìjiāo qiáo］在市区北部。1997 年开工修建，1998 年建成通车。沥青桥面。东西向与胜利桥与北大街相连，南北与滨河东路相连。两侧有滨河公园。

140100-N03　**迎泽大桥**［Yíngzé Dàqiáo］在市区中部。西起迎泽西大街，东至迎泽大街。包括东西立交引桥和主桥，长 0.9 千米，主桥长 0.5 千米，宽 50 米。沥青桥面。始建于 1955 年，1997 年改建。是太原市第一座跨汾河大桥。通 1、38 路等公交车。

140100-N04　**南内环桥**［Nánnèihuán Qiáo］在市区南部。西起南内环西街，东至南内环街。1983 年始建，1988 年通车，2007 年改造。大桥全长 0.59 千米，宽 43 米，与晋祠路、新建南路、解放南路、并州路以及建设路等主要南北干道相连。

140100-N05　**长风桥**［Chángfēng Qiáo］在市区南部。是太原城南一条交通与景观并重的综合性城市一级主干道。全长 571 米，其中主桥长 460 米，滨河东路、滨河西路立交桥各长 55.5 米，桥梁宽 52.5 米。2001 年建设成。机动车双向十车道。

140100-N06　**南中环桥**［Nánzhōnghuán Qiáo］在市区南部，横跨汾河，是连接太原南部汾河两岸的一条重要通道。西起南中环西街，东至南中环街。全长 2.6 千米，宽 52.5 米，双向 8 车道。分为东引桥、主桥、西引桥。主桥全长 300 米，主跨 180 米。2008 年开工，2010 年建成。

140100-N07　**祥云桥**［Xiángyún Qiáo］在市区南部。西起新晋祠路，东至龙城大街，全长 1.49 千米，宽 50 米，双向八车道，为省城南部连接汾河两岸的重要通道，2008 年开工，2010 年通车。由于开工之日恰逢奥运火炬在太原进行传递，故名“祥云桥”。

140100-N08　**通达桥**［Tōngdá Qiáo］在市区南部。2018 年修建。原为小店汾河桥。主桥横跨汾河，东接太茅路，西跨滨河西路。全长 0.4 千米，主桥长度为 416 米，为双向六车道。宽

47.5 米。

140100-N09 **晋阳桥**［Jìnyáng Qiáo］在市区南部。东接综改区，西临晋阳古城。位于太原古城大街跨汾河节点。长 2 千米，宽 47.5 米。2019 年通车。包括跨汾河主桥、滨河东路立交和滨河西路立交三部分，为双向 8 车道。

140100-N10 **迎宾桥**［Yíngbīn Qiáo］在市区南部。西起迎宾路，东接至太长高速。长 2.46 千米，车行道宽 38 米。包括跨汾河的主桥、滨河东路立交桥和滨河西路立交三个部分，主桥长 420 米，双向八车道，2018 年始建，2019 年建成。

140107 **杏花岭区**［Xìnghuālǐng Qū］太原市人民政府驻地。在市区东北部。面积 146.43 平方千米。人口 79.22 万。民族以汉族为主，还有回、满、蒙古等民族。辖 11 街道、1 镇。区人民政府驻巨轮街道。杏花岭区在明清及民国初年属阳曲县。1921 年，属太原市政公所。1949 年，属太原市，为太原市内三区、内四区、内五区。1950 年，属太原市第二区。1954 年，太原市第二区更名为北城区，区政府驻典膳所 2 号。1956 年，北城区人民政府改人民委员会。1960 年，撤销北城区人民委员会，分别设巨轮、尖草坪和向阳 3 个公社。1961 年，撤销 3 个公社，恢复北城区人民委员会，区人委驻五一路 158 号。1969 年，北城区人民委员会改革命委员会。1977 年 8 月，北城区革命委员会移驻解放路 369 号。1981 年，恢复北城区人民政府。1997 年 5 月，更名杏花岭区。2001 年 3 月，杨家峪乡改杨家峪街道，辖 10 个街道 2 乡。2008 年 8 月，杏花岭区人民政府移驻胜利街 99 号。2021 年，设立享堂街道；撤销中涧河乡、小返乡，合并设立中涧河镇。因多植杏树，且地势较高而得名。地处太原盆地东北部，地势东北高西南低。地形分为山地、丘陵和平原。主要山脉有太行山。最高峰海拔 1647 米。最低点海拔 783 米。境内河道属黄河流域。汾河为境内最大河流，长 4 千米，主要支流有涧河、北沙河、小返河。年平均降水量 450 毫米，年平均气温 9.8℃。矿产资源有煤、石膏、黏土等。有全国著名的科研机构 9 个。有山西工程职业技术学院、太原大学、山西戏剧职业学院、太原电力高等专科学校、太原广播电视大学等高等院校。有中小学 88 所，文化站 12 个，公共图书室 12 个，有文化馆、档案馆、青年宫、体育场馆。市级各类医疗卫生机构 16 个，其中三级甲等医院 6 所。辖区曾为明清太原府城和明晋王府的主要区域，文化底蕴深厚，文物古迹较多。共有各级文物保护单位 106 处。有全国重点文物保护单位唱经楼、太原天主堂、督军府旧址 3 处。有省级文物保护单位山西省立川至医学专科学校旧址、山西国民师范革命活动旧址、赵树理旧居等 5 处。有山西省第一批红色文化遗址名录山西国民师范革命活动旧址、牛驼寨烈士陵园、八路军驻晋办事处旧址 3 处。有全省第一批革命文物山西国民师范革命活动旧址、牛驼寨战斗遗址、八路军驻晋办事处旧址、赵树理旧居、牺盟会太原市委旧址 5 处。有全省第二批革命文物太原兵工工人运动纪念地 1 处。市级文物保护单位有太原旧城墙遗址、傅公祠、城隍庙等 22 处，区级文物保护单位 77 处。有国家级 4A 级旅游景区太原动物园、东湖醋园。有国家级工农业旅游示范点东湖醋园。有全国爱国主义教育基地和全国百家红色旅游基地太原解放纪念馆、山西国民师范革命活动旧址。还有长沟生态园、采薇庄园、太原酒厂、锦林百花园、龙角山生态风景区、汾河公园、龙潭公园、薰衣草庄园等观光旅游景点。全国文明村 1 处，2017 年东沟村入选第五批全国文明村。地方特色产品有面花、雪梨酥月饼制作。面花、雪梨酥月饼制作、西华门舞狮被列入省级非物质文化遗产名录。著名人物有晋剧表演艺术家丁果仙，山西近代实业家、山西暨太原电力工业的创始人刘笃敬等。有舞龙、舞狮、秧歌、锣鼓、旱船等民间艺术。三次产业比为 0.1 ∶ 19.1 ∶ 80.8。农业以种植为主，主产玉米、谷子等，兼有荞、稷、豆、黍，还栽培红富士苹果、雪花梨等。特产有小返大红果、河里头小樱桃、瓜地沟冬桃等。工业以煤炭开采、铁路运输设备制造、食品（食醋）制造为主。服务业以运输、商贸、餐饮为主。交通便利，有北同蒲、太古岚铁路经此设站。二广高速、G307 国道过境。有太原汽车客运东站。有太原地铁 2 号线过境，设有府西街站、辑虎营站、大北门站、胜利街站。通多路公交车。

140107-K01 **胜利街**［Shènglì Jiē］在杏花岭区西南部。西起滨河东路，东至建设北路。与大同路、新建路、解放路、五一路相交。长 3.9 千米，宽 50 米。沥青路面。1955 年建成，1963、2008 年改建。原称北一街，因在解放太原战役中，攻城部队最先登上城头小北门取得胜利，故名。两侧有太原北方医院、杏花岭区政府等。通 60、828 路等公交车。

140107-K02 **胜利东街**［Shènglì Dōngie］在杏花岭区东北部。西起建设北路，东至太原东环城高速公路。与敦化北路、敦化南路相交。长 2.3 千米，宽 50 米。沥青路面。2011 年始建，同年建成。两侧有太原铁路职工培训基地等。通 61、850 路等公交车。

140107-K03 **北大街**［Běi DàJiē］在杏花岭区西南部。西起胜利桥，东至建设北路。与滨河东路、新建路、解放路等相交。长 5.2 千米，宽 50 米。沥青路面。1951 年建成，1973、1982、1985、1990、1995 年改建。原名城北街，因筑于太原城镇远门（大北门）外的护城河旧址而得名，1982 年改今名。两侧有滨河公园、山西省烧伤救治中心、太原十二中富丽华庭校区、太原市公共就业服务中心、北大街小学等。通 845、59 路等公交车。

140107-K04 **柳溪街**［Liǔxī Jiē］在杏花岭区西南部。西起滨河东路，东至新建路。与金刚堰路相交。长 0.8 千米，宽 30 米。沥青路面。1958 年建成。2013 年改建。原名旱西三巷，因地处旱西关附近得名。因在宋代“柳溪”故址之上建成，于 1982 年更名为柳溪街。两侧有太原市第十九中、阳光时尚广场等。通 56、10 路等公交车。

140107-K05 **城坊街**［Chéngfāng Jiē］在杏花岭区西南部。西起龙潭公园东门，东至解放路。与前营坊街、坡子街相交。长 0.4 千米，宽 15 米。沥青路面。1958 年建成，2012 年改建。明洪武年间成街，因城隍庙得名城隍庙街。道光《阳曲县志》卷三《建置》中称为城隍庙街坊，后因谐音改今名。两侧有龙潭公园、城隍庙等。通 610、820 路等公交车。

140107-K06 **城坊东街**［Chéngfāng Dōngjiē］在杏花岭区南部。西起解放路，东至北肖墙。与永定路、永安路相交。长 0.7 千米，宽 25 米。沥青路面。1958 年建成，2012 年改建。两侧有解放百货大楼、太原市第七职业中学校、育英中学等。通 829 路等公交车。

140107-K07 **坝陵南街**［Bàlíng Nánjiē］在杏花岭区南部。西起北肖墙，东至五一路。与同成路、坝陵路相交。长 0.4 千米，宽 10 米。沥青路面。因在明代晋王府外坝陵桥南得名。两侧有国民革命军第八路军驻晋办事处、太原市中医医院、广杰购物中心等。通 809、615 路等公交车。

140107-K08 **小东门街**［Xiǎodōngmén Jiē］在杏花岭区东南部。西起五一路，东至建设北路。与新开南巷、教场巷相交。长 0.8 千米，宽 25 米。沥青路面。1954 年建成，1976 年改建。因东通小东门（迎晖门）故名。道光《阳曲县志》卷三《建置》中称为小东门街，沿用至今。是太原历史文化风貌街区之一。两侧有牺盟会太原市委员会旧址等。通 829、3 路等公交车。

140107-K09 **迎春街**［Yíngchūn Jiē］在杏花岭区东南部。西起建设北路，东至杨家峪收费站。与敦化南路、东中环路相交。长 2.3 千米，宽 20 米。沥青路面。1952 年始建，同年建成。1982、2005 年改建。因沟通迎晖门、宣春门，故名。两侧有五龙口海鲜市场、东湖醋园、赛马场便民菜市场、太原五十三中等。通 3、9 路等公交车。

140107-K10 **新民北街**［Xīnmín Běijiē］在杏花岭区南部。西起北肖墙，东至教场巷东条。与五一路、同成路相交。长 1.1 千米，宽 10 米。沥青路面。1955 年建成，2013 年改建。因在新民中街北，故名。两侧有山西医科大学第二医院、山西省儿童医院、太原平民中学等。通 61、855 路等公交车。

140107-K11 **新民中街**［Xīnmín Zhōngjiē］在杏花岭区南部。西起北肖墙，东至五一路。与国师街、典膳所等相交。长 0.5 千米，宽 40 米。沥青路面。1970 年建成，2011 年改建。原是晋王府北垣外城壕，后因居民迁来填壕拓路建宅居家，故名。两侧有山西工人报社、新民中街特大市场等。通 820、820 支路等公交车。

140107-K12 **旱西门街**［Hànxīmén Jiē］在杏花岭区境西南部。西起新建路，东至坡子街、三桥街。与鱼池街、饮马巷相交。长 0.7 千米，宽 31 米。沥青路面。1958 年建成，2014 年改建。原名阜成门街，后称旱西门街。道光《阳曲县志》卷三《建置》称阜成旱西门街。两侧有饮马河公园、龙潭公园、太原新民中学等。通 10、27 路等公交车。

140107-K13 **西缉虎营**［Xījíhǔ Yíng］在杏花岭区南部。西起坡子街、三桥街，东至解放路。以解放路为界分为西缉虎营、东缉虎营。长 0.3 千米，宽 15 米。沥青路面。1963 年建成。2014 年改建。原名七府前街，因"七府""缉虎"同韵，更今名。道光《阳曲县志》卷三《建置》中称为七府营前街，后更今名。两侧有后小河小学（西缉虎营校区）、市文物保护单位普光寺等。通 803、805 路等公交车。

140107-K14 **东缉虎营**［Dōngjíhǔ Yíng］在杏花岭区南部。西起解放路，东至上肖墙北口。与多马巷、王家巷等相交。长 0.5 千米，宽 26 米。沥青路面。1964 年建成，1996 年改建。两侧有古圆通寺、傅公祠、山西省总工会等。通 820、805 路等公交车。

140107-K15 **金刚堰路**［Jīngāngyàn Lù］在杏花岭区境西南部。北起胜利街，南至旱西关街。与北大街、柳溪街相交。长 2.4 千米，宽 27 米。沥青路面。原系汾河坝堰，1982 年建成，1985、2009 年改建。因明清时期防范汾河水祸的金刚堰得名。两侧有太原市第七医院、太原市市政工程设计研究院等。通 38、801 路等公交车。

140107-K16 **营西街**［Yíngxī Jiē］在杏花岭区中部。北起南中环街，南至北大街。长 1.3 千米，宽 20 米。沥青路面。1936 年建成，1973、2004 年改建。因阎锡山曾在此建西北铜元厂，并驻炮兵六团兵营以监护，故名。两侧有国家电网、太原供电局客服中心等。通 25、60 路等公交车。

140107-K17 **北肖墙路**［Běixiāoqiáng Lù］在杏花岭区南部。北起北大街，南至新民中街、东缉虎营交叉路口。与坝陵北街、城坊东街、坝陵南街等相交。长 1.4 千米，宽 20 米。沥青路面。1974 年建成，1998 年改建。因在明晋王府宫城外萧墙北，故名。道光《阳曲县志》卷三《建置》称为北萧墙，后改名为北肖墙。两侧有太原市中心医院、太原市育英中学、太原平民中学等。通 25、615 路等公交车。

140107-K18 **上肖墙路**［Shàngxiāoqiáng Lù］在杏花岭区南部。北起新民中街、东缉虎营交叉路口，南至西华门街、新道街交叉路口。与东缉虎营、东后小河、西华门街等相交。长 0.4 千米，宽 7 米。沥青路面。1958 年建成，1998 年改建。因此地地势较高，从西华门和新道街往北形成上坡，故名。两侧有山西省轻工业行业管理办公室、国网山西省电力公司经济技术研究院等。通 25、615 路等公交车。

140107-K19 **西肖墙路**［Xīxiāoqiáng Lù］在杏花岭区中部。北起西华门街、新道街交叉路口，南至府东街。长 0.4 千米，宽 7 米。沥青路面，因方位得名。1955 年建成，1998 年改建。两侧有大唐山西发电有限公司、禹皇大厦等。通 25、615 路等公交车。

140107-K20 **敦化北路**［Dūnhuà Běilù］在杏花岭区中东部。北起卧虎山动物园南围墙，南至北河湾路。与北中环街、胜利东街相交。长 2 千米，宽 14 米。沥青路面。1952 年建成，1991 年改建。因在敦化坊村北，故名。两侧有太原市杏花岭区第八中学、太原市第二十四中、机械施工公司等。通 61、855 路等公交车。

140107-K21 **敦化南路**［Dūnhuà Nánlù］在杏花岭区东部。北起北中环街，南至大东关街。与胜利东街、迎春街、马道坡街相交。长 2.8 千米，宽 30 米。沥青路面。1937 年建成，1952、1973 年改建。因在敦化坊村南得名。两侧有杏花岭区第一幼儿园、太原市自强印刷厂、东湖醋园等。通 3、829 路等公交车。

140107-K22 **红沟路**［Hónggōu Lù］在杏花岭区中南部。北起大东关街，南至五龙口街。与府东街、红沟南街相交。长 1.1 千米，宽 30 米。沥青路面。1958 年建成，1982 年改建。红沟路地处东山脚下，东高西低，因土质呈红色，雨后沟中水多为红色，故名。两侧有山西大学东山校区、山西省城乡建设学校、山西省建筑材料工业设计研究院等。通 816、830 路等公交车。

140107-N01 **北涧河特大桥**［Běijiànhé Tèdà qiáo］在杏花岭区东北部。是东中环北延工程的重要节点之一，长 0.64 千米，宽 24 米，为单拱斜挎反对称索面斜拉桥。主桥 0.4 千米，最大跨度 90 米。1996 年建成，因位于北涧河之上，故名。

140107-N02 **杨家峪互通式立交桥**［Yángjiā yùhùtōngshìlìjiāo Qiáo］在迎春街之东，所在线路是太原绕城高速公路，全长 1.2 千米，宽 20 米，呈圆环状，通西北、西南、东南三个方向。1996 年建成，沿用至今。

140107-N03 **东中环枢纽桥**［Dōngzhōng huánshūniǔ Qiáo］这座桥梁在北涧河河道上，是东中环北延工程的重要节点之一，全长 646 米，宽 24 米，为单拱斜跨反对称索面斜拉桥。主桥长 400 多米，最大跨度 90 米。

140107-N04 **东中环胜利街立交桥**［Dōng zhōnghuánshènglìjiēlìjiāo Qiáo］在东中环路北段，全长 0.25 千米，宽 20 米。因所在线路为东中环路，所跨道路为胜利街，而得名。2014 年修建，沿用至今。

140107-N05 **建设北路北中环互通桥**［Jiàn shèběilùběizhōnghuánhùtōng Qiáo］在胜利街东侧。桥面为 6 车道，东西宽 2 千米，南北长 300 米，最大载重量 50 吨。因所在线路为东中环路，所跨道路为建设北路，而得名。2014 年修建，沿用至今。

140107-N06 **建设北路胜利街－北大街高架桥**［Jiànshèběilùshènglìjiē-běidàjiēgāojià Qiáo］在建设北路北段，全长 0.66 千米，宽 20 米，最大载重 50 吨，所在线路为建设北路。2014 年修建，沿用至今。

140107-N07 **东中环凯旋街立交桥**［Dōng zhōnghuánkǎixuánjiēlìjiāo Qiáo］在凯旋街东侧，桥长 0.19 千米，宽 20 米，最大载重量 50 吨。因所在线路为东中环路，所跨道路为凯旋街，而得名。2014 年修建，沿用至今。

140107-N08 **东中环迎春街立交桥**［Dōngzh ōnghuányíngchūnjiēlìjiāo Qiáo］在迎春东侧，桥长 0.19 千米，宽 20 米，最大载重量 50 吨。因所在线路为东中环路，所跨道路为迎春街，而得名。2014 年修建，沿用至今。

140107-N09 **丈子头互通式立交桥**［Zhàngzǐ tóuhùtōngshìlìjiāo Qiáo］在丈子头村，桥呈箱形，桥面为水泥路面。长 0.5 千米。

140107-N10 **杨家峪大桥**［Yángjiāyù Dàqiáo］在杏花岭区杨家峪街道岐银线西侧，桥呈箱形，桥面为 6 车道，东西长 0.39 千米，南北宽 20 米，所在线路为太原市绕城高速，所跨道路为岐银线。

140107-N11 **水泉沟大桥**［Shuǐquángōu Dà qiáo］在水泉沟村南侧，桥呈箱形，顶管状，桥面为 6 车道，东西宽 20 米，南北长 0.23 千米。所在线路为太原市绕城高速，所跨道路为东山马路支路。

140107-S01 **太原汽车客运站**［Tàiyuán qìchē kèyùn zhàn］见交通运输设施部分“太原汽车客运站”条。

140107-A01 **巨轮街道**［Jùlún Jiēdào］杏花岭区人民政府驻地。在区境西部。面积 3.61 平方千米。人口 8.23 万。民族以汉族为主，还有回、满等民族。辖 12 社区。1961 年，设立巨轮公社，属北城区。1979 年 1 月，巨轮公社改为巨轮街道。1997 年 5 月，属杏花岭区。因重工业较集中，齿轮是工业的象征，故而得名。地势平坦。年平均降水量 450 毫米，年平均气温 9.8℃。境内河道属黄河流域。有北涧河、北沙河 2 条，河流总长 9.65 千米。境内最大河流为北沙河，从东至西流经境内上北关、沙河堡、胜利西街、胜利桥东、胜利桥等，长 5.3 千米。有太原十二中（富力华庭校区）、省实验小学（中车分校）等学校多所，各级各类医疗卫生机构 51 个。有省级文物保护单位山西机器局旧址。有杏花岭区政府等单位。工业以制造业、耐火制品加工等为主。服务业以零售、餐饮、房地产为主。交通便利，有太原地铁 2 号线过境，设有胜利街站、大北门站两个地铁站。通多路公交车。

140107-A01-J01 **中车社区**［Zhōngchē Shèqū］属巨轮街道。在区政府驻地巨轮街道西 600 米。人口 8275。有山西省第六批省级文物保护单位山西机器局旧址，创建于清光绪二十四年（1898 年），民国期间扩建为太原兵工厂，后更名为太原修械所、壬申制造厂、西北实业公司、西北制造厂，建国后更名为国营247厂，后发展为山西北方机械控股有限公司。现保留民国建筑6座，“一五”时期建筑15座。通827、820路公交车。

140107-A02 **三桥街道** [Sānqiáo Jiēdào] 属杏花岭区。在区境西部。面积3.64平方千米。人口8.86万。民族以汉族为主，还有满、回、蒙古等民族。辖13社区。1949年，属太原市第三区。1954年，属北城区。1960年，属巨轮公社。1961年，设三桥城市人民公社，属北城区。1979年，撤销三桥城市人民公社，设三桥街道。1997年，属杏花岭区。因上三桥街、下三桥街而得名。地势平坦。年平均降水量450毫米，年平均气温9.8℃。境内河道属黄河流域。主要河道有汾河、北沙河2条，河流总长度5.6千米。境内最大河流为汾河从北向南流经，长4千米。有山西工程职业技术学院、太原十二中、太原十九中、新建路小学等学校多所。各级各类医疗卫生机构52个。其中太原第二人民医院为三级甲等医院。市委、市政府及其直属机关驻于此。是全市的政治、经济、文化中心。有市城市规划设计研究院、市青年宫、市第七人民医院、“国际商贸中心”双子楼、金融大厦等。其中，“国际商贸中心”双子楼为太原市标志性建筑。风景名胜有龙潭公园、饮马河公园、西海子公园等。服务业以金融、餐饮、零售为主。通多路公交车。

140107-A02-J01 **桃园北路东社区** [Táoyuán běilùdōng Shèqū] 属三桥街道。在区政府驻地巨轮街道西南2.4千米。总面积0.3平方千米。人口12159。因辖桃园北路以东区域而得名。2000年成立。有住宅楼72栋，院落47处，多板楼。有太原市勘察测绘研究院、太原市第十二中学校、太原市杏花岭区新建路小学校、太原市发改委。2012、2014年被评为山西省文明社区。通807、803路公交车。

140107-A03 **鼓楼街道** [Gǔlóu Jiēdào] 属杏花岭区。在区境西南部。面积2.97平方千米。人口6.03万。民族以汉族为主，还有回、满等民族。辖12社区。1950年，属太原市第二区。1954年，属北城区。1960年8月，属巨轮公社。1961年，析出设立鼓楼公社，属北城区。1979年1月，鼓楼公社改鼓楼街道。1997年5月，属杏花岭区。因明初所建鼓楼而得名。地势平坦。年平均降水量450毫米，年平均气温9.8℃。有山西省实验中学等学校多所，各级各类医疗卫生机构35个。其中山西省眼科医院、太原市中心医院为三级甲等医院。有全国重点文物保护单位督军府旧址、太原天主堂、唱经楼。太原天主堂为罗马式古典建筑，是太原市天主教友活动中心场所。古迹有唱经楼、古圆通寺、傅山祠、城隍庙、省银行旧址等。服务业以零售、房地产、金融、餐饮为主。万达广场为商务集群中心，也是城市新地标。有太原地铁2号线过境，设有府西街站、辑虎营站。通多路公交车。

140107-A04 **杏花岭街道** [Xìnghuālǐng Jiēdào] 属杏花岭区。在区境西南部。面积1.68平方千米。人口4.29万。民族以汉族为主，还有回、蒙古、满等民族。辖10社区。1950年，属太原市第二区。1954年，属北城区。1960年，属巨轮公社。1961年，析出设立杏花岭公社，属北城区。1979年，杏花岭公社改杏花岭街道。1997年5月属杏花岭区。因此地原为明晋王府花园且多植杏树而得名。地势平坦。年平均降水量450毫米，年平均气温9.8℃。有太原市第二外国语中学、杏花岭小学等中小学多所。各级各类医疗卫生机构42个。其中山西医科大学第二医院、山西省儿童医院为三级甲等医院。有各类艺术表演团体、文化室、公共图书室多个。有省电力局、省科委、省农委、市话剧团等。多条街道为历史文化街区，多民国风格建筑。有省级文物保护单位赵树理旧居、山西省立川至医学专科学校旧址、阎氏家宅。有全省第一批革命文物赵树理旧居、牺盟会太原市委旧址。有南肖墙关帝庙、浑源会馆旧址、杨爱源旧居、王靖国公馆旧址、徐永昌旧居、教场巷关帝庙、同蒲铁路专家楼旧址、铁路宿舍专家楼旧址等建筑。工业以食品加工为主。服务业以餐饮住宿、零售为主。通多路公交车。

140107-A04-J01 **省军区社区** [Shěngjūnqū Shèqū] 属杏花岭街道，在区政府驻地巨轮街道东南3千米。总面积0.10平方千米。2019年末，人口 2260。前身为 1949 年建国时期的省军区家属委员会，2001 年以辖区驻区单位山西省军区命名为省军区社区。有山西省军区。2014 年被评为山西省文明社区。通 855、803 路公交车。

140107-A04-J02　**山医大二院社区**［Shān yīdàèryuàn Shèqū］属杏花岭街道，在区政府驻地巨轮街道东南 2.2 千米。面积 0.12 平方千米。人口 3195。因辖区驻区医疗单位山西医科大学第二附属医院的简称而得名。2001 年 2 月成立，有 4 栋高层住宅楼，19 栋低层住宅楼，1 个平房院落。系山西医科大学第二医院家属宿舍区。有山西医科大学第二医院等。2014 年被评为山西省文明社区。通 73、61 路公交车。

140107-A04-J03　**精营东边街社区**［Jīng yíngdōngbiānjiē Shèqū］属杏花岭街道。在区政府驻地巨轮街道东南 2.5 千米。人口 4410。1988 年成立精营东边街居委会。2001 年居民委员会改制，为精营东边街社区。有第六批省级文物保护单位阎氏家宅，建于 1935 年前后，是阎锡山为其家属所建，除中式建筑以外，还建有西式建筑。通 73、105 路公交车。

140107-A04-L01　**国师街**［Guóshī Jiē］在杏花岭街道西部。北起新民中街，南至府东街。与西华门街相交。长 0.4 千米，宽 25 米。沥青路面。初名新民西街，因"国师附小"建在该街且当时"国师附小"声誉较高，故名国师街。2010 年改造。两侧有太原市第二外国语学校、新道街小学国师街校区等。通 863、851 路等公交车。

140107-A04-L02　**南华门**［Nánhuá Mén］在杏花岭街道南部。北起精营南横街，南至杏花岭街。长 0.4 千米，宽 20 米。沥青路面。因明晋王府宫城正门南华门得名。道光《阳曲县志》卷 3《建置》称南华门，皆旧晋府，其地有杏花岭天地坛、灰渣坡等名贤良祠。属历史文化街区，有一批民国建筑。有省级重点文物保护单位赵树理旧居、阎氏故居等。通 19、863 路等公交车。

140107-A04-L03　**典膳所**［Diǎnshàn Suǒ］在杏花岭区南部。北起新民中街，南至西华门街。长 0.4 千米，宽 15 米。原是明晋王府管理膳食的地方，后沿用为街名。道光《阳曲县志》卷 3《建置》称为典膳所，位于西华门。原统称典膳所，后因居民渐多形成不规则的小巷道，于 1934 年按方位分别为东、西、南、北典膳所，建国后统称典膳所。两侧有山西省轻工业行业管理办公室、江南大酒店等。通 803、863 路等公交车。

140107-A05　**坝陵桥街道**［Bàlíngqiáo Jiēdào］属杏花岭区。在区境西南部。面积 1.48 平方千米。人口 4.12 万。民族以汉族为主，还有回、蒙古、满等民族。辖 8 社区。1950 年，属太原市第二区。1954 年，属北城区。1960 年，属巨轮公社。1961 年，析出设立坝陵桥公社，属北城区。1979 年 1 月，坝陵桥公社改陵桥街道。1997 年 5 月，属杏花岭区。因通明晋王府坝北官员陵墓而得名。地势平坦。年平均降水量 450 毫米，年平均气温 9.8℃。有中小学多所，各级各类卫生医疗机构 38 个。各类艺术表演团体、文化站、健身场所多个。有山西省第一批省级红色文化遗址、全省第一批革命文物八路军驻晋办事处旧址、山西国民师范革命活动旧址。山西国民师范革命活动旧址也是全国爱国主义教育基地、省级文物保护单位。有中共北方局旧址、侵华日军军部旧址、太原工程队旧址、西北机械厂旧址、二四七厂苏联专家楼旧址等。拱极门是明太原城垣遗址。工业有金城达责任有限公司等，服务业以人力资源服务为主，有盛世华庭、城墙商务写字楼等。有沃尔玛超市、八一大厦等。通多路公交车。

140107-A05-J01　**坝陵北街社区**［Bàlíngběijiē Shèqū］属坝陵桥街道。在区政府驻地巨轮街道东南 1.4 千米。面积 0.28 平方千米。人口 2605。因辖区内的街巷坝陵北街而得名。1955 年 6 月始建，2000 年成立，有住宅楼 22 栋，平房 2 处。是太原唯一保留有明代城墙、古城门及古城楼的社区。有山西省军区征兵大厦、太原市杏花岭区坝陵桥小学校。2014 年被评为山西省文明社区。通 73、864 路公交车。

140107-A06　**大东关街道**［Dàdōngguān Jiēdào］属杏花岭区。在区境西南部。面积 5.09 平方千米。人口 7.3 万。民族以汉族为主，还有回、蒙古、满等民族。辖 11 社区。1953 年，属太原市第二区。1954 年，属北城区。1960 年，属巨轮公社。1961

年，析出设立大东关公社，属北城区。1979年1月，大东关公社改大东关街道。1997年5月，属杏花岭区。因地处明清太原城宜春门（大东门）外的大东关关城而得名。地势东高西低，呈斜坡状。年平均降水量450毫米，年平均气温9.8℃。有太原五十三中等学校多所，各级各类卫生医疗机构、体育场馆、文化场所多个。风景名胜有太原市区唯一的尼姑庵宝林寺。有国家4A级景区东湖醋园。东湖醋也是国家级非物质文化遗产、中华老字号。有乾通公路工程机械有限公司、山西省人民防空办公室、太原酒厂、省中西医结合医院等。工业以食品制造为主。有山西老陈醋集团、太原酒厂等。服务业以餐饮、零售、水产批发为主。交通便利，有北同蒲、太古岚铁路经此设站。通多路公交车。

140107-A06-J01 **建设北路北社区** [Jiànshè běilùběi Shèqū] 属大东关街道，在区政府驻地巨轮街道东南2.2千米。总面积0.3平方千米。人口4270。因位于建设北路北侧而得名。2004年6月，建设北路西社区、建设北路北社区合并为建设北路北社区。有39幢住宅楼，12个居民小区院落。有中国铁建、建设北路小学等。2014年被评为山西省文明社区。通826、869路公交车。

140107-A07 **职工新街街道** [Zhígōngxīnjiē Jiēdào] 属杏花岭区。在区境西南部。面积3.71平方千米。人口5.29万。辖9社区。1954年，属北城区。1960年，属巨轮公社。1961年，析出设立职工新街公社，属北城区。1979年1月，职工新街人民公社改职工新街街道。1997年5月，属杏花岭区。因各工矿企业相继在此建立职工宿舍得名。地势东高西低，东临东山。年平均降水量450毫米，年平均气温9.8℃。境内河道属黄河流域。有北沙河从西至东流经境内新村、赛马场等社区，长3.3千米。有职工新街小学等中小学3所，各级各类卫生医疗机构27个。其中山西省肿瘤医院科学院肿瘤医院山西医院为三级甲等医院。有各类艺术表演团体、文化站、健身场所多个。有山西省勘察设计研究院、太原铁路局等单位。服务业以批发零售、餐饮为主。交通便利，有北同蒲、太古岚铁路经此设站，设有太原东站。通多路公交车。

140107-A07-J01 **迎春社区** [Yíngchūn Shèqū] 属职工新街街道。在区政府驻地巨轮街道东南3千米。总面积1.4平方千米。人口5013。因辖区内的迎春街而得名。2000年成立，有住宅楼42栋，以太原铁路局宿舍为主。2019年末，辖5个居民区，有太原市杏花岭区迎春街小学校等。2013、2014年被评为山西省文明社区。通3、9路公交车。

140107-A07-L01 **马道坡街** [Mǎdàopō Jiē] 在杏花岭区东部。西起敦化南路，东至东山煤矿。与东中环路、杨家峪大桥相交。长2.4千米，宽18米。相传这里原为沙河的河槽，明末清初，一户阮姓山民久住于此，称为阮家湾。后因地形东高西低称坡状，且车马往来较多，民国初年形成一条马车道，人称马道坡。两侧有赛马场便民菜市场、太原五十三中、山西铁道职业技术学院等。通809、9路等公交车。

140107-A08 **敦化坊街道** [Dūnhuàfáng Jiēdào] 属杏花岭区。在区境东北部。面积4.15平方千米。人口7.3万。民族以汉族为主，还有回、蒙古、朝鲜等民族。辖11社区。1952年，属太原市第二区。1954年，属北城区。1960年，属巨轮公社。1961年，析出设立敦化坊公社，属北城区。1979年1月，敦化坊公社改敦化坊街道。1997年5月，属杏花岭区。因区内有明晋恭王妃谢氏陵之享堂附属建筑东马房，后演变为敦化坊而得名。地势东北高西南低，呈斜坡状。年平均降水量450毫米，年平均气温9.8℃。有太原市第二十四中等中小学多所，各级各类卫生医疗机构、各类艺术表演团体、体育场所多个。有太原铁路职工培训中心、山西会馆、山西晋康药业有限公司、山西省第五建筑工程公司等。富力广场、太原富力铂尔曼大酒店为市标志性建筑。服务业以餐饮、零售为主。交通有北同蒲、太古岚铁路过境。通多路公交车。

140107-A08-I01 **富力城** [Fùlìchéng] 属敦化坊街道。在区政府驻地巨轮街道东2.9千米。面积105.6公顷。人口10万。因“富而思进，力创新高”之意而得名。2007年始建，2011年12月建成，共有20幢楼。截至2014年，先后建成富力城、云栖谷、龙栖谷、文栖谷、辰栖谷并投入使用。建筑总面积211万平方米，住宅楼66栋，为板式公寓。通60、61路公交车。

140107-A09　**涧河街道**［Jiànhé Jiēdào］属杏花岭区。在区境西部。面积3.66平方千米。人口7.39万。民族以汉族为主，还有回、蒙古、满等民族。辖13社区。1958年，属北城区。1960年，属太原市尖草坪公社。1961年，析出设立涧河公社，属北城区。1979年1月，涧河公社改涧河街道。1997年5月，属杏花岭区。因辖区内有涧河穿过而得名。地形平坦。年平均降水量450毫米，年平均气温9.8℃。境内河道属黄河流域。有涧河从东至西流经境内涧河、花南等社区，长1.5千米。有杏花岭二中、虹桥小学等学校多所，各级各类卫生医疗机构、各类艺术表演团体、文化场所多个。工业以采矿、耐火材料制品制造为主。服务业以餐饮、零售为主。交通有北同蒲、太古岚、大西铁路客运专线过境。通多路公交车。

140107-A09-J01　**锦绣苑社区**［Jǐnxiùyuàn Shèqū］属涧河街道。在区政府驻地巨轮街道北3.2千米。总面积0.25平方千米。人口9300。因辖区内的锦绣苑小区而得名。2000年4月，原柏杨树一社区居民委员会、柏杨树二社区居民委员会合并为锦绣苑社区居民委员会，有住宅楼75栋。有太原市杏花岭区第六中学、锦绣苑小学等。2012、2014年被评为山西省文明社区。通S18路公交车。

140107-A10　**杨家峪街道**［Yángjiāyù Jiēdào］属杏花岭区。在区境东南部。面积29.89平方千米。人口9.08万。民族以汉族为主，还有回、蒙古、满等民族。辖13社区、6行政村。1949年，属太原市第五区。1950年，并入太原市第四区。1954年，改属新城区。1957年，并入郊区。1958年，设立杨家峪农村人民公社。1959年，划归北城区。1970年，划归南郊区。1984年5月，撤杨家峪人民公社，设立杨家峪乡。1997年5月，杨家峪乡划归新设立的杏花岭区。2001年3月，撤销杨家峪乡，设杨家峪街道。因辖区内有杨家峪村而得名。年平均降水量450毫米，年平均气温9.8℃。境内河道属黄河流域。有北沙河从北至南流经杨家峪社区、洋灰桥社区等，长3.8千米。有煤、铁、石膏，以及温泉水等自然资源。有杏花岭九中、山西铁道职业技术学校等学校多所，各级各类卫生医疗机构、各类艺术表演团体、公共图书室多个。有全国爱国主义教育示范基地太原解放纪念馆。有广晋煤矿公司旧址，小窑头胡家大院、大窑头狐仙庙、杨家峪洪福寺等。2017年东沟村入选第五届全国文明村。有锣鼓、秧歌、面塑、剪纸、绘画等民间艺术，为中国民间文化艺术之乡。有太原市最大花卉市场杨家峪花卉基地、薰衣草庄园、山西鼎新水泥有限公司、山西仁源堂药业有限公司等。农业以种植业为主，主产玉米、杂粮。经济作物有豆角、黄瓜、葡萄等。土特产品有薰衣草、冬桃。畜牧业以饲养生猪、羊、家禽为主。工业以水泥加工为主。服务业以旅游为主。交通便利，有北同蒲线、太古岚铁路经此。二广高速、307国道过境，设有杨家峪收费站。通多路公交车。

140107-A10-H01　**东沟**［Dōnggōu］在区政府驻地巨轮街道东5.6千米。杨家峪街道辖行政村。人口5760。聚落呈团块状。有山西仁源堂药业有限公司、太原市鸡妈妈养殖有限公司。2017年被评为第五届全国文明村。通85路公交车。

140107-A11　**享堂街道**［Xiǎngtáng Jiēdào］属杏花岭区。在区境北部。面积6.33平方千米。人口3.24万。民族以汉族为主，还有回、蒙古、满等民族。辖6社区。卧虎山社区、背圪洞社区、矿机社区、享堂社区、敦化坊社区、富力城北社区。2022年，成立享堂街道。因享堂而得名。地势东北高西南低。地形平坦。年平均降水量450毫米，年平均气温9.8℃。有太原市动物园。有太原师范学院附属中学富力城小区、山西省实验小学富力分校等学校。服务业主要为仓储物流、运输。有安顺仓储物流中心、享福经贸有限公司、发润达建材有限公司等企业。交通便利。

140107-A11-J01　**享堂社区**［Xiǎngtáng Shèqū］属享堂街道，在区政府驻地巨轮街道东北2千米。面积0.51平方千米，人口15000。相传唐贞观三年（629年），天地大旱，人们为了祈雨，在此建起一座龙王庙，后陆续有人在此定居。明洪武、永乐年间，洪洞县大槐树移民就居于此，取名为

“新村凹”。后晋恭王爱妃谢氏病逝，选此地为墓地，设孝堂，建“谢氏园”，改村名为孝堂，洪洞移民成为谢氏墓地守陵人，永久定居下来。至清代，以“孝堂”村名不吉利，遂更为今名。2006年撤村建社区，有住宅楼60余栋，别墅90余处。2014年被评为山西省文明社区。通59路公交车。

140107-B01 **中涧河镇**［Zhōngjiànhé Zhèn］杏花岭区辖镇。在区境北部。面积96平方千米。人口2.9万。民族以汉族为主，还有回、蒙古、满等民族。辖8社区、14行政村。镇人民政府驻中涧河社区。1961年，分属北城区丈子头、小返人民公社；1983年8月，丈子头人民公社更名为中涧河人民公社。1984年，撤销人民公社设立乡，分属中涧河乡、小返乡。2021年，杏花岭区撤销中涧河乡、小返乡，合并设立中涧河镇。因辖区内有中涧河村而得名。地处太原东山丘陵地带，地势东高西低，地形以两沟一梁为主，南沟为涧河，北沟为枣沟河，两沟中夹一道山梁为主要耕地。山脉有太行山、李家山，境内最高峰位于李家山，海拔1670米；最低点位于后沟村，海拔1180米。年平均降水量450毫米，年平均气温9.8℃。境内河道属黄河流域。有北涧河、小返河、枣沟河流经，河流总长度21.8千米。矿产资源有珍珠岩、黑钨矿、磁铁矿、高岭石等。有中小学多所，各类艺术表演团体、文化站、卫生院多个。有市级文物保护单位牛驼寨战斗遗址。名胜古迹长沟天主堂、耿家庄天主堂、麦坪遗址等。有长沟生态园、采薇庄园、太原曦岭国际滑雪场等景点。农业以种植业为主，主产玉米、谷子、黄豆。经济作物有番茄、梨、葡萄、油料作物等。畜牧业以饲养生猪、羊、家禽为主。工业以水泥加工、制造为主。服务业以运输、仓储、旅游为主。交通有二广高速经此。

140107-B01-J01 **中涧河社区**［Zhōngjiànhé Shèqū］中涧河镇人民政府驻地。在区政府驻地巨轮街道东北2.4千米。面积1.6平方千米，人口4780。因在东、西涧河村之间而得名。2005年全村整体农转非，设中涧河社区，建有高层住宅5栋，6层住宅31栋，小二楼住宅69栋。有涧河小学、太原市杏花岭区第二中学校。2000年被评为山西省文明村。通829、202、850路公交车。

140107-B01-H01 **牛驼**［Niútuó］在区政府驻地巨轮街道东北5.6千米。中涧河镇辖行政村。人口510。初名溜柁，后外乡迁来者渐多成村，语言各异，转音牛驼。聚落呈团块状。有杏花岭区东山路小学校。有太原东山驾校、山西二一长城电器成套设备有限公司、山西鑫鸿涛建筑工程有限公司。通850路公交车。

140105 **小店区**［Xiǎodiàn Qū］太原市辖区。在市区东南部。面积290平方千米。人口135.72万。民族以汉族为主，还有回、蒙古、朝鲜等民族。辖8街道、1镇、2乡。区人民政府驻小店街道。1947年9月，改太原县为晋源县。1949年5月6日区境属外一区、外二区、晋源县。1950年2月8日属第四区、晋源县。1951年8月撤销晋源县，于汾河东置太原市第七区，驻北格镇。区境域分属太原市第四区、第七区。1954年1月2日属太原市第四区，区人民政府驻小店镇。同年6月4日第四区改名为小店区，第一区改名为南城区，今境分属小店区和南城区。1957年3月12日分属太原市郊区、南城区。1959年3月撤销郊区，属南城区。1970年3月26日撤销太原市郊区建置，新置南郊区、北郊区，区境属南郊区。区革命委员会驻小店。1984年撤销人民公社建置、恢复乡镇村建置。1997年12月12日太原市调整辖区行政区划，新设小店区。1998年1月1日小店区挂牌成立，沿用至今。此地为京西官道和平晋西官道交会处，又是西渡汾河的渡头，小店铺居多，故名。因驻地小店镇而得名。地势自东北高西南低。主要山脉有太行山支脉系舟山。最高峰海拔1217.6米，最低点海拔761米。年均气温10℃，年均降水量420毫米左右。境内河道属黄河流域。有汾河、潇河等河流流经。矿产资源有煤、黏土、铁、铝土矿、砂岩、石灰岩、石膏等。还有林地、人工牧草地。有山西大学、山西财经大学等高校。区第一中学为省级示范学校。有文化馆、图书馆、博物馆、体育馆、医院等。有省级文物保护单位延圣寺、晋恭王墓、甘露寺。有市级重点文物保护单位植佛寺、北极宫、魁星阁、真武庙等9处。

有山西省第一批省级红色文化遗址、全省第一批革命文物郑村烈士陵园。重要纪念地有小店区革命烈士陵园。有全国文明村 2 处，2011 年孙家寨村入选第三批全国文明村，2015 年贾家寨村入选第四批全国文明村。有国家 4A 级旅游景区太原九龙国际文化生态园。民间艺术有二鬼摔跤、九大套、秧歌戏、舞龙、舞狮、背铁棍、高跷等。重要古迹有白云寺、狄仁杰故里等。历史名人有唐代名相狄仁杰，明朝著名政治家、军事家王琼，现代名人有中国共产党早期党员、山西省党组织领导人革命烈士纪廷梓。区域布局城乡一体，南农北商，交通便利，“三横三纵”式城市交通主干线贯穿全区。小店区在 2018 年位列全国百强区。是太原市南移西进、北展东扩、扩容提质的核心区域，是太原与晋中联合开发的前沿阵地。三次产业比例为 0.4 ∶ 52.3 ∶ 47.3。农业主产玉米、小麦、高粱、蔬菜。工业以生产重型装备、混凝土、建材为主。有富士康（太原）工业园、太原比亚迪工业园区、山西综改示范区、太原高新技术产业开发区、太原经济技术开发区等。服务业以商贸、旅游、餐饮等为主，有茂业天地、北美新天地等商业区。有高铁站太原南站，太原武宿国际机场，公路密度位列全省第一。有太旧高速公路、G108 国道、G208 国道、大运路，石太线、南同蒲铁路等公路、铁路交通干线。有太原地铁 2 号线过境，设有西桥站、化章西街站、通达街站等站点，西桥站为南终点站。通多路公交车。

140105-E01　**太原经济技术开发区**［Tàiyuán Jīngjìjìshù Kāifāqū］位于小店区南部。前身是 1992 年成立的太原市小店经济技术开发区。同年 12 月更名为太原经济技术开发区，并批准为省级开发区。1996 年与太原高新技术产业开发区合并。2001 年升级为国家级经济技术开发区。2002 年从太原高新技术产业开发区中分设出来，单独运行。总体控制规划面积 50 平方公里。区内以十字轴作为基本骨架，并建立“一心两环、七组团”格局，分为生活配套区、现代物流区、生物制药园、信息产业园、新材料工业园、食品工业园、机电工业园等功能园区。管委会位于龙盛街 1 号。

140105-E02　**太原高新技术产业开发区**［Tàiyuán Gāoxīnjìshùchǎnyè Kāifāqū］位于小店区南部。创建于 1991 年。1992 年批准成为国家级高新区，是全国 54 个国家级高新区之一。总规划面积 60.8 平方公里，由新建区和政策区两部分组成。周边毗邻山西大学等多所高等学府和中科院山西煤化所、中国辐射研究院等科研院所。园区内集聚了全省三分之二以上的信息技术产业。管委会位于高新街 19 号。

140105-K01　**亲贤北街**［Qīnxián Běijiē］在小店区北部。西起滨河东路，东至建设南路。与平阳路、长治路、体育路、并州南路相交。长 3.5 千米，宽 40 米。沥青路面。1964 年建成。1985 年东延至建设南路，西延至平阳路。2014 年西延至滨河东路。因在亲贤村北得名。两侧有山西财经大学（西校）、水工大厦、王府井百货、百盛购物中心、茂业天地、太原二十七中等。通 822、817 路等公交车。

140105-K02　**太堡街**［Tàibǎo Jiē］在小店区北部。西起并州南路，东至双塔南路。与建设南路相交，长 1 千米，宽 14 米。因位于西太堡村得名，原称西太堡南街，1982 年更名为太堡街。两侧有中国共产党山西省电力公司党校、山西众合医疗科技有限公司、太堡街社区便民综合市场、山西省一零九医院等。通 837、873 路等公交车。

140105-K03　**学府街**［Xuéfǔ Jiē］在小店区中部。西起滨河东路，东至太榆路。与坞城路、体育路、长治路、平阳路相交。长 4.6 千米，宽 50 米。沥青路面。1982 年拓宽取直，1985 年建成。曾用名坞城东街、坞城西街。因位于山西大学北侧得名，有学问荟萃之所之意，故名。两侧有华宇百花谷、学府公园、太原市五十一中、山西煤炭中心医院等。通 57、13 路等公交车。

140105-K04　**晋阳街**［Jìnyáng Jiē］在小店区中部。西起滨河东路，东至太榆路。与坞城路、体育路、长治路、平阳路相交。长 5.4 千米，宽 50 米。沥青路面。1958 年建，1982 年取直拓宽。曾用名晋纺街，后取太原古地名晋阳，两侧有太原融创中心、山西财经大学、北美新天地 N1 艺术购物中心、山西省实验中学等。通 55、56 路等公交车。

140105-K05　**电子街**［Diànzǐ Jiē］在小店区

中部。西起坞城南路，东至马练营路。长 2.3 千米，宽 40 米。沥青路面。2013 年建成。因沿街电子企业较多得名。两侧有富士康、中国煤炭科工集团太原研究院有限公司、山西长城微光器材股份有限公司、通泽重工、太重煤机工业园、太重铁路工业园等企业。通 877（外环）、305 路等公交车。

140105-K06 **康宁街**［Kāngníng Jiē］在小店区南部。西起人民北路，东至坞城南路。与真武路、平阳南路等相交。长 1.9 千米，宽 60 米。沥青路面。因寓意康福安宁得名。1979 年始建，2000 年拓宽，2001 年建成。两侧美都汇购物广场、小店区自然资源局等。通 303、305 路等公交车。

140105-K07 **康宁西街**［Kāngníng XīJiē］在小店区境南部。西起汾东北路，东至人民南路。长 0.4 千米，宽 60 米。沥青路面。1979 年始建，2000 年拓宽，2001 年建成。两侧有太原市小店区第三中学等。通 303、305 路等公交车。

140105-K08 **昌盛街**［Chāngshèng Jiē］在小店区南部。西起人民北路与人民南路交叉口，东至坞城南路。与真武路相交。长 2 千米，宽 26.5 米。沥青路面。1970 年建，1985 年拓宽取直。是小店区中轴街巷，两侧有太原市和谐公园、宝莲寺、小店区一中等。通 303、305 路等公交车。

140105-K09 **昌盛西街**［Chāngshèng Xījiē］在小店区南部。西起滨河东路，东至人民北路。与迎园南路，通汇路相交，长 1 千米，宽 50 米。沥青路面。原称为西大街，是通往汾河桥并连通河东河西的乡村道路。寓意小店繁荣昌盛，位于人民路西部，故名昌盛西街。1982 年改建，1983 年改造完成。两侧有金苹果幼儿园，汇丰国际等。通 13、839 路等公交车。

140105-K10 **通达街**［Tōngdá Jiē］在小店区南部。东起坞城南路，西至人民南路。与真武路相交。长 1.3 米，宽 50 米。沥青路面。1995 年建成。2003、2006 年拓宽改造。两侧有小店区交通运输局、太原供水集团小店营销分公司等。通 839 支、307 路等公交车。

140105-K11 **通达西街**［Tōngdá XīJiē］在小店区南部。西起通达桥，东至人民南路。与永康南路相交，长 1.5 千米，宽 50 米。沥青路面。寓意亨通显达。通 79、301 路等公交车。

140105-K12 **正阳街**［Zhèngyáng Jiē］在小店区南部。西起坞城南路，东至太原晋中边界。与坞城南路、武洛南路相交。长 6.4 千米，宽 36 米。沥青路面。寓意光明大道。2003 年始建。两侧有正阳街小学、昌盛公园、太原市闻励实验学校、晋阳学堂、山西省地税和利印刷厂。通 304、313 路等公交车。

140105-K13 **汾东北路**［Féndōng BěiLù］在小店区西南部。北起电子西街，南至昌盛西街。与富康街、滨河东路、康宁街等相交。长 1.7 千米，宽 40 米。沥青路面。1972 年建。因在汾河东侧，且为道路北段，故名。两侧有楼凰园、中铁十七局集团中心医院、小店区三中、小店区一中、太原市中心医院、玉带园等。通 13 、906 路等公交车。

140105-K14 **汾东南路**［Féndōng Nánlù］在小店区西南部。北起昌盛西街，南至二广高速桥下。与通达街、正阳街、化章西街、汾东大街、贾家寨街相交。长 6.6 千米，宽 50 米。沥青路面。因在汾河东侧，且为道路南段，故名。2015 年汾东南路南端向南延伸至太长高速桥下，2016 年正式命名，沿用至今。两侧有汾河、山西省农业科技示范园区、李家庄游园等。通 306、906 路等公交车。

140105-K15 **人民北路**［Rénmín Běilù］在小店区西南部。北起电子西街，南至昌盛街。与康宁街、晨光西街、先锋路等相交。长 1 千米，宽 50 米。沥青路面。原为太原至徐沟小店段西官道。民国称西汽道。1987 年拓宽，铺设沥青，寓意人民当家做主。两侧有太原警官职业学院、人民游园、中铁十七局集团中心医院等。

140105-K16 **人民南路**［Rénmín Nánlù］在小店区西南部。北起昌盛西街与昌盛街交叉口，南至二广高速桥下。与惠远西街、通达西街、正阳街等相交。长 6.6 千米，宽 50 米。沥青路面。两侧有育才小学、太原市小店区革命烈士纪念馆等。通 870 路公交车。

140105-K17 **真武路**［Zhēnwǔ Lù］在小店区南部。北起龙城大街桥洞，南至汾东大街。与昌盛街、电子街、康宁街等相交。长 8.6 千米，宽 50 米。沥青路面。2008 年始建，2012 年建成。因有真武庙得名。两侧有太原市和谐公园、山西工商职业学院。通 836、79 路等公交车。

140105-N01 **跻汾桥**［Jīfén Qiáo］在小店区南部。太原城市规划主城区南端的一座专用人行桥，是省城首座大跨度景观步行桥。东起学府街，跨越汾河，西与长风商务区文化岛相接，整个桥体采用全钢结构，全长 1.1 千米，桥面单幅宽 6 米。其造型为两条纽带，双弧交叉的桥面与连续变化的连接杆件，形成了一个 DNA 分子的空间结构，蕴含着新旧传承的含义，被誉为架在汾河上的“摇篮”。2013 年投入使用，因为它是一座专用人行桥。“跻”有登、上升之义。跻汾就是登临汾河“绰约岸桃堤柳近，波万顷，碧琉璃，镜样平”之意，故名。

140105-N02 **南峪桥**［Nányù Qiáo］在晋源区西南部。两侧有大元关帝庙、观音寺、五道庙、龙王庙、枣园头天主堂等。长度 40 米，最大跨度 40 米。1996 年建成，桥梁全长 40 米，桥面净宽 7 米。

140105-A03-L01 **狄公巷**［Dígōng Xiàng］在小店区东南部。北起狄村街，南至太原衬衫厂宿舍。长 0.25 千米，宽 7 米。两侧有狄仁杰文化公园、小店区双塔中心医院等。

140105-R01 **太原南站**［Tàiyuánnánzhàn］见交通运输设施部分“太原南站”条。

140105-A01 **小店街道**［Xiǎodiàn Jiēdào］小店区人民政府驻地。在区境中心部。面积 37.5 平方千米。人口 8.74 万。民族以汉族为主，还有回、蒙古、藏等民族。辖 25 社区。小店街道历史上一直为古晋阳县、平晋县、太原县所辖。1951 年 4 月，晋源县划入太原市，汾河以东地区设立第七区，区政府驻北格，境域属第七区管辖。1958 年 9 月，小店乡改为人民公社建制，称为金星人民公社，1984 年，撤销人民公社恢复小店镇建制。1998 年，新设小店区，小店镇为小店区政府驻地。2001 年 2 月，撤销小店镇，设小店街道。因汾河渡头东岸多商铺店面而得名。地形平坦，平均海拔 800 米。年平均气温 10℃，年降水量 420 毫米左右。有汾河流经。有小店区一中、小店区三中、山西工商学院等学校多所，各级各类医疗卫生机构、艺术表演团体、健身场所多个。有小店区区政府、中铁十二局集团二处、中铁十七局集团一处和五处、中铁十七局中心医院、煤炭部第七工程处、国营 4370 厂、国营 4382 厂等。标志性建筑物有小店区图书馆、小店区档案馆、小店区展览馆、小店区体育馆、妇儿发展中心、文体活动中心、武装训练中心。建有和谐公园。有宝莲寺、圆照寺、真武庙、三观庙等建筑。有国家级非物质文化遗产小店牺汤。有全国文明村 2 处。2011 年孙家寨村入选第三批全国文明村，2015 年贾家寨村入选第四批全国文明村。有舞龙、舞狮、高跷、背棍、秧歌等民间艺术。农业以种植业为主，主产小麦、玉米、高粱。经济作物有番茄、白菜、大葱等。是太原市重要的农副产品生产基地。工业以建材、汽车零件、农副产品加工为主。服务业以物流、零售、服装为主。有康宁商城、万马仕商贸城、美都汇购物广场等。交通便利，有 G55 高速、G208 国道过境，设有小店收费站。有太原—太谷线。有太原地铁 2 号线过境，设有康宁街站、通达街站、化章西街站、西桥站。通多路公交车。

140105-A01-J01 **康宁街社区**［KāngníngJiē Shèqū］属小店街道。在区政府驻地小店街道北 1.6 千米。面积 2.8 平方千米。人口 16400。取福寿康宁之意而得名。2003 年成立，有居民小区 31 个。有小店区卫生和计划生育局等。2014 年被评为山西省文明社区。通 G7、870 路公交车。

140105-A01-J02 **汾东南路社区**［Féndōng nánlù Shèqū］属小店街道。在区政府驻地小店街道北 660 米。面积 3.2 平方千米。人口 16330。因辖区地理位置位于汾东南路而得名。2003 年成立。有居民小区 73 个。有小店区经济和信息化局、小店区政协、小店区教育局、小店区一中学校等。2014 年被评为山西省文明社区。通 870、836 路公交车。

140105-A01-J03 **永康北路社区**［Yǒngkāng běilù Shèqū］属小店街道，在区政府驻地小店街道西北 1.4 千米。面积 3.89 平方千米。人口 24000。因所辖区域和办公地在永康北路而得名。2003 年成立，有居民小区 49 个。有小店区人民政府。2014 年被评为山西省文明社区。通 301、

79 路公交车。

140105-A01-J04 **贾家寨社区** [Jiǎjiāzhài Shèqū] 属小店街道。在区政府驻地小店街道西南 4 千米。人口 1700。相传建于明代，原为明代太原县九营十八寨之一，又因贾姓而得名。明嘉靖《太原县志》卷 1《堡寨》有贾家寨堡。2014 年设贾家寨社区。有贾家寨学校、北京大学第一医院太原医院。有木瓜、枣子、葱、绿苹果、西兰花，为太原市最大的无公害蔬菜生产基地。2014 年被评为全国文明村。通 906、306 路公交车。

140105-A01-J05 **孙家寨社区** [Sūnjiāzhài Shèqū] 属小店街道。在区政府驻地小店街道西南 5.3 千米。面积 3.88 平方千米，人口 3670。明代建村，原为明代太原县九营十八寨之一，又因孙姓而得名。明嘉靖《太原县志》卷 1《堡寨》有孙家寨堡。2020 年设孙家寨社区。有孙家寨小学等。2014 年被评为全国文明村。通 906、306 路公交车。

140105-A01-I01 **恒大绿洲** [Héngdàlǜzhōu] 属小店街道。在区政府驻地小店街道东北 2.1 千米。面积 72.2 公顷，人口 32270。因开发商为恒大地产，秉承珍重自然、利用自然、因势利导的规划设计理念，志向打造湖景园林小区而得名。2011 年始建，为太原市迄今为止开发速度最快的超大规模社区。有恒大小学。通 79 路公交车。

140105-A02 **坞城街道** [Wūchéng Jiēdào] 属小店区。在区境中部偏北。面积 5.55 平方千米。人口 12 万。民族以汉族为主，还有回、满、蒙古、朝鲜、土家等民族。辖 18 社区。1961 年，设坞城城市人民公社，属南城区；1979 年，撤销坞城人民公社，设坞城街道。1997 年 5 月，属小店区。因办事处驻坞城村故名。地形状况平坦。年平均气温 10℃，年降水量 420 毫米左右。有山西大学、山西财经大学等学校多所，各级各类医疗卫生机构、艺术表演团体、体育场所多个。有全省第二批革命文物山西大学毛泽东塑像。有山西省社会科学研究院、中共山西省委党校、华北卫生研究七所等。有全晋会馆、山西省公路局、山西武警总队医院等。有学府公园等景点。工业以电力、建筑、仪器制造为主。有太原航空仪表有限公司、山西省电建三公司等。服务业以商贸、零售为主。有北美 N1 商场、中环商贸城、国美电器等。交通便利。通多路公交车。

140105-A02-J01 **山西大学社区** [shānxīdàxué Shèqū] 属坞城街道，在区政府驻地小店街道东北 8.4 千米。面积 1.3 平方千米。人口 13000。因山西大学而得名。2003 年成立，有住宅楼院 4 处，楼房 66 栋。有山西大学、山西大学附属子弟小学。2014 年被评为全国文明社区。通 870、868 路公交车。

140105-A02-J02 **国际大都会社区** [Guójìdàdūhuì Shèqū] 属坞城街道，在区政府驻地小店街道北 7.1 千米。面积 0.24 平方千米。人口 5300。以所辖国际大都会居民小区而得名。2002 年成立，有住宅楼 70 栋，多为高层。2014 年被评为山西省文明社区。通 807、G7 路公交车。

140105-A02-J03 **太航社区** [Tàiháng Shèqū] 属坞城街道，在区政府驻地小店街道北 10.3 千米。面积 0.54 平方千米。人口 13150。“太航”为太原航空仪表厂简称，以所辖太航小区而得名。2000 年成立，有住宅楼 82 栋。有太原市太航医院、太原二十七中学校等。2014 年被评为山西省文明社区。通 864、870 路公交车。

140105-A03 **营盘街道** [Yíngpán Jiēdào] 属小店区。在区境东北部。面积 5.38 平方千米。人口 11.1 万。民族以汉族为主，还有回、满、蒙古、维吾尔等民族。辖 21 社区。1953 年 11 月 26 日，设狄村乡，划归第四区管辖。1960 年成立双塔城市人民公社，归南城区管辖。1979 年 1 月，双塔城市人民公社更名为双塔街道，办事处驻狄村正街 83 号。1998 年双塔街道划归小店区。1999 年 12 月，因街道辖大营盘、二营盘等军事地名，故改名营盘街道。地势平坦。年平均气温 10℃，年降水量 420 毫米左右。有太原旅游职业学校等学校多所，各级各类医疗卫生机构、艺术表演团体、健身场所多个。有青龙电脑城、赛格数码港、山西省司法厅、山西省体育局等单位。有唐槐公园。有市文物保护单位南十方院。标志性建筑物有财富国际大厦、阳光科技大厦。服务业以旅游业、商贸为主。有美特好超市、王府井百货大楼、茂业天地等。交通便利，有太原地铁 2 号线过境，设有南内环站、王村南街站。有建南汽车站，通多路公交车。

140105-A03-J01 **东岗路一社区** [Dōnggǎng luyī Shèqū] 属营盘街道。在区政府驻地小店街道北 12 千米。面积 0.18 平方千米。人口 6190。因是在东岗路成立的第一个社区居委会而得名。2001 年成立，有住宅楼院 9 处。有山西省政法管理干部学院等。2014 年被评为山西省文明社区。通 870、825 路公交车。

140105-A03-J02 **并州南路西一巷社区** [Bīn zhōunánlùxīyīxiàng Shèqū] 属营盘街道，在区政府驻地小店街道北 11 千米。面积 0.29 平方千米。人口 9540。因在并州南路西侧而得名。2000 年成立，有住宅楼院 12 个。2014 年被评为山西省文明社区。通 870、816 路公交车。

140105-A03-J03 **狄村社区** [Dícūn Shèqū] 属营盘街道。在区政府驻地小店街道东北 11.3 千米。面积 5.46 平方千米，人口 3410。为唐代名相狄仁杰故里，社区居民委员会驻狄村而得名。清康熙《阳曲县志》卷 3《村落》载：“狄村”。有住宅楼院 3 处。有山西中医药大学第三中医院。辛亥革命时，起义军曾在狄村大操场誓师，是山西辛亥革命推翻清王朝的策源地之一。通 831、870 路公交车。

140105-A04 **北营街道** [Běiyíng Jiēdào] 属小店区。在区境东部。面积 24.34 平方千米。人口 4.5 万。民族以汉族为主，还有回、满、蒙古、朝鲜、壮、黎、彝、达翰尔等民族。辖 19 社区、1 行政村。1949 年 4 月 24 日太原解放后，地域仍属太原市外二区管辖。1961 年，设北营城市人民公社，属南城区。1979 年，撤销北营城市人民公社，设北营街道。1998 年，属小店区。2000 年 1 月，将黄陵乡并入北营街道。因北营村而得名。地形平坦，平均海拔 800 米。年平均气温 10℃，年降水量 420 毫米左右。有山西大学东山校区、太原市综合高级中学等学校多所，各级各类医疗卫生机构、艺术表演团体、健身场所多个。有省级文物保护单位晋恭王墓。有南坪头遗址。有山西省电力公司电力设备厂、北营火车站、东山五龙生态森林公园。农业以种植业为主，主产小麦、玉米。经济作物有番茄、桃、酥梨等。工业以轻工业为主。服务业以物流、运输为主。有华宇物流、苏泊尔物流仓储库等。交通便利，有高速 G2003 和同蒲、石太客运专线铁路过境，设太原南站。通多路公交车。

140105-A04-J01 **老峰社区** [lǎofēng Shèqū] 属北营街道。在区政府驻地小店街道东北 11 千米。人口 450。因明代晋恭王朱棡墓而得名为老坟，峰与坟谐音，故名。有第六批省级文物保护单位晋恭王墓，为明代晋恭王朱棡的墓葬。成化《山西通志》卷 5《祠庙》载：“晋恭王墓，在太原县东三十五里，驼山之阳，洪武三十一年（1398 年）葬，使封王也。”有山西大学（东山校区）等。通 86、315 路公交车。

140105-A05 **平阳路街道** [Píngyánglù Jiēdào] 属小店区。在区境西北部。面积 7.92 平方千米。人口 11.1 万。民族以汉族为主，还有回、满、蒙古等民族。辖 14 社区。1950 年 2 月，太原市外一、外二区合并为第四区，境域属第四区管辖。1953 年 11 月设亲贤乡，境域仍属第四区管辖。1958 年 10 月，亲贤乡改为亲贤人民公社。1984 年 5 月，亲贤人民公社复制为亲贤乡。2000 年，小店区亲贤乡改为平阳路街道。因境内主干道“平阳路”而得名。地形平坦。年平均气温 10℃，年降水量 420 毫米左右。有汾河流经。有山西省邮电学校、太原市四十八中等学校多所，各级各类医疗卫生机构、公共图书室多个。有 207 所、6904 工厂、山西省检察院、省计生委、省地质勘探院等。标志性建筑物有和信摩尔百货大楼、长风大厦等。先后完成了平阳路修缮、学府街改造及主要交通路口绿化。工业以轻工业为主。服务业以餐饮为主。交通便利，有太原地铁 2 号线过境，设有长风街站。通多路公交车。

140105-A05-J01 **207 所社区** [207Suǒ Shèqū] 属平阳路街道。在区政府驻地小店街道北 9 千米。面积 0.48 平方千米。人口 7220。以所辖中国兵器工业集团第二零七研究所而得名。2003 年成立，有住宅楼院 11 处。有山西煤炭中心医院等。2014 年被评为山西省文明社区。通 849、816、6 路公交车。

140105-A05-J02 **文华苑社区**［Wénhuáyuàn Shèqū］属平阳路街道。在区政府驻地小店街道北 9.3 千米。面积 0.37 平方千米。人口 8260。以文华苑住宅小区为主组建社区，故名。2003 年成立，有住宅楼院 14 处。有太原市第四实验小学校、文华中学等。2014 年被评为山西省文明社区。通 G7、13 路公交车。

140105-A05-J03 **亲贤社区**［Qīnxián Shèqū］属平阳路街道。在区政府驻地小店街道北 9.5 千米。面积 0.4 平方千米。人口 14920。康熙《阳曲县志》卷 3《建置志》有“亲贤村”，取《礼记·中庸》“仁者人也，亲亲为大；义者宜也，尊贤为大”之意而得名。2005 年成立，由亲贤村改制为亲贤社区。有亲凤苑、亲贤苑、长风画卷、百万庄园 4 个居住小区。2014 年被评为山西省文明社区。通 103、861 路公交车。

140105-A06 **黄陵街道**［Huánglíng Jiēdào］属小店区。在区境东部。面积 17.7 平方千米。人口 2.79 万。民族以汉族为主，还有回、满、蒙古等民族。辖 11 社区、1 行政村。1949 年 4 月 24 日太原解放，境域仍属太原市外二区管辖。1984 年 5 月，设黄陵乡，属南郊区。1997 年 5 月，属小店区。2000 年 1 月，撤销黄陵乡，设黄陵街道。黄陵原名王陵，因王、黄音近，后演化名为黄陵而得名。地势东高西低。地形为丘陵、平川。平均海拔 800 米。年平均气温 10℃，年降水量 420 毫米左右。有煤炭、石膏等矿产资源。有山西财贸学校、太原二中等学校多所，各级各类卫生医疗机构、公共图书室多个。有东航山西分公司、民航山西集团公司、民航山西省空管局、民航山西省油料公司等。有山西省第一批省级红色文化遗址、全省第一批革命文物郑村烈士陵园。有全省第二批革命文物解放太原战斗五龙沟遗址。有东峰遗址、史匡翰墓碑等遗迹。有山西省荣军医院、普国大厦等。先后完成马练营路北沿、荣军北街改造及主要交通路口绿化。农业以种植业为主，主产小麦、玉米。经济作物有酥梨、核桃、苹果等。工业以轻工业为主。有太原五金工具厂、太原木材公司等。服务业以物流、旅游为主。有物流园区、东山观光旅游区。交通便利。有同蒲铁路过境，设有太原南站。有高速 G2003 和 G108 国道过境。有太原武宿国际机场。通多路公交车。

140105-A06-J01 **民航社区**［Mínháng Shèqū］属黄陵街道。在区政府驻地小店街道东北 7 千米。面积 0.62 平方千米。人口 5800。因太原武宿机场附近民航小区而得名。有住宅楼院 10 处。有太原市第三实验中学校、太原武宿国际机场等。2014 年被评为山西省文明社区。通 G4、903 路公交车。

140105-A06-J02 **郑村社区**［Zhèngcūn Shèqū］属黄陵街道。在区政府驻地小店街道东北 8 千米。人口 2600。明清有堡城环村，名郑家堡，后堡城湮没，演变为郑村，后改社区。有省、市、区三级爱国主义教育基地郑村烈士陵园，是将孟家井、王虎梁、北格等地散葬的在太原解放战役城南之战中牺牲的人民解放军将士迁葬于此，有墓冢 1265 座，共安葬烈士 1532 名。通 916、86 路公交车。

140105-A07 **龙城街道**［Lóngchéng Jiēdào］属小店区。在区境中部偏北。面积 13.71 平方千米。人口 7.84 万。民族以汉族为主，还有回、满、蒙古等民族。辖 15 社区。1949 年属太原市外二区。1953 年属太原市第四区。1954 年属小店区。1957 年属郊区。1959 年属南城区。1963 年属郊区。1970 年属南郊区。1984 年 5 月分属黄陵乡、小店镇。1997 年属小店区。2000 年 1 月分属黄陵街道、小店街道。2013 年划出黄陵街道、小店街道部分区域组建龙城街道。因辖区内有龙城大街而得名。地形平坦、平均海拔 800 米。年平均气温 10℃，年降水量 420 毫米左右。有山西体育职业学院、山西工商学院等、太原市第三实验中学校学校多所，各级各类医疗卫生机构、艺术表演团体、健身场所多个。有山西白求恩医院、太原市道路运输管理局、山西省政务服务中心。有嘉节真武庙、西吴北极宫等建筑。农业以种植业为主，主产小麦、玉米。工业以轻工业为主。服务业以餐饮为主。交通便利。先后完成龙城大街改造、马练营路建设及主要交通路口绿化。有太原地铁 2 号线过境设站，设有嘉节站、电子西街站、龙城公园站。通多路公交车。

140105-A08 **学府街道**［Xuéfǔ Jiēdào］属

小店区。在区境中部偏东。面积 8.84 平方千米。人口 10.39 万。民族以汉族为主。辖 7 社区。2021 年设立学府街道。因学府园区而得名。地势平坦。年平均气温 10℃，年降水量 420 毫米左右。包括太原高新区学府园区和汾东拓展区两部分。有 112 座楼宇、2 万余家注册企业。发展总部经济、文化创意及大数据、云计算、物流网等产业。有高新公园、诚信广场、数码小游园等游园。工业有建材、制药等企业，有山西华达石材有限公司、振东泰盛制药有限公司等。高科技产业发达，发展智能家电、虚拟现实技术等，有山西智杰软件工程有限公司、山西方天圣华数字科技有限公司等。交通便利，通多路公交车。

140105-B01　**北格镇**［Běigé Zhèn］小店区辖镇。在区境东南部。面积 67.6 平方千米。人口 4.79 万。民族以汉族为主，还有彝、苗、羌、哈尼等民族。辖 16 行政村。镇人民政府驻北格。1949 年，属太原市第七区。1953 年仍属太原市第七区。1954 年，属太原市小店区。1957 年，属太原市郊区。1958 年，属太原市南城区柳巷人民公社。1961 年，属太原市晋源区，设北格人民公社。1963 年，复属太原市郊区。1970 年，属太原市南郊区。1984 年 5 月，撤销北格人民公社，设北格镇。1997 年 5 月，属太原市小店区。因位于大阁寺之北而得名。地形平坦，平均海拔 800 米。年平均气温 10℃，年降水量 420 毫米左右。境内河流属黄河流域。有潇河、汾河流经。有中学 1 所。有山西应用科技学院、山西工商学院（南校区）高校 2 所。各类各级医疗卫生机构、艺术表演团体、公共图书室多个。有省级文物保护单位甘露寺。有市级文物保护单位辛村植福寺、魁星阁、紫竹林。古迹有流涧六祖寺、天主教堂等。其中，流涧六祖寺是我国北方纪念佛教禅宗六祖的唯一寺院。有北格集会、流涧“牺汤”、东蒲舞龙、舞狮、背棍、锣鼓等传统民俗，流行于北格镇及其周边地域。有华辰农耕园等旅游景点。农业以种植业为主，主产玉米、小麦、高粱。经济作物有白菜、菠菜、豆角、枣等。畜牧业以饲养生猪、牛、羊、家禽为主。工业以农副产品加工、装备制造、新能源为主。有潇河产业园区在境内。服务业以商贸、餐饮为主。交通便利，有太中银线、大西铁路，二广高速、太长高速公路、G208 国道，榆次—古交、太原—太谷路经此。

140105-B01-H01　**北格**［Běigé］北格镇人民政府驻地。在区政府驻地小店街道西南 10.7 千米。人口 4180。明代时是太原、榆次、徐沟三县粮食集散大镇，明代洞涡水暴涨，将镇冲为两半，因在金阁寺北，故得名北阁，后演变为今名。嘉靖《太原县志》卷 1《烽堠》有“北格墩”。聚落呈团块状。有魁星阁，俗称大阁寺。有北格小学、北格镇一中、山西工商学院（北格校区）、北格镇卫生院。通 303、305 路公交车。

140105-B01-H02　**西蒲**［Xīpú］在区政府驻地小店街道西南 7.4 千米。北格镇辖行政村。人口 1360。相传此地为晋阳湖空出来的地方，盛产蒲草，位于蒲草地之西，故名。聚落呈团块状。有第六批省级文物保护单位西蒲甘露寺，现存山门、过殿、正殿为清代建筑遗构，两侧为民国时期建筑遗构。通 906、306 路公交车。

140105-C01　**西温庄乡**［Xīwēnzhuāng Xiāng］小店区辖乡。在区境东部。面积 60.68 平方千米。人口 2.36 万。民族以汉族为主，还有回、蒙古、满等民族。辖 21 社区。乡人民政府驻西温庄。历史上一直为古晋阳县、太原县所辖。1949 年，属晋源县。1951 年，属太原市第七区。1953 年，设西温庄乡。1954 年，属太原市小店区。1957 年，属太原市郊区。1958 年，属太原市南城区柳巷人民公社。1961 年，属太原市晋源区，设西温庄人民公社。1963 年，复属太原市郊区。1970 年，属南郊区。1984 年，撤销西温庄人民公社，设西温庄乡。1997 年 5 月，属小店区。因驻地西温庄乡得名。地形平坦、平均海拔 800 米。年平均气温 10℃，年降水量 420 毫米左右。有中小学多所，各级各类医疗卫生机构、艺术表演团体、健身场所多个。境内有清代天主教堂 3 座。有省转型综合改革示范区所属太原武宿综合保税区、山西科技创新城（核心区）、太原唐槐园区位于境内。有“二鬼摔跤”、舞龙、旱船、锣鼓等民间艺术。农业以种植业为主，主产玉米、小麦、高粱。经济作物有番茄、豆角、葡萄等。畜牧业以饲养生猪、牛、羊、家禽为主。工业以农副产品加工为主。服务业以商贸为主。交通有石太铁路过境。通多路公交车。

140105-C01-H01 **西温庄**［Xīwēnzhuāng］西温庄乡人民政府驻地。在区政府驻地小店街道东4.6千米。人口3930。相传明代因有文姓千户，称千文镇，后改为温泉镇。明末李自成率军路过此地，镇内靳姓大家族进行反抗，几乎被杀绝，部分遗留居民迁至镇东，起名为东温庄，旧村称西温庄。聚落呈团块状。有西温庄小学、西温庄乡卫生院。通307路公交车。

140105-C01-J01 **武宿社区**［Wǔsù Shèqū］属西温庄乡。在区政府驻地小店街道东北7.5千米。人口4140。因驻地而得名。相传始建于宋代，原名永兴，为宋代兵马教场，为太原通往榆次必经之路，有驻军昼夜巡守，改为武宿。嘉靖《太原县志》卷首《县境乡村之图》有武宿。聚落呈团块状。有武宿小学、西温庄乡二中、太原武宿国际机场等。通903、902路公交车。

140105-C02 **刘家堡乡**［Liújiābǎo Xiāng］小店区辖乡。在区境西南部。面积46平方千米。人口4万。民族以汉族为主，还有蒙古、回、满等民族。辖13行政村。乡人民政府驻刘家堡。1949年，属晋源县。1951年，属太原市第七区。1953年，设刘家堡乡。1954年，属太原市小店区。1957年，属太原市郊区。1958年，属太原市南城区柳巷人民公社。1961年，属太原市晋源区，设刘家堡人民公社。1963年，复属太原市郊区。1970年，属太原市南郊区。1984年，撤销刘家堡人民公社，设刘家堡乡。1997年5月，属小店区。因驻地刘家堡村得名。地形平坦，平均海拔800米。境内河道属黄河流域。有汾河、潇河流经此地。年平均气温10℃，年降水量420毫米左右。有刘家堡乡一中等中小学多所，各级各类卫生医疗机构、艺术表演团体、公共图书室多个。有王琼故里·非遗文化街、天主教圣安多尼教堂等建筑。农业以种植业为主，主产玉米、小麦、高粱为主。经济作物有番茄、豆角、生菜、枣等。畜牧业以饲养生猪、牛、羊为主。工业以农产品加工为主。服务业以商贸为主。交通便利，有京昆高速、G208国道经此。通多路公交车。

140105-C02-H01 **刘家堡**［Liújiābǎo］刘家堡乡人民政府驻地。在区政府驻地小店街道西南12.4千米。人口2200。相传五代后汉高祖刘知远在后晋任太原节度使、北平（太原）留守、北平王时曾在此筑堡屯兵，俗称堡儿上。明代中后期，刘知远筑堡屯兵处逐渐发展成为一个独立的村，约在明嘉靖年间始称刘家堡。聚落呈团块状。为明代尚书王琼故乡。有刘家堡乡一中、刘家堡乡卫生院。通906、306路公交车。

140106 **迎泽区**［Yíngzé Qū］太原市辖区。在市区中部偏东。面积117平方千米。人口59.42万。民族以汉族为主，还有回、满、蒙古等民族。辖6街道、1镇。区人民政府驻柳巷街道。1950年为第一区。1954年更名为南城区，1960年撤南城区改公社。1961年复置南城区。1997年更名迎泽区。因明太原府城迎泽门得名。地势东高西低。东部土石山区，中部黄土丘陵阶地区，西部冲积平原区。地形平坦。最高峰海拔1604米。最低点海拔781.7米。年平均降水量450毫米，年平均温度7—10℃。境内河道属黄河流域。有汾河、南沙河、马庄河等河流流经。矿产资源有煤、石灰岩、石膏、黏土等。其他自然资源有浅水层地下水资源。有全国（全省）著名的科研机构4座，有山西医科大学、山西老年大学等高等院校。有中小学48所。有太原市成成中学校、太原市第五十二中学校、太原市第五中学校、太原市第三十九中学校、太原市第三十七中学校。有文化馆、公共图书馆、博物馆、体育馆等。各类医疗卫生机构31个，其中综合医院6所，中医院2所。有全国重点文物保护单位纯阳宫、太原清真古寺、文庙等9处。有省级文物保护单位太原文瀛湖辛亥革命活动旧址、孟家井瓷窑遗址。有山西省第一批省级红色文化遗址中共太原支部旧址（彭真生平暨中共太原支部旧址纪念馆）、革命烈士纪念塔、太原双塔革命烈士陵园3处。有全省第一批革命文物中共太原支部旧址、太原双塔革命烈士陵园、太原文瀛湖辛亥革命活动旧址、孙中山纪念馆4处。有市级文物保护单位松庄慈云寺、白云寺、万寿宫、亨升久旧址等25处。省级爱国主义教育基地中国共产党太原支部旧址。地方特色民间艺术有武社火、铁棍、背棍、高跷等。有国家级非物质文化遗产琉璃烧制技艺。省级非物质文化遗产老鼠窟元宵、太原庙前高跷等5项。重要的名胜古迹有永祚寺、纯阳宫、崇善寺大悲殿、天主教堂、山西大学堂旧址及唱经楼等。重要的纪念地有双塔革命烈士陵园、王家峰北齐墓群、太原文瀛湖辛亥革命活动旧址等。国家4A级旅游景区汾河公园。有全国文明村1处，2020年董家庄村入选第六批全国文明村。有历史文化风貌区4处，包括文庙——文瀛湖历史风貌区、迎泽大街历史风貌区、城西水泵历史文化风貌区南段，以及百年商市街巷钟楼街、开化寺、桥头街、柳巷。有“中华老字号”酱肉店“六味斋”、醋坊“益元庆”、糕点铺“稻香村”、“亨升久”鞋店、“亨得利”钟表行等百年老店，以及“食品街”帽儿巷，新兴商市“朝阳街”。有迎泽公园、文瀛湖公园、傅山碑林公园、双塔公园。三次产业比0.04 ∶ 12.99 ∶ 86.98。农业以种植业为主，主产玉米、马铃薯。经济作物有蔬菜及食用菌等。土特产品有六味斋酱肉、老鼠窟元宵、老香村糕点、清和元头脑等。工业以食品制造、印刷、烟草制品、非金属矿物制品等为主。服务业以金融、批发零售、餐饮住宿为主。另有省级民营经济技术开发区。交通有同蒲铁路过境，设太原火车站。北京—昆明线、黄骅—银川线国道，太原绕城高速公路、二连浩特—广州高速，有太原市长途汽车站。有太原地铁2号线过境，设有体育馆站、大南门站、开化寺站。通多路公交车。

140106-E01 **太原市民营经济开发区**［Tàiyuánshì Mínyíngjīngjì Kāifāqū］位于迎泽区、杏花岭区东部。1995年成立。1997年被省政府批准为省级经济开发区，是经太原市政府确定的与WTO接轨的示范区。全区分为基础区和工业新区两部分。目前已形成以新和机械、三晋药业为龙头的工业产业集群；以东客站为中心的客运产业集群；以盛唐、迎泽为典型的现代物流产业集群；以朝阳鞋城、海天汽配为代表的商贸产业集群四大产业集群。管委会位于五龙口街159号。

140106-F01 **五一广场**［Wǔyī Guǎngchǎng］在迎泽区境北部。北侧为五一路，南侧为并州北路。总面积3.7万平方米。原为太原府城首义门城楼及瓮城所在地。解放战争中首义门残损，后拆除城墙改建广场。因完工于1951年五一国际劳动节前得名。曾是太原市举行重大政治集会和节日庆典活动的最大场地，建有观礼台。历经1959、1964、1979、1984、1995年多次改造，至80年代拆除观礼台，改造为大型喷泉花园，安置大型雕塑“晋泉之声”，跨迎泽大街分为南北两广场。2020—2021年整体改造修缮后，修建仿古城楼、府城历史地雕、“伟大的开端”纪念群雕等景观。

140106-K01 **水西门街**［Shuǐxīmén Jiē］在迎泽区西北部。西起新建路，东至解放路。与海边街、都司街等相交。长0.7千米，宽18米。沥青路面。1951年建成，1995年改建。因太原城水西门，常以门外为关、门内为街得名。道光《阳曲县志》卷三《建置》称水西门街，沿用至今。两侧有山西中层建筑工程有限公司、太原市市政公共设施管理处、常青大厦等。通808、809路等公交车。

140106-K02 **开化寺街**［Kāihuàsì Jiē］在迎泽区西南部。西起解放路，东至海子边街。与柴市巷、柳巷南路、西校尉营相交。长0.8千米，宽20米。沥青路面。宋绍圣年间建开化寺。因寺得名。寺坐北朝南，牌坊东为开化寺东街，西为开化寺西街。道光《阳曲县志》卷三《建置》称开化寺街坊，1982年两街合称今名。1988、1990年改建。两侧有太原市文瀛公园、开化寺古玩市场、开化寺典当行等。通51、808路等公交车。

140106-K03 **五龙口街**［Wǔlóngkǒu Jiē］在迎泽区境东部。西起建设北路，东至淖马小学西围墙。长3.7千米，宽30米。沥青路面。俗称五岔口，相传这里原本是一片洼地，天长日久形成一潭积水，并与东山的五条沟（即殷家沟、郝家沟、大枣沟、小枣沟、耙儿沟）相通，每逢雨季，东山这五条沟的雨水便向洼地水潭流灌，远处眺望酷似五条龙在张口倾吐，故俗称之为五龙口。建国前，五龙口分东五龙口和西五龙口，西五龙口又分前后西街，1982年统一称五龙口街。与红沟路、东中环路、经园路等相交。两侧有太原市迎泽区第二实验小学校、双西小学、太原安定医院、太原汽车客运东站、随柳园等。通9、816路等公交车。

140106-K04 **云路街**［Yúnlù Jiē］在迎泽区西南部。西起解放路，东折南至起凤街。与崔家巷、开化寺南街相交。长0.6千米，宽11米。沥青路面。明洪武年间形成。1979年始建，1980年建成。1996、2004年改建。2005年棉花巷、前所街、云路街并入。因在贡院西侧，取《北史·文苑传序》“俱骋龙光，并驱云路”，故名。道光《阳曲县志》卷三《建置》称为云路。两侧有太原市迎泽区回民小学校、迎泽区政府等。

140106-K05 **起凤街**［Qǐfèng Jiē］在迎泽区西南部。西起柳巷南路，东至五一广场。长0.5千米，宽16米，沥青路面。取王勃《滕王阁序》“腾蛟起凤”，故名。道光《阳曲县志》卷三《建置》称为起凤庙街。两侧有山西艺术博物馆、纯阳宫等。

140106-K06 **都司街**［Dūsī Jiē］在迎泽区西北部。北起羊市街，南至水西门街。长0.4千米，宽7米，沥青路面。与水渠巷、水西巷相交。明初，因山西都指挥使司设于此而得名。道光《阳曲县志》卷三《建置》称都司街，民国以后沿用。两侧有山西正奇影视文化传播有限公司、都市广场等。

140106-K07 **南海街**［Nánhǎi Jiē］在迎泽区西北部。北起水西门街，南至迎泽大街。长0.5千米，宽14米，沥青路面。与新海巷、旧城街等相交。在太原方言中，习惯把积水和湖泊统称“海子”，南海街因其濒临“南海子”得名。两侧有迎泽区教育局、山西省电力勘测设计院有限公司等。

140106-K08 **永祚寺路**［Yǒngzuòsì Jiē］在迎泽区东部。北起郝庄正街，南至南沙河南沿岸。长0.45千米，宽18米，沥青路面。因位于永祚寺旁，故名。

140106-K09 **鼓楼街**［Gǔlóu Jiē］在迎泽区北部。西起解放路，东至柳巷。长0.6千米，宽7米。与帽儿巷、大剪子巷等相交。道光《阳曲县志》卷三《建置》称鼓楼，因鼓楼得名。两侧有食品街、山西省钱币学会、鼓楼世纪广场、唱经楼等。

140106-K10 **海子边西街**［Hǎizibiān Xījiē］在迎泽区东部。北起海子边东街，南至文瀛公园西门。长0.33千米，宽6米。因蒙古语称湖泊为“海子”，其周边故称“海子边”。辛亥革命后，海子边正式称为“文瀛公园”，1950年进行扩建，公园以东为海子边东街，以西为海子边西街，20世纪80年代是享名华北的服装一条街。两侧有儿童公园等。

140106-K11 **海子边东街**［Hǎizibiān Dōng jiē］在迎泽区东部。北起桥头街，南至皇华馆。长0.35千米，宽6米。因蒙古语称湖泊为“海子”，其周边故称“海子边”。辛亥革命后，海子边正式称为“文瀛公园”，1950年进行扩建，该街位于东边，故得名海子边东街。两侧有儿童公园等。

140106-N01 **南沙河大桥**［Nánshāhé Dàqiáo］在郝庄镇松庄村西，东山过境高速公路K16+193米处，桥梁概况北南向跨越南沙河，所跨河流为南沙河，最大载重量20吨，长度238米，宽24.1米。高度27米，最大跨度200米。

140106-N02 **宽银幕人行桥**［Kuānyínmùrénxíng Qiáo］在解放路和钟楼街、羊市街交叉口。东连钟楼街，西接西羊市，所在路线钟楼街、羊市街，所跨道路解放路，最大载重量10000千克，长48米，宽4米，高度17.6米，最大跨度45米。1988年5月1日正式开放通行，因宽银幕人行桥位于宽银幕旁，故名宽银幕人行桥。

140106-R01 **太原站**［Tàiyuánzhàn］见交通运输设施部分“太原站”条。

140106-A01 **柳巷街道**［Liǔxiàng Jiēdào］迎泽区人民政府驻地。在区境北部。面积1.41平方千米。人口6万。民族以汉族为主，还有回、满、蒙古等民族。辖9社区。1955年7月成立街道办事处。1960年6月为柳巷人民公社钟楼街管区。1961年5月，撤管区成立柳巷人民公社。1979年1月，撤公社复为柳巷街道办事处。因繁华的街道柳巷而得名。地形平坦。年平均降水量450毫米，年平均温度7—10℃。有钟楼街、桥头街、开化寺街，形成了商业集中、具有地方特色的省城繁华闹市中心区。有太原市成成中学校、三晋中学等学校多所，各级各类医疗卫生机构、艺术表演团体、文化场所多个。有山西省地质矿产研究院、山西省省直老年大学、太原市第三人民医院、山西剧院、长风剧场等。有全国重点文物保护单位纯阳宫、太原清真古寺。省级文物保护单位有太原文瀛湖辛亥革命活动旧址、革命烈士纪念塔。有山西省第一批省级红色文化遗址、省级爱国主义教育示范基地中国共产党太原支部旧址（彭真生平暨中共太原支部旧址纪念馆）、革命烈士纪念塔。有全省第一批革命文物中共太原支部旧址、孙中山纪念馆、太原文瀛湖辛亥革命活动旧址。有太原市儿童公园。有国家非物质文化遗产傅山八珍汤。中华老字号“益源庆”醋坊、“六味斋”酱肉店、“清和元”饭店、“老香村”食品店等为柳巷街道的标志性建筑。辖区历史文化悠久，尤以商贸业集中为特色。有大中市场、开化寺商场、钟楼街、柳巷、桥头街等。柳巷商业区、铜锣湾商业区为市民购物消费的首选地。服务业以餐饮、住宿、旅游业为主。土特产品有六味斋酱肉、老鼠窟元宵、清和元头脑等。交通便利，有太原地铁2号线过境，设有开化寺街站。通多路公交车。

140106-A01-J01　**宁化府社区**［Nínghuàfǔ Shèqū］属柳巷街道。在区政府驻地柳巷街道东北 1.3 千米。面积 0.138 平方千米。人口 6270。因在明宁化王府故址而得名。2002 年成立，有住宅楼 16 栋。有太原南海中学等。2014 年被评为山西省文明社区。通 3、4、51 路公交车。

140106-A01-L01　**钟楼街**［Zhōnglóu Jiē］在柳巷街道南部。西起解放路，东至柳巷南口。长 0.57 千米，宽 13 米。沥青路面。因钟楼得名。道光《阳曲县志》卷 3《建置》称钟楼。1949 年后将钟楼街、按司街、东羊市街合并统称今名。为步行街。有大宁堂药店、开化寺商场、老鼠窟元宵店等。

140106-A01-L02　**桥头街**［Qiáotóu Jiē］在柳巷街道南部。西起钟楼街，东至五一路。长 0.7 千米，宽 17 米。沥青路面。因在宋“朝曦门”外护城河之吊桥遗址得名。道光《阳曲县志》卷3《建置》称为桥头街。1958 年将原桥头街和红市街合并统称今名。有中华老字号“清和元”、“六味斋”以及太原老字号“认一力”。有国家非物质文化遗产傅山八珍汤。有明清“酱肘花”、缠花云梦肉以及清真“羊肉饺”等太原名吃。为商业街。

140106-A01-L03　**帽儿巷**［Mào'ér Xiàng］在柳巷街道北部。北起府东街，南至钟楼街。长 0.45 千米，宽 10.5 米。沥青路面。据《太原史话》载：这里原系宋代商业中心，又是帽子工商业作坊或商店聚集的地方，故名。道光《阳曲县志》卷 3《建置》称为帽儿巷。1955 年将鼓楼街以北的督军街与该巷合并，统一命名为帽儿巷。1985 年拓建为经营地方特产的街巷。有市文物保护单位晋绥铁路银行旧址。为步行街。

140106-A01-L04　**柳巷**［Liǔ Xiàng］在柳巷街道东部。北起府东街，南至钟楼街东口。长 0.8 千米，宽 17 米。沥青路面。传旧有水池，池旁多植柳树，故名。道光《阳曲县志》卷 3《建置》称为柳巷街。原是太原的商业中心。商铺林立，有老香村食品店、双合成食品店等。通 10、25 路等公交车。

140106-A01-L05　**后铁匠巷**［Hòutiějiàng Xiàng］在柳巷街道南部。西起解放路，东至柳巷南路。长 0.6 千米，宽 12 米，沥青路面。原名“太子寺街”，因街西原有太子寺宇，又因位于大铁匠巷之后，故名。道光《阳曲县志》卷 3《建置》中称为后铁匠巷，沿用至今。

140106-A01-L06　**柴市巷**［Cháishì Xiàng］在柳巷街道南部。北起钟楼街，南至开化寺街。长 0.35 千米，宽 5 米，沥青路面。宋时太原已有定期的集市，按集期进行交易。此巷是卖柴的地方，故称柴市巷。道光《阳曲县志》卷 3《建置》称柴市巷，位于晋府店后门。地名沿用至今。

140106-A02　**文庙街道**［Wénmiào Jiēdào］属迎泽区。在区境东北部。面积 2.60 平方千米。人口 7.36 万。民族以汉族为主，还有回、满、藏、朝鲜等民族。辖 13 社区。1955 年 7 月成立街道办事处。1960 年 5 月撤区建社，文庙街道撤改管区，划属双塔人民公社。1961 年 5 月成立文庙人民公社。1979 年 1 月恢复文庙街道办事处。以辖区内有在崇善寺旧址上建起的太原文庙而得名。地势东高西低。年平均降水量 450 毫米，年平均温度 7—

10℃。有进山中学、太原市五十二中等学校多所。各级各类医疗卫生机构、文化场所、体育场所多个。有山西省建筑科学研究院、山西民俗博物馆、太原市人民医院等。有全国重点文物保护单位山西大学堂旧址、太原文庙、崇善寺。重要的名胜古迹有万寿宫等。重要的纪念地有山西省手工业管理局旧址、山西大学堂旧址、山西省教育图书博物馆旧址等。是山西大学堂、进山中学等历史名校的诞生地。服务业以餐饮、住宿为主。交通便利。有同蒲铁路经此设站，设太原站。石太客运专线铁路过境。通多路公交车。

140106-A02-L01 **上官巷**［Shàngguān Xiàng］在文庙街道北部。西起五一路，东至狄梁公街南口。长 0.45 千米，宽 10 米。沥青路面。因当时巷内住一姓邵的官员，颇有声望，时人遂称该巷为邵官巷，道光《阳曲县志》卷 3《建置》称邵官巷，后以“邵”为“上”，一直沿用至今。有全国重点文物保护单位崇善寺、文庙。两侧有中共山西省委党史研究院、山西省工商业联合会、山西考古博物馆等。

140106-A03 **庙前街道**［Miàoqián Jiēdào］属迎泽区。在区境西北部。面积 3.0 平方千米。人口 6.77 万。民族以汉族为主，也有回，满等民族。辖 14 社区。1955 年 7 月成立庙前街道办事处。1960 年 6 月撤区建社，撤街道置庙前管区属柳巷人民公社。1961 年撤管区成立庙前人民公社。1979 年 1 月恢复庙前街道办事处。因太原市大关帝庙在此而得名。地形平坦。年平均降水量 450 毫米，年平均温度 7—10℃。有太原市第十五中、太原市迎泽区三晋小学等学校多所，各级各类医疗卫生机构、艺术表演团体、体育场所多个。有山西省水利水电科学研究院、太原市迎泽区中心医院。有全国重点文物保护单位大关帝庙。有太原面食店、贸易大楼、南海子公园等。有庙前高跷、锣鼓、舞龙等民间艺术。服务业以餐饮、零售为主。土特产品有太原面食等。通多路公交车。

140106-A03-J01 **南海街二社区**［Nánhǎijiēèr Shèqū］属庙前街道。在区政府驻地柳巷街道西北 240 米。面积 0.26 平方千米。人口 3070。因位于南海街，按序得名。2002 年成立，有楼院 18 个，高层住宅楼 26 栋。有太原市迎泽区文化馆南海街二社区分馆、太原迎泽区图书馆分馆等。2014 年被评为全国文明社区。通 502、51 路公交车。

140106-A04 **迎泽街道**［Yíngzé Jiēdào］属迎泽区。在区境南部。面积 4.40 平方千米。人口 11.2 万。民族以汉族为主，还有回、满、蒙古等民族。辖 15 社区。1955 年 7 月成立迎泽街道办事处。为当时太原城区域内最大的街道。1960 年 5 月撤区建社中，迎泽街道被撤，划属柳巷人民公社下属的南关街管区。1961 年 5 月，成立迎泽人民公社。1979 年 1 月，恢复迎泽街道办事处。因迎泽大街而得名。地形平坦。年平均降水量 450 毫米，年平均温度 7—10℃。有太原五中、山西医科大学等学校多所，各级各类医疗卫生机构、艺术表演团体等多个。有山西省中医药研究院、省煤炭工业厅、迎泽医院、山西歌舞剧院、山西省晋剧院、太原市少年宫等。重要的名胜古迹有藏经楼等。重要的纪念地有晋绥军官教导团旧址、侵华日军军营旧址等。有太原市迎泽公园、太原晋商博物馆、迎泽公园北门等景点。服务业以餐饮、住宿为主。交通便利，有太原地铁 2 号线过境，设有大南门站、体育馆站。通多路公交车。

140106-A05 **桥东街道**［Qiáodōng Jiēdào］属迎泽区。在区境东南部。面积 6.43 平方千米。人口 9.14 万。民族以汉族为主，还有回、满等民族。辖 19 社区。1955 年成立正太办事处，以石太线旧名正太为名。1959 年 6 月更名桥东街道办事处。1960 年 5 月撤区建社，桥东街道改置桥东管区归双塔人民公社管辖。1961 年 5 月撤双塔公社，桥东管区改置桥东人民公社。1979 年 1 月恢复桥东街道办事处。因地处太原火车站石拱桥以东而得名。地形平坦。年平均降水量 450 毫米，年平均温度 7—10℃。有太原三立中学校、太原实验中学校、山西省贸易学校等学校多所，各级各类医疗卫生机构、艺术表演团体、文化站多个。有山西省人民医院、解放军联勤保障部队第 985 医院、省药材公司等。有太原服装城、双塔商城、三晋国际饭店、山西日报社等单位。服务业以餐饮、住宿、运输为主。交通便利，有同蒲铁路、石太客运专线经此。有太原火车站、市长途汽车客运站。通多路公交车。

140106-A06 **老军营街道**［Lǎojūnyíng Jiēdào］属迎泽区。在区境西南部。面积 3.50 平方千米。人口 8.4 万。民族以汉族为主，还有回，满等民族。辖 10 社区。1989 年 8 月，把迎泽街道新建南路以西区域划出，新置老军营街道办事处。1997 年 5 月，设立迎泽区，老军营街道划迎泽区。因老军营而得名。地形平坦。年平均降水量 450 毫米，年平均温度 7—10℃。有山西老年大学、太原市第三十六中学校、太原市第三十七中学校、太原第三实验小学校等学校多所。有山西医科大学口腔医院、太原市妇幼保健院、太原市儿童医院等医院多所。文化站、艺术表演团体多个。有中国科学院山西煤炭化学研究所、省林业厅、省林业大厦、市政协，市城市雕塑研究院、山西省文联等。有傅山碑林公园、汾河公园中段，还有珠林园、墨艺苑、盆景中心各种小游园等。服务业以餐饮、住宿、运输为主。交通便利。通多路公交车。

140106-A06-J01 **老军营小区第一社区**［Lǎojūnyíngxiǎoqūdìyī Shèqū］属老军营街道。在区政府驻地柳巷街道西南 2.6 千米。面积 0.22 平方千米。人口 7248。因位于老军营小区，是由东向西第一个社区，故名。2002 年成立，有 63 栋楼房。有太原市妇幼保健院。2014 年被评为山西省文明社区。通 801、3、865、25、814、851、52、501、606、606 支、824、838 路公交车。

140106-A06-J02 **劲松社区**［Jìnsōng Shèqū］属老军营街道。在区政府驻地柳巷街道西南 2 千米。面积 0.43 平方千米。人口 7964。因位于劲松路而得名，比喻似苍劲挺拔的青松。2007 年成立，有 125 栋楼房，有高层、砖混、别墅。有滨河小学等。2014 年被评为山西省文明社区。通 831、831 支、865 路公交车。

140106-A06-I01 **老军营小区**［Lǎojūnyíng xiǎoqū］属老军营街道。在区政府驻地柳巷街道西南 2.6 千米。面积 1.43 平方千米。人口 2.23 万。相传为宋、金时驻兵处，明初修建营堡后，称作老军营堡。明成化《山西通志》卷 3《城池 · 堡附》：“老军营堡，在太原府城南五里，周围一里九十步，南、北二门，景泰初，巡抚都御史朱鑑令居民筑。”清道光《阳曲县志》卷 1《舆地图》载：“老军营，旧名古正村，距城五里。”1996 年 1 月 1 日建成。有太原三十六中学校、太原市艺术学校、育才幼儿园、太原市第三实验小学。通 3、25、27、39、52、65 支、804、801、851、865、606、606 支、824、838 路公交车。

140106-B01 **郝庄镇**［Hǎozhuāng Zhèn］迎泽区辖镇。在区境东南部。面积 86.57 平方千米。人口 13.8 万。民族以汉族为主，还有回，满等民族。辖 23 社区、9 行政村。镇人民政府驻郝庄。1958 年，设立郝庄公社。1959 年划归南城区。1960 年划归郊区。1970 年郊区分置为南郊、北郊、郝庄公社划入南郊。1979 年撤公社置郝庄乡。1997 年划属迎泽区。2002 年 4 月撤乡置郝庄镇。因郝庄村得名。地势东高西低，地形为丘陵。山脉有东山，最高峰罕山位于东山主峰，海拔 1591.4 米；最低点位于郝庄镇西部，海拔 800 米。年平均降水量 450 毫米，年平均温度 7—10℃。境内河道属黄河流域，有南沙河、马庄河 2 条。河流总长度 22.25 千米，南沙河长 11 千米。有煤、石灰岩、石膏、砖瓦黏土等矿产资源。有太原市第三十七中学校朝阳校区、太原市迎泽区松侨小学校等学校。有全国重点文物保护单位永祚寺、王家峰墓群。省级文物保护单位孟家井瓷窑遗址。重要的纪念地有西北野战军第七纵队指挥部旧址、罕山战斗遗址等。有新石器时代龙山文化遗址，商代、西汉文化遗址，慈云寺、白云寺等建筑。有古刹白云寺。有小山沟城郊森林公园、台骀山景区、荣家大院、刘家大院等景点。2020 年董家庄村入选第六批全国文明村。农业以种植业为主，主产玉米、谷子、高粱、土豆及小杂粮等。畜牧业以饲养生猪、羊、鸡为主。工业以服装、耐火材料、采煤等为主。服务业以运输、商贸、餐饮为主。有东城、西城、龙马等大型服装市场。交通便利，有 G307 国道、G2003 高速过境，设有长风收费站、松庄收费站。有同蒲铁路过境。有迎宾汽车站。通多路公共汽车。

140106-B01-H01 **董家庄**［Dǒngjiāzhuāng］在区政府驻地柳巷街道东 12.4 千米。郝庄镇辖行政村。人口 322。聚落呈条带状。2020 年被评为第六届全国文明村。通 843 路公交车。

140106-B01-J01 **郝庄社区**［Hǎozhuāng Shèqū］属郝庄镇。在区政府驻地柳巷街道东南 4.2 千米。人口 14732。相传明代靖难之变后郝、张两姓在此定居，取名郝张，后随字音演变成郝庄。清康熙《阳曲县志》卷 3《建置志》：城东南五里有郝庄。有第六批全国重点文物保护单位永祚寺，现存为明代建筑遗构。通 820、836 路公交车。

140108 **尖草坪区**［Jiāncǎopíng Qū］太原市辖区。在市区中北部。面积 296 平方千米。人口 53 万。民族以汉族为主，还有回、满、蒙古、朝鲜、布依、苗等民族。辖 9 街道、2 镇、2 乡。区人民政府驻柴村街道。1960 年撤北城、河西 2 区，设尖草坪、万柏林、向阳、西山 4 公社。1961 年撤 4 公社，恢复北城、河西 2 区。1963 年分属郊区、北城区。1970 年设立北郊区，区人民政府驻柴村。1997 年更名尖草坪区。因北郊荒地野草丛生，以菅草最多，但因“菅”为生僻字，人们习惯写成尖草，故名。地处太原市区西北部，西北高东南低，自西向东从山地、丘陵、平原向河谷过渡。最高峰位于柏板乡道红梁，海拔 1540 米；最低点柴村位于街道呼延村东北侧汾河河滩，海拔 773.5 米。属暖温带大陆性季风气候。年平均降水量 430 毫米，年平均气温 10℃。年均无霜期 199 天。境内河道属黄河流域。有汾河穿境而过，柳林河、杨兴河、泥屯河、凌井河入注汾河。矿藏有石膏、硫磺、铁矿、粘土、水泥、白灰、机砖、石料、汾沙等。有全国著名的科研机构 1 所。有中北大学、太原工业学院等高等院校。有中小学 58 所，太原市尖草坪区第一职业中学为国家级重点中等职业中学。有文化馆 1 个，公共图书馆 1 个，档案馆 1 个。市级各类医疗卫生机构 2 个，其中综合医院 1 所。有全国重点文物保护单位兰村窦大夫祠、崛围山多福寺、土堂净因寺、山西私立进山学校旧址 4 处。有全省第一批革命文物山西私立进山学校旧址。有全国文明村 2 处。2005 年北固碾村入选第一批全国文明村，2011 年横渠村入选第三批全国文明村。有崛围山风景区、汾河二库风景区、中华傅山园、森林公园等著名旅游点。古太原“外八景”中裂石寒泉、崛围红叶、天门积雪、西山叠翠、土堂怪柏五景在境内。著名历史人物有晋国大夫窦犨，明清著名的思想家、书画家、医学家傅山。地方特色民间艺术有宇文武社火、西墕锣鼓、上薛高跷、三给背棍、西村舞龙、柴村旱船、向阳牛斗虎、横渠花灯等。西墕乡被评为国家级锣鼓艺术之乡。八珍汤被列入世界（国家级、省级）非物质文化遗产。三次产业比为 0.9 ∶ 67.3 ∶ 31.8。农业以玉米、小麦、蔬菜为主，兼有养殖业。工业以化工、设备制造、机械加工、新型建材为主。有太原钢铁（集团）有限公司、太原中北高新技术开发区等。有太钢、东杰智能、新华三所国家级企业技术中心。服务业以仓储物流、商品批发、金融服务、旅游业为主。交通便利，有北同蒲线、太古岚线、太兰支线、西山支线等铁路过境。设太原北站、汾河站、柳林河站。有 G2003 太原绕城高速公路、太原—佳县高速公路过境。有太原地铁 2 号线过境，设有尖草坪站、涧河站，尖草坪站为北终点站。通多路公交车。

140108-K01 **迎新街**［Yíngxīn Jiē］在尖草坪区北部，西起大同路，东至新兰路。长 0.7 千米，宽 9 米。沥青路面。旧址原为河滩，1955 年新华化工厂等单位相继在此新建职工宿舍，逐渐形成街道。为表达迎接新战斗做出新贡献的豪迈之情，1982 年起名“迎新街”。两侧有太原工业学院、太原市第六十六中学校、太原市第十一中学校等。通 36 路公交车。

140108-K02 **新城南大街**［Xīnchéng Nándàjiē］在尖草坪区东部。西起滨河东路，东至新兰路。与大同路、迎新路等相交。长 3.6 千米，宽 38 米。沥青路面。两侧有太原钢铁集团总医院、山西金融职业学院、太原工业学院、新城永安堡址等。通 36 路公交车。

140108-K03 **金桥西街**［Jīnqiáo Xījiē］在尖草坪区东部。西起多福路，东至滨河西路。与迎宾南路、汾西南路、金汇路、和平北路相交。长 1.3 千米，宽 42 米。沥青路面。两侧有金桥街游园、金桥公园等。通 322、12 支路等公交车。

140108-K04 **金桥东街**［Jīnqiáo Dōngjiē］在尖草坪东部。西起柴村桥，东至大同路。长 1.1

千米，宽 42 米。沥青路面。为快速路。两侧有太原昌兴精品二手车行、天利元旧机动车经纪有限公司等。

140108-K05　**新兰路**［Xīnlán Lù］位于尖草坪区北部。北起上兰村，南至恒山路北口。长 1.3 千米，宽 27 米。沥青路面。旧址原为农田，1958 年始建，因其位于新城与上兰村之间而得名。2004 年拓宽、重修。两侧有中北大学、太原工业学院等。

140108-K06　**九丰路**［Jiǔfēng Lù］在尖草坪区南部。北起汇丰路，南至兴华街。与兴华北街相交。长 1 千米，宽 19.5 米。沥青路面。因久远丰盛之意而得名。两侧有太原城市职业技术学院、山西省环境监测科研大楼、山西省环境科学研究院等。通 10、19 路等公交车。

140108-K07　**汾西公路**［Fénxī Gōnglù］在尖草坪区南部。北起大留村，南至金桥北街。长约 5.8 千米，宽约 30 米。因位于汾河以西，金桥北街以北，故命名为汾西北路。2017 年修建，2018 年完工。两侧有接福寺、太原市明德学校等。

140108-K08　**柴西公路**［Cháixī Gōnglù］在尖草坪区东部。北起上兰西镇，南至柴村镇。全长 8.4 千米。南接和平北路，北延康西路，接金桥街和新兰路，为一级公路。2008 年改造。两侧有二龙山、崛围山、慕云山等。

140108-N01　**蒲淤桥**［Pǔyū Qiáo］在太原市尖草坪区西乡西高庄村南。据石碣记载，清乾隆五十三年（1788 年）重修。桥南北走向，半圆拱联拱石桥，长 0.15 千米，宽 5.7 米，高 1.5 米，拱楣券两侧原设龟首汲水兽各一，现仅存东侧汲水兽，上嵌石碣，刻“蒲淤桥”三字，并题“乾隆五十三年三月”。

140108-N02　**摄乐桥**［Shèlè Qiáo］在尖草坪区南部。取名自汾河西岸的摄乐村。2016年修建，2017 年正式通车。沥青路面。全长 0.36 千米，宽 51.5 米，设计为双向 8 车道，主塔高 113 米。该桥沟通了滨河东西路，连接起柴村新区及城北钢铁工业区。2020 年摄乐桥荣获“中国钢结构金奖”。

140108-N03　**向阳互通主线跨新兰路中桥**［Xiàngyáng Hùtōngzhǔxiàn Kuà Xīnlánlù Zhōngqiáo］在尖草坪区向阳镇。连接向阳出入口，跨新兰路，长 96 米，宽 25 米，周边有金滩家园小区。

140108-N04　**柴村互通主线跨桥中线**［Cháicūn Hùtōngzhǔxiàn Kuàqiáo Zhōngxiàn］在尖草坪区柴村街道，连接柴村出入口。长 51 米，宽 25 米，周边有尖草坪区政府、多福寺等。

140108-N05　**柴村桥**［Cháicūn Qiáo］在太原市尖草坪区柴村街道。建于 1992 年，是金桥大街跨汾河连接东西两岸的主要桥梁。桥宽 35 米，双向 6 车道。两侧是通往滨河东西路的立交匝道，与滨河东西路立体互通。

140108-N06　**胜利桥**［Shènglì Qiáo］太原市内环北线跨汾河的一座重要桥梁。1970 年建成通车，2003 年加宽加固。全长 486 千米，宽 16.71 米，其中车行道宽 13 米，两侧人行道净宽 1.5 米。是一座具有中华民族传统风格的双曲拱桥。

140108-A01　**柴村街道**［Cháicūn Jiēdào］尖草坪区人民政府驻地。在区境中部偏西。面积 151 平方千米。人口 4.9 万。民族以汉族为主，还有回、蒙古、满等民族。辖 8 社区、10 行政村。1949 年分属太原市外五区，忻县专区阳曲县第四区。1953 年为太原市第三区，始设柴村乡。1954 年撤市第三区。柴村乡芮城以北属新城区，营村以南属万柏林区。1957 年属太原市郊区。1958 年柴村乡更名为农村柴村人民公社。1961 年柴村人民公社划属河西区。1963 年复置郊区，柴村人民公社属郊区。1970 年属北郊区。1984 年柴村公社改置柴村镇。1997 年属尖草坪区。2001 年柴村镇改置柴村街道。2021 年撤销马头水乡，整建制并入柴村街道。因街道驻柴村故名。地势西北高东南低，地貌类型分为土石山区、黄土丘陵及洪积扇群区、汾河积击平原区，主要山脉有崛围山，境内最高峰位于马头水横岭村山脊线，海拔 1360 米；最低点位于呼延村东北侧汾河河滩，海拔 773.5 米。年平均降水量 450 毫米，年平均温度 7—10℃。境内河道属黄河流域。主要河道有汾河、退水渠、西干渠，汾河自北而南流经全境。河流总长度 26.2 千米。有尖草坪一中、三中、区实验小学、区人民医院、社区医院。建有文化广场、体育场等活动场所。有全国重点文物保护单位多福寺。有西张石窟寺、呼延关公庙、下水峪龙泉寺、土堂大佛等古迹。有省级风景名胜崛围山风景区、汾河二库风景区。依托西山城郊森林公园建设，建设中医药文化园，发展农家乐等旅游项目。农业以种植业为主，主产玉米、小麦。经济作物有白菜、番茄、苹果、葡萄等。特色产品有头脑、折饼等。畜牧业以饲养生猪、奶牛、家禽为主。工业以机械加工为主。服务业以商贸、旅游为主。交通便利，有太岚铁路穿境而过，太原绕城高速G2003经此，设有柴村收费站。通多路公交车。

140108-A01-H01 **呼延**［Hūyán］在区政府驻地柴村街道西北4.6千米。柴村街道辖行政村。人口4600。古名呼延社，相传为宋代名将呼延赞故里，故名。聚落呈团块状。有呼延中心校。有第六批全国重点文物保护单位多福寺，始建于唐，现存为明代建筑遗构。有省级风景名胜区崛围山风景区，有太原著名风景之一的“崛围红叶（西山红叶）”。通12、835路公交车。

140108-A02 **尖草坪街道**［Jiāncǎopíng Jiēdào］属尖草坪区。在区境东南部。面积7平方千米。人口3万。民族以汉族为主，还有回、蒙古、满等民族。辖9社区。1954年成立街道办事处。1960年8月，撤区建尖草坪公社，分为东西两个管理区。1961年5月东西管理区合并，改称尖草坪人民公社。1979年1月，恢复街道办事处建制。1997年太原市行政区划调整后划归尖草坪区。因北郊多为荒地，野草丛生，以菅草最多，但由于“菅”是生僻字，人们习惯写成尖草而得名。地势平坦，为冲积平原地貌。年平均降水量450毫米，年平均温度7—10℃。有小学多所，艺术表演团体、体育场所、卫生院多所。有太原中西医结合医院、山西北方商贸城、家具城等。重要的景点有太原北飞机场旧址、西北炼钢厂旧址、渣山公园等。工业以机械加工、钢铁为主。有太原钢铁集团有限公司。服务业以商贸为主。有太原小商品六大批发市场群，是省内小商品集散地之一。交通便利，有太原地铁2号线过境，设有尖草坪站、涧河站。有石太客运专线、北同蒲铁路经此设站，设有太原北站。京昆高速经此。通多路公交车。

140108-A03 **光社街道**［Guāngshè Jiēdào］属尖草坪区。在区境中东部。面积9.3平方千米。人口1.95万。民族以汉族为主，还有回、满、蒙古等民族。辖7社区、2行政村。1949年属忻县专区阳曲县。1954年属太原市新城区。1955年设光社街道。1956年属北城区。1960年属尖草坪人民公社。1961年置光社人民公社。1979年复为光社街道，属北城区。1997年属尖草坪区。因汾河东边阳光充足，人们向往阳光明媚逐渐形成一个村落而得名。地形平坦。年平均降水量450毫米，年平均温度7—10℃。有太原市第五十九中学、太原市尖草坪区恒山路小学等学校多所，艺术表演团体、公共图书室、卫生所多个。重要的纪念地有新店永宁堡址、新店妙吉祥寺等。农业以种植业为主，主产玉米、小麦。经济作物以蔬菜为主。畜牧业以饲养生猪、羊为主。工业以钢铁、机器制造为主。有华德仕机械制造有限公司、兴旺特钢厂等企业，并筹建了工业园区。服务业以商贸为主。有恒山路小食品市场。交通有北同蒲、太古岚铁路经此。通多路公交车。

140108-A04 **上兰街道**［Shànglán Jiēdào］属尖草坪区。在区境西北部。面积14平方千米。人口1.91万。民族以汉族为主，还有回、苗等民族。辖3社区、2行政村。1949年属忻县专区阳曲县第四区。1953年划归太原市第三区，设上兰镇。1954年改上兰街道，属新城区。1957年属郊区。1958年属北城区。1960年属向阳人民公社。1961年设上兰村人民公社。1963年属郊区。1970年属北郊区。1984年改上兰镇。1985年9月恢复上兰街道，属北城区。1997年属尖草坪区。2001年上兰镇并入上兰街道。因上兰村而得名。地势北高南低。年平均降水量450毫米，年平均温度7—10℃。境内河道属黄河流域。有汾河自北向南流经境内，在烈石山峡出口。有中北大学、山西省城乡建设学校等学校多所。有卫生所、艺术表演团体、休闲场所多个。有全国重点文物保护单位兰村窦大夫祠、土堂净因寺。有省级保护单位山西私立进山学校旧址。有全省第一批革命文物山西私立进山学校旧址。有景点二龙山。有“太原八景”之烈石寒泉、土堂怪柏两处。有汾河景区。地方特色民间艺术有戏曲、锣鼓、秧歌、旱船、背棍、抬棍、花鼓等。“拔花花”被评为省级非物质文化遗产。农业以种植业为主，主产小麦、玉米、大豆。经济作物有番茄、白菜、葡萄、山楂等。畜牧业以饲养生猪、牛、羊、家禽为主。工业以机械加工为主。服务业以商贸为主。交通有太岚铁路专线经此。通多路公交车。

140108-A04-H01 **上兰**［Shànglán］在区政府驻地柴村街道西北 8.4 千米。上兰街道辖行政村。人口 9400。相传因兰姓始居而得名。聚落呈团块状。有上兰中学校、中北大学。有第五批全国重点文物保护单位窦大夫祠，为纪念春秋时期晋国大夫窦（字鸣犊）而建，现存献亭、大殿均为元代建筑遗构。通 G1、12 支路公交车。

140108-A04-H02 **土堂**［Tǔtáng］在区政府驻地柴村街道西北 8 千米。上兰街道辖行政村。人口 500。因村西净因寺有土窑，高敞宽大，中有大佛，故名。聚落呈团块状。有土堂小学。有第六批全国重点文物保护单位土堂净因寺，创建于金太和五年（1205 年），现存为明代建筑遗构。有古“太原府八景”之一“土堂神柏”（或“古堂怪柏”）。明清著名书法家、医学家傅山曾隐居于此。通 326 路公交车。

140108-A04-J01 **中北大学社区**［Zhōngběi dàxué Shèqū］属上兰街道。在区政府驻地柴村街道西北 9.6 千米。面积 1.23 万平方米。人口 6460。因中北大学而得名。有第六批省级文物保护单位山西私立进山学校旧址，创办于 1922 年，1932 年迁到现址，现仅存工字型卷棚硬山顶式瓦房一座。通 G1、835 支路公交车。

140108-A05 **南寨街道**［Nánzhài Jiēdào］属尖草坪区。在区境中部。面积 44 平方千米。人口 5 万。民族以汉族为主，还有回、苗等少数民族。辖 10 社区、2 行政村。1956 年 7 月组建南寨街道，属太原市北城区。1959 年并入迎新街道。1960 年属向阳人民公社。1961 年置南寨人民公社。1979 年复为南寨街道，属北城区。1997 年属尖草坪区。因地处阳兴河南，得名南寨。地形平坦，地势开阔。年平均降水量 450 毫米，年平均温度 7—10℃。境内河道属黄河流域。有杨兴河从北向南流经，长 18.5 千米。有市第六十七中、省金融职业学院等学校多所，卫生院、艺术表演团体、公共图书室多个。有兴安、新华、江阳等军化工单位，及二电厂、东方机械厂、卫东化工厂等驻地企业。有南寨公园。农业以种植业为主，主产玉米。经济作物有番茄、菠菜、白菜等。畜牧业以饲养生猪、牛为主。工业以化工、电力、机械加工、物流、建材等为主。服务业以仓储、运输为主。交通便捷。有上兰村线、太岚线、玉门沟线铁路过境，设汾河站。有大同路、新兰路、迎新路等。通多路公交车。

140108-A05-J01 **朝阳社区**［Cháoyáng Shèqū］属南寨街道。在区政府驻地柴村街道东北 4.4 千米。面积 1.8 平方千米。人口 8070。因社区内有朝阳花园而得名。2001 年由卫化巷东、西、北 3 个居委会合并建朝阳社区，有住宅楼 42 栋。有太原市尖草坪区迎新医院、太原市尖草坪区第二实验小学校、太原市第十一中学校等。2014 年被评为山西省文明社区。通 821、37 路公交车。

140108-A05-J02 **江阳社区**［Jiāngyáng Shèqū］属南寨街道。在区政府驻地柴村街道北 7.7 千米。面积 0.76 平方千米。人口 9850。因主要驻地单位为山西江阳化工有限公司而得名。2001 年成立。有住宅楼 128 栋，以江阳化工厂宿舍为主。有太原市第六十七中学校、江阳医院、太原市尖草坪区阳光小学校等。2014 年被评为山西省文明社区。通 2 支路公交车。

140108-A06 **迎新街街道**［Yíngxīnjiē Jiēdào］属尖草坪区。在区境东部。面积 9 平方千米。人口 2.78 万。民族以汉族为主，有回、满等少数民族。辖 5 社区、2 行政村。1956 年设迎新街街道，属新城区。1957 年属郊区。1958 年属北城区，设迎新街人民公社。1960 年属向阳人民公社。1962 年复设迎新人民公社。1979 年复为迎新街道。1997 年属尖草坪区。因街道名得名。地势平坦。年平均降水量 450 毫米，年平均温度 7—10℃。境内河道属黄河流域。有杨兴河由东向西而穿境而过，入注汾河。有太原市第五十四学校、迎新街小学等学校多所。艺术表演团体、健身场所多个。有太钢一公司、十三冶结构厂、市政污水厂、鸿升国际汽车城等单位。重要的纪念地有青楼建筑群、红楼建筑群、俱乐部遗址等。2005年北固碾村入选第一批全国文明村。农业以种植业为主，主产玉米、豆类等。经济作物有番茄、豆角、葡萄等。是太原市重要的万间温室生产基地。工业以耐火材料、家具生产、机械加工为主。有华祥钢材厂、山西猫王家具实业有限公司等。服务业以住宿、餐饮、零售为主。交通便利，有太兴铁路经此。通多路公交车。

140108-A06-J01 **北固碾社区**［Běigùniǎn Shèqū］属迎新街街道。在区政府驻地柴村街道东4千米。面积4.2平方千米。人口2100。相传因濒临汾河东畔，利用汾水建有水碾，但常有水患，明末崇祯间村民筑堤防洪，保村保碾，取名固碾。后有部分村民北迁新居，故名。2011年改设居委会。有北固碾学校。2014年被评为全国文明村。通37、2路公交车。

140108-A07 **古城街道**［Gǔchéng Jiēdào］属尖草坪区。在区境东南部。面积6.6平方千米。人口3.1万。民族以汉族为主，还有蒙古、回、壮、东乡等少数民族。辖13社区。1949年，属阳曲县，设古城街公所。1950年改置古城村公所。1951年撤销村公所，建古城居委会。1954年属太原市北城区，设古城街道。1960年6月尖草坪人民公社。1962年设古城人民公社。1979年复为古城街道。1997年属尖草坪区。因街道驻古城而得名。地形平坦。年平均降水量450毫米，年平均温度7—10℃。境内河道属黄河流域。汾河自北向南穿境。有山西林业职业技术学院、太原市第五十五中学等学校。各级各类医疗卫生机构、艺术表演团体、健身场所多个。有西北太钢废弃砖厂改建成的不锈钢园区、太原森林公园等景点。有古城西街综合市场。农业以种植业为主，主产玉米、小麦等。经济作物有番茄、白菜等。畜牧业以饲养生猪、牛、羊、家禽为主。工业以化工、电力、机械加工为主。服务业以运输为主。通多路公交车。

140108-A08 **汇丰街道**［Huìfēng Jiēdào］属尖草坪区。在区境南部。面积10平方千米。人口4.63万。民族以汉族为主，还有蒙古、回等少数民族。辖17社区。1997年12月，分属尖草坪区、万柏林区。1997年太原市行政区划调整后，尖草坪区新成立了汇丰街道办事处。1998年10月，设立汇丰街道。因驻有中国银行、工商银行、农业银行等多家金融机构的分支机构，取名汇丰街道。地形平坦。年平均降水量450毫米，年平均温度7—10℃。境内河道属黄河流域。汾河自北向南流经大东流、小东流等村，长2千米。有山西汇丰医院。有尖草坪区双语实验小学、汇丰中学、太原师范幼儿学校等多所。各级各类医疗卫生机构、艺术表演团体、公共图书室多个。有西流龙王庙、慈云寺等名胜古迹。畜牧业以饲养生猪为主。工业以化工、电力、机械加工为主。有太原选煤厂。服务业以运输、商贸为主。有山姆士超市、美特好超市、黎氏阁等商城和现代家具城、钢材大世界等市场。交通便利，有滨河西路、和平北路、千峰北路等多条道路。通多路公交车。

140108-A08-J01 **选煤社区**［Xuǎnméi Shèqū］属汇丰街道。在区政府驻地柴村街道南2.7千米。面积0.02平方千米。人口5870。因位于太原选煤厂区内部，居民为选煤厂职工而得名。2001年8月31日社区成立，有住宅楼51栋。有西山煤电集团太原选煤厂。2014年被评为山西省文明社区。通821、53路公交车。

140108-A08-J02 **兴华苑社区**［Xīnghuáyuàn Shèqū］属汇丰街道。在区政府驻地柴村街道东南5.5千米。面积0.3平方千米。人口9260。因1996年入住时居委会驻兴华苑而得名。2001年8月31日社区正式成立，有住宅楼49栋，以太原钢铁（集团）有限公司宿舍为主。有太原市尖草坪区双语实验小学校。2014年被评为山西省文明社区。通821、82路公交车。

140108-A09 **新城街道**［Xīnchéng Jiēdào］属尖草坪区。在区境中部。面积9平方千米。人口1.56万。民族以汉族为主，还有满、蒙古、回等少数民族。辖3社区、2行政村。1949年属太原市第八区。1950年属第三区。1953年设新城乡。1954年第三区改新城区，人民政府驻新城。1957年属太原市郊区新城乡。1959年属北城区。1960年属尖草坪人民公社。1961年复属北城区，设新城人民公社。1963 年复属郊区。1970 年属北郊区。1984 年复置新城乡。1997 年属尖草坪区。2001 年 3 月，改为新城街道。因地名得名。地形平坦。年平均降水量 450 毫米，年平均温度 7—10℃。境内河道属黄河流域。有杨兴河、小返河流经。有太原工业学院、尖草坪第二中学等学校多所。有各级各类医疗卫生机构、艺术表演团体、公共图书室多个。名胜古迹有永安堡址、崇觉禅林寺、明代古槐。农业以种植业为主，主产玉米、大豆、高粱。经济作物有番茄、白菜、苹果等。特色产品有莲菜。畜牧业以饲养生猪、牛、羊、家禽为主。建有节能温室大棚。工业以化工、电力、机械加工为主。有山西新东方机械厂、太原双丰特种钢有限公司、东方海鑫等。服务业以运输业为主。有东方物流公司。交通有北同蒲铁路过境。太兰、太白、太岚三条专线铁路在汾河站，并点交轨。二连浩特—广州高速公路、新兰路、大同路贯穿全境。有太原汽车客运北站。通多路公交车。

140108-B01 **向阳镇**［Xiàngyáng Zhèn］尖草坪区辖镇。在区境西北部。面积 29 平方千米。人口 1.9 万。民族以汉族为主，有回、布依等民族。辖 1 社区、11 行政村。镇人民政府驻向阳。1949 年属阳曲县。1951 年属太原市属第三区。1953 年设向阳乡。1957 年属郊区。1959 年属北城区。1960 年属尖草坪人民公社。1961 年属北城区，设向阳人民公社。1963 年属郊区。1984 年改向阳镇。1997 年属尖草坪区。因位置向阳故名。地势北高南低。地形属山前缓冲地带。山脉有兰岗梁，境内最高峰位于兰岗村，海拔 1100 米；最低点位于南下温村，海拔 780 米。年平均降水量 450 毫米，年平均温度 7—10℃。境内河道属黄河流域。有东干渠、泥屯河、杨兴河、柏板河流经，水利资源丰富。有太原市第六十七中学校、尖草坪区第六中学等学校多所。有卫生院、文化艺术团体等多个。2011 年，横渠村入选第三批全国文明村。有中华傅山园、汾河湾花境等景点。有“横渠星”花灯、舞龙、舞狮、秧歌、锣鼓、花馍等民间艺术技艺。农业以种植业为主，主产玉米、巨峰葡萄、番茄等。建有葡萄设施栽培基地、芦荟基地等特色农业基地。畜牧业以饲养生猪、鸡为主。工业以化工、电力、机械加工为主。有太原第二发电厂、山西鑫拓煤机设备制造有限公司等。服务业以运输、旅游为主。交通便利，有太中银铁路过境，设向阳、轨枕 2 个站。二连浩特—广州高速公路、太原绕城高速 G2003 过境设站，设有向阳收费站。通多路公交车。

140108-B01-H01 **向阳**［Xiàngyáng］向阳镇人民政府驻地。在区政府驻地柴村街道北 6.7 千米。人口 9180。因北靠卧龙岗山梁，成缓坡状，背风向阳而得名。聚落呈团块状。有向阳镇向阳中心校。习称向阳店，旧有“驮不完的静乐县，填不满的向阳店”之谚。有向阳泰山庙，现存为清代建筑遗构。有多处传统民居，现存为清至明国时期建筑遗构。通 G1、842 路公交车。

140108-B01-H02 **横渠**［Huāqú］在区政府驻地柴村街道北 7.5 千米。向阳镇辖行政村。人口 990。明曹尔祯兴修清水渠，此清水渠亦称横渠。太原方言南北向名“竖”，读作 shù，东西向名“横”，读花 huā，故名。清康熙《阳曲县志》卷 3《建置志》：城西北四十里有横渠村。聚落呈团块状。有傅山中学、横渠小学。有“红灯笼花灯厂”等七十多家制作各类花灯、彩灯、彩车的家庭作坊，是太原远近闻名的花灯村。2011 年被评为全国文明村。通 309、833 路公交车。

140108-B01-H03 **西村**［Xīcūn］在区政府驻地柴村街道西北 7.5 千米。向阳镇辖行政村。人口 3020。明初有村名宁福堡，傅山将其更名为西村。后人因西指西方，遂更为今名。聚落呈团块状。有西村中心校。是明末清初著名思想家、书画家、医学家傅山（1607 年—1684 年）先生故里。有中华傅山园。有西村关帝庙，现存为清代建筑遗构。通 G1、833 路公交车。

140108-B02 **阳曲镇**［Yángqǔ Zhèn］尖草坪区辖镇。在区境东北部。面积 32 平方千米。人口 1.8 万。民族以汉族为主，还有布依、满、蒙古等少数民族。辖 1 社区、13 行政村。镇人民政府驻阳曲。1949 年属阳曲县第七区。阳曲镇为七区政府驻地。1953 年阳曲镇划入太原市，改设阳曲乡。1956 年阳曲乡、东留庄乡合并设阳曲镇属郊区。1959 年属北城区。1960 年并入尖草坪人民公社。1961 年属北城区，设阳曲人民公社。1963 年复属郊区。1970 年属北郊区。1984 年复置阳曲镇。1997 年属尖草坪区至今。因古语有“河千里一曲当其阳”，故名阳曲。地势东北高、西南低。地形为丘陵地带，山峦起伏。年平均降水量 450 毫米，年平均温度 7—10℃。境内河道属黄河流域。主要河流有杨兴河、横河，河流总长度 7.8 千米。有石灰石、黏土等矿产资源。有阳曲中学等中小学多所，各级各类医疗卫生机构、艺术表演团体、农家书屋多个。有千寿寺、关帝庙。有秧歌、锣鼓、花馍等民间艺术。农业以种植业为主，主产玉米、高粱、谷子。经济作物有白菜、番茄、苹果、葡萄等。畜牧业以饲养生猪、羊为主。工业以化工、电力、机械加工为主。服务业以运输为主。交通便利，是太原市北出要道。有石太客运专线、北同蒲铁路经此设站，设有皇后园站。二广、太原—佳县、太原绕城高速 G2003，G108 国道经此。

140108-B02-H01 **阳曲**［Yángqǔ］阳曲镇人民政府驻地。在区政府驻地柴村街道东北 10.7 千米。人口 8600。隋唐时期为阳曲县治所，故名。《元和郡县图志》卷 13《河东道二 · 太原府》“阳曲县”：“隋帝又改为阳直县，移理木井城，即今县理是也。”即此。聚落呈条带状。有阳曲中心校等。有关帝庙，现存为清代建筑遗构。有化工、电力等工业。通 G2、826 路公交车。

140108-C01 **柏板乡**［Bǎibǎn Xiāng］尖草坪区辖乡。在区境北部。面积 36 平方千米。人口 1.29 万。民族以汉族为主，还有满、蒙古等少数民族。辖 7 行政村。1949 年属阳曲县六区。1954 年划归太原市，属新城区。1957 年改属郊区。1958 年并入向阳乡，同年改为向阳人民公社。1961 年属北城区，设柏板人民公社。1963 年属郊区。1970 年属北郊区。1984 年复置柏板乡。1997 年属尖草坪区。因多柏树而得名。地处黄土丘陵半山区，地势北高南低。地形分为丘陵、坡地。主要山脉有慕云山，境内最高峰位于道红梁，海拔 1540 米；最低点位于宇文村南河滩，海拔 811 米。年平均降水量 450 毫米，年平均温度 7—10℃。境内河道属黄河流域。有凌井河、泥屯河流经，河流总长度 15 千米。有石灰岩、白云岩等矿产资源。有中小学、卫生院、文化艺术团体等多个。有西关口平天堡址、歇马店、天门关遗址、宇文遗址、镇城圣母庙、耄仁寺风景区、柏板丹凤寨旧址等景点。有宇文农家乐山庄、生态旅游度假区等。有岗北秧歌、宇文武社火、庙会等风俗节日。农业以种植业为主，主产、玉米、谷子、薯类。经济作物有黄瓜、葡萄、梨、苹果等。畜牧业以饲养生猪、羊、牛为主。工业以石料生产为主。有太原联鑫石料厂等。服务业以运输为主。交通有 G2003 太原绕城高速经此。通多路公交车。

140108-C01-H01 **柏板**［Bǎibǎn］柏板乡人民政府驻地。在区政府驻地柴村街道北 9.8 千米。人口 3820。“柏板”蒙古语意为富裕户，故名。聚落呈团块状。有柏板中学。有柏板丹凤寨址，现存为清代建筑遗构。有柏板区高等小学校旧址，现存为民国时期建筑遗构。通 833、842 路公交车。

140108-C02 **西墕乡**［Xīyān Xiāng］尖草坪区辖乡。在区境东北部。面积 22 平方千米。人口 5700。民族以汉族为主，有回、满等少数民族。辖 5 行政村。乡人民政府驻西墕。1949 年太原解放初属阳曲县。1954 年西高庄、东高庄、西墕、中墕、东墕、赵家山 6 个自然村从阳曲划入太原市，组成西墕乡，辖于新城区。1957 年属郊区。1958 年属向阳人民公社。1961 年属北城区，设高庄人民公社。1963 年复属郊区。1965 年撤销高庄人民公社。1980 年复置高庄人民公社。1983 年高庄公社更名为西墕人民公社。1984 年复置西墕乡。1999 年属尖草坪区。因村址居“水淹地”西侧，得名“西淹村”。村民为避嫌，得名“西墕”。地形为半山半丘陵地带。年平均降水量 450 毫米，年平均温度 7—10℃。境内河道属黄河流域。有泥屯河由北向南流经，长 2 千米。有石灰岩、水等矿产资源。有中小学、艺术表演团体、农家书屋多个。古迹有王氏家族墓群。有山西豪景老年公寓，农家乐等休闲旅游地。有锣鼓、舞龙、舞狮、秧歌等民间艺术。西墕锣鼓小有名气。是民间文化艺术之乡。农业以种植业为主，主产谷子、豆类及小杂粮。经济作物以瓜果、蔬菜等为主。基本形成以甜瓜、蔬菜、小杂粮、果树、绿化苗木为主的种植格局。畜牧业以饲养生猪、羊为主。

工业以洗煤、化工建材、高级食用醋、矿泉水为主。服务业以物流、旅游为主。交通便利。有太原绕城高速 G2003、平顶山—临汝高速 S50 经此。

140108-C02-H01　**西墕**［Xīyān］西墕乡人民政府驻地。在区政府驻地柴村街道东北 10.5 千米。人口 810。相传古代北部山区水流到此，积水成潭，当地人称水淹地。元朝末年，卧龙岗挖开，积水流入汾河，此处遂成丘陵。明初时移民建村，得名西墕。聚落呈团块状。有西墕中心校、西墕中学。有西墕遗址，为汉代文化遗存。通 841、841 支路公交车。

140109　**万柏林区**［Wànbǎilín Qū］太原市辖区。在市区西部。面积 289 平方千米。人口 95.1 万。民族以汉族为主，还有回、满、蒙古等族。辖 14 个街道。区人民政府驻千锋街道。明、清时期分属太原府阳曲、太原两县管辖。民国初废府归冀宁道。抗日战争前后由太原县第五区和阳曲县第三区分治。1949 年划属太原市第七区。1950 年改为太原市第五区。1954 年改称万柏林区。1957 年 3 月撤万柏林区地属太原市郊区。1958 年 7 月以原万柏林区属地为主成立太原市河西区。1960 年 6 月撤区，成立义井、和平、万柏林、西山 4 个城市人民公社。1961 年 3 月复置河西区。1963 年 2 月撤西山工矿区地属河西区。1997 年 5 月市区划调整，更名万柏林区。因此地曾种植柏树，数量众多，故称“万柏林”。地势西高东低。主要山脉有西部的吕梁山东翼，境西依太原西山，山峦起伏，沟壑纵横。最高峰为庙前山主峰，海拔 1553 米。最低点长风西街道南屯村，海拔 776 米。年平均气温 11.4℃，年平均降水量 464 毫米。玉门河、虎峪河、九院沙河东入汾河。矿藏有煤炭、耐火黏土、溶剂用灰岩、硫铁矿、石膏、水泥灰岩、建筑石料灰岩、电石灰岩、砂石、砖瓦粘土等。其他自然资源有鹿、豹、狐等野生动物。有观赏、药用等植物 10 余种。有全省著名的科研机构 5 个，山西省应用化学研究所、中国电子科技集团第二研究所、山西省化学纤维研究所、山西省地质工程勘察院、山西省化工设计院。有太原理工大学、太原科技大学、山西广播电视大学、山西财政税务专科学院等高等院校。有小中学 84 所。文化馆 1 个，公共图书馆 2 个，档案馆 2 个，体育场地 2 处。市级各类医疗卫生机构 14 个。有市级文物保护单位 2 处。有全国科普教育基地中国煤炭博物馆 1 处。省级爱国主义教育基地有山西省地质博物馆、中国煤炭博物馆，黄坡烈士陵园 3 处。有山西省第一批省级红色文化遗址、全省第一批革命文物太原市黄坡革命烈士陵园。地方特色民间艺术有刻纸、剪纸、千角布艺挂屏、树皮画、中医贴画、锣鼓艺术、南屯铁棍等，南少林五行拳被列入省级非物质文化遗产名录。古迹有明清古建窊流华严寺、哥特式建筑圪僚沟天主教堂、王村一线天、神堂沟龙泉寺、白道狼虎寺等。有全国文明村 2 处，2020 年九院村、小西铭村入选第六批全国文明村。旅游地有万柏林万亩生态园、九院狼坡、玉泉山城郊森林公园等。三次产业比 0.1 ∶ 49.4 ∶ 50.5。农业以种植业为主，主产玉米、谷子、薯类等。工业形成以西山煤电集团为主的煤炭生产加工基地。以太原重型机械集团、晋西工业集团、汾西重工有限公司为支柱的装备制造基地。服务业以商贸业为主。农产品批发市场为省级专业交易市场，粮油批发市场为市级专业交易市场和集散地。有 60 多家 2000 平方米以上的大中型商贸企业相继落户开业。交通便利，有太原绕城高速公路、太克线公路经此。太原长途汽车客运西站在境内。通多路公交车。

140109-K01　**兴华街**［Xīnghuá Jiē］在万柏林区东北部。西起和平北路，东至胜利桥。与千峰北路、文兴路等相交。长 2.2 千米，宽 50 米。沥青路面。1971 年建成。俗称新桥街。1982 年定今名，寓意振兴中华。两侧有山西广播电视大学、太原市幼儿师范高等专科学校、兴华街商务广场、杏园、兴华街小学、太原城市职业技术学院等。通 10、50 路等公交车。

140109-K02　**兴华西街**［Xīnghuá Xījiē］在万柏林区北部。西起西外环东社高速路出口，东至和平北路。与上兴路、西中环路相交。长 3 千米，宽 40 米。沥青路面。2006 年始建，2008 年建成、2014 年改建。因在兴华街之西且寓意振兴中华得名。两侧有晋西工业集团有限责任公司、中国中车太原机车车辆公司、万柏林体育场、西文化宫、太原六十一中等。通 602、615 路等公交车。

140109-K03 **漪汾街**［Yīfén Jiē］在万柏林区东北部。西起和平北路，东至漪汾桥。与千峰北路、文兴路、望景路相交。长 2.2 千米，宽 50 米。沥青路面。1992 年始建，1993 年建成。两侧有山西省民政厅、山西省心血管病医院、滨河体育中心、太原电视台等。通 602、827 路等公交车。

140109-K04 **西矿街**［Xīkuàng Jiē］在万柏林区中部。西起河涝湾铁桥，东至千峰北路。与西中环路、前进路、和平北路相交。长 7.28 千米，宽 50 米。沥青路面。1956 年建成，1982 年扩建。因通西山矿务局得名。两侧有九州市场、中铁十二局医院、太原汽车客运西站、太原市第四人民医院、西山河龙湾公园。通 18、412 路等公交车。

140109-N05 **漪汾桥**［Yīfén Qiáo］在府西街西侧与漪汾街东端之间的汾河上，1988 年兴建，1992 年建成。桥长 0.66 千米，其中主桥长 0.46 千米，东引桥长 0.15 千米，西引桥长 0.05 千米。桥面净宽 22.5 米，其中车行道宽 15 米，两侧人行道各宽 3.5 米，栏杆各宽 0.25 米，桥孔共 7 孔每桥孔跨径 66 米泄洪量为每秒 3450 立方米。2008 年改造，2009 年完工。

140109-N06 **南内环桥西南匝道桥**［Nánnèihuánqiáoxīnánzādào Qiáo］在南内环街，长 0.37 千米，宽 20 米。2007 年建成，沿用至今。

140109-N07 **南内环桥西北匝道桥**［Nánnèihuánqiáoxīběizādào Qiáo］位于南内环街，长 0.37 千米，宽 20 米，2007 年建成取名，一直沿用至今。

140109-A01 **千峰街道**［Qiānfēng Jiēdào］万柏林区人民政府驻地。在区境东南部。面积 3.06 平方千米。人口 3.7 万。民族以汉族为主，还有蒙古、回等民族。辖 8 社区。1985 年，属太原市河西区，设千峰街道。1997 年 5 月，属太原市万柏林区。因辖区内有千峰南、北路得名。地形平坦。年平均降水量 450 毫米，年平均气温 10℃。境内河道属黄河流域。有汾河、玉门河、虎峪河流经。有太原理工大学、太原市第二十九中等学校多所，各级各类医疗卫生机构、艺术表演团体、休闲场所多个。有山西省化学纤维研究所、国际能源中心大厦、山西省国家安全厅、山西科技馆等。有国家 4A 级旅游景区中国煤炭博物馆，是我国唯一的国家级煤炭行业博物馆。有太原瓦窑文化创意产业园、汇都商贸城、公园时代城等新兴地标建筑。为全区政治、经济、文化中心。服务业以商贸、批发为主。交通便利，有滨河西路快速通道、晋祠路、千峰北路、和平北路、迎泽西大街、西矿街等城市主干道。通多路公交车。

140109-A01-J01 **公园路社区**［Gōngyuánlù Shèqū］属千峰街道。在区政府驻地千峰街道北 200 米。面积 0.18 平方千米。人口 9510。因地处公园路而得名。2002 年成立，有住宅楼 58 栋、21 个小区。有太原市第二十九中学校、公园路小学、太原理工大学（迎西校区）等。2014 年被评为山西省文明社区。通 868、824 路公交车。

140109-A02 **下元街道**［Xiàyuán Jiēdào］属万柏林区。在区境中部偏南。面积 2 平方千米。人口 5.1 万。民族以汉族为主，还有回、满、壮等民族。辖 11 社区。1961 年 6 月 15 日，始设下元街道，隶属于河西区。1960 年撤区建社，在今下元街道境域，成立和平城市人民公社。1961 年 6 月，撤销市辖人民公社，恢复河西区建制。1979 年 1 月，更名为下元街道。1997 年 5 月，太原市区划调整，划入万柏林区。因下元村故名。地形平坦。年平均降水量 450 毫米。年平均气温 10℃。境内河道属黄河流域。有虎峪河、九院沙河流经。有山西省财政税务专科学校、山西中医学院等学校多所，各级各类医疗卫生机构、文化艺术团体等多个。有山西省中医学院附属医院、万柏林区中心医院、太原中心医院第三医院等。有山西省高级人民法院、山西省棉麻公司、大众机械厂等企业。有下元商贸城、河西农产品批发市场。2020 年，下元街道入选“第四批智慧健康养老示范街道”名单。服务业以商贸为主。有红太阳、黎氏阁等大型家居家装市场。交通便利，有晋祠路、千峰南路等城市主干道和众多街巷道路四通八达。有下元公交枢纽站设立。通多路公交车。

140109-A02-J01 **气化街社区**［Qìhuàjiē Shèqū］属下元街道。在区政府驻地千峰街道西南 1.2 千米。面积 0.5 平方千米。人口 10060。因辖区内近半居民楼为煤气化宿舍楼，并地处气化街而得名。2002年成立，有住宅楼45栋。有太原理工大学（虎峪校区）、山西省财务税务专科学校、万柏林区中心医院、千峰南路小学、气化街小学等。2008年、2014年被评为山西省文明社区。通39、832路公交车。

140109-A03　**和平街道**［Hépíng Jiēdào］属万柏林区。在区境中部。面积7.65平方千米。人口6.54万。民族以汉族为主，还有满、回等民族。辖12社区。1953年11月组建行政区建制，称为建设路公所，属太原第五区，1954年6月改称和平街道，属太原市郊区。1958年7月划入太原市河西区。1960年成立市辖和平人民公社重机管理区。1961年5月恢复河西区建制，更名为河西区和平人民公社。1979年1月复名为和平街道。1997年属万柏林区至今。因初建时街道办事处驻于和平路而得名。地形平坦，年平均降水量450毫米，年平均气温10℃。境内河道属黄河流域。有玉门河从西向东流经南峪村、西巷社区等，长3.2千米。有太原科技大学、玉河街小学等学校多所。各级各类医疗卫生机构、艺术表演团体、健身场所多个。有二级甲等医院太原市和平医院，太重体育馆。风景名胜有太原玉门河公园。有山西非物质文化遗产太重锣鼓艺术团。工业以机械、铸造为主。有太原重型机械集团有限公司。服务业以商贸、物流为主。有太原市滨西物流园区。交通便利，境内有太原绕城高速G2003经此，有太原西站。通多路公交车。

140109-A04　**兴华街道**［Xīnghuá Jiēdào］属万柏林区。在区境东北部。面积6平方千米。人口5.28万。民族以汉族为主，还有满、回、彝等民族。辖11社区。1991年8月，设立兴华街道办事处，属河西区。1997年5月，属万柏林区。因街道办事处驻于兴华街而得名。地形平坦。年平均降水量450毫米，年平均气温10℃。境内河道属黄河流域。有汾河、玉门河流经。有太原市外国语学校、太原市实验小学等中小学多所，社区卫生服务站、文化站、公共图书室多个。有山西博物院、山西省地质博物馆、太原市图书馆、太原市电视台、滨河体育中心、山西省民政厅、山西心血管病医院等。风景名胜有漪汾公园。服务业以商贸、旅游为主。有华宇购物广场。交通便利，有漪汾街、兴华街、千峰北路、和平北路、滨河西路等城市主干道。通多路公交车。

140109-A04-J01　**滨河社区**［Bīnhé Shèqū］属兴华街道。在区政府驻地千峰街道东北1.6千米。面积0.33平方千米。人口4560。因居委会位于滨河花苑内，故名。2002年成立，有住宅楼23栋。有太原市图书馆、太原市实验小学、山西省心血管病医院、山西博物院、山西地质博物馆等。2011年、2014年被评为全国文明社区。通831、602路公交车。

140109-A04-J02　**漪汾苑社区**［Yīfényuàn Shèqū］属兴华街道。在区政府驻地千峰街道东北1.6千米。面积0.33平方千米。人口10450。有汾水漪涟、花团锦簇之美，故名。2002年成立，有住宅楼69栋。有太原市外国语凤凰双语中学校、太原市实验小学、太原市外国语学校（漪汾校区）山西省民政厅等。2007年、2014年被评为山西省文明社区。通831、803路公交车。

140109-A05　**万柏林街道**［Wànbǎilín Jiēdào］属万柏林区。在区境北部。面积5平方千米。人口4万。民族以汉族为主，还有满、回等民族。辖8社区。1950年属第五区。1953年设万柏林行政街。1954年属万柏林区。1955年12月设万柏林街道。1957年属郊区。1958年属河西区。1960年属万柏林公社。1961年属河西区，设万柏林城市人民公社。1979年1月复设万柏林街道。1997年属万柏林区至今。因种植柏树数量众多得名。地形平坦。年平均降水量450毫米，年平均气温10℃。有太原六十一中等中小学多所，各类卫生医疗机构、体育场地、公共图书室多个。有山西广播电视大学、西宫文化宫、万柏林区文化馆、万柏林区图书馆、万柏林区体育场等场所。工业以机器制造为主。有山西汾西重工有限责任公司、晋西机器工业集团有限责任公司，主要从事国防工业、机电仪表行业、工具非标制造等。服务业以物流、商贸为主。有现代装修城。交通便利，先后完成兴华西街、北中环街的修建，有千峰北路、和平北路、兴华西街等城市主干道。通多路公交车。

140109-A05-J01 **和平社区**［Hépíng Shèqū］属万柏林街道。在区政府驻地千峰街道北2.4千米。面积0.5平方千米。人口3450。因地处和平北路、力求构建和谐的社区而得名。2001年成立，有住宅楼41栋。有太原市万柏林区第二外国语小学、山西开放大学（西校区）等。2007年、2014年被评为山西省文明社区。通827、832路公交车。

140109-A06 **杜儿坪街道**［Dù'érpíng Jiēdào］属万柏林区。在区境西南部。面积33.57平方千米。人口3.28万。民族以汉族为主，还有满、回等民族。辖6社区、2行政村。1958年7月，杜儿坪地区划归河西区白家庄街道办事处管辖。1960年，设杜儿坪城市管理区，属太原市西山公社。1961年，更名为杜儿坪人民公社，属西山工矿区。1963年，属河西区。1979年，更名为杜儿坪街道。1997年属万柏林区至今。相传早年有一个姓杜的人，从清源的王答避乱于此。因办事处驻地有杜儿坪街而得名。地势西高东低，地形为丘陵、山地。有山脉吕梁山、庙前山，境内最高峰位于庙前山主峰，海拔1553米；最低点位于河涝湾广场，海拔904米。年平均降水量450毫米，年平均气温10℃。境内河道属黄河流域。有虎峪河自西向东流经，长6千米。有煤炭、石灰岩、砂岩等矿产资源。有中小学多所，艺术表演团体、公共图书室、体育场所多个。有红沙梁抗日战斗遗址、有偏桥沟风情小镇、四达沟生态恢复景区、赵氏沟生态旅游开发区等景点。农业以种植业为主，主产玉米、马铃薯、谷子。畜牧业以饲养生猪、羊为主。工业以矿产、加工业为主。有杜儿坪煤矿、石墙材公司、橡塑制品公司等。服务业以旅游、商贸为主。通多路公交车。

140109-A07 **白家庄街道**［Báijiāzhuāng Jiēdào］属万柏林区。在区境西南部。面积21平方千米。人口3.51万。民族以汉族为主，还有满、回等民族。辖4社区、3行政村。1949年5月辖区归太原市第七区管辖，1953年3月，设白家庄镇，属第五区。1955年12月更名为白家庄街道。1957年3月，属太原市郊区。1958年7月，属河西区。1960年6月，更名为白家庄城市管理区，属太原市西山人民公社。1963年2月，属河西区。1979年1月，更名为白家庄街道。1997年5月，属万柏林区。因白家庄村而得名。地形较崎岖。年平均降水量450毫米，年平均气温10℃。境内河道属黄河流域。有九院沙河从西向东流经，长16.2千米。有煤炭等矿产资源。有中小学多所，各级各类卫生医疗机构、文化中心、公共图书室多个。有万柏林第八中学，西山煤电官地矿选煤厂。2020年，九院村入选第六批全国文明村。纪念性建筑有日军统治期间的白家庄日式矿区建筑群旧址，日军侵华铁证之“万人坑”、“慰安所”。有九院狼坡生态景区，主要景点有九院沙河源头、夫妻唐槐、汲水泉、茅草屋、石佛岩屏、邀月阁、后官窑旧址、九龙庙旧址、采摘园等。有狮子崖、高家河公园等景点。服务业以餐饮、零售为主。通多路公交车。

140109-A07-H01 **九院**［Jiǔyuàn］在区政府驻地千峰街道西6.5千米。白家庄街道辖行政村。人口610。相传早年旧村址中有九户人家建同样的九个院子，故名。聚落呈团块状。有万柏林第八中学、西山煤电职工总院官地分院。有西山煤电官地矿选煤厂。2020年被评为第六届全国文明村。通7路区间公交车。

140109-A08 **南寒街道**［Nánhán Jiēdào］属万柏林区。在区境中部。面积10平方千米。人口8万。民族以汉族为主，还有满、回等民族。辖15社区。原属白家庄街道办事处管辖。1960年6月成立建矿管理区，属西山人民公社。1963年自西山公社分出设南寒城市人民公社。1975年改为南寒街道。1997年划属万柏林区。2006年将原西铭乡南寒村、北寒村和原小井峪乡红沟村划归南寒街道辖区。因南寒村而得名。地势西南高，东北低，南部是半山地半丘陵地带。年平均降水量450毫米，年平均气温10℃。境内河道属黄河流域。有玉门河、虎峪河流经。有太原市六十五中等学校多所，各级各类卫生医疗机构、文化站、公共图书室多个。有西山总医院、太原市第四人民医院、西山煤电集团有限责任公司等单位。有太原西山万亩生态园。有秧歌、锣鼓、舞龙等民间艺术。工业以煤炭、机械加工为主。服务业以零售、物流为主。有建北集贸市场、北寒集贸市场等。交通便利，有西矿街、西机路、红沟路等城市主干道。有省道 S104 和太原绕城高速公路 G2003 过境，设有迎西收费站。有太原长途汽车客运西站。通多路公交车。

140109-A09 **东社街道**［Dōngshè Jiēdào］属万柏林区。在区境北部。面积 19.9 平方千米。人口 2 万。民族以汉族为主，还有满、回等民族。辖 4 社区、7 行政村。1949 年 5 月划入太原市第七区。1950 年 8 月改归太原市第五区。1953 年设东社乡。1957 年归太原市郊区。1959 年划归河西区。1962 年 11 月更名为东社人民公社，属河西区。1963 年，属太原市郊区。1970 年 3 月，属太原市北郊区。1984 年设东社乡。1997 年 5 月，属万柏林区。2001 年 3 月，更名为东社街道。因街道办事处驻东社村而得名。地势西高东低。地形东部为平川，西部有部分丘陵山地。年平均降水量 450毫米，年平均气温 10℃。境内河道属黄河流域。有风声河流经。有煤炭、石膏、硫磺矿等矿产资源。有万柏林区第五中学等中小学多所，卫生院、文化站、农家书屋多个。有太原市社会福利院、万柏林区中医院、山西省中唐伟业有限公司等单位。有周朝遗留的古槐树，始建于金、元年间的“居贤观”。有玉泉山森林公园、天主教修道院、龙蟠宫等标志性景点。农业以种植业为主，主产玉米、杂粮。经济作物有番茄、葡萄、红枣等。畜牧业以饲养生猪、牛、家禽为主。工业以车辆机械配件为主，有中国中车工业园区。服务业以物流、运输业为主。交通便利，西北外环高速公路东社出口与城市连接线在兴华西街贯通。有太原西站货运站在境内。有高速 S56、高速 G2003 经此，设有东社收费站。通多路公交车。

140109-A10 **小井峪街道**［Xiǎojǐngyù Jiēdào］属万柏林区。在区境中部。面积 21.67 平方千米。人口 6.36 万。民族以汉族为主，还有满、回等民族。辖 18 社区。明、清两代小井峪村属太原县管辖。民国年间属太原市外三区。1949 年 5 月划归第七区。1950 年划归第五区。1953 年建小井峪乡。1954 年归万柏林区。1957 年划归太原市郊区。1958 年小井峪乡改建小井峪人民公社，仍属郊区。1959 年划归河西区。1960 年 3 月，复归郊区。1961 年恢复为小井峪人民公社，重归河西区。1963 年再归郊区。1970 年，属北郊区。1984 年改制为小井峪乡。2007 年 3 月，小井峪乡改制为小井峪街道。因有小井峪村故名。地形平坦，年平均降水量 450 毫米，年平均气温 10℃。境内河道属黄河流域。有虎峪河、九院沙河流经。河流总长度 5.8 千米。有太原市第五十六中学校、万柏林三中等学校多所，各级各类卫生医疗机构、文化中心、公共图书室多个。有市级文物保护单位大井裕遗址。有沙沟天主教堂，又名耶稣圣心堂，为哥特式建筑风格。有太原和平公园、小井峪古戏台、开元寺、唐槐等。先后完成迎泽西大街、西矿街、前进路、小井峪街、南内环西街的延长、拓宽、改建。工业以锅炉生产、混凝土加工、玻璃制造为主。驻有太原煤气化有限责任公司、太原锅炉集团有限责任公司、大众机械厂、太原市鸿峰混凝土有限公司。服务业以商贸、运输为主。交通便利，有和平南路、迎泽西大街、南内环西街等主要交通干道。有 G2003 绕城高速经此。通多路公交车。

140109-A10-J01 **西矿街社区**［Xīkuàngjiē Shèqū］属小井峪街道。在区政府驻地千峰街道西 1.3 千米。面积 0.25 平方千米。人口 5850。因地处西矿街而得名。2001 年成立，有住宅楼 42 栋。有山西省应用技术学校。2008 年、2014 年被评为山西省文明社区。通 876、17 路公交车。

140109-A10-J02 **闫家沟社区**［Yánjiāgōu Shèqū］属小井峪街道。在区政府驻地千峰街道西南 1.4 千米。面积 0.4 平方千米。人口 6000。相传明初有阎姓人家于玉门河南岸两面高、中间低的土洼中定居，故名。2005 年成立，有住宅楼 33 栋。2010 年、2014 年被评为山西省文明社区。通 50、875 路公交车。

140109-A11 **西铭街道**［Xīmíng Jiēdào］属万柏林区。在区境西部。面积 28 平方千米。人口 1.75 万。民族以汉族为主，还有满、回等民族。辖 2 社区、3 行政村。1949 年，属太原市第七区。1950 年 8 月，属太原市第五区。1953 年 11 月成立西铭乡人民政府。1954 年 6 月，属太原市万柏林区。1957 年属太原市郊区。1958 年 6 月虎峪乡合并于西铭乡。1962年成立东社公社。1963年从东社公社分出，单独建立西铭公社，属太原市郊区。1970年划入北郊区。1984年撤销人民公社，恢复西铭乡。1997年5月，属万柏林区。2007年3月，撤西铭乡，改为西铭街道。因境内有西铭村而得名。地势西高东低，呈缓坡状倾斜。地形为丘陵，平均海拔800米。年平均降水量450毫米，年平均气温10℃。原有玉门河现已断流。有煤、铁、石膏、硫磺等矿产资源。有万柏林区第四中心等中小学多所，各级各类卫生医疗机构、文化站，村级文化活动中心多个。2020年小西铭村入选第六批全国文明村。有玉门沟古道、观音堂庙、广仁寺、冰梁玉柱、南屿黑龙王庙、南屿千年国槐等。有舞龙灯、扭秧歌、踩高跷、划旱船等民间艺术。农业以种植业为主，主产玉米、黄豆、绿豆等。畜牧业以饲养生猪、家禽为主。工业以煤炭、电力为主，有山西恒通能源有限公司、山西煤电集团水泥厂等。服务业以商贸为主。交通有虎峪路、白家庄路等干道横贯东西，有省道太佳线经此。通多路公交车。

140109-A11-H01 **小西铭**［Xiǎoxīmíng］在区政府驻地千峰街道西7.7千米。西铭街道辖行政村。人口2720。村内石碑载，原为西铭的附属小村，于清乾隆年间（1736年—1795年）分理村事，因规模、人口小于西铭，故名。聚落呈团块状。有太原市万柏林区旧矿街小学、小西铭小学等。有西山煤电公司水泥厂。2020年被评为第六届全国文明村。通16路公交车。

140109-A12 **长风西街街道**［Chángfēngxījiē Jiēdào］属万柏林区。在区境南部。面积7平方千米。人口5万。民族以汉族为主，还有满、回等民族。辖12社区。2007年3月，设长风西街街道。2008年5月，新增西岸社区。2011年8月，南上庄村和小王村改为社区。因所辖社区均分布在长风西街两侧而命名。地形平坦，年平均降水量450毫米，年平均气温10℃。境内河道属黄河流域。有汾河、九院沙河流经。有山西警察学院等学校多所，各类卫生医疗机构、文化站公共图书室多个。有山西省展览馆、山西省地质工程勘探院、山西国际会展中心、山西省人民检察院等建筑。有龙华寺、明屯兵营等古迹、有太原和平公园。工业以加工业为主。服务业以商贸、旅游为主。有雅阁瑞普家居广场、南屯批发市场等。交通便利。有长风西街、新晋祠路、南内环西街、千峰南路、和平南路等主要城市交通干道。有长风停车场公交枢纽站。通多路公交车。

140109-A13 **神堂沟街道**［Shéntánggōu Jiēdào］属万柏林区。在区境西南部。面积7.54平方千米。人口2.1万。民族以汉族为主，还有回、满等民族。辖7社区。1949年属第七区。1950年属第五区。1954年属万柏林区。1957年属郊区。1959年属河西区。1960年属和平公社。1961年属河西区。1963年属郊区。1970年属北郊区。1997年属万柏林区。2007年设立神堂沟街道至今。因龙泉寺内设有神堂得名。地形属黄土丘陵地带，山体连绵起伏。年平均降水量450毫米。年平均气温10℃。境内河道属黄河流域。有冶峪河流经。有煤炭等矿产资源。有中小学多所，各级各类卫生医疗机构、文化站、公共图书室多个。有山西省省级红色文化遗址、全省第一批革命文物、省级爱国主义教育基地太原市黄坡革命烈士陵园。有市级文物保护单位彭城太妃墓。有千年古刹龙泉寺、神堂沟温泉度假区、太原西山城郊森林公园、万柏林生态园等景点。有锣鼓、秧歌、舞龙、舞狮等民间艺术。工业以煤炭、化学材料为主。有太原西峪煤矿、山西省化学研究所等。服务业以餐饮、休闲为主。有太原市神州度假村、太原龙泉山庄大酒店等。交通便利。紧邻西环高速和长风西大街，有高速G2003经此。通多路公交车。

140109-A13-J01 **神堂沟社区**［Shéntánggōu Shèqū］属神堂沟街道。在区政府驻地千峰街道西南7.5千米。人口800。因有明代建筑龙泉寺，内设有神堂而得名。2002年设社区。有太原诚师双语小学等。有神堂沟温泉度假区，为龙泉花园、夏威夷北岸、同舟度假村、龙泉泳馆、龙泉山庄、凤凰山庄等集温泉、休闲、健身、会议为一体的场所。通606、618路公交车。

140109-A14 **王化街道**［Wánghuà Jiēdào］属万柏林区。在区境西北部。面积137平方千米。人口2.6万。民族以汉族为主，还有满、回等民族。

辖5社区。原为王封乡、化客头街道两个行政区划。2021年，撤销王封乡、化客头街道，合并设立王化街道。因由王封乡、化客头街道合并设立而得名。街道办事处驻王封村。地势南高北低，地形较崎岖。有石千峰山脉，境内最高点位于石千峰山，海拔1545米；最低点位于下槐村，海拔921米。年平均降水量450毫米，年平均气温10℃。境内河道属黄河流域，有汾河、玉门河流经，汾河自西向东流经内堡山、周家山等村，长7.2千米。有煤炭、铁、铝矾土、石膏等矿产资源。有中小学多所，卫生所、文化站、农家书屋多个。有市级爱国主义教育基地周家山避难所。有西铭矿缆车房、堡山古庙群、周家山躲兵洞、西山狼虎寺、狼虎寺高僧塔、会佛洞、避难窑等建筑。有王封一线天生态旅游景区、圪垛村石窑民俗度假区等景点。农业以种植业为主，主产玉米、谷子、马铃薯。养殖业以饲养生猪、家禽为主。工业以煤炭开采为主。有太原东山煤业集团王封煤矿和东峰煤矿。服务业以商贸、旅游为主。交通便利。有高速S56、省道太佳线经此。通多路公交车。

140110 **晋源区**［Jìnyuán Qū］太原市辖区。在市区西南部。面积290平方千米。人口31.6万。民族以汉族为主，还有满、回、蒙古等民族。辖3街道、3镇。区人民政府驻晋源街道。晋源区为晋阳古城所在地。旧志载：太原，古唐国地，帝尧始封之地，夏禹初都，殷商唐国，西周初唐叔虞国都，春秋时属晋，赵简子设晋阳邑，战国时属赵。从周敬王二十三年（前497年）晋国大夫赵简子派家臣董安于始筑晋阳城，晋阳成为赵国初都。秦置晋阳县，为太原郡治。汉为韩国国都、代国国都、太原、并州刺史部。西晋为太原国都。十六国时期为前赵、后赵、前燕、前秦、后燕郡州治所或国都。北齐为大丞相府、别都、太原隋为并州治、太原郡治。唐为北都、太原府、北京。五代为后唐西京、北汉国都。宋及金、元、明、清、民国，境内县级建置基本稳定，先后称平晋县、太原县、晋源县。日军侵占时期改称晋泉县，光复后阎锡山政权恢复太原县。抗日战争和解放战争期间，抗日民族政权曾建立清太县、清太徐县。1949年3月，太原县更名为晋源县。1951年4月划为太原市属县，8月2日，撤销晋源县建置。境域分别划归太原市第四、第六、第七区。1954年，第六区改为晋源区。1957年3月划入太原市郊区。1959年2月撤销市郊区建置，划归河西区。1961年5月，置晋源区。1963年4月撤销晋源区建置，属太原市郊区。1970年3月，划入南郊区。1998年1月，晋源区正式成立。因地处古晋阳发源地得名。地势西北高东南低。主要山脉有吕梁山脉东翼，最高峰位于庙前山，海拔1865.7米；最低点位于姚村镇高家堡村南的汾河滩，海拔762.1米。年平均降水量450毫米，年平均气温10℃。境内河道属黄河流域。有汾河、风峪沙河、南部退水渠、清水河、冶峪沙河、柳子沙河、开化沙河、南峪沙河等河流流经。矿藏有煤炭、铝土、耐火黏土、硫铁、石膏、水泥用灰岩、矿泉水等。自然植物资源有世界珍稀物种银杏，全国闻名的蟠龙松，暖温带植物十余种。有国家一级保护动物两种，国家二级保护动物四种。省级重点保护野生动物六种。有中小学46所。有山西大剧院、山西省图书馆、山西科技馆、太原博物馆、太原美术馆。晋祠镇为省级历史文化名镇。有全国重点文物保护单位晋源阿育王塔、晋祠、太山龙泉寺、晋源文庙等10处。有省级文物保护单位东街秦氏民宅、古城营九龙庙2处。有全省第一批革命文物清太县抗日民主政府旧址。有省级爱国主义教育示范基地晋祠博物馆、天龙山。有国家4A级旅游景区蒙山大佛、晋祠风景区。店头村为国家历史文化名村、省级历史文化名村、中国传统村落。程家峪村、赤桥村为中国传统村落。有全国文明村2处。2017年姚村镇入选第五批全国文明村，2020年东院村入选第六批全国文明村。有天龙山国家森林公园、晋阳湖、太原古县城。民间艺术有锣鼓、高跷、铁棍、背棍、秧歌等。有国家非物质文化遗产晋祠庙会、晋阳风火流星。有省级非物质文化遗产太原秧歌、二月二焰火。特色小吃有古寨豆腐、晋祠元宵、驴油炒灌肠等。1997年新建迎宾路、乾阳街、贞观街、万康路等城市主干道，改造、绿化晋祠路、新晋祠路等。农业以水稻、玉米、温室蔬菜和苗木花卉种植为主。畜牧业以饲养生猪、牛、羊、家禽为主。有稻田公园、梅芝园艺等农业园区。建设有标准化、智能化设施蔬菜生产基地。有玉露香梨、樱桃、西梅等特色水果基地，黄楼沟生态养殖园区，多个现代化畜禽养殖园区。工业以机械、印刷、医药为主。有太原药业有限公司、姚村新兴产业园区等。服务业以旅游为主。交通便利，有京昆、青银、二广、太原绕城、太祁高速，G307 国道，省道太汾线、榆古线经此。通多路公交车。

140110-F01 **长风广场**［Chángfēng Guǎngchǎng］在晋源区境北部。东侧为滨河西路，其余三面为汾溪环绕。总面积 16 万平方米。2011 年建成。因位于长风西街附近，取“长风破浪会有时”之意而命名。内部有广经路、广化路、广成路等道路。广场上有太原市美术馆、太原市博物馆、山西大剧院、山西省科技馆、山西省图书馆等文化设施。地下有长风第六馆商城。

140110-F02 **国防文化广场**［Guófángwénhuà Guǎngchǎng］在晋源区境中部。南侧为乾阳街，紧邻晋源新城。总面积 3 万平方米。2013 年建成。由中共晋源区委、晋源区人民政府、晋源区人民武装部联合命名修建。内有小广场 3 个、凉亭 2 座。种植乔木 30 多个品种，小乔木和灌木 20 多个品种。设有国防文化主题的标牌标语。

140110-K01 **贞观街**［Zhēnguān Jiē］在晋源区中部。西起晋祠路，东至凤翔路。与万福路、万寿路、景明路、新晋祠路相交。长 3.2 千米，宽 30 米。沥青路面。1999 年始建、2004 年建成。俗称龙山大街，取“贞观之治”之意，故名。两侧有晋源区实验小学、昌宁公园、晋源区人民法院等。通 310、301、79、856 路等公交车。

140110-K02 **乾阳街**［Qiányáng Jiē］在晋源区中部。西起晋祠路，东至滨河西路。与万福路、万寿路、景明路、新晋祠路相交。长 3 千米，宽 30 米。沥青路面。1999 年始建，2004 年建成。因在晋阳古城乾阳门外，故名。两侧有太原古县城、山西省儿童医院、晋源区国防文化广场等。

140110-K03 **万寿路**［Wànshòu Lù］在晋源区中部。北起进贤街，南至晋泽街。与贞观街相交。长 1.8 千米，宽 30 米。沥青路面。1999 年始建，2004 年建成。取吉祥多寿之意。两侧有晋源区交通运输局、晋源区文化和旅游局等。

140110-K04 **万福路**［Wànfú Lù］在晋源区中部。北起乾阳街，南至晋溪街。与贞观街相交。长 1.2 千米，宽 30 米。沥青路面。1999 年始建，2004 年建成。取福寿双全，人丁兴旺之意。两侧有晋源区实验小学、晋源新城等。

140110-K05 **景明路**［Jǐngmíng Lù］在晋源区中部。北起乾阳街，南至延盛街。与贞观街相交。长 0.7 千米，宽 15 米。沥青路面。1999 年始建，2004 年建成。取春和景明之意。两侧有晋源区人民政府、晋源区民政局等。

140110-K06 **长兴南街**［Chángxīng Nánjiē］在晋源区北部。西起西中环路，东至滨河西路。与旧晋祠路、康兴路等相交。长 3.5 千米，宽 40 米。沥青路面。2009 年始建，2013 年建成。取长久兴盛之意。两侧有山西省科技馆、太原市为民服务中心、太原市博物馆等，连通旧晋祠路至长风商务区。通 27、76、839 路等公交车。

140110-B02-L01 **文萃路**［Wéncuì Lù］晋源区南部。北起崇宁路，南至东院村。与天龙山路相交。两侧有晋祠镇中心卫生院、晋祠小学、白衣庵、天龙山景区等。

140110-N02 **南峪沙河桥**［Nányùshāhé Qiáo］在姚村镇，1997 年建成。桥梁全长 165 米，桥面宽 21 米，沥青路面。

140110-A01 **晋源街道**［Jìnyuán Jiēdào］晋源区人民政府驻地。在区境中部。面积 86 平方千米。人口 4.63 万。民族以汉族为主，还有回、满、蒙古等民族。辖 6 社区、17 行政村。1954 年，属晋源区。1958 年晋源镇改制为晋源人民公社，属郊区。1960 年撤销晋源人民公社设立晋源分社，划入义井人民公社。1961 年复置晋源人民公社。1971 年属南郊区。1998 年属晋源区晋源镇。2001 年，撤销晋源镇设立晋源街道办事处。因晋水源头得名。地势西高东低。地形分为西北部丘陵山区带和中东部山前平原带。山脉有庙前山，最高点位于庙前山，海拔 1865.8 米；最低点位于北河下，海拔 765 米。境内河道属黄河流域。有汾河、清水河流经。河流总长度 39.62 千米。汾河从北向南流经庞家寨、北庄头等村，长 7.2 千米。年平均降水量450毫米，年平均气温10℃。有煤炭、石膏、石灰石等矿产资源。有褐马鸡、天鹅、金雕等国家级保护动物。有晋源二中等中小学多所，各级各类医疗卫生机构、文化站、文化艺术团体多个。有晋源区人民医院、晋源区工商局、晋源区住建局、晋源区电业局等单位。有全国重点文物保护单位晋阳古城遗址、晋源文庙、晋源阿育王塔、龙泉寺。有省级文物保护单位东街秦氏民宅、古城营九龙庙。有明代太原古县城、店头古村落等景点。有龙王庙、关帝庙、九龙庙、秦家大院、陈家大院等古建筑。店头村为国家历史文化名村、省级历史文化名村、中国传统村落。程家峪村为中国传统村落。有秧歌、太原莲花落、吹奏乐、锣鼓、铁棍、龙灯、“风火流星”、“二月二焰火”等民间习俗。“风火流星”、“二月二焰火”为省级非物质文化遗产。有驴油炒灌肠、羊杂割、元宵、醪糟、烧麦等传统风味食品。农业以种植业为主，主产谷子、玉米、小麦等。经济作物有白菜、萝卜、番茄、花卉等。畜牧业以饲养生猪、羊、奶牛为主。形成了晋源片苗木花卉生产基地、南片品牌蔬菜生产基地等多个农业生产基地。工业以加工业、建材为主。服务业以旅游、商贸为主。交通便利，有新晋祠路、旧晋祠路等主干道贯穿其中。有307国道、京昆高速公路G5和太原绕城高速G2003经此。通多路公交车。

140110-A01-H01 **店头**［Diàntóu］在区政府驻地晋源街道西北7.6千米。晋源街道辖行政村。人口420。位于晋阳古城西通陕甘等地的驿路上，属风峪沟内八村的第一个村庄，且村中多店铺，故名。聚落呈条带状。是晋阳城西大门上的一处军事关隘、屯兵之地。有龙尾道、隔道、舍道、地道、戏台、灯山、井、真武庙、文昌宫、山神庙、五道庙，为明清时期建筑遗构。2010年被列入第五批中国历史文化名村名录，2012年被列入第一批中国传统村落名录。通308、329路公交车。

140110-A01-H02 **古城营**［Gǔchéngyíng］在区政府驻地晋源街道北3.2千米。晋源街道辖行政村。人口8430。为故城遗址上形成的村落，宋初称旧德村，明时有军屯曾驻于此，故名。聚落呈团块状。有晋源二中、古城营小学。为东汉将军王昶、民国时期形意拳著名武师康守让故里。有第五批全国重点文物保护单位晋阳古城遗址，为春秋时期文化遗存。有第六批省级文物保护单位古城营九龙庙，祀九龙圣母即高欢之妻娄太后，现存为金代建筑遗构，明清时期均有修缮。有历史时期太原县官道南北穿行。通839路公交车。

140110-A01-H03 **程家峪**［Chéngjiāyù］在区政府驻地晋源街道西北8.3千米。晋源街道辖行政村。人口370。因多程姓居民，地处风峪沟而得名。明嘉靖《太原县志》卷首《县境乡村之图》有成家谷，后演变为此。聚落呈团块状。房屋多依山而建的窑洞，上下层层递进。有程家峪桥，现存为清代建筑遗构。2016年被列入第四批中国传统村落名录。通308、329路公交车。

140110-A02 **义井街道**［Yìjǐng Jiēdào］属晋源区。在区境北部。面积11.8平方千米。人口4.48万。民族以汉族为主，还有回、满等民族。辖20社区。1951年属太原市第六区。1954年属晋源区。1957年属郊区。1958年改晋源农村人民公社。1959年属河西区。1960年属义井公社，设义井南、义井北管理区。1961年属河西区，设义井城市人民公社。1979年改义井街道办事处，1997年属晋源区。因义井村而故名。地形平坦。境内河道属黄河流域。有汾河、冶峪沙河等流经。河流总长度19.3千米。年平均降水量450毫米，年平均气温10℃。有太原十六中、六十三中等学校多所，卫生院、文化站、体育场地多个。有长风国贸第六馆、万国汽贸城、万水物贸城、万水机电城、太原药业园等商圈园区。有山西大剧院、太原博物馆、山西省图书馆、山西省科技馆等场所。有新石器时代仰韶文化义井遗址、春秋战国时期徙人城原址、观音堂等。工业以建材、家具为主。服务业以商贸、旅游为主。交通便利，有新晋祠路、和平南路等城市主干道交通网络四通八达，有307 国道经此。通多路公交车。

140110-A02-J01 **义井一巷社区**［Yìjǐngyīxiàng Shèqū］属义井街道。在区政府驻地晋源街道北11.8千米。面积0.082平方千米。人口6070。因临近义井村而得名。2001年成立，有住宅楼30栋。有太原化学工业集团有限公司职工医院、太师附小等。2014年被评为山西省文明社区。通5、618、832、858、839路公交车。

140110-A03 **罗城街道** [Luóchéng Jiēdào] 属晋源区。在区境北部。面积17.32平方千米。人口1.78万。民族以汉族为主，还有回、满等民族。辖6社区、3行政村。1951年属太原市第六区，设罗城行政村。1953年设罗城乡。1954年属晋源区。1956年罗城乡并入南堰街道办事处。1957年属郊区。1959年属河西区。1960年属义井公社。1961年属河西区，设罗城城市人民公社。1979年改罗城街道办事处。1997年属晋源区。因罗城村得名。地势西高东低，地形为山川各半。境内河道属黄河流域，有风峪沙河、开化沙河流经，河流总长度28.7千米。年平均降水量450毫米，年平均气温10℃。有煤、石膏、石灰土、黏土等矿产资源。有太原市六十四中等学校多所，各级各类医疗卫生机构、文化站、文化艺术团体多个。有全国重点文物保护单位蒙山开化寺遗址。有国家4A级旅游景区蒙山大佛。有太化工业园区、太原植物园、铁佛殿等景点。有蒙山庄园。农业以种植业为主，主产玉米、小麦。经济作物有枣、核桃等。畜牧业以饲养生猪、牛、羊为主。服务业以商贸、旅游为主。境内有太原绕城高速G2003、京昆高速G5经此。设有罗城高速收费站。通多路公交车。

140110-A03-H01 **寺底** [Sìdǐ] 在区政府驻地晋源街道北7.6千米。罗城街道辖行政村。人口470。因位于开化寺底下而得名。聚落呈团块状。有第八批全国重点文物保护单位蒙山开化寺遗址，包括开化寺大佛阁遗址、蒙山大佛遗址和连理塔，开化寺为东汉时期建筑遗构，蒙山大佛为北齐时期文化遗存，连理塔建造为北宋时期建筑遗构。通Y3、58路公交车。

140110-B01 **金胜镇** [Jīnshèng Zhèn] 晋源区辖镇。在区境中部偏北。面积44.53平方千米。人口3.88万。民族以汉族为主，还有回、蒙古等民族。辖18社区、3行政村。镇人民政府驻金胜。1951年，属第六区。1953年，撤销金胜乡，分属冶峪乡和西寨乡。1958年，置金胜公社，属郊区。1959年，属河西区。1960年，属义井公社晋源分社。1961年，重置河西区设立金胜公社。1966年，属郊区。1970年，划归太原市南郊区。1984年，金胜公社改金胜乡。1997年属晋源区。2000年4月撤乡设镇。因驻地得名。地势西高东低、北高南低，地形山川各半。主要山脉有西梁山、刘家地、北山、西岭，境内最高峰位于上冶峪，海拔1368米；最低点位于董茹，海拔782米。境内河道属黄河流域。有汾河、风峪河南部退水渠、清水河、冶峪河。河流总长度74.22千米。境内最大的河流为汾河，长3.9千米。年平均降水量450毫米，年平均气温10℃。有煤炭、铝土矿、硫铁矿等矿产资源。有中小学多所，卫生院、文化站、公共图书室多个。有历史文化展览馆、晋阳湖公园、山西体育中心等地标性建筑。有西寨北极宫、董茹奶奶庙、严家祠堂、举人院、魁星楼等建筑。有上冶峪生态示范观光园。有社火龙船、高跷、舞龙、舞狮、八音会、剪纸等民间艺术。农业以种植业为主，主产玉米。经济作物有白菜、番茄、葡萄等。特色产品有西寨油脂、古寨豆腐干、蜂蜜等。畜牧业以饲养生猪、羊、奶牛、家禽为主。有金胜乳业。服务业以商贸、物流、旅游为主，有福川物流市场、新村综合市场等。交通有滨河西路，有太原绕城高速经此。通多路公交车。

140110-B01-J01 **金胜社区** [Jīnshèng Shèqū] 金胜镇人民政府驻地。在区政府驻地晋源街道北8.1千米。人口2950。隋开皇年间曾建大云寺铸大铁佛，唐开元初建平等阁覆之，名金城，元代名金盛，明代名金胜。2021年设社区。有山西电力职业技术学院、金胜中心小学、金胜镇董茹中心小学等。有金胜墓群，上迄夏代，下至北宋，是一处连续使用3000余年的大型墓葬区。通310、858、5、308路公交车。

140110-B01-J02 **西寨社区** [Xīzhài Shèqū] 属金胜镇。在区政府驻地晋源街道东北7.4千米。人口5370。明时为屯军地，后汾河河道东徙，处古寨之西，故名，2012年改社区。为清初著名朴学大师阎若璩故里，撰有《尚书古文疏证》《四书释地》《潜邱札记》等。有市级文物保护单位北极宫，现存为明代建筑遗构。有市级文物保护单位观音堂，现存为明清建筑遗构。有市级文物保护单位关帝庙，现存为清代建筑遗构。通856、804、311、76、905路公交车。

140110-B02 **晋祠镇**［Jìncí Zhèn］晋源区辖镇。在区境中部。面积74.62平方千米。人口3.97万。民族以汉族为主，还有回、蒙古等民族。辖3社区、21行政村。镇人民政府驻晋祠。1953年设晋祠镇，后改公社。1984年复置镇。1997年属晋源区。因晋祠而得名。地处吕梁山支脉山川结合带，地势西高东低、北高南低，地形山川各半。主要山脉有吕梁山支脉，境内最高峰位于天龙山，海拔1700米；最低点位于新庄，海拔767米。境内河道属黄河流域。有汾河、退水渠、清水河，河流总长度39.6千米。境内最大的河流为汾河，长6.8千米。年平均降水量450毫米，年平均气温10℃。有丰富的煤炭和森林资源。有中小学多所，各级各类医疗卫生机构、文化艺术团体、体育场地多个。有全国重点文物保护单位晋祠、天龙山石窟、龙山石窟、明秀寺、童子寺遗址。其中晋祠为现存中国规模最大的古代园林式祠庙建筑群，是一处自然山水与历史文物相结合的园林珍品。有“晋祠三绝”、鱼沼飞梁、晋祠献殿等建筑。有赤桥古村、豫让桥遗址、豫让祠、台骀庙、青阳庙、花塔寺、虞弘墓等古迹。有晋祠宾馆、晋祠公园、天龙山森林公园等景点。2020年东院村入选第六批全国文明村。2018年赤桥村入选第五批中国传统村落。晋祠镇具有3000多年的悠久历史，文化底蕴深厚，有“山西省首批历史文化名镇”、“全国环境优美乡镇”、“山西省首批旅游名镇”等称号，是海内外“张氏”、“王氏”发源地，是山西政治、经济、文化的发祥地之一。农业以种植业为主，主产玉米、水稻。经济作物有苹果、葡萄等。地方特产有晋祠大米和大寺莲藕。畜牧业以饲养生猪、羊、家禽为主。服务业以商贸、餐饮、旅游为主。交通有滨河西路直达晋祠，太汾公路横穿全境，北京—昆明G5高速，省道榆古线经此。通多路公交车。

140110-B02-H01 **晋祠**［Jìncí］晋祠镇人民政府驻地。在区政府驻地晋源街道西南4.3千米。人口1920。因有为纪念晋国开国诸侯唐叔虞（后被追封为晋王）及母后邑姜后而建的唐叔虞祠而得名。聚落呈团块状。有太原市晋泽中学校、晋祠镇第一中学、晋祠小学、山西工人晋祠疗养院。有第一批全国重点文物保护单位晋祠，相传为纪念周武王胞弟叔虞而建，现存圣母殿、鱼沼飞梁为宋代建筑遗构，献殿为金代建筑遗构，有唐太宗李世民行书《晋祠之铭并序》碑、宋代铸造铁人、铁狮等。周柏、难老泉、宋塑侍女被誉为“晋祠三绝”。现为国家4A级旅游景区。有旅游业。通301、302、308、317、318、804、848、856路公交车。

140110-B02-H02 **王郭**［Wángguō］在区政府驻地晋源街道西南5.5千米。晋祠镇辖行政村。人口6270。相传为西魏、北齐两朝咸阳王斛律金之城郭，故名。聚落呈团块状。有晋祠镇第二中学、太原市行知宏实验中学校、王郭中心小学。有第六批全国重点文物保护单位明秀寺，现存为明清时期建筑遗构。通848、311、302、911、905、908路公交车。

140110-B02-H03 **赤桥**［Chìqiáo］在区政府驻地晋源街道西3.6千米。晋祠镇辖行政村。人口2950。明成化《山西通志》卷3《津梁》载：“赤桥，在太原县西南七里，晋水北渠上，智伯引水灌城，初名豫禳桥，至宋太祖，凿卧龙山，有血流成河，故更今名。”聚落呈团块状。有赤桥中心小学。有区级文物保护单位豫让桥，又称赤桥，相传为战国时智伯家臣豫让谋刺赵襄子之地，故名，现存为明代建筑遗构。有赤桥观音庙、赤桥关帝庙，现存皆为清代建筑遗构。2019年被列入第五批中国传统村落名录。通79、301、317、308、318、329、856路公交车。

140110-B02-H04 **西镇**［Xīzhèn］在区政府驻地晋源街道西3.7千米。晋祠镇辖行政村。人口1010。相传豫让刺赵襄子未遂，自刎后，头随晋水流至此，名豫头镇，后因该镇在智伯渠以西，故名。聚落呈团块状。有山西经贸职业学院（南校区）、太原生态工程学校。有第八批全国重点文物保护单位童子寺遗址，现存为北齐至唐代建筑遗构。通310、301、308、466、467、468路公交车。

140110-B02-H05 **东院**［Dōngyuàn］在区政府驻地晋源街道西南 5.1 千米。晋祠镇辖行政村。人口 420。原为索村的一部分，后居民建院落于田间遂成村落，因其位置在索村之东，故名。聚落呈团块状。有山西高新技工学校、山西省四方中等技术学校、山西医科大学晋祠学院（太原校区）。2020 年被评为第六届全国文明村。通 848、302 路公交车。

140110-B03 **姚村镇**［Yáocūn Zhèn］晋源区辖镇。在区境南部。面积 56.39 平方千米。人口 2.81 万。民族以汉族为主，还有回、满等民族。辖 1 社区、11 行政村。镇人民政府驻姚村。1949 年 4 月，属汾阳二专区晋源县。1951 年 4 月，晋源县划归太原市。1952 年，撤销晋源县，设立第六区。1953 年 11 月，设立姚村乡。1958 年，姚村乡改姚村公社。1961 年 5 月，属晋源区。1963 年 4 月，晋源区改名郊区。1970 年 3 月，郊区划分为南郊、北郊 2 个区，属南郊区。1984 年，姚村公社改姚村乡。1997 年 2 月，属晋源区。2000 年 5 月，姚村乡改姚村镇。因驻地姚村得名。地势西高东低、北高南低。地形山川各半。主要山脉有太山、吕梁山，境内最高峰位于杜里坪，海拔 1545 米；最低点位于高家堡，海拔 763 米。境内河道属黄河流域，主要河道有汾河、退水渠、柳子沙河、黄楼沟、南峪沙河流经，河流总长度 64.54 千米。境内最大的河流为汾河，长 7 千米。年平均降水量 450 毫米，年平均气温 10℃。有煤矿、石膏等矿产资源。有中小学多所，各级各类医疗卫生机构、文化站、体育场地多个。2017 年入选第五批全国文明村。有永宁寺、仙岩寺以及张三丰墓址等众多古迹。有全省第一批革命文物、区青少年爱国主义教育基地清太县抗日民主政府旧址。有七苦山景点，为山西天主教圣地，是山西天主教重要活动场所之一。有锣鼓、秧歌、舞龙、舞狮等民间艺术，是“中华女子锣鼓之乡”。农业以种植业为主，主产玉米、小麦。经济作物有番茄、蜜桃、葡萄、苹果、枣等。有蔬菜温室基地，多次举办生态旅游采摘节活动。优质水果品种繁多，素有“市”外桃园的美誉。畜牧业以饲养生猪、羊、牛、家禽为主。工业以家具、玻璃生产为主。有柳氏木业、通荣玻璃等企业。服务业以商贸为主。交通便利，有北京—昆明 G5 高速、G307 国道经此，太汾公路、西仁公路横贯全镇。通多路公交车。

140110-B03-H01 **姚村**［Yáocūn］姚村镇人民政府驻地。在区政府驻地晋源街道西南 10.9 千米。人口 3890。东晋十六国时羌人姚绪（后秦太祖姚苌之弟）避暑而起，故名。聚落呈团块状。有姚村中学、姚村小学、三育小学、姚村镇卫生院。有仙严寺，现存为清代建筑遗构。有姚村天主堂、姚村张家阁楼，现存为民国时期建筑遗构。通 848、302、311、911、905、908 路公交车。

140110-B03-J01 **姚村社区**［Yáocūn Shèqū］属姚村镇。在区政府驻地晋源街道西南 11 千米。面积 0.056 平方千米。人口 3590。因居姚村地区而得名。2001 年设社区。2014 年被评为山西省文明社区。通 848、302 路公交车。

140181 **古交市**［Gǔjiāo Shì］山西省辖县级市，由太原市代管。北纬 37° 55′，东经 112° 08′。在市区西部。面积 1512 平方千米。人口 21 万。以汉族为主，还有回、满等民族。辖 4 街道、3 镇、6 乡。市人民政府驻东曲街道。春秋为晋国晋阳邑地。战国属赵国晋阳。隶属太原郡晋阳县。汉初属辅国，代国，太原国。武帝复置太原郡属晋阳县。隋开皇十六年（596 年）析晋阳县西境置交城县，因县治设汾河、大川河交汇处，故名交城。武周天授二年（691 年）交城县徙治却坡（今交城县治）。民国二十七年（1938 年）属山西省第八督察区，区公属驻河口镇。区属阳曲县政府驻河口镇，交城县政府驻屯兰川。1950 年 4 月至 1954 年 9 月，村域属交城县六区。1954 年 9 月至 1956 年 3 月，村域属交城县一区。1956 年 3 月，撤区并乡，村域属交城县古交乡。1958 年 8 月析阳曲县 7 个乡镇，交城县 9 个乡镇，初置太原市河口工矿区，驻河口镇。又析交城县 8 个乡镇隶属，更名太原市古交工矿区，徙驻古交镇。1988 年，古交撤区建市成立古交市，属太原市。因其为故交城县治，更名故交。太原方言“故”“古”同音，后转称古交。地形复杂，峰峦叠嶂，沟谷纵横。地势外围较高，向中部逐渐倾斜形成山间盆地。有铁史沟山、狐偃山、石千峰山等。位于最高峰铁史沟山，海拔 2312.5 米；最低点位于河口镇扫石东侧汾河峡谷谷底，海拔 894 米。境内河道属黄河流域。有汾河、大川河、狮子河等流经。属北温带大陆性气候，日照充足，昼夜温差大。全年日照数 2808 小时，年最高气温达 40℃，最低气温为 -20℃。年平均降水量 420 毫米，年平均气温 8℃。有煤、铁、铝矾土、石灰岩、煤层气等矿产资源。有麝、鹿、豹等野生动物。有兰花棘豆、白羊草、大柳树等野生植物。有科研机构古交市超硬材料研发中心、古交市市煤矸石新材料研发中心。有古交市第一中学、技工职业中学，古交市第一中为市重点高中。有医院多所。有全国重点文物保护单位古交遗址、古交千佛寺。有省级文物保护单位晋绥边区八专署旧址。有全省第一批革命文物晋绥专署旧址、晋绥八分区殉国烈士纪念碑、草庄头战斗遗址 3 处。有山西省第一批省级红色文化遗址晋绥边区八专署旧址。有全国文明村 4 处。2015 年龙子村、上雁门村入选第四批全国文明村，2017 年下雁门村入选第五批全国文明村，2020 年南头村入选第六批全国文明村。有王家沟遗址、草庄头战斗遗址等重要纪念地。有李家社旧石器时代遗址、福祥寺、观音堂、关帝庙等。有福福山生态风景区、狐爷山风景区、狐爷山风景区、二龙山景区。有汾河公园、水泉寨公园。纪念地有睦联坡烈士陵园、梅洞沟烈士陵园等。民间艺术有撕纸、剪纸、铁棍、花鼓、踩高跷等。其中撕纸为市级非物质文化遗产。三次产业比例为 3.9 ∶ 61.6 ∶ 34.5。农业以种植业为主，主产玉米、谷子等。畜牧业以饲养生猪、羊家禽为主。工业以焦煤、电力、建材为主。有山西煤电、华润集团、太原煤气化等企业。服务业以批发零售为主。是全国炼焦煤生产主基地，也是吕梁山东麓的交通枢纽和商品集散地，连接省城太原和晋西北的一座现代化工矿城市。交通便利。有太古岚铁路过境，设镇城底、古交、古东、扫石 4 个站。太原—古交高速，省道太高线、古吴线、岚古线、榆古线经此。通多路公交车。

140181-K01　**金牛大街**［Jīnniú Dàjiē］在市区中部。西起滨河南路，东至市煤管局。与仁义路、大川西路、大川东路等相交。长 1.9 千米，宽 40 米。沥青路面。原是一条古镇老街，1987、2000 年改建。因古交亦称金牛，故名。两侧有水泉寨公园、古交市市民广场、古交市汽车站、西山古交矿区总医院等。通 2、1 路等公交车。

140181-K02　**滨河北路**［Bīnhé Běilù］在市区中部偏北。西起滩上桥，东至三岔口桥。长 13.6 千米，宽 60 米。沥青路面。2003 年建成。因濒临汾河北岸故名。两侧有古交市钰海机械加工有限公司、古交火车站、古交市第四中学校等。通 6、4 路等公交车。

140181-K03　**滨河南路**［Bīnhé Nánlù］在市区中部偏北。西起滩上桥，东至三岔口桥。长 11.8 千米，宽 40 米。沥青路面。1989 年始建、1991 年建成。因濒临汾河南岸，故名。两侧有汾河公园、古交市汽车站、古交七小、娘娘庙等。通 917、3 路等公交车。

140181-K04　**古城街**［Gǔchéng Jiē］在市区中部。西起大川东路，东至金牛大街与新义路交叉口。与青年路、人民路、建设路等相交。长 0.8 千米，宽 18.5 米。沥青路面。两侧有山西焦煤西山古交矿区总医院、古交市第十二中学校、古交市市民广场、古交市政府等。通 1、2 路等公交车。

140181-K05　**大川东路**［Dàchuān Dōnglù］在市区中部。北起滨河南路，南至郝家庄路。与古城街、金牛大街、公园路等相交。长 1.6 千米，宽 35 米。1990 年建成。因在大川河东侧，故名。两侧有古交二小、水泉寨公园、古交市医疗集团中心医院、古交市实验中学等。通 1 路公交车。

140181-K06　**大川西路**［Dàchuān Xīlù］在市区中部。北起滨河南路，南至太古路。与桃园路、金牛大街等相交。长 2.4 千米，宽 30 米。沥青路面。2000 年建成。因在大川河西侧，故名。两侧有幸福主题公园、古交市市政管理处、古交市教育科技局等。通 1 路公交车。

140181-K07　**青年路**［Qīngnián Lù］在市区中部。北起滨河南路，南至义学路。与古城街、金牛大街相交。长 0.68 千米，宽 20 米，沥青路面。

两侧有古交市第十三中学校、古交市市民广场、东曲市场、水泉寨公园等。

140181-K08 **人民路**［Rénmín Lù］在市区中部。北起滨河南路，南至金牛大街。与振兴路、古城街相交。长 0.79 千米，宽 10.6 米，沥青路面。两侧有古交市文化和旅游局等。

140181-K09 **建设路**［Jiànshè Lù］在市区中部。北起滨河南路，南至金牛大街。与东曲街、古城街等相交。长 0.73 千米，宽 10 米，沥青路面。两侧有古交市第十二中学校、古交市第十三小学、古交市人民医院等。通 1 路公交车。

140181-R01 **古交站**［gǔjiāo zhàn］铁路站，二等站，位于山西省太原市古交市迎宾路 1 号。1979 年投入使用。古交是太原是重要的煤炭生产地区，古交站是太兴铁路沿线重要车站，对于加强古交市与太原联系起到重要作用。

140181-A01 **东曲街道**［Dōngqū Jiēdào］古交市人民政府驻地。在市区中部。面积 74 平方千米。人口 3.51 万。民族以汉族为主，还有回、蒙古等民族。辖 11 社区、4 行政村。1953 年属交城县第六区。1958 年属太原市古交工矿区。1988 年属古交市。1989 年设立东曲街道至今。因位于汾河转向东南方向以东的弯曲地带故名。地势西高东低。境内河道属黄河流域。有汾河流经，长 8.5 千米。年平均降水量 420 毫米，年平均气温 8℃。矿藏资源有煤、云母、花岗岩等。有古交市实验中学等中小学多所，卫生服务中心、文化站、文化艺术团体多个。市委、市政府坐落在境内，是古交市政治、经济、文化活动的中心。有山西金信建筑有限公司、古交钢铁厂、西山煤电集团东曲矿、古交市中心医院、古交矿区指挥部等。有水泉寨公园、古交市体育场馆、市工人文化宫等建筑。是古交市商品集散地，工农交错、城乡结合的特色街道。先后完成滨河南路、大川东路、金牛大街等主要交通路口绿化。农业以种植业为主，主产马铃薯、玉米。经济作物有梨、桃、苹果、红枣。工业以煤炭开采、深加工为主。有建筑公司、古交钢铁厂、煤焦总公司等。服务业以批发零售为主。交通便利，省道太高线、榆古线经此。通多路公交车。

141081-A01-J01 **川东社区**［Chuāndōng Shèqū］属东曲街道。在市政府驻地东曲街道西南 3.5 千米。人口 6730。有古交市第四小学、古交市实验中学等。2014 年被评为山西省文明社区。通古交 2 路公交车。

141081-A01-J02 **青年路社区**［Qīngniánlù Shèqū］属东曲街道。在市政府驻地东曲街道西南 2.5 千米。人口 3460。2001 年设社区。有古交二小、古交市第十三中学校等。2014 年被评为山西省文明社区。通古交 2 路公交车。

140181-A02 **西曲街道**［Xīqū Jiēdào］属古交市。在市区中部。面积 21.16 平方千米。人口 1.62 万。民族以汉族为主，还有回、蒙古等民族。辖 6 社区、2 行政村。1988 年属古交市。1989 年 8 月，设立西曲街道。因在汾河北岸弯曲河套，汾河与矾石沟交汇之西，故名。地形为山区。境内河道属黄河流域。有汾河流经，长 8 千米。年平均降水量 420 毫米，年平均气温 8℃。有小学多所，社区卫生服务中心、农家书屋多个。有西山煤电集团西曲矿、西曲选煤厂以及矾石沟矿等大型企业。主要有西曲矿、矾石沟矿居民住宅区。先后完成社区服务中心等基础设施建设，配置了健身器材，完成了对西曲街、矾石沟路的环境绿化。农业主产玉米、谷子。工业以焦煤开采、运输为主。服务业以运输为主。是市煤焦外运的主要中转基地。交通有太岚铁路经此，设古交站。太克公路贯穿东西。通多路公交车。

140181-A03 **桃园街道**［Táoyuán Jiēdào］属古交市。在市区中部。面积 62 平方千米。人口 2.97 万。民族以汉族为主，还有回、满等民族。辖 9 社区、6 行政村。1953 年属交城县第六区。1958 年划属河口工矿区。同年 11 月属古交工矿区古交农村人民公社。1984 年属古交工矿区古交镇。1988 年属古交市古交镇。2001 年析古交镇、西曲街道部分区域设立桃园街道至今。因有桃园小区，故名。地形为山地，底峭顶平。境内河道属黄河流域。有大川河、原平川河流经，河流总长度 18.5 千米。境内最大的河流为原平川河，长 10.9 千米。年平均降水量 420 毫米，年平均气温 8℃。矿产资源以煤炭为主，其他石材为辅。有古交市煤矸石新材料研发中心、古交市职业中学校、古交市第一中学、古交市图书馆等。有社区卫生服务中心、农家书屋艺术表演团体多个。有全国重点文物保护单位古交千佛寺。古迹有王家沟遗址、凤凰岩遗址、李家社遗址等。农业主产谷子、马铃薯、玉米。主要经济作物有蔬菜，水果主要品种有桃、苹果。工业以煤炭开采、炼焦为主。有华润集团大型煤焦企业。服务业以商贸为主。有苏宁电器、太平洋服饰等购物场所。通多路公交车。

140181–A03–J01　**桃园路社区**［Táoyuánlù Shèqū］属桃园街道。在市政府驻地东曲街道西南 2.9 千米。面积 0.26 平方千米。人口 6220。2001 年成立桃园路小区，2003 年改社区。有 30 栋楼房。有古交市第二中学校等。2014 年被评为山西省文明社区。通古交 1、2 路公交车。

140181–A04　**屯兰街道**［Túnlán Jiēdào］属古交市。在市区中部。面积 19.3 平方千米。人口 1.16 万。民族以汉族为主。辖 7 社区。1953 年属交城县第六区。1958 年划属河口工矿区。同年 11 月属古交工矿区。1984 年属古交工矿区古交镇。1988 年属古交市古交镇。1997 年设屯兰街道至今。因地处屯兰河中下游得名。地形复杂，梁峁交错，沟壑纵横。境内河道属黄河流域，有汾河、屯川河流经，河流总长度 10.7 千米。境内最大的河流为屯川河，长 6.7 千米。年平均降水量 420 毫米，年平均气温 8℃。有中小学多所，社区卫生服务中心、农家书屋多所。古迹有五龙圣母庙。有山西兴能发电厂、屯兰矿、屯兰选煤厂、西山铁路自营公司、西山古交油库、西山救护大队、西山自来水厂、西山机电总厂古交分厂、国家粮食储备库等。其中屯兰矿是山西焦煤西山煤电集团有限责任公司所属的一对现代化的特大型矿井，矿井煤炭资源丰富，煤质优良，主要煤种有焦煤、肥煤等。农业主产玉米。经济作物有苹果、核桃、枣等。畜牧业以饲养生猪、羊、鸡等为主。工业以煤炭炼焦、瓦斯发电为主。服务业以运输、零售为主。有屯兰集贸市场等。交通有古刹线贯穿全境。通多路公交车。

140181–B01　**河口镇**［Hékǒu Zhèn］古交市辖镇。在市区中部偏东。面积 201.47 平方千米。人口 2.22 万。民族以汉族为主，还有回、蒙古等民族。辖 6 社区、13 行政村。镇人民政府驻河口。1949 年，属阳曲县第三区。1953 年设河口乡，后改公社。1984 年改置镇。1988 年属古交市。2001 年曹坪、大南坪 2 乡并入。因地处汾河河谷冲积滩地，旧为多口之地得名。地处石千峰北部，地势东南部低，东、西、北部高。地形多为黄土丘陵和山地。有艾岩、福福山等山脉，境内最高峰位于福福山，海拔 1839 米；最低点位于扫石村，海拔 893 米。境内河道属黄河流域。有汾河流经，长 24.5 千米。年平均降水量 420 毫米，年平均气温 8℃。有铁、煤、石灰石、铝矾土、硫黄等矿藏资源。有古交市第四中学等学校多所，各级各类医疗卫生机构、文化站、艺术表演团体多个。有全国重点文物保护单位古交遗址。有河口圣母庙、民国西北炼钢厂铁矿口旧址等建筑。有福福山生态旅游区、汾河景区、一步岩绿色环保生态景区。农业以种植业为主，主产马铃薯、玉米、谷子。经济作物有油料作物、杏、苹果等。畜牧业以饲养生猪、猪、牛、羊、家禽为主。有小杂粮基地、养殖基地等农业生产基地。工业以冶金、煤炭开采、水泥建材为主。有古交钢铁厂、山丰实业有限公司、创新洗煤厂等企业。服务业以商贸为主。交通有太古岚铁路、太原—古交高速、省道榆古线经此。通公交车。

140181–B01–H01　**河口**［Hékǒu］河口镇人民政府驻地。在市政府驻地东曲街道东北 2.1 千米。人口 10000。因在石磨沟河入汾河口而得名。聚落呈团块状。有古交市第四中学校、古交市河口镇河口中心小学校。有第七批全国重点文物保护单位古交遗址，为旧石器时代文化遗存。有第二批市级文物保护单位河口圣母庙，现存为清代建筑遗构。有铁矿资源。省道太佳线经此。

140181–B02　**镇城底镇**［Zhènchéngdǐ Zhèn］古交市辖镇。在市区中西部。面积 50 平方千米。人口 1.31 万。民族以汉族为主。辖 4 社区和 8 行政村。镇人民政府驻镇城底。1949 年，属交城县第二区。1953 年，设镇城底乡。1958 年，划归太原市古交工矿区，设镇城底人民公社。1984 年，撤销镇城底人民公社，设镇城底镇。1988年，属古交市。1989年，增设镇城底街道。2001年，将镇城底街道并入镇城底镇。因位于县关城之下，在城防镇守中处于要冲之地而得名。地势西北高、东南低。地形分丘陵和谷地。山脉有八字山，境内最高峰位于镇城底镇东部，海拔1249米；最低点位于镇城底镇下雁门村，海拔184米。境内河道属黄河流域。有汾河、狮子河、天池河流经，境内最大的河流为汾河，长6.5千米。年平均降水量420毫米，年平均气温8℃。有煤炭、铁矿、铝矾土等矿产资源。有古交市第九中学等中小学多所，各级各类医疗卫生机构、农家书屋多个。有全国文明村2处。2015年上雁门村入选第四批全国文明村，2017年下雁门村入选第五批全国文明村。有歇马武氏宅院、天主堂、文峰塔、黄爷庙等建筑。有上雁门遗址、下雁门古道、佛罗汉村石刻等古迹。有西山煤电镇城底矿、山西煤焦化集团总公司等大型企业。农业以种植业为主，主产马铃薯、玉米、大豆。畜牧业以饲养生猪、家禽为主。形成多个特色种植、养殖基地。工业以煤焦深加工为主。服务业以仓储、运输为主。交通便利。有太佳线、太古岚铁路、太兴铁路穿境而过。通公交车。

140181-B02-J01 **镇城底社区**［Zhènchéngdǐ Shèqū］属镇城底镇。镇城底镇人民政府驻地。在市政府驻地东曲街道西北12.7千米。人口1100。因在城防镇守中处于要冲之地而得名。聚落呈团块状。2001年设社区。有镇城底中心小学校。省道太佳线经此。

140181-B02-J02 **上雁门社区**［Shàngyànmén Shèqū］在市政府驻地东曲街道西北13.9千米。属镇城底镇。人口1600。唐称雁门关，明称雁门村，后因居天池河之下而得名。聚落呈团块状。2017年改社区。有上雁门遗址，为新石器时代文化遗存。有古交市镇城底镇上雁门小学。2014年被评为全国文明村。省道太佳线经此。

140181-B03 **马兰镇**［Mǎlán Zhèn］古交市辖镇。在市区中西部。面积115平方千米。人口2.2万。民族以汉族为主，还有回、蒙古等民族。辖4社区和10行政村。镇人民政府驻马兰。1949年，属交城县第二区。1953年，设姬家庄乡。1958年，划归太原市古交工矿区，设姬家庄人民公社。1984年，撤销姬家庄人民公社，设姬家庄乡。1988年，属古交市。1989年，从姬家庄乡析出，增设马兰街道。2001年，将姬家庄乡、马兰街道合并，设马兰镇。因西汉时期朝廷驻军养马而得名。地势平缓，川面开阔。地形以山地丘陵为主，中部为河谷。境内河道属黄河流域。有屯兰川河流经，长12.8千米。年平均降水量420毫米，年平均气温8℃。有煤、铁、石膏、石灰石等矿产资源。有古交第七中、第十中学等学校多所，各级各类医疗卫生机构、农家书屋多个。有石佛寺、凤凰庙、和尚庙、武氏祖堂、兵马崖窟等古迹。有西山煤电集团马兰矿、马兰选煤厂、煤气化公司、古交煤焦集团等。有背棍、秧歌、“二鬼跌跤”、社火等民间艺术。2009年，获山西省“文明镇”称号。农业以种植业为主，主产马铃薯、玉米、大豆。畜牧业以饲养生猪为主。工业以煤炭开采及其深加工为主。服务业以餐饮为主。通公路。

140181-B03-J01 **利民社区**［Lìmín Shèqū］马兰镇人民政府驻地。在市政府驻地东曲街道西南16.5千米。人口5220。1989年设社区。聚落呈团块状。有古交市第十小学校、马兰医院。县道古岔线经此。

140181-B03-J02 **武家庄社区**［Wǔjiāzhuāng Shèqū］属马兰镇。在市政府驻地东曲街道西南16.7千米。人口3650。明时名商义堡，以狐家忠义而名，后改武家乡。清代碑记“武家庄，故狐家庄”。1989年设社区。聚落呈团块状。有古交市武家庄小学校。为清代江南分守江宁兵备布政司参政武攀龙故里。有武氏家族墓地、龙王庙、闷楼院、武氏祠堂、武氏宅院、西堡遗址、东堡门遗址、七郎庙等，皆为明清时期建筑遗构。县道古岔线经此。

140181-C01 **嘉乐泉乡**［Jiālèquán Xiāng］古交市辖乡。在市区西北部。面积286.58平方千米。人口1.23万。民族以汉族为主。辖2社区和12行政村。乡人民政府驻嘉乐泉。1949年，属阳曲县第一区。1953年，设嘉乐泉乡。1958年，划归太原市古交工矿区，设嘉乐泉人民公社。1984

年，撤销嘉乐泉人民公社，设嘉乐泉乡。1988年，属古交市。2021年阁上乡并入。因嘉乐泉村得名。地形以山地丘陵为主。境内河道属黄河流域。有狮子河从北向南流经，长27千米。年平均降水量420毫米，年平均气温8℃。主要矿藏有煤炭、石灰石、白云石等矿产资源。有中小学多所，各级各类医疗卫生机构、农家书屋多个。有新石器时代遗址、周、汉代文化遗址。有元明时期程氏墓塔、民国薛氏宅院。抗日站时期为晋绥边区属地，中共西阳曲县委、县政府曾设与此。盘道、咀头便有铁厂，为抗日军民制造地雷、手榴弹。有西仙洞自然风景区。农业以种植业为主，主产玉米、薯类、豆类。经济作物有核桃、杏、枣、苗木等。畜牧业以饲养生猪、羊、牛、家禽为主。工业以冶炼、采煤、炼焦为主。有太原煤炭气化公司嘉乐泉矿。通公路。

140181-C01-J01 **嘉乐泉社区**［Jiālèquán Shèqū］属嘉乐泉乡。嘉乐泉乡人民政府驻地。在市政府驻地东曲街道西北12.3千米。人口1530。因处背风向阳之处，泉水甘冽，适宜生活，取安居乐业、美满幸福之意而得名嘉乐泉，后演变为此。明万历二十三年（1594年）《重修七郎神祠碑记》：“嘉乐泉村者，乃古迹兴盛之地也，诸山围绕，众景之萃也。”聚落呈团块状。有嘉乐泉乡中心卫生院。有庙梁上遗址，为东周、汉代文化遗存。有嘉乐泉程氏墓塔，为元明时期墓葬。有嘉乐泉遗址，为新石器时代、东周、汉代文化遗存。有嘉乐泉传统民居，为民国时期建筑遗构。县道梭娘线经此。

140181-C02 **梭峪乡**［Suōyù Xiāng］古交市辖乡。在市区西北部。面积42平方千米。人口1.54万。民族以汉族为主。辖5社区和4行政村，乡人民政府驻梭峪。1949年，属阳曲县第一区。1953年，设梭峪乡。1958年，划归太原市古交工矿区，属嘉乐泉人民公社。1965年，设杏林坪人民公社。1983年，因政府驻地由杏林坪迁至梭峪，杏林坪人民公社更名为梭峪人民公社。1984年，撤销梭峪人民公社，设梭峪乡。1988年，属古交市。因相传古时原是莎草地，故名莎峪，后因谐音得名梭峪。地形以河谷为主。境内河道属黄河流域。有汾河自西向东流经全境，长9.5千米。年平均降水量420毫米，年平均气温8℃。有煤、铁、铝矾土等矿产资源。有古交市第八中学等中小学多所，各级各类医疗卫生机构、农家书屋多个。有阎家圪遗址，为新石器时代、夏代文化遗存。有关公庙等建筑。农业主产马铃薯、玉米、小杂粮等。经济作物有苹果、葡萄等。畜牧养殖业以生猪、家禽为主。工业以洗煤炼焦、水泥建材为主。服务业以批发零售为主。太原煤气化公司峪口煤矿在此建炉。通多条公路。

140181-C02-H01 **梭峪**［Suōyù］梭峪乡人民政府驻地。在市政府驻地东曲街道西北10.6千米。人口3000。因沟中多莎草，故名莎峪，后以方言谐音演变为此。聚落呈团块状。有古交市第八中学校、梭峪乡梭峪小学、梭峪乡卫生院。有阎家圪遗址，为新石器时代、夏代文化遗存。省道太佳线经此。

140181-C03 **岔口乡**［Chàkǒu Xiāng］古交市辖乡。在市区西部。面积176平方千米。人口9500。民族以汉族为主。辖12行政村。乡人民政府驻下阳坡。1949年，属交城县第二区。1953年，设岔口乡。1958年，划归太原市古交工矿区，属姬家乡人民公社。1959年，设岔口人民公社。1984年，撤销岔口人民公社，设岔口乡，驻地迁至下阳坡。1988年，属古交市。因位于屯兰河上游三岔路口，故名。地势较高，山多地广。地形分为丘陵、山谷。山脉有铁史沟山岩、寨岩、西高塔峁，境内最高峰位于铁史沟山岩，海拔2324.2米；最低点位于周山庄村，海拔1200米。境内河道属黄河流域。有屯兰川河至西向东流经，长35千米。年平均降水量420毫米，年平均气温8℃。有铁、铝矾土、石英石等矿产资源。有中小学多所，各级各类医疗卫生机构、农家书屋多个。有中共晋绥八分区党委、第八专员公署、晋绥军区八分区司令部旧址。是八路军、新四军通往延安的秘密变通线和驻地。是抗日战争和解放战争时期的老革命根据地。晋绥边区八专署旧址是省级文物保护单位、山西省第一批省级红色文化遗址。有全省第一批革命文物晋绥专署旧址。境内麻会村曾是中共交城县委、县抗日民主政府驻地。

有二龙山风景区、关帝山林场。农业以种植业为主，主产马铃薯、玉米、小杂粮。经济作物有西芹、核桃、杏、中药材等。畜牧业以饲养生猪、羊、鸡为主。已形成多个农业生产、养殖基地。工业以石料开采、石材加工、洗煤为主。服务业以旅游、餐饮为主。通多条公路。

140181-C03-H01 **下阳坡**［Xiàyángpō］岔口乡人民政府驻地。在市政府驻地东曲街道西28.9千米。人口240。因在北山阳坡上，位置偏东下而得名。聚落呈团块状。县道古岔线经此。

140181-C03-H02 **关头**［Guāntóu］在市政府驻地东曲街道西33千米。岔口乡辖行政村。人口1510。相传原名白草滩，清初交山农民起义路经此地发现可以常住，故名。聚落呈团块状。有岔口乡关头寄宿制学校。有第六批省级文物保护单位晋绥边区八专署旧址，1943–1945年，晋绥边区八分区地委、专署在村西庙内办公，领导十个县的军民开展抗日斗争，进行大生产运动和整风运动。县道古岔线经此。

140181-C04 **常安乡**［Cháng'ān Xiāng］古交市辖乡。在市区西南部。面积98平方千米。人口8400。民族以汉族为主。辖12行政村。乡人民政府驻常安。1949年，属交城县第五区。1953年，设常安乡。1958年，划归太原市古交工矿区，属原相人民公社。1961年，设常安人民公社。1984年，撤销常安人民公社，设常安乡。因驻地得名。地处狐爷山西北部，地势四周高、中间低。地形分为丘陵和谷地，主要山脉狐爷山，境内最高峰位于狐爷山，海拔2100米；最低点位于辛庄村，海拔1100米。境内河道属黄河流域。有原平川河从东北至西南流经，长17.5千米。年平均降水量420毫米，年平均气温8℃。有铁矿石、无烟煤、天然焦、铝矾土等矿产资源。有中小学多所，各级各类医疗卫生机构、农家书屋多个。有全省第一批革命文物晋绥八分区殉国烈士纪念碑。有红色纪念地睦联坡烈士陵园、古交革命斗争史展览馆。2020年南头村入选第六批全国文明村。农业以种植业为主，主产马铃薯、莜麦、玉米。畜牧业以饲养鸡、獭兔、大型肉牛、山羊为主。工业以开采、冶金为主。有古交铁矿场、岑达冶炼公司。服务业以旅游、餐饮为主。通公路。

140181-C04-H01 **常安**［Cháng'ān］常安乡人民政府驻地。在市人民政府驻地东曲街道西南18.8千米。人口900。原取长久实干之意，名长干（竿）村，后因河经常断流，名长干或常干，后取吉祥义，改今名。聚落呈团块状。有东果园遗址，为夏商、东周、汉代文化遗存。有常安遗址，为东周、汉代文化遗存。有关帝山国有林管理局原平川林场。241国道经此。

140181-C05 **原相乡**［Yuánxiāng Xiāng］古交市辖乡。在市区南部。面积106平方千米。人口6700。民族以汉族为主。辖10行政村。乡人民政府驻原相。1949年，属交城县第五区。1953年，设原相乡。1958年，划归太原市古交工矿区，设原相人民公社。1984年，撤销原相人民公社，设原相乡。1988年，属古交市。因在原平河之南厢，后厢化为相而得名。地势南高北低，呈两川一梁分布。境内河道属黄河流域。有原平河流经。年平均降水量420毫米，年平均气温8℃。有煤、铁、锰、金等矿产资源。森林覆盖率高，野生动植物繁多。有小学多所，各级各类医疗卫生机构、公共图书室多个。有狐爷山自然风景区，是西周时期姬姓狐氏活动的中心区域，山顶有春秋时晋国大夫狐突、狐偃、狐毛父子的陵墓遗址。民间艺术有武氏剪纸、撕纸等。农业以种植业为主，主产谷子。经济作物有番茄、核桃、油料作物等。畜牧业以猪、羊、家禽为主。工业以煤矿为主。通公路。

140181-C05-H01 **原相**［Yuánxiāng］原相乡人民政府驻地。在市政府驻地东曲街道西南18.8千米。人口1140。因在原平河之南厢而名原厢，后演变为今名。聚落呈团块状。有原相寄宿制小学校。有武氏家族墓地、张氏家族墓地，皆为清代文化遗存。县道梭娘线经此。

140181-C06 **邢家社乡**［Xíngjiāshè Xiāng］古交市辖乡。在市区南部。面积262平方千米。人口1.2万。民族以汉族为主。辖15行政村。乡人民政府驻邢家社。1949年，属交城县第六区。1953年，设邢家社乡。1958年，划归太原市古交工矿区，属古交人民公社。1959年，设邢家社人民公社。1984 年，撤销邢家社人民公社，设邢家社乡。1988 年，属古交市。2001 年，将草庄头乡并入邢家社乡。因邢氏始居而得名。地势北部平缓，东、南、西部地势较高。地形为丘陵和山谷。主要山脉有庙前山，最高峰位于草庄头东部边缘，海拔 1865.6 米；最低点位于想儿岭村，海拔 1100 米。境内河道属黄河流域。有大川河从北至南转向东流经，长 31.7 千米。年平均降水量 420 毫米，年平均气温 8℃。地下矿藏有煤、煤气层等。有中小学多所，各级各类医疗卫生机构、农家书屋多个。有全省第一批革命文物草庄头战斗遗址。有南北朝时期的南岩石刻。有东亭寺、关帝庙、碉堡工事遗址等古迹。2015 年龙子村入选第四批全国文明村。农业以种植业为主，主产谷子、马铃薯。经济作物有番茄、杏等。畜牧业以猪、羊、家禽为主。工业以煤矿为主。有太阳神煤业公司、春景煤制品公司等。服务业以运输为主。通公路。

140181-C06-H01　**邢家社**［Xíngjiāshè］邢家社乡人民政府驻地。在市政府驻地东曲街道南 13.6 千米。人口 980。因邢姓民众在此居住而得名。聚落呈团块状。有邢家社乡中心卫生院。有邢家社遗址，为汉代文化遗存。有成氏宅院、杨氏宅院、成氏酒坊、成氏药铺，皆为清代建筑遗构。339 国道经此。

140181-C06-H02　**龙子**［Lóngzǐ］在市政府驻地东曲街道南 14.5 千米。邢家社乡辖行政村。人口 630。相传宋潘美破太原风水，将此处龙树砍倒，树流血于此，乡民以龙血为龙子，故名。聚落呈团块状。清道光年间成氏族人迁此，发迹为大川河流域首富，在邢家社、古交、清源、太原府开有多家商号。2014 年被评为全国文明村。339 国道经此。

140121　**清徐县**［Qīngxú Xiàn］太原市辖县。北纬 37° 36′，东经 112° 21′。在市区南部。面积 608 平方千米。人口 34.4 万。民族以汉族为主，还有蒙古、回、藏等民族。辖 4 镇、5 乡。县人民政府驻清源镇。鲁昭公二十八年（公元前 514 年），称梗阳县；隋开皇十六年（596 年）析晋阳、榆次县地置清源县，以城西北有清源水得名。历属并州、太原郡、太原府。金大定二十九年（1189 年）析清源县梗阳乡 11 村，平晋县断金乡 33 村，榆次县西管乡 4 村新置徐沟县，属太原府。清乾隆二十九年（1764 年）清源县并入徐沟县。1912 年复置清源县，直属山西省。1913 年属中路道。1914 年属冀宁道。1949 年属汾阳专区。1952 年清源、徐沟两县合置清徐县，属榆次专区。1958 年 9 月设 3 公社，11 月撤清徐县，划归太原市郊区。1959 年撤太原市郊区。1960 年恢复清徐县，属太原市。因清源、徐沟两县合并，取首字得名清徐。地势西北高东南低。地形为山区和平原。山脉有吕梁山。最高峰位于西北庙前山，海拔 1865 米；最低点位于孟封镇韩武村汾河出境处，海拔 753 米。属暖温带大陆性气候，四季分明，无霜期 183 天；年平均气温随地势而有差异，平川为 9.6℃—10.2℃，边山为 10.4℃—10.6℃，山区为 3.8℃—9.1℃。年均降水量为 462 毫米。境内河道属黄河流域。有汾河、潇河、乌马河、象峪河、白石河等流经。有东湖、罗祠湖、清泉湖等湖泊，湖水总面积 197 公顷。多泉水，著名的有不老泉（亦称清泉）、芦馥泉、蒙泉、梁泉等。有煤、铝、铁、石膏、石灰岩、耐火黏土、硫铁、砂岩等矿产资源。有国家杂粮加工技术研发中心、山西水塔醋业技术中心、山西灵芝生物工程研究院等科研机构。清徐县各级各类公办学校百余多所，其中清徐中学、徐沟中学为山西省示范性高中。有各级各类医疗卫生机构百余所，文化站、民办剧团、文化场所多个。有文化馆、体育馆、图书馆、科技馆等场所。有全国重点文物保护单位狐突庙、清徐尧庙、清源文庙 3 处。有省级文物保护单位徐沟城隍庙、文庙、清泉寺、文殊塔、清徐香严寺、严香寺、宝梵寺、寿宁寺 8 处。有山西省第一批红色文化遗址、省级爱国主义教育基地清徐县革命烈士陵园。有全省第一批革命文物清太徐县抗日政府旧址、洛池渠村烈士纪念碑、清徐县革命烈士陵园 3 处。有全国文明村 2 处。2011 年清徐县县城、东南坊村入选第三批全国文明村。有国家级非物质文化遗产清徐老陈醋酿制技艺、清徐徐沟背铁棍、民居砖雕、清徐彩门楼等。省级非物质文化遗产有赵氏孤儿的传说、东于架火迎鼓习俗、清徐熏葡萄技艺、清徐孟封饼制作工艺、集义高跷、清徐葡萄酒酿技艺、徐沟豆腐干制作技艺、不倒翁、皮影戏等。重要纪念地有罗贯中纪念馆。有国家4A级旅游景区东湖醋园、宝源老醋坊、六味斋云梦坞文化产业园。有国家级农业旅游示范点葡峰山庄旅游风景区、中隐山生态旅游风景区。素有“葡乡”“醋都”之称。是全国四大葡萄名产地之乡，晋商文化发祥地之一，中国民间艺术之乡，首批国家级休闲农业和乡村旅游示范县。三次产业比例为13 ：54 ：33。农业以种植业为主，主产玉米、高粱、红薯等。经济作物有葡萄、苹果、油料作物等。特产清徐葡萄、清徐老陈醋、孟封饼、徐沟灌肠等。畜牧业以饲养生猪、羊、牛、家禽为主。工业形成以焦化、食醋、铸造、新材料为主的工业结构。有清徐经济开发区、潇河产业园区、东湖醋厂等。服务业以运输、仓储、商贸、餐饮为主。交通便利，已建成尧城机场除作为航校训练外，已具备通用航空能力。有太中银、大西铁路过境设站。有京昆、青银高速，G208、G307国道，省道榆古线、太太路经此。

140121-E01 **清徐经济开发区**［Qīngxú Jīngjì Kāifāqū］位于清徐县南部。1992年成立太原清泉湖经济开发区。2003年更名为山西清徐经济开发区。2018年批准设立为省级开发区。规划面积29.99平方公里。太中银铁路，大运高速、307国道穿境而过，毗邻武宿机场、尧城机场。开发区致力于建设国家级新材料基地和全省新能源、新智造产业基地，构建以新型煤化工为一大主导产业、以高端装备制造为一大重点培育产业，以生产性服务业与城市功能性生活服务业为两大配套支撑性产业的产业结构体系。管委会位于牛家寨村北。

140121-F01 **醋都广场**［Cùdū Guǎngchǎng］在清徐县城东部。东侧为美锦大街，南侧为文源路，北侧为环湖路，西侧为东湖。总面积1.24万平方米。2001年建成。2003、2012年改造。因清徐县为中国醋都而得名。以文化、休闲为主题，突出地方特色。广场上有山西醋文化博物馆、清徐籍作家罗贯中雕像、历史人物浮雕墙、升旗台等。

140121-B01 **清源镇**［Qīngyuán Zhèn］清徐县人民政府驻地。在县境西北部。面积80.1平方千米。人口12.38万。民族以汉族为主，还有满、回等民族。辖25社区、18行政村。镇人民政府驻清源。清源古称梗阳，始建于春秋。隋开皇十六年（596年）置清源县。1949年，属清源县第一区。1952年7月，与徐沟合并为清徐县，属清徐县第一区。1953年，属城关。1958年，属红旗人民公社。1959年，属城关人民公社。1984年5月，撤销城关人民公社，设立清源镇。2001年，吴村乡并入清源镇。隶属清徐县。因境内由清源水得名。地处汾河西岸，吕梁山与晋中盆地结合部。地势西北高、东南低。地形分为山地和平原。主要山脉有中隐山，境内最高峰中隐山位于清源镇西部，海拔1170米；最低点位于郝闫村，海拔758米。境内河道属黄河流域。有汾河自北向南流经，长7千米。年平均降水量450毫米，年平均气温10℃。有煤炭、铝土矿、铁矿、石灰岩等矿产资源。有清徐县县城二中、清徐实验小学等学校多所，有卫生院、文化站、艺术表演团体多个。有全国重点文物保护单位清源文庙。有山西省第一批省级红色文化遗址、全省第一批革命文物、省级爱国主义教育基地清徐县革命烈士陵园。有省级文物保护单位清泉寺，市级文物保护单位上固驿亿万峰塔。2011年清徐县县城入选第三批全国文明村。有三国城、罗贯中纪念馆、文源阁醋都博物馆、中隐山生态景区等景点。有背棍、铁棍、秧歌、舞龙、舞狮、锣鼓等民间艺术。农业以种植业为主，主产玉米、小麦。经济作物有白菜、番茄、葡萄、梨等。大力发展特色农业，形成了以六合、大北、北营为主的特色蔬菜生产区、中隐山生态旅游区和森海源现代农业园。是太原市重要的商品粮、蔬菜和农副产品生产基地。畜牧业以饲养生猪、牛、家禽为主。工业以煤焦化工、清洁能源、精密铸造、新型建材、科技产业为主。服务业以商贸、运输为主。交通有太中银铁路过境，设吴村、上闫2个站。京昆高速、G307国道、省道榆古线经此，设清徐长途汽车站。

140121-B01-K01 **美锦大街**［Měijǐn Dàjiē］在县城中部。北起凤仪街北段，南至凤仪街南段。与紫林路、春光路、通湖路、文源路等相交。长

2 千米，宽 16 米。沥青路面。1974 年建成，名湖东大街。1985 年向南北延伸。1997 年以文源路为界南、北段分称湖东南大街、湖东北大街。2004 年连通凤仪街，更今名。两侧有东湖公园、清徐广播电视台、醋都广场、山西省清徐县医药药材公司、清徐实验小学等。经县城商业中心。通 101、38 路等公交车。

140121-B01-K02 **西关大街**［Xīguān Dàjiē］在县城中部。西起二浙线，东至徐沟西大街。与民乐街、环校南路、人民路、北大街相交。长 1.5 千米，宽 40 米，沥青路面。2008 年建成。因位于清源城西关得名。两侧有太原幼儿师范高等专科学校、徐沟中学、山西经贸职业学校等。

140121-B01-K03 **宏源大街**［Hóngyuán Dàjiē］在县城中部。北起滨榆线，南至文源路。与紫林路相交。长 1.1 千米，宽 30 米。两侧有清徐县职业教育中心、清徐县西城实验学校、山西华锐重工机电设备有限公司等。通 104、34 路等公交车。

140121-B01-K04 **凤仪街**［Fèngyí Jiē］在县城东部。北起白石河桥，向东呈弧形，南至旧 307 国道。与育青路、文源路、紫林路等相交。长 3.7 千米，宽 28 米。沥青路面。民国时期建太汾公路。1998 年改建，为 307 国道城区段，取《三国演义》凤仪亭之意。两侧有清徐县县城二中、南城实验小学、太原市万货工贸有限公司、清徐县人民医院等。通 102、105 路等公交车。

140121-B01-K05 **紫林路**［Zǐlín Lù］在县城中部。西起仁义桥，东至 307 国道。与八一路、梗阳西街、美锦大街相交。长 3 千米，宽 31 米。沥青路面。1987 年建成，名迎宾路。1990 年西延至白石沟，更名为葡乡路，2004 年拓宽，更今名。传为纪念西王母第四女紫衣传授酿醋技艺到人间，故名。两侧有清徐县马峪乡仁义小学校、田府葡萄酒公司、清徐县西城实验学校、东湖公园等。通 201、103 路等公交车。

140121-B01-K06 **文源路**［Wényuán Lù］在县城北部。西起八一路，东至滨河西路。与梗阳西街、美锦大街、307 国道相交。长 6 千米，宽 31 米。沥青路面。1990 年建成，1992、1998 年改建。两侧有文源中学、清徐文体中心、中国醋文化博物馆、东湖、财神庙等。通 203、215 路等公交车。

140121-B01-L01 **罗家横街**［Luójiāhéng Jiē］在县城南部。西起永定街，东至南关大街。长 0.15 千米，宽 6 米。沥青路面。因是梗阳古城永定街与南关街之间的一条横街，且有罗氏祠堂、罗贤御史排楼等，故名。两侧有罗贯中后代民居及家族祠堂等建筑。

140121-B02 **徐沟镇**［Xúgōu Zhèn］清徐县辖镇。在县境东部。面积 84.41 平方千米。人口 5 万。民族以汉族为主，还有蒙古、回等民族。辖 4 社区、25 行政村。镇人民政府驻徐沟。徐沟古称金川、徐川。最早应为春秋知徐吾为涂水大夫、曾于金大定二年（公元 1162 年、宋绍兴三十二年）置县治，始称徐沟县。1949 年，属徐沟县一区。1952 年 7 月，清源、徐沟两县合并为清徐县，属第六区。1953—1958 年，改置为镇。1961 年，复分为徐沟、集义 2 个公社。1984 年 5 月，更名为徐沟镇。2001 年，高花乡并入。因境内有涂水（古“涂”与“徐”同音）而得名。地形为平原。境内河道属黄河流域。有潇河、象峪河流经，河流总长度 7.3 千米。年平均降水量 450 毫米，年平均气温 10℃。有徐沟中学、山西省警察学校等学校多所，卫生院、农家书屋、艺术表演团体多个。2011 年东南坊村入选第三批全国文明村。有省级文物保护单位城隍庙、文庙。有国家级非物质文化遗产背铁棍艺术、清徐砖雕。有舞龙、舞狮、秧歌、锣鼓等民间艺术。被文化部评为“中国民间艺术之乡”。农业以种植业为主，主产玉米、高粱等。经济作物有白菜、番茄、葡萄、枣等。畜牧业以饲养生猪、牛、羊、家禽为主。徐沟豆制品、徐沟灌肠、豆腐干、杜村红枣、晋阳春酒等名优产品国内驰名。工业以农副产品加工、食醋制作为主。有大禾现代农业示范基地、美特好物流配送中心、紫林醋业文化产业园等。服务业以商贸、餐饮、运输为主。有 208 国道、榆次—古交省道过境。省级主要交通干线大运路、徐太路、清榆路，小杨路与城区沟通，南北贯穿，东西畅通，交通便利。

140121-B02-H01 **徐沟**［Xúgōu］徐沟镇人

民政府驻地。在县政府驻地清源镇东南 12.5 千米。人口 48570。原为徐沟县治，《永乐大典》卷 5200：徐沟县“旧徐沟镇，原隶清源县。至金因本镇东属平晋，西属清源，中有南北要路，两县交居，以致民讼难决，赋税难征。大定二十九年，本镇耆宿邓裕等八人赴朝陈言便利，遂改为县，仍旧镇为名。”1952 年，与清源县合并为清徐县。因境内有涂水，古“涂”“徐”同音而得名。聚落呈团块状。有山西警察学院（新校区）、太原幼儿师范高等专科学校（徐沟校区）、徐沟中学、信仁邦中学、太原市金河中学校、清徐县徐沟中学金川（小学部）、清徐县第二人民医院、徐沟镇中心卫生院等。通清徐 208 路公交车。

140121-B02-H02 **东南坊**［Dōngnánfāng］在县政府驻地清源镇东 13.6 千米。徐沟镇辖行政村。人口 2230。因地处徐沟镇东南角，故名。清康熙《徐沟县志》卷 1《建置》载：“东南坊，在城。”聚落呈团块状。有清徐县徐沟镇中心学校、清徐县永兴实验小学。有东南坊传统民居，现存为民国时期建筑遗构。2011 年被评为全国文明村。通清徐 209、清徐 206 路公交车。

140121-B03 **东于镇**［Dōngyú Zhèn］清徐县辖镇。在县境西部。面积 96 平方千米。人口 3 万。民族以汉族为主，还有回、蒙古等民族。辖 1 社区、12 行政村。镇人民政府驻东于。1949 年，属清源县三区。1953 年，设东于乡。1958 年，并入高白乡，同年改设人民公社。1984 年，改东于镇。因驻地得名。地势北高南低，地形为盆地。境内河道属黄河流域，有白石河、都沟河、泽渔河、柿儿河、方山河、壶屏石河等 6 条河流流经。境内河流最大为白石河，长 6.5 千米。年平均降水量 450 毫米，年平均气温 10℃。有煤、赤铁矿、褐铁矿等矿产资源。有中小学多所，各级各类医疗卫生机构、农家书屋、文化艺术团体多个。有全省第一批革命文物清太徐县抗日政府旧址、洛池渠村烈士纪念碑。有市级文物保护单位宝梵寺。有东于娘娘庙、东高白贾状元祠、新民龙王庙、洛池渠日军屠杀遗址等。有东于加火迎鼓、锣鼓、秧歌、背棍等民间艺术。农业以种植业为主，主产玉米、高粱等。经济作物有白菜、番茄、葡萄、枣等。畜牧业以饲养生猪、牛、家禽为主。工业以煤焦、化工机械加工为主。有美锦钢厂、亚鑫焦化等企业。服务业以运输、物流为主。交通有京昆高速、大运高速、307 国道等干线公路以及多条县乡公路穿境而过。

140121-B03-H01 **东于**［Dōngyú］东于镇人民政府驻地。在县政府驻地清源镇西 8.8 千米。人口 7580。因古时此地张姓居多，称张庄，金元时村东宝梵寺东北角有一榆树，故名东榆，后演变为此名。清光绪《清源县志》卷 9《都甲》载：“东于，城西十五里，距县四十五里。”聚落呈团块状。有东于镇中学、东于小学、东于镇卫生院。有第一批市级文物保护单位宝梵寺，始建于宋宣和元年（1119 年），现存为清代建筑遗构。有娘娘庙、观音堂、古戏台、老爷庙、传统民居，现存为清至民国时期建筑遗构。307 国道经此。

140121-B04 **孟封镇**［Mèngfēng Zhèn］清徐县辖镇。在县境东南部。面积 75.82 平方千米。人口 3.17 万。民族以汉族为主，还有回、满等民族。辖 20 行政村。镇人民政府驻孟封。1949 年，属清源县二区。1953 年，设孟封乡。1958 年，改设人民公社。1984 年改镇。2001 年，杨房乡并入。因春秋战国时期是魏国的孟氏封邑而得名。地形为冲积平原。境内河道属黄河流域。有汾河、乌马河、象峪河流经，河流总长度 34.5 千米。境内最大的河流为汾河，长 11.5 千米。年平均降水量 450 毫米，年平均气温 10℃。有中小学多所，各级各类医疗卫生机构、艺术表演团体多个。有全国重点文物保护单位清徐尧庙。国家 4A 级旅游景点宝源老醋坊。有锣鼓、秧歌、舞龙、剪纸、花馍等民间艺术技艺。农业以种植业为主，主产玉米、小麦、高粱等。经济作物有番茄、黄瓜、菜花等。畜牧业以饲养生猪、牛、家禽为主。特色产品有醋、孟封饼、红枣、小花生等。有蔬菜生产基地、红枣生产基地、芦笋生产基地等特色农业生产基地。工业以食醋制造、农产品加工和制造等为主。有老陈醋现代化工业城、中振精密铸造有限公司等。服务业以商贸、餐饮、运输为主。交通有 208 国道经此。通公交车。

140121-B04-H01 **孟封**［Mèngfēng］孟封镇

人民政府驻地。在县政府驻地清源镇南 11.3 千米。人口 4950。因春秋战国时期为魏国孟氏封邑而得名。清光绪《清源县志》卷 9《都甲》载："孟封营，城东南三十里，距县三十里。"聚落呈团块状。有孟封镇中学、孟封中心小学校、孟封镇卫生院。有孟封村冀家宅院、王家宅院，现存为民国时期建筑遗构。有风味小吃孟封饼。县道小柳线、云孟线经此。

140121-B04-H02 **尧城**［Yáochéng］在县政府驻地清源镇东南 12.4 千米。孟封镇辖行政村。人口 2210。相传尧帝曾于此短期建都，故名。清光绪《清源县志》卷 9《都甲》载："尧城镇，城东南三十里，距县二十里。"聚落呈团块状。有尧城中心校。有第七批全国重点文物保护单位尧庙，创建年代不详，现存帝尧殿为明代建筑遗构，余皆为清代建筑遗构。208 国道经此。

140121-C01 **马峪乡**［Mǎyù Xiāng］清徐县辖乡。在县境西北部。面积 99.75 平方千米。人口 2.11 万。民族以汉族为主，还有回、满等民族。辖 13 行政村、1 社区。乡人民政府驻西马峪。1949 年，属清源县一区。1953 年，始设马峪乡。1958 年属红旗人民公社。1961 年，设马峪人民公社。1984 年，改置乡。2001 年，碾底乡并入。因地处马鞍山谷口处而得名马谷，后更名为马峪。地处吕梁山余脉，地势北高南低，地形属半山区，山脉有庙前山，境内最高山峰庙前山位于马峪乡最北端，海拔 1865.8 米；最低点位于马峪乡东南部的都沟村，海拔 1230 米。境内河道属黄河流域。有白石河，郭家河、都沟河、泽渔河流经。河流总长度 59.58 千米。境内最大的河流为白石河，长 20.08 千米。年平均降水量 450 毫米，年平均气温 10℃。地下矿藏有煤矿等。有马峪中学等中小学多所，各级各类医疗卫生机构、农家书屋、艺术表演团体多个。有全国重点文物保护单位狐突庙。省级文物保护单位严香寺、香岩寺。有文殊塔、王家宅院、武庙、贞节牌坊、罗氏主坟、李家楼乐台、东梁泉乐台等。有国家级农业观光示范园葡峰山庄。有龙林山名胜风景区、绿园生态观光示范园、峪源生态观光园区等。农业以种植业为主，主产小麦、玉米。经济作物有番茄、油菜、豆角、葡萄、柿子等。畜牧业以饲养生猪、牛、羊、家禽为主。马峪乡是山西省主要葡萄产区和全国四大葡萄产区清徐县的主产区，有多个葡萄示范园。工业以煤炭、农副产品加工为主。有中煤集团小回沟煤业有限公司、葡萄酒厂、野泉葡萄酒有限公司等。服务业以餐饮、运输、旅游为主。举办多次葡萄文化艺术节、采摘节等。有京昆高速、省道榆古线经此。

140121-C01-H01 **西马峪**［Xīmǎyù］马峪乡人民政府驻地。在县政府驻地清源镇西北 6.2 千米。人口 2660。相传为汉文帝刘恒养马之谷，故名。清光绪《清源县志》卷 9《都甲》载："东马峪、西马峪，二村毗连，城西五里，距县三十五里。"聚落呈团块状。有马峪乡西马峪中心校、马峪乡卫生院。有第六批全国重点文物保护单位狐突庙，为纪念春秋时晋国大夫狐突而建，始建于金明昌元年（1190 年），店内现存元代彩塑 8 尊，现存献殿、正殿等金元建筑遗构。有西马峪武庙，现存为清代建筑遗构。有西马峪传统民居，现存为民国时期建筑遗构。307 国道经此。

140121-C02 **柳杜乡**［Liǔdù Xiāng］清徐县辖乡。在县境南部。面积 38.35 平方千米。人口 2 万。民族以汉族为主。辖 11 行政村。乡人民政府驻柳杜。1949 年，属清源县第四区。1953 年，设柳杜乡。1958 年，属红旗人民公社。1959 年，属吴村人民公社。1961 年，设柳杜人民公社。1984 年 5 月，置柳杜乡。因柳村、杜村合并而得名。境内河道属黄河流域。有汾河、河西总退渠流经，河流总长 20 千米。境内最大河流为汾河，长 9 千米。年平均降水量 450 毫米，年平均气温 10℃。有中小学多所，各级各类医疗卫生机构、艺术表演团体多所。有文庙多座。有旱船、皮影戏、舞龙、锣鼓等民间艺术。农业以粮食种植为主，主产小麦、玉米等。经济作物有番茄、生菜、葡萄、枣等。畜牧业以饲养生猪、羊、家禽为主。大力发展温室蔬菜，葡果种植，畜牧养殖特色产业。工业上形成以机器铸造、食醋酿造为主的格局，并逐步向农副产品加工业方向发展。服务业以运输、仓储为主。有清徐葡果仓储物流产业园区。交通有太中银铁路经此。无国道、省道经过，有县乡级公路3条。

140121-C02-H01 **柳杜**［Liǔdù］柳杜乡人民政府驻地。在县政府驻地清源镇西南8.6千米。人口1600。原为柳、杜两村，村距很近，两村合并，取两村村名首字，故名。聚落呈团块状。有柳杜大寺庙，现存为清代建筑遗构。有柳杜赵氏宅院、韩氏宅院，现存为清至民国时期建筑遗构。有柳杜乡中学、柳杜中心校、柳杜乡卫生院。县道小柳线经此。

140121-C03 **西谷乡**［Xīgǔ Xiāng］清徐县辖乡。在县境中部偏北。面积35平方千米。人口2.14万。民族以汉族为主。辖9行政村。乡人民政府驻西谷。1949年，属清源县第二区。1953年，设西谷乡。1958年属卫星人民公社。1959年，设西谷人民公社。1984年5月，置西谷乡。因由东方向称西面之村而得名。地势开阔。地形平坦。境内河道属黄河流域。有汾河自北向南流经，长12千米。年平均降水量450毫米，年平均气温10℃。有中小学多所，各类各级医疗卫生机构、文化艺术团体多个。农业以种植业为主，主产高粱、玉米、小麦等。经济作物有白菜、番茄、油料作物等。畜牧业以饲养生猪、牛、羊、家禽为主。有华联生态园、清徐葡萄乐园等农业示范区。工业以洗煤、铸造为主。服务业以商贸为主。交通便利，境内榆古、清东两路与208、307两条国道连接，太中银铁路、榆古线经此。

140121-C03-H01 **西谷**［Xīgǔ］西谷乡人民政府驻地。在县政府驻地清源镇东南3.9千米。人口3290。相传因东面河水经此处周边西下流入汾河，遂成谷地而得名。清光绪《清源县志》卷9《都甲》载："西谷村，城东十五里，距县十五里。"聚落呈团块状。有西谷乡中学、西谷中心校、西谷乡卫生院。有西谷村真武庙、西谷学堂旧址，现存为清代建筑遗构。县道东清线经此。

140121-C04 **王答乡**［Wángdá Xiāng］清徐县辖乡。在县境东部偏北。面积45平方千米。人口3.18万。民族以汉族为主，有回、彝、傣等民族。辖14行政村。乡人民政府驻王答。1949年，属徐沟县三区。1953年，设王答乡。1958年，属东风人民公社。1959年，设王答人民公社。1960年，并入西谷人民公社。1961年，复设王答人民公社。1984年5月复置王答乡。因叔虞赴晋为王答拜乡人得名。地势平坦，地形为平原。境内河道属黄河流域，有潇河自南向北流经，长7.5千米。年平均降水量450毫米，年平均气温10℃。有中小学多所，各级各类医疗卫生机构、文化艺术团体多个。有崔家民居、龙家营剧场等建筑。有舞龙、舞狮、秧歌、锣鼓、旱船等民间艺术。农业以种植业为主，主产玉米、小麦、高粱。经济作物有番茄、黄瓜、枣等。特色产品有灌肠。畜牧业以饲养生猪、牛、家禽为主。工业以铸铁、合金、汽配为主。有加工暖气片工业城和高科技工业小区。服务业以运输、物流为主。交通有208国道，316省道，县道清东路，乡村公路枫林路纵横全乡，交通便利。

140121-C04-H01 **王答**［Wángdá］王答乡人民政府驻地。在县政府驻地清源镇东10.3千米。人口5530。相传周成王弟姬虞（唐叔虞）赴晋为王过此地时，乡人欢迎，叔虞答拜，故名。清康熙《徐沟县志》卷1《疆域》有王答村。聚落呈团块状。有王答乡一中、王答学校、王答乡卫生院。208国道、339国道经此。

140121-C04-H02 **赵家堡**［Zhàojiābǎo］在县政府驻地清源镇东13.7千米。王答乡辖行政村。人口3110。元时名梁家堡，后因梁家败落，赵氏发迹而更今名。清康熙《徐沟县志》卷1《疆域》有赵家堡。聚落呈团块状。有山西晋阳技工学校、王答乡第二初级中学。有暖气片铸造。339国道经此。

140121-C05 **集义乡**［Jíyì Xiāng］清徐县辖乡。在县境东部。面积53平方千米。人口2.92万。民族以汉族为主，还有回、满等民族。辖11行政村。乡人民政府驻集义。1949年，属徐沟县第二区。1953年，设集义乡，1958年属东风人民公社。1961年，设集义人民公社。1984年5月，复置集义乡。因相传唐肃宗时，节度使李光弼征讨叛将安禄山收复太原时，村民集众举义相应而得名。地势平坦。境内河道属黄河流域。有潇河、象峪河流经，河流总长度14.4千米。境内最大的河流为潇河，长4.3千米。年平均降水量450毫米，年平均气温 10℃。有中小学多所，各级各类医疗卫生机构、艺术表演团体多个。有省级文物保护单位大常寿宁寺，市级文物保护单位温李青观音堂、过街戏台。有舞龙、舞狮、高跷、背铁棍、锣鼓等民间艺术。农业以种植业为主，主产玉米、小麦、红薯等。经济作物有辣椒、卷心菜、葡萄、苹果等。畜牧业以饲养生猪、牛、羊、家禽为主。工业以洗煤、铸造为主。服务业以运输为主。交通便利，有大西铁路过境，省道榆古线穿境而过，县道清东路、陈同路分别横穿东西，东代线、大邓线连接南北，太太路、大西高铁纵贯乡域。

140121-C05-H01 **集义**［Jíyì］集义乡人民政府驻地。在县政府驻地清源镇东 18.3 千米。人口 4340。相传唐节度使李光弼征讨叛将安禄山收复太原时，村众举义响应，故名。清康熙《徐沟县志》卷 1《疆域》有集义村。聚落呈团块状。有集义乡中学、集义乡中心小学校、集义乡卫生院。有集义传统民居，现存为清至民国时期建筑遗构。以生产无公害蔬菜为主。县道东清线经此，通清徐 208 路公交车。

140121-C05-H02 **大常**［Dàcháng］在县政府驻地清源镇东南 22.1 千米。集义乡辖行政村。人口 3190。相传原为论功行赏之处，功分大小，定名大赏，因常与赏谐音而得名。聚落呈团块状。有大常中心小学校。有第六批省级文物保护单位大常寿宁寺，创建年代不详，现存主体为明清时期建筑遗构。有大常龙王宫、吕祖阁、老爷庙，现存为清代建筑遗构。有大常传统民居，现存为清至民国时期建筑遗构。乡村道路经此，通清徐 206 路公交车。

140122 **阳曲县**［Yángqǔ Xiàn］太原市辖县。北纬 38° 3′，东经 112° 39′。在市区北部。面积 2084 平方千米。人口 12.8 万。民族以汉族为主，还有回、满、蒙古等民族。辖 4 镇、5 乡。县人民政府驻黄寨镇。阳曲乃千年古县，1927 年置太原之前，道、府、省治均设于此，为三晋首邑。秦庄襄王三年（前 247 年）始置阳曲县，治所今定襄县城南，属太原郡。东汉末年治徙今太原北阳曲镇。西晋末狼孟县废入阳曲县。北魏盂县废入阳曲县。隋改阳直县。开皇十六年（596 年）改称汾阳县。唐武德七年（624 年）复改阳曲县。宋太平兴国七年（982 年）阳曲县治移太原城。抗日战争时期以同蒲铁路线为界分为东阳曲、西阳曲 2 县。1942 年东阳曲东部和盂县西部合为盂阳县。1948 年合并恢复阳曲县，11 月驻地迁驻黄寨村。1949 年 3 月属太原行署第一专区，9 月改属忻县专区。1958 年撤阳曲县，划归太原市郊区。1960 年恢复阳曲县，属太原市。因地处南流的滹沱河向北弯曲的一角，且在水之阳，故名。地处忻定盆地与晋中盆地间，地势北、西、东三面高，南部偏低。地形东西为石山区，中部为盆地。主要山脉有太行山支脉系舟山、云中山。最高峰位于柳林尖山，海拔 2101.9 米；最低点位于杨兴河流域青龙出境处，海拔 830 米。属暖温带大陆型季风气候。年平均气温 9.1℃，1 月平均气温 -7.4℃，7 月平均气温 23.3℃。年平均降水量 440 毫米。境内河道属黄河流域。有杨兴河、泥屯河、中社河等流经。有煤、铝、石膏、云母等矿产资源。有国家重点保护动物褐马鸡、金钱豹、原麝、金雕。有观赏、药用等植物 458 种，主要有紫花地丁、鸢尾花、三椏绣线菊等。有阳曲县第一中学、阳曲县第二中学等学校多所。各级各类医疗卫生机构、文化站、艺术表演团体多个。有文化馆、公共图书馆、档案馆、博物馆、体育场馆等。有全国重点文物保护单位不二寺、帖木儿塔、大王庙大殿、辛庄开化寺、前斧柯悬泉寺、阳曲轩辕庙 6 处。有省级文物保护单位中共阳曲县委员会旧址、轩辕庙、明泰大师塔、南高庄城址、石岭关城址 5 处。有山西省第一批省级红色文化遗址中共阳曲县委旧址。有全省第一批革命文物中共阳曲县委旧址、西庄烈士陵园。有市级文物保护单位 24 处。有全国文明村 2 处。2011 年黄寨村入选第三批全国文明村，2015 年六固村入选第四批全国文明村。重要纪念地有阳曲县烈士陵园、西庄烈士陵园等。有青龙古镇、阪泉山圣母堂、天门关、龙池山庄等景点。有刺绣、根雕、剪纸等民间艺术。曲绣、青龙古镇传说、东黄水“李氏豆腐干”、高村鼓坊“八音会”为市级非物质文化遗产。特色小吃有折饼、拨烂子等。三次产业比例为 13 ∶ 63 ∶ 24。农业以种植业为主，主产玉米、小米、葵花、高粱等。经济作物有白菜、番茄、苹果等。畜牧业以饲养生猪、牛、羊、家禽为主。工业以焦炭化工、冶金制造、水泥建材、新材料、机械制造为主导产业。服务业以商贸、旅游、运输为主。交通便利，有大西高铁、石太客运专线铁路，京昆、二广、太原—佳县高速，108、208国道，双山—阳曲省道过境。

140122-R02 **阳曲西站**［Yángqǔxīzhàn］见交通运输设施部分“阳曲西站”条。

140122-B01 **黄寨镇**［Huángzhài Zhèn］阳曲县人民政府驻地。在县境中部。面积94.45平方千米。人口4.68万。民族以汉族为主。辖10社区、6行政村。镇人民政府驻黄寨。1949年，属阳曲县八区。1951年至1952年属阳曲县一区。1953年，设黄寨乡。1956年撤销区级建制，黄寨为全县20个乡之一。1958年，属红星人民公社，驻黄寨。1959年，设黄寨人民公社。1984年，撤销黄寨人民公社，设黄寨镇。因黄寨村得名。地势北高南低。地形分为丘陵、平川。主要山脉有棋子山、文庙梁，境内最高峰位于棋子山，海拔1417.9米；最低点位于西南部杨兴河出境处，海拔850米。境内河道属黄河流域。有杨兴河、中社河流经。河流总长20.5千米。境内最大的河流为杨兴河，长12千米。年平均降水量440毫米，年平均气温9℃。有石灰岩、铁等矿产资源。有中小学多所，各级各类医疗卫生机构、艺术表演团体多个。有文化馆、图书馆、档案馆、体育馆等。有阳曲县公安局、司法局、法院、人民政府等单位。有全国重点文物保护单位不二寺。有山西省第一批省级红色文化遗址、全省第一批革命文物、省级文物保护单位中共阳曲县委旧址。有市级文物保护单位中社遗址、南崖上遗址、钟岗遗址、狼孟城址、录古咀卧龙堂。有阳曲公园、马文蔚旧居等景点。2011年黄寨村入选第三批全国文明村。农业以种植业为主，主产玉米、小米、豆类。主要经济作物有白菜、黄瓜、苹果、油料作物等。特产富士苹果、国光苹果、太后香小米。有蔬菜生产基地、奶牛生产基地等多个特色农业生产基地。工业以冶炼、铸造为主。服务业以旅游、运输为主。交通有北同蒲铁路过境设站，设阳曲站。京昆、二广高速，108国道，省道双阳线经此。有阳曲县汽车站。

140122-N01 **新阳大桥**［Xīnyáng Dàqiáo］在县城西部。桥长164米，桥面宽21米，最大跨度20米，桥下净高21米。1993年始建，同年建成。因连接新阳西街，故名。为大型河道桥梁，预应力混凝土结构。最大载重49吨。

140122-B01-K01 **新阳西街**［Xīnyáng Xījiē］在县城西部。西起首邑西路，东至新阳广场。与商贸新街、朝阳路相交。长0.8千米，宽30米。沥青路面。1957年始建土路，1958年建成。1972年铺设沥青，1991年改建。因位于新阳广场西段，故名。两侧有阳兴公园、阳曲县广播电视局、阳曲县总工会等。通904、13路等公交车。

140122-B01-K02 **新阳东街**［Xīnyáng Dōngjiē］在县城东部。西起新阳广场，东至土产公司。与城东路、东北街相交。长0.8千米，宽30米。沥青路面。1957年始建土路、1958年建成，1972年铺设沥青、1998年改建。2007年升级改造地下管网。因位于新阳广场东段，故名。两侧有新阳广场、阳曲县发展和改革局、阳曲县应急管理局、阳曲站等。通904、13路等公交车。

140122-B01-K03 **首邑北路**［Shǒuyì Běilù］在县城东北部。北起靶场，南至南坡桥。与北阁街、东北街、南坡街等相交。长2.4千米，宽36米。沥青路面。1977年始建，1978年建成，2009年改建。原名大运东路，因阳曲县历史上曾为山西首县，改今名。两侧有阳曲县自然资源局、自来水公司等。通1、2路等公交车。

140122-B01-K04 **首邑西路**［Shǒuyì Xīlù］在县城西南部。北起南坡桥，南至北塔地村口。与文明街、商贸新街、安镇街、城南街相交。长1.7千米，宽38米。沥青路面。1977年始建，1978年建成，2009年改建。两侧有县交运局、煤运公司、农业局、安康医院，国家重点文物保护单位不二寺等。

140122-B01-K05 **商贸新街**［Shāngmào Xīnjiē］在县城西南部。西起首邑南路，东至新阳东街和新阳西街交叉口。与新荣巷、朝阳路、祥和路等相交。长0.63千米，宽10米。沥青路面。两侧有阳曲县文化和旅游局、阳曲二中、阳曲县红十字会、阳曲县生态环境局、阳曲县新阳街小学校等。

140122-B01-K06 **东北街**［DōngBěi Jiē］在县城东部。北起北阁街，南至新阳西街。与双龙巷、新安东街、城东路等相交。长0.9千米，宽16米。1987年建成。因向新阳广场东北延伸，故名东北街。两侧有阳曲县畜牧兽医局、黄寨幼儿园、新阳广场、双龙商贸城等。

140122-B01-K07 **南坡街**［Nánpō Jiē］在县城东北部。西起首邑北路，东至新阳西街。长0.6千米，宽12米。1985年建成。原名新阳西北街。因地处黄寨南坡，故更名。两侧有星宇购物中心、新阳广场等。

140122-B01-K08 **新安西街**［Xīn'ān Xījiē］在县城东北部。西起南坡街，东至新安东街。长0.52千米，宽10米，沥青路面。1968年修建，取安邦治国之义，故名。两侧有阳曲县中医医院、阳曲县供电公司等。

140122-B01-K09 **新安东街**［Xīn'ān Dōngjiē］在县城东北部。西起新安东街，东至城东路。长0.34千米，宽18米。1968年修建，1981命名为新安东街，寓意国泰民安、安邦治国。两侧有阳曲县农机局、阳曲县水务局、启辰幼儿园等。

140122-B01-K10 **城东路**［Chéngdōng Lù］在县城东北部。北起首邑北路，南至新阳东街。与东北街、新安东街等相交。长0.72千米，宽18米，沥青路面。1997年修建，1999年命名。因位于县城东部，走向南北，故名。两侧有阳曲县林业局、城东路小学、阳曲县城乡居民养老保险管理服务中心等。

140122-B01-K11 **朝阳街**［Cháoyáng Jiē］在县城东北部。北起新阳西街，南至城南街。长0.6千米，宽12米。两侧有阳曲县生态环境局等。

140122-B01-H01 **黄寨**［Huángzhài］黄寨镇人民政府驻地。在县政府驻地黄寨镇西北770米。人口2770。相传村北有土堡，称黄头寨，后村南又建东西两堡，均为黄土堡，势如营寨，遂名黄土寨。清末，慈禧南逃曾在此歇宿，更名黄寨。清道光《阳曲县志》卷1《编村表》有黄寨镇。聚落呈团块状。有太原市阳曲县北京新学道学校、山西省阳曲中学校、阳曲县高级职业中学校、马蹄莲中学、太原市黄寨精神病医院等。有第六批全国重点文物保护单位不二寺，大雄宝殿建于北汉乾祐九年（956年），现存为金明昌六年（1195年）建筑遗构。有中共阳曲县委旧址。108国道、太忻大道经此。

140122-B02 **大盂镇**［Dàiyú Zhèn］阳曲县辖镇。在县境北部。面积101.08平方千米。人口1.43万。民族以汉族为主。辖12行政村。镇人民政府驻大盂。1949年，属阳曲县九区。1953年，设大盂乡，属阳曲县三区。1958年，属星火人民公社。1959年，设大盂人民公社。1984年，撤销大盂人民公社，设立大盂镇。因其四周皆山，中间低平，势如一硕大古器物“盂”，故名。地势东高西低。地形分为丘陵、盆地。主要山脉有庙儿山、小五台山、峰坡山等，境内最高峰位于小五台山，海拔1839米；最低点位于大盂盆地大盂村西，海拔990米。境内河道属黄河流域。有杨兴河流经。年平均降水量440毫米，年平均气温9℃。地下矿藏有石灰岩等。其他自然资源有野生植物鸡梢、酸枣、荆条等灌木，少量桦树、松树、山桃、山杏及枸杞、甘草、百草等药用植物。有大盂中学等中小学多所，各级各类医疗卫生机构、农家书屋、艺术表演团体多个。有省级文物保护单位南高庄城址、石岭关城址。有市级文物保护单位真武庙、大盂泰山庙、峰东石窟。有铁猫寺、关帝庙等古迹。有小五台旅游区。农业以种植业为主，主产玉米、谷子、豆类。主要经济作物有番茄、茴子白、苹果、红枣、油料作物等。畜牧业以饲养生猪、羊、牛、家禽为主。工业以铸造、加工为主。服务业以运输、旅游为主。交通有北同蒲铁路、二广高速、108国道过境。

140122-B02-H01 **大盂**［Dàiyú］大盂镇人民政府驻地。在县政府驻地黄寨镇北13.5千米。人口960。因四周为山，中间低平，势如一硕大古器物“盂”而得名。《左传·昭公二十八年》：“魏献子为政。分祁氏之田。以为七县……孟丙为盂大夫。”清道光《阳曲县志》卷1《编村表》有大盂镇。聚落呈团块状。有大盂中学、大盂中心小学、大盂镇卫生院。有大盂慈仁寺、大盂泰山庙、大盂关帝庙，现存皆为明清时期建筑遗构。108 国道、太忻大道经此。

140122-B02-H02 **石岭关** [Shílǐngguān] 在县政府驻地黄寨镇北 20.7 千米。大盂镇辖自然村。人口 50 人。因地处山隘，两侧依山，石岭为关，故名。唐代以来即为重要军事要塞，明成化《山西通志》卷 3《关塞》载："石岭关，在阳曲县东北一百二十里，……并代云州要冲之路。"聚落呈团块状。为太原的北大门，晋阳大地的天然屏障，是历代兵家必争之地。有石岭关城址，为明代建筑遗构。108 国道、太忻大道经此。

140122-B03 **东黄水镇** [Dōnghuángshuǐ Zhèn] 阳曲县辖镇。在县境中部偏东。面积 140.66 平方千米。人口 1.56 万人。民族以汉族为主。辖 10 行政村。镇人民政府驻东黄水。1948 年解放初为行政村属县第十一区，并为区政府驻地。1950 年属一区所辖。1953 年改设为乡，仍属一区。1956 年撤销区级建制，原东黄水与老土沟、故县、西盘威、西殿 4 个乡合并为境域较大的东黄水乡。1958 年属黄寨人民公社东黄水管理区。1959 年分出，单独成立了东黄水人民公社。1984 年政社分家设东黄水镇。因驻地东黄水村而得名。地势东高西低。地形分为山区、平川。主要山脉有双山、红崴山、两岭山、尖山、阪泉山、台子梁，境内最高峰位于红崴山，海拔 1575.1 米；最低点位于西南部水泉沟村中社河，海拔 890 米。年平均降水量 440 毫米，年平均气温 9℃。有煤、砂、坩子石、陶土等矿产资源。有东黄水镇中学等学校多所，各级各类医疗卫生机构、艺术表演团体、农家书屋多个。有全国重点文物保护单位大王庙大殿。有省级文物保护单位明泰大师塔、轩辕庙。有市级文物保护单位寿昌寺，西殿村遗址、千佛碑等。农业以种植业为主，主产玉米、谷子、豆类。经济作物有豆角、甘蓝、苹果、枣等。特产小米、豆腐干。畜牧业以饲养生猪、羊、牛、家禽为主。工业以机械、建材为主。有金圆水泥公司、山西新型炉业集团有限公司等。服务业以运输、旅游为主。交通有石太客运专线铁路、二广高速、省道双阳线经此。

140122-B03-H01 **东黄水**[Dōnghuángshuǐ] 东黄水镇人民政府驻地。在县政府驻地黄寨镇东 9.3 千米。人口 1120。相传旧名东黄鼠，后以方言谐音改今名。清道光《阳曲县志》卷 1《编村表》有东黄水。聚落呈团块状。有东黄水中学校、东黄水小学、东黄水镇卫生院。有东黄水堡址、郑家堡址、东黄水圣母庙、东黄水关帝庙，现存皆为明清时期建筑遗构。省道阳平线经此。

140122-B03-H02 **西殿** [Xīdiàn] 在县政府驻地黄寨镇东 8.2 千米。东黄水镇辖行政村。人口 320。村民原以开店为生，又处东黄水之西，遂名西店，因"店"与"殿"同音而得名。清道光《阳曲县志》卷 1《编村表》有西殿村。聚落呈团块状。有第八批全国重点文物保护单位阳曲轩辕庙，为纪念轩辕黄帝而建，始建年代不详，现存正殿为明代建筑遗构，其余为清代建筑遗构。省道阳平线经此。

140122-B03-H03 **范庄** [Fànzhuāng] 在县政府驻地黄寨镇东 11.5 千米。东黄水镇辖行政村。人口 240。最初李姓居住，称李家庄，后迁来范氏，渐握实权，故名。清道光《阳曲县志》卷 1《编村表》有范庄村。聚落呈条带状。有第七批全国重点文物保护单位大王庙大殿，为盂县藏山神赵武之行宫，仅现存大殿为明代建筑遗构。有特产小米、香菇。省道阳平线经此。

140122-B03-H04 **故县** [Gùxiàn] 在县政府驻地黄寨镇东北 6.3 千米。东黄水镇辖行政村。人口 1370。原为木井城，《元和郡县志》卷 13《河东道二・太原府》"阳曲县"："隋开帝三年改为阳直县，十年又移于今县东北四十里汾阳故县。十六年改阳直县为汾阳县，因汉旧名也。"即此。清道光《阳曲县志》卷 1《编村表》有故县村。聚落呈团块状。有东梁地遗址，为汉代文化遗存。有福昌寺，现存为清代建筑遗构。有特产小米。省道阳平线经此。

140122-B04 **泥屯镇** [Nítún Zhèn] 阳曲县辖镇。在县境中部偏西。面积 298.32 平方千米。人口 2.43 万人。民族以汉族为主。辖 21 行政村。镇人民政府驻泥屯。1948 年，属阳曲县二区。1953 年，设泥屯乡。1956 年撤销区级建制，泥屯乡为全县 20 个乡之一。1958 年，属宏伟人民公社。

1959年，设泥屯人民公社。1984年，撤销泥屯人民公社，设泥屯镇。2001年泥屯、岔上两乡合并。因驻地泥屯村而得名。地势西北高东南低。地形分为平川、山区。主要山脉有文昌山、马头山、母猪洼、牙儿山、麻岔山，境内最高峰位于轿顶山，海拔1868米；最低点位于芦家河村泥屯河出境处，海拔830米。年平均降水量440毫米，年平均气温9℃。境内河道属黄河流域。有泥屯河由北向南流经全境，长33公里。地下矿藏有石灰岩等。其他自然资源有野生动物50多种，其中野猪、狍子、豹子被列为国家省级二级保护动物，野生植物450多种。有中小学多所，各级各类医疗卫生机构、农家书屋、艺术表演团体多个。有市文物保护单位思西遗址。有三藏寺、定安寺、兴国寺、惠庵寺等建筑。有芽芽山风景区。农业以种植业为主，主产玉米、谷子、豆类。经济作物有番茄、白菜、梨、核桃等。特产小米、苹果、梨等。畜牧业以饲养生猪、羊、牛、家禽为主。工业以机械、建材、加工为主。服务业以运输、旅游为主。有太佳线经此。

140122-B04-H01 **泥屯**［Nítún］泥屯镇人民政府驻地。在县政府驻地黄寨镇西北11.8千米。人口2640人。因居泥水淤积处而得名。清道光《阳曲县志》卷1《编村表》有泥屯村。聚落呈团块状。有泥屯中学、泥屯小学、泥屯镇卫生院。有泥屯遗址，为新石器时代文化遗存。有泥屯东遗址，为新石器时代、汉代文化遗存。有泥屯西遗址，为新石器时代、夏代、战国时期文化遗存。有特产清风良业小杂粮。县道权新线经此。

140122-C01 **高村乡**［Gāocūn Xiāng］阳曲县辖乡。在县境中部偏北。面积113.04平方千米。人口1.26万人。民族以汉族为主。辖9行政村。乡人民政府驻高村。1949年为阳曲县九区。1953年，设高村乡，属阳曲县三区。1956年撤区后并入大盂乡。1958年，属星火人民公社。1959年属大盂人民公社。1972年，从大盂人民公社分出，设高村人民公社。1984年，撤销高村人民公社，设高村乡。因高村而得名。地势西北高、东南低。地形为丘陵。主要山脉有官帽垴、柏子山、凤凰山、梁鸿山、卧牙山，境内最高峰位于官帽垴、梁鸿山，海拔1400米；最低点位于高村，海拔990米。境内河道属黄河流域。有杏沟塘坝、西干渠流经，河流总长度为7.5千米。境内最大的河流为沟塘坝，长4千米。年平均降水量450毫米，年平均气温9℃。地下矿藏有石灰岩等。有中小学多所，各级各类医疗卫生机构、艺术表演团体多个。有全国重点文物保护单位辛庄开化寺。有市级文物保护单位北社西林寺。有非物质文化遗产鼓坊八音会。有黄土地质公园。有锣鼓、高跷、秧歌、花馍等民间艺术。农业以种植业为主，主产玉米、谷子、豆类、葵花。经济作物有番茄、白菜、核桃、山楂等。特产黄土香小米、核桃等。畜牧业以饲养生猪、牛、羊、家禽为主。工业以建材、农副产品加工为主。有北白水泥制造有限公司、蓝顿旭美食品有限公司等。服务业以旅游、运输为主。交通有北同蒲铁路过境设站，设高村站。有108国道经此。

140122-C01-H01 **高村**［Gāocūn］高村乡人民政府驻地。在县政府驻地黄寨镇北12千米。人口1400。原名太平西庄，因地势低洼，常遭水灾，村人反其义而得名。清道光《阳曲县志》卷1《编村表》有高村。聚落呈团块状。有高村小学、高村乡卫生院。有市级非物质文化遗产鼓坊八音会。有南高遗址，为新石器时代、夏代、汉代文化遗存。有高村仁济寺，现存为明代建筑遗构。有高村神堂庙，现存为清代建筑遗构。有特产黄土香小米、山楂。108国道、太忻大道经此。

140122-C01-H02 **北社**［Běishè］在县政府驻地黄寨镇西北10.8千米。高村乡辖行政村。人口210。原名范家堡，清咸丰年间，因当地连年荒旱，村民求神祈雨，大办“社火”，因属沟北，故名。清道光《阳曲县志》卷1《编村表》有北社村。聚落呈团块状。有北社大庙、北社大王庙、北社关帝庙、北社观音堂、北社西林寺，现存皆为清代建筑遗构。有北社传统民居，现存为清代建筑遗构。有特产锣鼓、花馍、小米。乡村道路经此。

140122-C01-H03 **辛庄**［Xīnzhuāng］在县政府驻地黄寨镇东北14.5千米。高村乡辖行政村。人口990。金皇统元年（1141年）建村，适逢辛酉年，故名。清道光《阳曲县志》卷1《编村表》有辛庄村。

聚落呈团块状。有高村乡辛庄村成人文化技术学校。有第七批全国重点文物保护单位辛庄开化寺，现存为明清时期建筑遗构。有特产核桃。乡村道路经此。

140122-C02 **侯村乡**［Hóucūn Xiāng］阳曲县辖乡。在县境中南部。面积130.96平方千米。人口1.73万人。民族以汉族为主。辖1社区、10行政村。乡人民政府驻侯村。1948年属阳曲县七区。1953年，设侯村乡。1958年，属红星人民公社。1959年，属黄寨人民公社。1961年，从黄寨人民公社分出，设侯村人民公社。1984年，撤销侯村人民公社，设侯村乡。因驻地侯村得名。地势东高西低。地形东部丘陵起伏，中西部平坦低洼。主要山脉有阴山子、阪泉山，最高山峰阪泉山，海拔1760米。境内河道属黄河流域。有深沟河、杨兴河、汾河流经，深沟河由东向西在暖泉湾与杨兴河合流，经青龙镇村出龙门汇入汾河。年平均降水量450毫米，年平均气温9℃。有铁、煤、石膏、石灰岩等矿产资源。有中小学多所，各级各类医疗卫生机构、艺术表演团体多个。有市级文物保护单位侯村遗址、烽火台、文昌宫、龙王庙、王氏民宅等建筑。有青龙古镇旅游景区。有锣鼓、秧歌、舞龙、舞狮、背棍等民间艺术。农业以制造业为主，主产玉米、谷子、高粱。经济作物有葡萄、红枣、苹果等。畜牧业以饲养生猪、羊、家禽为主。有蔬菜温室大棚、“六味斋”生猪繁育基地。工业以冶炼、农副产品加工、制造为主。有阳曲县和谐石料厂、太原市威特美食品有限公司等。服务业以旅游、运输为主。交通有北同蒲、石太客运专线铁路过境设站。二广高速、108国道经此。

140122-C02-H01 **侯村**［Hóucūn］侯村乡人民政府驻地。在县政府驻地黄寨镇西南4.3千米。人口970。相传此地原有侯姓定居，故名，村东有侯家岗和侯家坟可证。清康熙《阳曲县志》卷3《建置志》有侯村。聚落呈团块状。有太原龙兴学校、侯村乡卫生院。有第三批市级文物保护单位侯村遗址，为东周、汉代文化遗存。有侯村堡址，现存为清代建筑遗构。有侯村传统民居，现存为清至民国时期建筑遗构。108国道、太忻大道经此。

140122-C02-H02 **青龙社区**［Qīnglóng Shèqū］在县政府驻地黄寨镇西南6千米。侯村乡辖行政村。人口1500。相传因青蒿茂盛，名青蒿嘴，后以村庄顺河岸建筑，蜿蜒似龙而得名。清道光《阳曲县志》卷1《编村表》有青龙镇。聚落呈条带状。有致远实验中学、侯村乡青龙小学校等。有4A级旅游景区青龙古镇。有民俗文化锣鼓。2014年被列入第三批中国传统村落。2017年被列入第五批山西省历史文化名村。108国道、太忻大道经此。

140122-C03 **凌井店乡**［Língjǐngdiàn Xiāng］阳曲县辖乡。在县境东部。面积183.01平方千米。人口1.05万人。民族以汉族为主。辖13行政村。乡人民政府驻凌井店。1949年属盂县十区。1953年划归阳曲县，设阳曲县九区。1958年，属东星人民公社。1959年，设凌井店人民公社。1984年，撤销凌井店人民公社，设凌井店乡。因驻地凌井村得名。地势西北高东部低。地形为山区。主要山脉有大威埚山、马头山、胡泉梁、寺佛山、罗里山。最高峰位于大威脑山，海拔1715.7米；最低点位于东部乌河出境处，海拔1200米。年平均降水量450毫米，年平均气温9℃。有中小学多所，各级各类医疗卫生机构、艺术表演团体多个。有舞龙、舞狮、高跷、锣鼓等民间艺术。农业以种植业为主，主产玉米、谷子、豆类。主要经济作物有茴子白、豆角、苹果、油料作物等。畜牧业以饲养生猪、羊、牛、家禽为主。有多个特色农业生产基地。工业以加工、制造为主。服务业以旅游、运输为主。交通有石太客运专线铁路、京昆高速、省道双阳线经此。

140122-C03-H01 **凌井店**［Língjǐngdiàn］凌井店乡人民政府驻地。在县政府驻地黄寨镇东22.9千米。人口5520。为盂县通往阳曲县必经之地，靠近凌井村，行人常在此食、宿，故称店上，后日趋兴盛，而原凌井村日渐萧条，故沿用凌井之名。清乾隆《盂县志》卷4《建置》载：“凌井店堡，县西百里。”“凌井店市，一、四、七日集。”聚落呈团块状。有凌井店乡联合学校、凌井店乡卫生院。有凌井店传统民居，现存为清至民国时期建筑遗构。有特产小米、荞面。省道阳平线经此。

140122-C04　**西凌井乡**［Xīlíngjǐng Xiāng］阳曲县辖乡。在县境西部。面积542.59平方千米。人口6200万人。民族以汉族为主。辖10行政村。乡人民政府驻西凌井。1948年属阳曲县五区。1953年，设凌井乡。1958年，属钢铁人民公社。1959年，设西凌井人民公社。1984年，撤销西凌井人民公社，设西凌井乡。2001年西庄、伙路坪2乡并入。2021年北小店乡并入。因在凌井之西故名。地势西北高东南低。地形为沟谷和高石山区。主要山脉有石大王山、洞峁山、长梁背山、白草峁山等。境内最高峰位于黄围岩山，海拔1956.2米；最低点位于凌井河天门关出境处，海拔920米。境内河道属黄河流域。有凌井河、柳林河流经，河流总长度37千米。境内最大河流柳林河自北向南流经，长22千米。年平均降水量450毫米，年平均气温9℃。有坩子土、铝矾土、白云岩、煤等矿产资源。动植物有野鸡、野兔、褐马鸡、野生中药材等。有中小学、卫生院、文化站、农家书屋等。有全国重点文物保护单位前斧柯悬泉寺。有全省第一批革命文物西庄烈士陵园。有杨广道、三郎洞、天门关、汾河二库、“凌井沟七十二景”等古迹及自然景观。2015年六固村入选第四批全国文明村。有锣鼓、秧歌、刺绣等民间艺术。农业以种植业为主，主产玉米、谷子、豆类、杂粮。经济作物有白菜、苹果、梨、胡麻籽等。畜牧业以饲养生猪、羊、家禽为主。工业以加工、制造为主。服务业以旅游、运输为主。有安阳山庄绿色生态风景园、农家乐等。交通有太佳线经此。

140122-C04-H01　**西凌井**［Xīlíngjǐng］西凌井乡人民政府驻地。在县政府驻地黄寨镇西北23.7千米。人口320。因沟内有水井一眼，民众为吃水方便，靠井定居，又在凌井之西，故名。清道光《阳曲县志》卷1《编村表》有凌井村。聚落呈团块状。有西凌井乡西凌井小学校、西凌井乡卫生院。有西凌井二郎庙，现存为清代建筑遗构。康西公路里经此。

140122-C04-H02　**前斧柯**［Qiánfǔkē］在县政府驻地黄寨镇西南28.5千米。西凌井乡辖自然村。人口30。相传古时有两位仙人在榆树梁棋盘岩（今地名）对弈，一樵夫观棋着迷，醒悟后斧柄已沤为两截，遂将其扔于南、北，此村居梁南，故名。清道光《阳曲县志》卷1《编村表》有前斧柯。聚落呈团块状。有第七批全国重点文物保护单位前斧柯悬泉寺，原为明朝晋王府的家庙，后改为寺院，现存大雄宝殿、地藏殿、观音堂及七佛洞，为明清建筑遗构。乡村道路经此。

140122-C04-H03　**六固**［Liùgù］在县政府驻地黄寨镇西北39.4千米。西凌井乡辖行政村。人口180。由干沟、大瓦沟、八角凹、凸角沟、四南沟和小峪湾沟六村居民合并定居而成，取六村如一、稳固如山之意，故名。清道光《阳曲县志》卷1《编村表》有六固村。聚落呈团块状。有三郎洞自然生态景区。2015年被评为第四届全国文明村。乡村道路经此。

140122-C05　**杨兴乡**［Yángxìng Xiāng］阳曲县辖乡。在县境东北部。面积425.13平方千米。人口5300万人。民族以汉族为主。辖7行政村，有23自然村。乡人民政府驻杨兴。1948年，属阳曲县十区。1953年，设杨兴乡。1958年，属卫星人民公社。1959年，设杨兴人民公社。1984年，撤销杨兴人民公社，设杨兴乡。2001年温川乡并入。因驻地杨兴村而得名。地势西高东低。地形为土石山区。主要山脉有系舟山、柳林尖山、阴山、南坪梁等，境内最高峰位于系舟山主峰柳林尖山，海拔2101.9米；最低点位于温川河出境处，海拔940米。境内河道属黄河流域。有温川河、杨兴河流经，河流总长度25千米。境内最大的河流为温川河，长17千米。年平均降水量450毫米，年平均气温9℃。有铁、大理石、花岗岩等矿产资源。有中小学多所，各级各类医疗卫生机构、艺术表演团体多个。有全国重点文物保护单位帖木儿塔。有白龙庙、玉皇庙、文殊院、老爷庙等建筑。抗日战争和解放战争时期，境内多村先后为县政府驻地。也是阳曲县第一个基层党支部诞生地，为革命老区。农业以种植业为主，主产玉米、谷子、豆类。经济作物有白菜、苗子白、苹果、油料作物等。畜牧业以饲养生猪、羊、牛、家禽为主。工业以制造、加工为主。服务业以旅游、运输为主。

通公路。

140122-C05-H01 **杨兴**［Yángxìng］杨兴乡人民政府驻地。在县政府驻地黄寨镇东北 28.2 千米。人口 330。宋太平兴国七年（982 年）称阳兴，相传宋代杨六郎曾在此操练兵马，遂更名。清康熙《阳曲县志》卷 3《建置志》有杨兴村。聚落呈团块状。有阳曲县杨兴中学、杨兴乡卫生院。有史家宅院、王家宅院，现存为民国时期建筑遗构。乡村道路经此。

140122-C05-H02 **史家庄**［Shǐjiāzhuāng］在县政府驻地黄寨镇东北 31.2 千米。杨兴乡辖自然村。人口 40。据村中史姓家谱记载，元大德年间，史姓定居于此，故名。清道光《阳曲县志》卷 1《编村表》有史家村。聚落呈团块状。有第七批全国重点文物保护单位帖木儿塔，为元代帖木儿家族墓塔，现存为元代建筑遗构。有特产莜面、马铃薯。乡村道路经此。

140123 **娄烦县**［Lóufán Xiàn］太原市辖县。北纬 38° 04′。东经 111° 47′。在市区西北部。面积 1289 平方千米。人口 9.1 万。民族以汉族为主，还有回、蒙古等民族。辖 3 镇、4 乡。县人民政府驻娄烦镇。娄烦历史悠久。其文化源头可上溯到春秋时期，史载“周王绘图有楼烦国”。唐代为楼烦监地。龙纪元年（889 年）始置楼烦县，为宪州治所。宋属岚州。金因之。元太祖十六年（1221 年）省入静乐县，置楼烦巡检司。明、清为楼烦镇。抗日战争时期曾为晋绥区八分区属静乐县抗日民主政府驻地。1949 年属忻县专区静乐县。1971 年以静乐县西南部置娄烦县，县政府驻娄烦镇，属吕梁地区。1972 年划属太原市。因民族或部落的名称演变为地域概念而得名。地处吕梁山脉腹地，汾河上游。地势周边高中间低。主要山脉有云顶山、赫赫岩山、皇姑山。最高峰位于赫赫岩山，海拔 2708.9 米；最低点位于杜交曲龙尾头山谷底，海拔 1030 米。年均气温 8℃。年均降水量 430 毫米。境内河道属黄河流域。主要河流有汾河、岚河、监河、天池河。有华北最大的水库汾河水库，总库容 7.2 亿立方米。矿产资源有煤、铁、大理石、石灰石等。有国家级重点保护野生动物褐马鸡、金钱豹、黑鹳、金雕。有三级医院 3 个。有全国重点文物保护单位娄烦古城遗址、高君宇故居 2 处。有省级文物保护单位山城峁新石器文化遗址、罗家曲观音寺 2 处。有市级文物保护单位河家庄遗址、三教寺等 11 处。有山西省第一批省级红色文化遗址高君宇故居、米峪镇战斗遗址 2 处。有全省第一批革命文物高君宇故居、刘少奇路居、米峪镇战斗遗址、晋西北根据地会议旧址、八路军 358 旅指挥部旧址暨张宗逊旧居、余秋里旧居 6 处。有省级爱国主义教育示范基地米峪镇战斗纪念地。重要名胜古迹有龙和晚照、石峡温泉、石门景观、双井瀑布等。有省级风景名胜区汾河水库、云顶山。重要纪念地有米峪镇烈士陵园、水峪事件殉难烈士纪念地等。有折饼、拨烂子、软米油糕、栲栳栳等特色小吃。农业以种植业为主，主要有谷子、山药、豆类等。蔬菜品种主要有茴子白、白菜、黄花菜、萝卜等。果类种类主要包括苹果、梨、桃、杏等。野生果树主要有山桃、山杏等，此外，灌木中沙棘资源丰富。工业以煤、铁为主。服务业以旅游、餐饮、住宿为主。交通便利，有太原—佳县高速，省道太高线、岚马线、宁白线、岚古线经此。通多路公交车。

140123-N01 **迎宾大桥**［Yíngbīn Dàqiáo］在县城东部。桥长 122 米，桥面宽 9 米，最大跨度 110 米，桥下净高 5.2 米。1994 年始建。1995 年建成，2010 年改建。为中型河道桥梁，预应力混凝土梁结构。最大载重 55 吨。

140123-N02 **士林桥**［Shìlín Qiáo］在娄烦镇中部。长 75 米，最大跨度 64 米。2006 年建成并命名为涧河 2 号桥，2013 年更名为士林桥。因桥位于姚罗村，此村有清代名臣姚士林故居而得名。

140123-N03 **洪山桥**［Hóngshān Qiáo］在县城东部。桥长 112 米，桥面宽 30 米，最大跨度 105 米，桥下净高 4.6 米。2008 年始建，2009 年建成。原名涧河 3 号桥，后以周洪山更今名。为中型河道桥梁，预应力混凝土梁结构。最大载重 55 吨。

140123-N04 **富康桥**［Fùkāng Qiáo］南北方向。长 101 米，最大跨度 90 米。2012 年建成，原名涧河 4 号桥，2013 年更名为富康桥。以祈富裕小康之意得名。

140123-N05 **八一大桥**［Bāyī Dàqiáo］南北方向。长 100 米，最大跨度 80 米。2013 年建成，以东南侧拟建有娄烦县人民武装部得名。

140123-B01 **娄烦镇**［Lóufán Zhèn］娄烦县人民政府驻地。在县境中部。面积 159 平方千米。人口 3.37 万。民族以汉族为主，还有回、蒙古等民族。辖 9 社区和 19 行政村。镇人民政府驻娄烦。1949 年，属忻县专区静乐县。1956 年，建娄烦乡。1958 年，娄烦乡改为红旗公社，同年治所迁至现址。1961 年，改称娄烦公社，仍属忻县地区静乐县。1971 年，改称三元村公社，治所迁至三元村。1972 年，改称城关公社，驻地迁回娄烦村。1984 年 5 月，改为娄烦镇。2001 年，四家坪乡并入娄烦镇。因驻地娄烦得名。地势西高东低。地形为丘陵。主要山脉有周洪山，境内最高峰位于西北部的周洪山，海拔 1767 米；最低点位于汾河水库西岸边，海拔 1128 米。境内河道属黄河流域。有监河、南川河、西川河、细米河流经，河流总长度 12 千米。境内最大的河流为监河，长 6 千米。年平均降水量 430 毫米，年平均气温 8℃。有煤、理石、长石、石英石等矿产资源。有娄烦县第二中学等学校多所，各级各类医疗卫生机构、艺术表演团体多个。有图书馆、健康主题公园、文化广场。有县公安局、县人民医院、县职业中学、黄河少儿艺术团、家具城等。有全省第一批革命文物晋西北根据地会议旧址、八路军 358 旅指挥部旧址暨张宗逊旧居 2 处。有市级文物保护单位河家庄遗址。有周洪山普净寺等建筑。有汾河水库、森林公园等景点。农业以种植业为主，主产谷子、玉米、马铃薯、高粱。经济作物有白菜、番茄、苹果、核桃等。特色产品有莜面栲栳栳、云盘野蘑菇等。畜牧业以饲养牛、羊为主。工业以原煤生产、建筑石材料加工为主。服务业以餐饮、住宿、服装为主。交通有省道太高线、岚马线经此。

140123-B01-K01 **宪州大街**［Xiànzhōu Dàjiē］在县城北部。西起监河北街，东至迎宾路。与富康路、平安路、党校路等相交。长 5 千米，宽 15 米。沥青路面。1958 年始建，1959 年建成，1978 年改建。原名为北大街，因娄烦古为宪州，为保留古娄烦镇的历史文化，2013 年命名为宪州大街。两侧娄烦有县公安局、黄河少儿艺术团、家具城等。是娄烦最早的商业街。

140123-B01-K02 **君宇大街**［Jūnyǔ Dàjiē］在县城中部。西起监河北街，东至永宁路。与富康路、平安路、党校路等相交。长 4 千米，宽 20 米。沥青路面。1958 年始建，1959 年建成，1974、1982 年改建。原称南大街，后为纪念山西省革命运动先驱高君宇而改名。两侧有娄烦县人民政府、人民影剧院、红十字会门诊部等。

140123-B01-K03 **监河北街**［Jiānhé Běijiē］在县城南部。西起八一路，东至迎宾路。与富康路、平安路、党校路等相交。长 4.3 千米，宽 18 米。沥青路面。1993 年始建，1994 年建成。原称滨河路，后因在监河北岸，2013 年更今名。两侧有娄烦县教育局、监河全民健康主题公园等。

140123-B01-K04 **监河南街**［Jiānhé Nánjiē］在县城南部。西起八一路，东至娄烦县污水处理厂。与文昌路、文体路、文源路相交。长 1.5 千米，宽 20 米。沥青路面。2003 年始建，2005 年建成。原名滨河南路，后因在监河南岸，2013 年更今名。两侧有娄烦县城乡建设局、娄烦中学等。

140123-B01-K05 **云汾大街**［Yúnfén Dàjiē］在县城南部。西起八一路，东至迎宾路。与文昌路、文体路、文源路相交。长 6 千米，宽 23 米。2006 年始建，2007 年建成。原名外环路，后因是汾河水库通往云顶山必经之路，2013 年更今名。两侧有热力公司、娄烦森林公园等。

140123-B01-H01 **河家庄**［Héjiāzhuāng］娄烦镇人民政府驻地。在县政府驻地娄烦镇东北 530 米。人口 780。由何姓最早在此定居，后何姓绝嗣，且村前有监河，演化此名。聚落呈团块状。有娄烦县第二中学。有第二批市级文物保护单位河家庄遗址，为新石器时代、夏代、东周时期文化遗存。省道岚马线经此。

140123-B02 **静游镇**［Jìngyóu Zhèn］娄烦县辖镇。在县境北部。面积 136 平方千米。人口 2.75 万。民族以汉族为主，还有回、满等民族。辖 1 社区、18 行政村。镇人民政府驻下静游。1949 年，属忻县专区静乐县五区。1956年，设下静游乡。1958年8月，成立万宝全公社。1961年12月，析出设立静游公社。1971年5月，重建娄烦县后，从忻县地区静乐县划归吕梁地区，仍称静游公社。1984年，静游公社改静游镇。2001年，龙泉、河杨树底2个乡并入静游镇。因驻静游村而得名。地势西高东低，地形分为黄土丘陵、河川。主要山脉有周洪山、峰岭山，境内最高峰位于峰岭山，海拔1378米；最低点位于下静游村汾河滩，海拔1131米。境内河道属黄河流域。有汾河、岚河、龙泉河流经，河流总长度59.5千米。境内最大的河流为汾河，长42千米。年平均降水量430毫米，年平均气温8℃。有原煤、铝钒矿、石灰石、石英石、大理石、云田、陶瓷土等矿产资源。有中小学多所，各级各类医疗卫生机构、农家书屋、艺术表演团体多个。有全国重点文物保护单位、山西省第一批省级红色文化遗址、全省第一批革命文物高君宇故居。有东周大坡湾遗址。农业以种植业为主，主产谷子、玉米、马铃薯。经济作物有番茄、白菜、杏、油料作物等。畜牧业以饲养生猪为主。工业以煤炭生产为主。有太原市煤气化集团龙泉矿井、山西省煤炭运销集团珠峰煤业等。服务业以运输为主。交通有太原—佳县高速、省道岚马线经此。

140123-B02-H01 **下静游**［Xiàjìngyóu］静游镇人民政府驻地。在县政府驻地娄烦镇东北10.5千米。人口4220。相传古时此地畜牧业兴旺，每年向朝廷进贡牛羊等牲畜，尤以生产肥牛著称，为与上进牛区分得名下进牛。后因汾河水量锐减，农耕文化发展，渐失牧苑作用，且原名不雅，于清末易名。聚落呈团块状。有下静游小学、娄烦县中等职业学校。有大坡湾遗址，为东周时期文化遗存。有阳坡湾遗址，为新石器时代、夏代文化遗存。省道岚马线、岚古线经此。

140123-B02-H02 **峰岭底**［Fēnglǐngdǐ］在县政府驻地娄烦镇东北12.2千米。静游镇辖行政村。人口3360。因处岭下，岭上有烽火台而得名。聚落呈团块状。有娄烦县静游镇峰岭底村小学。有第八批全国重点文物保护单位高君宇故居，是中国共产党早期领导人之一、著名政治活动家高君宇（1896年—1925年）的诞生地及他16岁以前一直生活和学习的地方。省道宁白线经此。

140123-B03 **杜交曲镇**［Dùjiāoqǔ Zhèn］娄烦县辖镇。在县境东南部。面积292平方千米。人口11.26万。民族以汉族为主。辖2社区、16行政村。镇人民政府驻杜交曲。1949年，属忻县专区静乐县第二区。1956年，在境内设罗家曲、策马2个乡。1958年，设立红星公社，由原罗家曲、策马2个乡组成。1961年，改称罗家曲公社。1984年，改为杜交曲镇。2021年庙湾乡并入。因驻地杜交曲村得名。地势西南高、东北低。地形分为丘陵、坡地。主要山脉有石楼山、大背山，境内最高峰位于大背山主峰，海拔1992米；最低点位于策马村与龙尾头村，海拔1030米。境内河道属黄河流域。有汾河从西北至东南流经境内，长28千米。年平均降水量430毫米，年平均气温8℃。地下矿藏有大理石、石灰石，其他自然资源有野生动物40多种，野生植物180多种。有中小学多所，各级各类医疗卫生机构、艺术表演团体多个。有省级文物保护单位罗家曲观音寺。有市级爱国主义教育基地水峪事件革命烈士纪念碑。风景名胜区有汾河水库。农业以种植业为主，主产玉米、谷子、马铃薯、小杂粮。经济作物有白菜、豆角、菠菜、苹果、桃、核桃等。畜牧业以饲养生猪、牛、羊、家禽为主。有多个养殖基地。工业以建材、石生产为主。有巨海焦化厂、石娄建材厂等企业。服务业以旅游、运输为主。交通有省道太高线、宁白线、岚古线经此。

140123-B03-H01 **杜交曲**［Dùjiāoqǔ］杜交曲镇人民政府驻地。在县政府驻地娄烦镇东南13千米。人口2510。原名罗家庄，隋末唐初，有罗姓人在朝为官者犯灭门之罪，官府派兵前来抄斩，村人得信后将两村名互换，才免遭其祸，自此始得名杜招屈。后因该名不吉，又汾河自村流过，遂易名。聚落呈团块状。有杜交曲镇卫生院。有韩家坡遗址、杜交曲遗址，皆为新石器时代文化遗存。省道宁白线经此。

140123-B03-H02 **罗家曲**［Luójiāqǔ］在县政府驻地娄烦镇东南15.6千米。杜交曲镇辖行政村。人口1030。相传原名杜交曲，隋末唐初，有罗姓人在朝为官者犯灭门之罪，官府派兵前来抄斩，村人得信后将两村名互换，才免遭其祸，名罗家屈。后因村位于汾河旁，遂名。聚落呈团块状。有第六批省级文物保护单位罗家曲观音寺，现存为明代建筑遗构。有罗家曲堡址，为明清时期建筑遗构。有罗家曲墓群，为汉代、宋代、金、明至清时期墓葬。有罗家曲传统民居，现存为清到民国时期建筑遗构。241 国道经此。

140123-B03-H03　**水峪**［Shuǐyù］在县政府驻地娄烦镇东 12.9 千米。杜交曲镇辖行政村。人口 530。因在山谷中，谷底有小河长流不息而得名。聚落呈团块状。有水峪烈士纪念碑，为纪念晋绥边区三地委组织部长崔一生及阳曲县抗联会主任王会明等 10 余人而立。乡村道路经此。

140123-C01　**马家庄乡**［Mǎjiāzhuāng Xiāng］娄烦县辖乡。在县境中东部。面积 201 平方千米。人口 1.25 万。民族以汉族为主，还有回、满等民族。辖 2 社区和 15 行政村。乡人民政府驻河北庄村。1949 年，属忻县专区静乐县第六区。1956 年 4 月，设立马家庄乡。1958 年 5 月，并入红旗公社。1961 年 12 月，红旗公社分设为马家庄公社。1971 年，属吕梁地区娄烦县。1972 年，属太原市娄烦县。1984 年 5 月，公社改乡。2001 年，罗家岔乡并入马家庄乡，乡政府驻地迁河北庄村。因境内姓马的人居多而得名。地势南、西北部高，东部较低。地形分为丘陵、坡地。主要山脉有尖山、丈圪塔山，境内最高峰位于北部丈圪塔山，海拔 2012 米；最低点位于边家庄村监河河川，海拔 1191 米。境内河道属黄河流域。有西川河、监河流经，河流总长度 40 千米。境内最大的河流为西川河，长 18.5 千米。年平均降水量 430 毫米，年平均气温 8℃。有铁矿石等矿产资源。其他自然资源有野生动物野猪、野兔、野鸡等，野生植物有山杏等。有中小学多所，各级各类医疗卫生机构、农家书屋多个。有全国重点文物保护单位娄烦古城遗址。有清凉寺等建筑。农业以种植业为主，主产谷子、玉米、马铃薯、高粱等。经济作物有番茄、白菜、梨、油料作物等。畜牧业以饲养生猪、羊、牛为主。有王姑祠生态示范园区和多个蔬菜种植及养殖基地。工业以铁矿开采及加工为主。有太原钢铁集团有限公司矿业分公司尖山铁矿、宝晋矿业有限公司等。交通有省道太克线、太高线、岚马线经此。

140123-C01-H01　**河北庄**［Héběizhuāng］马家庄乡人民政府驻地。在县政府驻地娄烦镇西南 15.4 千米。人口 680。因村位于西川河北岸而得名。聚落呈团块状。有河北庄小学、马家庄乡卫生院。有景祭云烈士墓，为民国时期文化遗存。景祭云烈士，1916 年生，1936 年参加革命，1947 年 4 月在忻县井沟村战斗中牺牲。省道太佳线经此。

140123-C01-H02　**新城**［Xīnchéng］在县政府驻地娄烦镇东北 2 千米。马家庄乡辖自然村。人口 910。陈家庄派生村，2001 年修建尖山铁矿尾矿库时新建此村，故名。聚落呈团块状。有第七批全国重点文物保护单位娄烦古城遗址，为春秋战国时期文化遗存。省道太佳线、岚马线经此。

140123-C02　**盖家庄乡**［Gějiāzhuāng Xiāng］娄烦县辖乡。在县境西北部。面积 117 平方千米。人口 5300。民族以汉族为主。辖 8 行政村。乡人民政府驻盖家庄。1949 年，属忻县专区静乐县第六区。1956 年 4 月，改盖家庄乡。1958 年，属于红旗公社。1961 年 12 月，析出成立盖家庄公社。1971 年，属娄烦县。1984 年，改盖家庄乡。因境内盖姓族人居住而得名。地势西高东低。地形分为沟川、山地、丘陵。主要山脉有棋盘岩、皇姑山、红花寨山等。境内最高峰位于皇姑山，海拔 2305.4 米；最低点位于王光塔村东河川，海拔 1150 米。境内河道属黄河流域。有细米河从西至东流经，长 35 千米。年平均降水量 430 毫米，年平均气温 8℃。有铁、石灰石和硅铁矿等矿产资源。其他自然资源有天然林，树种以油松、桦树、杨树、落叶松为主。有中小学多所，各级各类医疗卫生机构、农家书屋多个。有全省第一批革命文物余秋里旧居。农业以种植业为主，主产谷子、玉米、马铃薯。经济作物有白菜、李、梨、油料作物等。畜牧业以饲养生猪、羊、牛为主。特色产品有野生蘑菇、莜麦、羊肉等。工业以铁矿石、石灰石开采加工为主。交通有娄选线，通公路。

140123-C02-H01　**盖家庄**［Gějiāzhuāng］盖家庄乡人民政府驻地。在县政府驻地娄烦镇西北

13.8千米。人口360。因盖姓始居而得名。聚落呈团块状。有盖家庄联校寄宿制小学、盖家庄乡卫生院。县道大京线经此。

140123-C03 **米峪镇乡**［Mǐyùzhèn Xiāng］娄烦县辖乡。在县境西南部。面积213平方千米。人口1.1万。民族以汉族为主，还有回、蒙古等民族。辖12行政村。乡人民政府驻米峪镇村。1949年，属忻县专区静乐县第六区。1956年，设米峪镇、岔儿上2乡。1958年合并为红光公社。1961年，改称米峪镇公社。1971年，划归娄烦县。1984年，改为米峪镇乡。因乡政府驻米峪镇村得名。旧为县南小米集镇，故名。地处黄土丘陵区，地势西南高、东北低。地形分为山地、河谷、丘陵。主要山脉有赫赫岩山、大背山、关帝山、云顶山等，境内最高峰赫赫岩主峰，海拔2709米；最低点位于曹家掌村西北河川，海拔1245米。境内河道属黄河流域。有南川河从西南至东北流经，长21千米。年平均降水量430毫米，年平均气温8℃。有铁矿、铝钒矿、硅矿、金矿、石英石、大理石等矿产资源。其他自然资源有野生植物红松、叶松、云杉等；野生动物有褐马鸡、鹿、麝、野猪、赤狐、山鸡等。有中小学多所，各级各类医疗卫生机构、农家书屋多个。有山西省第一批省级红色文化遗址、全省第一批革命文物、省级爱国主义教育基地米峪镇战斗纪念地。有全省第一批革命文物刘少奇路居。有云顶山自然保护区、关帝山国家级森林公园。农业以种植业为主，主产谷子、玉米、马铃薯。经济作物有白菜、杏、苹果、油料作物等。畜牧业以饲养生猪、牛、羊、家禽为主。服务业以零售为主。交通有省道太高线经此。

140123-C03-H01 **米峪镇**［Mǐyùzhèn］米峪镇乡人民政府驻地。在县政府驻地娄烦镇西南17千米。人口1280。相传位于交通路口，成为集市贸易地，交换物资多以该地主产小米为主，而村又为河川地形，故名。聚落呈团块状。有米峪镇中学、米峪镇寄宿制小学、米峪镇乡中心卫生院。有高堎畔遗址，为东周时期文化遗存。有米峪镇村西遗址，为夏、东周时期文化遗存。有云顶山林场。县道潘南线经此。

140123-C03-H02 **国练**［Guóliàn］在县政府驻地娄烦镇西南13.6千米。米峪镇乡辖行政村。人口670。相传原村民用围墙和木栅栏将村庄围起来，当地土语谓“圀圙”，为求通俗，故名。聚落呈团块状。有米峪镇战斗纪念地，1940年6月，八路军120师358旅在米峪镇一带与日军第九混成旅团村上大队激战，现为山西省爱国主义教育基地。有程怀仁塔墓，为明代文化遗存。县道潘南线经此。

140123-C04 **天池店乡**［Tiānchídiàn Xiāng］娄烦县辖乡。在县境南部。面积170平方千米。人口1.2万。民族以汉族为主。辖14个行政村。乡人民政府驻天池店。1949年，属忻县专区静乐县第六区。1956年，设天池店、白家滩2个乡。1958年，合并为和平公社。1961年，改称天池店公社，驻地天池店村。1984年，天池店公社改天池店乡。因传说古时此地有天池湖而得名。地势西高东低。地形分为山地、河谷。主要山脉有灵钟山、寨岩山、桦村岩等，境内最高峰位于红崖掌，海拔2102米；最低点位于顺道村河槽，海拔1137米。境内河道属黄河流域。主要河道有天池河从东至西流经，长25千米。年平均降水量430毫米，年平均气温8℃。有煤炭、石灰石、石英石、茶石、云母、铜、金等矿产资源。有中小学多所，各级各类医疗卫生机构、农家书屋多个。有红坡遗址、榆塔遗址、天池店遗址、张氏宅院等古迹。农业以种植业为主，主产谷子、玉米、马铃薯等。经济作物有白菜、梨、苹果、油料作物等。畜牧业以饲养生猪、牛、羊为主。工业以煤炭开采为主。有太原市万光煤焦有限公司、山西利民煤焦有限公司等。服务业以零售为主。交通有省道太高线、宁白线经此。

140123-C04-H01 **天池店**［Tiānchídiàn］天池店乡人民政府驻地。在县政府驻地娄烦镇南15千米。人口1100。相传此地原有湖，谓之天池，唐乾元年间为天池县治，《旧唐书》卷39《地理二·河东道》宪州：“天池，州西南五十里置。本置于孔河馆，乾元后移于安明谷口道人堡下。”道人堡即此。北宋咸平五年（1002年）省入静乐县《宋史》卷86《地理二·河东路》宪州：“静乐，咸平五年，废天池、玄池二县入焉。”后经济繁荣，店铺较多，故名。聚落呈团块状。有天池店中学、天池店乡第一寄宿制小学、天池店乡卫生院。有天池店遗址，为东周、汉代文化遗存。有张氏宅院，为民国时期建筑遗构。省道太佳线经此。

大同市

140200 **大同市**［Dàtóng Shì］山西省辖市。北纬 39° 03′ -40° 44′，东经 112° 34′ - 114° 33′。在省境东北部。面积 14056 平方千米。人口 310.56 万。以汉族为主，还有回、满、壮、蒙古、藏等民族。辖平城、云冈、新荣、云州 4 区，左云、天镇、阳高、浑源、灵丘、广灵 6 县。市人民政府驻平城区。春秋时期大同地区为北狄所居。战国时期初为代国，后并入赵地。秦时今大同境内为雁门郡、代郡之地。西汉、东汉其地仍为雁门郡、代郡之地。三国时，大同为乌桓、鲜卑所据。北齐天保七年（556 年）改北恒州为恒安镇，又名东州城。北周建德六年（577 年）复置恒安镇。隋开皇九年（589 年）改诸州为郡，其地为马邑郡、雁门郡之地。唐武德四年（621 年）复于故恒安镇置北恒州。唐武德六年（623 年）于雁门郡之灵丘别置蔚州。唐武德七年（624 年）北恒州废。唐贞观十四年（640 年）为云州治。天宝元年（742 年）改云州为云中郡。乾元元年（758 年）复为云州。辽重熙十三年（1044 年）改云州为西京，设西京道大同府，重熙十七年（1048 年）析云中，置大同县，为大同府治。金仍以大同为西京，改西京道为西京路。元至元二十五年（1288 年）改西京道大同府为大同路，隶属河东山西道宣慰司。至正十一年（1351 年）置大同中书分省（治大同路）。明洪武初改大同路为大同府，隶属山西承宣布政使司。洪武四年（1371 年）置大同都卫。八年（1375 年）改为山西行都指挥使司。永乐七年（1409 年）置大同镇。清仍为大同府，属山西省。顺治五年（1648 年）大同府移治阳和卫，名阳和府。九年（1652 年）复还故治，复名大同府。1912 年大同废府留县。1913 年属雁门道。1927 年废道，各县直属山西省。1937 年属山西省第一、第二行政区。抗日战争时期东、西部县区分属晋察冀北岳区、晋绥边区民主政权。1945 年大同复为阎锡山政权，恢复 1937 年前原县建制，仍属山西省。1949 年大同西部属晋西北行政公署雁北专区。1949 年 5 月 1 日置大同市，隶属察哈尔省。同年 10 月属雁北专区。1952 年大同市辖一、二、三区和口泉矿区。1958 年属雁北专区。1959 年属晋北专区。1961 年 7 月属雁北专区领导，辖城区、口泉区、古城区、怀仁区。同年 11 月复归山西省直辖。1964 年 11 月撤销古城区、怀仁区，恢复大同县、怀仁县。市辖两区、两县。1965 年大同、怀仁二县划归雁北专区。1966 年城区、口泉区所辖农业区划出，成立郊区，大同市辖三个区。1970 年 4 月，大同市划归雁北领导，9 月建立矿区，10 月成立南郊区、北郊区和口泉镇。1971 年北郊区改为新荣区。1972 年复为省辖市，辖城区、矿区、南郊区、新荣区 4 个区。1993 年天镇、阳高、广灵、灵丘、浑源、左云、大同 7 县划归大同市，实行市管县。2018 年撤销大同市城区、南郊区、矿区，设立大同市平城区、云冈区；撤销大同县，设立云州区。辽重熙十三年（1044 年）改云州为西京大同府，重熙十七年（1048 年）析云中，置大同县，为辽之陪都，从此大同之名延续不改。辽时，大同区域所在之地为辽宋交锋之前沿，以“大同”作为地名，体现出共存、共荣、和谐的“大同”世界是各民族共同的追求。地势西北高、东南低。西北部有白登山、双山、二郎山、云门山、采凉山等，东南部有恒山、太白山等。最高海拔阳高县六棱山黄羊尖 2420 米，最低海拔 558 米。桑干河、御河、南洋河、壶流河、唐河、苍头河流经，属海河流域和黄河流域。年平均气温 6.4℃，1 月平均气温 -11.8℃，7 月平均气温 21.9℃。降水量 400—500 毫米。矿产资源有煤炭、石墨、石灰岩、玄武岩、白云岩等。有麻黄、甘草等野生药材植物。有石竹、山丹、飞燕草、野菊、紫菀、唐松草、黄刺玫等野生植物。有科研机构山西省农业科学院高寒区作物研究所、云冈石窟研究院。有国家温带果蔬检疫、国家杂粮检疫检测重点实验室。有大同北方天力增压技术公司。有高等院校山西大同大学、山西省雁北煤校等。有中小学，大同市实验小学、大同市第一中学为省级示范学校。

有三级医院，文化馆、图书馆、档案馆、博物馆、体育场馆。云冈石窟被联合国教科文组织列入世界遗产名录。有国家级重点文物保护单位九龙壁、华严寺、善化寺、关帝庙、平城遗址、许家窑遗址、悬空寺、云冈石窟、平型关战役遗址等27处。有国家4A级恒山风景区。有省级重点文物保护单位20处，有市、县文物保护单位300余处。有地方民间艺术二人台表演等。有世界（国家）非物质文化遗产广灵剪纸，有国家级非物质文化遗产雁北耍孩儿、灵丘罗罗腔、阳高县恒山道乐、大同铜器制作技艺。有省级非物质文化遗产碓臼沟秧歌、数来宝、踢鼓秧歌、地秧歌、大涧道情戏、鳌石赛戏、阳高布艺、五音联弹会、广灵内画、高家笙、管制作技艺等。有古迹曲回寺石像冢、方山永固陵遗址、关帝庙大殿等。有国家级爱国主义教育示范基地大同煤矿遇难矿工“万人坑”展览馆等5处。有工艺品剪纸、煤雕、工艺陶瓷、云冈绢人、根雕、木雕、布艺等旅游产品。为国家历史文化名城。为国家新能源示范城市、中国优秀旅游城市、国家园林城市、中国雕塑之都。有“凤凰城”和“中国煤都”之称。有中国民间文化艺术之乡广灵县。有中国历史文化名镇天镇县新平堡镇。有中国传统村落天镇县新平堡村、灵丘县觉山村、新荣区得胜堡村、浑源县神溪村。有全国文明村镇云冈区云冈镇、老窑沟。三次产业比10 ∶ 40 ∶ 60。主产玉米、豆类、谷子、马铃薯、高粱、油料、蔬菜、药材、西瓜。养殖猪、牛、羊、鸡为主。为国家奶业生产基地。土特产品有铜器、皮毛、油糕、刀削面、百花烧麦、羊杂、混糖月饼、大头麻叶、蜜麻叶、大炸、油果子、糕花子、槽子糕等。工业以煤炭、机械、冶金、医药为主。有煤炭、医药、机械等产业集群。企业有电力机车厂、齿轮厂、橡胶厂、柴油机厂、发电厂、热电厂等，有多个药业公司。为中国煤炭能源基地之一，国家重化工能源基地。服务业以商贸、物流、餐饮、旅游等为主。京包、同蒲、大秦、大准、京原铁路，荣乌、二广、京大、孙启庄—右玉、天镇—黎城高速，108、109、208国道，省道大灵线、长神线、水庄线、拒云线、大石线、大忻线、大西线、马吴线、广浑线、马走线、大张线、洗朔线、孙吴线、应涼线经此。有大同云冈机场。

140200-K01 **迎宾街**［Yíngbīn Jiē］在市区中部。西起西环路，东至御河东路。与振华路、云中路、魏都大道、滨河路相交。长3.8千米，宽30米。沥青路面。1975年开工，1977年建成。因建起接待国宾的“大同宾馆”而得名。两侧有大同六中南校区、儿童公园、大同宾馆、迎宾广场和御河生态公园等。通2、11路等公交车。

140200-K02 **南环路**［Nánhuán Lù］在市区南部。西起云中路，东至御河东路。与魏都大道、永泰南路、御河西路相交。长4.5千米，宽21米。沥青路面。1996年开工，1997年建成。因位于主城南侧，故名。两侧有北魏明堂遗址公园、汇泉广场和财富广场等。通2、11路等公交车。

140200-K03 **西环路**［Xīhuán Lù］在市区西部。北起魏都大道，南至同泉路。与平城街、清远西街等相交。长7.4千米，宽16米。沥青路面。1987年开工，1988年建成。因位于主城西侧，故名。两侧有大同六中分校和大同七中等。通20、31路等公交车。

140200-K04 **云中路**［Yúnzhōng Lù］在市区西部。北起操场城西街，南至南环路。与平城街、清远西街、迎泽街、永宁街、向阳街相交。长4.8千米，宽50米。沥青路面。原名新开南北路，2010年改造后，以大同古称云中得名。两侧有大同七中、中部战区空军医院、大同公园、工人体育场、三中北校区和平城区第四十三小学校等。通1、4路等公交车。

140200-K05 **魏都大道**［Wèidū Dàdào］在市区中部。北起大同站，南至京大高速大同收费站。与西环路、操场城街、向阳街、南环路、开源街等相交。长12千米。宽50米。沥青路面。2009年由原大同市新建南、北路合并而成。因北魏都城平城得名。两侧有大同市财会学校、平城区三十一校、城墙带状公园、大同公园、市国防教育主题公园、大同十中、工人体育场、儿童公园、新世纪广场和大同站等。通1、2路等公交车。

140200-K06 **御河西路**［Yùhé XīLù］在市区东部。北起二广高速大同御西收费站，南至京大高速。与北环路、操场城街、平城街、南环路等相交。长 14.7 千米，宽 50 米。沥青路面。20 世纪 80 年代建成，2009 年拓宽改建。因其支流挟带泥沙流入主河道，河水浑浊，古称浑河。元代称玉河。相传明正德皇帝来同，文武百官迎接，遂改称御河。因在御河以西，故名。两侧有锦禾广场、大同市十二中、平城双语学校、北岳中学、古城带状公园、云中幼儿艺术师范学校、东关华严寺和智家堡公园等。通 2、11 路等公交车。

140200-K07　**御河东路**［Yùhé DōngLù］在平城区御河东部。北起北环桥，南至大固线。与平城街、兴云街、北都街、恒安街、南环路等相交。长 34 千米，宽 50 米。沥青路面。20 世纪 80 年代建成，2009 年拓宽改建。因其支流挟带泥沙流入主河道，河水浑浊，古称浑河。元代称玉河。相传明正德皇帝来同，文武百官迎接，遂改称御河。因在御河东岸得名。两侧有大同市中医医院、御河东岸生态公园等。通 14、62 路等公交车。

140213　**平城区**［PíngChéng Qū］大同市人民政府驻地。在市区中部。面积 239 平方千米。人口 110.57 万。以汉族为主，还有回、满、蒙古、朝鲜等民族。辖 18 街道。区人民政府驻迎宾街 30 号。夏商周及春秋时代为北狄和楼烦所居。战国时赵武灵王于公元前 300 年置云中、雁门、代郡，大同城始建制。秦时属雁门郡。西汉时置平城县，属雁门郡。王莽时改为平顺县，属并州填狄郡。东汉时称平城县，属雁门郡。晋时鲜卑人拓跋猗卢封为代公，建兴元年（313 年）修平城为南都，平城复还故治，属代国。北魏时拓跋珪于公元 398 年迁都平城，置司州，治平城。太和十八年（494 年）迁都洛阳后，置恒州，治平城。北齐天保七年（556 年）改恒州为恒安镇，隶属恒州太平县。北周公元 577 年改太平县为云中县，恒安镇隶属云中县。隋开皇元年（581 年）改云中县为云内县，恒安镇隶属云内县。唐咸通十年（869 年）置大同军节度使。辽重熙十三年（1044 年）改云州为西京，设西京道，置大同府，大同始得其名。重熙十七年（1048 年）置大同县。宋宣和五年（1123 年）置云中府路，治云中府。金辽保大二年（1122 年）金占大同，改西京为西京路，府治、县治不变。元至元二十五年（1288 年）改大同府为大同路，隶属中书省河东山西道，大同始属山西管理。明洪武二年（1369 年）明攻占大同，洪武五年（1372 年）建大同城。洪武七年改大同路为大同府。清设大同府，治大同县，隶属山西省。1912 年大同废府留县，1913 年置雁门道，治大同，1927 年废道后，属山西省。1937 年 9 月 13 日，日军入侵大同，10 月 15 日成立“晋北自治政府”，属伪蒙疆联合委员会，1939 年改为“晋北政厅”，属伪蒙古联合自治政府，1943 年改为“大同省公署”。1947 年大同城为第十行政督察专员公署管理。1949 年 5 月，城内设一区、二区、三区、四区，并成立区政府，后改为区公所。1954 年由大同市第一、第二区合并而成。1966 年析出所辖的农业区域并入新设立的郊区。1985 年辖街道 10 个，社区 206 个，街巷 417 条。2018 年城区更名为平城区至今。据《史记・匈奴列传》：“汉高祖七年（前 200 年）高帝先至平城，步兵未尽到，冒顿纵精兵四十万骑围高帝于白登，七日，汉兵中外不得相救饷。”大同秦汉时为雁门群平城县所在，“平城”之名一直延续至北齐，故大同又被称“平城”。地处大同盆地西北边沿。海拔平均 1060 米，地势西北高、东南低。属温带大陆性半干旱季风气候区，年平均气温 6.5℃，1 月平均气温 -11.3℃，7 月平均气温 21.8℃。年平均降水量 384 毫米。御河、十里河流经、支流有十里河、饮马河等，属海河流域。矿产资源有煤炭、石灰岩、高岭岩等。有山西大同大学，有中小学、三甲医院 4 所、文化馆、图书馆、档案馆、体育场馆。有全国重点文物保护单位上、下华严寺、善化寺、九龙壁等。有市级文物保护单位法华寺、白塔寺、鼓楼、朝阳寺、中共大同工委旧址、大同革命烈士纪念塔、大同和平解放谈判旧址、舒宏烈士墓等。有地方民间艺术威风锣鼓、扭秧歌、瓦盆鼓等。有拓跋宏、娄昭君、独孤信、佘太君、任举、宋世杰等名人。有特色美食大同沙棘、大同黄花。为历史文化名城。三产业比例为 0.4 ：21.8 ：77.8。为国家煤炭生产基地，有煤机修造、机械加工、建筑建材、铸造等行业。服务业以餐饮、商贸为主。京包、同蒲、大秦铁路，二广、京大、孙右线高速过境。

140213-K01 **操场城街**［Cāochǎngchéng Jiē］在城区北部。西起魏都大道，东至御河西路。与黄花街相交。长2.17千米，宽36米。沥青路面。1982年开工，1983年建成。据道光《大同县志》卷五《营建》载：“景泰间，巡抚年富于城北筑小城”，清代在此设“大教场”，俗名“操场城”，故名。两侧有大同七中、平城区第十九小学校和市平城中学校等。通18、30路等公交车。

140213-K02 **平城街**［Píngchéng Jiē］在城区北部。西起西环路，东至平城桥。与云中路、花园里北街、魏都大道、雁运路、武定北路、北苑路、御河西路、兴和路相交。长3.4千米，宽40米。沥青路面。1977年开工，1978年建成。以大同古称平城得名。两侧有大同古城、首善公园、大同市平城中学校和考古研究所等。通35、60路等公交车。

140213-K03 **清远西街**［Qīngyuǎn Xījiē］在城区西北部。西起西环路，东至魏都大道。与同泉路、迎泽北街、云中路相交。长1.9千米，宽30米。沥青路面。1982年开工，1983年建成。因位于大同古城墙清远门以西得名。两侧有地理标志产品展示中心和大同市交警一大队等。通4、11路等公交车。

140213-K04 **清远街**［Qīngyuǎn Jiē］在城区中部。长0.5千米，宽20米。沥青路面。1982年始建，1983年建成。因位于大同古城墙清远门附近而得名。两侧有华严寺、潘家园、开化寺、大同钟楼和二府巷小区等。通35、38路等公交车。

140213-K05 **北都街**［Běidū Jiē］在城区北部。西起同泉路，东至北都桥。与西环路、振华路、云中路、魏都大道、永泰南路、御河西路相交。长5.2千米，宽30米。沥青路面。2012年开工，2013年建成。北魏太和十八年（494年）迁都洛阳。因平城位于洛阳之北，故称北都，故名。两侧有大同六中北校区、工人体育场、城墙带状公园、骨科医院和儿童公园等。通4、11路等公交车。

140213-K06 **向阳街**［Xiàngyáng Jiē］在城区南部。西起西环路，东至滨河路。与云中路、魏都大道、永泰南路、御河西路相交。长3.8千米，宽30米。沥青路面。1982年开工，1984年建成。以“红心向阳”之意得名。两侧有大同十一中、平城区第四十一小学校、北魏明堂遗址公园和一中高中部等。通2、11路等公交车。

140213-K07 **永泰南路**［Yǒngtài Nánlù］在城区南部。北起永泰门广场，南至青年路。与迎宾街、南环路、向阳街相交。长4.1千米，宽40米。混凝土路面。1974年开工，1976年建成。因位于大同古城墙永泰门以南得名。两侧有平城区第四十一小学校、大同市第四人民医院和永泰广场等。通15、27路等公交车。

140213-K08 **大庆路**［Dàqìng Lù］在城区西南部。西起同泉路，东至云中路。与西环路相交。长10千米，宽30米。混凝土路面。1982年开工，1984年建成。因取意“工业学大庆”故名。两侧有平城区机车一校和现代家居国际博览中心等。通1、27路等公交车。

140213-N01 **迎宾大桥**［Yíngbīn Dàqiáo］在城区中部。桥长1.3千米，桥面宽25米。最大跨度1200米，桥下净高3.5米。2005年开工，年底建成。因迎宾街得名。为大型河道桥梁，跨御河。最大载重量70吨。通64路公交车。

140213-N02 **北环桥**［Běihuán Qiáo］在城区北部。桥长1.2千米，最大跨度1200米。2011年建成。因建在北环路，故名。通17路公交车。

140213-N03 **南环桥**［Nánhuán Qiáo］在城区南部。全长1.3千米，主桥长度700米，桥梁宽度42.5米。最大跨度1250米。三座从西向东、从低至高、排列有序的无背索斜拉拱塔。2011年建成。因建在南环路，故名。通14、27路等公交车。

140213-N04 **开源桥**［Kāiyuán Qiáo］在城区南部。全长500米，总高度107.8米。最大跨度455米。2014年开工，2018年建成。因建在开源街，故名。为大型河道桥梁，跨御河。担负城区主干道交通任务。通15、27路等公交车。

140213-R01 **大同站**［Dàtóng zhàn］铁路站，特等站，位于山西省大同市平城区站前街4号。始建于1914年，1959年、1980年、1989、2015年共进行四次改扩建。截至2006年1月，大同站建筑面积33853平方米，主要建筑有主体工程三层，办公房屋五层，站台规模为 7 台 48 线。大同站是京包、同蒲和大秦三大铁路干线的交会点，是连接北京、天津、河北、山西、内蒙古五省级行政区和沟通华北、西北和三晋腹地的重要铁路枢纽。

140213-S01　**大同汽车客运站**［Dàtóngqìchē kèyùnzhàn］长途汽车站，一等站。原在山西省大同市雁同西路，现已迁至大同工人体育馆旁。1991 年开工建设，1995 年 1 月 18 日建成并投入营运。占地面积 21652 平方米，主楼面积 7332 平方米，站前广场 1000 平方米，停车场 13320 平方米，站内设有候车厅、售票厅、行包厅、餐厅等，运营客运线路 54 条。大同汽车客运站是晋北地区最大的长途车站，是大同市公路汽车客运行业的重要枢纽站点之一。

140213-A01　**迎宾街道**［Yíngbīn Jiēdào］属平城区。在区境中部。面积 3.8 平方千米。人口 7.1 万。辖 15 社区、1 行政村。1989 年成立新建南路街道。1997 年成立振华南街街道。2021 年撤销新建南路街道和振华南街街道，设迎宾街道。该街因建起接待国宾的“大同宾馆”而得名。有大同市财会学校、大型国企 12 家，幼儿园、中小学校 9 所。服务业以商贸和餐饮为主。通多路公交线路。

140213-A01-J01　**惠民里社区**［Huìmínlǐ Shèqū］属迎宾街道。在区政府驻地永泰街道西 3 千米。面积 0.015 平方千米。人口 7560。1997 年成立。有大同市平城区第一小学校等。2014 年被评为山西省文明社区。通 38 路公交车。

140213-A02　**永泰街道**［Yǒngtài Jiēdào］平城区人民政府驻地。在区境中部。面积 5.29 平方千米。人口 8.9 万。辖 18 社区。1962 年设立，属城区。2018 年属平城区。2021 年平城区撤销南关街道，设立永泰街道。因辖区内有大同古城门永泰门而得名永泰街道，希冀城郭永葆安泰之意。1964 年建福康里居民区。20 世纪 70 年代建南福康里、北新胜里、南新胜里、向阳里、长征里居民区。80 年代建永泰门外、工农里、化纺里、云波里、南昌里等小区。有中小学、幼儿园、医院、卫生所。有国家 4A 级旅游景区明代南小城城墙遗址。有省重点文物保护单位兴国寺。有南城墙瓮城人文景观群。服务业以商贸、物流、旅游为主。通多路公交线路。

140213-A02-J01　**兴国寺社区**［Xìngguósì Shèqū］属永泰街道。在区政府驻地永泰街道东南 450 米。面积 1 平方千米。人口 6470。因兴国寺得名。2001 年成立，有楼房 28 栋。有大同市平城区第二十九中学、大同市第一高级职业中学校等。2014 年被评为山西省文明社区。通 61 路公交车。

140213-A02-J02　**水泉湾龙园社区**［Shuǐquán wānlóngyuán Shèqū］属永泰街道。在区政府驻地永泰街道东南 2.4 千米。面积 2 平方千米。人口 6450。原水泉湾村东临御河，地处河湾，柳树茂盛，有两处清泉冬夏长流，清代名柳泉湾。后人因泉水充沛，改称水泉湾。2012 年成立社区，有楼房 37 栋。有大同大学附属小学等。2014 年被评为山西省文明社区。通 2 路公交车。

140213-A03　**古城街道**［Gǔchéng Jiēdào］属平城区。在区境中部。面积 7 平方千米。人口 5.1 万。辖 12 社区。2021 年平城区撤销东街街道、西街街道、南街街道、北街街道，合并设立古城街道。因街道办事处驻地位于大同古城内而得名。20 世纪 80 年代改造都司街、鼓楼东、西街、云路街等老街巷等。2006 年成永康御花园小区。2008—2010 年整修关帝庙、府文庙。2012—2014 年建福祥苑小区，有市培智学校、职业学校、中学、仁爱医院。有省级重点文物保护单位大同府文庙、九龙壁、朝阳宫、云龙禅寺、五龙壁、明清大同府衙遗址、明清乾楼遗址、明清钟楼遗址、大同清真大寺、鼓楼。有市级文物保护单位雁塔、关帝庙。有明代王府、法华寺、善化寺等名胜古迹。有大型国企 2 家，党政机关单位 19 家。服务业以商贸、餐饮、物流为主。通多路公交线路。

140213-A03-J01　**帅府社区**［Shuàifǔ Shèqū］属古城街道。在区政府驻地永泰街道北 1.4 千米。面积 1 平方千米。人口 2200。因旧时该地有大帅府得名。1997 年成立，有楼房 20 栋。有平城区物资局等。2014 年被评为山西省文明社区。通 35 路公交车。

140213-A03-J02　**鼓楼社区**［Gǔlóu Shèqū］属古城街道。在区政府驻地永泰街道东北 2.1 千米。人口 3310。因所管辖区域内有鼓楼而得名。有第六批省级文物保护单位李怀角 31 号民居，现存为清代建筑遗构。通 35 路公交车。

140213-A04 **新旺街道** [Xīnwàng Jiēdào] 属平城区。在区境中东部。面积 6.15 平方千米。人口 7.8 万人。辖 15 社区、1 行政村。街道办事处驻永泰路。1953 年设城关乡。1954 年属城区。1959 年设云中公社。1960 年改设城区公社。1961 年分属城区公社帅府街、大北街、永泰街、解放街、北关街、南关街分社。1963 年分属城区帅府、大北、永泰、解放、北关、南关街道。1966 年属大同市郊区，改设城关公社。1970 年属南郊区。1984 年复设城关乡。2001 年名新旺乡。2021 年改新旺街道。相传，大同城区南关古称“新旺庄”。新旺乡驻地位于原城区南关，得名新旺乡，后更名为新旺街道。地势西高东低。有小学、幼儿园、卫生院、社区文化活动中心。农业以种植蔬菜为主。畜牧业以养殖鸡、牛为主。特产有马铃薯、谷子等。工业有采煤与加工、冶金铸造、建筑建材等。服务业以餐饮、商贸为主。二广、孙启庄—右玉高速，109、208 国道经此。

140213-A04-L01 **李怀角街** [Lǐhuáijiǎo Jiē] 在城区北部。北起和阳街，南至朱衣阁街。与鼓楼东街、后帏角、广府角相交。20 世纪 80 年代，长 0.49 千米，宽 5 米。沥青路面。因李国昌之家庙在李王庙街，李怀角系通往李王庙街之通路。当时因怀念李国昌之德政，故名，沿用至今。两侧有天主堂和古城街道办事处等。

140213-A05 **振华街道** [Zhènhuá Jiēdào] 属平城区。在区境西部。面积 3.07 平方千米。人口 5.5 万。辖 12 社区。2021 年撤销振华南街街道、新建南路街道，设立振华街道。因振华街贯穿辖区而得名，取“振兴中华”之意。有市直学校 2 所，大型国企 5 家，党政机关单位 8 家。曾路公交车。获“大同市 2017—2018 年度文明单位”。2018 年获“先进基层党组织”“保卫大同蓝城区行动”专项整治先进集体。云泉里社区于 2019 年获“全市五星级社区”称号。经济以服务业为主。通多路公交线路。无公交车通过。

140213-A05-L01 **司令部街** [Sīlìngbù Jiē] 在城区北部。西起大皮巷，东至武定街。与帅府街相交。20 世纪 80 年代，长 478 米，宽 6.4 米。沥青路面。为平城区古老街道之一。明清总镇署设于此街。1913 年张汉杰任晋北镇守使，司令部设于总镇署旧址，故名“司令部街”。该街东段原有火神庙，故称“火神庙街”；西段有龙王庙，庙之南、北各有一小巷，分称“北龙王庙巷”和“南龙王庙巷”。1975 年，将两巷和火神庙街统称“司令部街”。两侧有小皮巷小区、大同市征兵办和市平城区古城管理处等。

140213-A06 **清远街道** [Qīngyuǎn Jiēdào] 属平城区。在区境西北部。面积 4.38 平方千米。人口 4.4 万。辖 8 社区、2 行政村。1989 年成立，属城区。2018 年属平城区。2021 年撤销新建北路街道，设立清远街道。因辖区内有大同古城门清远门而得名，清远之意，系形容大同的天际清明高远。2009 年扩建完成原新建北路并更名为魏都大道。2010 年扩建完成原新开北路并更名为云中路。2008 年拆迁互助里小区。2010 年拆迁团结里小区，改建为西城墙带状公园。有特殊教育学校、中小学、医院。有志愿服务队伍。服务业以商贸、餐饮为主。通多路公交线路。

140213-A06-L01 **棋盘街** [Qípán Jiē] 在城区北部。北起华严宝塔附近，南至教场街。与赐福庙街相交。20 世纪 80 年代，长 0.3 千米，宽 3.7 米。沥青路面。清初该街为菜园，呈正方形，如同棋盘，后形成街道，故名。两侧有基督教堂等。

140213-A06-L02 **华严街** [Huáyán Jiē] 在区境北部。北起清远街，南至教场街。与赐福庙街、马市角相交。长 560 米，宽 10 米。沥青路面。以华严寺而得名，两侧有华严寺和华严广场等。

140213-A07 **武定街道** [Wǔdìng Jiēdào] 属平城区。在区境北部。面积 3.65 平方千米。人口 5.5 万。辖 11 社区。1962 年设北关街道，属城区。2018 年属平城区。2021 年撤销北关街道，设立武定街道。因辖区内有大同古城门武定门而得名，大同自古以来为兵家必争之地，有以武安定之意。有中小学 5 所，大型国企 4 家，党政机关单位 3 家，酒店等。大同四中曾被国家环保总局、教育部表彰为全国绿色先进学校。有北魏平城遗址、北魏太官仓遗址、明代操场城遗址。服务业以商贸、餐饮为主。通多路公交线路。

140213-A08 **御河街道**［Yùhé Jiēdào］属平城区。在区境南部。面积 20 平方千米。人口 3.2 万。辖 2 社区、4 行政村。1990 年成立。属城区。2018 年属平城区。2021 年撤销向阳里街道，设立御河街道。因辖区临近大同御河而得名，相传明正德年间皇帝来到大同，文武百官到桥上迎接皇帝，后人称玉河为御河。2004—2012 年建设亿方园、光明佳苑、柳港园、美好新里程小区。有大型国企 2 家，电厂子弟学校、职工学校、中学、传染病专科医院。有酒店、大型商业网点、集贸市场等。有北魏平城明堂等古迹。有大同市革命历史纪念塔。经济以服务业为主。通多路公交线路。

140213-A09 **开源街道**［Kāiyuán Jiēdào］属平城区。在区境西南部。面积 7.6 平方千米。人口 4.1 万。辖 11 社区、1 行政村。2012 年成立，属城区。2018 年属于平城区。2013 年整修南环路西延段，更名为南环西路，扩建开源街北一路并更名为昌宁街，扩建开源街北二路更名为昌荣街，扩建开源街北三路更名为昌泰街。因辖区开源街得名。有大同三中、城区十四校及幼儿园、医院，社区卫生服务中心。有金牛装饰城、家具城、电脑城等。服务业以餐饮、商贸为主。通多路公交线路。

140213-A09-I01 **魏都新城**［Wèidūxīnchéng］属开源街道。在区政府驻地永泰街道西南 3.3 千米。面积 2 平方千米。人口 20560。因大同曾是北魏都城而得名。2012 年—2016 年间陆续建成。通 31 路公交车。

140213-A10 **大庆路街道**［Dàqìnglù Jiēdào］属平城区。在区境西南部。面积 7.5 平方千米。人口 3.5 万。辖 9 社区、2 行政村。1949 年属大同市第二区，由马军营村管理。1965 年由马军营行政公社划出成立同兴街街道，属大同市城区，辖 9 居民委员会。1966 年更名为同兴街街道。1971 年更名为大庆路街道。2018 年属平城区。2021 年以原大庆路街道的睿和、大庆东路、同兴街、文化东街、文化西街、企业街、庆丰园、庆平、庆安 9 个社区居委会；原马军营乡新添堡村、房子村 2 个村委会为大庆路街道的行政区域。因大庆路横贯本街道得名。有技校、中小学，央企 1 家，党政机关单位 1 家，银行 5 家，幼儿园。有机车厂医院。经济以工业和服务业为主，生产重型机械用车。服务业以餐饮、商贸为主。通多路公交线路。

140213-A10-J01 **同兴街社区**［Tóngxīngjiē Shèqū］属大庆路街道。在区政府驻地永泰街道西南 3.3 千米。面积 1 平方千米。人口 6660。因辖区内同兴街得名。2001 年成立，有楼房 47 栋。有大同市第二实验中学、大同市平城区机车一校、大同机车厂医院等。2014 年被评为山西省文明社区。通 6 路公交车。

140213-A11 **马军营街道**［Mǎjūnyíng Jiēdào］属平城区。在区境西北部。面积 57 平方千米。人口 4.3 万。辖 3 社区、9 行政村。1949 年分属大同市第二区、大同县。1953 年设马军营乡。后改公社。1984 年撤马军营公社复设乡。2021 年撤销马军营乡，设马军营街道。传说元朝初期，蒙古族曾在此地设立营盘，驻扎马队而得名。属平川地貌。矿产资源有花岗岩、玄武岩、石英石、黏土等。有中小学、幼儿园、社区卫生服务中心。有鹿野苑石窟和观音堂等名胜古迹。有白马城生态观光园，小石子卧龙山国际滑雪场。农业以种植业为主，主产有莜麦、土豆等。特产有马铃薯、莜麦等。服务业以商贸、餐饮为主。通多路公交线路。

140213-A12 **卧虎湾街道**［Wòhǔwān Jiēdào］属平城区。在区境西北部。面积 5.36 平方千米。人口 3.5 万人。辖 6 社区、1 行政村。1990 年成立新华街街道，属城区。2018 年属平城区。2021 年撤销新华街街道，设立卧虎湾街道。辖区内有古时驻军操练的地方卧虎湾而得名，大同为兵家之军事要冲，此地从民国阎锡山建兵营，到日军屯弹药筑仓库，再到共和国在东起上皇庄西至马军营建营部兵，无不彰显其与战争的关联。大同人称的军队三院校就设在这一带。可见这里确地一块藏龙卧虎之地，故习称“卧虎湾”。有中小学、幼儿园、社区卫生服务中心、大型国企 3 家。

服务业以商贸、餐饮为主。通多路公交线路。

140213-A13 **新华街道**［Xīnhuá Jiēdào］属平城区。在区境北部。面积3.5平方千米。人口4.5万。辖10社区。1990年成立新华街街道属城区。2018年属平城区。2021年撤销新华街街道，设立新华街道。因新华街得名，取“新中国”之意命名的街道。1993年建岳秀园小区。2009年改造新民新村城中村，建新和锦城小区。2009年建景海花园小区。2014年在新华街桥北区域建尚郡小区。有中小学、大同大学附属医院、新华卫生服务中心。有物流公司等企业。服务业以商贸、物流、餐饮为主。通多路公交线路.

140213-A14 **鹿苑街道**［Lùyuàn Jiēdào］属平城区。在区境北部。面积5平方千米。人口4.2万。辖5社区，2行政村。2021年撤销北关街道，设立鹿苑街道，以原北关街道的站东、北辰、同丰、北苑4个社区居委会，原北街街道的崇仁社区居委会，原新旺乡的先锋村委会，原马军营乡白马城村委会的行政区域为鹿苑街道的行政区域。因辖区内有北魏时期皇家园林鹿苑而得名。有中小学、幼儿园、社区卫生服务中心、酒店等。大同雁北煤炭工业学校为国家级重点中等专业学校。服务业有商贸、旅游。通多路公交线路。

140213-A14-J01 **站东社区**［Zhàndōng Shèqū］属鹿苑街道。在区政府驻地永泰街道北4.4千米。面积1.3平方千米。人口7000。因位于大同火车站东部得名。2001年成立，有楼房38栋。有大同市平城区第四十六小学校等。2014年被评为山西省文明社区。通601路公交车。

140213-A15 **白登山街道**［Báidēngshān Jiēdào］属平城区。在区境东北部。面积33.81平方千米。人口3.3万。辖4社区、11行政村。1953年设水泊寺乡。后改公社。1984年撤水泊寺公社复设乡。2001年小南头乡并入。2018年属平城区。2021年撤销水泊寺乡，设立白登山街道。因大同市的著名自然地理实体而得名，大同市白登山为历史上白登之役发生地，故将新成立街道命名为白登山街道。有中小学、医院、社区文化活动中心等。有白登山古战场遗址、1949年和平解放大同国共谈判遗址。农业以种植业为主，主产有玉米、豆子、高粱、谷子等。服务业以餐饮、物流为主。通多路公交线路。

140213-A15-H01 **西坟**［Xīfén］在区政府驻地永泰街道东北5.8千米。白登山街道辖行政村。人口1730。相传明代村北有十王坟，看坟后人在此守坟，因村居坟西而得名。聚落呈团块状。有大同市铁路第一中学校。有第六批省级文物保护单位大同和平解放谈判旧址。1949年4月29日，解放军察哈尔军区副司令员詹大南、中共大同市委书记赵汉及叶修直、杨正等与驻大同国民党守军15兵团副司令兼大同军事指挥官于镇河、大同行署主任孟祥祉和暂编38师师长田尚志等在此谈判，大同市和平解放。通66路公交车。

140213-A16 **文瀛湖街道**［Wényínghú Jiēdào］属平城区。在区境东部。面积20.8平方千米。人口3.4万。辖7社区、5行政村。1953年设水泊寺乡。后改公社。1984年撤水泊寺公社复设乡。2001年小南头乡并入。2018年属平城区。2021年撤销水泊寺乡，在原水泊寺乡范围内新设立文瀛湖街道。以紧邻文瀛湖得名。《大同县志》记为“文莺湖”，俗称“小东海”。《大同县志》卷一载有文莺湖图，图中湖水芦苇间小舟飘游，水鸟嬉戏；方形高台上的房舍别墅倒映水中，湖畔柳树依依，一派诗情画意。东北高、西南低。御河干渠和二干渠流经。有文瀛湖。有中小学4所，大型国企2家，博物馆、大剧院、美术馆、图书馆。有县级文物保护单位白登山遗址。农业以种植蔬菜为主。工业以制砖、挖沙为主。服务业以服装、电器商业为主。有公路经此。

140213-A17 **水泊寺街道**［Shuǐpōsì Jiēdào］属平城区。在区境东北部。面积15.02平方千米。人口3.6万人。辖7社区、2行政村。1949年属大同县。1984年水泊寺公社改水泊寺乡。2001年小南头乡并入水泊寺乡。2018年属平城区。2021年撤销水泊寺乡，改设为水泊寺街道。因村东地势低洼，形成水泊，村内建有一寺，故名“水泊寺”。有市直学校5所，医院1家，大型国企2家，方特游乐园。农业以种植蔬菜为主。工业以制砖、挖沙为主。服务业以服装、电器商业为主。109国道经此。

140213-A17-H01　**沙岭**［Shālǐng］在区政府驻地永泰街道东南 4.9 千米。水泊寺街道辖行政村。人口 11960。相传明初因地处沙滩、靠梁建村，故名。聚落呈团块状。有山西省大同市第二中学校、大同市御东第一小学、大同市第一人民医院。有第八批全国重点文物保护单位沙岭墓群，为北魏时期文化遗存。通 61 路公交车。

140213-A18　**小南头街道**［Xiǎonántóu Jiēdào］属平城区。在区境东南部。面积 31.49 平方千米。人口 2.9 万。辖 7 行政村。1953 年设水泊寺乡。后改公社。1984 年撤水泊寺公社复设乡。2001 年小南头乡并入。2018 年属平城区。2021 年撤销水泊寺乡，设立小南头街道。相传，该村建于北魏，当时村北郝家寺农民在此种地，因路远往返不便，遂在此建房定居，后形成村落。因位于郝家寺之南，又靠近御河，原名“御南庄”。元初更名“小南头”。有中小学、幼儿园、社区文化活动中心。农业以种植业为主，主产有玉米、豆子、高粱、谷子等。服务业以餐饮、物流为主。通多路公交线路。

140214　**云冈区**［Yúngāng Qū］大同市辖区。在市区西南部。面积 737.81 平方千米。人口 68.48 万。辖 21 街道、2 镇、4 乡。区人民政府驻口泉乡五一街 106 号。春秋时期，为少数民族居住之地，境域为北狄人所属。战国时期，初为代国，后并入赵地，公元前 296 年属赵国雁门郡。秦朝时期，置郡县，仍属雁门郡。西汉时期，置平城县，属雁门郡，隶并州，为东部都尉治。王莽时改为平顺县，属并州天狄郡。东汉，仍称平城，属雁门郡。北魏时期，拓跋珪迁都平城，境域即为京畿内地，历 96 年，后改为恒州。北齐时期，属恒州太平县；北周时期，属朔州云中县；隋朝时期，属马邑郡云内县。唐、五代时期，属河东道云州治。辽重熙十三年（1044 年），设西京道大同府，为辽之陪都，下设大同县，境域属大同县辖。此后历金、元、明、清时期，属大同府大同县。民国时期废府立县，属大同县。抗日战争时期，属大怀左县。解放战争时期，属西大同县。解放初期，大同市下辖五个区，矿区、南郊区均属。矿区归属五区，始有完整的县级行政区域。1950 年第四区更名为口泉矿区。1955 年口泉矿区更名为口泉区。1966 年，属郊区，1970 年撤郊区，部分区域设南郊、矿区。1979 年属大同市。2018 年撤销矿区、南郊区、设立云冈区。因有云冈石窟得名。云冈区地势起伏、形态多样。地处黄土高原东缘，总体地势西北高、东南低，属中小起伏丘陵山区。区内主要山脉有塔儿山、七峰山、武周山、红桃山，诸山相连，属阴山山脉，最高海拔 1714.1 米。云冈区风多雨少、四季分明。属典型的温带大陆性季风气候，冬季漫长寒冷干燥，夏季短暂温热多雨，春秋凉爽温差较大，冬、秋两季盛行西北季风，多年平均气温 6.4℃，无霜期年平均 150 天，年平均日照时数 2821.6 小时，年平均降水量 396.4 毫米，降雨集中在每年 7 月至 9 月，7 月、8 月最多。有御河、口泉河、十里河、甘河、于家园河流经，属海河流域。矿产资源丰富，是全国最大的产煤县（区）之一，石灰岩、白云岩、高岭岩等矿产资源均很丰富。境内已发现能源、金属、非金属、水汽 4 大类矿产 25 种，其中能源矿产为煤 1 种、金属矿产 5 种、非金属矿产 16 种、水气矿产 2 种。2006 年实施大规模采煤沉陷区综合治理和棚户区改造工程。2008 年沉陷区、棚户区改造第一期工程竣工，居民迁入恒安新区住宅小区。2010—2012 年间修建同泉西路、同泉东路、平泉路等干道。有山西大同大学工学院、大同煤炭职业技术学院，有中小学 77 所、三级综合医院、文化馆、图书馆、档案馆、体育场馆、植物园、商贸城、娱乐城、商厦、商城、酒店等。有全国爱国主义教育示范基地大同煤矿“万人坑”遗址纪念馆。有全国首批工业旅游示范点国家矿山公园晋华宫。有古迹观音殿、千佛寺、康熙洞、孟良城、穆桂英坡、曹丞相坟、晋华公司遗址、高山古城遗址等。有县级文物保护单位高屯抗日情报站、中共西大同县委、县政府旧址。有省级非物质文化遗产张留庄地秧歌。有市级非物质文化遗产阳和坡耍孩剧。有区级非物质文化遗产顺成锅盔、曌吉面塑、大同传统雕塑、张革烙画、大同皮雕、郊城道情、大同传统泥塑。有中国传统村落高山村。三次产业比 2：57：41。有市防爆电器厂、煤矿、十里店联营发煤站，为全国煤炭生产基地，有煤机修造、机械加工、建筑建材、铸造等产业。农业以种植业为主，主产有玉米等。畜牧业以饲养奶牛为主。服务业以餐饮、商贸为主。二广高速，109 国道，省道大忻线、大石线经此。

140214-K01 **同泉路**［Tóngquán Lù］跨平城、云冈区。西南段西起五一路，东北至振华路。与泉辉西路、南环西路、校北街、西环路、同庆路、惠民西路、北都街、永宁街相交。长 10 千米，宽 20 米。沥青路面。2010 年开工，2012 年建成。因口泉河流经得名。两侧有同煤一中、同煤广场、同煤集团和同煤国际酒店等。通 1、3 路等公交车。

140214-K02 **同泉东路**［Tóngquán Dōnglù］在城区东北部。西南起大庆路，东北至庆新路。与幸福西街、马站—吴官屯省道相交。长 6 千米，宽 40 米。沥青路面。2011 年开工，2012 年建成。因位于同泉路东部而命名。两侧有大同电力高级技工学校、平旺站和利民小区等。通 12、19 路等公交车。

140214-K03 **平泉路**［Píngquán Lù］在城区东部。北起同泉路，南至新泉路。与南环西路、安居街、平安大道、泉辉街相交。长 4.2 千米，宽 30 米。沥青、混凝土路面。1986 年开工，1988 年建成。两侧有同煤一中、大同大学（新平旺校区）、云冈区中医医院、平旺公园、府西商厦、荣秀苑小区和平泉中学等。通 1 路公交车。

140214-K04 **南环西路**［Nánhuán Xīlù］在城区东北部。西起同泉路，东至云中路。与平泉路、迎新街、林荫路、新胜街相交。长 5.5 千米，宽 16 米。沥青路面。2009 年开工，2012 年建成。因在南环路西侧得名。两侧有云冈区新胜第二小学、大同大学（新平旺校区）、同煤集团党校、同煤集团技师学院、口泉植物园、十里河森林公园和大同机车技师学院等。通 1、18 路等公交车。

140214-K05 **平安大道**［Píngān Dàdào］在城区东北部。西起旺泉路，东至开源街。长 5 千米，宽 50 米。沥青路面。2005 年开工，2006 年建成。因“一路平安”之意，得名。两侧有同煤总医院恒安院区和大同市云冈区职业中学等。通 7、9、32、33、46 路等公交车。

140214-K06 **泉辉西街**［Quánhuī Xījiē］在城区东北部。西起同泉路，东至平泉路。长约 1.2 千米，宽 11 米。水泥路面。2007 年开工，2009 年建成。寓意口泉辉煌且位于西侧而得名。两侧有大同市云冈区平泉第一幼儿园和怡秀苑小区等。通 19 路公交车。

140214-K07 **泉辉东街**［Quánhuī Dōngjiē］在城区东北部。西起平泉路，东至林荫路。长 0.85 千米，宽 11 米。沥青路面。2007 年开工，2009 年建成。因口泉辉煌且位于东侧而得名。两侧有平旺公园和丽秀苑小区等。

140214-N01 **北都大桥**［Běidū Dàqiáo］在城区东部。桥长 1.25 千米，桥面宽 40 米，最大跨度 1200 米，桥下净高 4.5 米。2004 年开工，2010 年建成。因建于北都街上，故名。最大载重量 260 吨。通 65 路公交车。

140214-N02 **平城桥**［Píngchéng Qiáo］在城区东部。桥长 1.2 千米，宽 40 米，最大跨度 1150 米，桥下净高 3.5 米。2012 年开工，2013 年 5 月建成。因桥梁横跨御河，连接平城街得名。为大型河道桥梁，最大载重量为 70 吨。通 60 路公交车。

140214-N03 **兴云桥**［Xīngyún Qiáo］在城区东部。桥长 1.2 千米，宽 40 米。最大跨度 1100 米，桥下净高 4.5 米。2012 年开工，2013 年 12 月建成。因桥梁横跨御河，连接兴云街得名。最大载重量为 65 吨。通 38、70 路等公交车。

140214-N04 **十里河桥**［Shílǐhé Qiáo］在城区境中部偏东。桥长 216 米，桥面宽 12 米，最大跨度 200 米，桥下净高 2.7 米。1956 年建成。因该桥所跨十里河，故名。最大载重量为 60 吨。通 1、601 路等公交车。

140214-N05 **晋福桥**［Jìnfú Qiáo］在城区北部。桥长 40 米，桥面宽 10.5 米，最大跨度 36 米，桥下净高 4 米。2004 年开工，2006 年建成。因属晋华宫街道，寓意天赐百福得名。跨越十里河。为中型河道桥梁，最大载重量 20 吨。通 3、603 路等公交车。

140214-N06 **五一桥**［Wǔyī Qiáo］在云冈区西南部。桥长 30.2 米，桥面宽 8 米，最大跨度 30 米，桥下净高 3.2 米。1959 年开工，1960 年建成。因于五月一日建成，故名。跨越口泉河。为小型河道桥梁，最大载重量为 30 吨。通 1、19 路等公交车。

140214-N07 **青矿大桥** [Qīngkuàng Dàqiáo] 在云冈区北部。桥长 122.5 米，桥面宽 10.5 米，最大跨度 100 米，桥下净高 4 米。2002 年开工，2003 年建成。因位于原矿区青磁窑街道得名。跨越十里河。最大载重量 20 吨。通 3、12 路等公交车。

140214-A01 **新胜街道** [Xīnshèng Jiēdào] 属云冈区。在区境东北部。面积 8.8 平方千米。人口 2.9 万。辖 10 社区。1992 年属矿区新平旺街道。1993 年设新胜街道。2018 年属云冈区。因新胜街得名，取争取新的更大胜利之意。21 世纪后加快城市建设步伐，2004 年拆除文化街矿区职工家属生活区的排房、自建房，改建住宅单元楼。有山西大同大学煤炭工程学院、中小学、幼儿园、肿瘤医院、职业病防治医院、酒店、购物广场、购物中心、商场等。工业以采矿业为主，有煤机修造、机械加工等行业。服务业以餐饮、物流为主。省道大石线经此。通多路公交线路。

140214-A02 **新平旺街道** [Xīnpíngwàng Jiēdào] 属云冈区。在区境东北部。面积 7 平方千米。人口 2.6 万。辖 9 社区。1949 年属大同市第五区，1955 年属口泉区，由煤峪口街公所划出，设新平旺街道，归口泉区管辖。1970 年属矿区，2018 年属云冈区。因驻地紧邻南郊区平旺村，为区别城区老平旺街道得名。《大同县志》《大同府志》均有记载。1924 年，平旺村南场发现一座古墓，墓主为北魏内阁官员杨选尚书，其在村西北建有住宅堡垒名“尚阳堡”，为本村早期名称。据传后因地处平原，且一望无际，故更名“平望”，后演变为“平旺”。因此街道紧靠平旺村，俗称老平旺，为与之区别，故名新平旺。地势西北高，东南低。1990 年起逐步拆除和平街原有平房、排房，建造居民住宅楼，建成 2 街心公园。2003 年拆迁改造救护街原有排房、自建房。有小学、幼儿园、医院。有新平旺汉墓遗址。工业以采矿业为主，有煤机修造、机械加工等行业。服务业以餐饮、物流为主。省道大石线经此。通多路公交线路。

140214-A03 **新泉街道** [Xīnquán Jiēdào] 属云冈区。在区境中部，面积 2 平方千米。人口 1.4 万。1971 年设立机修厂街道，属大同市矿区。1980 年更名为新泉路街道。2018 年属云冈区。因新泉路得名，因与原南郊区口泉乡毗邻，寓意新面貌、新发展。2006 年改造旧区。2009 年北路社区建泉馨园小区。2011 年南一路社区南三路建成楼房 24 栋。有中小学、幼儿园、社区卫生服务中心。工业以采矿业为主，有煤机修造、机械加工等行业。有同煤集团中央机厂、市焦煤矿公司、市国家粮食储备库、矿区虹云煤机公司等。服务业以商贸、餐饮、商贸为主。通多路公交线路。

140214-A04 **民胜街道** [Mínshèng Jiēdào] 属云冈区。在区境西部。面积 3.8 平方千米。人口 1.3 万。辖 3 社区。1953 年民胜街道境域属口泉矿区。1955 年属口泉区新平旺街道。1960 年属口泉公社新平旺分社。1963 年复属新平旺街道。1971 年成立属矿区。2018 年属云冈区。因民胜街得名。地势西高东低，地形为倾斜平原、山坡。20 世纪 80 年代中期前建居民住宅楼，企业改制中建职工住宅楼。2009 年建南环西路，建居民住宅楼、办公楼及招待所、矿区中医院门诊楼、矿区检察院办公楼、同和大酒店等。2011 年建瑞旺园高层住宅小区。有汇林中学、中医院、社区卫生服务站、党政机关。工业以采矿业为主，有煤机修造、机械加工等行业，有同煤集团化工厂、大同煤矿供电实业公司、矿区煤炭运销公司等。服务业以餐饮、商贸为主。京拉线经此。通多路公交线路。

140214-A04-J01 **吏森名居社区** [Lìsēnmíngjū Shèqū] 属民胜街道。在区政府驻地口泉乡北 2.8 千米。面积 0.031 平方千米。人口 650。因美好愿望而命名。2009 年建成，有 5 座住宅楼。2014 年被评为山西省文明社区。通 1、6、9、12、31 路公交车。省道大石线经此。

140214-A05 **口泉街道** [Kǒuquán Jiēdào] 属云冈区。在区境西北部。面积 6.98 平方千米。人口 2.3 万。辖 6 社区。1949 年属大同市第五区。1950 年属口泉矿区。1955 年设立口泉区口泉街道。1958 年属泉峰公社。1959 年复设口泉街道。1960 年属口泉公社口泉分社。1961 年属口泉公社。

1964 年设口泉街道。1970 年 1 属大同市南郊区口泉镇。1976 年属大同市矿区。1988 年撤口泉镇成立口泉街道。2018 年属云冈区。因口泉峪口曾有一泉，水量丰沛，清澈见底，故此区域得名口泉，又因驻地与口泉乡毗邻，故称口泉街道。地势西高东低，地形为山地向平原过渡的平原。20 世纪末 21 世纪初改造街道内部平房及五一路。口泉河流经境内，属海河流域。有云冈区教师进修学校、中小学、医院、卫生院、社区卫生服务中心、酒店、商厦、宾馆等。有古迹口泉华严寺、千佛寺、黄禄观、观音殿。工业以采矿业为主。服务业以商贸、餐饮等为主。省道大石线经此。通多路公交线路。

140214-A06 **平泉街道**［Píngquán Jiēdào］属云冈区。在区境中部。面积 6 平方千米。人口 2.6 万。1988 年设立平泉路街道，属大同市矿区。1997 年辖 20 个居民委员会。2018 年属云冈区。2008 年建社区活动广场。因平泉路连接平旺乡和口泉乡，且从北向南贯穿辖区而得名。地势为西北略高，东南略低，地形平坦。2006 年实施“两区”改造治理工程。有中小学、幼儿园、社区卫生服务中心、平泉老年活动中心、购物广场、国际名酒城。工业以采矿业为主。服务业以餐饮、商贸为主。通多路公交线路。

140214-A06-J01 **北秀苑社区**［běixiùyuàn Shèqū］属平泉街道。在区政府驻地口泉乡东北 3.2 千米。面积 0.16 平方千米。人口 8200。2000 年建成，有住宅房屋 40 幢。有育才中学等。2014 年被评为山西省文明社区。通 24、501 路公交车。

140214-A07 **和顺街道**［Héshùn Jiēdào］属云冈区。在区境东南部。面积 0.97 平方千米。人口 1.5 万。辖 14 社区。2008 年设立大同市矿区和顺街道。2018 年属云冈区。因和顺街得名，取祥和顺达之意。2006 年起实施大规模采煤沉陷区综合治理和棚户区改造工程。2008 年“两区”改造第一期工程竣工，居民陆续迁入。2010 年建居民住宅区，改造硬化道路。有幼儿园 8 所、社区卫生服务中心。工业以采矿业为主，有煤机修造、机械加工等行业。服务业以餐饮、商贸为主。通多路公交线路。

140214-A07-J01 **泰荣里社区**［Tàiró nglǐ Shèqū］属和顺街道。在区政府驻地口泉乡东 5.3 千米。面积 0.146 平方千米。人口 7150。因“安宁富足”的美好寓意而得名。2008 年建成，有房屋 40 幢。2014 年被评为山西省文明社区。通 9、501 路公交车。

140214-A08 **和瑞街道**［Héruì Jiēdào］属云冈区。在区境东南部。面积 1.7 平方千米。人口 2 万。辖 7 社区。2007 年成立属矿区。2018 年属云冈区。因和瑞街得名，取“和瑞”之意，意味着居民生活之地和气吉祥。2006 年起实施大规模采煤沉陷区综合治理和棚户区改造工程。2008 年“两区”改造第一期工程竣工，居民陆续迁入。2013 年 12 月新建中央广场小区。有幼儿园、社区卫生服务中心、购物广场、商厦、酒店。工业以采矿业为主，有煤机修造、机械加工等行业。通多路公交线路。

140214-A08-I01 **新发地·峰景山水小区**［Xīnfādì·Fēngjǐngshānshuǐxiǎoqū］属和瑞街道。在区政府驻地口泉乡东 4.8 千米。人口 9450 人。通 24 路公交车。

140214-A09 **平盛街道**［Píngshèng Jiēdào］属云冈区。在区境东南部。人口 1.4 万。辖 7 社区。2010 年设立该街道，但未完成设立程序。2021 年设立平盛街道。因辖区内有平盛路，取其平安昌盛的美好寓意而得名。有中小学、幼儿园、社区卫生服务中心。服务业以餐饮、商贸为主。通多路公交线路。

140214-A10 **清泉街道**［Qīngquán Jiēdào］属云冈区。在区境东南部。人口 1.9 万。辖 6 社区。2021 年设立清泉街道。以辖区内主要街道命名。有中小学、幼儿园、社区卫生服务中心。服务业以餐饮、商贸为主。通多路公交线路。

140214-A11 **西花园街道**［Xīhuāyuán Jiēdào］属云冈区。在区境西部。面积 2.2 平方千米。人口 2.3 万。辖 5 社区。1949 年属大同市第二区。1954 年属大同市城区。1956 年属王家园街道管辖，辖 8 居民委员会，后成立西花园街道，属口泉区，辖 8 居民委员会。1960 年属平旺分社管辖。1966 年设西花园街道。1970 年划归城区。1971 年更名为红卫街街道。1975 年更名为西花园街道。2018 年属云冈区。因辖区内有西花园得名。山西柴油机厂选厂址时，发现西边有一片茂密的树林很像花园，专家认为该地方地下水丰富比较适合建厂，就把选定的厂址叫“西花园”。20 世纪 60—70 年代建成电石厂大院、东华机械厂大院、机床厂大院、七〇研究所大院等居民区。80 年代整修河西路、水塔路、医院路等道路。2003 年建柳园南区。2011 年建槐中小区。有中小学、社区卫生服务中心、社区文化活动中心。经济以工业为主，有北方通用动力集团公司，山西柴油机工业公司等。服务业以餐饮、商贸为主。通多路公交线路。

140214-A12 **老平旺街道** [Lǎopíngwàng Jiēdào] 属云冈区。在区境西北部。面积 3.5 平方千米。人口 1.1 万。辖 6 社区。1949 年属大同市第二区。1955 年设立王家园街道，属口泉区，辖 8 个居民委员会。1958 年归西花园街道和卫星公社管辖。1966 年设王家园街道。1970 年划归城区。1975 年更今名。2018 年属云冈区。因临近南郊区平旺，俗称平旺为老平旺，故名。因地处平原，一望无际，故名“平望”，后演变为“平旺”。20 世纪 60—70 年代建成矿药厂家属区、肉联加工厂家属院、雁北燃料公司家属院、树脂厂家属院等住宅小区。1979 年改建完成老平旺街道，扩建老排房街、电厂街、糖厂东、西街等。2000 年建成一电厂社区。2011 年建成绿洲西城小区。十里河流经。有大同高级技工学校、大同大学大同师范分校等大中专院校 2 所，有中小学、社区卫生服务中心、社区文化活动中心。服务业以商贸、餐饮为主。通多路公交线路。

140214-A13 **新文街道** [Xīnwén Jiēdào] 属云冈区。在区境东部。人口 2.6 万。辖 4 社区。2021 年云冈区设立新文街道。辖区内学校密集，有主干道文化街。因又从新胜街道析置而来，新胜街道、文化街各取一字，由此得名。有中小学、幼儿园、社区卫生服务中心。服务业以餐饮、商贸为主。通多路公交线路。

140214-A14 **和旺街道** [Héwàng Jiēdào] 属云冈区。在区境东部。人口 2.7 万。辖 5 社区。2021 年，云冈区设立和旺街道。取其和合而旺的美好寓意。有中小学、幼儿园、社区卫生服务中心。服务业以餐饮、商贸为主。通多路公交线路。

140214-A15 **玉龙街道** [Yùlóng Jiēdào] 属云冈区。在区境中部。面积 27.5 平方千米。人口 4.2 万。辖 11 社区。2021 年撤销永定庄街道、四老沟街道、同家梁街道、白洞街道、大斗沟街道，合并设立玉龙街道。因辖区内有玉龙洞景区而得名玉龙街道。玉龙洞是道家住地，传说有一货郎见一群小孩要将一条小蛇打死，便用钱将蛇买来喂养，后蛇成大蟒，把“甘河”水喝干，由回去村飞入洞内，经常伤生害命，后被道人规劝行善，被封为玉龙，因此得名。口泉河由西至东流经。有小学、医院、党政机关、集贸市场等。有玉龙洞等名胜古迹。工业以采煤与加工为主，有煤业公司、洗煤厂。服务业有商贸、零售业、餐饮业、物流等。通多路公交线路。

140214-A16 **云武街道** [Yúnwǔ Jiēdào] 属云冈区。在区境东北部。面积 6.5 平方千米。人口 2.2 万。2021 年撤销晋华宫街道、青磁窑街道，合并设立云武街道。因该街道辖区内有云冈沟、武周山，各取一字得名云武。2006 年实施“两区”改造治理工程。有中小学、幼儿园、社区卫生服务中心。有青瓷窑旧石器文化遗址、国家晋华宫矿山公园。工业以采煤与加工为主。服务业以商贸、餐饮、物流为主。通多路公交线路。

140214-A16-J01 **晋南里社区** [Jìnnánlǐ Shèqū] 属云武街道。在区政府驻地口泉乡北 10.6 千米。人口 3190。因位于晋华里南而得名。1980 年成立。有晋华宫第一小学。有第六批省级文物保护单位晋华宫矿旧址，始建于 1957 年，是由我国自主设计、自己施工建设的大型煤矿。通 3、10、12 路公交车。

140214-A17 **云燕街道** [Yúnyàn Jiēdào] 属云冈区。在区境西北部。面积 10.36 平方千米。人口 1.9 万。2021 年撤销马脊梁街道、马口街道、燕子山街道，合并设立云燕街道。境内有山，原名雁子山，因山形像大雁，故名雁子山，后演化为燕子山。又因街道位于云冈沟末端，得名云燕街道。地势西南高，东北低。1968 年建顺利路、快乐路等道路。20 世纪 80 年代建电气设备修理厂。有中小学 3 所、社区卫生服务站、党政机关。工业以采煤与加工为主，有煤机修造、机械加工等。

服务业以商贸和餐饮为主。通多路公交线路。

140214-A18 **玉泉街道**［Yùquán Jiēdào］属云冈区。在区境中部。人口 2.6 万。辖 5 社区。2021 年云冈区设立玉泉街道。其境内有甘河如玉带穿境而过，因此得名。有中小学、幼儿园、社区卫生服务中心。服务业以商贸、餐饮、物流为主。通多路公交线路。

140214-A19 **平德街道**［Píngdé Jiēdào］属云冈区。在区境东南部。人口 1.3 万。辖 6 社区。2021 年 2 月云冈区设立平德街道。由街道驻地位置得名。取心平德和之意。有中小学、幼儿园、社区卫生服务中心。服务业以商贸、餐饮、物流为主。通多路公交线路。

140214-A20 **平喜街道**［Píngxǐ Jiēdào］属云冈区。在区境东部。人口 1.6 万。辖 5 社区。2021 年，云冈区建立平喜街道。因驻地靠近辖区内平喜路而得名平喜街道，取平安喜乐之意。有中小学、幼儿园、社区卫生服务中心。服务业以商贸、餐饮、物流为主。通多路公交线路。

140214-A21 **平源街道**［Píngyuán Jiēdào］属云冈区。在区境东部。人口 1.4 万。辖 8 社区。2021 年 2 月云冈区设立平源街道。因驻地靠近辖区内平源路而得名平源街道。寓意平安源源而来之意。有中小学、幼儿园、社区卫生服务中心。服务业以商贸、餐饮、物流为主。通多路公交线路。

140214-B01 **高山镇**［Gāoshān Zhèn］云冈区辖镇。在区境西部。面积 146 平方千米。人口 2.5 万。辖 26 行政村。镇人民政府驻高山。1949 年分属左云、大同 2 县。1952 年分属大同市第三区、左云县。1954 年分属大同市郊区、左云县。1956 年张家湾乡更名高山乡。后改公社。1984 年撤公社改置高山镇。2001 年峰子涧乡并入。2018 年划归云冈区。2021 年四台街道并入高山镇。以驻地得名。传说四百年前，在修筑左云旧高山村时，地基沉陷，筑墙不成，便另选新址于此建城。因四面山高，得名新高山城。民国初年改为新高山镇，解放初期改为高山。地处山区，海拔 1320 米。十里河流经，属海河流域。矿产资源有煤炭、煤矸石、石灰岩等。为大同煤田的主要组成部分。有中小学、卫生院。有省级文物保护单位焦山石窟寺、高山城堡遗址、高山细石器遗址。有红桃山森林公园。有中国传统村落高山村。农业以种植业为主，主产有马铃薯、谷子、豆类等。畜牧业以饲养生猪、牛、羊为主。特产有莜麦等。工业以煤炭、电力等为主。服务业以餐饮、住宿为主。109 国道、五九公路、马高公路经此。

140214-B01-H01 **高山**［Gāoshān］高山镇人民政府驻地。在区政府驻地口泉乡西北 17.3 千米。人口 1330。相传明朝在左云旧高山村修筑城垣时地基陷落，便另选在此地建城，四面山高，名新高山城，后演变为此名。明正德《大同府志》卷 2《土堡》载：“高山堡，在府西六十里。天顺二年（1458 年）建筑……设站马成兵。”聚落呈团块状。有第五批省级文物保护单位焦山寺石窟，开凿于北魏年间，现存为北魏时期建筑遗构。有高山遗址，为旧石器时代、新石器时代文化遗存。有高山北遗址，为汉代、北魏时期文化遗存。有高山城，现存为明代建筑遗构。有土特产莜麦。2019 年被列入第五批中国传统村落名录。109 国道经此。

140214-B02 **云冈镇**［Yúngāng Zhèn］云冈区辖镇。在区境中部。面积 123 平方千米。人口 3.6 万。辖 6 社区、13 行政村。镇人民政府驻云冈。1949 年属大同县。1952 年属大同市第三区。1953 年设云冈乡，后改公社。1984 年撤云冈公社改置镇。2018 年属云冈区。以驻地得名。据《大同市南郊区地名录》载，云冈古称武州塞，“云冈”最早见于明嘉靖四十三年（1564 年）《重修云冈堡记》。有全国重点文物保护单位观音堂。境内多属山区，平均海拔 1100 米。地形南北高，中间低。十里河流经，属海河流域。境内煤炭资源丰富。有中小学、幼儿园。有省级重点文物保护单位云冈石窟、青磁窑旧石器遗址、云冈南梁新石器遗址、摩崖石刻佛字弯、鲁班窑石窟、吴官屯石窟等 10 多处。农作物以种植业为主，主产有谷子、莜麦、糜黍、马铃薯、胡麻、蔬菜等。畜牧业以饲养牛、羊、生猪为主。工业以煤炭开采为主。服务业以餐饮、物流为主。109 国道、云新、同左、五九公路经此。

140214-B02-H01 **小站**［Xiǎozhàn］云冈镇

人民政府驻地。在区政府驻地口泉乡东北12千米。聚落呈团块状。有云岗中学、云岗小学、大同怡宁医院。通3、10、12路公交车。

140214-C01　**口泉乡**［Kǒuquán Xiāng］云冈区人民政府驻地。在区境西南部。面积210平方千米。人口4.6万。辖35行政村。乡人民政府驻口泉。1958年建泉峰人民公社，属口泉区管辖。1961年更名为口泉人民公社。1964年撤销口泉人民公社，恢复口泉街道办事处。1966年由口泉街道所辖的14个大队重组成口泉人民公社，归郊区管辖。1970年归为南郊区管辖。1984年设口泉乡。2001年西万庄乡12自然村、赵家小村乡11自然村并入，口泉乡煤峪口、石岩庄、大北沟、忻州窑划归平旺乡后成今境。2018年属云冈区。因驻地得名。据《大同县志》载："口泉，亦名养泉。"该乡位于口泉峪口一带，过去这里有一水源丰富、清澈见底的泉水，故得名口泉。地势西北高、东南低。口泉河、甘河流经，属海河流域。矿产资源有煤、白云岩、石灰岩、高岭岩等。有中小学、卫生院、文体活动场所、公园、植物园。有全国重点文物保护单位禅房寺塔。有古迹玉龙洞、关帝庙、观音殿。有窑子坡惨案烈士纪念碑。农作物以种植业为主，主产有玉米、土豆、谷黍、豆类等。畜牧业以饲养生猪、奶牛、羊为主。特产有玉米、山药等。工业以煤炭、电力等为主。服务业以商贸、餐饮、物流、旅游、仓储为主。二广高速、环城高速、泉榆路、大运公路、北同蒲、口泉线经此。

140214-C01-H01　**回去**［Huíqù］口泉乡人民政府驻地。在区政府驻地口泉乡北1.2千米。人口5200。相传有大蛇常伤人，货郎举起扁担打蛇，蛇跑到本村，口渴将河水喝干，并回头看货郎，后窜回山洞，不再伤人，得名回头村，后演变为此名。聚落呈团块状。有口泉中学、云冈区实验中学、云冈区口泉第二中学、云冈区口泉第三中学、云冈区口泉第二小学、云冈区口泉第五小学、口泉六校、大同市云冈区人民医院、友谊医院、口泉乡卫生院、口泉公园。通1、12、19、205路公交车。省道大石线经此。

140214-C01-H02　**杨家窑**［Yángjiāyáo］在区政府驻地口泉乡西南11.6千米。口泉乡辖行政村。人口1000。相传最先定居者为杨姓，因住土窑洞，故名。聚落呈团块状。有杨家窑学校。有杨家窑龙泉观、杨家窑龙王宫，现存皆为清代建筑遗构。2014年被评为全国文明村。通205路公交车。省道大石线经此。

140214-C01-H03　**店村**［Diàncūn］在区政府驻地口泉乡西4.9千米。口泉乡辖行政村。人口330。相传从前此处有客店，故名。聚落呈条带状。有第六批省级文物保护单位胡氏宅院，现存为清代建筑遗构。通5路公交车。

140214-C02　**西韩岭乡**［Xīhánlǐng Xiāng］云冈区辖乡。在区境东南部。面积102平方千米。人口2.9万。辖17行政村。乡人民政府驻西韩岭。1949年建西韩岭公社，隶属口泉区。1953年成立西韩岭乡，归市区管辖。1954年归郊区管辖。1956年原西韩岭、马辛庄和新由大仁县划归的5个自然村合并为西韩岭乡，仍归郊区管辖。1958年由西韩岭、马辛庄、毛家皂、里八庄四乡合并为卫星公社。1959年改名为西韩岭人民公社，归郊区管辖。1960年归口泉区管辖。1965年归郊区管辖。1970年南郊区成立，划归南郊区管辖。1984年撤西韩岭公社复设乡。2001年北村乡并入。2018年属云冈区。传说有韩姓将军在此安营扎寨两处，在东扎寨的为东韩岭，在西扎寨的为西韩岭，此处位于西，故得名西韩岭。十里河流经，属海河流域。有中小学、幼儿园、文体活动场所。有市重点文物保护单位关帝庙。有西韩岭村大同战役烈士墓。农作物以种植业为主，主产有玉米、谷子等。畜牧业以饲养生猪、羊、牛、家禽为主。特产有大白菜、洋葱等。工业以煤炭、电力等为主，有建材及运输业。服务业以餐饮、商贸为主。同蒲铁路过境设站，大秦铁路、二广高速、京大、大运、208国道经此。

140214-C02-H01　**西韩岭**［Xīhánlǐng］西韩岭乡人民政府驻地。在区政府驻地口泉乡东8千米。人口4330。相传宋时，辽国元帅韩昌带兵进犯中原，兄弟二人在此安营扎寨两处，因在西扎寨而得名。聚落呈团块状。有常青中学、西韩岭小学。有区级文物保护单位西韩岭关帝庙，现存戏台为清代建筑遗构。有土特产莜麦、山药。通46、503路公交车。省道大忻线经此。

140214-C02-H02 **高店**［Gāodiàn］在区政府驻地口泉乡东南19.9千米。西韩岭乡辖行政村。人口1380。相传早为高姓开的一车马大店，地处御河河畔，地势高，洪灾不到，故名。聚落呈团块状。有高店小学。有第六批省级文物保护单位高店关帝庙，建于清乾隆年间，现存为清代建筑遗构。通203路公交车。

140214-C03 **平旺乡**［Píngwàng Xiāng］云冈区辖乡。在区境中部。面积36平方千米。人口3.9万。辖10行政村。乡人民政府驻平旺。1949年大同解放后，归五区管辖。1950年3月改归四区管辖，同年8月，因四区合并于矿区，改归矿区办事处（后改矿区政府）管辖。1953年设平旺乡，归口泉矿区管辖。1955年王家园乡所辖的拖披村划归平旺乡。1956年扩乡时，时庄乡并入平旺乡，划归口泉区管辖。1958年公社化时，王家园街与平旺乡合并改称卫星公社，属城区管辖。1959年仍归口泉区管辖。1960年3月改称平旺公社，同年6月改称平旺分社，属口泉人民公社管辖。1961年平旺分社改为公社仍归口泉区管辖。1966年归郊区管辖。1970年划归南郊区管辖。1984年撤平旺公社复设乡。2018年属云冈区。2021年，忻州窑、煤峪口2个街道，整建制并入平旺乡。以驻地得名。因地处平原，一望无际，故更名“平望”，后演变为平旺。地势西北高东南低，属半山半川区。矿产资源有煤炭、石灰岩等。有中小学、卫生院、文体活动场所。有景点西严寺。农作物主要以种植业为主，主产有玉米、谷子、高粱等。畜牧业以饲养生猪为主。特产有莜麦、山药等。工业以煤炭、冶金、电力等为主。服务业以商贸、物流、餐饮为主。同蒲铁路过境设站，大秦铁路、同左、同泉、大唐公路经此。

140211-C03-H01 **平旺**［Píngwàng］平旺乡人民政府驻地。在区政府驻地口泉乡东北6.4千米。人口8640。据村西南场街1924发现古墓中墓碑记载，墓主杨选为北魏内阁尚书，拥有大批牛羊和大批土地，在村西建有住宅堡垒，名“尚阳堡”，为本村早期的名称。相传因地处平原，一望无际，更名“平望”，后又演变为“平旺”。聚落呈团块状。有云冈区平旺小学、平旺乡卫生院。通1、6、19、24路公交车。省道大石线经此。

140214-C04 **鸦儿崖乡**［Yā'éryá Xiāng］云冈区辖乡。在区境西南部。面积82平方千米。人口2.9万。辖9社区、11行政村。乡人民政府驻鸦儿崖。1953年成立官窑乡，驻地官窑，管辖官窑、老窑沟、盘道、马林涧、鸦儿崖6个村。1954年乡政府迁到鸦儿崖。1956年左云县的常流水、魏家沟、青杨湾3个村亦划属该乡管辖，同年官窑乡改名为鸦儿崖乡，属口泉区管辖。1958年由鸦儿崖乡改为星星公社，仍属口泉区管辖。1959年左云县的史家沟、高驼、黑流水、乔村、王村、红糜沟6个村划归该公社管辖，仍属口泉区管辖。1966年5月划归郊区管辖。1970年划归南郊区管辖。1984年撤鸦儿崖公社复设乡。2018年属云冈区。2021年杏儿沟街道、王村街道、挖金湾街道和雁崖街道并入鸦儿崖乡。因境内乌鸦多，沟崖陡峭而得名。鸦儿崖村的老者，从大同县上泉买回两根旗杆，顶端形状像斗，买杆时斗里住着一窝鸦，将杆买回竖在庙院后，那窝鸦又飞来住下。从此，人们就将村名称“鸦儿来”，因此村地处崖下，后人以谐音和地形得名鸦儿崖。地势西高东低，平均海拔1480米。矿产资源有煤炭等。有中小学、卫生院、文体活动场所。有老窑洞红色圣境旅游，为云冈区爱国主义教育基地。农业以种植业为主，主产有玉米、谷子、高粱、山药、油料、莜麦等。畜牧业以饲养羊为主。工业以煤炭采掘和运输业为主。服务业以餐饮、物流为主。有公路经此。

140211-C04-H01 **鸦儿崖**［Yā'éryá］鸦儿崖乡人民政府驻地。在区政府驻地口泉乡西南13.3千米。人口2260。相传有一高僧路经此地时指出村中庙宇院内应树立两根旗杆，有吉祥之意，因买回的杆中斗里住着一窝鸦儿而得名。聚落呈条带状。有大同云冈区医疗集团鸦儿崖乡卫生院。通3、10、12路公交车。县道左鸦线经此。

140211-C04-H02 **老窑沟**［Lǎoyáogōu］在区政府驻地口泉乡西南11.9千米。鸦儿崖乡辖行政村。人口1200。相传此地沟内原有一座古煤窑，以背煤为生的外地人迁此定居，故名。聚落呈条带状。2014 年被评为第四届全国文明村。县道左鸦线经此。

140212 **新荣区**［Xīnróng Qū］大同市辖区。在市区西北部。面积 1091 平方千米。人口 8.87 万。以汉族为主，还有满、蒙古、回、朝鲜、壮、黎等民族。辖 3 镇、4 乡。区人民政府驻新荣镇。北魏于西寺梁山附近设永固县。辽、金在今拒墙西南设鲁德县，辖今大同县以西、丰镇县以南、清水河县以东，怀仁县以北方圆数百里。1937 年左云县政府驻助马堡。1938 年共产党在此设过大丰凉左、大丰左、大阳丰等民主县政府。1945 年原大同县设为东西分社东、西大同县。1949 年东西大同县合并。1952 年原上深涧乡归大同市郊区。1954 年镇川堡，花园屯、新荣、拒墙堡、堡子湾、西村、户部六乡一镇归大仁县。1958 年划归大同市郊区。1960 年属于古城区。1964 年复归大同县管辖。1970 年成立大同市北郊区。1972 年北郊区更名为新荣区，沿用至今。新荣原名“乱窑”，又名乱营。位于内长城脚下，古为边陲之地。相传胡人率兵南犯，在此遭到狙击，全军溃乱，弃寨而逃。后在营寨旧址建成村落，故称名为“乱营”。因居民多住土窑而得名，窑与营字声相近，后称为乱窑。建国后，因原名欠雅，1955 年取新兴繁荣之意，更名为“新荣”。地处大同盆地最北端，地势北高南低。有弥陀山。最高海拔采凉山 2144 米，最低海拔 1062.8 米。年平均气温 5℃。年平均降水量 350 毫米。淤泥河、饮马河、万泉河等流经，属海河流域。矿产资源有煤、石墨、玄武岩、辉绿岩、紫砂页岩、石英砂等。有学校 170 所、文化馆、图书馆、档案馆。有全国重点文物保护单位方山永固陵。有省级重点文物保护单位长城遗址、助马堡堡址、白山遗址、望城堡堡址等 12 处。有市级重点文物保护单位宣宁县故城、万泉庄遗址、方山遗址。有县级文物保护单位窨子沟革命烈士塔、镇川革命烈士墓。有古迹太玄观、古长城、宁静寺、宣宁县遗址等。有纪念地贺龙指挥部遗址、张登峰烈士故居、姜氏家族墓地、谢士庄地道战遗址等。有省级非物质文化遗产碓臼沟秧歌。有民俗文化碓臼沟秧歌、耍孩儿、农事俗、威风锣鼓、罗罗腔、起名俗、二人台等。有中国传统村落得胜堡村、助马堡村。有葛长儒、边宝垣等历史名人。三次产业比 11 ∶ 42 ∶ 46。农业以种植业为主，主产有山药、谷子、莜麦、胡麻等。畜牧业以饲养生猪、羊、家禽为主。特产有山丹丹花、地皮菜、大窑山莜面、道士窑羊肉等。工业有煤炭、化工、建材、加工和运输等产业。服务业以商贸为主。京包、大准铁路过境设站。二广、孙启庄—右玉高速，109、208 国道经此。

140212-N01 **镇川大桥**［Zhènchuān Dàqiáo］在城区东部。桥全长 256 米，路径总长 220 米。主桥主跨 20 米。桥面宽 8.5 米，桥面净宽 7.5 米，桥下净空 7 米。桥梁高度 10 米。1985 年始建，1986 年建成。因建在镇川堡，故名。

140212-K01 **长城西街**［Chángchéng Xījiē］在城区中部。西起新荣—破鲁堡公路，东至迎宾路。以迎宾路为界，分为长城西街、东街。与开元北路、绿苑北路相交。长 1.3 千米，宽 15 米。沥青路面。1976 年建成，2017 年改扩建。因位于古长城脚下得名。两侧有新荣区人民医院和外贸小区等。

140212-K02 **长城东街**［Chángchéng Dōngjiē］在区境中部。西起迎宾路，东至府东街。长 0.86 千米，宽 15 米。沥青路面。1976 年建成，2018 年改扩建。因位于古长城脚下得名。两侧有大同市新荣区第一小学校等。

140212-K03 **御河西街**［Yùhé Xījiē］在城区中部。西起山村古玩附近，东至府西街。与开元南路相交。长 0.5 千米，宽 21 米。沥青路面。1976 年开工，2010 年改扩建。因境内有御河得名。两侧有新荣二中等。

140212-K04 **府西街**［Fǔxī Jiē］在城区中部。西起御河西街，东至府东街。以迎宾路为界，分为西街、东街。与开元北路、绿苑北路相交。长 1.3 千米，宽 15 米。沥青路面。1976 年建成，2019 年改扩建。因位于新荣区人民政府西侧得名。两侧有新荣区第三小学校和隽秀公园等。

140212-K05 **府东街**［Fǔdōng Jiē］在城区中部。西起府西街，东至长城东街。与步行街相交。

长 0.9 千米，宽 15 米。沥青路面。1976 年建成，2019 年改扩建。因位于新荣区人民政府东侧得名。两侧有奥尔夫艺术幼儿园等。

140212-K06 **开元北路** [Kāiyuán Běilù] 在城区中部。北起新荣中学附近，南至长城西街。长 0.5 千米，宽 9 米。沥青路面。1982 年建成。2018 年改扩建。两侧有新荣中学等。

140212-K07 **开元南路** [Kāiyuán Nánlù] 在城区中部。北起长城西街，南至府西街。长 0.3 千米，宽 9 米。沥青路面。1982 年建成。2018 年改扩建。两侧有上深涧卫生院等。

140212-K08 **绿苑北路** [Lǜyuàn Běilù] 在区境中部。北起古长城生态园附近，南至长城西街。以长城西街、东街为界，分为北路、南路。与外贸街相交。长 0.55 千米，宽 9 米。沥青路面。1982 年建成。因建设绿色生态家园的美好愿景，且道路位于北部得名。两侧有古长城生态园和新荣区文昌小区等。

140212-K09 **绿苑南路** [Lǜyuàn Nánlù] 在城区中部。北起长城西街，南至府西街。与市区步行街相交。长 0.3 千米，宽 23 米。沥青路面。1982 年建成。因建设绿色生态家园的美好愿景，道路分布南部得名。两侧有新荣区供热公司等。

140212-K10 **迎宾路** [Yíngbīn Lù] 在城区中部。北起长城东街，南至得胜大道。与府西街、府东街相交。长 1.5 千米，宽 23 米。沥青路面。1976 年建成，2010 年改扩建。两侧有隽秀公园、大同市新荣区鸿博学校、区公路煤炭交易市场等。通 10 路公交车。

140212-B01 **新荣镇** [Xīnróng Zhèn] 新荣区人民政府驻地。在区境中部。面积 103 平方千米。人口 2.1 万。以汉族为主，还有满、蒙古、回、朝鲜、壮、黎等民族。辖 5 社区、11 行政村。镇人民政府驻新荣。1954 年新荣原属于大仁县，为乡的建制。1958 年大仁县撤销，新荣乡划入大同市，与附近四个乡合建为“长城人民公社”，属于市郊区管辖。1959 年成立新荣人民公社，成立“新荣人民公社”，仍属郊区管辖。1960 年改属古城区。1961 年元公社划分为“新荣”“镇虏堡”两个人民公社。1963 年“新荣人民公社”又划分为“新荣”“西村”两个人民公社。1964 年改属市辖大同县管辖。1965 年划归雁北管辖。1970 年大同市成立北郊区，该公社又划入大同市，隶属北郊区。1971 年改属新荣区。1984 年撤销新荣人民公社时，改建为新荣镇，沿用至今。以驻地得名。1955 年，将长城脚下的“乱窑（营）”的村落更名为新荣，取新时代欣欣向荣之意。淤泥河流经，属海河流域。矿产资源有煤、铁等。有中小学、医院、图书馆、文化馆、广场。有市级文物保护单位太玄观、方山遗址、古长城、宁静寺、宣宁县城遗址等。有景点采凉山、四家山、弥驼山、万泉河、饮马河等。农业以种植业为主，主产有山药、谷子、莜麦、胡麻等。畜牧业以饲养生猪、牛、羊为主。特产有山丹丹花、地皮菜、大窑山莜面、道士窑羊肉等。工业有煤炭、化工、建材、加工和运输等产业。服务业以商贸为主。二广、孙启庄—右玉高速、省道云丰线经此。

140212-B01-H01 **新荣** [Xīnróng] 新荣镇人民政府驻地。在区政府驻地新荣镇东北 1.1 千米。人口 2380。相传宋时，胡兵战败于此，军士溃退，军营大乱，故名乱营，俗称乱窑子。因原名不雅，1955 年取“新兴繁荣”之意而得名。聚落呈团块状。有明长城，现存为明代建筑遗构。省道云丰线经此。

140212-B02 **古店镇** [Gǔdiàn Zhèn] 新荣区辖镇。在区境东南部。面积 83 平方千米。人口 1.2 万。辖 10 行政村。镇人民政府驻古店。1953 年分属大同市第一区、大同县。1954 年分属大同市郊区、大仁县。1958 年设飞跃人民公社。1959 年更名为古店人民公社。1964 年属大同县。1965 年属城区。1966 年属大同市郊区。1970 年属北郊区（后更名新荣区）。1972 年属南郊区。1984 年撤古店人民公社，改古店镇。2018 年大同市行政区划调整古店镇划入新荣区。以驻地得名。原名孤店。明正德《大同府志》卷 2 土堡载：“大同后卫有孤店堡。”为古店最早的文字记载。明代在此置关，名孤店关。《读史方舆纪要》卷 44 大同府：“孤店关在府东北，成化十九年（1483 年），王越出孤店关，至猫儿庄，袭敌于威宁海子，是也”。后谐音为古店。地势西北高、东南低。有野狐岭、雷公山。境内最高峰位于圣水沟村西，海拔 1333 米；最低点位于马站村东河湾，海拔 1063 米。御河流经，属海河流域。矿产资源有石墨、花岗岩、玄武岩、石英石、粘土等。有中小学、幼儿园、计生服务站。有窨子沟村革命烈士纪念碑。农业以种植业为主，主产有玉米、谷子、小杂粮、大葱等。畜牧业以饲养生猪、牛、羊为主。有同煤集团大同钢铁厂、油库、煤矿。服务业以餐饮为主。大秦、大准铁路、208 国道经此，京包铁路过境设站。

140212-B02-H01　**古店**［Gǔdiàn］古店镇人民政府驻地。在区政府驻地新荣镇东南 16 千米。人口 3230。因该处只有一店，称孤店儿，后演化为此名。清道光《大同县志》卷 4《疆域》载："有孤店儿。"聚落呈团块状。有大钢中学、古店小学校。有区级文物保护单位龙王庙，现仅存部分正殿，为清代建筑遗构。有大同新大钢铁有限公司。208 国道经此。

140212-B03　**花园屯镇**［Huāyuántún Zhèn］新荣区辖镇。在区境东南部。面积 221 平方千米。人口 1.72 万。辖 19 行政村。乡人民政府驻花园屯。1949 年大同解放，东西大同县合并后，仍属大同县。1950 年新区土改后属大同县四区，区公所设花园屯。1954 年大同县、怀仁县合并，改称大仁县，属之。1965 年恢复大同县，同时归属雁北地区管辖。1972 年归属大同市新荣区。1984 年改社划乡，境内的镇川堡人民公社、花园屯人民公社改成镇川堡乡、花园屯乡。2001 年乡镇合并，镇川堡乡与花园屯乡合并为花园屯乡。2021 年经山西省人民政府批准花园屯乡改为花园屯镇。以驻地得名。北魏时此处为皇家园林北苑所在，明代筑堡屯兵，故名。正德《大同府志》卷 2《土堡》载："大同前卫有上花园屯堡。"为花园屯最早的文字记载。清乾隆《大同府志》卷 2《村堡》载："大同县治东北二十里有花园屯村。"地势东西高，中间低，北高南低。地形分为山区、丘陵。主要山脉有采凉山、方山、马铺山，境内最高峰采凉山主峰位于花园屯乡道士窑村，海拔 2144.6 米；最低点黍地沟位于花园屯乡西部，海拔 1212 米。万泉河流经，属海河流域。矿产资源有辉绿岩、玄武岩等。有中小学、卫生院、文体活动中心。有国家级重点文物保护单位方山永固陵。有省级重点文物保护单位慧泉禅寺、太玄观、明长城等遗址。农业以种植业为主，主产有高粱、玉米、小杂粮、谷黍、莜麦、马铃薯等。畜牧以养殖牛、羊为主。特产有道士窑羊肉、花园屯糕面。工业以煤炭、建材等为主。有煤炭、建材、机械制造、化工药业等行业。服务业以商贸为主。109、208 国道，大准铁路经此。

140212-B03-H01　**花园屯**［Huāyuántún］花园屯镇人民政府驻地。在区政府驻地新荣镇东南 20.6 千米。人口 3300。因北魏时此处为皇家园林"北苑"所在，明代筑堡屯兵而得名。明正德《大同府志》卷 2《城池・堡附》载："大同前卫有上花园屯堡。"聚落呈团块状。有新荣区花园屯小学校。有花园屯遗址，为汉代、辽至金时期文化遗存。有花园屯武氏民宅，现存为清代建筑遗构。501 国道经此。

140212-C01　**破鲁堡乡**［Pòlǔbǎo Xiāng］新荣区辖乡。在区境西南部。面积 90 平方千米。人口 2.07 万。辖 12 行政村。乡人民政府驻破鲁堡。破鲁堡乡原为左云县管辖。1958 年成立破鲁堡人民公社，驻地为破鲁堡村。1971 年划归大同市新荣区。1984 年改为破鲁堡乡。2021 年经山西省人民政府批准撤销上深涧乡整建制并入破鲁堡乡，沿用至今。以驻地得名。明朝，朱元璋为抵御胡虏入侵在此处修建一堡名"破虏堡"。清时改"虏"为"鲁"。光绪《山西通志》载："破鲁堡，在助马西南二十里，周二里有奇。旧为极冲，自增建五堡，称为腹里。土田饶衍，宜于种，但患地势平坦。"地势西高东低，为低山丘陵区。淤泥河流经，属海河流域。矿产资源有煤、辉绿岩等。有中小学、医院、文体活动中心。有市级文物保护单位辽代寺院宁静寺。农业以种植业为主，主产山药、谷黍、莜麦、蔬菜等。畜牧业以饲养生猪、羊、牛等为主。工业以采煤与加工为主，有风力发电站。服务业以餐饮、商贸为主。孙启庄—右玉高速、新陈线公路经此。

140212-C01-H01　**火石沟**［Huǒshígōu］破鲁堡乡人民政府驻地。在区政府驻地新荣镇西南

13.1千米。人口740。因村东有一条沟，盛产火石，名火石沟，后形成村落，故名。聚落呈团块状。有破鲁堡乡卫生院。县道新陈线经此。

140212-C01-H02 **破鲁堡**［Pòlǔbǎo］在区政府驻地新荣镇西南16.7千米。破鲁堡乡辖行政村。人口1600。明时在此修建一堡，名破虏堡，后形成村落，清道光年间更此名。聚落呈团块状。有第六批省级文物保护单位破鲁堡宁静寺，现存为明代建筑遗构。有破鲁堡堡址，现存为明代建筑遗构。有破鲁堡龙王庙，现存为清代建筑遗构。县道新鲁线、新陈线经此。

140212-C02 **郭家窑乡**［Guōjiāyáo Xiāng］新荣区辖乡。在区境北部。面积147.4平方千米。人口1.26万。辖19行政村。乡人民政府驻郭家窑。1971年前属左云县管辖。1972年划归新荣区。1984年改成郭家窑乡。2001年原东胜庄乡与郭家窑乡合并为郭家窑乡，辖30行政村，名称沿用至今。以驻地得名。村内清光绪五年（1879年）碑文记载："山西洪洞县郭氏迁居于此。"故得名。淤泥河流经，属海河流域。矿产资源有石英砂、紫陶砂等。有中小学、卫生院、文体活动中心。有省级文物保护单位助马堡堡址。有弥陀山生态观光旅游区。农业以种植业为主，主产有莜麦、山药等。畜牧业以饲养牛、羊为主。特产有马铃薯等。工业以采煤与加工为主。服务业以商贸、旅游为主。二广高速、新鲁线公路经此。

140212-C02-H01 **郭家窑**［Guōjiāyáo］郭家窑乡人民政府驻地。在区政府驻地新荣镇西北10.5千米。人口3000。据村内清光绪五年（1879年）碑文记载："山西洪洞县郭氏迁居于此"，故名。聚落呈团块状。有郭家窑中学、郭家窑乡卫生院。有烽火台，现存为明代建筑遗构。县道新鲁线经此。

140212-C02-H02 **助马堡**［Zhùmǎbǎo］在区政府驻地新荣镇西北21.4千米。郭家窑乡辖行政村。人口1380。明嘉靖二十四年（1545年）筑助马堡，因一次胡人入侵，马队入堡相助取胜而得名。聚落呈团块状。有助马堡堡址、武家台烽火台、助马口马市遗址，现存皆为明代建筑遗构。有助马堡古戏台，现存为清代建筑遗构。2016年被列入第四批中国传统村落名录。长城一号旅游公路经此。

140212-C03 **西村乡**［Xīcūn Xiāng］新荣区辖镇。在区境南部。面积162平方千米。人口1.17万。辖15行政村。乡人民政府驻西村。1958年由大仁县划入大同市后，归郊区"长城人民公社"，改为"西村管理区"。1959年撤销管理区，划入"新荣公社"管辖。1960年归古城区管辖。1963年成立"西村人民公社"。1964年归市辖大同县。1965年大同县划归雁北专署管辖。1970年该公社又由大同县划归大同北郊区管辖。1971年北郊区改为新荣区，仍辖该公社。1984年建乡时，将"西村乡人民公社"改为"西村乡"。2001年与户部乡合并为西村乡，沿用至今。以驻地得名。本村东南有沟，名为雀儿沟，传说最初人们五更听到雀儿沟流水声，以为沟里有龙要探头，本村位于雀儿沟西，故名西村探头，后简化为西村。地处丘陵地带，山梁起伏，沟壑遍布。矿产资源有煤炭、石墨、石英、玄武岩、辉绿岩等。有中小学、卫生院、文体活动中心。农业以种植业为主，主产有山药、莜麦、谷子、小麦等。畜牧业以饲养猪、羊、牛、马、驴、骡为主。工业有石料开采、采煤等。服务业以餐饮、物流为主。109国道、省道拒云线经此。

140212-C03-H01 **户部**［Hùbù］西村乡人民政府驻地。在区政府驻地新荣镇东南6.8千米。人口310。系镇鲁堡部分居民而形成，镇鲁堡原名护堡，新形成之村沿用旧名，后演变为此。聚落呈团块状。有户部遗址，为汉代文化遗存。有户部戏台，现存为清代建筑遗构。有户部祈雨造像石，现存为辽代建筑遗构。县道新同线经此。

140212-C04 **堡子湾乡**［Bǎoziwān Xiāng］新荣区辖乡。在区境北部。面积179平方千米。人口1.72万。辖18行政村。乡人民政府驻堡子湾。堡子湾原属于胡家窑乡管辖。1958年由大仁县划归为大同市后，属于郊区"长城人民公社"胡家窑管理区管辖。1959年划归"胡家窑人民公社"管辖。1960年"胡家窑人民公社"改归古城区。1964年归属大同县管辖。1966年社址迁至堡子湾。1970年该公社由大同县划归为大同市，归北郊区领导。1981 年更名为“堡子湾人民公社”。1984 年改为“堡子湾乡”。2002 年与新荣区拒墙乡合并，成立新堡子湾乡。2005 年乡政府驻地又迁回堡子湾村，沿用至今。以驻地得名。明朝政府实行军屯制，随着防御工事长城及守边附属设施堡、墩的建设，大量兵士云集，形成村落。居黄土高原最北端，地势西低东高。有方山、弥陀山等。淤子河、饮马河流经，属海河流域。矿产资源有煤炭、石墨、云母墨色花岗岩、玄武岩、紫砂页岩等。有中小学、卫生院。有省级重点文物保护单位得胜堡、长城墩台、祁皇墓、明长城等遗址。农业以种植业为主，主产有玉米、谷子、豆类、土豆等。畜牧业以饲养牛、羊为主。特产有莜面、得胜韭菜、甘草、黄芪、野蘑菇等。工业以煤炭、石墨开采等为主。服务业以餐饮、商贸为主。大准铁路过境设站。208 国道、京包铁路经此。

140212-C04-H01 **堡子湾**［Bǎoziwān］堡子湾乡人民政府驻地。在区政府驻地新荣镇东北 13.7 千米。人口 760。相传明朝时曾于此筑堡，东临饮马河湾，故名。聚落呈团块状。有烽火台、堡址、古戏台等历史文化遗存。有堡子湾乡中学、堡子湾小学、堡子湾乡卫生院。有长城、烽火台，现存为明代建筑遗构。208 国道经此。

140212-C04-H02 **得胜堡**［Déshèngbǎo］在区政府驻地新荣镇东北 16.1 千米。堡子湾乡辖行政村。人口 2110。聚落呈团块状。明《三云筹俎考》卷 3《险隘考》载：“得胜堡，嘉靖二十七年（1548 年）设，万历二年（1574 年）砖包。本堡路将驻扎之地，逼邻虏穴，一墙之外，毳巾莫遍野，贡使往来之踵相接于途。嘉靖二十八年（1549 年）前抚詹移弘赐堡参将驻扎于此。外接镇羌，内联弘赐。”关门里有一额匾，阴刻“得胜”二大字，是为大同北边极冲。有省级文物保护单位得胜古堡群。有长城、烽火台、得胜堡址、马市堡址，现存皆为明代建筑遗构。有特产韭菜。2009 年被列入第三批山西省历史文化名村。2014 年被列入第三批中国传统村落名录。2019 年被列入第七批中国历史文化名村。长城一号旅游公路、208 国道经此。

140212-C04-H03 **祁皇墓**［Qíhuángmù］在区政府驻地新荣镇东北 14.3 千米。堡子湾乡辖行政村。人口 150。因村东山顶上有祁皇陵墓，故名。北魏于此置永固县，《魏书》卷 106 上《地形考二上》恒州，代郡有永固县。《大清一统志》卷 146 大同府载：“永固废县，在大同县北，后魏置。”即此。聚落呈团块状。有祁皇墓，为北魏文成帝文明皇后冯氏的陵墓——以永固陵为中心的大型陵园遗址，始建于后赵太和年间，建制基本沿袭东汉。长城一号旅游公路经此。

140215 **云州区**［Yúnzhōu Qū］大同市辖区。北纬 113° 36′，东经 40° 02′。在市区西部。面积 1478 平方千米。人口 15.11 万。辖 3 镇、6 乡。区人民政府驻西坪镇。战国属赵。秦朝置平城县，属雁门郡。新莽改平城县为平顺县。东汉复旧。三国，魏复置，属新兴郡。晋朝改属雁门郡。北魏延和元年（432 年）改万年县。太和十七年（493 年）复名平城，属恒州，兼为州治。北齐天保七年（556 年）改太平县，属代郡。北周废置，同时改太平县为云中县，属长宁郡，故治在大同城西北 15 千米。隋朝开皇二年（582 年）改云内县，属马邑郡。唐朝贞观十四年（640 年）定襄县自朔州北界定襄城故址徙此，属云州，兼为州治，云内县废入，故治在今大同城西北 15 千米。永淳元年（682 年）为默啜所破，州、县俱废。开元十八年（730 年）复为云中县，属云州，故治在今大同城东 3 千米。五代晋割入契丹，隶西京道。辽重熙十七年（1048 年）析云中县地置大同县，治所在今大同城区，属西京道。蒙古至元二年（1265 年）废云中县入大同县，属大同路。明、清俱属大同府。1912 年属雁门道，后属省。1937 年后分置东、西大同县，分属晋察冀边区与晋绥边区。东大同县与西大同县的第五区、第六区、第九区合并为大同县，属察哈尔省雁北专区。1952 年划归山西省雁北专区。1954 年大同、怀仁两县合并为大仁县。1958 年撤大仁县划归大同市，设郊区。1960 年撤郊区，原大同改设古城区。1964 年撤古城区，恢复大同县。1965 年划归雁北专区。1967 年属雁北地区。1971 年县政府由大同市区迁至西坪镇。1993 年改属大同市。2018 年，撤销大同县，设云州区。因唐宋时期设云州得名，云州为燕云十六州之一，自古为北方边境军事重镇。地势西北高、东南低，地形由西北向东南倾斜，有采凉山、六棱山，最高海拔大梁草帽山 2174.5 米，最低海拔 897.5 米。属温带大陆性气候，年均气温 6.7℃，1 月平均气温 -12.0℃，7 月平均气温 22.5℃。年均降水量 391.5 毫米。年平均无霜期 125 天。矿产资源有煤、石英、长石、矿泉水、砖瓦粘土、砂、铁、玄武岩、火山岩、石灰岩、花岗岩、白云岩等。有中小学、二级医院 2 所、图书馆、档案馆、文化馆、体育场馆、数字影院。有国家级大同火山群地质公园。有省级重点文物保护单位吉家庄新石器遗址。有县级文物保护单位仓夷烈士纪念碑（亭）。有桑干河国家湿地公园、南山睡佛、汉“白登之战”遗址、清帝师李殿林旧居、吕家大院、慈禧西逃驻地和聚乐、许堡古堡、北石山村遗址、冈山遗址、东水地古城遗址、小坊城古城遗址。有中国传统村落落落阵营村、许堡村、徐疃村。为中国黄花之乡。有传统民俗踢鼓秧歌、挠阁、高跷、抱跤人、灯官、独角戏、威风锣鼓等。三次产业比 7 ∶ 55 ∶ 37。农业以种植业为主，主产有玉米、谷黍、豆类、马铃薯等。特产有绿豆、哈密杏、槟果、黄花等。特色美食有盐煎羊肉、大同刀削面、大同铜火锅、大同黄花、聚乐哈密杏、莜面、黄花粉丝、玻璃饺子、烧麦等。工业以煤炭运销、机械制造为主，有机械制造、物流园区等产业集群。服务业以餐饮、物流、商贸、旅游为主。大秦铁路过境设站。京包、同蒲、大准铁路，208、109 国道，省道大张线、太阳线、大灵线经此。孙启庄—右玉、天镇—黎城高速。

140215-B01 **西坪镇**［Xīpíng Zhèn］云州区人民政府驻地。在县境中部。面积 261 平方千米。人口 6.39 万。辖 27 行政村，镇人民政府驻西坪。解放初期属大同县七区，1950 年划归二区，1953 年区下设乡，分属西坪、小坊城和官堡乡，1954 年大仁县时区撤改县辖乡，1956 年三乡合并为大仁县西坪乡，1958 年大仁县撤，划归大同市郊区东方红人们公社西坪管理区，1959 年东方红人们公社撤置西坪人们公社，1960 年郊区撤归大同市古城区，1964 年复置大同县，西坪人民公社归大同县，1965 年将西坪人们公社分置瓜园、陈庄公社，剩下的属西坪人们公社。1984 年改置镇。2001 年中高庄乡并入。2021 年撤销瓜园乡，其行政区域并入西坪镇。以驻地得名。因村位于土地平坦的小坪西部，故名西坪。地形东北高西南低，地形为丘陵地形。主要山脉有昊天山、金山寺，境内最高峰位于火山锥金山寺，海拔 1367 米；最低点位于官堡村南，海拔 998.1 米。桑干河流经，属海河流域。矿产资源有玄武岩、浮石、河沙等。有小学、卫生院、文化馆、图书馆。有县级文物保护单位昊天寺。有新石器时期水头遗址。有湿地公园。农作物以种植业为主，主产玉米、土豆、谷黍等。畜牧业以饲养生猪、羊、家禽为主。特产有黄花等。京包、同蒲铁路，109 国道，孙启庄—右玉高速，省道大张线经此。

140215-B01-K01 **老帅街**［Lǎoshuài Jiē］在区境中部。西起坪城路，东至阳西线。与大北街、昊阳北路、安平街、景山路相交。长 3.3 千米，宽 20 米。沥青路面。2001 年开工，2002 年建成。因明时有将军府得名。两侧有云州区体育馆、区一中、区生态公园和晨曦小区（老帅街）等。

140215-B01-K02 **文昌东街**［Wénchāng Dōngjiē］在区境东部。西起文昌西街，东至大同火山群国家地质公园附近。与安平路、景山路相交。长 1 千米，宽 10 米。沥青路面。两侧有云州区机关幼儿园、城镇幼儿园和区示范中学等。

140215-B01-K03 **文昌西街**［Wénchāng Xījiē］在区境中部。西起利民巷，东至文昌东街。与昊阳北路相交。长 0.38 千米，宽 10 米。沥青路面。两侧有云州区汽车客运站等。通旅游直通车。

140215-B01-K04 **坪邑西街**［Píngyì Xījiē］在区境中部。西起坪城路，东至昊阳北路。以昊阳北路、南路为界，分为西街、东街。与永业西街、工农巷、利民巷相交。长 2 千米，宽 16 米。沥青路面。2001 年开工，2002 年建成。因位于西坪镇之西得名。两侧有西坪小学和大同市云州区生态公园等。通 605 路公交车。

140215-B01-K05 **坪邑东街**［Píngyì Dōngjiē］在区境中部。西起坪邑西街，东至大同火山群国家地质公园。与安平路、景山路相交。长 0.95 千米，宽 16 米。沥青路面。2001 年开工，2002 年建成。因位于西坪镇之东得名。两侧有云州区示范中学和新华书店等。

140215-B01-K06 **永业西街**［Yǒngyè Xījiē］在区境南部。西起坪邑西街，东至昊阳南路。与工农巷相交。长 0.79 千米，宽 20 米。沥青路面。两侧有云州区城镇第三小学、永鑫小区和福安园小区等。

140215-B01-K07 **永业东街**［Yǒngyè Dōngjiē］在区境东南部。西起永业西街，东至景山路附近。与昊阳南路、安平路相交。长 0.8 千米，宽 20 米。沥青路面。两侧有云州区供电公司等。

140215-B01-K08 **坪城路**［Píngchéng Lù］在区境西部。北起天镇—黎城高速收费站，南至昌运西街。与老帅街、坪邑西街相交。长 3 千米，宽 16 米。沥青路面。1992 年建成。因位于西坪镇得名。两侧有领先钣金烤漆等多家商铺。

140215-B01-K09 **昊阳北路**［Hàoyáng Běilù］在区境中部。北起水头村北，南至坪邑西街。以坪邑西街为界，分为北路、南路。与老帅街、文昌西街、文昌东街、坪邑东街相交。长 0.62 千米，宽 16 米。沥青路面。1991 年开工，1992 年建成。以境内昊天寺及方位得名。两侧有云州区商务综合大楼等。

140215-B01-K10 **昊阳南路**［Hàoyáng Nánlù］在区境中部。北起坪邑西街，南至 109 国道。与永业西街、永业东街相交。长 0.7 千米，宽 16 米。沥青路面。1991 年开工，1992 年建成。以境内昊天寺及方位得名。两侧有昊和广场和罗马美术学院等。通 605 路公交车。

140215-B01-K11 **安平路**［Anpíng Lù］在区境东部。北起老帅街，南至昌运东街。与文昌东街、坪邑东街、永业东街相交。长 0.9 千米，宽 20 米。沥青路面。两侧有云州区城镇小学、大同市公安局云州区分局和区第二中学校等。

140215-B01-K12 **景山路**［Jǐngshān Lù］在区境东部。北起老帅街，南至昌运东街。与文昌东街、坪邑东街、永业东街相交。长 1.5 千米，宽 10 米。沥青路面。两侧有云州区示范中学、康乐幼儿园、区教师进修学校及和鼎职业培训学校等。

140215-B01-H01 **西坪**［XīPíng］西坪镇人民政府驻地。在云州区人民政府驻地西北 1 千米。人口 5000。因地势平坦，与东平村相对而得名。后演变为西坪。乾隆《大同府志·疆域》载："西坪村，聚城五十里。"有城镇小学。县道聚落线、阳西线经此。

140215-B01-H02 **李汪涧**［Lǐwāngjiàn］在区政府驻地西坪镇西南 7.2 千米。西坪镇辖行政村。人口 560。相传明朝由洪洞县迁来一户李姓移民在此定居，因靠河谷，名李涧，后又来一户汪姓，故名。聚落呈团块状。有第六批省级文物保护单位李汪涧遗址，为汉代文化遗存。乡村道路经此。

140215-B01-H03 **陈庄**［Chénzhuāng］在区政府驻地西坪镇西南 9.4 千米。西坪镇辖行政村。人口 860。相传原村址在现址西南方沟底，陈姓居住，名陈家沟，后发展壮大，从沟底搬到沟上，故名。聚落呈团块状。有第六批省级文物保护单位陈庄墓群，为汉代文化遗存。县道聚落线、陈韩线经此。

140215-B02 **倍加造镇**［Bèijiāzào Zhèn］云州区辖镇。在区境西部。面积 77.52 平方千米。人口 1.53 万。辖 9 行政村。镇人民政府驻倍加造。解放初期属大同县一区，1950 年倍加造、郭家窑头、营坊沟、独树划为二区，任家小村划为三区。1953 年区下设乡，东西骆驼坊属一区西骆驼坊乡，解庄属一区解庄乡，蔚洲疃、樊庄、谢疃属一区蔚洲疃乡。倍加造、独树、营坊沟属二区倍加造乡，郭家窑头属二区官堡乡，任家小村属三区周士庄乡。1954 年大仁县时，撤区改为县辖乡。1956 年小乡合并，今所属自然村划归倍加造乡。1958 年大仁县撤划归大同市郊区东方红人民公社。1961 年将倍加造人民公社划分为倍加造、党留庄两个公社。1964 年复置大同县，倍加造人民公社划归为大同县。1984 年改置镇。以驻地得名。原名贝家皂，明代为军马场，头领姓贝，故名，清同治十年（1871 年）改今名。地处山前倾斜平原与冲洪积平原交界部位，地势北高南低。有中小学、卫生院、文体活动中心。农业以种植业为主，主产有玉米、谷子、黍、葵花、黄花等。畜牧业以饲养生猪、牛、羊为主。特产有黄花等。服务业以旅游为主。大秦铁路、孙启庄—右玉高速、109国道、省道大张线经此。

140215-B02-H01 **倍加造**［Bèijiāzào］倍加造镇人民政府驻地。在区政府驻地西坪镇西11.7千米。人口4900。为明清牧养军马所在，头领姓贝，名贝家皂或倍家皂。清乾隆《大同府志》卷3《疆域》有倍家皂，清同治十年（1871年）改今名。聚落呈团块状。有倍加造中学、倍加造小学、倍加造镇卫生院。有倍加造遗址，为汉代文化遗存。有倍加造堡址，现存为明代建筑遗构。有特产黄花。109国道、省道大阳线经此。

140215-B02-H02 **营坊沟**［Yíngfánggōu］在区政府驻地西坪镇西11千米。倍加造镇辖行政村。人口840。相传古代此村驻过军营，村西有地名营盘，营盘南有沟，故名。聚落呈团块状。有营坊沟蒋氏民宅，现存为清代建筑遗构。2020年被评为第六届全国文明村。109国道经此。

140215-B03 **周士庄镇**［Zhōushìzhuāng Zhèn］云州区辖镇。在区境北部。面积145平方千米。人口1.41万。辖18行政村。镇人民政府驻周士庄。解放初期属大同县十区。1950年划归三区，1953年区下设乡，分属四十里铺、上庄、周士庄、三十里铺乡。1954年大同、怀仁两县合并称大仁县，区撤，改为县辖乡。1956年上庄、四十里铺两乡合并为后铺乡，三十里铺、周士庄两乡合并为三十里铺乡。1958年属大同市郊区花果人民公社。1959年将后铺、三十里铺两个管理区合并为周士庄人民公社。1964年复置大同县，周士庄人民公社属大同县。1984年改置镇。以驻地得名。因此村早年有个姓周的武士在这里镇守土堡而得名。地势北高南低，平均海拔为800米左右。矿产资源有花岗岩、云母岩、金属铀等。有中小学、卫生院、文体活动中心。有县级文物保护单位三条涧白登之战遗址、廿里铺普度寺、三府坟特色山庄、水峪洪恩寺等。为县西北部重要物资集散地。农业以种植业为主，主产有玉米、谷黍、马铃薯等。畜牧业以饲养羊为主。特产有黄花。服务业以旅游为主。京包铁路、孙启庄—右玉高速、大张公路经此。

140215-B03-H01 **周士庄**［Zhōushìzhuāng］周士庄镇人民政府驻地。在区政府驻地西坪镇北13.7千米。人口3652。相传周氏从山西洪洞县迁来，在此居住，起名周氏庄，后将“氏”演化为“士”，得今名。聚落呈团块状。有云州区周士庄镇中学、周士庄镇卫生院。有周士庄堡址，现存为明代建筑遗构。有周士庄老爷庙、周士庄郭氏民宅，现存为清代建筑遗构。云州街经此。

140215-C01 **吉家庄乡**［Jíjiāzhuāng Xiāng］云州区辖乡。在区境西南部。面积189平方千米。人口0.55万。辖13行政村。乡人民政府驻吉家庄。解放初期属大同县四区，旧桥、古定桥、西浮头三村属三区。1953年设吉家庄乡。1958年撤吉家庄乡设桑干河人民公社，驻地为吉家庄村。1959年撤桑干河人民公社，成立吉家庄人民公社。1984年复设乡。2001年麻峪口乡并入。以驻地得名。吉家庄原名“集驾庄”，传说是北魏皇室贵族朝拜佛教圣地时集结、沐浴、更衣的地方，故称“集驾庄”，后演变为今称“吉家庄”。地势南高北低。地形为山地。主要山脉有马头山、殿山、落鹰山，境内最高峰马头山位于瓮城口村南，海拔1866米；最低点位于古定桥村南河滩，海拔962米。御河、桑干河流经，属海河流域。矿产资源有铁矿石、石灰岩等。有中小学、卫生院、文体活动中心。有省级重点文物保护单位吉家庄新石器遗址。农业以种植业为主，主产玉米、土豆、谷黍、蔬菜、大葱、西瓜、香瓜等。畜牧业以饲养生猪、羊、牛、家禽为主。特产有黄花等。服务业以庄园经济为主。天黎高速公路、省道大灵线经此。

140215-C01-H01 **吉家庄**［Jíjiāzhuāng］吉家庄乡人民政府驻地。在区政府驻地西坪镇西南25.2千米。人口420。相传因村民在此集结前往佛堂寺拜佛，名集结庄，后取“众家吉祥”之意而得名。明正德《大同府志》卷2《城池·堡附》载：“大同前卫有吉家庄堡。”聚落呈团块状。有吉家庄中学、吉家庄乡寄宿制小学、吉家庄乡卫生院。有第一批省级文物保护单位吉家庄遗址，为新石器时代文化遗存。有吉家庄堡址，现存为明代建筑遗构。县道鳌镇线经此。

140215-C02 **峰峪乡** [Fēngyù Xiāng] 云州区辖乡。在区境南部。面积173平方千米。人口0.48万。辖13行政村。乡人民政府驻峰峪。解放初期属大同县三区，1950年划归十区，1953年区下设乡，1954年大仁县时区撤县辖乡。1956年小乡合并始建峰峪乡。1958年大仁县撤，划归大同市郊区桑干河人民公社。1959年桑干河人民公社撤，将原桑干河人民公社、徐疃、峰峪两管理区合并为峰峪人民公社。1960年属大同市古城区峰峪人民公社。1963年将峰峪人民公社划分为峰峪、徐疃两个人民公社。1984年复设乡。2001年徐町乡并入。以驻地得名。原名凤羽，后因于万家山北5千米处，与山的顶峰相对，西边有通往浑源的峪口，故名。地势南高北低。地形分为南部山区，北部平川。主要山脉有双元山、万家山，境内最高峰位于双元山，海拔2786米；最低点位于徐疃村，海拔980米。桑干河、吴城河流经，属海河流域。矿产资源有石英石、铁矿石、银等。有中小学、卫生院、卫生所。有新石器时代东后口子遗址，清代旧桥村戏台。有中国传统村落徐疃村。农业以种植业为主，主产有玉米、土豆、谷黍等。畜牧业以饲养羊为主。特产有黄花等。服务业以庄园经济为主。天镇—黎城高速、省道大灵线经此。

140215-C02-H01 **峰峪** [Fēngyù] 峰峪乡人民政府驻地。在区政府驻地西坪镇南13.2千米。人口760。原名凤羽，后因村位于万家山北5千米处，与山的顶峰相对，西边有通往浑源的峪口而得名。聚落呈团块状。有云州区峰峪学校、峰峪乡卫生院。有特产万寿菊。有大同康华生物科技有限公司。县道陈韩线经此。

140215-C02-H02 **徐疃** [Xútuǎn] 在区政府驻地西坪镇东南12.3千米，峰峪乡辖行政村。人口860。相传原为北地人的圈马堡，后来汉人徐姓定居，名徐家疃，后演化为此名。明正德《大同府志》卷2《城池·堡附》载："大同县有徐疃堡。"聚落呈团块状。有徐疃乡中学校、徐疃小学等。有徐疃水井、徐疃堡址，现存皆为明代建筑遗构。有徐疃丁氏民宅，现存为清代建筑遗构。有特产黍子、绿豆、黄花。2019年被列入第五批中国传统村落名录。乡村道路经此。

140215-C03 **杜庄乡** [Dùzhuāng Xiāng] 云州区辖乡。在区境西南部。面积146平方千米。人口1.47万。辖15行政村。解放初期居大同县五区，1950年一半为一区，另一半划归二区。1953年区下设乡，分别属落阵营、马家会、千千村三个乡。1954年属大仁县。1956年小乡合并大乡，设落阵营与马家会两个乡。1958年属大同市郊区东方红人民公社。1959年属大同市郊区首置杜庄人民公社。1960年属大同市古城区杜庄乡人民公社。1965年属大同到杜庄人民公社。1984年改设乡。以驻地得名。该村在明朝因杜姓在这里建村垦田，起名杜家庄，后简称杜庄。地形北高南低。有中小学、卫生院、卫生所、文体活动中心。有县级文物保护单位吕家大院、土林等。有中国传统村落落阵营村。农业以种植业为主，主产有玉米、土豆、谷黍、小麦、豆类、甜菜、黄花等。畜牧业以饲养牛、羊、生猪为主。特产有黄花等。服务业以庄园经济为主。大秦铁路过境设站。有公路经此。

140215-C03-H01 **杜庄** [Dùzhuāng] 杜庄乡人民政府驻地。在区政府驻地西坪镇西南16.6千米。人口710。明正德《大同府志》卷2《城池·堡附》载："大同后卫有杜家庄堡。"聚落呈团块状。有杜庄中学、杜庄小学、杜庄乡卫生院。有大同土林，是独特的流水侵蚀地貌。有杜庄北遗址、杜庄遗址、杜庄东北遗址、杜庄西北遗址，皆为旧石器时代文化遗存。有杜庄龙王庙戏台，现存为清代建筑遗构。省道大灵线、县道聚落线经此。

140215-C03-H02 **落阵营** [Luòzhènyíng] 在区政府驻地西坪镇西南22.6千米。杜庄乡辖行政村。人口2050。相传古代曾有凤凰落过一阵，后被人惊飞，得名落阵。明代为抵御外族入侵，曾安营于此，故名。明正德《大同府志》卷2《城池·堡附》载："大同县有落阵营堡。"聚落呈团块状。有落阵营中学。有落阵营传统民居建筑群。2006年被列入第二批山西省历史文化名村。2016年被列入第四批中国传统村落名录。御河东路、县道大固线经此。

140215-C04 **党留庄乡** [Dǎngliúzhuāng Xiāng] 云州区辖乡。在区境西部。面积 74 平方千米。人口 1.01 万。辖 11 行政村。乡人民政府驻党留庄。解放初期隶属于大同县一区，1953 年划乡，分别属一区，邢庄、马连庄、党留庄 3 个乡。1954 年大同、怀仁合并属大仁县，区撤销仍属 3 个乡辖。1958 年大仁县撤划归大同市郊区，并成立大公社，属东方红人民公社马连庄管理区。1959 年划归倍加造公社。1960 年属古城区。1961 年由倍加造公社划出成立党留庄人民公社。1964 年设置大同县，划归大同县辖。1984 年复设乡。以驻地得名。明代洪武年间由洪洞县迁移来党姓兄弟二人，在此建村，后党姓走，留村，得名党留庄。现已无党姓，村北有党家坟，封土无存。地势北高南低。御河流经，属海河流域。有中小学、卫生院。有仓夷烈士纪念碑楼。农业以种植业为主，农业以种植业为主，主产有玉米、土豆、谷黍、小麦、高粱、豆类、瓜类、甜菜等。畜牧业以饲养生猪、牛、羊为主。特产有黄花等。工业以制造业为主，有活性炭、建材、钢建构为主的工业模式，有光伏产业。服务业以庄园经济为主。大秦铁路、大准铁路经此。

140215-C04-H01 **党留庄** [Dǎngliúzhuāng] 党留庄乡人民政府驻地。在区政府驻地西坪镇西南 16.6 千米。人口 2820。相传明朝由洪洞县迁来党姓在此建村，名党留庄堡，后党姓离村，演化为此。明正德《大同府志》卷 2《城池 · 堡附》载："大同后卫有党留庄堡。" 聚落呈团块状。有党留庄乡中小学、党留庄乡卫生院。有党留庄遗址，为汉代文化遗存。有党留庄堡址，现存为明代建筑遗构。有党留庄龙王庙戏台，现存为清代建筑遗构。省道大灵线经此。

140215-C05 **聚乐乡** [Jùlè Xiāng] 云州区辖乡。在区境北部。面积 139 平方千米。人口 0.38 万。辖 8 行政村。乡人民政府驻聚乐。1950 年划归三区。1953 年，区下设乡分别为鸦儿崖乡和聚乐堡乡。1954 年大同县、怀仁合并称大仁县，区撤销，该乡所属村分别属鸦儿崖乡和聚乐堡乡。1956 年两乡合并为聚乐堡乡。1958 年大仁县划归大同市郊区，并成立人民公社，该乡当时属花果人民公社聚乐堡管理区，1959 年花果人民公社撤，上榆涧、聚乐堡两个管理区成立聚乐堡人民公社。1960 年大同市郊区撤，成立古城区，聚乐堡人民公社属古城区。1963 年聚乐堡公社分为中高庄、聚乐堡两个人民公社。1964 年复置大同县，大同市古城区划归大同县。1984 年复设聚乐乡。2001 年阁老山乡并入。以驻地得名。传说聚乐堡原名聚药店。采凉山上生长着很多中药材，在古代很多外地人从事药材生意，当时该村药店、旅店很多，因而起名聚药店。明万历年间这里已是集镇，因修筑了城堡，改名聚乐堡。村西北约五公里处为金代聚落遗址。地势为北高南低。地形为山区。主要山脉有采凉山，境内最高峰位于采凉主峰，海拔 2400 米；最低点位于山自造村平坦洼地，海拔 520 米。矿产资源有火山岩等。有中小学、卫生院、文体活动中心。有国家级火山地质公园。有火山神池、麻地沟风景区。有辽、金时期"膺嘴墩遗址"、古迹堡城和慈禧太后西逃驻跸处等。农业以种植业为主，主产玉米、土豆、谷黍等。畜牧业以饲养生猪、羊、牛、家禽为主。特产有黄花等。服务业以旅游、餐饮为主。京包铁路、天镇—黎城高速、省道大张线经此。

140215-C05-H01 **聚乐** [Jùlè] 聚乐乡人民政府驻地。在区政府驻地西坪镇北 14 千米。人口 1400。相传因采凉山上产中药材，该村药店、旅店多，得名聚药店，后因明天顺二年（1458 年）筑堡而得名聚落堡或聚落城。明正德《大同府志》卷 2《城池 · 堡附》载："聚落堡，在府城东六十里。天顺二年（1458 年）筑……设站马戍兵。" 并于堡中设驿。聚落呈团块状。有聚乐乡中学、聚乐乡卫生院。有聚乐遗址，为新石器时代、战国时期文化遗存。有聚乐堡址，现存为明代建筑遗构。有慈禧驻跸处，现存为清代建筑遗构。有聚乐战场遗址，为 1937 年 9 月阎锡山所部国民党十九军与侵华日军在此进行"大同会战"的战场遗迹。省道大张线经此。

140215-C06 **许堡乡** [Xǔbǎo Xiāng] 云州区辖乡。在区境东部。面积 272 平方千米。人口 0.81 万。辖 14 行政村。乡人民政府驻许堡。解放初期属阳高县四区。1953 年区下设乡，13 村划为

4个小乡。1955年小乡合并成立许堡镇。1958年实行政社合一成立许堡人民公社。1971年全公社划归大同县。1984年复设乡。2001年西册田乡并入。以驻地得名。建于明万历二十九年（1601年），原名许家庄堡，清后期简称今名。地势北高南低。地形为山川、丘陵，境内最高峰大梁草帽山，海拔2174.5米；最低点位于鹅毛村桑干河出境处，海拔897.5米。桑干河流经，属海河流域。矿产资源有花岗岩、长石、火山溶石。有中小学、卫生院、文体活动中心。有县级文物保护单位古长城、古城堡、烽火台等。有舒宏烈士纪念碑。有乌龙峡景区。有中国传统村落许堡村。农业以种植业为主，主产有玉米、土豆、谷黍、豆类、山药蛋、黄花、西瓜等。畜牧业以饲养生猪、羊、家禽为主。特产有黄花、册田水库大鲤鱼、正宗油皮、神泉驴肉、药草羊肉等。服务业以旅游为主。京大高速、大秦铁路、省道大张线经此。

140215-C06-H01　**许堡**［Xǔbǎo］许堡乡人民政府驻地。在区政府驻地西坪镇东12.2千米。人口910。相传最早由许姓建村，名许家庄，明万历二十九年（1601年）在此建民堡，称许家庄堡，后简称许堡。明正德《大同府志》卷2《城池·堡附》载："大同后卫有许家庄堡。"《宣大山西三镇图说》卷2"许家庄堡图说"载："（许家庄堡）本庄故民堡，嘉靖三十九年（1560年）更民堡为之。万历二十九年（1601年）砖包。"聚落呈团块状。有许堡乡卫生院。有许堡堡址，现存为明代建筑遗构。有许堡天主堂，建于1931年，1948年教堂停止活动，1994年教会活动恢复。2016年被列入第四批中国传统村落名录。109国道经此。

140215-C06-H02　**东水地**［Dōngshuǐdì］在区政府驻地西坪镇东15.5千米。许堡乡辖行政村。人口1360。因位于跳水崖（古名悬石崖）泉水东而得名。聚落呈团块状。有第六批省级文物保护单位东水地城址，始建于战国，沿用至汉代。109国道经此。

140221　**阳高县**［Yánggāo Xiàn］大同市辖县。北纬39°50′，东经113°28′。在市区东部。面积1598.3平方千米。人口19.2万。以汉族为主，还有回、蒙古等民族。辖7镇、4乡。县人民政府驻龙泉镇。西汉置高柳县，属代郡，为西部都尉治。东汉末代郡来治，县遂废。晋复置，仍称高柳。北魏永熙年于县置高柳郡。北齐时郡县俱废。辽置长青县，属大同府。金大定七年（1167年）改名白登县，以白登河流贯其间，故名。元至元二年（1265年）废白登县为镇，入大同县。寻复置县，属大同路。明洪武二十六年（1393年）置阳和卫，治所在今县城，属山西行都指挥使司。清初改阳和卫为阳高卫，取阳和卫、高山卫两卫首字为名，属大同府。顺治五年（1648年）为大同府治所，八年（1651年）大同府复还故治。雍正三年（1725年）改为阳高县，属大同府。1912年废府。1913年属北路道。1914年属雁门道。1927年废道后直属山西省。1937年属山西省第一行政区。抗日战争时期在阳高县南部山区建立阳高县抗日民主政府，属晋察冀边区。1949年属察哈尔省雁北专区。1952年划归山西省雁北专区。1958年撤天镇县并入阳高县，属晋北专区。1961年天镇县析出。1967年属雁北地区。1993年雁北地区与大同市合并，属大同市至今。明洪武二十六年（1393年）置阳和卫。清初改阳和卫为阳高卫，取阳和卫、高山卫两卫首字为名。地处晋、冀、内蒙古三省（区）交界处。地势西北高。有云门山、采凉山、六棱山、黑龙洞山，最高海拔六棱山2420米，最低海拔1335米。属温带大陆性季风气候。年均气温7.8℃，1月平均气温-8.0℃，7月平均气温20.6℃。年均降水量385.3毫米。桑干河、白登河、吾其河、黑水河、黄水河等流经，属海河流域。矿产资源有金、铁、铜、煤、石灰石、石英石、铁矿石、钾长石等。有狼、金钱豹、苍鹭等国家级重点保护野生动物。有观赏、药用植物柴胡、黄金菜、党参、枸杞等4种。有中小学135所，县第一中学为省级示范学校。有文化馆、图书馆、档案馆、博物馆、体育场馆。有全国重点文物保护单位许家窑人遗址、云林寺、古城堡汉墓群。国家级4A大泉山风景旅游区。有省级风景名胜区守口堡。有省级爱国主义教育基地南瓮城惨案遗址。有县级文物保护单位神泉堡桥伏击战遗址、毛泽东指示四十周年纪念碑。有省级非物质文化遗产錾石赛戏、桂香布艺。三次产业比 39 ∶ 16 ∶ 45。农业以种植业为主，主产有谷子、黍子、豆类、莜麦、山药蛋、高粱、玉米、胡麻、白麻和甜菜等。畜牧业以饲养猪、牛、羊为主。特产有槟沙果、京杏、杏脯、圆白菜等。工业以煤炭、电力、制药为主。服务业以旅游、餐饮为主。京包铁路过境设站。天镇—黎城高速，省道长神线、孙吴线、张大线经此。

140221-B01 **龙泉镇** [Lóngquán Zhèn] 阳高县人民政府驻地。在县境西北部。面积 246 平方千米。人口 8.95 万。辖 15 社区、26 行政村。镇人民政府驻城关。1949 年属阳高县城关区。1950 年属第一区。1958 年 8 月属红星公社；同年 10 月，属城关公社。1961 年分属城关镇、城关乡。1967 年分属城关镇、城关公社。1984 年城关公社改城关乡，分属城关镇、城关乡。1990 年城关乡并入城关镇。2001 年孙仁堡乡与城关镇合并为龙泉镇。2021 年阳高县撤销北徐屯乡，整建制并入龙泉镇。以驻地得名。因附近村有龙王庙和圣泉寺名胜古迹，故取名为龙泉镇。寓意龙行天下，润泽万民。地势北高南低，境内最高峰位于云门山，海拔 1890 米；最低点位于八里台村南，海拔 1031 米。黄水河、黑水河流经，属海河流域。矿产资源有铁、铜、金、云母等，其他资源有柴胡、黄金莱、党参、枸杞等。有中学、卫生院、文体活动中心。有全国重点文物保护单位云林寺。有市级重点文物保护单位云门山玄云观、八里台佛寺、孙仁堡观音寺、灵光寺、观音寺、悬云寺、云中寺、龙王庙。有县级重点文物保护单位守口堡堡址。有县爱国主义教育基地南瓮城惨案遗址。农业以种植业为主，主产玉米、谷黍等。畜牧业以饲养奶牛、生猪、肉羊为主。工业以建筑、加工业为主。服务业以商贸、餐饮、物流为主。京包铁路过境设站。202 省道经此。

140221-B01-K01 **云门街** [Yúnmén Jiē] 在县城北部。西起云林路和京包铁路交叉口，东至北园街。与阳和大道相交。长 1.5 千米，宽 10 米。水泥、混凝土路面。2007 年开工，2008 年建成。以全国重点文物保护单位云林寺得名。两侧有阳高三中和龙园小区等。通 12 路公交车。

140221-B01-K02 **长青街** [Chángqīng Jiē] 在县城中部。西起兴隆街，东至北园街。与众和北路、云林路、政府街、阳和大道相交。长 2.5 千米，宽 6.5 米。水泥、混凝土路面。2005 年开工，2006 年建成。因美好意愿而得名。两侧有阳高站、新华书店、御胜中医院和东关学校等。通 11、12 路等公交车。

140221-B01-K03 **暄阳街** [Xuānyáng Jiē] 在县城中部。西起兴隆街，东至东关村退役军人服务站以南路口处。与光荣街、义和路、众和路、云林路、阳和大道相交。长 4.1 千米，宽 6.5 米。水泥、混凝土路面。2006 年开工，2007 年建成。因美好寓意得名。两侧有新建路明德学校、新世纪中等职业学校、平安小区和汽车客运站等。通 11、12 路等公交车。

140221-B01-K04 **高柳街** [Gāoliǔ Jiē] 在县城南部。西起御泉华府附近，东至该街中国石化以东路口处。与云林路、阳和大道、神丰线相交。长 3 千米，宽 6.5 米。水泥、混凝土路面。2003 年开工，2005 年建成。因汉高柳县为西部都尉治所得名。两侧有怡馨苑小区和阳和公园等。通 12 路公交车。

140221-B01-K05 **兴隆路** [Xīnglóng Lù] 在县城北部。东北起长青街，西南至倪三草莓采摘园以南路口处。与镇门西街、光荣街、暄阳街相交。长 4 千米，宽 6.5 米。水泥、混凝土路面。2002 年开工，2003 年建成。两侧有安康老年公寓等。

140221-B01-K06 **义和路** [Yìhé Lù] 在县城西部。北起暄阳街，南至阳交运业电动汽车充电站以西路口处。与小区水泥路相交。长 1.2 千米，宽 6.5 米。水泥、混凝土路面。2007 年开工，2008 年建成。因美好寓意得名。两侧有祉雅园小区和汽车客运站等。通阳高快速公交 109 路车。

140221-B01-K07 **云林路** [Yúnlín Lù] 在县城中部。北起京包铁路，南至高柳街。长 2.9 千米，宽 6.5 米。水泥混凝土路面。2003 年初开工，年底建成。因全国重点文物保护单位云林寺得名。两侧有金光小学、御景花园、云林寺和怡馨苑小区等。通 11、12 路等公交车。

140221-B01-K08 **阳和大道** [Yánghé Dàdào] 在县城东部。北起神丰线，南至白登路。长 14 千米，

宽 12 米。水泥混凝土路面。2005 年开工，2009 年建成。以寓意和美得名。两侧有阳和公园和阳高县职业技术学校等。通 11 路公交车。

140221-B02 **罗文皂镇**［Luówénzào Zhèn］阳高县辖镇。在县境东部。面积 161 平方千米。人口 2.82 万。辖 14 行政村。镇人民政府驻罗文皂。1949 年属阳高县第九区。1953 年设罗文皂乡。1955 年改镇。后改公社。1958 年属八一公社，同年 10 月，属罗文皂公社。1984 年复设镇。2001 年太平堡乡并入。以驻地得名。据雍正《阳高县志》载："明洪武年间规定穿皂衣，戴平顶巾，明代均以皂冠名村社，均为军马饲牧之地，故得名罗文皂村。"地势北高南低，地形分为山区、丘陵区、平川区。主要山脉有云门山，境内最高峰古坟梁位于阳高县、内蒙古自治区兴和县、丰镇市三县交会处，海拔 2205 米；最低点位于柳林堡村南，海拔 1035 米。黑水河流经，属海河流域。矿产资源有磁铁矿、铁矿、云母、黄金、铅、锌及地热水等。有中小学、卫生院、文体活动中心。有市级重点文物保护单位青云寺、普渡寺、海印寺、金刚寺。县级重点文物保护单位云门山温泉。有东汉参合县古城遗址。有九龙假日温泉、豪洛温泉。农业以种植业为主，主产玉米。畜牧业以饲养猪、羊、牛为主。工业以磁铁矿、铁矿等开采为主。服务业以商贸、旅游为主。为大同市天镇、阳高和内蒙古兴和农副产品集散地。京包铁路经此。

140221-B02-H01 **罗文皂**［Luówénzào］罗文皂镇人民政府驻地。在县政府驻地龙泉镇东北 13.4 千米。人口 6820。明代以皂冠名村社即为军马饲牧之地，因有罗、文两姓定居，故名。明正德《大同府志》卷 2《城池·堡附》载："阳和卫有罗文皂堡。"聚落呈团块状。有罗文皂中学、罗文皂小学、罗文皂镇卫生院。有烽火台，现存为明代建筑遗构。512 国道、县道夏孤线经此。

140221-B03 **大白登镇**［Dàbáidēng Zhèn］阳高县辖镇。在县境中部。面积 109 平方千米。人口 1.93 万。辖 22 行政村。镇人民政府驻大白登。1953 年为大白登乡。1955 年改设为大白登镇。1958 年属大泉山公社。1961 年属大泉山公社。1983 年属大白登公社。1984 年复设镇。2001 年潘寺乡并入。以驻地得名。因村北有白登河得名大白登。地势南高北低。地形分为平川、丘陵。境内最高峰大墩台位于大泉山南部，海拔 1300 米；最低点位于王家堡村，海拔 1100 米。白登河、吾其河流经，属海河流域。矿产资源有铁矿石、石灰石等。有中学、卫生院、文体活动中心。有县级重点文物保护单位周官屯古堡。农业以种植业为主，主产有玉米、谷黍等。畜牧业以饲养奶牛、生猪为主。工业以铁矿石开采加工为主。服务业以交通运输、餐饮为主。京包铁路、省道长神线经此。

140221-B03-H01 **大白登**［Dàbáidēng］大白登镇人民政府驻地。在县政府驻地龙泉镇东南 11 千米。人口 2220。战国晚期，赵武灵王曾在此筑烽火台，名白登台，后演变为此名。金大定七年（1167 年）改长青县为白登县，《金史》卷 24《地理上》大同府："白登，本名长青，大定七年更。"《大清一统志》卷 146 大同府："白登故城，在阳高县南，本白登台地，辽置长青县……明洪武二年，李文忠出朔州，败敌于白登，县寻废。"即此。明永乐九年（1411 年）在此筑新堡，成化《山西通志》卷 3《城池·堡附》载："白登堡，在阳和卫城南三十里，永乐九年（1411 年）指挥许真筑。"聚落呈团块状。有阳高县大白登农业中学、大白登希望小学、大白登镇卫生院。有烽火台，现存为明代建筑遗构。省道神丰线经此。

140221-B04 **王官屯镇**［Wángguāntún Zhèn］阳高县辖镇。在县境西南部。面积 201 平方千米。人口 2.46 万。辖 27 行政村。镇人民政府驻王官屯。1955 年初设王官屯镇。1958 年 8 月，属国光公社；同年 10 月，属王官屯公社。1961 年随士营、钱家堡、上泉、马官屯并入朱家窑头公社。1984 年复设镇。2001 年朱家窑头乡并入。以驻地得名。据传说，此村出过一个姓王的官，在此屯田，故得名王官屯。地势西高东低。地形分为土石山区、黄土丘陵、平川地。境内最高峰位于采凉山，海拔 2144.6 米；最低点位于阎家坊村东，海拔 1011 米。白登河流经，属海河流域。矿产资源有铁、煤等。有中小学、卫生院、文体活动中心。有市级重点文物保护单位慧光寺。有县级重点文物保护单位随士营古堡。农业以种植业为主，主产玉米。畜牧业以饲养生猪、肉羊为主。工业以煤炭与铁矿开采加工为主。服务业以生态旅游观光农业为主。京包铁路、省道张大线经此。

140221-B04-H01 **王官屯**［Wángguāntún］王官屯镇人民政府驻地。在县政府驻地龙泉镇西南 14.2 千米。人口 1360。相传因古代一王姓官员在此屯田，后渐聚居于此，称王官人屯，后演变为此名。聚落呈团块状。有阳高县职业技术学校、王官屯双语实验小学、王官屯镇卫生院。省道大张线经此。

140221-B05 **古城镇**［Gǔchéng Zhèn］阳高县辖镇。在县境中部。面积 152 平方千米。人口 1.82 万。辖 22 行政村。镇人民政府驻古城。1955 年初设古城镇。1958 年 8 月，属超英公社。同年 10 月，属安家皂公社。1961 年改设为古城公社。1984 年复设镇。2001 年下神峪乡并入。因镇政府驻古城村而得名。古代此地曾经是县治所在地，故得名古城镇。地势西高东低。地形为黄土丘陵。境内最高峰黑龙洞山位于昝娘城村东，海拔 1335 米；最低点位于许家窑犁益沟，海拔 1050 米。黑水河流经，属海河流域。矿产资源有石英石等。有中小学、卫生院、文体活动中心。有国家级重点文物保护单位许家窑古人类遗址和古汉墓群。农业以种植业为主，主产有玉米、谷、黍等。畜牧业以饲养猪、羊、牛、鸡为主。服务业有运输、餐饮等。京包铁路、省道长神线经此。

140221-B05-H01 **古城**［Gǔchéng］古城镇人民政府驻地。在县政府驻地龙泉镇东南 31.5 千米。人口 1360。西汉时在此置道人县，东汉废，《汉书》卷 28《地理志下》代郡：“道人，莽曰道仁。”即此。因建城年代深远，故名。清雍正《阳高县志》卷 1《沿革》载：“小南路有古城堡。”聚落呈团块状。有古城中学、古城信善小学、阳高县古城卫生院。县道一王线经此。

140221-B06 **东小村镇**［Dōngxiǎocūn Zhèn］阳高县辖镇。在县境南部。面积 106 平方千米。人口 1.08 万。辖 13 行政村。镇人民政府驻东小村。1949 年属阳高县第四区。1953 年分属西营乡、东小村乡、永安堡乡，尉家小堡乡。1955 年改设为东小村乡。1958 年 8 月，属胜天人民公社，同年 10 月，属东小村人民公社。1984 年改置东小村镇。以驻地得名。相传该村村民是由大同县马连庄中姓尉的迁居此地，故名尉家东小村，后日寇侵华时将“尉家”去掉，改名为东小村。地势西北高、东南低。地形为丘陵。境内最高峰培墩山位于峪家窑村北，海拔 1423 米；最低点位于尉家小堡村南，海拔 907.3 米。黑水河、桑干河流经，属海河流域。矿产资源有花岗岩、浮石、石英石等。有中学、卫生院、文体活动中心。有县级重点文物保护单位神泉堡古堡。有神泉堡伏击战遗址。农业以种植业为主，主产有玉米、谷子、黍子、杂豆等。畜牧业以饲养生猪、肉羊、牛为主。工业以石英石矿开采为主。服务业以物流、商贸为主。省道长神线经此。

140221-B06-H01 **东小村**［Dōngxiǎocūn］东小村镇人民政府驻地。在县政府驻地龙泉镇东南 37.2 千米。人口 1930。相传大同县马连庄尉姓迁居此地，故名尉家东小村，后日寇侵华时将“尉家”去掉，故名。明正德《大同府志》卷 2《城池·堡附》载：“大同后卫有东小村儿堡。”聚落呈团块状。有东小村明德小学。有阳高县神泉生物技术有限责任公司。有烽火台，现存为明代建筑遗构。有东小村关帝庙、东小村传统民居，现存为清代建筑遗构。省道神丰线经此。

140221-B07 **友宰镇**［Yǒuzǎi Zhèn］阳高县辖镇。在县境西北部。面积 141 平方千米。人口 1.05 万。辖 11 行政村。镇人民政府驻友宰。1955 年初设为友宰镇。1958 年 8 月，属卫星公社；同年 10 月，属友宰公社。1961 年属友宰公社。1984 年复设镇。因驻地得名。据《阳高县志》记载，此村原有民筑土堡，明代隆庆年间，俺答入侵，蹂躏附近村民，此村因有土堡幸免，时村绅孙应辰（河南知县）亲历此事，倡议重修此堡，以重防务。后经御史张尔基、司马史公诸亲友帮助，经本省当局允许，请旨包修，由山西省都司孙应武负责此事至万历乙酉年竣工，工程坚实雄伟壮观，故得名友宰镇。地势南高北低，地形分为山、川、坡、沟。主要山脉有六棱山，境内最高峰位于黄羊尖，海拔 2420.5 米；最低点位于东册田村北，海拔 890 米。桑干河流经，属海河流域。矿产资源有石灰岩、花岗岩、铁矿石、磁铁矿等。有中小学、卫生院、文体活动中心。有县级文物保护单位释迦禅寺、圣泉寺。有六棱山原始森林、明代古堡、洪门寺、天然道观玉皇阁洞等。农业以种植业为主，主产有玉米、油料作物、蔬菜。畜牧业以饲养生猪、羊、牛、家禽为主。服务业以商贸为主。109 国道、神南运煤公路、鳌镇线公路经此。

140221-B07-H01 **友宰**［Yǒuzǎi］友宰镇人民政府驻地。在县政府驻地龙泉镇南 48.2 千米。人口 2320。原有民筑土堡，明隆庆年间，俺答入侵蹂躏附近村民，此村因有土堡幸免，时村绅孙应辰（河南知县）亲历并倡议重修。因由在朝为官亲友帮助修建而得名。明正德《大同府志》卷2《城池·堡附》载："大同前卫有友宰村堡。"聚落呈团块状。有阳高县友宰农技校、阳高县友宰镇中学、友宰镇卫生院。有友宰堡址，现存为明代建筑遗构。有友宰传统民居，现存为清代建筑遗构。县道鳌镇线、神南线经此。

140221-B07-H02 **东册田**［Dōngcètián］在县政府驻地龙泉镇东南 45.2 千米。友宰镇辖行政村。人口 1330。因该村耕地整齐、层层梯田一排排好像装订好的册子而得名。聚落呈团块状。有第六批省级文物保护单位阳高东风高灌站，建于 1966 年，为友宰镇 20 世纪 60 年代水利灌溉工程之一。县道神南线经此。

140221-C01 **长城乡**［Chángchéng Xiāng］阳高县辖乡。在县城西北部。面积 134 平方千米。人口 5581。辖 8 行政村。乡人民政府驻二十六。长城乡原名二十六村，明朝时改为长城乡，非行政区，为屯兵之地。1958 年成立钢铁公社，驻地二十六村，辖 32 个生产大队。1958 年改为二十六人民公社，辖 25 个生产大队。1960 年二十六人民公社更名为长城人民公社，驻地二十六村。1984 年复设乡。因此地遗存大量明代长城，故得名长城乡。阳高县长城乡境内有汉代古长城、明代古长城东西横贯全境。长城乡原名二十六村，其意为距阳高县城 26 里，后改为长城乡。地势西高东低。地形为低山区。境内最高峰采凉山位于南部边境，海拔 2144.6 米；最低点位于堡子湾村东，海拔 1315 米。黄水河流经，属海河流域。矿产资源有煤、铁、铜、金、钼等。有中学、卫生院、文体活动中心。农业以种植业为主，主产有土豆、谷黍、莜麦等。畜牧业以饲养羊、猪、牛为主。工业以煤炭、铁、铜等矿产资源开采为主。服务业以餐饮、物流为主。省道长神线经此。

140221-C01-H01 **二十六**［èrshíliù］长城乡人民政府驻地。在县政府驻地龙泉镇西 15 千米。人口 270。因村址坐落在从正宏堡起排序的第二十六条沟里而得名。聚落呈团块状。有长城中学、长城乡卫生院。有长城、烽火台，现存为明代建筑遗构。512 国道经此。

140221-C01-H02 **镇边堡**［Zhènbiānbǎo］在县政府驻地龙泉镇西南 20.3 千米。长城乡辖行政村。人口 1200。古时为了防御外族入侵，在此修筑城堡，镇守边关，故名。《三云筹俎考》卷 3《险隘考》载："镇边堡，嘉靖十八年（1539 年）更筑，万历十一年（1583 年）砖包。本堡原非官设，初名镇胡，后改此名以守备之，内白涯沟旧十墩俱当冲口。"曾将"镇"改"正"字。聚落呈团块状。有长城、镇边堡堡址、烽火台，现存为明代建筑遗构。512 国道经此。

140221-C01-H03 **镇宏堡**［Zhènhóngbǎo］在县政府驻地龙泉镇西 14 千米。长城乡辖行政村。据万历丁酉年（1597 年）石碑载，明万历年间筑堡，名"靖虏堡"，后村民认为不祥，遂改名为此。《三云筹俎考》卷 3《险隘考》载："靖虏堡，嘉靖二十五年（1546 年）设，隆庆六年（1572 年）砖包。"地处极冲。聚落呈团块状。有长城、镇宏堡堡址、烽火台，现存为明代建筑遗构。512 国道经此。

140221-C02 **狮子屯乡**［Shīzitún Xiāng］阳高县辖乡。在县城东南部。面积 117 平方千米。人口 1.79 万。辖 18 行政村。乡人民政府驻狮子屯。1949 年属阳高十一区，1950 年属阳高县八区。1953 年阳高县八区划了三个乡（罗家屯乡、下梁源乡、东双寨乡）。1955 年三个乡合并为狮子屯乡。1958 年 8 月原狮子屯乡改为超英人民公社，同年 10 月并入大泉山人民公社。1961 年由大泉山人民公社分出成立狮子屯人民公社。1984年复设乡。2001年后营乡并入。以驻地得名。据《阳高县志》记载，因村中有一棵大柳树，定名为柳树村。后来，有一年的一天夜里，突然从贯上村跑来了一雌一雄两只石头狮子，两只狮子住了些时候，觉得该村没油水，雌狮子先逃到河北省崇礼县狮子沟，雄狮子也要逃跑时，被一拾粪的老人发现，用铁锹将腿劈伤，截了回来。从此，这只石头狮子再也不敢逃跑，遂名为狮子屯。地势北低南高。地形分为滩地、丘陵。境内最高峰位于黑龙洞山，海拔1450米；最低点位于吴家河村，海拔1047米。白登河、吾其河流经，属海河流域。有中学、卫生院、文体活动中心。有市级文物保护单位下梁源云源寺、观音殿。有县级文物保护单位龙泉寺石窟。农业以种植业为主，主产有玉米、杂粮等，为县优质玉米种植基地。畜牧业以饲养牛、羊为主。工业以农产品加工为主。服务业以商贸、餐饮为主。省道长神线经此。

140221-C02-H01 **狮子屯**［Shīzìtún］狮子屯乡人民政府驻地。在县政府驻地龙泉镇东南16.1千米。人口2530。原名柳树村，后因一拾粪老人用铁锹将一只狮子腿打伤，致使其留于此而得名。聚落呈团块状。有狮子屯卫生院。有县级文物保护单位狮子屯墓葬，为汉代文化遗存。有狮子屯遗址，为汉代文化遗存。县道天马线经此。

140221-C03 **下深井乡**［Xiàshēnjǐng Xiāng］阳高县辖乡。在县城中部。面积160平方千米。人口1.61万。辖18行政村。乡人民政府驻下堡。1949年属阳高县第八区。1950年属第七区。1953年分属下深井、上深井、孙家港3乡。1955年设立下深井镇。1958年8月，属前进公社；同年10月，属下深井公社。1961年属下深井公社。1984年复设乡。2001年张官屯乡并入。因当地地下水位深，吃水困难，挖井深而得名。地势南高北低，地形属典型黄土丘陵区。境内最高峰马蹄山位于丰稔山村，海拔1489米；最低点位于新团堡村，海拔1032米。白登河、张官屯河流经，属海河流域。有学校、卫生院、医疗室、文化站、文化广场等。有全国重点文物保护单位许家窑人遗址。农业以种植业为主，主产有玉米、果子、马铃薯等。畜牧业以饲养奶牛、生猪、肉羊、家禽为主。特产有金杏、杏仁等。工业以塑编、火碱、脱水加工等为主。服务业以旅游、餐饮等为主。天大高速公路、一王线公路经此。

140221-C03-H01 **下堡**［Xiàbǎo］下深井乡人民政府驻地。在县政府驻地龙泉镇南25.9千米。人口710。因当地吃水困难，井深水浅，原称下深井，高级社时分为两村，故名。明正德《大同府志》卷2《城池·堡附》载："大同前卫有上深井村堡。"聚落呈团块状。有下深井乡卫生院。有特产金杏、杏仁。县道阳西线、一王线经此。

140221-C04 **鳌石乡**［áoshí Xiāng］阳高县辖乡。在县城南部。面积70.56平方千米。人口1.16万。辖9行政村。乡人民政府驻鳌石。1953年初设为鳌石乡。1958年属友宰人民公社。1961年改设为鳌石人民公社。1984年复设乡。以驻地得名。相传这里地势低洼，常年洪害，人们信仰迷信，起名"熬石"，意即把水熬干露出土石，结果还是经常遭受水害，后来人们把"熬"字下面换成"鱼"，意即鱼儿不怕水，以镇水害，故得名鳌石。地势南高北低，地形分山区、平川。境内最高峰位于黄羊尖，海拔2488米；最低点为徐村桑干河河滩，海拔871.2米。桑干河流经，属海河流域。有中学、计生服务站。有县重点文物保护单位大鳌石古堡。有神泉堡桥阻击战遗址。有省非物质文化遗产鳌石村"赛戏"。农业以种植业为主。主产有玉米、青椒、茄子、大白菜、圆白菜等。畜牧业以饲养猪、羊、牛、家禽为主。特产有黑李等。工业以农产品加工、皮毛加工为主。服务业以餐饮、商贸为主。神南线、008乡道经此。

140221-C04-H01 **鳌石**［áoshí］鳌石乡人民政府驻地。在县政府驻地龙泉镇东南48.5千米。人口1950。相传因地势低洼，常受水害，遂名熬石，意即把水煮干，但仍常遭受水灾，后"熬"换"鳌"，以镇水害，故名。聚落呈团块状。有鳌石乡中学。有鳌石堡址，现存为明代建筑遗构。有鳌石传统民居，现存为清代建筑遗构。有土特产黑李。县道神南县经此。

140222 **天镇县**［Tiānzhèn Xiàn］大同市辖县。北纬40° 20′，东经114° 12′。在市区东北部。

面积1718平方千米。人口16.07万。以汉族为主，还有蒙古族、黎族、佤族、满族、回族等民族。辖5镇、6乡。县人民政府驻玉泉镇。战国初为代国延陵邑。晋、北魏为鲜卑族封地。唐设天成军。辽置天成县，治所即今县城，属大同府。元属宣德府，中统间改属兴和路。明洪武二十六年（1393年）置天成卫，属山西行都指挥使司。正统十四年（1449年）镇虏卫自大同迁此，与天成卫同治，亦属山西行都指挥使司。清顺治三年（1646年）取天成卫、镇虏卫首字，改名天镇卫。雍正三年（1725年）改卫为天镇县，属大同府。1912年废府。1913年属北路道。1914年属雁门道。1927年废道后直属山西省。1937年属山西省第一行政区。1949年属察哈尔省雁北专区。1952年划归山西省雁北专区。1958年撤天镇县并入阳高县，属晋北专区。1961年恢复天镇县，复属雁北专区。1967年属雁北地区。1971年马家皂公社划归阳高县。1993年属大同市。光绪十六年《天镇县志》序言里有"天镇介燕云之间，据晋极边，尝为兵冲"之记载。自战国起为镇守边关之重镇，名字有镇守边关之意。地处大同市东北部，晋、冀、内蒙古三省（区）交界处。地势北、西、南三面高，向中东部河谷地带倾斜。有双山、清凉山、阳门山和熊耳山。最高海拔清凉山韭菜疙瘩2103米，最低海拔903米。属大陆性北温带干旱性季风气候，年均气温6.7℃，1月平均气温-10.7℃，7月平均气温22.0℃。年均降水量383.5毫米，无霜期110—151天。南洋河、西洋河、洪塘河、三沙河流经，属海河流域。矿产资源有铅锌、铁、磷、大理岩、石墨、银、金、钛、白云母、玄武岩、泥炭等及温泉资源。有中小学、文化馆、档案馆、图书馆、体育馆。天镇一中为大同市重点中学。有全国重点文物保护单位慈云寺、沙梁坡汉墓群。有省级重点文物保护单位盘山石窟。有县级文物保护单位夏家屯革命烈士墓。有地方民间艺术剪纸、刺绣、纸扎等。有苏京、王振翼、刘蔚华等名人。有国家级历史文化名镇新平堡镇。有中国传统村落新平堡村、白羊口村、水磨口村、安家皂村。三次产业比为25：26：49。农业以种植业为主，主产有玉米、土豆、蔬菜、甜菜、油料。特产有天镇凉粉、天镇豆腐干、天镇莜面、天镇莜面栲栳栳等。工业以化工、畜产品加工、食品、机械加工等为主。服务业以餐饮、车辆运输为主。京包铁路过境设站。大张高铁、天黎高速公路、省道马走线、大张线经此。

140222-B01　**玉泉镇**［Yùquán Zhèn］天镇县人民政府驻地。在县境中部。面积75.83平方千米。人口7.7万。辖15社区、31行政村。镇人民政府驻城关。1945年始设城关镇，治西南街。1948年后，为一区。1953年为城关镇，翌年改为乡。1958年为天镇人民公社和居民委员会。1969年移治东北街。1982年合为城关镇。1984年改设镇。2001年更今名。因旧有玉泉驿得名玉泉镇。清《大同府志》卷六《古迹》："玉泉驿，旧志云隋置。"地势西南高，东北低。南洋河流经，属海河流域。矿产资源有铁矿等。有中小学、卫生院、文化广场。有全国重点文物保护单位慈云寺。有省级重点文物保护单位盘山石窟。农业以种植业为主，主产有玉米、土豆、蔬菜、甜菜、油料等。畜牧业以饲养生猪、牛、羊为主。特产有凉粉、豆腐干、莜面等。工业以化工、畜产品加工、食品、机械加工等为主。服务业以餐饮、车辆运输为主。京包铁路过境设站。天镇—黎城高速，省道马走线、大张线经此。

140222-B01-K01　**新世纪大街**［Xīnshìjì Dàjiē］在县城北部。西起西外环路口，东至东外环路口。与南园—谷前堡公路相交。长4.7千米，宽40米。混凝土路面。2000年建成。因建成于21世纪初得名。两侧有温馨园小区、天镇八中和汽车客运站等。

140222-B01-K02　**武宁街**［Wǔníng Jiē］在县城中部偏西。西起天走路，东至西大街路口。与新华街相交。长0.9千米，宽8米。混凝土路面。2000年建成。因旧城址西门武宁门得名。两侧有天镇天运汽车站等。

140222-B01-K03　**西大街**［Xī Dàjiē］在县城中部。西起武宁街路口，东至东大街路口。与北大街、南大街相交。长0.5千米，宽9米。混凝土路面。2000年建成。因位于天镇旧县城中心西部故名。沿途分布有华大商厦、新家园小区、敕赐慈云寺和同仁医院等。

140222-B01-K04 **东大街**［Dōng Dàjiē］在县城中部。西起西大街路口，东至文安街路口。与北大街、南大街、府东街、玉泉南路相交。长 0.6 千米，宽 9 米。混凝土路面。2000 年建成。因位于天镇旧县城中心东部而得名。两侧有玉泉镇卫生院等。

140222-B01-K05 **文安街**［Wén'ān Jiē］在县城中部。西起东大街路口，东至张家口—大同省道。长 1.8 千米，宽 8 米。混凝土路面。2000 年建成。因旧城址东门文安门得名。两侧有天城初级中学集团学校（文安校区）、天镇县职教中心和温安小区等。

140222-B01-K06 **和平北路**［Hépíng Běilù］在天镇县城南部。西起西环南路，东至南大街。与蒋家巷相交。长 0.6 千米，宽 5 米。混凝土路面。2000 年建成。因赋予美好意愿得名。两侧有第二小学和天镇四小等。

140222-B01-K07 **北大街**［Běi Dàjiē］在天镇县城西部。北起镇远路，南至南大街路口。与青年路、学府街相交。长 0.7 千米，宽 9.5 米。混凝土路面。2000 年建成。因位于天镇旧县城中心北部故名。两侧有天镇一中等。

140222-B01-K08 **南大街**［Nán Dàjiē］在县城南部。北起北大街路口，南至迎恩路口。与玉泉南路相交。长 0.7 千米，宽 9 米。混凝土路面。2000 年建成。因位于天镇旧县城中心南部故名。两侧有玉泉镇一中等。

140222-B01-K09 **学府街**［Xuéfǔ Jiē］在县城中部。西起北大街，东至东北街。与府东街、康乐路相交。长 0.5 千米，宽 10 米。沥青路面。1996 年建成。因附近第一中学而命名。两侧有天镇一中、县童乐幼儿园和县第一小学等。

140222-B01-K10 **府东街**［Fǔdōng Jiē］在县城中部。北起学府街，南至东大街。长 0.5 千米，宽 8 米。沥青路面。1996 年建成。因位于学府街东侧而命名。两侧有第三小学和东南小学等。

140222-B01-K11 **迎恩路**［Yíng'ēn Lù］在县城南部。北起南大街，南至基督教堂以南路口处。与玉泉南路相交。长 0.6 千米，宽 5 米。沥青路面。1996 年建成。因美好意愿得名。两侧有天镇县基督教会等。

140222-B01-K12 **镇远路**［Zhènyuǎn Lù］在县城北部。东北起洋河生态公园，西南至北大街。与青年路相交。长 0.5 千米，宽 8 米。沥青路面。1996 年建成。因美好意愿得名。两侧有富丽小区等。

140222-B01-K13 **青年路**［Qīngnián Lù］在县城北部。西起镇远路，东至天镇民康医院。长 0.5 千米，宽 8 米。沥青路面。1996 年建成。因美好意愿得名。两侧有富丽小区等。

140222-B01-K14 **康乐路**［Kānglè Lù］在县城东北部。西起学府街，东至朝阳居小区。与青年路、佳宁巷、佳和巷相交。长 0.6 千米，宽 8 米。沥青路面。1996 年建成。因临近县医院人们祈求康复、快乐而得名。两侧有天镇县人民医院和县第一小学等。

140222-B01-K15 **迎宾路**［Yíngbīn Lù］在县城西北部。北起站前街，南至瑞和花园附近。与 201 省道相交。长 2.4 千米，宽 16 米。沥青路面。1996 年建成。因美好意愿得名。两侧有天镇站站前广场和星源学院等。

140222-N01 **南洋河大桥**［Nányánghé Dàqiáo］在县城西部。桥长 240 米，桥面宽 7 米，最大跨度 20 米，桥下净高 4.96 米。1971 年建成。因所跨南洋河而得名。为大型河道桥梁，最大载重量为 30 吨。

140222-N02 **双成桥**［Shuāngchéng Qiáo］在县城南部。桥长 30 米，桥面宽 5.2 米，最大跨度 8.5 米，桥下净高 5 米。1950 年建成，1975 年改扩建。因是清代大同通往张家口交通要道主要桥梁而得名。为小型河道桥梁，最大载重量为 30 吨。

140222-B01-H01 **滹沱店**［Hūtuódiàn］在县政府驻地玉泉镇东南 3 千米。玉泉镇辖行政村。人口 1900。原名葛沱店，明初由洪洞县移来吴姓在此定居，将洪洞县一村名滹沱店代原名，故名。聚落呈团块状。有第四批省级文物保护单位盘山石窟，为明代石窟，游击将军董公于弘治五年（1492 年）主持开凿。512 国道经此。

140222-B01-H02　**季冯窑**［Jìféngyáo］在县政府驻地玉泉镇西南 7.9 千米。玉泉镇辖行政村。人口 1700。因村址处于三沙河之东，名冯沙河，明万历初冯成举定居，改为冯家窑，后又改为此名。聚落呈团块状。有第六批全国重点文物保护单位的沙梁坡汉墓群，为汉代文化遗存。县道天马线经此。

140222-B02　**谷前堡镇**［Gǔqiánbǎo Zhèn］天镇县辖镇。在县境西北部。面积 85 平方千米。人口 2.58 万。辖 1 社区、12 行政村。镇人民政府驻谷前堡。民国初年为一区辖域。1937 年为伪南洋村辖域。1948 年为一区。1953 年为水桶寺、白羊口、水磨口、谷后堡乡域。1958 年合为谷前堡人民公社。1984 年改置镇。属半山半川区，古长城蜿蜒在有全县最高峰的环翠山脚下。环翠山主峰名韭菜疙瘩山，又名谷山。明正德《大同府志》卷 2 土堡载："天成卫有谷家堡。后于此地又建一堡，先前建的称谷前堡，后建的称谷后堡。"清乾隆《大同府志》卷 2《疆域》："广灵县治北五里有谷前堡。"地势北高南低。地形属半山半川区。有阴山山脉，境内最高峰韭菜疙瘩位于水磨口村，海拔 2106 米；最低点洋河位于袁才庄村，海拔 986 米。南洋河从南至北流经，属海河流域。矿产资源有铁、铅锌、石墨、金红石、温泉水等。有中小学、卫生院、文化广场。有明长城遗址。有中国传统村落白羊口村、水磨口村。农业以种植业为主，主产有玉米、山药、谷子、豆类等。畜牧业以饲养猪、牛、羊为主。工业以农畜产品加工、矿石开采为主。服务业以商贸、物流业为主。京包铁路过境设站。天镇—黎城高速，省道马走线、大张线经此。

140222-B02-H01　**谷前堡**［Gǔqiánbǎo］谷前堡镇人民政府驻地。在县政府驻地玉泉镇西北 3.8 千米。人口 4900。相传谷姓立村，分前、后，后又筑堡而得名。明正德《大同府志》卷 2《城池·堡附》载："天成卫有谷家堡。"聚落呈团块状。有天镇九中、谷前堡小学、天镇县谷前堡镇卫生院。省道马走线经此。

140222-B02-H02　**白羊口**［Báiyángkǒu］在县政府驻地玉泉镇西北 9.3 千米。谷前堡镇辖行政村。人口 700。属边山长城一口，名镇宁门，后因村内石碑载"北羊口"，因"白"与"北"谐音，故名。明正德《大同府志》卷 2《关塞》载："白羊口，在天城卫城北二十里。东西六十步，墙高二丈五尺。"聚落呈团块状。有长城、白羊口堡址、烽火台，现存为明代建筑遗构。有白羊口三圣庙，现存为清代建筑遗构。2019 年被列入第五批中国传统村落名录。长城一号旅游公路经此。

140222-B02-H03　**水磨口**［Shuǐmókǒu］在县政府驻地玉泉镇西北 11 千米。谷前堡镇辖行政村。人口 2200。原名镇口堡，后因村建一水打磨而得名。《宣大山西三镇图说》卷 2"镇口堡图说"载："（镇口堡）设自嘉靖二十五年（1546 年），隆庆六年（1572 年）砖包，……内榆林、水磨等口俱极冲。"聚落呈团块状。有长城、镇口堡堡址、烽火台，现存皆为明代建筑遗构。有水磨口龙王庙，现存为清代建筑遗构。2016 年被列入第四批中国传统村落名录。长城一号旅游公路经此。

140222-B03　**米薪关镇**［Mǐxīnguān Zhèn］天镇县辖镇。在县境东南部。面积 195 平方千米。人口 1.92 万。辖 18 行政村。镇人民政府驻米薪关。民国初为二区。1938 年为伪米薪村。1948 年归三、四区。1954 年为油房窑、滑家沟、上阴山、胡家屯乡。1958 年置米薪关人民公社。1984 年改置镇。2001 年谷大屯乡并入。因驻地得名。明时置米薪关堡，故名。成化《山西通志》："米薪关堡，天成卫城南二十里。"清乾隆《大同府志》卷 2《疆域》："广灵县治南二十三里有米薪关村。"矿产资源有铁、云母等。有中小学、卫生院、文化广场。有旧石器时代谷大屯遗址、明代师家梁龙王庙、油房窑龙王庙、清代孙家河龙王庙、于西堡龙王庙等。农业以种植业为主，主产有玉米、谷子、黍子、豆类等。畜牧业以饲养猪、牛、羊为主。工业以炼油、矿石开采为主。服务业以商贸为主。省道马走线经此。

140216-B03-H01　**米薪关**［Mǐxīnguān］米薪关镇人民政府驻地。在县政府驻地玉泉镇南 11.4 千米。人口 1400。相传宋穆桂英破洪州之后，路经此地，安营扎寨，待粮草筹足后重上征途，故名。明成化《山西通志》卷 3《城池·堡附》载："米辛关堡，在天城卫城南二十里，周围三百二十丈，高三丈三尺，壕深二丈，门八，窝铺十二座。”聚落呈团块状。有米薪关中学、米薪关寄宿制小学、米薪关镇卫生院。有米新关，平面呈“凸”字形，现存为明代建筑遗构。省道马走线经此。

140222-B04 **逯家湾镇**［Lùjiāwān Zhèn］天镇县辖镇。在县境东北部。面积217平方千米。人口1.46万。辖19行政村。镇人民政府驻下湾。明为后所、清末为后都辖域。民国初为一区。1939年属伪永乐村。1948年后为六区。1954年划砖窑、永嘉堡乡。1958年属逯家湾人民公社。1984年改置镇。2001年宣家塔乡并入。因姓氏得名。地势西南高东北低，南洋河出境处为全县最低处，海拔899米。南洋河从西至东流经，属海河流域。矿产资源有铁、磷、云母、铅锌、硫、花岗岩等。有中小学、卫生院、文化广场。有明代孤山墩汛遗址。农业以种植业为主，主产有玉米、蔬菜等。畜牧业以饲养猪、牛、羊为主。工业以铁矿开采为主。服务业以商贸、餐饮为主。京包铁路过境设站。省道马走线、大张线经此。

140222-B04-H01 **下湾**［Xiàwān］逯家湾镇人民政府驻地。在县政府驻地玉泉镇东北16.4千米。人口600。因处南洋河畔的下游湾处而得名。聚落呈团块状。有天镇县逯家湾镇中学、明德小学、逯家湾镇卫生院。乡村道路经此。

140222-B05 **新平堡镇**［Xīnpíngbǎo Zhèn］天镇县辖镇。在县境东北部。面积187平方千米。人口1.28万。辖15行政村。镇人民政府驻新平堡。民国初为四区辖域。1938年为伪延陵村。1948年为七区。1950年为四区。1954年为五里墩、史家窑、辛庄子、常胜山、新平堡乡域。1958年为新平人民公社。1984年改置镇。2001年大营盘乡并入。以驻地得名。新平堡为汉延陵县故城所在。《水经注·漯水》载：“（延乡）水出县西山，东经延陵县故城北……俗指为琦城。”明代为宣大两镇的咽喉所在，明《宣大山西三镇图说》载：“（新平堡）设自嘉靖二十五年（1546年），隆庆六年（1572年）砖包，高三丈五尺，周三里六分。”为明代阳和路新平堡参将驻扎之堡，堡内现存总兵马芳宅邸。光绪《天镇县志》载：“在今新平堡，即汉延陵县也。”地势西高东低，地形为典型的“两山夹一川”。境内最高峰双山位于新平尔村北，海拔1850米；最低点位于曹家湾村北，海拔1100千米，有双山、大梁山。西洋河由西向东流经，属海河流域。矿产资源有铁、云母等。有中小学、卫生院、文化广场。有中国传统村落新平堡村。为中国历史文化名镇。农业以种植业为主，主产有玉米、谷子、黍子等。畜牧业以饲养牛、驴为主。工业以化工、畜产品加工、食品、机械加工等为主。为国家级历史文化名镇。京包铁路、天镇—黎城高速、省道马走线经此。

140222-B05-H01 **新平堡**［Xīnpíngbǎo］新平堡镇人民政府驻地。在县政府驻地玉泉镇北26.6千米。人口2800。明代为宣大两镇交通咽喉，为阳和路新平堡参将驻扎之堡。清光绪《天镇县志》卷2《关隘志》载：“明嘉靖二十五年（1545年），隆庆六年（1571年）增修，堡城砖甃，周三里有奇。”聚落呈团块状。有新平堡中学。有长城、新平堡堡址、镇边楼，现存皆为明代建筑遗构。2012年被列入第一批中国传统村落名录。省道马走线经此。

140222-C01 **三十里铺乡**［Sānshílǐpù Xiāng］天镇县辖乡。在县境西南部。面积120平方千米。人口2.26万。辖20行政村，有21自然村。乡人民政府驻三十里铺。民国初为一区。1938年为伪沙河村。1948年后为三区。1954年为三十里铺、兰玉堡乡。1958年并为三十里铺人民公社。1984年复设乡。2001年孙家店乡并入。以驻地得名。由明清递铺得名。清乾隆《大同府志》卷12《建置》天镇县递铺条：“三十里铺，城西三十里，西接阳高二十里铺。”地势西南高东北低。柳林河、白登河流经，属海河流域。有中小学、卫生院、文体活动中心。农业以种植业为主，主产玉米、谷黍、高粱、豆类、马铃薯、油料作物。畜牧业以饲养猪、牛、羊为主。工业以矿石开采为主。服务业以餐饮、物流为主。省道马走线经此。

140222-C01-H01 **三十里铺**［Sānshílǐpù］三十里铺乡人民政府驻地。在县政府驻地玉泉镇西14千米。人口3200。清乾隆二年（1737年）设铺，因位于县城西三十里而得名。清乾隆《大同府志》

卷12《建置》载："三十里铺，城西三十里，西接阳高县二十里铺"。聚落呈团块状。有三十里铺小学、三十里铺卫生院。有三十里铺堡址，现存为明代建筑遗构。512国道经此。

140222-C02　**贾家屯乡**［Jiǎjiātún Xiāng］天镇县辖乡。在县境东南部。面积129平方千米。人口1.08万。辖14行政村。乡人民政府驻贾家屯。民国初年为二区治域。1938年为伪石梯村。1948年为四区。1950年为二区。1954年分属贾家屯、柳子堡，胡家屯3个乡。1956年合归贾家屯乡。1962年称贾家屯人民公社。1984年复设乡。2001年军庙乡并入。以驻地得名。清乾隆《大同府志》卷2《疆域》："广灵县治南三十里有贾家屯村，为贾家屯最早的文字记载。"地势东、南、西三面高，西北低。地形以山地和河谷为主，境内最高峰摩天岭在武家山村，海拔1868.5米；最低点位于贾家屯村，海拔1400米。矿产资源有二氧化硅、红黏土、赤铁矿、磁铁矿等。有小学、卫生院、文化广场。有景家寺遗址。有革命陵园。农业以种植业为主，主产有玉米、谷黍、马铃薯。畜牧业以饲养猪、牛、羊、家禽为主。工业以制砖、农产品加工为主。服务业以物流、商贸为主。省道马走线经此。

140222-C02-H01　**将军庙**［Jiāngjūnmiào］贾家屯乡人民政府驻地。在县政府驻地玉泉镇西南20千米。人口1000。聚落呈条带状。有将军庙小学、贾家屯乡卫生院。有将军庙村龙王庙，现存为清代建筑遗构。乡村道路经此。

140222-C02-H02　**塔儿**［Tǎ'ér］在县政府驻地玉泉镇南15.3千米。贾家屯乡辖行政村。人口800。相传原为塔耳村，后演变为此名。聚落呈条带状。2017年被评为第五届全国文明村。省道马走线经此。

140222-C03　**赵家沟乡**［Zhàojiāgōu Xiāng］天镇县辖乡。在县城南部。面积120平方千米。人口7995。辖10行政村。乡人民政府驻赵家沟。民国初为三区。1938年为伪永安村。1948年为二区。1950年为二区。1954年分属柳子堡、高南庄、范牛坊、赵家沟乡。1958年属马家皂公社。1961年置赵家沟公社。1984年复设乡。以驻地得名。因村子最早由赵姓人家居住，故名。明正德《大同府志》卷2土堡载："天成卫有赵家沟堡。"这是赵家沟最早的文字记载。地势北高南低。矿产资源有褐煤、玄武岩等。有小学、卫生院、文化广场。有县级文物保护单位古汉墓群遗址、明代崇祯年间大同镇总兵渠家桢的墓碑、华表、辽金资福寺造像、明代惠庆塔、清代高南庄乐楼。农业以种植业为主，主产有玉米、谷黍、马铃薯。畜牧业以饲养猪、羊、鸡为主。工业以铁矿石、铁砂开采为主。服务业以商贸、餐饮为主。省道马走线经此。

140222-C03-H01　**赵家沟**［Zhàojiāgōu］赵家沟乡人民政府驻地。在县政府驻地玉泉镇南25.6千米。赵家沟乡辖行政村。人口1100。相传元末明初，有洪洞县民定居此处，从堡中挖出刻有"赵家沟"三字石碑，故名。明正德《大同府志》卷2《城池·堡附》载："天成卫有赵家沟堡。"聚落呈团块状。有赵家沟寄宿制学校。有县级文物保护单位赵家沟墓群，为汉代文化遗存。省道马走线经此。

140222-C04　**南高崖乡**［Nángāoyá Xiāng］天镇县辖乡。在县境东南部。面积218.44平方千米。人口8546万。辖9行政村。乡人民政府驻南高崖。1928年属察哈尔省怀安县一区，四区地域。1949年为天镇县五区。1954年分属姜后屯、马家沟、南高崖、大庄科、阎家梁乡。1958年属谷大屯人民公社。1961年置南高崖人民公社。1984年复设乡。以驻地得名。南高崖始名高崖堡，后因县北另有一个高崖村，为防混淆，高崖堡变为南高崖。地势分为西高东低，南北高中间低，地形为土石山区。有里洼山。境内最高峰里洼山位于冯奈庄村，海拔2201米；最低点位于水冲口村，海拔1000米。洪溏河从西至东流经，属海河流域。矿产资源有铁矿石、花岗石、白云岩、云母等。有小学、卫生院、文化广场。有左所堡遗址。农业以种植业为主，主产有玉米、谷子、豆类、山药等。畜牧业以饲养猪、牛、羊、家禽为主。工业以铁矿石开采为主。服务业以餐饮为主。有公路经此。

140222-C04-H01　**南高崖**［Nángāoyá］南

高崖乡人民政府驻地。在县政府驻地玉泉镇东南27.6千米。人口700。原名高崖堡，因避免与县北高崖村混淆，改今名。聚落呈团块状。有南高崖中学、南高崖乡卫生院。有南高崖堡址，现存为明代建筑遗构。县道南张线经此。

140222-C05 **张西河乡** [Zhāngxīhé Xiāng] 天镇县辖乡。在县境东部。面积85平方千米。人口1.09万。辖18行政村。乡人民政府驻张西河。民国初年为一区。1938年为伪清水村。1948年为六区。1954年分为盛家庄、朱家屯、张西河、姚明庄乡。1958年归张西河人民公社。1984年复设乡。以驻地得名。相传因驻地村最早由张姓人所建，故名张西河。地势南北高中间低，由南向北倾斜。地形属半丘陵半平原区。境内最高峰秀峰山位于朱家屯村南，海拔1406米；最低点位于吴家湾村北，海拔1026米。矿产资源有铁矿石、金、钨等。有中小学、卫生院、文化广场。有堡墙遗址、黑龙寺遗址。农业以种植业为主，主产有玉米、谷子、豆类等。畜牧业以饲养猪、羊为主。工业以制砖、铁矿开采为主。服务业以商贸为主。省道大张线经此。

140222-C05-H01 **张西河** [Zhāngxīhé] 张西河乡人民政府驻地。在县政府驻地玉泉镇东12千米。人口1700。相传因靠近河畔的居民为主要住宅区，多张姓，名张西河底，后简化为此。聚落呈条带状。有张西河小学。有张西河南遗址，为东周、汉代文化遗存。有张西河遗址，为新石器时代、汉代文化遗存。有张西河墓群，为汉代文化遗存。有烽火台，现存为明代建筑遗构。512国道经此。

140222-C06 **马家皂乡** [Mǎjiāzào Xiāng] 天镇县辖乡。在县境东南部。面积80平方千米。人口1.42万。辖12行政村。乡人民政府驻马家皂。1949年属天镇县第二区。1954年分属袁家皂、安家皂、定安营3乡。1956年分属马家皂、定安营2乡。1958年8月，属马家皂公社；同年10月，分属阳高县马家皂、安家皂2公社。1961年属天镇县马家皂公社。1971年属阳高县马家皂公社。1984年马家皂公社改马家皂乡。2019年阳高县马家皂乡划归天镇县管辖。以驻地得名。因马家皂明代是军马场，头人姓马，故得名马家皂。地势北高南低，地形分为山区、丘陵、平川。境内最高峰马头山位于右所窑村北，海拔1141米；最低点位于龙池堡村南，海拔995米。有中小学、卫生院、文化广场。有全国重点文物保护单位古城堡汉墓群。有中国传统村落安家皂村。农业以种植业为主，主产有玉米、小杂粮等。特产品有谷子、杂粮、兔皮等。工业以皮毛加工等为主。服务业以销售皮毛制品为主。大秦铁路、王一线公路经此。

140222-C06-H01 **马家皂** [Mǎjiāzào] 马家皂乡人民政府驻地。在县政府驻地玉泉镇南31.2千米。人口2160。相传皂人指养马的下吏，故名。明正德《大同府志》卷2《城池·堡附》载："天成卫有马家皂堡。"聚落呈团块状。有马家皂乡中学、马家皂中心小学、马家皂乡卫生院。有县级文物保护单位马家皂天主堂，建于1922年，1939年比利时神父李绍堂扩建。有马家皂北寺，现存为清代建筑遗构。乡村道路经此。

140222-C06-H02 **安家皂** [ānjiāzào] 在县政府驻地玉泉镇西南33.6千米。人口2760。相传因明代在此屯兵驻防，饲养军马，居民希望安居乐业而得名。明正德《大同府志》卷2《城池·堡附》载："天成卫有安家皂堡。"聚落呈团块状。有安家皂村小学、有安家皂堡址，现存为明代建筑遗构。有传统民居宅院，现存为清代建筑遗构。2017年被列入第五批山西省历史文化名村。2019年被列入第七批中国历史文化名村。2019年被列入第五批中国传统村落名录。县道一王线经此。

140223 **广灵县** [Guǎnglíng Xiàn] 大同市辖县。北纬39° 45′，东经114° 16′。在市区东部。面积1283平方千米。人口15.43万。以汉族为主，还有回、满、藏等民族。辖5镇、3乡。县人民政府驻壶泉镇。春秋，为代国地。战国，名平舒邑，属赵国。秦属代郡。西汉置平舒县。平舒县兼狋氏县地，属幽州代郡。王莽新朝，改平舒县为平葆县、狋氏县为狋聚县。东汉，复称平舒县、狋氏县，属幽州代郡。晋，属幽州代郡。狋氏县废。北齐，平舒县废。北周为蔚州灵丘县地。隋唐为灵丘县地。辽统和十三年（995年）置广灵县，亦讹作广陵县，属西京大同府。金定名广灵县，属西京路。明、清属大同府。1912 年废府。1913 年属北路道。1914 年属雁门道。1927 年废道后直属山西省。1937 年属山西省第一行政区。1949 年属察哈尔省雁北专区。1952 年划归山西省雁北专区。1958 年撤广灵县并入浑源县，属晋北专区。1960 年恢复广灵县。1961 年属雁北专区。1967 年属雁北地区。1993 年雁北地区与大同市合并，广灵县属新大同市至今。“广灵”因析灵丘县、灵仙县地组建得名。地势由西向东倾斜。有宜兴南山、直峪山、唐山、加斗山等。最高海拔六棱山 2420.5 米，最低海拔 935.6 米。属温带大陆性季风气候，年均气温 7.0℃，1 月平均气温 -11.5℃，7 月平均气温 22.1℃。年均降水量 372.5 毫米。壶流河、直峪河、莎泉峪、长江峪河等流经，属海河流域。矿产资源有煤、铁矿石、镓、锗及水、风力资源。有国家一级保护动物黑鹳及狼、狐、狍、獾、野兔、黄鼠狼等数十种。有黄芪、黄芩、麻黄、知母、远志、柴胡等百余种。有中小学，广灵县一中为省级文明学校。有文化馆、档案馆、图书馆、博物馆。有全国重点文物保护单位水神堂。有省级重点文物保护单位洗马庄汉墓群和千福山汉墓群。有市级重点文物保护单位商村革命烈士纪念塔等 20 处。有县级文物保护单位商村革命烈士公墓、冯家沟伏击战遗址、邵家庄伏击战遗址。广灵剪纸被列入《人类非物质文化遗产代表作名录》。有国家级非物质文化遗产广灵罗罗腔。有省非物质文化遗产道情戏、广灵内画。有中国传统村落涧西村、西蕉山村、殷家庄村。为国际剪纸艺术之乡。三次产业比 22 ∶ 36 ∶ 42。农业以种植业为主，主产有荞麦、谷子、黍子等。“东方亮”小米、五香瓜子、五香豆腐干、黄花菜、画眉驴等地方农副产品驰名。工业以有色金属、建材、冶炼、电力、机械制造、化工和特色食品加工为主。有再生铅、水泥、风电、生物质发电、煤炭、地方特色食品加工等产业集群。有鸟食、大小阳极产品。省道广浑线、洗朔线、马走线经此。

140223-B01 **壶泉镇**［Húquán Zhèn］广灵县人民政府驻地。在县境中部。面积 79 平方千米。人口 7.39 万。辖 9 社区、24 行政村。镇人民政府驻东台社区。清代分属留老里、静乐乡。民国时属一区。1949 年属三区。1958 年 9 月建广城人民公社，同年 11 月并归浑源县。1959 年 7 月浑广分置，1960 年改称城关公社。1961 年王洼析出建王洼公社。1984 年改设镇。2001 年王洼乡 5 村、平城乡 4 村、宜兴乡 2 村、加斗乡南汇村与城关镇合并，设壶泉镇。因水神堂壶泉在境内得名。地势西北高，东南低。有八巧山、千福山。壶流河流经，属海河流域。矿产资源有煤、铁、锗、镓、石灰石、花岗岩等。有中小学、卫生院、医院、文化广场。有全国重点文物保护单位水神堂。有省级重点文物保护单位千福山汉墓群。有华北野战军第二纵队第六旅前沿指挥部驻地旧址、1947 年翟疃伏击战遗址。有中国传统村落涧西村。农业以种植业为主，主产有荞麦、谷子、黍子等。工业以有色金属、建材、冶炼、电力、机械制造、化工和特色食品加工为主。服务业以商贸、餐饮为主。省道广浑线、洗朔线、马走线经此。

140223-N01 **西关大桥**［Xīguān Dàqiáo］在县城西部。长 101 米，宽 9 米，最大跨度为 14.3 米，高 2.7 米。1986 年建成。因位于西关村得名。为大型河道桥梁，跨壶流河。最大载重量为 30 吨。

140223-B01-K01 **广泰西街**［Guǎngtài Xījiē］在县城西部。西起正阳线，东至滨河西路。以滨河西路界，分为西街、东街。与工字路、商业路相交。长 3.1 千米，宽 15 米。沥青路面。2000 年建成。因取广灵县兴泰民安之意得名。两侧有广灵一小（集团西校区）、县博爱医院、广灵三中、县壶泉小学校、广灵一中等。

140223-B01-K02 **广泰东街**［Guǎngtài Dōngjiē］在县城东部。西起滨河西路，东至禾丰路北端。与滨河东路、和阳路、平舒大道相交。长 2 千米，宽 15 米。沥青路面。2000 年建成。因取兴泰民安之意得名。两侧有滨河公园、新广灵一中等。通 809、829 路等公交车。

140223-B01-K03 **平舒大道**［Píngshū Dàdào］在县城东北部。北起广灵—浑源省道，南至沣水街以南路口处。与广泰东街、舒惠街、文华街、永安东街相交。长 4.5 千米，宽 15 米。沥青路面。2000 年建成。因汉高祖封爱子于代郡，曾在此置平舒县得名。两侧有西安航空铁路院校、福馨园和广灵县第六中学等。

140223-B01-K04 **壶泉北路**［Húquán Běilù］在县城北部。北起振兴街，南至广泰西街。长 0.5 千米，宽 10 米。沥青路面。因在壶泉镇北，故名。两侧有广灵一中等。

140223-B01-K05 **壶泉南路**［Húquán Nánlù］在县城中部。北起广泰西街，南至电业局家属小区以南。与永安西街相交。长约 0.8 千米，宽 10 米。沥青路面。因在壶泉镇南，故名。两侧有壶泉镇东台小学校等。

140223-B01-K06 **振兴街**［Zhènxīng Jiē］在县城北部。西起千福路，东至滨河西路。与新源北路、壶泉北路相交。长 1.5 千米，宽 15 米。沥青路面。2010 年建成。因美好意愿而得名。两侧有北关社区退役军人服务站等。

140223-B01-K07 **滨河东路**［Bīnhé Dōnglù］在县城中部。北起广泰东街，南至永安东街。与文华街相交。长 0.7 千米，宽 10 米。沥青路面。因在广灵县新城木槽涧河东，故名。两侧有滨河公园等。

140223-B01-K08 **滨河西路**［Bīnhé Xīlù］在县城中部。北起广泰西街，南至永安西街。长约 0.7 千米，宽 10 米。沥青路面。因在广灵县新城木槽涧河西，故名。两侧有秧歌文化广场等。

140223-B01-K09 **永安东街**［Yǒng'ān Dōngjiē］在县城东部。西起滨河西路，东至禾丰路。与滨河东路、沣水街、秀水路、和阳路、广益路、平舒大道相交。长 2 千米，宽 15 米。沥青路面。因美好意愿与所处地理位置而得名。两侧有滨河公园等。

140223-B01-K10 **永安西街**［Yǒng'ān Xījiē］在县城西部。西起西关小区以西路口处，东至滨河西路。与工字路、圣泉路、商业路、延陵路、壶泉南路、东环路相交。长 3 千米，宽 10 米。沥青路面。因美好意愿与所处地理位置而得名。两侧有广灵县五中初中部等。通 809、819 路公交车。

140223-B01-K11 **文华街**［Wénhuá Jiē］在县城东部。西起滨河东路，东至禾丰路。与秀水路、和阳路、广益路、平舒大道相交。长 1.8 千米，宽 20 米。沥青路面。因美好意愿而得名。两侧有滨河公园、广灵一小和县第六中学等。

140223-B01-K12 **秀水路**［Xiùshuǐ Lù］在县城中部。北起广灵县利民生活垃圾处理管理站附近，南至沣水街。与正阳线、广泰东街、文华街、永安东街相交。长 4.5 千米，宽 20 米。沥青路面。因在广灵县秀水佳苑小区附近，故名。两侧有新洋学校（广灵校区）和广灵一小等。

140223-B01-K13 **和阳路**［Héyáng Lù］在县城东部。北起广泰东街，南至沣水街。与文华街、永乐街、永安东街相交。长 1.1 千米，宽 20 米。沥青路面。因美好意愿而得名。两侧有广灵一小等。

140223-B01-K14 **广益路**［Guǎngyì Lù］在县城东部。北起正阳线，南至沣水街。与广泰东街、舒惠街、文华街、永乐街、永安东街相交。长 2 千米，宽 20 米。沥青路面。因美好意愿而得名。两侧有龙泉湾小区等。

140223-B01-K15 **沣水街**［Fēngshuǐ Jiē］在县城东南部。西起永安东街，东至平舒大道。与秀水路、和阳路、广益路相交。长 1.6 千米，宽 10 米。沥青路面。因美好意愿而得名。两侧有广灵体育场等。

140223-B01-K16 **禾丰路**［Héfēng Lù］在县城东部。北起广泰东街，南至永安东街。与舒惠街、文华街相交。长 1.2 千米，宽 10 米。沥青路面。因美好意愿而得名。两侧有大同市第四建筑工程有限责任公司等。通旅游直通车。

140223-B01-H01 **东台**［Dōngtái］壶泉镇人民政府驻地。在县政府驻地壶泉镇东 0.13 千米。人口 1680。因地处县城东关门之东，地势稍高而得名。聚落呈团块状。有彭氏宅院，现存为清代建筑遗构。239 国道、省道马走线经此。

140223-B01-H02 **蕙花**［Huìhuā］属壶泉镇。在县政府驻地壶泉镇东南 0.8 千米。2020 年 9 月改为蕙花居委会。人口 1860。相传村外有花气味浓香，名蕙兰花，故名。聚落呈团块状。有广灵县第五中学校（新城校区）。有第六批全国重点文物保护单位水神堂，据庙内碑刻记载，始建于明宣德四年（1429 年），现存为清代建筑遗构。

有县级文物保护单位蕙花遗址，为两汉时期文化遗存。有蕙花堡址、传统民居群，皆为清代建筑遗构。2009 年，广灵剪纸被列入联合国教科文组织《世界人类非物质文化遗产代表作名录》，被誉为广灵剪纸第一村。239 国道、省道马走线经此。

140223-B01-H03　**涧西**［Jiànxī］在县政府驻地壶泉镇东北 6.3 千米。壶泉镇辖行政村。人口 450。建于清代道光年间，原为西加斗王姓所建一庄，因位于木草（漕）涧沟西，名涧西庄，后改为此名。聚落呈团块状。有第六批省级文物保护单位涧西古民居，建于清道光初年到光绪末年。有涧西堡址、观音殿，现存为清代建筑遗构。有烧制陶器、剪纸、古灯笼、木偶戏、广灵秧歌等民俗文化。2019 年被列入第五批中国传统村落名录。县道板城线经此。

140223-B01-H04　**西河乡**［Xīhéxiāng］在县政府驻地壶泉镇东北 2.9 千米。壶泉镇辖行政村。人口 1190。因壶流河经村南流过，又因方位而得名。聚落呈团块状。有县级文物保护单位西河乡城址，为汉代文化遗存。有西河乡墓群，为汉代文化遗存。有西河乡墓葬，为明代文化遗存。2015 年被评为第四届全国文明村。239 国道、省道马走线经此。

140223-B01-H05　**城新**［Chéngxīn］在县政府驻地壶泉镇西北 1.4 千米。壶泉镇辖行政村。人口 620。原在县城内，名城内，后迁居县西北一里之处，1983 年更名为此。聚落呈团块状。有第六批省级文物保护单位城新城隍庙，现存大殿、西垛殿、西配殿和寝宫为清代建筑遗构。239 国道、省道马走线经此。

140223-B02　**南村镇**［Náncūn Zhèn］广灵县辖镇。在县境西部。面积 272 平方千米。人口 2.6 万。辖 16 行政村。清代分属平政里、平宁乡。民国时期先后分属三区、四区、二区。1958 年 9 月份建钢铁人民公社、火箭人民公社。同年 11 月并归浑源县，年底海子并入南村公社。1959 年海子从南村析出，复置海子公社。1959 年浑广再分置。1984 年改置镇。2001 年香炉台乡并入。镇人民政府驻南村。以驻地得名。该村曾被大水淹成一片水泊，后洪洞迁来韩、史二姓，建立新村，为避免再被水冲，改名难冲，后觉此名不雅，改叫南村。壶流河流经，属海河流域。矿产资源有赤铁矿、镜铁矿、大理石、石灰岩、花岗岩等。有中小学、医院、文化广场。有晋察冀兵工厂（新华工厂）遗址、广灵县政府驻地旧址。农业以种植业为主，主产有荞麦、谷子、黍子等。工业以建材、电力、特色食品加工为主。服务业以餐饮、商贸为主。省道广浑线、马走线经此。

140223-B02-H01　**南村**［Náncūn］南村镇人民政府驻地。在县政府驻地壶泉镇西 16.5 千米。人口 3100。相传古时六村共修一庙结社祭祀，该村位于庙南，故名。明正德《大同府志》卷 2《城池・堡附》载：广灵县有南村堡。清乾隆《大同府志》卷 3《疆域》：广灵县治西三十里有南村。聚落呈团块状。有广灵县第二中学校、广灵县南村镇中心学校、南村小学、第二医院。有南村堡址、罗家庄堡址，皆为明代建筑遗构。239 国道、县道南王线、县道后南线经此。

140223-B03　**加斗镇**［Jiādǒu Zhèn］广灵县辖镇。在县境东部。面积 114 平方千米。人口 1.72 万。辖 13 行政村。乡人民政府驻西加斗。1958 年建广益人民公社，11 月并入浑源县，同年底改属留老疃人民公社。1959 年留老疃人民公社撤销，复置加斗人民公社。1961 年张岔从加斗析出建张岔人民公社。1984 年二公社分别易名为加斗乡、张岔乡。2001 年析出南汇村并入壶泉镇后，加斗、张岔二乡合并为加斗乡。2021 年撤销加斗乡，设立加斗镇。以驻地得名。加斗山，又名神峰山，在县东南二十里。山下有村得名加斗。地势南高北低。有斗山、月明山。壶流河流经，属海河流域。矿产资源有铁、黏土、石英石、高岭土、纹香岩等。有中小学、卫生院、文化广场。有县级文物保护单位广灵八大景之一的“斗山积雪”、东加斗村白家大巷、东留疃村安坚寺、西姚疃村唐代大柳树等。有焦国鼎故居。农业以种植业为主，主产有玉米、荞麦、谷子、黍子等。畜牧业以饲养绒山羊为主。工业以建材、农副产品加工为主。服务业以商贸、餐饮为主。省道广浑线、马走线经此。

140223-B03-H01　**西加斗**［Xījiādǒu］加斗镇人民政府驻地。在县政府驻地壶泉镇东南 7.1

千米。人口 3050。清乾隆《广灵县志》卷 3《山川》载："加斗山，又名神峰山，在县东南二十里，有圮城形迹犹存，峰峦峭立，迥出云霄，有如斗星布列，内有石孔似门，孤峰挺立，其秀丽之状非他比也，下有加斗村，即元总管聶谅故里。"后东、南建村，故名。明成化《山西通志》卷 3《关塞》载："加斗寨，在广灵县东南十五里加斗村，旧有遗址。洪武中筑。"聚落呈团块状。有加斗中学、加斗镇卫生院。有西加斗观音庙戏台、西加斗三教寺，有传统民居，皆为清代建筑遗构。县道罗城线经此。

140223-B04 **作疃镇**［Zuòtuǎn Zhèn］广灵县辖镇。在县境西部。面积 98 平方千米。人口 1.89 万。辖 16 行政村。乡人民政府驻作疃西堡。1949 年属广灵县第六区。1953 年属第五区。1956 年属城关集镇乡。1958 年属浑源县满天红公社。1959 年属广灵县。1961 年分属平城公社、作疃公社。1984 年作疃公社改作疃乡。2021 年撤销作疃乡，设立作疃镇。以驻地得名。作疃乡镇因辖区有一清泉，周围形成下湿沼泽地，始名沼疃，因不雅，改名濯疃，后演化为作疃。地势西高东低，平均海拔 1100 米。壶流河、百疃河、唐山口河、杨窑沟河流经，属海河流域。矿产资源有铁、石灰岩等。有中小学、卫生院、文化广场。有县级文物保护单位汉代平舒城遗址，南端有赵长城遗址。有华北商校驻地旧址。农业以种植业为主，主产有玉米、谷子、黍子、豆类、黄花菜等。畜牧业以饲养柴鸡、獭兔、奶牛为主。工业以建材、农副产品加工为主。服务业以餐饮、物流为主。省道洗朔线经此。

140223-B04-H01 **作疃东堡**［Zuòtuǎndōngbǎo］作疃镇人民政府驻地。在县政府驻地壶泉镇西南 6.8 千米。人口 1330。明正德《大同府志》卷 1《山川》："作疃池，在广灵县城西，方十亩，其水潜缩中约五亩。遇雷雨动作，则水涌涨"。村西因有池而成沼泽地，始名沼疃，后觉不雅，改濯疃，后演化为作疃，又因方位而得名。明正德《大同府志》卷 2《城池・堡附》载：广灵县有作疃堡。清乾隆《大同府志》卷 3《疆域》：广灵县治西六里有作疃村。聚落呈团块状。有作疃镇中学、作疃小学、作疃镇卫生院。有作疃东堡遗址，为汉代文化遗存。县道直朔线经此。

140223-B05 **梁庄镇**［Liángzhuāng Zhèn］广灵县辖镇。在县境西北部。面积 368 平方千米。人口 2.04 万。辖 21 行政村。乡人民政府驻梁庄西堡。清代属梁家里。民国时期属三区。抗日战争初期属四区。1941 年北部地区划归大同县，南部属四区。1946 年原划出地区复归广灵，属二、四区。1948 年属八区，南部黄龙、黄龙庄属二区。1951 年属四、二区。1958 年建红旗人民公社，后改称梁庄公社。1984 年梁庄公社易名梁庄乡。2021 年撤销望狐乡、梁庄乡，合并设立梁庄镇，镇人民政府驻西堡村，沿用至今。以驻地得名。初叫万家庄，后杂姓积居，人口增多，有一年发生了一次瘟疫，其村人多病死，后又从洪洞来人定居，梁姓人居多，改名梁家庄，后杂姓迁入，改为梁庄。后人口增多，分东、西、北三堡。地势北高南低，平均海拔 1300 米。壶流河流经，属海河流域。矿产资源有大理石、铁矿、锰矿等。有中小学、卫生院、文化广场。有清代底庄关王庙、清代黄龙村戏台、清代赵家坪龙王庙。有汉白玉石林、寻鼎山等风景区。农业以种植业为主，主产有荞麦、谷子、黍子等。工业以农副产品、机械加工为主。服务业以餐饮、运输、旅游为主。省道广浑线经此。

140223-B05-H01 **梁庄西堡**［Liángzhuāng Xībǎo］梁庄镇人民政府驻地。在县政府驻地壶泉镇西北 16.6 千米。人口 1600。原名万人庄，后梁姓多，改梁家庄，又杂姓迁入，易名梁庄，分村后，因该村在西，故名。明正德《大同府志》卷 2《城池・堡附》载：广灵县有梁家庄堡。清乾隆《大同府志》卷 3《疆域》：广灵县治西三十五里有梁家庄。聚落呈团块状。有梁庄镇卫生院。有梁家庄西堡址，为明代建筑遗构。有传统民居，为清代建筑遗构。县道后南线经此。

140223-C01 **一斗泉乡**［Yīdǒuquán Xiāng］广灵县辖乡。在县境北部。面积 116 平方千米。人口 1.18 万。辖 11 行政村。乡人民政府驻一斗泉。清属静乐乡。民国期间分属一、四区，抗日战争初期属三区、末期为六区。1949 年分属五、六区。

1953年设一斗泉乡。后改公社。1962年河北省阳原县桥涧、板塔寺、黑土坪、黑鱼洞4村划入。1984年复设乡。以驻地得名。县志载“一斗泉在西北10千米，昔乡人掘井三十余丈，意不及泉，忽水自西北岩畔突出，池仅斗许，足供百家，故名”。该村南大寺的碑文上也记载，斗泉之水仅供百家用。一斗泉乃由水泉而得名。地势北高南低，有九泉山。平均海拔1182米。壶流河流经，属海河流域。矿产资源有高钙优质石灰岩、煤炭、零星赤铁矿等。有中小学、卫生院、文化广场。有古迹黑鱼洞五佛殿。有清代南大寺、清代榆林村戏台。农业以种植业为主，主产有荞麦、谷子、黍子等。工业以建材、冶炼、电力、机械制造、化工和特色食品加工为主。服务业以运输、商贸为主。省道广浑线经此。

140223-C01-H01 **一斗泉**［Yīdǒuquán］一斗泉乡人民政府驻地。在县政府驻地壶泉镇西北11.3千米。人口2460。明正德《大同府志》卷1《山川》：“一斗泉，在广灵县城西北三十里九层崖，其水虽一斗之微，可给百家之用，故名”。明正德《大同府志》卷2《城池·堡附》载：广灵县有旧一斗泉堡、新一斗泉堡。清乾隆《大同府志》卷2《疆域》：广灵县治北二十五里有一斗泉。聚落呈团块状。有一斗泉乡卫生院。有一斗泉田氏祠堂，现存为清代建筑遗构。有一斗泉烽火台，现存为明代建筑遗构。县道板城线经此。

140223-C02 **蕉山乡**［Jiāoshān Xiāng］广灵县辖乡。在县境东部。面积83平方千米。人口1.58万。辖15行政村。乡人民政府驻西蕉山。清代属嘉顺乡。民国时期分属一、四区。1948年属七区，后属二区。1953年设蕉山乡。后改公社。1984年复设乡。2001年王洼乡3村并入。以驻地得名。相传几千年以前，该村北山自然起火，将整个大山上的树木、杂草全部烧光，山烧焦，至现在此山草木稀少。后在山下建村，故名焦山，“焦”字不祥，改为蕉山村。壶流河流经，属海河流域。矿产资源有煤炭、石灰岩等。有中小学7所、卫生院、文化广场。有省级重点文物保护单位洗马庄汉墓群和罗疃广济桥。有广灵地下党联络点旧址、元侍郎庞清故里。有剪纸文化艺术发展公司、中国广灵剪纸文化产业园区、中国剪纸艺术博物馆。有中国传统村落西蕉山村、殷家庄村。农业以种植业为主，主产有荞麦、谷子、黍子等。工业以建材、剪纸、特色食品加工为主。服务业以商贸、餐饮、物流为主。省道广浑线、马走线、洗朔线经此。

140223-C02-H01 **西蕉山**［Xījiāoshān］蕉山乡人民政府驻地。在县政府驻地壶泉镇东北5.2千米。人口1610。相传古时北山自燃起火，山焦草稀，山脚建村，名焦山。后因“焦”字含义不祥而更名。明时于此设寨，明成化《山西通志》卷3《关塞》载：“焦山寨，在广灵县城东北十三里焦山村。洪武间筑。”清乾隆《广灵县志》卷1《方域》载：嘉顺乡有焦山、东焦山、西焦山。聚落呈团块状。有蕉山职业中学、西蕉山小学、蕉山乡卫生院。有古民居，现存建筑为清代遗构。有西蕉山遗址、西蕉山墓群，皆为汉代文化遗存。有西蕉山堡址、西蕉山村一号堡址、西蕉山村二号堡址，皆为明代建筑遗构。有西蕉山关帝庙戏台、西蕉山传统民居，皆为清代建筑遗构。2016年被列入第四批中国传统村落名录。239国道经此。

140223-C02-H02 **洗马庄**［Xiǎnmǎzhuāng］在县政府驻地壶泉镇东北9.2千米。蕉山乡辖行政村。人口1490。为元侍郎庞清故里，清曾为洗马，故名。清乾隆《广灵县志》卷1《方域》载：嘉顺乡有洗马庄。聚落呈团块状。有第二批省级文物保护单位洗马庄汉墓群，为汉代文化遗存。有市级文物保护单位洗马庄遗址，为旧石器时代文化遗存。有洗马庄堡址，现存为明代建筑遗构。有洗马庄观音庙、洗马庄西庙，皆为清代建筑遗构。乡村道路经此。

140223-C02-H03 **殷家庄**［Yīnjiāzhuāng］在县政府驻地壶泉镇东北12.7千米。蕉山乡辖行政村。人口1430。明正德《大同府志》卷2《城池·堡附》载：广灵县有殷家庄堡。清乾隆《广灵县志》卷1《方域》载：嘉顺乡有殷家庄。聚落呈团块状。有殷家庄堡址，现存为明代建筑遗构。有殷家庄关帝庙戏台、殷家庄影壁，皆为清代建筑遗构。有明清民居院落80余处。2016年被列入第四批中国传统村落名录。239国道经此。

140223-C03 **宜兴乡**［Yíxīng Xiāng］广灵县辖乡。在县境南部。面积121平方千米。人口1.16万。辖13行政村。乡人民政府驻西宜兴。1954年撤区设乡，建立宜兴乡。1956年合并乡镇，属城关集镇。1958年属广益公社。1961年为宜兴公社。1984年宜兴公社改设为宜兴乡。2001年邵家庄乡并入。以驻地得名。村南山的沙坡是古人到灵邱的小路，车马不能通过，只宜人行，故名宜行，因“行”字不比“兴”字雅，故改名为宜兴。地势南高北低，平均海拔1150米。壶流河流经，属海河流域。矿产资源有金、磷、铁、长石、石英石、高岭土、纹香岩等。有中小学、卫生院、文化广场。有县级文物保护单位圣泉寺弥陀洞，俗称南寺、小悬空寺。有圣佛寺、广灵八景之一“圣佛松涛”。农业以种植业为主，主产玉米、谷子、蔬菜等。特产有黄花菜、直峪大葱、“东方亮”谷子。工业以农副产品加工、剪纸为主。服务业以观光农业为主。省道马走线经此。

140223-C03-H01 **西宜兴**［Xīyíxīng］宜兴乡人民政府驻地。在县政府驻地壶泉镇南6千米。人口2580。相传村南红沙坡为交通大路，宜于行走，故名宜行。因“兴”与“行”是谐音，含义好而更名。明正德《大同府志》卷2《城池·堡附》载：广灵县有宜兴堡。清乾隆《大同府志》卷3《疆域》载：广灵县治南八里有西宜兴村。聚落呈团块状。有宜兴乡初级中学校、西宜兴小学、宜兴乡卫生院。有县级文物保护单位圣泉寺石窟，始凿于北魏太和年间（477年—499年）。有宜兴堡址，现存为明代建筑遗构。有西宜兴孙氏祠堂，现存为清代建筑遗构。有县道罗城线、北圣线经此。

140224 **灵丘县**［Língqiū Xiàn］大同市辖县。北纬39° 26′，东经114° 13′。在市区东南部。面积2732平方千米。人口21.28万。以汉族为主，还有蒙古、回、朝鲜、满等民族。辖3镇、8乡。县人民政府驻武灵镇。战国赵国灵丘邑，西汉置灵丘县，治所在今固城村，属代郡。东汉光和元年（178年）别属中山国，寻废。北魏复置灵丘县，治所在今县城，属司州，太和中属恒州。东魏天平二年（535年）于灵丘县置北灵丘郡，县属之，又于县西部置莎泉县，同属北灵丘郡。北齐废莎泉县入灵丘县。北周于县境南置大昌县，为蔚州治，治今城关南。隋开皇三年（583年）废北灵丘郡，省大昌县入灵丘县，属蔚州。大业初年废蔚州，县改属雁门郡。唐初突厥占领，县废。唐武德六年（623年）复置灵丘县，先后侨治于阳曲、繁畤、秀容。贞观五年（631年）还故治，为蔚州治。天宝元年（742年）废蔚州，县属安边郡。至德二年（757年）属兴唐郡。乾元元年（758年）属蔚州。辽属西京道蔚州，金贞祐二年（1214年）升为成州，属西京路。元复为灵丘县，属蔚州，明因之。清雍正三年（1725年）改属大同府。1912年废府。1913年属北路道。1914年属雁门道。1927年废道后直属山西省。1937年属山西省第一行政区。抗日战争时期属晋察冀边区北岳区第二专区。1949年属察哈尔省雁北专区。1952年划归山西省雁北专区。1958年属晋北专区。1961年属雁北专区。1967年属雁北地区。1993年属大同市至今。“灵丘”之名始于战国，因战国时期赵国第六位国君赵武灵王葬于此而得名。汉高祖十一年始设灵丘县，清雍正三年避孔子讳改灵邱县，第一次全国地名普查后标准化为灵丘县。地处太行山北段东翼。地势西北高东南低。有太行山，最高海拔太白山维山主峰2234.6米，最低海拔611.5米。年均气温7.7℃，1月平均气温-9.1℃，7月平均气温22.3℃。年均降水量413.3毫米。唐河、沙河、赵北河、华山河、大东河、上寨河、干峪河、独峪河流经，属海河流域。矿产资源有金、银、锰矿石、铁矿石、石灰石、珍珠岩、石英石等40多种。有野生植物400多种，其中国家二级重点保护植物有水曲柳、黄檗等，国家珍稀濒危植物有核桃楸、青檀、蒙古黄芪、刺五加等10多种。野生中草药有党参、天南星、黄芩、黑柴胡等340多种。有国家一级保护动物黑鹳、金雕、胡兀鹫、大鸨、金钱豹，二级保护动物有大天鹅、小天鹅、鸳鸯等30多种。有中小学、医院、文化馆、图书馆、档案馆、博物馆、体育场馆。有全国重点文物保护单位曲回寺石像冢、觉山寺砖塔、平型关战役遗址。有省级重点文物保护单位赵武灵王墓、明内长城、白求恩特种外科医院旧址。

有市级文物保护单位平型关烈士陵园等6处。有县级文物保护单位张家湾灵丘县抗日政府驻地旧址、八路军359旅旅部石矾旧址、白草湾烈士纪念碑（亭）。有纪念地下寨南村“灵丘县第一个农村党支部”、上寨村“平型关大捷动员会纪念碑”、刘庄“三一惨案纪念碑”。有国家非物质文化遗产灵丘罗罗腔。有中国传统村落花塔村、觉山村。三次产业比14 ∶ 32 ∶ 54。主产玉米、谷子、黍子、马铃薯、豆类、油料作物、蔬菜。养殖猪、牛、羊、家禽为主。有农产品地理标志灵丘苦荞。有特色农产品苦荞健茶、高档苦荞褥。有绿色农产品小杂粮、马铃薯、豆类等。工业以有色金属冶炼、新型建材加工和绿色农产品加工等为主。服务业以旅游、矿产品销售为主。京原铁路过境设站。荣乌高速，108国道，省道马走线、大灵线、水庄线经此。

140224-B01 **武灵镇**［Wǔlíng Zhèn］灵丘县人民政府驻地。在县境中部。面积379.5平方千米。人口10.03万。辖14社区、50行政村。镇人民政府驻城关。1953年置城关镇。1958年改公社。1984年复设镇。2001年城关镇、高家庄乡、唐之洼乡合并设武灵镇。因域内有战国赵武灵王墓而得名。《史记·赵世家》：“应劭曰，武灵王葬代郡灵丘县。”地处太行、五台、恒山三大山脉环绕的山间盆地中心。地势为西高东低、南高北低，地形分为平川、丘陵、山地。主要山脉有太行山脉，境内最高峰太白山位于太行山脉，海拔2334米；最低点门头峪口位于太行山，海拔850米。唐河、泽水河流经，属海河流域。矿产资源有金、银、铜、铁、锰、铅、锌。有中小学、卫生院、文化广场。有省级重点文物保护单位赵武灵王墓。有省烈士纪念建筑物重点保护单位灵丘县烈士陵园。农业以种植业为主，主产有玉米、谷子、黍子、马铃薯、豆类、油料作物、蔬菜等。畜牧业以饲养猪、牛、羊、家禽为主。工业以矿产资源开采及加工业为主。服务业以商贸流通为主。京原铁路过境设站。荣乌高速，108国道，省道马走线、大灵线、水庄线经此。

140224-N01 **泽水河大桥**［Zéshuǐhé Dàqiáo］在县城西北部。桥长27.48米，桥面宽9米，最大跨度16米，桥下净高4.5米。1994年建成。因所跨泽水河得名。为大型河道桥梁。

140224-N02 **唐河大桥**［Tánghé Dàqiáo］在县城南部。桥长264米，桥面宽9米，最大跨度10米，桥下净高3.39米。1991年建成。因所跨唐河得名。为大型河道桥梁。

140224-B01-K01 **新华东街**［Xīnhuá Dōngjiē］在县城东部。西起新建北路，东至武灵大道。与青年路、沙河路、文兴路、相交。长4.2千米，宽40米。沥青路面。1979年扩建延伸。因向往美好生活，故名。两侧有灵丘一中、武灵王主题公园和灵丘博物馆等。

140224-B01-K02 **新华西街**［Xīnhuá Xījiē］在县城西部。西起大道地铁路桥，东至新建路。与太白路、迎宾路、新建路相交。长4.1千米，宽48米。沥青路面。1979年修建。因向往美好生活，故名。两侧有赵武灵王墓等。通1路公交车。

140224-B01-K03 **振华西街**［Zhènhuá Xījiē］在县城中部。西起巍山南路，东至振华东街。以新建南路为界，分为西街、东街。与太白路、迎宾南路相交。长2千米，宽22米。沥青路面。2010年建成。因振兴中华之意得名。两侧有赛欧鑫园小区等。

140224-B01-K04 **振华东街**［Zhènhuá Dōngjiē］在县城东部。西起振华西街，东至武灵大道。与青年南路、高庄路、沙河南路、文兴南路相交。长4千米，宽22米。沥青路面。2009年开工，2010年建成。因振兴中华之意得名。两侧有东关学校、灵丽园小区、晋银大酒店、唐河集贸市场和武灵王主题公园等。

140224-B01-K05 **青年北路**［Qīngnián Běilù］在县城中部。北起新建北路，南至新华东街。与古城街相交。长1.1千米，宽22米。沥青路面。1979年始建。因该路为扩建武灵镇时修建的第一条路，故北段为青年北路。两侧有煤运住宅小区、灵丘县第二中学校、祥和苑小区、王家庄村卫生室、兰妮幼儿园和华林商厦等。

140224-B01-K06 **青年南路**［Qīngnián Nánlù］在县城中部。北起新华东街，南至振华东街。长0.6千米，宽22米。沥青路面。1979年始建。因该路为扩建武灵镇时修建的第一条路，故南段为青年南路。两侧有灵丘县小太阳幼儿园等。

140224-B01-K07 **双拥路** [Shuāngyōng Lù] 在县城西北部。北起灵丘站，南至青年北路。与平型关大街、新建北路相交。长 1.7 千米，宽 20 米。沥青路面。1969 年修建。因军民共建而命名。两侧有隆昌学校和武灵第一中心校等。

140224-B01-K08 **新建北路** [Xīnjiàn Běilù] 在县城中部。北起平型关大街，南至新华东街。与双拥路、青年北路、古城街相交。长 1.9 千米，宽 30 米。沥青路面。1967 年修，1994 年北端延伸。因道路新建而得名。两侧有灵丘县第二中学校、沙坡小学、政府广场和街心公园等。

140224-B01-K09 **新建南路** [Xīnjiàn Nánlù] 在县城中部。北起新华东街，南至振华东街。与新华西街、西关街、东关街、振华西街相交。长 0.49 千米，宽 30 米。沥青路面。1975 年修建。因道路新建得名。两侧有灵丘县中小企业服务中心等。

140224-B01-K10 **迎宾北路** [Yíngbīn Běilù] 在县城西部。北起祥和幼儿园附近，南至新华西街。长 0.6 千米，宽 30 米。沥青路面。2014 年修建。以迎接来宾之意且位于中段而得名。两侧有城镇小学等。

140224-B01-K11 **迎宾南路** [Yíngbīn Nánlù] 在县城西南部。北起新华西街，南至振华西街。与西关街相交。长 0.4 千米，宽 30 米。沥青路面。1975 年修建。取迎接来宾之意且位于道路南段而得名。两侧有惠民医院等。

140224-B01-K12 **太白路** [Tàibái Lù] 在县城西南部。北起新华西街，南至唐河岸边文体中心路。与振华西街相交。长 0.7 千米，宽 30 米。沥青路面。2011 年修建。因太白巍山而得名。两侧有昊杰便利旗舰店等。

140224-B01-K13 **巍山北路** [Wēishān Běilù] 在县城西部。北起平型关大街，南至巍山南路。长 0.9 千米，宽 30 米。沥青路面。2007 年修建。因位于太白巍山北侧而得名。两侧有牡丹园小区等。

140224-B01-K14 **巍山南路** [Wēishān Nánlù] 在县城西南部。北起新华西街，南至振华街。与振华西街相交。长 0.4 千米，宽 30 米。沥青路面。2007 年修建，原为资源路，2014 年改今名。因位于太白巍山南侧而得名。两侧有灵丘县青年创业孵化基地等。通 1 路公交车。

140224-B01-K15 **平型关大街** [Píngxíngguān Dàjiē] 在县城北部。西起巍山北路，东至武灵大道。与双拥路、青年北路、新建北路、文兴北路、201 省道相交。长 8 千米，宽 12 米。沥青路面。1992 年建成。2015 年为纪念平型关大捷命名。两侧有隆昌学校和大同市平型关职业培训学校等。

140224-B02 **东河南镇** [Dōnghénán Zhèn] 灵丘县辖镇。在县境西部。面积 247 平方千米。人口 3.44 万。辖 24 行政村。镇人民政府驻东河南。1949 年成立东河南区，1958 年由东河南、古之河、蔡家峪、北张庄、中野窝五个乡联合组成人民公社，社址设于古之河村，1961 年又将社址迁到东河南村，故改名东河南公社。1984 年改置镇。2001 年银厂乡并入。以驻地得名。东河南，原名“滱阴堡”，明代初建村。过去唐河称“滱河”，该村西北部有阴崖湾，故取名“滱阴堡”。后因该村地处阴崖湾东面，滱河南岸，改名东河南。地势为西高东低、南高北低。地形分为平川区和丘陵区。主要山脉有对维山、锅帽山、丁丁山等，境内最高峰对维山位于蒜峪门南 2.2 千米，海拔 1917.6 米；最低点小里湾位于燕家湾村东北 0.5 千米，海拔 950 米。唐河流经，属海河流域。矿产资源有煤、石英、铁、金、长石、云母等。有中小学、卫生院、文化广场。有全国重点文物保护单位、全国爱国主义教育基地平型关战役遗址。小寨为全国重点文物保护单位平型关战役遗址的重要组成部分。有冀晋五专署驻地旧址、冀晋军区第五军区分区地雷长旧址、灵丘县东河南村惨案遗址，有古迹清泥涧村灵源寺、东河南村圆通寺、燕家湾村庙梁、水涧村光明寺等。农业以种植业为主，主产有玉米、杂粮、山药、油料作物、蔬菜等。畜牧业以饲养猪、牛、羊、家禽为主。工业以农副产品加工业、矿产资源采掘业、建材业为主。服务业以旅游、矿产品销售为主。京原铁路、荣乌高速、省道大灵线经此。

140224-B02-H01 **东河南** [Dōnghénán] 东河南镇人民政府驻地。在县政府驻地武灵镇东部

16.9 千米。人口 6440。唐河古称滱水，村位处水阴，故名滱阴堡，后因位于阴崖湾东部、唐河南岸而得名。明正德《大同府志》卷 2《城池·堡附》载："灵丘县有东河南堡。"清乾隆《大同府志》卷 3《疆域》："灵丘县治西境距城三十里有东河南村。"聚落呈团块状。有东河南中学校、东河南小学校、平型关红军小学。有杏树台遗址、东河南遗址，皆为东周、汉代文化遗存。有东河南东北城址、东河南城址，为辽代文化遗存。有传统民居宅院，现存为清代建筑遗构。336 国道经此。

140224-B02-H02　**小寨**［Xiǎozhài］在县政府驻地武灵镇西南 23.6 千米。东河南镇辖行政村。人口 690。因位于平型关大捷主战场桥沟沟口，明代曾在这里建军寨而得名。有龙王庙，为第一批全国重点文物保护单位平型关战役遗址的重要组成部分，为八路军一一五师六八七团指挥所。县道经此。

140224-B03　**上寨镇**［Shàngzhài Zhèn］灵丘县辖镇。在县境东南部。面积 291 平方千米。人口 1.83 万。辖 14 行政村。镇人民政府驻上寨。1949 年成立上寨区。1953 年设上寨乡。1958 年设公社。1984 年改置镇。2001 年狼牙沟乡并入。以驻地得名。上寨，据山寨取名，明初建村。下寨南村后有一座山，名曰："寨梁"，传说宋朝有一大将，因战败而率领全部人马逃至此山安营扎寨，占山为王，到处招兵买马，养精蓄锐，待机东山再起，但后事不详。该村位于此寨上方，故名上寨。地势为东高西低、南高北低，地形分为山地、丘陵。主要山脉有太行山脉，境内最高峰狼牙山位于狼牙沟村，海拔 1770 米；最低点刘庄位于刘庄村，海拔 633 米。上寨河、石矾河、王寨河、焦沟河、狼河、荞麦茬河、龙须台河流经，属海河流域。矿产资源有铁矿、金、银、长石、大理石、花岗石、石英、云母、金红石等。有中小学、文化广场、卫生院。有纪念地下寨南村灵丘县第一个农村党支部、上寨村平型关大捷动员会纪念碑、刘庄三一惨案纪念碑、建国学院雁北分校旧址、白求恩前方医院旧址、三五九旅旅部旧址、一一五师动员会旧址、民兵地雷战遗址。农业以种植业为主，主产有玉米、谷子、黍子、马铃薯、豆类、油料作物、蔬菜等。畜牧业以饲养猪、牛、羊、家禽为主。工业以建材加工和绿色农产品加工等为主。服务业以旅游、物流为主。108 国道经此。

140223-B03-H01　**上寨**［Shàngzhài］上寨镇人民政府驻地。在县政府驻地武灵镇南 25.6 千米。人口 4060。相传古代该村北面寨顶山上曾安过营寨，故名。聚落呈团块状。有上寨中学、明德小学、上寨镇中心卫生院。有平型关战役一一五师动员会旧址。1937 年 9 月 23 日上午，一一五师召开作战会议，决定在平型关东侧乔沟一线伏击日军的后续部队。午后，又召开全师连以上干部动员会，聂荣臻进行了政治动员。108 国道经此。

140223-B03-H02　**石矾**［Shífán］在县政府驻地武灵镇南 23.1 千米。上寨镇辖行政村。人口 710。因建村时村北有一石崖，崖上有石头很像矾块而得名。聚落呈条带状。有第六批省级文物保护单位八路军三五九旅旅部石矾旧址。1938 年 10 月初，八路军三五九旅进驻石矾村，期间，旅长王震指挥部队进行了上百次战斗，协助雁北地委领导抗日战争。乡村道路经此。

140224-C01　**落水河乡**［Luòshuǐhé Xiāng］灵丘县辖乡。在县境东部。面积 285 平方千米。人口 2.76 万。有 16 行政村。乡人民政府驻落水河。1949 年成立落水河区。1956 年设落水河乡。1958 年改公社。1984 年复设乡。2001 年招柏乡并入。以驻地得名。明初建村，据传本县曾遭受特大水灾，唐河两岸大量积水，门头一带一片汪洋，洪水不断猛涨，涨至该村水突然下降，故取名落水河。地势东高西低。地形分为山区、丘陵、平川。有老虎尖、云彩岭，境内最高峰蘑菇玉山位于腰站，海拔 1782 米；最低点峪门口位于南庄村，海拔 209 米。有唐河、大东河、塔涧河、招柏河流经，属海河流域。矿产资源有铁。其他自然资源有水资源。有中小学、文化广场、卫生院。有全国重点文物保护单位腰站阻击战遗址，为全国爱国主义教育基地平型关战役遗址的重要组成部分。有县级文物保护单位龙泉寺、后小川遗址、双圪塔梁遗址等。农业以种植业为主，主产有玉米、谷子、黍子、马铃薯、豆类、油料作物、蔬菜等。畜牧业以饲养猪、牛、羊、家禽为主。工业以建材加工和绿色农产品加工等为主。服务业以批发零售业为主。京原铁路、荣乌高速经此。

140224-C01-H01 **落水河**［Luòshuǐhé］落水河乡人民政府驻地。在县政府驻地武灵镇东 7.4 千米。人口 2850。因大东河山洪到此，趋缓渐落而得名。明正德《大同府志》卷 2《城池・堡附》载："灵丘县有落水河堡。"聚落呈团块状。有落水河中学、落水河小学、落水河乡中心卫生院。有落水河堡址，现存为明代建筑遗构。有王氏宅院，现存为清代建筑遗构。县道经此。

140224-C01-H02 **腰站**［Yāozhàn］在县政府驻地武灵镇东南 19.5 千米。落水河乡辖行政村。人口 480。相传明朝从灵邱到涞源途经此处，官府在此设有驿站，加之正好位于灵邱—涞源中间，故名。聚落呈团块状。有腰站阻击战遗址，为第一批全国重点文物保护单位平型关战役遗址的重要组成部分。有民俗文化腰站秧歌。乡村道路经此。

140224-C01-H03 **新庄**［Xīnzhuāng］在县政府驻地武灵镇东南 6.5 千米。落水河乡辖行政村。人口 1400。相传北魏成村，因面对隘门山得名门头村。明清时期，村庄规模扩大，分为新庄、西庄、南庄、上堡。有第六批省级文物保护单位灵丘故城遗址，正圆形，现存城墙为战国时期建筑遗构。乡村道路经此。

140224-C02 **赵北乡**［Zhàoběi Xiāng］灵丘县辖乡。在县境西北部。面积 288.6 平方千米。人口 1.78 万。辖 19 行政村。乡人民政府驻赵北。1949 年成立赵北区。1953 年设赵北乡。1958 年改公社。1984 年复设乡。2001 年王成庄乡并入。以驻地得名。据《灵丘县地名录》载：战国时期赵王在此得"和氏璧"。为纪念此地而命名"赵璧"。后因"璧"字繁杂，习成"赵北"。地势南低北高，地形分为黄土丘陵区、石山区。主要山脉有龙尾山、黄花梁、大东梁，境内最高峰位于南岭北村西的山脉，海拔 1940 米；最低点位于白马寺村南，海拔 1150 米。赵北河流经，属海河流域。矿产资源有铁、煤等。其他自然资源有风力、水资源、林木资源等。有中小学、文化广场、卫生院。有清代赵北村乐楼、王成庄老爷庙、白草湾烈士纪念亭、寺沟生态园、寺峪地道遗址。农业以种植业为主，主产有玉米、谷子、黍子、马铃薯、豆类、油料作物、蔬菜等。畜牧业以饲养猪、牛、羊、家禽为主。工业以有色金属冶炼、新型建材加工和绿色农产品加工等为主。服务业以餐饮、物流为主。有公路经此。

140224-C02-H01 **赵北**［Zhàoběi］赵北乡人民政府驻地。在县政府驻地武灵镇西北 17.4 千米。人口 1270。相传战国时期，赵王由此得一块珍贵璧玉，为纪念而名村赵璧。后因"璧"字繁杂，简为此名。清顺治《云中郡志》卷 7《武备志》载："灵丘县有赵北村堡。"聚落呈团块状。有赵北乡卫生院。有县级文物保护单位赵北乐楼，现存为清代建筑遗构。有赵北堡址，现存为明代建筑遗构。县道经此。

140224-C03 **石家田乡**［Shíjiātián Xiāng］灵丘县辖乡。在县境东北部。面积 186 平方千米。人口 1.02 万。辖 11 行政村。乡人民政府驻石家田。1949 年成立石家田区。1956 年设石家田乡。1958 年改公社。1984 年复设乡。以驻地得名。据《灵丘地名录》记载，以驻地村中最早的"石"姓氏命名。地势东高西低、北高南低。地形分为山地和坡地。主要山脉有太行山脉，境内最高峰黄崖尖位于太那水村，海拔 1859 米；最低点塌涧河位于贾庄村，海拔 1200 米。有红沙河、塌涧河流经，属海河流域。矿产资源有铁、铜、金、珍珠岩、沸石、膨润土、红土等。有中小学、文化广场、卫生院。有清代东张庄关帝庙、下北罗文昌阁。农业以种植业为主，主产有玉米、谷子、黍子、马铃薯、豆类、油料作物、蔬菜等。畜牧业以饲养猪、牛、羊、家禽为主。工业以铁矿开采、铁粉加工为主。服务业以物流、商贸为主。省道马走线经此。

140224-C03-H01 **石家田**［Shíjiātián］石家田乡人民政府驻地。在县政府驻地武灵镇东北 15.3 千米。人口 1240。明正德《大同府志》卷 2《城池・堡附》载："灵丘县有石家田村蒋家寨。"聚落呈团块状。有石家田乡中学、石家田中心卫生院。有石家田遗址，为战国、汉代文化遗存。

有石家田堡址，现存为明代建筑遗构。乡村道路经此。

140224-C04 **柳科乡** [Liǔkē Xiāng] 灵丘县辖乡。在县境东北部。面积 202 平方千米。人口 8159。以汉族为主。辖 11 行政村。乡人民政府驻柳科。1953 年设柳科乡。1958 年改公社。1984 年复设乡。以驻地得名。据清朝碑文记载，该村原名“柳客”，后改称“柳科”。地势为东高西低，南低北高，地形分为山地、高原。主要山脉有恒山山脉，境内最高峰甸子山位于乡东部刁泉村，海拔 2151 米；最低点白框位于乡西北部苟庄村，海拔 900 米。有大东河流经，属海河流域。矿产资源有金、铜、铁、铅、锌、花岗岩、珍珠岩、大理石、沸石等。有中小学、卫生院、文化广场。有景点空中大草原。农业以种植业为主，主产有玉米、谷子、黍子、马铃薯、豆类、油料作物、蔬菜等。畜牧业以饲养猪、牛、羊、家禽为主。服务业以旅游、交通运输为主。有公路经此。

140224-C04-H01 **柳科** [Liǔkē] 柳科乡人民政府驻地。在县政府驻地武灵镇东北 19.7 千米。人口 1040。相传明初建村时名柳客，后改为此名。聚落呈团块状。有柳科乡卫生院。有柳科村堡，现存为明代建筑遗构。乡村道路经此。

140224-C05 **白崖台乡** [Báiyátái Xiāng] 灵丘县辖乡。在县境西部。面积 210 平方千米。人口 6378。辖 10 行政村。乡人民政府驻白崖台。1953 年设冉庄乡。1958 年改公社。1984 年驻地迁至白崖台，改设白崖台乡。以驻地得名。白崖台，原名白牛台，据传宋末时，在今白崖台村南一里处的刘家沟，有一户曹姓人家居住，并养一头白牛，常在今白崖台放牧，后迁来居民在此建村取名白牛台，后人将白牛台讹传称白崖台。地势西高东低，北高南低。地形分为土石山区。主要山脉有寨山，境内最高峰寨山位于烟云崖村，海拔 1586 米；最低点位于斗方石村，海拔 910 米。有冉庄河流经，属海河流域。矿产资源有金、磷、铁、长石、石英石、高岭土、纹香岩等。有中小学、卫生院、文化广场。有全国重点文物保护单位平型关战役纪念馆，为全国爱国主义教育基地平型关战役遗址的重要组成部分。有邓峰寺原始森林公园。农业以种植业为主，主产有玉米、谷子、黍子、马铃薯、豆类、油料作物、蔬菜等。畜牧业以饲养猪、牛、羊、家禽为主。工业以矿产资源开采为主。服务业以红色旅游为主。京原铁路、公路经此。

140224-C05-H01 **白崖台** [Báiyátái] 白崖台乡人民政府驻地。在县政府驻地武灵镇西南 25.3 千米。人口 970。相传宋末，有一头白牛常被放牧于今白崖台，后迁来居民在此建村，名白牛台，讹传为此名。聚落呈团块状。有白崖台中心卫生院。有老爷庙高地争夺战遗址，乔沟遗址，林彪、聂荣臻临时住所旧址，115 师指挥所旧址，八路军 686 团指挥所旧址，为第一批全国重点文物保护单位平型关战役遗址的重要组成部分。县道经此。

140224-C06 **红石塄乡** [Hóngshíléng Xiāng] 灵丘县辖乡。在县境东南部。面积 146.7 平方千米。人口 4709。辖 7 行政村。乡人民政府驻红石塄。1953 年设红石塄乡。1958 年设太红公社。1972 年驻地迁至红石塄，更名为红石塄公社。1984 年改设乡。以驻地得名。因周边多红色石头，取名红石塄。地势西高东低，北高南低；地形分为丘陵和山脉。主要山脉有巍山，境内最高峰位于巍山山顶，海拔 1795 米；最低点教场位于下北泉村，海拔 750 米。唐河、上寨河、招柏河流经，属海河流域。矿产资源有石灰岩。其他自然资源有水能资源。有中小学、卫生院、文化广场。有全国重点文物保护单位觉山寺。有唐河古栈道遗址、北魏文成皇帝御射台、明代白云观、清代马氏宅院等古迹。有桃花溶洞风景区、唐河大峡谷、桃花泉、桃花溶洞、上北泉森林公园等名胜。农业以种植业为主，主产有玉米、谷子、黍子、马铃薯、豆类、油料作物、蔬菜等。畜牧业以饲养猪、牛、羊、家禽为主。有水产养殖。服务业以旅游为主。荣乌高速经此。

140224-C06-H01 **红石塄** [Hóngshíléng] 红石塄乡人民政府驻地。在县政府驻地武灵镇东南 18.2 千米。人口 740。因地形和石头颜色而得名。聚落呈团块状。有红石塄乡中心卫生院。有红石塄乐楼、谢氏宅院、马氏宅院，现存皆为清代建筑遗构。336 国道经此。

140224-C06-H02 **觉山**［Juéshān］在县政府驻地武灵镇东南 10.3 千米。红石塄乡辖自然村。人口 20。相传因觉山寺得名。觉山也非山，而是佛语。聚落呈团块状。有第五批全国重点文物保护单位觉山寺砖塔，始建于北魏太和七年（483年），现存砖塔塔体为辽代建筑遗构。有御射台，为北魏和平二年（461 年）文成帝拓跋浚南巡归来竞射之处。2012 年被列入第一批中国传统村落名录。336 国道经此。

140224-C06-H03 **下北泉**［Xiàběiquán］在县政府驻地武灵镇东南 22.7 千米。红石塄乡辖行政村。人口 370。相传因村西有水泉，又坐落在上北泉下方而得名。聚落呈团块状。有下北泉小学。2017 年被评为第五届全国文明村。108 国道经此。

140224-C06-H04 **下车河**［Xiàchēhé］在县政府驻地武灵镇东南 10 千米。红石塄乡辖行政村。人口 110。原与上车河为一村，原名车沟河。1941 年分村，按居住位置，故名。聚落呈团块状。有下车河龙王庙，现存为清代建筑遗构。2020 年被评为第五届全国文明村。乡村道路经此。

140224-C07 **下关乡**［Xiàguān Xiāng］灵丘县辖乡。在县境南部。面积 266 平方千米。人口 9295。辖 10 行政村。乡人民政府驻下关。1953 年设下关乡。1958 年改公社。1984 年复设乡。以驻地得名。明正德《大同府志》卷 2《土堡》载："灵丘县有下关顺城寨。"为下关最早的文字记载。清光绪《山西通志》载：铁岭口北之下关镇为最冲，今设厘卡而得名。下关，据传明初建村，古代该地是重要的军事关隘，素有"上关至下关，十五长的关"之称，此村位于该关口之下，故名下关。地势东高西低，南高北低。地形分为丘陵山地。主要山脉有爱岭、坦山岭，境内最高峰铁角山位于铁角台村，海拔 1602 米；最低点位于六沙台村青羊口，海拔 750 米。有下关河、谢子坪河流经，属海河流域。矿产资源有金、铁、花岗石、石棉等。工业以矿产开采为主。有中小学、卫生院、文化广场。有县级文物保护单位女儿沟村禅庵寺．有药王庙、赵国古长城、杨庄村白求恩特种外科医院旧址、中共北岳五地委旧址（中庄村）、察哈尔省第二专属旧址、晋察冀边区第五专署旧址等遗址。有鸡岭大峡谷"八寨十三景"、龙堂会瀑布等名胜。农业以种植业为主，主产有玉米、马铃薯、豆子、谷黍、核桃、花椒、柿子、桃子等。服务业以旅游、矿产品销售为主。有公路经此。

140224-C07-H01 **下关**［Xiàguān］下关乡人民政府驻地。在县政府驻地武灵镇南 36.2 千米。人口 1116。相传因位于关口下方而得名。明正德《大同府志》卷 2《城池・堡附》载："灵丘县有下关顺城寨。"聚落呈条带状。有下关中学、下关乡卫生院。乡村道路经此。

140224-C07-H02 **杨庄**［Yángzhuāng］在县政府驻地武灵镇西南 35.2 千米。下关乡辖行政村。人口 200。聚落呈条带状。有县级文物保护单位白求恩特种外科医院遗址，由著名的国际共产主义战士诺尔曼・白求恩创办。乡村道路经此。

140224-C08 **独峪乡**［Dúyù Xiāng］灵丘县辖乡。在县境西南部。面积 271 平方千米。人口 9021。以汉族为主，有蒙古、回、满等民族。辖 14 行政村。乡人民政府驻独峪。1961 年设独峪公社。1984 年改设乡。以驻地得名。明正德《大同府志》卷 2 土堡载："灵丘县有独峪。"为独峪村最早的文字记载。地势东高西低。地形主要为丘陵。主要山脉有太行山脉，境内最高峰老虎梁位于独峪村，海拔 2125 米；最低点位于花塔村冉庄河出口处，海拔 661.5 米。独峪河流经，属海河流域。矿产资源有金、花岗石等。其他自然资源有水资源。有小学、文化广场、卫生院。有全国重点文物保护单位曲回寺石像冢。有八路军第三五八旅第七一五团全歼白志沂部顽固派遗址、白求恩战地医院遗址、豹子口头村中共灵丘县委驻地旧址、张家湾村灵丘县抗日政府驻地旧址。有位于独峪乡三楼村、花塔村、牛帮口村的明代内长城。农业以种植业为主，主产有玉米、谷子、黍子、马铃薯、豆类、油料作物、蔬菜等。畜牧业以饲养猪、牛、羊、家禽为主。工业以药材、农产品加工为主。服务业以旅游为主。108 国道经此。

140224-C08-H01 **独峪**［Dúyù］独峪乡人民

政府驻地。在县政府驻地武灵镇南 28.4 千米。人口 160。因山势、河形而得名。聚落呈团块状。有独峪乡卫生院。有独峪堡址，现存为明代建筑遗构。108 国道经此。

140224-C08-H02　**花塔**［Huātǎ］在县政府驻地武灵镇西南 43.6 千米。独峪乡辖行政村。人口 154。相传该村原名高家庄，为繁峙县神堂堡高姓地主的庄子，后人根据村后大山形势如塔，山上桃花盛开，改今名。聚落呈团块状。有第二批省级文物保护单位明内长城，修筑于明代正德至万历年间，现存为明代建筑遗构。2019 年被列入第五批中国传统村落名录。乡村道路经此。

140224-C08-H03　**曲回寺**［Qǔhuísì］在县政府驻地武灵镇西南 32.1 千米。独峪乡辖行政村。人口 280。唐时建有曲回寺，因交通不便，亦有哭回寺别称。明正德《大同府志》卷 4《寺观》："哭回寺，在灵丘县南一百里，唐开元二年（714 年）建。"历史上曾遭三次火灾。明代成村，村以寺名。聚落呈团块状。有第五批全国重点文物保护单位曲回寺唐代石像冢，现存为唐代建筑遗构。108 国道经此。

140225　**浑源县**［Húnyuán Xiàn］大同市辖县。北纬 113° 40′，东经 39° 38′。在市区东南部。面积 1968 平方千米。人口 23.77 万。以汉族为主，还有回、满、藏等民族。辖 6 镇、10 乡。县人民政府驻永安镇。夏商，时属冀州。西周时以恒山镇属并州。春秋，属代国。秦朝，秦始皇始置县，称为崞县，属雁门郡。不久改称平舒，属代郡。西汉，平舒县废，复置崞县，属恒山郡。王莽新朝期间，改为崞张县，仍属常山（即恒山）郡。东汉，恢复崞县名，三国，沿袭之。北魏，时迁都平城（即今大同），为京城内地，改名石城县，属神武郡。天兴元年，改称崞山县。东魏，改为廊州。北齐，又改为北显州。隋朝，北显州改称平寇县，后又改回崞县。唐置浑源县，以浑河发源县境得名，属应州。后唐迁治于今县城。并因避唐明宗李嗣源名讳，改浑元县。后晋石敬瑭割地归契丹，复名浑源县，属应州。金贞祐三年（1215 年）置浑源州，浑源县属之并为州治。蒙古初改浑源县为恒阴县。至元四年（1267 年）废县入浑源州，属大同路。明属大同府。清因之。1912 年废浑源州改为浑源县。1913 年属北路道。1914 年属雁门道。1927 年废道后直属山西省。1937 年属山西省第一行政区。抗日战争时期属晋察冀边区北岳区第二专区。1949 年属察哈尔省雁北专区。1952 年划归山西省雁北专区。1958 年属晋北专区，同年撤广灵县并入浑源县。1960 年广灵县析出。1961 年属雁北专区。1967 年属雁北地区。1993 年属大同市至今。唐时始称浑源，因浑河发源于县境内得名。后唐时，浑源城址由在横山东侧现南榆林乡毕村附近的古城洼迁筑到今址。同时，因避讳名讳，改称"浑元"。后晋石敬瑭割燕云十六州于契丹，县复名浑源，属应州，后浑源属西京道大同府。明嘉靖版《山西通志》记载"因八水合而浑流"，故名浑源县。地势东高西低。有恒山、卧羊场山、穆桂英山、翠屏山、抢风岭等。最高海拔卧羊场山 2334.1 米，最低海拔 1026 米。年均气温 6.2℃，1 月平均气温 -12.5℃，7 月平均气温 21.6℃。年均降水量 429.4 毫米。浑河从东至西流经，支流有王千庄峪、唐峪河、凌云口峪等。矿产资源有煤、花岗岩、膨润土、油母页岩、铁、铜、金、银、沸石、长石、萤石、高岭石粘土、矸石等及天然温泉。有黄芪、恒磨等植物。有大同大学浑源师范分校，有中小学、浑源县中学为省级示范学校，幼儿园、图书馆、档案馆、文化馆、体育馆。有国家 4A 级恒山风景名胜区。有全国重点文物保护单位悬空寺、荆庄大云寺大雄宝殿、永安寺、栗毓美墓、浑源县圆觉寺砖塔、律吕神祠、浑源县文庙。有省级重点文物保护单位孔庙、城隍庙、栗公墓、明清大院。有县级文物保护单位浑源烈士纪念塔。有李峪彩陶文化遗址和青铜器遗址，浑源古长城。有刘撝、孙公亮、栗毓美等名人。有地方民间艺术耍孩儿、跑旱船、踩高跷、浑源扇鼓、八音会等。为省级历史文化名城。有中国传统村落神溪村。三次产业比 23.28 ∶ 19 ∶ 57.72。农业以种植业为主，主产有玉米、谷黍、豆类、马铃薯、黄芪、仁用杏等。特产有凉粉、黄芪等。工业以煤炭为主。服务业以旅游业为主。荣乌、天镇—黎城高速，省道大灵线、洸朔线经此。

140225-B01 **永安镇**［Yǒng'ān Zhèn］浑源县人民政府驻地。在县境中部。面积 81.49 平方千米。人口 11.43 万。辖 11 社区、25 行政村。镇人民政府驻城关。1946 年设浑源市，后改为城关区。1958 年成立城关人民公社。1961 年城关人民公社分设城关镇和城关人民公社。1967 年合并为城关镇。1973 年又恢复城关镇和城关人民公社。1984 年又合并为城关镇。2001 年张庄乡与城关镇合并设永安镇。因永安寺得名。地势东高西低。地形分为平川、山坡。有恒山。境内最高峰天峰岭位于恒山，海拔 2016 米；最低点位于土桥铺村，海拔 1168 米。有浑河流经，属海河流域。有中小学、幼儿园、托儿所、卫生院、文化站、村活动广场。有全国重点文物保护单位永安寺、圆觉寺、栗毓美墓地、浑源县文庙、神溪村的律吕神祠。有中国传统村落神溪村。农业以种植业为主，主产有玉米、土豆、谷黍等。特产有黄芪等。工业以白酒、粉丝、凉粉生产为主。服务业以旅游为主。省道大灵线、洗朔线经此。

140225-B01-K01 **迎宾西街**［Yíngbīn Xījiē］在县城西部。西起柳河路，东至恒山北路。长 3 千米，宽 50 米。沥青路面。2016 年修建。因寓意迎接宾客，且位于永安镇西部，故名。两侧有恒福快捷酒店等。通 901-1、902-2 路公交车。

140225-B01-K02 **迎宾东街**［Yíngbīn Dōngjiē］在县城中部。西起恒山北路，东至步云路。长 1.7 千米，宽 50 米。沥青路面。2016 年修建。因寓意迎接宾客，且位于永安镇东部，故名。两侧有开发办小区、同鑫苑小区等。通 1 路公交车。

140225-B01-K03 **永安东街**［Yǒng'ān Dōngjiē］在县城东部。西起恒山北路，东至育栋学校。与恒山南路、天峰北路、天峰南路相交。长 2.1 千米，宽 30 米。沥青路面。因位于永安镇东部，故名。两侧有浑源中学和山西大同大学浑源师范分校等。通 1、3 路等公交车。

140225-B01-K04 **永安西街**［Yǒng'ān Xījiē］在县城西部。西起翠屏路，东至恒山北路。与翠屏路、和顺北路、和顺南路、石牌楼巷、泰山奶奶庙巷、衙门南巷、石桥北巷、石桥南巷、鼓楼南巷、庆永兴巷、大石头巷、南营巷、恒山南路相交。长 1.4 千米，宽 30 米。沥青路面。2020 年修建。因位于永安镇西部，故名。两侧有浑源州署等。通 1、3 路等公交车。

140225-B01-K05 **兴源东街**［Xīngyuán Dōngjiē］在县城中西部。西起恒山南路，东至天峰南路。长 0.7 千米，宽 16 米。沥青路面。2002 年建成。因兴隆昌盛，财源滚滚之意，且位于永安镇东南部，故名。两侧有浑源凯德世家小学和凯德世家等。

140225-B01-K06 **柳河路**［Liǔhé Lù］在县城西部。北起大同—灵丘省道，南至翠屏路。与迎宾西街、永安西街相交。长 3.3 千米，宽 20 米。沥青路面。1998 年建成，2005 年改建。因位于柳河公园旁，故名。两侧有山西神溪国家湿地公园等。

140225-B01-K07 **翠屏路**［Cuìpíng Lù］在县城西部。北起永安西街，南至正阳线。与浑应路、和顺南街、恒山南路相交。长 4 千米，宽 20 米。沥青路面。2000 年建成。因翠屏山得名。两侧有浑源县高级职业中学和山恒酒厂等。通 1、2 路等公交车。

140225-B01-K08 **和顺北路**［Héshùn Běilù］在县城中部。北起恒山北路，南至永安西街。长 1.2 千米，宽 10 米。沥青路面。2019 年新建。因位于和顺村北部，故名。两侧有永安禅寺、体育休闲广场和县西顺学校等。

140225-B01-K09 **和顺南路**［Héshùn Nánlù］在县城西南部。北起永安西街，南至和顺南街。长 1.5 千米，宽 20 米。沥青路面。因位于和顺村南部，故名。两侧有商贸小区和穆岳小学等。

140225-B01-K10 **恒山北路**［Héngshān Běilù］在县城中部偏北。北起浑源七中以北，南至永安街。以永安东街、西街为界，分为北路、南路。与会府街、天赐街、云阁街、凌云街、迎宾西街、迎宾东街、永安西街、永安东街相交。长 6.2 千米，宽 40 米。沥青路面。2008 年新建，2020 年改造。因该路是通往北岳恒山的必经之路，且位于永安镇北部，故名。两侧有浑源县永安镇中心校、浑源县人民医院。通 1、2 路等公交车。

140225-B01-K11 **恒山南路**［Héngshān Nánlù］

在县城中部偏南。北起恒山北路，南至唐庄村。与恒荫东街、兴源东街、永安西街、永安东街、北岳东街相交。长 3.3 千米，宽 42 米。沥青路面。2008 年新建，2020 年改造。因该路是通往北岳恒山的必经之路，且位于永安镇南部，故名。两侧有浑源县中医院和恒山国家森林公园等。通 2 路公交车。

140225-B01-K12 **天峰南路** [Tiānfēng Nánlù] 在县城东南部。北起永安东街，南至恒荫东街。与北岳东街、兴源东街、兴源街相交。长 1.2 千米，宽 42 米。沥青路面。2003 年新建，2012 年改造。因寓意登上人生高峰，且位于永安镇南部，故名。两侧有山西大同大学浑源师范分校等。

140225-B01-K13 **天峰北路** [Tiānfēng Běilù] 在县城东部。北起浑河附近，南至永安东街。与会府街、天赐街、007 乡道、云阁街、迎宾东街、长青街相交。长 3 千米，宽 42 米。沥青路面。因寓意为登上人生高峰，且位于永安镇北部，故名。两侧有浑源中学等。通 1 路公交车。

140219-B01-H01 **神溪** [Shénxī] 在县政府驻地永安镇西北 3.5 千米。永安镇辖行政村。人口 2470。以神溪泉水而得名。聚落呈条带状。有神溪小学。有第七批全国重点文物保护单位律吕神祠，始建于北魏时期，现存大殿为元代建筑遗构。有浑源耍故事等民间艺术。有省级非物质文化遗产传统手工造钟。有神溪国家湿地公园。2014 年被列入第三批中国传统村落名录。239 国道、省道大灵线经此。

140225-B02 **西坊城镇** [Xīfāngchéng Zhèn] 浑源县辖镇。在县境西部。面积 56.78 平方千米。人口 1.46 万。辖 11 行政村。镇人民政府驻西坊城。1945 年解放后，设西坊城、圪坨等乡，隶属三区。1953 年设西坊城乡。1958 年改公社。1984 年改置镇。以驻地得名。旧名为西茶坊，后发展为小集镇，改名西坊城。明正德《大同府志》卷 2《土堡》载：“浑源州有西坊城堡”，这是西坊城最早的文字记载。清乾隆《大同府志》卷 2《疆域》：“浑源州治西四十里有西坊城村。”西坊城镇地势南高北低，地形大部为山前平川。境内最高点位于黄沙口，海拔 1682.7 米；最低点位于小辛庄，海拔 1026 米。浑河流经，属海河流域。有中小学、中心医院、农贸市场。农业以种植业为主，主产有玉米、小麦、山药、谷黍、豆类等。工业以农产品加工为主。服务业以商贸为主。省道洗朔线经此。

140225-B02-H01 **西坊城** [Xīfāngchéng] 西坊城镇人民政府驻地。在县政府驻地永安镇西南 18.9 千米。人口 1.47 万。原名西方城，明代筑西坊城堡，明正德《大同府志》卷 2《城池・堡附》载：“浑源州有西坊城堡。”故名。聚落呈团块状。有浑源县西坊城中心校、西坊城镇卫生院。有文殊寺、王氏宗祠，现存皆为清代建筑遗构。336 国道经此。

140225-B03 **蔡村镇** [Càicūn Zhèn] 浑源县辖镇。在县境北部。面积 59.51 平方千米。人口 1.32 万。辖 8 行政村。镇人民政府驻蔡村。1945 年民主建政为八区区公所所在地，设蔡村、元坨、文庄、草梁等乡。1958 年与今下韩乡的部分村联合成立蔡村人民公社。1961 年整社时，以现辖区为蔡村人民公社管辖地。1984 年改置镇。以驻地得名。明正德《大同府志》卷 2《土堡》载：“浑源州有蔡村堡。”这是蔡村最早的文字记载。清乾隆《大同府志》卷 2《疆域》：“浑源州治北十二里有蔡村堡。”矿产资源有无烟煤、石灰石等。有中小学、卫生院、文化站。农业以种植业为主，主产有玉米、土豆、谷黍等。特产黄花。工业以农产品加工为主。天镇—黎城高速经此。

140225-B03-H01 **蔡村** [Càicūn] 蔡村镇人民政府驻地。在县政府驻地永安镇北 5.6 千米。人口 3300。明代筑蔡村堡，明正德《大同府志》卷 2《城池・堡附》载：“浑源州有蔡村堡，”故名。聚落呈团块状。有蔡村中学、蔡村镇卫生院。有蔡村墓群，为明清时期文化遗存。239 国道、县道陈韩线经此。

140225-B04 **沙圪坨镇** [Shāgētuó Zhèn] 浑源县辖镇。在县境东北部。面积 163.4 平方千米。人口 2.45 万。辖 20 行政村。镇人民政府驻沙圪坨。沙圪坨，《浑源州志》称“沙窟坨”“沙圪坨堡”。抗日战争时期，境内山区为抗日根据地，1945 年解放后，设沙圪坨、赤泥泉等乡，隶属五区。1949年分属浑源县第五区、第十一区。1956年分属沙圪坨乡、杨庄乡。1958年为杨庄人民公社。1961年属荞麦川人民公社。1984年改置镇。2001年杨庄乡并入。以驻地得名。因明时建沙圪坨堡而得名。清乾隆《大同府志》卷2《疆域》："浑源州治东三十里有沙圪坨堡。"浑河流经，属海河流域。矿产资源有煤炭等。有中小学、幼儿园、卫生院、图书室。有明清龙王庙、杨庄神庙、刘氏家庙古迹。农业以种植业为主，主产有玉米、莜麦、山药、谷子、豆类等。工业以煤炭及铁矿等开采为主。服务业以商贸、餐饮为主。天镇—黎城高速、省道大灵线经此。

140225-B04-H01 **沙圪坨**［Shāgētuó］沙圪坨镇人民政府驻地。在县政府驻地永安镇东北16.3千米。人口2420。明时建沙圪坨堡，清乾隆《大同府志》卷3《疆域》："浑源州治东三十里有沙圪坨堡，"故名。聚落呈团块状。有沙圪坨镇中学、沙圪坨小学、沙圪坨镇卫生院。有东过街阁、刘氏家庙、西过街阁，现存皆为清代建筑遗构。239国道经此。

140225-B05 **王庄堡镇**［Wángzhuāngbǎo Zhèn］浑源县辖镇。在县境南部。面积183.77平方千米。人口1.63万。辖24行政村。镇人民政府驻王庄堡。抗日战争时期，是抗日根据地，属二区，1945年全县解放后，划为六区，区建制撤销后，设王庄堡乡。1958年成立王庄堡人民公社，同年划归灵丘县，1959年划回浑源县。1961年整社时，以现辖区成立王庄堡人民公社。1984年改置镇。2001年西河口乡并入。以驻地得名。明时于王家庄设驿站并筑城堡，故名王家庄堡，后简称王庄堡。正德《大同府志》卷2《土堡》载："浑源州有王家庄堡。"这是王家庄最早的文字记载。明《宣大山西三镇图说》载："（王家庄堡）本堡设自嘉靖十九年（1540年）土筑。周二里八分，高二丈二尺。"《读史方舆纪要》卷44浑源州："王家庄堡，在州东五十里。本王家庄马驿，嘉靖十九年筑堡，周二里有奇。"王庄堡镇地势西高东低，地形为山前丘陵。境内最高点位于恒山鸡冠岩顶，海拔1935米；最低点位于汤头湿地，海拔1000米，有二龙山、虎头山。唐河流经。属海河流域。矿产资源有花岗岩等。有中小学、幼儿园、卫生院、文化站。据王庄堡村南5公里唐河上游的西岸处，有"塞外第一泉"汤头温泉。有北魏温泉宫遗址。经济以农业为主，有水果之乡称号，产槟果李子。苹果、梨等。盛产玉米、黍子、谷子、豆类和茴子白、西红柿等蔬菜。工业以果品加工为主。服务业以餐饮、物流为主。省道大灵线经此。

140225-B05-H01 **王庄堡**［Wángzhuāngbǎo］王庄堡镇人民政府驻地。在县政府驻地永安镇东南36千米。人口4030。原系王姓的庄子，名王家庄，明代于此设驿站并筑城堡，名王家庄堡，明正德《大同府志》卷2《城池·堡附》载："浑源州有王家庄堡。"《宣大山西三镇图说》载："（王家庄堡）本堡设自嘉靖十九年（1540年）土筑。"故名。聚落呈团块状。有王庄堡中学、王庄堡小学。有王氏家族墓地、蚂蚁河遗址，为新石器时代文化遗存。有王家庄堡址、烽火台等，现存为明代建筑遗构。239国道经此。

140225-B06 **青磁窑镇**［Qīngcíyáo Zhèn］浑源县辖镇。在县境南部。面积165.52平方千米。人口1.87万。辖16行政村。乡人民政府驻青磁窑。1945年浑源解放后，设立青磁窑乡。1958年成立人民公社后，青磁窑乡划归大磁窑人民公社。1961年整社时，以辖区单独成立青磁窑人民公社。1984年政社分设，改为青磁窑乡。2021年大磁窑镇与青磁窑乡合并，成立青磁窑镇，沿用至今。以驻地得名。早年青磁窑村以烧制青瓷器为业，故名青磁窑村。最高峰恒山。唐河、唐峪河流经，属海河流域。矿场资源有煤炭、花岗岩等。有中小学、卫生院、卫生分院、文化站。有全国重点文物保护单位恒山悬空寺，为中国仅存佛、道、儒三教合一的寺庙。有恒山十八景。农业以种植业为主，主产有玉米、谷子、黍子、土豆等。畜牧业以饲养牛、羊为主。为县特产黄芪主产地。工业以煤炭开采、木材加工、药材加工、陶瓷厂为主。服务业以餐饮、物流、商贸、旅游为主。荣乌高速、大同—灵丘省道过境。

140225-B06-H01 **青磁窑**［Qīngcíyáo］青磁窑镇人民政府驻地。在县政府驻地永安镇东南

11.8千米。人口1960。因历来有烧制黑色陶瓷的土阱，故名。明时于此置青磁窑铺，明正德《大同府志》卷3《铺舍》载："浑源州有青磁窑铺。"聚落呈团块状。有青磁窑镇中心小学。有青磁窑古瓷窑遗址，已有一千多年历史，烧窑业止于元代。有青磁窑堡址，现存为明代建筑遗构。239国道经此。

140225-C01 **东坊城乡**［Dōngfāngchéng Xiāng］浑源县辖乡。在县境西南部。面积119.23平方千米。人口2.65万。辖11行政村。乡人民政府驻东坊城。1945年解放后设荆庄、东尾毛二乡。1958年两乡合并成立荆庄公社。1984年改荆庄公社为荆庄乡。1945年解放后，设水磨町、郝家寨、郭家庄三乡，隶属三区。1958年，东坊城、唐家庄两个高级社，加入城关人民公社，其余6村加入荆庄人民公社。1961年划社时，以九辖区单独建设，成立东坊城人民公社。1984年设为东坊城乡。2000年底，东坊城乡与荆庄乡合并为东坊城乡，沿用至今。以驻地得名。因浑源古城原在今北榆林乡毕村附近，该村在旧县城之东，故名东坊城。东坊城乡地势南高北低，地形为山地、平原、丘陵。境内最高点位于恒山，海拔2267米；最低点位于落子洼村，海拔1050米。浑河流经，属海河流域。矿产资源有花岗岩、煤、铁矿等。有中小学、卫生院、文化站。有全国重点文物保护单位荆庄大云寺大雄宝殿。农业以种植业为主，主产有玉米、土豆、谷黍等。特产有黄芪等。工业以特色农产品加工为主。省道洗朔线经此。

140225-C01-H01 **东坊城**［Dōngfāngchéng］东坊城乡人民政府驻地。在县政府驻地永安镇西南1.5千米。人口2760。因浑源古城原在今北榆林乡毕村附近，该村在县城之东而得名。聚落呈团块状。有大同浑源职教中心北岳分校、浑源县北岳高级职业中学校、浑源县东坊城中心校、东坊城乡卫生院。有东坊城李氏宅院，现存为清代建筑遗构。336国道经此。

140225-C01-H02 **荆庄**［Jīngzhuāng］在县政府驻地永安镇西南8.9千米。东坊城乡辖行政村。人口3730。明朝建荆家庄堡，明正德《大同府志》卷2《城池・堡附》载：浑源州有荆家庄堡而得名。聚落呈团块状。有第五批全国重点文物保护单位荆庄大云寺大雄宝殿，创建年代应在北魏后期，现存大雄宝殿为金代建筑遗构。乡村道路经此。

140225-C01-H03 **李峪**［Lǐyù］在县政府驻地永安镇西南6.7千米。东坊城乡辖行政村。人口3090。因坐落在峪口上，李姓人家最早居住而得名。聚落呈团块状。有第六批省级文物保护单位李峪遗址，为战国时期文化遗存。乡村道路经此。

140225-C02 **裴村乡**［Péicūn Xiāng］浑源县辖乡。在县境西部。面积88.01平方千米。人口1.6万。辖9行政村。乡人民政府驻新裴村。1945年设西辛庄，裴村，张旺等乡，分属二区和三区。1953年设裴村乡。1958年三乡联合成立裴村人民公社。1961年为裴村人民公社，农业学大寨时改为什义号人民公社。1967年易名十义号人民公社，乡政府驻地新裴村。1984年改为什义号乡。2001年更名为裴村乡，沿用至今。以驻地得名。因最早建村的裴姓人家居多故命名。裴村乡地势南高北低，地形为山区、川区、坡区。境内最高点位于罗框村铁钢崖，海拔2033米；最低点位于西辛庄湿地，海拔1290米。矿产资源有花建筑用砂石、金、银、铁、铅等。有中小学、卫生院、文化站、农家书屋、敬老院。有清代西辛庄龙王庙。经济以农业种植为主，主产有玉米、谷子、小麦、山药、挑菜籽等。盛产药材、黄芪。荣乌高速、省道洗朔线经此。

140225-C02-H01 **新裴**［Xīnpéi］裴村乡人民政府驻地。在县政府驻地永安镇西南15千米。人口1710。相传新、旧裴村原为一村，水灾后民众新建此村，且以裴姓为主，故名。明朝建裴村堡，明正德《大同府志》卷2《城池・堡附》载："浑源州有裴村堡。"聚落呈团块状。有裴村乡迁旺移民新村小学、裴村乡卫生院。有裴村龙王庙，现存为清代建筑遗构。乡村道路经此。

140225-C03 **驼峰乡**［Tuófēng Xiāng］浑源县辖乡。在县境西部。面积88.03平方千米。人口1.2万。辖12行政村。乡人民政府驻驼峰。浑源解放后，设驼峰、深涧、田村等乡，隶属七区。1958年属西坊城人民公社。1959 年将西坊城人民公社划分为西坊城、西留两个人民公社，驼峰乡现辖区归西留人民公社。1961 年整社时以现辖区为驼峰人民公社。1984 年政社分设改为驼峰乡，沿用至今。以驻地得名。因在浑河与焦山之间，焦山主峰似驼背，故名。明正德《大同府志》卷 2《土堡》载："浑源州有驼峰堡。"这是驼峰最早的文字记载。清乾隆《大同府志》卷 2《疆域》："驼峰堡距（浑源州）城四十里。"驼峰乡地处龙首山山脉，地势东高西低、北高南低，地形属黄土丘陵地带。最高点位于屈家坪村的卧虎山，海拔 1385 米；最低点位于李千庄村河滩旧场面，海拔 1032 米。浑河流经，属海河流域。有中小学、卫生院、文化站、图书室。有县级文物保护单位驼峰郝氏家族墓、驼峰戏台、驼峰 1 号民居、驼峰教堂。有清代西郭家庄村关帝庙。农业以种植业为主，主产有玉米、谷子、山药等。特产有黄芥、胡麻等。有光伏发电公司、农牧公司。服务业以物流为主。有公路经此。

140225-C03-H01 **驼峰**［Tuófēng］驼峰乡人民政府驻地。在县政府驻地永安镇西南 20.9 千米。人口 2610。因位于浑河与焦山之间，焦山主峰似驼背而得名。明朝建驼峰堡，明正德《大同府志》卷 2《城池·堡附》载："浑源州有驼峰堡。"聚落呈团块状。有驼峰乡卫生院。有驼峰堡址，现存为明代建筑遗构。有驼峰戏台、驼峰传统民居，现存皆为清代建筑遗构。县道韩镇线经此。

140225-C04 **西留村乡**［Xīliúcūn Xiāng］浑源县辖乡。在县境西北部。面积 84.99 平方千米。人口 1.2 万。辖 7 行政村。乡人民政府驻西留。早在清代，该区的西留、东道口、宝峰寨已成为重要的村寨。1945 年设西留乡、贾庄、宝峰寨等乡，隶属七区。1958 年成立西留人民公社。1984 年政社分设后改为西留村乡。以驻地得名。正德《大同府志》卷 2 土堡载："浑源州有西留村堡，"这是西留村最早的文字记载、清乾隆《大同府志》卷 2《疆域》："西留村距（源州）城二十五里。"浑河流经，属海河流域。有中小学、文化站、有卫生院。有清代永安桥、清代贾庄乐楼、1948 年贾庄惨案遗址。农业以种植业为主，主产有玉米、土豆、谷黍等。工业以石灰岩开采与石料加工为主。有公路经此。

140225-C04-H01 **西留**［Xīliú］西留村乡人民政府驻地。在县政府驻地永安镇西 11.3 千米。人口 3090。原名西刘村，元《孙公亮墓志铭》载："（孙公亮）二十四日归葬于浑源州西刘村先茔之次"，后讹化为此。明朝建西留村堡，明正德《大同府志》卷 2《城池·堡附》载："浑源州有西留村堡。"聚落呈团块状。有西留乡卫生院。有第六批省级文物保护单位西留戏台，现存为明代建筑遗构。有西留传统民居宅院，现存为清代建筑遗构。县道韩镇线经此。

140225-C05 **下韩村乡**［Xiàháncūn Xiāng］浑源县辖乡。在县境西北部。面积 28.17 平方千米。人口 1.09 万。辖 7 行政村。乡人民政府驻下韩。1945 年浑源解放后，在现乡内设有麻庄、花疃、神溪等乡。1958 年人民公社化后分属城关、西留、蔡村三个公社。1961 年整社成立下韩村人民公社。1984 年因政社分设为下韩村乡，沿用至今。以驻地得名。相传该村始有韩姓人家居住就定名为韩村，其后有一些韩姓人家到离该村约五公里的地方安家落户，人口不断繁衍增多，因此地地势较高，故名上韩村，原来的韩村改名为下韩村。浑河流经，属海河流域。矿产资源有煤炭等。有中小学、卫生院、文化站、图书室。有省重点文物保护单位汉代麻庄汉墓群、明代律吕神祠。农业以种植业为主，主产有玉米，种植谷子、黍子、豆类、菜籽、葵花等油料作物等。工业以铸造、陶瓷、煤炭生产为主。服务业以餐饮、物流为主。省道大灵线经此。

140225-C05-H01 **下韩**［Xiàhán］下韩村乡人民政府驻地。在县政府驻地永安镇西北 6.5 千米。人口 3590。相传原有韩村，后部分迁居到离该村约五公里的地势较高处落户，因地势而得名。明朝建韩村堡，明正德《大同府志》卷 2《城池·堡附》载：浑源州有韩村堡。聚落呈团块状。有下韩乡卫生院。有德胜兴旧址、义裕成旧址、三德诚旧址，现存为清至民国时期建筑遗构。有关帝庙、文昌阁、下韩传统民居宅院，现存皆为清代建筑遗构。239 国道经此。

140225-C06 **南榆林乡**［Nányúlín Xiāng］浑源县辖乡。在县境西南部。面积 113.51 平方千米。人口 9478。辖 11 行政村。乡人民政府驻南榆林。解放初期，隶属八区。1956 年，为南水头乡。1958 年与南榆林乡合并成立北榆林人民公社。1961 年划社时，以原南水头乡辖区单独成立南水头人民公社。1984 年又改为南水头乡。2002 年南水头乡和北榆林乡合并为南榆林乡，名称沿用至今。以驻地得名。因从前这一带有一大片榆树林地，中间有条东南至西北走向的大沟，沟南北各有一村，该村在沟南，故称南榆林。矿产资源有煤炭、寒武系石灰白云岩及保德红土、石炭岩、红铁矿、泥灰岩、煤矸石及铝铁土等。有中小学、文化站、卫生院。有县级文物保护单位浑源县革命烈士陵园。有汉代古城崞山城遗址。有现代观光旅游园茂源牧场、马头山下百草园。农业以种植业为主，主产有玉米、谷子、黍子、土豆等。畜牧业以饲养牛、羊为主。工业以农产品加工、矿石开采为主。服务业以餐饮、物流、旅游为主。省道大灵线经此。

140225-C06-H01 **南榆林**［Nányúlín］南榆林乡人民政府驻地。在县政府驻地永安镇西北 10.1 千米。人口 878。历史时期此地系榆树林地，中间有东南—西北走向的大沟，沟南、北各有一村，该村在沟南，故名。明朝建南榆林堡，明正德《大同府志》卷 2《城池・堡附》载：“浑源州有南榆林堡。”聚落呈团块状。有南榆林乡卫生院。有李威家族墓地、李顺家族墓地，皆为清代文化遗存。乡村道路经此。

140225-C07 **吴城乡**［Wúchéng Xiāng］浑源县辖乡。在县境北部。面积 106.48 平方千米。人口 9327。辖 10 行政村。乡人民政府驻吴城。1945 年解放后，设吴城乡和香水寺乡，隶属八区。1953 年设吴城乡。后改公社。1961 年设吴城公社。1984 年复设乡。以驻地得名。因首先在此定居的人姓吴，后发展为一个城镇，故名。上辛安河流经，属海河流域。矿产资源有煤炭等。有小学、文化站、卫生院、卫生分院。有清代东辛坊龙王庙。农业以种植业为主，主产有山药、莜麦、谷子、胡麻、杏等。工业以仁用杏产业为主。服务业以旅游、商贸为主。有公路经此。

140225-C07-H01 **吴城**［Wúchéng］吴城乡人民政府驻地。在县政府驻地永安镇北 15.7 千米。人口 1550。因吴姓首先在此定居，后发展为城镇，故名。明代建吴城堡，明正德《大同府志》卷 2《城池・堡附》载：“浑源州有吴城堡。”聚落呈团块状。有吴城乡卫生院。有小岭涵桥，建于 1953 年。县道陈韩线经此。

140225-C08 **大仁庄乡**［Dàrénzhuāng Xiāng］浑源县辖乡。在县境东部。面积 226.34 平方千米。人口 2.01 万。辖 16 行政村。乡人民政府驻大仁庄。抗日战争时期，大仁庄乡为抗日根据地第五区。1945 年属一区。1953 年设大仁庄乡。1958 年改公社。1984 年复设乡。2021 年 4 月，黄花滩乡并入大仁庄乡。以驻地得名。传说古时这里住过一位官员“大人”，因而叫做大仁（人）庄。永定河流经，属海河流域。矿产资源有煤炭资源等。有中小学、卫生院、文化站。有战国赵昌长城遗址。有青云寺古迹。农业以种植业为主，主产有山药、莜麦、豆类等。工业以矿石开采为主。服务业以餐饮、物流为主。有公路经此。

140225-C08-H01 **大仁庄**［Dàrénzhuāng］大仁庄乡人民政府驻地。在县政府驻地永安镇东 18.9 千米。人口 1690。相传古时村西有一小官园，住过一位“大人”，故名。聚落呈团块状。有大仁庄小学、大仁庄乡卫生院。乡村道路经此。

140225-C09 **千佛岭乡**［Qiānfólǐng Xiāng］浑源县辖乡。在县境南部。面积 198.95 平方千米。人口 1.46 万。辖 17 行政村。乡人民政府驻中庄铺。解放初期，设有小道沟乡、龙咀乡和羊投崖乡，属六区管辖。1945 年全县解放后，设温庄乡和大坪乡，隶属二区。1958 年 8 月温庄乡设为人民公社，辖区不变。10 月下旬划归灵丘县管辖。1959 年又划回浑源县。1961 年划社时，以原温庄、大坪乡辖区成立温庄人民公社。1961 年整社时，以现辖区成立中庄铺公社。1984 年改为中庄铺乡。2001 年原温庄乡和原中庄铺乡合并为千佛岭乡，沿用至今。因境内有千佛岭得名。千佛岭乡地势西高东低、南高北低，地形以山地为主。主要山脉有千佛岭，境内最高峰明尖山位于上村镇，海拔 1979 米；最低点位于鸽子峪，海拔 1400 米。唐河、黑麻河流经，属海河流域。矿产资源有沙石土层，煤、铁、花岗岩、锰、金、油母页岩等。有中小学、文化站、卫生院、卫生分院。境内有明内长城遗址，明代车道堡遗址。农业以种植业为主，主产有玉米、谷子、黍子、土豆等。畜牧业以饲养牛、羊为主。工业以石材加工为主。服务业以餐饮、旅游为主。省道大灵线经此。

140225-C09-H01 **中庄铺**［Zhōngzhuāngpù］千佛岭乡人民政府驻地。在县政府驻地永安镇东南 22.3 千米。人口 760。相传李姓先居于此，清时名李家庄，后因村前后各有庄，得名中庄。明朝建铺舍，明正德《大同府志》卷 3《铺舍》载：浑源州有中庄铺。聚落呈团块状。有千佛岭乡初级中学校、千佛岭乡卫生院。239 国道经此。

140225-C10 **官儿乡**［Guānér Xiāng］浑源县辖乡。在县境西南部。面积 204.28 平方千米。人口 1.11 万。地处深山。辖 9 行政村。乡人民政府驻官儿。抗日战争时期，官儿乡为根据地。1945 年全县解放后划归二区管辖（区政府设在穆家庄），区建制撤销后，在官儿乡设集镇乡、黄崖乡，并管辖木沟乡和观音堂乡。1958 年三乡与穆家庄乡、黄崖乡联合成立官儿乡人民公社。1961 年以原官儿、木沟、观音堂乡所辖区域成立官儿人民公社。1984 年政社分开又改为官儿乡，沿用至今。以驻地得名。因驻地村坐落在一个小山口，山形如龟，故名“龟口村”。后因其有侮辱居民之意，改为“官口村”，又因地方话“官”字儿化，去掉口字成官儿村。大峪河流经，属海河流域。矿产资源有长石、石英石、花岗岩等。有中小学、文化站、卫生院、卫生分院。有魏安邦、王海英烈士纪念碑。农业以种植业为主，主产有山药、莜麦、豆类等。为黄芪—正北芪产地。工业以药材加工为主。有公路经此。

140225-C10-H01 **官儿**［Guān ér］官儿乡人民政府驻地。在县政府驻地永安镇南 20.5 千米。人口 470。因坐落于一小山口，山形如龟，得名龟口，因其有侮辱之意，后改为官口，又因地方话“官”字儿化，去掉口字而得名。聚落呈团块状。有官儿乡卫生院。有官儿烈士墓碑，为纪念在抗日战争和解放战争中牺牲的原应县县委书记李龙、县议会副会长武安民、二区区长麻喜茂、三区区长武泽民、县公安局局长魏安邦等 37 位烈士而建。有特产黄芪。乡村道路经此。

140226 **左云县**［Zuǒyún Xiàn］大同市辖县。北纬 40° 02′，东经 112° 41′。在市区西北部。面积 1293.61 平方千米。人口 11.79 万。以汉族为主，还有满、蒙、畲族、回、朝鲜、苗、彝、壮、布依、瑶、锡伯等 11 个民族。辖 3 镇、5 乡。县人民政府驻云兴镇。在商周时代属冀州北部地区。春秋时为北狄牧地，名白羊地。战国时属赵国，置武州塞。秦代属雁门郡。汉代始设县，改为武州县。晋永嘉四年（310 年）归代国。北魏时隶桓州（今大同），为京都平城畿内之地。北周时地属北朔州。隋开皇九年（589 年）统一中国后，改诸州为郡，地属马邑郡云内县。唐贞观十四年（640 年）于故云内县置定襄县，兼云州治，地属云州定襄县。五代时属后唐，隶河东道。清泰三年（936 年）叛将河东节度使石敬瑭将燕云 16 州割让契丹，地属辽。元朝属中书省河东山西道大同路。明永乐元年（1403 年）镇朔卫徙治北直蓟县后，置大同左卫。正统十四年（1449 年）徙云川卫同治，改名左云川卫，属山西行都指挥使司。清雍正三年（1725 年）改称左云县，属朔平府。1912 年废府。1913 年属北路道。1914 年属雁门道。1927 年废道后直属山西省。1937 年属山西省第二行政区。抗日战争时期属晋西北行政公署第五专区，后属晋绥边区第五专区。1949 年属察哈尔省雁北专区。1952 年划归山西省雁北专区。1958 年撤右玉县，并入左云县，属晋北专区。1961 年恢复右玉县，复属雁北专区。1967 年属雁北地区。1993 年属大同市至今。“左云”为左云川卫的省称，由大同左卫与云川卫合并取名。地形以山地、高原为主。有尖口山、五路山等。最高海拔五路山 2013.3 米，最低海拔 1020 米。年均气温 6.1℃，1 月平均气温 -10.9℃，7 月平均气温 19.5℃。年均降水量 399 毫米。十里河、井儿沟河、七磨河、宁鲁河、廖家堡河、西南沟河等流经，属海河流域。矿产资源有煤、耐火粘土、高岭岩、玄武岩、浮石、石灰岩等。有狼、野兔、狐狸等野生动物 150 多种。

有马齿苋、狼尾花、车前等野生种子植物300多种。有中小学、二级医院、中医院。有省级重点文物保护单位古墓群。有省级摩天岭长城风景名胜区。有县级文物保护单位三台子贺龙路居。有地方民间艺术寺庙音乐、民歌、平安灯、高跷、踢鼓秧歌、龙舞、小车舞、旱船秧歌、狮子舞、挠搁、剪纸、刺绣、面塑等。有国家级非物质文化遗产楞严寺寺庙音乐，有市级非物质文化遗产平安灯、小秧歌。有景点长城、保安堡、十里河湿地、睡佛寺、月华池写生基地等。有范瑾、刘良佐、魏绰等历史名人。为省历史文化名城。三次产业比 3 ∶ 66 ∶ 31。农业以种植业为主，主产有玉米、谷黍、豆类、马铃薯等。特产有黄花、苦荞、胡麻、白灵菇等。工业以煤制气、煤炭运输、活性炭、精洗煤、耐火材料等为主。为全国优质动力煤之乡，有全国最大的烟煤质活性炭基地。服务业以商贸、餐饮、物流、仓储等为主。109 国道、孙启庄—右玉高速、省道应凉线经此。

140226-B01　**云兴镇**［Yúnxīng Zhèn］左云县人民政府驻地。在县境中部偏东。面积 133.04 平方千米。人口 6.4 万。辖 7 社区、17 行政村。镇人民政府驻城关。1949 年分属左云县第一区、第二区。1953 年分属城关乡、北六里乡、南八里乡、张祥村乡。1958 年属跃进人民公社。1961 年设立城关人民公社。1976 年分属城关镇。1984 年撤销城关人民公社，设立城关乡。1989 年将城关乡并入城关镇。2002 年城关镇更名为云兴镇至今。取左云兴盛、复兴之意命名。桑干河流经，属海河流域。矿产资源有煤炭、烧砖黏土等。有中小学、卫生院、卫生所。有武州故城遗址。有地方民间艺术剪纸、威风锣鼓、秧歌舞等。为农牧业镇。农业以种植业为主，主产有玉米、土豆、谷黍等。特产有胡麻等。工业以土特产品加工、煤炭开采为主。服务业以商贸、物流为主。109 国道经此。

140226-B01-K01　**北环西路**［Běihuán Xīlù］在县城西北部。西起西环北路，东至云新北大街。与云新西大街、文体巷相交。长 1.1 千米，宽 40 米。沥青路面。2002 年修建。因其在县城西北部而得名。两侧有龙盛源等。通 1 路公交车。

140226-B01-K02　**北环东路**［Běihuán Dōnglù］在县城北部。西起云新北大街，东至林河北路。与卫城路、文秀路相交。长 1.6 千米，宽 40 米。沥青路面。2002 年始建。因其在县城东北部而得名。两侧有左云康爱医院和县旧高山集运站煤都小区等。通 1、2 路等公交车。

140226-B01-K03　**西环北路**［Xīhuán Běilù］在县城西部。北起云新西大街，南至西环南路。长 0.7 千米，宽 12 米。沥青路面。1980 年修建。因其在县城西北部而得名。两侧有福园小区和梓涵嘉园等。通 2 路公交车。

140226-B01-K04　**西环南路**［Xīhuán Nánlù］在县城西南部。北起西环北路，南至南环西路。长 0.8 千米，宽 12 米。沥青路面。1980 年修建。因其在县城西南部而得名。两侧有云兴派出所等。通 2 路公交车。

140226-B01-K05　**南环西路**［Nánhuán Xīlù］在县城南部。西起西环南路，东至南环东路。与南街相交。长约 0.9 千米，宽 12 米。沥青路面。1980 年修建。因其在县城西南部而得名。两侧有云兴镇中心学校等。通 2 路公交车。

140226-B01-K06　**南环东路**［Nánhuán Dōnglù］在县城东南部。西起南环西路，东至云店公路。与南街、东环路相交。长 1.4 千米，宽 12 米。沥青路面。1980 年修建。因其在县城东南部而得名。两侧有楞严禅寺等。通 3 路公交车。

140226-B01-K07　**云新西大街**［Yúnxīn Xīdàjiē］在县城中部。西起福园小区，东至云新东大街。与北环西路、西环北路、文体巷、商业街、云新北大街、北门街相交。长 1.2 千米，宽 40 米。沥青路面。2001 年建成。取左云新建道路之意得名。两侧有左云文化广场等。通 1、2 路等公交车。

140226-B01-K08　**云新东大街**［Yúnxīn Dōngdàjiē］在县城中部。西起云新西大街，东至林河南路。与云新北大街、北门街、东环路、林河北路相交。长 1.6 千米，宽 40 米。沥青路面。1999 年建成。取左云新建道路之意得名。两侧有左云县人民医院等。通 1、2 路等公交车。

140226-B01-K09　**云新北大街**［Yúnxīn Běidàjiē］在县城中部。北起京拉线，南至北门街。与北环西路、北环东路、云新西大街、云新东大街相交。

长 1.6 千米，宽 20 米。沥青路面。1996 年开工，1997 年建成。取左云新建道路之意得名。两侧有左云文化广场和二中等。通 2、3 路等公交车。

140226-B01-K10 **林河北路**［Línhé Běilù］在县城东北部。北起京拉线，南至林河南路。与肖画街、北环东路、云新东大街相交。长 1.9 千米，宽 40 米。沥青路面。1980 年修建。因其地理位置而得名。两侧有十里河生态园和东山森林公园等。通 1、3 路等公交车。

140226-B01-K11 **林河南路**［Línhé Nánlù］在县城东部。北起林河北路，南至东南小学附近。与云新东大街相交。长 1 千米，宽 40 米。沥青路面。1980 年修建。因其地理位置而得名。两侧有梅苑祥和小区、武家沟小区、金宝宝双语幼儿园和东南小学等。通 1、3 路等公交车。

140226-B01-K12 **东街**［Dōng Jiē］在县城东南部。西起西街，东至登高路。与北门街、鼓楼街相交。长 0.5 千米，宽 12 米。沥青路面。1980 年修建。因位于县城中心十字街东侧，故名。两侧有南门村卫生室和东街小学等。

140226-B01-K13 **西街**［Xī Jiē］在县城南部。西起西环南路，东至东街。与北巷、南巷、洞儿街、北门街、鼓楼街相交。长 0.9 千米，宽 12 米。沥青路面。1980 年修建。因位于县城中心十字街西侧，与东街相对，故名。两侧有左云县初中集团学校一中校区和县西街小学等。通 2、3 路等公交车。

140226-B01-K14 **北门街**［Běimén Jiē］在县城中部。北起云新北大街，南至鼓楼街。与云新西大街、云新东大街、范街、西街相交。长 0.9 千米，宽 14 米。沥青路面。1980 年修建。因在北门村内，故名。两侧有北街小学和康乐幼儿园等。通 2、3 路等公交车。

140226-B01-K15 **鼓楼街**［Gǔlóu Jiē］在县城南部。北起北门街，南至南街。与东街、西街、朱市街、卜狱庙街相交。长 0.4 千米，宽 10 米。沥青路面。1980 年始建。因该街原有鼓楼，故名。两侧有鼓楼便民市场等。通 3 路公交车。

140226-B02 **鹊儿山镇**［Què'érshān Zhèn］左云县辖镇。在县境东北部。面积 54.32 平方千米。人口 6463。辖 8 行政村。1953 年分属草垛沟乡、小破堡乡。1956 年属小破堡乡。1958 年属卫星人民公社。1961 年属小破堡人民公社。1984 年撤销小破堡人民公社，改称鹊儿山镇，后沿用至今。因镇内有山形似鹊儿，镇因山名而得名。地势南低北高。地形为丘陵区。主要山脉有鹊儿山，境内最高峰台梁位于青圪塔村，海拔 1400 米；最低点十里河位于镇区南，海拔 1260 米。十里河流经，属海河流域。矿产资源有煤炭、石料等。有中小学、卫生院、卫生所。农业以种植业为主，主产有玉米、马铃薯、西瓜等。畜牧业以饲养生猪、羊、牛为主。工业以煤炭加工业为主。服务业以商贸、物流为主。109 国道经此。

140226-B02-H01 **鹊儿山**［Què'érshān］鹊儿山镇人民政府驻地。在县政府驻地云兴镇东北 22.1 千米。人口 1040。因该村始建于名曰鹊儿山的山坡上，故名。聚落呈团块状。有鹊儿山中心学校。有鹊儿山瓷窑址，为金元时期文化遗存。县道燕厂线经此。

140226-B03 **店湾镇**［Diànwān Zhèn］左云县辖镇。在县境东部。面积 184.15 平方千米。人口 1.55 万。辖 22 行政村。镇人民政府驻店湾。1953 年分属东周窑乡、井儿沟乡、下张家坟乡、大路坡乡。1956 年分属井儿沟乡、下张家坟乡的辖地。1958 年属火箭人民公社。1961 年属井儿沟人民公社。1984 年撤销井儿沟人民公社，设立店湾镇。2021 年撤销水窑乡，整建制并入店湾镇。以驻地得名。因明代产煤，运煤者众，在此开店，久之定居，故名。矿产资源有煤炭、高岭土等。有小学、卫生院、文化广场。农业以种植为主，主产有马铃薯、小杂粮等。工业以农产品加工为主。服务业以餐饮、物流为主。有公路经此。

140226-B03-H01 **下山井**［Xiàshānjǐng］店湾镇人民政府驻地。在县政府驻地云兴镇东南 25 千米。人口 1180。聚落呈条带状。有下井村小学校、店湾镇卫生院。有下山井民居，现存为清代建筑遗构。乡村道路经此。

140226-C01 **管家堡乡**［Guǎnjiābǎo Xiāng］左云县辖乡。在县境东北部。面积 120.92 平方千米。人口 1.06 万。辖 17 行政村。乡人民政府驻管家堡。1949年属左云县第三区。1953年分属管家堡乡、吴施窑乡、廖家堡乡。1958年左云、右玉两县合并，隶属卫星人民公社。1961年两县分治，恢复管家堡人民公社。1984年管家堡公社改称管家堡乡。2000年将威鲁乡并入管家堡乡。以驻地得名。相传明时有大将军在这里统兵驻扎，他麾下有一管家机智勇敢，屡立战功，后将军调走，管家接替统兵之职。又以管姓聚居而得名。有中小学、卫生院、文化广场。有中共左云三区区委旧址。有县级文物保护单位管家堡、威鲁、保安3座古堡和南禅寺、避水塔、汉墓群等。1956年出土于本乡东辛庄村的“秦权”，为国家一级保护文物。有明长城遗址。农业以种植业为主，主产有马铃薯、玉米、小杂粮等。工业以食品加工为主。服务业以旅游为主。孙启庄—右玉高速经此。

140226-C01-H01　**管家堡**［Guǎnjiābǎo］管家堡乡人民政府驻地。在县政府驻地云兴镇东北22.4千米。人口1370。明嘉靖二十二年（1543年）于此筑灭虏堡，清改灭鲁堡，后以管姓聚居改今名。明正德《大同府志》卷2《城池·堡附》载：“高山卫有管家堡。”聚落呈团块状。有管家堡中心小学、管家堡乡卫生院。有管家堡遗址，为南北朝时期文化遗存。有灭虏堡堡址、烽火台，现存为明代建筑遗构。有管家堡土隍庙，现存为清代建筑遗构。县道燕厂线、新陈线经此。

140226-C02　**张家场乡**［Zhāngjiāchǎng Xiāng］左云县辖乡。在县境东北部。面积190.44平方千米。人口1.41万。辖24行政村。乡人民政府驻张家场。1953年分属猪儿洼乡、远尚乡、纸坊头乡。1956年设张家场乡。1958年属东风人民公社。1961年属张家场人民公社。1984年复设乡。2000年将杨千堡乡并入张家场乡。以驻地得名。相传辽代张姓人家在云中甸建马场，命名为张家场。地处山地高原。十里河流经，属海河流域。矿产资源有煤、石灰岩等。有中小学、卫生院、卫生所。有县级文物保护单位东汉长城、古城堡、古墓群、普光寺、回龙寺和十里河湿地公园。农业以种植业为主，主产有马铃薯、玉米、大豆等。工业以加工制造业为主。服务业以餐饮、物流为主。109国道、孙启庄—右玉高速经此。

140226-C02-H01　**张家场**［Zhāngjiāchǎng］张家场乡人民政府驻地。在县政府驻地云兴镇东北11.7千米。人口880。因土地肥沃，水源充沛，清初有张姓在此筑建打谷场而得名。聚落呈团块状。有张家场乡中学校、张家场乡卫生院。有烽火台，现存为明代建筑遗构。县道经此。

140226-C03　**三屯乡**［Sāntún Xiāng］左云县辖乡。在县境北部。面积234.57平方千米。人口1.26万人。辖17行政村。乡人民政府驻三屯。明隆庆三年（1569年）筑三井屯堡。1949年属左云县第一区。1953年属黄村乡。1956年分属三屯堡乡、黄家村乡。1958年属上游人民公社。1961年设立三屯堡人民公社。1984年撤销三屯堡人民公社，设立三屯乡。2000年将汉圪塔乡、陈家窑乡并入三屯乡。以驻地得名。相传该三屯堡为明时所建，三官同屯于此地，为了防御外敌入侵，高堡驻扎军队，又距城30里，故得名三屯村。三屯乡地势北高南低。地形为山地。主要山脉有五路山、侯李窑山，境内最高峰位于侯李窑山，海拔2013米；最低点十里河段村段位于段村，海拔1100米。南河湾、大河湾流经，属海河流域。矿产资源有花岗岩、玄武岩、紫砂岩等。有中小学、卫生院、卫生所。有省重点文物保护单位汉代古城墓群。有省级摩天岭长城风景名胜区。有十二窑村惨案遗址。农业以种植业为主，主产有马铃薯、玉米、谷子、高粱等。工业以农产品加工制造业为主。服务业以餐饮、物流为主。孙启庄右玉高速经此。

140226-C03-H01　**三屯**［Sāntún］三屯乡人民政府驻地。在县政府驻地云兴镇北8.4千米。人口886。明隆庆三年（1569年）筑三井屯堡，后简为此名。《宣大山西三镇图说》卷2“三屯堡图说”载：“（三屯堡）土筑于隆庆三年（1569年），万历二年（1574年）砖砌女墙。”聚落呈团块状。有三屯乡卫生院、党建主题公园。有三屯堡址，现存为明代建筑遗构。有杨平烈士墓，为纪念解放军六十四团一营营长杨平而建。有三屯戏台，现存为清代建筑遗构。省道应凉线经此。

140226-C04　**马道头乡**［Mǎdàotóu Xiāng］

左云县辖乡。在县境南部。面积145.87平方千米。人口1.17万。辖17行政村。乡人民政府驻马道头。1953年分属潘家窑乡、马道头乡、黄家店乡、段家沟乡。1953年设马道头乡，后改公社。1956年属马道头乡、四十里庄乡。1958年属前进人民公社。1961年属马道头人民公社。1984年撤销马道头人民公社设立马道头乡。以驻地得名。《左云县志》载："名为马道头。"传说古代马帮车队运货至此后，将要走山路和沙漠，马帮车队就不再前行，遂将货物由驼队接运出口。因是古代茶马古道上马道之尽头而得名。地处黄土丘陵区。地势东北高、西南低。大峪河流经，属于海河流域。矿产资源有煤炭、黏土等。有中小学、卫生院。有县级文物保护单位九木华山、马道头圆堡、洞儿山石窟、九龙山圣佛寺等。农业以种植业为主，主产有莜麦、谷黍、豆类等。工业以煤炭开采、加工制造业为主。服务业以餐饮、仓储为主。109国道、孙启庄—右玉高速、省道应凉线经此。

140226-C04-H01 **马道头**［Mǎdàotóu］马道头乡人民政府驻地。在县政府驻地云兴镇南16千米。人口800。相传因地处山路与古驿道连接处而得名。明正德《大同府志》卷2《城池·堡附》载："大同左卫有马道头堡。"聚落呈团块状。有马道头乡卫生院。有马道头堡址、烽火台，现存为明代建筑遗构。有马道头关帝庙，现存为清代建筑遗构。省道应凉线经此。

140226-C05 **小京庄乡**［Xiǎojīngzhuāng Xiāng］左云县辖乡。在县境西南部。面积230.3平方千米。人口1.27万。辖23行政村。乡人民政府驻小京庄。1953年分属麻黄头乡、李石匠乡、李顶窑乡、小京庄乡。1956年分属小京庄乡、李顶窑乡。1958年属前进人民公社。1961年设小京庄人民公社，1984年撤销小京庄人民公社设立小京庄乡。2000年将酸茨河乡并入小京庄乡。以驻地得名。相传明初名小荆庄，荆即丛生的灌木，为军饷、军粮集供之地。后演变为小京庄。源子河流经，属黄河流域。矿产资源有煤炭、黏土、高岭土、石灰岩等。有小学、卫生院。有县级文物保护单位古城遗址、明代穹庐墓群、茶马古道等。农业以种植业为主，主产有莜麦、马铃薯、谷黍、豆类等。工业以煤炭生产为主。服务业以餐饮、物流为主。有公路经此。

140226-C05-H01 **小京庄**［Xiǎojīngzhuāng］小京庄乡人民政府驻地。在县政府驻地云兴镇西南17.3千米。人口850。因明初为军饷、军粮集供之地而得名，民国年间更名。聚落呈团块状。有小京庄中心学校。县道经此。

阳泉市

140300 **阳泉市**［Yángquán Shì］山西省辖市。北纬37° 40′ –38° 31′ 、东经112° 54′ –114° 04′ 。在省境东部。面积4558.93平方千米。人口131.1万。以汉族为主，还有回、满、蒙古等民族。辖城区、矿区、郊区3区，平定、盂县2县。市人民政府驻城区。唐虞夏商时，今阳泉市区相传为古冀州之地。周代属冀州、并州。春秋时，今盂县地有仇犹国。西汉初，于市区置上艾县，县治在今平定县新城村，属并州太原郡。东汉，上艾县属冀州常山国。三国时，南北分属魏并州乐平郡、新兴郡。东晋十六国时，历属前赵、后赵、冉魏、前燕、前秦、后燕、北魏等国。北魏时南北分属并州乐平郡石艾县和肆州新兴郡定襄县。后全境属东魏和北齐。隋时于今娘子关置苇泽县，属井州，后废；于今盂县境置原仇县（后改称盂县），与石艾县同属辽州。公元623年，唐高祖李渊曾在此设州，管辖寿阳、盂县、石艾、乐平等县，是古阳泉历史上第一次升为州级建制。公元960年，赵匡胤发动"陈桥兵变"，在此设置平定军，发兵太原。北宋太平兴国四年（979年），改广阳县为平定县，县治迁回平定上城，隶平定军；盂县属并州；之后，平定县、盂县同属河东路。金升平定州、盂州，属河东路、河东北路。元属太原路、冀宁路。明，盂州降为县，与平定州同属山西太原府。清雍正二年（1724年），平定为直隶州，增领盂县、寿阳县，属山西省。民国初，为平定县和盂县，属山西冀宁道，1927年直辖山西省。抗日战争时期，平定分置平定（路北）县、平（定）东县和平（定）西县，盂县分置盂（县）平（山）县、盂（县）阳（曲）县、盂（县）寿

（阳）县。解放战争时期，平定、盂县逐渐恢复原建置。1947 年设阳泉市，属晋察冀边区冀晋二专区。1948 年改属华北人民政府直辖。1949 年由河北省石门市代管，同年 9 月划归榆次专区，撤市，改设阳泉工矿区。1951 年复置地级阳泉市。1958 年由榆次专区代管。1961 年改为省直辖。1970 年由晋中地区代管。1972 年复归省直辖。1983 年平定县、盂县划入成今境。“阳泉”之名，始见于金大定丙午岁（1186 年）重修灵瞻王庙（今大阳泉村西的蒲台山神庙）之碑文中出现的“阳泉里”。公元 1257 年，金末文学家元好问流寓平定期间，曾做一首《阳泉栖云道院》的五言诗，诗名即提到“阳泉”二字。地处太行山中麓西侧，西部与舟山支脉相接。地势西北高东南低。山地占总面积 75%。有牛道岭、两岭山、白马山、秋林山、绵山、艾山等。境内最高海拔 1803.6 米，最低海拔 350 米。属温带大陆性季风气候。年平均气温 11.3℃，1 月平均气温 –3.2℃，7 月平均气温 24.3℃。年平均降水量 516 毫米。滹沱河、乌河、桃河、温河、绵河等流经。矿产资源有无烟煤、硫铁矿、铝矾土等。森林覆盖率 25.9%。科研机构有市科技情报研究所、市应用技术研究所、市林业科学技术研究所、市肿瘤防治研究所、市农业机械化技术研究所。高等院校有山西工程技术学院、阳泉职业技术学院、阳泉师范高等专科学校。有中等职业学校 10 所。阳泉一中、十一中、十五中、荫营中学、平定中学、盂县中学为省级示范学校。有三级医院 3 所。有艺术馆、文化馆、图书馆、档案馆、体育场馆、艺术表演团体、国家高水平体育后备人才基地、省优秀运动队后备人才训练基地。有全国重点文物保护单位郊区林里关王庙、盂县大王庙、坡头泰山庙、盂北泰山庙、平定马齿岩寺、西关三圣寺大殿、府君庙、藏山祠、冠山天宁寺双塔、开河寺石窟、冠山书院。有省级重点文物保护单位石评梅故居、冠山书院、开河寺石窟、盂县烈女祠、大铁钟、藏山祠。市级重点文物保护单位 49 处。有全国爱国主义教育示范基地百团大战纪念馆。有市革命烈士纪念馆、保晋公司纪念馆、平定县娘子关城楼、平定县固关长城遗址、盂县藏山赵氏孤儿藏身地、郊区小河石评梅纪念馆等 7 处省级爱国主义教育示范基地。有地方民间艺术平定砂货烧制工艺等。平定武迓鼓、赵氏孤儿传说、平定砂器制作技艺、平定黑釉刻画陶瓷制作技艺被列入国家级非物质文化遗产。阳泉评说、阳泉布老虎、阳泉剪纸、阳泉文迓鼓、平定皇纲、盂县民歌、盂县武术社火、阳泉煤雕制作工艺、平定传统三八席制作技艺等 14 项被列入省级非物质文化遗产。有狮脑山百团大战纪念碑、平定县七亘大捷纪念地、平定县南庄、郊区辛庄等纪念地。有藏山旅游景区、大汖温泉度假景区、翠枫山自然风景区、桃林沟景区、华北奕丰生态园、固关景区、小河评梅景区、娘子关旅游景区、红岩岭景区、林里关王庙、银圆山庄景区和冠山景区等国家 A 级以上旅游景区 12 家。有国家级风景名胜区平定娘子关、平定关山森林公园。有红色旅游景区狮脑山百团大战纪念馆、平定县七亘大捷纪念馆。有生态旅游景区平定县药林寺、华北奕丰生态园。有“中国民间文化艺术之乡”郊区荫营镇。有国家级传统历史村落 17 个。有中国传统村落平定县娘子关镇、平定县瓦岭村、平定县西锁簧村、郊区小河村、郊区大阳泉村、郊区官沟村、盂县大汖村、盂县乌玉村、盂县骆驼道村等。三次产业比 2 ∶ 52 ∶ 46。主产玉米、谷子、豆类。种植核桃、蔬菜、瓜果等。养殖生猪、蛋鸡、肉牛、肉羊为主。有农民专业合作社。工业以煤炭为主，有电力、冶金、化工、耐火、建材、机械等产业。有华阳集团。耐火材料、陶粒砂、铁合金、树脂模具、骨质瓷、甜蜜素等产品远销国外。为无烟煤生产基地和耐火材料生产基地。石太铁路过境设站，神黄、阳涉铁路，京昆、青银、天镇—黎城高速，207、307 国道，省道榆盂线、双阳线、娘阳线、阎贾线、阳井线经此。

140300-K01 **青年街**［Qīngnián Jiē］在市区西北部。西起泉西路，东至泉中路大连街口。与古城路相交。长 0.9 千米，宽 15 米。沥青、混凝土路面。1960 年建成。因 1959 年召开阳泉市共青团第五次代表大会时，组织发动青年团员代表参加建路义务劳动，故名。1999 年重修。两侧有阳泉市第二中学校、城区药监局、阳泉市城区人民医院等。通 26 路公交车。

140300-K02 **北大街**[Běi Dàjiē]在市区中部。西起桃北中街，东至桃北东街。与泉西路、泉中路相交。长 2.8 千米，宽 29 米。沥青、混凝土路面。1953 年建，因在桃河北岸，称北大街，1966 年更名为大庆路，1973 年复今名。两侧有天利购物广场、阳煤集团总医院、阳泉日潭医院、城市广场、香岛园等。通 101、103 路等公交车。

140300-K03 **桃北西街**［Táoběi Xījiē］在市区中部。西起赛鱼路，东至煤山路。与矿山路等相交。长 2.4 千米，宽 30 米。沥青、混凝土路面。1962 年开工，1967 年建成。因在桃河北侧西段得名。两侧有神堂煤业有限公司、赛鱼公园、星光大厦、阳泉煤雕文化博物馆、阳煤总院工程处医院、阳泉市第十八中学校等。通 101、106 路等公交车。

140300-K04 **桃北中街**［Táoběi Zhōngjiē］在市区中部。西起煤山路，东至泉中路。与漾泉大道、泉西路等相交。长 3.5 千米，宽 30 米。沥青、混凝土路面。1970 年始建，称战备路，1987 年改名桃北中路，2011 年更今名。两侧有阳煤集团总医院、阳泉市外国语学校、矿区人民检察院、城市广场、阳泉图书馆等。通 10、102 路等公交车。

140300-K05 **桃北东街**［Táoběi Dōngjiē］在市区中东部。西起泉中路，东至五渡大桥。与保晋路、平安路等相交。长 2 千米，宽 30 米。沥青、混凝土路面。1960 年建成。1987 年命名桃北东路，2011 年更今名，为商业街。两侧有保晋文化园、山西省阳泉市烟草专卖局、五金机电城、阳泉城市展厅等。通 20、107 路等公交车。

140300-K06 **桃南西街**［Táonán Xījiē］在市区西南部。西起大南沟口，东至煤山路。与小南沟路相交。长 2.7 千米，宽 20 米。沥青、混凝土路面。1970 年建成。因位于桃河南侧西段得名，2011 年更今名。两侧有阳泉十五中、南楼小学、阳煤总医院二矿医院等。通 102、808 路等公交车。

140300-K07 **桃南中街**［Táonán Zhōngjiē］在市区中部。西起煤山路，东至泉中路。与义泉街、河滩路相交。长 3.5 千米，宽 20 米。沥青、混凝土路面。1970 年始建，1975 年为战备南路，1987 年改桃南中路，2011 年更今名。两侧有阳泉市水文水资源勘测分局、阳煤升华第七服务中心等。通 102、10 路等公交车。

140300-K08 **桃南东街**［Táonán Dōngjiē］在市区中部。西起泉中路，东至白杨墅桥。与泉东路、平阳路等相交。长 5.1 千米，宽 25 米。沥青、混凝土路面。1954 年建，名河边街，1960、1963、1989 年扩建，1966 年改称东风路，1973 年复名河边街，1987 年因在桃河南岸东段命名桃南东路，1989 年扩建，2011 年更今名。两侧有五渡湿地公园、阳泉交通集团有限责任公司、阳泉三中、阳泉市中医医院等。通 4、7 路等公交车

140300-K09 **南大街**［Nán Dàjiē］在市区中部。西起南外环街，东至义井桥。与泉西路、泉中路、泉东路相交。长 6 千米，宽 30 米。沥青、混凝土路面。1957 年建。20 世纪 60 年代改名大寨路，1973 年复今名。两侧有彩石园、阳泉市实验小学、新泉观、南山公园、阳泉市第一人民医院、阳泉市第十九中学校、阳泉体育馆等。有火车站、客运总站。通 31、21 路等公交车。

140300-K10 **南外环街**［Nánwàihuán Jiē］在市区南部。西起南外环街二号隧道，东至义井桥。长 6.8 千米，宽 30 米。沥青、混凝土路面。1979、1996、2006 年扩建改造。2011 年义井桥—平坦立交桥段由南外环路更今名。两侧有学校、体育中心等。

140300-K11 **泉中路**［Quánzhōng Lù］在市区中部。北起李家庄桥接阳石公路，南至南大街。与北大街、桃北中街、桃南中街相交。长 3.1 千米，宽 30 米。沥青、混凝土路面。1955 年建成该路北段，1960 年建南段。因穿过市区中部得名。两侧有阳泉市紧急医疗救援中心、阳泉市第八中学、香岛园、阳泉展览馆等。通 3、5 路等公交车。

140300-K12 **泉东路**［Quándōng Lù］在市区中北部。北起桃南东街，南至广阳路。与南大街相交。长 2.5 千米，宽 40 米。沥青、混凝土路面。2011 年建成。因南北穿过市区东部得名。两侧有阳泉市公共交通总公司、阳泉市第四中学等。通 20、36 路等公交车。

140300-K13 **广阳路**［Guǎngyáng Lù］在市

区中东部。北起南外环路与泉东路连接，南至平定县西外环路一期工程杨家沟处。长 4.9 千米，宽 42 米。沥青、混凝土路面。2012 年建成。因途经广阳桥得名。两侧有阳泉市农产品批发市场、阳泉国新天然气利用有限公司等。通 620、703 路等公交车。

140300-K14 **义白路**［Yìbái Lù］在市区东部。北起 207 国道与 307 国道交叉处，南至义井桥，连接 307 国道。与桃北东街、桃南东街、南大街、漾泉大街等相交。长 10 千米。宽 32.5 米。沥青、混凝土路面。2004 年建成。沿路有河坡、下五渡、驼岺头、齐家岩、南杨家庄、小西庄等村。两侧有新城森林公园、阳泉职业技术学校、阳泉市钢材市场、百度云计算（阳泉）中心、阳泉质监局郊区分局等。通 667、平定 668 路等公交车。

140300-K15 **平定路**［Píngdìng Lù］在市区东南部。北起义井桥南，南至平定县府新街，与南外环街相接。长 7.5 千米，宽 30 米。沥青、混凝土路面。因通往平定县而得名。两侧有平定县第三实验小学校、平定县公安局消防大队等。通 702、平定 623 路左环等公交车。

140302 **城区**［Chéng Qū］阳泉市人民政府驻地。在市区中南部。面积 56 平方千米。人口 22.5 万。以汉族为主，另有蒙古、回、藏、维吾尔、苗、壮、满等民族。辖 5 街道，托管郊区义井镇。区人民政府驻上站街道。城区辖区原属平定县。20 世纪初为风沙弥漫、乱石纵横的荒滩，故名“沙江口”。1947 年 5 月 2 日，阳泉解放，设阳泉市，市下设一、二、三区党的委员会和人民政府。1947 年 7 月，一、二区合并为一区（现城区前身）。1952 年设阳泉市第一区。1956 年更名站上区。1958 年改公社。1963 年复置区。1969 年改设城区。城区地处太行山峦间的桃河谷地，属河谷及丘陵地形。地势西高东低，南北皆山。最大的丘陵老牛山（南山），海拔 744.4 米，为全区最高点。最低白羊墅桃河谷地海拔为 631 米。绿化覆盖率达 36.6%。年平均气温 11.2℃。年平均降水量 564.2 毫米。桃河横贯城区，西入东出，义井河等流经。有中小学、医院、文化馆、图书馆、档案馆、体育场馆。有市级重点文物保护单位新泉观。有全国爱国主义教育示范基地狮脑山百团大战纪念地。有省级红色文化遗址百团大战纪念馆（碑）、阳泉市革命烈士纪念馆、百团大战狮脑山战斗遗址。有“阳泉记忆·1947”文化园。有区级重点文物保护单位阳泉火车站旧址。有中央、冠山 2 森林公园。有地方民间艺术城区剪纸、彩面塑等。阳泉评说、阳泉布老虎被列入省级非物质文化遗产。三次产业比 1 ∶ 14 ∶ 85。工业以煤炭开采、炼焦、焦炭为主，有煤矿。石太、阳涉铁路过境设站。307 国道过境。有阳泉汽车客运总站。太旧高速公路与市区相接，石太复线电气化铁路横贯东西，阳涉和阳盂铁路纵贯南北。通多路公交车。

140302-F01 **阳光广场**［Yángguāng Guǎngchǎng］在阳泉市城区南部。北侧为阳光街，东侧为北深沟路，西侧为阳泉七中。总面积 1.7 万平方米。2003 年建成。因地形朝阳，且寓意阳光灿烂而得名。广场分为硬化区和绿化区。硬化区包括东部的圆形主广场、东南部的儿童乐园、中部的散步观赏区和西北部的半圆形副广场。绿化区由树林、草坪、花池、护坡绿化等组成。

140302-K01 **德胜东街**［Déshèng Dōngjiē］在城区中部。西起泉中路南端，东至泉东路。与泉中路、华盛南路、巨兴路、迎宾路、三角线街相交。长 1.8 千米，宽 16 米。沥青路面。1959 年建成，1976 年扩建。1987 年更名为德胜东街。20 世纪初因阳泉旧火车站以南有“德胜聚”回民饭店得名。两侧有自然资源和规划局城区分局、阳泉市第四人民医院、客运总站、阳泉市第一人民医院等。通 901、203 路等公交车。

140302-N01 **桃河大桥**［Táohé Dàqiáo］在城区中部。泉中路中段，由南向北横跨桃河。桥长 187.8 米，桥面宽 26 米，最大跨度 25 米，桥下净高 6.2 米。1960 年建成。1983 年拓宽改造，2001 年对该桥进行维修，因横跨桃河得名。大型河道桥梁，最大载重量为 20 吨。

140302-N02 **华盛桥**［Huáshèng Qiáo］在城区北部。桥长 180 米，桥面宽 30 米。最大跨度 25 米，桥下净高 6.3 米。1929 年修建，1980 年重建。命为华盛桥。2014 年扩宽改造，俗称木桥、黑桥。大型河道桥梁，最大载重量为 30 吨。

140302-N03 **新泉大桥**［Xīnquán Dàqiáo］在城区东北部。桥长 154.6 米，桥面宽 26 米，最大跨度 26.5 米，桥下净高 6.1 米。2006 年建成，因连接新泉北路与新泉南路得名。大型河道桥梁，最大载重量为 75 吨。

140302-N04 **桃源大桥**［Táoyuán Dàqiáo］在城区东北部。桥长 156 米，桥面宽 28.5 米，最大跨度 25 米，桥下净高 6.5 米。2006 年建成。因五渡水为桃河水源之一，桃源意为桃河之源，故名。大型河道桥梁，最大载重量为 30 吨。

140302-R01 **阳泉站**［Yángquán Zhàn］铁路站，一等站，位于山西省阳泉市城区德胜东街 244 号。1991 年 10 月 9 日投入使用，站台规模为 4 台 9 线。阳泉站是石太线历史悠久的车站，由于阳泉火车站的诞生和发展，才真正孕育了阳泉这座新型的能源重化工城市，并使之成为享誉中外的煤城，促进了山西全省经济和社会的腾飞与振兴。

140302-A01 **上站街道**［Shàngzhàn Jiēdào］阳泉市城区人民政府驻地。在区境中部。面积 5 平方千米。人口 5.9 万。以汉族为主，另有回族。下辖 10 个社区。上站街道始设于 1956 年。1960 年改为站上人民公社。1969 年站上人民公社分设为大寨路人民公社和文革人民公社。1973 年大寨路人民公社改称上站人民公社。1980 年改为上站街道。因管辖火车站以南较高区域得名。地处阳泉市内的桃河谷地，属河谷及丘陵地形，地势西高东低。上站街道境内河道属海河流域，主要河道有桃河 1 条，从西至东流经境内市政府大院社区，长 1 千米。年平均气温 17℃，1 月份平均气温 -14℃，7 月份平均气温 37.6℃。年平均降水量 515.8 毫米。是阳泉市最早形成的城市区域之一，中共阳泉市委市政府、中共阳泉市城区区委城区政府、阳泉火车站、阳泉公路客运总站、阳泉市第一人民医院等重要机构与设施分布在辖区。有中小学 8 所、大型医院 2 所、党政机关、广场、购物中心。有金街购物中心、美隆国际广场、巨兴街文化特色街、德胜街电子数码街、南大街餐饮娱乐特色街、桃南中路农副产品批发零售街等四条特色商业街区初具规模，辖区逐步形成了购物、休闲、娱乐、餐饮、文化等功能完善的商业格局。有市级重点文物保护单位新泉观。石太铁路过境设站。有阳泉市汽车客运站，通多路公交车。

140302-A01-J01 **小阳泉南社区**［Xiǎoyáng quánnán Shèqū］在区政府驻地上站街道西 2 千米。属上站街道。面积 0.2 平方千米。人口 5850。因位于原小阳泉南部而得名。2003 年成立，有住宅楼 38 栋。有阳泉市实验小学等。2011、2014、2018 年被列入山西省文明社区。通 21 路公交车。

140302-A01-L01 **巨兴路**［Jùxīng Lù］在上站街道中部。长 0.3 千米，宽 7 米。块石砌成路面。1987 年建成。始称聚兴街，后称巨兴街，2011 年更名巨兴路，是市花鸟鱼市集散地。两侧有阳泉市园林管理局、海棠园、阳泉市建筑工程总公司第四分公司等。

140302-A01-L02 **天成巷**［Tiānchéng Xiàng］在上站街道中部。长 0.3 千米，宽 8 米。沥青混凝土路面。1937 年，日军占领阳泉后更名为爱民路（原名天成街）。1966 年更名为东方红路。1975 年，将东方红路又并入德胜街。1987 年，将北起德胜东街南至南大街一段复名为天成巷。因巷内原建有天主教堂得名。两侧有上站小学、天一图书等。

140302-A02 **下站街道**［Xiàzhàn Jiēdào］属城区。在区境中部。面积 1.8 平方千米。人口 2.8 万。以汉族为主，还有回、满、蒙古等民族。下辖 6 个社区。下站街道始设于 1956 年，1960 年属站上人民公社管辖，1969 年从站上人民公社分出，定名为文革路人民公社，1979 年更名为下站人民公社，1980 年改设为下站街道。1987 年改造新建街、华盛街，1980 年建成华盛桥。2006 年建成新泉桥、桃源桥。因位于阳泉车站较低的北面得名。地处阳泉市内的桃河谷地，属河谷及丘陵地形，地势西高东低。桃河自西向东横贯辖区，把辖区分割为南北两半。年平均气温 11.7℃，1 月份平均气温 -14℃，7 月份平均气温 37.6℃。年平均降水量 515.8 毫米。有中小学、医院、社区服务中心。有商业广场、特色商业街、集贸市场、商场。有兴隆商凯中心、天融中兴喜业广场、富百家商业广场等大型商贸中心。有福寿街、河边街、兴隆街三条特色商业街；有华盛街凯源商场、桥北商贸城、万通建材市场、万通西市场四大集贸市场；华联、隆鑫、百纺、日日新、华龙宜购五大商场。1987 年改造新建街、华盛街，1980 年建成华盛桥。2006 年建成新泉桥、桃源桥。有区级文物保护单位人民日报社造纸厂旧址门楼。

140302-A02-L01 **长顺街**［Chángshùn Jiē］在下站街道西北部。长 0.3 千米，宽 7 米。花岗岩铺砌路面。因长久、顺利之意而得名。1986 年始建，1987 年与楼儿街合并，统一命名为长顺街沿用至今。为商贸步行街。两侧有东风剧场、城区幼儿园等。

140302-A02-L02 **兴隆路**［Xīnglóng Lù］在下站街道西北部。长 0.3 千米，宽 7 米。花岗岩铺砌路面。2011 年更名为兴隆路，取兴旺隆盛之意得名。为商贸步行街。两侧有兴隆百货大楼等。

140302-A03 **北大街街道**［Běidàjiē Jiēdào］属城区。在区境西北部。面积 3.81 平方千米。人口 3.6 万。以汉族为主，还有回、满、蒙古等民族。下辖 9 个社区。前身是 1960 年设立的北大街人民公社，1966 年划归矿区人民公社。1969 年站上公社分设，把北大街一带定名为大庆路人民公社。1973 年大庆路人民公社更名为北大街人民公社。1980 年改为北大街街道。因北大街得名。北大街街道地处阳泉市内的桃河谷地，属河谷及丘丘陵地形，总体地势西高东低。年平均气温 11.7℃，1 月份平均气温 -14℃，7 月份平均气温 37.6℃。年平均降水量 515.8 毫米。有中小学 5 所、社区卫生服务站 2 个、青少年宫、文化体育指导站 3 个、广场、公园、酒店、宾馆。其中阳泉市盲聋人学校是唯一一所面向三区两县盲聋残疾儿童实施九年义务教育的全日制寄宿学校，是山西省特殊教育示范学校。有志愿者服务队。2008 年，城市广场被评为“省级特色文化广场”。第三产业以餐饮、住宿为主。通多路公交车，距太旧高速公路坡头出入口 9 公里。

140302-A04 **南山路街道**［Nánshānlù Jiēdào］属城区。在区境西南部。面积 7.4 平方千米。人口 6.4 万。以汉族为主，还有回、满、维吾尔等民族。下辖 16 个社区。1979 年以前属上站人民公社管辖。1980 年 8 月站人民公社撤销后，划出部分区城组建南山路街道。2001 年 7 月，南山路街道由 29 个居委会调整为 12 个社区。2021 年 7 月，将南庄矿社区拆分为南煤一、南煤二社区，设立南山南路社区、五号桥社区，辖 16 个社区居委会。因南山路得名。地形复杂，地势西高东低，倾斜坡约 60°。有南山，原名老牛山，因位于市区南部得名，海拔 744.4 米。山地和丘陵占全境面积的 90% 左右，沟谷起伏较大。境内植物丰富，植被类型主要由乔未和松柏构成，乔木植物多以夏绿阔叶林、常绿针叶林混交并存，绝大部分为天然次生林。属暖温带大陆性季风气候区。年平均气温 11.7℃，1 月份平均气温 -14℃，7 月份平均气温 37.6℃。年平均降水量 515.8 毫米。有职业院校 3 所、中学 3 所、小学 5 所、幼儿园 3 所、医院、卫生站 7 个、文化活动场所 12 个、图书馆、公园、广场、商务会馆等。2006 年 8 月，南煤社区俏媳妇秧歌队被国家民政部评为“志愿者队伍先进集体”。有工贸、汽车运输、商贸公司。为汽车行业中心。通多路公交车。

140302-A04-J01 **新华东街社区**［Xīnhuádōngjiē Shèqū］在区政府驻地上站街道西南 0.5 千米。属南山路街道。面积 0.27 平方千米。人口 8030。因新华东街而得名。2001 年成立，有楼房 36 幢。有阳泉市七中、朝阳小学等。2014 被列入山西省文明社区。通 16 路公交车。

140302-A05 **义井街道**［Yìjǐng Jiēdào］属城区。在区境东部。辖区分布面积达 25 平方千米，实际管辖面积 0.8 平方千米。人口 2.4 万。以汉族为主，还有回、满、蒙古等民族。下辖 12 个社区居民委员会。1979 年以前，属上站人民公社管辖，下辖 31 居民委员会。1980 年 8 月，上站人民公社撤销后，分设义井街道，辖 15 各居委会；1988 年，调整为 17 个居委会。2001 年，社区改革，义井街道将原 17 个居委会合并成 8 个社区，即：南边堰社区、小北沟社区、义井社区、义东沟社区、白羊墅社区、小河社区、阳铝社区、501 社区。2017 年，501 社区并入白羊墅社区；2021 年 4 月，撤销坡底街道，将娘电社区并入义井街道，辖小北沟，义井、义东沟、白羊墅、小河、南边堰、万年花城、德业居、鸿龙湾、陶然、畅颐、娘电，12个社区居委会。因水井多，村民渴求安居乐业得名，后演变为义井。地处阳泉市内的桃河谷地，属河谷及丘陵地形，地势西高东低。义井河横贯东西。年平均气温11.7℃，1月份平均气温-14℃，7月份平均气温37.6℃。年平均降水量515.8毫米。有中小学3所、卫生所、体育馆、评梅广场、社区院、五〇一文化中心广场。有全民健身队伍、陕歌队、合唱队、舞蹈队、锣鼓队。有河坡电厂、阳泉石油公司、阳泉铝业公司、山东铝业阳泉矿等国有企业及民营企业。石太、阳涉铁路过境设站。通多路公交车。

140302-A05-J01 **小北沟社区**［Xiǎoběigōu Shèqū］在区政府驻地上站街道东南2.3千米。属义井街道。面积2平方千米。人口6040。因地处小北沟而得名。2001年成立。有阳泉市义井中学、南大东街小学等。2014、2017年被评为山西省文明社区。通34路公交车。

140311-B01 **义井镇**［Yìjǐng Zhèn］城区辖镇。因自古井多泉甘，村民渴求安居乐业得名义井，后演变为义井。在区境东南部。面积41平方千米。人口2万。辖14个行政村。镇人民政府驻义东沟。新中国成立初，义井镇大部分村归平定县及阳泉工矿区一区所辖。1961年4月，部分生产大队划归市直人民公社，即义井人民公社。1963年，划归阳泉市站上区（今阳泉城区）。1969年1月，该公社划归阳泉市荫营区（今阳泉郊区）。1970年1月又划归阳泉市城区。1978年重新划归阳泉市郊区。1984年5月，改称义井乡人民政府。1993年4月，阳泉市成立经济技术开发区，义开乡王珑、河坡村划归开发区。1996年5月，撤乡设镇。2017年5月，所辖14个村民委员会由阳泉市城区整建制托管，包括白羊墅村、大阳泉村、义东沟村、圪台村、河下村、南庄村、瀑里村、神峪村、王家峪村、西峪村、小河村、义井村、牛家峪村和西峪掌村。属于丘陵地区，地势由西向东倾斜，最高点为西境的狮脑山，海拔1160.2米，最低点为白羊墅与平定县交界的桃河河床，海拔595米。桃河自西向东流经镇域北部，义井河贯穿镇中五村，汇入桃河。属温带季风大陆性气候。桃河、义井河流经。有中小学、卫生院。义井中学为“省基础教育校本教研基地先进学校”。有狮脑山森林公园、百团大战纪念碑、石评梅故里、张穆故居、大阳泉明清一条街等。“百团大战”纪念碑为全国爱国主义教育示范基地。小河村、大阳泉村被授予“中国历史文化名村”和“中国传统村落”称号。农作物除少量玉米、谷子外，主要以蔬菜种植为主。境内已探明地下矿藏有煤炭、石灰石、硫铁、黏土等，已探明储量煤炭300万吨、硫铁矿1000万吨。工业以耐火、建材、煤加工、冶金为主，有多个专业市场。服务业以物流、餐饮、娱乐为主。307国道、207国道、市南大东街、南外环路以及义白路、南二环路等在义井镇交汇成网；石太铁路、阳涉铁路穿境而过，石太铁路在域内设阳泉东站（白羊墅货站）。

140302-B01-H01 **义东沟**［Yìdōnggōu］义井镇人民政府驻地。在区政府驻地上站街道东南2.3千米。义井镇辖行政村。人口6450。因位于义井河以东，且地处沟中而得名。清乾隆《平定州志》3《舆地志》载：“义东沟，州西十五里。”聚落呈团块状。有义东沟学校。有义东沟观音阁、义东沟三义庙，现存皆为清代建筑遗构。三义庙为八路军第一二九师抗日动员会议旧址。通36、201、403、702路公交车。

140302-B01-H02 **小河**［Xiǎohé］在区政府驻地上站街道东5.1千米。义井镇辖行政村。人口1000。原名桃花岭，后因一河流经此村汇入桃河而得名。清乾隆《平定州志》3《舆地志》载：“小河村，州北八里。”聚落呈团块状。有阳泉郊区小河学校。有小河关帝庙、小河观音庵，现存为清代建筑遗构。有小河传统民居，现存为清代建筑遗构。有石评梅纪念馆。2003年被列入第一批山西省历史文化名村、第三批中国历史文化名村。2012年被列入第一批中国传统村落名录。通30路公交车。

140302-B01-H03 **大阳泉**［Dàyángquán］在区政府驻地上站街道西南1.8千米。义井镇辖行政村。人口3520。因此地多处平地涌出清泉，名漾泉，后谐音为阳泉，又因地处小阳泉之南，规模较大，故名。清乾隆《平定州志》3《舆地志》载："大阳泉，州西十五里。"聚落呈团块状。有阳泉市第五中学、阳泉育英学校。有大阳泉五龙宫、大阳泉观音阁，现存皆为清代建筑遗构。有大阳泉传统民居，现存为清代建筑遗构。2009 年被列入第三批山西省历史文化名村。2010 年被列入第五批中国历史文化名村。2012 年被列入第一批中国传统村落名录。通 22 路公交车。

140302-B01-H04 **王家峪**［Wángjiāyù］在区政府驻地上站街道西 2.5 千米。义井镇辖行政村。人口 920。聚落呈条带状。有第六批省级文物保护单位百团大战狮脑山战斗遗址，1940 年 8 月 20 日晚，129 师 385 旅 769 团和 14 团在狮脑山奋战六个昼夜毙伤日军 400 余人，为百团大战第一阶段的全面胜利立了首功。通 806 路公交车。

140303 **矿区**［Kuàng Qū］阳泉市辖区。在市区西部。面积 87.27 平方千米。人口 22.3 万。辖 6 街道。区人民政府驻平潭街街道。1947 年 5 月，阳泉解放设市，矿区境属阳泉市。1949 年 9 月，阳泉市改设为阳泉工矿区，矿区（北区）境属阳泉工矿区。1952 年，阳泉工矿区复称阳泉市，矿区辖境归属不变。1953 年 5 月，阳泉市设一区和二区，今矿区境属一区。1956 年 1 月，一区改称站上区。1957 年 8 月，站上区撤销，区境直属阳泉市。1963 年 2 月，恢复站上区建置，今矿区境域属站上区。1970 年 1 月，增设阳泉市矿区，直属阳泉市。1971 年 4 月，成立阳泉市矿区革命委员会，与阳泉矿务局合署办公，下辖 5 个人民公社。1980 年 5 月，矿区与阳泉矿务局领导机构分设工作。1981 年 3 月，所辖 5 个人民公社改建为 5 个街道办事处。1984 年 2 月，原属平定县的贵石沟地区（即阳泉矿务局五矿所在地）划属矿区管辖。1990 年底，辖 6 个街道办事处、115 个居民委员会。2000 年，将 150 个居民委员会合并调整为 40 个社区居民委员会。有狮脑山、刘备山。最高海拔 902 米，最低海拔 674.2 米。年平均气温 11.3℃，年平均降水量 515.8 毫米。属海河水系，干流桃河由西向东流经矿区，在平定县娘子关镇河滩村汇合温河并入绵河。桃河在境内的支流有南川河、蒙村河、洪城河、小南沟河、马家坡河、平坦河。南川河为桃河最大支流。矿区矿藏有无烟煤及与煤伴生的煤层气和硫铁矿、铁矿、铝土、石膏、砂岩。此外，在煤层中含有锗、镓、铀等稀有元素。有中小学、医院、文化馆、图书馆、档案馆、体育场馆。有剪纸艺术。1905—1908 年，山西保矿运动发端于今阳泉市矿区。有市级重点文物保护单位平潭马王庙，有遗址官沟张家大院、石卜咀三教庙、半坡王兰寺、赛鱼香严寺。工业有电力、冶金、机械、建材等，有多家企业，为无烟煤生产基地。煤矿均设专用铁路线。石太铁路、307 国道横贯东西，京昆、青银国家干线高速公路穿境而过，有太旧高速、阳五高速。通多路公交车。

140303-K01 **矿山路**［Kuàngshān Lù］在城区西部。北起大村口岔口，南至桃北西街赛鱼桥。长 4.2 千米，宽 16 米。混凝土路面。1967 年建成，2004 年扩建。为通往市矿务局三矿、一矿主要通道。两侧有山西省阳泉医药药材公司一矿药店、一矿体育馆、阳煤集团第三医院等。通 101、109 路等公交车。

140303-K02 **煤山路**［Méishān Lù］在城区中部。北起郊区富山村，南至桃北中街、桃北西街连接处。与段西路、桃北西街相交。长 2.6 千米，宽 16 米。沥青、混凝土路面。20 世纪 50 年代改建原路。1999 年硬化。1987 年命名为煤山路，因向北通阳煤集团四矿得名。两侧有阳泉市第十六中学校、国家电网、阳煤集团总医院四矿医院等。通 104、12 路等公交车。

140303-N01 **赛鱼大桥**［Sàiyú Dàqiáo］在城区西部。桥长 154.4 米，桥面宽 21.5 米，最大跨度 154 米，桥下净高 6 米。1956 年由木桥改为人行桥。1979 年改建，1980 年竣工。因赛鱼街道得名。横跨桃河。最大载重量为 100 吨。

140303-A01 **平潭街街道**［Píngtánjiē Jiēdào］矿区人民政府驻地。在区境东部。面积 2.76 平方千米。人口 5.3 万，下辖 9 社区、1 行政村。1953 年 4 月，设平潭乡。1955 年 11 月，平潭乡与平潭脑乡合并组建平潭街街道，以后多次变更。1981 年 3 月由红旗岗人民公社改为平潭街街道。2003 年 12 月始，平潭街街道下设 8 社区。

因地处平潭街得名。紧靠桃河南岸，地势北高南低，桃河流经辖区，属季节性河流。年平均气温10.9℃，年平均降水量580.2 毫米。绿化率8.4%。1999年整治洪城河路、西河路，并完成平潭小区住宅建设工程。1998—2005年改造多处小区。2011年整治桃北中路。有阳泉广播电视大学、山西煤矿职业联合大学、中小学5所、幼儿园4所。有党政机关。有2所大型医院，其中阳煤集团总医院为三级甲等医院。有市级文物保护单位马王庙。有1905年山西保矿运动首发地，2009年7月立抗英保矿运动胜利纪念碑。为矿区繁华地带。有华阳集团、建筑公司。通1路、游1路、K1路、12路、20路、101路、101支路、103路、104路、106路、107路、108路、110路、112路、802路公交车。

140303-A01-J01 **东山社区**［Dōngshān Shèqū］在区政府驻地平潭街街道北1千米。属平潭街街道。面积0.4平方千米。人口6630。因地处阳泉市郊区平坦乡西河村东侧山坡上而得名。2000年设立。有山西煤炭职工联合大学、阳泉十二中等。2014年被评为山西省文明社区。通107路公交车。

140303-A02 **桥头街道**［Qiáotóu Jiēdào］属矿区。在区境中部。面积10.5平方千米。人口3.1万。辖8社区、2行政村。前身是1960年3月设立的矿区人民公社。1961年12月改称石卜咀街道。1970年6月改称向阳人民公社。1981年3月改称桥头街道。2000年7月，居委会改称社区。2003年12月，对原有社区进行调整、重组。2010年，下设7社区。因地处阳煤大桥北头得名。属于温带大陆性气候，种植有大量的国槐、柏树、栖桐、小刚灌木等，绿化率达26%。年平均气温10.9℃，年平均降水量580.2毫米。桃河东流入境。1999年整治煤山路，2000年维修改造桃北西路。2008年建成阳煤大桥。有中学2所、小学2所，市第十六中学为省级初中示范学校。有一级甲等医院2所。有太极剑、太极拳、锣鼓秧歌队、声乐合唱协会等健身文艺队伍。是市最早开发工矿区，由资源型经济转化为非煤经济，现为新型工矿区，有华阳集团四矿留守处等。有煤山路和桃北西路两条城市交通干道。通12、104路公交车。

140303-A03 **蔡洼街道**［Càiwā Jiēdào］属矿区。在区境西南部。面积12.46平方公里。人口3.5万。辖8个社区、2个行政村。1955年11月15日成立莱洼街道。1957年10月19日，撤销菜洼办事处，与石卜咀办事处合并组成石卜咀街道。1958年10月1日，撤销石卜咀办事处，人民公社化。1972年7月成立矿区红旗人民公社。1981年3月撤销公社，设立小南坑街道办事处。1982年12月小南坑街道办事处更名为蔡洼街道办事处。市矿区东南有一沟，为春秋晋国大臣赵简子居住、屯兵和存粮之所，称简子沟。又因有菜地，称菜洼，后谐音蔡洼。属于温带大陆性气候，季干燥。年平均气温10.9℃，年平均降水量609.8毫米，无霜期154天。绿化率33%。煤炭储量9.765亿。井田地层构造简单，煤层稳定，煤层生产能力为2.83吨/平方米。境内河道属海河流域，主要河道有桃河1条，长14千米。2009年整治桃南路。2011年整治南外环路。有中学1所、小学3所、医院1所。有古迹简子沟铁路编组站、铁炉沟煤矿遗址。有威风锣鼓队、戏迷协会业余合奏队等。地处华阳集团二矿，为典型资源型工业区。有煤业、机械等众多企业。石太线电气化铁路及307国道横贯全境。通102路、112路、808路公交车。

140303-A04 **赛鱼街道**［Sàiyú Jiēdào］属矿区。在区境西部。面积28.23平方千米。人口6.2万。汉族为主，有满族、回族、蒙古族、壮族等。下辖8社区、3行政村。1970年6月设立的阳泉市矿区红卫公社。1981年由红卫公社改置，辖14临时居委会。2003年12月改设为7社区。因地处平坦镇赛鱼村东侧得名。为水源保护区。属温带大陆性气候。桃河、蒙河流经。种植有大量的国槐、柏树、梧桐、小型灌木等，绿化率达27%。煤炭探明储量3.3亿吨，煤炭企业核定年生产能力为420万吨。1996年修建赛鱼路。2007年修建国际新城滨河公园。1999年整治矿山南路。2000年改造桃北西路。有高级中学1所、小学3所，其中赛鱼小学于2010年获教育部“全国艺术教育先进学校”称号。有二级乙等医院、体育场、公园。为典型资源型工矿区，煤炭在经济中占有相当比重。辖区内有煤矿、化工厂、煤层气公司等，煤炭产业占当地社会经济总量的65%以上。有物流中心。靠近太旧高速公路出入口，有石太铁路货运站，另有铁路货运码头，通1路、游1路、K1路、101路、101支路、106路、108路公交车。

140303-A04-J01　**虎尾沟社区**［Hǔwěigōu Shèqū］在区政府驻地平潭街街道西北3.4千米。属赛鱼街道。面积1平方千米。人口10210。石卜咀村原有一形似虎的巨石，后在此建虎仙庙，此沟得名虎尾沟。村以沟名。1962年成立。2014年被评为山西省文明社区。通1路、游1路、K1路、101路、101支路、106路、108路公交车。

140303-A04-H01　**官沟**［Guāngōu］在区政府驻地平潭街街道西北6.2千米。赛鱼街道辖行政村。人口90。相传地处形似罐子的山沟，名罐沟，后谐音为今名。聚落呈团块状。有市级文物保护单位银圆（元）山庄（张家大院），建于清康熙三十九年（1700年）。2009年被列入第三批山西省历史文化名村。2013年被列入第二批中国传统村落名录。307国道经此。

140303-A05　**沙坪街道**［Shāpíng Jiēdào］属矿区。在区境西北部。面积24.05平方千米。人口3.3万。下辖13社区、15行政村。1963年12月3日归前庄街道。1965年1月13日，改称沙坪街道办事处。1970年6月，改设沙坪人民公社。1981年3月，撤销沙坪人民公社，设立沙坪街道。之后不断改设、增设。截至1989年12月，设有18个正式居民委员会，9个临时居民委员会。2000年7月，居委会改社区。2003年12月对原有社区重新划分、重组，设立7社区。蒙河村西侧原为一片平坦沙滩，较为平坦，故名。地势中部高而南北低，主要河流为蒙河，属季节性河流。年平均气温10.9℃，年平均降水量580.2毫米。绿化率39.2%。有丰富的煤炭资源，2010年井田面积83.6平方公里，地质储量8.6亿吨。有中小学3所、二级乙等医院1所。有威风锣鼓队、枫叶秧歌队、晋剧戏迷角、山西民歌民乐队等。有矿井和矿电厂，其中阳煤集团一矿是阳煤集团的特大型骨干生产矿井之一，是全国煤炭行业首批命名的现代化、质量标准化、高产高效、高进高效矿井。通1路、K1路、101路、101支路公交线路。与市区部分主干街道直接相通，南行2公里经赛鱼口和国道307公路线逾接。

140303-A06　**贵石沟街道**［Guìshígōu Jiēdào］属矿区。在平定县境内。面积9.27平方千米。人口2万。下辖4社区。1984年4月，矿区在阳泉矿务局（阳煤集团）贵石沟地区设立贵石沟街道办事处。2000年6月，辖区有5个居民委员会。因地处平定县南坳乡贵石沟村得名。属于温带大陆性气候，夏季炎热，冬季寒冷，气候干燥。年平均降水量571.85毫米，年最大蒸发量2285.1毫米，蒸发量为降水量的4倍。冻结一般始于每年10月下旬，终于次年4月下旬。南川河、中川河、北川河流经。辖区内绿化率达32%。20世纪80年代兴建矿山路、建设路、南川路。80—90年代街巷整治、硬化道路。有中学1所、小学3所。有医院1所，有集贸市场3个。有中大型企业4家。有公路7条，其中2级公路3条、3级公路4条，全长17.08公里。有阳煤集团五矿专用铁路1条，为单轨铁路线。青银高速过境。通18路、616路、631路、632路、633路、635路、703路公交车。

140303-A06-J01　**水滩社区**［Shuǐtān Shèqū］在区政府驻地平潭街街道东南10.9千米。属贵石沟街道。面积1平方千米。人口7730。相传因紧靠中川河一片沙滩而得名。2000年成立。有复兴中学、桥头小学。2014年被评为山西省文明社区。通18路、616路、631路、632路、633路、635路、703路公交车。

140311　**郊区**［Jiāo Qū］阳泉市辖区。在市区中部。面积512平方千米。人口27.6万。以汉族为主，另有回、满、蒙古、土家、苗等民族。下辖3镇、4乡。区人民政府驻荫营镇。秦属太原郡。西汉属上艾县。北魏太平真君九年（448年），废上艾县，孝昌年间（525年—527年），恢复建置，改名石艾县，为石艾县属地。隋开皇十六年（596年），置原仇县，为石艾县、原仇县两县属地。大业二年（606年），原仇县更名盂县，为石艾县、盂县两县属地。唐武德八年（625年），受州移治塞鱼（后更名赛鱼），即今平潭乡赛鱼村，石艾县、盂县同属受州。贞观八年（634年），废受州，石艾县、盂县改属太原府。唐天宝元年（742年），石艾县更名广阳县，为广阳县、盂县两县属地。五代因之。北宋太平兴国二年（977年），以镇州广阳寨建平定军，太平兴国四年（979年），广阳县改名平定县，为平定县、盂县两县属地。金大定二年（1162年），平定军改为平定州。兴定年间，盂县升为盂州。为平定州、盂州两州属地。元至元二年（1265年），平定县并入平定州，归属依旧。明洪武二年（1369年），改盂州为县，为平定州、盂县属地。清雍正二年（1724年），平定州升为直隶州，盂县为其属县。为平定州属地。1938年1月，盂县抗日政府成立。由于日军的分隔，本区境域以正太铁路为界，分成路北、路南两部分。1941年2月，盂县东南部的牵牛镇、东村等92个行政村划归平定（路北）县。1943年1月，寿东县抗日政府成立，7月改称盂寿县。原属晋察冀边区的辛兴、旧街乡正太铁路以北地区及燕龛乡属寿东县（盂寿县）。1945年8月，撤销盂寿县，上述地区复归平定（路北）县。1946年6月，平（定）东县、平（定）西县合并为平定（路南）县。1947年5月2日，阳泉解放；4日设阳泉市。7月，本区境内始设二区政府。1948年8月改设二、三、四区政府。1949年1月改设二、三、四、五、六区政府。9月，阳泉市改称阳泉工矿区，区政府改称区公所。1950年2月改设二、三区公所。1952年4月，阳泉市工矿区改称阳泉市，区公所改称区政府。1953年3月，阳泉市设二区。1956年改第二区为荫营区。1957年与站上区合并设郊区。1958年改置荫营公社。1963年恢复荫营区。1969年更今名。郊区曾用名二区、荫营区。因环抱阳泉市城区，管辖城区周围的乡村地区，故名。地处太行山中段东麓，地势西高东低。有绵山、秋林山脉。最高海拔水草山1496米，最低海拔595米。年平均气温10.1℃。年平均降水量540.2毫米。桃河、温河两大季节性河流流经，均属海河水系，在平定县娘子关镇河滩村西汇合为绵河，水量季节分布差异大。矿产资源有无烟煤、硫铁、铝矾土、粘土、铁矿石等。有国家二类保护动物金钱豹等野生动物75种。有野生种子植物212种。有中小学、医院、体育馆、青少年活动中心、便民服务中心、公园、购物中心、酒店、宾馆等。有国家级重点文物保护单位关王庙。有市级重点文物保护单位六泉庙、禅智寺、石家花园等。迓鼓艺术、郊区南小西庄砂货烧制工艺列入省级非物质文化遗产。有张穆故居、银圆山庄、石评梅故居等。有桃河民俗文化园“走染坊”记忆馆。有白泉烈士陵园。有国家4A级旅游景区翠枫山自然风景区、桃林沟景区，有3A级景区小河古村评梅景区。有小河村、官沟村等中国传统村落。有“中国历史文化名村”义井镇小河村、大阳泉村。有“中国民间文化艺术之乡”荫营镇。三次产业比2 ∶ 53 ∶ 46。主产玉米、谷子、药材、蔬菜。工业以煤炭、耐火、建材为主。有白泉工业园、河底装备制造园、河底京昆高速商贸物流园、西南舁耐火产业集聚区、LNG汽车物流园等产业集群。为全国四大耐火材料基地之一。有白荫、白南、荫固贵石沟、大阳泉煤矿4铁路专用线。石太铁路、阳涉铁路、阳盂铁路、石太高速公路、阳泉—五台山高速公路，207国道、307国道、太旧高速公路、阳盂公路、阳盂高速公路经此。

140311-E01 **阳泉高新技术产业开发区**［Yángquán Gāoxīnjìshùchǎnyè Kāifāqū］位于阳泉市区东北部。1993年成立阳泉经济技术开发区。1996年成为省级经开区。2021年更今名。2015年托管6个行政村。2017年整合阳泉东区工业园、郊区白泉工业园、郊区荫营工业园，扩区后规划面积80平方公里。南区包括原开发区管辖区域及东区工业园）、白泉工业园；北区为荫营工业园。至2020年底，辖区总人口11.6万，市场主体达到12132个。管委会位于大连街173号。

140311-K01 **江正大街**［Jiāngzhèng Dàjiē］在城区北部。西起李荫路，东至207国道。与新城大道相交。长2.1千米，宽32.5米。沥青路面。2002年开工，2006年建成。原称为南外环路，2008年改称江正大街。两侧有郊区粮食和物资储备局、郊区总工会、阳泉煤气郊区管理局、郊区交通运输局等。通6、8路等公交车。

140311-K02 **大连街**［Dàlián Jiē］在城区东北部。西起泉中路，东至义白路。与保晋路、宁波路、虹桥路、广州路相交。长4.3千米，宽40米。沥青路面。2003年建成，2004年207国道—义白路开工建设。2007年改造西段，2011年以大连街命名。两侧有阳泉广播电视台等。通15、24路等公交车。

140311-K03 **李荫路**［Lǐyīn Lù］在城区西部。北起双荫路和中兴南路交会处，南至李家庄乡李家庄村。与307国道、新城大道相交。长10.3千米，宽26米。沥青路面。1998年建成、2005年扩建。因连接李家庄乡和荫营两镇得名。沿途经黄沙岩、冯家庄、李家庄等村及商业网点。两侧有郊区政务服务中心、阳泉市三江工程机械设备有限公司等。通5、6路等公交车。

140311-K04 **新城大道**［Xīnchéng Dàdào］在区境中部。北起207国道，南至保晋路。与307国道、白荫铁路专线、北环路等相交。长8.6千米，宽50.2米。沥青路面。2010年建成。两侧有郊区交通运输局、阳泉市规划展览馆、万达广场等。通306、301路等公交车。

140311-K05 **保晋路**［Bǎojìn Lù］在郊区中部。北起新城大道，南至大连街。与新城大道相交。长1.5千米，宽40米。水泥、混凝土路面。2010年开工，2014年建成。旧址为现代冶金企业保晋铁厂，为纪念保晋公司得名。两侧有阳泉市公安局、阳泉开发区实验小学、北山公园等。通40、301路等公交车。

140311-B01 **荫营镇**［Yīnyíng Zhèn］郊区人民政府驻地。在区境中部。面积103.81平方千米。人口6.2万。下辖9社区，23行政村。镇人民政府驻荫营。新中国成立初，荫营镇大部分村归阳泉工矿区二区所辖。1953年设上荫营、下荫营2乡。1956年2乡合并设镇。1958年改设公社。1961年4月，划归市直人民公社，即荫营人民公社。1963年，荫营人民公社划归阳泉市荫营区（今阳泉郊区）。1984年5月，复置镇，改称荫营镇人民政府。2000年三郊、白泉2乡并入。因自古灌木丛生，绿树成荫而得名。境内全部为丘陵土石山区，地势西高东低。境内已探明地下矿藏有煤炭、铝矾土、硫铁、石灰石等。荫营河、三泉河在白泉汇流后由西向东注入温河。最高点为西部的刘备山，海拔1272.6米；最低点为东部的河谷地带，海拔700米。植被以灌木为主，林木、草皮较少。有中学8所、小学18所、医院、敬老院、文体广场、文体队伍。有全国重点文物保护单位关王庙。有刘鸿达故居，为青少年革命传统教育基地。有下荫营遇真观、三都龙王庙、三都寿圣寺等文物名胜景点。2009年以迓鼓艺术入选“中国民间文化艺术之乡”。有评说、社火、舞狮等民间艺术。1990年、1995年两度获得“中国乡镇之星”称号。2005年为全国文明村镇。农业主产玉米、谷子、豆类、薯类、蔬菜。有4蔬菜园区。1978年全镇耕地为14216亩，2010年耕地36675亩。工业以煤炭、耐火材料为主，有燃气、煤炭、高温材料、发电等企业。第三产业以运输、餐饮、服务为主。石太铁路、白羊墅—荫营煤运专线、荫营—固庄煤运专线等过境设站。207国道、天镇—黎城高速、省道娘阳线经此。

140311-B01-H01 **桥上**［Qiáoshàng］荫营镇人民政府驻地。在区政府驻地荫营镇东南0.3千米。人口2020。原沟中有座古老小桥，村庄位于该桥北面，故名。聚落呈团块状。有荫营中学、文苑小学。通5路公交车。239国道经此。

140311-B01-H02 **辛庄**［Xīnzhuāng］在区政府驻地荫营镇东北8.5千米。荫营镇辖行政村。人口520。明成化年间刘姓首迁于此建村，名新庄，“新”同“辛”，清末更今名。清光绪《平定州志》卷2《舆地志》载：“辛庄，州东北五十里。”聚落呈团块状。有辛庄官窑，为清代文化遗存。2014年被列入第三批中国传统村落名录。2017年被列入第五批山西省历史文化名村名录。2019年被列入第七批中国历史文化名村名录。通517路公交车。

140311-B01-H03 **三都**［Sāndū］在区政府驻地荫营镇北3.1千米。荫营镇辖行政村。人口4000。元、明时称三都，清初名三贤村，清末复名。清乾隆《平定州志》卷3《舆地志》载：“三都村，州北五十五里。”聚落呈团块状。有第四批市级文物保护单位三都寿圣寺，建于唐贞观二年（628年），现存正殿为元代建筑遗构，余皆为清代建筑遗构。有区级文物保护单位三都五龙庙，为清代建筑遗构。有三都大王庙、三都三圣母祠，现存为清代建筑遗构。2019年被列入第五批中国传统村落名录。通526路公交车。239国道经此。

140311-B02 **河底镇**［Hédǐ Zhèn］郊区辖镇。在区境北部。面积103平方千米。人口2.1万。下辖1社区、24行政村。镇人民政府驻河底。新中国成立初，河底镇大部分村归阳泉工矿区二区所辖。1956年设河底镇。1961年4月划归市直人民公社，即河底人民公社。1963年划归阳泉市辙营区（今阳泉郊区）。1984年5月，复置镇，改称河底镇人民政府。2000年撤乡并镇，东村、燕龛2乡并入。因镇人民政府驻地地形较低而得名。境内全部为山地丘陵，西部山区海拔较高，达1100米，中部河底村海拔850米。境内已探明地下矿藏有煤炭、硫铁、铝矾土、石灰石、石膏、白云石等。植被主要有黄刺梅、蚂蜂腿、荆条、白草、灌木及椿、榆等乔木。有温河、燕龛河、苇泊河3条季节性河流。有中学3所、小学8所、幼儿园、医院、卫生院、健身广场。有省级文明敬老院1所。有市级重点文物保护单位下章召村禅智寺。有区级文物保护单位河底村通保观、天主教堂、牵牛镇村玉皇阁、苇泊村天齐庙、山底村玉皇庙、东村龙王庙、燕龛村甘泉寺。耕地多为坡地和梯田，主产玉米、谷子、豆类。采掘、铸造、陶瓷制造等传统产业兴盛。工业以煤炭、耐火材料、建材为主。有铝矾土、耐火材料、建材、冶炼、铸造企业。阳盂公路、207国道、苇滴公路横穿镇域，京昆高速、阳五高速交会经此。

140311-B02-H01 **河底**［Hédǐ］河底镇人民政府驻地。在区政府驻地荫营镇北7.3千米。人口4960。清乾隆《平定州志》卷3《舆地志》载："河底镇，州北六十里。"聚落呈条带状。有河底中学、河底镇卫生院。有区级文物保护单位河底关帝庙、河底天主堂、河底通保观，现存为清代建筑遗构。有河底文庙、河底普丰阁，现存为清代建筑遗构。通502路公交车。县道滴苇线经此。

140311-B02-H02 **山底**［Shāndǐ］在区政府驻地荫营镇西北10.8千米。河底镇辖行政村。人口3650。因坐落在将军岭下的小山坳而得名。聚落呈团块状。有山底耀良希望小学。有市级文物保护单位山底玉皇庙，创建于清康熙元年（1662年），现存为清代建筑遗构。2017年被评为第五届全国文明村。通502路公交车。县道滴苇线经此。

140311-B02-H03 **固庄**［Gùzhuāng］在区政府驻地荫营镇西北5.7千米。河底镇辖行政村。人口420。地处穷沟僻壤，村民期望长久安定、人丁兴旺，故名。聚落呈条带状。2020年被评为第六届全国文明村。通303路公交车。239国道经此。

140311-B03 **平坦镇**［Píngtǎn Zhèn］郊区辖镇。在区境西南部。面积108平方千米。人口1.8万。下辖11行政村。镇人民政府驻辛兴。新中国成立初，平坦镇大部分村归平定县及阳泉工矿区一区所辖。1961年4月，部分生产大队划归市直人民公社，即矿区人民公社，后改称北大街人民公社。1963年划归阳泉站上区（今阳泉城区）。1969年1月，划归阳泉市荫营区（今阳泉郊区）。1970年1月划归阳泉市城区。1972年北大街人民公社改称平坦公社。1978年重新划归阳泉郊区。1984年5月，实行乡镇建制，改称平坦乡人民政府。1996年5月，乡改镇，又改为平坦镇。2002年撤乡并镇，原平坦镇和原辛兴乡合并为新的平坦镇。因古有众水汇潭，平衍光鉴而得名。属于丘陵山区，地势起伏较大，特别是西部区域荒山荒坡面积较大，平均海拔800米以上，最高处庙梁山1363.9米。桃河自西向东将境域一分为二，北有芦湖河、马家坡河、蒙村河、洪城河，南有桑掌河，均汇入桃河。有中小学、卫生院。春秋末期赵简子曾在此筑平潭城，现存烽火台、古城、简子沟等遗迹。有百团大战露梁山战场纪念馆、"走染坊"记忆馆。有国家4A级旅游景区、国家级水利风景区和国家级科普教育基地——翠枫山自然风景区。有市级文物保护单位官沟银圆山庄，为典型北方民居建筑群。有中庄五祖庙，为华北地区唯一的五祖弘忍庙。官沟村为第三批山西省历史文化名村。桃林沟村被评为全国文明村和省级文明和谐村。传统种植业以玉米、谷子、高粱等为主。有种养殖合作社、温室大棚、养殖小区等。境内已探明地下矿藏有煤炭、砂石、硫铁等。工业以煤炭、化工为主，4个商标获省级著名商标。第三产业以运输业、餐饮业、物流业、旅游业为主。石太铁路、太旧高速、青银高速、307 国道经此。

140311-B03-H01　**辛兴**［Xīnxīng］平坦镇人民政府驻地。在区政府驻地荫营镇西南 11.2 千米。平坦镇辖行政村。人口 2340。古时桃河多次淹没村庄，后在村边置镇村铁狗方保住村庄，名新兴，后演为此。聚落呈团块状。有平坦镇卫生院。有区级文物保护单位辛兴圣泉寺，现存为清代建筑遗构。通 10 路公交车。307 国道经此。

140311-B03-H02　**桃林沟**［Táolíngōu］在区政府驻地荫营镇西南 5.8 千米。平坦镇辖行政村。人口 1450。因地处山沟、有桃树而得名。聚落呈团块状。有阳煤集团总医院四矿医院。有桃林沟观音庙，现存为清代建筑遗构。有 AAAA 级桃林沟景区。2009 年被评为第二届全国文明村。通 26 路公交车。

140311-B03-H03　**平坦垴**［Píngtǎnnǎo］在区政府驻地荫营镇南 7.2 千米。平坦垴村于 2020 年撤销，设立平坦垴社区。镇辖行政村。人口 3210。李姓于明初洪武年间从义羊井首迁赛兴都平潭，以地势高于潭水而得名。1956 年，将“潭”改“坦”而得名。聚落呈团块状。有阳泉市第八中学。有第六批省级文物保护单位平坦垴古井及城墙遗址，为战国、汉代文化遗存。据《读史方舆纪要》载，“平潭城在平定州西北五十里，传为赵简子所筑，今为平潭驿”，当指该城。通 5、8、9 路公交车。

140311-C01　**西南舁乡**［Xīnányú Xiāng］郊区辖乡。在区境东北部。面积 58 平方千米。人口 1.3 万。下辖 12 行政村。乡人民政府驻西南舁。新中国成立初期，西南舁归盂县尔村区管辖。1953 年设西南舁乡。1956 年，雨下沟村、张家井村从平定县划归西南舁乡管辖。1958 年成立人民公社。1984 年撤公社复设乡。因驻地得名。因村西南有榆树，后因榆意不佳，为顽木不可雕，改榆为舁。境内属土石山区，地势西北高东南低。境内已探明地下矿藏有铝矾土、白云石、石灰石、黏土等。以西南舁至东林尖村一线为分水岭，东部地区沟叉汇于岔口河，西部汇于温河。海拔 850—950 米。有中小学、医院、广场，其中西南舁乡卫生院是一级甲等综合性医院。有区级重点文物保护单位玉像寺、三义庙、佛堂寺、天齐庙等。区级非物质文化遗产共 44 项。有西南舁乡革命英烈墙、“六一五”惨案遗址。第一产业传统农业以玉米、谷子、豆类、蔬菜种植为主，为区粮食主产区，有农业专业合作经济组织。种植苹果、核桃。2006 年获“山西省科普示范基地”，2008 年获“中国优质苹果基地百强乡镇”称号。有耐火材料企业。青银高速、207 国道经此。

140311-C01-H01　**西南舁**［Xīnányú］西南舁乡人民政府驻地。在区政府驻地荫营镇东北 11 千米。人口 3000。清乾隆《盂县志》卷 4《建置》载：“西南榆”。因“榆”意为顽木不可雕，改“榆”为“舁”，有居高临下之势。清光绪《盂县志》卷 6《地舆考》载：“西南舁堡，县东南五十里。”聚落呈团块状。有西南舁中学、西南舁乡卫生院。有市级文物保护单位西南舁玉像寺，始建于北齐武平年间，现存为清代建筑遗构。有区级文物保护单位西南舁三义庙，创建于明崇祯六年（1636 年），现存皆为清代建筑遗构。通 9 路公交车。207 国道经此。

140311-C01-H02　**北大西庄**［Běidàxīzhuāng］在区政府驻地荫营镇北 13 千米。西南舁乡辖行政村。人口 730。相传原名西庄，因有溪水流经此村，演为大溪庄，后更此名。杨家庄润济大王庙元至正二年（1342 年）《普天润济王庙志》载：西庄。本村清道光二十五年（1845 年）《大王祠碑记》载：大西庄。聚落呈团块状。有北大西庄观音庙，现存为清代建筑遗构。有六一五惨案遗址，1945 年 7 月 23 日（农历六月十五）凌晨，驻河底、牛村、西南舁的 100 多名日军突然包围北大西庄村，将隐藏在土窑洞里的 58 名群众用烟熏死。工业以矿石开采和加工制造耐火产品为主。207 国道经此。

140311-C01-H03　**大洼**［Dàwā］在区政府驻地荫营镇东北 9.9 千米。西南舁乡辖行政村。人口 990。因地处较大的山凹而得名。聚落呈团块状。有第一批省级非物质文化遗产踩高跷、扭秧歌。有大洼关帝庙，现存为清代建筑遗构。2019 年被列入第五批中国传统村落名录。乡村道路经此，通 512 路公交车。

140311-C02 **杨家庄乡**［Yángjiāzhuāng Xiāng］郊区辖乡。在区境东部。面积 25.98 平方千米。人口 1 万。下辖 8 行政村。乡人民政府驻北杨家庄。原属平定县。1953 年 4 月划归阳泉市二区。1956 年日一区改名为荫营区，属荫营区。1958 年 9 月撤乡并入白泉人民公社，属市直辖。1963 年 2 月设杨家庄人民公社，属于荫营区。1969 年 1 月，荫营区改名为郊区，杨家庄人民公社属郊区。1984 年 5 月改称杨家庄乡人民政府。因杨姓人氏聚居而得名。境内大部分属丘陵土石山区，地势西高东低，境内已探明地下矿藏有铝矾土、石灰石、硫铁等。以大西庄为分水岭，其北汇入辙营河，南汇入桃河，海拔 600—850 米。有中小学、卫生院、敬老院。是郊区主要产粮区之一，主产玉米、谷子、薯类、蔬菜等。有农业专业合作经济组织。工业以耐酸砖、耐火砖、轻质保温耐火材料、砂货制品、粉末冶金等为主。有工业园区。有水泥、矾石、耐火等企业。207 国道、天镇—黎城高速经此。

140311-C02-H01 **北杨家庄**［Běiyángjiā zhuāng］杨家庄乡人民政府驻地。在区政府驻地荫营镇东南 7.5 千米。杨家庄乡辖行政村。人口 1390。元至元年间建村，民国时期称河北，1948 年，由杨家庄拆分出来，因地处庙北面而得名。《贾氏族谱》载：明嘉靖三十二年（1553 年），七世祖贾应从平定县大石门迁杨家庄。清乾隆《平定州志》卷 3《舆地志》载：“杨家庄”。聚落呈团块状。有杨家庄中学、杨家庄乡卫生院。207 国道经此。

140311-C03 **李家庄乡**［Lǐjiāzhuāng Xiāng］郊区辖乡。在区境中南部。面积 16 平方千米。人口 1.4 万。下辖 4 社区、6 行政村。乡人民政府驻汉河沟。新中国成立初期，大部分村归阳泉工矿区一区所辖。1961 年 4 月，划归市直人民公社，即李家庄人民公社、1963 年，划归阳泉站上区（今阳泉城区）。1969 年 1 月，划归阳泉市荫营区（今阳泉郊区）。1984 年 5 月，实行乡镇建制，改称李家庄乡人民政府。李姓人首迁此地，始名李家寨，清代易名李家庄。为低缓的黄土丘陵，海拔在 750—800 米之间。沟叉汇水于李家庄河后流入桃河。属北温带大陆性季风气候。李家庄河流经。有中小学、图书馆、文化站、文体馆、图书馆、卫生院。有市级文物保护单位柳沟村六泉庙。农业主产玉米、谷子。有农业专业合作经济组织，有市食品厂、奶牛养殖场。境内已探明地下矿藏有煤炭、硫铁矿、矾石矿等。工业以水泥、电气、铝业为主。石太铁路白荫支线横贯东部，国道 207 线、国道 307 复线、省道石（盆口）阳（泉）线以及地方公路李荫路、义白路、新城大道、漾泉大道纵横贯通。

140311-C03-H01 **汉河沟**［Hànhégōu］李家庄乡人民政府驻地。在区人民政府驻地荫营镇南 3.2 千米。人口 1350。因地处山沟，沟内有河，且出产煤炭，俗称炭河沟，后谐音为此名。聚落呈团块状。通 5 路公交车。239 国道、省道阳井线经此。

140311-C04 **旧街乡**［Jiùjiē Xiāng］郊区辖乡。在区境西南部。面积 86 平方千米。人口 6500 人。下辖 17 行政村。乡人民政府驻旧街。新中国成立初，旧街乡大部分村归平定县。1971 年 2 月划归阳泉市城区。1978 年 1 月划归阳泉市郊区，属旧街人民公社。1984 年 5 月实行乡村制，改称旧街乡人民政府。2004 年，实行移民并村，梁家庄村并入旧街村。古时此地为太原府通往京城的必经之地，有商业街道，后被新兴集镇所代替，得名旧街。属中山砂页岩山区，山高沟深。境北的北水草山，海拔 1495.6 米，为郊区最高点；桃河河谷海拔 873 米，为境域最低点。保安河汇流于桃河，桃河自西向东穿境而过。有红色狼峪展览馆、英雄烈士纪念碑、范子侠将军纪念亭、阳泉党史科普教育基地。有学校、卫生院、文化馆。主产玉米、谷子、杂粮。有农业专业合作经济组织 9 个。有枣园农产品开发、獭兔养殖、禽业公司。有煤炭资源。绿化面积 37926 亩，森林覆盖率 30%、被省、市、区授予发展林业“先进单位”称号。工业以煤炭开采、铸造业为主。石太铁路、青银高速、307 国道经此。

140311-C04-H01 **旧街**［Jiùjiē］旧街乡人民政府驻地。在区政府驻地荫营镇西南 18.2 千米。人口 2300。古时为集镇，村庄较大，有商业街道，得名新旧街，后简为此。聚落呈条带状。有旧街卫生院。有荆生有墓，为清代中晚期墓葬。通 10 路公交车。307 国道经此。

140321 **平定县**［Píngdìng Xiàn］阳泉市辖县。在市区东南部。面积 1391 平方千米。人口 30.6 万。辖 8 镇、2 乡。县人民政府驻冠山镇。自西汉建元元年（前 140 年）始置上艾县，属太原郡。东汉，属常山国之域。西晋，属并州乐平郡。西晋后，历属后赵、前燕、前秦、后燕和北魏等国。北魏道武帝登国元年（386 年），改名石艾县；太平真君九年（448 年）废；孝明帝孝昌六年（530 年），复置石艾县。隋初，属辽州；大业中，归并州太原郡。唐武德三年（620 年），归辽州；六年（623 年），归受州（州治在阳泉赛鱼）；贞观八年（634 年），废受州，属太原府；天宝元年（742 年），改石艾县为广阳县。五代，沿袭旧制。刘崇建北汉，广阳县属北汉。北宋太平兴国四年（979 年）改广阳县为平定县，治今平定县城。金大定二年（1162 年），升为州治，属太原支郡，领平顶、乐平（今昔阳）二县。元代属冀宁路太原府、明代属冀宁道太原府。清代，系雍正二年（1724 年），始升直隶州，由太原府析出，属省辖，领寿阳、盂县、乐平三县。民国元年（1912 年），该平定州为平定县，属冀宁道。1914 年乐平乡改置昔阳县，由平定县析出。1937 年属山西省第一行政区。抗日战争时期分置平东、平西、平北 3 县，分属晋冀鲁豫边区太行区第一、第二、第四专区。1945 年恢复平定县，属太行区第二专区。1949 年属榆次专区。1958 年撤平定县并入阳泉市。1961 年恢复平定县，属晋中专区。1967 年属晋中地区。1983 年属阳泉市至今。平定二字源于北宋太平兴国二年（977 年）宋军为平定北汉割据政权，首克广阳，置平定军。宋太宗一即位，改年号“太平兴国”，表示要成就一番新的事业，使天下太平，人民安定，遂在每收复一地，或改名或定名，体现“太平兴国”的宏图伟业。另“平定”语出《诗经 · 大雅 · 江汉》：“四方既平，五国庶定”，即为太平安定之意。地处太行山脉中段山脊线以东。最高海拔七千寨山 1529.9 米，最低海拔娘子关河谷 350 米。有绵河和甘陶河两大流域。以柏井的门限岭、西回的摩天岭和古贝的东浮山为界，西北为绵河流域，流域面积约占全县总面积的 80%；东南为甘陶河流域，流域面积约占全县总面积的 15%。另外，黄统岭北部还有流出境外滹沱河的黄杨河，流域面积约占全县总面积的 5%。有娘子关瀑布。年平均气温 10.8℃，1 月平均气温 -4.3℃，7 月平均气温 23.6℃。年平均降水量 507.8 毫米。矿产资源有无烟煤、铁、铝矾土、瓷土、耐火粘土、石灰石等。有独立科研与技术开发机构 2 个、工程技术研究中心 3 家。有阳泉师范高等专科学校、有中小学、文化馆、图书馆、档案馆、博物馆、体育馆、二级医院。境内传有女娲炼石补天之远古神话、扁鹊悬壶济世之鹊山遗址。春秋战国时期的中山长城横跨域东，秦时即通驿道，苇泽关（今娘子关）、故关为历史上重要的关隘，测石驿、平潭驿、甘桃驿、柏井驿为古代四大驿站。有国家级重点文物保护单位天宁寺双塔、冠山书院、开河寺石窟。有省级重点文物保护单位娘子关、固关长城、石评梅故居。市级重点文物保护单位 15 处。有省级爱国主义教育基地娘子关城楼和固关长城遗址。有吕思诚、张穆、石评梅、张沛霖、李彦宏、刘慈欣等名人。有地方民间艺术剪纸、面塑、刻花瓷等。平定武迓鼓、平定砂器制作技艺、平定黑釉刻花陶瓷制作技艺为国家级非物质文化遗产。有省级非物质文化遗产平定皇纲、平定雩祭、平定婚俗、平定传统三八席制作技艺、春节（娘子关跑马排春节习俗）、黄瓜干制作技艺、冠山连翘茶等 10 项。有石评梅故居。有森林公园 2 个。有红色旅游七亘大捷、南庄地道战。有中国传统村落 11 个。娘子关镇被评为中国历史文化名镇。三次产业比 4.2：57.5：38.3。主产玉米、谷子、油料、蔬菜。工业以煤炭、电力、化工、冶金、建材为主。土特产龙筋牌黄瓜干、贵妃豆腐、荆花蜂蜜、蜂蜜饮料、平定砂器、平定刻花瓷等。石太、阳涉铁路，京昆、青银高速，207、307 国道，省道娘阳线、阳井线经此。

140321-F01 **评梅广场**［Píngméi Guǎngchǎng］在平定县城东部。北侧为评梅西街，东侧为平阳路，西侧为姑姑寺巷，紧邻平定县人民政府大楼。总面积 1.8 万平方米。1997 年建成，原名绿地广场。

2002年扩建后，为纪念平定籍女作家、革命家石评梅更今名。广场上有石评梅雕像、景观长廊等。

140321-B01 **冠山镇**［Guànshān Zhèn］平定县人民政府驻地。在县境西部。面积87平方千米。人口10.7万。下辖14个社区、39行政村。镇人民政府驻城里街。1949年属平定县第一区。1953年设城关乡。1956年改设城关镇。1958年改设平定公社。1961年改设城关公社。1984年复设城关乡。1985年撤乡并入城关镇。2000年12月撤南坳镇、维社乡、城关镇，合并设冠山镇。因地处冠山之下得名。属丘陵地带，地势西北高东南低。境内已探明地下矿藏有无烟煤、黏土、铁矿、铝土矿等。源于冠山、嘉山的城南河、嘉河由西向东注入南川河。南部村庄大多居于南川河两岸，东北部多土丘沟壑。属暖温带大陆性气候。有中小学、少体校、影剧院、体育场、卫生院、敬老院。有全国重点文物保护单位冠山书院、冠山天宁寺双塔、平定马齿岩寺、开河寺石窟。古迹遗址有元—明冠庄遗址、百团大战冠山战场遗址、中共平定县特别支部旧址、牺盟会五县中心区旧址、华北人民政府机关旧址、赵亨德烈士纪念馆、赵亨德故居等。自然、人文景观有冠山、三晋第一槐、嘉山流杯池等。主产粮食、蔬菜。有农民专业合作社、农种养专业合作社。土特产有后沟黄瓜干、精品骨质瓷、杨家沟豆腐等。工业以煤炭、建材为主。2005年被评为全国文明镇。紧临阳（阳泉）五（五寨）高速、石（石家庄）太（太原）铁路，国道207线、阳（阳泉）涉（涉县）铁路纵穿镇域南北，太（太原）旧（旧关）高速、国道307线横贯镇域东西。

140321-B01-K01 **评梅西街**［Píngméi Xījiē］在县城中部。西起西外环路，东至平阳路。与十字街相交。长0.8千米。宽20米。沥青路面。2002年建成，2016年扩建。以平阳路为界，以东称评梅东街，以西称评梅西街。因该街南临姑姑寺石评梅故居且位于其西侧而得名。两侧有平定县文化中心、西关学校、平定县人民检察院、平定县第一中学校、评梅广场等。是贯穿县城西部的主干路。通684、619路等公交车。

140321-B01-K02 **评梅东街**［Píngméi Dōngjiē］在县城中部。西起平阳路，东至东环城路。长0.3千米，宽9米。沥青路面。2002年建成。2016年扩建。因该街南临姑姑寺石评梅故居得且位于其东侧而得名。两侧有平定县民政局、平定县兴盛印刷厂等。

140321-B01-K03 **学院南大街**［Xuéyuàn Nándàjiē］在县城南部。西起县高级职业中学，东至新建路。与西关路相交。长1.8千米，宽13米。沥青路面。2002年建成。因该大街位于阳泉师专南侧得名。两侧有平定县高级职业中学、阳泉师专、古漈泉等。通614、617路等公交车。

140321-B01-K04 **府新街**［Fǔxīn Jiē］在县城北部。西起平阳路，东至东环路。与平定路等相交。长1.7千米，宽24米，沥青路面。2006年命名为府新街，因新县政府位于该街，故名。两侧有平定县烟草专卖局、平定县行政审批服务管理局、平定县第三实验小学校、平定县人民医院等。通2、611路（南关方向）等公交车。

140321-B01-K05 **城北街**［ChéngBěi Jiē］在县城中部。西起三冠线，东至平阳路。长0.95千米，宽10米。2006年命今名，因该街位于平定县城的北面，故名。两侧有平定县第一中学、平定县人民医院、平定县人力资源和社会保障局等。

140321-B01-K06 **登科路**［Dēngkē Lù］在县城中部。南起西关街十字路口，北至城北三岔口。长0.79千米，宽15米。2009年建成，寓意平定学子勇夺桂冠，登科上榜。两侧有阳泉唐卡装饰工程有限公司、平定县第一中学校等。通628路公交车。

140321-B01-K07 **平阳路**［Píngyáng Lù］在县城中部。南起府新街，北至东环路。长3.4千米，宽20米。因起点在平定，止点在阳泉市区，故名。1996年始建。两侧有平定县供水管理局、山西省平定公路管理段、平定县自然资源和规划局等。通2、2路区间等公交车。

140321-B01-K08 **平定路**［Píngdìng Lù］在平定县城中部。南起城北三岔口，北至郊区义井镇义井桥南。长7.82千米，宽25米。2011年命名为平定路。因是平定的最主要的交通干道，故名。两侧有平定站、东升太阳城购物中心、平定县公安局消防大队等。通 702、623 路左环等公交车。

140321-B01-K09 **东环城路**[Dōnghuánchéng Lù] 在县东南部。西北起平定路，东南至乌海线。长 4.5 千米。因位于平定县城东外环，故名。为快速路。

140321-B01-K10 **南环城路** [Nánhuánchéng Lù] 西起阳泉二电厂，东至庄窝。长 4.5 千米。2006 年命名，因位于平定县城南外环，故名。为快速路。

140321-B01-K11 **新建路** [Xīnjiàn Lù] 在县城南部。西起西外环庙沟，东至东关转盘。与学院南大街相交。长 1 千米，宽 14 米。混凝土路面。是连接冶西和县城的南部主干道。1981 年始建，2000 年扩建。两侧有村委会、公交车站等。通 14、15 路等公交车。

140321-B01-H01 **宋家庄** [Sòngjiāzhuāng] 在县政府驻地冠山镇西南 4.5 千米。冠山镇辖行政村。人口 3710。清乾隆《平定州志》卷 3《舆地志》载："宋家庄，州南十里。"聚落呈团块状。有宋家庄小学。有宋家庄龙王庙、三面阁、东阁、五路神祠、宋家庄传统宅院，皆为清代建筑遗构。2014 年被列入第三批中国传统村落名录，2019 年被列入第七批中国历史文化名村名录。县道平赵线经此，通 631 路公交车。

140321-B01-H02 **西锁簧** [Xīsuǒhuáng] 在县政府驻地冠山镇南 5.4 千米。冠山镇辖行政村。人口 960。因四山耸立，村居沟道弯曲，两山相夹，状似锁簧，沟名锁簧沟，该村在沟西，故名。清乾隆《平定州志》卷 3《舆地志》载："西锁簧，州南十五里。"聚落呈团块状。有汉代古槐一株。有西锁簧娘娘庙、关帝庙，现存为清代建筑遗构。为李守信烈士故里。2013 年被列入第二批中国传统村落名录。乡村道路经此，通 204、613 路公交车。

140321-B01-H03 **城里街** [Chénglǐjiē] 在县政府驻地冠山镇北 0.7 千米。冠山镇辖行政村。人口 1950。因位于古城门"拱岱、瞻华、南薰、望阙"之中，即古县城里头而得名。聚落呈团块状。有平定县第三中学、平定县人民医院。2020 年被评为第六届全国文明村。通 2 路、2 路区间、18 路、668 路、685 路等多路公交车。

140321-B02 **冶西镇** [Yěxī Zhèn] 平定县辖镇。在县境西南部。面积 141 平方千米。人口 1.4 万。下辖 18 行政村。镇人民政府驻冶西。1953 年设冶西乡。后改公社。1961 年设冶西公社。1984 年 2 月政社分离后设冶西乡。同年 12 月改为冶西镇。以驻地得名。古时有冶铁业，因位于平定之西，故名。境内山岭起伏，位于寨坪村西的七千寨山，海拔 1529.9 米，为平定县最高点。侯成岭、刁乌楼、老虎岩、兆虎岩、寨山、马道岭、摩天网等山，海拔均在 1000 米以上。已探明的矿种有无烟煤、煤层气（瓦斯）、紫砂陶土、铁矿、砂岩等。属暖温带大陆性季风气候。有森林 41000 亩。有土豹、狐狸、獾、黄鹂、难鸡、势鸪等 60 多种兽、禽类动物。有植物 400 余种，其中包括多种药用植物。南川、中川、北川三条季节性河流在镇东部汇流后注入桃河。有中小学、卫生院。有平西抗日根据地纪念馆。有新石器时代冶西、聂家遗址、明代云峰寺、清代二郎庙。农业以种植花卉、核桃、小杂粮、糯玉米为主。有丰及国家级良种服务中心。养殖业以冷水鱼、鹿场、鸽场、鸡、猪为主。工业以煤炭、电力、煤矸石烧结砖、煤矿机械制造为主。太（太原）旧（旧关）高速公路穿境而过。南、中、北三川各有一条县级公路与外界相通。

140321-B02-H01 **冶西** [Yěxī] 冶西镇人民政府驻地。在县政府驻地冠山镇西南 6.8 千米。人口 2140。相传此地有冶铁业，且位于县城之西，故名。清乾隆《平定州志》卷 3《舆地志》载："冶西村，州南十五里。"聚落呈团块状。有冶西镇初级中学、冶西镇卫生院。有冶西老君庙、冶西文昌阁，现存为清代建筑遗构。有煤炭、高岭土等矿产资源。有特产紫砂陶。县道平赵线经此。通 616、631、653、703、平定 616 路公交车。

140321-B02-H02 **苇池** [Wěichí] 在县政府驻地冠山镇西 7.9 千米。冶西镇辖行政村。人口 560。相传因村庄临北川河而建，集泽成池，中生芦苇而得名。清乾隆《平定州志》卷 3《舆地志》载："苇池村，州西南三十里。"聚落呈团块状。有冶西苇池小学。有苇池三官庙，现存为清代建筑遗构。有红岭石窟，为明代文化遗存。2014 年被列入第三批中国传统村落名录，2017 年被列入第五批山西省历史文化名村名录。县道聂潘线经此，通平定 633 路公交车。

140321-B03 **锁簧镇**［Suǒhuáng Zhèn］平定县辖镇。在县境南部。面积 53.43 平方千米，人口 3.2 万。下辖 19 行政村。镇人民政府驻东锁簧。1953 年设锁簧乡。1958 年改设锁簧公社。1984 年改置镇。以驻地得名。境内群山环绕，沟壑纵横，形同古时锁钥簧条，故名。境内地域多为丘陵区，地处七岭山脉和方山山脉之间，地势略为低缓。境内已探明地下矿藏有无烟煤、硫铁矿、黏土等。阳胜河西入东出。有中小学、卫生院、文化室、广场、敬老院等。有清代立壁大王庙、昭济圣母祠、藏岩圣母祠、关帝庙、双阁、西阁和三官庙。传统种植业以玉米、谷子、栗子、豆类作物为主，水果以苹果、桃、梨、杏为主。有园区养殖。工业以煤炭加工、机械制造、精细化工、建筑材料为主。北庄村为平定砂锅主产地。207 国道经此。

140321-B03-H01 **东锁簧**［Dōngsuǒhuáng］锁簧镇人民政府驻地。在县政府驻地冠山镇西南 7.9 千米。人口 2540。因村道弯曲，状似锁簧，称锁簧沟，又因本村位于沟东，故名。清乾隆《平定州志》卷 3《舆地志》载："东锁簧，州东南十五里。"聚落呈团块状。有锁簧中学、锁簧镇卫生院。有东锁簧昭济圣母祠、东锁簧老爷庙，现存为清代建筑遗构。2019 年被列入第五批中国传统村落名录。207 国道经此，通 680、681、682、683 等多路公交车。

140321-B04 **张庄镇**［Zhāngzhuāng Zhèn］平定县辖镇。在县境南部。面积 161.94 平方千米。人口 4 万。下辖 30 个行政村。镇人民政府驻张庄。1949 年，张庄镇境域属平定县第二区。1953 年设张庄乡。后改公社。1958 年属阳泉市张庄乡。1961 年设张庄公社。1984 年改设张庄镇。2000 年古贝、阳胜 2 乡并入。以张姓首居得名。属丘陵山地，境内最高山峰海拔 1495 米。境内已探明地下矿藏有无烟煤、铝矾土、紫砂陶土、玄武岩、硫铁矿、石灰岩等。有阳胜河流经 16 个村庄。有中小学、卫生院、文化中心。有药林寺省级森林公园、八路军制药厂旧址、明代清凉寺、明代人祖庙、清代净音院、清代新城大王庙、清代八腊庙、清代南阳胜龙王庙。2010 年，被省政府命名为"山西省百强乡镇"；被阳泉市委、市政府命名为"党建工作先进乡镇""精神文明建设先进乡镇""小康镇""小城镇建设示范乡镇"。农业以玉米、谷物、蔬菜、核桃为主。工业以煤炭生产加工、碳素新材料生产为主。207 国道经此。

140321-B04-H01 **张庄**［Zhāngzhuāng］张庄镇人民政府驻地。在县政府驻地冠山镇东南 14.4 千米。人口 2210。唐天宝年间，张姓首居成村，故名。清乾隆《平定州志》卷 3《舆地志》载："张庄村，州城东南三十里。"聚落呈团块状。有张庄镇卫生院。有胡家条遗址，为战国、明、清时期文化遗存。有张庄北遗址，为东周、汉、明、清时期文化遗存。有张庄中阁、张庄山神庙，现存为清代建筑遗构。2019 年被列入第五批中国传统村落名录。207 国道经此，通 681 路公交车。

140321-B04-H02 **桃叶坡**［Táoyèpō］在县政府驻地冠山镇东南 13.9 千米。张庄镇辖行政村。人口 690。相传古时该村桃树满坡，故名。清乾隆《平定州志》卷 3《舆地志》载："桃叶坡，州东南三十里。"聚落呈团块状。有王氏祠堂，现存为清代建筑遗构。有古院落 30 余处，为明清时期建筑遗构。2014 年被列入第三批中国传统村落名录。2017 年被列入第五批山西省历史文化名村名录。2019 年被列入第七批中国历史文化名村名录。207 国道、县道东张线经此，通 680 路公交车。

140321-B04-H03 **宁艾**［Níng'ài］在县政府驻地冠山镇东南 12.2 千米。张庄镇辖行政村。人口 2670。因坐落在古上艾（后称石艾）城东郊，取保卫县治、人民安定之意，故名。清乾隆《平定州志》卷 3《舆地志》载："宁艾村，州南三十里。"聚落呈团块状。有张庄中学、宁艾示范小学。有市级文物保护单位真觉寺，创修于明万历二十六年（1598 年），正殿为明代建筑遗构，余皆为清代建筑遗构。2019 年被列入第五批中国传统村落名录。207 国道经此，通 682、688 路公交车。

140321-B04-H04 **土岭头**［Tǔlǐngtóu］在县政府驻地冠山镇东南 14.7 千米。张庄镇辖行政村。人口 560。因村居土山岭上而得名。清乾隆

《平定州志》卷3《舆地志》载：“土岭头，州东南三十里。”聚落呈团块状。有县级文物保护单位土岭头石塔，现存为金代建筑遗构。有土岭头翟氏家庙、土岭头神祠，现存为清代建筑遗构。2019年被列入第五批中国传统村落名录。207国道经此，县道东张线经此。通680路公交车。

140321-B04-H05　**下马郡头**［Xiàmǎjùntóu］在县政府驻地冠山镇南14千米。张庄镇辖行政村。人口1120。相传原名马石头，明末清初，为纪念李自成在此上马离开，改为上马郡头，后因方位而得名。清乾隆《平定州志》卷3《舆地志》载：“马郡头，州南三十里。”聚落呈团块状。2019年被列入第五批中国传统村落名录。县道宁南线经此。通683、702路公交车。

140321-B05　**东回镇**［Dōnghuí Zhèn］平定县辖镇。在县境东南部。面积228平方千米。人口2.8万。下辖22行政村。镇人民政府驻东回。1953年设东回乡。1958年设东回公社。1984年2月，公社改设为乡，同年12月改为东回镇。2000年马山、潺泉2乡并入。以驻地得名。村西有分水岭，以水流走向，东曰东回，西曰西回。有海拔千米以上的山峰26座，艾山山脉。境内已探明地下矿藏有硅石、天然石英砂、白云石、大理石等。岭南河西入东出。有中小学、卫生院。有市级文物保护单位马山马齿岩寺、瓦岭柏岭山寺庙建筑群、西回寿圣寺等。有平东抗日根据地革命纪念馆、七亘大捷纪念碑、清代乾明寺。有中国传统村落瓦岭村。农作物主要有玉米、谷子、豆类等。有农民专业经济合作社，主要经营生态种植养殖、干鲜水果销售等。有养殖示范区，主要养殖蛋鸡、肉猪等。有蜜蜂、黄蜂虫、莲山黑兔等特色养殖。有化工企业。第三产业以个体运输、商业餐饮为主。有县级公路柏（柏井）七（七亘）线、张（张庄）东（东回）线贯穿全境。

140321-B05-H01　**东回**［Dōnghuí］东回镇人民政府驻地。在县政府驻地冠山镇东22千米。人口1300。坐落在白马岭山下，因和西回村之间丘陵突兀，形成分水岭，此地水向东流，故名。清乾隆《平定州志》卷3《舆地志》载：“东回村，州东南七十里。”聚落呈团块状。有东回中学、东回小学。有东回乾明寺，始建于金太和六年（1206年），现存为明清建筑遗构。县道七柏线、东张线经此。

140321-B05-H02　**马山**［Mǎshān］在县政府驻地冠山镇东26.5千米。东回镇辖行政村。人口820。相传因赵匡胤下河东路经此地，在此厉兵秣马，故名。清乾隆《平定州志》卷3《舆地志》载：“马山村，州东南八十里。”聚落呈团块状。有第八批全国重点文物保护单位平定马齿岩寺，始建年代无考，现存中殿为金代建筑遗构，曾在此召开马山军事会议。有马山东岳祠，现存为清代建筑遗构。2019年被列入第五批中国传统村落名录。县道七柏线经此。

140321-B05-H03　**瓦岭**［Wǎlǐng］在县政府驻地冠山镇东南17.4千米处。东回镇辖行政村。人口650。因南北皆山，峰高岩深，山夹平坦，状如瓦垄，故名。清乾隆《平定州志》卷3《舆地志》载：“瓦岭村，州东南五十里。”聚落呈团块状。有瓦岭文昌阁、北岭山佛庙，现存为清代建筑遗构。2013年被列入第二批中国传统村落名录。2019年被列入第七批中国历史文化名村名录。乡村道路经此。

140321-B05-H04　**七亘**［Qīgèn］在县政府驻地冠山镇东35.1千米。东回镇辖行政村。人口640。相传因四面环山却有7通口，一高士路经此地，赞曰：“周古山围绕，巍峨峥嵘，绵亘数十里，地虽不胜川，则似一盆，又有七路可通，真不愧七亘也。”故名。清乾隆《平定州志》卷3《舆地志》载：“七亘村，州东南一百里。”聚落呈团块状。有平定县七亘小学。有八路军七七一团指挥所、七亘大捷纪念碑。有七亘石窟，为宋代文化遗存。有明内长城遗址。2019年被列入第五批中国传统村落名录。乡村道路经此。

140321-B05-H05　**南峪**［Nányù］在县政府驻地冠山镇东南30千米。东回镇下辖行政村。人口80。因地处麻地峪河沟之南一山谷而得名。聚落呈团块状。2019年被列入第五批中国传统村落名录。乡村道路经此。

140321-B05-H06　**前黄安**［Qiánhuáng'ān］在县政府驻地冠山镇东南24.2千米。东回镇辖行政村。人口 520。相传因河岸一道石崖在阳光的照射下光芒四射，名黄安。1933 年分村，因靠沟前而得名。聚落呈团块状。2017 年被评为第五届全国文明村。乡村道路经此。

140321-B06 **柏井镇**［Bǎijǐng Zhèn］平定县辖镇。在县境中部。面积 117.12 平方千米。人口 1.9 万。下辖 30 行政村。镇人民政府驻柏井。1953 年设柏井乡，后改公社。1961 年设柏井公社。1984 年改设乡。2000 年槐树铺乡并入后设镇。以驻地得名。因有柏木筑井的历史得名柏井。地形多为山地和丘陵。境内已探明地下矿藏有铝矾土、白云石、黏土等。有中小学、卫生院、文化站、体育场。有省级非物质文化遗产项目魇马界、县级文物保护单位金龙山龙王庙。有唐金柏井瓷窑址、清代柏井驿遗址、清代法华寺、清代柏井大王庙。有柏井八景——柏溪、青玉峡、镜山祠、法华寺、淮阴寨、金龙山、炳灵王庙、西天门。农业以小杂粮、核桃、果树、蔬菜和畜牧养殖为主。被阳泉市政府授予“新发展万亩核桃基地镇”先进镇。有阳泉市首家糯玉米种植、加工示范基地。工业以新型建材为主。青银高速、307 国道经此。

140321-B06-H01 **柏井一**［Bǎijǐngyī］柏井镇人民政府驻地。在县政府驻地冠山镇东 17.3 千米。人口 570。相传因汉将韩信曾在此筑柏井城而得名。清乾隆《平定州志》卷 3《舆地志》载：“柏井镇，在州东五十里。”聚落呈团块状。有柏井镇初中、柏井中心小学校。有柏井一村西天门、柏井一村乐楼，现存为清代建筑遗构。有省级非物质文化遗产魇马界。2019 年被列入第五批中国传统村落名录。307 国道经此。

140321-B06-H02 **白灰**［Báihuī］在县政府驻地冠山镇东北 28.4 千米。柏井镇辖行政村。人口 290。相传至迟在金元时期既已成村，因地处固关长城南终端处，古称白灰口而得名。清乾隆《平定州志》卷 3《舆地志》载：“白灰村，州东南九十里。”聚落呈团块状。有烽火台，现存为明代建筑遗构。有白灰官房、白灰观音堂，现存为清代建筑遗构。2019 年被列入第五批中国传统村落名录。乡村道路经此。

140321-B06-H03 **柏井四**［Bǎijǐngsì］在县政府驻地冠山镇东 16.3 千米。柏井镇辖行政村。人口 700。相传因汉将韩信曾在此筑柏井城而得名。聚落呈团块状。有柏井镇卫生院。有县级文物保护单位陶瓷窑遗址，为唐、金时期文化遗存。有柏井四法华寺、柏井四刘家祠堂、柏井四财神阁，现存为清代建筑遗构。2019 年被列入第五批中国传统村落名录。307 国道经此。

140321-B07 **娘子关镇**［Niángzǐguān Zhèn］平定县辖镇。在县境东北部。面积 151 平方千米。人口 1.6 万。辖 15 行政村。镇人民政府驻磨河滩。隋开皇十六年（596 年），曾置苇泽县。唐大历元年（766 年）曾修筑承天军城，设承天军。明清时期属平定州管辖；民国时期，娘子关属平定县第五区；新中国成立后，娘子关地区曾设娘子关乡、娘子关区、娘子关公社，辖区常有变更。1953 年设娘子关乡。1958 年设娘子关。1984 年复置娘子关乡。1985 年改设镇。2000 年 12 月撤并乡镇，原槐树铺乡的旧关、新关两个村划归娘子关镇。娘子关，原名“苇泽关”。娘子关之名，最早见于金代诗人、文学家元好问《游承天悬泉》诗，该诗有“娘子关头更奇崛”之句。明代《读史方舆纪要》中记有“妇人服靓妆”经过妒女祠时，“必兴雷电”，大发嫉妒，故为妒女，娘子关因此得名。乾隆二十九年（1764 年）编修的《大清一统志》是首次收入娘子关这一名称的官修文献。海拔 350—930 米。境内已探明地下矿藏有白云岩、大理石等。桃河、温河在镇区汇集成绵河，向东流入河北省井陉县，属海河流域子牙河水系。有野鹿、野猪、狗及各种鸟类等上千种动物，河中水生动植物几百种。有中小学、卫生院、平阳湖、公园等。有古迹春秋中山长城遗址、东汉董卓垒、隋苇泽县遗址、唐承天军城遗址、日军封锁墙遗址、娘子关长城、关楼和固关长城、娘子关瀑布、张果老洞、上董寨圣寿寺、清代崇岩寺等。自然风光有全国十大水帘洞瀑布之一的娘子关瀑布、“北方第一仙洞”张果老洞、平阳湖及五龙泉公园等。为中国历史文化名镇。获得“中国乡村旅游飞燕奖暨最佳古村镇文化奖”。2008 年获省旅游名镇称号。主产玉米、谷物。特色种植业有花椒、石榴、核桃、金银花、连翘茶树等。养殖业有鸵鸟、鹿、獭兔、鸭、土鸡、野鸡、芦花鸡、孔雀等，引进了鲟鱼、金樽、武昌鱼、鲑鱼等冷水品种。服务业以旅游业为主。石（石家庄）太（太原）铁路、太（太原）旧（旧关）高速公路、青银高速、307 国道、省道阳井线经此。

140321-B07-H01 **磨河滩**［Móhétān］娘子关镇人民政府驻地。在县政府驻地冠山镇东北 27.5 千米。人口 1690。因地处河滩，有水磨坊而得名。聚落呈团块状。有平定县河滩小学、娘子关镇中心卫生院。有第六批省级文物保护单位正太窄轨铁路桥及娘子关站。正太铁路，1904 年动工兴建，1907 年全线竣工通车。省道娘井线经此。通平定 628 路、游 2 路公交车。

140321-B07-H02 **娘子关**［Niángzǐguān］在县政府驻地冠山镇东北 29.2 千米。娘子关镇辖行政村。人口 1380。原有苇泽关，唐初平阳公主驻兵于此，故名。《读史方舆纪要》卷 40《山西二》载："苇泽关，州东北八十里，即唐之承天军，俗曰娘子关，以妒女祠而名。自昔为太原、恒山之界。"清乾隆《平定州志》卷 3《舆地志》载："娘子关，州东一百里。"聚落呈团块状。有娘子关中学。有娘子关长城、娘子关堡、烽火台，现存为明代建筑遗构。有娘子关铁佛寺、关帝庙、白衣庵等，现存皆为清代建筑遗构。2013 年被列入第二批中国传统村落名录。省道娘井线经此。通平定 628 路、游 2 路公交车。

140321-B07-H03 **上董寨**［Shàngdǒngzhài］在县政府驻地冠山镇东北 22.6 千米。娘子关镇辖行政村。人口 400。相传东汉中平年间，董卓任并州牧时在此筑垒称董卓垒，名董寨。明嘉靖间分村，因居西温河上游而得名。清乾隆《平定州志》卷 3《舆地志》载："董寨村，州东北五十里。"聚落呈团块状。有第六批省级文物保护单位上董寨寿圣寺，由上寿圣寺和下寿圣寺组成。上寿圣寺始建于宋真宗大中祥符年间（1008 年—1016 年），下寿圣寺重建于宋元丰六年（1078 年），皆保留有宋元建筑风格，现存主体为明清时期建筑遗构。有上董寨关帝庙、接龙桥、龙王庙、观音堂，现存皆为清代建筑遗构。2013 年被列入第二批中国传统村落名录。2017 年被列入山西省省级历史文化名村名录。2019 年被列入第七批中国历史文化名村名录。省道娘井线经此。通平定 668 路、游 2 路区间公交。

140321-B07-H04 **下董寨**［Xiàdǒngzhài］在县政府驻地冠山镇东北 23 千米。娘子关镇辖行政村。人口 430。相传东汉中平年间，董卓任并州牧时在此筑垒称董卓垒，名董寨。明嘉靖间分村，因居西温河下游，故名。清乾隆《平定州志》卷 3《舆地志》载："董寨村，州东北五十里。"聚落呈团块状。有下董寨石拱桥、龙王庙、关帝庙、大王庙、朝阳阁，现存皆为清代建筑遗构。2013 年被列入第二批中国传统村落名录。2019 年被列入第七批中国历史文化名村名录。省道娘井线经此。通平定 668 路公交。

140321-B07-H05 **旧关**［Jiùguān］在县政府驻地冠山镇东北 28.5 千米。娘子关镇辖行政村。人口 830。相传战国时建固关，韩信打败赵国后，改旧关。明时在此设关，因不足险，向西移十里新筑关城，此称故关，民国复改旧关。聚落呈团块状。有旧关官房、关帝庙、古驿道等，现存为清代建筑遗构。2019 年被列入第五批中国传统村落名录。307 国道经此，通 691 路公交车。

140321-B07-H06 **河北**［Héběi］在县政府驻地冠山镇东北 28.7 千米。娘子关镇辖行政村。人口 490。因此地坐落在桃河北岸而得名。聚落呈团块状。有河北村玉皇观音阁、老爷庙、观音阁、大王庙，现存皆为清代建筑遗构。有古溶洞，石柱、石笋、石花等千姿百态。2019 年被列入第五批中国传统村落名录。省道娘井线经此，通平定 628 路公交车。

140321-B07-H07 **新关**［Xīnguān］在县政府驻地冠山镇东北 26.7 千米。娘子关镇辖行政村。人口 360。因此关山峰峥嵘，谓固关，又始建晚于旧关，故名。聚落呈团块状。有关堡两翼长城，始建于战国时期中山国。有烽火台，现存为明代建筑遗构。有固关石刻，为清代文化遗存。2016 年被列入第四批中国传统村落名录。307 国道经此，通 691 路公交车。

140321-B07-H08 **城西**［Chéngxī］在县政府驻地冠山镇东北 27.1 千米。娘子关镇辖行政村。

人口 830。因位于娘子关城楼之西而得名。聚落呈团块状。有城西小学。有第六批省级文物保护单位承天寨军城遗址，创建于唐大历元年（766 年），为防御“安史之乱”而筑的一座军事工事。省道娘井线经此，通平定 628 路公交车。

140321-B08 **巨城镇**［Jùchéng Zhèn］平定县辖镇。在县境北部。面积 158.29 平方千米。人口 2.6 万。辖 1 社区，23 行政村。镇人民政府驻巨城。1953 年设巨城乡。1961 年改公社。1984 年 2 月政社分离后，设巨城乡。同年 12 月改镇。2000 年岩会乡并入。原名拒城，明朝给事中郝夔认为“拒”字不雅，用谐音字“巨”替代得名。地势东南高、西北低。最高山峰鼻头山为东西走向，海拔 931.3 米。矿产资源有黏土等。温河、桃河流经。有小学、卫生院、敬老院。有上盘石、南庄 2 个中国传统村落。有新石器时代移穰遗址、白鸡祠遗址、木密寺遗址、寿圣寺遗址、东魏红林湾摩崖造像、清代水峪关帝庙、南庄关帝庙，有红色旅游胜地南庄村抗战地道遗址公园、巨城抗日英烈纪念碑。农业以种植小杂粮、红薯、大棚蔬菜为主。畜牧养殖业以肉猪、土鸡为主。工业以钛白粉、电石、耐火材料、冶金、铁合金为主。全镇钛铁粉产量占到全国的三分之二，是华北最大的电石生产基地。石（石家庄）太（太原）铁路、阳（阳泉）井（井陉）公路横贯东西，巨（巨城）龙（龙庄）公路、白（白泉）娘（娘子关）公路南北交会。

140321-B08-H01 **巨城**［Jùchéng］巨城镇人民政府驻地。在县政府驻地冠山镇东北 17.5 千米。人口 1530。原名拒城，明朝给事中郝夔认为“拒”字不雅，改“拒”为“巨”。清乾隆《平定州志》卷 3《舆地志》载：“拒城村，州北五十里。”聚落呈团块状。有巨城中学、巨城镇卫生院。有忠恕堂宅院、天盛堂宅院，现存为清代建筑遗构。有赵氏家族墓地，为清代墓葬。省道娘井线经此。通 14、667、平定 668 路公交车。

140321-B08-H02 **南庄**［Nánzhuāng］在县政府驻地冠山镇北 18.5 千米。巨城镇辖行政村。人口 350。清乾隆《平定州志》卷 3《舆地志》载：“新南庄，州东北五十里。”聚落呈团块状。有市级文物保护单位南庄地道战遗址，为抗日战争时期所挖地道。有南庄关帝庙、礼堂、石桥、东阁，现存为清代建筑遗构。2014 年被列入第三批中国传统村落名录。2019 年被列入第七批中国历史文化名村名录。乡村道路经此。

140321-B08-H03 **上盘石**［Shàngpánshí］在县政府驻地冠山镇东北 16.1 千米。巨城镇辖行政村。人口 720。因位于下盘石西部，桃河上游而得名。《穆天子传》卷 1 载：“庚辰（前 994 年），至于□觞天子于盘石之上。”即此。清乾隆《平定州志》卷 3《舆地志》载：“上盘石，州东四十五里。”聚落呈团块状。有上盘石资福寺，现存为自然山坡外加筑面宽三间、进深二椽的建筑，单坡顶，为清代建筑遗构，洞内残存石佛像 13 尊，其头、臂皆不存。2014 年被列入第三批中国传统村落名录。2017 年被列入山西省第五批历史文化名村名录。2019 年被列入第七批中国历史文化名村名录。县道娘白线经此，通平定 628 路公交车。

140321-B08-H04 **会里**［Huìlǐ］在县政府驻地冠山镇东北 18.3 千米。巨城镇辖行政村。人口 470。相传村内石洞中有巨蟒常外出伤人，后有人将蟒除掉，居民重返村内，名回里，后演为此。清乾隆《平定州志》卷 3《舆地志》载：“会里村，州东北五十里。”聚落呈团块状。有会里老爷庙，现存为清代建筑遗构。2019 年被列入第五批中国传统村落名录。省道娘井线经此。通平定 668 路、游 2 路区间线公交车。

140321-B08-H05 **西岭**［Xīlǐng］在县政府驻地冠山镇东北 14.4 千米。巨城镇辖行政村。人口 240。因居西岭山而得名。聚落呈条带状。2019 年被列入第五批中国传统村落。县道连大线经此，通 7 路公交车。

140321-B08-H06 **下盘石**［Xiàpánshí］在县政府驻地冠山镇东北 18.5 千米。巨城镇辖行政村。人口 300。因四面环山，地势险要，名盘石关，因位处桃河下游而得名。清乾隆《平定州志》卷 3《舆地志》载：“下盘石，州东五十里。”聚落呈团块状。有下盘石关帝庙、龙王庙，现存为清代建筑遗构。2016 年被列入第四批中国传统村落名录。县道娘白线经此。通平定 628 路公交车。

140321-B08-H07　**岩会**［Yánhuì］在县政府驻地冠山镇东北 13.9 千米。巨城镇辖行政村。人口 510。相传原来村中人口稀少，名严家庄，分村后，因地处山岩之下而得名。清乾隆《平定州志》卷 3《舆地志》载："岩会村，州东四十里。"聚落呈团块状。有岩会观音堂，现存为宋明清时期建筑遗构。有岩会聚宝阁，现存为明代建筑遗构。有岩会奶奶庙、五道爷庙乐楼，现存为清代建筑遗构。有岩会河神庙，现存为民国时期建筑遗构。2016 年被列入第四批中国传统村落名录。县道娘白线经此。通平定 628 路公交车。

140321-B08-H08　**移穰**［Yírǎng］在县政府驻地冠山镇东北 12.5 千米。巨城镇辖行政村。人口 1710。因傅山楹联"外道阐提多像设三身回蔑戾，众生饥饿苦慈悲五谷获移穰"而得名。清乾隆《平定州志》卷 3《舆地志》载："移穰村，州东三十二里。"聚落呈团块状。有岩会中学。有红林湾摩崖造像，开凿年代不详，据现存造像风格和雕刻技法判断为东魏时期作品。有移穰寿圣寺、龙天庙、真武阁等，现存皆为清代建筑遗构。有省级非物质文化遗产灯舞、市级非物质文化遗产染花纸。2016 年被列入第四批中国传统村落名录。2017 年被列入第五批山西省历史文化名村名录。县道娘白线经此，通平定 628 路公交车。

140321-C01　**石门口乡**［Shíménkǒu Xiāng］平定县辖乡。在县境中部。面积 90.72 平方千米。人口 1.8 万。辖 12 行政村。乡人民政府驻石门口。1947 年 5 月平定解放后，境内设六区、七区两个区公所。1953 年设石门口乡。1958 年 6 月，成立宏星人民公社（驻西郊村）。1961 年 1 月，成立石门口人民公社。1984 年政社分离后，设石门口乡。2000 年 12 月撤并乡镇后，原岩会乡的乱流村划归石门口乡。据北齐《李清报德造像碑》载，原名榆交，因村在南北两山之间，山高险峻，形似石门得名。地形东高西低，阳胜河、南川河、桃河三条季节性河流在此交汇，有大石门水库。有中小学、卫生院。有全国重点文物保护单位开河寺石窟。有清代苍岩圣母祠、韩信庙、灵官庙、清代藏山行祠、南坪观音堂。农业以蔬菜发展为重，主产蔬菜、核桃、小杂粮、红薯等。境内已探明地下矿藏有黏土、石灰岩等。工业以化工、煤电、建材为主。有工业园区。有太旧高速公路、国道 307 线、石太铁路贯穿东西，阳左、阳五高速公路在境内南北连通。有乱流火车站、乱流煤炭转运站、太旧高速阳泉服务区和收费站。

140321-C01-H01　**石门口**［Shíménkǒu］石门口乡人民政府驻地。在县政府驻地冠山镇东南 10.7 千米。人口 800。因南北两山对峙，中夹古道，状似石门，故名。清乾隆《平定州志》卷 3《舆地志》载："石门口，州东三十里。"聚落呈团块状。有石门口小学、石门口乡卫生院。有县级文物保护单位石门口长国寺，现存为清代建筑遗构。307 国道经此，通 691、693 路公交车。

140321-C01-H02　**乱流**［Luànliú］在县政府驻地冠山镇东北 7.6 千米。石门口乡辖行政村。人口 1180。相传该村四周原有杂乱柳树，名乱柳，修石太线火车站，柳树伐尽，水土流失，故名。清乾隆《平定州志》卷 3《舆地志》载："乱流村，州东北十六里。"聚落呈团块状。有第七批全国重点文物保护单位开河寺石窟，开凿于东魏至隋初。2014 年被列入第三批中国传统村落名录。2017 年被列入第五批山西省历史文化名村名录，2019 年被列入第七批中国历史文化名村。207 国道、县道娘白线经此。通平定 628 路公交车。

140321-C01-H03　**大石门**［Dàshímén］在县政府驻地冠山镇东南 12.1 千米。石门口乡辖行政村。人口 710。村南山有一小口，原称石门口，后经山洪冲刷，小口变大，故名。清乾隆《平定州志》卷 3《舆地志》载："大石门，州东南三十五里。"聚落呈团块状。有贾氏家庙，现存为清代建筑遗构。2019 年被列入第五批中国传统村落名录。乡村道路经此，通 693 路公交车。

140321-C01-H04　**西郊**［Xījiāo］在县政府驻地冠山镇东南 7.2 千米。石门口乡辖行政村。人口 1930。相传汉韩信曾建柏井城堡，因位于此城之西而得名。清乾隆《平定州志》卷 3《舆地志》载："西郊村，州东二十里。"聚落呈团块状。有石门口中学、西郊小学。有市级文物保护单位韩信庙，现存为清代建筑遗构。有西郊苍岩圣母祠，现存为清代建筑遗构。2016年被列入第四批中国传统村落名录。307国道经此，通691、693路公交车。

140321-C02 **岔口乡**［Chàkǒu Xiāng］平定县辖乡。在县境北部。面积191.19平方千米。人口1.8万。辖22行政村。乡人民政府驻岔口。1953年设岔口乡，1958年设公社。1984年复置乡。2000年黄统岭乡并入。因地处山岔河峪之口得名。主要山脉有铁史沟山岩、寨岩、西高塔峁，境内最高峰位于铁史沟山岩，海拔2324.2米；最低点位于周山庄村，海拔1200米。境内已探明地下矿藏有铝矾土、硫铁矿石、黏土、重钙石等。岔口河、理家庄河流经，境内河道属黄河流域。境内最大的河流为电兰川河。有中小学、卫生院、文化站。有“太行第一溶洞”玉皇洞。有泰山圣母庙遗址、清代王字桥阁、翠云阁。主产玉米、谷子、豆类。工业以铝矾土开采加工及钙粉加工为主。京昆高速经此。

140321-C02-H01 **岔口**［Chàkǒu］岔口乡人民政府驻地。在县政府驻地冠山镇东北26.4千米。人口950。因村居河沟三岔路口而得名。清乾隆《平定州志》卷3《舆地志》载：“岔口村，州东北八十里。”聚落呈团块状。有岔口师范小学、岔口乡卫生院。有岔口戏台，现存为清代建筑遗构。有岔口马氏宅院，现存为民国时期建筑遗构。县道东西线经此，通9路区间公交车。

140321-C02-H02 **大前**［Dàqián］在县政府驻地冠山镇东北36.6千米。岔口乡辖行政村。人口90。因居临外省，有首当其冲之意，名大前庄，后简为此。聚落呈条带状。2016年被列入第四批中国传统村落名录。乡村道路经此。

140321-C02-H03 **冯家峪**［Féngjiāyù］在县政府驻地冠山镇东北23.3千米。岔口乡辖行政村。人口250。相传北宋穆桂英曾在此缝补盔甲，名缝甲峪，后演为此。清乾隆《平定州志》卷3《舆地志》载：“冯家峪，州东北七十里。”聚落呈团块状。2016年被列入第四批中国传统村落名录。乡村道路经此。

140321-C02-H04 **甘泉井**［Gānquánjǐng］在县政府驻地冠山镇东北30.1千米。岔口乡辖行政村。人口530。相传明嘉靖时，有杜姓迁此，凿井一眼，因井水系软水而发甜而得名。聚落呈团块状。2015年被评为第四届全国文明村。县道东西线经此。

140322 **盂县**［Yú Xiàn］阳泉市辖县。北纬37° 57′，东经112° 55′。在市区西北部。面积2514平方千米。人口28.1万。以汉族为主，另有蒙古、壮、彝、回等民族。辖8镇、5乡。县人民政府驻秀水镇。隋大业二年（606年）改原仇县为盂县，属太原郡。唐武德三年（620年）置受州，与盂县同治。又析县西抚城置乌河县。贞观元年（627年）乌河县并入。八年（634年）废受州，盂县改属并州，后属太原府。金兴定四年（1220年）升盂县为盂州，属太原府。元代盂州先后属太原路、冀宁路。明洪武二年（1369年）盂州复改为盂县，属太原府。清雍正二年（1724年）改属平定州。1912年废州。1913年属中路道。1914年属冀宁道。1927年废道直属山西省。1937年属山西省第一行政区。抗日战争时期县北地区与河北省平山县西部组成盂平县。盂县城至上社以西一带与阳曲县东北部组成盂阳县。进圭村以北和独自口村以西一带划归定襄县，1944年转归盂平县。盂县城至管头以南，清城、青崖头以西一带与寿阳县东北部组成寿东县，后称盂寿县，均属晋察冀边区北岳区第一专区。1945年后恢复盂县原建制，属晋察冀边区冀晋区第二专区。1947年属晋察冀边区北岳区第二专区。1948年属晋中区第一专区。1949年属山西省榆次专区。1958年撤盂县并入阳泉市。1960年复置，属晋中专区。1983年改属阳泉市至今。因县城周高中低平坦，状如盆盂得名。地处太行山西麓。地势西南高、东北低。有白马山、北方山、牛道岭等。最高海拔冷冻尖2001米，最低海拔392米。年均气温8.7度，1月平均气温-5.9℃，7月平均气温22.1℃。年平均降水量523毫米。滹沱河、温河流经，有香河、龙华河、秀水河、招山河、乌河等支流。矿产资源有煤、铝矾土、铁、大理石、花岗岩。有中小学、文化馆、图书馆、档案馆、体育馆、二级医院。有全国重点文物保护单位大王庙、坡头泰山庙、府君庙、藏山祠。有国家4A

级旅游景区藏山、大宋温泉度假村。有省级重点文物保护单位大铁钟、烈女祠。有市级重点文物保护单位 50 处。有市级爱国主义教育示范基地 2 处。有地方民间艺术牛斗虎、武术社火、盂县民歌、剪纸、刺绣、雕刻、壁画等。盂县民间文学《赵氏孤儿传说》被列入国家级非物质文化遗产。有省级非物质文化遗产盂县牛斗虎、盂县武术社火、盂县民歌。有市级非物质文化遗产彩塑工艺、藏山庙会等 9 项。有古迹永清寺、千佛寺、报国寺等。有风景区龙堂瀑布等。有中国传统村落梁家寨乡大宋村、孙家庄镇乌玉村。三次产业比 3.6：58.6：37.8。主产玉米、谷子，种植核桃、苹果、药材。工业以煤炭为主，有冶金、电力、耐火材料、石材开采。有名优产品硅砖、大寨核桃露。207、307 国道经此。

140322-F01 **金龙广场**［Jīnlóng Guǎngchǎng］在盂县城西部。南侧为金龙西街，北侧为宪法广场，紧邻盂县人民法院、盂县人民检察院。总面积 3.2 万平方米。2009 年建成。含健身、体育比赛、大型集会等多种功能，是元宵节民间艺术展演的重要场所。因其所在地街道名而得名。广场上有盘龙柱等景观。

140322-R01 **阳泉北站**［Yángquán Běizhàn］见交通运输设施部分“阳泉北站”条。

140322-B01 **秀水镇**［Xiùshuǐ Zhèn］盂县人民政府驻地。在县境中南部。面积 54 平方千米。人口 8.24 万。辖 28 行政村。镇人民政府驻城关。新中国成立初期，为盂县一区所辖。1956 年 3 月，撤销区级建制，设城关镇。1958 年 9 月中旬，盂县成立 6 个人民公社，城关为前进人民公社。1961 年 7 月，改称城关人民公社。1984 年 2 月，恢复乡（镇）建制，为城关镇。2000 年 12 月更名为秀水镇。因秀水河得名。属于城关盆地，地势南北高、中间低，南有红面山，北有高神山。季节河秀水河、香河流经境域。境内已探明地下矿藏有煤炭、铁、铝矾土等。有中小学、卫生院、敬老院。有国家级重点文物保护单位西关村大王庙。有遗迹古仇犹城、北村城址。有抗日战争时期朱德、任弼时路居盂县东白水村旧址。有地方文化南关高跷、白水村牛虎斗、水泉村舞龙等。主产玉米、谷子。有干果。工业以煤炭、耐火材料、磁性材料、水泥制件、建筑建材为主。阳五（阳泉至五台县）高速公路、双阳（平山县双山至太原阳曲县）公路、水神山路、盂寿（盂县至寿阳县）公路、运煤专线等公路干线横贯境内。境内高神山下的石太高速客运专线—阳泉北站是全国第一家在县级设立的高速客运专线火车站，境内设有长途汽车站和农村客运短途汽车站，太阳（太原至阳泉）高速公路在中兰村设有出入口及服务区，村镇通公交。

140322-B01-K01 **金龙东街**［Jīnlóng Dōngjiē］在县城北部。西起阳泉—石盆口公路，东至孙家庄镇政府。与藏山北路、水神山路和双山—阳曲省道相交。长 6.4 千米，宽 40 米。沥青、混凝土路面。2005 年建成。因修路时发现龙形文物及其地理位置，得名。两侧有盂县二中、水泉公园等。通 810、801 路等公交车。

140322-B01-K02 **金龙西街**［Jīnlóng Xījiē］在县城北部。西起 314 省道，东至藏山北路。长 1 千米，宽 28 米，沥青路面。因修路时发现龙形文物及其地理位置，得名。两侧有盂县公安局、盂县人民法院等。通 810、801 路等公交车。

140322-B01-K03 **秀水西街**［Xiùshuǐ Xījiē］在县城中部。西起阳泉—五台高速，东至钟镇路与秀水东街交叉路口。与藏山北路相交。长 2.1 千米，宽 24 米。沥青、混凝土路面。1981 年始建，1982 年得名秀水西街。因秀水河得名。两侧有盂县审计局、盂县人民医院、盂县第二实验小学等。通 801、802 路等公交车。

140322-B01-K04 **秀水东街**［Xiùshuǐ Dōngjiē］在县城中部。西起钟镇路与秀水西街交叉路口，东至水神山路。与商贸街、桃园路、南村路相交。长 2.9 千米，宽 24 米。沥青、混凝土路面。1981—1982 年建成。因秀水河得名。两侧有国家电网、山西盛旺电子科技有限公司、中共盂县县委党校等。通 801、802 路等公交车。

140322-B01-K05 **藏山北路**［Cángshān Běilù］在县城西北部。北起阳泉—五台高速与双山—阳曲省道交叉口，南至秀水街。与金龙街相交。长 1.5 千米，宽 30 米。沥青、混凝土路面。2005 年改建拓宽，2006年建成。因通往藏山风景区，故名。两侧有盂县第三中学、藏山北路游园、盂县职业中学校等。通 802 路等公交车。

140322-B01-K06 **和平路**［Hépíng Lù］在县城东北部。北起秀水西街，南至 216 省道。长 1.2 千米，宽 12 米，沥青路面。1990 年建成。取其和平寓意得名。两侧有盂县住建局、盂县建筑市场管理中心、太行山脉水业等。通816路公交车。

140322-B01-K07 **高城山路**［Gāochéngshān Lù］在县城北部。北起双阳线，南至金龙东街。全长 1.9 千米，宽 40 米，沥青路。2017 年修建。是盂县县城南北方向的交通干线，促进阳泉北站与盂县县城的连接。

140322-B01-K08 **李宾山路**［Lǐbīnshān Lù］在县城北部。北起站前路，南至秀水东街。与金龙东街相交。长 4.2 千米，宽 40 米。两侧有盂县二中等。

140322-B01-K09 **桃园路**［Táoyuán Lù］在县城东部。北起金龙大街，南至秀水东街。与东关街相交。长 1.4 千米，宽 11 米。沥青路面。1978 年建成。因该道路途径大桃园村，得名桃园路。两侧有水泉公园、根雕艺术馆、征信服务中心。通 805、811 等公交车。

140322-B01-K10 **水神山路**［Shuǐshénshān Lù］在县城东部。北至阳泉北站站前路，南至阳泉—五台高速。与阳石公路、金龙街、阳泉—盂县省道相交。长 4.3 千米，宽 60 米。沥青、混凝土路面。2009 年建成。2014 年改建路面。因通往水神山得名。两侧有中学、文化活动中心、站前广场等。通 901、801 路等公交车。

140322-B01-H01 **东关北**［Dōngguānběi］秀水镇人民政府驻地。在县政府驻地秀水镇东南 1.2 千米。人口 6200。清乾隆、光绪年县志载为“东关堡”。1949 年建国后，以东关大街为界分治，该村居北，故名北村，因与西烟公社，与北村重名，更名为东关北村。清乾隆年间，因其居城内东关大街之北，又因与西烟公社北村重名，遂改为此。聚落呈团块状。有盂县妇幼保健院、秀水镇卫生院。有县级文物保护单位郑鸿章宅院，创建于明代，现存为清代建筑遗构。有县级文物保护单位盂县故城，现仅存北门遗址。通 802 路公交车。

140322-B02 **孙家庄镇**［Sūnjiāzhuāng Zhèn］盂县辖镇。在县境东部。面积 93 平方千米。人口 2.69 万。辖 28 行政村。镇人民政府驻孙家庄。1953 年设孙家庄乡，1961 年改公社。1984 年复置乡。2000 年孙家庄、土塔 2 乡合并成立孙家庄镇。因驻地得名。相传此处原属东社村永清寺僧人的庄子地，后孙氏立村，得名孙家庄。境内北部多山，最高山峰磨子山，海拔 1474.2 米。中部沟壑纵横，土层厚，抗旱能力强，是主要产粮区。北中部属土石山区。中部最高山峰为水神山，海拔 1091 米，是县内名山。南部地势平坦，秀水河、温河从西南向东南汇合后，横穿而过。矿产资源有铁矿石、石灰石、铝矾土和少量云母、粘土、煤炭。有中小学、卫生院、文化站。有全国重点文物保护单位坡头泰山庙。有省级重点文物保护单位水神山烈女祠，有古仇犹国君钓鱼台，土塔古村落、西盂北泰山庙等。有四塄山截击战遗址、后峪沟战斗遗址。主产玉米、杂粮、核桃。工业以煤炭、铝矾土开采加工、冶铁为主，有铁厂、煤矿等。紧靠双阳线和阳五高速公路。水神山路、双阳线公路、阳盂（阳泉至盂县）二级公路、阳五高速公路以及孙交线、土芝线等公路纵横交织。

140322-B02-H01 **孙家庄**［Sūnjiāzhuāng］孙家庄镇人民政府驻地。在县政府驻地秀水镇东北 5.3 千米。人口 1880。相传原属东杜村永清寺僧人的庄子，后孙氏立村，故名。聚落呈团块状。有孙家庄中学、孙家庄中心小学校、孙家庄镇卫生院。有五五铁厂旧址，创建于 1955 年。省道阳平线、县道交孙线经此，通 805 路公交车。

140322-B02-H02 **西盂北**［Xīyúběi］在县政府驻地秀水镇东北 8.7 千米。孙家庄镇辖行政村。人口 590。因南侧长岭弯曲如龙，犹如村之墙壁，名龙壁村，明代以其方位改名盂北村。1961 年后分村，因居街西而得名。聚落呈团块状。有第八批全国重点文物保护单位盂北泰山庙，现存正殿为元代建筑遗构，西配殿为明代建筑遗构，戏台、西耳殿为清代建筑遗构。县道土芝线经此。

140322-B02-H03 **乌玉**［Wūyù］在县政府驻地秀水镇东南 6.2 千米。孙家庄镇辖行政村。

人口 1590。因有煤炭，取其乌黑之意而得名。聚落呈团块状。有乌玉中心小学。2014 年被列入第三批中国传统村落名录。2017 年被列入第五批山西省历史文化名村名录。2019 年被评为第七批中国历史文化名村名录。239 国道经此。

140322-B02-H04 **王炭咀**［Wángtànzuǐ］在县政府驻地秀水镇东北 8.4 千米。孙家庄镇辖行政村。人口 150。相传因附近蕴藏大量煤炭资源，唯本村地下查无煤炭，名无炭咀，后演为此。聚落呈团块状。2020 年被列入第六届全国文明村。乡村道路经此。

140322-B03 **路家村镇**［Lùjiācūn Zhèn］盂县辖镇。在县境南部。面积 94 平方千米。人口 2.3 万。辖 27 行政村。镇人民政府驻路家村。1953 年设路家村乡。1958 年 9 月，归前进人民公社所辖。1961 年 7 月改公社。1984 年 2 月复置乡。1999 年乡改镇。2000 年清城乡并入。以驻地得名。因路姓居民多，故路家村。地貌以山地和丘陵为主。境内已探明地下矿藏有煤炭、铝矾土、黏土等。东山、花山、霞峰山坐落其间，山地多，平地少属典型的土石山区。招三河是镇内的主要河流，原为常流河，1995 年后开始断流，2000 年后成为季节河。山地、丘陵多。有中小学、卫生院、文化站、敬老院。有佛教庙宇古刹永清寺。有古迹高长虹故居、田家祠堂、霞峰塔、清代永清寺、明清奶奶庙遗址等。有红军第 24 军成立大会旧址、盂县观沟烈士陵园。主产玉米、谷子、豆类和薯类。有猪、牛、羊等养殖业。工业以煤、铝矾土、硫磺加工为主。第三产业以餐饮业、服务业为主。天镇—黎城高速、省道双阳线经此。

140322-B03-H01 **路家村**［Lùjiācūn］路家村镇人民政府驻地。在县政府驻地秀水镇东南 6.7 千米。路家村镇辖行政村。人口 1280。相传郑氏立村，名郑家庄，后路姓迁入，且在沟口北侧，更为路家峪，清雍正年间更此名。聚落呈团块状。有路家村中学、路家村镇卫生院。县道娄皇线经此。

140322-B03-H02 **闫家沟**［Yánjiāgōu］在县政府驻地秀水镇东南 6.6 千米。路家村镇辖行政村。人口 620。聚落呈团块状。有闫家沟小学。2011 年被评为第三届全国文明村。县道娄皇线经此。

140322-B04 **南娄镇**［Nánlóu Zhèn］盂县辖镇。在县境南部。面积 180 平方千米。人口 3.22 万。辖 37 行政村。镇人民政府驻南娄。1953 年设南娄乡。1958 年 3 月，设为拦掌乡，9 月归前进人民公社所辖。1959 年 6 月设为拦掌公社。1983 年 9 月，拦掌人民公社更名南娄人民公社。1984 年 2 月，恢复乡（镇）建制，为南娄乡。2000 年 12 月，南娄乡与下曹乡及王村乡的 5 个村合并为南娄镇。因驻地得名。相传村旁有古楼，后演变为娄里，建国后因村址在古楼南侧，得名南娄。地势西高东低，西部群山环绕，最高峰为西北部的龙王山，海拔 1426 米。秀水河发源于西南方山东麓，流经南部，原为常流河，近二十年因地表水下泄，成为季节河。香河发源于门贤岭村大南山东麓，流经中部，是季节河。有中小学、卫生院。是全国重点小城镇示范镇、全省小城镇建设示范镇。有省级非物质文化遗产西小坪村武术社火。有古迹石佛山造像、元代舍利塔。有明代南娄天齐庙、大王庙遗址、清代北寺山石刻、盂县西南关抗日战争战斗遗址。有八音会班子、锣鼓队、秧歌队、晋剧演唱队等。主产玉米、谷子、杂粮，有核桃树基地、养猪基地。工业以煤炭、铝矾土、硫磺开采加工为主。硅质耐火砖和大寨核桃露为国家级名优产品。太（原）阳（泉）高速公路横穿本镇，盂（县）榆（次）公路贝趣阐北境，双阳线经过西北境。

140322-B04-H01 **南娄**［Nánlóu］南娄镇人民政府驻地。在县政府驻地秀水镇西南 6.6 千米。人口 1190。因村旁有古楼而得名，后因“楼”与“娄”谐音，演变为娄里，又因其村址在原古楼南侧，故名。聚落呈团块状。有南娄中学、南娄中心小学、南娄镇卫生院。有市级文物保护单位南娄天齐庙，现存正殿为明代建筑遗构，余皆为清代建筑遗构。省道榆盂线经此。

140322-B05 **牛村镇**［Niúcūn Zhèn］盂县辖镇。在县境东南部。面积 70 平方千米。人口 2.12 万。辖 26 行政村。镇人民政府驻牛村。明代为延寿乡所辖，清代为庆丰乡下辖的牛村堡。民国时期，牛村一度为盂县二区区公所所在地。1946 年春，牛村为六区区公所所在地。1958 年 3 月，牛村为卫星人民公社所在地。1984 年 2 月，恢复牛村镇。2000 年 12 月撤乡并镇，调整区划，仍为牛村镇。因驻地得名。传为春秋时仇犹国牧牛之地，故名。境内地势东高西低，东部为山区。矿产资源有煤和铝土。阴山河由东北向西南从镇中部流过，经温河峡口，流入阳泉市郊区。有中小学、卫生院、敬老院。有佛教名寺建福寺，高平寺留存明代戏台、明代建福院、金代瓷窑坡瓷窑址、西林江龙王庙遗址、北朝西岭山摩崖造像。抗日战争时期，发生牛村南岭突围战，有牛村革命烈士纪念堂。主产玉米、谷子、杂粮，有蔬菜大棚、农民专业合作社。工业以煤炭、铝矾土开采加工为主。207 国道、天镇—黎城高速、省道双阳线经此。

140322-B05-H01 **牛村**［Niúcūn］牛村镇人民政府驻地。在县政府驻地秀水镇东 9.8 千米。人口 3060。相传为春秋时仇犹国牧牛之地，故名。聚落呈团块状。有牛村镇中学、牛村镇中心卫生院。省道阳平线经此。通 810 路公交车。

140322-B05-H02 **温池**［Wēnchí］在县政府驻地秀水镇东南 8.4 千米。牛村镇辖行政村。人口 2540。因明时村南有温池泉而得名。聚落呈团块状。2017 年被评为第五届全国文明村。乡村道路经此。

140322-B06 **苌池镇**［Chángchí Zhèn］盂县辖镇。在县境中部。面积 226 平方千米。人口 2.32 万。下辖 18 行政村。镇人民政府驻东苌池。明清时期为圣佑乡所辖，为苌池堡。1918 年改乡为区级建制，苌池为贲县一区所辖。1946 年苌池为九区。1958 年 9 月，设为先锋人民公社。1959 年 6 月设为苌池公社。1984 年 2 月恢复苌池乡。2000 年 12 月，合并为苌池镇。因驻地得名。东南两村之间有一长水池，故名苌池。地势南高北低，平均海拔 1200 米，最高海拔（水岭上）1670 米，最低海拔（北兴道）850 米。境内矿产资源有石灰石等。桥上、南兴道、中兴道、北兴道、东兴道地处龙华河两岸，水源充足，东兴道村北有兴道泉。有中小学、卫生院。有全国重点文物保护单位藏山祠，国家 4A 级旅游景区、省级重点文物保护单位藏山风景区。有国家级非物质文化遗产赵氏孤儿传说。有丰乐寺遗址、龙神庙遗址、玉帝庙遗址、吕祖庙遗址、北齐段家山摩崖造像、南千佛山造像、陆师嶂造像。清代著名学者王珻生于此镇。农业以种植业、畜牧业、干果业为主。工业主要以生产石子、黏土砖、白云石、石灰、石材加工为主。第三产业以建筑业、木业、运输业为主。天镇—黎城高速经此。

140322-B06-H01 **东苌池**［Dōngchángchí］苌池镇人民政府驻地。在县政府驻地秀水镇西北 9.7 千米。人口 2240。因方位而得名。聚落呈团块状。有苌池镇中学、苌池中心小学、苌池镇卫生院。有第三批国家级非物质文化遗产赵氏孤儿传说，是流传于山西省盂县及其周边地区的民间文学。有东苌池白龙庙，现存为清代建筑遗构。有东苌池普济桥，现存为民国时期建筑遗构。239 国道经此。

140322-B07 **上社镇**［Shàngshè Zhèn］盂县辖镇。在县境北部。面积 449 平方千米。人口 2.47 万。辖 22 行政村。镇人民政府驻上社。明代为祁邑乡所辖，清代为圣佑乡所辖，称上社堡。民国时期一度为盂县四区区公所所在地。1946 年上社为五区。1958 年 9 月，上社为英雄人民公社（驻地下社）所辖。1959 年 6 月设为上社公社。1984 年 2 月恢复为上社镇。2000 年 12 月，上社镇与榆林坪乡及肖家汇乡的 10 个村合并为上社镇。2021 年 3 月，撤销下社乡，将原下社乡的下社、樊家汇、细腰、乔家庄、下庄、会里 6 村委会划归上社镇管辖。因驻地得名。辖区位于龙华河中上游，又是附近居民祭祀与社交之地，故名。地势南高北低，属丘陵地区。境内已探明地下矿藏有片麻岩、花岗岩、黄沙、蛭石等。龙华河、石塘河、南北河流经。有中小学、卫生院。有全国重点文物保护单位古建筑府君庙（释迦塔）。有千佛寺遗址、灵岳寺遗址、宝丰院遗址、清代青石寺、山西决死队总部旧址。有莲花掌自然风景区、里独头革命烈士陵园。主要有粮食、蔬菜、核桃、畜牧四大产业。主产玉米、谷子、蔬菜、核桃。有猪、牛、羊等养殖业。工业有黄沙、铁矿石、石英石、蛭石开采加工。天镇—黎城高速、省道双阳线经此，有上六（上社至六岭关）线、阳石线。

140322-B07-H01 **上社** [Shàngshè] 上社镇人民政府驻地。在县政府驻地秀水镇北 22.5 千米。人口 2200。原名东庄，后村址移于龙华河中下游，为附近居民祭祀土神之所，故名。聚落呈团块状。有上社镇中学、上社中心卫生院。有风坡山侵华日军据点、山西决死队旧址。有上社遗址，为东周、汉代文化遗存。有上社村五龙圣母庙、上社村白衣阁、上社村关帝庙，现存皆为清代建筑遗构。239 国道经此。

140322-B08 **西烟镇** [Xīyān Zhèn] 盂县辖镇。在县境西部。面积 310 平方千米。人口 2.09 万。辖 17 行政村。镇人民政府驻西烟北村。明代属玉泉乡，清代属辐辏乡，为西烟堡。新中国成立初期，西烟是盂县七区区政府驻地。1956 年 3 月撤销区级建制，设为西烟乡。1958 年 9 月，西烟乡改为宏伟人民公社。1959 年 6 月改为西烟公社。1984 年 2 月改称西烟镇。2000 年 12 月，原西烟镇与南社乡合并组成新西烟镇。因系西部咽喉要冲、烟尘之地和民间货物集散场地得名西烟。地形以山地丘陵和小平原为主，平地海拔 1100 米。年平均降水量 500 毫米，无霜期 120 天。有中小学、卫生院。有云中阁遗址、藏山行祠遗址、唐代上文摩崖造像。有中共盂县第一个党支部成立遗址。粮食作物以玉米、谷子、土豆、小杂粮为主，油料作物以菜籽、葵花籽为主，蔬菜种植以旱地蔬菜土豆、茴子白等为主。有畜牧养殖业。为县农副产品集散地。特色农产品有小米、小豆、芥籽、土豆等。工业以农机经营、农作物加工为主。有东（东冶）太（太安驿）国防公路经此。

140322-B08-H01 **北村** [Běicūn] 西烟镇人民政府驻地。在县政府驻地秀水镇西北 30.5 千米。人口 1380。因系西部咽喉要冲、烟尘之地和民间货物集散场地，名西烟镇，后因本村在镇北而得名。聚落呈团块状。有西烟镇中心卫生院。有特产菜籽油、葵花子、山药蛋、红谷米。乡村道路经此。

140322-C01 **仙人乡** [Xiānrén Xiāng] 盂县辖乡。在县境东部。面积 205 平方千米。人口 1.3 万。辖 16 行政村。乡人民政府驻交口。明代为延寿乡所辖，清代为庆丰乡所辖。民国时一度为盂县二区所辖。1946 年划归六区所辖。1958 年 9 月，为卫星（牛村）人民公社所辖。1959 年 6 月设为仙人公社。1984 年 2 月设为仙人乡。2000 年 12 月，东庄头乡并入。以驻地得名。因盂县旧十景之一伏洞仙踪遗迹，故名。地势东高西低，海拔千米以上山峰 20 余座。越霄山海拔 1305 米，为全乡制高点。阴山河从西部流过。全乡地下水源缺乏，矿藏稀少，有少量的煤、铁、铝及水晶。山区盛产桔梗、柴胡、苍术、沙参、地松、半夏等野生药材。年平均降水量在 400—550 毫米之间，无霜期 130 天左右。有中小学、卫生院、敬老院。有戏班、八音会、威风锣鼓队。有明代交口大王庙、清代观音庙、清代石宝关帝庙、仙人乡垴上村烈士陵园、越霄山圣母庙。有玉华洞，为北方溶洞。主产玉米、谷子、豆类及杂粮。有核桃种植业和畜牧养殖业。工业以铝矾土开采、耐火材料加工、煤矿为主。207 国道、省道双阳线经此。

140322-C01-H01 **交口** [Jiāokǒu] 仙人乡人民政府驻地。在县政府驻地秀水镇东北 18.3 千米。人口 1030。因其为东去井陉、北去平山、南去平定之交叉路口而得名。聚落呈团块状。有仙人中学、仙人联校交口中心小学、仙人乡中心卫生院。有第六批省级文物保护单位交口大王庙，现存正殿为元代建筑遗构。207 国道经此。

140322-C02 **北下庄乡** [Běixiàzhuāng Xiāng] 盂县辖乡。在县境东部。面积 124 平方千米。人口 1 万。辖 17 行政村。乡人民政府驻北下庄。明代为延寿乡所辖，清代为庆丰乡所辖。民国时期一度为盂县二区所辖。1946 年划归六区所辖。新中国成立初期，归十一区所辖。1958 年 9 月，归红旗人民公社所辖。1959 年 4 月设为北下庄公社。1984 年 2 月设为北下庄乡。2000 年 12 月东木口乡合并入。因驻地得名。因村民坐落于柴凹尖山脚下得名，又因村址在阴山河北岸，清末改名北下庄。地势西北高东南低，最低海拔 800 米。年平均降水量 450 毫米左右，无霜期 130 天以上。有阴山河、黑砚水河。阴山河发源于境内尖山南麓，从西北向东南贯穿西部；黑砚水河发源于境内山神庙埂，从西北向东南贯穿东部。两条河均为季节河。地下矿藏主要有铝矾土、铁矿石、黏土等。有中小学、卫生院。有全国重点文物保护单位泰山庙（东岳庙）。有白龙庙遗址、宋代十八盘摩崖造像、反徭役斗争遗址。有十八盘风景区，自古为盂县通往河北省平山县重要隘口和军事要冲。东北部有如来洞，洞内有3个石乳。民间传说的王恩石义救皇姑即源于此洞，越剧神话剧《云中落绣鞋》也根据此传说改编。主产玉米、谷子、土豆。有林地面积390平方公里，森林覆盖率36%，林内有金钱豹、鹿、野猪等野生动物。工业以铝矾土开采加工为主。第三产业有运输业等。207国道、县级公路孙交线经此。通公交。

140322-C02-H01 **北下庄**［Běixiàzhuāng］北下庄乡人民政府驻地。在县政府驻地秀水镇东北14.5千米。人口670。因坐落在干柴凹尖山脚下，名下庄村，后因村居阴山河北岸，更今名。聚落呈团块状。有北下庄乡中心小学、北下庄乡卫生院。县道交孙线经此。

140322-C02-H02 **东坡头**［Dōngpōtóu］在县政府驻地秀水镇东北17.4千米。北下庄乡辖自然村。人口80。相传古时与石旧都为一村，因位于石旧都东面山坡上，名坡头起。后单独成村，仍名坡头，因与南娄公社坡头重名，且在县城东北，更今名。聚落呈团块状。有第六批全国重点文物保护单位泰山庙，现存正殿、后殿为元代建筑遗构，余皆为明、清建筑遗构。207国道经此。

140322-C03 **梁家寨乡**［Liángjiāzhài Xiāng］盂县辖乡。在县境北部。面积286平方千米。人口1.26万。辖17行政村。乡人民政府驻大崔家庄。明代为游仙乡所辖，清代为圣佑乡所辖。民国时期一度划归盂县四区。1942年8月，撤销盂县建制，将县境划为4个县域，梁家寨乡划归盂平县。1945年8月，恢复盂县建制，划归盂县四区所辖。新中国成立初期为盂县四区（御枣口）。1959年9月，为英雄人民公社（下社）所辖。1961年在御枣口村设御枣口公社，在活川口村设活川口公社。20世纪70年代，御枣口公社驻地迁至梁家寨村，活川口公社驻地迁至北峪口村。1983年9月，御枣口公社改称梁家寨公社，活川口公社改称北峪口公社。1984年2月，恢复乡（镇）建制，梁家寨公社改称梁家寨乡，北冉口公社改为北冉口乡。2000年12月北峪口乡并入。2021年3月，撤销下社乡，将原下社乡的庄里、七东、王家滩3村委会划归梁家寨乡管辖。以驻地得名。因村址东、西、南三面临河，北面靠山，中间凹起，状似山寨，且梁姓最先居此，故名。地势西高东低，以山地为主。年平均气温15.4℃。年平均降水量550毫米左右，无霜期200天以上。滹沱河从西至东流经。境内已探明地下矿藏有花岗岩、石棉、长石、石英石、铜、铁等。有中小学、卫生院、文化站。有古迹仇犹观。有梁家寨革命历史纪念馆、彭真渠。有景点大宋古村。传统粮食作物为玉米、谷子、小麦、豆类等，经济林主产核桃、花椒、柿子和黑枣。乡村企业以经营农机修配，发电、砖瓦、鱼塘、石英石、长石、大理石、花岗岩开采加工为主。朔黄铁路、338国道经此。滹沱河上有活川口大桥、梁家寨大桥、王子村铁桥、石家塔大桥、蔡家坪铁桥、滴流磴铁桥和豹川村大桥。

140322-C03-H01 **大崔家庄**［Dàcuījiāzhuāng］梁家寨乡人民政府驻地。在县政府驻地秀水镇北40.3千米。人口550。明朝因崔氏立村，得名崔家庄。1960年后，为区别于北山崔家庄，因其村大人多，更此名。聚落呈团块状。有梁家寨乡卫生院。有盂县释迦寺，现存为明、清建筑遗构。有大宋温泉度假区。338国道、省道闫贾线经此。

140322-C03-H02 **大宋**［Dàchǎng］在县政府驻地秀水镇北34千米。梁家寨乡辖自然村。人口10。水流山下为宋，域内有3道宋，村居最大宋之旁，故名。聚落呈团块状。有大宋传统民居，现存为明、清建筑遗构。2013年被列入第二批中国传统村落名录。2017年被列入第五批山西省历史文化名村名录。2019年被列入第七批中国历史文化名村名录。乡村道路经此。

140322-C03-H03 **黄树岩**［Huángshùyán］在县政府驻地秀水镇北41千米。梁家寨乡辖行政村。人口320。相传原村西南侧山鋆黄鼠众多，名黄鼠堙，因“鼠堙”与“树岩”音近，民国以后，演为此名。聚落呈团块状。有李和辉烈士墓，李和辉，1930年参加中国工农红军，1940年8月在正太路抗日前线病逝，时年 25 岁。有龙王庙戏台，现存为清代建筑遗构。2019 年被列入第五批中国传统村落名录。乡村道路经此。

140322-C03-H04　**骆驼道**［Luòtuódào］在县政府驻地秀水镇北 46.8 千米。梁家寨乡辖自然村。人口 40。相传明清时期该村成驼帮商队的必经之地，遂发展为休息驿站，故名。聚落呈团块状。有古驿道，为明清时期文化遗存。2019 年被列入第五批中国传统村落名录。省道阳石线经此。

140322-C03-H05　**石家塔**［Shíjiātǎ］在县政府驻地秀水镇东北 38.1 千米。梁家寨乡辖行政村。人口 110。相传明洪武间该村石氏夫妇将财产献公，村民在石上刻男女像两尊，放入形似塔的山洞内供奉，故名。聚落呈团块状。有抗战时期盂县县委、县政府及盂县党政机关旧址。有崔秉瑛宅院、崔氏宅院，现存为清代建筑遗构。2019 年被列入第五批中国传统村落名录。省道闫贾线经此。

140322-C03-H06　**庄里**［Zhuānglǐ］在县政府驻地秀水镇西北 39.1 千米。梁家寨乡辖行政村。人口 530。明时因韩氏立村，名韩家庄，后因住户增多，姓氏繁杂，且村居山沟深处，民国初年更名庄里。聚落呈条带状。有第六批省级文物保护单位庄里龙天庙，现仅存正殿为元代建筑遗构。239 国道经此。

140322-C04　**西潘乡**［Xīpān Xiāng］盂县辖乡。在县境西北部。面积 261 平方千米。人口 1 万。辖 14 行政村。乡人民政府驻西潘。1956 年 3 月设立西潘乡。1959 年 6 月设为西潘人民公社。1984 年，设为西潘乡。1984 年复置乡。2021 年 3 月，撤销下社乡，将原下社乡的枣园村委会划归西潘乡管辖。因驻地得名。民国时期以乌河为界分东潘、西潘，故名。地势西南高东北低，东西两山对峙，最高峰冷冻尖。蔡树岭纵列东部，海拔 1786 米；大垴寨矗立西境，海拔 1801.5 米。东侧排列着羊泉、铜炉、桥耳、南峪 4 条大沟，西侧分布着许多小山沟。北起白石村，无霜期在 150 天以上，南至南羊圈、石家庄，无霜期 110 天左右。年平均降水量 500 毫米以上。乌河从南向北流经境内 16 个村庄。境内已探明地下矿藏有磁铁、黄铜、石英、花岗岩等。有中小学、卫生院、文化站。有市重点文物保护单位普救寺。有明代普济寺、清代进圭玉皇庙。有抗战受害者女性对日索赔诉讼纪念馆、乌河会战陈列室。盛产花椒、核桃、柿子、黑枣、梨、苹果等，农作物以玉米为主，兼有土豆、谷子和核桃。工业以石材开采加工为主。服务业有汽车运输、汽车维修、餐饮、旅店等。东（东冶）太（太安驿）国防公路南北贯穿全乡。通客运汽车。

140322-C04-H01　**西潘**［Xīpān］西潘乡人民政府驻地。在县政府驻地秀水镇西北 33.5 千米。人口 560。因潘氏立村，名潘村，民国时期以乌河为界分东潘、西潘。聚落呈团块状。有西潘中学、盂县西潘中心小学、西潘乡卫生院。有西潘村化石出土点，为旧石器时代文化遗存。有西潘石斧出土点，为新石器时代文化遗存。有西潘遗址，为东周、汉代文化遗存。乡村道路经此。

140322-C04-H02　**李庄**［Lǐzhuāng］在县政府驻地秀水镇西北 32 千米。西潘乡辖行政村。人口 410。相传宋时此处有四山庄，元初，其他三庄居民先后向李庄迁移，四村合为一村，故名。聚落呈团块状。有第六批省级文物保护单位李庄藏山祠，始建于元至正十六年（1356 年），现存正殿为元代建筑遗构，戏台、鼓楼及窑房为清代建筑遗构。乡村道路经此。

140322-C05　**东梁乡**［Dōngliáng Xiāng］盂县辖乡。在县境西部。面积 163 平方千米。人口 1.07 万。辖 10 个行政村。乡人民政府驻东梁。明代属玉泉乡，清代属善应乡，为东梁堡。民国时期一度为盂县三区。1953 年 8 月设东梁乡，属七区管辖。1958 年辖区扩大。1959 年 6 月称为东梁公社。1984 年 2 月复称东梁乡。2000 年撤乡并镇仍为东梁乡。因驻地得名。因位于石窖垴村东边的山梁，故名。地势东高西低，东部多山、西部较平缓。春季干燥多风，夏秋两季气温偏低，冬季寒冷。年平均降水量约 450 毫米，无霜期 120 天以上。乌河自南向北流经西部。有中小学、卫生院、文化站、敬老院。有玉泉山原始森林公园。有观音庙遗址、清代辛庄白龙庙遗址、大庙遗址。

主产玉米、谷子、土豆和豆类。旱地西瓜、茴子白为知名农产品。有养殖业，以猪、牛、羊为主。有食品加工厂、大理石加工厂、秸秆饲料加工厂等。省道双阳线公路自东向西横贯全境，东太国防路在东梁村与双阳线平交，通客运汽车。

140322-C05-H01 **东梁**［Dōngliáng］东梁乡人民政府驻地。在县政府驻地秀水镇西 31 千米。人口 1520。因村址在麻河坪西北黄土梁上，名梁村，后人口繁衍，遂以乌河为界，因居河东而得名。聚落呈团块状。有东梁乡中学、东梁乡卫生院。有东梁遗址，为战国时期文化遗存。有特色产品小杂粮。省道阳平线经此。

长治市

140400 **长治市**［Chángzhì Shì］山西省辖地级市。东经 111° 59 ′ –113° 44 ′，北纬 35° 49 ′ –37° 07 ′。在省境东南部。面积 13954 平方千米。常住人口 318 万。除汉族外，还有回、满、蒙古等民族。辖潞州、上党、屯留、潞城 4 区，襄垣、平顺、黎城、壶关、长子、武乡、沁县、沁源 8 县。市人民政府驻潞州区。长治市古为“上党”、“潞州”地域，殷商时为黎国，属冀州。春秋时赤狄人曾建潞子婴儿国，后并于晋国。战国时，韩首置上党郡，后归赵国，治所在长子。秦置上党郡，治壶关，即今长治老城。西汉上党郡治长子，即今长子县城。东汉上党郡徙治壶关，属并州。建安十八年（213 年）上党郡入冀州。三国魏黄元年（220 年）复属并州。十六国时期上党郡迁治安民城，在今襄垣县境，旋复治壶关。太元十一年（386 年）上党郡归后燕。北周建德七年（578 年）于襄垣县置潞州，上党郡属之。隋开皇三年（583 年）上党郡废，移潞州于壶关。十六年（596 年）于襄垣县别置韩州。大业元年（605 年）废潞州、韩州置上党郡，隶冀州。唐武德元年（618 年）改上党郡为潞州，又于沁源县置沁州，于襄垣县置韩州。贞观十七年（643 年）废韩州入潞州。天宝元年（742 年）复名上党郡。乾元元年（758 年）再改潞州。宋太平兴国初改昭德军。建中靖国元年（1101 年）改隆德军。崇宁三年（1104 年）升为隆德府，隶河东路。建中靖国元年（1101 年）改隆德军。崇宁三年（1104 年）升为隆德府，隶河东路。元代初为隆德府后复为潞州，隶平阳路、晋宁路。明洪武二年（1369 年）潞州隶山西行中书省，九年（1376 年）隶山西等处承宣布政使司。明嘉靖八年（1529 年）潞州升潞安府，附郭置长治县。清因之。1912 年废潞安府。1913 年属中路道。1914 年属冀宁道。1927 年废道后直属山西省。1937 年属山西省第三、五行政区。1945 年设长治市，属晋冀鲁豫边区太行区二、三专区和太岳区七、九专区。1949 年 9 月属山西省长治专区，专署驻长治县；11 月长治县改为长治工矿区（县级）。1951 年撤销长治工矿区，设长治市（地级）。1958 年长治专区更名为晋东南专区，代管长治市。1967 年晋东南专区更名晋东南地区。1975 年长治市改由山西省直辖；11 月设城区、郊区。1983 年长治、潞城 2 县划入长治市。1985 年撤销晋东南地区，其所辖平顺、壶关、黎城、屯留、长子、武乡、沁源、襄垣、沁县划属长治市，1994 年撤销潞城县，设潞城市（县级），由长治市代管。2018 年城区、郊区合并设立长治市潞州区；撤销长治县，设立长治市上党区；撤销屯留县，设立长治市屯留区；撤销潞城市，设立长治市潞城区。同年 11 月，长治市四区正式挂牌成立。长治之名始见于明嘉靖八年（1529），明朝廷平定了陈卿领导的农民起义后，升潞州为潞安府，附郭设置长治县，取“长治久安”之意，长治之名由此而来。地处上党盆地，地势由西北向东南倾斜，北高南低。最高峰大梁顶海拔 2525.6 米。最低点浊漳河出境处海拔 396.4 米。属暖温带半湿润大陆性季风气候，年均气温 9.3℃，1 月平均气温 -6.2℃，7 月平均气温 22.6℃。年均降水量 555 毫米。海河流域的浊漳河、清漳河、卫河和黄河流域的沁河等流经。辛安泉是山西省第二大岩溶泉，水量丰沛，水质优良，是长治市重要的水源，2016 年被水利部列入全国重要水源地名录。有野生动物 243 种，其中金钱豹、原麝为国家一级保护动物；石貂、青鼬、水獭、猕猴为国家二级保护动物；刺猬、飞鼠等 4 种为省级重点保护动物。有野生植物 500 余种，其中国家和省重点保护野生植物有南方红豆杉、核桃楸、紫椴、刺五加、水曲柳、漆树、脱皮榆、刺楸、流苏树、党参和桔梗等二十余种。有矿产资源煤、铁、铝、锰、硫磺、石灰石、石膏等。有长治学院、长治医学院等普通高等学校6所，普通高中50所，初中148所，中等职业学校35所，小学483所。有文化馆14个，博物馆22个，公共图书馆14个。有医疗卫生机构4348个，其中医院、卫生院255个，妇幼保健机构13个，疾病预防控制中心13个，卫生监督机构13个。有全国重点文物保护单位天台庵、正觉寺、金灯寺石窟、八路军总司令部旧址等73处，省级文物保护单位56处，市级文物保护单位207处。有国家非物质文化遗产上党堆锦、上党落子、上党梆子、襄武秧歌等17项。有中国历史文化名镇上党区荫城镇。有省级历史文化名镇名村武乡县王家峪村、沁源县古寨村、洪井镇霞庄村等。有中国历史文化名村荫城镇琚寨村、洪井镇霞庄村、石城镇东庄村、岳家寨村等7个，有中国传统村落蟠龙镇砖壁村、八义镇八义村、虹梯关镇虹梯关村等78个。有国家级爱国主义教育基地八路军太行纪念馆、黄崖洞革命纪念地、太行太岳烈士陵园、西沟展览馆等。有省级红色文化遗址八路军总部办事处故县旧址、抗日五专署及刘伯承兵工厂旧址等62处。有省级风景名胜区太行山大峡谷、老顶山、黄崖洞等。有国家森林公园老顶山、太行峡谷、黄崖洞等。有省级森林公园老爷山、西沟、玉华山等。有知名人物冯奉世、李业兴、尧雄、苗晋卿、李继隆等。三次产业比4 ∶ 59.8 ∶ 36.2。农业主产玉米、小麦、谷子，种植马铃薯、大豆等，养殖猪、羊、牛、家禽。工业以煤炭、焦炭、钢铁、机械、化工、电力、医药、农副产品加工为主。有规模以上工业企业513家，省级工业园3个。第三产业以旅游、商贸为主。土特产品有长子青椒、黎城核桃、沁州南瓜籽、沁州核桃、洪景三皇米、熬脑大葱、平顺潞党参，上党土蜂蜜、上党腊驴肉、沁州黄小米、平顺大红袍花椒、黎城柿饼、沁源松蘑菇等。传统美食有阳眼馅饼、潞城甩饼、饸饹、官尝、沁县干馍等。已形成由铁路、公路、航空等3种运输方式构成的交通运输网络。太焦、侯长、邯长、瓦日铁路，青兰、长深、二广高速，207、208、309、341国道，省道太长线、沁长线、汾屯线经此。有长治王村机场。

140400-K01　北环西街［Běihuán Xījiē］在市区北部。西起309国道，东至英雄北路。与西二环路北段、西环路北段、威远门北路等相交。以英雄路为界，分为东、西街。长6.9千米，宽29.7米。沥青路面。1996年建成。2010年扩建。两侧有市供热公司、漳泽新型工业园区等。通3、14路等公交车。

140400-K02　北环东街［Běihuán Dōngjiē］在市区北部。西起英雄北路，东至东环路北段。与长兴北路、延安北路相交。长2.4千米，宽29.7米。沥青路面。1996年建成。2010年扩建。两侧有多家汽车4S店。通28、49路等公交车。

140400-K03　捉马西大街［Zhuōmǎ Xīdàjiē］在市区北部。西起西环路北段，东至英雄北路。与太行北路、威远门北路相交。以英雄路为界，分为捉马东、西大街。长2.4千米，宽22米。沥青路面。2008年建成。2014年扩建。因贯穿捉马村，故名。两侧有汽车贸易公司、高新区科技孵化园、晋东南会计学校和若干大型住宅区等。通15、32路等公交车。

140400-K04　捉马东大街［Zhuōmǎ Dōngdàjiē］在市区北部。西起英雄北路，东至潞阳门北路。与长兴北路、延安北路相交。长2.4千米，宽22米。沥青路面。2008年建成。2012年将北一环街更今名。两侧有长治学院北校区、家居公司、长治职业技术学院等。通27、100路等公交车。

140400-K05　太行西街［Taìháng Xījiē］在市区北部。西起长治市体育馆，东至八一广场。与太行路、威远门路、英雄路等相交。长4.2千米，宽20米。沥青路面。1967年建成。2014年扩建。因太行山得名。以八一广场为界，分为太行东、西街。两侧有太行公园、市图书馆、长治博物馆、液压机械厂、市体育中心等。通5、32路等公交车。

140400-K06　太行东街［Taìháng Dōngjiē］在市区北部。西起八一广场，东至老顶山炎帝像。与英雄路、长兴路、延安路、潞阳门路等相交。是长兴路、延安路、潞阳门路分段的界线。长6.7

千米，宽 20 米。沥青路面。1967 年建成。2014 年扩建。两侧有长治医学院附属和济医院、建东小学。通 2、7 路等公交车。

140400-K07 **紫金西街**［Zǐjīn Xījiē］在市区中部。西起郊区金口村，东至城区紫坊村。与西环路中段、太行南路、威远门中路等相交。以英雄路为界，分为东、西街。长 3.9 千米，宽 18 米。沥青路面。原为菜地，1968 年筑。1975 年铺设沥青。1998 年扩建。因从紫坊村通往金口村，故名。两侧有酒店、银行。通 15、18 路等公交车。

140400-K08 **紫金东街**［Zǐjīn Dōngjiē］在市区中部。西起英雄中路，东至东环路。与长兴中路、延安中路、潞阳门中路相交。长 2.9 千米，宽 18 米。沥青路面。原为菜地，1968 年筑。1975 年铺设沥青。1998 年扩建。两侧有市慈善总会、城区法院、滨河公园等。通 15、18 路等公交车。

140400-K09 **府后西街**［Fǔhòu Xījiē］在市区中部。西起西二环路，东至英雄中路。与威远门中路、西环路中段等相交。以英雄路为界，分为东、西街。长 4.4 千米，宽 18 米。沥青路面。1945 年为菜地和坟丘，俗称后营，1956 年筑。1998 年扩建。因在旧潞安府署西得名。两侧有客运中心、长治二中等。通 17、28 路等公交车。

140400-K10 **府后东街**［Fǔhòu Dōngjiē］在市区中部。西起英雄中路，东至东环路中段。与长兴中路、延安中路、潞阳门中路等相交。长 2.9 千米，宽 18 米。沥青路面。1956 年筑。1998 年扩建。因在旧潞安府署东得名。两侧有市人民医院、鹏宇国际酒店等。通 6、17 路等公交车。

140400-K11 **南环西街**［Nánhuán Xījiē］在市区南部。西起西二环路，东至英雄南路。与天晚集南路、西一环路等相交。以英雄路为界，分为南环东、西街。长 3.7 千米，宽 55.8 米。沥青路面。1995 年始建。1997 年建成。2014 年扩建。往南连通上党区。两侧有汽车销售公司、上党区四中等。通 22 路公交车。

140400-K12 **南环东街**［Nánhuán Dōngjiē］在市区南部。西起英雄南路，东至东环路。与潞阳门南路相交。长 3 千米，宽 55.8 米。沥青路面。1995 年始建。1997 年建成。2014 年扩建。两侧有市交警支队四大队、城南工业园区等。通 24 路公交车。

140400-K13 **西环路**［Xīhuán Lù］在市区西部。北起大辛庄村，南至针漳村。与捉马西大街、保宁门西街、太行西街等相交。长 7.4 千米，宽 45.4 米。沥青路面。1985 年始建。1986 年建成。2014 年扩建。两侧有消防主题公园和若干大型住宅区。通 100、808 路公交车。

140400-K14 **太行北路**［Tàiháng Běilù］在市区北部。北起北环西街，南至太行西街。与北二环路、捉马西大街、保宁门西街等相交。长 0.6 千米，宽 18 米。沥青路面。1980 年建成。因太行山故名。两侧有长治技师学院、市供水总公司一水厂、唐文图书大厦、移动公司等。通 20 路公交车。

140400-K15 **太行南路**［Tàiháng Nánlù］在市区北部。北起太行西街，南至府后西街。与紫金西街相交。长 1.4 千米，宽 18 米。沥青路面。1980 年建成。两侧有汽车公司和住宅小区。通 20、28 路等公交车。

140400-K16 **英雄北路**［Yīngxióng Běilù］在市区中部。北起北环路鹿家庄村南，南至八一广场。与北环西街、捉马西大街、保宁门西街、太行西街等相交。长 1.3 千米，宽 40 米。沥青路面。1967 年建成。2014 年扩建。原名卫前街，为纪念 1946 年第二次太行群英会召开更名为英雄街。1984 年改称八一路。1998 年改今名。两侧有家居公司、万达广场等。通 8、102 路等公交车。

140400-K17 **英雄中路**［Yīngxióng Zhōnglù］在市区中部。北起八一广场，南至十字街。与太行街、紫金街、府后街、东大街、西大街等相交。是东、西大街，府后街，紫金街，太行街的分界线。长 2 千米，宽 37 米。沥青路面。1967 年建成。2014 年扩建。两侧有多家行政单位。有潞州剧院等。经过城区商业中心。通 1、3 路等公交车。

140400-K18 **英雄南路**［Yīngxióng Nánlù］在市区中部。北起十字街，南至南关。与东大街、西大街、解放街等相交。长 2 千米，宽 38 米。沥青路面。1967 年建成。2014 年扩建。两侧有淮海公园、长治技师学院、城南生态苑等。通 201、

202 路等公交车。

140400-K19 **东环路**［Dōnghuán Lù］在市区东部。北起郊区关村，南至城区小山头村。与太行东街、紫金东街、府后东街、太岳东大街等相交。长 10 千米，宽 25 米。沥青路面。1985 年始建。1986 年建成。2014 年扩建。两侧有市汽车客运东站、长治学院南校区等。通 19、24 路等公交车。

140403 **潞州区**［Lùzhōu Qū］长治市辖区。是长治市人民政府驻地。在市区中部。面积 356 平方千米。常住人口 89.53 万。以汉族为主，另有回、满、壮、朝鲜等民族。辖 13 街道、3 镇。区人民政府驻太行东街街道。殷商时属商王朝分封的黎侯地，古称黎国。西周时，《尚书》载："西伯既勘黎"，黎归周所有。春秋，赤狄人夺黎候地，立潞子婴儿国。周定王五十三年（前 594 年）晋入潞子国，其地归晋。战国，周安王二十六年（前 375 年），韩、魏、赵三分晋，为韩所辖。秦王政十一年（前 236 年），秦将王翦攻上党，其地属秦，置上党郡。汉承秦制，属上党郡，隶属并州。东汉建安十一年（206 年），其地归魏。晋为上党郡辖，隶并州。南北朝时，先为刘渊所有，史称前赵；后为石勒占领，史称后赵，均为上党郡。北周宣政元年（578 年），分上党郡置潞州，潞州之名由此始。隋文帝开皇三年（583 年）改郡为州；隋炀帝大业三年（607 年）复改州为郡，郡治移至今长治市内。唐为潞州，隶河东道。宋崇宁三年（1104 年）改潞州为隆德，不久即改为隆德府。元为潞州，隶晋宁路、河东山西道政廉访司，属"中书省"。明为潞州，直隶山西布政司。明嘉靖八年二月（1529 年）升潞州为潞安府，附郭置长治县，其地属长治县。清为潞安府长治县，属山西省。中华民国为长治县，属冀宁道。抗日战争、解放战争时期为晋冀鲁豫边区太行区。1945 年长治解放，1946 年 1 月正式建市，地属长治市。1949 年属长治专区。1950 年 3 月 1 日改长治为工矿区，地属工矿区。1952 年，复改为长治市，隶属长治专署；同年 9 月成立城郊区公所。1954 年 7 月，长治市将城郊区划为城郊与市内两个区。1956 年，城郊区和市内区合并为市郊区。1957 年，长治市撤销两区建制。1959 年，改长治专区为晋东南专区，城郊区仍属长治市。1975 年，长治市复为省辖市，同时成立城、郊两区。2018 年 6 月 19 日，撤销长治市城区、郊区，合并设立长治市潞州区。潞州是古代政区地名，始置于北周建德七年（578 年），以境内古潞子国命名。《元和郡县志》卷十五："州得名，因潞子之国。"潞，意为河流水大，古指上党地区漳河。地处晋东南上党盆地中央，地势东高西低。东部为黄土丘陵，西部为冲积平原。主要山脉有塔岭山、老顶山、大寒山、小寒山、大岗山、二岗山、二龙山。最高峰老顶山主峰海拔 1378.2 米。最低点西白兔镇漳村漳河河滩海拔 874.2 米。属暖温带半湿润大陆性季风气候。年均气温 9.3℃，年均降水量 555 毫米。浊漳河及其支流岚河、石子河、黑水河、南护城河流经。有华北第二大水库漳泽水库。森林资源主要集中在东部丘陵地带，森林覆盖率达 21% 左右，主要树种有毛白杨、国槐、榆、北京杨等，经济林木主要有苹果、梨、葡萄、枣等。有矿产资源煤、铁、锰、铝、耐火黏土等。有长治医学院、长治学院等高校。有基础教育学校 338 所，中等职业教育学校 20 所。有电视台 1 座，群众艺术文化馆（站）18 个，公共图书馆 47 个，档案馆 1 个，博物馆 1 个。有体育场馆 99 个，体育公园 3 个。有各类医疗卫生机构 572 个，其中医院、卫生院 51 个。有全国重点文物保护单位潞安府城隍庙、潞安府衙、马厂崇教寺、关村炎帝庙、观音堂。有省级重点文物保护单位八路军总部办事处故县旧址、壁头遗址、小罗灵仙庙、张村府君庙。有国家级非物质文化遗产潞安大鼓、上党堆锦、上党落子、上党梆子等。有省级非物质文化遗产长治锦绣坊。有中国传统村落西白兔镇乡中村。有全国爱国主义教育示范基地太行太岳烈士陵园，有省级爱国主义教育示范基地八路军总部办事处故县旧址等。有省级红色文化遗址抗日五专署及刘伯承兵工厂旧址等 4 处。有地方民间艺术秧歌、旱船、扛装、舞龙、腰鼓、彩车、耍狮子、踩高跷、瞪眼家伙、威风锣鼓等 30 多种。有省级风景名胜区老顶山风景名胜区、老顶山国家森林公园，国家水利风景区漳泽湖。有知名人物李遵勖、董扎根等。三次产业比 0.57 ∶ 39 ∶ 60.43。农业主产玉米、谷子、小麦，种植蔬菜，养殖猪、牛、羊、鸡。工业以煤炭、钢铁、电力为主。有国家级长治高新技术产业开发区。服务业以金融、商贸物流、教育文化产业为主。土特产品有上党腊驴肉、老顶山苹果等。太焦铁路经此设长治北站、长治站。青兰、二广、长顺高速，207、208、309 国道，省道太长线、长平线经此。有长治汽车客运东站、西站。有长治王村机场。

140403-E01 **长治高新技术产业开发区**［Chángzhì Gāoxīnjìshùchǎnyè Kāifāqū］位于潞州区南部。成立于 1992 年。2015 年升级为国家级高新区。2017 年整合扩区后总规划面积 104.31 平方公里，其中起步区 40.68 平方公里。共辖科技工业园、漳泽工业园、老顶山物流园、翟店工业园 4 个园区。管委会位于南环东街。

140403-F01 **八一广场**［Bāyī Guǎngchǎng］在潞州区境中部。北侧为英雄北路，南侧为英雄中路，太行东、西街穿广场而过。总面积 11.4 万平方米。1969 年为庆祝建国二十周年修建。因竣工日为八一建军节而得名。1983、1993 年分别进行改造。北半部分以观礼台为中心，上书“毛泽东思想万岁”，悬挂毛泽东画像。南半部分以喷泉水池为中心。两侧又有东、西游园。城区人民政府 2012 年公布观礼台为区级文物保护单位。

140403-K01 **西大街**［Xī Dàjiē］在市区西部。西起威远门中路，东至十字街。与北营街、天晚集北路、府坡街等相交。长 1.4 千米，宽 15 米。沥青路面。1990 年建成。1999 年改建。因在十字街以西得名，为上党古城四条主街之一。两侧有人民公园、民族广场、回族逸夫小学等。通 5、6 路等公交车。

140403-K02 **东大街**［Dōng Dàjiē］在市区中部。西起十字街，东至东环路。与英雄路、长兴路、延安路、潞阳门路等相交。是英雄路、延安路、潞阳门路分段界线。长 3 千米，宽 25 米。沥青路面。为上党古城四条主街之一。2007 年扩建。两侧有商城、城隍庙、长治师范等。通 33、36 路等公交车。

140403-K03 **解放西街**［Jiěfàng Xījiē］在市区南部。西起站前路，东至英雄南路。与西环路、威远门南路、天晚集路等相交。以英雄路为界，分为解放东街、西街。长 4.1 千米，宽 24.8 米。沥青路面。1980 年建成。1999 年改建。因纪念长治解放得名。两侧有长治一中、汽车 4S 店。通 2、21 路等公交车。

140403-K04 **解放东街**［Jiěfàng Dōngjiē］在市区南部。西起英雄南路，东至东环路。与长兴南路、延安南路、潞阳门南路等相交。以英雄路为界，分为解放东街、西街。长 3.2 千米，宽 24.8 米。沥青路面。1980 年建成。1999 年改建。两侧有长治医学院等。通 24、33 路等公交车。

140403-K05 **保宁门西街**［Bǎoníngmén Xījiē］在市区北部。西起英雄北路，东至威远门北路。与西环路、太行北路等相交。长 1.3 千米，宽 35.5 米。沥青路面。1990 年建成。2012 年改建。因长治古城北门为保宁门，故名。以英雄路为界，分为保宁门东、西街。两侧有住宅小区、中国移动高新区营业厅等。通 3、20 路等公交车。

140403-K06 **保宁门东街**［Bǎoníngmén Dōngjiē］在市区北部。西起英雄北路，东至辛水巷。与长兴北路、延安北路等相交。长 1.6 千米，宽 36 米。沥青路面。1990 年建成。2012 年改建。两侧有长治学院北校区、长治学院附属太行中学、省机电工业学校、郊区人民医院等。通 9、20 路等公交车。

140403-K07 **德化门西街**［Déhuàmén Xījiē］在市区南部。西起天晚集南路，东至英雄南路。与开元一巷等相交。长 2.3 千米，宽 30 米。沥青路面。1990 年建成。2012 年改建。因长治古城南门为德化门，故名。以英雄路为界，分为德化门东街、西街。两侧有区政务大厅、市二院、212 地质队等。通 18、20 路等公交车。

140403-K08 **德化门东街**［Déhuàmén Dōngjiē］在市区南部。西起英雄南路，东至东环路。与长兴南路、延安南路、潞阳门南路等相交。长 2.5 千米，宽 30 米。沥青路面。1990 年建成。2012 年改建。两侧有市第十六中学、淮海公园和大型住宅小区。通 27 路公交车。

140403-K09 **太岳西大街**［Tàiyuè Xīdàjiē］

在市区南部。西起长陵路往，东至东环路。与天晚集南路、英雄南路等相交。以英雄路为界，分为太岳东大街、西大街。长2.9千米，宽27米。沥青路面。1990年建成。2012年改建。因长治太岳革命根据地，故名。通9路公交车。

140403-K10 **太岳东大街**［Tàiyuè Dōngdàjiē］在市区南部。西起长陵路西，东至东环路。与英雄南路、延安南路、潞阳门南路等相交。长2.7千米，宽27米。旧为沥青路面。1990年建成。2012年改建。通19路公交车。

140403-K11 **威远门北路**［Wēiyuǎnmén Běilù］在市区西部。北起北环西街，南至太行西街。与保宁门西街、捉马西大街等相交。长3.7千米，宽15米。沥青路面。1969年建成，名大庆路。1984年改为城西路。2012年更名为威远门路。因长治古城西门名威远，故名。以东、西大街，太行街分为威远门北路、威远门中路、威远门南路。两侧有山西国税大厦、小辛庄派出所等。通3、7路等公交车。

140403-K12 **威远门中路**［Wēiyuǎnmén Zhōnglù］在市区西部。北起太行西街，南至西大街。与紫金西街、府后西街等相交。长0.6千米，宽15米。沥青路面。1969年建成。2012年改建。两侧有长治女子医院、市防爆电器公司等。通5、19路等公交车。

140403-K13 **威远门南路**［Wēiyuǎnmén Nánlù］在市区西部。北起太行西街，南至西大街。与五一街、解放西街等相交。长1.1千米，宽15米。沥青路面。1969年建成。2012年改建。两侧主要有长治面粉厂、长子门小学等。通19、100路等公交车。

140403-K14 **长兴北路**［Chángxīng Běilù］在市区中部。北起北环西街，南至太行东街。与北二环路、捉马东大街、保宁门东街等相交。长1.3千米，宽30米。沥青路面。2000年建成。2012年改建。因长兴寺得名。以东、西大街，太行东街为界，分为长兴北路、长兴中路、长兴南路。两侧有万达广场、晋峰生态园等。通9、26路等公交车。

140403-K15 **长兴中路**［Chángxīng Zhōnglù］在市区中部。北起太行东街，南至东大街。与紫金东街、新营街、府后东街等相交。长0.6千米，宽30米。沥青路面。2000年建成。2012年改建。两侧有才智大厦、八一路小学、市人民医院等。通8、9路等公交车。

140403-K16 **长兴南路**［Chángxīng Nánlù］在市区中部。北起东大街，南至德化门东街。与解放东街、和平东街等相交。长0.3千米，宽30米。沥青路面。2000年建成。2012年改建。两侧有城隍庙、市歌舞剧院等。通9、10路等公交车。

140403-K17 **延安北路**［Yán'ān Běilù］在市区西部。北起长兴北路，南至太行东街。与保宁门东街、捉马东大街等相交。长2.3千米，宽20米。沥青路面。1990年建成。2012年改建。取革命圣地延安为名。以东、西大街，太行街分为延安北路、延安中路、延安南路。两侧有长治职业技术学院、长治学院附属太行中学等。通100路公交车。

140403-K18 **延安中路**［Yán'ān Zhōnglù］在市区西部。北起太行东街，南至东大街。与紫金东街、新营街、府后东街等相交。长3.1千米，宽20米。沥青路面。1990年建成。2012年改建。两侧有建东小学、华北机电学校、城隍庙市场等。通17、18路等公交车。

140403-K19 **延安南路**［Yán'ān Nánlù］在市区西部。北起东大街，南至南环东街。与解放东街、德化门东街、太岳东大街等相交。长1.5千米，宽20米。沥青路面。1990年建成。2012年改建。两侧有长治市六中、友谊小学、和平医院等。通1、22路等公交车。

140403-K20 **潞阳门北路**［Lùyángmén Běilù］在市区东部。北起捉马东大街，南至太行东街。与保宁门东街、景新街等相交。长1.3千米，宽27.6米。沥青路面。1962年建成。2012年改建。原名大寨路，2012年更名为潞阳门路。因长治古城东门名潞阳得名。以东、西大街，太行街为界分为潞阳门北路、潞阳门中路、潞阳门南路。两侧有长治学院、太行中学、和济医院等。通902、902支路等公交车。

140403-K21 **潞阳门中路**［Lùyángmén Zhōnglù］在市区东部。北起太行东街，南至东大街。与紫金东街、府后东街等相交。长 2.6 千米，宽 27.6 米。沥青路面。1962 年建成。2012 年改建。两侧有滨河公园、购物广场、住宅小区等。通 18、50 路等公交车。

140403-K22 **潞阳门南路**［Lùyángmén Nánlù］在市区东部。北起东大街，南至清华街。与解放东街、德化门东街等相交。长 3.9 千米，宽 27.6 米。沥青路面。1962 年建成。2012 年改建。两侧有长治清华机械厂、淮海医院等。通 17、50 路等公交车。

140403-K23 **漳泽西街**［Zhāngzé Xījiē］在市区北部。西起太原—长治省道交叉口，东至长北火车站。与普光北路、普光南路相交。长 3.3 千米，宽 24 米。沥青路面。2005 年建成。因漳泽电厂得名。两侧有长治市实验中学（漳泽校区）、马厂集贸市场、马厂公园、长北火车站等。通 8、10 路公交车。

140403-K24 **钢城大街**［Gāngchéng Dàjiē］在区境北部。西起安居村口，东至长钢社区出口。与宋村—王庄公路、黄碾—龙泉公路相交。长 6.4 千米，宽 12 米。沥青路面。1960 年建成。因是长钢集团工业区主要通达线路之一，故名。两侧有首钢长治钢铁有限公司、故县汽车站、首钢长钢技工学校、春草商场、钢城新区派出所。通 13、16 路等公交车。

140403-K25 **普光路**［Pǔguāng Lù］在市区北部。北起张庄村丁字路口，南至马厂兽医院。与漳泽街相交。长 2.4 千米，宽 18 米。沥青路面。2004 年建成。取普耀光华之意。两侧有创伤骨科医院、住宅小区等。通 7、8 路等公交车。

140403-N01 **八一桥**［Bāyī Qiáo］在市区中部。桥长 38.2 米，桥面宽 20.3 米，最大跨度 12.5 米，桥下净高 4 米。主桥 1959 年建成。副桥 1984 年建成。因八一建军节得名。为中型河道桥梁，最大载重 12 吨。通 1、2 路等公交车。

140403-N02 **五一桥**［Wǔyī Qiáo］在市区西部。桥长 36.7 米，桥面宽 22.2 米，最大跨度 9 米，桥下净高 4 米。1962 年建成。2014 年重建。因五一国际劳动节得名。为中型河道桥梁，最大载重 10 吨。通 5、6 路等公交车。

140403-N03 **潞泽桥**［Lùzé Qiáo］在市区西部。桥长 40.2 米，桥面宽 24.3 米，最大跨度 30.5 米，桥下净高 7 米。2000 年建成。因潞泽大街得名。为中型河道桥梁，拱桥结构。最大载重 18 吨。通 13 路公交车。

140403-N04 **七一桥**［Qīyī Qiáo］在市区西部。桥长 75 米，桥面宽 9 米，最大跨度 8 米，桥下净高 5 米。1976 年始建，同年建成。因七一建党节得名。为中型河道桥梁，石拱桥结构。最大载重 15 吨。通 15 路公交车。

140403-R01 **长治站**［Chángzhì Zhàn］见交通运输设施部分“长治站”条。

140403-R02 **长治北站**［Chángzhìběi Zhàn］见交通运输设施部分“长治北站”条。

140403-R03 **长治东站**［Chángzhìdōng Zhàn］见交通运输设施部分“长治东站”条。

140403-S01 **长治市汽车客运站**［Chángzhìshì Qìchē Kèyùnzhàn］见交通运输设施部分“长治市汽车客运站”条。

140403-A01 **太行东街街道**［Tàihángdōngjiē Jiēdào］属潞州区，是潞州区人民政府驻地。在区境中南部。面积 9 平方千米。人口 3.9 万。以汉族为主，另有回、蒙古等民族。辖 7 社区、2 行政村。1945 年属长治市第三区。1949 年属长治市城郊区。1983 年设立建东路街道。1985 年更名太行东街街道。2018 年 6 月 19 日，归属潞州区管辖。因街道辖区范围主要位于太行东街，故名。有山西机电职业技术学院，有中小学、文化站、公共图书室、三级甲等医院。有重要纪念地上党战役游园、北关战斗遗址等。农业主产蔬菜、水果。工业以机械制造业、新型建材业、建筑为主。服务业以商贸、金融为主。有长治汽车客运东站。通多路公交车。

140403-A01-J01 **电力社区**［Diànlì Shèqū］属太行东街街道。在区政府紫金街道东北 450 米。面积 0.688 平方千米。人口 9060。因长治供电分公司在境内而得名。2001 年成立。有建东小学、上党战役北关战斗遗址等。2011 年被评为全国文明社区。通 9、37 路公交车。

140403-A01-J02 **澳瑞特社区**［àoruìtè Shèqū］属太行东街街道。在区政府紫金街道东 2.6

千米。面积 4 平方千米。人口 5580。因由澳瑞特公司（自行车厂）管理而得名。2001 年成立。有长治学院（南校区）等。2014 年被评为山西省文明社区。通 2 路公交车。

140403-A02 **东街街道**［Dōngjiē Jiēdào］属潞州区。在区境东南部。面积 6 平方千米。人口 6.87 万。以汉族为主，另有回、蒙古等民族。辖 9 社区、1 行政村。1945 年属长治市第三区。1949 年属长治市城郊区。1956 年属市郊区东北街道。1957 年设立东街街道。1961 年属城区人民公社东街管区。1972 年属城区人民公社。1975 年复设东街街道。2018 年 6 月 19 日，归属潞州区管辖。因该街道辖区主要位于长治市潞州区东大街范围，故根据方位命名东街街道。有中小学、文化站、公共图书室、三级甲等医院。有全国重点文物保护单位潞安府城隍庙。农业主产蔬菜、水果。工业以机械制造、新型建材、建筑为主。服务业以商贸、餐饮为主。通多路公交车。

140403-A02-L01 **宏门街**［Hóngmén Jiē］在东街街道南部。长 0.2 千米，宽 4 米。沥青路面。因潞安府城隍庙中轴线上建有宏门得名。有全国重点文物保护单位潞安府城隍庙。通公交车。

140403-A02-J01 **东关社区**［Dōngguān Shèqū］属东街街道。在区政府紫金街道东南 4.5 千米。面积 0.45 平方千米。人口 8150。因古城方位而得名。2001 年成立，有 41 栋住宅楼。有长治市华润燃气公司、中国银行、东关小学等。2014 年被评为山西省文明社区。通 10、17、100、311 路公交车。

140403-A02-J02 **长兴社区**［Chángxīng Shèqū］属东街街道。在区政府紫金街道南 4.1 千米。面积 0.7 平方千米。人口 4850。因长兴南路而得名。2001 年成立，有 35 栋住宅楼。有市政府南大院机关、长治市军分区、友谊小学等。2014 年被评为山西省文明社区。通 9、10、21、311、902 路公交车。

140403-A03 **西街街道**［Xījiē Jiēdào］属潞州区。在区境西南部。面积 15 平方千米。人口 6.48 万。辖 13 社区。1945 年属长治市第一区。1949 年属长治市城郊区。1956 年属市郊区西南街道。1957 年设立西街街道。1961 年属城区人民公社西街管区。1972 年属城区人民公社红星路管区。1975 年复设城区西街街道。2018 年 6 月 19 日，归属潞州区管辖。因该街道辖区主要位于长治市潞州区西大街范围，故根据方位得名西街街道。黑水河流经。有中小学、文化站、公共图书室。有全国重点文物保护单位潞安府衙。有重要纪念地侵华日军潞安陆军医院旧址。农业主产蔬菜、水果。工业以机械制造、新型建材、建筑为主。服务业以商贸、餐饮为主。有长治汽车客运西站。通多路公交车。

140403-A04 **英雄南路街道**［Yīngxióngnánlù Jiēdào］属潞州区。在区境南部。面积 5 平方千米。人口 4.34 万。以汉族为主，另有回族等。辖 7 社区。1945 年属长治市第二区。1949 年属长治市城郊区。1957 年设立南街街道。1961 年属城区人民公社南街管区。1972 年属城区人民公社战斗路管区。1975 年复设城区南街街道。2001 年更今名。2018 年 6 月 19 日，归属潞州区管辖。为纪念一九四六年第二届太行群英会在长治市卫前街（明永乐年间潞州卫设于此）召开，将卫前街更名为英雄街。1998 年 5 月，长治市政府对现有街道进行了规范：东西为街，南北为路。因区域地位于英雄南路，故名。南护城河流经。有中小学、文化站、公共图书室、卫生院。有全国爱国主义教育示范基地太行太岳烈士陵园。有六府塔公园。有重要纪念地魁星阁遗址、长治清真西寺。农业主产蔬菜、水果。工业以机械制造、新型建材、建筑为主。服务业以商贸、金融为主。土特产品有上党腊驴肉等。通多路公交车。

140403-A05 **英雄中路街道**［Yīngxióngzhōnglù Jiēdào］属潞州区。在区境中部。面积 6 平方千米。人口 3.28 万。辖 6 社区。1945 年属长治市第三区。1949 年属长治市城郊区。1957 年设立英雄街街道。1961 年属城区人民公社英雄街管区。1972 年属城区人民公社英雄路管区。1975 年复设城区英雄街街道。2018 年 6 月 19 日，归属潞州区管辖。为纪念一九四六年第二届太行群英会在长治市卫前街（明永乐年间潞州卫设于此）召开，将卫前街更名为英雄街。1998 年 5 月，长治市政府对现有街道进行了规范：东西为街，南北为路。因区域地位于英雄南路，故名。有华北机电学校，有中小学、文化站、公共图书室、三级甲等医院、卫生院。有古迹慈禧太后书房院、潞州城墙遗址、牺盟会旧址等。工业以机械制造、建筑为主，服务业以商贸、金融为主。通多路公交车。

140403-A05-J01 **蔡家巷社区** [Càijiāxiàng Shèqū] 属英雄中路街道。在区政府紫金街道西南 2.9 千米。面积 1 平方千米。人口 5750。因蔡家巷而得名。2001 年成立。有潞州区英雄街小学等。2014 年被评为山西省文明社区。通 1、3、9、10、17、21、38、51 路公交车。

140403-A06 **紫金街街道** [Zǐjīnjiē Jiēdào] 属潞州区。在区境中部。面积 4 平方千米。人口 3.04 万。辖 5 社区、1 行政村。1945 年属长治市第三区。1949 年属长治市城郊区。1975 年设立北郊街道。2001 年更今名。2018 年 6 月 19 日，归属潞州区管辖。此地原为菜地，1968 年修建马路，形成东西走向大街。因从紫坊村通往金口村，命名为紫金路。此路贯穿该街道，故取名紫金街街道。石子河流经。有中小学、文化站、公共图书室、卫生院。有古迹华阳君庙遗址、玄帝庙。农业主产蔬菜、水果。工业以机械制造、新型建材、建筑为主。服务业以商贸、旅游为主。土特产品有上党腊驴肉等。通多路公交车。

140403-A07 **太行西街街道** [Tàihángxījiē Jiēdào] 属潞州区。在区境西部。面积 7 平方千米。人口 6.79 万。以汉族为主，另有回、满等民族。辖 10 社区、2 行政村。1945 年属长治市第三区。1949 年属长治市城郊区。1983 年设立建西路街道。1985 年更今名。2018 年 6 月 19 日，归属潞州区管辖。因街道辖区范围主要位于太行西街，故名。有晋东南会计学校，有中小学、文化站、公共图书室、三级医院。农业主产蔬菜、水果。工业以机械制造、新型建材、建筑为主。服务业以商贸、旅游为主。通多路公交车。

140403-A07-J01 **广场西社区** [Guǎngchǎng xī Shèqū] 属太行西街街道。在区政府紫金街道西 1.8 千米。面积 1 平方千米。人口 6240。因在八一广场西侧得名。1976 年成立，有居民楼 83 栋，驻街单位 5 个。有潞鼎广场、潞鼎广场 A、B 写字楼等。2014 年被评为山西省文明社区。通 1、7、13、23 路公交车。

140403-A08 **延安南路街道** [Yán'ānnánlù Jiēdào] 属潞州区。在区境南部。面积 7 平方千米。人口 6.3 万。辖 4 社区、2 行政村。1945 年属长治市第二区。1949 年属长治市城郊区。1956 年属市郊区南郊街道。1958 年分别设立惠丰人民公社、淮海人民公社。1959 年复设南郊街道。1975 年惠丰、淮海 2 个管区更名新五马、新北董 2 个居民委员会。1985 年分设五马、北董 2 个街道。2001 年由五马街道和北董街道合并组建成延安南路街道。2018 年 6 月 19 日，归属潞州区管辖。因延安南路贯穿该街道，故名。南护城河流经。有中小学、文化站、公共图书室、卫生院。农业主产蔬菜、水果。工业以机械制造、新型建材、建筑为主。服务业以商贸、旅游为主。通多路公交车。

140403-A08-J01 **清华社区** [Qīnghuá Shèqū] 属延安南路街道。在区政府紫金街道南 7.6 千米。面积 1 平方千米。人口 15080。因清华机械厂得名。2010 年成立，有 110 栋住宅楼。有长治市潞州区第二中学、长治清华中学、潞州二院等。2014 年被评为山西省文明社区。通 1、17、19、50 路公交车。

140403-A09 **常青街道** [Chángqīng Jiēdào] 属潞州区。在区境西南部。面积 5 平方千米。人口 1.84 万。辖 2 社区、6 行政村。1945 年属长治市第二区。1949 年属长治市城郊区。1976 年设立常青人民公社，属长治市郊区。1984 年撤销常青人民公社，成立农工商联合公司。2001 年 1 月更名常青街道。2018 年 6 月 19 日，归属潞州区管辖。因经济活动而得名，是市区蔬菜产区，取四季常青之意命名。黑水河、石子河流经。有中小学、公共图书室。有古迹柏后神农庙、邱村护国灵贶王庙、昭泽王庙等。农业主产蔬菜、水果。工业以机械制造、新型建材、建筑为主。服务业以商贸、餐饮为主。通多路公交车。

140403-A10 **五马街道** [Wǔmǎ Jiēdào] 属潞州区。在区境东南部。面积 5 平方千米。人口 2.02 万。辖 2 社区、10 行政村。1945 年属长治市第二区。1949 年属长治市城郊区。1956 年属市郊区北董、南石槽 2 个乡。1958 年设立惠丰人民公社。1959 年设立海丰公社。1961 年设立工农人民公社。1975 年属郊区工农公社。1983 年撤工农公社改设五马街道。1985 年析五马、北董 2 个街道。2018 年 6 月 19 日，归属潞州区管辖。因五马村得名。相传，南宋年间，一书生勤奋好学，欲进京赶考，无奈家境贫寒，遂乡友捐五匹马进集市卖为赶考盘缠，书生高中荣归故里，刻五个石马以记乡恩。后进京任官，一生廉洁爱民，死后葬于故乡，五马随葬，乡亲刻碑以记其一生，以示感恩，勤勉教育后人。数年后，一张姓人士迁居至此，盖房挖基，见石马与碑言，遂将此故事诉与乡人，此地便更名为“五马村”流传至今。有小学、文化站、公共图书室。有省级爱国主义教育示范基地山西抗日五专署及刘伯承兵工厂旧址。农业主产蔬菜、水果。工业以机械制造、新型建材、建筑为主。服务业以商贸、餐饮为主。土特产品有上党腊驴肉等。通多路公交车。

140403-A11 **堠北庄街道**［Hòuběizhuāng Jiēdào］属潞州区。在区境西南部。面积 45 平方千米。人口 4.32 万。辖 1 社区、22 行政村。1949 年属长治县第一区。1953 年设堠北庄乡。1954 年属潞安县。1958 年属城郊人民公社。1961 年设堠北庄公社。1975 年划入郊区。1983 年改堠北庄乡。2000 年店上乡并入，改设镇。2018 年 6 月 19 日，归属潞州区管辖。2021 年 3 月，设立堠北庄街道。因驻地堠北庄得名。古时村建有一土墩，称堠（为瞭望敌情、记里程使用），该村方位在此土墩之北，因此而得名。浊漳河南源流经，属海河流域。有中小学、公共图书室、卫生院。农业主产大米、大豆，种植蔬菜，养殖以猪、家禽为主。工业以煤矿、钢铁冶金为主。服务业以运输、商贸为主。二广高速，207 国道，省道长晋线、沁长线经此。通多路公交车。

140403-A12　**老顶山街道**［Lǎodǐngshān Jiēdào］属潞州区。在区境东部。面积 51 平方千米。人口 3.83 万。辖 1 社区、20 行政村。1945 年属长治县一区。1958 年属潞城中苏友好人民公社。1961 年属南垂人民公社。1976 年分属长治市郊区南垂人民公社、老顶山林场、壶口人民公社。1983 年置老顶山乡，乡人民政府驻滴谷寺。2000 年与关村、壶口、嶂头 3 乡改置老顶山镇。2018 年 6 月 19 日，归属潞州区管辖。2021 年 3 月，设立老顶山街道。因街道辖区地处老顶山国家森林风景区得名。地处太行山西麓，地势东南高、西北低，主要山脉有太行山脉，境内最高峰位于大天桥村，海拔 1130 米；最低点位于王村，海拔 890 米。石子河流经。有矿产资源煤炭、铁等。有省农业科学院谷子研究所，有中小学、卫生院。有全国重点文物保护单位关村炎帝庙。有老顶山国家森林公园，国家 2A 级旅游景区始祖百草堂风景区。农业主产玉米、谷子，种植蔬菜。养殖以猪、羊、牛、家禽为主。工业以建材生产和深加工为主。服务业以旅游、商贸、餐饮为主。长治绕城高速、207 国道经此。通多路公交车。

140403-A12-H01　**关村**［Guāncūn］在区政府紫金街道东北 5.2 千米。老顶山街道辖行政村。人口 4500。相传因古为潞州北关口而得名。聚落呈团块状。有长治市潞州区高铁中学、长治市潞州区实验小学、关村实验小学、长治市心理康复医院。有第七批全国重点文物保护单位关村炎帝庙，现存大殿为元代建筑遗构，东耳殿为明代建筑遗构，东耳殿、香亭为清代遗构。有市级文物保护单位静乐宫，现存为清代建筑遗构。207 国道经此。

140403-A12-H02　**滴谷寺**［Dīgǔsì］在区政府驻地紫金街道东 6 千米。老顶山旅游开发中心辖自然村。人口 140。因滴谷寺而得名。聚落呈团块状。有滴谷寺南崖宫、滴谷寺古寒泉，现存皆为清代建筑遗构。有老顶山国家森林公园。以旅游业为主。341 国道经此。

140403-A12-H03　**南垂**［Nánchuí］在区政府紫金街道东北 8.6 千米。老顶山街道辖行政村。人口 5400。原为潞城县南边界的镇，名南陲镇，后演变为今名。聚落呈团块状。有南垂学校。有第六批省级文物保护单位南垂府君庙，为纪念唐代任长子县令的崔珏而建，现存正殿为元代建筑遗构，其余皆为清代建筑遗构。有第六批省级文物保护单位南垂玉皇庙，现存为清代建筑遗构。

207 国道经此。

140403-A12-H04 **西长井**［Xīzhǎngjǐng］在区政府紫金街道东南 9.2 千米。老顶山街道辖行政村。人口 2050。村旁有一水井，因村位于井西而得名。聚落呈团块状。有西长井学校。有第六批省级文物保护单位西长井灵泽王庙，现存正殿为金代建筑遗构，其余建筑为清代建筑遗构。207 国道经此。

140403-A13 **大辛庄街道**［Dàxīnzhuāng Jiēdào］属潞州区。在区境中部。面积 34 平方千米。人口 9.72 万。以汉族为主，另有回、满等民族。辖 6 社区、11 行政村。1949 年属长治县第一区。1953 年设大辛庄乡。1954 年属潞安县。1958 年属潞安中苏友好人民公社。1959 年属南垂人民公社。1961 年 7 月属大辛庄人民公社。1983 年复置乡。2000 年与小常乡合置大辛庄镇。2018 年 6 月 19 日，归属潞州区管辖。2021 年 3 月，设立大辛庄街道。因驻地得名。因建村村民姓氏且本村人多村大，得名大辛庄村。浊漳河南源流经，属海河流域。有省煤炭地质 114 勘察院、长治技师学院。有中小学、文化站、卫生院。有省级重点文物保护单位壁头遗址。农业主产玉米、大豆、小米、谷子。养殖以猪、羊等为主。工业以建材生产和深加工为主。服务业以运输、商贸为主。青兰高速，207、208、309 国道经此。通多路公交车。

140403-B01 **马厂镇**［Mǎchǎng Zhèn］潞州区辖镇。在区境东部。面积 73.3 平方千米。人口 5.61 万。辖 5 社区、20 行政村。镇人民政府驻马厂村。1949 年属潞城县第五区。1950 年划归长治工矿区。1953 年设马厂乡。1956 年属黄碾区。1958 年属黄碾人民公社。1961 年设马厂人民公社。1975 年属郊区。1983 年复置乡。2000 年与富村乡合置马厂镇。2018 年 6 月 19 日，归属潞州区管辖。2021 年 3 月，撤销长北街道，整建制并入马厂镇。因驻地得名。古时此地是养马场，后演变为马厂村。地势东高西低。有大岗山、二岗山，境内最高峰位于二岗山，海拔 930 米；最低点位于马庄村，海拔 895 米。浊漳河南源流经，属海河流域。有矿产资源石灰岩等。有中小学、文化馆、图书馆、安神医院、长治第三人民医院等。有漳泽湖国家水利风景区。农业主产玉米、大豆、小米、谷子。养殖以猪、羊、牛、家禽为主。工业以煤矿、冶金为主。服务业以运输、商贸为主。太焦、长邯铁路经此设长治北站，青兰高速、207、309 国道经此。通多路公交车。

140403-B01-H01 **马厂**［Mǎchǎng］马厂镇人民政府驻地。在区政府驻地紫金街道东 14 千米。人口 6630。相传因明代为养马场，后演变为今名。聚落呈团块状。有潞州三中、马厂小学、长治市第三人民医院。有马厂天主堂，现存为清代建筑遗构。省道太长线经此。

140403-B01-H02 **故驿**［Gùyì］在区政府驻地紫金街道北 15 千米。马厂镇辖行政村。人口 2710。相传因古时有驿站而得名。聚落呈团块状。有故驿小学。有第七批全国重点文物保护单位崇教寺，现存正殿为元代建筑遗构，过殿为明代建筑遗构，东西耳殿为清代建筑遗构。有市级文物保护单位玉皇阁，现存为清代建筑遗构。309 国道、省道太长线经此。

140403-B01-J01 **漳电社区**［Zhāngdiàn Shèqū］属马厂镇。在区政府紫金街道西北 17 千米。面积 0.025 平方千米。人口 6050。因在漳泽电厂家属院基础上建立而得名。1986 年成立，有住宅楼 96 栋。1983 年至 2018 年归长治市郊区长北街道，2021 年撤销长北街道，整建制并入潞州区马厂镇。有漳电中学等。2014 年被评为山西省文明社区。519 国道经此。通 3 路公交车。

140403-B02 **黄碾镇**［Huángniǎn Zhèn］潞州区辖镇。在区境北部。面积 45 平方千米。人口 3.4 万。辖 5 社区、17 行政村。镇人民政府驻故北村。1949 年属长治县第一区。1953 年设黄碾区。1955 年撤销长治市黄碾区，其行政区域并入潞安县。1956 年设立长治市黄碾区。1958 年设黄碾人民公社。1964 年属马厂人民公社。1983 年 5 月撤销马厂人民公社，设立黄碾镇。2000 年 12 月将故漳乡并入黄碾镇。2018 年 6 月 19 日，归属潞州区管辖。2021 年 3 月，撤销故县街道，原故县街道的八一、长钢、王庄矿、石圪节、王庄村 5 个村并入黄碾镇。古时以村如柳叶称柳叶村、柳叶镇，后因黄姓在此开磨坊而得名黄碾镇。浊漳河南源流经，属海河流域。有矿产资源煤炭等。有中小学、文化站、卫生院。有省级爱国主义教育示范基地八路军总部办事处故县旧址。重要纪念地有故县抗日战争一周年纪念塔、上党战役指挥部旧址、晋冀鲁豫军区司令部旧址、安居烈士祠、黄碾镇西旺烈士碑等。农业主产玉米、大豆、谷子，种植蔬菜。养殖以猪、羊、牛、家禽为主。工业以煤矿、冶金为主。服务业以运输、商贸为主。309 国道、省道太长线经此。通公交车。

140403-B02-H01　**故漳北**［Gùzhāngběi］黄碾镇人民政府驻地。在区政府紫金街道西北 23 千米。人口 2410。相传原名莲花镇，宋、元时期对宇文氏给予表彰，遂改为古彰村，后因村紧邻浊漳河，易名故漳村。1980 年分村，因该村居北而得名。聚落呈团块状。有故漳中学、黄碾镇卫生院。有市级文物保护单位土地庙，现仅存正殿和东、西耳殿，皆为清代建筑遗构。有土地庙、奶奶庙、佛爷庙，现存皆为清代建筑遗构。有八路军总部二部电台站旧址，1938 年 8 月，朱德总司令率领八路军在此作战时，将此设为二部电台中心。309 国道经此。

140403-B02-J01　**王庄社区**［Wángzhuāng Shèqū］属黄碾镇。在区政府紫金街道西北 30 千米。面积 0.3 平方千米。人口 1210。因位于王庄而得名。1983 年成立。有王庄学校等。2014 年被评为山西省文明社区。省道屯龙线经此。通 10 路公交车。

140403-B03　**西白兔镇**［Xībáitù Zhèn］潞州辖镇区。在区境北部。面积 24 平方千米。人口 2.02 万。辖 3 社区、7 行政村。镇人民政府驻西白兔村。1949 年属长治县第一区。1953 年设西白兔乡。1956 年属黄碾区。1958 年属潞矿人民公社。1961 年设西白兔人民公社。1975 年属郊区。1983 年复置乡。2018 年 6 月 19 日，归属潞州区管辖。2021 年 3 月，设西白兔镇。撤销故县街道，原故县街道的漳村矿、七四四五、电化 3 个社区划归西白兔镇。因驻地得名。村中人以白兔为吉祥之物，纷纷迁居于此，并以白兔名村，后按方位而分为东白兔和西白兔。浊漳河流经，属海河流域。有矿产资源煤炭，主要分布在漳村、南村、中村及小寒山一带。有中小学、文化站、卫生院。农业主产玉米、大豆、小米，种植蔬菜。养殖以牛、猪、羊为主。工业以煤矿、钢铁冶金为主。服务业以运输、商贸为主。通公交车。

140403-B03-H01　**西白兔**［Xībáitù］西白兔镇人民政府驻地。在区政府驻地紫金街道西北 4.3 千米。人口 2130。相传北魏建义年间，东讨逆贼镇将葛荣，东原上有二狡兔从贼方而来，人以白兔为吉祥之物，纷纷迁居于此，又因方位而得名。聚落呈团块状。有李氏民宅、石氏民宅等民居建筑，皆为清代建筑遗构。县道永安街经此。

140403-B03-H02　**中村**［Zhōngcūn］在区驻地紫金街道西北 25.3 千米。西白兔镇辖行政村。人口 1430。因位于小寒山西北侧并排三村的中部而得名。聚落呈团块状。有中村学校。有中村窟儿沟石窟，现存有唐代石窟风格。有中村申家大院、进士院、转角楼，现存为清代建筑遗构。有八路军总政治部宣传部旧址，1938 年 10 月 25 日至 1939 年 7 月 8 日，八路军总政治部宣传部在中村村东北龙王庙及村内驻扎了 256 天。2014 年被列入第三批中国传统村落名录。乡村道路经此。

140403-B03-J01　**漳村矿社区**［Zhāngcūn kuàng Shèqū］属西白兔镇辖社区。在区政府紫金街道西北 32 千米。面积 0.98 平方千米。人口 9910。因由漳村矿职工家属院组建而得名。1983 年成立，有住宅楼 70 栋。有北华苑、西华苑、漳华苑等居民小区。有和谐文化广场。有长治市漳村煤矿医院、漳村矿中学等。2014 年被评为山西省文明社区。兴漳路经此。

140404　**上党区**［Shàngdǎng Qū］长治市辖区。在市区南部。面积 483 平方千米。常住人口 31.97 万。以汉族为主，另有回、黎、蒙古、满等民族。辖 1 街道、6 镇、3 乡。区人民政府驻韩店街道。夏属冀州潞之域。殷、周为黎国。春秋为潞子婴儿国，后属晋。战国始称上党地，先属韩，后归赵。秦属上党郡，曰壶关县。汉、魏、晋因之，属上党郡。北周宣政元年属潞州。隋开皇十六年分壶关县地，称上党县，属上党郡辖。唐武德元年复潞州治上党县。宋崇宁三年改潞州为隆德府治上党县，属河东路。金复潞州治上党县。元因之，属中书省冀宁道。明初废县，属潞州，隶山西布政司辖。明嘉靖八年（1529 年）升潞州为潞安府，附郭置长治县，取“长治久安”意。1912 年废府存县，1913 年属中路道。1914 年属冀宁道。1927 年废道直属山西省。1937 年属山西省第五行政区。抗日战争时期属晋冀鲁豫边区太行区第四专区。1945 年属晋冀鲁豫边区太行区第三专区。1949 年属山西省长治专区。专区驻长治县。1950 年将 18 个村划归长治工矿区。1951 年撤销长治工矿区，设立长治市，县治驻长治市。1954 年长治、潞城两县合置潞安县，县治驻长治市。1958 年撤销潞安县，属长治市。1962 年复置长治县，县治驻长治市，属晋东南专区。1967 年属晋东南地区。1972 年县人民政府驻地迁至韩店，始建新县城。1983 年属长治市。2018 年 6 月，撤销长治县，设立长治市上党区。上党，古地名，意指其地甚高。古有与天为党之说，故名上党。“上党”之名最早见于战国初，《史记·赵世家》：“（赵成侯）十三年（前 362 年），成侯与韩昭侯遇上党。”对于“上党”的含义，东汉刘熙在他的训诂名著《释名》中解释：“党，所也。在于山上，其所最高，故曰上党。”各类地理文献也认为这里“居太行之巅，地形最高，与天为党也。”以其地势险要而得名，自古以来为兵家必争之地，古有“得上党可望得中原”之说。地处长治盆地东南部边缘。东与南部均系山地高原，占全区面积三分之二左右，原面平整，海拔均在 1200 米以上，以老雄山为最高，海拔 1419 米。西北部为平川，是主要农作区。气候属寒温半干燥区，年均气温 9℃。年均降水量 411 毫米，无霜期 160 天。浊漳河的支流淘清河和荫城河遍布南部山地，出平川后沿西界北流入漳泽水库。有国家级重点保护野生动物猎隼、游隼。有省级重点保护野生动物星头啄木鸟、牛头伯劳、小杜鹃、刺猬。有观赏、药用植物 60 余种。有矿产资源煤、铁、锰、石英石、粘土等。有 160 所学校。其中，普通高中 4 所，普通初中 15 所，小学 60 所，幼儿园 78 所，职业高中 2 所，特殊教育学校 1 所。有文化馆 1 个，公共图书馆 1 个，档案馆 1 个，体育场馆 2 处。有全国重点文物保护单位北和村炎帝庙、看寺村正觉寺、南宋村玉皇观（五凤楼）、长春玉皇庙、西岩寺塔。有省级重点文物保护单位八义遗址、丈八寺塔、东泰山庙、南宋村秦氏民宅、都城隍庙等，其中都城隍庙被称为“天下都城隍”。有国家级非物质文化遗产潞安大鼓、上党堆锦、上党乐户班社（唢呐艺术）、八义窑红绿彩瓷烧制技艺。有省级非物质文化遗产西火秧歌。有中国历史文化名镇荫城镇。有中国历史文化名村荫城镇琚寨村。有中国传统村落八义镇八义村、南宋镇太义掌村、西火镇东火村、苏店镇北天河村、荫城镇荫城村等。有省级红色文化遗址上党战役指挥部北天河旧址。有地方民间艺术南宋剪纸、北呈村五谷画、王坊村唐绣坊等。有古迹南王庆龙泉寺、东呈古佛堂、八义法云寺、李坊洪福寺等。有知名人物李继隆、李处耘等。三次产业比 3.8 ∶ 67 ∶ 29.2。农业主产小麦、玉米、谷子。养殖猪、羊、鸡。工业以煤炭、机械制造、医药制造、光伏能源为主。服务业以运输、金融、批发零售、文化旅游为主。土特产品有潞党参、西陕韭菜。太焦铁路经此设站。青兰、二广、长治绕城高速，207 国道，省道长陵线、长晋线、陵荫线经此。

140404-K01 **迎宾东街**［Yíngbīn Dōngjiē］在区境中部。西起迎宾西街，东至英雄南路。与和谐北路、正大北路等相交。长 1.3 千米，宽 17 米。沥青路面。取迎接宾客之意，又因此路段位于光明路以东，故名。两侧有小区、广场等。通 1、3 路等公交车。

140404-K02 **迎宾西街**［Yíngbīn Xījiē］在区境中部。西起二浙线，东至迎宾东街。与新建路、古韩路等相交。长 1.1 千米，宽 15 米。沥青路面。“迎宾”有迎接宾客之意，又因此路段位于光明路以西，故名。两侧有银行、小区等。通 208、209 路等公交。

140404-K03 **光明路**［Guāngmíng Lù］在区境中部。北起长治县—长治市快速路，南至振东街。与黎都街、迎宾街相交。长 2.2 千米，宽 38 米。沥青路面。1987 年建成。2005 年改建。两侧有酒店、银行、体育训练馆、汽车站等。经县城商业中心。通 206、220 路等公交车。

140404-K04 **正大北路**［Zhèngdà Běilù］在

区境中部。北起五龙东街，南至迎宾东街。与杏林街，黎都东街相交。长 0.95 千米，宽 14 米。沥青路面。因贯穿整个县城南北，有正大光明之意。且该路段位于迎宾街以北，故名。两侧有上党区人民医院新院区、和谐广场等。通 1 路公交车。

140404-K05 **正大南路**［Zhèngdà Nánlù］在市区中部。北起迎宾东街，南至振东东街。与新市东街，向阳街相交。长 0.95 千米，宽 14 米。沥青路面。因位于正大路南段，故名。两侧有向阳小学、向阳幼儿园、幸福广场、小区等。通 3 路公交车。

140404-K06 **黎都东街**［Lídū Dōngjiē］在城区北部。西起黎都西街，东至 005 乡道。与正大北路、英雄南路相交。长 2.4 千米，宽 16 米，沥青路面。1971 年建成，原名城北街，自 2004 年更名以来，沿用至今。两侧有住宅小区、百货商场等。通 201 路公交车。

140404-K07 **黎都西街**［Lídū Xījiē］在城区北部。西起 G208，东至光明北路。与新建北路、黎侯岭路相交。长 1.2 千米，宽 16 米，沥青路面。两侧有区人民检察院、小区等。通 2、4 路公交车。

140404-K08 **新建北路**［Xīnjiàn Běilù］在城区西部。北起五龙西街，南至迎宾西街。与黎都西街、府后西街相交。长 1.9 千米，宽 11 米，沥青路面。取新建县城之意而得名。两侧有区信访局、经坊煤业等。通 2、4 路等公交车。

140404-K09 **新建南路**［Xīnjiàn Nánlù］在城区中部。北起迎宾西街，南至首阳街。与振东西街、古桥街相交。长 1.5 千米，宽 14 米，沥青路面。取新建县城之意而得名。两侧有上党一中、街道办事处、小区、便利店等。通 208、211 路等公交车。

140404-K10 **振东西街**［Zhèndōng Xījiē］在城区中部。西起 G208，东至光明南路。与西华南路、新建南路相交。长 2.2 千米，宽 15 米。沥青路面。因临近振东科技园，故名。两侧有海子河公园、区妇幼保健院、区中医院、小区等。通 4、213 路等公交车。

140404-K11 **振东东街**［Zhèndōng Dōngjiē］在城区中部。西起振东西街，东至英雄南路。与光明路、正大南路相交。长 1.4 千米，宽 15 米。沥青路面。两侧有振东商学院、振东集团、振东制药等。通 3 路公交车。

140404-A01 **韩店街道**［Hándiàn Jiēdào］属上党区，是上党区人民政府驻地。在区境中部。面积 43 平方千米。人口 6.5 万。辖 6 社区、16 行政村。1949 年属长治县第三区。1953 年原韩店镇境内设四个小乡。1956 年小乡并大，置韩店乡，辖 23 村。1958 年属苏店卫星人民公社。1961 年置韩店人民公社，辖 15 村。1984 年公社改镇，置韩店镇。1992 年 9 月更名城关镇。1998 年 7 月，撤销城关镇，设立韩店镇。2000 年底原柳林乡并入韩店镇，设韩店镇。2018 年 6 月 19 日，归属上党区管辖。2020 年 3 月，撤销韩店镇。因驻地得名。唐代此处修筑官道，通京长安，道旁有韩姓人家开设骡马大店，人称“韩家大店”，后此处成村，取“韩家大店”简称“韩店”而得村名。明洪武元年，扩廓贴木《遣韩礼》提潞安，偏将军杨熼遏此大战败之，史称“韩店大战”。“韩店”之名由此载入史册，传至今。地势总体较为平坦，地形分为平原、山地、丘陵。有五谷山、羊头岭，境内最高峰五谷山位于经坊村东南，海拔 1103.1 米；最低点海子河位于池里村西南，海拔 942 米。黎水河、海子河流经，属海河流域。有小学、文化站、卫生院。农业主产玉米、蔬菜。养殖以猪、牛、羊为主。特色农业有千亩干果林，中药材种植基地。有山西煤业集团、山西振东集团等大型企业。服务业以商贸、销售、运输为主。土特产品有柳林陈醋、东呈蘑菇。瓦日铁路，长晋高速，207 国道，省道长陵线经此。通多路公交车。

140404-A01-H01 **东呈**［Dōngchéng］在区政府驻地韩店街道西北 3.7 千米。韩店街道辖行政村。人口 1980。取程氏谐音，又因该村居东而得名。聚落呈团块状。有第六批省级文物保护单位东呈古佛堂，现存南殿、正殿为元代建筑遗构，余皆为清代建筑遗构。208 国道经此。

140404-B01 **苏店镇**［Sūdiàn Zhèn］上党区辖镇。在区境东北部。面积 80 平方千米。人口 6.28 万。辖 1 社区、29 行政村。镇人民政府驻苏店。清代为五龙乡，民国属太行区。1949 年属长治县第二区。1953年设苏店乡。1958年属长治市卫星人民公社。1959年属苏店人民公社。1962年属长治县。1984年，撤苏店人民公社，设立苏店镇。2018年6月19日，归属上党区管辖。2021年3月，撤销贾掌镇，整建制并入苏店镇。因驻地得名。相传，东汉末年，曹操领兵伐袁绍，于此设营，称“苏家营”，营旁苏姓开店，叫“苏家店”，苏店因此而得名。地处长治盆地东南部边缘，地势东高西低，地形分为山地、丘陵和平原。有五龙山、大脑山、西岭山，境内最高峰定流村西，海拔1284.6米；最低点苇子地位于看寺村东北，海拔938.6米。黎水河、五龙河流经，属海河流域。有矿产资源煤炭、石灰岩、铝矾土、铁等。有中小学、卫生院、文化站、文化广场。有国家重点文物保护单位正觉寺。有中国传统村落北天河村、西岭村。有省级红色文化遗址上党战役指挥部北天河旧址。农业主产玉米、小麦、谷子，种植蔬菜。养殖以猪、羊、牛为主。土特产品有苏店大白菜、申家庄胡萝卜、驴腊肉。工业以煤、铝矾土和铁等为主。贾掌耐火砖、炒锅享誉三晋。服务业以商贸、零售为主。瓦日铁路，二广高速、207国道、省道长陵线经此。通多路公交车。

140404-B01-H01 **苏店**［Sūdiàn］苏店镇人民政府驻地。在区政府驻地韩店街道东北8.4千米。人口6210。相传东汉末年曹操领兵伐袁，于此扎营，名苏家营，因营旁有人开店而得名。聚落呈团块状。有长治技师学院（海棠校区）、苏店中学、苏店寄宿制学校、苏店镇中心卫生院。有沼泽王庙、东岳庙、五龙庙，皆为明清时期建筑遗构。省道长陵线经此。

140404-B01-H02 **辛庄**［Xīnzhuāng］在区政府驻地韩店街道北6.4千米。苏店镇辖行政村。人口1440。相传早年间，多姓居民于此岭东开荒定居，因通过辛勤劳作建庄而得名。聚落呈团块状。有第六批省级文物保护单位辛庄三嵕庙，现仅存正殿，梁架有元代建筑风格。有辛庄遗址，为夏商时期文化遗存。有辛庄烈士碑，为纪念在抗日战争和解放战争中牺牲的郭礼成、靳五嘴、鲍合喜等五位烈士而立。有辛庄玉皇庙，现存为明代建筑遗构。208国道经此。

140404-B01-H03 **北天河**［Běitiānhé］在区政府驻地韩店街道东北10千米。苏店镇辖行政村。人口2100。相传明正德年间太监刘瑾阴谋篡位，想把皇帝拐骗出宫，说：“上党是个好地方……五条活龙转山跑，南北天河好洗澡”，故得名天河，后因该村居北，改今名。聚落呈团块状。有第六批省级文物保护单位上党战役刘邓指挥部旧址，1945年9月初，上党战役期间，晋冀鲁豫军区指挥部设在姜王锁宅院。有北天河遗址，为夏代、商代、汉代文化遗存。有北天河关帝庙、北天河觉光寺、北天河三官庙，现存皆为清代建筑遗构。省道长陵线经此。

140404-B01-H04 **看寺**［Kànsì］在区政府驻地韩店街道西北7.5千米。苏店镇辖行政村。人口3200。原名为刊字村，相传因唐太和年间村北建正觉寺，引万民观看，谐音改今名。聚落呈团块状。有第五批全国重点文物保护单位正觉寺，现存正殿为金代遗构，后殿为宋代遗构，前院配殿为元代遗构，其余为明代建筑遗构。有看寺村烈士碑，为纪念在解放战争中牺牲的王天保、李天来、王来旺三位烈士而立。省道长晋线经此。

140404-B01-H05 **西岭**［Xīlǐng］在区政府驻地韩店街道东北13千米。苏店镇辖行政村。人口600。相传此地有山形似凤凰展翅，名曰凤凰山，因村建在西岭之上，始称西凤，后演变为今名。聚落呈条带状。有西岭烈士碑，为纪念在解放战争中牺牲的武佩温烈士而立。有武德辉墓、西岭官道、玄帝庙、民居建筑群等，现存皆为清代建筑遗构。2012年被列入第一批中国传统村落名录。乡村道路经此。

140404-B02 **荫城镇**［Yīnchéng Zhèn］上党区辖镇。在县境东南部。面积68平方千米。人口4.76万。辖32行政村。镇人民政府驻荫城村。1949年属长治县第四区。1953年设荫城乡。1958年属长治市红旗人民公社。1959年属荫城人民公社。1984年改置镇。2018年6月19日，归属上党区管辖。因驻地得名。原名小雁头，至西汉末，此地煤铁俱开，炼工铁匠居此渐多，小村聚落随之连片，形成古镇。古人称山北水南为阴，取万松荫下有城而得名。又传，汉朝年间，王莽赶刘秀至雄山脚下，刘秀曾在一棵大树下休息乘凉，刘秀走后，人们为纪念此人，将此村取名为荫城。清朝时期，该村以铁货闻名，销往各地，来往人群繁多，像似城镇，故将此演变为荫城，沿用至今。地势东南部偏高，西北部开阔。地形分为山地和平原。有雄山，境内最高点雄山主峰位于圣井背，海拔 1419 米；最低点淘清河水库位于北王庆村，海拔 968 米。陶清河、荫城河、内王河流经，属海河流域。有矿产资源煤炭、铁、石灰石、陶土等。有中小学、卫生院。是中国历史文化名镇。有中国历史文化名村琚寨村，有中国传统村落琚寨村、荫城村、桑梓一村、桑梓二村。农业主产玉米、谷子，种植蔬菜。养殖以猪、羊、牛、家禽为主。工业以煤、铁业为主。服务业以运输为主。青兰、长治绕城高速，省道长陵线、川荫线经此。

140404-B02-H01 **荫城**［Yīnchéng］荫城镇人民政府驻地。在区政府驻地韩店街道东南 13 千米。人口 4700。因在雄山北麓，雁鸟常聚小村南头松树林之上，故得名小雁头。后因位居老雄山主峰北麓，山北水南为阴，取万松荫下有城，改今名。聚落呈团块状。有上党区第二中学校、上党区第二人民医院。明清时期为泽潞地区铁货生产地，是全国最大的铁货集散地，有“千年铁府”“万里荫城，日进斗金”之称。2014 年被列入第三批中国传统村落名录。省道长陵线经此。

140404-B02-H02 **长春**［Chángchūn］在区政府驻地韩店街道东南 12 千米。荫城镇辖行政村。人口 1300。相传在明朝年间因冯姓人家在此地立庄而取名为冯村，后因和本县司马公社冯家大队重名，于 1981 年 8 月改名为长春，取“四季长春”之意。聚落呈团块状。有第八批全国重点文物保护单位上党长春玉皇庙，现存正殿为宋、元代建筑遗构，大佛殿为明代建筑遗构，其余皆为清代建筑遗构。省道长陵线经此。

140404-B02-H03 **琚寨**［Jūzhài］在区政府驻地韩店街道东南 13 千米。荫城镇辖行政村。人口 2400。原名凤凰村，后有璩姓人家于江南做生意，财势显赫，村名便以璩姓打头，取寨堡坚实之意而更名，后演变为今名。聚落呈团块状。有市级文物保护单位琚寨玉皇庙，现存正殿为元代建筑遗构，其余皆为清代建筑遗构。有传统民居群，现存皆为明清时期建筑遗构。2016 年被列入第四批中国传统村落名录。2019 年被列入第七批中国历史文化名村名录。省道北荫线、长陵线经此。

140421-B02-H04 **荆圪道**［Jīnggēdào］在区政府驻地韩店街道东南 15 千米。荫城镇辖行政村。人口 1000。相传因村始建于天山沟一处大坑傍，方言曰圪倒，四周荆木丛生，故名。聚落呈条带状。有荆圪倒民居，现存为中华民国时期建筑遗构。有新型职业农民培训基地。有上党地区最大的高效农业智能日光大棚基地。2011 年被评为第三届全国文明村。省道长陵线经此。

140404-B02-H05 **桑梓二**［Sāngzǐèr］在区政府驻地韩店街道东南 12 千米。荫城镇辖行政村。人口 2000。取《诗・小雅・小弁》：“维桑维梓，必恭敬之”，柳宗元诗“乡禽何事亦来此，令我生心忆桑梓”之意，得名桑梓，后分为两村而得名。聚落呈团块状。有第八批全国重点文物保护单位、第二批省级文物保护单位上党西岩寺塔，现存为八级密檐式砖塔，塔除基部为清人补修外，余皆唐代原物。有桑梓遗址，为汉代文化遗存。有桑梓南庙、桑梓洞云庵、桑梓祖师庙、桑梓圣人观、屈氏民宅、张氏民宅等，皆为清代建筑遗构。2018 年被列入第五批中国传统村落名录。省道长陵线、县道司荫线经此。

140404-B02-H06 **桑梓一**［Sāngzǐyī］在区政府驻地韩店街道东南 12 千米。荫城镇辖行政村。人口 2500。取《诗・小雅・小弁》：“维桑维梓，必恭敬之”，柳宗元诗“乡禽何事亦来此，令我生心忆桑梓”之意，得名桑梓。后分为两村而得名。聚落呈团块状。有桑梓佛祖庙、桑梓土地庙、范氏民宅、栗氏民宅等，皆为清代建筑遗构。2018 年被列入第五批中国传统村落名录。省道长陵线、县道司荫线经此。

140404-B02-H07 **大峪**［Dàyù］在区政府驻地韩店街道东南 12 千米。荫城镇辖行政村。人口 3000。因地处牙岔山、浮山、佛爷山之间大沟之中而得名。聚落呈团块状。有第六批省级文物保护单位大峪关帝庙，现存正殿为明代建筑遗构，其余皆为清代建筑遗构。有大峪关帝庙、大峪东奶奶庙、大峪西奶奶庙、大峪金山寺、大峪琚氏民宅、大峪城址等明清时期建筑遗构。省道长陵线经此。

140404-B02-H08 **李坊**［Lǐfāng］在区政府驻地韩店街道东南6.5千米。荫城镇辖行政村。人口2000。相传邻村王坊古称东李，该村居西称西李。据重修眼光圣殿碑文所载："匡义古寺院二十有七，洪福寺之在西李屯"。后因王坊王姓出过作坊使，改东李为王坊，西李为李坊。聚落呈团块状。有第六批省级文物保护单位李坊洪福寺，创建于宋太平兴国五年（980年），现存眼光殿、罗汉殿为金代建筑遗构，后大殿为元代建筑遗构，其余皆为明、清建筑遗构。省道长陵线经此。

140404-B02-H09 **横河**［Hénghé］在区政府驻地韩店街道东南15千米。荫城镇辖行政村。人口1400。因西火河、五集河从东南向西北流淌，经此又与山后河、荆圪倒河相交，过此村高地横挡去路，改向西流，故名。聚落呈团块状。有第六批省级文物保护单位横河玉皇庙，据庙内碑碣记载，创建于明景泰五年（1454年），现存正殿为明代建筑遗构，其余皆清代建筑遗构。省道长陵线经此。

140404-B03 **西火镇**［Xīhuǒ Zhèn］上党区辖镇。在区境东南部。面积50平方千米。人口2.6万。以汉族为主，另有回、蒙古、白等民族。辖16行政村。镇人民政府驻西火村。1949年属长治县第四区。1953年设西火乡。1958年属长治市红旗人民公社。1961年属西火人民公社。1984年改公社为西火镇。2018年6月19日，归属上党区管辖。因驻地得名。西火，三面环山，中间低洼，原本汪洋一片，故称西湖。后来水退民聚，沧海桑田，农耕勃兴。春秋挖煤，西汉冶铁，一年四季，炉火熊熊，更名西火。地势三面环山，北部开阔。地形分为丘陵山地。有天子岭、金泉山、东山，境内最高峰天子岭位于南大掌村东南，海拔1393米；最低点位于东蛮掌村东北处，海拔1052米。西火河、西掌河流经，属海河流域。有矿产资源煤炭、石灰岩。有中小学、文化站、文化广场、卫生院。有省级重点文物保护单位天下都城隍。有中国传统村落东火村、平家庄村、西队村。有民间艺术西火秧歌。有地方名吃"西火十大碗"。农业主产玉米、药材、花卉。养殖以猪、羊、家禽为主。工业以生产优质煤炭为主。服务业以运输为主。省道长平线经此。通公交车。

140404-B03-H01 **西火**［Xīhuǒ］西火镇人民政府驻地。在区政府驻地韩店街道东南21千米。人口2600。相传原为名西湖，后冶炼工匠集此生火炼铁，改称西火，1962年分为东、中、西三村，2020年合并为西火村。聚落呈团块状。有西火中心学校、西火中心小学。有长治县抗日民主政府旧址。有民居建筑群，现存皆为清代建筑遗构。县道横杨线经此。

140404-B03-H02 **振兴**［Zhènxīng］在区政府驻地韩店街道东南22千米。西火镇辖行政村。人口600。相传原名关家，2010年长治县振兴新区成立，后为城乡统筹振兴新区试验区改今名。聚落呈团块状。有振兴寄宿制学校、振兴会堂。有振兴小镇。县道北庄线经此。

140404-B03-H03 **东火**［Dōnghuǒ］在区政府驻地韩店街道东南17千米。西火镇辖行政村。人口2100。相传原名东湖，冶炼工匠集此生火炼铁，改称东火。聚落呈团块状。有东火小学。有东火三教堂、东火南门、东火传统民居，现存皆为清代建筑遗构。2018年被列入第五批中国传统村落名录。省道长陵线经此。

140404-B03-H04 **平家庄**［Píngjiāzhuāng］在区政府驻地韩店街道东南17千米。西火镇辖行政村。人口600。相传平姓建村，在明初战乱年代修筑土围城墙，取意"长平久安"，故名。聚落呈条带状。有平家庄阁，现存为清代建筑遗构。2019年被列入第五批中国传统村落名录。县道横杨线经此。

140404-B04 **八义镇**［Bāyì Zhèn］上党区辖镇。在区境西南。面积47平方千米。人口2.43万。辖16行政村。镇人民政府驻八义村。1949年属长治县第五区。1953年设八义乡。1958年，属长治市红旗人民公社。1959年属八义人民公社。1984年复置乡。2000年与师庄乡合置八义镇。2018年6月19日，归属上党区管辖。因驻地得名。据"八义士谏赵处"碑引证，战国时秦赵长平之战，赵中反间计，改将赵括，悍然冒进，当地八义士拦路劝谏，赵括怒斩八义士，结果四十万赵军全被坑杀。后人为纪念八义士，立碑八义墓。至汉，此地成村，以八义士谏赵，起名“八谏村”，后改名“八义村”。地势西高东低，地形分为山地、丘陵。有五龙山、羊头山，境内最高峰五龙山位于龙山村西北，海拔1309.4米；最低点八义河滩位于狗湾村西，海拔977米。色头河、八义河流经，属海河流域。有矿产资源煤炭、铁矿石、石灰岩等。有中小学、文化广场、卫生院。有省级文物保护单位八义士谏赵处、八义窑址。有国家级非物质文化遗产八义窑红绿彩瓷烧制技艺。有中国传统村落张家沟村、八义村。地方小吃有八义汆汤、八义干馍馍等。农业主产玉米、谷子，种植蔬菜、葡萄。养殖以猪、羊、牛、家禽为主。工业以采煤为主。服务业以商贸为主。二广高速、207国道经此。通公交车。

140404-B04-H01　**八义**［Bāyì］八义镇人民政府驻地。在区政府驻地韩店街道南9千米。人口3500。相传战国时期，赵括不听取史正等八人进谏而大败，四十万将士被秦将白起全部坑杀，得名八谏，后改今名。聚落呈团块状。有上党区第三中学校、八义小学、八义镇卫生院。有第一批省级文物保护单位八义窑址，为宋代文化遗存。有八义烈士碑，为纪念在抗日战争与解放战争中牺牲的陈发虎、赵元则、刘火成等十八位烈士而立。有八义正觉寺、八义三官阁、八义白龙宫庙、八义关帝阁，现存皆为清代建筑遗构。2012年被列入第一批中国传统村落名录。208国道经此。

140404-B04-H02　**张家沟**［Zhāngjiāgōu］在区政府驻地韩店街道西南14千米。八义镇辖自然村。人口400。聚落呈团块状。有重修福泉禅堂碑，元至正二年立石，记载了创建福泉寺的情况。有首阳山煤业。2019年被列入第五批中国传统村落名录。乡村道路经此。

140404-B05　**郝家庄镇**［Hǎojiāzhuāng Zhèn］上党区辖镇。在区境西北部。面积为43平方千米。人口3.68万。辖1社区、18行政村。镇人民政府驻郝家庄村。1949年属长治县第二区。1958年属长治市卫星人民公社。1959年属高河人民公社。1961年属垴北庄人民公社。1964年设郝家庄公社。1984年改公社设郝家庄乡。2000年底高河乡并入。2018年6月19日，归属上党区管辖。2020年2月，撤郝家庄乡设立郝家庄镇。因驻地得名。郝家庄初成村时，因居民中属龙的居多，故名兴龙村。相传此地大旱，有12个妇女赴马鞍山求得雨王研墨之黑雨，为纪念此事，改名“黑老庄”。随后村中文人嫌此名不雅，按“黑”与“郝”当地方言谐音，得名郝家庄。陶清河、浊漳河、黑水河流经，属海河流域。有矿产资源煤炭、石灰岩等。有中小学、文化广场、文化站、卫生院。古迹有慈禧故里、天台无影等。是著名兽医专家“活马王”高国景故里。农业主产玉米、小麦，种植蔬菜。养殖以猪、羊、家禽为主。有煤矿。服务业以零售为主。太焦铁路经此，设小宋站。二广高速，207国道，省道长陵线、长晋线经此。通公交车。

140404-B05-H01　**郝家庄**［Hǎojiāzhuāng］郝家庄镇人民政府驻地。在区政府驻地韩店街道北16.7千米。人口100。相传此地遭遇大旱，附近“黑老婆村”村民去马鞍山求雨，为纪念此事改名黑老庄。后因不雅，按“黑”与“郝”方言谐音相近而更今名。聚落呈团块状。有郝家庄中心小学、郝家庄镇卫生院。有郝家庄遗址，为汉代文化遗存。有宋嘉进墓，为唐代墓葬遗存。宋嘉进（728年—792年），晋州临汾县（今山西省临汾市）人，官至宁远将军□□武卫大将军，赐上柱国。有郝家庄真武庙，现存为清代建筑遗构。208国道经此。

140404-B06　**南宋镇**［Nánsòng Zhèn］上党区辖镇。在区境西南部。面积32平方千米。人口1.77万。辖14行政村。镇人民政府驻南宋村。1949年分属长治县第四区、第五区。1953年设南宋乡。1958年属长治市红旗人民公社。1959年属荫城人民公社。1961年属赵村人民公社。1962年设南宋人民公社。1984年复置乡。2000年赵村乡并入。2018年6月19日，归属上党区管辖。2021年3月，设立南宋镇。因驻地得名。相传，西汉末年，王莽篡位，赶杀刘秀，乡民忠君，将刘掩藏，刘怕累及庶民执意离别。送行之时，刘取难中送别，赐名“难送”。因“难送”一词甚为凄楚，村民便取此处居汉置古驿壶关治所之南，村中宋姓居多的含意，谐音改作“南宋”。另一种说法，隋朝年间，从外地迁来两户姓宋的人家，居住此地，建立村庄。因该村位于北宋的南边，故将村取名南宋。地势东高西低、南高北低，地形分为山地和丘陵。境内最高峰雄山南峰位于东掌村东南，海拔 1404 米；最低点北宋水库西岸位于北宋村东，海拔 1029 米。南宋河、长掌河流经，属海河流域。有矿产资源煤炭等。有小学、文化广场、卫生院。有全国重点文物保护单位玉皇观。有中国传统村落南宋村、太义掌村、赵村。有民间艺术剪纸、花灯、秧歌等。农业主产玉米、谷子。养殖以猪、羊、家禽为主。有现代观光农业。工业以煤炭为主。服务业以运输、旅游为主。二广高速、207 国道、省道长陵线经此。通公交车。

140404-B06-H01 **南宋**［Nánsòng］南宋镇人民政府驻地。在区政府驻地韩店街道南 19.6 千米。人口 2900。相传西汉末年刘秀被乡民掩藏于此，刘秀取难中送别，赐名“难送”，后取此处居汉置古驿壶关治所之南，又村中宋姓居多而得名。聚落呈团块状。有南宋新建小学、南宋镇卫生院。有第六批全国重点文物保护单位玉皇观，现存五凤楼、正殿为元代建筑遗构，八卦亭为明代风格，其余皆为清代建筑遗构。有南宋望楼、南宋关帝阁、南宋传统民居群，现存为清代建筑遗构。有长治新建煤业有限公司。县道司荫线经此。

140404-B06-H02 **太义掌**［Tàiyìzhǎng］在区政府驻地韩店街道正南 13 千米。南宋镇辖行政村。人口 1300。因居太义村东部，且多山岭、少平地，意为掌，故名。聚落呈条带状。有太义掌烈士碑，为纪念在抗日战争、解放战争中牺牲的路贵锁、宋天富、王宏志、路保旺、郭清河等十位烈士而立。有太义掌三教堂、太义掌奶奶庙、太义掌传统民居，皆为清代建筑遗构。有山西长治联盛太义掌煤业有限公司。2019 年被列入第五批中国传统村落名录。208 国道、县道司荫线经此。

140404-B06-H03 **赵村**［Zhào Cūn］在区政府驻地韩店街道正南 13 千米。南宋镇辖行政村。人口 2500。相传北宋年间，赵、冯、秦三姓迁此，因赵姓人丁兴旺，又宋朝天子姓赵，故名。聚落呈团块状。有赵村烈士碑，为纪念在抗日战争、解放战争中牺牲的郭生则、申和仁、崔志平、王保德、杨文忠等 11 位烈士而立。有赵村观音庙，现存为元代建筑遗构。有赵村玉皇庙，现存为明清时期建筑遗构。有赵村传统民居，现存为清代建筑遗构。2019 年被列入第五批中国传统村落名录。县道司荫线经此。

140404-B06-H04 **东掌**［Dōngzhǎng］在区政府驻地韩店街道东南 16.5 千米。南宋镇辖行政村。人口 200。根据当地的风俗民情，多用“掌”字，又在“十三村”的东南角，故名。聚落呈团块状。有东掌佛祖庙、东掌涌金阁、东掌毕家庙，东掌传统民居，现存为清代建筑遗构。有东掌石窟，现存为明代建筑遗构。2017 年被评为第五届全国文明村。乡村道路经此。

140404-B06-H05 **永丰**［Yǒngfēng］在区政府驻地韩店街道正南 16 千米。南宋镇辖行政村。人口 700。相传旧称“南掌”，因居于南宋镇中部南岭山脚，脚底为掌，故名。1981 年改名为永丰。聚落呈团块状。有永丰小学。有永丰煤业。2020 年被评为第六届全国文明村。乡村道路经此。

140404-B06-H06 **北宋**［Běisòng］在区政府驻地韩店街道正南 13 千米。南宋镇辖行政村。人口 1300。相传宋姓人家在五龙山南立庄居住，因北依五龙山，故名。聚落呈团块状。有南宋镇中学。有第六批省级文物保护单位北宋玉皇庙，现存正殿为元代建筑遗构，前殿为明代建筑遗构。有北宋遗址，为西周时期文化遗存。有北宋祖师庙、北宋村观音庙，现存皆为清代建筑遗构。县道司荫线经此。

140404-C01 **西池乡**［Xīchí Xiāng］上党区辖乡。在区境东部。面积 43 平方千米。人口 2.36 万。辖 16 行政村。乡人民政府驻西池村。1949 年属长治县第三区。1953 年设西池乡。1958 年，分属长治市卫星、红旗人民公社。1959 年，分属韩店、荫城镇人民公社。1961 年属仙泉人民公社。1984 年复置乡。2000 年西故县乡并入。2018 年 6 月 19 日，归属上党区管辖。因驻地得名。相传早年间此地连年干旱，众民盼水，积忧成疾，整日摆供焚香，祈盼龙王恩典。虔诚终于感动上苍，忽一夜大雨倾盆，平地尺水，乡民不忍积水白流，遂冒雨筑堤打围，殊不知水随人意，原地打转，形成大池。据此留下“一池定三村，东南西三分”的动人传说。该村因居池西，故名“西池”。地处太行山西麓中段，地势东高西低，地形分为山地和丘陵。有无名山尖，境内最高峰家村东南山尖位于郎家村东南，海拔 1127 米；最低点位于沙峪村正南，海拔 975 米。陶清河流经，属海河流域。有矿产资源煤炭、石灰岩等。有中小学、卫生院、文化广场。民俗有二仙奶奶“十转赛”。农业主产玉米、谷子、小杂粮，种植蔬菜、药材等。养殖以猪、牛、羊、家禽为主。工业以煤炭、石灰岩为主。土特产品柳编。青兰高速、省道长陵线经此。通公交车。

140404-C01-H01　**西池**［Xīchí］西池乡人民政府驻地。在区政府驻地韩店街道东南 8.7 千米。人口 1900。相传有“一池定三村，东南西三分”的传说，因该村居池西而得名。聚落呈团块状。有西池学校、西池乡卫生院。有西池烈士亭，为纪念参加临汾战役的张忠德和参加义城战役的呼存山等十五位烈士而立。有西池西庙、西池民居，现存皆为清代建筑遗构。省道长陵线经此。

140404-C02　**北呈乡**［Běichéng Xiāng］上党区辖乡。在区境西北部。面积 34 平方千米。人口 2.32 万。辖 12 行政村。乡人民政府驻北呈村。1949 年属长治县第三区。1953 年设北呈乡。1958 年属长治市卫星人民公社。1959 年属韩店人民公社。1984 年复置乡。2018 年 6 月 19 日，归属上党区管辖。因驻地得名。相传，北呈成村于汉。因长子县西北呈村有张、王、李、叶、闫五户迁于此建一小村，取西北呈迁此之意，故原名“小北呈”，随之人口发展，户数增多，将小字去掉，成名“北呈”。地处上党盆地东南边缘，地势略为东高西低，北高南低，地形分为平川、丘陵。有祭子岭、紫砂岭、山崇岭，境内最高峰祭子岭位于南呈村村东，海拔 1012 米；最低点陶清河滩位于上村村西，海拔 923 米。陶清河流经，属海河流域。有矿产资源煤炭。有中小学、文化广场、卫生院。有全国重点文物保护单位北和村炎帝庙。有西坡慈禧童年展览馆、南呈地道。农业主产玉米、谷子，种植蔬菜。养殖以猪、羊为主。服务业以零售为主。太焦铁路、二广高速、207 国道经此。通公交车。

140404-C02-H01　**北呈**［Běichéng］北呈乡人民政府驻地。在区政府驻地韩店街道西北 6.8 千米。人口 2500。相传因长子县西北呈村有五户迁于此建村，取西北呈迁此之意，得名小北呈，后因户数增多，去掉“小”字而得名。聚落呈团块状。有北呈初级中学、北呈乡卫生院。有北呈遗址，为商代文化遗存。省道长晋线经此。

140404-C02-H02　**北和**［Běihé］在区政府驻地韩店街道西北 3.6 千米。北呈乡辖行政村。人口 2400。因在淘清河北，取“五水之和”之意，故名。聚落呈团块状。有第七批全国重点文物保护单位炎帝庙，现存正殿为元代建筑遗构，其余皆为清代建筑遗构。县道长韩线经此。

140404-C02-H03　**北张**［Běizhāng］在县政府驻地韩店街道西北 3.6 千米。北呈乡辖行政村。人口 2600。相传在隋唐时，此地高岭血染黄沙，称“紫沙岭”，该村居紫沙岭北，张姓居此，故名。聚落呈团块状。有北张学校。有北张烈士亭，为纪念在抗日战争、解放战争中牺牲的宋天喜、牛钧、苗进保等八位烈士而立。有北张紫砂庙，现存为明代建筑遗构。有北张三嵕庙，现存为清代建筑遗构。2020 年被评为第六届全国文明村。省道长韩线经此。

140404-C03　**东和乡**［Dōnghé Xiāng］上党区辖乡。在区境西部。面积 33 平方千米。人口 2.06 万。辖 11 行政村。乡人民政府驻东和村。1949 年属长治县第三区。1953 年属三和乡。1958 年属长治市卫星人民公社。1959 年属韩店镇人民公社。1962 年设东和公社。1984 年改置乡。2000 年屈家山乡并入。2018 年 6 月 19 日，归属上党区管辖。因驻地得名。相传，很久以前，东和乡原系水泊一片，四周山涧有淘清河、八谏水、北丹水、南黎水、雄山水直泻泊里。曾有“环山水泊，五水之和”的传说。历经沧桑，水退地现，有人在此安居，因泊中荷花妖艳，曾称“芙蓉”。继后有景姓人迁居于此，建村躬耕，起名“景家庄”。随着岁月流逝，泊湖干涸。转至秦代，上党置郡，景家庄附近筑开官道，因此处有湖底污泥，地肥水丰。便有众多农夫迁居于此，围湖立庄。因湖西通淘入漳建村不便，东、西、北三方便先后有了村庄。取“五水之和”改“景家庄”为“东和”。地势较为平坦，呈河川地貌，地形分为山地、平原，境内最高峰唐王岭主峰位于皇后村西，海拔1148米；最低点位于西和村西，海拔937米。陶清河流经，属海河流域。有矿产资源煤炭、铁、硫铁等。有中小学、文化广场、卫生院。农业主产玉米、蔬菜。养殖以猪、羊为主。有雄山五矿。服务业以批发为主。瓦日铁路、二广高速、207国道经此。通公交车。

140404-C03-H01　**东和**［Dōnghé］东和乡人民政府驻地。在区政府驻地韩店街道西南3.5千米。人口3100。有汉族、回族。相传有“环山水泊，五水之和”的传说。原因泊中荷花妖艳，曾称芙蓉村，后有景姓人迁居于此，更名景家庄，后取“五水之和”之意改为东和。聚落呈团块状。有东和振东中学、安平希望小学、东和乡卫生院。有东和遗址，为商代文化遗存。有东和玉皇庙，现存为明代建筑遗构。有东和白衣阁、东和龙王阁、东和普济寺，皆为清代建筑遗构。东和村在唐朝永庆年间就以擀制毛毡、生产毡帽等羊毛制品而闻名。208国道经此。

140405　**屯留区**［Túnliú Qū］长治市辖区。在市区中西部。面积1142平方千米。常住人口25.38万。以汉族为主，还有回、蒙古、满、土家、白等民族。辖1街道、6镇、3乡。区人民政府驻麟绛街道。夏代属冀州。商、周时为黎侯领地。西汉时，置屯留、余吾两县，属上党郡。东汉时，余吾并屯留。三国、魏、晋时，袭东汉建制。北魏景明元年分置屯留寄氏两县，皆属上党郡。后寄氏并屯留。北齐时，取屯留并长子。隋开皇年间，复屯留，仍属上党郡。唐、五代时，袭隋建制，属潞州府。宋建中靖国元年，属河东路隆德府。明嘉靖八年至清，属潞安府。民国初属冀宁道，后属长治专员公署。抗日战争时期属太岳区。1941年初，划分屯留、漳西两县，后改划屯留、襄漳两县。1945年9月全县解放，恢复屯留建制，属长治专属。1949年属长治专区。1958年5月，屯留和长子合并，改名屯长县，属晋东南专属。1958年10月—1959年8月，屯长县并入长治市，长治市属晋东南专属，原屯留境域改名屯留联社。1959年9月—1961年4月，屯长县由长治市划出。1961年5月，撤销屯长县，复置屯留县，属晋东南专区。1985年，属长治市。2018年6月，撤销屯留县，设立屯留区。因商周为留吁方国，一名纯留国。后留吁并入晋国，称纯留。战国改屯留，汉置屯留县，故名，屯留一名沿用至今。地势西高东低。有老爷山、盘秀山。最高峰摩坷岭海拔1546.3米。最低点绛河与漳泽水库交汇处海拔895.9米。属暖温带半湿润大陆性季风气候，年均气温9.6℃，年均降水量538.6毫米，无霜期160天左右。绛河、岚水河、余吾河等流经。有矿产资源煤、煤层气、锰、铝、矾土等。有国家级重点保护野生动物猞猁、猎隼、游隼，有省级重点保护野生动物8种。有观赏、药用植物60余种。有中小学112所，屯留一中为山西省示范学校。有文化馆1个，公共图书馆1个，综合医院6个，妇幼保健机构1个、卫生院17个。有全国重点文物保护单位宝峰寺、蓬莱宫、先师和尚舍利塔，省级重点文物保护单位老爷山革命战斗遗址、脑张遗址、崇福院。有市级重点文物保护单位3处。有国家级非物质文化遗产屯留道情，有省级非物质文化遗产瞪眼家伙、羿神传奇。有地方民间艺术屯留大叶茶、八音会、布贴画艺术、金银器传统技艺等。有省级红色文化遗址抗大一分校北岗旧址、老爷山革命战斗遗址、魏拯民烈士故居、上党战役前方医院旧址。有古迹府君庙、玉溪禅院、佛爷庙等。有纪念地中共晋冀豫党校旧址、摩坷岭上党关遗址、磨盘脑战斗遗址、中共中央北方局特务连旧址等。有国家3A级旅游景区老爷山，有巍山森林公园。有知名人物魏拯民、宋冠英、武博山等。三次产业比4.7：76.5：18.8。农业主产玉米、小麦、谷子，种植蔬菜、中草药等。工业以煤炭、新型能源、电力为主。服务业以零售为主。土特产品羿神酒、屯留煎饼、盘秀牛肉、三和面、西贾大葱、玉米糁等。青兰、二广高速，208、309国道，省道沁长线、汾屯线、黄龙线经此。

140405-K01 **麟绛西大街**［Línjiàng Xīdàjiē］在城区中部。西起城西高店村，东至东外环路。与禹王北路、盘秀北路、建设北路等相交。长 3.8 千米，宽 18.6 米。沥青路面。1978 年建成。因境内麟山、绛水得名。两侧有人民医院等。为县城历史文化名街和重要商业街。通 5、108 路等公交车。

140405-K02 **麟绛东大街**［Línjiàng Dōngdàjiē］在城区中部。西起建设南路，东至城东羿神像。与翠屏南路、育才路、拯民路相交。长 1.7 千米，宽 18.4 米。沥青路面。1978 年建成。两侧有农商银行、县电力公司等。通 101、102 路等公交车。

140405-K03 **羿神西大街**［Yìshén Xīdàjiē］在城区中部。西起刘家坪村，东至建设南路。与禹王南路、盘秀南路、建设南路相交。长 2.1 千米，宽 18.4 米。沥青路面。1978 年建成。因境内神话传说羿射九日得名。两侧有协和医院等。通 106、107 路等公交车。

140405-K04 **羿神东大街**［Yìshén Dōngdàjiē］在城区中部。西起建设南路，东至城东羿神像。与翠屏路、育才路、拯民路相交。长 1.7 千米，宽 18.4 米。沥青路面。1978 年建成。两侧有农商银行、县电力公司等。通 1、2 路公交车。

140405-K05 **禹王北路**［Yǔwáng Běilù］在城区中部。北起新西街，南至麟绛西大街。与新西街、麟绛西大街相交。长 0.93 千米，宽 20 米。沥青路面。两侧有饭店、教育机构等。通 3 路公交车。

140405-K06 **禹王南路**［Yǔwáng Nánlù］在城区东部。北起麟绛西大街，南至巍山西大街。与麟绛西大街、羿神西大街、巍山西大街相交。长 2.2 千米，宽 20 米。沥青路面。两侧有饭店、旅馆、职教中心等。通 2、3 路等公交车。

140405-K07 **盘秀北路**［Pánxiù Běilù］在城区中部。北起瓶城西街，南至羿神西大街。与瓶城西街、永安街、羿神西大街相交。1949 年建成通车。1985 年铺设沥青路面。长 0.92 千米，宽 13 米。两侧有便利店、银行、小区、屯留中学等。通 5 路公交车。

140405-K08 **盘秀南路**［Pánxiù Nánlù］在城区东部。北起青兰线，南至羿神西大街。与羿神西大街相交。1949 年建成通车。1985 年铺设沥青路面。名称沿用至今。长 0.2 千米，宽 10 米。两侧有幼儿园、医院、百货批发等。

140405-K09 **建设北路**［Jiànshè Běilù］在城区中部。北起 208 省道，南至建设南路。与瓶城西街、白云街、麟绛西大街、羿神西大街相交。1949 年建成通车。1985 年铺设沥青路面。名称沿用至今。长 1.7 千米，宽 16 米。两侧有区委党校、百货商店、屯留会堂、世纪大厦等。通 1、7 路公交车。

140405-K10 **建设南路**［Jiànshè Nánlù］在城区中部。北起建设北路，南至 228 省道。与巍山西大街、003 乡道相交。1949 年建成通车。1985 年铺设沥青路面。名称沿用至今。长 3.86 千米，宽 16 米。两侧有加油站、区体育馆、区游泳馆等。通 5、109 路等公交车。

140405-K11 **瓶城西街**［Píngchéng Xījiē］在城区北部。西起瓶城东街，东至盘秀北路。与盘秀北路、建设北路相交。1949 年建成通车。1985 年铺设水泥路面。名称沿用至今。长 0.45 千米，宽 6 米。两侧有真泽宫、西关村、区孕妇急救中心等。

140405-K12 **瓶城东街**［Píngchéng Dōngjiē］在城区中部。西起 228 省道，东至瓶城西街。与建设北路、228 省道相交。1949 年建成通车。1985 年铺水泥青路面。名称沿用至今。长 1.33 千米，宽 3.5 米。两侧有屯留五中、城关小学、东关村等。

140405-K13 **东外环路**［Dōngwàihuán Lù］在城区东部。北起青兰线，南至羿神东大街。与绛河、瓶城东街、白云街、羿神东大街相交。长 3.1 千米，宽 16 米。沥青路面。两侧有装修公司、住宅小区、绛河等。通 3 路公交车。

140405-A01 **麟绛街道**［Línjiàng Jiēdào］属屯留区，是屯留区人民政府驻地。在区境中部偏南。面积 56 平方千米。人口 8.52 万。以汉族为主，另有满、回等民族。辖 5 社区、28 行政村。1949 年属屯留县第一区。1956 年分属屯留乡、西贾乡、鸣水乡、西故县乡。1958 年属屯长县屯留卫星人民公社。1959 年属屯留人民公社。1961 年，将屯留人民公社更名为城关人民公社。1984年4月，撤销城关人民公社，设立城关镇。2000年12月，更名为麟绛镇。2018年6月19日，归属屯留区管辖。2020年3月，设立麟绛街道。2021年4月，撤销西贾乡，将原西贾乡的西贾、罗家庄、东贾、牛角川4个村委会划归麟绛街道管辖。因县境古有麟山、绛水，各取一字得名。地处绛河中游，地势东高西低，地形为丘陵、平川。境内最高点七星台位于西河北村北部，海拔945米；最低点圪洞沟位于杨家湾村西部，海拔921米。绛河流经，属海河流域。有矿产资源煤炭、煤层气、砖瓦黏土。有中小学、卫生所。古迹有树人小学旧址、高店真武庙、郭村天主堂、中藕文昌庙。有县烈士陵园。休闲场所有水上公园、城东森林公园等。农业主产玉米、小麦、谷子，种植蔬菜。养殖以猪、羊、家禽为主。土特产品羿神酒、屯留煎饼、盘秀牛肉。有化工、泵业、铝塑科技等企业。服务业以批发为主。309国道、省道黄龙线经此。通多路公交车。

140405-A01-H01 **沙家庄**［Shājiāzhuāng］在区政府驻地麟绛街道南2.5千米。麟绛街道辖行政村。人口750。相传该村由沙姓开荒地所建，后沙姓离去，村民为纪念此人，故名。聚落呈团块状。有第六批省级文物保护单位长治航空俱乐部旧址，长治航空俱乐部成立于1958年，沙家庄机场建成于1969年。县道屯际线经此。

140405-B01 **上村镇**［Shàngcūn Zhèn］屯留区辖镇。在区境东南部。面积36平方千米。人口2.45万。辖16行政村。镇人民政府驻上村。1949年属屯留县第二区。1956年属上村乡。1958年属屯长县星火人民公社。1959年属路村人民公社。1961年属屯留县上村人民公社。1984年4月，撤销上村人民公社，设立上村乡。2000年12月，更名为上村镇。2018年6月19日，归属屯留区管辖。因驻地得名。因地势居高为“上”，当地人习称“上村”。绛河流经，属海河流域。有矿产资源煤炭、耐火黏土、硫铁等。有小学、卫生所。有岗头关帝庙、冀南纵队指挥所旧址、王庄无染原罪圣母堂等。农业主产玉米，种植蔬菜。养殖以猪、羊、家禽为主。有煤矿、矿机配件厂等。服务业以商贸为主。青兰、二广高速，208、309国道经此。通公交车。

140405-B01-H01 **上村**［Shàngcūn］上村镇人民政府驻地。在区政府驻地麟绛街道东9.7千米。人口3010。相传建村时在积石的西边，地势高于积石村，故名。聚落呈团块状。有上村中学、上村镇卫生院。上党战役时期曾为我军冀南纵队指挥部。有后河遗址，为新石器时代、东周时期文化遗存。有上村赛庙，现存西院正殿为元代遗构，其余为清代建筑遗构。有上村南大庙、上村关帝庙，现存皆为清代建筑遗构。208国道经此。

140405-B01-H02 **王庄**［Wángzhuāng］在区政府驻地麟绛街道东北6.5千米。上村镇辖行政村。人口1590。聚落呈团块状。2020年被评为第六届全国文明村。208国道、309国道经此。

140405-B02 **渔泽镇**［Yúzé Zhèn］屯留区辖镇。在区境南部。面积28平方千米。人口2.4万。辖1社区、10行政村。镇人民政府驻北渔泽。1949年属屯留县第二区。1956年，分属中华乡、上村乡、常村乡。1958年属屯长县星火人民公社。1959年属路村人民公社。1961年，分属屯留县路村、上村人民公社，辖顾车、北渔泽、辛安庄、南渔泽4个生产大队。1964年，增设北岗人民公社。1984年4月，撤销北岗人民公社，设立北岗乡，改辖10个村民委员会。2000年12月，将北岗乡更名为渔泽镇。2018年6月19日，归属屯留区管辖。因驻地得名。该村古时水泽鱼类繁多，人们以打鱼为生而得名渔泽村。地处小韩山南侧，地势北高南低，地形为平川。有小韩山，境内最高峰小韩山位于东古村，海拔1204米；最低点漳泽水库库区位于峪里村，海拔903米。有矿产资源煤炭、耐火黏土、硫铁等。有中小学、文化站、卫生院。有省级红色文化遗址抗大一分校北岗旧址，有中共中央北方局旧址。农业主产玉米、蔬菜等。养殖以猪、羊、牛、家禽为主。有东古工业园。有煤矿、生物科技公司等企业。服务业以商贸、餐饮为主。青兰、二广高速，208、309国道经此。通公交车。

140405-B02-H01 **北渔泽**［Běiyúzé］渔泽镇人民政府驻地。在区政府驻地麟绛街道东北10千米。人口1300。相传此地是一片沼泽，鱼类繁多，此村建在渔泽之北，故名。聚落呈团块状。有北渔泽遗址，为商代、东周时期文化遗存。有北渔泽墓群，为战国时期文化遗存。有北渔泽传统民居，现存为清代建筑遗构。有长治市双康食品有限公司、山西潞安工程有限公司矿建分公司。208国道经此。

140405-B02-H02　**岗上**［Gǎngshàng］在区政府驻地麟绛街道东北 12.3 千米。渔泽镇辖行政村。人口 2600。相传根据村形归纳为八瓣莲花得名“莲花窝”，后因村东有卧龙岗改名为龙岗，沟南为南岗，沟北为北岗，北岗位置较高，抗战时期俗称“岗上”。2016 年，为纪念革命先辈在这片土地上的付出与牺牲，改为今名。聚落呈团块状。2020 年被评为第六届全国文明村。309 国道、省道二浙线经此。

140405-B02-H03　**寺底**［Sìdǐ］在区政府驻地麟绛街道东北 12.8 千米。渔泽镇辖行政村。人口 1400。相传唐朝年间，在村北高山顶上建立广泉寺，因村在寺院之下而得名。聚落呈条带状。有渔泽镇中学。有市级文物保护单位中共晋冀豫党校旧址，1938 年 8 月至 1939 年 6 月，进驻该村府君庙，对外称“抗日政治学校”。有朱瑞路居、晋冀豫区委政治部旧址、晋冀豫区委政治部管理科旧址、黄河日报编辑部旧址、黄河日报印刷厂旧址。有寺底村烈士碑，为纪念抗日战争时期李全保等十五位烈士的姓名与解放战争时期李安民等 11 位烈士而立。有市级文物保护单位广泉寺石窟，为北魏时期文化遗存。有山西鑫丰腾达选煤有限公司。省道屯龙经此。

140405-B02-J01　**常村社区**［ChángcūnShèqū］属渔泽镇。在区政府驻地麟绛街道东北 10 千米。人口 8200。因隶属潞安集团常村煤矿而得名。2019 年改为常村社区。有 7 座居住小区。有常村矿小学、常村矿少年宫。2014 年被评为省文明社区。208 国道、省道二浙线经此。

140405-B03　**余吾镇**［Yúwú Zhèn］屯留区辖镇。在区境西南部。面积 144 平方千米。人口 2.45 万。辖 22 行政村。镇人民政府驻余吾。1949 年属屯留县第三区。1956 年属余吾乡。1958 年属屯长县余吾丰收人民公社。1959 年属余吾人民公社。1961 年，分属屯留县余吾人民公社。1984 年 4 月，撤销余吾人民公社，设立余吾镇。2000 年 12 月，将上莲乡并入余吾镇。2018 年 6 月 19 日，归属屯留区管辖。余吾镇，据《竹书纪年》载：“太丁四年，周人伐余无之戎，克之”，由此得名，素有“古纯名镇”之名。地处老爷山南麓，地势西北高、东南低，地形分为丘陵、平川。有老爷山，境内最高峰磨盘脑位于交川村北部，海拔 1266 米；最低点莲花洞位于莲村南部，海拔 925 米。余吾河、下上莲河流经，属海河流域。有矿产资源煤炭。有中小学、文化站、卫生所。有省级红色文化遗址上党战役前方医院旧址、老爷山革命战斗遗址。有革命遗址太岳纵队指挥所旧址、上党战役晋冀鲁豫军区指挥所旧址。有古迹南北古牌坊、二仙头苗家祠堂、金禅寺莲花舍利塔。有老爷山风景区。农业主产玉米、小麦、核桃，种植药材、蔬菜。养殖以猪、羊、兔、家禽为主。有煤业、热电厂、煤基合成油公司等企业。服务业以批发为主。309 国道经此。通公交车。

140405-B03-H01　**东街**［Dōngjiē］余吾镇人民政府驻地。在区政府驻地麟绛街道西北 7.5 千米。人口 720。《竹书纪年》载：“太丁四年，周人伐余无之戎，克之。”相传周朝时徐姓得名徐吾，战国时，将徐吾改为余吾，又因位于东部而得名。聚落呈团块状。有屯留四中、余吾寄宿制小学、余吾镇卫生院。有东街村遗址，为汉代文化遗存。县道老柳线经此。

140405-B03-H02　**北街**［Běijiē］在区政府驻地麟绛街道西北 8.5 千米。余吾镇辖行政村。人口 700。《竹书纪年》有：“太丁四年，周人伐余无之戎，克之”。相传周朝时徐姓得名徐吾，战国时，将徐吾改为余吾，又因位于北部而得名。聚落呈团块状。有第六批省级文物保护单位上党战役前方医院旧址，为村民李金榜家院，现保存较完整。有北街村牌坊，现存为清代建筑遗构。县道老柳线经此。

140405-B04　**吾元镇**［Wúyuán Zhèn］屯留区辖镇。在区境西部。面积 163 平方千米。人口 1.59 万。以汉族为主，另有彝、傣等民族。辖 17 行政村。镇人民政府驻吾元。1949 年属屯留县第三区、第五区。1956年属吾元乡。1958年属屯长县吾元烽火人民公社。1959年属吾元人民公社。1984年4月，撤销吾元人民公社，设立吾元镇。2000年12月，将西村乡、东坡乡并入吾元镇。2018年6月19日，归属屯留区管辖。因驻地得名。早年，武姓占据此地，称霸一方，先名“武元”，意“武氏开元”。后谐音得名吾元村。地处老爷山西南部，地势西高东低、南低北高，地形分为丘陵、山区。境内最高点胡彦沟位于岭村境内，海拔1534米；最低点郭家洼位于燕栗村境内，海拔956米。谷河、庶纪河、晋元河流经，属海河流域。有矿产资源煤炭、天然气等。有小学、文化站、卫生所。有革命遗址晋冀鲁豫军区部队弹药库旧址、太岳纵队七七二团粮库旧址、太岳纵队二十团休整旧址等。农业主产玉米、谷子，种植蔬菜。养殖以猪、羊、牛、家禽为主。服务业以商贸为主。通公交车。

140405-B04-H01 **吾元**［Wúyuán］吾元镇人民政府驻地。在区政府驻地麟绛街道西北20.9千米。人口1300。因早年武姓居此，取“武氏开元”而得名武元，后演变为吾元。聚落呈团块状。有吾元寄宿制小学、吾元镇卫生院。有吾元遗址，为汉代文化遗存。有吾元烈士墓群，为纪念太岳部队五十九团在罗村东河战斗中牺牲的57名战士而立。县道红官线经此。

140405-B05 **张店镇**［Zhāngdiàn Zhèn］屯留区辖镇。在区境西部。面积294平方千米。人口2.09万。辖23行政村。镇人民政府驻张店。1949年属屯留县第五区。1953年设张店乡。1958年属屯长县北张店上游人民公社。1961年属张店人民公社。1984年改置镇。2000年丈八庙、宜林、八泉3乡并入。2018年6月19日，归属屯留区管辖。因驻地得名。古时一户张姓在路旁开店，大有名气而得名张店村。地势西部明显高于东部。平均海拔1000米，驻地平均海拔1312米。绛河、西上村河、八泉河等流经，属海河流域。有中小学、文化站、卫生所。有景点盘秀山风景区、寨上村绛河源头、南凹段化石出土点等。农业主产玉米、小麦、谷子，种植蔬菜、药材等。养殖以猪、家禽、兔为主。309国道、省道汾屯线经此。通公交车。

140405-B05-H01 **张店**［Zhāngdiàn］张店镇人民政府驻地。在区政府驻地麟绛街道西25.2千米。人口1440。相传因一户张姓路旁开店，大有名气而得名。聚落呈条带状。有屯留三中、张店寄宿制小学、张店中心卫生院。有东坪墓群，为唐代墓葬遗存。309国道、341国道经此。

140405-B06 **丰宜镇**［Fēngyí Zhèn］屯留区辖镇。在县境西南部。面积137平方千米。人口1.94万。辖14 行政村。镇人民政府驻丰宜。1949年属屯留县第四区。1956年，分属崔郭乡、丰宜乡、吴寨乡。1958年属屯长县鲍店红专人民公社。1959年属丰宜人民公社。1961年属屯留县丰宜人民公社，1984年4月，撤销丰宜人民公社，设立丰宜镇。2000年12月，将西流寨乡并入丰宜镇。2018年6月19日，归属屯留区管辖。2021年4月，撤销西贾乡，将原西贾乡东庄、茶棚、崔郭、杜村、李家沟5个村委会划归丰宜镇管辖。因驻地得名。明朝朱洪武年间，冯、倪两家同迁此定居，取名“冯倪”村。清初年，两家富豪向朝廷进贡，礼仪丰厚，龙颜大悦，赐名“丰仪”。得天时，此地连年宜收，改名“丰宜”。地处盘秀山南麓腹地，地势西高东低，地形为丘陵、山地。有盘秀山，境内最高峰摩坷岭位于丰宜镇西部，海拔1575米；最低点南河洼位于洼沟村境内，海拔1156米。岚河、石泉河、黑家口河流经，属海河流域。有矿产资源煤层气、煤炭等，有森林资源、野生动物等。有中小学、文化站、卫生所。有王家大院旧址、上党关遗址等。农业主产玉米、小麦、谷子，种植蔬菜。养殖以猪、羊、牛、家禽为主。工业以建材为主。服务业以批发为主。青兰高速经此。通公交车。

140405-B06-H01 **丰宜**［Fēngyí］丰宜镇人民政府驻地。在区政府驻地麟绛街道西南16.8千米。人口2400。相传明洪武年间，冯、倪两家同迁此定居，取名冯倪。清初年，两家富豪向朝廷进贡，龙颜大悦，赐名“丰仪”，又因此地连年宜收而得名。聚落呈团块状。有丰宜镇中学、丰宜小学、丰宜镇卫生院。有丰宜村桥，现存为金代建筑遗构。有丰宜文昌阁，现存为明代建筑遗构。有丰宜牌楼，为清代建筑遗构。有屯留区丰宜志丰畜禽养殖专业合作社。县道常庙线经此。

140405-C01　**李高乡**［Lǐgāo Xiāng］屯留区辖乡。在区境东南部。面积 76 平方千米。人口 3.84 万。以汉族为主，另有蒙古、白、土家等民族。辖 17 行政村。乡人民政府驻东李高。1949 年属屯留县第一区。1956 年属李高乡。1958 年属屯长县李高人民公社。1961 年属屯留县李高人民公社，1984 年 4 月，撤销李高人民公社，设立李高乡。2000 年 12 月，将高头寺乡并入李高乡。2018 年 6 月 19 日，归属屯留区管辖。2021 年 4 月，撤销西贾乡，将原西贾乡五里庄、西魏、张贤、后宅 4 个村委会划归李高乡管辖。因驻地得名。很久以前一位姓李的家族最先来到这里建村居住，而李高的地势又相对周边比较高一些，故得名李高村。绛河流经，属海河流域。有矿产资源煤炭。有小学、文化站、卫生院。有省级非物质文化遗产东史村瞪眼家伙。有古迹西魏村脑张遗址、西魏村舍利塔，有两看戏台、农民协会旧址、常珍奶奶庙、常金府君庙。农业主产玉米、小麦、蔬菜。养殖以猪、家禽为主。工业以医药、食品、机械制造、新能源、新材料为主。有煤矿、机械厂、制药厂、食品厂等。服务业以商贸、餐饮为主。二广高速、208 国道经此。通公交车。

140405-C01-H01　**东李高**［Dōnglǐgāo］李高乡人民政府驻地。在区政府驻地麟绛街道东南 7.6 千米。人口 2130。相传有一李姓人家在此建村，该村所处地势较高，随着人口的增加，李高村分为东、西、下三个村，故名。聚落呈团块状。有李高中学、李高小学、李高乡中心卫生院。有李高遗址，为新石器时代、东周时期文化遗存。有东李高遗址，为夏代、东周时期文化遗存。有东李高墓群，为汉代文化遗存。县道鸦李线经此。

140405-C01-H02　**古城**［Gǔchéng］在区政府驻地麟绛街道南 6.5 千米。李高乡辖行政村。人口 2560。《汉书》卷 28《地理上》上党郡有屯留县，《括地志》卷 2 潞州长子县：“屯留古城，在潞州长子县东北三十里，本汉屯留县城”，即此，故名。聚落呈团块状。有古城城址，为东周时期文化遗存。有古城古遗址，为新石器时代、商代、东周、汉代文化遗存。有古城李氏祠堂，现存为清代建筑遗构。县道常庙线经此。

140405-C01-H03　**张贤**［Zhāngxián］在区政府驻地麟绛街道南 6.1 千米。李高乡辖行政村。人口 1250。相传为上古时期为民射日除害的羿神在人间的化身张三嵕的故里，也是西汉名将张良的故里，二者都是“贤人”，故名。聚落呈团块状。有张贤寄宿制小学。有张贤村墓群，为东周、汉代文化遗存。有东南坡墓群，为东周时期文化遗存。省道屯龙线、县道常苗线经此。

140405-C01-H04　**西魏**［Xīwèi］在区政府驻地麟绛街道东南 4 千米。李高乡辖行政村。人口 670。相传魏姓在此建村，定名魏村，为区别于东边的魏村，故名。聚落呈团块状。有西魏村遗址，为新石器时代、夏代、商代、东周、汉代文化遗存。有西魏村墓群，为东周、汉代文化遗存。有西魏舍利塔，现存为明代建筑遗构。省道屯龙线、县道鸦李线经此。

140405-C02　**路村乡**［Lùcūn Xiāng］屯留区辖乡。在区境东北部。面积 73 平方千米。人口 3.22 万。辖 20 行政村。乡人民政府驻路村。1949 年属屯留县第二区。1956 年属路村乡。1958 年属屯长县路村星火人民公社。1959 年属路村人民公社。1961 年属屯留县路村人民公社。1984 年 4 月，撤销路村人民公社，设立路村乡。2000 年 12 月，将西洼乡并入路村乡。2018 年 6 月 19 日，归属屯留区管辖。因驻地得名。古时，村西北禹王山有泉水流至门前沟，漏入地下，起名“漏村”。后“漏”演变为“路”。南浒庄河流经，属海河流域。有矿产资源煤炭。有中小学、文化站、卫生院。有全国重点文物保护单位石室村蓬莱宫、姬村宝峰寺，省级文物保护单位王村崇福院。有省级红色文化遗址魏拯民烈士故居。农业主产玉米、小麦，种植蔬菜。养殖以猪、羊为主。工业以煤化工为主。企业有焦化厂、电厂、洗煤厂等。服务业以运输为主。二广高速，208、309 国道，省道黄龙线经此。通公交车。

140405-C02-H01　**路村**［Lùcūn］路村乡人民政府驻地。在区政府驻地麟绛街道东北 8.6 千米。人口 3050。相传村西北泉水由龙王沟流至门前沟漏入地下，得名漏村，后演变为今名。聚落呈团块状。有路村中学、路村乡卫生院。有路村观音堂，现存为清代建筑遗构。有徐世勋宅院等传统民居群，现存为清代建筑遗构。省道屯龙线经此。

140405-C02-H02 **王村**［WángCūn］在区政府驻地麟绛街道北 7 千米。路村乡辖行政村。人口 2860。相传因村北有一王坟，后在坟南建村，得名王村。聚落呈团块状。有王村学校。有第三批省级文物保护单位王村崇福院，现存为金元时期建筑遗构。省道屯龙线经此。

140405-C02-H03 **石室**［Shíshì］在区政府驻地麟绛街道东北 4.7 千米。路村乡辖行政村。人口 1230。相传因村子建在石头山的南边而得名。聚落呈团块状。有第七批全国重点文物保护单位石室蓬莱宫，现存正殿、圣母殿与祖师殿为明代建筑遗构，其余为清代建筑遗构。有石室遗址，为新石器时代、夏代、商代文化遗存。省道屯龙线经此。

140405-C02-H04 **姬村**［Jīcūn］在区政府驻地麟绛街道东北 10 千米。路村乡辖行政村。人口 1570。聚落呈团块状。有第六批全国重点文物保护单位宝峰寺，现存五方佛殿为元代建筑遗构，其余皆为明代建筑遗构。有姬村观音堂，现存为清代建筑遗构。省道屯龙线经此。

140405-C03 **河神庙乡**［Héshénmiào Xiāng］屯留区辖乡。在区境中部偏西。面积 84 平方千米。人口 1.77 万。辖 18 行政村。乡人民政府驻河神庙。1949 年属屯留县第四区。1956 年，分属西故县乡、河神庙乡。1958 年属屯长县屯留卫星人民公社。1959 年属屯留人民公社区。1961 年属屯留县河神庙人民公社。1984 年 4 月，撤销河神庙人民公社，设立河神庙乡，属屯留县。2018 年 6 月 19 日，归属屯留区管辖。因驻地得名。古时平阳大道所经河畔有一河神庙，当地百姓信奉朝拜很灵验而得名河神庙村。地处盘秀山东部，地势西高东低，地形分为山区、丘陵。境内最高峰黑石岭位于任家庄村北部，海拔 1341 米；最低点南河壕位于司家沟村南部，海拔 933.3 米。绛河、西曲河、枣臻河流经，属海河流域。有刺槐、油松等森林资源；黄刺梅、沙棘等野生乔木、灌木；党参、连翘、柴胡、知母、桔梗、车前子、茵陈、大黄、黄芪等中药材资源。有矿产资源煤炭。有小学、文化站。有革命遗址西故县抗日民兵殉难地遗址。有屯绛八一水库风景旅游区、屯阳湾旅游度假村、隋唐农民起义英雄王伯当落难遗址等景点。农业主产玉米、谷子，种植蔬菜。养殖以猪、羊、牛、家禽为主。土特产品“珍珠黄”小米。服务业以运输、旅游为主。309 国道经此。通公交车。

140405-C03-H01 **河神庙**［Héshénmiào］河神庙乡人民政府驻地。在区政府驻地麟绛街道西 13.7 千米。人口 1720。相传该村的光济桥下有一河神庙，故名。聚落呈条带状。有河神庙乡第一寄宿制小学、河神庙乡卫生院。309 国道经此。

140405-C03-H02 **王墓岭**［Wángmùlǐng］在区政府驻地麟绛街道西 12.3 千米。河神庙乡辖行政村。人口 830。相传唐将王伯当领兵征战，阵亡于此地，后修庙建墓立碑，以示纪念，故名。聚落呈团块状。有王伯当墓，为隋代墓葬。有王墓岭奶奶庙，现存为明清时期建筑遗构。乡村道路经此。

140406 **潞城区**［Lùchéng Qū］长治市辖区。在市区东北部。面积 615 平方千米。常住人口 21.93 万。以汉族为主，另有回、满等民族。辖 3 街道、4 镇、1 乡。区人民政府驻潞华街道。夏属冀州。殷商时代属微子封地，称微子国。西周称潞子国。春秋时属潞子婴儿国。秦置潞县，县治在今古城村，属上党郡。北魏太平真君十一年（450 年）废入刈陵县。隋开皇十六年（596 年）始称潞城县，治所在今市区，属潞州。唐天祐二年（905 年）改称潞子县，属潞州。五代后唐同光元年（923 年）复称潞城县，属潞州。北宋属隆德府。金、元属潞州。明嘉靖八年（1529 年）属潞安府。清因之。1912 年废府。1913 年属中路道。1914 年属冀宁道。1927 年废道直属山西省。1937 年属山西省第五行政区。抗日战争时期属晋冀豫边区太行区第四专区。1945 年属晋冀豫边区太行区第三专区，后属第二专区。1949 年属山西省长治专区。1954 年与长治县合称潞安县，县治为长治市。1962 年复置潞城县，属晋东南专区。1967 年属晋东南地区。1983 年属长治市。1994 年撤县设市，由长治市代管。2018 年 6 月 19 日，撤销潞城市，设立长治市潞城区。因辖区潞水（今浊漳河）贯穿境内，且潞子国建城，得名潞城。地处太行山西麓，上党盆地东北边缘。境内东部多为山区，中部多为平川，西部多为丘陵。最高点大禹垴海拔1316.1米，最低点辛安河谷海拔616米。属暖温带半湿润大陆性季风气候，年均气温9.5℃。年均降雨量503.7毫米，年均日照时数2434.9小时，年无霜期176天。浊漳南源、浊漳河、大南河、百里滩河、漫流河流经，属海河流域。有野生动物83种，野生植物212种。有矿产资源煤、石灰岩、石膏、白云石、铝土矿、铁矿、水泥粘土等10多种，其中白云石储量约2.2亿吨，占到山西省已探明储量的90%。有中小学82所，文化馆1个，公共图书馆1个，档案馆1个，体育场馆1处。有医院、卫生院11所，疾病预防控制中心1所，妇幼保健院1所。有全国重点文物保护单位辛安原起寺、东邑龙王庙、李庄文庙、李庄武庙、潦河头关帝庙、八路军总司令部北村旧址。有省级重点文物保护单位潞城市合室遗址、潞河古城及墓地、八路军军工部垂阳兵工厂旧址、八路军太南办事处台东情报站旧址等。有国家级非物质文化遗产上党落子、民间社火，有省级非物质文化遗产上党乐户（西流村王家乐户）。有省级红色文化遗址潞城县抗日民主政府旧址等6处。有地方民间艺术社火、上党落子、扛桩、晃杆、踩跷、旱船、龙灯、竹马、狮子舞、擢、打花棍等。重要纪念地有潞宝工业园区毛主席博物馆、毛主席纪念园、神头之战纪念园、潞城区烈士陵园、石梁烈士陵园等。有省级风景名胜区卢医山森林公园。有南华公园、水系民俗文化公园、石窟湿地公园等休闲场所。有知名人物冯奉世、关舟、何树森等。农业以种植业为主，主产玉米、小麦、谷子，种植核桃、大葱、红缨椒、旱地西红柿等。工业以化肥、电力、混凝土、煤炭、煤焦化等为主。服务业以金融、商贸、物流为主。太焦、瓦日、邯长铁路过境设站。青兰高速、207、309国道，省道太长线、河潞线、李东线经此。有长治王村机场。

140406-F01 **府前广场**［Fǔqián Guǎngchǎng］在区境中部。南侧为城内正街，西侧为府西北路，北侧为府前街。总面积3.8万平方米。2003年兴建，2005年竣工。因位于潞城区人民政府办公大楼前而得名。广场上有潞城人民大礼堂、省级文保单位潞城文庙、草坪、大型电子显示屏等。

140406-K01 **学府街**［Xuéfǔ Jiē］在区境北部。西起新华路，东至东华路。与西华北路、府西北路、府东北路相交。长2.7千米，宽40米。沥青路面。2002年始建。2003年扩建，2009年建成。因地处区政府北，又连接多所中小学得名。两侧有潞城一中、四中、职业中等技术学校、育才小学、实验小学等。通601、605路等公交车。

140406-K02 **中华大街**［Zhōnghuá Dàjiē］在主城区中心。西起环西路（环岛路口），东至环东路。与东华路、府东路、府西路、西华路、新华路相交。长6.4千米，宽40米。沥青路面。1976年建成，1985、1993、1996、2003年屡经改建。两侧有世纪广场、城西水系公园等。通313、902路等公交车。

140406-K03 **府西路**［Fǔxī Lù］在主城区中心。北起北华街，南至南华街。与学府街、中华大街相交。长2.4千米，宽30米。沥青路面。1990年建成。因在潞城区政府西得名。路东有南华公园。通601、602路等公交车。

140406-K04 **府东北路**［Fǔdōng Běilù］在主城区中心。北起学府街，南至府东南路。与东关正街、中华街相交。长0.45千米，宽19.5米。府东路原名东风路，后改为卢山路，1998年改为府东路。两侧有体育广场、育才小学、城关小学、工商银行、中府楼等。

140406-K05 **府东南路**［Fǔdōng Nánlù］在主城区中心。北起府东北路、南至无名道路。与中华街、南华东街相交。长0.71千米，宽19.5米。府东路原名东风路，后改为卢山路，1998年改为府东路。两侧有面粉有限公司、交通局、中福佳园小区等。

140406-K06 **南华西街**［Nánhuá Xījiē］在城区中部。西起南华东街，东至环西路。与新华南路、西华南路相交。长2.13千米，宽50米。沥青路面。两侧有区实验中学、商贸广场、区人民医院、南华公园等。通13、313路等公交车。

140406-K07 **南华东街**［Nánhuá Dōngjiē］在城区南部。西起324省道，东至南华西街。与府东南路、天脊大道相交。长3.24千米，宽30米。沥青路面。两侧有小区等。通13路公交车。

140406-K08 **新华南路**［Xīnhuá Nánlù］在主城区南部。北起新华北路，南至乌海线。与南华西路、环西路、乌海线相交。长1.8千米，宽18米。沥青路面。两侧有888财富广场等。通13、633路等公交车。

140406-K09 **西华北路**［Xīhuá Běilù］在主城区北部。北起北华新街，南至中华新街。与学府西街，双拥街相交。全长1千米，宽45米。水泥路面。两侧有执法大队等。通313路公交车。

140406-K10 **西华南路**［Xīhuá Nánlù］在主城区中心。北起西华北路，南至站前街。与合意街、南华西街相交。长1.18千米，宽45米。1990年开通，1995—1996年拓建，2017年新建南端延伸工程与新建站前街贯通。水泥路面。两侧有旅馆、饭店、商贸广场等。通313、13路等公交车。

140406-K11 **新华路**［Xīnhuá Lù］在主城区中部。北起新华北路，南至新华南路。与人民街，中华西街相交。长3.3千米，宽40米。沥青路面。两侧有小区、酒店等。通607路公交车。

140406-K12 **新华北路**［Xīnhuá Běilù］在主城区西部。北起北华西街，南至新华路。与学府西街，西华北路相交。原为309国道，后因建造城市交通压力改道环西路，变为城市道路，取名新华路。长1千米，宽15米。沥青路面。两侧有西华苑小区、国税局、交通警察大队、协和医院、潞城汽车站、烟草专卖局、实验中学、晋水医院等。通313路、902路等公交车。

140406-K13 **北华西街**［Běihuá Xījiē］在主城区北部。西起北华东街，东至新华北路。与府西北路、庆丰路相交。长2.8千米，宽19.6米。沥青路面。两侧自西向东有环城水系、西村、西贾村、东贾村、山底村、教师进修校、基督教堂等。通潞城—石梁公交车。

140406-K14 **北华东街**［Běihuá Dōngjiē］在主城区北部。西起乌海线，东至北华西街。与东华路、乌海线相交。长2.8千米，宽19.6米。两侧有食物科技园区、职业高中等。通潞城—石梁、潞城—王山坪公交车。

140406-A01 **潞华街道**［Lùhuá Jiēdào］属潞城区，是潞城区人民政府驻地。在区境西南部。面积138.4平方千米。人口8.83万。辖19社区、22行政村。1945年属第一区。1954年属潞城镇。1956年属潞城乡。1958年属中苏友好人民公社。1959年属五一人民公社。1961年属潞城县，设城关人民公社。1984年撤销城关人民公社，设城关镇。1994年属潞城市。2000年撤销城关镇，设立潞华街道。2018年6月19日，归属潞城区管辖。2021年3月，撤销合室乡，整建制并入潞华街道。“潞”：漳河古称潞水，且位于中华大街北侧，故取“华”字来命名，称潞华街道。地势南北高、中间低，地形为丘陵山区、平川区。有羊神山、天家山、卢医山。黄碾河流经，属海河流域。有野生动物山鸡、山雀、乌鸦、喜鹊等；有野生植物蒙古栎、臭椿、酸枣等；有矿产资源石灰岩、白云石、石膏。有中小学、图书馆、文化馆、广场。有黄龙洞旧石器遗址、合室新石器遗址、文庙、“卢山叠翠”“天冢鸣凤”等景点。有董天知将军殉难纪念地。有卢医山森林公园。农业主产玉米、小麦、谷子、高粱。养殖以猪、羊、牛、家禽为主。工业以彩色印刷、农产品加工、选煤为主。服务业以旅游、商贸、餐饮为主。土特产品贾村豆腐。邯长铁路经此，设潞城站。青兰、长治绕城高速，207、309国道经此。有潞城汽车客运站。通多路公交车。

140406-A01-J01 **南关社区**［Nánguān Shèqū］属潞华街道。在区政府驻地潞华街道南200米。面积1.4平方千米。人口1020。2002年成立。因在原城关南部而得名。有御苑小区、丰隆泽福湾住宅小区、潞城区人民医院等。有县级文物保护单位潞城烈士陵园，1946年潞城县政府为纪念在抗日与解放战争中牺牲的烈士而修建。2014年被评为省文明社区。通潞城623、潞城616、潞城651、潞城652路公交车。

140406-A01-H01 **合室**［Héshì］在区政府驻地潞华街道北5.3千米。潞华街道辖行政村。人口3130。因村周围小山环合而得名。村中关帝庙匾额上原书“阁室村”，明万历《潞城县志》载为合室里。聚落呈团块状。有合室中学、合室小学。有第一批省级重点文物保护单位合室遗址，为新石器时代、夏代、商代、东周时期文化遗存。有牛王庙、南桥，皆为清代建筑遗构。有冯氏宅院、018国际电台站旧址，皆为民国时期建筑遗构。有山西依依星科技有限公司。有花椒、柿子、核桃等经济作物。县道石潞线经此。

140406-A02 **成家川街道**［Chéngjiāchuān Jiēdào］属潞城区。在区境南部。面积77平方千米，人口2.98万。辖1社区、18行政村。1949年，境域属潞城县第一、二区。1954年，设潞安县东邑乡。1958年属长治市潞城镇，同时黄池乡划归平顺县。1958年属长治市中苏友好公社。1961年属东邑公社。1984年，东邑公社改东邑乡。2000年，潞城市撤乡并镇，黄池、东邑2个乡合并为成家川街道。2018年6月19日，归属潞城区管辖。最早记载见明初，潞城县葛井乡成家川里。因当时以成姓户居多而得名成家川村（有成姓早期墓碑为证）。故名成家川街道。地势西高东低，西北部为平川区，东南部为丘陵山区。有葛井山、代禹堖，境内最高峰代禹堖位于翟店村东和李家村西之间，海拔1316.1米；最低点黄池沟谷位于木瓜村东，海拔809米。大河潞城段西支流、南支流流经，属海河流域。有野生动物狼、獾、黄鼠；狼、野兔、山鸡、喜鹊等；有野生植物油松、白桦、辽东栎、椴树、山桃、山杏、酸枣等；有矿产资源石灰岩、铁矿石、铝土等。有中小学、医院。有全国重点文物保护单位东邑龙王庙。有市级文物保护单位祥井村北魏摩崖石刻。有省级红色文化遗址八路军太南办事处台东旧址。有潞城古八景之一“葛井寒泉”。农业以种植业为主，主产玉米、谷子、小麦，种植旱地西红柿、高粱。养殖以猪、牛、羊、家禽为主，有鸡养殖示范小区。工业以科技、化工为主。服务业以商贸、餐饮为主。瓦日铁路、长治绕城高速等经此。通多路公交车。

140406-A02-H01 **东邑**［Dōngyì］在区政府驻地潞华街道东南5千米。成家川街道辖行政村。人口2830。相传原叫黄邑，后因道士说此村紫气东来，向东移可保一方平安，于是村向东移，得名东移，后演变为东邑。聚落呈团块状。有潞城区东邑小学。有第六批全国重点文物保护单位东邑龙王庙，现存正殿为金代建筑遗构，其余为清代建筑遗构。有戏曲、剪纸、社火等民俗活动。县道白东线经此。

140406-A03 **翟店街道**［Zháidiàn Jiēdào］属潞州区。在区境西南部。面积49平方千米。人口2.29万。辖13行政村。1945年属第六区。1946年至1953年属第五区。1954年至1957年属潞城镇。1958年属中苏人民友好公社。1959年属南垂人民公社。1961年至1984年属潞城县，称崇道人民公社。1984年撤销崇道人民公社，称潞城县崇道乡。1994年属潞城市。2000年撤销崇道乡，设立新的翟店镇。2018年6月19日，归属潞城区管辖。2021年3月撤销翟店镇，设立翟店街道。因驻地得名，古时有翟姓一家在此开店而得名“翟店”。明万历《潞城县志》记载平原乡翟店铺，为古代十二铺司之一。清·康熙《潞城县志》记载为翟店里。有中小学、卫生院。有国家级非物质文化遗产民间社火——贾村千年赛社文化。农业主产蔬菜，是全市规模最大的蔬菜种植基地。工业以食品、电力科技、建材为主。服务业以商品零售、物流为主。邯长铁路、207国道经此。通公交车。

140406-A03-H01 **西天贡**［Xītiāngòng］在区政府驻地潞华街道西南9.2千米。翟店街道辖行政村。人口1550。相传原名天宫村，清道光四年申子尚等考中进士，更名天贡，因在西边而得名。聚落呈团块状。有西天贡小学。有西天贡墓群，为汉代文化遗存。有土地庙、三嵕庙、关帝庙和申家祠堂，皆为清代建筑遗构。有花椒、核桃等经济作物。2011年被评为第三届全国文明村。潞阳大道经此。

140406-A03-H02 **寨上**［Zhàishàng］在区政府驻地潞华街道西南7.5千米。翟店街道辖行政村。人口540。相传当年金兵进犯中原，驻寺和尚发动周围群众包围仙堂寺，在此地安营扎寨，故名。聚落呈团块状。有古窑遗址，为东汉时期文化遗存。有观音堂，现存为清代建筑遗构。有刘家大院以及清代、民国、新中国等不同时期古窑洞院落 188 处。2019 年被列入第五批中国传统村落名录。207 国道经此。

140406-B01 **店上镇**［Diànshàng Zhèn］潞城区辖镇。在区境西北部。面积 84 平方千米。人口 3.04 万。辖 20 行政村。镇人民政府驻店上。1946 年属第四区。1950 年划归长治工矿区。1953 年属第六区。1954 年属潞城镇。1957 年划归长治市。1964 年属潞城县。1984 年改置镇。1994 年属潞城市。2000 年石窟乡并入。2018 年 6 月 19 日，归属潞城区管辖。因驻地店上村得名。很早以前，该村是襄垣到长治的必经之路，后该村村民在此开设旅店，为过路客人提供食宿方便，故名为店上。地势东北高、西南低，地形分为丘陵区、平川区。有周王山、文王山，境内最高峰位于西北部文王山，海拔 1044 米；最低点位于河湃村西浊漳河河滩，海拔 871.8 米。漳河潞城店上镇段、淤泥河潞城段流经，属海河流域。有野生动物野兔、喜鹊、啄木鸟、布谷鸟等 25 种；有野生植物河柳、柴胡、远志等 9 种；有矿产资源煤炭、铁矿石等。有中小学、卫生院。有全国重点文物保护单位八路军总司令部北村旧址。有毛主席博物馆。农业主产玉米、谷子、小麦，种植蔬菜。养殖以猪、羊、牛、家禽为主。工业以煤化工产业、钴基合成油为主。服务业以商贸、餐饮为主。太焦铁路过境设店上站，省道太长线经此。通公交车。

140406-B01-H01 **店上**［Diànshàng］店上镇人民政府驻地。在区政府驻地潞华街道西北 15.7 千米。人口 4200。相传原叫东河湃，是襄垣到长治的必经之路，后来有人在此开店，故名。聚落呈团块状。有店上中学、店上小学。有戏曲、剪纸、社火等民俗文化。有拓发展种植合作社。519 国道经此。

140406-B01-H02 **河湃**［Hépài］在区政府驻地潞华街道西北 15.6 千米。店上镇辖行政村。人口 1720。因河水回流，寓意崇拜而得名。据明万历《潞城县志》载：河湃铺是潞城古十二铺司之一。聚落呈团块状。有河湃小学。有河湃古佛庙，现存为清代建筑遗构。有煤焦、化工、煤气、石油、金属镁、商贸运输等产业。519 国道经此。

140406-B01-H03 **北村**［Běicūn］在区政府驻地潞华街道西北 20.4 千米。店上镇辖行政村。人口 2470。北村与店上镇申庄村、长治市潞州区的南村、中村和襄垣的东迴辕村合称中封盆地，俗称五村圪倒，因四周丘陵，中间低平而得名。聚落呈团块状。有北村中学、北村小学。有第六批全国重点文物保护单位八路军总司令部北村旧址，是八路军总司令部东渡黄河后第一次长期驻扎的地方，现保存 6 个院落，分别是总部、北方局、膳食科和警卫连、总部军法处、鲁艺驻地等。有山西潞安华亿宏通煤化有限公司、山西宙石新型建材有限公司、长治旭焱有限公司、潞城区奇彩印刷有限公司。县道兴漳路经此。

140406-B02 **微子镇**［Wēizǐ Zhèn］潞城区辖镇。在市境东部。面积 77 平方千米。人口 1.99 万。辖 18 行政村。镇人民政府驻北街村。明《潞城县志》载为微子里。1945 年至 1953 年属第二区。1954 年属潞城镇。1958 年属中苏友好人民公社。1959 年属五一人民公社。1961 年属潞城县，称微子镇人民公社。1984 年撤销微子镇人民公社，设微子镇。1994 年属潞城市。2000 年撤乡并镇，微子镇和漫流河乡合并，称微子镇。2018 年 6 月 19 日，归属潞城区管辖。微子是殷商时期殷纣王的庶兄。商（殷）为微子封邑，设微子国（诸侯国），治所设在今微子镇，故一直沿用“微子”其名。地势南高北低，地形比较平坦。有禹王堖、禹王山、尖堖山，境内最高峰禹王堖位于郝家沟村西，海拔 1277 米；最低点漫流河河谷位于王家庄村北，海拔 808 米。漫流河、冯村河流经，属海河流域。有野生动物猫头鹰、啄木鸟、布谷鸟、喜鹊等；有野生植物黄芩、柴胡、苍耳、五加皮、甘草等；有矿产资源电石矿、黏土、煤、石膏等。有中小学、卫生院。有神头之战纪念园、比干岭三仁祠、潞城古八景之一“微子清风”。农业主产玉米、小麦、谷子，种植蔬菜。养殖以猪为主，有牛王山万头猪场。工业以煤炭、石膏、建材、酿酒为主。服务业以金融、商贸为主。邯长铁路经此设站。长治绕城高速，207、309 国道，省道河潞线经此。通公交车。

140406-B02-H01 **微子**［Wēizǐ］微子镇人民政府驻地。在区政府驻地潞华街道东部 7 千米。

人口 5710。相传商（殷）为微子封邑，设微子国（诸侯国），故名。聚落呈团块状。有微子镇中学、微子镇寄宿小学、微子镇卫生院。有潞城古八景之一“微子清风”。有餐饮、商业等服务业。207 国道、省道潞林线经此。

140406-B03 **辛安泉镇**［Xīn'ānquán Zhèn］潞城区辖镇。在区境东北部。面积 87 平方千米。人口 1.38 万。辖 14 行政村。镇人民政府驻石梁。1949 年属第三区。1953 年设石梁乡，后改公社。1984 年复置乡。1994 年属潞城市。2000 年与西流乡合置辛安泉镇。2018 年 6 月 19 日，归属潞城区管辖。因境内有华北第二大岩溶性泉辛安泉得名。地势西南高、东南低，地形为丘陵山区。有马鞍山、金龙山，境内最高峰马鞍山位于合室乡东北，海拔 1241.7 米；最低点漳河河滩位于古城村东，海拔 658 米。漳河潞城辛安泉镇段、南马河、申家山河、西流河流经，属海河流域。有山西省和华北地区第二大岩溶性泉辛安泉。有野生动物金钱豹、鸳鸯、野鸭、百灵鸟等，其中金钱豹和鸳鸯属国家二级保护动物；有野生植物椴树、酸枣、马棘、荆条等；有矿产资源白云岩。有中小学、卫生院。有省级非物质文化遗产西流村王家乐户（传统音乐）。古城村曾是潞子国都，曲梁之战、潞川之战发生于此。有潞城八景中的“南流涌泉”“西流晚渡”“石梁飞虹”等。农业主产玉米、小麦，种植红薯、芝麻、中药材、核桃、棉花等。养殖以猪、羊、牛、家禽为主。服务业以旅游、餐饮、商业为主。邯长铁路过境设站。青兰高速，207、309 国道经此。通公交车。

140406-B03-H01 **石梁**［Shíliáng］辛安泉镇人民政府驻地。在区政府驻地潞华街道东北 15.1 千米。人口 2280。《上党记》载：晋荀林父伐曲梁，在潞县城西十里，今名石梁。聚落呈团块状。有辛安泉中学、潞城区辛安泉镇石梁寄宿制小学。有石梁烈士纪念碑，为纪念在抗日战争中牺牲的民兵张如义、魏国成、范如良等烈士而立。有石梁遗址，为夏代、东周时期文化遗存。有核桃经济林。县道石潞线经此。

140406-B04 **史回镇**［Shǐhuí Zhèn］潞城区辖镇。在区境西北部。面积 45.71 平方千米。人口 1.98 万。辖 17 行政村。镇人民政府驻史回。1946 年属第四区。1954 年属潞城镇。1956 年属垂阳乡。1959 年属五一人民公社。1961 年属潞城县，设史迴人民公社。1984 年撤销史迴人民公社，称潞城县史迴乡。1994 年属潞城市。2000 年史迴乡和王里堡乡合并，称潞城市史迴乡。2018 年 6 月 19 日，归属潞城区管辖。2020 年 3 月，撤销史迴乡，设立史回镇。因驻地得名。相传史、何两姓在此建村，后因何姓已无人，称史回。南部地势平坦，属上党盆地的一部分。北部为丘陵山区。海拔高度 877—1267 米。有矿产资源石膏、石灰岩、煤等。有中小学、卫生院。农业主产大葱、土豆、旱地西红柿、小杂粮。养殖以猪、牛、羊为主。有苗木花卉基地。工业以钢铁、混凝土、石料为主。服务业以商贸、零售为主。太焦铁路经此设站。青兰高速，309 国道，省道太长线经此。通公交车。

140406-B04-H01 **史回**［Shǐhuí］史回镇人民政府驻地。在区政府驻地潞华街道西 7.1 千米。人口 3370。聚落呈团块状。有史回中学、史回小学。有区级文物保护单位史回护国灵贶王庙，现存为清代建筑遗构。有史回蝗皇庙，现存为清代建筑遗构。有核桃经济林。有长治钢铁集团公司矿山。309 国道经此。

140406-B04-H02 **垂阳**［Chuíyáng］在区政府驻地潞华街道西北方 4.8 千米。史回镇辖行政村。人口 3270。相传由崔、杨两姓建村，故名崔杨，后变成杂姓村，因谐音改名垂阳。聚落呈团块状。有垂阳小学。有第五批省级文物保护单位八路军军工部垂阳兵工厂旧址，位于玉皇庙，是潞城区保存较好的抗战时期兵工厂。有戏曲、扛妆等民间文艺。309 国道经此。

140406-C01 **黄牛蹄乡**［Huángniútí Xiāng］潞城区辖乡。在区境东部。面积 56.62 平方千米。人口 1.39 万。辖 12 行政村。乡人民政府驻黄牛蹄。1945 年至 1953 年，属潞城县第二区。1954 年至 1957 年，属潞城镇。1958 年属平顺县。1961 年属潞城县，称黄牛蹄人民公社。1984 年撤销黄牛蹄人民公社，称潞城县黄牛蹄乡。1994 年属潞城市。2000 年 12 月撤乡并镇，下黄乡并入黄牛蹄乡。

2018年6月19日，归属潞城区管辖。因驻地得名。传说村西桃坡山上有金牛，南方强人来盗，强拉牛，牛不走，只拉走一角。后来牛不见了，留下一尺余深的蹄印，故名黄牛蹄。属丘陵山区，全乡海拔高度616—1312米。浊漳河流经，有黄牛蹄水库。有中小学、卫生院。有全国重点文物保护单位辛安原起寺、李庄武庙和文庙。有省级红色文化遗址潞城县抗日民主政府旧址。有市级文物保护单位青口村靳会昌故居。农业主产玉米、小麦、谷子，种植柿子、核桃、三樱椒、花椒、芝麻等。服务业以运输、商贸为主。省道河潞线、李东线经此。通公交车。

140406-C01-H01 **黄牛蹄**［Huángniútí］黄牛蹄乡人民政府驻地。在区政府驻地潞华街道东13千米。人口2080。建材时间可追溯至唐代，平顺县实会村大云室北宋太平兴国八年（983年）重修碑上的玉工申钦就是黄牛蹄村人。以动物指代村名。聚落呈团块状。有黄牛蹄中学。有汤帝庙、关帝庙，现存为清代建筑遗构。有黄牛蹄烈士纪念碑，为纪念在抗日战争和解放战争中牺牲的田王科等12位烈士而立。有花椒、柿子、核桃等经济林。省道潞林线、省道长李线经此。

140406-C01-H02 **潦河头**［Liáohétóu］在区政府驻地潞华街道东13千米。黄牛蹄乡辖行政村。人口750。相传因天降大雨为潦雨，形成河流为潦河之说而得名。聚落呈团块状。有第八批全国重点文物保护单位潦河头关帝庙，现存正殿为元代建筑遗构，其余为清代建筑遗构。省道潞林线经此。

140406-C01-H03 **辛安**［Xīn'ān］在区政府驻地潞华街道东19千米。黄牛蹄乡辖行政村。人口1660。相传因在浊漳河南岸建村得名南村，后一分为三，其中一个叫“新安村”，又叫“心安村”，后来逐渐叫为“辛安村”。聚落呈团块状。有辛安小学。有第五批全国重点文物保护单位原起寺，据唐代石幢铭记载，寺创建于唐天宝六年（747年），正殿（大雄宝殿）及青龙宝塔为宋代建筑遗构，其余建筑为清代建筑遗构。有第五批省级文物保护单位玉皇庙，现存正殿为明代建筑遗构，余皆清代建筑遗构。有国家级非物质文化遗产上党落子。2016年被列入第四批中国传统村落名录。省道潞林线、常辛线经此。

140406-C01-H04 **李庄**［Lǐzhuāng］在区政府驻地潞华街道东15千米。黄牛蹄乡辖行政村。人口2670。聚落呈团块状。有第七批全国重点文物保护单位李庄文庙，据碑碣记载，创建于金兴定五年（1221年），现存正殿为元代建筑遗构，其余为清代建筑遗构。有第七批全国重点文物保护单位李庄武庙，据庙内光绪二十八年（1902年）重修碑记及大殿元至大二年（1309年）修造题记，大殿应为元代建筑遗构，鼓楼为明代建筑遗构，余皆清代建筑遗构。省道长李线经此。

140406-C01-H05 **土脚**［Tǔjiǎo］在区政府驻地潞华街道东16千米。黄牛蹄乡辖行政村。人口400。相传村南有山似一尊佛稳坐，人们住在山下，故名佛脚，后演变为土脚。聚落呈条带状。有第五批省级文物保护单位潞城县抗日民主政府旧址，现今仍较完整保留了当时抗日县政府及其下属机构曾驻扎的院落12处。主要农产品有甜菜、菊苣、红苹果、梨子、番石榴等。2016年被列入第四批中国传统村落名录。乡村道路经此。

140423 **襄垣县**［Xiāngyuán Xiàn］长治市辖县。北纬36° 32′，东经113° 02′。在市境中部。面积1178平方千米。常住人口20.01万。辖9镇。县人民政府驻古韩镇。夏属冀州。商初属上党国，后并入黎国。西周夏复上党国。春秋时归属黎国。战国初，赵、韩、魏三家分晋，襄垣始属韩国，后归赵国，因而历史上有“古韩”之称。秦置襄垣县属上党郡。西汉新王莽始建国元年（9年），改襄垣为上党亭。东汉光武建武元年（25年），易亭为县，复称襄垣，属并州上党郡。东汉建武四年（28年），属匈奴族郝散领地。西晋永嘉二年（308年），刘琨迁都尉张倚领上党据襄垣，在城北12里（今堡底村一带）筑安民城。东晋咸和三年（328年）为后赵石勒辖地。升平二年（358年），上党郡治安民地，地属前燕。太和五年（370年）符坚灭燕，地属后秦。太元十一年（386），地归后燕。太元十九年（394年）北魏割上党置襄垣郡。北魏泰常五年（420年），废郡复县，属乡郡。北魏建义元年（528年），复治襄垣郡。北周宣政元年（578 年）改襄垣县为潞州。开皇三年（583 年）罢州。十六年（596 年）属上党郡。唐武德初，复置韩州于襄垣。贞观十七年（643 年）废韩州，以县属潞州。五代梁开平三年（909 年），地属梁。龙德三年（923 年）属五代唐。五代唐清泰三年（936 年）属五代晋。五代汉天福十二年（947 年）属五代汉。五代汉乾祐三年（950 年）属五代周。宋太平兴国二年（977 年）属隆德军，后属隆德府。靖康初，属金河东路潞州属县。元至元八年（1271 年），废屯留县并入襄垣，为潞州辖县。至元十五年（1278 年）屯留县、襄垣县分置。明嘉靖八年（1529 年），襄垣属潞州府。清袭明制。1912 年，直属山西省。1914 年属冀宁道。1917 年废道归省。1937 年属山西省阎锡山政府所辖第三专区。1939 年属太行区。1940 年 4 月，襄垣一分为二，白晋路东的 7 个区为襄垣县，以西的 5 个区为襄西县。分置仅一个月，襄西又并回襄垣。1941 年 5 月，全县划为 6 个区，襄南划归太岳区，与屯留的部分地区合并，成立了襄漳抗日政府，县府设常隆。1943 年，襄垣仍属第三专区。1945 年 9 月，属太行第三分区领导，抗战期间划归襄漳、潞城两县的地区有划回襄垣。1949 年属长治专区。1954 年属长治专区。1958 年 9 月，襄垣县与沁县合并为襄沁县，后沁源县又并襄沁县（县址驻沁县），改名沁县。原襄垣县称沁东。1959 年 9 月，恢复襄垣县，属晋东南专区。1971 年，龙王堂公社划归武乡县，1972 年又划回襄垣。1985 年属长治市。2001 年撤乡并镇，辖 8 镇 3 乡。2021 年乡级行政区划调整，撤销上马乡，整建制并入虒亭镇；善福乡、北底乡合并设立善福镇；原北底乡北底、东垴头、阎老凹 3 村划归古韩镇管辖。晋侯赵襄子筑城于甘水之北，取名襄垣，襄垣之名一直沿用至今。全境地形西北高而东南低。山岭重叠，沟壑交错，地质复杂，属半山丘陵地区，平均海拔在 1000 米左右，属内陆黄土高原的一部分。襄垣盆地为境内最大盆地。魏灰山（下良镇井背村）海拔 1725 米，为境内最高山峰；合河口（善福镇石堕村）海拔 800 米，为境内最低点。属暖温带半湿润大陆性季风气候，年平均气温 8°—9℃，年平均降雨量 550 毫米。全年无霜期 166 天左右。浊漳河、史水、郭水、郝水流经，属海河流域。有国家级重点保护野生动物金钱豹、小天鹅、燕隼。省级重点保护野生动物 12 种。有观赏、药用等植物 30 余种。有矿产资源煤、铁、锰、铜、锡、硫磺、石膏、云母、石英砂、石灰石、铝土矿、白云石、大理石、瓷土等 30 余种。其中煤、铁矿极为丰富。有中等职业学校 1 所、普通中学 8 所、小学 38 所。有疾控中心 1 个、卫生健康行政执法大队 1 所，公立医院 2 个，妇幼保健计划生育服务中心 1 个，厂矿医院 3 个，民营医院 1 个。有图书馆、体育场馆。有全国重点文物保护单位沼泽王庙、永惠桥、五龙庙、文庙、灵泽王庙（太平村）、昭泽王庙（郭庄村）。有省级重点文物保护单位石勒城遗址、仙堂山古建筑群。有国家级非物质文化遗产襄垣鼓书、襄武秧歌、建筑彩绘（炕围画）。有省级红色文化遗址中共襄垣县第一支部旧址、襄垣县烈士陵园等 6 处。有地方民间艺术车流秋、踩高跷、扛妆、赶旱船等。有国家 4A 级旅游景区仙堂山。有知名人物赵襄子、豫让、张良、法显等。三次产业比 2.6 ∶ 74.1 ∶ 23.3。农业主产玉米、高粱、小麦。工业以煤炭、化工为主。服务业以零售、旅游、金融、运输为主。土特产品西营官尝（灌肠）、襄垣扯面、阎老食醋、襄子老粗布等。太焦铁路、太郑高铁经此，设襄垣站。二广高速、霍黎高速（在建）、208 国道、省道太长线、沁长线经此。

140423-R01 **襄垣东站**［xiāngyuándōng Zhàn］见交通运输设施部分“襄垣东站”条。

140423-B01 **古韩镇**［Gǔhán Zhèn］襄垣县辖镇。襄垣县人民政府驻地。在县境东部。面积 138.5 平方千米。人口 8.66 万。辖 6 社区、37 行政村。镇人民政府驻城关。1945 年属襄垣县第一区。1956 年设城关乡。1959 年设城关人民公社。1984 年 4 月，撤销人民公社，设立城关镇。2001 年将城关镇、八里庄乡合并为古韩镇。2020 年 3 月行政区划调整，撤销北底乡，将原北底乡所辖的北底村、东垴头村、阎老凹村 3 个村委会划归古韩镇管辖。在禹时代，襄垣属冀州之域；到虞舜时，为并州之地；春秋时归属黎国；战国初，赵、韩、魏三家分晋，襄垣始属韩国，后归赵国，因而历史上有古韩之称。地势西北高、东南低。有佛佛堖、老爷山，境内最高峰佛佛堖位于小黄岩，海拔1180米；最低点南沟位于小堖，海拔810米。浊漳河流经，属海河流域。有矿产资源煤炭、铁、铝、锰等。有山西机电职业技术学院。有中小学、卫生院、体育馆。有全国重点文物保护单位沼泽王庙、永惠桥、五龙庙、文庙。有省级红色文化遗址上党战役指挥部大丰当旧址、中共襄垣县第一支部旧址、襄垣县烈士陵园等。有东湖、凉楼、森林公园。有古迹天益当、大丰当。农业主产玉米、小麦，种植蔬菜。养殖以猪、羊、牛、家禽为主。工业以煤炭、化工为主。服务业以零售、商贸为主。太焦铁路经此，设襄垣站。省道太长线经此。通多路公交车。

140423-N01 **永惠桥**［Yǒnghuì Qiáo］在城区北部。桥长40米，桥面宽9米，最大跨度20米，桥下净高18.4米。金代天会年间始建。取永惠百姓之意。全国重点文物保护单位。中型河道桥梁，石料结构。最大载重30吨。通7路公交车。

140423-N02 **东关大桥**［Dōngguān Dàqiáo］在城区东部。桥长134.4米，桥面宽8.5米，最大跨度20米，桥下净高15.6米。1982年建成。2009年改建。因在东关村得名。为大型河道桥梁，石拱桥结构。最大载重55吨。通2、7路公交车。

140423-N03 **西王桥**［Xīwáng Qiáo］在城区南部。桥长127米，桥面宽15米，最大跨度112米，桥下净高20米。1962年建成。1973年改建。2007年重建。因在西王桥村得名。为大型河道桥梁，双曲拱桥结构。最大载重55吨。通13、16路公交车。

140423-B01-K01 **古韩大道**［Gǔhán Dàdào］在城区西南部。东至长兴路，西起二广高速夏店收费站。与208国道、双桥—范家岭公路、下峪—上峪公路相交。长8.2千米，宽30米。沥青路面。1953年始建。1963年通车。1995、2010年改建。2013年命今名。因襄垣有古韩之称，故名。两侧有襄矿集团、七一煤业、发电厂、化工厂、霍村、付北新农村、中央粮食储备直属库等企业等。连接高速和208国道。通201、202路等公交车。

140423-B01-K02 **府西街**［Fǔxī Jiē］在城区中部。西起长兴路，东至府前路。与太行路、建设北路相交。长2.2千米，宽30米。沥青路面。2009年始建。2010年建成。2013年命今名。以府前路为界分为府东、西街。两侧有襄垣党政机关、事业单位和住宅小区。通1、210路等公交车。

140423-B01-K03 **府东街**［Fǔdōng Jiē］在城区东部。西起府前路，东至滨河西路。与上寺北路、金穗路相交。长1.2千米，宽20米。沥青路面。2009年始建。2010年建成。两侧有襄垣第一小学、县人民银行、住宅小区等。通1、210路等公交车。

140423-B01-K04 **西街**［Xī Jiē］在城区中部。西起太行路，东至府前路。与建设北路相交。长0.6千米，宽15米。沥青路面。1983年建成。原名西大街，2013年更今名。因是县城中心通往西城门的街道，故名。两侧有县工商银行支行、县农机公司等。

140423-B01-K05 **东街**［Dōng Jiē］在城区中部。西起府前路，东至康复路。与上寺北路、金穗路相交。长0.7千米，宽10米。沥青路面。1960年始建。1983年建成。原名东大街，2006年更名为东街。因是县城中心通往东城门的街道，故名。南侧有上党战役大丰当旧址，北侧有上党战役临时指挥所。有商场、医院等。

140423-B01-K06 **新建西街**［Xīnjiàn Xījiē］在县城南部。西起金鑫煤业，东至府前路。与长兴路、学府路相交。长3.5千米，宽30米。沥青路面。1983年建成。2000、2008年改造。以府前路为中轴线，分为新建东、西街。两侧有县煤炭运输公司、若干住宅小区等。通15、208路等公交车。

140423-B01-K07 **新建东街**［Xīnjiàn Dōngjiē］在县城南部。西起府前路，东至东外环。长0.8千米，宽30米。沥青路面。1983年建成，2000、2008年改建。两侧有县自来水公司、县人民医院、布鑫广场、襄垣第三中学等。通2、6路等公交车。

140423-B01-K08 **迎宾西街**［Yíngbīn Xījiē］在县城南部。西起长兴路，东至府前路。与太行路相交。长1.7千米，宽20米。沥青路面。2008

年始建。2010年建成。以府前路为界，分为迎宾东、西街。两侧有县汽车客运中心、县城市管理大队、宾馆、汽车城等。通209、215路等公交车。

140423-B01-K09 **迎宾东街**［Yíngbīn Dōngjiē］在县城南部。西起府前路，东至东外环路。与滨河西路、滨河东路相交。长3.4千米，宽20米。沥青路面。2008年始建。2010年建成。两侧有超市、大酒店、游泳馆、襄垣体育馆等。通2、204路等公交车。

140423-B01-K10 **开元西街**［Kāiyuán Xījiē］在县城南部。西起西外环，东至太行路。与学府路、长兴路相交。以太行路为界，分为开元东、西街。长1.9千米，宽25米。沥青路面。1999年始建。2000年建成。两侧有妇幼医院等。通2、3路等公交车。

140423-B01-K11 **开元东街**［Kāiyuán Dōngjiē］在县城南部。西起太行路，东至府前路。与花园路相交。长0.8千米，宽25米。沥青路面。1999年始建。2000年建成。两侧有开元小学、法院等。通2、3路等公交车。

140423-B01-K12 **太行路**［Tàiháng Lù］在县城西部。北起北外环，南至西王桥转盘环岛。与迎宾西街、开元东街、开元西街、新建东街等相交。长2.5千米，宽18米。沥青路面。1983年始建。2000年建成。原名太行大街，2013年更今名。因太行山得名。西侧有店铺、酒店、襄垣长途汽车站、银行等。通16、208路等公交车。

140423-B01-K13 **长兴路**［Chángxīng Lù］在县城西部。北起北外环，南至古韩大道。与府西街、新建西街、开元西街相交。长4.6千米，宽24米。沥青路面。2006年始建。2008年建成。两侧有煤炭公司、建材市场、酒店等。通2、3路公交车。

140423-B01-K14 **建设北路**［Jiànshè Běilù］在县城西部。北起城北街，南至西街。与府西街相交。长0.8千米，宽9米。沥青路面。1983年建成。两侧有县农业委员会、广场文化中心、住宅小区、县委党校等。通105、108路等公交车。

140423-B01-K15 **建设南路**［Jiànshè Nánlù］在县城西部。北起西街，南至新建西街。与多条无名小巷相交。长0.3千米，宽9米。沥青路面。1983年建成。多商铺。通2、5路等公交车。

140423-B01-K16 **府前路**［Fǔqián Lù］在县城中部。北起县人民政府，南至太原—长治省道。与新建东街、开元东街、迎宾东街、迎宾西街相交。长3.4千米，宽20米。沥青路面。1983年始建。1990年建成，2008年扩建。原名衙道街，是县衙通往外界的主要街道，故名。1983年改建后，因靠近县人民政府，更名府前街。2013年改今名。两侧有襄垣会堂、广场、商场等。通203、204路等公交车。

140423-B01-K17 **上寺北路**［Shàngsì Běilù］在县城东部。北起北关永惠桥，南至上寺楼。与东街、府东街相交。以上寺楼为界分为上寺北路、上寺南路。长0.4千米，宽9米。沥青路面。2000年始建。同年建成。有全国重点文物保护单位沼泽王庙。

140423-B01-K18 **上寺南路**［Shàngsì Nánlù］在县城东部。北起上寺楼，南至新建东街。长0.3千米，宽9米。沥青路面。2000年建成。两侧有购物中心、商场、粮食市场等。

140423-B01-K19 **滨河东路**［Bīnhé Dōnglù］在县城东部。北起015乡道，南至005乡道。与001乡道、迎宾东街、兴阳路、榆潞线相交。两侧有山西机电职业技术学院、建封寺、五阳湖公园等。通5路公交车。

140423-B01-K20 **滨河西路**［Bīnhé Xīlù］在县城东部。北起张良大道，南至榆潞线。与府东街、新建东街、迎宾东街、兴阳路相交。长6.47千米，宽12米。沥青路面。2008年始建。2010年建成。两侧有县第二中学、东湖公园等。通2、3路公交车。

140423-B01-K21 **长安大道**［Cháng'ān Dàdào］在县城北部。东至榆潞线，西起二淅线。与榆侯线、004乡道相交。长9.5公里，宽16米。沥青路面。两侧有多个企业。通13、16路公交车。

140423-B01-K22 **法显大道**［Fǎxiǎn Dàdào］在县城北部。东北起石段线，西南至长兴线。与襄段线、东二环、王南线、太长线等相交。长20千米，宽8米。沥青路面。1964年建成，1980年到 1995 年进行加修改道。2013 年改建。两侧有多个村落、加油站，小区、中学等。通 4、9 路公交车。

140423-B01-H01 **北底**［Běidǐ］在县政府驻地古韩镇东北 4 千米。古韩镇辖行政村。人口 1200。相传原名九狮村，后因该村位于城北浊漳河畔，地势较低，改为北底。聚落呈团块状。有北底遗址，为新石器时代、夏、商、东周时期文化遗存。有北底东遗址，为汉代文化遗存。有三圣祠、龙王庙等清代建筑遗构。有杨氏宅院、圣佛殿、北底烈士碑等民国时期建筑遗构。法显大道、东外环、东二环经此。

140423-B02 **王桥镇**［Wángqiáo Zhèn］襄垣县辖镇。在县境东南部。面积 92.64 平方千米。人口 3.47 万。以汉族为主，另有满、蒙古、回、苗、朝鲜等民族。辖 1 社区、14 行政村。镇人民政府驻五阳。1945 年属襄垣县第二区。1956 年属郭庄乡管辖（分属郭庄乡、原庄乡）。1959 年，成为王桥人民公社。1984 年 4 月，撤销王桥人民公社，改为王桥镇。东王桥原名下王，清朝康熙年间，村西面原有一座跨浊漳河的石桥，但被大水冲毁。后来人们在此搭一简易桥通行，既不安全也不方便。知县王国治捐谷百石，放贷于民，年获利三十石，以此作为修桥费用。后来王知县于康熙四十四年（1701 年）因政绩赫然升迁，百姓为表其功，永世不忘建桥之功，加之村址在桥东，便将下王村改名为东王桥村，后改为王桥村。因王桥村得名。地势中间高、四周低，地形分为丘陵和山脉。有文王山、黄岩山、九尖山、马鞍山、西南山、关头岭、小庙岭、百谷岭，境内最高峰九尖山位于南偏桥村东侧，海拔 1656 米；最低点浊漳河河谷位于南沟村，海拔 1256 米。浊漳南源、浊漳西源流经，属海河流域。有矿产资源煤炭、铁矿石等。有中小学、卫生院。有全国重点文物保护单位昭泽王庙。有古迹王桥村关帝庙、玄帝庙，五阳村行宫庙，上王村歇马店，东山底村府君庙等。农业主产玉米、小麦，种植蔬菜。养殖以猪、羊、家禽为主。工业以煤炭、化工为主。服务业以零售为主。太焦铁路经此，设五阳站。省道太长线经此。通多路公交车。

140423-B02-H01 **五阳**［Wǔyáng］王桥镇人民政府驻地。在县政府驻地古韩镇东南 7.5 千米。人口 2010。相传因五峰高耸光照强烈而得名。聚落呈团块状。有王桥镇中学、五阳小学、王桥镇卫生院。有五阳陶窑址，为汉代文化遗存。有五阳墓群，为宋、明、清时期文化遗存。有五阳行宫庙，现存为清代建筑遗构。519 国道、县道五四线经此。

140423-B02-H02 **东山底**［Dōngshāndǐ］在县政府驻地古韩镇南 10.1 千米。王桥镇辖行政村。人口 850。因在鹿台山下偏东而得名。聚落呈团块状。有东山底崔府君庙，现存为清代建筑遗构。有文王山生态园。有襄垣县隆德机动车检测有限公司、农业观光智能化育苗大棚。519 国道经此。

140423-B02-H03 **郭庄**［Guōzhuāng］在县政府驻地古韩镇东南 10.2 千米。王桥镇辖行政村。人口 2240。相传该村原名异井郭庄，当初以郭姓居住建庄，后因缺水无井，民国后去掉前边两字，故名。聚落呈团块状。有第六批全国重点文物保护单位沼泽王庙，始建于金大定二十七年（1187 年），现存大殿主体结构为金代建筑遗构，其余为清代建筑遗构。县道五上线经此。

140423-B03 **侯堡镇**［Hóubǔ Zhèn］襄垣县辖镇。在县境西南部。面积 80.29 平方千米。人口 3.66 万。辖 2 社区、19 行政村。镇人民政府驻侯堡。1946 年属襄垣第三区。1948 年属襄垣第八区。1953 年属常隆乡。1958 年属常隆人民公社。1984 年 4 月，撤销常隆人民公社，设立侯堡镇。因驻地得名。该村东有铁峡关，南有镇南岭和关和岭，形成了天然御敌屏障，淤泥河从关和岭下环村而过，易守难攻，是一天然堡垒，故名侯堡。地势西北高、东南低，地形分为丘陵和山区，有东山、周王山等。境内最高峰周王山位于东周村东部，海拔 1200 米；最低点淤泥河位于侯堡村，海拔 800 米。淤泥河流经，属海河流域。有矿产资源煤炭等。有中小学、医院、卫生院、文化站、体育场。农业主产玉米、小麦，种植蔬菜。养殖以猪、羊、牛、家禽为主。水果主要品种为苹果。工业以煤炭、化工业为主。服务业以商贸为主。二广高速、208 国道、省道沁长线经此。通多路公交车。

140423-B03-H01　**侯堡**［Hóubǔ］侯堡镇人民政府驻地。在县政府驻地古韩镇南 15.5 千米。人口 1620。相传唐朝大将罗成，在战事中因马陷淤泥河湾，乱箭伤身，他的盔甲就藏在庙内的罗成洞里，传说此地原为一古堡，得名侯堡。聚落呈团块状。有长治市十五中、长治市双语学校、潞安职校、人民剧院。有县级文物保护单位侯堡余粮寺，现存为清代建筑遗构。有襄垣县巨峰工贸有限公司、襄垣县物资再生利用有限公司、潞安益民公司等。208 国道经此。

140423-B03-H02　**邕子**［Yōngzǐ］在县政府驻地古韩镇西南 21 千米。侯堡镇辖行政村。人口 980。以"邕"字指水乡之地，"子"字指居住在此处的男女居民而得名。聚落呈团块状。有第六批省级文物保护单位中共襄垣县第一支部成立旧址，旧址为百宝寺，1927 年 10 月，梁品青在此创建了襄垣县第一个党支部，并任支部书记。乡村道路经此。

140423-B04　**夏店镇**［Xiàdiàn Zhèn］襄垣县辖镇。在县境西南部。面积 162.95 平方千米。人口 2.83 万。辖 40 行政村。镇人民政府驻夏店。1945 年属襄垣县第七区。1956 年，分属夏店乡、九庄乡、南邯乡。1958 年为夏店人民公社。1966 年，分属夏店、九庄、南邯人民公社。1984 年 4 月，撤销夏店人民公社，设立夏店镇。2001 年九庄乡、南邯乡并入夏店镇。因驻地得名。因地处交通要道古时，为迎接来往官员，设立了驿站，当时在盛夏之际，一官员路经此地歇脚，取名夏店。地处太行山西麓，上党盆地之北，地势西北、南三面较高，东南低平。有大泉山，境内最高峰高庙岭位于韩家沟，海拔 1189.5 米最低点浊漳河下游位于付北，海拔 912 米。浊漳河流经，属海河流域。有矿产资源煤炭等。有中小学、卫生院。有全国重点文物保护单位灵泽王庙。农业主产玉米、小麦，种植蔬菜等。养殖以猪、牛、羊、家禽为主。工业以煤炭为主。服务业以零售为主。太焦铁路经此，设夏店站、大平站。二广高速、208 国道、省道沁长线经此。通公交车。

140423-B04-H01　**夏店**［Xiàdiàn］夏店镇人民政府驻地。在县政府驻地古韩镇西 14.2 千米。人口 2090。相传因地处交通要道，古时为迎接来往官员，设立了驿站，当时在盛夏之际，一官员路经此地歇脚，故名。聚落呈团块状。有夏店中学、夏店中心小学、夏店镇中心卫生院。有夏店遗址，为东周时期文化遗存。有县级文物保护单位夏店碧霞元君庙，现存正殿为明代建筑遗构，其余皆为清代建筑遗构。208 国道经此。

140423-B04-H02　**太平**［Tàipíng］在县政府驻地古韩镇西南 12.1 千米。夏店镇辖行政村。人口 1390。相传因该村村民向往、盼望过太平盛世的幸福生活而得名。聚落呈团块状。有第六批全国重点文物保护单位灵泽王庙，创建于金大安二年（1210 年），现存正殿为金代建筑遗构，其余为清代建筑遗构。有第六批省级文物保护单位周成王庙，现存正殿梁栿、斗栱为金代大定以后、明昌以前原构，其余皆为清代建筑遗构。208 国道经此。

140423-B05　**虒亭镇**［Sītíng Zhèn］襄垣县辖镇。在县境西部。面积 226.64 平方千米。人口 2.32 万。辖 37 行政村。镇人民政府驻虒亭。1949 年属襄垣第四区。1953 年设虒亭乡，后改公社。1984 年改置镇。2001 年东岭乡并入。2021 年 3 月撤销上马乡，整建制并入虒亭镇。因驻地得名。原名"虎亭"，因春秋时晋国大夫羊舌赤来此为官，因"羊"入虎口，犯了忌讳，便在来龙脉处筑亭镇虎，并将"虎"字改为"虒"，得名虒亭。地形以丘陵为主。有紫岩山、凤凰山、恐龙山、老爷山、五岳山，境内最高峰恐龙山位于送返村，海拔 1200 米；最低点浊漳河谷位于蔡桥村，海拔 890 米。浊漳河西源、郭河流经，属海河流域。有矿产资源煤炭、煤气层等。有中小学、文化站、卫生院。有上党战役土落截击战遗址。是东晋高僧法显出生地。农业主产玉米、蔬菜。养殖以猪、牛、羊、家禽为主。工业以建材为主。服务业以零售为主。土特产品炝锅鱼。太焦铁路经此，设虒亭站。208 国道、省道沁长线经此。通公交车。

140423-B05-H01　**虒亭**［Sītíng］虒亭镇人民政府驻地。在县政府驻地古韩镇西 26.9 千米。人口 740。原名"虎亭"，因春秋时晋国大夫羊舌赤来此为官，因“羊”入虎口而筑亭镇虎，并将“虎”字改为“虒”，故名。聚落呈团块状。有虒亭遗址，为东周、汉代文化遗存。有红脸烧饼和枷圪旯等特产。经济以商贸为主。208国道、县道王虒线经此。

140423-B05-H02 **关上**［Guānshàng］在县政府驻地古韩镇西南31千米。虒亭镇辖行政村。人口440。康熙《重修襄垣县志》卷2《建置志·武备》载：“五巑关，在县西南七十里。按《山西通志》，在五巑山内，其地孤辽，为南北之咽喉。大明正统元年有巡检司，今裁。”后简称今名。聚落呈条带状。有县级文物保护单位上党战役前线指挥所旧址，陈锡联在此指挥晋冀鲁豫军区太行部队与阎锡山军队的作战。有县级文物保护单位磨盘垴战场遗址。有关上烽火台，为明代文化遗存。县道大关线经此。

140423-B05-H03 **流渠**［Liúqú］在县政府驻地古韩镇西30千米。虒亭镇辖行政村。人口450。以其立村人姓刘，得名刘渠，后改为流渠。聚落呈团块状。有第六批省级文物保护单位流渠千手观音庙，现存正殿主体构架为元代建筑遗构，其余为清代建筑遗构。县道红官线经此。

140423-B06 **西营镇**［Xīyíng Zhèn］襄垣县辖镇。在县境的东北。面积59.84平方千米。人口1.06万。辖17行政村。镇人民政府驻西营。1949年属襄垣县第五区。1953年设西营乡。1958年属下良人民公社。1961年设西营人民公社。1984年改置镇。因驻地得名。东晋后赵皇帝石勒在城底筑城积粟，此地为护城西兵营，得村名西营村。有马鞍山。浊漳河北源流经。有中小学、文化站、卫生院。有古迹石勒城、龙王顶、文昌阁、关爷庙等。有省级红色文化遗址中共北方局宪政促进会旧址。农业主产玉米、小麦，种植蔬菜。养殖以牛、家禽为主。工业以煤炭、化工为主。服务业以零售为主。土特产品有官尝（灌肠）、干饼、积肉、手工挂面。通多条公路。通公交车。

140423-B06-H01 **西营**［Xīyíng］西营镇人民政府驻地。在县政府驻地古韩镇北26.7千米。人口2660。相传后赵石勒皇帝曾于此屯练兵马，故名。聚落呈团块状。有西营小学、西营镇中心卫生院。有第六批省级文物保护单位中共北方局宪政促进会旧址，旧址原为关爷庙，1940年6月1日，中共中央北方局在此召开第二次宪政促进会，彭德怀等参加。有市级文物保护单位西营昭泽王庙，现仅存大殿为元代建筑遗构。有西营遗址，为新石器时代文化遗存。有襄垣县丰禾农资有限公司。有枣糕、官尝、干饼等特产。县道吴北线经此。

140423-B06-H02 **城底**［Chéngdǐ］在县政府驻地古韩镇北26.6千米。西营镇辖行政村。人口1210。乾隆《重修襄垣县志》卷7《古迹考》载：“石勒城，在县北五十里城底村，石勒攻上党，筑之以积刍米，基址犹存。”石勒城位于村北1000米处，城高村低，故名。聚落呈团块状。有第三批省级文物保护单位石勒城遗址，现残存东、西、北三面城墙残段，为东周、晋代文化遗存。有八路军总部特务团旧址，1939年八路军总部特务团在此停驻。县道王襄线经此。

140423-B07 **王村镇**［Wángcūn Zhèn］襄垣县辖镇。在县境西北部。面积141.04平方千米。人口1.47万。辖20行政村。镇人民政府驻王村。1945年属襄垣县第六区。1958年为王村人民公社。1961年，分属史北人民公社、龙王堂人民公社、王村人民公社。1984年4月，撤销王村人民公社，设立王村乡。2001年，撤乡并镇，将史北乡、龙王堂乡并入王村乡，设立王村镇。因驻地得名。元朝时，蒙古人统治此地，设有一王，号称“百里王”，故以此得名王村。地势西北高、东南低，地形为丘陵。境内最高峰高庙岭位于杜村南侧，海拔118米；最低点位于史水河店上段，海拔843米。史水河、史塘河流经，属海河流域。有矿产资源煤炭、石油等。有中小学、文化站、卫生院。农业主产玉米、小麦，种植蔬菜。养殖以猪、羊、牛、家禽为主。工业以建材为主。服务业以零售为主。二广高速、省道太长线经此。通公交车。

140423-B07-H01 **王村**［Wáng Cūn］王村镇人民政府驻地。在县政府驻地古韩镇西北21千米。人口1350。相传因元朝时蒙古人统治此地，设有一王，号称“百里王”，故名。聚落呈团块状。

有王村第一高级小学、王村镇中心卫生院。有县级文物保护单位襄垣县第六区殉难烈士纪念碑，为纪念在抗战中牺牲的坪村武委会主任史学礼、赵庄武委会主任崔和义等127位烈士而立。有元头观音堂，现存建筑正殿为清代遗构，院门为民国建筑遗构。519国道、县道王虒线经此。

140423-B08　**下良镇**［Xiàliáng Zhèn］襄垣县辖镇。在县境东北部。面积172.05平方千米。人口1.62万。辖24行政村。镇人民政府驻下良。1949年属襄垣县第五区。1953年设下良乡，后改公社。1984年复置乡。2001年与强计乡合置下良镇。因驻地得名。春秋战国时期，郑国大夫良宵，曾寓居此地，取名良村。只因其北村提出良宵先到他处，也要称良村。后经两村族长协商，冠以方位上下定夺，上村为上良，下村为下良，下良由此定名。建安十八年，曹操在乐平郡襄垣（西故县）巡查，途径下良时，正值元宵佳节，下良古镇人如潮水，热闹非凡。他看到这里的百姓安居乐业、欢乐无比的情景，情不自禁地说："何不将此地改名为'长乐'。"从此，下良便更名为"长乐村"。长乐村名一直沿用至明朝末年。明末清初时，因下良村北边有一村叫"北下良"，故南面的村冠名"南下良"。民国初年又将"南下良"改为"下良"。下良这一地名沿用至今。地势东南高西北低，地形属丘陵地区。有韩王山，仙堂山。境内最高峰仙堂山位于井背村，海拔1725米；最低点龙凤滩位于段堡村，海拔800米。浊漳河、史水河流经，属海河流域。有矿产资源煤、铁、铝等。有中小学、文化站、卫生院。有国家4A级旅游景区仙堂山。农业主产玉米、谷物，种植蔬菜。养殖以猪、羊、兔、家禽为主。工业以煤炭为主。服务业以零售为主。通多路公交车。

140423-B08-H01　**下良**［Xiàliáng］下良镇人民政府驻地。在县政府驻地古韩镇东北16.2千米。人口900。相传因战国时郑国大夫良宵因国亡曾寓居此地，取名良村，后冠以方位，故名。聚落呈团块状。有下良中心小学、下良镇卫生院。有下良遗址，为夏代文化遗存。有下良天齐庙，现存为清代建筑遗构。有襄垣县麦香春食品有限公司。县道王襄线、石段线、王南线经此。

140423-B09　**善福镇**［Shànfú Zhèn］襄垣县辖镇。在县境北部。面积104.05平方千米。人口1.51万。辖21行政村。乡人民政府驻善福。1945年属襄垣县第一区。1953年置善福乡。1958年属城关人民公社。1961年设善福人民公社。1984年复置乡。2021年乡级行政区划调整，将善福乡、北底乡合并设立善福镇。因驻地得名。原名"七星寨"，据传说，这里先后有七个小寨。元朝初年，七个小村寨为抵御土匪明抢暗袭，自发组成七寨联盟，由于七寨连心，同仇敌忾，百业兴旺，生产生活之余，人们每日到村里小桥上的金光寺朝山拜佛，祈求佛祖保佑，全村人过着安居乐业的生活。元朝至正十七年，从山东泰安来了一位五谷长老，霸占了大佛寺，寺内和尚残害百姓，庶民无不切齿痛恨，人们逐渐把大佛寺叫成了"恶僧寺"。恰在此时，朱元璋发动了农民运动，占领了南京，登基称帝。四子朱棣被封为燕王，为肃清北方残余敌人，燕王统领三军，兵分三路扫北。一日，大军来到了小桥瓦窑站，命令安营扎寨，清查四周暗藏敌人，并计划把军旅指挥部设在大佛寺内。先派前卫人员和寺院五谷长老交涉，不料双方争执不下，大军被逼无奈，只好放火焚烧大佛寺。大军将领常玉春在残垣断壁上挥笔写下几个大字："佛是善佛，僧是恶僧"。遂得名善佛村。随时代变迁与襄垣乡土语音的谐音，人们逐渐把"佛"写成了"福"，年长日久，就演变成现在的善福村。有松石林山、五音山、韩王垴山和北马鞍山。西南漳、浊漳河北源流经，属海河流域。矿产资源有石灰石、白云石等。有中小学、卫生院、文化站。农业主产玉米、小麦，种植蔬菜。养殖业以猪、牛、羊、鸡、兔等为主，还有梅花鹿、藏獒等特种动物零散养殖。工业以煤炭、建材为主。服务业以零售为主。省道太长线经此。通公交车。

140423-B09-H01　**善福**［Shànfú］善福镇人民政府驻地。在县政府驻地古韩镇西北10千米。人口1800。原名善佛，后以"佛光普照，福润苍生"意雅化为今名。聚落呈团块状。有善福小学、善福镇卫生院。有市级文物保护单位善福玉皇庙，现存大殿梁架为元代建筑遗构，其余皆为清代建筑。有善福遗址，为新石器时期至汉代文化遗存。519 国道、县道西善线经此。

140425 **平顺县**[Píngshùn Xiàn]长治市辖县。北纬 36° 12′，东经 113° 26′。在市境东部。面积 1550 平方千米。常住人口 11.59 万。以汉族为主，还有满、侗、蒙古、回等民族。辖 5 镇、6 乡。县人民政府驻青羊镇。明嘉靖七年(1528 年)之前，属潞州。嘉靖八年（ 1529 年 ）皇帝取“平顺百世之泽”之义赐名平顺县，属潞安府。平顺一名沿用至今。清乾隆二十九年（ 1764 年 ）县废，入潞城县。1914 年分置平顺县，属中路道，同年 6 月改属冀宁道。1927 年废道直属山西省。1937 年属山西省第五行政区。抗日战争初期分置平南县、平北县，平南治城关村，平北治廻源头村，属太行区太南专区。1941 年属晋冀鲁豫边区太行区第四专区。1942 年平南、平北 2 县合并，复置平顺县，仍属之。1945 年属太行第三专区。1946 年属太行第二专区。1947 年属太行第三专区。1949 年属山西省长治专区。1958 年平顺县并入壶关县，县治平顺县城关，属晋东南专区。1960 年恢复平顺县，属晋东南专区。1967 年属晋东南地区。1985 年属长治市。地处太行山南端，呈东南高西北低，以山地丘陵为主，属北方稀有的喀斯特地形地貌和部分丹霞地貌。有太行山、林滤山、龙盘山。最高峰风子岭海拔 1876.3 米。最低点石城镇马塔村浊漳河谷底海拔 396.4 米。属暖温带半湿润大陆性季风气候。年均气温 9.1℃。年均降水量 584.4 毫米。浊漳河、平顺河、西社河、虹霓河、井底河等流经，属海河流域。有国家级重点保护野生动物金钱豹、山羊、野鹿。潞党参、连翘、柴胡、黄芩等 10 多种道地中药材遍布山林。有国家一级保护植物红豆杉。森林覆盖率 41.6%。有矿产资源铁、硅、镁、大理石、石英砂等 20 余种，其中铁矿储量 2433 万吨，硅矿储量 60 亿吨，镁矿储量 90 亿吨。有省级实验中学平顺中学，省级示范小学县实验小学，省级示范幼儿园春蕾幼儿园。有文化馆 1 个，公共图书馆 1 个，档案馆 1 个。有综合医院、卫生院。有全国重点文物保护单位龙门寺、淳化寺、佛头寺、西社卫公庙等 15 处。有省级重点文物保护单位虹梯关铭、南社玉皇庙等。有国家级非物质文化遗产独辕四景车赛会。有省级非物质文化遗产刮街、转九曲、传统棉花组织技艺。有中国历史文化名村虹梯关乡虹霓村，石城镇东庄村、岳家寨村、阳高乡奥治村，有中国传统村落北耽车乡安乐村、实会村，石城镇东庄村、豆峪村等 32 个。有地方民间艺术上党落子、上党梆子、评书、莲花板等。有省级红色文化遗址李顺达故居。有国家 4A 级旅游景区太行水乡、通天峡、天脊山，有神龙湾风景区、白杨坡森林公园。有西沟红色旅游、生态旅游、农家乐等特色旅游。有知名人物申纪兰、王英贤等。三次产业比 16.3 ∶ 25.45 ∶ 58.25。农业主产玉米、谷子、小麦、土豆，种植花椒、党参、连翘等，还有少量花生、油菜、葵花等油料作物。养殖以猪、牛、羊、驴、骡等牲畜和鸡、鸭、鹅等家禽为主。工业以铁矿开采加工及水能、风能、太阳能发电为主。服务业以运输、商贸、旅游为主。土特产品花椒、核桃、柿子、党参、连翘等。2010 年评为“中国大红袍花椒之乡”。公路通车里程 1413.44 千米，铁路过境里程 57.2 千米。瓦日、西安里长钢矿山铁路经此设平顺、新城、龙镇站。青兰高速、341 国道、省道河潞线、李东线经此。

140425-B01 **青羊镇**［ Qīngyáng Zhèn ］平顺县辖镇，是平顺县人民政府驻地。在县境中部偏西。面积 219 平方千米。人口 4.25 万。以汉族为主，另有苗、土家、蒙古等民族。辖 3 社区、25 行政村。镇人民政府驻彩凤社区。1949 年属平顺县第一区。1956 年设城关镇。1958 年属红旗人民公社。1959 年属壶关县城关人民公社。1960 年属平顺县。1984 年 3 月，撤销城关人民公社，设立城关镇。2000 年 12 月，将城关镇、羊井底乡合并为青羊镇。2021 年 3 月，中五井乡并入青羊镇。因背倚青羊山和明代中叶山西历史上的一次大的农民起义——青羊山农民起义而得名。地处低山丘陵地区，地势东南部边缘较高；中部为深丘低山，西北部为低山浅丘。有大梁子山、三尖石山、黄庐山、荒脑、赵洼岭。境内最高点大梁子山主峰位于群英村，海拔 1347 米；最低点龙潭河边位于工农村，海拔 320 米。龙潭河、青羊河、同乐河、百里滩河流经，属海河流域。有白皮松、黄璐珍贵名木和桧柏、龙爪槐、雪松、云杉等风景树30余种。有矿产资源白云岩、砂岩、石膏等。有中小学、医院、卫生院。农业主产玉米、谷子、土豆，种植蔬菜。养殖以猪、羊、兔、家禽为主。工业以新能源、制药、石料加工为主。服务业以运输、商贸为主。青兰高速，341国道，省道河潞线、李东线经此。通多路公交车。

140425-B01-K01 **兴华西街**［Xīnghuá Xījiē］在县城中部。西起胶海线，东至兴华东街。与府前北路、325省道相交。沥青路面。长2.2千米，宽9米。两侧有银行、政府机关等。通1、2路等公交车。

140425-B01-K02 **兴华东街**［Xīnghuá Dōngjiē］在县城中部。西起兴华西街，东至李东线。与李东线、东关路相交。长0.6千米，宽9米。沥青路面。两侧有银行、美食城等。通1、2路等公交车。

140425-B01-K03 **青羊西街**［Qīngyáng Xījiē］在县城中部。西起青羊东街，东至府前北路。与府前北路、东关路相交。长0.5千米，宽9米。沥青路面。两侧有县政府、民政局、信访局等县行政机关。通2、6路等公交车。

140425-B01-K04 **青羊东街**［Qīngyáng Dōngjiē］在县城中部。西起李东线，东至青羊西街。与东关路、李东线相交。沥青路面。长1.2千米，宽10米。沥青路面。两侧有县中医院、美特好广场、平顺二中等。通3路公交车。

140425-B01-K05 **城南路**［Chéngnán Lù］在县城中部。北起平龙线，南至平龙线。与彩凤大道相交。长1.3千米，宽9米。沥青路面。两侧有商店、商务中心等。通3、101路等公交车。

140425-B01-K06 **彩凤大道**［Cǎifèng Dàdào］在县城中部。西起胶海线，东至胶海线。与胶海线、府前南路相交。长2.8千米，宽13米。沥青路面。两侧有平顺汽车站、县职教中心等。通5路公交车。

140425-B01-K07 **文卫路**［Wénwèi Lù］在县城中部。北起民岳路，南至滨河桥。与状元桥、滨河桥相交。长1.7千米，宽12米。沥青路面。两侧有平顺崇文中学、县人民医院、平顺中学等。通1、3路等公交车。

140425-B01-H01 **城关**［Chéngguān］青羊镇人民政府驻地。在县政府驻地青羊镇东北部。人口2820。聚落呈团块状。有实验小学、青羊镇卫生院。有青羊购物广场、客都购物广场、大自然购物广场、平顺青羊大酒店。有祥龙公园、彩凤公园，分别为原平顺古八景“青羊卧月”“彩凤仪春”。341国道、省道长李线经此。

140425-B01-H02 **羊井底**［Yángjǐngdǐ］在县政府驻地青羊镇西南12千米。青羊镇辖行政村。人口1980。相传此地草木茂盛，在山边挖井储水供牛羊饮用，得名羊井。明嘉靖八年，平顺建县，开辟了县城到潞州的唯一官道，并在这里开设邮铺，谓羊井铺。后形成村庄，因建于山沟深处，故名。聚落呈团块状。有羊井底烈士碑，为纪念在抗日战争中牺牲的太行军区三十五师连长张富好等6位烈士而立。有全国著名林业、农业劳动模范武侯梨故居。是著名的“上党梨乡”。县道平辛线经此。

140425-B01-H03 **中五井**［Zhōngwǔjǐng］在县政府驻地青羊镇北10千米。青羊镇辖行政村。人口1710。相传最早叫河西，后因打了五口活水井，更名为五井，又因方位而得名。聚落呈团块状。有中五井小学。有中五井遗址，为新石器时代文化遗存。有中五井东遗址，为夏代文化遗存。有彰法寺、关帝庙和关岳庙，皆为明清建时期筑遗构。有花椒、核桃、柿子等特产。省道长李线经此。

140425-B01-H04 **留村**［Líucūn］在县政府驻地青羊镇北20千米。青羊镇辖行政村。人口1330。相传初名婴东，战国时魏豹攻取上党，灭村灭寨，村上老人为魏兵送饭送水，感动军士，村庄人、物安然无恙，改名留村。聚落呈团块状。有留村烈士碑，为纪念牛贵仓、田保成等12位牺牲烈士而立。有关帝庙、奶奶庙、三教庙，皆为清代建筑遗构。为全国荒山绿化先进村。有花椒、核桃、柿子、苹果等特产。省道长李线经此。

140425-B02 **龙溪镇**［Lóngxī Zhèn］平顺县辖镇。在县境西南。面积91平方千米。人口1.74万。辖13行政村。镇人民政府驻龙镇。1949年属平顺县第二区。1956年设龙镇乡。1958年属西沟金星人民公社，驻地龙镇大队。1959年属壶关县西沟人民公社，驻地龙镇大队。1960年属平顺县。1971年设龙镇人民公社。1984年3月，撤销龙镇人民公社，设立龙镇镇。2000年12月，将龙镇镇更名为龙溪镇。从玉峡关的风门口，沿经龙镇，到马鞍山山势不断，仿佛像条龙，村边有一条溪水从该地通过，取名龙溪。因龙溪水得名。地处太行山上党盆地南部，地势东高西低、南高北低，地形分为丘陵和山地、沟壑。有打虎岭、寺岭，境内最高峰打虎岭赵掌尖脑位于龙镇村，海拔1855米；最低点东彰村口河滩位于东彰村，海拔1400米。百里滩河、底河、佛堂岭河、淙上河、井泉流经，属海河流域。有矿产资源褐铁、绿铁矿石、铝矾土等。有中小学、卫生院。农业主产玉米、小米、马铃薯，种植潞党参。养殖以猪、羊、牛、家禽为主。工业以铁矿采、选为主。服务业以运输、商贸为主。长钢—西安里铁路经此，设龙镇站。通公交车。

140425-B02-H01 **龙镇**［Lóngzhèn］龙溪镇人民政府驻地。在县政府驻地青羊镇南15千米。人口2520。因所处马鞍山山势似龙，龙降沟溪，故名。后因清初该地为晋豫交通要冲，成为商贸重镇，更今名。聚落呈团块状。有龙镇中学、龙溪镇中心卫生院。有平顺县神泉商贸有限公司。有特产党参。2020年被评为第六届全国文明村。县道平龙线经此。

140425-B03 **石城镇**［Shíchéng Zhèn］平顺县辖镇。在县境东北部。面积157平方千米。人口1.26万。辖18行政村。镇人民政府驻石城。1949年属平顺县第三区。1956年设石城乡。1958年属前进人民公社。1959年属壶关县石城人民公社。1960年属平顺县石城人民公社。1984年3月，撤销石城人民公社，设立石城镇。2000年12月，将石城镇、王家庄乡合并为石城镇。因驻地得名。据《读史方舆纪要》记载，石城村为304年武乡羯族人石勒建立后赵后所修筑的驻兵、屯粮之所，因用石头修筑，谓之石头城，简称石城。旧城早废，名称一直沿用下来。地势西高东低，地形分为丘陵和台地。有九楼山、五帽山、焦顶山、寨坡山，境内最高峰寨坡山位于豆口村，海拔1286米；最低处位于北部石城镇山西、河南、河北三省交会处，海拔380米。浊漳河、枣林河流经，属海河流域。有矿产资源硅、含钾岩石等。有水电站8处。有中小学、卫生院。有全国重点文物保护单位龙门寺。有省级非物质文化遗产平顺转九曲。有中国历史文化名村东庄村、岳家寨村。有中国传统村落白杨坡村、豆口村、东庄村、豆峪村等16个。农业主产玉米，小麦，种植棉花、花椒、油料作物等。养殖以猪、羊、家禽为主。土特产品大红袍花椒、核桃、柿子等。工业以水力发电、粮食加工为主。服务业以运输、商贸、旅游为主。瓦日铁路、省道河潞线经此。通公交车。

140425-B03-H01 **石城**［Shíchéng］石城镇人民政府驻地。在县政府驻地青羊镇东北27千米。人口2010。该村地处盆地，似天然石城。相传战国时期赵国和魏国都曾在这里屯兵储粮，后赵石勒也曾在此筑城屯粮，故名。聚落呈团块状。有石城中学、石城中心卫生院。有石城烈士碑，为纪念在抗日战争和解放战争中牺牲的二十八团二营四连班长王江等12位烈士而立。有石城村遗址，为汉代、唐代文化遗存。有关帝庙、观音堂、龙王庙、奶奶庙、文昌阁，皆为清代建筑遗构。有花椒、石榴、核桃等特产。为县东北部三省交界处农副土特产重要集散地。省道潞林线经此。

140425-B03-H02 **东庄**［Dōngzhuāng］在县政府驻地青羊镇东北28千米。石城镇辖行政村。人口1140。相传原是4个村落，后慢慢连在一起，因东庄上平坦人多，又处于较中心的位置，故名。聚落呈团块状。有观音堂、河神庙、龙王庙、牛王庙、歇马殿、真武阁等清代建筑遗构。有省级非物质文化遗产刮街。2018年被列入第七批中国历史文化名村。有花椒、柿子、核桃等特产。省道潞林线经此。

140425-B03-H03 **白杨坡**［Báiyángpō］在县政府驻地青羊镇东北28千米。石城镇辖自然村。人口70。相传因村的沟里坡上到处长着白杨树，故名。聚落呈团块状。有白杨坡村烈士碑，为纪念岳丙顺、岳软增2位在解放战争中牺牲的烈士而立。有手磨豆腐、手工红薯粉条、编箩筐、编花篮、编苫席等传统手艺。有省级非物质文化遗产传统棉纺织技艺和平顺转九曲。2014年被列入第三批中国传统村落名录。乡村道路经此。

140425-B03-H04 **上马** [Shàngmǎ] 在县政府驻地青羊镇东北 33 千米。石城镇辖自然村。人口 130。相传刘秀在此脱险上马前行，故名。聚落呈团块状。有上马烈士碑，为纪念张黄孩、王昌泽两位烈士在抗日战争中牺牲的烈士而立。有上马朝阳庵、金华井、金华庙、玉皇庙等明清建筑遗构。有花椒、杏等特产。2014 年被列入第三批中国传统村落名录。2017 年被列入第五批山西省历史文化名村。省道潞林线经此。

140425-B03-H05 **岳家寨** [Yuèjiāzhài] 在县政府驻地青羊镇东北 21 千米。石城镇辖自然村。人口 80。相传南宋民族英雄岳飞族人从河南汤阴逃至此，在面向深沟的山地建村，得名石壕，2011 年更名为岳家寨。聚落呈团块状。有 8 个天然溶洞。保留了“石街、石墙、石板房，石磨、石炕、石水缸”原始村落模样。有花椒、梨等特产。2012 年被列入第一批中国传统村落名录。乡村道路经此。

140425-B03-H06 **源头** [Yuántóu] 在县政府驻地青羊镇东北 27 千米。石城镇辖行政村。人口 380。因地处源头河的发源地，故名。聚落呈条带状。有第四批全国重点文物保护单位龙门寺，创建于北齐武定二年，现存山门（天王殿）为金代遗构、大雄宝殿为宋代遗构、西配殿为五代遗构、东配殿为明代遗构、燃灯佛殿为元代遗构，其余建筑均为清代建筑遗构。有花椒、柿子等特产。乡村道路经此。

140425-B03-H07 **黄花** [Huánghuā] 在县政府驻地青羊镇西北 12.5 千米。石城镇辖行政村。人口 450。该村四周被高山包围，山上山下的植物与村里村外的国槐都开黄花，故名。聚落呈条带状。有第四批市级文物保护单位黄花奶奶庙，现存为元代建筑遗构。有观音庙、关爷庙等清代建筑遗构。有花椒、柿饼、核桃、软枣等特产。2016 被列入第四批中国传统村落名录。乡村道路经此。

140425-B03-H08 **豆口** [Dòukǒu] 在县政府驻地青羊镇东北 27 千米。石城镇辖行政村。人口 1640。相传宋元时期叫三滩村，明初常遇春、胡大海进兵至此，百姓称其兵卒为寇，改为豆寇，后因不雅而改为豆口。聚落呈团块状。有张六顺宅院，现存为明代遗构。有赵作霖故居，一二九运动期间，赵作霖领导了天津地区学生的运动。有观音堂、关帝庙、奶奶庙、圣原庙戏台、水峪庵、土地庙等明清建筑遗构。有桃子、梨子、茅菜、草菇、桑椹等特产。2019 年被列入第五批中国传统村落名录。省道潞林线经此。

140425-B03-H09 **豆峪** [Dòuyù] 在县政府驻地青羊镇东北 29 千米。石城镇辖行政村。人口 600。站在高处俯视，沟谷就像个豆秧子，两边的山脊形似豆角，故名。聚落呈条带状。有豆峪刘伯承旧居，1942 年 3 月，八路军 129 师师长刘伯承为解决当地旱情，在刘火生院居住月余。有窦王庙、龙王庙、文昌阁、药王庙、刘日增宅院等清代建筑遗构。有植物油、箩头、篮子、篓子等手工制品。有糖糕、烙饼、土豆腐等美食。2016 年被列入第四批中国传统村落名录。乡村道路经此。

140425-B03-H10 **恭水** [Gōngshuǐ] 在县政府驻地青羊镇东北 29 千米。石城镇辖自然村。人口 170。因山形、瀑布、河流组合起来非常形象的“恭”字而得名。聚落呈团块状。有关帝庙、观音堂、文昌阁、修路碑等清代建筑遗构。2019 年被列入第五批中国传统村落名录。乡村道路经此。

140425-B03-H11 **老申峧** [Lǎoshēnjiāo] 在县政府驻地青羊镇东北 24 千米。石城镇辖自然村。人口 230。相传阴阳先生把狐仙精赶走后，把这里定名为老心憔，后因心憔不好而改为老申峧。聚落呈条带状。有老申峧龙王庙、老申峧烈士碑，皆为清代建筑遗构。依然保持着太行山区山坡梯田精耕细作的传统农业种植方式。2019 年被列入第五批中国传统村落名录。乡村道路经此。

140425-B03-H12 **流吉** [Liújí] 在县政府驻地青羊镇东北 29 千米。石城镇辖自然村。人口 100。因村东后沟有泉水长年不断而得名滴流，后人认为这个景象代表吉祥，后演变为今名。聚落呈条带状。保留着太行山区传统居住形态。2019 年被列入第五批中国传统村落名录。乡村道路经此。

140425-B03-H13 **蟒岩** [Mǎngyán] 在县政府驻地青羊镇东北 29 千米。石城镇辖自然村。人口 170。蟒岩是一个天然大石岩洞，传说有蟒蛇居住，故名。聚落呈团块状。有蟒岩五龙爷庙遗址，现存为清代建筑遗构。有花椒等特产。2016 年被列入第四批中国传统村落名录。乡村道路经此。

140425-B03-H14 **牛岭** [Niúlǐng] 在县政府驻地青羊镇东北 30 千米。石城镇辖自然村。人口 350。有大山名金牛岭而得名。聚落呈团块状。保留着太行山区传统居住形态。有干果、花椒等特产。2019 年被列入第五批中国传统村落名录。乡村道路经此。

140425-B03-H15 **青草凹** [Qīngcǎoāo] 在县政府驻地青羊镇东北 30 千米。石城镇辖自然村。人口 210。相传唐朝大将军窦建德率部征战路过，看到这里青草肥美，遂命名为青草凹。聚落呈团块状。有青草凹火龙王庙、青草凹春秋阁，皆为清代建筑遗构。2019 年被列入第五批中国传统村落名录。乡村道路经此。

140425-B03-H16 **窑上** [Yáoshàng] 在县政府驻地青羊镇东北 30 千米。石城镇辖自然村。人口 140。因该村地形像梯形，底下多煤窑而得名。聚落呈条带状。保留着太行山区传统居住形态。2018 年被列入第五批中国传统村落名录。乡村道路经此。

140425-B03-H17 **遮峪** [Zhēyù] 在县政府驻地青羊镇东北 28 米。石城镇辖自然村。人口 360。相传该村古时是山西通往河南的古道山口，叫隘峪口，后因绿树成荫，遮天盖地，改为遮峪口。聚落呈团块状。有雪花龙王庙、郭宅宗庙、三圣寺、龙王庙等清代建筑遗构。2019 年被列入第五批中国传统村落名录。乡村道路经此。

140425-B03-H18 **崔家庄** [Cuījiāzhuāng] 在县政府驻地青羊镇东北 24.5 米。石城镇辖自然村。人口 350。聚落呈团块状。有第六批省级文物保护单位红旗渠源，为改变因缺水造成的穷困，林县人民从 1960 年 2 月开始修建红旗渠（原称“引漳入林”工程），竣工于 1969 年 7 月。省道潞林线经此。

140425-B03-H19 **苇水** [Wěishuǐ] 在县政府驻地青羊镇东北 29 千米。石城镇辖自然村。人口 90。相传南宋民族英雄岳飞后人居此。聚落呈团块状。2019 年被列入第五批中国传统村落名录。乡村道路经此。

140425-B04 **苗庄镇** [Miáozhuāng Zhèn] 平顺县辖镇。在县境西南部。面积 34 平方千米。人口 0.93 万。辖 10 行政村。镇人民政府驻苗庄。1949 年，属平顺县第五区。1956 年设立苗庄乡。1958 年属壶关县辛村人民公社。1959 年属平顺县羊井底人民公社。1961 年属苗庄人民公社。1962 年，将掌里划入东青北人民公社。1984 年，撤销苗庄人民公社，设立苗庄镇。因驻地得名。苗姓在此建村而得名苗庄村。地处太行山上党盆地南部，地势东高西低、南高北低，地形分为丘陵和台地。有长脚岭、青凉山、掌后山，境内最高峰青山位于上庄村，海拔 1050 米；最低点东安善河沟位于东安善村，海拔 850 米。有矿产资源石灰岩、红铁。有小学、卫生院。有全国重点文物保护单位北甘泉圣母庙。为县粮果产区。农业主产玉米，种植苹果、黄梨、核桃、旱地西红柿等。企业以加工制造为主。有工业园区。服务业以运输、商贸为主。瓦日铁路、青兰高速、341 国道、省道李东线经此。通公交车。

140425-B04-H01 **苗庄** [Miáozhuāng] 苗庄镇人民政府驻地。在县政府驻地青羊镇西 14 千米。人口 1980。聚落呈团块状。有苗庄小学、苗庄镇卫生院。有苗庄遗址，为东周时期文化遗存。有洪福寺、三嵕庙等清代建筑遗构。有烈士碑，为纪念在抗日战争期间牺牲的荆立富、申顺发等 5 位烈士而立。有苹果、黄梨和旱地西红柿等特产。是县西南重要农副土产集散地。341 国道、省道长李线经此。

140425-B04-H02 **北甘泉** [Běigānquán] 在县政府驻地青羊镇西南 8 千米。苗庄镇辖行政村。人口 1720。相传村上打了九眼活水井，井水很甜，得名九甘泉，后村庄向南扩展，九眼活水井到了村北，得名北甘泉。聚落呈团块状。有第七批全国重点文物保护单位北甘泉圣母庙，现存正殿为元代建筑遗构，其余皆为清代建筑遗构。有北甘泉遗址，为夏代文化遗存。有苹果、玉米、花生等特产。341 国道经此。

140425-B04-H03 **南五马** [Nánwǔmǎ] 在

县政府驻地青羊镇西 12 千米。苗庄镇辖行政村。人口 670。相传为马氏三兄弟建村，因方位而得名。聚落呈团块状。有第六批省级文物保护单位南五马卫公庙，现存正殿为元代建筑遗构，其余皆为清代建筑遗构。乡村道路经此。

140425-B05 **玉峡关镇**［Yùxiáguān Zhèn］平顺县辖镇。在县境东南部。面积 195 平方千米。人口 1.12 万。辖 12 行政村。镇人民政府驻杏城。1949 年属平顺县第七区。1956 年设立杏城乡。1958 年属协作人民公社。1959 年属壶关县杏城人民公社。1960 年属平顺县杏城人民公社。1984 年 3 月，撤销杏城人民公社，成立杏城乡。2000 年 12 月，将杏城、玉峡关 2 乡合并为杏城镇。2021 年更名为玉峡关镇。此地在山岭沟谷之间，悬崖峭壁，形似玉匣，故名玉峡关镇。地势东高西低、南高北低，地形分为丘陵、台地。有风子岭、靖林山、风皇岭、玉昌顶、老板山。境内最高峰风子岭位于杏城村，海拔 1876 米；最低点花园河沟位于花园村与河南林州市石板岩村交界处，海拔 785 米。十字河、大石河、黄崖河、背泉河、石门口河流经，属海河流域。有矿产资源铁、大理石、石膏。森林覆盖率 50%。有中小学、卫生院。有全国重点文物保护单位金灯寺石窟。农业主产玉米、谷子、马铃薯、小杂粮。养殖以猪、羊、牛、家禽为主。土特产品党参、连翘等中药材。工业以铁矿采、选为主。服务业以运输、商贸为主。多条公路经此。通公交车。

140425-B05-H01 **杏城**［Xìngchéng］玉峡关镇人民政府驻地。在县政府驻地青羊镇东南 35 千米。人口 1830。相传因杏树多得名杏花村，后四面环山，中间平坦，似一座天造城堡，改名杏城村。聚落呈团块状。有玉峡关中学、玉峡关小学、玉峡关镇卫生院。有潞党参、紫团参、黄芩等中药材。县道花壶线经此。

140425-B05-H02 **玉峡关**［Yùxiáguān］在县政府驻地青羊镇东南 42.5 千米。玉峡关镇辖行政村。人口 810。相传原名玉斗崖，平顺立县后，在此设关，据形似玉匣，取名玉峡关。聚落呈条带状。明代在此设关驻巡检司。有潞党参、紫团等特产。县道花壶线经此。

140425-B05-H03 **背泉**［Bèiquán］在县政府驻地青羊镇东南 47.5 千米。玉峡关镇辖行政村。人口 520。该村建于山北面，故称背上，加之该村有一股泉水，故名背泉。聚落呈团块状。有第六批全国重点文物保护单位金灯寺石窟，据《平顺县志》记载，原名宝岩寺，创建于北周时期，现存石窟集中开凿于明弘治、正德、嘉靖年间。有潞党参、紫团参、连翘、柴胡、黄芩等中药材。乡村道路经此。

140425-C01 **西沟乡**［Xīgōu Xiāng］平顺县辖乡。在县境中部。面积 63 平方千米。人口 0.79 万。辖 10 行政村。乡人民政府驻西沟。1949 年属平顺县第一、第二区。1953 年设西沟乡。1958 年设西沟人民公社。1984 年复置乡。因驻地得名。村庄依坡梯级而建，多为砂地，名砂地栈。取太行山第一个互助组老西沟之名，得名西沟村。地处太行山上党盆地南部，地势东南高、西北低，地形分为丘陵和台地。有风门脑、纪干岭、大核桃洼，境内最高峰大核桃洼位于李家后，海拔 1678 米；最低点池底河滩位于池底村，海拔 870 米。百里滩河、赵店河、石匣河流经，属海河流域。有矿产资源铁、大理石等。有中小学、卫生院。有国家级展览馆、国家级爱国主义教育基地、西沟廉政教育基地平顺西沟展览馆。有省级红色文化遗址李顺达故居。是全国著名劳动模范李顺达、申纪兰、郭玉恩的故里。农业主产玉米、谷子、土豆、小杂粮。养殖以猪、羊、家禽为主。工业以生产纪兰核桃露为主。服务业以运输、商贸和旅游为主。土特产品有党参等中药材。通公路。通公交车。

140425-C01-H01 **西沟**［Xīgōu］西沟乡人民政府驻地。在县政府驻地青羊镇南 7 千米。人口 1950。聚落呈条带状。有西沟希望小学、西沟卫生院、西沟展览馆。1948 年成立了全国第一个互助组。有第六批省级文保单位李顺达故居，正房为窑洞三孔，东、西厢房各三间，大门题“劳动起家”四字。有西沟遗址、南寨遗址，皆为夏商时期文化遗存。有西沟墓群，为东周时期墓葬。有著名作家马烽旧居。有核桃、花椒、苹果等特产。工业以生产纪兰核桃露为主。341 国道经此。

140425-C01-H02 **三里湾**［Sānlǐwān］在县政府驻地青羊镇南4千米。西沟乡辖行政村。人口580。因两山夹着一个小平川，故名川底，后因赵树里在此创作长篇小说《三里湾》，2010年更今名。聚落呈条带状。有赵树理纪念馆。有核桃、苹果等特产。341国道经此。

140425-C02 **东寺头乡**［Dōngsìtóu Xiāng］平顺县辖乡。在县境东部。面积234平方千米。人口0.86万。辖13行政村。乡人民政府驻东寺头。1949年属平顺县第二区。1956年属寺头乡。1958年，属英雄人民公社。1959年属壶关县寺头人民公社。1960年属平顺县寺头人民公社。1984年3月，将寺头人民公社更名为东寺头人民公社。1984年撤销东寺头人民公社，设立东寺头乡。2000年12月，石窑滩、羊老岩乡并入。因南北朝时村北有一寺院妙轮寺而得名。民间有“先有寺头，后有潞州”的说法，为区别襄垣县之寺头，据其处在长治之东，改为东寺头。全境为山地地貌，山岭林立，沟壑纵横，中南部地势高，西部、北部和东部地势相对较低。一般海拔高度在1200—1800米之间。露水河、虹霓河流经，属海河流域。矿产资源有方解石、石灰岩、大理石、磁铁矿等。森林覆盖率达53.1%。有小学、卫生院。有中国传统村落神龙湾村。有国家4A级风景旅游区天脊山。曾是太南区政治、军事指挥中心。农业主产玉米、谷子、土豆、小杂粮，种植党参、连翘等药材。养殖以猪、牛、羊、驴、马、兔、鸡等为主。工业以铁矿采、选为主。服务业以运输、商贸和旅游为主。土特产品有党参等中药材。通公交车。

140425-C02-H01 **东寺头**［Dōngsìtóu］东寺头乡人民政府驻地。在县政府驻地青羊镇东15千米。人口1170。相传因位于大觉寺东而得名。聚落呈条带状。有东寺头中学、八一希望小学。有市级文物保护单位五龙山摩崖石刻，现存北宋、明代铭文4篇。有市级文物保护单位妙轮寺舍利塔，现仅存五代石塔1座，碑1通。有第十八集团军太南办事处旧址、中共太行四地委旧址、太行区三、四专署旧址。有党参、连翘等中药材。有核桃等特产。县道阳寺线经此。

140425-C02-H02 **神龙湾**［Shénlóngwān］在县政府驻地青羊镇东30千米。东寺头乡辖行政村。人口740。因四周山峰高耸云霄，村庄建在底部，恰像四周高山围成的石井，故名穿底，后改为今名。聚落呈条带状。有神龙湾龙门寺、神龙湾观音堂、红豆庄山神庙、神龙湾塔、娲皇圣母庙和玉皇庙等明清时期建筑遗构。2014年被列入第三批中国传统村落名录。2017年被评为第五届全国文明村。县道古石线经此。

140425-C03 **虹梯关乡**［Hóngtīguān Xiāng］平顺县辖乡。在县境中部偏东。面积147平方千米。人口0.71万。辖11行政村。乡人民政府驻虹梯关。1949年，分属平顺县第二区和第三区。1956年为虹梯关乡。1958年为飞跃人民公社。1959年为壶关县虹梯关公社。1960年为平顺县虹梯关公社。1984年，撤销虹梯关人民公社，设立虹梯关乡。2000年12月，茉兰岩乡并入。明嘉靖八年（1529年）陈卿起义被平息后，在此村东设关驻守，查验通关文牒，此处是过晋豫的必经之路，出去关门是有名的梯路，根据明嘉靖兵科给事中夏言亲笔撰文丹书石碑——虹梯关铭而得名。地处太行山脉与华北平原衔接处，地势东南高、西北低，地形分为丘陵和台地。有天池岭、秋房岭，境内最高峰天池岭位于虹梯关村，海拔1213米；最低点龙板河滩位于龙柏庵村口，海拔721米。虹霓河、秋房沟河、李家河、虹梯关流经，属海河流域。有豹、狼、狐狸、獾、野羊（狍子）、梅花鹿、野兔、猫豹、黄鼠狼、毛狖狳（松鼠）、雉鸡等野生动物。有土橿、楸树、椴树、侧柏、黄栌、连翘、邓青（红豆杉）、漆树、白皮松等野生植物。有矿产资源石灰岩、石英岩、硅、铁等。有中小学、卫生院。有全国重点文物保护单位明惠大师塔、省级重点文物保护单位虹梯关铭。有中国历史文化名村虹霓村。有中国传统村落虹霓村、虹梯关村、龙柏庵村。有国家4A级旅游景区通天峡。农业主产玉米、谷子、马铃薯、小杂粮，种植潞党参、花椒等。养殖以猪、羊、家禽为主。工业以铁矿和硅矿采、选为主。服务业以运输、商贸和旅游为主。土特产品有党参等中药材。青兰高速经此。通公交车。

140425-C03-H01　**虹梯关**［Hóngtīguān］虹梯关乡人民政府驻地。在县政府驻地青羊镇东 20 千米。人口 1570。“虹梯”原名“洪梯”，因夏言“望之若虹霓然”，明嘉靖八年（1529 年）置平顺县，并于此设关曰虹梯关，故名。聚落呈团块状。有虹梯关小学、虹梯关乡卫生院。有花椒、核桃、党参、柴胡等特产。县道张河线经此。

140425-C03-H02　**虹霓**［Hóngní］在县政府驻地青羊镇东北 30 千米。虹梯关乡辖行政村。人口 770。该村处在河谷之间，河面的雾气被阳光照射呈现出色彩斑斓的一道彩虹，故名。聚落呈条带状。有第五批全国重点文物保护单位明惠大师塔，创建于五代后唐长兴三年（932 年），为方形单层亭阁式石塔，通高 9 米。有 AAAA 级旅游景区通天峡。有花椒、核桃、柿子等特产。服务业以商贸和旅游为主。2013 年被列入第二批中国传统村落名录。县道张河线经此。

140425-C03-H03　**龙柏庵**［Lóngbǎiān］在县政府驻地青羊镇东北 22 千米。虹梯关乡辖行政村。人口 390。相传该村原建有尼姑庵，庵内有一柏树形体似龙，故名。聚落呈团块状。有龙柏庵玉帝庙，现存建筑为清代遗构。有花椒、红薯手工粉条等特产。2019 年被列入第五批中国传统村落名录。县道张河线经此。

140425-C03-H04　**碑滩**［bēitān］在县政府驻地青羊镇东部偏北 17 千米。虹梯关乡辖行政村。人口 210。聚落呈团块状。因虹梯关铭碑而得名。有第二批省级文物保护单位虹梯关铭碑，明嘉靖八年（1529 年）雕造，由礼部尚书兵科给事夏言镌刻。有 AAAA 级旅游景区通天峡。县道张河线经此。

140425-C04　**阳高乡**［Yánggāo Xiāng］平顺县辖乡。在县境北部。面积 129 平方千米。人口 0.91 万。辖 9 行政村。乡人民政府驻阳高。1949 年属平顺县第四区。1956 年设阳高乡。1958 年，为前进人民公社。1959 年为壶关县石城人民公社。1960 年为平顺县石城人民公社。1961 年为阳高人民公社。1984 年，撤销阳高人民公社，设立阳高乡。因驻地得名。因该地适宜养羔羊而得名，后取同音改名阳高村。也有记载说村内有一宋代所建寺庙，阳气旺盛，故取名阳高村。地势东南高、西北低，地形分为丘陵和台地。有东脑山、西栈山、小门口山，境内最高峰东脑山位于阳高村，海拔 1145 米；最低点阳高高圪登河滩位于阳高村口，海拔 807 米。浊漳河、南河沟河、北河沟河流经，属海河流域。有矿产资源铁等。有中小学。有全国重点保护文物单位淳化寺、佛头寺、回龙寺、夏禹神祠。有中国历史文化名村奥治村。有中国传统村落车当村、侯壁村、椰树园村等 7 个。农业主产玉米、小麦。养殖以猪、羊、家禽为主。工业以水力发电为主。服务业以运输、商贸和旅游为主。土特产品花椒、核桃、柿子、石榴等。瓦日铁路、省道河潞线经此。通公交车。

140425-C04-H01　**阳高**［Yánggāo］阳高乡人民政府驻地。在县政府驻地青羊镇北 58 千米。人口 1950。相传最初刘氏家族看中这里向阳临河，适应饲养羔羊，故名羊羔，后因常年阳光高照，演变为阳高。聚落呈团块状。有阳高小学。有第五批全国重点文物保护单位淳化寺，建于唐开元年间，现存佛殿 1 座为金代建筑遗构。有大红袍花椒、柿饼、核桃等特产。工业以水力发电为主，有阳高电站。省道潞林线经此。

140425-C04-H02　**奥治**［àozhì］在县政府驻地青羊镇北 40 千米。阳高乡辖行政村。人口 1240。相传大禹在此开沟治水普救众生，为了纪念大禹治水而得名。“奥”会意于“禹”字，“治”代表大禹治水。聚落呈团块状。有奥治小学。有奥治烈士碑位，为纪念在抗日战争及解放战争中牺牲的陈虎运、李来兴等 6 位烈士而立。有关帝庙戏台、全神庙、三教殿等清代建筑遗构。有花椒、棉花特产。2013 年被列入第二批中国传统村落名录。2014 年被列入第六批中国历史文化名村。省道潞林线经此。

140425-C04-H03　**车当**［Chēdāng］在县政府驻地青羊镇东北 22 千米。阳高乡辖行政村。人口 790。相传为取吉利，取古时打仗“水来土掩，箭来车挡”之意，故名。聚落呈团块状。有车当小学。有第六批全国重点文物保护单位佛头寺，现存为宋代建筑遗构。有市级文物保护单位车当观音圣母堂，现存为元代建筑遗构。有全神庙、药王庙等明清建筑遗构。有花椒、柿子等特产。2019年被列入第五批中国传统村落名录。省道潞林线经此。

140425-C04-H04 **侯壁**［Hóubì］在县政府驻地青羊镇东北47千米。阳高乡辖行政村。人口1300。相传战国时期，秦国和赵国在这里交接“璧玉”，赵国早来等候，故名。聚落呈团块状。有第六批全国重点文物保护单位回龙寺，现存正殿为金代建筑遗构。有第六批全国重点文物保护单位夏禹神祠，现存正殿为元代遗建筑构，其余建筑皆为清代建筑遗构。有花椒、柿子、核桃等特产。省道潞林线经此。

140425-C04-H05 **榔树园**［Lángshùyuán］在县政府驻地青羊镇东北17千米。阳高乡辖行政村。人口300。相传因这里有榔树、活水岩，得名榔树岩，久而久之，村庄掩映在榔树林子之中，改名榔树园。聚落呈条带状。有龙王庙，现存为清代建筑遗构。有陈连壁烈士碑、陈耀庭烈士碑。有太行第四专员公署军需供应站旧址。2019年被列入第五批中国传统村落名录。太行一号旅游公路经此。

140425-C04-H06 **南庄**［Nánzhuāng］在县政府驻地青羊镇东北21千米。阳高乡辖行政村。人口610。聚落呈团块状。有南庄烈士碑，为纪念在抗日战争及解放战争中牺牲的关许善等6位烈士而立。有龙王庙、关帝庙、观音堂等清代建筑遗构。有花椒、核桃、杏、山桃等特产。2019年被列入第五批中国传统村落名录。省道潞林线经此。

140425-C05 **北耽车乡**［Běidānchē Xiāng］平顺县辖乡。在县境西北部。面积173平方千米。人口0.99万。辖12行政村。乡人民政府驻北耽车。1949年属平顺县第四区。1956年设立北耽车乡。1958年属灯塔人民公社。1959年属壶关县北耽车人民公社。1960年属平顺县北耽车人民公社。1984年，撤销北耽车人民公社，复设北耽车乡。2000年12月，实会乡并入。因驻地得名。村东西两头各有一大水池，中间有一条小街，像一条扁担，所以起名为担车村，后来演变为耽车村，又因该村位于浊漳河的北面，故名为北耽车村。地势西高东低，地形分为丘陵和台地。有双峰山、南脑山、月亮山、狼梯山，境内最高峰南脑山位于实会村，海拔912米；最低点王曲村口河滩位于王曲村，海拔534米。浊漳河、赤壁河、靳家园河流经，属海河流域。有矿产资源石膏等。有中小学、卫生院。有全国重点文物保护单位大云院、天台庵。有中国传统村落安乐村、实会村、王曲村。有太行水乡风景区。农业主产玉米、小麦、谷子，种植棉花、花椒、油料作物等。养殖以猪、羊、家禽为主。工业以水力发电为主。有水电站5座。服务业以运输、商贸和旅游为主。土特产品花椒、核桃、柿子、骏枣等。瓦日铁路、省道河潞线经此。通公交车。

140425-C05-H01 **北耽车**［Běidānchē］北耽车乡人民政府驻地。在县政府驻地青羊镇西北35千米。人口1190。相传该村东西各有一个水池，中间有一条小街，好像一条扁担，得名担池，后演变为耽车，因该村居于浊漳河的北岸，故名。聚落呈团块状。有北耽车小学、北耽车卫生院。有北耽车烈士碑，在抗日战争和解放战争中牺牲的段丑旦、张如盛等9位烈士而立。有观音堂、奶奶庙戏台、尚氏民宅等清代建筑遗构。有花椒、柿饼等特产。省道潞林线经此。

140425-C05-H02 **王曲**［Wángqǔ］在县政府驻地青羊镇西北33千米。北耽车乡辖行政村。人口1540。相传该村以王家最为兴旺，浊漳河在这里绕了个弯，取山回水曲和王家团结得像曲（做醋和酱的曲块）一样的紧密，故名。聚落呈团块状。有第三批全国重点文物保护单位天台庵，现存正殿为唐代建筑遗构，是我国仅存的四座唐代木结构建筑之一。有第六批省级文物保护单位王曲龙王庙，现存正殿为元代建筑遗构，献殿为清代建筑遗构。有花椒、核桃、西瓜等特产。县道常平线经此。

140425-C05-H03 **实会**［Shíhuì］在县政府驻地青羊镇西北27.5千米。北耽车乡辖行政村。人口750。相传唐朝时更名为石灰，后取谐音更名实会。聚落呈条带状。有第三批全国重点文物保护单位大云院，创建于后晋天福三年，现存弥陀殿为五代建筑遗构，其它建筑均为清代遗构。

有第六批省级文物保护单位实会龙王庙，现存正殿为元代建筑遗构，其余均为清代建筑遗构。有花椒、核桃、棉花、油葵等特产。有中华鲟、三文鱼和虹鳟鱼等水产养殖。有运输、商贸和旅游等服务业。省道潞林线经此。

140425-C05-H04 **安乐**［Ānlè］在县政府驻地青羊镇北17千米。北耽车乡辖行政村。人口1100。相传为了纪念村里擅长吹奏的“乐头”而得名乐头，后因村民安居乐业而改为安乐。聚落呈团块状。有市级文物保护单位安乐观音堂，现存为元代建筑遗构。2019年被列入第五批中国传统村落名录。省道潞林线经此。

140425-C05-H05 **南峧**［Nánjiāo］在县政府驻地青羊镇东北9.5千米。北耽车乡辖行政村。人口780。因位于孔家峧村后而得名。聚落呈团块状。有第六批省级文物保护单位南峧唐王庙，现存正殿为元代建筑遗构，其余为清代建筑遗构。乡村道路经此。

140425-C06 **北社乡**［Běishè Xiāng］在县境西部。面积68平方千米。人口1.7万。辖18行政村。乡人民政府驻北社。1949年属平顺县第五区。1956年设立北社乡。1958年属壶关县人民公社。1959年属壶关县北社人民公社。1960年属平顺县北社人民公社。1984年，撤销北社人民公社，设立北社乡。2000年，东青北乡并入。因驻地得名。宋建中靖国年间，九天圣母庙重修竣工，周边各村均需参加开光祭祀活动，为筹措资费，周边各村分为五大社，庙会活动地名叫“原神地”，北社在原神地的北面，轮流主办庙会，得名“北社”村。地处平顺县西部台地，地势东南高、西北低，地形分为丘陵、台地。有西岭，境内最高峰西岭位于东河村，海拔1167米；最低点下社村河沟位于下社村，海拔875米。西社河、大铎河流经，属海河流域。有中小学、卫生院。有全国重点保护文物单位九天圣母庙、北社三嵕庙、大禹庙、西青北大禹庙、西社卫公庙。有国家级非物质文化遗产独辕四景车赛会。有中国传统村落北社村、西社村。农业主产玉米、谷子、小麦，种植蔬菜。养殖以猪、羊、家禽为主。服务业以运输、商贸、旅游为主。土特产品苹果、核桃。瓦日铁路、341国道、省道李东线经此。通公交车。

140425-C06-H01 **北社**［Běishè］北社乡人民政府驻地。在县政府驻地青羊镇西15千米。人口750。聚落呈团块状。有北社中学、北社小学、北社乡卫生院。有第七批全国重点文物保护单位北社三嵕庙，现存正殿为元代建筑遗构，其余皆为清代建筑遗构。有第七批全国重点文物保护单位北社大禹庙，现存正殿为元代建筑遗构，其余为清代建筑遗构。有国家非物质文化遗产独辕四景车赛会。是县西部台地农副产品和蔬果品的销售集散地。207国道、县道成南线经此。

140425-C06-H02 **西社**［Xīshè］在县政府驻地青羊镇西16千米。北社乡辖行政村。人口450。聚落呈团块状。有第八批全国重点文物保护单位西社卫公庙，现存正殿为元代建筑遗构，其余建筑均为清代遗构。有观音堂、文昌阁、曹家大院等清代建筑遗构。有八音会。有扁桃、大枣等特产。2014年被列入第三批中国传统村落名录。207国道经此。

140425-C06-H03 **西青北**［Xīqīngběi］在县政府驻地青羊镇西22千米。北社乡辖行政村。人口190。相传村落隐于青山绿树之中，位于东青北之西而得名。聚落呈团块状。有第七批全国重点文物保护单位西青北大禹庙，现存正殿为明代建筑遗构，其余建筑皆为清代遗构。有旱地西红柿。有平顺县华尔顿种养有限公司。341国道经此。

140425-C06-H04 **东河**［Dōnghé］在县政府驻地青羊镇西7.5千米。北社乡辖行政村。人口290。相传以石北的南山为主，山东有河，河东有村，故名东河。聚落呈团块状。有第五批全国重点文物保护单位九天圣母庙，创建于隋代，现存正殿为宋代建筑遗构，献殿为元代建筑遗构，梳妆楼为明代建筑遗构，其余建筑皆为清代遗构。省道长李线经此。

140425-C06-H05 **东禅**［Dōngchán］在县政府驻地青羊镇西7.5千米。北社乡辖行政村。人口830。相传在南宋末年，该村建起一个中型寺院，因位于寺院东部而得名。聚落呈团块状。有第六批省级文物保护单位东禅牛王楼，现存木结构二层楼阁一座，为元代建筑遗构。乡村道路经此。

140426 **黎城县** [Líchéng Xiàn] 长治市辖县。北纬 36° 27′，东经 113° 22′。在市境东北部。面积 1113 平方千米。常住人口 13.42 万。辖 8 镇。县人民政府驻黎侯镇。商朝属黎国。西周、春秋战国为黎侯国。汉、三国迄两晋，为潞县地。北魏太平真君十一年（450 年）废潞县，始置刈陵县，治今古县村，属襄垣郡。隋开皇十八年（598 年）改名黎城县，属上党郡，此为黎城县名之始。唐先后属韩州、潞州。天祐二年（905 年）改为黎亭县。五代唐复名黎城县。宋天圣三年（1025 年）县治迁至白马驿，即今县城。熙宁五年（1072 年）省入潞城县。元祐元年（1086 年）恢复黎城县，属隆德府。金属潞州。贞祐三年（1215 年）属崇州。四年（1216 年）复属潞州。元、明因之。嘉靖八年（1529 年）属潞安府。清因之。1912 年废府。1913 年属中路道。1914 年属冀宁道。1927 年废道直属山西省。1937 年属山西省第三行政区。抗日战争时期属晋冀鲁豫边区太行区第四专区。1943 年以横岭为界，析黎城为黎南、黎北两县，黎南县人民政府驻今县城，黎北县人民政府驻今南委泉村。1945 年黎南、黎北复并为黎城县，县人民政府迁驻今县城。1949 年属山西省长治专区。1958 年属晋东南专区。1967 年属晋东南地区。1985 年属长治市至今。因商周时期为黎侯国所在地，黎侯受封建城，故名黎城县。地处太行山东翼中南段，属黄土高原一部分，以中等构造剥蚀侵蚀山地为主。境内群山起伏，沟壑纵横，系复杂的山脉盘结而成。纵观全县，四面环山，中间低凹，山多川少，地形复杂，是太行山中的一个小型山间盆地。地势西北高、东南低。境内最高峰全榆洼顶，海拔为 2020 米；最低点黄崖洞镇清泉村清漳河谷地，海拔为 622 米。属暖温带半湿润大陆性季风气候。年均气温 10.4℃。年均降水量 547 毫米。年均无霜期 180 天左右，年均日照时数 2548.5 时。清漳河、浊漳河流经，属海河流域。有国家级重点保护野生动物金钱豹。有省级重点保护野生动物 5 种。有观赏、药用等植物 20 余种。有矿产资源铁、钛铁、石膏、花岗石、硅等。有小学 71 所，普通初中 9 所，普通高中 2 所，职业高中 1 所，特殊教育学校 1 所。有公共图书馆个，文化馆 1 个。有县医院 1 个、中医院 1 个、妇幼保健院 1 个、疾病预防控制中心（防疫站）1 个，卫生院 13 个。有全国重点文物保护单位黄崖洞兵工厂旧址、西下庄昭泽王庙、黎城城隍庙、长宁大庙、辛村天齐王庙、西周黎侯墓群。有省级重点文物保护单位抗战三周年纪念塔。有国家级非物质文化遗产上党落子、黎侯虎。有省级非物质文化遗产剪纸、尧的传说。有中国历史文化名村洪井镇霞庄村。有中国传统村落东阳关镇枣镇村、长宁村，西井镇新庄村仟仵村等 9 个。有省级红色文化遗址冀南银行小寨旧址、八路军总部河南村旧址、太行区第一届群英会旧址、上党战役指挥部旧址等 13 处。有古迹元代圣源王庙、北齐摩崖造像、塔坡西周古墓、冯奉世墓等。有民俗文化黎襄情缘。有知名人物冯奉世、王发越、靳荣藩、常樾、徐步高、李锁柱等。三次产业比 7.7 ∶ 27 ∶ 65.3。农业主产玉米、花椒、小米等。工业以钢铁、铁矿采选、焦化、玻璃为主。服务业以生态旅游、农家乐为主。土特产品有黎城柿饼、黎城核桃。长邯铁路经此，设黎城、水洋、东阳关、东庄、下湾等站。长邯高速、黎左高速，207、309 国道经此。

140426-B01 **黎侯镇** [Líhóu Zhèn] 黎城县辖镇，是黎城县人民政府驻地。在县境南部。面积 130.177 平方千米。人口 4.7 万。辖 12 社区、22 行政村。镇人民政府驻鼓楼社区。1949 年属黎城县第一区。1953 年设城关乡。1958 年属城关五星人民公社。1961 年属城关人民公社。1984 年改置镇。2001 年与李庄、岩井 2 乡合置黎侯镇。2021 年 3 月将原停河铺乡的靳家街村委会和七里店社区居委会划归黎侯镇管辖。周武王封黎侯国。因古黎侯国而得名。地处盆地中心，地势两头高、中间低，地形分为山区和盆地。有牛抱泉山、高岭、马鞍山，境内最高峰东山位于榆树坪村，海拔 1218 米；最低点小东河位于东关村，海拔 670 米。小东河流经，属海河流域。有矿产资源石灰石、石膏等。有中小学、文化馆、公共图书馆、医院、卫生院。有全国重点文物保护单位黎城城隍庙、西周黎侯墓群。有国家级非物质文化遗产黎侯虎。

农业主产玉米、小麦、豆类。养殖以猪、羊、家禽为主。工业以建材为主。服务业以运输、商贸为主。长邯铁路，青兰、长邯高速，207、309 国道过境。通多路公交车。

140426-B01-K01 **广邯街** [Guǎnghán Jiē] 在县城北部。西起火车站广场，东至长治—邯郸高速。与桥北路、广北路相交。长 0.7 千米，宽 24 米。沥青、混凝土路面。1993 年始建。1994 年建成。因原为邯长公路一段，故名。两侧有烟草专卖局、黎城二中。

140426-B01-K02 **鼓楼街** [Gǔlóu Jiē] 在县城南部。西起城西路，东至东河大桥。与桥南路、城东路等相交。长 0.5 千米，宽 22 米。沥青、混凝土路面。2006 年始建。2007 年建成。因有鼓楼，故名。两侧有县税务局、中医院等。通 102、201 路等公交车。

140426-B01-K03 **广北路** [Guǎngběi Lù] 在县城北部。北起古城大街，南至黎城站。与集贤街、广邯街相交。长 1.3 千米，宽 24 米。沥青路面。1995 年始建。1996 建成。因在广邯街北得名。两侧有县劳动保障局、县运管所、县工商局等。通 101、102 路等公交车。

140426-B01-K04 **桥北路** [Qiáoběi Lù] 在县城北部。北起粮食局直属库，南至北坊桥头。与桥南路相接。长 0.7 千米，宽 22 米。沥青、混凝土路面。2007 年建成。因在北坊桥北得名。两侧有银行等。通 101、102 路等公交车。

140426-B01-K05 **桥南路** [Qiáonán Lù] 在县城南部。北起北坊桥南，南至鼓楼街。长 0.7 千米，宽 16 米。沥青、混凝土路面。1980 年建成。因在北坊桥南得名。两侧有县人民医院、银行等。通 101、102 路等公交车。

140426-B01-K06 **正街** [Zhèng Jiē] 在县城中部。北起三节楼，南至黎城三中。与鼓楼街相交。长 0.3 千米，宽 6 米。沥青、混凝土路面。1986 年建成。因在城内各街正中得名。两侧有黎城三中、城内卫生所等。

140426-B01-K07 **城西路** [Chéngxī Lù] 在县城西部。北起 207 国道，南至鼓楼街。长 0.5 千米，宽 15 米。沥青、混凝土路面。2006 年建成。因在县城西，故名。两侧有县经信局、住宅小区等。通 101 路公交车。

140426-B01-K08 **城东路** [Chéngdōng Lù] 在县城东部。北起 309 国道，南至 207 国道。与鼓楼街、广邯街相交。长 1.5 千米，宽 27 米。沥青、混凝土路面。1995 年建成。因在县城东，故名。两侧有黎城汽车站、钢材大市场、黎城中医院、黎城一中等。通 201、203 路等公交车。

140426-B01-K09 **古城大街** [Gǔchéng Dàjiē] 在县城北部。西起青兰线，东至女娲路。与西环路，城东路，青兰线相交。建成于 1994 年。因北面建有“黎侯古城”得名。长 3.5 千米，宽 30 米。沥青路面。两侧有住宅小区、古城中学、黎侯古城、县人民检察院等。通 803、804 路等公交车。

140426-B01-K10 **教育东街** [Jiàoyù Dōngjiē] 在县城南部。西起教育西街，东至无名街道。与无名街道、教育西街相交。长 0.42 千米，宽 20 米。沥青路面。两侧有仁庄村、便利店等。通 103 路公交车。

140426-B01-H01 **晋福** [Jìnfú] 在县政府驻地黎侯镇西北 3.5 千米。黎侯镇辖行政村。人口 1870。据明弘治《黎城县志》载，北魏太平真君十一年（450 年）废潞县，置刈陵县，将县治从漳河南岸之故城迁于漳河北岸二十里处（今古县村），因村在县城之南，故名城南。2011 年长治市一号工程“三晋光伏产业园”落户该村，更名晋福。聚落呈团块状。有城南完全小学。有黎城太行钢铁有限公司。2020 年被评为第六届全国文明村。207 国道经此。

140426-B01-H02 **望北** [Wàngběi] 在县政府驻地黎侯镇东 3 千米。黎侯镇辖行政村。人口 880。清光绪《黎城县续志》有“望壁村”，明朝时，段姓由平顺耽车村迁居于此，因在村中可望见上村之大影壁，故名，书写求简，俗称望北。聚落呈团块状。有第六批省级文物保护单位望北三官庙，现存正殿为明代建筑遗构，其余均为新建。县道黎阳线经此。

140426-B01-H03 **乔家庄** [Qiáojiāzhuāng] 在县政府驻地黎侯镇西南 2 千米。黎侯镇辖行政村。人口 480。聚落呈条带状。有第六批省级文物保护单位八路军129师整军会议乔家庄旧址，129师于1939年3月在此召开了干部会议，讨论整军问题，师长刘伯承就整军的内容、方式、要求及意义作了报告。乡村道路经此。

140426-B02 **东阳关镇**［Dōngyángguān Zhèn］黎城县辖镇。在县境东部。面积147.15平方千米。人口1.7万。辖21行政村。镇人民政府驻东阳关。1949年属黎城县第一区。1953年设东阳关乡。1958年属城关五星人民公社。1961年属城关人民公社。1984年改置镇。2001年龙王庙乡并入。因驻地得名。东阳关，即壶口故关，古称吾儿峪。《资治通鉴》：“五代晋天福元年（936年），赵德均自吾儿峪趋潞州。”《元史·察罕特穆尔传》：“至元十八年（1281年），分兵屯上党，塞吾儿峪”，均此。宋以来称东阳关，以在县东、金牙山之阳，地势险要，自古倚为要塞故名。地处丘陵山区，地势西高东低，地形为山地、丘陵。有老顶山、寨凹山、侧棱山、马鞍山、大雨槐脑、小雨槐脑、卧牛峰、高堖山、老金峧，境内最高峰大雨槐脑位于秋树垣村，海拔1255.4米，最低点两省桥位于秋树垣村，海拔680米。龙王庙河、香炉峧河、黄须河、沈王河流经，属海河流域。有矿产资源玄武岩、石灰岩、方解石等。有中小学、文化站，图书室、卫生院。有全国重点文物保护单位天齐王庙、长宁大庙。有中国传统村落枣镇村、长宁村。有风景名胜金牙晚照、蓝天游鸭。农业主产土豆、玉米，种植核桃、柿子、花椒等。养殖以猪为主。工业以采矿为主。服务业以零售为主。长邯铁路、青兰高速、309国道经此。通公交车。

140426-B02-H01 **东阳关**［Dōngyángguān］东阳关镇人民政府驻地。在县政府驻地黎侯镇东北10千米。人口2920。因在县东金牙山之阳，地势险要，自古倚为要塞，故名。聚落呈团块状。有东阳关中学。有东阳关墓地，为唐代墓葬遗存。有东阳关城址、长城烽火台、关帝庙、洪福禅寺等明清时期建筑遗构。309国道经此。

140426-B02-H02 **辛村**［Xīncūn］在县政府驻地黎侯镇西南14千米。东阳关镇辖行政村。人口610。聚落呈团块状。有第七批全国重点文物保护单位天齐王庙，创建元至正元年（1341年），现存正殿为元代建筑遗构，戏楼为明代建筑遗构，其余为清代建筑遗构。有核桃、柿子等特产。309国道、县道港辛线、县道东峪线经此。

140426-B02-H03 **长宁**［Chángníng］在县政府驻地黎侯镇东北15千米。东阳关镇辖行政村。人口2440。因人们期望长久安宁的生活环境，故名。清道光元年为避讳，改称长凝，后复名。聚落呈团块状。有第七批全国重点文物保护单位长宁大庙，现存大殿为元代建筑遗构，其余为明、清时期建筑遗构。2019年被列入第五批中国传统村落名录。309国道、县道东峪线经此。

140426-B02-H04 **枣镇**［Zǎozhèn］在县政府驻地黎侯镇东北7千米。东阳关镇辖行政村。人口600。相传古时此地以产枣驰名，每年秋冬，枣商云集，故名。聚落呈团块状。有枣镇遗址，为新石器时代文化遗存。有第六批省级文物保护单位三教三官关帝庙，现存过厅为明代建筑遗构，其余为清代建筑遗构。2016年被列入第四批中国传统村落名录。309国道经此。

140426-B03 **上遥镇**［Shàngyáo Zhèn］黎城县辖镇。在县境西部。面积245.78平方千米。人口1.75万。辖24行政村。镇人民政府驻上遥。1949年属黎城县第四区。1953年属黎城县第四区。1958年成立人民公社时，曾与柏峪乡合称先锋人民公社。1961年属上遥人民公社。1984年5月，撤销上遥，设立上遥镇。2001年1月，将平头乡、柏峪乡并入上遥镇。因驻地得名。清康熙二十一年《黎城县志》载：“上遥”。因地处下遥（今西社、正社、东社）之上，故称上遥。地处太行山腹地，浊漳河两岸，地势东北高、西北低。有广志山、板门山，境内最高峰板门山峰位于松后村，海拔1898米；最低点靳曲滩河谷位于靳曲村，海拔680米。浊漳河流经，属海河流域。有矿产资源白云石、硅铁、铁、石膏、钾、石灰岩等，有中药材何首乌、党参等。有中小学、卫生院、水电站。有全国文物保护单位西下庄昭泽王庙。有中国传统村落河南村、正社村。有省级红色文化遗址黎城广志山八路军总后方医院旧址。农业主产小麦、玉米，种植蔬菜、药材等。养殖以猪、羊、牛、家禽为主。工业以采矿为主。有砖厂、预制厂等。服务业以商贸、零售为主。通公交车。

140426-B03-H01　**上遥**［Shàngyáo］上遥镇人民政府驻地。在县政府驻地黎侯镇西20千米。人口1440。相传因在凤凰山根，面东坐西，背枕大西山，是通往太行山巅之起点，故得名上峣，后演变为今名。聚落呈团块状。有上遥镇中学、上遥完全小学。有县级文物保护单位上遥伯承桥，为石砌单孔拱桥，上承水槽，现仍在发挥灌溉作用。有羊毛、羊绒等特产。县道五四线、石印线经此。

140426-B03-H02　**西下庄**［Xīxiàzhuāng］在县政府驻地黎侯镇西南18千米。上遥镇辖行政村。人口910。相传因古有上庄，故名下庄。又因该村坐落在县西部，故名。聚落呈团块状。有第八批全国重点文物保护单位西下庄昭泽王庙，创建于元至正元年（1341年），现存为元代建筑遗构。有第六批省级文物保护单位西下庄佛爷庙，现存正殿为元代建筑遗构。乡村道路经此。

140426-B03-H03　**河南**［Hénán］在县政府驻地黎侯镇西北27.5千米。上遥镇辖行政村。人口560。因位于浊漳河南岸而得名。聚落呈团块状。有第六批省级文物保护单位八路军总部河南村旧址，1939年7月，八路军总部同中共中央北方局从潞城县北村转移到此，朱德、彭德怀、左权等八路军首长住在此居住、工作。有羊毛、羊绒等特产。2014年被列入第三批中国传统村落名录。乡村道路经此。

140426-B03-H04　**平头**［Píngtóu］在县政府驻地黎侯镇西北20千米。上遥镇辖行政村。人口790。原名平凤，因坐落在凤凰山麓之平地而得名，后人认为山沟不如平川，理想将山削掉，故改为今名。聚落呈条带状。有第六批省级文物保护单位平头安泽庙，现存大殿为元代建筑遗构，东大殿为清代建筑遗构。乡村道路经此。

140426-B03-H05　**正社**［Zhèngshè］在县政府驻地黎侯镇西10千米。上遥镇辖行政村。人口860。清嘉庆癸亥“重修文庙序”碑有“正社”。社为古地方区域名，“二十五家为社”，“方六里，命之曰社”。有东、正、南三社，此村为中，故名。聚落呈团块状。有第六批省级文物保护单位八路军129师随营学校正社旧址，1939年6月，八路军129师在此开办“随营学校”，主要培训129师的连、排级部队干部。乡村道路经此。

140426-B04　**西井镇**［Xījǐng Zhèn］黎城县辖镇。在县境北部。面积246.26平方千米。人口2.9万。辖35行政村。镇人民政府驻西井。1943年10月，西井镇划归黎北县管辖，1945年11月抗战胜利后，复归黎城县。中华人民共和国成立初期，曾与东崖底划为第六区。1954年10月撤销区级建制，改为农村区，1958年成立人民公社时，为卫星人民公社，1961年因驻地改称西井人民公社。1984年5月改设为西井镇。2001年1月，撤并乡镇，西井镇、南委泉、源庄乡合并为西井镇。因驻地得名。清康熙二十一年《黎城县志》载:“西井”。相传，古时村边有一水井，唯此井是泉，村以井名。因村居井之西边，故名西井。清光绪六年《黎城县续志》有“西井镇”记载。地处太行山腹地，地势西北高、东南低。地形分为丘陵和山地。有茶壶山、板山、九龙山等，境内最高峰全榆洼顶位于仟仵村，海拔2020米；最低点老凤洼位于后寨村，海拔1015米。大南河、洗耳河、源泉河等流经，属海河流域。有矿产资源磁铁、硅、石灰岩。有党参、连翘、首乌等中药材。有中小学、卫生院。有中国传统村落东骆驼村、仟仵村、新庄村。有省级红色文化遗址抗战三周年纪念塔、太行第一届群英大会旧址。有源泉烈士纪念亭等。有古迹洪门寺遗址、千佛洞、彭祖庙。有许由洗耳、舜井等夏、商、周三代的神话传说。农业主产小麦、玉米，种植核桃、花椒、党参等。养殖以猪、羊、家禽为主。工业主要有采矿业、铁厂、酒厂。服务业以商贸、零售为主。207国道经此。通公交车。

140426-B04-H01　**西井**［Xījǐng］西井镇人民政府驻地。在县政府驻地黎侯镇北33千米。人口4070。相传古时村边有一水井，唯此井是泉，村以井名，因村居井之西，故名。聚落呈团块状。有西井中学、西井小学、西井中心卫生院。有铁矿开采业。207国道经此。

140426-B04-H02　**东骆驼**［Dōngluòtuó］在县政府驻地黎侯镇东北17.5千米。西井镇辖行政村。人口490。因山形似骆驼，村居其东，故名。

聚落呈条带状。有太行山农耕文化展览馆。有东骆驼关帝庙，现存建筑均为清代建筑遗构。有东骆驼烈士碑，为纪念刘树德烈士、朱和儿烈士而立。有赤铁矿、朱砂矿等矿产资源。2016 年被列入第四批中国传统村落名录。乡村道路经此。

140426-B04-H03 **仟仵**［Qiānwǔ］在县政府驻地黎侯镇西南 22.5 千米。西井镇辖行政村。人口 260。原名千五，系人名，古同声字多通假，今作仟仵。聚落呈团块状。有仟仵佛阁、仟仵龙王庙，现存皆为清代建筑遗构。2019 年被列入第五批中国传统村落名录。乡村道路经此。

140426-B04-H04 **新庄**［Xīnzhuāng］在县政府驻地黎侯镇北 20 千米。西井镇辖行政村。人口 200。相传古名土地庙，因村边有韩文公祀舍而得名。清道光十年，村中父老因感以庙名村不吉，遂更名。聚落呈团块状。2019 年被列入第五批中国传统村落名录。乡村道路经此。

140426-B04-H05 **南委泉**［Nánwěiquán］在县政府驻地黎侯镇北 19 千米。西井镇辖行政村。人口 3240。相传唐朝初年王氏自武乡迁来，相继岳、高两姓迁至，遂使村址东扩，并以泉易名为委泉。清康熙《黎城县志》有“南委泉”。聚落呈团块状。有第六批省级文物保护单位太行区第一届群英大会南委泉旧址，1944 年 11 月，太行区在此召开了盛况空前的“太行区第一届杀敌英雄、劳动模范暨战绩生产展览联合大会”，简称“太行区第一届群英大会”。207 国道经此。

140426-B04-H06 **石壁底**［Shíbìdǐ］在县政府驻地黎侯镇东北 22 千米。西井镇辖行政村。人口 510。因村居位置与地形而得名。聚落呈团块状。有第六批省级文物保护单位太行造纸总厂旧址，1938 年，八路军第 129 师六分校在此成立晋华纸厂，1945 年扩建为太行造纸公司，1949 年撤销。乡村道路经此。

140426-B05 **黄崖洞镇**［HuángyáDòng Zhèn］黎城县辖镇。在县境东北部。面积 127.09 平方千米。人口 1.47 万。以汉族为主，另有回、哈尼、苗等民族。辖 17 行政村。镇人民政府驻东崖底。1943 年 10 月因抗战所需，东崖底镇划入黎北县。1945 年抗战胜利后黎北县撤销，复归黎城县、建国初期，曾与西井镇划为第六区。1956 年分为东崖底、看后、西村三个乡。1958 年公社化时，三乡联成红专人民公社。1961 年改称东崖底人民公社。1984 年 5 月，更名为东崖底镇。2001 年 1 月改为黄崖洞镇。黄崖洞，俗称黄龙洞。因山崖陡壁上有一个高 25 米、宽 20 米、深 40 米的天然石洞，崖呈黄色，故名黄崖洞。是抗战时期著名的兵工革命圣地，为纪念革命圣地而更名为黄崖洞镇。地处太行山腹地，地势西北高、东南低，地形为山地。有牛王盘、老婆山、杨岐山、南洞山等，境内最高峰牛王盘位于漆树村，海拔 175 米；最低点清漳河河谷地位于清泉村，海拔 590 米。清漳河、小寨河、赤峪河流经，属海河流域。有矿产资源铁、硅、钛、磷等，其中铁矿储量 1 亿吨，位于小寨、赤峪一带。有党参、五灵脂、连翘等野生中草药。有中小学、卫生院。有全国重点文物保护单位黄崖洞兵工厂旧址。有省级红色文化遗址冀南银行小寨旧址、冀南银行宽嶂旧址等。农业主种小麦、玉米，种植核桃、花椒、柿子等。养殖以猪、牛、羊、家禽为主。工业以铁矿为主。服务业以商贸、零售、旅游为主。长邯铁路，207、309 国道经此。通公交车。

140426-B05-H01 **东崖底**［Dōngyádǐ］黄崖洞镇人民政府驻地。在县政府驻地黎侯镇北 45 千米。人口 1810。相传原坐落在 1000 米之外的东山崖下，故名，后因水患，村址西迁，名称沿用至今。聚落呈团块状。有东崖底中学。207 国道经此。

140426-B05-H02 **上赤峪**［Shàngchìyù］在县政府驻地黎侯镇北 38 千米。黄崖洞镇辖行政村。人口 390。因坐落在花岗岩所形成的山岭谷丹崖，故名赤峪，后因人口增长分为两村，此村居后，故名。聚落呈团块状。有第六批全国重点文物保护单位黄崖洞兵工厂旧址，为当时华北最大的兵工厂。旧址也是黄崖洞保卫战的战场遗址，现为全国爱国主义教育基地。有 AAAA 级景区黄崖洞风景区。服务业以旅游业为主。207 国道经此。

140426-B05-H03 **宽章**［Kuānzhāng］在县政府驻地黎侯镇北 36 千米。黄崖洞镇辖行政村。人口 130。因诸村全都坐落在宽章山之沟坡内，故名。聚落呈条带状。有第六批省级文物保护单位冀南银行宽章旧址，冀南银行印钞厂和资财所设于此。乡村道路经此。

140426-B06 **洪井镇**［Hóngjǐng Zhèn］黎城县辖镇。在县境中部。面积 128.1 平方千米。人口 1.68 万。辖 26 行政村。镇人民政府驻洪井。清光绪属陇阜乡。1949 年属黎城县第五区。1953 年设柏官庄乡。1958 年属虹光人民公社、跃进人民公社。1961 年始设柏官庄公社。1984 年复置乡。2000 年柏官庄乡并入洪井乡。2021 年 3 月，撤销洪井乡、停河铺乡，合并设立洪井镇。因驻地得名。清光绪六年《黎城县续志》载："洪井村"。传说古时村中有一水井，水色混浊，似洪水而不能食用，故名洪井。有矿产资源白云石、石灰石等。有小学、卫生院。有中国历史文化名村霞庄村。有中国传统村落霞庄村、孔家峧村。有省级红色文化遗址八路军总部及抗大总校霞庄旧址。有古迹冯奉世祠、冯奉世墓。有黎城古八景之"白岩晓烟""金牛哞月"。农业主产玉米、小麦，种植核桃、蔬菜等。养殖以猪、羊、家禽为主。工业以铁矿冶炼等为主。服务业以运输、商贸为主。土特产品核桃、花椒、柿子、枣，誉称"黎城四大宝"。长邯铁路，207、309 国道经此。通公交车。

140426-B06-H01 **洪井**［Hóngjǐng］洪井镇人民政府驻地。在县政府驻地黎侯镇北 10 千米。人口 10340。因村中一水井水色混浊，似洪水不能食用，故名。聚落呈团块状。有洪井完全小学、洪井镇卫生院。有洪井文昌阁，1924 年重建。有洪井人民食堂旧址，1958 年建。207 国道经此。

140426-B06-H02 **孔家峧**［kǒngjiājiāo］在县政府驻地黎侯镇北 15 千米。洪井镇辖行政村。人口 380。聚落呈团块状。有观音阁、关帝庙、孔家峧戏台，现存皆为清代建筑遗构。2019 年被列入第五批中国传统村落名录。207 国道经此。

140426-B06-H03 **霞庄**［Xiázhuāng］在县政府驻地黎侯镇北 5.5 千米。洪井镇辖行政村。人口 840。因在苏村下方，故得名下庄，后因在白岩山前，风景独秀，借"白岩晓烟"之景，雅化为今名。聚落呈团块状。有第六批省级文物保护单位八路军总部及抗大总校霞庄旧址，1939 年春天，八路军总部进驻，1940 年抗日军政大学总校（对外称黄海部）进驻。有霞庄观音堂，现存为明代建筑遗构。有文昌阁、王氏祠堂、霞庄桥、春秋阁等清代建筑遗构。2014 年被列入第三批中国传统村落名录。2019 年被列入第七批中国历史文化名村。207 国道经此。

140426-B06-H04 **北社**［Běishè］在县政府驻地黎侯镇北 5 千米。洪井镇辖行政村。人口 730。因古有后土神祀社，位于古县之北，故名。聚落呈团块状。有第六批省级文物保护单位中共中央北方局高干会议北社旧址，1940 年 4 月 17 日—26 日，中共中央北方局为总结抗日、反顽斗争经验教训，制定今后巩固和建设根据地的方针和政策，统一根据地政权、政策和法令，在此召开高级干部会议。207 国道经此。

140426-B07 **西仵镇**［Xīwǔ Zhèn］黎城县辖镇。在县境西南部。面积 29.37 平方千米。人口 1.13 万。辖 13 行政村。镇人民政府驻西仵。1940 年属黎城县第二区。1953 年设西仵乡。1961 年为西仵公社。1984 年复置乡。2021 年 3 月设西仵镇，将黎侯镇的西洼、正川、坑东、坑南、坑西 5 个村委会和上遥镇的幸福庄村委会划归西仵镇管辖。因驻地得名。清康熙《黎城县志》载有："西仵"。相传，古为仵村，因仵姓居此得名。后因水患后分为两村。该村居西，故名西仵。地处黎城盆地西南部，地势较平，地形分为山地、丘陵，有桃儿山，境内最高峰桃儿山峰位赵店村东南，海拔 903.4 米；最低点浊漳河滩位于隔道村，海拔 681 米。浊漳河、小东河流经，属海河流域。有矿产资源石灰石、制砖黏土等。有小学、文化站、卫生院。农业主产玉米、小麦、核桃，种植蔬菜。养殖以猪、家禽为主。工业以铁矿开采、冶炼为主。有工业园区。服务业以运输、商贸为主。通公路。通公交车。

140426-B07-H01 **西仵**［Xīwǔ］西仵镇人民政府驻地。在县政府驻地黎侯镇南 5 千米。人口 2230。原以姓氏名村，后因水患分为两村，此村居西，故名。聚落呈团块状。有西仵中心校、西仵卫生院。有孙贵庭烈士碑，为纪念在解放战争中牺牲的孙贵庭、赵延良、王麦成、花增胜、王金魁、马文才六位烈士而立。有西仵关帝庙，为清代建筑遗构。有铁矿开采、冶炼等工业。207国道经此。

140426-B08 **程家山镇** [Chéngjiāshān Zhèn] 黎城县辖镇。在县城东南部。面积120.01平方千米。人口1.01万。辖15行政村。镇人民政府驻程家山。1953年设程家山乡。1958年属飞跃人民公社。1961年属程家山人民公社。1984年复置乡。2021年3月，设立程家山镇，将黎侯镇的岩井、东下庄、宋家庄、岩南4个村委会和董北村委会的大八山自然村划归程家山镇管辖。因驻地得名。始为程姓首居，后焦、刘两姓迁至，因程姓居多，且地处山坡，故名程家山。地势东高西低。地形分为河滩、丘陵、干石山区。有四楞山，境内最高峰寨脑山位于寨脑村，海拔1320米；最低点南堡河位于南堡村，海拔670米。浊漳河流经，属海河流域。有矿产资源石膏等。有小学、卫生院。农业主产玉米、小麦，种植核桃、蔬菜等。养殖以猪、羊、家禽为主。工业有石膏矿。服务业以运输、商贸为主。通公路。通公交车。

140426-B08-H01 **程家山** [Chéngjiāshān] 程家山镇人民政府驻地。在县政府驻地黎侯镇南7.6千米。人口720。因程姓居多，且地处山坡，故名。聚落呈团块状。有程家山遗址，为新石器时代文化遗存。有程家山龙王庙，现存为清代建筑遗构。有程守顺武术队。有柿子、核桃等特产。县道赵程线经此。

140426-B08-H02 **北流** [Běiliú] 在县政府驻地黎侯镇南10千米。程家山镇辖行政村。人口1060。相传因地处浊漳水之阳，浊漳水于是处拐北向，故名。清康熙《黎城县志》记载有"北流"。聚落呈团块状。有第六批省级文物保护单位北流龙王庙，现存正殿为元代建筑遗构，其余建筑为清代遗构。乡村道路经此。

140427 **壶关县** [Húguān Xiàn] 长治市辖县。北纬35° 49′，东经113° 39′。在市境东南部。面积1013平方千米。常住人口24.01万。以汉族为主，还有满、壮、白、彝、蒙古等民族。辖7镇、3乡。县人民政府驻龙泉镇。汉刘邦元年（前206年）始置壶关县，属上党郡，治今长治市区。晋末废县，为上党郡治。北魏始光三年（426年）重置壶关县。景明二年（501年）移治颖阳岗（今东井岭乡北行头村），属上党郡。隋开皇元年（581年）更名为上党县，仍属上党郡。开皇三年废郡，属潞州。开皇十六年改称壶关县。隋大业三年（607年）并入上党县。唐武德四年（621年）复置壶关县，治所徙今高望堡，属潞州。贞观十七年（643年）县治徙进流川，即今县城。宋属隆德府。金属潞州。元因之。明嘉靖八年（1529年）属潞安府。清属山西省潞安府。1912年废府。1913年属中路道。1914年属冀宁道。1927年废道直属山西省。1937年属山西省第五行政区。抗日战争时期属晋冀鲁豫边区太行区第四专区。1946年属第二专区。1949年属山西省长治专区。1958年属晋东南专区，11月平顺县并入壶关县，县人民政府驻平顺县城。1960年恢复壶关县，县政府移回原壶关县城。1967年属晋东南地区。1985年属长治市。因古壶关口北有百谷山，南有双龙山，两山夹峙，中间空断，山形似壶，地势险要，且以壶口为关，故名。地处太行山南段西侧，地势自中部太行山脉山脊线分别向西北和东南两翼倾斜，西翼较缓，东翼陡峭。地质类型以奥陶纪石灰岩为主，是典型的干石山区。有梯脑山、五龙山、高山寨。最高峰在石坡乡双井村北部，海拔1868.5米。最低点在桥上乡杨家池东侧七一水电站，海拔501.5米。属暖温带半湿润大陆性季风气候。年均气温8.9℃。年降水量在574.5毫米左右。年均日照时数达2630.1小时，日照率60%。全年无霜期约153天。陶清河、郊沟河、石子河等流经。有国家级重点保护野生动物金钱豹、金雕、猫豹等10余种。有省级重点保护野生动物20余种。有观赏、药用植物50余种。有矿产资源煤、铁、粘土等。有小学26所，初中20所，普通高中3所，职业高中2所，其中县第一中学、县实验中学为省级示范学校。有全国重点文物保护单位天仙庙、三嵕庙、真泽二仙宫。有省级重点文物保护单位东井岭乡窑洞保卫战旧址、黄山乡沙窟遗址、龙泉镇东岳庙等。有国家级非物质文化遗产上党乐户班社、壶关秧歌。有省级非物质文化遗产壶关迓鼓。有中国传统村落百尺镇贾家南底村、西岭底村，店上镇瓜掌村，晋庄镇东七里村等 11 个。有地方民间艺术壶关剪纸等。有省级红色文化遗址抗大一分校壶关神郊真泽宫旧址、常行村民兵抗日窑洞战斗遗址、郭家坨朱德路居等。有古迹绍良遗址、沙窟遗址、万佛寺石刻等。有革命遗址县第一次党代会旧址。有国家 4A 级旅游景区太行山大峡谷旅游区。有知名人物苗晋卿、牛憨笨、苗发、郭翀等。三次产业比 11 ∶ 44.6 ∶ 44.4。农业主产玉米、谷子、马铃薯等。工业以煤炭、焦化业为主。服务业以商贸、旅游为主。土特产品辛寨醋、郭氏羊汤、壶关陶缸、西柏林豆腐、紫团参等。省道长平线、长陵线、李东线、东壶线经此。

140427-B01 **龙泉镇** [Lóngquán Zhèn] 壶关县辖镇，是壶关县人民政府驻地。在县境西北部。面积 102 平方千米。人口 7.24 万。以汉族为主，还有回族等。辖 3 社区、51 行政村。镇人民政府驻城南社区。1949 年，分属壶关县西庄区、黄山区。1956 年属城关乡。1958 年属壶关县火箭人民公社。1961 年属壶关县城关人民公社。1984 年 6 月，撤销城关人民公社，设立城关镇。2001 年 3 月，将西川底乡、城关镇合并为龙泉镇。2021 年，撤销五龙山乡，整建制并入龙泉镇。因龙泉河得名。龙泉河原名拔水河，位于一河沟，沟似龙状，每到雨季河流涨水，好似龙口吐水，1983 年地名普查更名为龙泉河。有五龙山。石子河、陶清河流经，属海河流域。有矿产资源石灰石、赤铁矿、高岭土等。有中小学、文化馆、卫生院。有省级重点文物保护单位东岳庙。农业主产玉米、大豆，种植蔬菜、食用菌等。养殖以猪、羊、家禽为主。工业以冶金、民爆器材制造为主。服务业以商贸、零售为主。长治环城高速、省道长平线经此。通多路公交车。

140427-B01-K01 **健康街** [Jiànkāng Jiē] 在县城中部。西起神山脚下，东至环东路。与新建路、古城路、西城路相交。长 1.5 千米，宽 25 米。沥青路面。1981 年始建。1982 年建成。因临近主要医疗机构得名，寓意健康平安。两侧有县煤运公司、县农机中心、县妇幼保健院等。经过县城商业中心。

140427-B01-K02 **龙丽街** [Lónglì Jiē] 在县城东南部。西起西城路，东至长治—平城省道。长 1.5 千米，宽 25 米。沥青路面。2005 年始建。2006 年建成。因在龙丽河水库及龙丽庄村附近得名。两侧有若干住宅小区和店铺等。通 207、237 路等公交车。

140427-B01-K03 **奋进街** [Fènjìn Jiē] 在县城南部。西起西城路，东至环东路。长 1.6 千米，宽 25 米。沥青路面。2005 年始建。2006 年建成。因寓意团结奋进得名。两侧有多家县直单位、南洋中学等。通 3、8 路等公交车。

140427-B01-K04 **团结街** [Tuánjié Jiē] 在县城南部。西起新建路，东至东环路。与恒安街相交。长 1.2 千米，宽 25 米。沥青路面。2006 年始建。2007 年建成。因寓意团结奋进，共奔小康得名。两侧有县交警队、若干住宅小区等。通 6、11 路等公交车。

140427-B01-K05 **西城路** [Xīchéng Lù] 在县城西部。北起长治—平城省道，南至大山南村。与南城街、北大街相交。长 4.8 千米，宽 12 米。沥青路面。1986 年始建。1987 年建成。因在县城西得名。两侧有县委党校、实验中学等。是通往周边县市的主干路。通 205、206 路等公交车。

140427-B01-K06 **古城路** [Gǔchéng Lù] 在县城中部。北起县人民政府，南至龙丽街。与南城街、工农街、健康街相交。长 1.38 千米，宽 10 米。沥青路面。1982 年始建。1983 年建成。因在旧县城主干道基础上拓建延伸得名。两侧有新华书店、百货大楼、县人民医院等。通 9、10 路等公交车。

140427-B01-K07 **新建路** [Xīnjiàn Lù] 在县城中部。北起长治—平城省道，南至四家池村。与北大街、南城街、工农街、健康街相交。长 5.7 千米，宽 12 米。混凝土路面。1973 年始建。1974 年建成。2003 年改建。经过县城商业中心。两侧有县青少年活动中心、县交警队、商场、超市等。通 1、3 路等公交车。

140427-B01-K08 **树人街** [Shùrén Jiē] 在县城南部。西起乌海线，东至新建南路。与新建南路、恒安路、乌海线相交。长 1 千米，宽约 15 米。沥青路面。两侧有小区、商店、学校等。通 3、10 路等公交车。

140427-B01-K09 **南城街**［Nánchéng Jiē］在县城中部。西起乌海线，东至无名街道。与西城路、古城路、新建路相交。因位于旧县城南城墙地段，故名。长2.1千米，宽10米。沥青路面。两侧有幼儿园、银行、县委等。通6、7路等公交车。

140427-B01-K10 **北大街**［Běi DàJiē］在县城中部。西起乌海线，东至无名街道。与西城路、新建路、乌海线相交。长1.45千米，宽15米。沥青路面。两侧有幼儿园、银行、成才中学、阳光小学等。通201、212路等公交车。

140427-B01-H01 **骞堡**［Qiānbǎo］在县政府驻地龙泉镇东南6.8千米。龙泉镇辖行政村。人口1050。骞为“高举”“飞腾”之意，“骞堡”原意即为“高举飞腾起来的村庄”，故名。聚落呈团块状。有第六批省级文物保护单位骞堡汤王庙，现存正殿为明代建筑遗构。207国道经此。

140427-B01-H02 **西归善**［Xīguīshàn］在县政府驻地龙泉镇南2千米。龙泉镇辖行政村。人口250。因位于东归善村西面，故名。聚落呈团块状。有第六批省级文物保护单位西归善大明寺，现存正殿为元代遗构，东西厢房为清代遗构，山门为后加建筑。乡村道路经此。

140427-B01-H03 **四家池**［Sìjiāchí］在县政府驻地龙泉镇东南6.8千米。龙泉镇辖行政村。人口4500。相传有四个人家在此居住，为解决用水，四家合挖了一个水池，故名。聚落呈团块状。有第六批省级文物保护单位四家池唐王庙，现存正殿为元代建筑遗构，其余均为清代遗构。207国道、省道长平线经此。

140427-B02 **百尺镇**［Bǎichǐ Zhèn］壶关县辖镇。在县境西南部。面积79平方千米。人口3.46万。以汉族为主，还有满、回等民族。辖36行政村。镇人民政府驻百尺。1949年属壶关县第五区。1953年设百尺乡。1958年成立钢铁人民公社，驻百尺村。1961年改称百尺人民公社。1984年改置镇。2001年柏林乡并入。因驻地得名。相传百尺村北有座庙，庙院方圆为100尺，故名百尺村。地处县境西南部丘陵山地，地势东高西低。平均海拔1100米，地形分为东部丘陵山地和西部沟壑山地，山岭、沟壑相连，高低悬殊较大，河谷较缓。有开花山、高庙岭，境内最高峰开花山位于南村，海拔1257米；最低点川河口位于百尺村北部，海拔1127米。有矿产资源煤炭、铁、铝矾土、高岭土等。有中小学、文化站、农村书屋。有中国传统村落贾家南底村、西岭底村。有古迹流泽三帝观。农业主产玉米、马铃薯，种植蔬菜。养殖以猪、羊、家禽为主。工业以煤焦、食品加工业为主。服务业以旅游、商贸为主。省道川荫线经此。通公交车。

140427-B02-H01 **百尺**［Bǎichǐ］百尺镇人民政府驻地。在县政府驻地龙泉镇东南18.4千米。人口1300。相传村北有座庙，庙院方圆一百尺，故名。聚落呈团块状。有百尺中学、明德小学。有百尺关爷庙、百尺诸神观、百尺祖师阁，现存皆为明清时期建筑遗构。有煤炭开采业。207国道经此。

140427-B02-H02 **西岭底**［Xīlǐngdǐ］在县政府驻地龙泉镇东南18.4千米。百尺镇辖行政村。人口410。该村因位于行头岭西脚下，故名。聚落呈团块状。有西岭底三教堂，现存为清代建筑遗构。有西岭底刘氏民宅，现存为民国时期建筑遗构。有西岭底烈士碑，为纪念李扎根、王珍松、李怀法等六位为解放战争而牺牲的烈士而立。有山桃等特产。2016被列入第四批中国传统村落名录。省道荫林线经此。

140427-B03 **店上镇**［Diànshàng Zhèn］壶关县辖镇。在县境中部偏西。面积97平方千米。人口3万。以汉族为主，还有满、回等民族。辖38行政村。镇人民政府驻店上。1953年设店上乡。1958年改为上游人民公社。1961年改称店上人民公社。1984年改置镇。因驻地得名。古时该地店铺甚多，得名店上。地处县境中部沟壑山地，地势南高北低，地形为丘陵和沟壑相间，高低悬殊，复杂破碎。有虎头山、石窑焦岭、大明岭、乌泉寺山北梭岭，境内最高峰北梭岭位于北梭村，海拔1539.23米；最低点固村河位于固村，海拔1100米。陶清河流经，属海河流域。有矿产资源石灰石、铁、铝矾土、矸石等。有中小学、文化站、卫生院。有中国传统村落瓜掌村。有古迹绍良遗址遗存、瓜掌古建民居遗存。农业主产玉米、谷子，种植蔬菜。养殖以猪、羊、家禽为主。服务业以商贸、运输为主。省道长平线经此。通公交车。

140427-B03-H01 **店上**［Diànshàng］店上镇人民政府驻地。在县政府驻地龙泉镇东南13.8千米。人口2200。因在交通线上，旧时此地多开设店铺而得名。聚落呈团块状。有店上中学、店上镇希望学校、店上镇中心卫生院。有店上烈士碑，为纪念在抗日战争和解放战争中牺牲的郭长松、赵山水、王东果、王起山、赵泉则等13位烈士而立。省道长平线、县道晋五线经此。

140427-B03-H02 **瓜掌**［Guāzhǎng］在县政府驻地龙泉镇东南13.8千米。店上镇辖行政村。人口600。因东北靠榜栳山，山貌呈“瓜”字型，故名。位于晋豫两省咽喉之地，现古关和官道犹存。聚落呈团块状。有瓜掌城墙，现存为明代建筑遗构。有观音堂、三教堂、祖师庙、传统民居等清代建筑遗构。有瓜掌烈士碑，为纪念在抗日战争和解放战争中牺牲的王召才、韩愧福等8位烈士而立。2016年被列入第四批中国传统村落名录。省道长平线经此。

140427-B04 **晋庄镇**［Jìnzhuāng Zhèn］壶关县辖镇。在县境北部。面积102平方千米。人口2.83万。以汉族为主，还有满、回等民族。辖26行政村。镇人民政府驻晋庄。1949年属壶关县第三区。1953年设晋庄乡。1958年成立东风人民公社。1959年改称晋庄人民公社。1984年改置镇。2001年东崇贤乡并入。因驻地得名。宋时先有晋氏人家在此定居，得名晋庄。有矿产资源石灰石、铝矾土、高岭土等。有中学、文化站、卫生院。有全国重点文物保护单位天仙庙。有中国传统村落七里村。农业主产玉米、谷子，种植蔬菜。养殖以猪、家禽为主。服务业以零售为主。有花壶线、晋五线等县镇级公路经此。通公交车。

140427-B04-H01 **晋庄**［Jìnzhuāng］晋庄镇人民政府驻地。在县政府驻地龙泉镇东南12.2千米。人口1620。相传该村因宋时先有晋氏人家居住，故名。聚落呈团块状。有晋庄中学、晋庄镇卫生院。有晋庄遗址，为东周时期文化遗存。有晋庄烈士碑，为纪念在抗日战争和解放战争中牺牲的张长青、闫宣青等12位烈士而立。县道花壶线经此。

140427-B04-H02 **东七里**［Dōngqīlǐ］在县政府驻地龙泉镇东南12.2千米。晋庄镇下辖行政村。人口400。相传该村原属文化乡新兴七里，且在石子河东面，故名东七里村。聚落呈团块状。有东七里李氏民宅，现存为清代建筑遗构。2019年被列入第五批中国传统村落名录。县道花壶线、晋五线经此。

140427-B05 **树掌镇**［Shùzhǎng Zhèn］壶关县辖镇。在县境南部。面积99平方千米。人口1.12万。以汉族为主，还有满、回等民族。辖17行政村。镇人民政府驻树掌。明、清时期设为紫团乡。1949年属壶关县树掌区。1953年设树掌乡。1958年成立翠岗人民公社，后称树掌人民公社。1984年改置镇。因驻地得名。据传说古时有一棵形似于掌的参天大树，得名树掌。地处县境东南部丘陵山区，地势东高西低，地形分为山地、丘陵，山峦重叠，沟壑纵横。有巍池岭、轿顶山、庙岭、紫团山、消火山，境内最高峰巍池岭位于巍巍池村，海拔1585米；最低点五指河位于南坡脑村五指峰下，海拔1000米。有森林资源、动物资源和中药材资源，尤以紫团参为参中珍品。有矿产资源石灰石，铁等。有中小学、文化站、卫生院。有全国重点文物保护单位真泽二仙宫。有中国传统村落大会村、芳岱村、河东村、神北村、树掌村。有省级红色文化遗址抗大一分校、壶关神郊真泽宫旧址。农业主产玉米、谷子，种植蔬菜。养殖以猪、羊、牛等为主。服务业以零售为主。省道长平线经此。通公交车。

140427-B05-H01 **树掌**［Shùzhǎng］树掌镇人民政府驻地。在县政府驻地龙泉镇东南30.3千米。人口1940。因此地旧时多树且地势似掌而得名。聚落呈团块状。有树掌中学、树掌镇中心卫生院。有县级文物保护单位树掌惠泉井、树掌诸神观，现存皆为清代建筑遗构。省道长平线经此。

140427-B05-H02 **芳岱**［Fāngdài］在县政府驻地龙泉镇东南30.4千米。树掌镇辖行政村。人口400。相传秦氏第20代从方山村分居该地，故在“方山”各加“艹”“代”而得名。聚落呈团块状。有芳岱诸神观、秦氏民居、三教堂，现存皆为清代建筑遗构。2014 年被列入第三批中国传统村落名录。县道忽东线经此。

140427-B05-H03 **神北**［Shénběi］在县政府驻地龙泉镇东南 31.3 千米。树掌镇辖行政村。人口 1000。因在神郊河畔北岸，故名。聚落呈团块状。有第六批全国文物保护单位真泽二仙宫，始建于唐昭宗乾宁二年（895 年），现存正殿为元代建筑遗构，余皆为明清时期建筑遗构。省道长平线经此。

140427-B05-H04 **大会**［Dàhuì］在县政府驻地龙泉镇东南 28 千米。树掌镇行政村。人口 600。相传古代有一个大户人家，每到逢年过节，家里就开始聚会，故名。聚落呈团块状。有县级文物保护单位大会诸神观，现存为清代建筑遗构。2019 年被列入第五批中国传统村落名录。省道长平线经此。

140427-B05-H05 **河东**［Hédōng］在县政府驻地龙泉镇东南 30 千米。树掌镇行政村。人口 780。因地理方位而得名。聚落呈团块状。有河东诸神观，现存为清代建筑遗构。2019 年被列入第五批中国传统村落名录。县道忽东线经此。

140427-B06 **大峡谷镇**［Dàxiágǔ Zhèn］壶关县辖镇。在县境东南部。面积 165 平方千米。人口 1.71 万。辖 27 行政村。镇人民政府驻桥上。1949 年属壶关县第六区。1953 年设桥上乡。1958 年成立东方红人民公社。1961 年改称桥上人民公社。1984 年复置乡。2021 年撤销桥上乡，设立大峡谷镇，以原桥上乡的 13 个村民委员会，树掌镇的东柏坡、西柏坡、东脑、紫团、庄则上 5 个村民委员会和石坡乡的下石坡、马安驼 2 个村民委员会的行政区域为大峡谷镇的行政区域。原名桥上，因在八泉河竖梯桥旁，故名。2020 年为更好地宣传壶关县太行山大峡谷旅游经济，更名大峡谷镇。地处县境东南部石质山地，地势由西北向东南倾斜。地形为谷地与山岭相间，山高谷深。有梯脑山、粑齿山、英英山、龙王山，境内最高峰梯脑山位于梯脑山村，海拔 1603 米；最低点东川底位于东川底村，海拔 486 米。郊沟河、桑延河流经，属海河流域。有矿产资源铁、硅、大理石等。有中小学、文化站、卫生院。有万佛寺石刻遗存。有国家 4A 级旅游景区太行山大峡谷。农业主产玉米、谷子，种植蔬菜。养殖以猪、驴、家禽为主。服务业以旅游、零售为主。省道东壶线、川荫线经此。通公交车。

140427-B06-H01 **桥上**［Qiáoshàng］大峡谷镇人民政府驻地。在县政府驻地龙泉镇东南 39.3 千米。人口 560。相传该村建于两条一深一浅的土沟岸上，因沟深阻隔而建桥，故名。聚落呈条带状。有大峡谷中学。有桥上村拱桥，现存建筑为明代遗构。有桥上革命烈士纪念碑，为纪念在抗日战争、解放战争、抗美援朝中牺牲的本村侯贵才、刘群山、刘广林等七位烈士而立。省道荫林线过境。

140427-B07 **集店镇**［Jídiàn Zhèn］壶关县辖镇。在县境西北部。面积 70 平方千米。人口 3.81 万。以汉族为主，还有满、回等民族。辖 26 行政村。镇人民政府驻集店。1949 年属壶关县西庄区。1953 年设集店乡。1958 年成立红星人民公社。1961 年改称辛村人民公社。1981 年公社驻地迁至集店村。1984 年改置集店乡。2001 年辛村乡并入。2021 年设集店镇。因驻地得名。原为由县到府的古官道必经之地，古时有集有店，得名集店。地处县境西北部山间平地，地势由东南向西北倾斜，中部较为平坦，山川界线明显，地形分为低缓山丘和平川。有老顶山、元宝山，境内最高峰老顶山位于乌集头村，海拔 1378.24 米；最低点河东水库位于东旺庄村，海拔 1053 米。石子河、百泉流经，属海河流域。有矿产资源石灰石、赤铁等。有小学、文化站、卫生院。有中国传统村落土河村。有古建筑南戏楼。农业主产玉米、谷子，种植药材、蔬菜等。养殖以猪、牛、羊、家禽为主。服务业以零售为主。省道长平线经此。通公交车。

140427-B07-H01 **集店**［Jídiàn］集店镇人民政府驻地。在县政府驻地龙泉镇西北 5.5 千米。人口 3600。相传该村古时是粮食运往河北、山东、河南的集市场地，并设有骡马大店，故名。聚落呈团块状。有集店墓葬，为宋辽金墓葬。有集店东岳庙，为明清时期建筑遗构。有集店戏楼，为清代建筑遗构。有金烨集团。207 国道、省道长平线经此。

140427-B07-H02　**常平**［Chángpíng］在县政府驻地龙泉镇东北 4.6 千米。集店镇辖行政村。人口 2300。因先有常、平两姓在此定居，故名。聚落呈团块状。有常平中学、常平小学、壶关县职业中学校。有常平尚书礼部牒，碑文内容为翻刻金代尚书礼部牒敕赐寿圣院寺额的牒文。有山西常平集团有限公司，下属有炼钢、炼铁、焦化、建材、化工、发电、煤矿、铁矿、旅游、农业开发等 30 余个企业。207 国道经此。

140427-B07-H03　**东旺庄**［Dōngwàngzhuāng］在县政府驻地龙泉镇北 13 千米。集店镇辖行政村。人口 900。因位于井河东边，故名，后改今名。聚落呈团块状。有第六批省级文物保护单位东旺庄二仙真人庙，现存正殿为金代建筑遗构，献殿为明代建筑遗构，其余为清代、民国时期建筑遗构。207 国道经此。

140427-C01　**黄山乡**［Huángshān Xiāng］壶关县辖乡。在县境西部。面积 56 平方千米。人口 2.82 万。辖 20 行政村。乡人民政府驻黄山。1949 年，属壶关县黄山区。1953 年设黄山乡。1958 年成立原子人民公社。1961 年改称黄山人民公社。1984 年复置乡。2001 年黄家川乡并入。因驻地得名。相传古时沙窟村有一牛姓在朝为丞相，为求吉利，将该村定名为白草洼，取“牛食其草”之意。后因牛在朝行奸坐狱，百姓遂改为此名，意为“无草喂牛”，即“黄山”。有矿产资源煤炭。有中小学、文化站、卫生院。有全国重点文物保护单位三嵕庙。有古迹沙窟村新石器遗址、下好牢村宋代多室墓等。农业主产玉米、谷子，种植蔬菜。养殖以猪、羊、家禽为主。服务业以零售为主。通公路。通公交车。

140427-C01-H01　**黄山**［Huángshān］黄山乡人民政府驻地。在县政府驻地龙泉镇西南 10.5 千米。人口 2000。相传牛姓在朝当丞相，取名白草洼，取牛食草之意，后牛姓在朝行奸，改名为黄山，意为无草喂牛。聚落呈团块状。有黄山中学、黄山乡卫生院。有黄山遗址，为汉代文化遗存。有黄山佛爷庙，现仅存正殿为金代建筑遗构。有三官阁、关圣阁等清代建筑遗构。207 国道经此。

140427-C02　**东井岭乡**［Dōngjǐnglǐng Xiāng］壶关县辖乡。在县境中部偏南。面积 79 平方千米。人口 1.8 万。辖 21 行政村。乡人民政府驻东井岭。1949 年属壶关县第四区。1953 年属郭堡庄乡。1958 年属战斗人民公社。1959 年改称常行人民公社。1961 年设东井岭公社。1984 年改置乡。2001 年常行乡并入。因驻地得名。该地地势较高，气候寒冷，背部为石质山地，南部为丘陵山地，此山岭东面有两眼活水井，得名东井岭。地处县境东南部石质山地，地势东高西低。有神山岭、松坡岭、分水岭、磨盘山，境内最高峰神山岭位于北行头村，海拔 1508.5 米；最低点盖家川位于盖家川底村，海拔 1220 米。有矿产资源煤炭、硫黄等。有中小学、文化站、卫生院。有省级重点文物保护单位、省级红色文化遗址常行村民兵抗日窑洞战斗遗址。有中国传统村落崔家庄村。农业主产玉米、谷子，种植蔬菜。养殖以猪、羊、家禽为主。服务业以零售为主。省道川荫线经此。通公交车。

140427-C02-H01　**东井岭**［Dōngjǐnglǐng］东井岭乡人民政府驻地。在县政府驻地龙泉镇东南 21.5 千米。人口 650。相传因位于有两眼活水井的山岭东面而得名。聚落呈团块状。有东井岭中学、东井岭卫生院。有西坡祖师庙，现存正殿为明代建筑遗构，其余皆为清代建筑遗构。有东井岭奶奶庙，现存为清代建筑遗构。省道长平线、荫林经此。

140427-C02-H02　**崔家庄**［Cuījiāzhuāng］在县政府驻地龙泉镇东南 24.4 千米。东井岭乡辖行政村。人口 820。聚落呈团块状。有崔家庄三圣庙，现存为清代建筑遗构。有侯家大院，现存为明清时期建筑遗构。2014 年被列入第三批中国传统村落名录。省道长平线经此。

140427-C03　**石坡乡**［Shípō Xiāng］壶关县辖乡。在县境中部偏南。面积 132 平方千米。人口 1.36 万。辖 17 行政村。乡人民政府驻石坡。1949 年属壶关县第四区。1953 年设石坡乡。1958 年成立跃进人民公社。1961 年改称石坡人民公社。1984 年复置乡。2001 年石河沐乡并入。该乡为丘陵山区，石多土少，沟多地少，人们长期居住于石坡下边，故名石坡。地处县境东南部石质山地，地势西高东低，地形为崇山峻岭与沟谷相连。有高山寨、安口岭、打虎岭，境内最高峰打虎岭位于双井村北侧，海拔1821米；最低点羊肠坂沟位于板安窑村南侧，海拔1170米。郊沟河流经，属海河流域。有矿产资源大理石、白云岩、铁、石灰石、黏土等。有中小学、文化站、卫生院。有省级红色文化遗址郭家坨朱德路居。有县级文物保护单位县第一次党代会旧址。农业主产玉米、谷子、马铃薯。养殖以猪、羊、家禽为主。服务业以零售为主。省道川荫线经此。通公交车。

140427-C03-H01 **石坡**［Shípō］石坡乡人民政府驻地。在县政府驻地龙泉镇东南45.4千米。人口1510。相传因以前村中前有一片大石坡，故名。聚落呈条带状。有石坡中学。有石坡天仙庙，现存为清代建筑遗构。县道南大线经此。

140427-C03-H02 **郭家坨**［Guōjiātuó］在县政府驻地龙泉镇东南20千米。石坡乡辖行政村。人口1400。聚落呈团块状。有第六批省级文物保护单位郭家坨朱德路居，现存建筑为清代遗构，1940年4月23—25日，朱总司令住在东湾子大院划定了八路军与国民党军队在本县的管辖区。县道南大线经此。

140428 **长子县**［Zhǎngzǐ Xiàn］长治市辖县。北纬36° 07'，东经112° 52'。在市境西南部。面积1029平方千米。常住人口29.87万。以汉族为主，还有回、满等民族。辖9镇、2乡。县人民政府驻丹朱镇。周为冀州地。春秋为晋国长子邑。战国属韩国，又名尚子。秦置长子县，属上党郡。西汉、东汉、魏、晋因之。晋太元十一年（386年）慕容永据长子称帝，为西燕都城。北魏普泰元年（531年）析县西部置乐阳县，治今岳阳村。北齐长子、乐阳2县俱废。隋开皇九年（589年）置寄氏县。十八年（598年）改长子县，属上党郡。唐属潞州。宋属隆德府。金属潞州。元因之。明嘉靖八年（1529年）属潞安府。1912年废府。1913年属中路道。1914年属冀宁道。1927年废道直属山西省。1937年属山西省第五行政区。抗日战争时期先后属晋冀鲁豫边区太岳区第七、第二、第一专区。1949年属山西省长治专区。1958年长子、屯留2县合并为屯长县。11月屯长县并入长治市。1960年恢复屯长县。1961年恢复长子县，属晋东南专区。1967年属晋东南地区。1985年属长治市。古帝君尧禅位于舜后，尧的大儿子朱被封到丹地（今长子县），以侍奉先祖，后来因地获名丹朱。明弘治《长子县志》载“其城（长子城）帝尧长子丹朱所筑”，故名长子县。地处太岳山脉与上党盆地过渡地带，地势西南高东北低。平均海拔929.8米，县城海拔946米。有羊头山。最高峰方山海拔1646.9米，最低点宋村乡西大关村南部岚水河河滩海拔907.1米。属暖温带半湿润大陆性季风气候，年均气温9.8℃，年均降水量556.9毫米。漳河南源、陶清河、岚水河等流经，属海河流域。有国家级重点保护野生动物猎隼、游隼。有省级重点保护野生动物星头啄木鸟、牛头伯劳、小杜鹃、刺猬。有观赏、药用植物80余种。有矿产资源煤、铁、耐火粘土、钛等。有各级各类学校共79所，其中，九年一贯制学校12所，高级中学3所，初级中学6所，小学55所。有文化馆1个，公共图书馆1个。有医院、卫生院24个。有全国重点文物保护单位法兴寺、崇庆寺、天王寺、布村玉皇庙等13处。有省级重点文物保护单位长子古城址及墓地。有国家级非物质文化遗产上党八音会、长子鼓书、长子响铜乐器制作技艺。有省级非物质文化遗产精卫填海神话。有中国传统村落慈林镇南张店村。有省级红色文化遗址北高庙烈士陵园。有省级风景名胜区精卫湖—白松林、北高庙水上生态园。有知名人物丹朱、慕容永、鲍宣、李业兴、崔珏、辛甲等。三次产业比5.9∶65.7∶28.4。农业以种植业为主，主产玉米、小麦、蔬菜。工业以煤炭、焦化业为主。服务业以零售为主。土特产品丹朱镇猪头肉、石门沟小米、长子炒饼等。太焦铁路经此，设长子站、东田良站。省道长晋线、黄龙线、长安线经此。

140428-N01 **漳河大桥**［Zhānghé Dàqiáo］在县城东部。桥长16米，桥面宽5米，最大跨度17米，桥下净高3米。1969年始建。1970年建成。因跨漳河得名。为大型河道桥梁，钢筋混凝土结构。最大载重15吨。通326路公交车。

140428-B01 **丹朱镇**［Dānzhū Zhèn］长子县辖镇，是长子县人民政府驻地。在县境中部。面积71.5平方千米。人口8.22万。辖5社区、43

行政村。镇人民政府驻丹康社区。1949 年属长子县第一区。1953 年设城关乡。1958 年属长子人民公社。1962 年属城关人民公社。1984 年改置镇。2001 年与草坊乡合置丹朱镇。相传，上古时期的尧王册封其长子朱于丹地。从此，朱名为“丹朱”，朱所筑县城为“丹朱城”，朱所在丹地为“长子县”。丹朱镇由此而来。浊漳河南源流经，属海河流域。有矿产资源煤炭、铁、钛、锰等。有中小学、卫生院、体育场。有全国重点文物保护单位天王寺、崔府君庙大殿、万户汤王庙等 6 处。有省级重点文物单位孟家庄村古城址及墓地。有省级红色文化遗址北高庙烈士陵园。农业主产玉米、谷子、高粱，种植麻皮、蔬菜等。养殖以猪、羊、牛、家禽为主。工业以酿造、饲料加工为主。服务业以餐饮、运输为主。土特产品河东白菜、坝里青椒、河西大蒜等。省道长安线、屯龙线经此。通多路公交车。

140428-B01-K01 **鹿谷大街** [Lùgǔ Dàjiē] 在县城东部。西起西环路，东至湖滨西路。与南大街、精卫路、漳源路相交。长 6.06 千米，宽 48 米。沥青路面。1999 年始建。2000 年建成。因寓意吉祥，丰收得名。两侧有鹿谷小学、长子一中南校区、县工商管理局等。通 315、316 路公交车。

140428-B01-K02 **北大街** [Běi Dàjiē] 在县城北部。北起漳源路，南至东、西大街十字路口。与春晓巷、福源巷相交。长 2 千米，宽 30 米。沥青路面。2006 年始建。2007 年建成。因在县城北侧得名。两侧有北高庙村、县水上公园、农资大市场等。通 311 路公交车。

140428-B01-K03 **南大街** [Nán Dàjiē] 在县城南部。北起东、西大街十字路口，南至鹿谷大街。与小西街相交。长 1.6 千米，宽 30 米。沥青路面。1997 年始建。1998 年建成。两侧有县交通局、交通执法队、县妇幼保健院等。通 311、312 路等公交车。

140428-B01-K04 **西环路** [Xīhuán Lù] 在县城西部。北起河北村，南至鹿谷大街。与西大街相交。长 3.2 千米，宽 40 米。沥青路面。2005 年始建。2006 年建成。两侧有县车管所等。通 101、102 路等公交车。

140428-B01-K05 **精卫路** [Jīngwèi Lù] 在县城中部。北起熨台街，南至鹿谷街。与苍上巷相交。长 2.2 千米，宽 11 米。沥青路面。2006 年始建。2007 年建成。因精卫填海典故得名。两侧有长子一中等。通 312、313 路公交车。

140428-B01-K06 **漳源北路** [Zhāngyuán Běilù] 在县城中部。北起北外环，南至东大街。长 1.4 千米，宽 32 米。沥青路面。两侧有漳源幼儿园、酒店、商店等。通 330、331 路等公交车。

140428-B01-K07 **漳源南路** [Zhāngyuán Nánlù] 在县城中部。北起东大街，南至南外环。与丹朱东街、慈林东街、鹿谷东街相交。长 2.2 千米，宽 32 米。沥青路面。两侧有小区、长子一中南校区、酒店等。通 311、326 路等公交车。

140428-B01-K08 **神农路** [Shénnóng Lù] 在县城中部。北起东大街，南至鹿谷大街。与丹朱大街相交。长 1.4 千米，宽 50 米。沥青路面。2012 年始建。2013 年建成。为纪念神农炎帝得名。两侧有神农公园、文化广场等。通 311、313 路等公交车。

140428-B01-K09 **丹朱西街** [Dānzhū Xījiē] 在县城中部。西起南大街，东至西环路。与西环路、贺北巷、贺西巷相交。长 2.3 千米，宽 50 米。沥青路面。两侧有医院、商店、银行等。通 313、336 路等公交车。

140428-B01-K10 **丹朱东街** [Dānzhū Dōngjiē] 在县城中部。西起南大街，东至湖滨西路。长 4.46 千米，宽 50 米。沥青路面。两侧有商业广场、职业技术学校、文化广场、森林公园等。通 313、336 路等公交车。

140428-B01-K11 **慈林东街** [Cílín Dōngjiē] 在县城中部。西起南大街，东至神农路。与漳源南路、学园北二巷相交。长 1.6 千米，宽 32 米。沥青路面。两侧有幼儿园、小区、购物广场等。通 311 路公交车。

140428-B01-K12 **慈林西街** [Cílín Xījiē] 在县城中部。西起西环路，东至南大街。与三八巷、向阳巷相交。长 1.84 千米，宽 32 米。沥青路面。两侧有住宅小区、酒店、学校等。通 312 路公交车。

140428-B01-K13 **西大街** [Xī Dàjiē] 在县城

西部。西起西环路，东至南北大街。与广场西路相交。位于县城西侧且为主干道而得名。长 0.87 千米，宽 38 米。沥青路面。两侧有超市、五金、县中医院等。通 313 路公交车。

140428-B01-K14 **东大街**［Dōng Dàjiē］在县城中部。西起南北大街，东至湖滨西路。与范家巷、精卫路，漳源路相交。因位于县城东侧且是长子主干道而得名。长 2.78 千米，宽 38 米。沥青路面。两侧有长子一中、县人民医院、长子文化广场、长子会堂等。通 312 路公交车。

140428-B01-K15 **熨台西街**［Yùtái Xījiē］在县城北部。西起西环路，东至北大街。与广场西路相交。长 1.2 千米，宽 30 米。沥青路面。两侧有小区住宅、幼儿园、小学等。通 311 路公交车。

140428-B01-H01 **小张**［Xiǎozhāng］在县政府驻地丹朱镇西北 9.2 千米。丹朱镇辖行政村。人口 660。相传唐代一张姓人家在此建村定居，建村之初村落很小，故名小张。聚落呈团块状。有第七批全国重点文物保护单位碧云寺，现存为五代时期建筑遗构。有小张关帝庙，现仅存正殿，为清代建筑遗构。省道屯龙线经此。

140428-B01-H02 **下霍**［Xiàhuò］在县政府驻地丹朱镇东 7.3 千米。丹朱镇辖行政村。人口 1930。相传霍姓居此，后分为两个村庄，以浊漳南河为界，因处河西，故名。聚落呈团块状。有长子县第三中学校、下霍小学、长子县第二人民医院。有第七批全国重点文物保护单位护国灵贶王庙，现存正殿为金代建筑遗构，其余建筑为清代遗构。有长子县安顺达物流有限公司。县道张下线经此。

140428-B01-H03 **北庄**［Běizhuāng］在县政府驻地丹朱镇西北 3 千米。丹朱镇辖行政村。人口 1000。因在榆林北面，故名。聚落呈团块状。有第六批省级文物保护单位北庄唐太宗神庙，现存为元代建筑遗构。乡村道路经此。

140428-B01-H04 **南鲍**［Nánbào］在县政府驻地丹朱镇东南 3 千米。丹朱镇辖行政村。人口 2310。相传汉司隶鲍宣被王莽杀害后葬于此地，因看护鲍宣之墓而成村，又因在鲍庄村南面而得名。聚落呈团块状。有第六批省级文物保护单位南鲍汤王庙，现存下[illegible]大殿为元代建筑遗构，献亭、戏台为清代建筑遗构，余皆为民国建筑。有霍尔辛赫煤业有限公司、长子县丹强商贸有限公司。县道韩长线经此。

140428-B01-H05 **西上坊**［Xīshàngfāng］在县政府驻地丹朱镇东南 2 千米。丹朱镇辖行政村。人口 1110。相传因村势较高，古称“上房村”，后演变为上坊村，再后来扩展为东西两个村，故名。聚落呈团块状。有第六批省级文物保护单位西上坊成汤王庙，创建时代不晚于唐天宝十年（751 年），金皇统元年（1141 年）重建，现仅存大殿，为金代建筑遗构。有长子县润农农资有限公司。县道韩长线经此。

140428-B02 **鲍店镇**［Bàodiàn Zhèn］长子县辖镇。在县境北部。面积 95 平方千米。人口 4.36 万。以汉族为主，另有回族等。辖 41 行政村。镇人民政府驻鲍店南街。1949 年属长子第五区。1953 年设鲍店乡。1958 年属屯留联社。1984 年改置镇。2001 年南常乡并入。2021 年 3 月岚水乡并入。因驻地得名。相传汉代时这里还是一片旷野，晋豫官道由北向南穿越。西汉名臣鲍宣流放上党后，其长子鲍永便在路边开设了一座车马旅店，很是兴隆。之后店铺和居住户越来越多，遂形成村落，名为鲍店。万东河、岚河流经，属海河流域。有矿产资源煤炭、天然气等。有中小学、文化站、卫生院。农业主产玉米、小麦，种植蔬菜、核桃等。养殖以猪、家禽为主。服务业以商品零售、运输为主。省道屯龙线经此。通多路公交车。

140428-B02-H01 **鲍店南街**［Bàodiàn Nánjiē］鲍店镇人民政府驻地。在县政府驻地丹朱镇北 14.3 千米。人口 1240。相传鲍姓在此开店，又位于南部，故名。聚落呈团块状。有长子金鑫机械厂、精翼车辆检测有限公司。省道屯龙线经此。

140428-B02-H02 **西万户**［Xīwànhù］在县政府驻地丹朱镇北 15 千米。鲍店镇辖行政村。人口 600。相传宋代该村以寺庙为中心，户口近万，后分为两村，因方位而得名。聚落呈团块状。有第七批全国重点文物保护单位汤王庙，现仅存大殿及朵殿，大殿为元代建筑遗构，朵殿为清代建筑遗构。县道张下线经此。

140428-B02-H03 **北韩**［Běihán］在县政府驻地丹朱镇北 7 千米。鲍店镇辖行政村。人口 2250。相传北宋时期，北辽萧太后为夺取大宋，进兵中原而先夺取潞州，萧太后驸马韩昌在进兵途中，曾住过此村，故名。聚落呈团块状。有县级文物保护单位北韩玉皇庙，现存为明代建筑遗构。有丁默林烈士墓，丁默林，四川峨眉人，1937 年延安抗日军政大学毕业，1945 年 12 月 3 日牺牲。乡村道路经此。

140428-B03 **石哲镇**［Shízhé Zhèn］长子县辖镇。在县境西部。面积 326 平方千米。人口 3.83 万。辖 29 行政村。镇人民政府驻石哲东村。1949 年属长子县第四区。1956 年分属石哲乡、刁黄乡、马箭乡、横水乡、王村乡。1958 年，分属晋义人民公社和壁村人民公社。1961 年属石哲人民公社。1984 年 4 月，撤销人民公社，设立石哲镇。2000 年 12 月，晋义乡、岳阳乡、横水乡、王峪乡并入。因驻地得名。相传古时在浊漳河两岸都有先人居住，河两岸人共同在河上搭扎石块，每隔一尺搭一块，并用木桩将石块围圈而钉牢，让人们踩着石头块过河。因以河中心为界，北头的称为“北石”，南头的称为“南石”。为纪念这件利民大事，遂将北岸的居民点称为“北石村”，南岸的居民点称为“南石村”。因长子方言中称水中石块为“柘”，后来北石慢慢演变为“北石柘”，再后来去北而演变为“石哲”。浊漳河南源、岳阳河、两都河流经，属海河流域。有矿产资源煤炭、铁、铝等。有中小学、文化站、卫生院。有发鸠山景区、灵湫庙、灵湫行宫、精卫湖、西燕皇帝慕容永陵墓遗址、长子抗日民主政府驻地旧址。农业主产玉米、大豆、谷子，种植烤烟、药材、蔬菜等。养殖以猪、鸡、牛、羊为主。服务业以商品零售、运输为主。省道长安线经此。通公交车。

140428-B03-H01 **石哲东**［Shízhédōng］石哲镇人民政府驻地。在县政府驻地丹朱镇西南 10.5 千米。人口 1620。相传据原村西城门楼的横匾记载，人们过河需垫着的石头块，垫在河水中的石头块，当地人称“哲”，故名。聚落呈团块状。有石哲镇东村寄宿制小学、石哲中心卫生院。省道长安线经此。

140428-B03-H02 **慕容**［Mùróng］在县政府驻地丹朱镇西 9.1 千米。石哲镇辖行政村。人口 690。相传曾名木家村，后因西燕皇帝慕容永死后葬此，故名。聚落呈团块状。有县级文物保护单位慕容永墓，为西燕时期墓葬遗存。有慕容观音堂、慕容地藏十王殿、慕容丘寺、慕容五谷神庙等，现存为明清时期建筑遗构。省道长安线经此。

140428-B03-H03 **良坪**［Liángpíng］在县政府驻地丹朱镇西南 22 千米。石哲镇辖行政村。人口 1120。因位处发鸠山东麓山腰间的坪台上而得名，原名梁子坪，后改为良坪。聚落呈团块状。2017 年被评为第五届全国文明村。县道古杜线经此。

140428-B03-H04 **岳阳**［Yuèyáng］在县政府驻地丹朱镇西 15 千米。石哲镇辖自行政村。人口 2150。北魏普泰年间（531 年）为乐阳县治，后又因其坐落在太行山支脉发鸠山之阳，故改为岳阳。聚落呈团块状。有第六批省级文物保护单位岳阳广化寺，创建于宋治平元年（1064 年），现存一对宋代柱础，一块唐代碑座，过殿为元代建筑遗构、大雄宝殿为明代建筑，西配殿为清代建筑遗构。省道长安线经此。

140428-B04 **大堡头镇**［Dàbǔtóu Zhèn］长子县辖镇。在县境南部。面积 76.5 平方千米。人口 4.01 万。辖 32 行政村。镇人民政府驻大堡头。1949 年属长子县第三区。1953 年设大堡头乡。1958 年属长子人民公社。1961 年属大堡头人民公社。1984 年 4 月，撤销大堡头公社，设立大堡头乡。2000 年 12 月，撤销大堡头乡，设立大堡头镇。因驻地得名。相传古时邮路有五里（华里）一铺，十里一堡的说法，因这里距县城十华里，故称堡头，因重名又将此称改为大堡头。又一说是长平之战中，因秦军将领白起坑杀赵军 10 万人后的人头在这里堆积如山而得名大堡头。浊漳南源流经，属海河流域。有矿产资源煤。有小学、文化站、卫生院、体育场。有全国重点文物保护单位尧王庙、三教堂。农业主产玉米、高粱、谷子，种植蔬菜。养殖以猪、羊、家禽为主。工业以化工、医药、禽业食品、煤矿等为主。服务业以商品零售、物流为主。有中南铁路物流园区。省道长晋线、屯龙线经此。通公交车。

140428-B04-H01 **大堡头**［Dàbǔtóu］大堡头镇人民政府驻地。在县政府驻地丹朱镇南 5.4 千米。人口 4190。相传长平之战之后，赵兵四十万皆斩于长子城南高平北一带，头颅垒城堡，故名堡头，清朝有大堡头镇，故名。聚落呈团块状。有大堡头中学、大堡头卫生院。有大堡头关帝庙，现存为明代建筑遗构。有大堡头祖师庙、清真寺、观音庙，现存皆为清代建筑遗构。省道屯龙线经此。

140428-B04-H02 **韩坊**［Hánfāng］在县政府驻地丹朱镇东南 8 千米。大堡头镇辖行政村。人口 1270。相传此地是春秋战国时齐国大将韩自、韩佑的营地，二人曾居齐国“侍中”，齐国亡后，二人葬入此地，故名。聚落呈团块状。有第七批全国重点文物保护单位尧王庙，现存正殿为元代建筑遗构，戏台为清代建筑遗构。有长子县博源糠醛厂。乡村道路经此。

140428-B04-H03 **义合**［Yìhé］在县政府驻地丹朱镇西南 12 千米。大堡头镇辖行政村。人口 1270。相传三户人家迁居此地时，期望和睦相处，故名。聚落呈团块状。有第七批全国文物保护单位三教堂，现存正殿为金代建筑遗构，中殿为明代建筑遗构，东、西耳殿为清代建筑遗构。县道铺苏线经此。

140428-B04-H04 **两水**［Liǎngshuǐ］在县政府驻地丹朱镇南 4 千米。大堡头镇辖行政村。人口 2290。相传该村前有漳河流经，村后地势低洼，古为河道，村前村后共两股水流，故名。聚落呈团块状。有第六批省级文物保护单位两水护国灵贶王庙，现存大殿为明代建筑遗构，其余皆为清代建筑遗构。省道屯龙线经此。

140428-B04-H05 **柳树**［Liǔshù］在县政府驻地丹朱镇东南 7 千米。大堡头镇辖行政村。人口 2050。相传此地柳树丛生，后人定居此地，故名。聚落呈团块状。有第六批省级文物保护单位柳树紫薇庙，现存正殿为元代建筑遗构，厢房为清代建筑遗构。县道长五线经此。

140428-B04-H06 **青仁**［Qīngrén］在县政府驻地丹朱镇南 8 千米。大堡头镇辖行政村。人口 2010。相传唐玄宗李隆基到尧庙山祭祀，走到该村时，不小心摔了一跤，影响了唐玄宗心情，真是轻易不来，一来故意显难，故名轻易，后演变为青仁。聚落呈团块状。有第六批省级文物保护单位青仁二仙庙，创建于金大定（1115—1234 年）中期，现存正殿为元代建筑遗构，其余皆为清代建筑遗构。省道屯龙线经此。

140428-B05 **慈林镇**［Cílín Zhèn］长子县辖镇。在县城南部。面积 63 平方千米。人口 2.68 万。辖 1 社区、24 行政村。镇人民政府驻南张店。1949 年属长子县第三区。1956 年分属张店乡、郭村乡和布村乡。1958 年属布村人民公社。1984 年 4 月，撤销布村人民公社，设立东田良镇。2000 年 12 月，将南张店乡、东田良镇合并，设立慈林镇。因境内有山，峭拔林秀，上建佛寺，曰慈林寺，山依寺名而叫慈林山。慈林山是其行政区域内著名景点，故而命名慈林镇。小丹河流经，属海河流域。有矿产资源煤炭、磷、硫黄等。有小学、卫生院。有全国重点文物保护单位法兴寺、布村玉皇庙。有中国传统村落南张店村。有丹朱岭抗日战斗遗址纪念碑。农业主产玉米、小麦，种植蔬菜。养殖以猪、羊、家禽为主。工业以煤炭开采为主。服务业以餐饮、商品零售为主。太焦铁路经此，设东田良站。省道长晋线、黄龙线等经此。通公交车。

140428-B05-H01 **南张店**［Nánzhāngdiàn］慈林镇人民政府驻地。在县政府驻地丹朱镇南 14.7 千米。人口 1480。相传因张姓在此开店，故名，1984 年因与屯留县张店重名，改今名。聚落呈团块状。有张店中学、张店寄宿制小学、张店医院。有县级文物保护单位九连环院，现存为明清时期建筑遗构。省道屯龙线经此。

140428-B05-H02 **应城**［Yìngchéng］在县政府驻地丹朱镇东南 13.2 千米。慈林镇辖行政村。人口 2740。相传这里原来有座凤凰山，当初县城在此建筑，后因洪水暴发，将凤凰山冲坏而未建成，即应该建成的意思，故名。聚落呈团块状。有土地庙、谢氏民宅、张氏民宅等，现存为清代建筑遗构。乡村道路经此。

140428-B05-H03 **布村**［Bùcūn］在县人民政府驻地丹朱镇东南 16 千米。慈林镇辖行政村。

人口 2440。相传原名正法村，意即古时杀人正法。明清时，百姓知道正法是张贴布告的意思，故更今名。聚落呈团块状。有第七批全国重点文物保护单位玉皇庙，现存中殿为宋代建筑遗构，后殿及东耳殿为金代建筑遗构，献亭为明代建筑遗构，倒座戏台、妆楼、山门、配殿为清代建筑遗构，东厢房为民国时期建筑遗构。省道长晋线经此。

140428-B05-H04　**崔庄**［Cuīzhuāng］在县人民政府驻地丹朱镇南 18 千米。慈林镇辖行政村。人口 910。聚落呈团块状。有第三批全国重点文物保护单位法兴寺，创建于后凉神鼎元年（401 年），初名慈林寺，上元元年（760 年）改名广德寺，宋治平年间（1064 年—1067 年）改今名，现存圆觉殿为宋代建筑遗构，毗卢殿为明代建筑遗构，其余为清代建筑遗构。省道长晋线经此。

140428-B05-H05　**五里庄**［Wǔlǐzhuāng］在县人民政府驻地丹朱镇东南 12 千米。慈林镇辖行政村。人口 950。因西距主村西南毘 5 千米，后更名为五里庄。聚落呈团块状。2020 年被评为第六届全国文明村。省道长晋线、县道长五线经此。

140428-B05-H06　**崇瓦张**［Chóngwǎzhāng］在县人民政府驻地丹朱镇南 18 千米。慈林镇辖行政村。人口 880。相传唐朝时期，张姓在此定居，以烧铜瓦为生，故名铜瓦庄，村有山宗庙，“山宗”合为“崇”字，又系张姓建村，遂改为崇瓦张。聚落呈团块状。有第六批省级文物保护单位崇瓦张三嵕庙，现存正殿为金代建筑遗构，其余为清代建筑遗构。省道屯龙线经此。

140428-B06　**色头镇**［Sètóu Zhèn］长子县辖镇。在县境东南部。面积 46 平方千米。人口 2 万。辖 15 行政村。镇人民政府驻色头。1949 年属长子县第三区。1956 年分属色头乡、琚村乡。1958 年属布村人民公社。1961 年属色头人民公社。1962 年撤销平家庄 1 个生产大队。1983 年将后沟生产大队更名为西后沟生产大队。1984 年撤销色头人民公社，设立色头镇。因驻地得名。据传，羊头山上原有一清华寺，寺内有一和尚，袍袖内装着一宝钟到京给朝廷进献。皇上听见钟声进来一看，见是一和尚在作怪，急忙派人追赶捉拿，一直追到清华寺，没找见和尚，就将寺院拆毁，并在殿宇前挖出一个松木圪瘩，而且流血不止，后有人在此山下建村，故以此故事得名“血头”村，后演变为色头村。陶清河流经，属海河流域。有矿产资源煤炭、铁等。有中小学、卫生院、文化站。有全国重点文物保护单位琚村崇庆寺。农业主产玉米、小麦，种植蔬菜。养殖以猪、羊、牛、家禽为主。工业以煤炭生产为主，是县传统煤炭生产基地。服务业以餐饮、商品零售为主。通公路。通公交车。

140428-B06-H01　**色头**［Sètóu］色头镇人民政府驻地。在县政府驻地丹朱镇东南 19.7 千米。人口 2170。相传羊头山上有清华寺，寺内和尚到京给朝廷进贡，却被追赶捉拿，一直追到清华寺，没找见和尚，就将寺院拆毁，并在殿宇前挖出一个松木圪瘩，而且流血不止，后有人在此山下建村，故以此故事得名血头，后演变为今名。聚落呈团块状。有色头中心小学、长治县第五中学校。有市级文物保护单位色头炎帝庙，现存为清代建筑遗构。乡村道路经此。

140428-B06-H02　**琚村**［JūCūn］在县政府驻地丹朱镇东南 18 千米。色头镇辖行政村。人口 2350。相传是琚姓先在此定居，故名。聚落呈团块状。有第四批全国重点文物保护单位崇庆寺，创建于宋大中祥符九年（1016 年），现存正殿为宋代建筑遗构，天王殿、地藏殿为明代建筑遗构，其余为清代建筑。县道八慈线经此。

140428-B07　**南漳镇**［Nánzhāng Zhèn］长子县辖镇。在县境东部。面积 31 平方千米。人口 2.7 万。辖 17 行政村。镇人民政府驻南漳。1949 年属长子县第二区。1953 年设南漳乡。1958 年属长子人民公社。1961 年属南漳人民公社。1984 年复置乡。2000 年 12 月，撤销南漳乡，设立南漳镇。因驻地得名。南漳，因与中漳，北漳村相近，而且同居于漳河南岸，故而三村原统称“漳南总镇”又简称“三漳”，因该村位于三漳之南，得名南漳。浊漳河南源流经，属海河流域。有矿产资源煤炭等。有中小学、文化站、卫生院。有国家级非物质文化遗产铜响乐器制造技艺。有西南呈八音艺术团。2014 年被文化部命名为“中国艺术之乡”。农业主产玉米，种植潞麻。养殖以猪、羊、牛、家禽为主。太焦铁路经此，设长子站。通公路。通公交车。

140428-B07-H01 **南漳**［Nánzhāng］南漳镇人民政府驻地。在县政府驻地丹朱镇东9.6千米。人口3440。相传因与中漳、北漳相近，且同居于浊漳河南岸，故名。聚落呈团块状。有南漳一中、南漳小学、南漳医院。有市级文物保护单位南漳佛爷庙，现存为元代建筑遗构。县道泊南线经此。

140428-B07-H02 **西南呈**［Xīnánchéng］在县政府驻地丹朱镇东南9.4千米。南漳镇辖行政村。人口4160。相传与西北呈及长治县南呈、北呈相近，因居西南，故名。聚落呈团块状。有西南呈小学。有第六批省级文物保护单位西南呈帝宝阁，创建于明万历三年（1575年），现存为明代建筑遗构。铜乐器生产已有1300多年历史，有“北方铜乐器之乡”的美誉。省道长晋线、县道韩长线经此。

140428-B07-H03 **西旺**［Xīwàng］在县政府驻地丹朱镇东南11千米。南漳镇辖行政村。人口1350。相传夏代该村两个官员被封王后，分居东、西两村，得名东、西王，后演变为今名。聚落呈团块状。有第一批省级文物保护单位西旺墓群，为商周时期文化遗存。县道韩长线经此。

140428-B07-H04 **中漳**［Zhōngzhāng］在县政府驻地丹朱镇东11千米。南漳镇辖行政村。人口1490。因在北、南漳之间，故名。聚落呈团块状。有第七批全国重点文物保护单位中漳伏羲庙，现存大殿为元代建筑遗构，献亭为明代建筑遗构，其余为清代建筑遗构。县道泊南线经此。

140428-B08 **宋村镇**［Sòngcūn Zhèn］长子县辖镇。在县境东部。面积63.5平方千米。人口3.61万。辖29行政村。镇人民政府驻宋村。1953年设宋村乡。1958年属长子人民公社。1959年属宋村人民公社。1984年复置乡。2001年谷村乡并入。2021年3月撤销宋村乡，设立宋村镇。因驻地得名。相传原有一宋姓客商，见此地平水浅，交通方便，就居家迁至此地居住，后发展为村落，名宋村。岚水河、浊漳河南源流经，属海河流域。有矿产资源煤炭。有中小学、卫生院。有古迹陶唐村三圣庙遗址、古陶厂遗址。农业主产玉米、谷子、小麦、大豆。养殖以猪、羊、家禽为主。有方兴现代农业生态园、县工业园。服务业以餐饮、商品零售为主。省道长安线经此。通公交车。

140428-B08-H01 **宋村**［Sòngcūn］宋村镇人民政府驻地。在县政府驻地丹朱镇东8千米。人口2050。聚落呈团块状。有长子六中、宋村学校。有宋村芦氏民宅、宋村王氏民宅，现存皆为民国时期建筑遗构。省道长安线、县道张下线经此。

140428-B08-H02 **西郭**［Xīguō］在县政府驻地丹朱镇东5千米。宋村镇辖行政村。人口920。因位于东郭村西面，故名。聚落呈团块状。有县级文物保护单位西郭烈士纪念碑，为纪念在1946年长子金村战斗中牺牲的六区区长李景元等11位烈士而立。有西郭关帝庙，现存为清代建筑遗构。2015年被评为第四届全国文明村。县道泊南线经此。

140428-B08-H03 **王郭**［Wángguō］在县政府驻地丹朱镇东6千米。宋村镇辖行政村。人口1580。相传尧王长子丹朱曾来此巡游，称赞此地依山傍水，风景宜人，故名。聚落呈团块状。有第六批省级文物保护单位王郭三嵕庙，现存三嵕殿为金代建筑遗构，其余为清代建筑遗构。县道泊南线经此。

140428-B09 **南陈镇**［Nánchén Zhèn］长子县辖镇。在县境南部。面积123平方千米。人口2.14万。辖23行政村。镇人民政府驻南陈。1949年属长子县第一区。1956年分属南陈乡、西堡头乡。1958年属南陈人民公社。1984年4月，撤销南陈人民公社，设立南陈乡。2000年12月，西堡头乡并入。2021年3月，撤销南陈乡，设立南陈镇。因驻地得名。南陈村最初叫“尧南村”，因位于尧庙山之南。故名。后因村内陈姓居多，遂改为“尧南陈村”，再后来演变为“南陈村”。浊漳河南源流经，属海河流域。有矿产资源煤炭。有中小学、卫生院。有树化石公园。农业主产玉米、高粱、谷子、大豆、薯类等。养殖以猪、羊、家禽为主。服务业以旅游为主。通公路。通公交车。

140428-B09-H01 **南陈**［Nánchén］南陈镇人民政府驻地。在县政府驻地丹朱镇西南10千米。

人口 2660。相传因在尧山之南，得名尧南，又因陈姓居多，更名尧南陈，后演变为今名。聚落呈团块状。有南陈中学、南陈小学、南陈卫生院。有县级文物保护单位南陈寿圣寺，创建于唐中和四年（884 年），现存为清代建筑遗构。县道碾洞线经此。

140428-B09-H02　**团城**［Tuánchéng］在县政府驻地丹朱镇西南 10 千米。南陈镇辖行政村。人口 1010。相传因建村人希望村民团结，故名。聚落呈团块状。有市级文物保护单位团城三教堂，现存为清代建筑遗构。有市级文物保护单位团城唐王圣帝庙，现存正殿为金代建筑遗构，其余为清代建筑遗构。有县级文物保护单位王逸飞烈士碑。仙翁山有木化石群。县道碾洞线经此。

140428-B09-H03　**大南石**［Dànánshí］在县政府驻地丹朱镇西南 10 千米。南陈镇辖行政村。人口 400。相传因浊漳河上无桥，人们只有通过大石头才能过河，又因处于河南，故名。聚落呈团块状。有第六批省级文物保护单位大南石千佛寺，现存大殿为元代建筑遗构，过殿为明清时期建筑遗构。乡村道路经此。

140428-B09-H04　**善村**［Shàncūn］在县政府驻地丹朱镇西南 13 千米。南陈镇辖行政村。人口 480。聚落呈团块状。有第六批省级文物保护单位善村龙王庙，现存正殿为元代建筑遗构，戏台为清代建筑遗构。乡村道路经此。

140428-C01　**碾张乡**［Niǎnzhāng Xiāng］长子县辖乡。在县境西北部。面积 78 平方千米。人口 1.61 万。辖 17 行政村。乡人民政府驻碾张北村。1953 年设碾张乡。1958 年属屯长县屯留联社管辖。1959 年属长子县岚水人民公社。1961 年属碾张人民公社。1984 年复置乡。因驻地得名。相传此地古时有一财主碾米时，一石谷子碾米一石二斗，米数涨出谷数，而得名“碾涨”，后演变为“碾张”。岚河、金丰河流经，属海河流域。有矿产资源煤炭、天然气等。有文化站、中小学、卫生院。有风景区皇明湖、柳花泊古战场等。农业主产玉米、谷子、高粱，种植药材、芦苇。养殖以猪、羊、牛、家禽为主。服务业以零售为主。通公路。通公交车。

140428-C01-H01　**碾张北**［Niǎnzhāngběi］碾张乡人民政府驻地。在县政府驻地丹朱镇西北 14 千米。人口 930。相传因古时一财主在此碾米，米数涨出谷数，故名碾涨，后演变为今名。聚落呈团块状。有碾张中学、碾张卫生院。有碾张北遗址，为新石器时代文化遗存。县道碾坝线、乡村道路经此。

140428-C02　**常张乡**［Chángzhāng Xiāng］长子县辖乡。在县境西北部。面积 55.5 平方千米。人口 1.68 万。辖 16 行政村。乡人民政府驻常张。1949 年属长子县第一区。1953 年设常张乡，后改公社。1984 年复置乡。2001 年壁村乡并入。因驻地得名。相传居民常姓、张姓在此定居建村，故名常张。雍河流经，属海河流域。有中小学、卫生院。有地方民间文化西壁村舞龙灯。有传统手工苇编、柳编。农业主产玉米、小麦等。养殖以猪、家禽等为主。工业以泡沫制品、石砖等为主。服务业以商品零售、餐饮等为主。通公路。通公交车。

140428-C02-H01　**常张**［Chángzhāng］常张乡人民政府驻地。在县政府驻地丹朱镇西北 5 千米。人口 1470。相传该村是一户常姓和一户张姓在此定居，故名。聚落呈团块状。有常张寄宿小学。有常张赵氏民宅，现存为民国时期建筑遗构。县道碾坝线、乡村道路经此。

140428-C02-H02　**大中汉**［Dàzhōnghàn］在县政府驻地丹朱镇西 8.6 千米。常张乡辖行政村。人口 990。相传因韩姓 5 兄弟中的老大居此，故名。聚落呈团块状。有第七批全国重点文物保护单位大中汉三峻庙，现存正殿为元代建筑遗构，其余为清代建筑遗构。乡村道路经此。

140428-C02-H03　**壁村**［Bìcūn］在县政府驻地丹朱镇西北 10 千米。常张乡辖行政村。人口 1450。因地形地貌而得名。聚落呈团块状。有第六批省级文物保护单位壁村三嵕庙，现存正殿为金至元代建筑遗构，余皆清代建筑遗构。县道碾坝线经此。

140429　**武乡县**［Wǔxiāng Xiàn］长治市辖县。北纬 36° 50′，东经 112° 51′。在市境北部。面积 1610 平方千米。常住人口 15.54 万。以汉族为主，还有满、回等民族。辖 6 镇、6 乡。县人民政府驻丰州镇。西周时期称皋狼之地。春秋时代属晋。战国涅邑。秦置涅氏县，治所在今故城村，属上党郡。两汉、三国时期，为涅县地。西晋武帝泰始年间，涅县分为武乡、辽阳、涅县3县，武乡县之称始于此。十六国时期，319年石勒建后赵，置武乡郡。北魏延和二年（433年）武乡郡改乡郡，武乡县改乡县，属并州乡郡。隋开皇三年（583年）废乡郡，乡县属上党郡。隋大业元年（605年）废榆社县，并入乡县，撤甲水县，并入铜鞮县和乡县。隋义宁元年（617年）乡县又分置榆社县，其境域形成武乡县现在规模。唐初属河东道韩州。天授元年（690年）改乡县为武乡县。金天会六年（1128年）属沁州。元因之。明万历二十四年（1596年）属汾州府。三十二年（1604年）复属沁州。清因之。1912年废沁州。1913年属中路道。1914年属冀宁道。1927年废道直属山西省。1937年属山西省第三行政区。抗日战争时期属晋冀鲁豫边区太行区第三专区。1947武乡县政府迁驻段村。1949年属山西省长治专区。1958年榆社县并入，属晋东南专区。1960年恢复榆社县。1985年属长治市。据《水经注》记载，以境内有武山、乡水而得名。地处太行山脉及其支脉太岳山之间，地势东西高中间低。东部地区海拔大部分在1400米以上，最高峰花儿垴达2008米。西部地区海拔在1300米左右，最高峰紫金山海拔1809米。北部和南部的大部分山岭多在1000—1300米之间。中部地势较平缓，最低处监漳滩至西川一带海拔800米。属暖温带半湿润大陆性季风气候。年平均无霜期在150天左右。年降雨量分布明显不均，西部地区降水偏多，东部偏少。分水岭、故城、涌泉一带年降雨量在580—600mm，洪水、窑湾、韩北一带降雨量在540—580mm。浊漳北源、涅河、马牧河、昌源河、云簇河、洪水河流经，其中昌源河属黄河流域，其余均属海河流域。有国家级重点保护野生动物苍鹰、红脚隼、雀鹰。有省级重点保护野生动物7种。有观赏、药用植物40余种。有矿产资源煤、铁、铝、硫磺、油页岩、石膏、硅藻土、白云岩、石灰岩、大理石等10余种。有中小学38所。有文化馆1个，公共图书馆1个，体育场馆1个。有各级卫生机构352个。有全国重点文物保护单位八路军总司令部王家峪旧址、八路军总司令部旧址、洪济院等6处，有省级重点文物保护单位北良侯村造像。有国家级非物质文化遗产襄武秧歌。有省级非物质文化遗产武乡顶灯、武乡剪纸。有中国传统村落韩北乡王家峪村、蟠龙镇砖壁村、分水岭乡泉之头村。有地方民间艺术武乡鼓书等。有全国爱国主义教育示范基地八路军太行纪念馆（八路军总部旧址）。有省级红色文化遗址八路军兵工厂蟠龙镇旧址、长乐村战斗遗址、太行工业学校旧址、武乡县八路军烈士陵园等14处。有国家4A级旅游景区太行龙洞。有知名人物程坦、王尚元、王子清、李玉田等。农业主产玉米、大豆、高粱、谷子及其它杂粮和杂豆等经济作物。工业以煤炭、洗煤、发电为主。服务业以红色旅游、运输、商贸为主。土特产品枣糕、灌肠、浆水、干面饼等。太焦、武左铁路过境，设东河站、武乡站。二广高速，208国道，省道太长线、坪沁线经此。

140429-N01 **马牧河大桥**［Mǎmùhé Dàqiáo］在县城南部。桥长138米，桥面宽17米，最大跨度8米，桥下净高6米。2005年始建。2006年建成。因在马牧河上，故名。为大型河道桥梁，平板桥结构，最大载重100吨。

140429-N02 **红旗桥**［Hóngqí Qiáo］在县城南部。桥长150米，桥面宽20米，最大跨度6米，桥下净高6米。2003年始建。2004年建成。因在红旗路上，故名。为大型河道桥梁，平板桥结构。最大载重100吨。

140429-R01 **武乡站**［wǔxiāngzhàn］见交通运输设施部分“武乡站”条。

140429-B01 **丰州镇**［Fēngzhōu Zhèn］武乡县辖镇，是武乡县人民政府驻地。在县境中部。面积203平方千米。人口5.57万。以汉族为主，还有满、回等民族。辖4社区、45行政村。镇人民政府驻太东社区。1939年县城被日军烧毁。1947年县政府驻地迁至段村，段村更名城关。1949年属武乡县第五区。1953年设城关乡。1959年设城关人民公社。1984年改置镇。2000年与曹村乡合置丰州镇。2021年故县乡并入。丰州镇由原来的城关镇和曹村乡撤并而建，以“五谷丰登”

之意命名。地势南高北低，地形分为沟壑纵横的土石山区。有康家山、郑岗山、狐爷山、凤凰山等，境内最高峰位于暴家峪大岭，海拔 1020 米；最低点位于南堖老河滩，海拔 890 米。浊漳河、涅河、马牧河、关河等流经，属海河流域。有矿产资源黏土等。有中小学、文化站、卫生院。有省级红色文化遗址八路军太行纪念馆、武乡县八路军烈士陵园。有石勒寨遗址、八路军文化园等。农业主产玉米、杂粮，种植蔬菜。养殖以猪、羊、牛为主。工业以建材为主。服务业以运输、餐饮、文化娱乐为主。太焦、武左铁路经此设武乡、电厂站。二广高速，省道太长线、南沁线经此。通公交车。

140429-B01-K01 **宝塔街**［Bǎotǎ Jiē］在县城中部。西起丰州路，东至人民广场。与红旗路相交。长 0.6 千米，宽 8 米。沥青路面。1959 年始建。1960 年建成。1964 年名友谊街。1966、1982、1990 年改造。1995 年更今名。2001 年改建。以千佛塔为中心得名。两侧有县人民政府、武乡四中、人民广场等。通 2 路公交车。

140429-B01-K02 **迎宾街**［Yíngbīn Jiē］在县城中部。西起丰州路，东至太行街东端。与红旗路、泰安巷、东盛巷相交。长 2.3 千米，宽 30 米。沥青路面。1960 年建东段。1972 年建西段，铺成沥青路面。1994 年、2004 年改建。原名新街，后因 1995 年迎宾得名。两侧有东村小学、县人民医院、迎宾小吃城等。通 2、3 路公交车。

140429-B01-K03 **太行街**［Tàiháng Jiē］在县城中部。西起下城桥，东至二广高速。与红旗路、泰安巷、东盛巷相交。长 4.8 千米，宽 18 米。沥青路面。1976 年始建。1977 年建成。1993 年拓宽。1995 年因有八路军太行纪念馆得名。2005 年拓建。两侧有太行公园、太行小学等。通 1、5 路等公交车。

140429-B01-K04 **红旗路**［Hóngqí Lù］在县城中部。北起人民广场，南至武乡汽车客运站。与宝塔街、迎宾街、太行街相交。长 1.2 千米，宽 20 米。沥青路面。1960 年始建。1961 年建成。1982、1993、2003 年改建。两侧有县图书馆、县电影院、县体育馆、新华书店等。通 2 路公交车。

140429-B01-K05 **丰州路**［Fēngzhōu Lù］在县城西北部。南起段村桥，北至太原—长治省道。与太行街、迎宾街、宝塔街相交。长 3.1 千米，宽 16 米。沥青路面。1959 年始建。1960 年建成。1976、1987、1996 年改建。以丰州镇名命名。两侧有风情街、住宅小区、城关小学等。是通往火车站的必经之路。通 2 路公交车。

140429-B01-K06 **和平一路**［Hépíng Yīlù］在县城南部。北起高铁连接线、南至国道 659 线。与太行西街相交。长 1 千米，宽 30 米。沥青路面。以平安、和顺之意得名。两侧有便利店、饭店等。

140429-B01-K07 **涅河大道**［Nièhé Dàdào］在县城南部。西起凤凰路，东至省道 322 线。与学府东街、东盛路、建安巷相交。长 2.2 千米，宽 9 米。沥青路面。两侧有涅河、幼儿园、太行公园等。通 3、11 路等公交车。

140429-B01-K08 **学院大道**［Xuéyuàn Dàdào］在县城南部。西起凤凰路，东至漳南街。长 0.78 千米，宽 9 米。沥青路面。两侧有涅河、小区、太行干部学院等。通 5 路公交车。

140429-B01-H01 **故县**［Gùxiàn］在县政府驻地丰州镇东 5.5 千米。丰州镇辖行政村。人口 1000。故县南临漳河，有广阔的漳河滩，古称“南亭川”，北魏太和十五年（491 年）移治于此。《旧唐书》卷 39《地理二》武乡县：“后魏曰沮城，移治于南亭川。改为乡县，……则天加‘武’字。神龙年，去‘武’字，复为乡县。后又加‘武’字。”《太平寰宇记》卷 50《河东道・威胜军》武乡县：“后魏太和十五年自故涅城移武乡郡于南亭川。”1947 年秋，县治迁至段村，南亭川于 1951 年被改名为故县。聚落呈团块状。有故县村城址，创建年代不详，东西断崖处各有石砌城墙，遗址内地表散落有建筑构件。有武乡县城（今故县）遭劫惨案遗址、中共武乡县委故县遗址。省道南沁线经此。

140429-B01-H02 **松庄**［Sōngzhuāng］在县政府驻地丰州镇东南 4 千米。丰州镇辖行政村。人口 600。相传因村前的山上松树茂盛，故名。聚落呈团块状。有松庄凌烟阁，现存为清代建筑遗构。有纪登奎旧居，为民国时期建筑遗构。乡村道路经此。

140429-B02 **洪水镇**［Hóngshuǐ Zhèn］武乡县辖镇。在县境东北部。面积268平方千米。人口3.02万。以汉族为主，还有满、蒙古等民族。辖1社区、43行政村。镇人民政府驻洪水。1949年属武乡县第一区。1953年设洪水乡。1958年设洪水人民公社。1984年改置镇。2000年广志、窑湾2乡并入。2021年墨镫乡并入。因驻地得名。据《县志》记载，在唐代名为“横水”。又据古人传说，很早时，因村的周围尽是榆树、槐树林，成为“榆槐镇”，后因发洪，将树林冲光，因而得名洪水。地形分为石质山区、黄土丘陵区。有板山，境内最高峰花儿垴位于板山，海拔2008.5米；最低点岭坪位于板山，海拔920米。蟠洪河、墨镫河、化口河流经，属海河流域。有矿产资源煤炭、铝矾土、石灰石、白云石、铁矿石、硫黄等。有中小学、卫生院。有省级红色文化遗址八路军白和煤矿旧址。农业主产玉米、谷子、小麦、大豆，种植蔬菜、枣等。养殖以猪、牛、羊、家禽为主。工业以煤、焦、镁、建材为主。服务业以餐饮、商贸为主。武左铁路经此，设洪水、墨镫站。省道南沁线经此。通公交车。

140429-B02-H01 **洪水**［Hóngshuǐ］洪水镇人民政府驻地。在县政府驻地丰州镇东60千米。人口900。相传村周尽是榆、槐树林，称为“槐榆镇”，后因发洪水将树木冲光而得名。聚落呈条带状。有洪水镇中学、洪水小学。有张银宫烈士碑，八路军总部特务团和武乡县地方政府为纪念张银宫烈士于1943年5月立碑。省道南沁线经此。

140429-B02-H02 **墨镫**［Mòdèng］在县政府驻地丰州镇东60千米。洪水镇辖行政村。人口1500。相传尚氏训示子孙文武兼备，取文房四宝中之墨表示文，马鞍上之镫表示武，以命村名。聚落呈条带状。有墨镫小学、墨镫卫生院。有墨镫遗址，为夏代、汉代文化遗存。省道南沁线经此。

140429-B02-H03 **青草堙**［Qīngcǎoyīn］在县政府驻地丰州镇东42千米。洪水镇辖自然村。人口600。相传因山大坡广，草木众多，故名。聚落呈条带状。有青草堙农业学大寨指挥部旧址、青草堙供销社旧址。省道南沁线经此。

140429-B02-H04 **白和**［Báihé］在县政府驻地丰州镇东35千米。洪水镇辖行政村。人口1000。因村中有条大河通过，河滩烧石灰较多，每逢下雨发洪，河水成白色而得名白河，后来因“河”字与“和”字的音相同，故名。聚落呈团块状。有第六批省级文物保护单位八路军白和煤矿旧址，1941年建成生产，原煤大部分运往黎城、左权、榆社、太谷等地，服务于抗战前线和黄崖洞的军工生产。省道南沁线经此。

140429-B03 **蟠龙镇**［Pánlóng Zhèn］武乡县辖镇。在县境东部。面积196.5平方千米。人口2.43万。辖38行政村。镇人民政府驻蟠龙。1953年设蟠龙乡。1958年改蟠龙人民公社。1984年改置镇。2000年石门、东沟2乡并入。因驻地得名。据传说，蟠龙镇原叫永丰镇，大约800年前，这里刮了一次龙卷风，碗口粗大的树，被连根拔起，造成房屋倒塌，人们看到像一条真龙盘在谷中，从此叫盘龙，因龙为爬虫类，在流传中就改写成蟠龙。地势东高西低、南低北高，地形分为黄土丘林和石质山区。有石门山，境内最高峰黄纪垴位于石瓮村，海拔1951.8米；最低点北漳滩位于上北漳村，海拔810米。蟠洪河流经，属海河流域。有矿产资源煤炭、白云岩和石灰岩等。有中小学、卫生院、文化站。有全国重点文物保护单位八路军总司令部砖壁旧址。有中国传统村落砖壁村。有省级红色文化遗址八路军兵工厂蟠龙镇旧址、中共中央北方局党校上北漳旧址、八路军129师司令部石板旧址、太行工业学校旧址等。农业主产玉米、谷子、大豆，种植蔬菜。养殖以猪、羊、家禽为主。工业以煤炭开采、建材加工为主。服务业以商贸为主。武左铁路经此，设新柳站。省道南沁线经此。通公交车。

140429-B03-H01 **蟠龙**［Pánlóng］蟠龙镇人民政府驻地。在县政府驻地丰州镇东35千米。人口2200。相传原名叫永丰村，800年以前，此处刮了一次龙卷风，像一条真龙盘在谷中，故改为盘龙，因龙属爬虫类，故写成“蟠龙”。聚落呈条带状。有蟠龙中学、中心卫生院。有蟠龙法兴寺，现存为清代建筑遗构。有抗日军政大学总校蟠龙旧址、蟠龙革命桥、蟠龙烈士碑。省道南沁线经此。

140429-B03-H02 **砖壁**［Zhuānbì］在县政府驻地丰州镇东 33 千米。蟠龙镇辖行政村。人口 400。因村中大庙有砖影壁而得名。聚落呈团块状。有第一批全国重点文物保护单位八路军总司令部旧址，1939 年 7 月—1945 年 5 月，八路军总司令部曾三次进驻该村。有红色旅游、农家乐等服务业。乡村道路经此。

140429-B03-H03 **尚元**［Shàngyuán］在县政府驻地丰州镇东 26 千米。蟠龙镇辖行政村。人口 400。抗日战争时，本村民兵王尚元，英勇同敌人斗争而光荣牺牲，为纪念王尚元，1944 年更名。聚落呈条带状。有尚元烈士碑，1947 年当地村民为了纪念在抗日战争时期牺牲的王尚元烈士而立。省道南沁线经此。

140429-B03-H04 **温庄**［Wēnzhuāng］在县政府驻地丰州镇东 28 千米。蟠龙镇辖行政村。人口 600。聚落呈团块状。有第六批省级文物保护单位太行工业学校旧址，1941 年 5 月开学，1944 年 5 月停办，1946 年 2 月复建，改名为长治工业学校，是中北大学的前身。省道南沁线经此。

140429-B03-H05 **石板**［Shíbǎn］在县政府驻地丰州镇东 26 千米。蟠龙镇辖行政村。人口 400。因村坐落在山脚之青石上而得名。清康熙《黎城县志》有“石板上”。聚落呈条带状。有第六批省级文物保护单位八路军 129 师司令部石板旧址，1939 年夏至 1941 年，129 师司令部曾四次在石板村驻扎。乡村道路经此。

140429-B03-H06 **上北漳**［Shàngběizhāng］在县政府驻地丰州镇东南 21 千米。蟠龙镇辖行政村。人口 1000。因该村坐落在漳河北面，又居上游，故名。聚落呈条带状。有第六批省级文物保护单位中共中央北方局党校上北漳旧址，1939 年 10 月至 1940 年 12 月，杨献珍校长带领中共中央北方局党校进驻该村。省道南沁线经此。

140429-B04 **监漳镇**［Jiānzhāng Zhèn］武乡县辖镇。在县境南部。面积 81 平方千米。人口 1.09 万。辖 15 行政村。镇人民政府驻监漳。1949 年属武乡县第四区。1954 年设监漳乡。1959 年属上司人民公社。1961 年设监漳人民公社。1984 年改置镇。因驻地得名。魏晋时期，官设检监测浊漳河北源机构驻扎此地得名监漳村。地形分为黄土丘陵和石质山区。有五龙山、红岭山、沙沟山，境内最高峰红岭山位于监漳镇河西村，海拔 800 米；最低点监漳滩位于监漳村，海拔 50 米。浊漳河、七星河流经，属海河流域。有中小学、卫生院、文化站。有全国重点文物保护单位会仙观。农业主产玉米、谷子、杂粮，种植西香瓜、花生、蔬菜等。养殖以猪、羊、牛为主。工业以建材为主。服务业以餐饮为主。武左铁路经此，设北社站。省道南沁线经此。通公交车。

140429-B04-H01 **监漳**［Jiānzhāng］监漳镇人民政府驻地。在县政府驻地丰州镇东南 21 千米。人口 1200。相传因盛夏漳河常泛滥成灾，为监视漳河水位，人们在漳河西岸安居，故名。聚落呈团块状。有监漳中学、监漳中心小学、监漳中心卫生院。有第六批省级文物保护单位监漳应感庙，现存正殿为金代建筑遗构，余皆为明代建筑遗构。省道南沁线、西石线、吴北线经此。

140429-B04-H02 **下北漳**［Xiàběizhāng］在县政府驻地丰州镇东南 21 千米。监漳镇辖行政村。人口 700。因村南面有南漳，东有上北漳，故名。聚落呈条带状。有第六批省级文物保护单位鲁迅艺术学校下北漳旧址，1940 年 1 月 1 日成立，李伯钊任校长，陈铁耕任副校长，牛犇任教务主任，百团大战后转移到上武村。省道南沁线经此。

140429-B05 **故城镇**［Gùchéng Zhèn］武乡县辖镇。在县境西部。面积 150 平方千米。人口 1.86 万。辖 25 行政村。镇人民政府驻故城。1949 年属武乡县第七区。1953 年设故城乡。1958 年改故城人民公社。1984 年改置镇。2000 年东良乡并入。因驻地得名。据史书记载，西周时为皋狼城，秦汉时为涅氏县城，东汉时为三皇县城，北魏时县城迁移后故称故城。有磨则山、白马山、黑寨垴。有中小学、卫生院。有全国重点文物保护单位大云寺、洪济院。农业主产小麦、玉米，种植蔬菜。养殖以猪、羊、家禽为主。工业以果脯、饲料、畜禽产品加工为主。服务业以商贸、餐饮为主。208 国道过境。通公交车。

140429-B05-H01 **故城**［Gùchéng］故城镇人民政府驻地。在县政府驻地丰州镇西 25 千米。

人口 2200。西汉置涅氏县。《汉书》卷 28《地理上》上党郡有涅氏县，东汉改为涅县，《后汉书》志第 23《郡国五》上党郡有涅县。北魏永安中改置阳城县，《魏书》《地形志》并州乡郡阳城县："二汉、晋属上党，曰涅，永安中改。有涅城。"《太平寰宇记》卷 50《河东道・威胜军》武乡县："涅城，《冀州图》云，涅城在县西六十里，后魏初于此立丰州，北齐改曰戎州，后周废之。"即此。聚落呈团块状。有故城中学、故城小学、故城镇中心卫生院。有第五批全国重点文物保护单位武乡大云寺，初名岩静寺，北齐河清四年（565 年）重修，北宋治平元年（1064 年）改称今名。现存大雄宝殿为金代建筑遗构，余皆为明清时期建筑遗构。省道马权线、县道石故线经此。

140429-B05-H02 **东良**［Dōngliáng］在县政府驻地丰州镇东南 30 千米。故城镇辖行政村。人口 1000。相传因东汉顺帝外戚梁侯在此屯兵驻扎，故得名梁侯，宋改称良侯，明改称良侯东，清康熙年间又称东良侯，1961 年称今名。聚落呈团块状。有东良小学。有第五批全国重点文物保护单位洪济院，现存正殿为金代建筑遗构，南殿为清代建筑遗构，老爷殿为民国时期建筑遗构。县道石故线经此。

140429-B05-H03 **北良**［běiliáng］在县政府驻地丰州镇西南 25 千米。故城镇辖行政村。人口 500。相传因村位于东良的北面，定名北良侯，后简称为今名。聚落呈条带状。第八批全国重点文物保护单位武乡福源院，现存为明代建筑遗构。有稻谷、甘蔗、香茅、菠萝等。县道石故线经此。

140429-B06 **韩北镇**［Hánběi Zhèn］武乡县辖镇。在县境东南部。面积 119 平方千米。人口 1.22 万。辖 19 行政村。镇人民政府驻韩北。1949 年属武乡县第二区。1953 年设韩壁乡。1958 年属蟠龙人民公社。1959 年设立韩壁人民公社。1984 年改置韩北乡。2021 年设立韩北镇。因驻地得名。据《韩北村志》载，北魏河南河阳（今修武）南桓王韩备为避南乱携家眷定居武乡通化乡，后通化乡改称韩壁，简写为今名。地势东高西低、北高南低，地形为丘陵山石区。有太行山脉，境内最高峰黄地垴位于刀把咀村海拔 1465 米；最低点小石坡位于坪上村，海拔 920 米。有矿产资源煤炭、铁、硫等。有中小学、文化站、农家书屋、文艺宣传队、卫生院。有全国重点文物保护单位真如寺、八路军总司令部王家峪旧址。有中国传统村落王家峪村。有八路军总部直属机关旧址、离相寺。农业主产玉米、谷子，种植蔬菜、苦参等。养殖以家禽为主。工业以煤、铁矿为主。服务业以运输为主。通公交车。

140429-B06-H01 **韩北**［Hánběi］韩北镇人民政府驻地。在县政府驻地丰州镇东南 35 千米。人口 700。据《韩北村志》载，北魏河南河阳（今修武）南桓王韩备为避南乱携家眷定居武乡通化乡，后通化乡改称韩壁，简写为今名。聚落呈团块状。有韩北维康希望中心学校、韩北卫生院。有韩北烈士碑，为纪念在抗日战争中牺牲的烈士而立。乡村道路经此。

140429-B06-H02 **王家峪**［Wángjiāyù］在县政府驻地丰州镇东南 22 千米。韩北镇辖行政村。人口 600。相传赵王石勒打仗时在此处居住，赵王走后，他居住的山谷被叫做王家山谷，后改为今名。聚落呈条带状。有红星杨小学。有第一批全国重点文物保护单位八路军总司令部部旧址。1939 年 10 月 11 日至 1940 年底，八路军总司令部和中共中央北方局曾在此驻扎。有红色旅游、农家乐等服务业。县道上韩线经此。

140429-B06-H03 **土合**［Tǔhé］在县政府驻地丰州镇东 43.5 千米。韩北镇辖行政村。人口 200。相传因该村北、西、南有三条河直通襄垣，但常年无水，故得名土河，后演变为今名。聚落呈团块状。有第七批全国重点文物保护单位真如寺，现存正殿为元代建筑遗构，其余为清代建筑遗构。乡村道路经此。

140429-B06-H04 **下合**［Xiàhé］在县政府驻地丰州镇东南 23 千米。韩北镇辖行政村。人口 1000。传说古时候的一个夏天，此地落过一只仙鹤，故起名夏鹤，以后为了简便笔划，更为今名。聚落呈团块状。有第六批省级文物保护单位八路军野战总政治部下合旧址。1939 年 10 月 1 日至 1940 年 6 月，八路军野战总政治部主任傅钟、副主任罗瑞卿、副主任兼宣传部长陆定一等率机关驻扎在此处。乡村道路经此。

140429-B06-H05　**东枣林**［Dōngzǎolín］在县政府驻地丰州镇东南 24 千米。韩北镇辖行政村。人口 500。相传立村时，该村枣树成林，故而得名枣林村，又因该村在武乡的东面，于 1981 年 5 月 1 日更名。聚落呈团块状。有第六批省级文物保护单位日本人觉醒反战联盟东枣林旧址。1939 年 11 月 7 日，杉本一夫、小林武夫、冈田义雄等部分日本被俘士兵在此创立了日本士兵觉醒联盟本部反战团体。这是中国战场上，日本俘虏转变立场后成立的第一个日本人反战组织。乡村道路经此。

140429-B06-H06　**石圪垤**［Shígēdié］在县政府驻地丰州镇东南 24 千米。韩北镇辖行政村。人口 100。相传村东北角有个村叫西窑科，前边有个沟，叫门前沟，沟的尽头有一个石头锻场，故名。聚落呈团块状。有第六批省级文物保护单位中共中央北方局妇女干部训练班旧址。八路军总部和中共中央北方局妇委在武乡驻扎期间，为锻炼、培养妇女干部，于 1940 年初在石圪垤村时飨殿举办了两期妇女干部训练班（简称妇训班）。妇训班班长是卓琳，支部书记是刘志兰，浦安修任北方局妇委负责人。乡村道路经此。

140429-C01　**大有乡**［Dàyǒu Xiāng］武乡县辖乡。在县境中部。面积 96 平方千米。人口 1.29 万。辖 19 行政村。乡人民政府驻大有。1949 年属武乡县第三区。1953 年设大有乡。1958 年 8 月改大有人民公社。1984 年复置乡。因驻地得名。传说，该村原有二个小村庄，分别居住着几户加工酒醋人家，他们打的曲在周围出名，为了区别两村，当时人们把上边的村叫做上打曲，下边的村叫下打曲，随着历史的发展逐渐两个村连接为一个村叫大曲，为了后代生活富有，改为大有。浊漳河、大有河流经，属海河流域。有中小学、文化站、文化活动中心、图书室。有省级红色文化遗址长乐村战斗遗址。有李峪村地雷战遗址。农业主产玉米、谷子，种植蔬菜。养殖以生、羊、家禽为主。工业以食品加工、建材为主。服务业以餐饮、商贸为主。通公路。通公交车。

140429-C01-H01　**大有**［Dàyǒu］大有乡人民政府驻地。在县政府驻地丰州镇东 18 千米。人口 500。原名大曲，人们为了后代生活富有而更名。聚落呈条带状。有大有中学、大有乡卫生院。有大有眺望阁，创建于宋代，现存为清代建筑遗构。乡村道路经此。

140429-C01-H02　**长乐**［Chánglè］在县政府驻地丰州镇东 16 千米。大有乡辖行政村。人口 600。相传原叫长第，后来随着社会发展生活提高，人们希望长有乐，故名。聚落呈团块状。有第六批省级文物保护单位长乐村战斗遗址，1938 年 4 月，八路军第 129 师主力及第 115 师一部在长乐村对日军发动战斗，粉碎了日军的“九路围攻”，后建有长乐村战斗纪念碑。省道南沁线经此。

140429-C02　**贾豁乡**［Jiǎhuō Xiāng］武乡县辖乡。在县境中部偏北。面积 96 平方千米。人口 1.11 万。辖 15 行政村。乡人民政府驻贾豁。1949 年属武乡县第三区。1953 年设贾豁乡。1961 年设贾豁人民公社。1984 年复置乡。因驻地得名。以前有条豁河，在贾豁境内，贾 jia，同音 gu，贾豁位于晋南至晋中之间，是商贸的中转站。地形为丘陵和沟壑。有胡庄南山和石泉东风岭，境内最高峰胡庄老圪搅位于胡庄村，海拔 1632 米；最低点九亩滃位于田庄村，海拔 796 米。贾豁河流经，属海河流域。有矿产资源石油、煤炭及铁矿石等。有中小学、文化站、卫生院。有省级红色文化遗址八路军 129 师师部宋家庄旧址。有古迹石泉村海神庙，石勒皇帝古墓遗址。农业主产小麦、玉米、谷子，种植核桃、西红柿、马铃薯等。养殖以猪、羊、家禽为主。服务业以餐饮、商贸为主。通公路。通公交车。

140429-C02-H01　**贾豁**［Jiǎhuō］贾豁乡人民政府驻地。在县政府驻地丰州镇东北 15 千米。人口 1200。因在豁河北岸，贾姓首居于此，故名。聚落呈团块状。有贾豁乡中心卫生院。有贾豁农业学大寨指挥部旧址，创建于 1966 年。有贾豁民居，现存为清代、民国时期建筑遗构。有鑫螳螂家具有限公司。乡村道路经此。

140429-C02-H02　**宋家庄**［Sòngjiāzhuāng］在县政府驻地丰州镇东北 21.5 千米。贾豁乡辖行政村。人口 500。聚落呈条带状。有第六批省级文物保护单位八路军129师师部宋家庄旧址。1938年春至1943年底，八路军129师驻扎该村。乡村道路经此。

140429-C03 **上司乡**［Shàngsī Xiāng］武乡县辖乡。在县境南部。面积57平方千米。人口0.85万。辖13行政村。乡人民政府驻上司。1949年属武乡县第四区。1953年设上司乡。1958年成立上司人民公社。1984年复置乡。因驻地得名。原名司村，因司姓首居于此得名，后分为上、下司村。地势西高东低，地形分为山石区。境内最高峰佛爷顶位于铺上村，海拔1257.5米；最低点窑头滩位于窑头村，海拔900米。浊漳北源流经，属海河流域。有中小学、卫生院、文化站。有南神山、天主教堂、漆树坡窑洞保卫战旧址。农业主产玉米、谷子、杂粮，种植蔬菜。养殖以猪、牛、羊、家禽为主。服务业以餐饮、商贸为主。二广高速、省道太长线、南沁线经此。南岭—沁源省道过境。通公交车。

140429-C03-H01 **上司**［Shàngsī］上司乡人民政府驻地。在县政府驻地丰州镇东南10千米。人口600。因姓氏和方位而得名。聚落呈团块状。有上司寄宿制小学、上司乡中心卫生院。有上司天主堂，创建于清光绪二十九年（1903年），为哥特式建筑风格。有上司赵氏民宅，现存为民国时期建筑遗构。有武乡县晋蕾爱果农业科技有限公司。县道西石线经此。

140429-C04 **石北乡**［Shíběi Xiāng］武乡县辖乡。在县境北部。面积76平方千米。人口0.59万。辖12行政村。乡人民政府驻东河。1949年属武乡县第六区。1953年设石北乡。1959年属涌泉人民公社。1961改石壁公社。1984年改置石北乡。相传此地有座山壁，故名石壁。后将“壁”改“北”，改名为石北。地势西高东低，地形分为丘陵山石区。有五龙山，境内最高点位于石北乡西北部，海拔1169米；最低点型庄滩位于型庄村，海拔846米。有马牧河流经，属海河流域。有矿产资源硅藻土等。有中小学、文化站、卫生院。有朱德、彭德怀旧居，恐龙化石遗址。农业主产玉米、谷子、杂粮，种植西红柿、食用菌、白菜等。养殖以猪、牛、羊、家禽为主。工业以建材为主。服务业以餐饮、商贸、旅游为主。太焦铁路经此，设东河站。省道太长线经此。通公交车。

140429-C04-H01 **东河**［Dōnghé］石北乡人民政府驻地。在县政府驻地丰州镇北12千米。人口400。相传以石北的南山为主，山东有河，河东有村，故名。聚落呈条带状。有石北中学、石北乡伟德希望小学、石北乡中心卫生院。519国道、省道太长线经此。

140429-C05 **涌泉乡**［Yǒngquán Xiāng］武乡县辖乡。在县境西部。面积74平方千米。人口0.87万。辖14行政村。乡人民政府驻涌泉。1949年属武乡县第六区。1953年设涌泉乡。1959年，成立涌泉人民公社。1984年复置乡。因驻地得名。相传在很早以前这里分为南涌泉、北涌泉，南涌泉原名叫大马村，古代出过龙驹，没有进上，朝廷知道后，将南涌泉灭绝，只剩下北涌泉，后来北涌泉叫涌泉。地势东高西低、北高南低，地形分为丘陵和沟壑。有五龙山，境内最高峰五龙山位于寨上村；最低点涅河滩位于大沿沟村。涅河流经，属海河流域。有矿产资源油页岩等。有中小学、文化站、卫生院。农业主产玉米、谷子种植核桃、蔬菜等。养殖以猪、牛、羊、家禽为主。有牧业培训中心。服务业以餐饮、商贸为主。通公路。通公交车。

140429-C05-H01 **涌泉**［Yǒngquán］涌泉乡人民政府驻地。在县政府驻地丰州镇西15千米。人口1200。相传很早以前这里分南北龙泉，南龙泉叫火鸟村，古代出过龙驹，没有上供给朝廷，朝廷知道后，将南龙泉满门抄斩，只剩下北龙泉，后来改称今名。聚落呈团块状。有涌泉乡初级中学、涌泉乡卫生院。有涌泉遗址，为汉代文化遗存。有涌泉烈士碑，为纪念在解放战争中牺牲的烈士而建。县道马权线经此。

140429-C05-H02 **寨上**［Zhàishàng］在县政府驻地丰州镇西北8千米。涌泉乡辖行政村。人口800。此地古时为一土寨，故名。有寨上小学。聚落呈团块状。有第六批省级文物保护单位八路军总部寨上旧址。1938年4月20日至5月23日，八路军总司令朱德，副总司令彭德怀，副参谋长左权率领八路军总部在此驻扎。县道马权线经此。

140429-C06 **分水岭乡**［Fēnshuǐlǐng Xiāng］武乡县辖乡。在县境西北部。面积 233 平方千米。人口 0.66 万。辖 11 行政村。乡人民政府驻分水岭。1953 年设分水岭。1959 年改分南公社。1984 年改置乡。2001 年更名分水岭乡。因地处山地，以村南南神堂为界，分水岭为南北流河，南流入涅河，北注入昌源，故名分水岭。地形为干石山区和平地。有金山、秦王头、寿礼疙瘩、云盖山，境内最高峰子金山位于胡庄村，海拔 1808 米；最低点位于石盘村与榆社县河峪乡下赤峪村交界处，海拔 1024.1 米。昌源河流经，属海河流域。有小学、文化站、卫生院。有中国传统村落泉之头村。有宋代建筑“南关锁钥”“烽烟塔”等。农业主产玉米、黄豆、谷子，种植马铃薯、核桃、梅杏等。养殖以牛、羊、家禽为主。服务业以餐饮、商贸为主。长深高速、208 国道经此。通公交车。

140429-C06-H01　**分水岭**［Fēnshuǐlǐng］分水岭乡人民政府驻地。在县政府驻地丰州镇西北 45 千米。人口 700。因地处山地，以村南南神堂为界，分水岭为南北流河，南流入涅河，北注入昌源，故名。聚落呈团块状。有分水岭乡卫生院。有白晋线铁路分水岭段。白晋线属南同蒲支线，1935 年，由晋绥兵工筑路总指挥部负责修筑，北起祁县白圭，南到晋城，为宽 1 米的窄轨铁路。208 国道经此。

140429-C06-H02　**泉之头**［quánzhītóu］在县政府驻地丰州镇西北 45 千米。石盘农业开发区下辖行政村。人口 400。相传建村于隋末，原名马家庄，因起初住的是马氏人家。村边有一眼汩汩流淌的泉水，流量大，水清冽，故名。聚落呈团块状。有军民泉，武西独立营于 1940 年在此村整军期间为了打破日军的经济封锁、发展农业生产而修筑的水渠。2016 年被列入第四批中国传统村落名录。乡村道路经此。

140430 **沁县**［Qìn Xiàn］长治市辖县。北纬 36° 45′，东经 112° 41′。在市境西北部。面积 1319 平方千米。人口 13.86 万。以汉族为主，还有回、满、蒙古等民族。辖 9 镇、2 乡。县人民政府驻定昌镇。尧属冀州。舜改属并州。夏、商复属冀州。周定王十四年（前 529 年）晋置铜鞮邑。周安王二十六年（前 376 年）魏、韩、赵三家分晋，铜鞮属赵。秦王嬴政政十一年（前 236 年），复置上党郡，辖铜鞮。东汉、三国、两晋，铜鞮隶属上党郡。十六国时期，铜鞮改隶并州乡郡。北魏建义元年（528 年），复置襄垣郡，分铜鞮、襄垣，设五原县，属襄垣郡，并置乌苏城。北齐天保九年（558 年），撤襄垣郡，五原县复归铜鞮、襄垣。隋开皇三年（583 年），废乡郡，铜鞮归潞州。唐武德元年（618 年），铜鞮隶属韩州。五代十国时，铜鞮县先后属唐、晋、汉之潞州。宋太平兴国二年（977 年），在铜鞮县乱柳（今段柳村）石围建威盛军（今沁县城），属河东路，隶铜鞮、武乡。靖康元年（1126 年）十月，金兵南下，威胜军刺史李植率众投降，属河东南路，铜鞮随金。天会六年（1128 年），复称沁州。元光二年（1223 年），升沁州为义胜节镇军，领铜鞮、武乡、沁源、绵上四县及南关镇。明洪武初年，省铜鞮县入州，直隶山西布政司，领武乡、沁源二县。万历二十四年（1596 年）五月，改属汾州府。清沿明制，沁州仍为山西省直隶州，归冀宁道，领武乡、沁源二县。1912 年，废沁州改称沁县。1930 年，废道，直属山西省，划为二等县。1937 年 10 月属山西省第三行政区，行政公署驻沁县。1939 年 7 月 5 日，日军二次侵占沁县城，9 月，抗日政府设路东办事处。1941 年 9 月，设晋冀豫边区太岳区，共四个专区，沁县属于一专区。1942 年 3 月，漳源县并入沁县。1945 年 10 月 1 日，沁县属山西省长治专区，辖第一至第五个行政区。1953 年 5 月，实行乡、村建制。1956 年 3 月，扩大乡区划，撤销区建制，将 79 个乡合并为 29 个乡。1958 年改制为火箭人民公社、上游人民公社、太阳红人民公社、卫星人民公社、太阳人民公社、前进人民公社 6 个人民公社。1958 年 9 月，沁县与襄垣县合并，称襄沁县，县机构驻沁县。10 月，沁源县与襄沁县合并，称沁县。1958 年，襄垣、沁县、沁源三县合并为襄垣县。1959 年 3 月，增设松村、次村 2 个人民公社。1959 年，恢复原建置。1985 年 4 月，国务院撤销晋东南地区，实行市管县体制，沁县属长治市管辖。因沁河发源于此地，故名。地处太行、太岳山脉之间，地势西北高，东南低。有太岳山脉。最高峰棋盘山海拔 1746.2 千米。最低点新店镇南池二神口河谷，海拔 916 米。属暖温带大陆性季风气候。年均气温 9.1℃。年均降水量 557.5 毫米。年日照 2311.5 小时。年无霜期 168 天。漳河，庶纪河、段柳河，徐阳河、迎春河、圪芦河、白玉河、涅水河等流经，属黄河、海河两大流域。有国家级重点保护野生动物金钱豹、黑鹳、金雕、大鸨等 18 种，省级重点保护野生动物 7 种。有观赏、药用植物 36 种。有矿藏资源煤、石油、天然气等。有长治学院沁县师范分院。有中小学 37 所，其中沁县中学为省重点中学。有文化馆 1 个，公共图书馆 1 个，档案馆 1 个，博物馆 1 个，纪念馆 1 个，有医院、卫生院 17 个。有全国重点文物保护单位大云院、普照寺、南涅水洪教院、南涅水石刻。有省级重点文物保护单位阏舆古城及墓地等。有国家级非物质文化遗产沁州三弦书，省级非物质文化遗产赛龙舟。有中国传统村落南里镇唐村。有地方民间文化围棋起源传说、剪纸、葫芦烫画等。有省级红色文化遗址沁县牺盟会决死队纪念馆、八路军总部小东岭旧址、《新华日报》（华北版）创刊地旧址。有古迹笔峰山永庆寺。有知名人物吴琠、王尧士、王猷、韩万金等。三次产业比 21.08 ∶ 22.27 ∶ 56.65。农业以种植业为主，主产玉米、谷子、高粱。工业以小米深加工、矿泉水生产、煤焦为主。服务业以家政服务、商品零售为主。土特产品南瓜籽、沁州核桃、沁州黄小米等。太焦、沁源—沁县（货运专线）铁路经此，设沁县站。二广高速，208 国道，省道沁长线、涉沁线经此。

140430-B01 **定昌镇**［Dìngchāng Zhèn］沁县辖镇，是沁县人民政府驻地。在县境中部。面积 87 平方千米。人口 5.84 万。辖 6 社区、35 行政村。镇人民政府驻北关社区。1949 年属沁县第一区。1953 年设城关乡。1958 年设城关人民公社。1984 年改置镇。2001 年与迎春乡合置定昌镇。2021 年，扩大定昌镇行政区划范围，将原段柳乡的段柳、长胜、青屯、南头、泊村、宋家沟、上北里、良楼沟 8 个村委会划归定昌镇管辖。原名城关镇，古称铜鞮，为春秋战国时代晋国的十二县之一。后唐同光元年（923 年），后唐灭后梁，在铜鞮乱柳石围置定昌军，铜鞮归定昌军管辖，意为一定昌盛。地势东高西低，地形分为丘陵平川。有二郎山，境内最高峰二郎山位于南关社区，海拔 1100 米；最低点刘家沟位于刘家庄村，海拔 956 米。浊漳河流经，属海河流域。有北海、西湖、迎春湖、南湖、铜鞮湖。有矿产资源煤炭、天然气等。有中小学、医院、卫生院。有省级红色文化遗址沁县牺盟会决死队纪念馆。有南涅水石刻馆。有二郎山森林公园、北海湿地公园。农业主产玉米，种植蔬菜。养殖以猪、牛、羊、家禽为主。工业以小米深加工、矿泉水生产、煤焦为主。服务业以家政服务、商品零售为主。土特产品干馍、沁州黄小米。太焦、沁源—沁县（货运专线）铁路经此，设沁县站。208 国道、省道沁长线、涉沁线经此。通多路公交车。

140430-B01-K01 **友谊街**［Yǒuyì Jiē］在城区西部。西起漳河大桥，东至小河村。与人民路相交。长 2.1 千米，宽 15 米。沥青路面。1993 年始建。1994 年建成，2001 年改建。原名城北路，2004 年更今名。两侧有定昌镇人民政府、沁县公路段、沁县运输局等。通 1、2 路公交车。

140430-B01-K02 **红旗街**［Hóngqí Jiē］在城区西部。西起十字街，东至西湖美景小区。与环湖路、教场道、安康道相交。长 1.4 千米，宽 12 米。沥青路面。1969 年始建。1970 年建成。2009 年改建。原名西街，2004 年更名为红旗街。两侧有长治学院沁县师范分院、体育中心、文化馆等。通 2 路公交车。

140430-B01-K03 **育才街**［Yùcái Jiē］在城区南部。西起胜利路，东至沁州路。与环湖路相交。长 0.4 千米，宽 15 米。沥青路面。1987 年始建。1987 年建成。原名城南路，2004 年更今名。两侧有沁县中学、沁县国土资源局等。

140430-B01-K04 **东风街**［Dōngfēng Jiē］在城区中部。西起胜利路，东至沁州路。与武星道、范家道、太山道相交。长 0.7 千米，宽 18 米。沥青路面。1969 年始建，同年通车。俗称东街。2004 年更今名。两侧有超市、宾馆、沁州剧院等。

140430-B01-K05 **胜利路**［Shènglì Lù］在城

区中部。北起东风街，南至育才街。与红旗街相交。长 0.8 千米，宽 8 米。沥青路面。1969 年建成，2009 年改建。旧称清源街，俗称南街。2004 年更今名。两侧有县人民政府、县人民医院等。

140430-B01-K06　**人民路**［Rénmín Lù］在城区中部。北起友谊街，南至胜利街。与红旗街相交。长 0.7 千米，宽 8 米。沥青路面。1966 年建成，2009 年改建。旧称宁远道，俗称北街。2004 年更今名。两侧有县林业局、县农业局等。

140430-B01-K07　**沁州北路**［Qìnzhōu Běilù］在城区中部。北起 220 省道，南至沁州中路。与友谊东街、兴隆巷相交。始建于 1969 年，2009 年铺设沥青路面。长 1 千米，宽 15 米。以沁县古称沁州为名。两侧有县汽车站、县中医院、小区、小学等。通 1 路公交车。

140430-B01-K08　**沁州中路**［Qìnzhōu Zhōnglù］在城区中部。北起沁州北路，南至沁州南路。与东风街、富民巷、育才街等相交。解放前为古道，原名城东路，沁县古名沁州，此段处中间，故名。1969 年建成通车。铺设水泥路面，2009 年铺设沥青路面。长 1 千米，宽 15 米。两侧有酒店、县中学，育才小学等。通 1 路公交车。

140430-B01-K09　**沁州南路**［Qìnzhōu Nánlù］在城区中部。北起沁州中路，南至 220 省道。与育才街，长江街相交。1969 年建成通车铺设水泥路面。2009 年铺设沥青路面。长 3 千米，宽 26 米。名称沿用至今。两侧有小区、小学、县人民法院等。通 2 路公交车。

140430-B01-K10　**宣化街**［Xuānhuà Jiē］在城区中部。西起育财街，东至曲苑南路。与胜利路，文中道相交。长 0.45 千米，宽 9 米。沥青路面。两侧有银行、饭店、县人民医院等。通 2 路公交车。

140430-B01-K11　**环湖路**［Huánhú Lù］在城区中部。北起明威路，南至 009 乡道。与红旗西街，环湖西路相交。长 2.8 千米，宽 9 米。沥青路面。两侧有西湖、寺庙等。通 2 路公交车。

140430-B01-K12　**环湖南路**［Huánhú Nánlù］在城区中部。北起南湖路，南至长江街。与环湖西路、长江街相交。长 1.7 公里，宽 9 米。沥青路面。两侧有西湖、小区、县档案局。

140430-B01-K13　**曲苑北路**［Qǔyuàn Běilù］在城区中部。北起友谊街，南至曲苑南路。与友谊街、红旗西街相交。长 0.55 千米，宽 9 米，沥青路面。两侧有饭店、县实验中学、县文化馆等。通 2 路公交车。

140430-B01-K14　**曲苑南路**［Qǔyuàn Nánlù］在城区中部。北起曲苑北路，南至文中道。与红旗街，文中道相交。长 0.53 千米，宽 9 米。沥青路面。两侧有红旗小学、沁县烈士陵园、山西牺盟会决死队纪念馆等。通 2 路公交车。

140430-B01-K15　**宁远道**［Níngyuǎn Dào］在城区中部。北起友谊街，南至黄家道。与友谊街，红旗西街相交。长 0.58 千米，宽 9 米。沥青路面。两侧有银行、卫生所、小卖部、县第三中学。

140430-B01-K16　**黄家道**［Huángjiā Dào］在城区中部。北起宁远道，南至文庙巷。与红旗西街、牛家巷、文庙巷相交。原名红旗街二巷，明清时期，因黄氏家族在此居住，故名。1970 年建成。1980 年铺设水泥路面。名称沿用至今。长 0.23 千米，宽 4 米。两侧有县广播电视台、小吃店、烈士陵园等。

140430-B01-K17　**长江街**［Chángjiāng Jiē］在城区中部。西起沁州南路，东至长江路。与环江南路、沁州南路相交。长 1 千米，宽 16 米。沥青路面。两侧有县档案局、三立公园等。通 2 路公交车。

140430-B01-H01　**小河**［Xiǎohé］定昌镇人民政府驻地，在县城北部。人口 600。聚落呈团块状。有赵家峪遗址，为西周、东周、汉代文化遗存。有赵家峪墓葬，为明代墓葬。有翠云山摩崖题刻，刊刻于 1910 年。有安子文旧居。1937 年，安子文随同北方局组织部长彭真组建中共晋冀豫省委办事处，任书记，领导太岳区党的工作。省道东长线、沁涉线经此。

140430-B02　**郭村镇**［Guōcūn Zhèn］沁县辖镇。在县境西部。面积 130 平方千米。人口 1.16 万。以汉族为主，还有佤族。辖 15 行政村。镇人民政府驻郭村。1949 年属沁县第四区。1953 年设郭村乡。1958 年属上游人民公社。1958 年设郭村人民公社。1984 年改置镇。因驻地得名。相传元末明初郭氏在此建庄，取名为郭村。地势西高东低、北高南低，地形为丘陵。有伏牛山、棋盘山、白鹿山、云蒙山，境内最高峰棋盘山位于巨良沟村，海拔 1746.2 米；最低点赤龙池位于池堡村东部，海拔 1020 米。迎春河、南河湾流经，属海河流域。有矿产资源煤炭等。有中小学、文化站、卫生院。有全国重点文物保护单位大云院、普照寺。有市级文物保护单位仁胜洪济寺、田氏宗祠。有省第三行政督察专员公署暨牺盟上党中心区旧址等。农业主产玉米、谷子、薯类，种植蔬菜。养殖以猪、羊、家禽为主。服务业以零售和旅游为主。有千女水库。沁源—沁县（货运专线）铁路、省道涉沁线经此。通公交车。

140430-B02-H01 **郭村**［Guōcūn］郭村镇人民政府驻地。在县政府驻地定昌镇西 10.1 千米。人口 1850。聚落呈团块状。有郭村中学、郭村小学、郭村镇中心卫生院。有第五批全国重点文物保护单位沁县大云院，始建于宋代，现存正殿为金代建筑遗构，山门为清代建筑遗构。省道沁涉线、县道漳开线经此。

140430-B02-H02 **开村**［Kāicūn］在县政府驻地定昌镇西 1.5 千米。郭村镇辖自然村。人口 1700。据清《沁州志》记载，因该村有一座开化寺，故名。聚落呈团块状。有开村小学。有第六批全国重点文物保护单位普照寺大殿，创建于北魏太和十二年（488 年），现存大殿为金代建筑遗构。省道沁涉线经此。

140430-B02-H03 **东坡**［Dōngpō］在县政府驻地定昌镇西 8 千米。郭村镇辖行政村。人口 350。因其地理方位及地形特点而得名。聚落呈团块状。有东坡村烈士墓，为纪念在抗日战争中太岳区十四所工人李忠贵烈士而立。2017 年被评为第五届全国文明村。县道漳开线经此。

140430-B03 **故县镇**［Gùxiàn Zhèn］沁县辖镇。在县境西南部。面积 245 平方千米。人口 1.6 万。辖 27 行政村。镇人民政府驻故县村。1949 年属沁县第二区。1953 年设故县乡。1958 年属太阳人民公社。1961 年设故县人民公社。1984 年改置镇。2001 年南仁乡并入。2021 年南泉乡并入。因驻地得名。汉晋时期，这里是铜鞮县治，明洪武元年省铜鞮入州，此地为旧县之地，得名“故县村”。地势南高北低，周围高、中间低，地形为丘陵和山地。有月岭山，境内最高峰万陀盘位于连家沟村，海拔 1300 米；最低点月岭山水库位于徐村，海拔 930 米。白玉河、后河流经，属海河流域。有矿产资源天然气等。有中小学、卫生院、文化站。有景点官窝山、阎老坟、吴琠墓、四方碑楼、中国日报社旧址、青石大碑和古墓群上百座。农业主产玉米、谷子、小麦、高粱，种植蔬菜。养殖以猪、牛、羊、家禽为主。有磨面加工、豆腐加工、砖瓦制造等。服务业以零售和旅游为主。通公路。通公交车。

140430-B03-H01 **故县**［Gù Xiàn］故县镇人民政府驻地。在县政府驻地定昌镇西南 18.8 千米。人口 2830。据《山西历史地名通检》，原系北魏铜鞮县治，唐武德五年迁走，《旧唐书》卷 39《地理二·河东道》：“铜鞮，汉县。隋属韩州。武德元年属沁州。三年，分置甲水县。五年，移治〈角亥〉水堡。”故名。聚落呈团块状。有故县中学、向升小学、故县镇中心卫生院。有故县村墓群，为宋辽金时期文化遗存。有故县村西北墓群，为唐代文化遗存。县道段宜线、故古线经此。

140430-B04 **新店镇**［Xīndiàn Zhèn］沁县辖镇。在县境南部。面积 124 平方千米。人口 1.45 万。辖 23 行政村。镇人民政府驻新店。1949 年属沁县第四区。1953 年设新店乡。1958 年属新店人民公社。1984 年改置镇。因驻地得名。相传明洪武二年前，李氏在此建庄，名为李家庄。洪武二年后，杨氏迁来，李氏衰落。后因地处南北交通要道，来往客商较多，更名为新店。地势东高西低，地形分为丘陵、平川等。有万安山、千层山，境内最高峰雾柳山位于邓庄村，海拔 1170 米；最低点二神口河滩位于南池村，海拔 916 米。白玉河、漳河流经，属海河流域。有中小学、卫生院。有南底水朱德故居。农业主产玉米、小麦、谷子，种植蔬菜。养殖以猪、羊、牛、家禽为主。太焦铁路、208 国道、省道沁长线经此。通公交车。

140430-B04-H01 **新店**［Xīndiàn］新店镇人民政府驻地。在县政府驻地定昌镇东南 14.3 千米。

人口 1550。相传明洪武二年前，李氏在此建主，名曰李家庄，洪武二年后，杨氏迁来，李氏衰落，又以地处南北交通要道，来往客商多，故名。聚落呈团块状。有新店小学、新店镇中心卫生院。有新店杨家祠堂，创建年代不详，现存为清代建筑遗构。208 国道、省道东长线经此。

140430-B04-H02　**古城**［Gǔchéng］在县政府驻地定昌镇南 18.3 千米。新店镇辖行政村。人口 640。春秋时期，此地为铜鞮邑。村南隔河仍存有古城遗址，《水经注校正》卷 10《浊漳水》，“铜鞮水又东经铜鞮县故城北，城在山南水中，晋大夫羊舌氏铜鞮伯华之邑也。”即此。又据《山西历史地名通检》，汉置铜鞮县，北魏迁至今故县村，此地为古城遗址，故名。聚落呈条带状。有古城村遗址，为东周、汉代文化遗存。县道故古线经此。

140430-B05　**漳源镇**［Zhāngyuán Zhèn］沁县辖镇。在县境北部。面积 137 平方千米。人口 1.42 万。辖 22 行政村。镇人民政府驻交口。1937 年抗日战争初期属第四区，解放初期属第五区。1953 年设交口镇。1956 年设漳源乡。1958 年属红太阳人民公社。1961 年设漳源人民公社。1984 年复置乡。2001 年与羊庄乡合置漳源镇。因驻地得名。相传明朝中期，韩店镇被大火焚毁后，镇上居民迁居此地建庄，漳河从村前经过，此村取名漳源。地势东西高，中间低，地形为丘陵。有伏牛山、华山，境内最高峰华山位于漳源镇村，海拔 1600 米；最低点景村湖位于景村，海拔 900 米。浊漳河流经，属海河流域。有矿产资源煤炭等。有中小学、文化站、卫生院。有景点千里海河第一源、漳河神庙、玉华山森林公园等。农业主产玉米、谷子、高粱，种植蔬菜。养殖以猪、羊、家禽为主。有豆腐作坊、粉条作坊等。服务业以零售和旅游为主。208 国道、省道沁长线经此。通公交车。

140430-B05-H01　**交口**［Jiāokǒu］漳源镇人民政府驻地。在县政府驻地定昌镇西南 13.7 千米。人口 370。相传古为两条山路交会处，故名。聚落呈团块状。有交口村小学、漳源镇中心卫生院。有交口佛爷庙、交口老君庙、交口娘娘庙、交口圣母祠、交口真武庙，现存皆为清代建筑遗构。208 国道、县道东长线经此。

140430-B06　**册村镇**［Cècūn Zhèn］沁县辖镇。在县境西部。面积 127 平方千米。人口 1.37 万。辖 20 行政村。镇人民政府驻册村。1949 年属沁县第三区。1953 年属南里乡。1961 年设册村公社。1984 年改置乡。2001 年与漫水乡合置册村镇。因驻地得名。相传是清代吏部文选清吏司下属机构所在地，掌管汉京官铨补及外省实任官员迁调等事宜。地势西高东低、南高北低，地形属丘陵地带。有九连山，境内最高峰九连山位于高庄沟村，海拔 1096 米；最低点鱼池位于道兴村，海拔 965 米。圪芦河、皇后泉流经，属海河流域。有中小学、文化站、卫生院。有省级重点文物保护单位阏舆古城及墓地。农业主产小米，种植蔬菜。养殖以猪、羊、牛、家禽为主。工业以矿泉水加工和焦化煤生产为主。服务业以商品零售、运输为主。有土特产品沁州黄小米、红富士苹果、红提葡萄等。沁县—沁源（货运专线）铁路、省道涉沁线经此。通公交车。

140430-B06-H01　**册村**［Cè Cūn］册村镇人民政府驻地。在县政府驻地定昌镇西南 11.3 千米。人口 1650。相传原为阏与城册府、册库、册工所在地，故名。聚落呈团块状。有册村中学、册村小学、册村镇中心卫生院。有册村烽火台，现存为明代建筑遗构。有义田碑，清康熙六年（1667 年）立，记载了部分村民给生活困难的人予以帮贴的情况。有二甲义田碑，清同治四年（1865 年）立，记载了册村王氏家族给子孙分田情况。县道新漫线经此。

140430-B07　**沁州黄镇**［Qìnzhōuhuáng Zhèn］沁县辖镇。在县境中部。面积 70 平方千米。人口 1.3 万。辖 20 行政村。镇人民政府驻次村。1949 年属沁县一区。1959 年属火箭人民公社。1961 年属次村乡人民公社。1984 年 4 月，撤销次村人民公社，改设次村乡。2021 年将段柳乡的荆村、霍沟、大良、小东岭、轻城、圪墶上、闫家沟、西河底、黑峪沟、白家沟 10 个村委会和新店镇的徐阳 1 个村委会划归次村乡，撤销次村乡，设立沁州黄镇。因此地是著名的沁州黄小米发源地和主要生产地，为打造好强镇富民的地方产业，故更名为沁州黄镇。

位于檀山山麓。徐阳河流经，属海河流域。有小学、卫生院、文化站。有古迹五龙头石窟、闫旦坟等。农业主产玉米、小米，种植核桃、蔬菜等。养殖以牛、羊、猪、鸡、蝎为主。工业以小米加工为主。服务业以商品零售、餐饮为主。土特产品“沁州黄”小米，为清朝皇帝赐封贡米。通公路。通公交车。

140430-B07-H01 **次村**［Cì Cūn］沁州黄镇人民政府驻地。在县政府驻地定昌镇东南 12.7 千米。人口 720。因有沁州黄小米而得名。聚落呈团块状。有沁州黄镇卫生院。有次村玉皇庙，现仅存正殿，为明代建筑遗构。有特产沁州黄小米。县道石段线经此。

140430-B07-H02 **檀山**［Tánshān］在县政府驻地定昌镇东 10.1 千米。沁州黄镇辖自然村。人口 470。相传清朝初期王氏从今册村镇乌苏村迁居上村，后又迁来此地建庄，因居于檀山岭上而得名。聚落呈团块状。为沁县檀山皇小米原产地。乡村道路经此。

140430-B07-H03 **小东岭**［Xiǎodōnglǐng］在县政府驻地定昌镇东南 6 千米。沁州黄镇辖自然村。人口 570。相传清朝年间建庄，因背靠土山，位居大东岭脚下而得名。聚落呈团块状。有第六批省级文物保护单位八路军总部小东岭旧址，1938 年 3 月 15 日至 4 月 10 日，八路军总司令部进入小东岭村，驻扎在阎氏宅院。省道东长线、县道石段线经此。

140430-B08 **南里镇**［Nánlǐ Zhèn］沁县辖镇。在县境中部。面积 67 平方千米。人口 1.03 万。辖 19 行政村。镇人民政府驻南里。1949 年属沁县第三区。1953 年设南里乡。1958 年属卫星人民公社。1961 年设南里人民公社。1984 年复置乡。2021 年设立南里镇。因驻地得名。相传明朝年间，有温、王、任三姓来此开荒种地，当时全县分为四乡、八郡、二十里，此村为一里，因地处县城南，镇政府驻此村，故名。地势东高西低、北高南低，地形为丘陵。有铁佛山，境内最高峰铁佛山位于石火村，海拔 1748 米；最低点二神沟位于南里村，海拔 916 米。圪芦河流经，属海河流域。有中小学、文化站、卫生院。有中国传统村落乡唐村。有省级红色文化遗址《新华日报》（华北版）旧址。有纪念地西林整军旧址。有古迹一如寺、金代古墓、烽火台等。农业主产小麦、玉米、谷子，种植蔬菜。养殖以猪、羊、家禽为主。服务业以零售和旅游为主。通公路。通公交车。

140430-B08-H01 **南里**［Nánlǐ］南里镇人民政府驻地。在县政府驻地定昌镇西南 10.1 千米。人口 1480。相传秦朝年间，有温、王、任三姓来此地种地，当时分为四乡、八邻、二十里，此村为一里，故名。聚落呈条带状。有南里中学、南里寄宿小学、南里镇中心卫生院。有南里遗址，为商代、东周时期文化遗存。县道新漫线、段宜线经此。

140430-B08-H02 **唐村**［táng Cūn］在县政府驻地定昌镇西南 10 千米。南里镇辖行政村。人口 640。聚落呈团块状。有经济林核桃种植业。2019 年被列入第五批中国传统村落名录。县道段宜线经此。

140430-B08-H03 **后沟**［Hòugōu］在县政府驻地定昌镇西南 15 千米。南里镇辖自然村。人口 200。因所处地理位置而得名。聚落呈团块状。有第六批省级文物保护单位《新华日报》（华北版）创刊地旧址，1938 年 10 月至 1939 年 4 月，社长何云、总编陈克寒带领《新华日报》（华北版）社进驻该址。乡村道路经此。

140430-B09 **松村镇**［Sōngcūn Zhèn］沁县辖镇。在县境北部。面积 98 平方千米。人口 1.11 万。辖 18 行政村。镇人民政府驻松村。1949 年属沁县第一区。1953 年设松村乡。1958 年属火箭人民公社。1959 年设松村人民公社。1984 年复置乡。2021 年设立松村镇。因驻地得名。松村原名孙村，明万历年间孙氏无后，裴、田、杨相继迁来，改今名。地势西高东低、北高南低，地形分为山地、丘陵。有夫子山，境内最高峰夫子山位于北西沟，海拔 1210 米；最低点麻地滩位于松村，海拔 958 米。涅河流经，属海河流域。有中小学、文化站、卫生院。有景点康公牌坊、法华寺、夫子山等。农业主产谷子，种植蔬菜。养殖以猪、羊、牛、家禽为主。工业以农副产品加工为主。服务业以商品零售、运输为主。太焦铁路、省道涉沁线经此。通公交车。

140430-B09-H01 **松村**［Sōng Cūn］松村镇人民政府驻地。在县政府驻地定昌镇东南 11.1 千米。人口 2180。相传原名孙村，明万历年间孙氏无后，因裴、田、杨相继迁来而得名。聚落呈团块状。有松村中学、松村小学、松村镇卫生院。有上尖遗址，为东周、汉代文化遗存。有杨家坟遗址，为东周、汉代、宋代文化遗存。有松村烈士碑，为纪念在抗日战争和解放战争中牺牲的骈守义、田庆国、王凤舞、杨印槐等 19 位烈士而立。省道沁涉线经此。

140430-C01 **牛寺乡**［Niúsì Xiāng］沁县辖乡。在县境西北部。面积 142 平方千米。人口 0.69 万。辖 11 行政村。乡人民政府驻南牛寺。抗日战争初期属第四区，解放初属第五区。1953 年设西汤乡。1958 年属太阳红人民公社。1961 设西汤人民公社。1984 年复置乡。2001 年与南涅水乡、西汤乡合置牛寺乡。因驻地得名。传说古时村内有一大寺，名曰“延福寺”，寺内和尚管理寺院兼养牛，取名牛寺。地势西高东低、南低北高，地形为山地和丘陵。有王泉山、龙王山、烂柯山，境内最高峰王泉山位于王泉村，海拔 1725 米；最低点山曲河滩位于南牛寺村，海拔 980 米。涅河流经，属海河流域。有中药材资源。有小学、文化站、卫生院。有全国重点文物保护单位南涅水洪教院、南涅水石刻。有景点龙珠寺、水阁凉亭、烂柯山等。农业主产玉米、沁州黄谷子，种植核桃、蔬菜。养殖以猪、羊、家禽为主。工业以机砖、预制为主。服务业以零售和旅游为主。208 国道经此。通公交车。

140430-C01-H01 **南牛寺**［Nánniúsì］牛寺乡人民政府驻地。在县政府驻地定昌镇西北 18.5 千米。人口 580。相传是牛寺和尚建村，位于北牛寺南部，故名。聚落呈团块状。有南牛寺寄宿制学校、牛寺乡卫生院。有县级文物保护单位净土庵，现存为清代建筑遗构。有龙珠寺，现存为清代建筑遗构。208 国道经此。

140430-C01-H02 **南涅水**［Nánnièshuǐ］在县人民政府驻地定昌镇北 18.6 千米。牛寺乡辖行政村。人口 1100。因地处涅水之南而得名。聚落呈团块状。有南涅水小学。有第七批全国重点文物保护单位南涅水洪教院，原名弘教寺，金大定九年（1169 年）赐额，现存大雄宝殿为元代建筑遗构，天王殿、伽蓝殿和关帝殿为明代建筑遗构，二佛殿为清代建筑遗构。有第七批全国重点文物保护单位南涅水石刻，石刻中纪年最早的为北魏永平三年（510 年），最晚的为北宋天圣九年（1031 年），主要有造像塔、单体造像、造像碑、碑碣等四种形式。乡村道路经此。

140430-C02 **杨安乡**［Yáng'ān Xiāng］沁县辖乡。在县境南部。面积 102 平方千米。人口 0.32 万。以汉族为主，还有佤族。辖 8 行政村。乡人民政府驻杨安。1953 年设杨安乡。1958 年属故县镇人民公社。1961 年设杨安人民公社。1971 年划入屯留县。1972 年划归沁县。1984 年复置乡。因驻地得名。相传宋朝年间，杨氏人家躲避战乱，在此建村，为求全家平安，人丁兴旺，取名杨安，以姓氏及寓意命名。地势西南高、东北低，地形为丘陵、山区。有瓮城山，境内最高峰瓮城山位于泉则坪，海拔 140 米，最低点索马凹位于泉则沟，海拔 983 米。松交河、韩庄河、南沟河流经，属海河流域。有小学、文化站、卫生院。有中共太岳地委及太岳第一地委、太岳军分区旧址等。农业主产大豆、玉米、谷子等。养殖以猪、牛、羊、家禽为主。服务业以零售为主。通公路。通公交车。

140430-C02-H01 **杨安**［Yáng'ān］杨安乡人民政府驻地。在县政府驻地定昌镇南 30.7 千米。人口 380。相传宋朝年间，有一杨氏为避战乱，携全家来此地建庄，为求平安，人丁兴旺，故名。聚落呈团块状。有杨安乡卫生院。县道栋三线经此。

140430-C02-H02 **佛堂岩**［Fótángyán］在县政府驻地定昌镇西南 28 千米。杨安乡辖行政村。人口 330。相传明朝末年，陈氏来此地建庄，本人信仰佛教善结良缘，与邻村村民合伙募捐，建一佛堂于山岩之上，故名。聚落呈团块状。2015 年被评为第四届全国文明村。县道栋三线经此。

140431 **沁源县**［Qìnyuán Xiàn］长治市辖县。北纬 36° 48′，东经 112° 34′。在市境西北部。面积 2549 平方千米。常住人口 15 万。以汉族为主，还有满、回等民族。辖 6 镇、6 乡。县人民政府驻沁河镇。古为冀州之域。春秋为晋之地。

战国前期属韩后属赵。秦属上党郡。西汉置谷远县。王莽改名谷近，东汉复名。西晋废。北魏建义元年（528 年）改谷远为沁源县，为义宁郡治所。隋开皇三年（583 年）废郡，沁源县属晋州。开皇十六年（596 年）于县置沁州；又析县北置绵上县，治所今绵上村，属介州。大业二年（606 年）废州，复称沁源，属上党郡。义宁元年（617 年）于县复置义宁郡。唐武德元年（618 年）改义宁郡为沁州。三年（620 年）绵上县属沁州。天宝元年(742 年)改沁州为阳城郡。乾元元年(758 年)复改沁州。宋太平兴国六年（981 年）废沁州，沁源属威胜军。金天会六年（1128 年）沁源属沁州。元光二年（1223 年）升沁源县为谷州。绵上县仍属沁州。元复名沁源县，属沁州。至元十年（1273 年）绵上县并入沁源县。明万历二十四年（1596 年）沁源改属汾州。三十二年（1604 年）沁源复属沁州。清因之。1912 年废州。1913 年属中路道。1914 年属冀宁道。1927 年废道直属山西省。抗日战争时期曾属晋冀鲁豫边区太岳区第七专区、第一专区。1949 年属山西省长治专区，县政府驻地由郭道迁至城关。1958 年沁源县并入沁县。1960 年恢复沁源县，属晋东南专区。1967 年属晋东南地区。1985 年属长治市。因沁河之源而得名。属黄土高原区，地理单元属沁水盆地西部隆起区太岳山系主脉，西北隆起，东南倾低，海拔 900—2500 米，平均海拔 1400 米左右。最高峰为韩洪乡鱼儿泉村的大梁顶海拔 2525.6 米。最低点在中峪乡龙头村沁河出境口海拔 947 米。属暖温带大陆性季风气候，年平均气温 8.6℃，年平均降水量 656.7 毫米，年平均相对湿度 65%，年平均日照时数 2519 小时，无霜期 90—150 天。沁河、赤石桥河、紫红河等流经，属沁河、黄河两大流域。有野生动物 400 余种，其中有国家一级保护动物褐马鸡、黑鹳、金雕、金钱豹、原麝等，是省鸟“褐马鸡之乡”。有野生植物 965 种，道地中药材资源 653 种，盛产连翘、黄芩、党参、柴胡等 20 多种中药材，享有“北药之首”的美誉。有矿产资源煤、铁、铝矾土等 18 种。森林覆盖率 55.23%，是全国天然林保护示范县，全国绿化模范县。有中小学 50 所。有文化馆 1 个，公共图书馆 1 个，档案馆 1 个，体育馆 1 个。有医院 4 个、卫生院 13 个，妇幼保健机构 1 个，疾病预防控制中心（防疫站）1 个。有全国重点文物保护单位太岳军区司令部旧址、灵空山圣寿寺。有省级重点文物保护单位抗日阵亡将士纪念碑、太行行署赵寨旧址、中共太岳区党委阎寨旧址等。有省级非物质文化遗产沁源秧歌等 15 项。有中国历史文化名村王和镇古寨村。有中国传统村落灵空山镇下兴居村、王和镇大栅村、王和镇古寨村。有民间地方艺术剪纸。有省级红色文化遗址太岳军区司令部旧址、汾孝战役祝捷大会旧址、决死一纵队 25、38 团团部旧址等 6 处。有国家级保护区灵空山自然保护区。有国家级公园灵空山森林公园、菩提山森林公园、沁河源湿地公园。有知名人物刘开基、章沁生等。三次产业比 2.7 ： 73 ： 24.3。农业主产玉米、土豆。工业以煤炭、焦化业为主。服务业以零售为主。土特产品王和牛肉、法中小米、韩洪手工粉皮等。省道汾屯线、南沁线、沁洪线经此。

140431-B01 **沁河镇**［Qìnhé Zhèn］沁源县辖镇，是沁源县人民政府驻地。在县境南部。面积 323.1 平方千米。人口 5.36 万。以汉族为主，还有回、满等民族。辖 6 社区、35 行政村。镇人民政府驻官渠巷社区。1949 年属沁源县第一区。1953 年设城关乡。1958 年设城关公社。1984 年改置镇。2001 年更名为沁河镇。2021 年李元镇并入。因沁河贯穿全镇南北而得名。地势东西高、南北低，地形分为低山、丘陵。有东山、北山，境内最高峰架子山位于琴泉村，海拔 1800 米；最低点沁河南石河谷位于南石村，海拔 950 米。沁河、狼尾河流经，属黄河流域。有矿产资源煤炭、铝钡土、铁矿石、金属镁等。有中小学、文化馆、卫生院。有全国重点文物保护单位太岳军区司令部旧址。有省级红色文化遗址太岳军区司令部旧址、抗日阵亡将士纪念碑、太岳行署赵寨旧址、中共太岳区党委阎寨旧址。有古迹北元介神庙、北石渠龙王庙。农业主产玉米、谷子、土豆，种植蔬菜。养殖以猪、羊、家禽为主。工业以食品加工、煤炭、焦化为主。服务业以餐饮、物流为主。省道汾屯线经此。通多路公交车。

140431-B01-K01 **桥西街**［Qiáoxī Jiē］在城区中部。西起西山，东至东城公园。与胜利路、人民路相交。长 2.4 千米，宽 24 米。沥青路面。因在琴泉大桥西得名。1987 年建成。1994、2002 年改建。两侧有县委、县人民政府、县武装部、太岳中学等。通 6 路公交车。

140431-B01-K02 **齐泉街**［Qíquán Jiē］在县城中部。西起沁源县紫丹，东至沁河路。与胜利路、人民路相交。长 1.1 千米，宽 20 米。沥青路面。2002 年建成。2008 年改建。因原有一条水渠称渠泉，后演变为今名。两侧有常青市场、酒店。经过县城商业中心。

140431-B01-K03 **人民路**［Rénmín Lù］在城区中部。北起沁北街，南至沁南街。与北门街、东门街、桥西街、齐泉街相交。长 5.5 千米，宽 20 米。沥青路面。1984 年建成。2002 年改建。两侧有若干住宅小区，有北园公园等。通 1、5 路等公交车。

140431-B01-K04 **胜利路**［Shènglì Lù］在城区中部。北起河西街，南至沁南街。与北门街、东门街、桥西街、齐泉街相交。长 5.5 千米，宽 40 米。沥青路面。1945 年建成。2006、2012 年改建。两侧有若干住宅小区、交警大队等。

140431-B01-K05 **沁河路**［Qìnhé Lù］在城区中部。北起人民路，南至沁柏线。与北园街、太岳路、文苑路、太岳南路等相交。长 4.7 千米，宽 13 米。沥青路面。两侧有县实验小学、县人民检察院、国际大酒店、沁源一中等。

140431-B01-K06 **太岳路**［Tàiyuè Lù］在城区中部。北起滨河路，南至商业街。与莲花池街、沁康路、齐泉东街、沁安街等相交。因位于太岳山腹地而得名。长 1.1 千米，宽 30 米。沥青路面。两侧有县实验小学、小区、县公安局等。

140431-B01-K07 **北门街**［Běimén Jiē］在城区中部。西起谷远路，东至滨河路。与胜利路、官渠巷、人民路、文苑路相交。长 0.8 千米，宽 9 米。沥青路面。两侧有小区、沁源一中等。

140431-B01-K08 **东门街**［Dōngmén Jiē］在城区中部。西起沁西路，东至太岳路。与胜利路、人民路相交。长 0.8 千米，宽 10 米。沥青路面。两侧有饭店、卫生院、酒店、小区等。

140431-B01-K09 **南园街**［Nányuán Jiē］在城区中部。西起胜利路，东至人民路。长 0.42 千米，宽 9 米。沥青路面。两侧有小卖铺、宾馆等。

140431-B01-K10 **文苑路**［Wényuàn Lù］在城区中部。北起齐泉街，南至北门东街。与沁安街、桥西街、紫金街相交。长 1.1 千米，宽 9 米。沥青路面。两侧有饭店、沁源一中、太岳红色文化展览等。通 5、6 路公交车。

140431-B01-L01 **官渠巷**［Guānqú Xiàng］在县城中部。北起齐泉街，南至北门街。与桥西街、胜利路相交。长 1.2 千米，宽 4 米。沥青路面。两侧有沁河中学、小区、烟草专卖局等。

140431-B01-H01 **麻巷**［Máxiàng］在县政府驻地沁河镇北 2 千米。沁河镇辖行政村。人口 700。该村位于狼尾河畔的夹石沟口，土地肥沃，以种麻为主，耕地条垄好似巷道，故名。聚落呈团块状。有麻巷遗址，为新石器时代、汉代文化遗存。有狼尾河遗址，为东周、汉代文化遗存。2020 年被评为第六届全国文明村。241 国道、341 国道经此。

140431-B01-H02 **闫寨**［Yánzhài］在县政府驻地沁河镇东南 7.5 千米。沁河镇辖行政村。人口 850。相传因有闫姓大王在此建寨栅而得名。聚落呈条带状。有闫寨中学、太岳希望小学。有第七批全国重点文物保护单位太岳军区司令部旧址。1940 年 6 月，太岳军区成立，陈赓兼任军区司令员，王新亭任政委，至 1942 年，太岳军区司令部和政治部、参谋部在此驻扎。241 国道、341 国道经此。

140431-B01-H03 **河西**［Héxī］在县政府驻地沁河镇北 5 千米。沁河镇辖行政村。人口 2000。相传曾名北寺上，后因在沁河西岸，故名。聚落呈团块状。为世界著名物理学家任之恭故里。有县级文物保护单位任之恭故居，现存为清代建筑遗构。241 国道、341 国道经此。

140431-B01-H04 **城西**［Chéngxī］在县政府驻地沁河镇内。沁河镇辖行政村。人口 2000。聚落呈团块状。有第六批省级文物保护单位沁源县衙，仅存县衙大堂及县衙粮库，大堂为明代建筑遗构，粮库为清代建筑遗构，县衙大堂现为岳北烈士陵园南展厅。241 国道、341 国道经此。

140431-B01-H05 **马森**［Mǎsēn］在县政府驻地沁河镇西北 9 千米。沁河镇辖行政村。人口 1000。相传周朝时有姓马一家在此居住，加之森林较多，故名。聚落呈团块状。有第六批省级文物保护单位沁源围困战指挥部旧址，1942 年 9 月至 1945 年 2 月，沁源围困战指挥部旧址设在村内郭文忠院，由抗敌决死一纵队三十八团团长蔡爱卿和参谋长李懋之指挥对日军进行作战。241 国道经此。

140431-B02 **郭道镇**［Guōdào Zhèn］沁源县辖镇。在县境中部。面积 267.94 平方千米。人口 1.58 万。辖 2 社区、19 行政村。镇人民政府驻郭道。1949 年分属沁源县第二区、第四区。1953 年设郭道乡。1958 年属沁县郭道人民公社。1959 年属沁源县郭道人民公社。1972 年设立郭道工矿镇。1973 年恢复郭道人民公社。1984 年改置镇。2001 年定阳乡并入。因驻地得名。相传，战国时从山西洪洞迁来郭氏一家在此开店居住，因村位于三岔路口，道路畅通，故得名“郭道”。地处赤石桥河、沁河交汇处。地势西北高、东南低，地形以丘陵为主。有太岳山，境内最高峰西圪梁位于新集村，海拔 1800 米；最低点沁河河谷位于田家沟村，海拔 1025 米。泊水河、五龙河、少水河流经，属黄河流域。有矿产资源煤炭。有中小学、医院、卫生院。有古迹洁惠侯介子推墓、介神庙、天齐庙、慈云禅寺、风神庙等。农业主产玉米、土豆、谷子，种植蔬菜。养殖以猪、牛、羊、家禽为主。工业以开采煤炭为主。土特产品粉条。服务业以运输、零售、汽修为主。省道汾屯线经此。通多路公交车。

140431-B02-H01 **郭道**［Guōdào］郭道镇人民政府驻地。在县政府驻地沁河镇北 20 千米。人口 6000。相传从山西洪洞迁来郭氏一家，在此居住，因村位于三岔路口，道路畅通而得名。聚落呈条带状。有郭道镇初级中学、郭道小学、沁源县第二人民医院、郭道中心卫生院。有介神庙、菩萨庙、福云阁，现存皆为清代建筑遗构。有徐向前旧居、陈赓旧居、决死纵队机要室旧址、抗日军政大学保育院旧址，现存皆为民国时期建筑遗构。241 国道、县道郭下线经此。

140431-B02-H02 **伏贵**［Fúguì］在县政府驻地沁河镇西北 45 千米。郭道镇辖行政村。人口 1200。相传西汉末刘秀被王莽追赶此，被一农民保护并曾宿夜，故名。聚落呈团块状。有县级文物保护单位伏贵墓葬，相传为春秋时晋国名士介子推之墓。有伏贵洁惠侯祠、奶奶庙，现存皆为清代建筑遗构。有五龙圣母祠、千年古杨、傅山书院、陈赓路居、介休县政府旧居、洪赵支队医院等古迹。乡村道路经此。

140431-B03 **灵空山镇**［Língkōngshān Zhèn］沁源县辖镇。在县境东南部。面积 150.4 平方千米。人口 0.95 万。辖 16 行政村。镇人民政府驻柏子。1953 年设柏子乡，后改公社。1984 年改置镇。2001 年与五龙川合置灵空山镇。因有灵空山圣寿寺风景旅游区得名。地势西北高、东南低，地形分为丘陵、山地。有灵空山，最高峰灵空山南山位于第一川村，海拔 185.8 米；最低处郡家沟河谷位于郡家沟村，海拔 1070 米。柏子河流经，属黄河流域。有矿产资源煤矿、铁、铝矾土和石灰石等。有小学，卫生院。有全国重点文物保护单位灵空山圣寿寺。有中国传统村落兴居村。有省级红色文化遗址决死一纵队 25、38 团团部旧址。有“油松之王”九杆旗。农业主产玉米、土豆，种植蔬菜等。养殖以猪、羊为主。工业以煤炭为主。服务业以旅游、商贸、餐饮、运输为主。土特产品山木耳。通公路。通公交车。

140431-B03-H01 **柏子**［Bǎizǐ］灵空山镇人民政府驻地。在县政府驻地沁河镇西北 20 千米。人口 720。相传周文王在此招收第一百个儿子，得名百子，后“百”讹为“柏”，故名。聚落呈条带状。有柏子小学、灵空山镇中心卫生院。有柏子村烈士碑，为纪念在抗日战争中牺牲的沁源县副县长刘成智等烈士而立。341 国道经此。

140431-B03-H02 **第一川**［Dìyīchuān］在县政府驻地沁河镇西北 30 千米。灵空山镇辖行政村。人口 600。因该地为五道川之一而得名。聚落呈团块状。有第七批全国重点文物保护单位灵空山圣寿寺，现存正殿为明代建筑遗构，其余为清代建筑遗构。有旅游业。太岳 1 号旅游公路经此。

140431-B03-H03　**下兴居**［Xiàxīngjū］在县政府驻地沁河镇西北19千米。灵空山镇辖行政村。人口820。相传明洪武年间，新迁居民分上、下两个村居住，取名上新居、下新居，后来户数增多，为求永葆兴旺，将“新”改成“兴”故名。聚落呈团块状。有灵空山下兴居小学。有县级文物保护单位决死一纵队二十五、三十八团团部旧址，1940年决死一纵队二十五团和三十八团团部先后住在该村秦通元院内，并在此参加了“沁源围困战”的战斗。2019年被列入第五批中国传统村落名录。341国道经此。

140431-B04　**王和镇**［Wánghé Zhèn］沁源县辖镇。在县境北部。面积157.8平方千米。人口1.28万。辖14行政村。镇人民政府驻王和。1949年属沁源县第五区。1953年设王和乡。1958年属沁县王和人民公社。1959年属沁源县王和人民公社。1971年属晋中地区介休县。1972年复属沁源县。1984年改置镇。2001年王凤乡并入。因驻地得名。因系姓王人氏开发居住，取家庭和睦之意，得名“王和”村。1939年，为适应当时形势需要，抗日民主政府将王和二字合为一字，更名为“程村”，解放后恢复原名“王和”。地势北高南低，地形为丘陵、山坳。有王和岭、界碑岭，境内最高峰麻田卧山位于虎限村，海拔1952米；最低点古寨河谷位于古寨村，海拔1352米。龙凤河流经，属汾河流域。有矿产资源煤炭、铝矾土、铁矿石等。有中小学，卫生院。有中国历史文化名村古寨村。有中国传统村落大栅村、古寨村。有省级红色文化遗址汾孝战役祝捷大会旧址。有景点龙凤峡和古寨村明清民居。农业主产谷子、小杂粮，种植蔬菜。养殖以牛、羊、猪、鸡为主。工业以煤炭开采加工为主。有选煤厂。服务业以商贸为主。土特产品王和牛肉。省道汾屯线经此。通公交车。

140431-B04-H01　**王和**［Wánghé］王和镇人民政府驻地。在县政府驻地沁河镇北70千米。人口2590。相传因系王姓一家居住，取家庭和睦之意而得名。聚落呈条带状。有王和中学、王和镇中心卫生院。有五道庙、关帝庙、韩家祠堂、陈氏民宅、红莲龙王庙、红莲奶奶庙、红莲岳氏民宅、民居群，现存皆为清代建筑遗构。241国道经此。

140431-B04-H02　**古寨**［Gǔzhài］在县人民政府驻地沁河镇西北68千米。王和镇辖行政村。人口1700。相传此地原名长形，元末明初，为避虎患迁居此地，筑墙营寨，取永久牢固之意，故名。聚落呈团块状。有观音阁、龙王庙、天坛庙、真武庙、民宅民居群，现存皆为清代建筑遗构。2016年被列入第四批中国传统文化村落名录。2018年被列入第七批中国历史文化名村名录。241国道经此。

140431-B04-H03　**大栅**［Dàzhà］在县人民政府驻地沁河镇西北51千米。王和镇辖行政村。人口650。相传原名大石，因位于四联河和后沟河的交叉处，在村前筑起围墙以防洪水，有大栅做大门而得名。聚落呈团块状。有县级文物保护单位大栅堡址，俗称“古寨堡”，由明末乡绅杨应清为防御李自成军队而修筑，现存为明代建筑遗构。有大栅杨氏民宅、大栅刘氏民宅等民居建筑，现存为清代建筑遗构。241国道经此。

140431-B05　**王陶镇**［Wángtáo Zhèn］沁源县辖镇。在县境西北部。面积281平方千米。人口1.05万。以汉族为主，还有回、满、彝等民族。辖14行政村。镇人民政府驻王陶。1953年设王陶乡。1958年属沁县王陶人民公社。1959年属沁源县王陶人民公社。1971年属晋中地区介休县。1972年重归沁源县。1984年复置乡。2001年花坡乡并入。2020年设王陶镇。因驻地得名。北宋年间有家姓王的曾在此地烧制陶器，故得名“王陶”。地势西高东低、北高南低，地形以山地为主。有天寿山，境内最高峰岭上位于花坡村，海拔2400米；最低点龙凤河谷位于益泽沟村，海拔1800米。龙凤河流经，属汾河流域。有矿产资源煤炭、铝、镁、石灰岩等。有中小学、卫生院。有文昌楼、花坡景区。农业主产土豆、莜麦、荞麦，种植蔬菜。养殖以猪、牛、羊、家禽为主。工业以煤炭、焦化业为主。服务业以零售、餐饮为主。土特产品苦荞麦。省道汾屯线经此。通公交车。

140431-B05-H01　**王陶**［Wángtáo］王陶镇人民政府驻地。在县政府驻地沁河镇北60千米。

人口2600。相传北宋年间的王姓人家在此烧制陶器，故名。聚落呈团块状。有王陶中学、王陶小学、王陶中心卫生院。有嫘师庙、观音阁、民居群，现存均为清代建筑遗构。241国道经此。

140431-B06 **景凤镇**［Jǐngfèng Zhèn］沁源县辖镇。在县境东北部。面积273.46平方千米。人口0.63万。辖12行政村。镇人民政府驻景凤。1949年属沁源县第二区。1953年设景凤乡。1958年属沁县紫红人民公社。1959年属沁源县紫红人民公社。1961年属景凤人民公社。1984年改置乡。2021年官滩乡并入，改置景凤镇。因驻地得名。该村所处地势山脉，中间耸峙，两倾逶迤，春秋时节，满山遍野松柏青翠，各种山花争奇斗艳，点缀其间，宛若一只美丽的凤凰，故得名"景凤"。地势东北高、西南低，地形为山地。有天神山、伏牛山，境内最高峰老婆子岭位于北辛庄村，海拔1708.4米；最低点红河河谷位于红源村，海拔1140米。紫红河、景凤河流经，属黄河流域。有国家二级保护动物苍鹭。有矿产资源煤炭、铁等。有民间地方艺术剪纸。有小学、卫生院。有天神山、神仙洞、南湾石林、北齐石刻等景点。农业主产玉米、谷子、荞麦，种植蔬菜。养殖以牛、羊、家禽为主。服务业以零售、餐饮为主。通公路。通公交车。

140431-B06-H01 **景凤**［Jǐngfèng］景凤镇人民政府驻地。镇人民政府距沁源县城约58千米。人口460。因该地所处的地势山脉中间耸峙，春秋时节景色优美，山野点缀宛如一只美丽凤凰，而得名。聚落呈团块状。有景凤镇卫生院。有山神庙、寂照禅寺，现存均为清代建筑遗构。县道景西线经此。

140431-C01 **中峪乡**［Zhōngyù Xiāng］沁源县辖乡。在县境西南部。面积119.8平方千米。人口0.56万。辖9行政村。乡人民政府驻中峪。1949年属沁源县第一区。1953年设中峪乡。1958年属沁县城关人民公社。1959年属沁源县城关人民公社。1961年属中峪人民公社。1984年复置乡。因驻地得名。因居群山环抱的山谷之中（山谷二字合而为峪）而得名。又因中峪村位于东西古道（沁源、古县、霍县、洪洞）和南北走廊（平遥、沁源、屯留、安泽）之交会处，且明清以来，商贸发达，村中店铺林立，尤其是客栈众多，故而又称"中峪店"。邻村人习惯于称其为店上。地势北高西低，地形分为丘陵、低山两种。有太岳山，境内最高峰侯神岭位于乌木村，海拔1170米；最低点位于龙头村西南部沁河出境口，海拔947米。柏子河流经，属黄河流域。有矿产资源铁、煤炭等。有小学、文化站、卫生院。有中峪古道、樊梨花练兵马倌岭、螺山古寺等。农业主产玉米、谷，种植蔬菜。养殖以猪、羊、家禽为主。服务业以零售为主。通公路。通公交车。

140431-C01-H01 **中峪**［Zhōngyù］中峪乡人民政府驻地。在县政府驻地沁河镇西南10千米。人口1000。因居群山环抱的山谷之中（山谷二字合而为峪）而得名。位于东西古道（沁源、古县、霍县、洪洞）和南北走廊（平遥、沁源、屯留、安泽）之交汇处，交通便利，商贸发达。聚落呈团块状。有中峪乡卫生院。有中峪驿道遗址，为明清时期驿站古道遗存。241国道、县道沁柏线经此。

140431-C02 **法中乡**［Fǎzhōng Xiāng］沁源县辖乡。在县境南部。面积225平方千米。人口0.83。辖11行政村。乡人民政府驻法中。1949年属沁源县第一区。1953年设法中乡。1958年属沁县法中人民公社。1959年属沁源县法中人民公社。1971年属安泽县。1972年属沁源县。1984年复置乡。2001年柏木乡并入。因驻地得名。该村原名"霍登"，因村里有一姓霍的文人中了科举而得名，1944年7月，一区武委会主任张法中同志在此光荣牺牲。抗日政府为了纪念张法中烈士，将霍登村更改为"法中"村。地势西高东低，地形为山地、丘陵。有雕巢岭，境内最高峰友仁山位于友仁村，海拔1470米；最低点法中河谷位于上湾村，海拔1050米。青龙河流经，属黄河流域。有矿产资源煤炭、铁等。有小学、卫生院。有冯村博爱学校和张法中烈士纪念地。农业主产玉米、小杂粮，种植蔬菜。养殖以猪、牛、羊、家禽为主。有市蓝天工业园区。服务业以零售为主。土特产品法中小米。省道汾屯线经此。通公交车。

140431-C02-H01 **法中**［Fǎzhōng］法中乡

人民政府驻地。在县政府驻地沁河镇东南11千米。人口1200。该村原名霍登，因村里有一姓霍的文人中了科举而得名。1944年7月，一区武委会主任张法中同志在此光荣牺牲，为纪念张法中烈士而更名。有法中中心小学、法中乡卫生院。有张法中烈士纪念亭。有蓝天工业园区。341国道经此。

140431-C03　**交口乡**［Jiāokǒu Xiāng］沁源县辖乡。在县境东部。面积222平方千米。人口0.91万。辖15行政村。乡人民政府驻交口。1949年属沁源县第二区。1953年设交口乡。1958年属沁县交口人民公社。1959年属沁源县交口人民公社。1984年复置乡。2001年白狐窑乡并入。因驻地得名。地处沁河支流的交汇处故名交口村。地势西北高、东南低，地形为山地、丘陵、平原。有狼阴山，境内最高峰为沙疙瘩位于五凤峪村，海拔1397米；最低点为曹家湾位于尚义村，海拔1079米。沁河、白狐窑河流经，属黄河流域。有矿产资源煤炭、铁等。有小学、卫生院。有菩提寺、沁源围困战纪念馆、东川七村纪念碑。农业主产玉米，种植蔬菜。养殖以猪、牛、羊、家禽为主。服务业以零售、修理、旅游为主。省道汾屯线经此。通公交车。

140431-C03-H01　**交口**［Jiāokǒu］交口乡人民政府驻地。在县政府驻地沁河镇东北15千米。人口900。因在沁河支流交汇处而得名。聚落呈条带状。有交口卫生院。有召则脑惨案遗址，1942年至1945年，日军侵占沁源县期间，在村东召则脑一带残杀中共党员干部、民兵、群众约200多人，大部分被埋于此沟内。有市级文物保护单位枣林庄摩崖造像，石壁上有“唐开元二十年（732年）”题记。241国道、省道沁涉线经此。

140431-C04　**聪子峪乡**［Cōngzǐyù Xiāng］沁源县辖乡。在县境中北部。面积78.6平方千米。人口0.51万。辖8行政村。乡人民政府驻聪子峪。1953年设聪子峪乡。1958年属沁县郭道人民公社。1959年属沁源县郭道人民公社。1961年属聪子峪人民公社。1984年复置乡。因驻地得名。有传说此村原名虫子峪，因地处山谷，山中野兽众多而得名。唐朝时，村里出了一名聪明伶俐，天资过人的男孩，因此更村名为聪子峪。另一说为聪子峪在历史上曾两易其名。宋代之前，称空佛峪，元清明三朝改名蠢滋峪，1917年，本村一名先生去“蠢”字贬辱性不雅之名，取谐音字“聪”而代之，更名聪子峪，意为聪明后代辈出的风水宝地。地势西高东低，地形为山地和丘陵。有石滩峪、自家圪台，境内最高峰是才子坪后梁位于才子坪村，海拔1418米；最低点是聪子峪河谷位于新店上村，海拔1100米。有矿产资源铁、煤炭等。有小学、卫生所。有灵通禅寺、宝通观。农业主产玉米、马铃薯，种植蔬菜。养殖以猪、牛、羊、家禽为主。工业以煤焦业为主。服务业以零售为主。通公路。通公交车。

140431-C04-H01　**聪子峪**［Cōngzǐyù］聪子峪乡人民政府驻地。距县城40千米。人口1000。相传宋代之前称空佛峪，元明清改名蠢滋峪。1917年，因“蠢”字贬辱不雅，取谐音字“聪”而代之，意为聪明后代辈出的风水宝地而得名。聚落呈团块状。有聪子峪寄宿制小学、聪子峪乡卫生院。有聪子峪烈士碑，为纪念在抗日战争中牺牲的本村史崇德等15位烈士而立。2020年被评为第六届全国文明村。241国道经此。

140431-C05　**韩洪乡**［Hánhóng Xiāng］沁源县辖乡。在县境西部。面积266平方千米。人口1万。辖15行政村。乡人民政府驻韩洪。1949年属沁源县第三区。1953年设韩洪乡。1958年属沁县韩洪人民公社。1959年属沁源县韩洪人民公社。1984年复置乡。2001年鱼儿泉乡并入。因驻地得名。相传，明朝洪化年间（距今400年左右），沁源遭洪水冰雹袭击、冰雹其大如牛、小如人头，人畜打死无数。后朝廷从陕西移民来此定居，当时县官名韩白龙，为纪念此县官，定村名为“韩洪”。地势西北高、东南低，地形以丘陵为主。有北山，境内最高峰大梁顶位于韩洪乡鱼儿泉村西北部，海拔2525.6米；最低点韩洪河谷位于安定村，海拔1372米。韩洪河、静仁河流经，属黄河流域。有矿产资源煤炭、铁、铝、镁等。有小学、卫生院。有景点沁河源、下窑夜明珠等。有古迹定湖笔砚塔、王壁文昌楼等。农业主产玉米、马铃薯、谷子，种植蔬菜。养殖以羊为主。服务业以零售为主。土特产品旭河粉皮、王璧粉条、鱼儿泉马铃薯、党参。通公路。通公交车。

140431-C05-H01 **韩洪**［Hánhóng］韩洪乡人民政府驻地。在县政府驻地沁河镇西北19千米。人口1800。相传清初沁源遭雹灾，村民死伤很多，朝廷从陕西迁民并调县长韩白龙帮助重建家园，为纪念之而得名。聚落呈团块状。有韩洪小学、韩洪乡卫生院。有县级文物保护单位太岳兵工厂死难烈士碑，为纪念在抗日战争中牺牲的太岳兵工厂副厂长段增荣等43位烈士而立。有特产粉皮。县道郭下线经此。

140431-C05-H02 **王璧**［Wángbì］在县政府驻地沁河镇西北18千米。韩洪乡辖行政村。人口600。相传因战国蔺相如在此把送往秦国的玉璧完好地归还给惠文王而得名。聚落呈团块状。有王璧中心学校。有王璧三教庙、文笔塔、文昌楼，皆为清代建筑遗构。有梁选贤故居、宋明远故居，皆为民国时期建筑遗构。有王璧惨案遗址。有特产粉条、粉皮。县道郭下线经此。

140431-C06 **赤石桥乡**［Chìshíqiáo Xiāng］沁源县辖乡。在县境北部。面积187.96平方千米。人口0.72万。辖13行政村。乡人民政府驻赤石桥。1949年属沁源县第四区。1953年设赤石桥乡。1958年属沁县赤石桥人民公社。1959年属沁源县赤石桥人民公社。1984年复置乡。2001年庄儿上乡并入。因驻地得名。此地原有座红金石砌就的小桥，故得名赤石桥。地势北高南低。地形分为低山和丘陵。有东山，境内最高峰南山位于庄儿上村，海拔2000米；最低点赤石桥河河谷位于桃坡底村，海拔1466米。赤石桥河流经，属黄河流域。有矿产资源煤炭。有小学、文化站、卫生院。有古迹龙华寺、关帝庙、文昌楼等。农业主产玉米、大豆，种植蔬菜。养殖以猪、牛、羊、家禽为主。服务业以商贸为主。土特产品有金花葵。通公路。通公交车。

140431-C06-H01 **赤石桥**［Chìshíqiáo］赤石桥乡人民政府驻地。在县政府驻地沁河镇东34千米。人口800。相传该村原有一座红金石砌就的小桥而得名。聚落呈条带状。有赤石桥乡中心小学、赤石桥乡中心卫生院。县道乔庄线经此。

140431-C06-H02 **涧崖底**［Jiànyádǐ］在县人民政府驻地沁河镇东北70千米。赤石桥乡辖行政村。人口530。因在石崖下，崖底有终年不断的泉水而得名。聚落呈团块状。有涧崖底介神庙，现存为清代建筑遗构。有刘少奇路居，1942年10月，刘少奇等数十人从江南赴延安途径沁源，在史杰院内居住半月之久。有涧崖底洪赵支队旧址，1940年9月龚子容、解学恭率领晋西南工委及所属洪赵支队1000余人，由晋西南进入沁源，住在史润明院内。乡村道路经此。

晋城市

140500 **晋城市**［Jìnchéng Shì］山西省辖市。北纬35°11′–36°13′，东经111°56′–113°37′。在省境东南部。面积9490平方千米，占全省总面积的6%。人口219.45万。有汉、回、满、土家等22个民族。辖城区1区；沁水、阳城、陵川、泽州4县；高平1县级市。市人民政府驻城区。战国时期大部属韩，部分属魏。秦汉时期分属上党郡、河东郡。东晋太元十一年（386年），西燕割上党、平阳、河内三郡，置建兴郡。北魏永安二年（529年）改建兴郡为建州。隋开皇三年（583年）改建州为泽州。大业三年（607年）改泽州为长平郡。义宁二年（618年）复为泽州。唐贞观元年（627年）属河东道。天宝元年（742年）改泽州为高平郡。乾元元年（758年）复名泽州。北宋至道三年（997年）属河东路。金天会六年（1128年）改泽州为南泽州。天德三年（1151年）复名泽州，属平阳府。元大德九年（1305年）属晋宁路。明洪武二年（1369年）升泽州为直隶州，直隶于山西行省。清雍正六年（1728年）升为泽州府，州治凤台县（今晋城市老城）。1912年废泽州府。1913年属中路道。1914年属冀宁道，同年凤台县改晋城县。1927年废道。1937年属山西省第五行政区。1941—1943年分属晋冀鲁豫边区太岳区第二、四专区。1948年属太岳区二、三专区。1949年9月属长治专区。1958年长治专区改为晋东南专区。1971年属晋东南地区。1983年7月晋城县改县级晋城市。1985年5月撤晋东南地区，分设地级晋城市。因春秋韩赵魏“以三国分晋地后，封晋君于此”得名。有“全国文明城市”“平安中国建设示范市”“中国优秀旅游城市”“国家森林城市”“国家园林城市”“国家卫生城市”等荣誉称号，也是山西省唯一列入中原城市群核心发展区的城市，素有“凤凰之城”“太行明珠”的美誉。地势北、东、西部高，中南部低，山地占58.6%，丘陵占28.5%，盆地及山谷地谷占总面积的12.9%。最高处舜王坪海拔2358米，最低处海拔290米，大部分地区海拔在800米以上。属暖温带大陆性季风气候，四季分明，雨热同期。年平均气温12.5℃，1月平均气温0.9℃，7月平均气温24.9℃。年平均降水量577.3毫米。境内有沁河、丹河、卫河，沁河、丹河属黄河流域，卫河属海河流域。自然资源丰富，蕴藏着煤、煤气层、锰铁矿、铝土矿、铜、锌、金、银、大理石、水晶石等数十种矿产资源，其中无烟煤储量为全国的1/4，煤层气储量占全国的1/3。有国家级野生保护动物猕猴、金雕、麝、大鲵等31种，省级野生保护动物23种，国家二级保护植物连香树、翅果油树、杜仲、银杏、山白树。森林覆盖率35.7%。有科研机构9个。有山西科技学院、晋城职业技术学院、晋城技师学院、晋城广播电视大学。晋城一中、阳城一中为省级重点中学。有三甲医院晋城市人民医院、晋城大医院、晋城市妇幼保健院。有公共图书馆、影剧院、档案馆、博物馆、文化馆、艺术馆、体育场馆，有省优秀运动队后备人才训练基地2个。历史悠久，文化遗产丰厚，是华夏文明的发祥地之一。早在两万年前的旧石器时代晚期，这里就留下了人类生活的足迹。相传女娲氏、神农氏、九黎部落首领蚩尤及尧、舜、禹等都曾在这里活动过。女娲补天（传说中华人文始祖女娲氏炼石补天遗址和栖息地——蜗皇窟，也在泽州县水东乡丹河北岸浮山北谷）、神农播种（中华第一大帝神农氏采五谷尝百草的羊头山和古墓冢也在高平市境内）、禹凿石门（阳城县境内有石门）、愚公移山、精卫填海等历史传说都有实地可指。古书《墨子》中曾有“舜耕于历山”（今沁水县境内有历山舜王坪），“渔于获泽”（今阳城县城东有获泽河）的记载。还有以沁水下川、陵川塔水河、西瑶泉为代表的原始文化，以泽州高都、沁水八里坪为代表的新石器文化。公元前260年，历史上著名的“长平之战”就发生在高平一带。悠久的历史积累了丰厚的文化底蕴丰富，也留下了众多文物古迹。有全国重点文物保护单位怀覃会馆、府城关帝庙、塔水河遗址、姬氏民居、三圣瑞现塔、郭壁村古建筑群等72处。有省级重点文物保护单位景德桥、大南社土地神祠、孙文龙故居等23处。有国家级非物质文化遗产泽州四弦书、阳城生铁冶铸技艺、陵川钢板书、柳氏清明祭祖习俗等19个。有省级非物质文化遗产大阳馔面制作技艺、愚公移山传说、围棋起源传说、沁水鼓儿词等39个。有太岳烈士陵园、町店战斗遗址、阳城晋豫边区抗日纪念馆、赵树理故居等省级红色文化遗址8个。晋城山川秀丽，文化深厚，旅游资源丰富。有5A级旅游景区皇城相府，4A级旅游景区珏山、炎帝陵、天官王府、柳氏民居、王莽岭等12处，3A级旅游景区孙文龙纪念馆、长平古战场大粮山、羊头山炎帝文化风景名胜区等15个。历山、蟒河为国家级自然保护区。三次产业比4 ：60.4 ：35.6。主产玉米、小麦，养殖猪、羊为主。有省级农产品地理标志潞绸、沁水黄小米、沁水黑木耳、阳城山茱萸、泽州红山楂、陵川黑山羊、阳城析城山小米等。拥有5万亩的野生桑树林，是中国最北的丝绸产地，也是目前华北最大的蚕桑丝绸基地，织造的潞绸是中国三大丝绸之一，四百年来行销海内外，占到全国高档丝绸市场份额的30%—40%。工业以煤炭、电力、化工、铸造、装备制造、建材、丝绸纺织、电子信息、新能源、新材料等为主。煤化工产业发达，1984年被定为全国化肥和化工原料煤基地。煤层气产量占全国68%，全力建设“一枢纽三基地一中心”（全国输气管道重要枢纽、全国煤层气生产示范基地、煤层气装备制造业基地、中部地区和京津冀地区储气调峰基地、全国煤层气交易中心）。铸造业和历史悠久，古时发展出大阳钢针、阳阿宝剑、泽州铁壶三大代表产业，如今生产的铸管占全国市场四分之一，每年200万吨铸造业产品，出口到30多个国家。服务业以商贸、物流、旅游为主。郑太高速铁路过境，设高平东站、晋城东站。太焦铁路过境，设高平站、晋城站、晋城北站，侯月铁路过境，设沁水、阳城站。二广高速、晋运高速、陵侯高速、晋城绕城高速，207国道、208国道、342国道、省道坪曲线、碗周线、阳济线经此。

140500-D01 **大十字** [Dà Shízì] 在晋城市城区中部。原为泽州府城东西南北四条主街交汇之处，与南侧的“小十字”相对，是城区内的传统地标。清代泽州府衙、考院等重要机构皆位于附近。片区内现有晋师附小、城区教育局、泽州县教育局、邮政小区、旗杆院等。

140502 **城区** [Chéng Qū] 晋城市人民政府驻地。在市境中部。面积143平方千米。常住人口57.46万，以汉族为主，还有回、满、蒙古、苗、土家等30个民族。辖7街道、1镇。区人民政府驻东街街道。唐高祖武德六年（623年），属盖州晋城县；唐贞观元年（627年），属泽州晋城县，为泽州州治。北宋属河东路泽州晋城县，为泽州州治。元属平阳路泽州晋城县。明太祖洪武元年（1368年），废晋城县，以所辖地为泽州，隶属山西布政使司平阳府。清世宗雍正六年（1728年），属泽州府凤台县，为泽州府治。1914年，实行省、县两级制，改凤台县为晋城县，属晋城县。1937年属山西省第五行政督察专员公署晋城县。1939年属山西省长治专署西区办事处晋城县。1945年属晋冀鲁豫边区太岳区第四专署晋城县。1948年10月，晋城县城关区设置为晋城市，次年8月晋城市撤销，仍为晋城县城关区。1949年上半年，属太行第三专区晋城县。1949年10月，属山西省长治专区晋城县管辖。1958年，属晋东南专区晋城县。1967年，属晋东南地区晋城县。1983年，属晋东南行署晋城市（县级）。1985年5月，晋城市（县级）划分为城区和郊区（今泽州县）2个市辖区。地处泽州盆地的中心地带，地势西北高，东南低，呈阶梯状。有白马寺山、张村山、七岭山、五门山、方山、东武匠山、玉屏山等。最高点伊侯山主峰位于城西上庄办事处西掩村北，海拔1122.5米，最低点位于钟家庄办事处洞头村的白水河出境处，海拔586.3米。年平均气温11.5℃，年平均降水量573.8毫米。主要河流白水河和北石店河，均由西北向东南流入丹河，属黄河水系。有煤、硫铁矿、石灰岩等矿产资源，其中煤炭储量9亿吨，均为无烟煤。有晋城技师学院、晋城职业技术学院、晋城广播电视大学。晋城市第一中学校为省级重点中学、示范高中学校。有三甲医院2所、二甲医院3所，有公共图书馆、档案馆、公园9个、文化广场、文化宫。有全国重点文物保护单位怀覃会馆。有省级重点文物保护单位景忠桥、景德桥、东上地祇庙、晋冀鲁豫野战军十二纵队整军地旧址，有市级重点文物保护单位5处。有国家级非物质文化遗产白马拖缰传说、上党梆子、上党二簧、上党八音会，有省级非物质文化遗产舜王传统祭祀文化、晋城泥塑、晋城“九头十八匠”的传说、冯匠双龙竹马、泥皮画、伏姜制作技艺、泽州铁货制作技艺、司徒铁花技艺、水陆院庙会。有古迹白马禅寺、西街玉皇庙、怀庆清真寺、水路禅院、文笔峰禅寺、妙高寺、老君庙、永福寺等。有爱国主义教育基地晋城市烈士陵园，革命遗迹新军决死纵队旧址、回军村八路军军衣社旧址。有国家4A级旅游景区司徒小镇景区。有白马寺山森林公园、吴王山城郊森林公园。先后荣获全国义务教育发展基本均衡区、全国科技进步先进县（区）、国家卫生城市、国际花园城市、国家餐饮服务食品安全示范区、全国法治县（区）创建活动先进单位、全国文明城市等荣誉称号。三次产业比1 ∶ 37 ∶ 62。主产小麦、玉米，土特产“柏基”菌业香菇、黑木耳、东上村山楂、小车渠柿子等。工业以煤炭、煤化工、建材、铸铁、高新技术为主。服务业以旅游、商贸物流、电子商务为主。有富士康（晋城）科技工业园、晋城市双创产业园开发区示范基地、宏丰源小微企业创业园、晋城卡马特汽车文化园。太焦铁路过境，设晋城站。二广高速、晋运高速、晋城绕城高速、207国道、208国道、342国道、227省道过境，有晋城市客运中心、客运东站、火车站等。

140502-K01 **西大街** [Xī Dàjiē] 在城区西北部。西起景西路，东至南、北大街交叉处。与前进路、营坊巷、府衙街相交。长1.05千米，宽20米。沥青路面。1968年始建，1970年竣工，2003年改造修缮。因位于老城区大十字以西，与东大街相对称，故名。明清时有晋城州、县衙门。两侧有晋城二中等。通5、13路等公交车。

104502-K02 **东大街**［Dōng Dàjiē］在城区西北部。西起南、北大街交叉处，东至泽州路。与庙台底、老府巷、观巷、景忠路、七一路、瑞丰路相交。长1.2千米，宽17米。沥青路面。1978年始建，1978年竣工，2003年改造修缮。因该道路为老城区的主干道，以大十字为界，向东延伸，故名。两侧有马骏故居、景忠桥、晋师附小、晋城一中和七星广场等。通13、31路等公交车。

140502-K03 **凤台西街**［Fèngtái Xījiē］在城区中部。西起泽州县公安局，东至泽州路。与凤城路、十米巷、景西路、前进路、新华南巷、黄华街、瑞丰路、建设路相交。长3.2千米，宽70米。沥青路面。1984年始建，1985年全线通车，2012年进行八车道拓宽改造。因晋城古置凤台县，取凤台贯名，全街以泽州路为界分东、西两段，本街居西得名。两侧有泽州大酒店、晋城市儿童医院、凤西广场、市规划设计研究院和晋城大酒店等。通2、7路等公交车。

140502-K04 **凤台东街**［Fèngtái Dōngjiē］在城区中部。西起泽州路，东至晋新高速入口。与钟府巷、长安路、太行路、晋张街、文博路、兰花路、吕匠路相交。长4千米，宽70米。沥青路面。1984年始建，1985年建成。2012年改扩建。因晋城古置凤台县，取凤台贯名，全街以泽州路为界分东、西两段，本街居东得名。两侧有物茂广场、阳电体育广场、泽州公园、艺苑广场、晋城博物馆、金凤凰广场、晋城职业技术学院和玉龙潭公园等。通5、12路等公交车。

140502-K05 **文昌西街**［Wénchāng Xījiē］在城区中部。西起西环路，东至泽州路。与凤城路、景西南路、黄华街、建设路相交。长3千米，宽45米。沥青路面。1988年始建，分三期施工，1990年建成。1996年建成瑞丰路—建设路。2003年建成凤城路—黄华街。2012年建成凤城路—西环路。原名南环路，2003年更名，寓意晋城繁荣昌盛。全街以泽州路为界分东、西两段，本街居西得名。两侧有赵树理公园等。通2、12路等公交车。

140502-K06 **文昌东街**［Wénchāng Dōngjiē］在城区中部。西起泽州路，东至中原东街。与朝阳路、太行路、文博路相交。长2.3千米，宽45米。沥青路面。1988年始建，分三期施工，1990年建成。1996年建成凤鸣小区—中原街。原名南环路，2003年改为文昌街，寓意晋城繁荣昌盛。两侧有晋城市工人文化宫、市人民医院和晋城职业技术学院等。通2、3路等公交车。

140502-K07 **中原西街**［Zhōngyuán Xījiē］在城区中南部。西起207国道，东至泽州路。与西环路、凤城路、景西南路、黄华街、时家岭路、泽州路相交。长3.3千米，宽30米。沥青路面。1992年始建，1993年竣工。因在主城区南部，为主城区外环路，得名南二环街。又因晋城地处中原，为彰显地理位置特征，2005年更名中原街。全街以泽州路为界分东、西两段，本街居西得名。两侧有康复医院等。通7、12路等公交车。

140502-K08 **中原东街**［Zhōngyuán Dōngjiē］在城区中南部。西起泽州路，东至白水东街。与太行路、迎宾街、晋回街、文博路、文昌东街、兰花路相交。长3.1千米，宽50米。沥青路面。1992年始建，1993年竣工。因晋城地处中原，为彰显地理位置特征，2005年更名中原街。全街以泽州路为界分东、西两段，本街居东得名。两侧有东方聚龙幼儿园和晋城市中等专业学校等。通5、12路等公交车。

140502-K09 **白水西街**［Báishuǐ Xījiē］在城区南部。西起景西南路，东至泽州南路。与黄华街、时家岭路相交。长4.6千米，宽50米。沥青路面。因沿途经过白水河，故名白水街，全街以泽州路为界分东、西两段，本街居西得名。2006年开工，2008年建成。两侧有晋城市口腔专科医院等。通1、28路等公交车。

140502-K10 **白水东街**［Báishuǐ Dōngjiē］在城区南部。西起泽州南路，东至金凤路。与太行路、文峰路、龙潭路、紫光路、桃苑路、中原东街相交。长4.4千米，宽50米。沥青路面。2008年开工，2010年建成。因沿途经过白水河，故名，全街自泽州路分为东、西两段，本街居东得名。两侧有白水河公园、晋城人民医院、晋城万达广场和晋城法制公园等。通11、23路等公交车。

140502-K11 **北环街**［Běihuán Jiē］在城区北部。西起西环路，东至日凤线。与景西路、道西路、程颢路、中山路、古阎路、泽州路、文博路、兰花路、畅安路相交。长14千米，宽30米。沥青路面。1995年建成。因该路是城区的北部环城路，故名。沿线有汽车销售公司、晋城市农副产品综合批发市场和司徒小镇等。通3、6路等公交车。

140502-K12 **西环路**［Xīhuán Lù］在城区西部。北起北环街，南至中原西街。与平安街、书院西街、匠星街、新市西街、红星西街、凤台西街、文昌西街、育才街相交。长6.4千米，宽50米。沥青路面。1995年建成。因在城区西部，又为环城公路，故名。两侧有赵树理公园和吴王山城郊森林公园等。通1、3路等公交车。

140502-K13 **景西路**［Jǐngxī Lù］在城区西北部。北起北环街，南至文昌西街。与书院西街、平安街、西大街、太印街、新市西街、红星西街、凤台西街相交。长4.6千米，宽60米。沥青路面。原名晋韩路，2007年更名。因位处城区以西，沿路景观优美，绿草成茵，故名。两侧有金太阳家具汇展中心和凤西广场等。通1、7路等公交车。

140502-K14 **黄华街**［Huánghuá Jiē］在城区西部。北起人民广场，南至金匠东街。与上元街、新华巷、红星西街、凤台西街、文昌西街、中原西街、白水西街、佑安街相交。长3.5千米，宽40米。沥青路面。该街名称来自“满眼黄华”之意。又据《黄华街改造工程碑记》记载：“黄华街，古已有之，乃北国通往中原必经之关山驿站。黄华者，盖有二义：豫人持棉帛竹玉以易晋地之谷物，多秋粮，尚黄色，或谓之黄；南关有华市，首饰锦缎栉比联罗，或谓之华……”两侧有圣亚购物广场和晋城康进学校等。通1、10路等公交车。

140502-K15 **泽州路**［Zézhōu Lù］在城区中部。北起白马寺山森林公园，南至中原东、西街分界处。与泽凤路、北环街、晓庄街、太岳街、东大街、瑞丰路、凤苑东巷、新市西街、新市东街、红星西街、红星东街、向阳街、上辇街、文昌西街、文昌东街、迎宾街相交，与凤台东、西街十字相交形成环岛。长8.5千米，宽70米。沥青路面。1984年始建。因晋城古称泽州，该路为城市南北主轴，故名。两侧有白马寺山植物园、百松园、物贸广场和晋城市工人文化宫等。通6、10路等公交车。

140502-K16 **文博路**［Wénbó Lù］在城区东部。北起北环街，南至中原东街。与太岳街、泰欣街、新市东街、红星东街、凤台东街、文昌东街相交。长5.3千米，宽60米。沥青路面。2005年建成凤台东街—红星东街，2008年对两侧人行道进行了扩宽改造，并向北延伸至新市东街。取文明博大之意，故名。两侧有金凤凰广场、晋城职业技术学院、晋城博物馆、龙湾公园、泽州公园、凤台公园、凤鸣中学和市图书馆等。通16、21路等公交车。

140502-K17 **兰花路**［Lánhuā Lù］在城区东部。北起北环街，南至中原东街。与太岳街、新市东街、翠微街、红星东街、经一路、凤台东街相交。长4.1千米，宽40米。沥青路面。2001年修建，2005年竣工通车，2012年进行延伸改造。原名东城路，2005年更名。因晋城无烟煤被称为“兰花碳”，取“兰花”命名。两侧有城东景观水系北部公园、水系公园和晋城科技工业区等。通5路公交车。

140502-K18 **建设路**［Jiànshè Lù］在城区中部。北起瑞丰路，南至文昌西街。与上元街、东巷、红星西街、建东巷、康乐巷、凤台西街相交。长3.5千米，宽30米。沥青路面。1985年修建文昌街至红星街段，1999年修建红星街至新市街段。为彰显城市建设发展，故名。两侧有晋城市城区东街红星小学、市实验中学和市实验小学等。通2、6路等公交车。

140502-K19 **凤城路**［Fèngchéng Lù］在城区西南部。北起凤台西街，南至中原西街。与文昌西街、育才街相交。长2.6千米，宽40米。沥青路面。1995年始建，1998年建成，2010年进行延伸工程。相传因古时有凤来栖，使晋城变为一方宝地，寓意吉祥如意，故名。两侧有赵树理公园、泽州县职业中学和县凤城小学等。通7、

12 路等公交车。

140502-K20　**红星西街**［Hóngxīng Xījiē］在城区西部。西起西环路，东至泽州路。与栖凤路、景西路、前进路、黄华街、驿后路、演武巷、瑞丰路、东巷、建设路、向阳街相交。长 3.1 千米，宽 40 米。沥青路面。1998 年始建，2003 年竣工。因该街穿越原晋城县城关公社红星大队，全街以泽州路为界分为东、西两段，本街居西得名。两侧有晋城爱物学校和城区东街红星小学等。通 1、6 路等公交车。

140502-K21　**红星东街**［Hóngxīng Dōngjiē］在城区东部。西起泽州路，东至晋城市鼎邦混凝土搅拌有限公司附近。与上辇社区路、太行路、苑北路、文博路、文华路、颐翠路、兰花路、吕匠路、武庄路、207 国道、龙化路相交。长 2.7 千米，宽 30 米。沥青路面。1998 年始建，2003 年竣工，2012 年进行延伸工程。因该街穿越原晋城县城关公社红星大队，全街以泽州路为界分为东、西两段，该段在泽州路东侧，故名。两侧有晋城技师学院、泽州公园、龙湾公园、凤台公园和玉龙潭公园等。通 4、8 路等公交车。

140502-K22　**新市东街**［Xīnshì Dōngjiē］在城区东部。西起泽州路，东至武庄路。与太行路、东交巷、军民巷、苑北路、民运巷、西谢匠路、文博路、弘泽街、文华路、颐翠路、兰花路相交。长 3.8 千米，宽 30 米。沥青路面。1985 年修建，1996 年道路扩建延伸。因 1985 年晋城设为地级市，为彰显新兴城市，故名，寓意充满活力和巨大发展潜力。全街自泽州路分为东、西两段，本街居东。两侧有水系公园、颐翠中学和颐翠小学等。通 4、5 路等公交车。

140502-K23　**新市西街**［Xīnshì Xījiē］在城区西部。西起西环路，东至泽州路。与新西路、栖凤路、泰丰路、景西路、苗孟路、前进路、下元巷、南大街、驿后路、观巷、景忠路、瑞丰路、府南巷相交。长 3 千米，宽 30 米。沥青路面。1985 年修建，1996 年道路扩建延伸。因 1985 年晋城设为地级市，为彰显新兴城市，故名，寓意充满活力和巨大发展潜力。全街自泽州路分为东、西两段，本街居西。两侧有晋城市第四中学校、前进路北游园和人民广场等。通 1、2 路等公交车。

140502-K24　**太岳街**［Tàiyuè Jiē］在城区东部。西起书院街，东至丹河快线。与泽州路、太行路、苑北路、文博路、兰花路、畅安路、金村大道相交。长 3.4 千米，宽 50 米。沥青路面。2012 年始建，2015 年竣工。因晋城曾属太岳地委第九专署管辖，建成该街后，取“太岳”贯名。两侧有水杉园和水系公园等。通 12、32 路等公交车。

140502-K25　**书院街**［Shūyuàn Jiē］在城区西北部。西起书院西街，东至太岳路。与西仓巷、北大街、文明南路、迎宾东路、古阎路、景忠路相交。长 2.5 千米，宽 30 米。沥青路面。20 世纪 80 年代始建，2014 年书院街扩宽改造。该街建成后，初称北环街，2005 年更名。北宋理学家程颢任晋城县令时，兴学办书院，故石刻称“古书院”，取“书院”二字贯名。两侧有晋城市城区古书院矿中学校、古矿小学、七中和一中等。通 1、2 路等公交车。

140502-K26　**匠星街**［Jiàngxīng Jiē］在城区西部。西起西环路，东至栖凤路。与电厂路相交。长 2.6 千米，宽 30 米。沥青路面。2013 年始建，2015 年建成。“匠”，源于晋城旧时最具地名特色的“九头十八匠”中的西马匠、岗头、苗匠 3 村（社区），周边还有西吕匠、冯匠、部匠等村，故取“匠”字。解放后该地又建有太印、八一建材厂等原晋城较大的工业单位，工匠众多，聚集如星云，意为弘扬工匠精神，涵养时代匠心。两侧有山西晋城凤兰学校和西城小学等。通 2、5 路等公交车。

140502-K27　**栖凤路**［Qīfèng Lù］在城区西部。北起书院西街，南至红星西街。与平安街、匠星街、太印街、西苑街、新市西街相交。长 2.9 千米，宽 30 米。沥青路面。2014 年始建。因晋城古置凤台县，取有凤来栖之意，故名。两侧有晋泥小区等。通 2、5 路等公交车。

140502-K28　**前进路**［Qiánjìn Lù］在城区西部。北起西大街，南至凤台西街。与西安街、青龙巷、新市西街、上元街、红星西街相交。长 1.69 千米，宽 40 米。沥青路面。2002 年修建，2003 年建成。取意不断前进，故名。两侧有前进路北游园和碧春园土地庙等。通 1、5 路等公交车。

140502-N01 **白水桥** [Báishuǐ Qiáo] 在城区南部，207 国道中原街中段。桥长 50.9 米，桥面宽 20 米，最大跨度 13 米，桥下净高 10.9 米。1992 年开工，同年建成。因横跨白水河，故名。为小型河道桥梁。最大载重量为 30 吨。通 12 路公交车。

140502-A01 **东街街道** [Dōngjiē Jiēdào] 城区人民政府驻地。在城区中部偏东。东至太行路、泽州路，西起南大街、瑞丰路，南至文昌街，北至东大街、太岳街。面积 2.97 平方千米。人口 5.58 万。辖 11 社区。街道办事处驻建设路 942 号。是集政治、文化、商贸、金融各种功能为一体的中心枢纽。1962 年属晋城县城关人民公社。1984 年属县级晋城市城关街道。1985 年 5 月属地级晋城市城区。1986 年 1 月撤销城关街道，分设东街街道。因位于市区东而得名。东大河流经。有中小学、二甲医院、文化活动中心、广场、公园、党政机关、科技大厦。有市粮食发展研究中心、市传统技艺研究所、市城市规划研究院、市国土测绘院等科研机构。为全市政治、经济、文化中心。有五纵五横 10 条主干商业街，大型三产企业 30 余家，企业法人 1200 余个，各类商业网点 3000 余个。有省级文物保护单位景忠桥。经济以服务业为主，有国贸广场、购物中心、商贸城、建材市场等。

140502-A01-J01 **建设路社区** [Jiànshèlù Shèqū] 属东街街道。在城区中部。面积 0.25 平方千米。人口 2560。因建设路而得名。2002 年成立。建国前为城关公社建国大队，1985 年成立建设路居民委员会，2002 年更名为建设路社区，沿用至今。有幼儿园、妇幼院、卫生医疗馆、健身房、党政机关、客运站、写字楼、批发市场。2014 年被评为全国文明社区、省文明社区。通 14、27、50 多路公交车。

140502-A01-J02 **康乐社区** [Kānglè Shèqū] 属东街街道。在城区中部。面积 0.5 平方千米。人口 3600。因取意富康安乐而得名。2002 年成立。1990 年由红星村民委员会改设为康乐居民委员会，2002 年 10 月改为康乐社区。有中国石化、妇产医院、儿童公园、生活超市。2014 年被评为省文明社区。通 2、3、14、33、35 多路公交车。

140502-A02 **西街街道** [Xījiē Jiēdào] 属城区。在城区西北部。面积 3.98 平方千米。人口 5.01 万。辖 14 社区。办事处驻新市西街 222 号。1962 年属晋城县城关人民公社。1984 年属县级晋城市城关街道。1985 年 5 月属地级晋城市城区。1986 年 1 月撤销城关街道，分设西街街道。因位于市区西而得名。白水河流经。有中小学、医院、文化活动中心、公园、广场。有省级重点文物保护单位景德桥，又名沁阳桥、西关大桥，始建于金大定二十九年（1189 年），全桥用 15 道立券石并排砌成，大券两肩各有一小券，是全国继河北赵州桥之后现存最古老的敞肩拱桥之一，也是山西省现存年代最久远的石拱桥。有市级重点文物保护单位西街玉皇庙、张院民居。有革命纪念地八路军晋城办事处旧址、太岳区四地委、第四专署旧址。农业以种植蔬菜为主。工业以电力、建材、医药、加工为主。服务业以商贸、信息产业、文化旅游为主，有多个购物广场、商贸城、商场，有猪八戒网晋城园区、太行印象文化产业园等信息产业园，有景泽医养中心、集酷文化小镇、兰亭书院等文旅项目。

140502-A02-J01 **北大街社区** [Běidàjiē Shèqū] 属西街街道。在城区西北部。面积 0.32 平方千米。人口 4650。因其位于北大街而得名。2002 年成立。有学校、党政机关、瓜果批发市场、晋城酒厂等。有市级文物保护单位玉皇庙，现存正殿为明代建筑遗构，其余皆为清代建筑遗构。2014 年被评为省文明社区。通 2、13、32、34A、52 多路公交车。

140502-A02-J02 **西大街社区** [Xīdàjiē Shèqū] 属西街街道。在城区西北部。面积 0.37 平方千米。人口 6050。因街道而得名。2002 年成立。1985 年为西街居民委员会，2002 年 10 月更名为西大街社区居民委员会。有公安局、人民医院、购物广场。明清时为晋城州、府、县衙门所在地。沿街多老旧住宅。有市级文物保护单位张家民宅，现存为明代建筑遗构。2014 年被评为省文明社区。通 3、13、31、28 多路公交车。

140502-A03 **南街街道** [Nánjiē Jiēdào] 属

城区。在城区西南部。面积3.77平方千米，人口3.96万。辖8社区。1962年属晋城县城关人民公社。1984年属县级晋城市城关街道。1985年5月属地级晋城市城区。1986年1月撤销城关街道，分设南街街道。因位于城区南而得名。白水河流经。有中小学、医院、文化活动中心、公园、凤西广场、党政机关、商贸大厦、人才服务中心。有全国重点文物保护单位晋城会馆，又名怀覃会馆，由清代乾隆到嘉庆年间河南面行商人发起并修建，属于行业公会性质，主要以河南北部三府的面、布经营为主，是保护豫商利益而建的议事场所。今存建筑多为明代建筑遗构，由大小两个院落组成，占地2000余平方米。有省级爱国主义教育基地、国防教育基地晋城市烈士陵园，内有烈士骨灰堂、烈士陵墓和烈士纪念碑。2017年12月被国家民委评为第五批全国民族团结进步创建示范区（单位）。服务业以商贸为主，为城区商贸中心，有农贸批发、建材、钢材、机电等市场。208国道经此。

140502-A03-L01 **水陆院街**［Shuǐlùyuàn Jiē］在城区中部。北起上元街，南至东巷。长0.3千米，宽15米。沥青路面。1998年始建，同年8月建成。因其街内有水陆禅院，故名。禅院为老城区小庙，建于清康熙年间，每年举办法界圣凡水陆普度大斋胜会，并逐步由祭祀或拜谒向以农贸市场为主的庙会转变。有东河桥，为省级非物质文化遗产。两侧有水陆院市场和温州小商品批发市场等。

140502-A03-J01 **金华社区**［Jīnhuá Shèqū］属南街街道。在城区西南部。面积0.5平方千米。人口4210。因金华大厦而得名。2002年成立。1993年为西巷第四居民委员会，2002年9月成立金华社区。有教育局、建材市场、生活小区等。2014年被评为省文明社区。通3、29多路公交车。

140502-A04 **北街街道**［Běijiē Jiēdào］属城区。位于城区北部，东临晓庄街、西临后书院街、南临东大街、北临北环街。面积3.75平方千米。人口3.31万。办事处驻书院街425号。辖9社区。1962年属晋城县城关人民公社。1984年5月属县级晋城市城关街道。1985年5月属地级晋城市城区。1986年1月撤销城关街道，分设北街街道。因辖区位于城区北而得名。白水河、东河流经。有中小学、医院2所、文化活动中心、广场、农副产品综合批发市场。有省级文物保护单位景忠桥，又名永济桥，始建于元至正年间，初建时为木构桥梁，明弘治年间仿西关景德桥大券拱式样，改建为石桥。是一座单孔弓形石拱桥，桥长16.55米，宽5.7米，共由99道石圈采用并列自由错缝法砌造而成。有市级重点文物保护单位程颢书院、民国古书院革命旧址。有文物古迹关帝庙、清真寺、上东关马骏旧居等。有革命纪念地牺盟会晋城分会驻地旧址、华北军政干部学校旧址（现晋城一中）。有企事业单位40余家，各类私营企业1200余家。省道陵沁线经此。

140502-A04-J01 **古书院矿社区**［Gǔshūyuàn kuàng Shèqū］属北街街道。在城区北部。面积0.93平方千米。人口14000。古代泽州府曾在此设明道、体仁、宗程、怀仁等官办书院，宋代理学家程颢在城北创办明道书院，后称古书院。1985年在此建矿，故名。2002年10月成立。有派出所、银行、生活小区等。2014年被评为省文明社区。省道陵沁线经此。通2、28、31路公交车。

140502-B01-J02 **晋煤集团机关社区**［Jìnméi jítuán jīguān Shèqū］属矿区街道。在城区东北部。面积0.49平方千米。人口27620。因晋煤集团机关而得名。1986年成立矿务局机关居委，2002年成立晋煤集团机关社区居委会。有银行、医院、生活小区等。2014年被评为省文明社区。通2、6、13、33、34路公交车。

140502-B01-J03 **凤凰山矿社区**［Fènghuáng shānkuàng Shèqū］属矿区街道。在城区东北部。面积1.6平方千米。人口8700。1986年为凤凰山矿居民委员会，2002年6月更名为凤凰山矿社区居民委员会，沿用至今。有学校、加油站、生活小区、影院、水上乐园等。1995年4月，国务院总理李鹏视察凤凰山矿时称赞为“花园式矿山”。2014年被评为省文明社区。通33、34路公交车。

140502-A06 **钟家庄街道**［Zhōngjiāzhuāng Jiēdào］属城区。在城区东南部。面积43.34平方千米。人口7.54万。辖20社区、7行政村。街道办驻上辇社区钟府巷149号。1949年属晋城县第一区。1958 年属城关东风人民公社。1962 年设钟家庄人民公社。1984 年 3 月改设乡。2001 年 1 月改设街道。因有一钟姓人在此建立庄户，后人繁衍增多建成村庄，得名钟家庄。白水河、花园头河、回军河流经，总长度 17.3 千米。有煤炭、硫铁等矿产资源。有晋城技师学院、晋城职业技术学院、晋城市特殊教育中心学校，有中小学、三甲医院、博物馆、文体馆、工人文化宫、广场、公园、党政机关。有文物古迹文笔峰寺，寺内最为独特的建筑是“文笔峰”宝塔，始建于明代万历三十七年，共九层高三十七米。有革命纪念地回军村八路军军衣社旧址。农业以特色种植、规模养殖为主，主产小麦、玉米。有晋煤金鼎金匠园区、山西智创城。服务业以商贸服务和乡村生态旅游为主，洞头村联合浩翔集团成立晋城市大洞头宸文化旅游有限公司，大力发展红色旅游和教育培训。太焦铁路过境，设晋城站。二广高速、207 国道、208 国道过境，有晋城市客运中心、客运东站、火车站等。

140502-A06-J01 **钟家庄社区**［Zhōngjiāzhuāng Shèqū］属钟家庄街道。在城区南部。面积 0.6 平方千米。人口 6100。相传明、清以前是个小村庄，土地肥沃，钟姓人在此建立庄户，初名钟庄，后人繁衍增多建成村庄，故名。2003 年前为钟家庄村民委员会，同年 12 月更名为钟家庄社区居民委员会。有建材市场、银行、生活小区等。2014 年被评为省文明社区。通 3、12、28 路公交车。

140502-A06-J02 **凤鸣社区**［Fèngmíng Shèqū］属钟家庄街道。在城区东南部。面积 2.24 平方千米。人口 12170。相传有凤来栖，早晨太阳升起之时，凤凰绕城飞翔一圈，鸣叫三声，告示如意吉祥，故名。2002 年 6 月由凤鸣一居民委员会、凤鸣二居民委员会合并为凤鸣社区居民委员会。有晋城市人民医院、银行、生活小区、购物超市等。2014 年被评为省文明社区。通 2、5、12、31 路公交车。

140502-A07 **西上庄街道**［Xīshàngzhuāng Jiēdào］属城区。在城区西北部。面积 45.25 平方千米。人口 3.18 万。辖 5 社区，25 行政村。街道办事处驻西上庄村。1949 年属晋城县一区。1953 年设西上庄乡。1958 年属城关东风人民公社，称西上庄管理区。1962 年设西上庄人民公社。1984 年 3 月改设乡。2001 年 1 月改设街道。因政府驻地而得名，西上庄村原为玉屏山东麓的西庄、上庄两村，后因人口增加而连成一片，取其首字合称为西上庄。地形为山坡丘陵，主要山脉有方山、断头山、五魁山、玉屏山。主要河道有东城河、西城河、观音河 3 条，总长度 13.6 千米。有煤炭、石灰岩等矿产资源。有中小学、综合性医院、文化站、公园、广场、商贸大厦。吴王山森林公园位于晋城市区西环路畔，规划面积 7500 亩，上有吴王庙遗址、老君庙、宝山寺、落花寺、流碑寺等古迹。有革命纪念地张岭村的决死三纵队晋城独立第三营驻地旧址。主产小麦，有红土岭农业园、五龙山庄生态农业园、牛山农业园。有煤矿、水泥厂、家具厂、制药公司等。服务业以商贸物流、文化旅游为主。有大华晋盛中高端全车系乘用汽车展示展销体验园、博创科研中心、聚隆钢铁交易中心、杰城商业服务中心、豪德建材广场、豪德光彩贸易广场等。利用白马寺山至吴王山绿道的生态优势和资源优势，着力打造“欢乐牛山”“文明下匠”“民俗南掩”“怀旧西掩”“康养山西底”“休闲坡底”“农耕南畔”“古朴五门”八大特色村庄，重点推进牛山小镇、黑龙潭都市休闲农业园和卧龙山生态公园三个农林文旅康项目，初步形成“一脉连接、产业融合、八村共创”的景点群和生态旅游观光带。晋城绕城高速、342 国道、省道陵沁线经此。

140502-A07-H01 **牛山**［Niúshān］在区政府驻地东街街道西北 4.3 千米。西上庄街道辖行政村。人口 1500。相传明朝初年，牛姓居民属“打锅牛”，从洪洞老槐树移民时迁此落户，繁衍成村，处于方山脚下，初名牛家山村，后因村民多居窑洞，当地人称窑山，故名。聚落呈团块状。有关帝庙、南阁，均为清代建筑遗构。2020 年被评为第六届全国文明村。省道日凤线经此。

140502-A07-H02 **夏匠**［Xiàjiàng］在区政府驻地东街街道西北 6 千米。西上庄街道辖行政村。人口 600。相传明朝时的一年夏天，朝里有一个官员省亲路过此地，遇白水河洪水泛滥难行，便请工匠建造石桥一座，终因延误朝期而被解职，后得以昭雪，村庄得名夏家庄，为怀念建桥人，故名。聚落呈团块状。有关帝庙，为明代建筑遗构。有东阁、大士堂，均为清代建筑遗构。2017年被评为第五届全国文明村。省道日凤线经此。通311、309路公交车。

140502-A08 **开发区街道**［Kāifāqū Jiēdào］属城区。在城区东北部。面积16平方千米。人口3.23万。辖10个社区。2013年3月经国务院批准建立国家级经济技术开发区。由晋城市人民政府管理。2017年撤销矿区街道，新设开发区街道。有8所中小学，1所职业技术学校，7家机关事业单位，34家重点工业企业。有三级甲等医院晋城大医院、文化活动中心、体育馆。有国家一级企业晋煤集团总部及所属凤凰山矿、王台铺矿、矿机电总厂等。建设有光通讯连接器、光学镜头模组、精密刀具生产基地，有工业机器人、煤机装备、煤层气装备、核电装备、新材料、制药、工业陶瓷、锂离子动力电池等企业。有铁路专用线2条，有公路经此。

140502-B01 **北石店镇**［Běishídiàn Zhèn］在城区东北部。面积39.53平方千米（包含矿区）。人口8.58万（包含矿区）。辖8社区和17行政村。镇人民政府驻北石店村。1949年属晋城县第五区。1953年设北石店乡。1958年属金村红星人民公社。1962年设北石店人民公社。1984年复置乡。2001年1月改设镇。2020年1月归泽州县托管。因镇政府驻地得名。有北石店河、司徒河。有中小学、三甲医院、广场、文化站、植物园。有古迹东上地祇庙、临泽遗址、关帝庙、石佛寺造像群等，其中东上地祇庙被评为省级重点文物保护单位。有纪念地李先念整军旧址、李先念旧居、中共中央中原局党校旧址。有国家4A级旅游景区司徒小镇。有省级非物质文化遗产打铁花技艺。有白马寺山森林公园。有地方民间艺术上党梆子、上党二黄、上党八音会等。先后被评为中国民间文化艺术之乡、全国文明镇、全国重点镇、国家第三批新型城镇化综合试点。有全国文明村大张村、大车渠村。主产小麦、玉米，养殖猪、羊、鸡，有农业示范园区、生态农业园。工业以化工、建材、铸造、制药、农副产品加工为主，有规模以上工业企业15家。建有新型工业园，有世界500强企业晋煤集团总部。服务业以物流、商贸为主，有远中现代农产品物流园区，畅安路核心商圈。太焦铁路、342国道、227省道过境。

140502-B01-J01 **北石店社区**［Běishídiàn Shèqū］城区北石店镇政府驻地。在区政府驻地东街街道东北8千米。人口3920。相传在此地有三个卖石头的店铺，有北石铺、中石铺、南石铺，承接着晋城的石材供应和经销，后演化为今名。聚落呈团块状。有北石店中心小学、北石店中心卫生院。有普圣寺，据山门内《北石店村葺新二仙女庙碑》记载，原名二仙女庙，始建于宋熙宁年间，现存为清代建筑遗构。208国道经此。通33、34、53路公交车。

140502-B01-H01 **大张**［Dàzhāng］在区政府驻地东街街道北3千米。北石店镇辖行政村。人口2110。相传有张姓兄弟二人分别在两地建庄，因本村为兄长所建而得名。聚落呈团块状。有大张小学。有玄武庙，据正殿外东侧《创建玄武庙》碑文记载，创建于道光十二年（1832年），现仅存正殿，为清代建筑遗构。2011年被评为第三届全国文明村。省道长晋线经此。通21、32、35、104路公交车。

140502-B01-H02 **大车渠**［Dàchēqú］在区政府驻地东街街道北8千米。北石店镇辖行政村。人口2250。相传因战时每天运送物资，冬夏不止，遂走出车马大道，雨天时车渠混用，远远望去，既像车道，又像水渠而得名。聚落呈团块状。有东岳庙、玉皇庙，现存均为清代建筑遗构。2020年被评为第六届全国文明村。环区西路经此。通35路公交车。

140502-B01-H03 **东上**［Dōngshàng］在区政府驻地东街街道北9千米。北石店镇辖行政村。人口1960。相传因北魏时，该村祖先在此立村建舍，耕作生息，名曰上村，因所处方位而得名。聚落呈团块状。有第六批省级文物保护单位东上地祇庙，现存为清代建筑遗构。环区西路经此。通33路、35路公交车。

140581 **高平市**［Gāopíng Shì］山西省辖

县级市，由晋城市代管。北纬 35° 48′ ，东经 112° 55′ 。在晋城市境北部。面积 980 平方千米。人口 45.3 万。辖 3 街道、9 镇、3 乡。市人民政府驻北城街道。北魏永安二年（529 年）于玄氏城置长平郡，又析玄氏县北境设高平县，治所在今王报村，属长平郡。北齐天保元年（550 年）废玄氏县，高平县治徙玄氏城。北周改属高平郡，郡治在玄氏城。隋废高平郡，县属泽州。大业三年（607 年）属长平郡。唐武德元年（618 年）置盖州，治所在今米山村，高平县属之。贞观元年（627 年）废盖州，县属泽州。宋、金、元、明因之。清雍正六年（1728 年）属泽州府。1913 年属中路道。1914 年属冀宁道。1927 年废道。1937 年属山西省第五行政区。1938 年高平县抗日政府成立。1942 年属晋冀鲁豫边区太岳二专区。1949 年属长治专区。1958 年并入晋城县，1961 年复置，属晋东南专区。1967 年属晋东南地区。1985 年属晋城市。1993 年撤县设市（县级）。因北魏时高都、长平二郡合并，且其四面群山环绕、中部相对平坦而得名。1949 年后拆除旧城墙，填平护城河。在城东、城西、城南建大街。1985 年有三街三路。2005 年建“一个中心、四个副中心、三条轴线”总体构架。建“九横五纵内外两环”道路网，有长平、市政、金峰 3 广场。地处太行山西南边缘，泽州盆地北端。地势北高南低，北、东、西三面环山。有发鸠山、丹朱岭、朗公山、韩王山等。最高海拔金泉山 1391 米，最低海拔 800 米。年平均气温 10.2℃，1 月平均气温 -4.7℃，7 月平均气温 23.3℃。年平均降水量 567.1 毫米。有大小河流 30 余条，均属黄河流域，流域面积在 30 平方千米以上的有丹河、东仓河、小东仓河、东大河、许河、永录河 6 条。最大的河流为丹河，由西北至东南纵穿市境中部，其余大部分为丹河的支流，地表水年平均径流量约为 3888 万立方米。矿产资源有煤、硫铁、铁、铝土、石灰石、耐火粘土等。无烟煤累计探明地质储量 66.24 亿吨，可采储量 22.36 亿吨，是全国首批 100 个重点产煤县（市、区）之一。有市级工程技术研究中心 8 家，中小学 72 所，中等职业学校 2 所，医院 20 所，市直卫生机构 3 个，乡镇卫生院 13 个，社区卫生服务中心 3 个。有文化馆、公共图书馆、档案馆、博物馆、体育中心。高平历史悠久，文化灿烂。是神农炎帝故里，华夏文明重要发祥地之一，炎帝文化历史遗存数量最多，公祭民祭源远流长，民间传说与风情习俗流传广泛，连续举办七届“问祖炎帝·寻根高平”海峡两岸神农炎帝民间拜祖大典，先后被授予“海峡两岸交流基地”“中国华侨国际文化交流基地”“神农炎帝文化研究基地”。是历史上著名的长平之战的发生地，是太行太岳革命老区，是上党梆子戏曲之乡，上党梆子五朵梅花奖得主悉数根扎于此。有全国重点文物保护单位三王村三嵕庙、大周村古寺庙建筑群、董峰万寿宫、良户玉虚观、南庄玉皇庙等 22 处。有省级重点文物保护单位资圣寺、长平之战遗址、千佛造像碑、金峰寺、团西炎帝庙、良户古建筑群 21 处。有省级爱国主义教育基地高平羊头山炎帝风景区。有国家级非物质文化遗产高平绣活、潞绸织造技艺、武氏正骨法。有省级非物质文化遗产精卫填海神话、黑陶烧制技艺、白起豆腐制作技艺、神农高跷、高平十大碗制作技艺、古泫泥塑、琉璃制品 7 个。有中国历史文化名村良户村、苏庄村、大周村、伯方村、牛村 5 个，中国传统村落米西村、新庄村、永宁寨村、西李门村、常乐村等 56 个。有全国文明村镇马村镇、北城办底东山村。有国家 4A 级旅游景区丹朱岭工业旅游景区、炎帝陵景区，国家级 3A 旅游景区长平古战场大粮山、羊头山炎帝文化旅游景区。有省级森林公园七佛山。三次产业比 5 ∶ 60 ∶ 35。有耕地面积 62 万亩，主产玉米，占粮食总产量的 80% 左右。主要种植黄梨、核桃、中药材。目前已形成生猪、蔬菜、黄梨、丝绸四条全产业链。高平素有“梨乡”之称，所产黄梨品质很高，有大黄梨、削梨、夏梨等十多个品种，其中以陈区镇铁炉村所产的大黄梨品质最优，俗名“铁炉梨”，明、清时曾为贡品。素有“生猪之乡”的美誉，是受国务院奖励的生猪基地示范市、生猪调出大县（市），是全省“一县一业”生猪示范县（市）、第一养猪大县（市），全市年生猪出栏达 150 万头。有规模以上工业企业 90 家，以煤炭、电力、冶铁、铸造、机械、化工、化肥、水泥、纺织为主。服务业以商贸物流和旅游为主。郑太高速铁路、太焦铁路过境，设高平东站和高平站，二广高速、陵侯高速，207 国道，省道坪曲线经此。

140581-K01 **友谊西街**［Yǒuyì Xījiē］在市区北部。西起火车站广场，东至友谊东街。与清泉路、建设北路、太华路、迎宾路、府东路相交。长 1 千米，宽 50 米。沥青路面。1985 年开工，1988 年建成。原名友谊街，为使来往商客在高平留下美好之感，望友好之情常在，故名。2004 年以凤和桥为界分为东西两段，此段居西，故名。两侧有高平二中等。通 6、401 路等公交车。

140581-K02 **友谊东街**［Yǒuyì Dōngjiē］在市区北部。西起凤和桥，东至炎帝大道。与长平苑路、神农北路、建设北路相交。长 1.44 千米，宽 50 米。沥青路面。1985 年开工，1988 年建成，2006 年铺设沥青路面。原名友谊街，为使来往商客在高平留下美好之感，望友好之情常在，故名。2004 年以凤和桥为界分为东西两段，此段居东，故名。两侧有高平四中、长平公园、市东方红小学、小东仓河游园和天怡幼儿园等。通 1、2 路等公交车。

140581-K03 **长平西街**［Chángpíng Xījiē］在市区北部。西起新建北路，东至长平广场。与新建南路、府东路、古城路相交。长 0.7 千米，宽 50 米。沥青路面。1980 年开工，1983 年建成。原名北大街，1983 年县城规划时，以长平古战场更名为长平街。2004 年以建设北路为界分为东西两段，以西为长平西街。沿街商业繁荣。有高平市委、市政府、市政协等。通 3、401 路等公交车。

140581-K04 **长平东街**［Chángpíng Dōngjiē］在市区北部。西起长平广场东侧，东至秦庄岭旧村。与建设北路、丹河北路、长平苑路、神农北路、炎帝大道相交。长 2.6 千米，宽 50 米。沥青路面。1980 年开工，1983 年建成，2005 年铺设沥青路面。原名北大街，1983 年县城规划时，以长平古战场更名为长平街。2004 年分为东西两段，此段居东，故名。两侧有高平市妇幼保健院、国家电网、高平五中、长平综合市场和华龙国际商业广场等。通 1、3 路等公交车。

140581-K05 **泫氏西街**［Xuànshì Xījiē］在市区中部。西起铁西南路，东至建设南路、北路分界处。与新建南路、古城路相交。长 0.9 千米，宽 40 米。沥青路面。原为大成街，旧时有文庙，1958 年向西延伸扩建。因位于县城南部，更名南大街。1984 年向东延伸后，沿用高平古县之名，更名为泫氏街。2004 年以建设南、北路分界处为界，分为东西两段，以西为泫氏西街。沿途有高平实验中学等单位，有城关供销社、红旗商场、泫氏家具等商家。连接古城路步行街，是最具特色的历史文化名街和商业街。通 2、3 路等公交车。

140581-K06 **泫氏东街**［Xuánshì Dōngjiē］在市区中部。西起建设南、北路分界处，东至炎帝公园。与丹河北路、丹河南路、神农北路、神农南路、精卫路相交。长 0.95 千米，宽 40 米。沥青路面。1951 年始建，1958 年向西延伸，南北两侧拓宽。1984 年向东延伸；同年铺设沥青路面。原为大成街，旧时有文庙。后因位于县城南部，改名南大街。1984 年沿用高平古县之名，更名为泫氏街。2004 年分为东西两段，此段居东，故名。两侧有中国银行和炎帝公园等。通 3 路公交车。

140581-K07 **康乐西街**［Kānglè Xījiē］在市区南部。西起新建南路，东至建设南路。与金峰东路相交。长 0.6 千米，宽 40 米。沥青路面。1986 年始建，2006 年铺设沥青路面。因沿线有学校，为使儿童健康成长，快乐幸福，取名康乐街。2004 年该街分为东西两段，此段居西，故名。沿街有金峰幼儿园、高平三中和城南小学等单位。是市区东西向主干道。通 3 路公交车。

140581-K08 **康乐东街**［Kānglè Dōngjiē］在市区南部。西起建设南路，东至炎帝大道。与太洛路、丹河南路、神农南路、精卫路相交。长 1.7 千米，宽 40 米。沥青路面。1996 年开工，1999 年建成，2006 年改建向东延伸至炎帝大道，同年铺设沥青路面。因沿线有学校，为使儿童健康成长，快乐幸福，取名康乐街。2004 年该街分为东西两段，此段居东，故名。两侧有长平购物广场和炎帝公园等。通 3、5 路等公交车。

140581-K09 **建设北路**［Jiànshè Běilù］在市区中部。北起友谊西街，南至泫氏东、西街分界处。与友谊东街、长平西街、长平东街、育英街、育红街相交。长 1.1 千米，宽 50 米。沥青路面。原属太洛公路过境段，1984年改扩建向南延伸，同年铺设水泥路面，2016年铺设沥青路面。2004年以泫氏东、西街分界处为界，分为南北两段，此段居北。两侧有长平广场、高平市中医医院和市体育中心等。通401路公交车。

140581-K10 **建设南路**［Jiànshè Nánlù］在市区中部。北起泫氏东、西街分界处，南至朴村炎帝之女二公主坟遗址东南路口处。与太洛路、康乐西街、康乐东街、锦华街、南内环街相交。长2.4千米，宽50米。沥青路面。1984年重修拓宽向南延伸，2005年铺设沥青路面。原属太洛公路过境段，1984年取名建设路，2004年分为南北两段，此段居南。两侧有高平市人民医院、长平购物广场、明星小学和长平中学等。通5、401路等公交车。

140581-K11 **神农北路**［Shénnóng Běilù］在市区东部。北起北环路，南至泫氏东街。与友谊东街、长平东街、育红街相交。长1.2千米，宽50米。沥青路面。2009年开工，2012年建成，2016年铺设沥青路面。因纪念中华农耕始祖炎帝神农氏，命名为神农路。根据城市总体规划，此段为神农路北段，故名。两侧有小东仓河游园和颐心园等。通6路等公交车。

140581-K12 **神农南路**［Shénnóng Nánlù］在市区东部。北起泫氏东街，南至南内环街。与康乐东街、锦华街、龙司线相交。长2.3千米，宽50米。沥青路面。2009年开工，2012年建成，2016年铺设沥青路面。因纪念中华农耕始祖炎帝神农氏，命名为神农路。根据城市总体规划，此段为神农路南段，故名。两侧有高平市职工文体活动中心和炎帝公园等。通3、5路等公交车。

140581-K13 **炎帝大道**［Yándì Dàdào］在市区东部。北起北环路，南至南内环街。与友谊东街、长平东街、康乐东街、锦华街、坪曲线、新华东街相交。长18千米，宽59.5米。沥青路面。2005年始建，2009年在原207国道基础上改扩建，2010年建成，同年铺设沥青路面。原名世纪大道，因炎帝陵景区，2014年更今名。两侧有立盛大酒店、华龙国际商业广场、高平市神农客运中心、励志职校和北李小区等。通3路等公交车。

140581-K14 **精卫路**［Jīngwèi Lù］在市区东南部。北起康乐东街，南至南内环街。与锦华街相交。长7.4千米，宽50米。沥青路面。2016年始建。因源于精卫填海的传说，故名。两侧有高平市康复医院和万和城幼儿园等。通3路等公交车。

140581-K15 **丹河南路**［Dānhé Nánlù］在市区东部。北起泫氏东街，南至新华街。与康乐东街、锦华街、太洛路相交。长1.6千米，宽30米。沥青路面。原名丹河路，因位于丹河西岸而得名。2004年该路分为南北两段，此段居南，故名。两侧有高平博爱医院、金建都小区和丹河幼儿园等。通1路公交车。

140581-K16 **丹河北路**［Dānhé Běilù］在市区东部。北起长平东街，南至泫氏东街。与育英街、育红街相交。长0.86千米，宽30米。沥青路面。原名丹河路，因位于丹河西岸之故。2004年该路分为南北两段，此段居北，故名。两侧有丹河电脑城。通1路公交车。

140581-K17 **新建北路**［Xīnjiàn Běilù］在市区西北部。北起太华路，南至长平西街西端。与友谊西街相交。长0.75千米，宽30米。沥青路面。初名西大街，因位于县城西部而名。1984年建成，因南北两段为新建，故更名为新建路。2004年该路分为南北两段，此段居北，故名。两侧有高平铁东招待所、煤运春光小区、残联康复医院、高平站和众和医院等。通401路公交车。

140581-K18 **新建南路**［Xīnjiàn Nánlù］在市区西部。北起长平西街西端，南至南内环街。与泫氏西街、古城路、康乐西街、锦华街、331省道相交。长2.1千米，宽30米。沥青路面。初名西大街，因位于县城西部而名。1984年建成，因南北两段为新建，故更名为新建路。2004年该路分为南北两段，此段居南，故名。两侧有金峰幼儿园（康乐西街）等。通2、3路等公交车。

140581-K19 **锦华街**［Jǐnhuá Jiē］在市区南部。西起锦华西街，东至西南庄锦华小区附近。与金峰大道、新建南路、建设南路、太洛路、丹河南路、神农南路、精卫路、炎帝大道相交。长3.7千米，宽30米。沥青路面。2016年建成，同年铺设沥青路面。寓意锦绣繁华，故名。两侧有明星小学等。通2路等公交车。

140581-N01　**迎宾桥**［Yíngbīn Qiáo］在市区北部。桥长56.6米，桥面宽22米，最大跨度25米，桥下净高5米。2004年开工，2005年建成。因位于迎宾路，故名。为小型河道桥梁。最大载重量25吨。通402路公交车。

140581-N02　**神农桥**［Shénnóng Qiáo］在市区南部。桥长50米，桥面宽35米，最大跨度25米，桥下净高4米。2007年开工，2009年建成。因所在位置为神农路，故名。为小型河道桥梁。最大载重量25吨。通3、6路等公交车。

140581-N03　**长平桥**［Chángpíng Qiáo］在市区北部。桥长100米，桥面宽24米，最大跨度30米，桥下净高5米。1993年建成，2014年拓宽改建。因此桥架设于长平街，故名。为小型河道桥梁。最大载重量为50吨。通1、3路等公交车。

140581-N04　**友谊桥**［Yǒuyì Qiáo］在市区北部。长97米，桥面宽37.5米，最大跨度30米，桥下净高4米。2007年动工，2008年竣工。因是衔接友谊西街和友谊东街的交通枢纽，故名。为小型河道桥梁。最大载重量25吨。通7路公交车。

140581-N05　**南赵庄桥**［Nánzhàozhuāng Qiáo］在市区中部。桥长47米，桥面宽35米，最大跨度30米，桥下净高3米。1973年建成，2005年改扩建。因所处位置为南赵庄，故名。为小型河道桥梁。最大载重量20吨。通3路公交车。

140581-A01　**北城街街道**［Běichéngjiē Jiēdào］高平市人民政府驻地。在市境北部。面积48平方千米。人口5.06万。辖8社区、22行政村。街道办驻迎宾路21号。1961年属高平县城关人民公社。1984年属城关镇。1994年4月撤城关镇析置。2021年2月永禄乡并入。以方位得名。丹河自西北向东南流经。有中小学、中医院、人民医院北城分院、体育馆、长平广场。有韩王山、松山、佛爷岭、杨家山、郎公山。有省级重点文物保护单位高平瑞云观、王降洞真观，市级重点文物保护单位南王庄玉皇庙。有文物古迹城西北大寺戏台、王何五龙庙古戏台、大冯庄汤王庙、企甲院文昌阁、徐庄阁楼、仓颉庙、秋子古戏台、二仙庙、西王寺、魏晋太医令王叔和遗物等文物古迹。有革命纪念地王降村烈士纪念碑。地方特色民间艺术有九莲灯、龙灯、秧歌小调、剪纸、面塑、根雕等。主产玉米，养殖猪、鸡。服务业以文化旅游和商贸物流为主，有高平市城隍庙民俗文化馆、王叔和中医药文化产业园。太焦铁路过境，设高平站。二广高速经此。

140581-A01-H01　**底东山**［Dǐdōngshān］在市政府驻地北城街道北4千米。北城街道辖行政村。人口700。因村在东山脚下而得名。聚落呈条带状。有底东山烽火台遗址，为明代文化遗存。2011年被评为第三届全国文明村。省道长晋线经此。

140581-A01-H02　**三军**［Sānjūn］在市政府驻地北城街道北6千米。北城街道辖自然村。人口500。原名蚕村，相传长平大战赵军三军司令部设此，故名。聚落呈团块状。有三军三官庙、二仙庙，现存皆为清代建筑遗构。乡村道路经此。

140581-A01-H03　**王降**［Wángjiàng］在市政府驻地北城街道西北3.8千米。北城街道辖行政村。人口1000。因传说长平之战时，赵军的中军大营在此投降，而得名。聚落呈团块状。有第六批省级文物保护单位王降洞真观，现存为明清建时期筑遗构。有王降佛堂、关帝庙、二仙庙、王降秦家老院，现存皆为清代建筑遗构。有王降烈士纪念碑，为纪念被日寇、国民党特务残害的革命烈士而立。省道长晋线经此。

140581-A02　**东城街街道**［Dōngchéngjiē Jiēdào］属高平市。在市境东部。面积16平方千米。人口3.62万。辖8社区，7行政村。办事处驻育红街。1961年属高平县城关人民公社。1984年5月属城关镇。1994年4月撤城关镇析置。以方位命名。丹河自北向南流经。有中小学、中等专业学校、医院、图书馆、博物馆、公园、体育中心、广场。有省级重点文物保护单位秦庄玉皇庙，市级重点文物保护单位炎帝庙。有中国传统村落店上村。有省级森林公园七佛山。地方特色民间艺术有九莲灯、秧歌小调、剪纸、面塑、石刻玉雕、牛皮雕绘等，被评为国家级“民间手工艺之乡”。主产玉米，种植蔬菜，养殖猪、鸡。有煤业公司、面粉厂、石料厂。服务业以文化旅游为主。郑太高速铁路、二广高速、208 国道经此。

140581-A02-J01 **城东社区**［Chéngdōng Shèqū］属东城街道。人口 8300。旧称儒林坊、治平坊，因在原城关东部而得名。2005 年成立。有福祥苑小区、公安小区、红星小区。有东方大厦。有文庙藏经阁（红楼）、城东佛堂、城东古城路四排楼底 46 号民居、城东古城路学门底 29 号民居，现存皆为清代建筑遗构。2014 年被评为省文明社区。通 401、1 路公交车。

140581-A02-H01 **秦庄**［Qínzhuāng］在市政府驻地北城街道东 2 千米。东城街道辖行政村。人口 1560。1985 年在秦庄丰产岭下面平川地选址重建新村，故名。聚落呈团块状。有第六批省级文物保护单位秦庄玉皇庙，现存正殿为明代遗构，其余皆为清代遗构，西配殿于 2007 年修缮时建造。有秦庄三官庙，现存为清代建筑遗构。208 国道经此。

140581-A03 **南城街街道**［Nánchéngjiē Jiēdào］属高平市。在市境南部。面积 51 平方千米。人口 5.81 万。辖 11 社区、17 行政村。办事处驻建设南路。1961 年属高平县城关人民公社。1984 年属城关镇。1994 年 4 月撤销城关镇析置。2001 年 1 月唐庄乡并入。以方位命名。丹河自北向南流经。有技校、中小学、医院、文化活动中心、公园、广场。有省级重点文物保护单位元代金峰寺，位于市区西南山麓处。有省级重点文物保护单位南赵庄二仙庙、高庙山石窟。有革命纪念地、市级重点文物保护单位高平市烈士陵园、瓦窑头烈士纪念碑。有古迹骷髅庙、瓦窑头玉皇庙。有中国传统村落北陈村、上韩庄村、上庄村。地方特色民间艺术有舞龙、腰鼓、九莲灯等。主产玉米，种植黄梨、芍药，养殖猪，建有玉露香梨冷库、生猪循环产业园。有矿泉水厂、涂料厂、煤焦化工业园、轻工食品工业园。服务业以商贸物流、旅游为主，有高平古泫工美文创园等文化旅游场所。郑太高速铁路、太焦铁路、二广高速、208 国道、省道长晋线、坪曲线经此，设神农客运中心。

140581-A03-H01 **北陈**［Běichén］在市政府驻地北城街道南 6.3 千米。南城街道下辖行政村。人口 2450。原名福善村，有幸福生活、善良相处之意。后该村被一陈姓大户掌握，南北分家后，因在北面而得名。聚落呈团块状。有北陈诸神庙、文峰塔、麟经阁、二郎庙、成汤庙、观音堂，有北陈一号民居、二号民居等古建筑群，现存皆为清代建筑遗构。有北陈遗址，现存为新石器时代文化遗存。2019 年被列入第五批中国传统村落名录。有生态养殖园区两处。227 省道经此。

140581-A03-H02 **上韩庄**［Shànghánzhuāng］在市政府驻地北城街道南 4.5 千米。南城街道下辖行政村。人口 3000。相传最早由河西镇双井村一韩姓农民来此居住，初名韩庄，后因村子处于平地之上，又和下韩庄村相对称，故名。聚落呈团块状。有上韩庄玉皇庙、观音堂、白衣堂、上韩庄韩家老院，现存皆为清代建筑遗构。2019 年被列入第五批中国传统村落名录。省道长晋线经此。

140581-A03-H03 **上庄**［Shàngzhuāng］在市政府驻地北城街道西南 2.7 千米。南城街道下辖行政村。人口 1200。相传村上有尚张两大家族相争，通过协商，将“尚”改为“上”。聚落呈条带状。有市级文物保护单位上庄玉皇庙，有上庄观音庙，现存皆为清代建筑遗构。有豆制品传统产业。2019 年被列入第五批中国传统村落名录。省道长晋线经此。

140581-A03-H04 **南赵庄**［Nánzhàozhuāng］在市政府驻地北城街道东南 2 千米。南城街道辖行政村。人口 5400。原名赵庄村，相传长平之战（白起坑赵）在此发生，赵括尸体安葬在该村北岭（今二仙岭）上。1983 年地名普查与北赵庄重名，故名。聚落呈团块状。有第六批省级文物保护单位南赵庄二仙庙，现存正殿平梁以下为宋代建筑遗构，其它建筑均清代建筑遗构。有南赵庄戏台、南赵庄关帝庙、观音庙、五谷庙、玉皇庙，现存皆为清代建筑遗构。208 国道经此。

140581-B01 **米山镇**［Mǐshān Zhèn］高平市辖镇。在市境东南部。面积 65 平方千米。人口 3.3 万。辖 25 行政村。镇人民政府驻米西村。1949 年属高平县第一区。1953 年设米山乡。1958 年设晋城县高平人民公社米山管理区。1961 年设人民公社。1984 年 5 月改镇。2001 年 1 月云泉乡并入。以原驻地（米山村）得名，长平之战时赵将廉颇将村北山黄沙作为粮仓迷惑秦军，故名米山。大东仓河流经。有煤炭 1.8 亿吨。有中小学、卫生院、文化站、湿地公园。有全国重点文物保护单位定林寺、三王村三嵕庙、高平铁佛寺，省级重点文物保护单位米西显圣庙。有市级重点文物保护单位风神洞、瘟神洞、祁贡墓。有中国传统村落米西村、孝义村。有国家 3A 级景区大粮山景区。米山商业始于唐宋，以明清最为鼎盛，清代正大街南北店铺林立，现存最古老的民居建筑是刘家大院。有高平八景之一“大粮积雪”。地方特色民间艺术有秧歌、根雕、刺绣等。举办的文化节有元宵节灯会、耍乐故事节、消夏晚会艺术节、校园文化艺术节等。2006 年，被省政府命名为山西省历史文化名镇。主产玉米、小麦，养殖猪、鸡。有煤炭、建材、铸造、新材料等工业企业，有高平经济技术开发区。二广高速、省道坪曲线经此。

140581-B01-H01 **米西**［Mǐxī］米山镇人民政府驻地。在市政府驻地北城街道东南 5.6 千米。人口 2700。赵将廉颇积米于此，清同治《高平县志》卷 1《地理・里甲》载：“米山西”故名。聚落呈团块状。有高平一中、米山中学、米西小学、米山中心卫生院。有第八批全国重点文物保护单位高平铁佛寺，现存为明代建筑遗构。有第六批省级文物保护单位米西显圣观，现仅存正殿（三清殿）和文昌阁（西楼），正殿梁架结构及铺作当为元代建筑遗构，文昌阁为明清时期建筑遗构。有米西一号民居、二号民居等古建筑群，皆为清代建筑遗构。米西传统手工艺堆花和刺绣有 300 余年历史。2012 年被列入第一批中国传统村落名录。207 国道、省道坪曲线经此。

140581-B01-H02 **米东**［Mǐdōng］在市政府驻地北城街道东南 6.1 千米。米山镇辖行政村。人口 2330。赵将廉颇积米于此，清同治《高平县志》卷 1《地理・里甲》载：“米山西”故名。聚落呈团块状。有米东小学。有第五批全国重点文物保护单位定林寺，现存雷音殿为元代建筑遗构，余皆为明清建筑遗构。有米东七佛山石窟，现存为北魏建筑遗构。省道曲辉线经此。

140581-B01-H03 **三王**［Sānwáng］在市人民驻地北城街道东南 8.2 千米。米山镇辖行政村。人口 720。原名桑王沟，因满沟都是桑树。后北宋时期三王爷郑志明领兵打仗经此村休息过夜，故名。聚落呈团块状。有第七批全国重点文物保护单位三嵕庙，现存正殿为金代建筑遗构，余皆为清代建筑遗构。有三王佛堂、观音庙、三教堂、三王牛家老院，现存皆为清代建筑遗构。乡村道路经此。

140581-B01-H04 **孝义**［Xiàoyì］在市政府驻地北城街道东南 10.3 千米。米山镇辖行政村。人口 1170。原名凤凰村，清道光年间该村祁贡任两广总督，为官清廉且孝敬父母。为了纪念祁贡，村民根据“忠、孝、节、义”中取孝义二字，故名。聚落呈团块状。有孝义遗址，为汉代文化遗存。有祁贡墓、孝义关帝庙、祖师阁、玉皇庙、三教堂，现存皆为清代建筑遗构。有孝义烈士纪念碑，为纪念张喜则、祁小秃等烈士而立。2019 年被列入第五批中国传统村落名录。乡村道路经此。

140581-B01-H05 **侯家庄**［Hóujiāzhuāng］在市政府驻地北城街道东南 10.2 千米。米山镇辖行政村。人口 490。因该村地处山区，位于龙顶山脚下半山腰处，侯姓建庄而得名。聚落呈团块状。有果品种植和加工业。2020 年被评为第六届全国文明村。县道米双线经此。

140581-B02 **三甲镇**［Sānjiǎ Zhèn］高平市辖镇。在市境东北部。面积 40 平方千米。人口 2.5 万。辖 18 行政村。镇人民政府驻三甲南村。1949 年分属高平县第五区、第六区。1956 年 3 月设三甲镇。1958 年先后设晋城县高平人民公社三甲管理区、三甲工作区。1961 年设人民公社。1984 年 5 月改乡。1995 年 5 月改镇。以驻地得名。地形以丘陵和山地为主，东有狼卧圪嘴岭和西甲山，西依韩王山。小东仓河纵穿中部，长 5.5 千米。煤炭储量 8600 多万吨。有中小学、卫生院、文化站、文化活动中心、珐华艺术展览馆。有全国重点文物保护单位高平嘉祥寺。有省级重点文物保护单位邢村炎帝庙。有中国传统村落北庄村、赤祥村、邢村、赵家山村。2020 年 7 月被全国爱国卫生运动委员会命名为 2017—2019 周期国家卫生乡镇。主产玉米、蔬菜，养殖猪、鸡。有洗煤、炼焦、水泥、铸造、矿山设备、滤材、包装印刷、饲料等工业企业，有装备制造工业园、晋东南建筑产业现代化园区。有传统手工业制品铁锅、火炉等，久负盛名。二广高速、207 国道经此。

140581-B02-H01 **三甲南**［Sānjiǎnán］三甲镇人民政府驻地。在市政府驻地北城街道东北 7 千米。人口 2400。相传长平大战时，廉颇帅职由赵括接替，离开长平大营返都邯郸，路径本村卸下帅盔、铠甲、战靴三甲，故名。聚落呈团块状。有姬五女中学、三甲南小学、三甲镇卫生院。有三甲南店铺、三甲南靳家老院，皆为清代建筑遗构。有三甲南烈士纪念碑，为纪念抗战烈士而立。有上党梆子剧团。208 国道经此。

140581-B02-H02 **赤祥**［Chìxiáng］在市政府驻地北城街道东北 9.4 千米。三甲镇辖行政村。人口 2000。相传村民定村名时，因“赤”作美满征兆，以“祥”当作愿望而得名。聚落呈团块状。有第七批全国重点文物保护单位嘉祥寺，现存前殿为宋代建筑遗构，中殿为元代建筑遗构，余皆为明清时期建筑遗构。有赤祥玉皇阁、炎帝庙、观音堂，皆为清代建筑遗构。2019 年被列入第五批中国传统村落名录。208 国道经此。

140581-B02-H03 **北庄**［Běizhuāng］在市政府驻地北城街道东北 5 千米。三甲镇辖行政村。人口 1600。因该村在邢村建村之后，且位于邢村北面而得名。聚落呈团块状。有北庄遗址，为新石器时代文化遗存。有北庄祖师庙、北庄一号民居、二号民居等古建筑群，现存皆为清代建筑遗构。2019 年被列入第五批中国传统村落名录。208 国道经此。

140581-B02-H04 **邢村**［Xíngcūn］在市政府驻地北城街道东北 5 千米。三甲镇辖行政村。人口 1500。相传魏县令邢文光卒于官，子孙迁居，因名其地而得名。聚落呈团块状。有第六批省级文物保护单位邢村炎帝庙，现存正殿为明代建筑遗构，余皆为新建。有邢村佛像，为隋代文化遗存。有邢村三官庙、邢村石塔、邢村二郎庙，现存皆为清代建筑遗构。2019 年被列入第五批中国传统村落名录。208 国道经此。

140581-B02-H05 **赵家山**［Zhàojiāshān］在市政府驻地北城街道东北 6 千米。三甲镇辖行政村。人口 460。因赵姓建村，村处山坡而得名。聚落呈团块状。有五阁六庙之称。有三官阁和祖师阁。现存为清代建筑遗构。2019 年被列入第五批中国传统村落名录。208 国道经此。

140581-B03 **陈区镇**［Chénqū Zhèn］高平市辖镇。在市境东北部。面积 62 平方千米。人口 3.01 万。辖 22 行政村。镇人民政府驻陈区村。原名陈堰。1949 年属高平县第五区。1956 年 3 月设陈堰镇。1958 年先后设陈堰管理区、陈堰工作区。1961 年设人民公社。1984 年 5 月改镇。2003 年 12 月更今名。地形以丘陵和山地为主，群山环绕、沟壑纵横、村庄分散，唯西南一隅为开阔地带。东仓河流经。有中小学、卫生院、文体活动中心、清兰艺术馆、艺术文创基地。古建民居较多，年代久远。有全国重点文物保护单位姬氏民居、清梦观、开化寺。有省级重点文物保护单位西窑头姬氏民居。有中国传统村落铁炉村。主产玉米，种植蔬菜、黄梨、桑树，养殖猪、鸡。铁炉村黄梨为旧时朝廷贡品，种植黄梨 5000 多亩，建有铁炉贡梨加工厂、黄梨种植技术培训服务中心。有煤炭、明胶、服装等企业。服务业以旅游为主。省道坪曲线经此。

140581-B03-H01 **陈区**［Chénqū］陈区镇人民政府驻地。在市政府驻地北城街道东北 12 千米。人口 2300。相传春秋时代是古辰子国的属地。古辰子死后葬于此，称陈土区，故名。聚落呈条带状。有陈区中学、陈区小学、陈区卫生院。有陈区戏台、陈区一号民居、二号民居、三号民居，皆为清代建筑遗构。县道浩王线经此。

140581-B03-H02 **铁炉**［Tiělú］在市政府驻地北城街道东北 12.9 千米。陈区镇辖行政村。人口 500。因这里建有炼铁炉而得名。聚落呈团块状。有第六批全国重点文物保护单位清梦观，现存中殿为元代建筑遗构，后殿为明代建筑遗构，现存余皆为清代建筑遗构。2019 年被列入第五批中国传统村落名录。省道曲辉线经此。

140581-B03-H03 **王村**［Wángcūn］在市政府驻地北城街道东北 11.8 千米。陈区镇辖行政村。人口 2050。聚落呈团块状。有第五批全国重点文物保护单位开化寺，现存大雄宝殿为宋代建筑遗构，观音殿为金代建筑遗构，余皆为明清时期建筑遗构，寺内大雄宝殿有我国现存面积最大、独具特色的宋代壁画。有农民自办企业向荣畜牧有限公司。县道浩王线经此。

140581-B03-H04　**中庄**［Zhōngzhuāng］在市政府驻地北城街道东北15千米。陈区镇辖自然村。人口630。因村在周围八个村庄中间而得名。聚落呈团块状。有第四批全国重点文物保护单位姬氏民居，又称姬氏老宅，是迄今为止发现年代最早的元代民居。有中庄关帝阁，现存为清代建筑遗构。县道陈关线经此。

140581-B03-H05　**西窑头**［Xīyáotóu］在市政府驻地北城街道东北14千米。陈区镇辖自然村。人口530。相传建村前，因此地煤窑多，又在东头的西面而得名。聚落呈团块状。有第六批省级文物保护单位西窑头姬氏民居，现存正房为元代建筑遗构，余皆为清代建筑遗构。乡村道路经此。

140581-B04　**北诗镇**［Běishī Zhèn］高平市辖镇。在市境东部。面积74平方千米。人口3.03万。辖26行政村。镇人民政府驻北诗村。1949年属高平县第四区。1956年设北诗镇。1958年先后设北诗管理区、北诗工作区。1961年设北诗人民公社。1984年5月改为北诗乡。1995年5月改镇。2001年1月拥万乡并入。以驻地得名。地形以丘陵为主，北高南低三面环山，主要山脉有龙顶山、四明山等。东大河流经。有煤、铁、石灰岩、铝矾土等矿产资源。有中小学、卫生院、人民广场。有全国重点文物保护单位中坪二仙宫。有中国传统村落丹水村、东吴庄村、龙尾村。有元代院门、神农庙、五谷庙、二仙庙、瘟神庙等文物古迹。有龙顶山战斗、四明山保卫战等抗日战争遗址。主产玉米，种植苹果、核桃、香菇、蔬菜。有苹果种植基地、生态农业园示范区、中加裕联合育种公司。有煤业公司，衡器铸造等工业企业，体育健身器材是特色产品。陵川—侯马高速经此。

140581-B04-H01　**北诗**［Běishī］北诗镇人民政府驻地。在市政府驻地北城街道东南14.5千米。人口1940。原名寺村，因村北有一古寺得名，取谐音“诗”改为诗村，意即文化之地。后村南又建一村称南诗，为南北对称，故名。聚落呈团块状。有北诗镇中心卫生院。有北诗大庙，现存为清代建筑遗构。有北诗烈士碑，为纪念被国民党特务残害死难同志而立。有无公害绿色产品北诗四明山苹果。县道建董线经此。

140581-B04-H02　**中坪**［Zhōngpíng］在市政府驻地北城街道东14千米。北诗镇辖自然村。人口460。原名中村，1983年因在化壁与南村中间而得名。聚落呈团块状。有第六批全国重点文物保护单位中坪二仙宫，现存正殿为金元时期建筑遗构，余皆为明清时期建筑遗构。乡村道路经此。

140581-B04-H03　**丹水**［Dānshuǐ］在市政府驻地北城街道东南17.7千米。北诗镇辖行政村。人口1200。村落水源充足，地形犹如扁担，原名担水村，后觉不雅，改“担”为“丹”，故名。聚落呈团块状。有丹水真泽行宫、丹水东庙、丹水观音阁，现存皆为清代建筑遗构。2019年被列入第五批中国传统村落名录。县道礼夺线经此。

140581-B04-H04　**东吴庄**［Dōngwúzhuāng］在市政府驻地北城街道东南12.8千米。北诗镇辖行政村。人口1300。相传唐代时由吴姓先在此安家落户，故名吴庄；后随高平撤县建市时为区分两个吴庄，因此村在市东，故名。聚落呈团块状。有东吴庄佛爷庙、文昌阁、东吴庄冯家老院，现存皆为清代建筑遗构。2019年被列入第五批中国传统村落名录。县道米双线经此。

140581-B04-H05　**龙尾**［Lóngwěi］在市政府驻地北城街道东南19千米。北诗镇辖行政村。人口1400。因东北至龙王头一带的山势很像巨龙，村北山岭犹如尾巴而得名。聚落呈团块状。有龙尾诸神庙、东岳庙、关帝阁，现存皆为清代建筑遗构。2019年被列入第五批中国传统村落名录。县道礼夺线经此。

140581-B05　**河西镇**［Héxī Zhèn］高平市辖镇。在市境南部。面积104平方千米。人口4.66万。辖31行政村。镇人民政府驻河西村。1949年分属高平县第三区、第七区。1956年3月设河西镇。1958年设河西工作区。1961年改公社。1984年5月复置镇。2001年1月牛庄乡、悬壶南乡并入。因驻地得名，河西村位于丹河西岸，原名丹西，后改为河西。丹河从北向南流经，长9.3千米。

有煤炭、石灰石等矿产资源，煤炭储量 1.5 亿吨。有中小学、卫生院、综合文化站、公园 3 个。有全国重点文物保护单位崇明寺、游仙寺、西李门二仙庙、南庄玉皇庙。有省级重点文物保护单位河西玉皇庙、焦河东华观、河西三嵕庙。有文物古迹高庙山石窟、悬壶庙等。焦河、乔里、双井 3 村有炎帝庙。有中国历史文化名村苏庄村、牛村。有中国传统村落苏庄村、新庄村、永宁寨村、西李门村、常乐村、回山村、河西村、下庄村、焦河村、牛村 10 个。主产玉米、小麦，盛产富硒红薯，注册“朱门红薯”商标。养殖猪、羊，有凯永养殖场等大型养猪项目。有煤炭、煤机制造、水泥构件、生物科技、面粉等企业，有台湾产业园区。郑太高速铁路过境，设高平东站。二广高速、陵侯高速、207 国道经此，设河西河汽车站。

140581-B05-H01 **河西**［Héxī］河西镇人民政府驻地。在市政府驻地北城街道南 9.3 千米。人口 4700。因村建在丹河西岸而得名，原名丹西。聚落呈团块状。有河西中学、河西小学、河西镇卫生院。有第六批省级文物保护单位河西三嵕庙，现存正殿为金代建筑遗构，余皆为清代建筑遗构。有河西上佛堂、西庙、关帝庙，河西张家老院、袁家老院、刘家老院，皆为清代建筑遗构。2019 年被列入第五批中国传统村落名录。208 国道、省道长晋线经此。

140581-B05-H02 **北苏庄**［Běisūzhuāng］在市政府驻地北城街道南 8 千米。河西镇辖行政村。人口 1700。原名苏庄，后因在南苏庄北边，而得名。聚落呈团块状。有北苏庄耕读传家牌楼、北苏庄圣母庙、三教堂、关帝庙、玉皇庙，有北苏庄一号民居、二号民居、三号民居等古建筑群，现存皆为清代建筑遗构。2010 年被列入第五批中国历史文化名村。2012 年被列入第一批中国传统村落名录。208 国道、省道长晋线经此。

140581-B05-H03 **新庄**［Xīnzhuāng］在市政府驻地北城街道南 11.2 千米。河西镇辖行政村。人口 1600。相传唐代已建村庄，后因丹河水灾后重建而得名。聚落呈条带状。有新庄小学。有新庄佛堂庙、玉皇庙、五虎庙、眼光庙，有新庄一号民居、二号民居、三号民居等古建筑群，现存皆为清代建筑遗构。2014 年被列入第三批中国传统村落名录。208 国道、省道长晋线经此。

140581-B05-H04 **郭家庄**［Guōjiāzhuāng］在市政府驻地北城街道东南 13 千米。河西镇辖自然村。人口 400。聚落呈团块状。有第五批全国重点文物保护单位崇明寺，现存中殿为宋代建筑遗构，余皆为明清时期建筑遗构。有郭家庄三教堂，现存为清代建筑遗构。乡村道路经此。

140581-B05-H05 **常乐**［Chánglè］在市政府驻地北城街道东南 10.7 千米。河西镇辖行政村。人口 1100。因地处岭下，山岗到此中断，称断岗村，后根据村中有高低跷、扛妆等民间耍乐，将村名改为常乐。聚落呈团块状。有常乐小学。有常乐关帝庙、三官庙、永宁寺、玉皇庙，有常乐一号民居、二号民居、三号民居等古建筑群，现存皆为清代建筑遗构。2016 年被列入第四批中国传统村落名录。208 国道、省道长晋线经此。

140581-B05-H06 **牛山**［Niúshān］在市政府驻地北城街道南 8 千米。河西镇辖自然村。人口 500。亦称后山，因村边池塘有金牛饮水之说而得名。聚落呈团块状。有第五批全国重点文物保护单位游仙寺，现存毗卢殿为宋代建筑遗构，三佛殿为金代建筑遗构，余皆为明清时期建筑遗构。208 国道、省道长晋线经此。

140581-B05-H07 **西李门**［Xīlǐmén］在市政府驻地北城街道东南 11.2 千米。河西镇辖行政村。人口 1900。战国时期，有李将军在此安营扎寨，后为纪念他，故名。聚落呈团块状。有第六批全国重点文物保护单位二仙庙，现存中殿为金代建筑遗构，余皆为明清时期建筑遗构。有西李门遗址，为东周时期文化遗存。有西李门三官庙、祖师庙、关王庙、玉皇庙、玄武庙、观音阁、关帝阁、三教堂、风华寺、西李门朱氏家族墓地、司家老院、张家老院、史家祠堂，现存皆为清代建筑遗构。有民国三十一年（1942 年）所建婴儿塔。2016 年被列入第四批中国传统村落名录。208 国道、县道石河线经此。

140581-B05-H08 **回山**［Huíshān］在市政府驻地北城街道西南 12.3 千米。河西镇辖行政村。人口 1200。因在回龙山下而得名。聚落呈团块状。

有回山三佛阁、二仙庙、祖师庙、回山村南庵、观音阁、马灵宫，现存皆为清代建筑遗构。2019 年被列入第五批中国传统村落名录。乡村道路经此。

140581-B05-H09　**南庄**［Nánzhuāng］在市政府驻地北城街道东南 18.7 千米。河西镇辖自然村。人口 350。因该村在泽州县鲁村南面，原名古南鲁，后简称而得名。聚落呈团块状。有第七批全国重点文物保护单位南庄玉皇庙，现存正殿为金代建筑遗构，余皆为清代建筑遗构。有南庄关帝庙、秦氏节烈坊，现存皆为清代建筑遗构。有传统手工业染纸。乡村道路经此。

140581-B05-H10　**焦河**［Jiāohé］在市政府驻地北城街道南 12 千米。河西镇辖行政村。人口 1600。村中有一条河，水流湍急，翻腾如蛟，称之为蛟水，村以河为名，称之为蛟河。后经演变而得名。聚落呈团块状。有第六批省级文物保护单位焦河东华观，现存正殿为明代建筑遗构，余皆为清代建筑遗构。有焦河戏台、焦河三官庙、炎帝庙、焦河一号民居、二号民居等古建筑群，皆为清代建筑遗构。2019 年被列入第五批中国传统村落名录。乡村道路经此。

140581-B05-H11　**牛村**［Niúcūn］在市政府驻地北城街道南 12.5 千米。河西镇辖行政村。人口 2380。相传该村西南山势似牛身，东北古庙似牛头，古庙两边水池似牛眼，村四周成弯形似牛角，形状如牛，故名。聚落呈团块状。有牛村遗址，为汉代文化遗存。有牛村三教堂、玉皇庙、佛堂庙、观音阁、牛村一号民居、二号民居等古建筑群，皆为清代建筑遗构。2019 年被列入第七批中国历史文化名村名录。2019 年被列入第五批中国传统村落名录。208 国道经此。

140581-B05-H12　**下庄**［Xiàzhuāng］在市政府驻地北城街道南 10.7 千米。河西镇辖行政村。人口 860。因村处地势较低而得名。聚落呈团块状。有下庄西阁、玉皇地藏庙、文昌阁，有下庄一号民居、二号民居、三号民居、四号民居，现存皆为清代建筑遗构。2019 年被列入第五批中国传统村落名录。208 国道、省道长晋线经此。

140581-B05-H13　**永宁寨**［Yǒngníngzhài］在市政府驻地北城街道东南 18 千米。河西镇辖行政村。人口 750。根据寨内现存碑记，为躲避明末战乱，由张姓大户张百万捐资创建集生产、生活和军事防御为一体的古村寨，故名。聚落呈团块状。有永宁寨白衣阁、三教堂、关帝庙、祖师庙、文昌阁、高禖祠，现存皆为清代建筑遗构。2016 年被列入第四批中国传统村落名录。乡村道路经此。

140581-B06　**马村镇**［Mǎcūn Zhèn］高平市辖镇。在市境西南部。面积 66 平方千米。人口 3.31 万。辖 1 社区、18 行政村。镇人民政府驻马村。1949 年属高平县第三区。1956 年设马村镇。1958 年先后设马村管理区、马村工作区。1961 年设马村人民公社。1984 年 5 月复置镇。2001 年 1 月东周乡并入。因政府驻地得名，相传长平之战时，驻扎在光狼城（今康营村）的秦军常到这里饮马，遂称饮马村，后简称马村。地形以丘陵和山地为主，最高点为西南部边境的吾圣山，海拔 1346.6 米，最低点康营村位于镇东部，海拔 809 米。饮马河从北向南流经，长 13 千米。境内煤、铁资源丰富，自古被称为“煤铁之乡”。有中小学、卫生院、公园、老年公寓。有全国重点文物保护单位大周村古寺庙建筑群，现存古寺庙 20 余处。有省级重点文物保护单位古寨汤王庙。有国家级非物质文化遗产武氏正骨疗法。有中国历史文化名村大周村。有中国传统村落大周村、东周村、西周村、康营村、陈村、东掘山村、东宅村、古寨村、马村、唐东村 10 个。有卧佛山生态公园、高平关古军事文化园、香山等旅游场所。获得“全国小城镇建设重点镇”“国家经济开发示范镇”“中国最具投资潜力城镇”“全国创建文明村镇工作先进村镇”“全国文明镇”等国家荣誉称号。主产小麦、玉米，种植苹果、梨、核桃，有铁炉贡梨园。主要养殖猪、羊、鸡。有煤炭、煤化工、化肥、铸造、生物质发电、玻璃微珠、公路建材、饮料等企业，有马村工业园、不锈钢产业园、绿美农业科技示范园区。唐安煤矿专用铁路过境，设唐安煤矿站。陵侯高速、省道坪曲线经此。

140581-B06-H01　**马村**［Mǎcūn］马村镇人民政府驻地。在市政府驻地北城街道西南 12 千米。人口 4200。原名平泉村，后因有军马在此饮水而得名饮马村，简称马村。聚落呈条带状。有马村中学、马村中心小学、马村卫生院。有市级重点文物保护单位马村玄帝庙，现存为清代建筑遗构。有马村关帝庙，现存为清代建筑遗构。2019 年被列入第五批中国传统村落名录。省道曲辉线经此。

140581-B06-H02 **大周**［Dàzhōu］在市政府驻地北城街道西南 16.8 千米。马村镇辖行政村。人口 2300。相传北周时期武将杨纂在此镇守，后人为了纪念其功绩，将村名定为周纂村。后分为东周纂、西周纂和大周纂，该村最大，故名。聚落呈团块状。有第七批全国重点文物保护单位大周村古寺庙建筑群，由资圣寺、五虎庙、汤王庙、元帝阁组成。资圣寺现存毗卢殿为宋代建筑遗构，雷音殿为明代建筑遗构，余皆为清代建筑遗构。有汤王庙，现存正殿为元代建筑遗构，配殿为明代建筑遗构。元帝阁、大周五虎庙，皆为清代建筑遗构。有大周地道遗址，为宋代文化遗存。有大周观音楼、百子桥，大周陈家老院、程家老院、武氏一号民居等古建筑群，现存皆为清代建筑遗构。2012 年被列入第一批中国传统村落名录。2014 年被列入第六批中国历史文化名村名录。乡村道路经此。

140581-B06-H03 **东周**［Dōngzhōu］在市政府驻地北城街道西南 16.4 千米。马村镇辖行政村。人口 2680。相传北朝时期武将杨纂在此镇守，后人为了纪念其功绩，将村名定为周纂村。后分为东周纂、西周纂、大周纂，因该村在东侧，故名。聚落呈团块状。有东周中学、东周小学。有东周村遗址，为新石器时代文化遗存。有东周仙师庙、文昌阁、东周戏台、东周段家老院、张家老院，现存皆为清代建筑遗构。2016 年被列入第四批中国传统村落名录。县道大东线经此。

140581-B06-H04 **西周**［Xīzhōu］在市政府驻地北城街道西南 17 千米。马村镇辖行政村。人口 1600。相传北朝武将杨纂在此镇守，后人为了纪念其功绩，将村名定名周纂村。后分为东周纂、西周纂、大周纂，因该村在西侧，故名。聚落呈团块状。有市级文物保护单位西周汤帝庙，为清代建筑遗构。有西周观音堂、祖师阁、西周望楼、程家老院、侯家老院、西周一号民居、二号民居，现存皆为清代建筑遗构。2016 年被列入第四批中国传统村落名录。乡村道路经此。

140581-B06-H05 **陈村**［Chén Cūn］在市政府驻地北城街道西南 11.5 千米，马村镇辖行政村。人口 1580。相传在五代时，陈、袁、路三家由山东逃荒于此并安家落户。因陈姓发展较快，而得名。聚落呈团块状。有陈村遗址，为新石器、夏代文化遗存。2019 年被列入第五批中国传统村落名录。省道曲辉线经此。

140581-B06-H06 **东崛山**［Dōngjuéshān］在市政府驻地北城街道西南 16 千米。马村镇辖行政村。人口 610。相传清朝时有和尚来此地安家，称竹山寺，后因此地为一片平地崛起之处，而得名。聚落呈团块状。有东崛山汤王庙、关帝庙、三大士庙、东崛山拱桥、东崛山一号民居、二号民居、三号民居、东崛山马房，现存皆为清代建筑遗构。2019 年被列入第五批中国传统村落名录。县道大东线经此。

140581-B06-H07 **东宅**［Dōngzhái］在市政府驻地北城街道西南 14.5 千米。马村镇辖行政村。人口 2100。据载该村宋、明时已成规模。后有一大户为耕地方便，以河为界分为东宅和西宅（明末西宅毁于战火），故名。聚落呈团块状。有东宅墓群，为汉代墓葬遗址。有东宅观音庙、东宅水井、东宅海神庙，现存皆为明代建筑遗构。有东宅牛家老院、冯家老院、冯氏家族墓地、东宅一号民居等古建筑群，现存皆为清代建筑遗构。2019 年被列入第五批中国传统村落名录。县道大东线经此。

140581-B06-H08 **古寨**［Gǔzhài］在市政府驻地北城街道西南 16.3 千米。马村镇辖行政村。人口 1700。原名为西营村，战国时河南一古姓官宦人家被抄家后来此落户，修建寨门楼阁，故名。聚落呈团块状。有第六批省级文物保护单位古寨汤王庙，现存为元代建筑遗构。有古寨花石柱庙，现存正殿为金代建筑遗构，余皆为新建。2019 年被列入第五批中国传统村落名录。乡村道路经此。

140581-B06-H09 **康营**［Kāngyíng］在市政府驻地北城街道西南 8.2 千米。马村镇辖行政村。人口 1200。古名光狼城，相传长平大战中秦军占领光狼城，强营兵便驻扎于此，改名强营。唐朝时有位康姓将军在此扎营，故名。聚落呈团块状。有市级文物保护单位康营成汤庙，现存为明清时期建筑遗构。有康营观音三圣庙、关帝庙、东关帝庙、王家宅院，现存皆为清代建筑遗构。2016年被列入第四批中国传统村落名录。省道曲辉线经此。

140581-B06-H10　**唐东**［Tángdōng］在市政府驻地北城街道西南14千米。马村镇辖行政村。人口2500。唐东村和唐西村原总称为唐安村，1958年为便于管理分为唐东村和唐西村，该村居东，故名。聚落呈团块状。有唐东陈氏老院、唐东金龙宫，现存皆为清代建筑遗构。2019年被列入第五批中国传统村落名录。乡村道路经此。

140581-B07　**野川镇**［Yěchuān Zhèn］高平市辖镇。在市境西部。面积93平方千米。人口2.18万。辖17行政村。镇人民政府驻大野川村。1949年分属高平县第一区、第三区。1956年设野川乡。1958年先后设野川管理区、野川工作区。1961年设野川人民公社。1984年5月复置乡。1996年12月改镇。2001年1月杜寨乡并入。因政府驻地得名，地处许河谷地，一片原野，古称野川，后来建立村庄后，将村名定为野川村，后改称大野川村。地形以山地丘陵为主，地势西北高，东南低。许河从北向南流经，长5.6千米，有杜寨水库。有煤、锰、铝土等矿产资源。有中小学、卫生院、文化活动广场、东湖公园。有中国传统村落杜寨村。有省级重点文物保护单位南杨贾氏民居。有文物古迹唐经石幢、圪台山北魏石窟。杜寨、常家沟、炎帝岭3村有炎帝庙。主产玉米、小麦，种植黄梨、连翘、核桃、白菜等。有农业科技示范园、农业旅游观光园。饲养猪、羊、鸡，有吴庄村东山养殖园区。有煤炭、建材等企业。省道坪曲线经此。

140581-B07-H01　**大野川**［Dàyěchuān］野川镇人民政府驻地。在市政府驻地北城街道西7千米。人口2900。曾名临川，后因地处许河谷地，改名野川，村上方又建小村称上野川，故名。聚落呈团块状。有野川中学、野川小学、野川镇卫生院。有大野川东岳庙、关帝庙、三官庙、天主阁，现存皆为清代建筑遗构。县道阳界线经此。

140581-B07-H02　**北杨**［Běiyáng］在市政府驻地北城街道西北10千米。野川镇辖行政村。人口1400。因野川河两岸杨树成林，河南岸村名南杨，为南北对称而得名。聚落呈团块状。有北杨三清庵、北杨民居，现存皆为清代建筑遗构。县道阳界线经此。

140581-B07-H03　**杜寨**［Dùzhài］在市政府驻地北城街道西北12千米。野川镇辖行政村。人口1200。杜姓建村，因村位于一个土寨上而得名。俗称岳飞忠义山寨。聚落呈团块状。有杜寨小学。有杜寨大庙、杜寨西阁、观音阁、炎帝庙，杜寨一号民居、二号民居、三号民居，现存皆为清代建筑遗构。为高平八大名寨之首。2019年被列入第五批中国传统村落名录。县道阳界线经此。

140581-B07-H04　**南杨**［Nányáng］在市政府驻地北城街道西北9.5千米。野川镇辖行政村。人口1280。原名杨村，因村河边杨树成林而得名。后又因河北岸村叫北杨，为南北对称，故名。聚落呈团块状。有第六批省级文物保护单位南杨贾氏民居，现存正房为元代建筑遗构，西耳房为明代建筑遗构，余皆为清代建筑遗构。有南杨玉皇阁、关帝庙、汤王庙，现存皆为清代建筑遗构。县道杨界线经此。

140581-B08　**寺庄镇**［Sìzhuāng Zhèn］高平市辖镇。在市境西北部。面积132平方千米。人口4.52万。辖1社区、33行政村。镇人民政府驻寺庄村。1949年分属高平县第一区、第二区。1956年设寺庄镇。1958年先后设寺庄管理区、寺庄工作区。1961年改公社。1984年5月设寺庄镇。2001年1月赵庄乡、釜山乡并入。因政府驻地得名。地形以丘陵为主，东、西、北3面环山，中南部为河谷地带，有发鸠山、琉璃山、丹朱岭等。丹河从北至南流经，其源头在该镇西北部，长28千米。有釜山水库、赵庄水库。有煤、锰、铝土矿等矿产资源。有中小学、卫生院、敬老院、文化广场、公园。有全国重点文物保护单位仙翁庙、二郎庙，省级重点文物保护单位长平古战场遗址。有中国历史文化名村伯方村，中国传统村落伯方村、长平村、釜山村、高良村、寺庄村、王报村6个。有国家级4A旅游景区丹朱岭工业旅游景区。

有高平八景3处，分别是长平村东北的石室朝霞、伞盖村北鸠山寺的鸠山暮雨、丹河上游的丹水秋波。西羊头山、贾村等5村有炎帝庙。古为商业重镇，是南到晋城、北至长治的古官道必经之处。清末民初有商号店铺300余家，从南门到北门是该镇的主要商业大街。主产玉米，种植黄梨、蔬菜。有梨乡之称，为市大黄梨主产区。有煤炭、铸造、瓦斯发电、制酒等企业。太焦铁路过境，设西阳村站、赵庄站。省道长晋线经此。

140581-B08-H01 **寺庄**［Sìzhuāng］寺庄镇人民政府驻地。在市政府驻地北城街道西北8.7千米。人口3000。因纪念长平之战末期，上党太守冯亭得名义庄，后因村东清凉山清凉寺，故名。聚落呈团块状。有寺庄中学、寺庄小学、寺庄镇卫生院。有寺庄三皇庙、关帝庙、寺庄望楼、寺庄李家老院、郭家老院、杨家老院、寺庄一号民居等古建筑群，现存皆为清代建筑遗构。有寺庄烈士纪念碑，为纪念殉难烈士毕进荣、毕长荣、毕好义而立。2019年被列入第五批中国传统村落名录。省道长晋线经此。

140581-B08-H02 **伯方**［Bófāng］在市政府驻地北城街道西北7.7千米。寺庄镇辖行政村。人口2700。相传东晋有一方伯爵官苏峻在此建村，后人将官衔方伯二字颠倒，故名。聚落呈团块状。有伯方小学。有第七批全国重点文物保护单位仙翁庙，又名纯阳宫，现存为明清时期建筑遗构。有伯方祖师阁、三官庙、伯方刘家老院、裴家老院、陈家老院、邢家老院、王氏一号民居、王氏二号民居，现存皆为清代建筑遗构。2014年被列入第六批中国历史文化名村名录。2014年被列入第三批中国传统村落名录。有特产黄梨。省道长晋线经此。

140581-B08-H03 **王报**［Wángbào］在市政府驻地北城街道西北9.2千米。寺庄镇辖行政村。人口2700。相传长平之战白起攻打赵军，逼使赵国王师退于此地一寨，王师认为此寨为保险之地，取名王堡，故名。聚落呈团块状。有王报中心小学。有第六批全国重点文物保护单位二郎庙，现存戏台为金代建筑遗构，余皆为明清时期建筑遗构。有王报三官庙、祖师庙、龙王庙、三教堂、王报牛家门楼、王家老院、史家老院，现存皆为清代建筑遗构。2019年被列入第五批中国传统村落名录。省道长晋线经此。

140581-B08-H04 **长平**［Chángpíng］在市政府驻地北城街道西北12千米。寺庄镇辖行政村。人口1200。清雍正《泽州府志》卷13《古迹》“长平城”载：“秦自坑赵卒四十五万处。”聚落呈条带状。有长平城墙遗址，为战国时期文化遗存。有长平驿道，为明代文化遗存。有长平观音大士像、汤王庙、关帝庙、长平一号民居等古建筑群，现存皆为清代建筑遗构。有长平纪念殉难烈士碑，为纪念被国民党杀害的李喜生等七位革命烈士而立。2019年被列入第五批中国传统村落名录。省道长晋线经此。

140581-B08-H05 **釜山**［Fǔshān］在市政府驻地北城街道西北13.6千米。寺庄镇辖行政村。人口1150。原名虎山，因虎为兽中之王。后人认为虎山不详，为求安全无虞故名。聚落呈团块状。有釜山石窟，为南北朝时期文化遗存。有釜山宣圣庙、釜山戏台、釜山王家老院、牛家老院、冯家老院、釜山一号民居、二号民居，现存皆为清代建筑遗构。2019年被列入第五批中国传统村落名录。盛产黄梨。县道北固线经此。

140581-B08-H06 **高良**［Gāoliáng］在市政府驻地北城街道西北11.5千米。寺庄镇辖行政村。人口1130。古村址地处高地，村民先祖乃唐名相宋璟之后裔，民风“俗之良也”。取地势之“高”，合民风之“良”而得名。聚落呈团块状。有高良观音堂、炎帝庙、关帝庙、佛爷庙，现存皆为清代建筑遗构。2019年被列入第五批中国传统村落名录。县道杨界线经此。

140581-B08-H07 **市望**［Shìwàng］在市政府驻地北城街道西北6.8千米。寺庄镇辖行政村。人口1600。相传村上曾有四个势力较大的人，他们主掌村中大事，群众称为“四王”，故称四王村，后因谐音而得名。聚落呈团块状。有市望塔、市望官庙、市望韩氏墓、市望牛家老院，现存皆为清代建筑遗构。2020年被评为第六届全国文明村。有煤矿开采业。省道长晋线经此。

140581-B09 **神农镇**［Shénnóng Zhèn］高

平市辖镇。在市境东北部。面积 50 平方千米。人口 2.3 万。辖 23 行政村。镇人民政府驻团东村。唐宋时名神农乡，明代称丰溢乡，清代改称团池乡。1949 年属高平县第六区。1956 年 3 月分属口则乡、下台乡。1958 年先后属团池管理区、团池工作区。1961 年设团池人民公社。1984 年 5 月复置团池乡。2000 年 7 月恢复原“神农”名，设立神农镇。因神农炎帝的遗址遗迹在区域内分布广泛且排列有序，为传承中华文明、弘扬爱国主义和民族精神，怀念炎帝始祖，故名。地形以丘陵和山地为主，东有虎头山和狗王山，西有郎公山，北有羊头山，三面环山。东仓河、西仓河自北向南流经。有煤、铁、硫矿、铝矾土、石灰石、矿泉水等资源。有中小学、卫生院、广场、农耕文化博物馆。有全国重点文物保护单位古中庙、羊头山石窟和团东清化寺，省级重点文物保护单位团西炎帝庙。有中国传统村落邱村、故关村、团东村、团西村、中庙村。有旧石器晚期文化遗址羊头山遗址。有国家 4A 级旅游景区炎帝陵景区，国家 3A 级旅游景区羊头山炎帝文化风景名胜区。有神农城、神农洞、神农泉、神农井、五谷畦等遗迹。羊头山有“岭限二郡，麓跨三邑（长治、长子、高平）”之称。《太平寰宇记》载：“羊头山，神农尝五谷之所，上有神农城，下有神农泉。山东南相传为炎帝陵，石甃尚存。”有北齐、唐、宋、元、明、清历代炎帝碑刻。主产玉米、小麦，养殖猪、鸡，特产大黄梨，有现代种养殖农业产业园。有煤炭、铸造、墙体材料、制酒等企业。服务业以旅游为主，有台湾文化商业街、农耕文化园、魁星乐园、向日葵花海等旅游项目。郑太高速铁路、二广高速、207 国道经此。

140581-B09-H01　**团东**［Tuándōng］神农镇人民政府驻地。在市政府驻地北城街道北 10 千米。人口 1900。因地处丘陵，南北西三面高、中间低，像水池团团围住而得名团池，后分为东、西二村，本村居东，故名。聚落呈团块状。有神农中学、神农镇卫生院。有第三批省级文物保护单位清化寺，现存如来殿为元代建筑遗构，余皆为明清建筑遗构。有团东圪塔爷庙，现存正殿为明代建筑遗构，耳殿为清代建筑遗构。2019 年被列入第五批中国传统村落名录。208 国道经此。

140581-B09-H02　**团西**［Tuánxī］在市政府驻地北城街道东北 10 千米。神农镇辖行政村。人口 1630。因地处丘陵，南北西三面高、中间低，像水池团团围住而得名团池，后分为东、西二村，本村居西，故名。聚落呈团块状。有团西小学。有团西炎帝庙、团西魁星楼，现存皆为清代建筑遗构。2019 年被列入第五批中国传统村落名录。208 国道经此。

140581-B09-H03　**庄里**［Zhuānglǐ］在市政府驻地北城街道北 14 千米。神农镇辖行政村。人口 600。相传炎帝尝百草中毒，路经换马、北营，崩于此，将遗体装殓棺里，故名，由明清炎帝陵守陵户逐渐发展为村庄。聚落呈团块状。有市级文物保护单位庄里五谷庙，现存正殿为明代建筑遗构，余皆为清代建筑遗构。有庄里观音堂、诸神庙、曹家老院，现存皆为清代建筑遗构。208 国道经此。

140581-B09-H04　**中庙**［Zhōngmiào］在市政府驻地北城街道北 10.5 千米。神农镇辖行政村。人口 1800。相传原名夏泰，谓山明水秀、安然舒坦之意，后谐音得名下台。2003 年因该村有敕建古中庙，故名。聚落呈团块状。有第六批全国重点文物保护单位古中庙，现存无梁殿为元代建筑遗构，余皆为清代建筑遗构。有企业炎帝神农泉酒业有限公司。2019 年被列入第五批中国传统村落名录。省道羊团线经此。

140581-B09-H05　**故关**［Gùguān］在市政府驻地北城街道东北 14.3 千米。神农镇辖行政村。人口 640。古时此地为泽州通往潞州的必经之路，因关口设置较早而得名。战国、秦朝时更名秦关，因赵人憎秦，一直称之为故关。聚落呈团块状。有市级文物保护单位故关炎帝行宫，现存为清代建筑遗构。有故关观音堂、奶奶庙、故关一号民居、二号民居等古建筑群，现存皆为清代建筑遗构。2019 年被列入第五批中国传统村落名录。208 国道经此。

140581-B09-H06　**李家庄**［Lǐjiāzhuāng］在市政府驻地北城街道北 13 千米。神农镇辖行政村。人口 400。聚落呈条带状。羊头山相传为神农得嘉禾之地。有第六批全国重点文物保护单位羊头山石窟，始建于北魏太和年间（477年—499年），山顶四面造像塔为北魏所造，塔座为伏羊。“羊头夕照”为高平八大风景区之一。有羊头山遗址，为旧石器时代文化遗存。有李家庄贺氏家族墓地、李家庄祈雨碑、李家庄东阁、三教堂，现存皆为清代建筑遗构。乡村道路经此。

140581-B09-H07 **邱村**［Qiūcūn］在市政府驻地北城街道北11千米。神农镇辖行政村。人口1370。因村处丘陵中间之故，原名丘村。孔子名丘，村民为避讳，取其谐音“邱”改为今名。聚落呈团块状。有邱村玉皇庙、关帝庙、邱村大庙、邱村佛堂，邱村苏家老院、韩家老院、邱村一号民居、二号民居，现存皆为清代建筑遗构。2019年被列入第五批中国传统村落名录。县道羊团线经此。

140581-C01 **建宁乡**［Jiànníng Xiāng］高平市辖乡。在市境东北部。面积32平方千米。人口1.83万。辖14行政村。乡人民政府驻建南村。1949年属高平县第五区。1956年设建宁乡。1958年先后设建宁管理区、建宁工作区。1961年改公社。1984年5月复置乡。因乡政府驻地（原建宁村）而得名，战乱年代因村小势弱，几村并为一大村，名建安，后“安”引申为“宁”。有金泉山、鱼仙山，是一四面环山的盆地。东大河由北向南流经。有中小学、卫生院、文化活动中心。有全国重点文物保护单位建南济渎庙。有省级重点文物保护单位北魏千佛造像碑、建北文庙、府底玉皇庙。有古迹建南文庙、佛兴寺、宣圣庙等。有中国传统村落建北村、郭庄村、建南村、李家河村。主产玉米，种植梨、油料、木耳等，是省玉米示范种植基地，有日光温室、食用菌大棚。主要养殖猪、兔、鸡，有晋汾白猪核心育种和有机肥一体化园区。有煤矿、铁厂、化工厂、蓝光电子节能灯厂。省道坪曲线经此。

140581-C01-H01 **建北**［Jiànběi］建宁乡人民政府驻地。在市政府驻地北城街道东17千米。人口2200。因处于建宁乡北而得名。聚落呈条带状。有建宁乡中学、建宁乡中心小学、建宁乡卫生院。有第六批省级文物保护单位建北文庙，创建于北宋治平丙午年（1066年），大成殿为元代建筑遗构，余皆1984年以后新建。有北遇仙山石窟，为北魏石窟造像风格。有建北宣圣庙、三官庙、关帝庙、建北佛堂、建北一号民居等古建筑群，现存皆为清代建筑遗构。2016年被列入第四批中国传统村落名录。省道曲辉线经此。

140581-C01-H02 **建南**［Jiànnàn］在市政府驻地北城街道东17千米。建宁乡辖行政村。人口2700。因处于建宁乡南而得名。聚落呈团块状。有建南小学。有第七批全国重点文物保护单位建南济渎庙，现存为明清时期建筑遗构。有第二批省级文物保护单位建南千佛造像碑，现存为北魏时期建筑遗构。有建南墓群、建南宣圣庙、关帝阁、智积寺、建南一号民居等古建筑群，现存皆为清代建筑遗构。2019年被列入第五批中国传统村落名录。省道曲辉线经此。

140581-C01-H03 **郭庄**［Guōzhuāng］在市政府驻地北城街道东北16千米。建宁乡辖行政村。人口2040。聚落呈团块状。有郭庄小学。有郭庄土地庙、关帝庙、奶奶庙，现存皆为清代建筑遗构。有煤矿、温室蔬菜大棚等产业。2019年被列入第五批中国传统村落名录。省道曲辉线经此。

140581-C01-H04 **李家河**［Lǐjiāhé］在市政府驻地北城街道东北19千米。建宁乡辖行政村。人口930。因李姓建村，村位于河边岸上而得名。聚落呈团块状。有李家河九江宫、祖师庙，现存皆为清代建筑遗构。2019年被列入第五批中国传统村落名录。乡村道路经此。

140581-C01-H05 **府底**［Fǔdǐ］在市政府驻地北城街道东18.6千米。建宁乡辖行政村。人口1780。原名府下。清雍正《泽州府志》卷13《古迹》载：“高华府”曰：东西四十五里后即今建宁镇，唐显德二年高宗开府于此，开元初废省。《志》按：唐高华府在晋州，乃居府兵之地，泽州五府，丹川永固，安平沁水自涧皆不名高华，当由高都误传。《县志》曰：“今其里近建宁者犹称府下，盖亦有所自。”后演变而得名。聚落呈团块状。有府底小学。有第六批省级文物保护单位府底玉皇庙，现存南殿、北殿和东配殿，为清乾隆九年（1744年）及清光绪年三十年（1904年）修建。有府底遗址，为商周时期文化遗存。有府底佛音寺，现存为清代建筑遗构。省道曲辉线经此。

140581-C02 **石末乡**［Shímò Xiāng］高平市辖乡。在市境东南部。面积45平方千米。人口1.64万。辖12行政村。乡人民政府驻石末村。1949年属高平县第四区。1956年设石末乡。1958年先后设石末管理区、石末工作区。1961年改公社。1984年5月复置乡。因驻地得名。地形以丘陵和山地为主，有幕掌山、红花山、赵虎山、白龙王山、紫峰山。东大河自东北向西南流经。有煤、铁、铝矾土、硫铁、石灰石等矿产资源。有中小学、卫生院、敬老院、广场、体育场。有全国重点文物保护单位石末宣圣庙。有中国传统村落石末村、侯庄村、翁庄村。有省级重点文物保护单位双泉迎神宫。有文物古迹白马寺、龙王庙、侯庄赵家老南院、翻身碑。有爱国主义教育基地石末乡烈士陵园。有百狮如意七星泉景区。2009年被评为"山西省爱国卫生模范村镇"。主产玉米、谷子，种植红薯、山药、核桃，有特色农产品"蒲曲黄"牌小米和"紫峰红"牌红薯。有煤矿、砖瓦厂、食品加工厂，有牧业公司。陵侯高速经此。

140581-C02-H01 **石末**［Shímò］石末乡人民政府驻地。在市政府驻地北城街道东南19千米。人口2000。曾名浦曲镇、蟠龙镇、石村镇，因村自北向南有七座山峰，青石连绵恰到本村为止，故名。聚落成团块状。有石末中学、石末中心小学、石末乡卫生院。有第七批全国重点文物保护单位石末宣圣庙，现存正殿为元代建筑遗构，余皆为清代建筑遗构。有石末白马寺、玉皇庙、石末西庙、石末大庙、石末会馆，皆为清代建筑遗构。有石末婴儿塔，于1936年为填埋夭折婴儿所建。有石末烈士陵园，为纪念石末革命烈士而立。2016年被列入第四批中国传统村落名录。县道石河线经此。

140581-C02-H02 **侯庄**［Hóuzhuāng］在市政府驻地北城街道东南20.8千米。石末乡辖行政村。人口1900。原名后庄，村中有侯、常、程三大姓，因侯姓居多，被推举为头领而得名。聚落呈团块状。有侯庄大王庙、二仙庙、文昌阁、侯庄丰乐馆、侯庄常家老院、赵家大院，现存皆为清代建筑遗构。2016年被列入第四批中国传统村落名录。县道石河线经此。

140581-C02-H03 **瓮庄**［Wèngzhuāng］在市政府驻地北城街道东南19.5千米。石末乡辖行政村。人口660。原名翁庄，系翁姓建村。后翁姓全无，村处低凹，形状如瓮之特征，故名。聚落呈团块状。有瓮庄三教堂、观音堂、白衣大士阁，现存皆为清代建筑遗构。2019年被列入第五批中国传统村落名录。乡村道路经此。

140581-C02-H04 **双泉**［Shuāngquán］在市政府驻地北城街道东南21.6千米。石末乡辖行政村。人口1520。相传村中有一蓄水池，自古至今为村民用水之源，井池腰部装有两块石龙头，泉水从石龙头流出经久不竭，故名。聚落呈团块状。有第六批省级文物保护单位双泉迎神馆，现存正殿为元代建筑遗构，厢房为新中国成立后建造，余皆为明清时期建筑遗构。有双泉永乐寺、东庙、关帝阁、文昌阁、龙王庙、观音阁，双泉一号民居、二号民居，现存皆为清代建筑遗构。乡村道路经此。

140581-C03 **原村乡**［Yuáncūn Xiāng］高平市辖乡。在市境西部。面积69平方千米。人口1.96万。辖19行政村。乡人民政府驻原村。1949年属高平县第三区。1956年分属原村、董峰2乡。1958年先后设原村管理区、原村工作区。1961年改公社。1984年5月复置乡。因政府驻地得名。地势西高东低，西部和北部为山区，东部和南部为丘陵地带，中部为河谷地区。明公河由西向东流经。有中小学、卫生院。有全国重点文物保护单位董峰万寿宫、良户玉虚观。有省级重点保护单位良户古建筑群，市级重点文物保护单位松棚庙龙凤树、陆军十七师抗日阵亡烈士纪念碑、蟠龙寨侍郎府、长平之战遗址安贞堡。有中国历史文化名村良户村。有中国传统村落良户村、原村村、下马游村。有地方文化秦城八音会、常庄狮子舞、下马游上党落子剧团、冯村女子威风锣鼓等。主产小麦，种植红薯、食用菌，饲养猪、羊、鸡，有脱毒甘薯种苗培育中心。工业以煤炭、煤化工为主。省道坪曲线经此。

140581-C03-H01 **原村**［Yuáncūn］原村乡人民政府驻地。在市政府驻地北城街道西南10.5

千米。人口3200。清顺治《高平县志》卷2《建置志·里甲》记载："为汉原氏居之"，故名。聚落呈团块状。有原村中学、原村中心小学、原村乡卫生院。有原村遗址，为东周、汉代文化遗存。有原村西寺、玄帝庙、关帝庙、观音堂、二郎庙、原村袁家院、袁氏家族墓地、常氏家族墓地、原村一号民居等古建筑群，现存皆为清代建筑遗构。2016年被列入第四批中国传统村落名录。省道曲辉线经此。

140581-C03-H02　**良户**［Liánghù］在市政府驻地北城街道西南14.3千米。原村乡辖行政村。人口1540。相传春秋战国时，梁姓人在此落户建村，故称梁户，唐中期田、郭两户在此居住，改名两户，后因户数增多，村民勤劳善良，故名。聚落呈团块状。有第七批全国重点文物保护单位良户玉虚观，现存正殿为元代建筑遗构，中殿为明代建筑遗构，西耳殿、配殿为清代建筑遗构。有第五批省级文物保护单位良户古建筑群，有27处保存较好的传统民居，2处庙宇，大多为明、清建筑遗构。2007年被列入第三批中国历史文化名村名录。2012年被列入第一批中国传统村落名录。省道曲辉线经此。

140581-C03-H03　**秦城**［Qínchéng］在市政府驻地北城街道西南12千米。原村乡辖行政村。人口1300。相传长平大战时，秦军在明公河北岸围墙筑城，称小城寨上，秦统一中国后更名秦城，故名。聚落呈团块状。有育才小学有秦城遗址，为东周、汉代文化遗存。有秦城皇王庙、二郎庙、秦城范公墓、秦城一号民居、二号民居，现存皆为清代建筑遗构。有秦城革命牌楼，于1958年为号召村民建立合作社而立。省道曲辉线经此。

140581-C03-H04　**上董峰**［Shàngdǒngfēng］在市政府驻地北城街道西15.5千米。原村乡辖自然村。人口300。因建于凤翅山的半坡上，地势高于下董峰而得名。聚落呈团块状。有第七批全国重点文物保护单位董峰万寿宫（圣姑庙），现存三教殿、圣姑殿为元代建筑遗构，余皆为清代建筑遗构。乡村道路经此。

140581-C03-H05　**下马游**［Xiàmǎyóu］在市政府驻地北城街道西9千米。原村乡辖行政村。人口1040。相传长平之战时，此地曾驻扎白起骑兵，经常牧马游战，故名，又因该村位于小河之下游而得名。聚落呈团块状。有下马游小学。是长平之战重要遗址之一。有安贞寨门楼、下马游玉皇庙、老君庵、三官阁、三义庙、大士庙、真性堂，下马游张家老院、崔家老院、乔家老院、史家老院、冯家老院、下马游一号民居等古建筑群，现存皆为清代建筑遗构。2016年被列入第四批中国传统村落名录。乡村道路经此。

140521　**沁水县**［Qìnshuǐ Xiàn］晋城市辖县。北纬35°　41′，东经112°　11′。在市境西北部。面积2658平方千米。2020年常住人口19.65万。辖7镇、5乡。县人民政府驻龙港镇。西汉为河东郡端氏县。东汉置端氏侯国，属司隶校尉部。曹魏复为端氏县，隶司州平阳郡。北魏属建州，端氏时废又复置，隶建州安平郡。并在今城西另设东永安，西河、高延三县，隶属建州泰宁郡。北齐时西河、高延并入东永安县，东永安改为永宁县，和端氏县同属建州安平郡。隋开皇三年（583年）废安平郡和西河县，与永宁县俱属长平郡。大业三年（607年）改永宁县为沁水县，县治迁今县城，与端氏县同属泽州。唐武德八年（625年）端氏县为泽州治，领端氏、濩泽、沁水3县。贞观元年（627年）泽州治迁今晋城老城。乾元元年（758年）改郡为州，属泽州。元至元三年（1266年）端氏县并入沁水县。明仍属泽州。清雍正六年（1728年）升泽州为泽州府，县属之。1912年废泽州府，1913年县属中路道。1914年属冀宁道。1927年废道直属山西省。1937年属山西省第五行政区。1941年为抗日根据地，先后组建沁水、士敏、沁南3县，分别隶属太岳区第二、四专区。1943年沁水县并入士敏县。1946年沁南县更名沁水县，县人民政府由南阳村迁回县城。1947年沁水、士敏两县合并，恢复沁水县原建制。1949年属长治专区。1958年11月沁水县并入阳城县，属晋东南专区。1960年复置沁水县。1967年属晋东南地区。1985年属晋城市。因沁河得名。地处太行、太岳、中条3山系衔接处，中为沁河谷地，境内山峦重叠，沟壑纵横，高低悬殊。地势西高东低，最高处西南舜王坪海拔2358米，最低处东南尉迟村沁河出境处海拔520米，相差1838米。地形东西长，南北窄，东西长约150千米，南北宽约55千米。全县地貌可分为中山区、低山丘陵区、河谷平川区三种类型，其比例为4 ∶ 5 ∶ 1。境内水系属黄河水系，沁河支流，主要河流有沁河、县河、端氏河、龙渠河、苏壮河、必底河、郑村河、土沃河、中村河，河流总长314千米。有沁河干流上第一座大型水利枢纽过程、全省蓄水量最大的水库张峰水库。全县水资源总量6.75亿立方米。年平均气温10.3℃，1月平均气温-1.2℃，7月平均气温23.2℃。年平均降水量708.9毫米。有煤炭、煤层气、铁、铜、钛、水晶石、石灰石等矿产资源。煤炭保有资源储量148.46亿吨，全省第一。有全国最大的煤层气整装气田，探明储量3277亿立方，占全国探明的储量的34.5%。森林覆盖率48.6%，历山舜王坪一带保留着全省仅存的一块面积为730多公顷的原始森林。天然牧坡草地25.47万公顷，是山西的畜牧业基地之一，有中国北方最大的示范牧场。有国家一级保护动物黑鹳、金雕、大鸨、金钱豹、原麝5种，国家二级保护动物大天鹅、苍鹰、大鲵等33种。有省科研机构蚕桑研究所、太行野生植物研究所。有小学36所，初中10所，高中3所，职业学校1所，特殊教育学校1所。有二级甲等医院、剧院、群众文化馆、图书馆、文史博物馆、老年活动中心、游泳馆、青少年活动中心、全民健身中心、县级剧团、文化中心、广场、公园6个。先后荣获全国文明城市、国家园林县城、国家卫生县城、全国“两山”理论实践创新基地、“四好农村路”全国示范县、全国村庄清洁行动先进县、国家生态文明建设示范县等近20个国家级荣誉称号。有“舜耕历山”的传说，有距今2.3万年的下川旧石器文化遗址，还有以武安战国古寨、河头汉代古墓群为代表的遗产文化，明清时期遗留下来以柳氏民居、湘峪三都古城为代表的沁河古堡文化，被国家民政部和联合国地名专家组命名为“千年古县”。属革命老区，抗战时期开辟了沁西、士敏、沁南三块抗日根据地，有上党战役桃川战斗遗址。有全国重点文物保护单位柳氏民居、湘峪古堡、郭壁村古建筑群、窦庄古建筑群。有省级重点文物保护单位玉溪石塔、东峪村造像、下川遗址、八里坪遗址等12处，市级重点文物保护单位77处。有国家级非物质文化遗产舜的传说、土沃老花鼓、柳氏清明祭祖习俗，省级非物质文化遗产霍家山龙灯、沁水鼓儿词、西河花鼓、沁水秧歌。有国家级4A旅游景区湘峪古堡景区、历山景区、柳氏民居景区。有中国历史文化名村西文兴村、窦庄村、湘峪村等8个。有中国传统村落郭北村、上阁村、端氏村等16个。有全国文明村永安村，中国民间文化艺术之乡嘉峰镇。有省级爱国主义教育基地抗大太岳分校旧址、赵树理故居、沁水县烈士陵园。三次产业比例4 ∶ 79 ∶ 17。有耕地48.93万亩，主产玉米、小麦，玉米播种面积占农作物播种面积的60%以上。种植蔬菜、食用菌、棉花、油料作物等，截至2021年末有设施农业大棚1998个。养殖羊、猪、牛、鸡、蜂、蚕。沁水蜂蜜、沁水黑山羊、沁水小米、沁水黑木耳是四个农业部认证的地理标志产品。工业以煤炭、煤层气、装备制造、电力、焦化、新型建材、农副产品加工为主，规模以上工业企业共71家。服务业以旅游和商贸物流为主。侯月铁路过境，设沁水站。陵侯高速、342国道、省道坪曲线经此，有沁水汽车站。

140521-N01　**新建大桥**［Xīnjiàn Dàqiáo］在城区中部。桥长75米，桥面宽15.6米。桥下净高5米。1986年建成。因横跨梅河，连接新建路东、西段得名。为小型河道桥梁。最大承载量20吨。

140521-N02　**梅河大桥**［Méihé Dàqiáo］在城区中部。桥长108米，宽12米。桥下净高5米。1958年建成。1984年改扩建。因横跨梅河得名。为小型河道桥梁。最大承载量20吨。

140521-N03　**瑞杏桥**［Ruìxìng Qiáo］在城区西部。桥长30米，桥面宽12.5米，2006年建成。因横跨杏河得名。为小型河道桥梁。最大承载量20吨。

140521-N04　**梅芳桥**［Méifāng Qiáo］在城区北部。桥长95米，桥面宽14米，桥下净高5米。2006年建成。因横跨梅河得名。为小型河道桥梁。最大承载量20吨。通公交车。

140521-B01　**龙港镇**［Lónggǎng Zhèn］沁

水县人民政府驻地。在县境西部。面积516平方千米。人口5.53万。辖10社区，25行政村。镇人民政府驻新建西街。1949年属沁水县第一区。1958年属城关镇红旗人民公社。1961年6月设置城关、杏峪、王寨3个人民公社。1984年5月分别改为城关镇、杏峪乡、王寨乡。2001年1月三者合并设龙港镇。2021年，樊村河乡并入。因县城东有龙岗山，取谐音得名。主要河道有县河、梅河、杏河、樊村河4条，河流总长度100千米。有煤炭、石灰岩、铁矿石、煤层气等矿藏。有职业技术学校、中小学、二甲医院、剧院、图书馆、群众文化馆、文史博物馆、全民健身中心、体育场、公园。有省级重点文物保护单位上木亭大庙，位于木亭村西南，坐北朝南，一进院落，占地面积1023平方米。创建年代不详，现存建筑正殿、献殿为元代建筑遗构，其余建筑为清代风格。有市级文物保护单位沁水县烈士陵园。有石堂庙、龙泉寺碑、北坡遗址、李瀚墓、造像碑等县级文物保护单位。有省级非物质文化遗产西河花鼓。主产玉米、小麦，种植蔬菜、核桃、中药材，有设施蔬菜大棚1200余栋。养殖羊、猪、鸡、蚕、鲟鱼。有煤炭、煤层气、医药、家具、粮食加工等企业。服务业以旅游和商贸物流为主。有梅苑康养小镇、尧都生态小镇、柿园蜂蜜小镇、沁梓农业生态园、赵寨乡韵山庄等文化旅游项目。有辛佳河建材汽配物流园、梁庄农产品加工仓储物流园、上苏庄电商物流园。侯月铁路、陵侯高速、342国道、省道坪曲线经此。

140521-B01-K01 **新建西街**［Xīnjiàn Xījiē］在城区中部。西起滨河南路，东至梅杏南路。与龙鑫巷、杏河新路、站前路、梅杏大道、新建巷、永红巷、西街相交。长2.1千米，宽22米。沥青路面。始建于1977年，1986年续建，1987年全线贯通，1998年改造，1999年完工。因该路为县城新修道路，并位于县城西边，故名。两侧有沁水县西关小学、树理文化广场、沁水宾馆、鑫泰园大酒店和沁水中学等。通1路公交车。

140521-B01-K02 **新建东街**［Xīnjiàn DōngJiē］在城区中部。西起梅杏南路，东至坪上—曲沃省道。与北坛路、食品街、杨河新路、建材巷、永安北巷、永安南巷、天河北巷、天河南巷、体育北巷、景泰路、体育路、庄王线相交。长3.7千米，宽22米。沥青路面。2008年建成。因该路为新修道路，并位于县城东边，故名。两侧有沁水县综合展示馆、梅杏水上广场、县城镇初级中学、县东关小学、县中医医院、沁水汽车站、龙岗公园和育英学校等。通1、2路等公交车。

140521-B01-K03 **西街**［Xī Jiē］在城区中部。西起新建西街，东至梅杏南路。与梅杏北路相交。长0.49千米，宽16米。沥青路面。相传始建于隋开皇十八年（598年），1977年改扩建。因位于原县城十字街西侧，故名。沿线有沁水县文史博物馆和沁水宾馆等，单位集中、人流众多，为县城政治、文化中心，是县城东西向主干道。

140521-B01-K04 **滨河南路**［Bīnhé Nánlù］在城区南部。西起日凤线，东至陵沁线。与新建西街、瑞杏桥、梅杏南路、圆盘南巷、景盛路、体育路、杨河桥相交。长6.2千米，宽15—20米。沥青路面。2009年开工建设，2010年竣工。因位于杏河南岸，故名。两侧有沁水县第二中学校和县龙港初中等。通1路公交车。

140521-B01-K05 **杏河新路**［Xìnghé Xīnlù］在城区南部。西起新建西街，东至杨河新路。与站前路、梅杏大道、树理东路、梅杏南路、花园路相交。长1.9千米，宽12米。沥青路面。因该路紧靠杏河，为20世纪90年代新建，故名。两侧有树理文化广场等。通2路公交车。

140521-B01-K06 **杨河新路**［Yánghé Xīnlù］在城区东部。西起杏河新路，东至景盛路。与建材巷、永安南巷、天河南巷、圆盘南巷、圆盘二巷相交。长1.3千米，宽10米。沥青路面。2008年建成。因位于杨河社区管辖范围内，故名。两侧有怡和小区等。通2路公交车。

140521-B01-K07 **花园路**［Huāyuán Lù］在城区北部。西起坪曲公路，东至食品街。长1.9千米，宽11米。沥青路面。1992年始建。因紧靠梅河水上公园，路边有多个小花园，故名。两侧有沁水县创新职业培训学校和梅杏水上广场等。通1、2路等公交车。

140521-B01-K08 **北坛路**［Běitán Lù］在城

区北部。西起坪曲线，东至新建路大桥桥西，与新建东街相连。与北坛南路、北梅巷、梅杏大道、梅杏北路相交。长 2.9 千米，宽 11 米。沥青路面。1992 年始建，2002 年改扩建。因该路西为旧县城社稷坛，坛位于县城北，故名。两侧有沁水县天宇职业培训学校、县人民医院和先锋学校等。通 2 路公交车。

140521- B01-K09 **梅杏大道**［Méixìng Dàdào］在城区西部。北起花园路，南至滨河南路。与北坛路、北坛南路、龙脖路、麻沟东巷、新建西街、杏河新路相交。长 1.6 千米，宽 22 米。沥青路面。2008 年建成。因该道两侧直通梅杏两河，故名。两侧有沁水国锋汉字教育培训学校、晋滋山泉和墨海印业有限公司等。通 4 路公交车。

140521-B01-K10 **梅杏北路**［Méixìng Běilù］在城区中部。北起北坛路，南至西街。长 0.2 千米，宽 14 米。沥青路面。相传始建于隋开皇十八年（598 年）。1954 年拆除北端卫家院（现实验小学）东侧的文昌宫，使其直通城外的北坛路。因位于原县城十字街北侧，北临梅河，南街直通杏河，故名。两侧有龙港镇实验小学等。通 4 路公交车。

140521-B01-K11 **梅杏南路**［Méixìng Nánlù］在城区中部。北起西街，南至杏河新路。与新建西街、新建东街相交。长 0.1 千米，宽 14 米。沥青路面。始建于 1960 年。1977 年扩宽。因位于原县城十字街南侧，南临杏河，北街直通梅河，故名。两侧有沁水县昱鑫财务咨询有限公司等。

140521-B01-H01 **樊村**［Fáncūn］在县政府驻地龙港镇西北 14 千米。龙港镇辖行政村。人口 300。聚落呈团块状。有樊村小学。有樊村河遗址，为商、西周时期文化遗存。为革命老区。有特产绵核桃，在晋东南地区享有盛名。乡村道路经此。

140521-B01-J01 **柳庄社区**［Liǔzhuāng Shèqū］属龙港镇。在县城中部。面积 2.85 平方千米。人口 9010。因社区有 1223 名移民来自张峰水库淹没区的郑庄镇、苏庄乡的 9 个建制村而得名。有中共沁水县委党校、沁水中学。2014 年被评为省文明社区。通 1、2、3、4 路公交车。

140521-B01-J02 **杨河社区**［Yánghé Shèqū］属龙港镇。在县城东部。面积 7.4 平方千米。人口 6630。因地处沁水县河南、北两畔，初为杨氏庄园，后发展为杨河村，2003 年 12 月成立社区。有东关小学、沁水县中医院、杨河社区卫生所。2014 年被评为省文明社区。通 1、2 路公交车。

140521-B02 **中村镇**［Zhōngcūn Zhèn］沁水县辖镇。在县境西南部。面积 239 平方千米。人口 1.37 万。辖 13 行政村。镇人民政府驻中村村。1950 年 2 月属沁水县第二区。1954 年 11 月设中村区。1956 年 3 月设中村乡。1958 年 9 月属中村乡上游人民公社。1960 年 8 月改称中村人民公社。1984 年 5 月设镇。2001 年 1 月下川乡并入。因驻地得名。主要河道有中村河、富裕河 2 条，河流总长度 16 千米。有煤炭、煤层气、铁矿、石灰石等矿藏。森林覆盖率 80%。有中小学、卫生院、文化站、广场。有国家级 4A 旅游景区、国家自然保护区历山（东北部分），是山西省南部最高的山，有舜王坪、皇姑幔、猕猴源、白云洞、下川等景观，保存着华北地区仅有的一片原始森林，有许多国家保护动植物。有省级重点文物保护单位下川遗址和上阁龙岩寺。下川遗址位于下川村，为旧石器时代晚期文化遗址。上阁龙岩寺坐北朝南，一进院落，占地面积 792 平方米，创建年代不详，现存建筑南殿为宋代建筑，正殿为元代建筑，其他建筑为清代风格。有市级重点文物保护单位中村福胜寺。有中国历史文化名村上阁村。有中国传统村落上阁村、蒲泓村、张马村。主产玉米、小麦，种植香菇、花椒、中药材等，养殖羊、猪。香菇产业规模突破 500 万棒，为本镇特色农产品。有采煤、煤矸石制砖等企业。服务业以旅游为主，举办了多届“沁水历山”红叶节。342 国道经此。

140521-B02-H01 **中村**［Zhōngcūn］中村镇人民政府驻地。在县政府驻地龙港镇西南 35 千米。人口 3970。聚落呈团块状。有中村初级中学、中村镇卫生院。有县级文物保护单位中村西寺、中村三清观，现存皆为清代建筑遗构。有沁和能源中村煤业。342 国道、县道定中线经此。

140521-B02-H02 **蒲泓**［Púhóng］在县政府驻地龙港镇西南 19 千米。中村镇辖行政村。人口 450。相传古时每天早晨，村南、北各起大雾，将村上空遮挡，故名棚雾，后因村中有条大沟，沟边蒲草生长茂盛而得名。聚落呈团块状。有市级文物保护单位蒲泓福胜寺，据碑文记载，创建于宋治平元年（1064年），现存中殿为明代建筑遗构，其余为清代建筑遗构。2019年被列入第五批中国传统村落名录。乡村道路经此。

140521-B02-H03 **上阁**［Shànggé］在县政府驻地龙港镇西南20千米。中村镇辖行政村。人口550。相传因姚姓人始建村寨而得名，后姚家养了一只恶犬经常伤人，路人进村必先上阁敲钟，村人出来拦狗才可进入，故名。聚落呈团块状。有上阁小学。有市级文物保护单位上阁龙岩寺，现存南殿为金代建筑遗构，正殿为元代建筑遗构，其余均为清代建筑遗构。有县级文物保护单位上阁舜帝庙，现存为金代建筑遗构。2016年被列入第四批中国传统村落名录。2019年被列入第七批中国历史文化名村名录。342国道经此。

140521-B02-H04 **张马**［Zhāngmǎ］在县政府驻地龙港镇东北22千米。中村镇辖行政村。人口1950。相传薛仁贵征东，其总管张士贵被唐王李世民贬职，其子张龙、张虎、张彪和其婿怕株连，从西安逃亡到此，马被累死，为纪念此马，故名。聚落呈团块状。有张马村大庙，现存正殿为明代建筑遗构，其余均为清代建筑遗构。有张家祠堂、民居群，现存皆为清代建筑遗构。342国道经此。

140521-B03 **郑庄镇**［Zhèngzhuāng Zhèn］沁水县辖镇。在县境中部。面积490平方千米。人口1.91万。辖25行政村。镇人民政府驻郑庄村。1950年属沁水县第三区。1954年11月设郑庄乡。1958年9月属郑庄乡前进人民公社。1960年8月改称郑庄人民公社。1984年5月复置乡。2001年1月王必乡并入，设郑庄镇。2021年苏庄乡并入。因郑姓始居而得名。沁河、县河、苏庄河流经，河流总长度80千米。有全省蓄水量最大的水库张峰水库，水电站五座。有煤炭、煤层气等资源。有中小学、卫生院、文化广场。有省级重点文物保护单位八里坪遗址，位于八里村东北台地，面积约15.6万余平方米，为新石器时代文化遗址。有市级重点文物保护单位郑庄圣天寺、王离城遗址。有县级文物保护单位河头墓群，为汉代文化遗存。有东周时期文化遗存郑庄遗址。河头西城是古端氏聚落遗址所在地，也是古晋国的最后一个国都所在地。有柳木岩摩崖造像，为北魏延昌四年石刻。有县革命教育基地桃川战斗遗址；有石室村新华日报社（太岳版）旧址和郎壁村太岳革命郎壁旧址纪念馆两个晋城市“中共党史教育基地”。有沁水古十景中的“沁渡秋风”、“刘曲飞瀑”。主产玉米、小麦，种植蔬菜、苹果、银耳、花椒等。主要饲养羊、猪，依托天然牧坡示范牧场，建设有黑山羊现代农业产业园，形成了从品种培育到产品加工销售的完整产业闭环。在张峰村创建了集三文鱼养殖加工、农业观光、农家乐开发、餐饮服务为一体的综合性现代农业科技示范园。沁河农场重在优质苹果、核桃基地建设，注册有省著名商标“沁河”商标，有大地果业等30余个农民专业合作社。有煤矿、煤层气等企业。服务业以乡村旅游为主。有顺世山庄采摘旅游康养项目、沁泽生态鱼庄、北湖康养度假村等旅游项目。侯月铁路过境，设郑庄站，陵侯高速、省道坪曲线经此。

140521-B03-H01 **郑庄**［Zhèngzhuāng］郑庄镇人民政府驻地。在县政府驻地龙港镇东19千米。人口1720。相传春秋时期，韩国灭掉郑国后，为避免郑国民众群聚而反，便强行将郑国分散迁居异地。其中一支被迫迁至太行山，在沁河岸边建立村庄，为怀念郑国，故名。聚落呈团块状。有郑庄中学、郑庄小学、郑庄镇卫生院。有郑庄遗址，为东周时期文化遗存。省道曲辉线、县道郑王线经此。

140521-B03-H02 **河头**［Hétóu］在县政府驻地龙港镇东北20千米。郑庄镇辖行政村。人口1400。为石子河流出后流经的第一个村庄，故名。聚落呈团块状。有县级文物保护单位河头墓群，为汉代文化遗存。有河头遗址，为汉代文化遗存。2017年被评为第五届全国文明村。乡村道路经此。

140521-B04 **端氏镇**［Duānshì Zhèn］沁水县辖镇。在县境东部。面积258平方千米。人口2.46万。辖20个行政村。镇人民政府驻端氏村。1950年2月属沁水县第四区。1954年11月改称端氏区。1956年3月年改称端氏乡。1958年9月属端氏乡卫星人民公社。1960 年 8 月改称端氏人民公社。1984 年 5 月设镇。2001 年 1 月必底乡并入。因端木姓氏的人居住而得名。沁河、固县河从北向南流经，河流总长度 13 千米。有煤炭、煤层气等矿产。有中小学、县第二人民医院、博爱心脑血管病医院、卫生院、文化站。历史上长期为沁东重镇，唐武德年间，一度被作为泽州之府治所在地。镇《城隍庙碑》载："夫端氏历汉、唐、宋、元以来，率为邑治。玉溪西来迆北，沁水东注，与玉溪合流而南，实属古都会地。"唐代有手工缫丝、织绢等商业贸易，有"蚕乡"之称。有省级非物质文化遗产霍家山龙灯，是霍家山村流传的民间传统舞蹈。其龙灯由龙头和七节龙身构成，用竹篾扎成圆筒，形成笼子，披上透明的龙衣，内燃蜡烛或电灯，由八人操控，有六场舞姿。有中国传统村落端氏村、坪上村。有刘东星墓、王元生墓、汤王庙、贾氏民居、贾景德祖墓碑、石柱顶柏梁等文物古迹。主产玉米、小麦，种植蔬菜、中药材，养殖羊、猪、鸡、蚕。土特产紫皮大蒜、花椒。有煤炭、煤层气、建材、光伏发电、瓦斯热电、粮食加工、山泉水等企业，有沁水经济技术开发区。侯月铁路、陵侯高速、省道坪曲线经此，设汽车站。

140521-B04-H01　**端氏**［Duānshì］端氏镇人民政府驻地。在县政府驻地龙港镇东 32 千米。人口 13520。因春秋时为晋国端氏邑而得名。聚落呈团块状。有端氏初中、端氏小学、端氏寄宿制小学、沁水县第二人民医院、端氏镇医院、端氏汽车站。有县级文物保护单位贾景德旧居。贾景德，曾任国民党政府行政院副院长。有市级文物保护单位端氏汤王庙，现仅存正殿，为元代建筑遗构。自古商贸繁荣，交通发达，有沁东地区的旱码头之称。有商贸业、蚕桑业和蔬菜业。有特产紫皮大蒜、花椒等。2016 年被列入第四批中国传统村落名录。省道曲辉线、县道端润线经此。

140521-B04-H02　**坪上**［Píngshàng］在县政府驻地龙港镇东 32 千米。端氏镇辖行政村。人口 860。相传清末，几户人家定居于背靠南山，面临河川的坪地上，取名南坪上，后住户增多，范围扩大，形成村落，故名。聚落呈团块状。有县级文物保护单位刘东星墓，为明代文化遗存。有县级文物保护单位坪上贾氏家族墓地，为清代文化遗存。2019 年被列入第五批中国传统村落名录。县道端润线经此。

140521-B05　**嘉峰镇**［Jiāfēng Zhèn］沁水县辖镇。在县境东南部。面积 99.7 平方千米。人口 2.41 万。辖 18 行政村。镇人民政府驻潘庄村。1950 年 2 月属沁水县第四区。1954 年 11 月设嘉峰乡，属端氏区。1958 年 3 月与郭必乡合并设潘庄乡。1958 年 9 月属端氏乡卫星人民公社。1959 年 4 月分设潘庄五一人民公社。1960 年 8 月改称潘庄人民公社。1971 年 6 月划归阳城县。1972 年 3 月回归沁水县。1984 年 5 月设镇，更名嘉峰镇。原名贾封，因一贾姓朝廷命官建村而得名，后谐音得名。沁河从北向南流经，长 14.6 千米。有煤炭、煤层气等资源。有中小学、综合医院 3 所、文化中心、文化广场。有全国重点文物保护单位郭壁村古建筑群、窦庄古建筑群，省级重点文物保护单位下李庄二郎神庙、嘉峰汤帝庙、武安惠济寺、武安关帝庙。郭壁村自古以来是沁河的一个重要渡口，是明清时期晋东南地区重要的商贸集镇，有"金郭壁"的美称，如今不仅保留了大量明、清时期的民居建筑，还保存了基本完整的里、坊式建筑布局。窦庄古建筑群现存古建筑面积约 40000 平方米，80% 的古建筑保存完好，除佛庙主殿及配殿为元代建筑遗构，其它多为明、清时期建筑。有省级爱国主义教育基地、省级重点文物保护单位赵树理故居。有中国历史文化名村窦庄村、郭壁村、尉迟村、武安村、嘉峰村。有中国传统村落窦庄村、郭北村、郭南村、尉迟村、武安村、嘉峰村。2008 年被文化部命名中国民间文化艺术之乡，有民间文艺活动多人旱船。主产玉米、小麦，特产七须黄花菜，历史上曾为贡品。建有沁深宏泉露天蔬菜现代农业产业园。养殖羊、猪、鸡。地处沁水煤田腹地，是依托煤田产业发展起来的新型城镇，沁河流域工业型重镇，有煤炭、煤层气、电力、食品等企业。服务业以乡村旅游为主，有尉迟赵树理文化小镇、窦庄古堡小镇等旅游项目。侯月铁路经此，有县道端润线经此，设汽车站。

140521-B05-H01 **潘庄**［Pānzhuāng］嘉峰镇人民政府驻地。在县政府驻地龙港镇东南33千米。人口3570。聚落呈团块状。有嘉峰镇树理中学、嘉峰镇潘庄小学、嘉峰镇卫生院。有县级文物保护单位潘庄葆和观，现存正殿为金代建筑遗构，戏台为清代建筑遗构。县道端润线经此。

140521-B05-H02 **窦庄**［Dòuzhuāng］县政府驻地龙港镇东南33千米。嘉峰镇辖行政村。人口1110。相传始建于宋，为左屯卫大将军窦嶙由陕西扶风迁徙于此建造的窦家庄园，故名。聚落呈团块状。有第六批全国重点文物保护单位窦庄古建筑群，包括传统民居、庙宇、楼阁、祠堂、书房、校场、法庭、地牢、城墙、城门楼、牌坊、店铺和碑刻等。除佛庙主殿及配殿为元代建筑遗构，余多为明、清时期建筑遗构。2008年被列入第四批中国历史文化名村名录。2014年被列入第三批中国传统村落名录。县道端润线经此。

140521-B05-H03 **郭南**［Guōnán］在县政府驻地龙港镇东南31.8千米。嘉峰镇辖自然村。人口740。相传曾是沁河岸边古渡口之一，原名郭壁，因姓氏得名，后因方位分南、北两村，此村居南，故名。聚落呈条带状。有第六批全国重点文物保护单位郭壁村古建筑群，现存明、清民宅3400余间，主要建筑有崔府君庙、行宫、古渡口、张姓民宅群、赵姓民宅群、三槐里等。2003年被列入山西省第一批历史文化名镇名村名录。2014年被列入第三批中国传统村落名录。2014年被列入第六批中国历史文化名村名录。县道端润线经此。

140521-B05-H04 **郭北**［Guōběi］在县政府驻地龙港镇东南31.6千米。嘉峰镇辖自然村。人口570。相传曾是沁河岸边古渡口之一，原名郭壁，后因方位分南、北两村，此村居北，故名。聚落呈条带状。有第六批全国重点文物保护单位郭壁村古建筑群。明清时为重要交通枢纽和河岸码头，现存众多明清古建筑和商铺旧址。2014年被列入第三批中国传统村落名录。2014年被列入第六批中国历史文化名村名录。县道端润线经此。

140521-B05-H05 **永安**［Yǒngān］在县政府驻地龙港镇东南30千米。嘉峰镇辖行政村。人口1000。相传原名碾腰，煤炭资源丰富，后因开煤矿出事故，村民为求平安，故名。聚落呈团块状。有永安小学。有市级文物保护单位永安汤帝庙，现存为清代建筑遗构。有永安煤矿、南凹寺煤矿、永安宏泰煤矿。2011年被评为第三届全国文明村。乡村道路经此。

140521-B05-H06 **嘉峰**［Jiāfēng］在县政府驻地龙港镇东南34千米。嘉峰镇辖行政村。人口2800。相传原称贾封，因村中贾姓在朝为官，家庭显赫而得名，新中国成立后改称嘉峰。聚落呈团块状。有嘉峰中学、嘉峰小学、沁河小学。有第六批省级文物保护单位嘉峰汤帝庙，现存正殿、耳殿为元代建筑遗构，其余皆为清代建筑遗构。有楼真庵，为明清时期建筑遗构。有观音阁、文明阁，均为清代建筑遗构。2016年被列入第四批中国传统村落名录。2019年被列入第七批中国历史文化名村名录。县道端润线经此。

140521-B05-H07 **尉迟**［Yùchí］在县政府驻地龙港镇东南33千米。嘉峰镇辖行政村。人口610。相传唐朝开国功臣尉迟恭隐居于此十余载，后人为了纪念他，故名。聚落呈团块状。有第四批省级文物保护单位赵树理故居，由东西院落组成，赵树理出生在西院，东院为清乾隆乙酉年（1790年）建，木构件雕刻精美，为赵树理祖父所居。2016年被列入第四批中国传统村落名录。2019年被被列入第七批中国历史文化名村。县道端润线经此。

140521-B05-H08 **武安**［Wǔān］在县政府驻地龙港镇东南33千米。嘉峰镇辖行政村。人口1280。相传旧名古越，因长平之战时武安君白起曾屯兵于此而得名。聚落呈团块状。有第六批省级文物保护单位武安惠济寺，现存正殿、过殿为元至明代建筑遗构，山门为明代建筑遗构，其余均为清代建筑遗构。有第六批省级文物保护单位武安关帝庙，现存正殿、拜亭为明代建筑遗构，其余为清代建筑遗构。有县级文物保护单位武安兵寨遗址，为东周文化遗存。2016年被列入第四批中国传统村落名录。2019年被列入第七批中国历史文化名村名录。县道端润线经此。

140521-B05-H09 **长畛**［Chángzhěn］在县政府驻地龙港镇东南34千米。嘉峰镇辖行政村。

人口 490。因地畛较长而得名。聚落呈团块状。有关帝庙，现存为清代建筑遗构。2020 年被评为第六届全国文明村。县道端润线经此。

140521-B05-H10　**下李庄**［Xiàlǐzhuāng］在县政府驻地龙港镇东南 32 千米。嘉峰镇辖行政村。人口 1090。因姓氏和方位而得名。聚落呈团块状。有第六批省级文物保护单位下李庄二郎神庙，现存正殿为元至明代遗构，耳殿为明代建筑遗构，其余为清代建筑遗构。县道端润线经此。

140521-B06　**郑村镇**［Zhèngcūn Zhèn］沁水县辖镇。在县境东南部。面积 92 平方千米。人口 1.49 万。辖 15 行政村。镇人民政府驻肖庄村。1950 年 2 月属沁水县第四区。1954 年 11 月年设郑村乡，属端氏区。1958 年 9 月属端氏乡卫星人民公社。1959 年 4 月分设郑村乡飞进人民公社。1960 年 8 月改称郑村人民公社。1971 年 6 月划归阳城县。1972 年 3 月回归沁水县。1984 年 5 月复置郑村乡。2001 年 1 月设郑村镇。以姓氏得名。郑村河、湘峪河流经，河流总长度 20.4 千米。有煤炭和煤层气，煤炭储量 8 亿吨，属兰花煤炭。有中小学、卫生院、文化广场。2017 年获评第五届全国文明村镇。有全国重点文物保护单位、国家 4A 级旅游景区湘峪古堡，该城由孙居相、孙鼎相兄弟于明天启三年（1623 年）主持修建，为蜂窝式城堡，全为砖石土木结构建造，占地面积约 32500 平方米。由于孙鼎相在孙氏四兄弟中排行第三，又曾担任过都察院右副都御史，他的府第便以“三都堂”为名，湘峪古城也因此而被称为“三都古城”。有市级重点文物保护单位中共沁水县第一次党代会旧址、樊山老姆掌。有中国历史文化名村、中国传统村落湘峪村。主产玉米、小麦、小杂粮，种植中药材等。主要饲养猪、羊、鸡，有养殖企业多家。有煤矿、煤层气、生物基材料制品公司。有公路经此。

140521-B06-H01　**肖庄**［Xiāozhuāng］郑村镇人民政府驻地。在县政府驻地龙港镇东南 50 千米。人口 3240。早年庄小人少故名小庄，因谐音而得名。聚落呈条带状。有郑村镇初级中学、郑村镇卫生院。有肖庄神阁，现存为清代建筑遗构。县道许嘉线经此。

140521-B06-H02　**湘峪**［Xiāngyù］在县政府驻地龙港镇东南 39 千米。郑村镇辖行政村。人口 1530。原名相谷，因其依山傍水、风景秀丽，明朝时改称湘峪。聚落呈团块状。有第六批全国重点文物保护单位湘峪古堡，创建于明崇祯七年（1634 年），分内、外两城，为明户部尚书孙居相、都察院孙鼎相兄弟故里。因孙鼎相在兄弟中排行第三，又任过都察院右副都御史，其故居便称“三都堂”，湘峪古堡又称“三都古城”。2010 年被被列入第五批中国历史文化名村名录。2012 年被列入第一批中国传统村落名录。乡村道路经此。

140521-B06-H03　**侯村**［Hóucūn］在县政府驻地龙港镇东南 37 千米。郑村镇辖行政村。人口 1400。聚落呈团块状。有侯村汤帝庙，现存为清代建筑遗构。2015 年被评为第四届全国文明村。乡村道路经此。

140521-B07　**柿庄镇**［Shìzhuāng Zhèn］沁水县辖镇。在县境东北部。面积 263 平方千米。人口 1.13 万。辖 11 行政村。镇人民政府驻柿庄村。1949 年属沁水县第七区。1954 年 11 月设柿庄乡，属柿庄区。1958 年 9 月设柿庄乡跃进人民公社。1960 年 8 月改称柿庄人民公社。1971 年 6 月划归高平县。1978 年 6 月回归沁水县。1984 年 5 月复置柿庄乡。2001 年 1 月设柿庄镇。因驻地得名。有河流。有煤层气、煤炭等资源。有中小学、卫生院、公园、文化站。有县级重点文物保护单位摩崖造像、匣石湾庙、白龙庙。主产玉米、小麦，种植黄梨、食用菌、中药材。盛产黄梨，举办了多届梨花节活动，有梨乡之称。有蟹味菇、白玉菇工厂化产业基地和 130 多公顷的紫苏种植基地。养殖羊、猪、驴等。有山西亿冠驴业有限公司，形成集配种、饲料、屠宰加工和冷冻物流的产供销一条龙的产业布局。有煤炭、煤层气、制鞋等企业。服务业以乡村旅游为主，有郭梨树公园、“周末游”农旅小镇等旅游项目。有乡级公路经此。

140521-B07-H01　**柿庄**［Shìzhuāng］柿庄镇人民政府驻地。在县政府驻地龙港镇东北 79 千米。人口 780。原名市庄，为县集市，后因谐音而得名。聚落呈条带状。有柿庄镇初级中学、柿庄镇中心小学。有柿庄烈士陵墓，建于 1965 年。

县道北固线经此。

140521-C01 **土沃乡**［Tǔwò Xiāng］沁水县辖乡。在县境西南部。面积152平方千米。人口0.67万。辖12行政村。乡人民政府驻土沃村。1949年属沁水县第二区。1954年11月属中村区。1956年3月设土沃乡。1958年9月属土沃乡红专人民公社。1960年8月改称土沃人民公社。1984年5月复置乡。因此地土地肥沃而得名。有中小学、卫生院。土沃河、南阳河流经，河流总长度48千米。有铁矿石、无烟煤和石灰石等矿产资源。有全国重点文物保护单位、国家级4A级旅游景区柳氏民居，位于西文兴村，为柳宗元后人、官居陕西华昌府通判的柳遇春于明永乐年间修建的一进十三院府邸，现存4座院落，占地面积4032平方米。有省级重点文物保护单位、省级爱国主义教育基地南阳村抗日军政大学太岳分校旧址。有国家级非物质文化遗产柳氏清明祭祖习俗、土沃老花鼓。土沃老花鼓是一项集击鼓、歌唱、舞蹈三个部分为一体的舞蹈表演形式，据传有二百多年历史。有中国历史文化名村西文兴村。有中国传统村落西文兴村、塘坪村、南阳村、交口村。主产玉米、小麦，种植油料、桑树，养殖猪、羊、兔、鸡、蚕。服务业以旅游为主，有西文兴文化旅游区、杏泽村徒步文旅小镇、下沃泉村童年小镇、南阳村红色康养小镇、百里画廊旅游景观带等乡村旅游项目。有县级公路经此。

140521-C01-H01 **土沃**［Tǔwò］土沃乡人民政府驻地。在县政府驻地龙港镇西南23千米。人口700。相传因村位于河谷，土地肥沃而得名。聚落呈团块状。有土沃乡中心小学、土沃乡卫生院。有土沃玉皇庙，现存为清代建筑遗构。有土沃遗址，为汉代文化遗存。有国家级非物质文化遗产民间艺术“土沃老花鼓”，距今已有360多年历史。县道定中线经此。

140521-C01-H02 **西文兴**［Xīwénxīng］在县政府驻地龙港镇西南16千米。土沃乡辖行政村。人口340。相传因在王庄河上游西面，始称西大兴，原为一大夫级官员建庄，唐代柳宗元后裔一支迁徙至此，故名。聚落呈团块状。有第六批全国重点文物保护单位柳氏民居，为唐代大诗人柳宗元后人、祖籍沁水的陕西华昌府通判柳遇春的故居，创建于明嘉靖二十九年（1550年）。有国家级非物质文化遗产柳氏清明祭祖习俗。2005年被列入第二批中国历史文化名村名录。2012年被列入第一批中国传统村落名录。县道迎土线经此。

140521-C01-H03 **交口**［Jiāokǒu］在县政府驻地龙港镇西南20千米。土沃乡辖行政村。人口300。因该村是各村的交叉点而得名。聚落呈团块状。有交口舜帝庙、交龙桥，现存皆为清代建筑遗构。2019年被列入第五批中国传统村落名录。乡村道路经此。

140521-C01-H04 **南阳**［Nányáng］在县政府驻地龙港镇西南20千米。土沃乡辖行政村。人口330。相传原名寨里，因宋金时为梁兴义军兵寨故称，后因村居南岭下之朝阳地而得名。聚落呈团块名。有第五批省级文物保护单位中国抗日军政大学太岳分校旧址。1943年，中国抗日军政大学太岳分校、沁南乡政府设于此地，在这里进行抗日活动，留下邓小平、陈赓等老一辈革命家活动的足迹，现已建成省、市、县爱国主义教育基地和沁水县国防教育基地、廉政教育基地。2019年被列入第五批中国传统村落名录。县道相白线经此。

140521-C01-H05 **塘坪**［Tángpíng］在县政府驻地龙港镇西南16千米。土沃乡辖行政村。人口360。因地处上格碑河和西坡河两河交汇处，地势平坦，土头后有唐庙而得名。聚落呈团块状。有铁芦柳家大院，现存为清代建筑遗构。特产红枣。2019年被列入第五批中国传统村落名录。乡村道路经此。

140521-C01-H06 **杏则**［Xìngzé］在县政府驻地龙港镇西南16千米。土沃乡辖行政村。人口590。因当时村内杏树居多，取名杏里村，后嫌名俗气而得名。聚落呈条带状。有杏则关帝庙、杏则大庙，现存均为清代建筑遗构。2020年被评为第六届全国文明村。乡村道路经此。

140521-C02 **张村乡**［Zhāngcūn Xiāng］沁水县辖乡。在县境西南部。面积89平方千米。人口0.42万。辖7行政村。乡人民政府驻张村村。1953年设张村乡。1960年8月改公社。1984年5

月复置乡。因驻地张村为张姓人建村得名。芦苇河、寺沟河、冯村河、张河流经，河流总长度50千米。有煤炭、煤层气等矿藏。有中小学、卫生院、文化广场。有县级重点文物保护单位摩崖造像、板桥玉皇庙。有沁水古十景之一鹿台积雪，位于冯村村境内鹿台山上，相传有一百余平方米的洼地，为白雪覆盖，终年不化。《中国古山要志》记载：鹿台山有鹿常鸣，有凫戏水，有桧奏乐，有泉涌出，有盛夏积雪，有奇洞异穴，奇观也。特产小米，以绿色有机为导向，以绿色农业开发有限公司和金田园农业发展有限公司为龙头，建设“沁水黄小米”品牌基地，开发推进“谷子种植+小米加工+小米品鉴+小米营销+谷地观光+种植体验”的四季全产业链体系，带动农业种植推广、农副产品加工、农业观光体验三驾马车共同发展，建成全省一流高标准旱作农业示范园区。有煤矿、有机肥加工厂、农林废弃物加工厂。挖掘鹿台山旅游文化资源，建设鹿台山森林康养基地。有县级公路经此。

140521-C02-H01 **张村**［Zhāngcūn］张村乡人民政府驻地。在县政府驻地龙港镇西南16千米。人口650。聚落呈团块状。有张村小学、张村卫生院。有县级重点文物保护单位石圣寺，现存为明代建筑遗构。有特产地软，又名大发菜，别名地木耳、地圪联。县道定中线、芹张线经此。

140521-C03 **胡底乡**［Húdǐ Xiāng］沁水县辖乡。在县境东部。面积91平方千米。人口1.03万。辖13行政村。乡人民政府驻苏庄村。1949年属属沁水县第五区。1954年11月设胡底乡。1958年9月改称胡底乡金星人民公社。1960年8月改称胡底人民公社。1971年6月划归高平县。1978年4月回归沁水县。1984年4月设胡底乡。2001年樊庄乡并入。因乡人民政府驻地前有一池水，人们称为湖，常年缺水见底，谐音得名胡底。胡底河、固县河流经。有煤炭、煤层气等资源。有中小学、卫生院、文化广场。有省级重点文物保护单位石塔，位于玉溪村，塔创建于唐，明正统十年（1445年）重修，平面方形，高五层，密檐式，青石塔身，通高6.29米。有民间艺术李家山村竹马、王回村高跷马。种植花生、油料、中药材，养殖猪、羊、鸡。有山西金润生猪养殖屠宰项目、孝效生态农牧生猪养殖项目。有煤炭、煤层气、陶瓷熔块、肉食品加工、药材加工等企业。服务业以乡村旅游和物流为主，有玉溪涌泉水上游乐园、进士故里生态康养项目，建有宏瑞物流园区。陵川—侯马高速、省道坪曲线经此。

140521-C03-H01 **胡底**［Húdǐ］胡底乡人民政府驻地。在县政府驻地龙港镇东38千米。人口1790。相传村前有一水池，当地人称之为湖，下雨池有水，平常常年见底，俗称“湖底”，后演变为今名。聚落呈条带状。有胡底中学、胡底寄宿制中心小学、胡底卫生院。有蚕桑养殖业。特产大葱，品种多为羊角葱。省道曲辉线经此。

140521-C04 **固县乡**［Gùxiàn Xiāng］沁水县辖乡。在县境东部。面积165平方千米。人口0.72万。辖11行政村。乡人民政府驻固县村。1950年2月属沁水县第五区。1953年7月设固县乡。1954年属柿庄区。1958年9月设固县乡跃丰人民公社。1960年1月改称固县人民公社。1971年6月划归高平县。1978年4月回归沁水县。1984年复置乡。传说此地原为肖山县城，有一年下大雪融化后淹没县城，后期盼安居乐业，以“坚固永存”美好寓意而命名为固县。固县河、十里河流经，河流总长度17.2千米。有煤炭、煤层气等资源。有中小学、卫生院、文化站。有县级重点文物保护单位石泉三清宫。有众多庙宇、殿堂等古建筑。种植核桃、蘑菇、小杂粮，有春晖智能化出菇基地，在元上村、云首村、将庄村进行杂粮连片种植。养殖羊、猪、鸡、蚕。有广源、飞泉养殖合作社，合美养羊合作社，形成云首村、石泉村养猪，司庄村养鸡、养蚕的规模化养殖格局。有煤层气公司、中药材加工厂、三个农牧发展公司。服务业以乡村旅游为主，重点实施社沟、都堂沟旅游小景点建设，形成集中连片的旅游区。有县级公路经此。

140521-C04-H01 **固县**［Gùxiàn］固县乡人民政府驻地。在县政府驻地龙港镇东北60千米。人口1510。相传古为萧（肖）山县城，后被洪水冲毁，留下民谣：“都不敢想，腊月把河涨；冲了肖山县，淹了小柿庄”，后人重新在河岸之上建新村，求其坚固永存之意，故名。聚落呈条带状。有固县中心小学、固县乡卫生院。有关帝庙、蝗皇庙，现存皆为清代建筑遗构。有蚕桑养殖业。县道北固线经此。

140521-C05 **十里乡**［Shílǐ Xiāng］沁水县辖乡。在县境东北部。面积267平方千米。人口1.02万。辖12行政村。乡人民政府驻沟口村。1949年属沁水县第七区。1956年3月设十里乡。1958年属十里乡火箭人民公社。1959年分设十里人民公社。1971年6月划归长子县。1978年4月复归沁水县。1984年复置十里乡。2000年东峪乡并入。因十里河得名。有十里河、庄坡河、宋家河、柳沟河、沙庄河、东峪河6条，河流总长度50千米。森林覆盖率55%。有煤炭、煤层气等资源。有中小学、卫生院。有省级重点文物保护单位东峪村造像，原为丈八寺内造像，现木构建筑全部被毁，只留石佛造像一尊。造像高达4米，站立于莲盆之上，右手下垂，身穿僧袛大袍，莲座下刻有“北齐天统三年”字样，造型大方庄重，神态肃穆。有古迹战国时韩国、赵国古长城遗址、下柏寺、北齐石刻丈八寺、唐朝西峪大庙等。为县农业大乡、畜牧大乡，境内无任何工矿企业，是典型的纯农业乡镇。主导产业玉米种植、连翘采摘、黑山羊养殖。全乡粮食播种面积2460公顷，分布连翘8000多公顷，羊饲养量5.1万多只。十里八香农产品开发有限公司，其连翘茶厂有连翘绿茶、红茶、黑茶3条生产线，形成“山西药茶、十里皇翘”为代表的连翘全产业链条。有玉米秸秆工业包装内衬及环保餐具生产建设项目，构建农业生态循环模式。有花果山生态农庄，举办多届黄花节。有县级公路经此。

140521-C05-H01 **河北**［Héběi］十里乡人民政府驻地。在县政府驻地龙港镇东北46千米。人口780。因位于十里河北岸而得名。聚落呈团块状。有十里乡卫生院。有县级文物保护单位下泊寺，现存为明清时期建筑遗构。有河北村大庙，现存为清代建筑遗构。有优质玉米、绿色小杂粮、核桃林等基地。乡村道路经此。

140522 **阳城县**［Yángchéng Xiàn］晋城市辖县。北纬35° 29′，东经112° 25′。在市境西南部。面积1968平方千米。人口37.9万。辖12镇、3乡。县人民政府驻凤城镇。秦置濩泽县，属河东郡。东汉建武元年（25年）封邓鲤于此，置濩泽侯国。曹魏黄初元年（220年）废侯国复设濩泽县，属平阳郡。东晋太元十一年（386年）改隶建兴郡。北魏孝昌元年（525年）分濩泽为濩泽和西濩泽，属建州所辖的安平、泰宁二郡。北齐天保七年（557年）复并为濩泽县，属建州安平郡。天宝元年（742年）改濩泽县为阳城县。天祐二年（905年）复称濩泽县。后唐同光元年（923年）复名为阳城县，属泽州。金元光二年（1223年）升阳城为勣州，属忠昌军节度。元中统元年（1260年）勣州复为阳城县，属泽州。明属泽州（直隶州）和泽州府。1913年属中路道。1914年属冀宁道。1927年废道直属山西省。1937年属山西省第五行政区。1942年属晋冀鲁豫边区晋豫区。1943年分阳南、阳北2县。1945年恢复阳城县建制。1946年太岳行署驻此。1948年为太岳行署直属县。1949年属长治专区。1958年11月沁水县并入阳城县，属晋东南专区。1960年1月复置沁水县。1967年属晋东南地区。1985年属晋城市。因地处太岳山之南，濩泽河之北，以山南水北为阳得名。地形以山地和丘陵为主，占全县总面积的90%以上，地势由西北向东南倾斜，南北部高而中间低。境内最高峰老鳏山位于董封乡口河村西侧，海拔2024.1米，最低点位于东冶镇南寺沟村沙窑河南沁河出界处，海拔312.3米。年平均气温11.9℃，1月平均气温-2.6℃，7月平均气温24.6℃。年平均降水量602.5毫米。河流均属黄河流域，芦苇河、沁河、濩泽河、次滩河、盘亭河、南门河、秋川河、蟒河、石圈河、龙门河等流经。有煤炭、煤层气、铝矾土、硫铁矿、陶瓷黏土、白云石等数十种矿产资源。煤炭探明储量56.18亿吨，占山西省总储量的1/10以上，煤层气探明储量78亿立方米，开发潜力巨大。有动植物1100多种，有国家一级重点保护野生动物黑鹳、金雕、金钱豹，国家二级重点保护动物大鲵、猕猴、水獭、勺鸡等28种。有国家一级保护植物红豆杉、银杏、水杉、常绿匙叶栎等，国家二级保护植物连香树、水曲柳、野大豆、北沙参、黄辟、翅果油树等。有药用植物山茱萸、红果、山杏、酸枣、杜仲等300余种。森林覆盖率98%。有省级星创天地、县肿瘤研究所、县建材机械工程研究中心、县高档精细陶瓷技术研究中心、县水泥技术研究中心、县食用菌菌种培育工程技术研究中心、县绿色铸造研发中心等机构。有职业高级中学2所、图书馆1个、文化馆1个、博物馆1个、县级医院5所。自隋朝科举以来，先后有120余名进士，明清两代出过4名尚书、2名宰相。康熙、雍正年间，与陕西韩城、安徽桐城同为文化发达之乡，赢得了“名列三城，风高五属”的美誉。先后荣获国家园林县城、美丽中国十佳旅游县、中国美丽乡村建设示范县、全国全域旅游示范县、休闲农业和乡村旅游示范县、旅游标准化试点县、古堡民居保护利用示范县等荣誉称号。历史遗产丰厚，古堡民居建筑群众多。有全国重点文物保护单位陈廷敬故居（皇城相府）、下交汤帝庙、郭峪村古建筑群等7处。有省级重点文物保护单位屯城东岳庙、文庙、阳城圣寿寺及琉璃塔3处。有省级红色文化遗址太岳烈士陵园、町店战斗遗址、晋豫边区抗日纪念馆。有市级文物保护单位97处，其中孙文龙故居、西冶烈士墓等七处为革命文物。有国家级非物质文化遗产阳城生铁冶铸技艺、阳城焙面面塑、阳城琉璃烧制技艺、皇城村重阳习俗4项。有省级非物质文化遗产愚公移山传说、广禅侯故事、阳城旱船、阳城裤马、扛桩闹故事、大树秧歌、中庄秧歌、阳城道情、阳城制糖技艺、阳城绵纸制作技艺、乔氏“珐花”陶瓷传统手工技艺、商汤祈雨过赛、打潭习俗13项。有市级竹叶体书画、润城八八、润城谷柿香醋、润城枣糕4项。有民间八音会、阳城鼓书、竹马、龙灯、高跷、剪纸、手工印染等习俗。有中国历史文化名镇润城镇，中国历史文化名村屯城村、上庄村、皇城村、郭峪村等10个。有中国传统村落孤堆底村、中庄村、匠礼村等28个。有全国文明村北留镇皇城村、凤城镇水村、润城镇上庄村等7个。有国家级5A级旅游景区皇城相府，国家级4A旅游景区蟒河景区、天官王府，国家级3A级旅游区郭峪古城、孙文龙纪念馆。有国家级森林公园中条山林区。三次产业比4.6：66.6：28.8。有耕地39565.1公顷，主产小麦、谷子、玉米，种植棉花、油料作物、蔬菜，有国家地理标志产品阳城蚕茧，有省级农产品地理标志阳城山茱萸。主要养殖猪、羊、鸡。土特产犁镜、白山羊、烧肝、灵药罐、炖肉罐、乔氏法花陶瓷等。有煤炭、煤层气、电力、医药、有色金属、化工、铸造、非金属矿物制品、食品、纺织等工业、企业规模以上工业企业91家。服务业以商贸、物流、旅游为主。侯月铁路过境，设阳城站。安阳高速、晋运高速、润阳高速、342国道、省道阳济线经此。

140522-N01　**濩泽大桥**［Huòzé Dàqiáo］在城区东部。桥长144米，桥面宽14.5米。最大跨度48米，桥下净高11米。2004年改建。阳城古称濩泽，因此得名。为中型河道桥梁，最大承载量30吨。通1、6路等公交车。

140522-N02　**美泽大桥**［MěiZé Dàqiáo］在城区东部。桥长150米，桥面宽24米。最大跨度50米，桥下净高8米。2006年开工，同年建成。因在城区获泽河最北面，“水北为阳”得名。为中型河道桥梁，最大载重量55吨。通5路公交车。

140522-N03　**秀泽大桥**［Xiùzé Dàqiáo］在城区东南部。桥长155米，桥面宽24米，最大跨度52米，桥下净高9米。2006年建成。因横跨获泽河，寓获泽秀丽之意得名。为中型河道桥梁，最大载重量55吨。通6路公交车。

140522-N04　**丽泽大桥**［Lìzé Dàqiáo］在城区东部。桥长120米，桥面宽24米，最大跨度40米，桥下净高8米。2011年开工，2012年建成。因阳城古称濩泽，寓获泽秀丽之意，故名。为中型河道桥梁，最大载重量55吨。通4、802路等公交车。

140522-B01　**凤城镇**［Fèngchéng Zhèn］阳城县人民政府驻地。在县境中部。面积175.19平方千米。人口13.28万。辖14社区，41行政村。镇人民政府驻新阳东街39号。1949年属阳城县第一区。1956年设城关乡。1958年设应朝人民公社。1961年7月改为城关镇人民委员会。1967年改为城关镇革命委员会。1981年8月设城关镇。2001年1月与尹庄乡、八甲口镇合并，更名凤城镇。因地形北部隆起，东西长而南北狭，东南狭甚，形似凤凰而得名。濩泽河从东至西流经境内土涧、湾村、留昌、弥庄、下川、南安阳等村，长14千米。有中小学、医院5所、公园7个、图书馆、文化馆、广场、体育中心。有全国重点文物保护单位开福寺、阳城文庙。有省级爱国主义教育基地、市级重点文物保护单位太岳烈士陵园。有省级历史文化名村、中国传统村落南安阳村。有地方特色民间艺术琉璃制作、阳城绵纸、竹叶字画等，其中阳城绵纸被列入省级非物质文化遗产名录，竹叶字画获国家专利。主产小麦、玉米、谷子，种植蔬菜、油料作物。有博美现代农业产业园等5个市级农业产业园。养殖猪、家禽为主。有印刷、水泥、机电设备、面粉、陶瓷、纺织等工业企业，有安阳工业集中发展区、阳城经济技术开发区。服务业以商贸为主。侯月铁路过境，设阳城站。晋运高速、润阳高速、342国道、省道阳济线经此。

140522-B01-K01 **凤凰西街** [Fènghuáng Xījiē] 在城区中部。西起新阳东街，东至凤凰东街。与天桥路、兴仁巷相交。长0.4千米，宽10米。沥青路面。由古老狭窄的街道拓建，1954年建成，1968年改扩建，2011年改造。因古城形似凤凰，故名凤凰街。分为东西两段，该段位于西部，故名。沿街有中国人民银行、阳城县第二招待所、太岳烈士陵园等单位。通2路公交车。

140522-B01-K02 **凤凰东街** [Fènghuáng Dōngjiē] 在城区中部。西起凤凰西街，东至获泽大桥。与凤凰南路、凤凰北路、东华路、滨河西路相交。长0.45千米，宽10米，沥青路面。由古老狭窄的街道拓建，1954年建成，1968年改扩建。因古城形似凤凰，故名凤凰街。分为东西两段，该段位于东部，故名。沿街有阳城古县衙和东门广场等。全国重点文物保护单位开福寺在此。通2路公交车。

140522-B01-K03 **新阳西街** [Xīnyáng Xījiē] 在城区西部。西起析城大街，东至新阳东街。与水村街、祥和路、新风路、惠泽路、府南街相交。长1.2千米，宽40米。沥青路面。1984年建成，1988年改造，2002年改扩建。因县城西扩而建，寓意新阳城，故名。以府西路为界分为东、西街，此为新阳西街。两侧有阳城二中等。通1、4路等公交车。

140522-B01-K04 **新阳东街** [Xīnyáng Dōngjiē] 在城区西部。西起新阳西街，东至凤凰西街。与府西路、府南街、建设北路、建设南路、建南桥、天桥路相交。长0.96千米，宽30米。沥青路面。1984年建成，1988年改造，2002年改扩建。因县城西扩而建，寓意新阳城，故名。分为东、西街两段，此为新阳东街。沿街驻有竹林山大酒店、中国银行、阳城农商银行营业部、中国建设银行、中共阳城县委员会、阳城县人民政府、县人大常委会和县政协等。通1、2路等公交车。

140522-B01-K05 **南城西街** [Nánchéng Xījiē] 在城区中部。西起金阳街，东至凤凰南路。与南环西街、天桥路、凤凰南路相交。长0.4千米，宽12米。混凝土路面。1995年改建。因位于旧南城。又因沿旧南城垣南侧西部延伸，故名。车流量大，两侧商铺林立。两侧有电力物资发展公司和阳城现代医院等单位，为城内东西向交通干线。

140522-B01-K06 **南城东街** [Nánchéng Dōngjiē] 在城区中部。西起凤凰南路，东至滨河西路。长0.59千米，宽12米。混凝土路面。1995年改建。因位于旧南城。又因沿旧南城垣南侧东部延伸，故名。两侧有红旗机械厂和阳城国泰保安服务有限公司等。

140522-B01-K07 **金阳街** [Jīnyáng Jiē] 在城区西部。西起云水桥，东至天桥路。与析城大街、水村街、府南路、建南桥、正阳路、南环西街相交。长1.54千米，宽16米。沥青路面。1999年建成通车。因寓金色阳城之意，代表美好的愿望，故名。两侧有阳城体育中心和骏马岭森林公园等。通3、6路等公交车。

140522-B01-K08 **析城大街** [Xīchéng Dàjiē] 在城区西部。北起日凤线，南至金阳街。与新阳西街、云水桥、太岳路、水村街、迎宾大道相交。长7.55千米，宽20米。沥青路面。1993年建成，2000年对下李丘—西河段改扩建。因县境内名山析城山而得名。两侧有美韵森林公园、水村小学和中华龙文化阳城研究基地等。通1、4路等公交车。

140522-B01-K09 **凤凰北路** [Fènghuáng Běilù] 在城区中部。北起太岳路，南至凤凰南路。与文华街、天门头路相交。长0.6千米，宽12米。沥青路面。1954年建成，1971年改造，2011年改扩建。因古城形似凤凰，故名。以十字街口为界分为东、西街与南、北路。两侧有人民洗浴休闲会馆、中国农业银行、阳城三中和县眼科医院等。沿街以文化、行政、社会服务性单位为主。为旧县城内主要干道。

140522-B01-K10 **凤凰南路**［Fènghuáng Nánlù］在城区中部。北起凤凰北路，南至南城西街。长0.1千米，宽10米。沥青路面。1968年建成，1971年建成沥青路面.2011年改扩建。因古城形似凤凰，故名。两侧有恒鑫购物中心和名苑购书中心等商家。为旧县城内主要干道。

140522-B01-K11 **左岸大道**［Zuǒàn Dàdào］在城区东部。北起阳济线，南至坪头路。与濩泽大桥、南环东街、崇熏路、育英街、育秀街、育才街、秀泽大桥、新建路相交。长1.98千米，宽22米，沥青路面。2001年建成，2002年改扩建，2010年改扩建。因临获泽河而建，故名。以濩泽河为界分为东、西路。两侧有东坡头森林公园、东门广场、阳城环城凯斯顿酒店、县第四中学校和县人民医院等。通1、2路等公交车。

140522-B01-K12 **右岸大道**［Yòuàn Dàdào］在城区东部。北起丽泽大桥，南至秀泽大桥东。与通川路、泽阳大桥、获泽大桥、石油路、瑶台路、育秀街相交。长1.94米，宽22米，沥青路面。2008年始建，2006年改扩建。因路傍濩泽河而建，故名。两侧有阳城一中和县第二人民医院等。通1、4路等公交车。

140522-B01-K13 **桑田大道**［Sāngtiān Dàdào］在城区北部。西起下李丘，东至阳泉高速。与惠泽路、凤翔路、鸣凤路、凤凰北路、通济路、田园路、清林路相交。长9千米，宽40米，沥青路面。1993年始建，1994年建成通车，2022年扩建。两侧有阳城县第三小学、县机动车检测中心、北环建材、众星汽车维修中心和阳高泉森林公园等。通2路公交车。

140522-B01-K14 **南环西街**［Nánhuán Xījiē］在城区南部。西起天桥路，东至南环东街。与南城西街、金阳街、安康路、新建路相交。长0.55千米，宽15米，沥青路面。1984年始建，1986年建成通车，1998年改建。因呈弧形绕县城南部，故名南环街。以步行街为界分为东、西两段，该段位于西部，故名。沿街有中国电信等。是阳城东西向主要干道之一。通1、2路等公交车。

140522-B01-K15 **南环东街**［Nánhuán Dōngjiē］在城区南部。西起南环西街，东至左岸大道。长0.7千米，宽10米。沥青路面。1984年始建，1998年改扩建，2008年铺设水泥路面。因呈弧形绕县城南部，故名南环街。以步行街为界分为东、西两段，该段位于东部，故名。沿街有东兴畜禽服务部等。车流量大，为东西向主干道。通1、2路等公交车。

140522-B01-K16 **东关街**［Dōngguān Jiē］在城区东部。西起凤凰北路，东至东华路。与通济路相交。长0.55千米，宽3米。沥青路面。1980年始建，1981年建成通车。因位于东关村，故名。两侧有东门广场等。

140522-B01-K17 **天门头路**［Tiānméntóu Lù］在城区中部。西起荣泽路，东至凤凰北路。与鸣凤路相交。长0.6千米，宽8米。沥青路面。1985年始建，1986年建成，2007年铺设水泥路面。因横穿旧城天门头，故名。两侧有城建局住宅小区等。

140522-B01-K18 **云蒙路**［Yúnméng Lù］在城区西部。西起阳云线，东至云水桥。与芹贤西路、芹贤东路、富水路相交。长1.47千米，宽15米。沥青路面。1986年始建，1987年建成通车。因县境内名山云蒙山而得名。两侧有阳城锦华学校等。通3路公交车。

140522-B01-K19 **新建路**［Xīnjiàn Lù］在城区东南部。北起凤凰南路，南至左岸大道。与崇熏路、育才街、育英街、坪头路、育秀街、建安路相交。长1.1千米，宽16米。沥青路面。1998年始建，1999年建成通车。因是县城南部新建的主干道，故名。两侧有阳城实验小学和凤阳幼儿园（新建路）等。通2、6路等公交车。

140522-B01-H01 **南安阳**［Nánānyáng］在县政府驻地凤城镇东5千米。凤城镇辖行政村。人口1520。相传潘姓从高平迁至阳城，在濩泽河南、北安家，故名。聚落呈团块状。有市级文物保护单位潘家大院，俗称潘家十三院，据房屋花梁题记记载，建造于清嘉庆、道光年间。有南安阳遗址，为新石器时代、东周时期文化遗存。有潘家 1 号院、潘学义宅院、风圪洞巷 7 号院、新院巷 7 号院、潘氏宗祠等，现存皆为清代建筑遗构。2014 年被列入第三批中国传统村落名录，2019 年被列入第七批中国历史文化名村。省道阳济线经此。

140522-B01-H02 **水村**［Shuǐcūn］在县政府驻地凤城镇西 0.8 千米。凤城镇辖社区。人口 2280。相传因牛槽沟内有清泉，流经村内汇入西小河，故名。聚落呈团块状。有阳城职业中学、水村小学。有省级非物质文化遗产手工制糖技艺。2011 年被评为第三届全国文明村。342 国道、省道陵沁线经此。

140522-B02 **北留镇**［Běiliú Zhèn］阳城县辖镇。在县境东部。面积 81.81 平方千米，人口 3.74 万。辖 32 行政村。镇人民政府驻北留村。1949 年属阳城县第二区。1956 年设廷章乡。1958 年设北留人民公社。1984 年 9 月改镇。以驻地得名，北留取大自然留置在县境北部的一块平地之意。沁河从北至南流经境内石苑、南庄、头南等村，长 7 千米。有煤炭、铁、铝、硫、石灰石等矿藏。有中小学、卫生院 2 所、文化综合活动室、广场、公园、农林文旅康产业融合发展专家工作站。有全国重点文物保护单位陈廷敬故居（即皇城相府）、海会寺、郭峪村古建筑群，市级重点文物保护单位南留成汤庙。有国家级非物质文化遗产皇城村重阳习俗，是以皇城村为核心区域的民众举行的传统敬老民俗活动，祭祖敬老、登高望远、赏菊饮酒、吟诗唱词，蔚然成风，自明代正德年间形成而传承至今。有省级非物质文化遗产大树秧歌。有中国历史文化名村郭峪村、皇城村、尧沟村。有中国传统村落郭峪村、皇城村、尧沟村、大桥村、章训村、石苑村、史山村 7 个。有国家 5A 级旅游景区皇城相府，国家 3A 级风景区郭峪古城，九女湖精品旅游区，横岭黄龙台景区等旅游景区。皇城相府总面积 3.6 万平方米，是清文渊阁大学士兼吏部尚书加三级、《康熙字典》总阅官陈廷敬的故居，由内城、外城、紫芸阡等部分组成，是一处罕见的明清两代城堡式官宦住宅建筑群，被专家誉为“中国北方第一文化巨族之宅”。主产玉米、小麦，有头南连翘、杏王核桃、章训苹果、皇城中药韭菜、高窊辣椒等 11 个产业示范基地。有采煤、煤化工、制药、发电、食品加工等工业企业，有北留周村煤电化工业园。服务业以旅游、商贸为主。晋运高速、342 国道经此。

140522-B02-H01 **北留**［Běiliú］北留镇人民政府驻地。在县政府驻地凤城镇东 15 千米。人口 4830。清称北留墩，属章训都，雍正二年（1724 年）曾于此设“官铺”。后因其位于贝坡岭东端北侧、晋韩公路北侧、盆地之北端而得名。聚落呈团块状。有北留中学、北留小学、北留中心卫生院。有东阁、轩辕阁、三教堂、黑虎庙、郭家院、杨家院、王家院，现存皆为清代建筑遗构。342 国道、省道陵沁线经此。

140522-B02-H02 **郭峪**［Guōyù］在县政府驻地凤城镇东 15 千米。北留镇辖行政村。人口 2260。相传最初由郭姓人建村，故名。据碑刻《大周泽州阳城龙泉禅院记》，建村时间可追溯到唐代。聚落呈团块状。有第六批全国重点文物保护单位郭峪村古建筑群。2007 年被列入第三批中国历史文化名村名录。2012 年被列入第一批中国传统村落名录。乡村道路经此。

140522-B02-H03 **皇城**［Huángchéng］在县政府驻地凤城镇东 16 千米。北留镇辖行政村。人口 1160。原名中道庄，后因康熙皇帝曾两次驾临而得名。聚落呈团块状。有第七批全国重点文物保护单位陈廷敬故居。2005 年被列入第二批中国历史文化名村。2009 年被评为第二届全国文明村。2012 年被列入第一批中国传统村落名录。乡村道路经此。

140522-B02-H04 **尧沟**［Yáogōu］在县政府驻地凤城镇东 16 千米。北留镇辖行政村。人口 1010。相传始建于大明天顺年间。曹家兄弟从山东曹州府迁此，开煤窑炼铁，原名窑沟，康熙年间取同音字“尧”，故名。聚落呈团块状。有明清建筑群帅府 23 院、三庙（济渎庙、三教庙、山神庙）、两阁（春秋阁、大士阁）。2014 年被列入第三批中国传统村落名录。2019 年被列入第七批中国历史文化名村名录。乡村道路经此。

140522-B02-H05　**大桥**［Dàqiáo］在县政府驻地凤城镇东 14 千米。北留镇辖行政村。人口 1040。相传三百年前，此地有一座大煤窑，故名大窑沟，后经演化，故名。聚落呈团块状。有第六批全国重点文物保护单位海会寺，亦名龙泉寺，据后周显德三年（955 年）《大周泽州阳城县龙泉禅院记》碑考，寺始建于唐，现存为宋、明、清建筑遗构。2019 年被列入第五批中国传统村落名录。乡村道路经此。

140522-B02-H06　**石苑**［Shíyuàn］在县政府驻地凤城镇东南 14 千米。北留镇辖行政村。人口 2160。因唐代有人在此垒石造地，栽花为苑而得名。聚落呈团块状。有北留镇石苑寄宿制小学。有石苑牛头寨遗址，创建于明崇祯五年（1632 年）。有石苑白衣阁、石苑太和宫、石苑村馆后街 3 号院，现存皆为清代建筑遗构。有常润春宅院，为民国时期建筑遗构。2019 年被列入第五批中国传统村落名录。乡村道路经此。

140522-B02-H07　**史山**［Shǐshān］在县政府驻地凤城镇东 16 千米。北留镇辖行政村。人口 2010。相传村中古庙前有一对大石狮，原名狮山，后演变为今名。聚落呈条带状。有史山董家院，现存为清代建筑遗构。2019 年被列入第五批中国传统村落名录。乡村道路经此。

140522-B02-H08　**章训**［Zhāngxùn］在县政府驻地凤城镇东南 18 千米。北留镇辖行政村。人口 1230。相传始居者姓张，擅长武艺，常教徒练武训技，故称张训，后演变为今名。聚落呈团块状。有佛庙、关帝阁、观音阁、观音堂戏台、文昌阁、玄武阁、卫起禄宅院、卫宪典宅院，现存皆为清代建筑遗构。2019 年被列入第五批中国传统村落名录。乡村道路经此。

140522-B02-H09　**南留**［Nánliú］在县政府驻地凤城镇东 13.5 千米。北留镇辖行政村。人口 2450。因位于北留村南 1 千米处晋韩公路南侧而得名。聚落呈团块状。有第六批省级文物保护单位南留成汤庙，元延祐二年（1315 年）重修，现存为明清时期建筑遗构。有南留关帝庙、畅家院，现存皆为清代建筑遗构。县道陵沁线经此。

140522-B03　**润城镇**［Rùnchéng Zhèn］阳城县辖镇。在县境东部。面积 72.8 平方千米，人口 3.27 万。辖 1 社区，22 行政村。镇人民政府驻润城村。1949 年属阳城县第二区。1953 年设润城乡。1958 年设润城人民公社，同年 10 月与北留人民公社合并，属东方红人民公社。1984 年 9 月改润城镇。润城镇又名小城，因与其西北面的一小城寨连成一片，故易名闰城（意为小城闰出一城），后以同音得名。沁河从北至南流经境内屯城、望川、上伏、下伏、王村、柏沟、刘善、润城、河头、下河等村，长 12.4 千米。有煤炭资源。有中小学、综合性医院、公园。因冶炼业兴旺曾称“铁冶镇”，明清时期商业繁盛，富商巨贾辈出。建筑布局奇特，地形险阻，易守难攻。明代建军事城堡，民居建筑古朴，今仍有遗存。文风鼎盛，中举人数冠于全县，2010 年被评为中国历史文化名镇。有全国重点文物保护单位润城东岳庙、砥洎城，省级重点文物保护单位东岳庙。有省级非物质文化遗产中庄秧歌。有中国历史文化名村上庄村、上伏村 2 个。有中国传统村落上庄村、屯城村、中庄村、润城村、上伏村、北音村、王村、下庄村 8 个。有 4A 级景区天官王府旅游景区，中庄布政李府景区，润湖公园，天坛山等景点。有古阳城八景之一“沁渡扁舟”。先后获得中国民间文化艺术之乡、中国特色小镇、全国乡村旅游重点镇（乡）等荣誉称号。主产小麦、玉米，种植棉花、蔬菜，主要养殖猪、羊、鸡。建有高产优质小麦现代农业产业园、市级水果产业园、畜禽养殖园。有采煤、煤洗选、建材、玻璃微珠、滤料、电力、纺织、食品等工业企业。服务业以旅游为主，建设康养特色村、文创产业园。侯月铁路、晋运高速、润阳高速、342 国道经此。

140522-B03-H01　**润城**［Rùnchéng］润城镇人民政府驻地。在县政府驻地凤城镇东 11 千米。人口 5620。原名小城，明嘉靖三十八年（1559 年）更名润城，明万历二十一年（1593 年）的《重修东岳庙记》载：“自嘉靖三十八年，蒙县主张爷，陕西西宁人，进士出身，嫌村名不好，祈吕仙鸾笔，改为润城。”明万历三十一年（1603 年）《重修东岳庙记》载，润城“旧名小城，邑侯西宁春谷张公易今名，以沁环三面而地莫润焉，又形胜差亚于邑而不可以小称也。”聚落呈团块状。有润城初级中学、润城小学、润城医院。有第六批全国重点文物保护单位润城东岳庙，据庙内碑载，明万历二十一年（1593 年）重建，现存献亭、正殿为明代建筑遗构，余皆为清代建筑遗构。有第六批全国重点文物保护单位砥洎城，亦称润城小城，始建于明崇祯十一年（1638 年），现存皆为明代建筑遗构。有明清官商民宅百余座，曾为太行巨镇、商贾孔道、国家驿道、阳城经济重镇。县道端润线经此。

140522-B03-H02 **上庄**［Shàngzhuāng］在县政府驻地凤城镇东北 14 千米。润城镇辖行政村。人口 1000。因位于庄河上游而得名。聚落呈条带状。是明代杰出政治家、改革家，刑部尚书、户部尚书、吏部尚书、太子太保王国光故里。有第六批省级文物保护单位上庄古建筑群，包括樊家庄园和王国光故居两部分，有国家 4A 级旅游景区天官王府。2008 年被列入第四批中国历史文化名村。2012 年被列入第一批中国传统村落名录。2015 年被评为第四届全国文明村名录。乡村道路经此。

140522-B03-H03 **中庄**［Zhōngzhuāng］在县政府驻地凤城镇东北 13 千米。润城镇辖行政村。人口 610。因位于上庄和下庄之间而得名。聚落呈团块状。有第六批省级文物保护单位中庄古建筑群，现存有县级文物保护单位中庄汤帝庙，现存为明清建时期筑遗构。有中庄李家大院，俗称棋盘八院、狮院，现存为明清建筑遗构。有省级非物质文化遗产中庄秧歌。2016 年被列入第四批中国传统村落名录。乡村道路经此。

140522-B03-H04 **下庄**［Xiàzhuāng］在县政府驻地凤城镇东北 13 千米。润城镇辖行政村。人口 1150。因位于上庄、中庄两村的下方而得名。聚落呈条带状。有下庄五帝庙，现存为明清时期建筑遗构。有下庄杨家大院，俗称牌楼院，现存多为明代建筑遗构，部分建筑（或构件）为清代建筑遗构。2019 年被列入第五批中国传统村落名录。乡村道路经此。

140522-B03-H05 **屯城**［Túnchéng］在县政府驻地凤城镇东北 14 千米。润城镇辖行政村。人口 1480。因长平之战秦将白起在此屯兵而得名。聚落呈团块状。为明末清初南京吏部尚书张慎言的故里。有第二批省级文物保护单位屯城东岳庙，现存天齐殿、东耳殿为金代建筑遗构，余皆为明清建时期筑遗构。有第六批省级文物保护单位屯城古建筑群。2014 年被列入第三批中国传统村落名录。2014 年被列入第六批中国历史文化名村名录。县道端润线经此。

140522-B03-H06 **北音**［Běiyīn］在县政府驻地凤城镇东 12 千米。润城镇辖行政村。人口 870。在山坡之北，绿树成荫，故名北荫，后经演变而得名。聚落呈团块状。有北音汤帝庙、东岳庙、观音阁、谭家院，现存均为清代建筑遗构。2019 年被列入第五批中国传统村落名录。乡村道路经此。

140522-B03-H07 **上伏**［Shàngfú］在县政府驻地凤城镇东北 12 千米。润城镇辖行政村。人口 1630。原名河阳，沁河暴涨，冲来石佛，上半身留在村中，故名上佛，后经演变而得名。聚落呈团块状。有第五批省级文物保护单位上伏大庙，现存汤帝殿为明代建筑遗构，其余皆为清代建筑遗构。2016 年被列入第四批中国传统村落名录。2019 年被列入第七批中国历史文化名村名录。县道端润线经此。

140522-B03-H08 **王村**［Wángcūn］在县政府驻地凤城镇东 13 千米。润城镇辖行政村。人口 2450。聚落呈团块状。有王村中学。有成汤庙正殿、王村寨址，现存皆为明代建筑遗构。有大王阁、刘四德宅院，现存皆为清代建筑遗构。2019 年被列入第五批中国传统村落名录。县道端润线经此。

140522-B03-H09 **潘沟**［Pāngōu］在县政府驻地凤城镇东北 14 千米。润城镇辖自然村。人口 160。因地处小河沟，先居者为潘姓人家而得名。聚落呈条带状。有第六批省级文物保护单位潘沟关帝庙，现存为清代建筑遗构。乡村道路经此。

140522-B03-H10 **望川**［Wàngchuān］在县政府驻地凤城镇东北 12 千米。润城镇辖行政村。人口 1090。因村中有座望阳楼，楼前为一片平川之地而得名。聚落呈团块状。有第六批省级文物保护单位望川开明寺，现存东院藏经楼、文殊阁为明代建筑遗构，余皆为清代建筑遗构。县道端润线经此。

140522-B04　**町店镇**［Dīngdiàn Zhèn］阳城县辖镇。在县境北部。面积 61.49 平方千米，人口 1.43 万。辖 14 行政村。镇人民政府驻町店村。1949 年属阳城县第五区。1956 年设町店乡。1958 年改公社。1984 年 9 月复置乡。1994 年 12 月设镇。以驻地得名，因康熙时琚秀父子皆武进士，皇帝曾赏其大量金银回原籍修府第，琚秀父子建金殿，被朝廷发现，琚奏章改金殿为町店，意为古时过路客商夜宿旅店，方免治罪，故名。芦苇河从西至东流经境内上黄岩、大宁、町店、北庄、义城、柴宍、杨腰等村，长 13 千米。有煤炭资源。有中小学、卫生院、文化站、文化广场。地方特色民间艺术有裤马、舞龙等，其中裤马被列入省级非物质文化遗产名录。有省级爱国主义教育基地町店战斗纪念园，以其为主整合南山果园和王家庄现代农业产业园等现有资源，采用专业公司运营，以红色文化为主体，打造集红色文化、生态基地、农业观光、休闲旅游、爱国主义科普教育于一体的红色现代农业观光园。主产小麦，种植棉花、花椒、凤椒、红薯等。主要饲养猪、鸡。有煤炭、天然气、陶瓷、化工、建材、铸造等工业企业。有县级公路经此。

140522-B04-H01　**町店**［Dīngdiàn］町店镇人民政府驻地。在县政府驻地凤城镇北 8 千米。人口 3070。相传因康熙时琚秀父子皆武进士，皇帝曾赏琚秀父子大量金银回原籍修府第，琚秀父子建金殿，被朝廷发现，奏章改金殿为町店，意为古时过路客商夜宿旅店，方免治罪，故名。有町店中学、町店小学、町店卫生院。有县级文物保护单位町店战役遗址，1938 年 7 月 3 日至 4 日，八路军 115 师 344 旅在町店芦苇河两岸对日军发起阻击歼灭战。有町店遗址，为新石器时代文化遗存。有町店村东头起 31 号院，现存为清代建筑遗构。县道八芹线经此。

140522-B04-H02　**大宁**［Dàníng］在县政府驻地凤城镇北 10 千米。町店镇辖行政村。人口 2080。相传在宋末明初兵荒马乱年代，人们竞相迁来居住，村庄日益扩大，村民团结一致，免遭乱兵之害，过着宁静的生活，故名。聚落呈团块状。有大宁遗址，为新石器时代、夏代文化遗存。有九三慰问纪念塔，为纪念 1951 年 9 月 3 日聂真同志率领的中央慰问团对大宁村的慰问而立。2020 年被评为第六届全国文明村。县道八芹线经此。

140522-B05　**芹池镇**［Qínchí Zhèn］阳城县辖镇。在县境西北部。面积 138 平方千米，人口 1.58 万。辖 19 行政村。镇人民政府驻芹池村。1949 年属阳城县第五区。1953 年设芹池乡。1958 年改公社。1971 年改属沁水县。1972 年恢复原隶属关系。1984 年 9 月复置乡。2001 年 1 月羊泉乡并入设镇。因芦苇河经此形成了一个湾，其周围村落重教兴学，人才辈出，如同古时学宫的泮池，故名。芦苇河从西至东流经境内原庄、贾寨、羊泉、北宜固、阳陵、芹池、刘西、刘东等村，长 18 千米。有煤炭资源。有中小学、卫生院 2 所、广场。有国家重点文物保护单位阳城寿圣寺及琉璃塔，位于阳陵村，始建于后唐，寺内布局为二进院落，现存主要有大雄宝殿和琉璃塔，琉璃塔八角十级，高约 27 米，塔内中空可登。有省级重点文物保护单位羊泉汤帝庙、刘西府君祠。有原庄南同休闲生态园、林泉松岳书院、龙湾碧园等旅游景点。主产小麦、玉米、谷子，种植花椒、棉花，养殖猪、羊、鸡、蚕。有油坊头村省级优质谷子生产基地 500 亩、温氏 40 万头生猪养殖产业园、坤地生态农业产业园等现代农业项目。有采煤、煤层气、建材、化工、发电、食品、饲料等工业企业。安阳高速、342 国道经此。

140522-B05-H01　**芹池**［Qínchí］芹池镇人民政府驻地。在县政府驻地凤城镇西北 20 千米。人口 1970。相传原名覃池，后因芦苇河经此成湾，"芹藻"喻古代贡士或有才学之士，故名。聚落呈团块状。有芹池中学、芹池中心小学、芹池中心卫生院。有吕桃宅院（俗称底下院）、吕振纲宅院（俗称后头院），皆为清代建筑遗构。有革命历史文物"宣龙排"。342 国道、县道八芹线、县道芹张线经此。

140522-B05-H02　**阳陵**［Yánglíng］在县政

府驻地凤城镇西北 16 千米。芹池镇辖行政村。人口 1720。因位于阳泉水（即芦苇河）之阳而得名。聚落呈团块状。有第二批省级文物保护单位寿圣寺及琉璃塔，现存前殿、琉璃塔为明代建筑遗构，余皆为清代建筑遗构。有市级文物保护单位阳阿县故城遗址，为汉代文化遗存。有阳陵东遗址，为新石器时代、东周时期文化遗存。有阳陵西遗址，为汉代文化遗存。有阳陵大庙，现存为明清时期建筑遗构。县道芹张线经此。

140522-B05-H03 **羊泉**［Yángquán］在县政府驻地凤城镇西北 19 千米。芹池镇辖行政村。人口 610。相传旧时此处水源奇缺，有羊群用蹄刨出泉水，人们饮水思源，故名。聚落呈团块状。有第六批省级文物保护单位羊泉汤帝庙，现存正殿为元代遗构，其余皆为清代建筑遗构。县道芹张线经此。

140522-B05-H04 **刘西**［Liúxī］在县政府驻地凤城镇西北 13 千米。芹池镇辖行政村。人口 520。因始居者姓刘而得名刘村，后人把村子分为刘东、刘西两村，故名。聚落呈团块状。有第六批省级文物保护单位刘西府君祠，现存为清代建筑遗构。342 国道、县道八芹线经此。

149522-B06 **次营镇**［Cìyíng Zhèn］阳城县辖镇。在县境西南部。面积 101 平方千米，人口 2.04 万。辖 28 行政村。镇人民政府驻南次营村。1949 年属阳城县第四区。1956 年设次营乡。1958 年改公社。1984 年 9 月设镇。2021 年固隆乡并入。相传东晋末年胡人于丘陵小山南北坡分别驻扎两个营寨，以南营为主，北营次之，后称南营为南次营，简名次营。获泽河从西至东流经境内前窕、周壁、侯井等村，长 11 千米。有煤、铁等资源。有中小学、卫生院 2 个、县肿瘤医院、公园。有中国历史文化名村、中国传统村落府底村、泽城村、固隆村。有旧石器时代遗址、老鹳岭宋辽摩崖石刻、元代庙宇、固隆村明清民居等古迹。有获泽农耕商汤文化园，白涧陶艺体验园，皇龙山自然风景区，郑阳、马腰休闲度假基地等旅游场所。主产玉米、小麦、谷子，种植核桃、桑树、水果，养殖猪、羊、鸡、蚕。有特色农产品“固隆香”核桃、桑叶茶等。蚕桑产业发达，有华北蚕桑第一镇之称，赛村、庄头村等蚕桑产业专业村栽植优质蛋白桑 3000 亩以上，依托蚕桑合作社和相关企业，打造蛋白桑全产业示范园。有煤炭、陶瓷、有机肥、食品加工、纺织、制酒等工业企业。服务业以乡村旅游为主。一面以蚕桑博物馆为中心，建设集文化、旅游、体验、采摘等多功能为一体的蚕桑文化体验园；一面深度挖掘 3 个国家级历史文化名村内涵，发展乡村旅游。有县级公路经此，设客运站。

140522-B06-H01 **南次营**［Náncìyíng］次营镇人民政府驻地。在县政府驻地凤城镇西 16 千米。人口 2020。相传东晋末年胡人据此，有红胡兵和黑胡兵于丘陵小山南北坡分别驻扎两个营寨，以南营为主，北营次之，故名。聚落呈团块状。有次营中学、次营中心小学、次营镇卫生院。有武步清宅院（俗称厅房院），现存为清代建筑遗构。有广华医院旧址、太岳经济四分局旧址。县道阳云线经此。

140522-B06-H02 **固隆**［Gùlóng］在县政府驻地凤城镇西 15 千米。次营镇辖行政村。人口 1610。原名柴家庄，因姓氏而得名。相传宋代这里商贾云集，十分繁荣，商贾们为了生意永久兴隆，取“兴隆永固”之意，故名。聚落呈团块状。有固隆中学、固隆中心小学、固隆卫生院。有固隆太岳第四军分区驻地旧址、太岳四地委驻地旧址。2019 年被列入第七批中国历史文化名村名录。2019 年被列入第五批中国传统村落名录。县道阳云线经此。

140522-B06-H03 **府底**［Fǔdǐ］在县政府驻地凤城镇西北 11 千米。次营镇辖行政村。人口 1100。相传因古濩泽县曾设衙门府于此而得名。聚落呈团块状。有府底祖师庙，据正殿花梁题记载，创建于 1921 年。2019 年被列入第七批中国历史文化名村名录。2019 年被列入第五批中国传统村落名录。县道阳云线经此。

140522-B06-H04 **泽城**［Zéchéng］在县政府驻地凤城镇西北 12 千米。次营镇辖行政村。人口 1340。因汉濩泽县故治而得名。聚落呈团块状。有县级文物保护单位濩泽县故城。《汉书》卷 28《地理上》河东郡有濩泽县，即此。后魏兴安二年（453 年）移至今县城，《太平寰宇记》卷 44《河东道五》

泽州阳城县：“本汉濩泽县地，属河东郡，县因濩泽以为名。今县西三十里故城即汉理……后魏兴安二年自故城移于今理。”所产砂锅闻名阳城，距今已有二百多年的历史。有泽城汤帝庙，现存献殿、正殿为元代建筑遗构，其余为清代建筑遗构。2019 年被列入第七批中国历史文化名村名录。2019 年被列入第五批中国传统村落名录。县道阳云线经此。

140522-B07　**横河镇**［Hénghé Zhèn］阳城县辖镇。在县境西南部。面积 257 平方千米，人口 0.5 万。辖 12 行政村。镇人民政府驻横河。1949 年属阳城县第六区。1956 年设横河乡。1958 年改公社。1984 年 9 月复设乡。2001 年 1 月改镇。因溪源河横穿辖区，由东向西流入西河得名。地势北高南低，地形以山地为主，地处析城、小尖、云蒙、鳌背四山环抱之中。有中小学、卫生院、文化站、文化广场。2019 年 1 月入选中国历史文化名镇。有省级非物质文化遗产愚公移山传说。有省级爱国主义教育基地晋豫边区抗日纪念馆。有中国传统村落中寺村、受益村。有析城山、小沟背、五彩河风景区。析城山面积 20 平方公里，主峰圣王坪海拔 1890 米，在 250 万年前形成了典型的喀斯特地貌，是北方地区之唯一的岩溶地质遗迹和岩溶地貌景观，有众多溶洞景观和地下河水。流传着“商汤祈雨”的传说故事，《竹林纪年》记载：“商汤 24 年大旱，王祷于桑林（析城山）。主产玉米、谷子，种植油料、药材、红薯、辣椒，养殖猪、羊、鸡。服务业以旅游业为主。有县级公路经此。

140522-B07-H01　**横河**［Hénghé］横河镇人民政府驻地。在县政府驻地凤城镇西南 28 千米。人口 1000。因溪源河横向通过镇区，由东向西汇入西河而得名。聚落呈条带状。有横河中学、横河中心小学、横河卫生院。有省级爱国主义教育基地晋豫边区抗日纪念馆，是第一批省级红色文化遗址。县道索横线经此。

140522-B07-H02　**受益**［Shòuyì］在县政府驻地凤城镇西南 26 千米。横河镇辖行政村。人口 750。相传古时大旱，禾苗枯死，唯此地庄稼长势喜人，秋天丰收，大旱不灾，得到大自然的益处，故名。聚落呈条带状。有县级文物保护单位受益建龙宫，现存为清代建筑遗构。2019 年被列入第五批中国传统村落名录。县道索横线经此。

140522-B07-H03　**中寺**［Zhōngsì］在县政府驻地凤城镇西南 30 千米。横河镇辖行政村。人口 600。因村坐落于四座古寺庙之中而得名。聚落呈条带状。有县级文物保护单位千峰寺，据下寺坪汤帝庙庙内碑文记载，创建于后唐天成元年（926 年），现存为清代建筑遗构。2019 年被列入第五批中国传统村落名录。县道索横线经此。

140522-B08　**河北镇**［Héběi Zhèn］阳城县辖镇。县境西南部。面积 200 平方千米，人口 2.2 万。辖 32 行政村。镇人民政府驻河北村。1949 年属阳城县第六区。1958 年设河北人民公社。1984 年 9 月改设镇。2001 年 1 月西交、杨柏 2 乡并入。2021 年驾岭乡并入。以驻地得名，因位于五里河北岸弯曲处，故称河曲，后人按位置易名为河北。地形以山地和丘陵为主，地势北低南高，最高峰析城山海拔 1889 米，最低点河北村海拔 662 米。有石灰岩、白云岩、石英、石膏、硫铁、铝土等矿产资源。有中小学、卫生院 2 所、文化广场、文化站、敬老院。有全国重点文物保护单位下交汤帝庙，有省级重点文物保护单位杨继宗府第、孙文龙故居、封头汤帝庙拜亭 3 处。有中国传统村落孤堆底村、匠礼村、下交村 3 个。有坪泉红色观光基地、南井沟刘斌“满门忠烈”展览馆、杨柏村灵泉洞、中华山景区、李氏宗亲文化创意园等旅游景点。主产小麦、玉米，种植桑树、辣椒、西红柿、药材，养殖猪、羊、鸡、蚕。有河北西红柿现代农业产业园、晋桑现代蚕桑产业园、富硒红苗谷现代农业产业园等农业园区。有铸造、铝土开采、面粉、缫丝等工业企业。服务业以旅游业为主。安阳高速经此。

140522-B08-H01　**河北**［Héběi］河北镇人民政府驻地。在县政府驻地凤城镇西南 9 千米。人口 1430。古称河曲，又名河北口，旧时为阳城八镇之一。村位于五里河北岸弯曲处，初名河曲，后因村庄位置而得名。聚落呈团块状。有河北镇初级中学、河北镇中心小学、河北镇中心卫生院。有花园后 21 号院（俗称后底院）、南油房 6 号院，皆为清代建筑遗构。县道阳扬线经此。

140522-B08-H02 **神南**［Shénnán］在县政府驻地凤城镇西南11千米。河北镇辖行政村。人口460。因始居者以当地神南庙定名而得名。聚落呈条带状。2006年被确定为阳城生铁冶铸技艺国家级非物质文化遗产保护基地。有衡器铸件生产基地。县道壁索线经此。

140522-B08-H03 **孤堆底**［Gūduīdǐ］在县政府驻地凤城镇西南12千米。河北镇辖行政村。人口380。因在一座四面不相邻的山脚下而得名。聚落呈团块状。有国家3A级旅游景区、红色旅游经典景区、爱国主义教育基地、市级重点文物保护单位孙文龙纪念馆。有关帝庙、南泉井，现存均为清代建筑遗构。为省（蚕桑）非遗文化传承地。2014年被列入第三批中国传统村落名录。县道阳杨线经此。

140522-B08-H04 **匠礼**［Jiànglǐ］在县政府驻地凤城镇西南7千米。河北镇辖行政村。人口1020。相传原以古井“美泉”取名“美泉庄”，后因人喜智艺、俗尚礼乐而得名。聚落呈团块状。有县级文物保护单位杨继宗墓。杨继宗（？—1488年），天顺元年（1457年）进士，历任嘉兴知府、佥都御史，顺天、云南巡抚。有杨氏家祠，现存为清代建筑遗构。有玉皇庙正殿、魁星阁，皆为清代建筑遗构。2016年被列入第四批中国传统村落名录。县道壁索线、县道阳杨线经此。

140522-B08-H05 **下交**［Xiàjiāo］在县政府驻地凤城镇西南9.5千米。河北镇辖行政村。人口1730。相传过去官员路经该村都需下轿而行，故名下轿，后经演变而得名。聚落呈团块状。有第六批全国重点文物保护单位下交汤底庙，据碑记及石柱题记记载，创建于金大安二年（1210年），现正殿、拜亭为金代建筑遗构，其余皆为明清建筑遗构。2019年被列入第五批中国传统村落名录。县道阳杨线经此。

140522-B08-H06 **封头**［Fēngtóu］在县政府驻地凤城镇西南9千米。河北镇辖行政村。人口510。因地处析城山北麓山口，好像把析城山出口处封住而得名。聚落呈团块状。有第六批省级文物保护单位封头汤帝庙拜亭，据柱身题记记载，创建于金大安二年（1210年），现存为清代建筑遗构。县道壁索线经此。

140522-B09 **蟒河镇**［Mǎnghé Zhèn］阳城县辖镇。在县境南部。面积156.9平方千米。人口1.31万。辖18行政村。镇人民政府驻台头村。1949年属阳城县第三区。1953年设台头乡。1958年设台头人民公社。1984年9月复置乡。2001年1月与桑林乡合并，设蟒河镇。因境内有蟒河猕猴国家级自然保护区得名。地势西北高、东南低，地形以丘陵和低山为主。境内最高峰五斗峰位于境内东南部，海拔1572.6米，最低点位于蟒河出省处，海拔500米。涧河从西至东流经境内出水、邢西、宫上等村，长12千米。有石英砂、白云岩、角闪岩、硫铁、碳酸钙等矿藏。有中小学、卫生院、敬老院。有国家4A级旅游景区、国家级猕猴自然保护区蟒河风景区。有国家一级保护动物的黑鹳、金雕、金钱豹，国家二级保护动物猕猴。有国家一级保护植物红豆杉、无喙兰，二级保护植物山白树、连香树。主产小麦、玉米、谷子。特产中药材山茱萸。主要饲养猪羊、鸡、蚕。有化工、水泥、陶瓷等工业企业。服务业以旅游为主。省道阳济线经此。

140522-B09-H01 **台头**［Táitóu］蟒河镇人民政府驻地。在县政府驻地凤城镇南13千米。人口1410。相传村边有牛山，山头朝村舍，像牛抬头吃桑叶状，故名抬头，后因同音而得名。聚落呈团块状。有蟒河镇玉琳实验中学、台头完全小学、蟒河镇卫生院。有台头吉氏祠堂，据正殿外创修碑记载，创建于清嘉庆十八年（1813年），现存为清代建筑遗构。有台头拱桥、台头村街道下08号院，现存皆为清代建筑遗构。县道西蟒线、县道阳东线经此。

140522-B10 **东冶镇**［Dōngyě Zhèn］阳城县辖镇。在县境西南部。面积259.3平方千米，人口2.1万。辖24行政村。镇人民政府驻东冶村。1949年属阳城县第三区。1956年设东冶乡。1958年改公社。1984年9月设镇。2001年1月三窑乡并入。因古代炼铁业发达，与西冶相对而得名。地势西北高、东南低。主要山脉有三盘山、大岭头，最高峰三盘山位于窑头村，海拔1194米；最低点位于沁河出界，海拔 380 米。涧河从西至东流经境内西冶、小王庄、东冶、相底、南大峪、北大峪、马山等村，长 34 千米。有煤炭、铁矿石、石灰岩等矿藏。有中小学、卫生院。有中国传统村落西冶村、月院村。有市级文物保护单位西冶烈士墓。有磨滩风景区、太行红叶景区、独泉村枪杆红色旅游区、月院村太行一号风景道。主产小麦、玉米，种植桑树、中药材。养殖猪、牛、羊、鸡，有大矿坪生猪养殖园区。工业有采煤、镁合金冶炼、耐火材料、建材、陶瓷、有机肥、面粉、食品、生物质发电等企业。服务业以旅游业为主。侯月铁路、省道阳济线经此。

140522-B10-H01　**东冶**［Dōngyě］东冶镇人民政府驻地。在县政府驻地凤城镇东南 25 千米。人口 3020。古代冶铁业发达，乾隆年间设红冶巡检，村落在巡检东，故名。聚落呈团块状。有东冶中学、东冶完全小学、东冶镇中心卫生院。有太岳第四专署驻地旧址，为一所清道光十五年（1835 年）建造的老宅。1946 年 12 月，太岳第四专署由济源县武山村进驻东冶村，这是解放战争时期第四专署在阳城的唯一驻地。有清代宅院群。省道阳济线经此。

140522-B10-H02　**西冶**［Xīyě］在县政府驻地凤城镇东南 18 千米。东冶镇辖行政村。人口 1900。以清代二府驻军地红冶为中心分为东冶、西冶，故名。聚落呈团块状。有西冶完全小学。有西佛堂、汤帝庙、后佛堂正殿、吉崇德宅院，均为清代建筑遗构。曾是太岳第四地委、第四军分区司令部的机关驻地。有西冶烈士墓，为纪念八路军 386 旅随军水利技师张汉三和第四专署建设科水利组组长李盛林而立。2019 年被列入第五批中国传统村落名录。乡村道路经此。

140522-B10-H03　**月院**［Yuèyuàn］在县政府驻地凤城镇东南 24 千米。东冶镇辖行政村。人口 650。因位于三窑乡政府东北处沁河支流月院河北岸月牙形的山岭上，故名。聚落呈团块状。有汤帝庙、李家院（俗称里头院），皆为清代建筑遗构。境内白云石储量丰富。2019 年被列入第五批中国传统村落名录。乡村道路经此。

140522-B10-H04　**蔡节**［Càijié］在县政府驻地凤城镇东南 20 千米。东冶镇辖行政村。人口 1350。因居民多姓蔡，故名蔡甲，后经演化而得名。聚落呈团块状。2017 年被评为第五届全国文明村。乡村道路经此。

140522-B11　**白桑镇**［Báisāng Zhèn］阳城县辖镇。在县境东南部。面积 72.6 平方千米。人口 2.02 万。辖 20 行政村。镇人民政府驻白桑村。1949 年属阳城县第一区。1956 年设白桑乡。1958 年改公社。1984 年 9 月复置乡。2021 年改设白桑镇。因明代曾于此驻官兵，策应把守关隘白云口得名。有沁河、濩泽河流经，总长度 22 千米。有煤炭、石灰岩等矿藏。有中小学、卫生院、文化站。有中国传统村落通义村。有凤凰山兴隆寺、一滴水精神纪念馆等景点。主产小麦、玉米，种植棉花、桑树，有特色农产品“濩泽谷城”牌小米。养殖猪、羊、鸡，有温氏生猪养殖园区、晋龙诚锋蛋鸡养殖园区等现代养殖园区。有建材、钢铁、陶瓷、琉璃、新材料、机电设备维修、食品加工、纸制品等企业，有陶瓷工业园区。服务业以乡村旅游为主。阳城—济源省道经此。

140522-B11-H01　**白桑**［Báisāng］白桑镇人民政府驻地。在县政府驻地凤城镇东南 7 千米。人口 1910。相传因明代曾在此驻兵，策应把守关隘白云口而得名。聚落呈团块状。有白桑初级中学、白桑完全小学、白桑镇卫生院。有白桑卫家院、梁家院，均为清代建筑遗构。20 世纪 70 年代的“一滴水”工程享誉中外。县道阳东线经此。

140522-B11-H02　**洪上**［Hóngshàng］在县政府驻地凤城镇东南 7.5 千米。凤城镇辖行政村。人口 2380。相传村名说法有二：一为村东有洪水河；一为可避开濩泽河的洪水，故名。聚落呈团块状。有市级文物保护单位洪上范家大院，俗称北工上、范氏庄园，现存为清代建筑遗构。2019 年被列入第五批中国传统村落名录。省道阳济线经此。

140522-B11-H03　**通义**［Tōngyì］在县政府驻地凤城镇南 7 千米。白桑镇辖行政村。人口 1450。相传原名旃村，意即好客待人，后经演化而得名。聚落呈团块状。有通义申明亭，现存为清代建筑遗构。20 世纪 70 年代县营通义磺厂及“通义硫磺”声誉全国。20世纪80年代被晋东南地区授予“农业生产先进村”。2019年被列入第五批中国传统村落名录。乡村道路经此。

140522-B12 **演礼镇**［Yǎnlǐ Zhèn］阳城县辖镇。在县境西部。面积38.1平方千米，人口1.32万。辖1个社区，12行政村。镇人民政府驻新庄村。1949年属阳城县第四区。1956年设演礼乡。1958年改公社。1984年9月复置乡。2021年改设镇。原名南村，后合并“五礼庄”（五礼即尚礼、中庄、演礼、礼庄沟、新庄），故名。获泽河流经。有中小学、卫生院、敬老院、公园。主产玉米、小麦，种植蚕桑、中药材、蓝莓、杏等，饲养猪、羊。工业有煤矿、金属材料、电力杆塔、建筑工程、瓷器、食品加工等企业。服务业以乡村旅游为主。有阳城中金电子信息产业园、众利汽车后产业服务园。安阳高速经此。

140522-B12-H01 **新庄**［Xīnzhuāng］演礼镇人民政府驻地。在县政府驻地凤城镇西7千米。人口2030。相传清雍正年间游人张君典路过此地，见此地土地肥沃，在此定居，并取其义定名新力（立）庄，后因简称而得名。有演礼中学、演礼中心小学、演礼卫生院。有新庄佛庙、关帝庙，现存为清代建筑遗构。县道阳云线经此。

140522-C01 **寺头乡**［Sìtóu Xiāng］阳城县辖乡。在县境西北部。面积72.8平方千米，人口0.85万。辖14行政村。乡人民政府驻寺头村。1949年属阳城县第五区。1953年设霄峰乡。1956年分属大乐乡、张庄乡。1958年设寺头人民公社。1984年9月改寺头乡。因从前村边小河西边有座甘戈寺而得名甘戈寺头，后简化为寺头得名。芦苇河、万泉河、大乐河流经。有中小学、卫生院、阳北革命纪念馆。有省级非物质文化遗产扛桩闹故事。主产小麦、玉米，种植桑树、油菜，为县蚕桑发展基地，有“华北蚕桑第一乡”美誉，“阳城蚕茧”评为国家地理标志保护产品。有采煤、煤层气、制鞋、丝制品、桑葚酒、饮料等工业企业。有公路经此。

140522-C01-H01 **寺头**［Sìtóu］寺头乡人民政府驻地。在县政府驻地凤城镇西北26千米。人口910。相传村边小河之西有座甘戈寺而得名甘戈寺头，后简称而得名。聚落呈团块状。有寺头中学、吉利希望小学、寺头乡卫生院。有寺头神阁、民居群，均为清代建筑遗构。乡村道路经此。

140522-C02 **西河乡**［Xīhé Xiāng］阳城县辖乡。在县境西北部。面积35.8平方千米。人口1.5万。辖12行政村。乡人民政府驻郭河村。1949年属阳城县第一区。1956年设西沟乡。1958年属应朝人民公社。1961年设西沟人民公社。1983年因重名更名西河人民公社。1984年9月设西河乡。因乡人民政府驻地位于西小河两岸而得名。有中小学、卫生院、公园、广场。主产玉米、小麦，种植桑树、中药材、油料、水果，有许多农场、水果采摘园等规模化农业。有采煤、电力设备、建材、锅炉、桑叶加工、服装加工等工业企业。服务业以乡村旅游和商贸物流为主，有太行现代物流园、旭东购物广场、北任农机展销中心等。安阳高速、晋运高速、342国道经此。

140522-C02-H01 **郭河**［Guōhé］西河乡人民政府驻地。在县政府驻地凤城镇西北7千米。人口2710。相传唐朝时郭氏家族从洪洞迁来此地，初名下河，又改称郭家河，后简称而得名。聚落呈条带状。有西河中学、西河中心小学、西河乡卫生院。有郭河元君庙、董家院，均为清代建筑遗构。2017年被评为第五届全国文明村。342国道经此。

140522-C02-H02 **王曲**［Wángqǔ］在县政府驻地凤城镇西北4千米。西河乡辖行政村。人口1420。相传在唐朝时期皇帝在下游历时遇刺，逃到该村，被村民相救。皇帝为纪念此事故将此村名改为“王曲村”。“曲”通“屈”意委屈，故名。聚落呈团块状。有第六批省级文物保护单位王曲成汤庙，据庙内青石柱和门墩刻记，始建于金承安五年（1200年），现存为金、明、清时期建筑遗构。342国道经此。

140522-C02-H03 **中寨**［Zhōngzhài］在县政府驻地凤城镇西北8千米。西河乡辖行政村。人口1520。相传人们在村中土寨建庙院，挖出铁钟一个，故名。聚落呈团块状。有第六批省级文物保护单位中寨成汤庙，据庙内现存碑刻记载，创建于元元统年间（1333年—1335年），现存为明清时期建筑遗构。乡村道路经此。

140522-C03 **董封乡**［Dǒngfēng Xiāng］阳城县辖乡。在县境西南部。面积 194 平方千米，人口 0.73 万。辖 20 行政村。乡人民政府驻董封村。1949 年属阳城县第四区。1956 年设董封乡。1958 年属次营人民公社。1961 年设董封人民公社。1984 年 9 月复置乡。2001 年 1 月李圪塔乡并入。因春秋时期晋国赵氏家臣董安于封邑于此得名。地势西南高、中东部低，地形呈半开状盆地分布。主要山脉有云蒙山、小尖山，境内最高海拔 2024.1 米；最低点位于坡丰村，海拔 700 米。主要河流有濩泽河、次滩河、龙泉河 3 条，总长度 27 千米。最大的河流为濩泽河，从西至东流经境内上河、双美、临涧、鹿渠、董封、赤头等村，长 13 千米。有硫铁、铝土、重晶石、安山岩等矿藏。有中小学、卫生院 2 所、文化广场。有阳城古八景之一“修真古洞”。有廉政教育基地上河红色会议旧址。主产小麦、玉米、谷子，种植桑树、中药材。有铸造、生物能源、制醋等工业企业。服务业以乡村旅游为主，有李圪塔非墨写生基地、上河红色文化旅游区、金月花溪休闲农庄等。有县级公路经此。

140522-C03-H01 **董封**［Dǒngfēng］董封乡人民政府驻地。在县政府驻地凤城镇西 18 千米。人口 1200。相传因春秋时晋国赵氏家臣董安于因建晋阳城功封食邑于此而得名。聚落呈团块状。有董封乡逸夫中学、董封乡卫生院。曾为阳城县四大古镇之一。有董封十字街商铺、十字东街 117 号院（俗称外院），均为清代建筑遗构。有董封燕氏祖茔，为清代墓葬。县道阳云线经此。

140524 **陵川县**［Língchuān Xiàn］晋城市辖县。北纬 35° 46′，东经 113° 16′。在市境东部。面积 1702 平方千米。常住人口 20.5 万，其中城镇人口 9 万，乡村人口 11.5 万。有回、黎、彝、畲、东乡、满六个少数民族 1800 余人，占全县人口的 0.76%。辖 7 镇、4 乡。县人民政府驻崇文镇。隋开皇十六年（596 年）划高平县东境析置陵川县，属泽州。隋大业三年（607 年）废州，县属长平郡。隋义宁元年（617 年）长平郡改泽州，县属之。唐武德元年（618 年）属盖州，又析县西南境置盖城县。唐贞观元年（627 年）盖州废入泽州，九年盖城县省入。元至元二年（1265 年）陵川县并入晋城县。三十一年（1294 年）复置陵川县，属泽州。明洪武二年（1369 年）属泽州直隶州。清雍正六年（1728 年）属泽州府。1913 年属中路道。1914 年属冀宁道。1927 年废道直属山西省。1937 年属山西省第五行政区。1943 年被日军侵占后划归上党道，此时陵川分属陵川县、陵高县、长治县、壶关县 4 县，均属晋冀鲁豫边区太行区。1945 年抗战胜利后恢复陵川县原建制，属太行第四专区。1948 年属太行第三专区。1949 年 10 月属长治专区。1958 年并入晋城县，属晋东南专区。1959 年恢复陵川县。1967 年属晋东南地区。1985 年属晋城市。因县境“陵阜环列”得名。地处山西东南隅，太行山尾部最高峰。《读史方舆纪要》载：“以县多陵阜而名。”清代傅弼《陵川赋》言其“群峰拔地，列嶂摩天”“突出一脔，太行之巅”“万古青苍，是曰陵川”。地形复杂，为石山丘陵区。太行山脉由东北向西南蜿蜒起伏，西部处沁水盆地的东南边缘，形成东北高西南低的地势特点。有王莽岭、马武山、莲花山、刘秀城山、佛子山、北板山、棋子岭等山岭 70 余座，石质山区面积占全县总面积的 44%。大部分地区海拔在 1200—1600 米之间，最高点为佛子山，主峰海拔 1796.2 米，最低处为甘河破屋，海拔 628 米。1 月平均气温 -6℃，7 月平均气温 20.9℃，年平均气温 7.9℃。年平均降水量 700 毫米，年均日照时数 2550 小时。廖东河、原平河、武家湾河、香磨河、北召河流经，分属丹河流域黄河水系和卫河流域海河水系，年径流量 6.3 亿立方米。土壤有淋溶褐土、山地褐土、粗骨性褐土、褐土性土和碳酸盐褐土五个亚类。矿产资源有煤、铁、硫、铝、黏土、大理石、硅石等。有野生动物 200 多种，包括国家一级保护野生动物金钱豹。有野生植物 400 多种，包括红豆杉、紫荆、丁香、四季梅等珍稀植物。森林面积 139 万亩，覆盖率 51%。有中学 14 所、小学 69 所、中等职业教育学校 1 所、医院 5 所、公共图书馆、档案馆、博物馆、文化馆、体育场馆、电影院。人杰地灵、英才辈出，自隋开皇年间建县以来，历史上曾出现过 7 名状元、

93名进士，有东汉陈龟、唐代武少仪、元代郝经、原山西省委书记卫恒等名人。境内古建众多，全县共有不可移动文物1062处，素有“金元古建博物馆”之称。有国家级重点文物保护单位南召文庙、塔水河遗址、北马玉皇庙、田庄全神庙、南北吉祥寺等16处，省级重点文物保护单位南庙宫、千佛造像碑、白陉古道等10个。有国家级非物质文化遗产烂柯山的传说和陵川钢板书，省级非物质文化遗产围棋起源传说、十不隔、纸龙制作技艺、玉泉武故事、平腔秧歌、剪纸、布贴画7个。有中国历史文化名村、中国传统村落西河底镇现岭村。商朝箕子在此避难时曾演绎围棋推演天象，陵川被称为世界围棋发祥地之一。有国家4A级旅游景区国家地质公园王莽岭风景区，省级地质公园黄围山风景区，国家森林公园棋子山风景区，凤凰欢乐谷景区，上云台景区，佛子山区风景区等。三次产业比16 ∶ 25 ∶ 59。有耕地40万亩，主产玉米、小麦，玉米播种面积达耕地总面积的70%以上。主要养殖猪、羊、鸡、蜂。有省级农产品地理标志黑山羊，土特产黄松背五花参、黑木耳、灵芝、“阿珍牌”小米、核桃、大红袍花椒等。特产中药材，为“全省‘一县一业’中药材基地县”。工业以煤炭、化工、非金属矿物制品、药材加工、冶炼铸造、发电为主，有规模以上工业企业26家。服务业以零售批发、住宿餐饮、商贸、物流、旅游、观光农业为主。先后获得“国家级生态保护与建设示范县”“全国生态特色旅游县”“全国百佳乡村旅游目的地”称号。凌侯高速、207国道、342国道、省道坪曲线、长平线经此。

140524-N01 **云谷图桥**［Yúngǔtú Qiáo］在城区东部。桥长47米，桥面宽7米，最大跨度16米，桥下净高12.1米。1993年开工，1994年建成。因桥横跨云谷图河得名。为小型河道桥梁，最大载重量为30吨。

140524-B01 **崇文镇**［Chóngwén Zhèn］陵川县人民政府驻地。在县境中部。面积142平方千米。人口7.01万。辖7社区、39行政村。镇人民政府驻梅园西街。1949年属陵川县第一区。1953年设城关镇。1958年改城关灯塔人民公社。1961年设城关人民公社。1984年9月改设城关镇。2001年1月曹庄乡与城关镇合并，设崇文镇。因镇内崇安寺得名，作为境内保存最大最完整的古建筑群，是陵川县的标志性场所。民间有“先有崇安寺，后有陵川城”之说。有铁矿石、煤炭、硫、石灰石等矿藏，有党参、连翘、柴胡、黄芩、苍术等100余种中药材。有中小学83所、二甲医院3所、公园5个、文化大院、广场、电影院、公共图书室。有全国重点文物保护单位西溪二仙庙（真泽宫）、崇安寺。有市级文物保护单位魁星楼、陵川县烈士陵园。有陵川八景之一“龙门晚照”。地方特色民间艺术有狮子舞、龙舞、威风锣鼓队、推小车、踩高跷、布贴艺术、陵川钢板书等。举办的文化节有正月的元宵节，消夏晚会，金秋红叶节。主产玉米、谷子，种植蔬菜、中药材。主要养殖猪、牛、羊、鸡，有河头生态养殖园、豪康牧生猪生态养殖场、鑫盛茂源养殖场等。有煤炭、化工、冶炼、铸造、建材、食品加工等企业。服务业以旅游为主。凌侯高速、207国道、342国道经此，设陵川客运中心。

140524-B01-K01 **梅园西街**［Méiyuán Xījiē］在城区西部。西起平安北路，东至望洛路。与崇西北路、崇西南路、古陵北路相交。长1.1千米，宽30米。沥青路面。1985年在东关街的基础上建成。始称梅园街。1996年拓宽改造，1997年竣工。1998年铺设人行道。2008年进行街景改造。因有珍奇古树“四季梅”，又临陵川烈士陵园，故名。以望洛南路为界分梅园西街、梅园东街。两侧有康复医院、崇安公园和信达购物中心等。通1、2路等公交车。

140524-B01-K02 **梅园东街**［Méiyuán Dōngjiē］在城区中部。西起梅园西街，东至开云街。与文博巷、文庙巷、胜利街、康复路相交。长0.52千米，宽30米。沥青路面。1985年建成，1999年拓宽改建，2008年街景改造。因有珍奇古树“四季梅”，又临陵川烈士陵园，故名。以望洛南路为界分梅园西街、梅园东街。沿线有陵川宾馆、银海商厦和赛尔圣商城等。是县城东西向主干道之一。通1、2路等公交车。

140524-B01-K03 **开云街**［Kāiyún Jiē］在

城区东部。西起梅园东街，东至乌海线。与胜利街、状元路、新建巷、仕杜路、云雁路、朝阳巷、棋山路相交。长 2.6 千米，宽 24 米。沥青路面。1987 年在县城东村庄步行小道的基础上，整修成街。2002 年、2009 年改扩建。因该街常有云雾缭绕。开云，即云开雾散之意，祈愿道路通畅无阻，故名。两侧有梅源广场、烈士陵园、陵川一中、磨河提水管理站、城东建材市场和棋心文化广场等。通 1 路公交车。

140524-B01-K04 **文化街**［Wénhuà Jiē］在城区南部。西起古陵南路，东至康复路。与望洛南路相交。长 0.42 千米，宽 19 米。沥青路面。原为南城河街，1976年改建成沥青路面，始称文化街。2004 年改扩建。2009 年翻修改造。因陵川县文化局而得名。沿线有棋源会堂和县供销合作总社等。属行政服务、文化单位集中的区域。

140524-B01-K05 **黄围西街**［Huángwéi Xījiē］在城区南部。西起日凤线，东至古陵南路。与希望路、回龙街相交。长 0.66 千米，宽 42 米。沥青路面。2010 年建成。因该街可通往中国南太行别具特色的著名旅游风景区黄围山，故以陵川古八景之一“黄围灵湫之黄围”命名。以古陵南路为界分为黄围西街、黄围东街。道路两侧以居民区为主。沿线有郝经公园等。是县城南部东西向主干道之一。通 1、2 路等公交车。

140524-B01-K06 **黄围东街**［Huángwéi Dōngjiē］在城区南部。西起古陵南路，东至凌云街。与南岭街、棋山路相交。长 3 千米，宽 42 米。沥青路面。2017 年开工，2019 年建成。因该街可通往中国南太行别具特色的著名旅游风景区黄围山，故以陵川古八景之一“黄围灵湫之黄围”命名。以古陵南路为界分为黄围西街、黄围东街。两侧有太行山水营销中心和棋山花园等。通 1、2、3 路等公交车。

140524-B01-K07 **望洛北路**［Wàngluò Běilù］在城区北部。北起乌海线，南至崇安西街。与凌云街、通泰巷、康宁街、崇西北路相交。长 2.2 千米，宽 24 米。沥青路面。因建于古代“望洛书院”旁得名。1969 年建成。始称望洛路。1984 年望洛路南段建成后，以崇安西街为界划分为望洛北路、望洛南路。2003 年拓宽改造、铺装路面。两侧有山西省陵川县职业中学和县妇幼保健院等。通 1、2 路等公交车。

140524-B01-K08 **望洛南路**［Wàngluò Nánlù］在城区中部。北起崇安西街，南至文化街。与梅园西街相交。长 0.3 千米，宽 24 米。沥青路面。1984 年建成。2009 年进行翻修改造。沿线有金威宾馆和梅园商厦等。是县城南北向主干道之一。

140524-B01-K09 **古陵北路**［Gǔlíng Běilù］在城区中部。北起崇安寺，南至百狮街。与梅园西街、文化街、南岭街相交。长 0.47 千米，宽 30 米。沥青路面。1975 年建成。2000 年、2006 年、2009 年进行改扩建。因崇安寺门楼称古陵楼而得名。2006 年古陵路南段建设时，以百狮街为界分为古陵北路、古陵南路。沿线有崇安宾馆和陵川人民大药房等。是县城南北向主干道之一。通 2、3 路等公交车。

140524-B01-K10 **古陵南路**［Gǔlíng Nánlù］在城区南部。北起百狮街，南至文峰街。为黄围西街、黄围东街的分界。与文峰街相交。长 2.2 千米，宽 40 米。沥青路面。2009 年开工建成。因该路北起古陵楼（崇安寺山门），故名古陵路。两侧有楠园大酒店和信达生活广场等。通 2、4 路等公交车。

140524-B01-K11 **文峰街**［Wénfēng Jiē］在城区南部。西起平安南路，东至棋山路。与古陵南路、状元路相交。长 2.4 千米，宽 40 米。沥青路面。2017 年开工，2019 年建成。因该路位于文峰塔旁而得名。两侧有陵川客运中心等。通 2、3、4 路等公交车。

140524-B01-K12 **状元路**［Zhuàngyuán Lù］在城区南部。北起回龙街，南至文峰街。长 0.73 千米，宽 42 米。沥青路面。2014 年开工，2015 年建成。因金元时期陵川曾有七状元而得名。两侧有陵川县中医院和德日升热源厂等。通 4 路公交车。

140524-B01-J01 **城东社区**［Chéngdōng Shèqū］属崇文镇。在县城东部。面积 2.5 平方千米。人口 7180。原为东关村，故名。2003 年 9 月成立。辖 6 个居民小区。有陵川一中、仕林苑小学、陵川县光荣医院、棋源广场、烈士陵园。有古迹奎星楼、武氏三状元故居、春秋阁。4座商贸楼形成的商贸一条街。有多个党政机关。2014年被评为省文明社区。通1路、4路公交车。

140524-B01-J02 **城南社区**［Chéngnán Shèqū］属崇文镇。在县城南部。面积3平方千米。人口8770。2003年9月由南关、川头上2村合并成立。辖7个居民小区。有陵川三中、城南友谊小学、陵川县中医院、长征水池公园。2014年被评为省级文明社区。342国道经此。通2路、3路、301路公交车。

140524-B01-H01 **小召**［Xiǎozhào］在县政府驻地崇文镇东北2千米。崇文镇辖行政村。人口2490。相传因古为赵姓立村，村庄又小名小赵，后因谐音演变而得名。聚落呈团块状。有三宝中学。2017年被评为第五届全国文明村。207国道经此。

140524-B02 **礼义镇**［Lǐyì Zhèn］陵川县辖镇。在县境西北部。面积86平方千米。人口3.12万。辖28行政村。镇人民政府驻东街村。1949年属陵川县第二区。1953年设礼义乡。1958年改礼义五星人民公社。1961年改礼义人民公社。1984年9月设镇。因驻地得名，因早时李姓居住此地，故名李村，后村中有一位颇有才学的文人将地名改为礼义。东大河从北至南流经，长9千米。有煤炭、铁、硫铁、石灰岩等矿藏。有中小学、卫生院、文化广场。有全国重点文物保护单位南北吉祥寺（南吉祥寺、北吉祥寺）、崔府君庙、龙岩寺4处。有省级文物保护单位千佛造像碑、西尧观音殿、礼义会馆、苏村唐太宗庙。有省级历史文化名村平川村。主产玉米、谷子，种植蔬菜、中药材。以东街村、龙头沟村为产业园核心区域，建立了水果种植园、中药材种植园、旱地蔬菜种植园和生态养殖园4个现代农业产业园。有煤炭、化工、水泥、冶炼、淀粉等工业企业，有礼杨工业园。省道坪曲线经此。

140524-B02-H01 **东街**［Dōngjiē］礼义镇人民政府驻地。在县政府驻地崇文镇西13.7千米。礼义镇辖行政村。人口2800。原为礼义村，后礼义村一分为三，此村居东，故名。聚落呈团块状。有东街小学、振凯商厦。有慈云奄、八卦院厅房、李家民宅，现存皆为清代建筑遗构。2016年被列入第四批中国传统村落名录。省道曲辉线、县道陵礼线、县道礼夺线经此。

140524-B02-H02 **西街**［Xījiē］在县政府驻地崇文镇西20千米。礼义镇辖行政村。人口1550。原为礼义村，后礼义村一分为三，此村居西，故名。聚落呈团块状。有西街小学。有第四批全国重点文物保护单位北吉祥寺，现存前殿、中殿为宋代建筑遗构，余皆明清时期建筑遗构。有宜圣宫、武家民宅、冶铁遗址等明清时期建筑遗构、文化遗存。省道曲辉线、县道陵礼线、县道礼夺线经此。

140524-B02-H03 **北街**［Běijiē］在县政府驻地崇文镇西20千米。礼义镇辖行政村。人口2450。原为礼义村，后礼义村一分为三，此村居北，故名。聚落呈团块状。有礼义镇初级中学。有第五批全国重点文物保护单位崔府君庙，现存山门为金代建筑遗构，余皆明清建筑遗构，是我国高台式建筑的实例。有第六批省级文物保护单位礼义会馆旧址，现存为清代建筑遗构。有三官庙、水口阁，现存皆为清代建筑遗构。省道曲辉线、县道陵礼线、县道礼夺线经此。

140524-B02-H04 **平川**［Píngchuān］在县政府驻地崇文镇西20千米。礼义镇辖行政村。人口1390。因村处于东、西两山之间的平川地带而得名。聚落呈团块状。有第四批全国重点文物保护单位南吉祥寺，创建于唐贞观年间（627年—649年），现存建筑为宋至清代建筑遗构。有第二批省级文物保护单位千佛造像碑，北魏太和二十年（496年）镌刻，前后左右共有大小佛像400多尊。县道礼夺线经此。

140524-B02-H05 **梁泉**［Liángquán］在县政府驻地崇文镇西7.9千米。礼义镇辖行政村。人口1330。因地处山梁上，村中有一股泉水而得名。聚落呈团块状。有梁泉中心小学。有第五批全国重点文物保护单位龙岩寺，创建于唐总章二年，现存为金代、明清时期建筑遗构。有县级文物保护单位梁泉村玉皇观，现存为明清时期建筑遗构。县道陵礼线经此。

140524-B02-H06　**苏村**［Sūcūn］在县政府驻地崇文镇西北 14.7 千米。礼义镇辖自然村。人口 1730。聚落呈团块状。有苏村小学。有第六批省级文物保护单位苏村唐太宗庙，始建于金皇统九年（1149 年），现存为清代建筑遗构。省道曲辉线经此。

140524-B02-H07　**西尧**［Xīyáo］在县政府驻地崇文镇西北 13.3 千米。礼义镇辖行政村。人口 600。相传以前有一姚阁老，身犯抄家之罪，其次子逃此隐居，取同音异字，立尧庄，尧村有东西之分，其在西，故名。聚落呈团块状。有第六批省级文物保护单位西尧观音殿，单体建筑，现存为元代建筑遗构。省道曲辉线经此。

140524-B03　**附城镇**［Fùchéng Zhèn］陵川县辖镇。在县境西南部。面积 172 平方千米。人口 3.07 万。辖 32 行政村。镇人民政府驻附城村。1949 年分属陵川县第二区、第三区。1953 年设附城乡。1958 年设附城跃进人民公社。1961 年改称附城人民公社。1984 年 9 月设镇。2001 年 1 月丈河乡并入。因驻地得名，唐武德元年（618 年）置盖城县，有村邻盖城，得名附城村，镇由此得名。地形以山地和丘陵为主，主要山脉有马鞍山、毛古山、九峰山、万松山、西岭山、石门山等。最高点马鞍山位于附城村西北 1000 米处，海拔 1258 米，最低点位于台南村西河，海拔 822 米。主要河道有白洋泉河、北马河、附新河 3 条，总长度 42 千米。有煤炭、铁矿石、硫、石灰石等矿藏。有中小学、卫生院、文化大院。有全国重点文物保护单位小会岭二仙庙、玉泉东岳庙、北马玉皇庙、田庄全神庙 4 处，省级重点文物保护单位附城陵邑会馆。有革命遗址、市级文物保护单位中共陵高县委驻地旧址。有省级非物质文化遗产南马十不隔、玉泉武故事。有中国传统村落田庄村、夏壁村、丈河村、西瑶泉村 4 个。有南村九仙台、祖师顶、南崖宫等古迹。有地方特色民间艺术有城东老锹锹、小会盖城老竿、打铁花、龙灯舞、高低二敲等。主产玉米、谷子、薯类，种植核桃、连翘，养殖猪、羊、鸡、蜂。有化工、建材、食品加工等工业企业。服务业以旅游为主。342 国道经此。

140524-B03-H01　**附城**［Fùchéng］附城镇人民政府驻地。在县政府驻地崇文镇西南 16.4 千米。人口 5390。相传唐武德元年置盖城县，因村邻盖城而得名。聚落呈条带状。有附城镇中学、附城中学校、附城凤山完全小学、附城镇中心卫生院。有第六批省级文物保护单位附城村陵邑会馆旧址，现存为清代建筑遗构。有民俗文化玉泉武故事、城东老锹锹、小会盖城老竿、打铁花、龙灯舞、高低二跷等。有省级非物质文化遗产南马十不隔。2014 年被评为第四届全国文明村。342 国道、县道礼夺线经此。

140524-B03-H02　**田庄**［Tiánzhuāng］在县政府驻地崇文镇西南 9 千米。附城镇辖行政村。人口 820。聚落呈团块状。有第八批全国重点文物保护单位田庄全神庙，现存正殿为元代建筑遗构，余皆为明清时期建筑遗构。2014 年被列入第三批中国传统村落名录。乡村道路经此。

140524-B03-H03　**小会**［Xiǎohuì］在县政府驻地崇文镇南 14.6 千米。附城镇辖行政村。人口 580。相传因地处小会岭庙前而得名。聚落呈团块状。有第五批全国重点文物保护单位小会岭二仙庙，现存正殿为宋代建筑遗构，余皆为明清时期建筑遗构。342 国道经此。

140524-B03-H04　**玉泉**［Yùquán］在县政府驻地崇文镇南 13.4 千米。附城镇辖行政村。人口 1620。相传原名罐泉，因古有一井状如罐得名，后取其井水为玉液琼浆之雅意，故名。聚落呈团块状。有第六批全国重点文物保护单位玉泉东岳庙，现存为金、明、清时期建筑遗构。有玉泉村烈士纪念碑，为纪念在抗日战争中牺牲的烈士而立。有酿醋传统产业，所酿“罐泉醋”久负盛名。342 国道经此。

140524-B03-H05　**北马**［Běimǎ］在县政府驻地崇文镇西南 12 千米。附城镇辖行政村。人口 1430。因地处马鞍山之北，故名。聚落呈团块状。有第七批全国重点文物保护单位北马玉皇庙，现存正殿为金代建筑遗构，余皆为明清时期建筑遗构。乡村道路经此。

140524-B03-H06　**西瑶泉**［Xīyáoquán］在县政府驻地崇文镇南 14 千米。附城镇辖自然村。

人口 230。相传村西山沟中有多股泉水和石窑，与东瑶泉隔沟相望，原名西窑泉，后取谐音而得名。聚落呈团块状。有西瑶泉村西庙、西瑶泉村东庙，现存皆为清代建筑遗构。有西瑶泉村东遗址，为新石器时代、夏代文化遗存。2018 年被列入第五批中国传统村落名录。乡村道路经此。

140524-B03-H07 **夏壁** [Xiàbì] 在县政府驻地崇文镇西南 17 千米。附城镇辖自然村。人口 700。相传有隋代摩崖造像刻于石壁之上，取名“下壁”，后因谐音而得名。聚落呈团块状。有夏壁村圆通寺、夏壁村侯家民宅、夏壁村牌坊院，现存皆为清代建筑遗构。有夏壁村摩崖造像，开凿于隋开皇年间（581 年—600 年），现仅存 1 龛。2016 年被列入第四批中国传统村落名录。乡村道路经此。

140524-B03-H08 **丈河** [Zhànghé] 在县政府驻地崇文镇南 10 千米。附城镇辖行政村。人口 1290。村边有条一丈余宽河流，故名。聚落呈团块状。有丈河寄宿制小学。有丈河遗址，为旧石器时代文化遗存。有丈河村祖师庙、丈河村大庙、丈河村南崖宫、丈河村东阁、丈河村东庙，现存皆为清代建筑遗构。2016 年被列入第四批中国传统村落名录。2020 年被评为第六届全国文明村。县道礼夺线经此。

140524-B04 **西河底镇** [Xīhédǐ Zhèn] 陵川县辖镇。在县境西南部。面积 77 平方千米。人口 2.1 万。辖 21 行政村。镇人民政府驻西河底村。1949 年年属陵川县第三区。1956 年设西河底乡。1958 年属西河底红旗人民公社。1961 年改称西河底人民公社。1984 年 9 月复设乡。1995 年改设镇。古名西王镇，因位于县城西部，而又以王姓居多而得名，后因地处河流西岸，遂演变为西河底。南召河、西河底河、孔滩河流经，河流总长度 15 千米。有中小学、卫生院。有全国重点文物保护单位三圣瑞现塔，省级重点文物保护单位黄庄节孝牌坊、积善遇真观。有中国历史文化名村积善村，中国传统村落积善村、黄庄村、张仰村、现岭村 4 个。主产小米、玉米，种植豆角、红薯、紫苏等，为县重点产粮区。有玉米种子培育基地、有机旱作蔬菜基地、优质红薯园、紫苏系列产品生产基地。特产“西河底小米”。主要养殖猪、鸡，有西河底村万头生猪养殖园等养殖园区。有炼铁、光伏发电、化肥、食品加工、缫丝等工业企业。342 国道经此。

140524-B04-H01 **西河底** [Xīhédǐ] 西河底镇人民政府驻地。在县政府驻地崇文镇西南 24 千米。人口 2490。因地处西河底河流西岸而得名。聚落呈条带状。有西河底中学校、西河底明德小学。有西河底村三教堂、西河村姚家街楼、西河村姚家民宅，现存皆为清代建筑遗构。有西河村同胞烈士碑，为纪念在解放战争中牺牲的烈士而立。342 国道经此。

140524-B04-H02 **积善** [Jīshàn] 在县政府驻地崇文镇西南 25.7 千米。西河底镇辖行政村。人口 1490。相传原名大送村，村庄地处交通要道，过往行人和商贾很多，常有强盗劫人钱财。村里的百姓自发组织人员在此设岗，保护过往行人安全，故名。聚落呈团块状。有积善学校。有第六批全国重点文物保护单位三圣瑞现塔，现存建筑为清代建筑遗构。有第六批省级文物保护单位积善遇真观，创建于至元十七年（1280 年）庚辰月，现存为明代建筑遗构。2012 年被列入第一批中国传统村落名录。2018 年被列入第七批中国历史文化名村名录。乡村道路经此。

140524-B04-H03 **黄庄** [HuángZhuāng] 在县政府驻地崇文镇西南 21 千米。西河底镇辖行政村。人口 1110。聚落呈团块状。有第六批省级文物保护单位黄庄村节孝牌坊，现存建筑为清代遗构。有县级文物保护单位黄庄村玉皇庙，现存建筑为清代遗构。有黄庄村杜家书房、黄庄村杜家民宅，现存皆为清代建筑遗构。2016 年被列入第四批中国传统村落名录。乡村道路经此。

140524-B04-H04 **现岭** [Xiànlǐng] 在县政府驻地崇文镇西南 22 千米。西河底镇辖行政村。人口 630。相传古时有朝廷命官路经此地，不幸染病身殁，葬于南山，随后显灵，原名显灵。后因村庄坐落于北岭之上而得名。聚落呈团块状。有县级文物保护单位现岭村诸神观、现岭村三教堂、现岭村白衣庙、张氏民宅，现存皆为清代建筑遗构。2009 年被列入山西省历史文化名村名录。

乡村道路经此。

140524-B04-H05　**张仰**［Zhāngyǎng］在县政府驻地崇文镇西南26千米。西河底镇辖行政村。人口1580。相传张姓人家先在此居住，信仰神灵，故名。聚落呈团块状。有县级文物保护单位张仰村玉皇庙，现存为清代建筑遗构。有张仰村冯家民宅、张仰村水井、张仰村三官阁，现存皆为清代建筑遗构。2018年被列入第五批中国传统村落名录。乡村道路经此。

140524-B05　**平城镇**［Píngchéng Zhèn］陵川县辖镇。在县境北部。面积125平方千米。人口3.81万。辖42行政村。镇人民政府驻南街村。1949年属陵川县第七区。1953年设平城乡。1958年设平城卫星人民公社。1961年改平城人民公社。1984年9月设镇。2021年撤销秦家庄乡，并入平城镇。原名桃花庄，一说此地无红砂土，用秤称只能打平，始称平称；二说桃花庄人做生意一向以诚相待，从不短斤缺两，“平称”称代替了“桃花庄”，后因谐音，且地势平坦，定名平城。境内北召河、窑河、杨寨河属海河流域，原平河、浦水河、三道河属黄河流域，河流总长度41千米。有煤炭、铁矿石、硫铁、石灰岩等矿藏。有中小学、卫生院、广场、敬老院。有全国重点文物保护单位南召文庙，一进院落，占地面积897平方米，现存正殿为元代遗构，其余建筑为明清风格。有省级重点文物保护单位德义先师庙。有革命遗迹八路军独立游击支队（赵涂支队）旧址、军工部十分厂旧址。有清真寺、龙华寺等古建筑。有全国文明村庞家川村。主产玉米，种植中药材、蔬菜、食用菌，特产有珍菇坪食用菌，有庞家川、金家岭药材基地。主要养殖猪、鸡，有龙牧禽业、晋邦科技等规模养殖基地，畜禽饲养量名列全县第一。有采煤、化工、机械、建材、冶炼、有机肥等工业企业。有精细化工特色产业集聚区、中药材扶贫产业园区。207国道、省道长平线、曲辉线经此。

140524-B05-H01　**南街**［Nánjiē］平城镇人民政府驻地。在县政府驻地崇文镇北8千米。人口2600。相传原名桃花庄，因此地无红砂土，用秤秤只能打平，始称“平秤”，后演变为今名。聚落呈团块状。有平城镇中心卫生院。有南街村关圣阁、南街村观音堂，现存皆为清代建筑遗构。省道长平线经此。

140524-B05-H02　**庞家川**［Pángjiāchuān］在县政府驻地崇文镇西北8.5千米。平城镇辖行政村。人口840。因庞姓立村且地处平川而得名。聚落呈团块状。2011年被评为第三届全国文明村。省道坪曲线经此。

140524-B05-H03　**侯家庄**［Hóujiāzhuāng］在县政府驻地崇文镇西南26.5千米。平城镇辖行政村。人口506。聚落呈团块状。2016年被列入第四批中国传统村落名录。乡村道路经此。

140524-B05-H04　**德义**［Déyì］在县政府驻地崇文镇西北7千米。平城镇辖行政村。人口830。原名叫十八孔子庄，因十八孔子庄的人聚集到现德义村，更名得义，后演变而得名。有德义中心小学。聚落呈团块状。有第六批省级文物保护单位德义先师庙，现存正殿为元代建筑遗构，其余建筑为明清时期建筑遗构。乡村道路经此。

140524-B06　**杨村镇**［Yángcūn Zhèn］陵川县辖镇。在县境西北部。面积39平方千米。人口1.67万。辖17行政村。镇人民政府驻杨村。1949年属陵川县第二区。1953年设杨村乡。1958年属礼义五星人民公社。1961年设杨村人民公社。1984年9月复置乡。2001年1月改镇。因驻地得名。有煤炭、铁矿石等矿藏。有小学、卫生院、公园、人民剧场。有全国重点文物保护单位寺润三教堂。有省级重点文物保护单位太和村天主教堂、杨村玉皇观。有池下村玉皇观、东尧村关帝庙等文物古迹。有中国传统村落平居村。主产玉米、谷子，种植蔬菜、食用菌、苹果。主要养殖猪、羊、鸡，有80多个规模化养猪场和十余户规模化养鸡场。有煤炭、建材等工业企业。省道坪曲线经此。

140524-B06-H01　**杨村**［Yángcūn］杨村镇人民政府驻地。在县政府驻地崇文镇西北12.8千米。人口3030。聚落呈团块状。有明德小学、杨村镇中心卫生院。有第六批省级文物保护单位杨村玉皇观，现存为清代建筑遗构。2009年被评为第二届全国文明村。县道横杨线、省道坪曲线经此。

140524-B06-H02　**太和**［Tàihé］在县政府

驻地崇文镇西北 10.9 千米。杨村镇辖行政村。人口 2330。相传义和团运动后，因教民与普通居民相处不和，连年诉讼，直至民国初经县衙多方解决才得和好，故名。聚落呈团块状。有第六批省级文物保护单位太和天主教堂，创建于清光绪十六年（1890 年），是陵川地区唯一的一座教堂，也是唯一的一座哥特式建筑。乡村道路经此。

140524-B06-H03 **寺润**［Sìrùn］在县政府驻地崇文镇西北 10.3 千米。杨村镇辖行政村。人口 670。因村中多寺庙而得名。聚落呈团块状。有第六批全国重点文物保护单位寺润三教堂，现存为金代建筑遗构。有马王庙、春秋阁，现存为清代建筑遗构。乡村道路经此。

140524-B06-H04 **平居**［Píngjū］在县政府驻地崇文镇西北 10.3 千米。杨村镇辖行政村。人口 920。因村庄地处三面环山的平缓地带而得名。聚落呈条带状。有平居村遗址，为商代、汉代文化遗存。有平居村菩萨庙、平居村华严寺、平居村玉皇观、平居村全神庙、平居村王家民宅，现存皆为清代建筑遗构。有平居村摩崖造像，创建于唐代。2016 年被列入第四批中国传统村落名录。乡村道路经此。

140524-B07 **潞城镇**［Lùchéng Zhèn］陵川县辖镇。在县境中部。面积 152 平方千米。人口 1.48 万。辖 23 行政村。镇人民政府驻潞城村。1949 年分属陵川县第一区、第三区和第四区。1953 年设潞城乡。1958 年，设潞城红旗光明人民公社。1961 年改称潞城人民公社。1984 年 9 月复置乡。2001 年 1 月侯庄乡并入，设潞城镇。因地处路河（村东小河名）之畔，故名路城，由于历来缺水，将“路”加水旁改为“潞”而得名。廖东河从北至南流经，长 30 千米。有石灰石、铁矿石、铝土等矿藏。有上郊、石景石、洪河头 3 水库。有中小学、卫生院、文化站。有全国重点文物保护单位郊底白玉宫、南神头二仙庙、石掌玉皇庙 3 处，省级文物保护单位南庙宫，市级文物保护单位中共陵川县第一次党员代表大会会址。有棋子山森林公园和太行山红叶景区。有陵川古八景之一的锦屏朝霞。主产玉米、谷子，种植玫瑰、药材、蔬菜、核桃。有上郊鲜切玫瑰花产业园、旱作蔬菜高效农业示范园区、万亩连翘产业园区、东掌现代农业产业园等农业产业园区。养殖羊、猪、牛、鸡、兔。服务业以旅游为主。凌侯高速、207 国道经此。

140524-B07-H01 **潞城**［Lùchéng］潞城镇人民政府驻地。在县政府驻地崇文镇南 10 千米。人口 2270。因地处路河之畔而得名。由于历来缺水，将路加水旁改为潞，故名。聚落呈团块状。有潞城镇寄宿制小学校。有潞城化石出土点，地质年代为更新世晚期。有潞城村烈士纪念碑，为纪念在抗日战争、解放战争和朝鲜战争中牺牲的烈士而立。207 国道经此。

140524-B07-H02 **石圪恋**［Shígēliàn］在县政府驻地崇文镇东南 11.5 千米。潞城镇辖行政村。人口 130。因村周多为石山环抱，由于居民修房起石，又形成一片低陷而平整的青石场地，土语叫圪恋，故名。聚落呈团块状。有第六批全国重点文物保护单位南神头二仙庙，现存正殿为金代建筑遗构，余皆明清时期建筑遗构。县道经此。

140524-B07-H03 **郊底**［Jiāodǐ］在县政府驻地崇文镇南 13.6 千米。潞城镇辖行政村。人口 750。相传因古时村址坐落在郊野之下而得名。聚落呈团块状。有第六批全国重点文物保护单位郊底白玉宫，现存正殿为金代建筑遗构。乡村道路经此。

140524-B07-H04 **石掌**［Shízhǎng］在县政府驻地崇文镇东南 8.4 千米。潞城镇辖行政村。人口 950。相传村内玉皇庙有大石，黑间石体增大，原名石长，后因谐音而得名。聚落呈团块状。有第六批全国重点文物保护单位石掌玉皇庙，现存正殿为金代建筑遗构，余皆明清时期建筑遗构。207 国道经此。

140524-C01 **夺火乡**［Duóhuǒ Xiāng］陵川县辖乡。在县境南部。面积 246 平方千米。人口 0.47 万。辖 11 行政村。乡人民政府驻夺火村。1949 年属陵川县第四区。1953 年设夺火乡。1958 年设夺火前进人民公社。1961 年改称夺火人民公社。1984 年 9 月复设乡。因驻地得名。原名铎鳌，因春秋时期为铎遏父的封邑而得名，后讹传为夺火。有凤凰河、塔水河、琵琶河流经，总长度 55 千米，均属海河流域。有铁矿石等矿产资源。有金钱豹、山猪、黄羊、野獐、野兔等野生动物，有野生植物资源 300 余种，其中药材 100 多种。有小学、卫生院。有全国重点文物保护单位塔水河遗址。有省级休闲旅游度假区凤凰欢乐谷、太行山红叶景区、上云台景区等旅游景区。主产玉米、谷子，种植薯类，食用菌。有箭眼山黑猪生态养殖园、高谷堆农产品加工包装项目等。服务业以旅游业为主。207 国道经此。

140524-C01-H01　**夺火**［Duóhuǒ］夺火乡人民政府驻地。在县政府驻地崇文镇南 25.3 千米。人口 980。原名铎蓥，春秋时期为铎遏父之封邑，后简化而得名。聚落呈条带状。有夺火寄宿制小学、夺火乡卫生院。有县级重点文物保护单位北庙，现存为清代建筑遗构。是太行山红叶主要景区。207 国道经此。

140524-C01-H02　**塔水河**［Tǎshuǐhé］在县政府驻地崇文镇南 31.6 千米。夺火乡辖自然村。人口 90。因村庄在塔水河东西两岸而得名。聚落呈条带状。有第六批全国重点文物保护单位塔水河遗址，是一处旧石器时代岩洞型岩棚遗址。乡村道路经此。

140524-C01-H03　**凤凰**［Fènghuáng］在县政府驻地崇文镇南 22.7 千米。夺火乡辖行政村。人口 1360。相传该村背后山上石窑有石仙将凤凰赶入窑内，故有“凤凰窑”之称，因村在该窑下而得名。聚落呈条带状。有凤凰小学。有清梦观，现存为清代建筑遗构。有凤凰村乡村文化记忆展馆。有核桃等特产。2017 年被评为第五届全国文明村。乡村道路经此。

140524-C02　**马圪当乡**［Mǎgēdāng Xiāng］陵川县辖乡。在县境东南部。面积 248 平方千米。人口 0.61 万。辖 15 行政村。乡人民政府驻古石村。1949 年属陵川县第五区。1956 年设马圪当乡。1961 年设马圪当人民公社。1984 年 9 月复设乡。2001 年 1 月横水河乡并入。因原驻地而得名。居民初多姓马，原名马家圪当，后简称马圪当。境内河道属海河流域，主要有磨河、武家湾河、横水河、碾槽河 4 条。有大理石、白云石、硅石等矿产资源。有小学所、卫生院、文化站。有省级重点文物保护单位白陉古道。有省级休闲旅游度假区凤凰欢乐谷。主产玉米、小麦，种植花椒、核桃、药材等。服务业以旅游为主。县级公路经此。

140524-C02-H01　**古石**［Gǔshí］马圪当乡人民政府驻地。在县政府驻地崇文镇东南 30 千米。人口 760。相传因有一大石形体如蹲，五色如练，村环石所居，原名孤石，后演变而得名。聚落呈团块状。有马圪当乡小学、马圪当乡卫生院。有古石关帝庙，现存为清代建筑遗构。县道石马线经此。

140524-C03　**古郊乡**［Gǔjiāo xiāng］陵川县辖乡。在县境东部。面积 231 平方千米。人口 0.91 万。辖 20 行政村。乡人民政府驻古郊村。1949 年属陵川县第六区。1953 年设古郊乡。1958 年设古郊红星人民公社。1961 年改称古郊人民公社。1984 年 9 月复设乡。2001 年 1 月马武寨乡并入。因驻地得名。境内河道属海河流域，有武家湾河、昆山河、锡崖沟河、古郊河。有镁金属、花岗岩、大理石等矿产资源。有小学、卫生院、文化站。有国家 4A 级旅游景区、国家地质公园王莽岭风景区，地处黄土高原与华北平原断裂带最险要处，为典型的嶂石岩地貌。有省级爱国主义教育基地锡崖沟村。主产玉米，种植马铃薯、核桃、药材，有万亩中药材种植基地。服务业以旅游为主。凌侯高速、太行一号旅游公路经此。

140524-C03-H01　**古郊**［Gǔjiāo］古郊乡人民政府驻地。在县政府驻地崇文镇东 22 千米。人口 1760。因地处古郊河谷地带而得名。聚落呈条带状。有古郊寄宿制小学。有古郊村烈士纪念碑，为纪念在抗日战争和解放战争中牺牲的烈士而立。有陈家民宅大门、古郊村水井、玉皇庙、天仙庙、蟠龙寺、郎家祠堂、和家祠堂，现存皆为明清时期建筑遗构。有连翘茶企业。县道赵马线经此。

140524-C03-H02　**锡崖沟**［Xīyágōu］在县政府驻地崇文镇东南 32.4 千米。古郊乡辖行政村。人口 920。因矿石中有锡金属元素而得名。聚落呈条带状。有锡崖沟小学。有挂壁公路。从 20 世纪 60 年代开始，历时 30 年在悬崖峭壁上凿出一条“之”字形的挂壁公路，并载入《中国路谱》史册。有锡崖沟龙王殿，现存为清代建筑遗构。

有锡崖沟烈士纪念碑，为纪念在解放战争及在凿山开路中牺牲的烈士而立，为省级爱国主义教育基地。乡村道路经此。

140524-C04 **六泉乡**［Liùquán Xiāng］陵川县辖乡。在县境东北部。面积 201 平方千米。人口 1.17 万。辖 17 行政村。乡人民政府驻六泉村。1949 年分属陵川县第六区、第七区。1953 年设六泉乡。1958 年设六泉光明人民公社。1961 年改称六泉人民公社。1984 年 9 月复置乡。2001 年 1 月冶头乡并入。因辖区内有六股泉水而得名。境内河道属黄河、海河两大流域，有浙水河、赤叶河、六泉河、香磨河。有铁、铜、花岗岩、大理石、石灰岩、白云岩、煤炭等矿产资源。有小学、卫生院、文化站。有中国传统村落六泉村、浙水村。有景点黑风圣母洞、佛子山风景区、板山等。主产玉米，种植药材、蔬菜、核桃等。有特色农产品“五花蕊”党参。有多个中药材种植基地，主要养殖猪、羊、鸡，有规模养殖户 26 家。有煤炭、水泥、印刷、食品、中药材加工等工业企业。342 国道经此。

140524-C04-H01 **六泉**［Liùquán］六泉乡人民政府驻地。在县政府驻地崇文镇东 17.4 千米。人口 690。因村周围六股泉水而得名。聚落呈条带状。有六泉欣欣小学、六泉乡卫生院。有奶奶庙、玉皇庙、牛家民宅、靳家民宅，现存皆为清代建筑遗构。2016 年被列入第四批中国传统村落名录。342 国道经此。

140524-C04-H02 **廖池**［Liáochí］在县政府驻地崇文镇东北 8.4 千米。六泉乡辖行政村。人口 480。聚落呈团块状。有 350 年树龄的红豆杉。有黄飞虎殿、奶奶庙、天仙圣母庙、佛爷庙、镇河狮，现存皆为清代建筑遗构。有廖池村遗址，为新石器时代、汉代文化遗存。有中药材。342 国道经此。

140524-C04-H03 **浙水**［Zhèshuǐ］在县政府驻地崇文镇东北 19.6 千米。六泉乡辖行政村。人口 1180。据村中观音堂现存碑记及民居建筑风格推断，元末明初已有村民居住。聚落呈团块状。有浙水村烈士碑，为纪念在抗日战争和解放战争中牺牲的烈士而立。有陵川古八景之一“熊山吐月”奇观。2016 年被列入第四批中国传统村落名录。乡村道路经此。

140525 **泽州县**［Zézhōu Xiàn］晋城市辖县。北纬 35° 50′，东经 112° 83′。在市境南部。面积 2024 平方千米。人口 41.5 万。以汉族为主，占比 99% 以上，另有回、蒙古、满、朝鲜、布依等民族。辖 16 镇。县人民政府驻金村镇。秦统一后在此设高都县，属上党郡。汉代分属并州上党郡、司隶河内郡，兼置阳阿侯国。东晋太元十一年（386 年），西燕割上党、平阳、河内三郡，置建兴郡。北魏永安二年（529 年），属建州高都郡高都县，为州治及郡治。隋开皇十八年（598 年）改高都县为丹川县。唐武德三年（620 年）始置晋城县，属建州。九年（626 年）丹川县废入晋城县。宋、金、元历为晋城县地，属泽州。明洪武初废县入州。清雍正六年（1728 年）升泽州为府，附郭置凤台县，始为凤台县地。1913 年属中路道。1914 年改属晋城县地，属冀宁道。1937 年属山西省第五行政区。抗日战争时期分置晋沁、晋北、晋东等县，分属晋冀鲁豫边区太行区、太岳区。1945 年 12 月恢复晋城县原建制，仍属晋城县地。1949 年属长治专区。1958 年属晋东南专区。1967 年属晋东南地区。1983 年属县级晋城市。1985 年原县级晋城市划分为城区、郊区，从原县级晋城市 30 个乡镇划出 26 个组成郊区，属地级晋城市。1996 年撤郊区设泽州县，辖区不变。因濩泽河得名。自古为山西通向中原的要冲，史称“河东屏翰，冀南雄镇”。地势北高南低，四面环山，地势险峻，南部的天井关为“太行八陉”之一，历来为兵家必争之地，山地、丘陵、平原面积占比为 6 ∶ 3 ∶ 1。县内山地均属太行山脉，有吾圣山、香山、大圪塔山、伊侯山、圣王山、大尖山、方山、岳城山、晋仙山等。最高点为西北部的吾圣山主峰，海拔 1346.6 米，最低点为丹河出口处的三姑泉，海拔 296 米，绝大部分地区海拔在 650—1000 米之间。年平均气温 11.5℃，1 月平均气温 -3.9℃，7 月平均气温 24.1℃。年平均降水量 618 毫米。日照时数为 2580 小时，日照率 67%。主要河流有沁河和丹河，属黄河水系，流向大致由北向南。沁河的主要支流有长河、白水河、犁川河、龙湾河、范河；丹河的主要支流有东丹河、东大河、巴公河等。水资源总量为2.814亿立方米，属相对富水区。有森林约46600公顷，牧坡草地约45000公顷。矿产资源有煤、铁、硫铁矿、铝矾土、石灰岩等，其中无烟煤储量13.9亿吨，“兰花炭”驰名海内外。有国家级二级保护动物猕猴、麝，省级重点保护野生动物7种。有普通高中4所、高职中学2所、山西科技学院，其中泽州一中被评为省示范高中、省课改名校。有文化馆、图书馆、三甲医院2所、公园、广场。有全国重点文物保护单位水东崔府君庙、坪上汤帝庙、府城关帝庙、薛庄玉皇庙、高都景德寺等18处，省级重点文物保护单位高都东岳庙、大南社土地神祠、高都二仙庙、西四义普觉寺等15处。有国家级非物质文化遗产泽州秧歌、泽州四弦书、泽州中秋习俗3项，省级非物质文化遗产冶底九莲灯、大阳馔面制作技艺、女娲补天神话、孔子回车故事、泽州对鼓、泽州鼓书、高跷顶桩7项。有中国历史文化名镇大阳镇、周村镇、高都镇3个，中国历史文化名村西黄石村、拦车村、冶底村、东沟村、贾泉村等11个。有省级爱国主义教育基地泽州东四义村，市级爱国主义教育基地东常村纪念馆、土岭事件纪念馆、寺河烈士陵园。三次产业比5 ∶ 68 ∶ 27。主要农作物有小麦、大豆、玉米。土特产泽州黄小米、巴公大葱、泽州甜柿、泽州红山楂等。工业以煤炭、钢铁、电力、化肥、水泥、机械制造、农副产品加工为主，有规模以上工业企业79家，有周村工业园、晋钢智造科技产业园等工业园区。服务业以商贸物流、乡村旅游、观光农业为主。有国家4A级旅游景区珏山旅游区和大阳古镇景区，5个3A级别旅游景区，2个四星级饭店，522个农家乐，为首批“国家全域旅游示范区”之一。郑太高速铁路过境，设晋城东站；太焦铁路过境，设晋城北站。二广高速、晋运高速、207国道、省道陵沁线、碗周线过境。

140525-B01　**金村镇**［Jīncūn Zhèn］泽州县人民政府驻地。在县境东部。面积212平方千米，人口5.48万。辖3社区、56行政村。镇人民政府驻金村。1949年属晋城县第三区。1953年设金村乡。1958年设金村红星人民公社。1962年改称金村人民公社。1984年9月复设金村乡。1992年改设镇。2001年1月水东、铺头2乡并入。2018年11月，泽州县人民政府迁此。因驻地得名，据村北显庆寺碑记载：周襄王三年天降金雨于晋，至晋怀帝二年(307年)，封户赐姓，因其年为庚申年，五行中庚、申为金，取“雨金天仪为布金地”之意得名。地形以丘陵为主，地势东南高西北低，由南向北倾斜，海拔最高1033米，最低666米。丹河从北至东南流经。有煤炭、石灰岩矿藏。有高校山西科技学院、晋城市委党校、大中专、中小学、3所卫生院、商业广场、综合文化广场、5个公园。有全国重点文物保护单位水东崔府君庙、府城关帝庙、青莲寺、玉皇庙、晋城二仙庙5处。有中国传统村落、省级历史文化名村水北村。有珏山景区、丹河龙门风景区、太极湖景区等旅游景区。有盘古庙、移风寺、玄碧宫、泽州天齐庙、东属村三圣庙大厅等古建筑。有革命纪念地中国人民解放军长江支队水北展览馆。有耕地7.5万亩，主产小麦、玉米、谷子，种植棉花、核桃、花生、芝麻、蔬菜等。工业以煤炭、煤化工、冶炼、铸造、建材为主，有富士康科技工业园。服务业以商贸物流和生态旅游为主。有太焦铁路、二广高速、晋新高速、207国道、208国道、342国道过境，设晋城北站、晋城东站、晋城市客运东站。

140525-B01-K01　**南村街**［Náncūn Jiē］在城区中部。西起西环路，东至207国道下行线。与通达路、十字南街相交。长1千米，宽30米。沥青路面。1985年开工，1986年建成。以所处地区得名。

140525-B01-K02　**鑫达街**［Xīndá Jiē］在城区中部。西起和鑫小区以北路口处，东至207国道下行线。与迎宾路、十字南街、相交。长1.1千米，宽50米。沥青路面。2001年开工，2004年建成。两侧有阳光幼儿园、晋城银行和山西泽州农村商业银行等。通217、307路等公交车。

140525-B01-K03　**迎宾路**［Yíngbīn Lù］在城区中部。北起鑫达街，南至南高线。长0.5千米，宽50米。沥青路面。2008年开工，2016年建成。两侧有南村中学、育苑小区、泽州浦发村镇银行和富泽小区等。为商业街。通7、17路公交车。

140525-B01-K04 **文化路** [Wénhuà Lù] 在城区东部。北起金凤路，南至金村镇党员服务驿站以南路口处。与府城街相交。长 0.87 千米，宽 10 米。沥青路面。2005 年延长文化南路。因路两侧有学校而得名。两侧有金村镇金村中心小学等。通 5 路公交车。

140525-B01-K05 **府城街** [Fǔchéng Jiē] 在城区东部。西起金村中心幼儿园以西路口处，东至新建东街。与振兴路相交。长 0.62 千米，宽 10 米。沥青路面。因县政府坐落在此街取名。两侧有山西安科安环工贸有限公司等。

140525-B01-K06 **新建东街** [Xīnjiàn DōngJiē] 在城区东北部。北起太岳街，南至振兴路。与北大街、府城街相交。长 0.8 千米，宽 10 米。沥青路面。2021 年因太岳街出水改造加宽，因该街坐落在金村靠东而得名。两侧有泽州三中等。

140525-B01-K07 **振兴路** [Zhènxīng Lù] 在城区东部。北起府城街，南至金村村金南小区以东约 130 米路口处。长 0.24 千米，宽 10 米。沥青路面。因路边有振兴煤铁厂而得名。两侧有金村镇唐仁大药房等。

140525-B01-H01 **金村** [Jīncūn] 金村镇人民政府驻地。在县政府驻地金村镇西南 5 千米。人口 3480。相传周襄王三年天降金雨于晋，至晋怀帝二年封户赐姓，因其年为庚申年，五行中庚、申为金，取“雨金天仪为布金地”之意而得名。聚落呈团块状。有泽州县第三中学、金村中心小学、金村镇卫生院。有金村关帝庙、金村玄碧宫、金村静乐宫、金村奶奶堂、赵氏民宅、赵氏祠堂、金氏民宅、金氏当铺，皆为清代建筑遗构。207 国道经此。

140525-B01-H02 **水东** [Shuǐdōng] 在县政府驻地金村镇东北 5.5 千米。金村镇辖行政村。人口 2000。原名苏家庄，后因村在丹河东岸而得名。聚落呈团块状。有水东中心小学、水东卫生院。有第七批全国文物保护单位水东村崔府君庙，现存正殿为元代建筑遗构，拜殿及东西耳殿为明代建筑遗构，余皆为清代建筑遗构。有水东西庙、三官阁、奶奶堂、观音堂，现存皆为清代建筑遗构。乡村道路经此。

140525-B01-H03 **府城** [Fǔchéng] 在县政府驻地金村镇北 4.4 千米。金村镇辖行政村。人口 1780。相传后周时曾为军事供应要地，因在村中建有府库而得名。聚落呈团块状。有太原科技大学晋城校区、府城小学、府城卫生院。有第三批全国重点文物保护单位府城玉皇庙，现存玉皇殿为宋代建筑遗构，成汤殿为金代建筑遗构，东西耳殿和东西廊庑为元代建筑遗构，余皆为清代建筑遗构。有第七批全国重点文物保护单位府城关帝庙，现存为清代建筑遗构。省道陵沁线经此。

140525-B01-H04 **东南** [Dōngnán] 在县政府驻地金村镇东 4.2 千米。金村镇辖自然村。人口 1980。原名南村，后因与南村镇南村重名而得名。聚落呈团块状。有第四批全国重点文物保护单位晋城二仙庙，现存正殿为宋代建筑遗构，余皆为清代建筑遗构。乡村道路经此。

140525-B01-H05 **寺南庄** [Sìnánzhuāng] 在县政府驻地金村镇东南 8.4 千米。金村镇辖行政村。人口 440。因在珏山脚下，青莲寺之南而得名。聚落呈条带状。有第三批全国重点文物保护单位青莲寺，现存正殿为宋代建筑遗构，藏经阁为金代建筑遗构，余皆为明清建筑遗构。有慧峰禅师塔，现存为唐代建筑遗构。有寺南庄老营宫，现存为清代建筑遗构。乡村道路经此。

140525-B01-H06 **水北** [Shuǐběi] 在县政府驻地金村镇东北 6.1 千米。金村镇辖行政村。人口 2260。相传因位于丹河北岸而得名。聚落呈团块状。有水北墓葬，为明代瓮棺葬。有水北 37 号院、会真观、张氏老宅、祖师阁、观音阁、关帝庙、玄帝庙、奶奶庙，现存皆为清代建筑遗构。2019 年被列入第五批中国传统村落名录。省道陵沁线经此。

140525-B02 **下村镇** [Xiàcūn Zhèn] 泽州县辖镇。在县境西北部，县域最高峰昊神山下。面积 94.86 平方千米。人口 4.38 万。辖 1 社区、25 行政村。镇人民政府驻下村。1949 年，属晋城县第三区。1956 年设下村乡。1958 年，属东沟五星人民公社。1962 年改设下村人民公社。1984 年 9 月复置乡。1993 年 5 月改设下村镇。因驻地得名。地形西北高、东南低，海拔最高 1335 米，最低800米，呈两山夹一河之势。主要河道有长河、刘村河。有煤炭、铁矿石、石灰石等矿产资源。有中小学、卫生院、文化活动中心、农贸市场。有全国重点文物保护单位史村东岳庙，省级重点文物保护单位成庄汤帝庙。有革命纪念地柳树底烈士碑、王致祥烈士碑。有中国传统村落上村村。有二仙庙、圣公寺、报佛寺、白泉寺、中村村观音寺等古建筑。有市级非物质文化遗产大南庄村的牛拉桩，上寺头村的龙王庙祈雨活动。有耕地30380亩，主产小麦、大豆、玉米、谷子，种植蔬菜、香椿、棉花、油料作物。养殖猪、羊、鱼、鸡、蚕，有大规模养猪基地、蚕桑基地。工业以煤炭采掘加工为主，还有冶金铸造、煤矸石建材等企业。服务业以乡村旅游为主。有乡道经此。

140525-B02-H01　**下村**［Xiàcūn］下村镇人民政府驻地。在县政府驻地金村镇西北23.3千米。人口2770。因与上村、中村同时建村，位处其下而得名。聚落呈条带状。有下村镇初级中学、下村中心小学、下村镇卫生院。有下村293号院、下村水井、下村大庙，皆为清代建筑遗构。乡村道路经此。

140525-B02-H02　**史村**［Shǐcūn］在县政府驻地金村镇西北21.3千米。下村镇辖行政村。人口2700。因村中路口蹲有石狮，原名狮村，后因居民中史姓为多而得名。聚落呈团块状。有逸夫小学、史村卫生院。有第七批全国重点文物保护单位史村东岳庙，现存正殿为元代建筑遗构，余皆为清代建筑遗构。有史村吕氏老宅、慈慧奄、史村32号院、史村东阁、济渎庙、毓麟堂，皆为清代建筑遗构。有史村遗址、史村东遗址，为东周时期文化遗存。有煤矿工业。乡村道路经此。

140525-B02-H03　**上村**［Shàngcūn］在县政府驻地金村镇西北24.3千米。下村镇辖行政村。人口1740。因与下村、中村同时建村，位处其上而得名。聚落呈团块状。有上村遗址，为新石器时代文化遗存。有晋城市亚鑫工贸有限公司。2019被列入第五批中国传统村落名录。乡村道路经此。

140525-B03　**大东沟镇**［Dàdōnggōu Zhèn］泽州县辖镇。在县境西北部。面积85.83平方千米。人口3.21万。辖24行政村。镇人民政府驻东沟村。1949年，属晋城县第三区。1953年设东沟乡。1958年设东沟五星人民公社。1962年因重名更名大东沟人民公社。1984年9月改设镇。因清道光年间旧徐庄镇进士徐恒建立东沟寨，逐渐发展到清末而易名东沟镇。有中小学、卫生院、文化大院、文化广场、老年活动中心、篮球场。地形大部分为山区，其余为丘陵、河谷，伊侯山和可寒山分列东西，长河纵贯南北，成两山夹一河之势，海拔最高1194米，最低751米。长河从北至东南流经。有煤炭、铁矿石、石灰石等矿产资源。有全国重点文物保护单位河底成汤庙，省级重点文物保护单位北村佛堂，市级重点文物保护单位太平观。有白龙王庙、徐家大院、乾明寺等文物遗址。有中国历史文化名村东沟村、贾泉村。有中国传统村落东沟村、贺坡村、峪南村、贾泉村、辛壁村、黑泉沟村、西洼村7个。有3A级景区可寒山。耕地面积39600亩，主产小麦、玉米、大豆、谷子。林果种植品种主要有苹果、梨、柿子、枣。有1个国家级、2个省级优质小麦基地，2个养殖龙头企业。有煤矿、选煤厂、铸造厂、免烧砖厂、空心砖厂、面粉厂等工业企业。342国道经此。

140525-B03-H01　**东沟**［Dōnggōu］大东沟镇人民政府驻地。在县政府驻地金村镇西北21千米。人口3660。村因沟而得名。聚落呈条带状。有大东沟中学、东沟中心小学、大东沟镇卫生院。有东沟遗址，为战国时期文化遗存。有县级文物保护单位白龙王庙、徐氏一号院、二号院、三号院，现存皆为清代建筑遗构。有东沟老君庙、关帝庙、东沟153号院，现存皆为清代建筑遗构。2014年被列入第三批中国传统村落名录。2019年被列入第七批中国历史文化名村名录。省道陵沁线经此。

140525-B03-H02　**双河底**［Shuānghédǐ］在县政府驻地金村镇西北20.6千米。大东沟镇辖行政村。人口950。因村在东河、西河流汇长河之外，地势较低而得名。聚落呈条带状。有河底卫生院。有第七批全国重点文物保护单位河底成汤庙，现存正殿为宋代遗构，山门中保存有宋代构件，其余皆为清代建筑遗构。乡村道路经此。

140525-B03-H03　**贺坡**［Hèpō］在县政府

驻地金村镇西北 19.4 千米。大东沟镇下辖行政村。人口 1100。相传北宋开国皇帝赵匡胤之妃贺金蝉跋山涉水回乡，故名。聚落呈团块状。有贺坡遗址，为新石器时代文化遗存。有贺坡大庙、贺坡桥、药王敬王神祠，现存皆为清代建筑遗构。2016 年被列入第四批中国传统村落名录。省道陵沁线经此。

140525-B03-H04 **黑泉沟** [Hēiquángōu] 在县政府驻地金村镇西 17 千米。大东沟镇辖行政村。人口 420。相传村中树木茂盛、沟内阴暗并有泉水而得名黑树泉，后因树木减少而得名。聚落呈团块状。有东岳庙、祖师阁、观音堂，现存皆为清代建筑遗构。2019 年被列入第五批中国传统村落名录。乡村道路经此。

140525-B03-H05 **贾泉** [Jiǎquán] 在县政府驻地金村镇西北 18.8 千米。大东沟镇辖行政村。人口 2350。曾名金泉村，相传被人盗走村中金蛤蟆，金泉村因缺水变成假泉而得名。聚落呈团块状。有老君殿、玄帝庙、玉皇庙、关氏老宅、申氏老宅、六瘟庙、极乐院、观音堂，现存皆为清代建筑遗构。2019 年被列入第五批中国传统村落名录。2019 年被列入第七批中国历史文化名村名录。乡村道路经此。

140525-B03-H06 **西洼** [Xīwā] 在县政府驻地金村镇西北 15.6 千米。大东沟镇辖行政村。人口 1600。因村中槲树多，初名槲庄，后因槲树被砍尽，即以山岭为界，因位于岭西而得名。聚落呈团块状。有西洼大庙，现存为清代建筑遗构。2019 年被列入第五批中国传统村落名录。省道陵沁线经此。

140525-B03-H07 **辛壁** [Xīnbì] 在县政府驻地金村镇西北 21.4 千米。大东沟镇辖行政村。人口 2250。因村形状像凤凰，初名凤凰村，唐玄宗时改为今名。聚落呈团块状。有辛壁东遗址、南遗址，为新石器时代文化遗存。有市级文物保护单位太平观，现存为明清时期建筑遗构。有县级文物保护单位辛壁汤王庙，现存为清代建筑遗构。2019 年被列入第五批中国传统村落名录。省道陵沁线经此。

140525-B03-H08 **峪南** [Yùnán] 在县政府驻地金村镇西北 21 千米。大东沟镇辖行政村。人口 1870。该村最早原址在村的北面，因饮水困难，便迁居至南峪水源充沛处，以村座落在叮寒山麓、峪谷之南，故名。聚落呈团块状。有峪南学校。有市级文物保护单位峪南东阁、凌云阁，现存皆为清代建筑遗构。有峪南化石出土点，为旧石器时代文化遗存。有王自重烈士纪念碑，1958 年为纪念烈士王自重而立。2019 年被列入第五批中国传统村落名录。乡村道路经此。

140525-B03-H09 **北村** [Běicūn] 在县政府驻地金村镇西 18.8 千米。大东沟镇辖行政村。人口 980。聚落呈团块状。有第六批省级文物保护单位北村佛堂，现存正殿为元代建筑遗构，余皆为清代建筑遗构。有北村娲皇圣祖庙，现存为清代建筑遗构。乡村道路经此。

140525-B04 **周村镇** [Zhōucūn Zhèn] 泽州县辖镇。在县境西部。面积 68.43 平方千米。人口 2.51 万。辖 18 行政村。镇人民政府驻周村。1949 年，属晋城县第六区。1953 年设周村乡。1958 年设周村七一人民公社。1962 年改称周村人民公社。1984 年 9 月改设周村镇。因西晋平西将军周处葬于镇西，并修有周孝侯祠而得名。地形北低南高，北部多丘陵，南部为山区，海拔最高 1026 米，最低 600 米。长河从北至东南流经。有丰富优质的煤炭资源。有“丹水名区”“行山重镇”之称，2014 年 2 月入选中国历史文化名镇。有中小学 9 所、卫生院。有全国重点文物保护单位坪上汤帝庙、周村东岳庙，市级文物保护单位魁星楼。有省级历史文化名村石淙头村。有中国传统村落周村村、石淙头村、杨山村 3 个。有岱庙、古城墙、郭象升故居、周处墓、周孝侯祠、潘家大院、郭家大院等古迹。有石淙头瀑布、桃花山庄等旅游景点。有革命遗址苇町村兵工厂遗址公园。有耕地 3.9 万亩，主产小麦、玉米、大豆。有多个新型农业经营主体，建设现代农业园区，打造农业产业化特色品牌。主要养殖猪、牛、鸡。有煤矿、煤化工、冶炼、食品加工等企业。有占地 6500 亩的周村煤化工工业园区。服务业以乡村旅游为主。晋运高速、342 国道、省道碗周线经此。

140525-B04-H01 **周村** [Zhōucūn] 周村镇人民政府驻地。在县政府驻地金村镇西 26.3 千米。

人口5210。原名长桥，清乾隆《凤台县志》卷12《古迹·陵墓》载："晋平西将军周处墓相传在周村西。"因晋朝平西将军周处葬于此而得名。聚落呈团块状。有周村中学、周村初级中学、周村小学。有第六批全国重点文物保护单位周村东岳庙，现存正殿、东殿为宋代建筑遗构，余皆为明清建筑遗构。有郑宣慰海民纪念碑，现存为元代建筑遗构。有魁星楼、周处墓葬、范氏东院、西院、宫上院门楼、郭象升宅院、观音阁、西阁、福星楼，皆为清代建筑遗构。2019年被列入第五批中国传统村落名录。省道陵沁线经此。

140525-B04-H02 **石淙头**［Shícóngtoú］在县政府驻地金村镇西南27.5千米。周村镇辖行政村。人口430。因村周围有十座小山至此断头，取本意十终头而得名。聚落呈条带状。有石淙头潘氏一号院、潘氏二号院、潘氏三号院、潘氏四号院、潘氏五号院、潘氏六号院以及石淙头大士居，现存皆为清代建筑遗构。2014年被列入第三批中国传统村落名录。2019年被列入第七批中国历史文化名村名录。乡村道路经此。

140525-B04-H03 **坪上**［Píngshàng］在县政府驻地金村镇西23.6千米。周村镇辖行政村。人口680。因村在一土坪上而得名。聚落呈团块状。有第七批全国重点文物保护单位坪上汤帝庙，现存正殿为元代建筑遗构，余皆为清代建筑遗构。乡村道路经此。

140525-B04-H04 **杨山**［Yángshān］在县政府驻地金村镇西22.2千米。周村镇辖行政村。人口190。因村位于山上，由杨姓建村而得名。聚落呈团块状。有庄上遗址，为东周、汉代文化遗存。有后山金光寺、后山碾坊、庄上山神庙、后山村北阁、杨山社庙，现存皆为清代建筑遗构。2019年被列入第五批中国传统村落名录。乡村道路经此。

140525-B05 **犁川镇**［Líchuān zhèn］泽州县辖镇。在县境西南部。面积40.21平方千米，人口1.59万。辖14行政村。镇人民政府驻上犁川村。1949年，属晋城县第七区。1953年设犁川乡。1958年设犁川火箭人民公社。1962年改称犁川人民公社。1984年9月改设梨川镇。因驻地得名，山谷中有一平川，人们在此耕种生息，冶铁铸器，故名犁川，后在犁川南面建立新村，按方位分为上犁川、下犁川。地形以山地为主，海拔最高1154米，最低730米，全镇以晋普山为主峰形成高低不平、错落有致的山川盆地。犁川河从北至南流经。有煤、铝铁、石灰岩等矿产资源。有中小学、卫生院、农业科技培训中心、农民技校。有犁川玉皇庙、琉璃八角井等古建筑。有中国传统村落成庄村、西沟村、马寨村3个。有耕地1.9万亩，主产小麦、玉米、谷子、大豆。主要经济作物为食用菌，有马寨食用菌现代农业产业园。主要养殖羊、蜂、蚕，有优质羊示范养殖园、波尔山羊种羊基地、蜂蜜生产基地、蜂蜜产品加工厂。有太行明珠生物科技股份有限公司和晋城市丰昇源面业股份有限公司2家农业产业化龙头企业，培育了"山里泉"和"丰昇源"两个特色农业品牌。有煤炭加工、食品加工、煤矸石制砖、石灰岩加工和风力发电等工业企业。二广高速、207国道、省道碗周线经此。

140525-B05-H01 **上犁川**［Shànglíchuān］犁川镇人民政府驻地。在县政府驻地金村镇西南20.5千米。人口3000。传说因犁川河发源于村北山区，向南绵延数十里注入沁河，河道弯弯曲曲状如犁形，故名。聚落呈团块状。有犁川镇初级中学、上犁川中心小学、犁川镇卫生院。有上犁川朱氏一号民居、朱氏二号民居、朱氏三号民居、朱氏四号民居、上犁川玉皇庙，现存皆为清代建筑遗构。省道碗周线经此。

140525-B05-H02 **成庄**［Chéngzhuāng］在县政府驻地金村镇南22.4千米。犁川镇辖行政村。人口200。聚落呈团块状。有第六批省级文物保护单位汤帝庙，现存为明清时期建筑遗构。有成庄关帝庙、成庄望楼，现存皆为清代建筑遗构。2016年被列入第四批中国传统村落名录。县道牛土线经此。

140525-B05-H03 **马寨**［Mǎzhài］在县政府驻地金村镇西南20千米。犁川镇辖行政村。人口310。因居民是由天水岭马寨院迁来而得名。聚落呈团块状。有马寨观音堂，现存为清代建筑遗构。2019年被列入第五批中国传统村落名录。208国道经此。

140525-B05-H04 **西沟**［Xīgōu］在县政府驻地金村镇西南22千米。犁川镇辖行政村。人口1010。相传明洪武十三年从山西洪洞大槐树移民的李姓四兄弟在此居住，村子三面环山，中间有沟，地处泽州凤台县西而得名。聚落呈团块状。有药王庙、西沟三教堂，皆为清代建筑遗构。2019年被列入第五批中国传统村落名录。省道碗周线经此。

140525-B06 **晋庙铺镇**［Jìnmiàopù Zhèn］泽州县辖镇。在县境南部。面积150平方千米。人口1.79万。辖20行政村。镇人民政府驻晋庙铺村。1949年属晋城县第四区。1953年设晋庙铺乡。1962年改晋庙铺人民公社。1984年9月改设晋庙铺镇。因驻地得名，村中古时有晋庙曾经设驿铺，故名晋庙铺。地形以山地为主，海拔最高971米，最低330米。为山西省东南门户，向有"晋南屏翰"之称。有铁、铝等矿藏。有中小学、卫生院、电影院、文化广场。有天井关、孔子庙、星轺驿、横望隘（小口隘）、大口隘、碗子城、羊肠坂道、盘石长城、焦赞城、孟良寨等建筑遗址和重要关隘十余处。有省级重点文物保护单位天井关。有省级非物质文化遗产、"晋城四大景观"之一的孔子回车。有省级历史文化名村天井关村、拦车村。有中国传统村落拦车村、天井关村、窑掌村、黑石岭村、小口村5个。有3A级旅游景区聚寿山。有小月寺、云峰寺、贤首寺、黑石岭陆岩宫增福寺等古建筑。有耕地2.4万亩，主产小麦、玉米、谷子，建成了千亩优质小麦示范基地、千亩小杂粮示范基地。林果业以樱桃、水蜜桃、核桃、枣为主，打造了山里乐大樱桃、大山河水蜜桃等特色农产品品牌。主要养殖猪、羊、牛、兔、鸡。服务业以乡村旅游和物流运输为主。二广高速、207国道、省道碗周线经此。

140525-B06-H01 **晋庙铺**［Jìnmiàopù］晋庙铺镇人民政府驻地。在县政府驻地金村镇西南19.9千米。人口1520。相传晋文公在此建"晋庙"，居民以开店铺为业，故名。聚落呈条带状。有晋庙铺镇初级中学、晋庙铺中心卫生院。现存明代碑碣上有"晋庙镇"之名。省道碗周线经此。

140525-B06-H02 **拦车**［Lánchē］在县政府驻地金村镇西南22.3千米。晋庙铺镇辖行政村。人口1490。自古以来为晋、豫的交通咽喉或者军事要冲，相传春秋时儒家孔丘至此，闻窦鸣犊、舜华二贤臣被害，悲而回车，故名。聚落呈条带状。有拦车小学。有第四批省级文物保护单位天井关，又称太行关，现存为清代建筑遗构。有拦车玄帝阁、关帝庙、拦车村布店，现存皆为清代建筑遗构。2012年被列入第一批中国传统村落名录。2014年被列入第六批中国历史文化名村名录。省道碗周线经此。

140525-B06-H03 **天井关**［Tiānjǐngguān］在县政府驻地金村镇西南19千米。晋庙铺镇辖行政村。人口1100。相传古有天然井一眼，其深莫测，称"天井"。又因其为晋豫重要关口，故名。聚落呈条带状。有天井关玉皇庙、关帝庙，皆为清代建筑遗构。2013年被列入第二批中国传统村落名录。2019年被列入第七批中国历史文化名村名录。有晋城萌萌辣食品有限公司。省道碗周线经此。

140525-B06-H04 **碗城**［Wǎnchéng］在县政府驻地金村镇南27.6千米。晋庙铺镇辖自然村。人口100。自古以来为晋、豫的交通咽喉或者军事要冲，亦为古战场。清雍正《泽州府志》卷7《关隘》载："碗子城""太行绝顶，群山回匝，道路险仄、中建小城若铁瓮，唐初筑此以控怀泽之冲，其城甚小，故名，又以其山险峻，云碗子城。"故名，又称"羊肠坂道"。聚落呈条带状。有第四批省级文物保护单位碗子城遗址，现存为清代建筑遗构。省道碗周线经此。

140525-B06-H05 **黑石岭**［Hēishílǐng］在县政府驻地金村镇西南24.5千米。晋庙铺镇辖行政村。人口1210。相传古时该村周边满山青松古树，茂盛犹如密林，称"密松林"，后因大旱树木枯死，露出满山黑石而得名。有市级文物保护单位岳将军寨遗址，现存为宋辽金建筑遗构。有黑石岭观音堂、西阁、祖师阁、骑龙阁，皆为清代建筑遗构。2019年被列入第五批中国传统村落名录。县道经此。

140525-B06-H06 **小口**［Xiǎokǒu］在县政

府驻地金村镇西南 26.5 千米。晋庙铺镇辖行政村。人口 90。原名横望镇，为狄梁公望云处，后改今名。聚落呈团块状。有小口长城遗址，现存为隋代建筑遗构。有前湾焦赞城遗址，现存为宋辽金建筑遗构。有小口村五大士阁，现存为清代建筑遗构。2019 年被列入第五批中国传统村落名录。县道经此。

140525-B06-H07 **窑掌**［Yáozhǎng］在县政府驻地金村镇西南 26.3 千米。晋庙铺镇辖行政村。人口 70。因村位于山沟里，当时坡上木炭窑很多而得名。聚落呈团块状。有窑掌普照禅寺、三教堂、观音大士神阁，现存皆为清代建筑遗构。2016 年被列入第四批中国传统村落名录。县道经此。

140525-B07 **南村镇**［Náncūn Zhèn］城区辖镇。在城区西南部。面积 88.25 平方千米。户籍人口 4.57 万，常住人口 7.2 万。辖 7 社区和 26 行政村。镇政府驻南村。1949 年属晋城县第一区。1953 年设南村乡。1958 年设南村卫星人民公社。1962 年改称南村人民公社。1984 年 9 月改设镇。2019 年 12 月归城区托管。因政府驻地得名。相传古时几个村子共同修建一座寺庙，其村位于庙的南面，故名。北部为盆地，地势开阔，南部为半山半丘陵地带。冶底河流经。有煤、铁等矿产资源。有中小学、卫生院、电影院、中国南村冶铸文化广场、国家重点实验室。有国家级重点文物保护单位泽州岱庙，位于冶底村，占地面积 3128 平方米，始建年代不详，最晚宋代就已有之，庙依山势而分上、下两院，高低错落，清幽静雅，是除泰山以外的唯一一座岱庙和道教主流全真派道场。有省级非物质文化遗产冶底九莲灯。有中国传统村落、省级历史文化名村冶底村，有着 3000 多年的历史，保留着数里长的清化古道青石路遗址，是迄今保护最好的太行古村落之一，也是北方迄今发现的唯一的平面布局呈蝎子型的村落。有耕地 2.5 万亩，主产小麦、玉米，种植蔬菜，养殖猪、羊、牛。工业以铸造、煤炭、冶炼、化工、建材为主，有工业企业 127 家，其中铸造企业 33 家。有南村铸造工业园、金匠新兴产业工业园。每年生产的铸管和铸件达 110 万吨，约占全国同类产品总产量的三分之一，是全国较大的铸造产业集聚区，形成了以晨晖管业为龙头的绿色智能铸造创新产业园区，是中铸协命名的“中国铸造之乡”。服务业以运输仓储、信息服务为主。太焦铁路、晋运高速、208 国道、342 国道经此。

140525-B07-H01 **南村**［Náncūn］南村镇人民政府驻地。在县政府驻地金村镇西南 12.5 千米。人口 1630。相传古时几个村子共同修建一座寺庙，其村位于庙的南面，故名。聚落呈团块状。有南村中学、南村小学、南村镇卫生院。有天下第一壶广场。有南村古寨，现存为清代建筑遗构。207 国道经此。

140525-B07-H02 **冶底**［Yědǐ］在县政府驻地金村镇西南 19.6 千米。南村镇辖行政村。人口 2450。聚落呈条带状。有第五批全国重点文物保护单位泽州岱庙，俗称西大庙，现存正殿为宋代建筑遗构，舞楼为元代建筑遗构，余皆为明清建筑遗构。有冶底瓷窑遗址，为宋代文化遗存。有冶底晋豫商道遗址，为明清时期文化遗存。有冶底佛堂、冶底观音堂、冶底董家民宅、赵家民宅，皆为明清时期建筑遗构。有特色民间歌舞冶底九莲灯。2014 年被列入第三批中国传统村落名录。2014 年被列入第六批中国历史文化名村名录。省道碗周线经此。

140525-B07-H03 **东常**［Dōngcháng］在县政府驻地金村镇西南 18.2 千米。南村镇辖行政村。人口 740。因早期常姓建村得名。聚落呈团块状。有市级爱国主义教育基地东常纪念馆。有东常佛堂，现存为明清建筑遗构。2005 年被评为第一届全国文明村。乡村道路经此。

140525-B08 **高都镇**［Gāodū Zhèn］泽州县辖镇。在县境东北部。面积 119 平方千米。人口 3.93 万。辖 34 行政村。镇人民政府驻北街村。高都古称垂、垂棘、垂都等。《战国策》记载：“夏履癸曰桀，居天门，商汤伐夏桀，桀始迁于垂”。春秋末期出现城邑，为晋国高都邑。秦置高都县，属上党郡。北魏永安二年（529 年）置高都郡，属建州。隋开皇十六年（596 年），改高都县为丹川县，为泽州州治。1949 年，属晋城县第九区。1953 年设高都乡。1958 年属高都红色人民公社。1962 年设高都人民公社。1984 年 9 月改设镇。

2001年1月大兴乡并入。因古高都而得名。地形地貌较为复杂，东部为山区，西部为平川和丘陵。主要河流有丹河、源泽河。有全市第二大水库任庄水库。有中小学、卫生院、电影院、商贸市场、湿地公园、生态园、文化站、文体活动广场。历史悠久，传统建筑数量多，特色明显，2019年1月入选为中国历史文化名镇。有全国重点文物保护单位薛庄玉皇庙、高都景德寺、西顿济渎庙3处。有省级重点文物保护单位高都东岳庙、高都二仙庙、高都遗址、大南社土地神祠、高都玉皇庙5处。有三嵕庙、祖师庙、西峰寺等文物古迹。高都传统庙会入选省级非物质文化遗产。有中国传统村落善获村、岭上村、薛庄村。有耕地8.7万亩，主产小麦、玉米、蔬菜，有"泽州黄"小米、国晨辣椒、卧龙山甜糯玉米、"泽州红"山楂等特色农产品品牌。主要养殖猪、羊、鸡。有煤炭、冶铸、化工、食品、建材等企业。太焦铁路、二广高速、207国道、342国道经此。

140525-B08-H01 **北街**［Běijiē］高都镇人民政府驻地。在县政府驻地金村镇北10.7千米。人口3150。原为高都村，相传夏王桀曾迁都于此，1984年分为北街、南街两个村，此村居北，故名。聚落呈团块状。有高都镇中学、北街中心小学、高都镇中心卫生院。有第二批省级文物保护单位高都东岳庙，现存正殿为金代建筑遗构，余皆为明清建筑遗构。有第六批省级文物保护单位高都玉皇庙，现存西耳殿为金代建筑遗构，余皆为清代建筑遗构。有绿色食品加工业，注册卧龙山商标。208国道、342国道经此。

140525-B08-H02 **南街**［Nánjiē］在县政府驻地金村镇北10.7千米。高都镇辖行政村。人口2370。原为高都村，相传夏王桀曾迁都于此，1984年分为北街、南街两个村，此村居南，故名。聚落呈团块状。有第七批全国重点文物保护单位高都景德寺，创建于唐代，现存正殿为宋金时期建筑遗构，南殿为元代建筑遗构，中殿为明代建筑遗构，余皆为清代建筑遗构。208国道、342国道经此。

140525-B08-H03 **北上矿**［Běishàngkuàng］在县政府驻地金村镇东北14.4千米。高都镇辖行政村。人口720。因村在北山上，地下铁矿石储量丰富而得名。聚落呈团块状。有张昺庙，现存为明清建筑遗构。有"泽州黄"基地。342国道经此。

140525-B08-H04 **薛庄**［Xuēzhuāng］在县政府驻地金村镇北12千米。高都镇辖行政村。人口1160。聚落呈团块状。有第七批全国重点文物保护单位薛庄玉皇庙，现存正殿为金代建筑遗构，余皆为清代建筑遗构。有薛庄真武庙、关帝庙、薛庄西井，现存皆为清代建筑遗构。2019年被列入第五批中国传统村落名录。208国道、省道长晋线、县道高大线经此。

140525-B08-H05 **西顿**［Xīdùn］在县政府驻地金村镇北11.5千米。高都镇辖自然村。人口210。相传为巴公原之战时后周军队屯兵之地，初名古屯村，后因村分东西两片，该村在西，故名。聚落呈团块状。有第七批全国重点文物保护单位西顿济渎庙，现存正殿为宋代建筑遗构，余皆为清代建筑遗构。有郭氏老宅，现存为清代建筑遗构。208国道、省道长晋线、县道高大线经此。

140525-B08-H06 **岭上**［Lǐngshàng］在县政府驻地金村镇东北15.3千米。高都镇辖行政村。人口1240。该村是明兵部尚书张昺的故里，相传明以前称湖儿岭村，"靖难之变"后，因张昺后裔为躲避明成祖朱棣的追杀而得名。聚落呈团块状。有千年酸枣树两棵。有代表太极图鱼眼的千年黑松和平顶松两棵。有兵寨遗址，为春秋战国时期文化遗存。有传统民居，现存皆为明清时期建筑遗构。是明朝贡米泽州黄小米主产基地。2019年被列入第五批中国传统村落名录。342国道经此。

140525-B08-H07 **善获**［Shànhuò］在县政府驻地金村镇东北11.2千米。高都镇辖行政村。人口730。因本村村民劳动积极，粮食收获较多而得名。聚落呈团块状。有善获土地庙、关帝庙、东大庙，现存皆为清代建筑遗构。2016年被列入第四批中国传统村落名录。342国道、县道高大线经此。

140525-B08-H08 **大泉河**［Dàquánhé］在县政府驻地金村镇东北17千米。高都镇辖行政村。人口540。因村东西两条河流聚气向南，西南有大小两眼泉水而得名。聚落呈条带状。有蚕桑养殖及光伏发电等产业。2020 年被评为第六届全国文明村。342 国道经此。

140525-B08-H09 **三沟** [Sāngōu] 在县政府驻地金村镇北 9.2 千米。高都镇辖行政村。人口 870。因位于一条土沟里，古为晋城北上的交通要道而得名。聚落呈团块状。2020 年被评为第六届全国文明村。342 国道、省道长晋线经此。

140525-B09 **巴公镇** [Bāgōng Zhèn] 泽州县辖镇。在县境北部。面积 112 平方千米，距市区 19 公里。人口 6.09 万。辖 2 社区、36 行政村。镇人民政府驻巴公二村。1949 年，属晋城县第二区。1953 年设巴公乡。1958 年设巴公红旗人民公社。1962 年改称巴公人民公社。1984 年 9 月改设镇。2001 年 1 月陈沟乡并入。因春秋时期晋襄公西伐巴蜀，迁巴蜀主于此而得名。地形为盆地，平均海拔 841 米。主要河道有巴公南河、巴公北河等 8 条，河流总长度 36 千米。有无烟煤、铁、石灰岩、铝等矿产资源。先后荣获全国村镇建设先进镇、全国造林绿化百佳镇、全国文明镇、全国环境优美乡镇和国家园林城镇等国家级荣誉称号，被列为第二批国家新型城镇化综合试点地区。有泽州二中、中小学、县第二人民医院、公园、综合图书馆、商贸中心、农贸城、娱乐城、影剧院、农民培训中心等。此处为巴公原之战古战场，明清时期为交通要道，店铺林立，商贾云集，是泽州北部的商贸中心，为重要的粮食贸易市场。有全国重点文物保护单位碧落寺、泽州崇寿寺，省级重点文物保护单位西四义普觉寺。有普照寺、药王庙、清震观、圣临瘫等文物古迹。有中国历史文化名村、中国传统村落渠头村。有耕地 6.2 万亩，主产玉米、小麦，种植红薯、大葱等。有特色农产品巴公大葱。养殖猪、羊、兔、鸡。有煤化工、冶炼铸造、建筑建材、化工等工业，有巴公装备制造工业园。太焦铁路、晋城绕城高速、207 国道、省道长晋线经此。

140525-B09-H01 **巴公二** [Bāgōngèr] 巴公镇人民政府驻地。在县政府驻地金村镇北 13 千米。人口 1370。原名巴子城，清雍正《泽州府志》卷 13《古迹》载：“巴公原”：邑北三十里，巴公，周同姓国，四州文献云晋文工西伐巴蜀，迁巴子于高都，谓巴蜀，今汾州。周世宗自将攻汉、刘景次泽州阅兵于北郊及战于高原，败之，追及高平，又败之，高原即此地。金代设巴公镇，故名。1980 年分巴公一、二、三、四村。聚落呈团块状。有泽州县第二中学、农民公园、泽州县第二人民医院。有巴公二村玉皇庙、巴公二村普照寺，现存皆为清代建筑遗构。2005 年被评为第一届全国文明村。省道长晋线经此。

140525-B09-H02 **西部** [Xīgào] 在县政府驻地金村镇北 19.3 千米。巴公镇辖行政村。人口 2420。始建于北魏时期，相传因当地出过一个浩将军，原名浩村，谐音部村，后该村一分为三，此村居于西，故名。聚落呈团块状。有西部遗址，为东周时期文化遗存。有西部千佛造像碑，造像碑分两块，皆为北魏时期造像风格。有第八批全国重点文物保护单位泽州崇寿寺，现存释迦殿为宋代建筑遗构，余皆为明清建筑遗构。有西部如来阁、西部关公庙、西部会真庵等 10 余处清代建筑遗构。省道长晋线经此。

140525-B09-H03 **东四义** [Dōngsìyì] 在县政府驻地金村镇西北 12.3 千米。巴公镇辖行政村。人口 2440。原名西涧，后因周世宗柴荣在巴公原抵抗北汉军获胜，宣讲治军“四义”而得名。聚落呈团块状。有东四义中心小学、东四义公园。有东四义舞乐楼、东四义圣临庵、东四义旗杆院，现存皆为清代建筑遗构。2005 年被评为第一届全国文明村。342 国道经此。

140525-B09-H04 **南连氏** [Nánliánshì] 在县政府驻地金村镇西北 12 千米。巴公镇辖行政村。人口 1150。因在北连氏村南边而得名。该村以汉族为主，是苗族、彝族混居地，其中苗族 230 人。聚落呈团块状。有第六批全国重点文物保护单位碧落寺，创建于北朝时期，现存北魏太和元年（477 年）摩崖题记 1 处、北齐石窟 1 座、唐代石窟 2 座、石龛 10 余龛、明代古桥 2 座。有南连氏北阁、关帝庙，现存皆为清代建筑遗构。342 国道经此。

140525-B09-H05 **渠头** [Qútóu] 在县政府驻地金村镇北 13.8 千米。巴公镇辖行政村。人口 3950。原名龙渠镇，因村中有股清澈的泉水而得名。聚落呈团块状。有渠头中心小学。有渠头三宗庙、渠头关帝庙、渠头王爷庙、渠头吕仙阁，皆为清代建筑遗构。2019 年被列入第七批中国历史文化名村。2019 年被列入第五批中国传统村落名录。208 国道、省道长晋线经此。

140525-B09-H06 **南山**［Nánshān］在县政府驻地金村镇北 10.6 千米。巴公镇辖行政村。人口 510。因驻薄荷泉、后沟、刘窑 3 个自然村中间，初名南三村，后因位于龙王山脚下而得名。聚落呈团块状。有南山圣王庙，现存为清代建筑遗构。2017 年被评为第五届全国文明村。生产以农业和畜牧养殖业为主。有万头猪场、万头鸡场、特种养鹿场等养殖企业。342 国道经此。

140525-B10 **大阳镇**［Dàiyáng Zhèn］泽州县辖镇。在县境北部。面积 53 平方千米。人口 2.67 万。辖 20 行政村。镇人民政府驻大阳三分街村。1949 年，属晋城县第二区。1953 年设西大阳、东大阳乡。1956 年合并设东大阳乡。1958 年属巴公红旗人民公社。1961 年设大阳人民公社。1984 年 9 月改设大阳镇。因驻地得名。地势西北高东南低，南部和北部三面环山，中部为平原，海拔最高 1080 米，最低 705 米。有丰富的煤、铁资源。主要河流有前河、后河等 11 条。有中小学、卫生院、文化站、文化广场、博物馆、公共图书室、影剧院。春秋战国时冶铁业就相当发达，战国著名的“阳阿古剑”产自这里。为西汉阳阿侯国、东汉至北齐阳阿县的治所。到了明朝中后期，手工制针业崛起，遍及每个家庭，产品迅速占领国内市场并远销海外，被称为“九州针都”，成为人居万家、商贾云集的大集镇。有北方最大的明清古建筑群，明清五里老街贯穿东西大阳，沿街各种店铺云集，保留下来的文物古迹单位数量多达 127 个，被誉为“中国古城镇的活化石”。有全国重点文物保护单位大阳汤帝庙。有天柱塔、娲皇庙、针公庙、资圣寺、东作阁、东岳庙、文昌阁、关帝庙等文物古迹。有明清民居裴家、张家、段家、王家等大院。2008 年 10 月入选中国历史文化名镇，2011 年 11 月被评为“中国民间文化艺术之乡”。有中国传统村落东街村、西街村、金汤寨村、一分街村、四分街村、李家庄村、都家山村 7 个。有省级非物质文化遗产大阳馔面制作技艺。有阳阿歌舞、大阳剪纸、老鼠娶亲等民俗文化。有耕地 2.2 万亩，主产油料作物、小麦、玉米、药材。养殖猪、牛、羊、兔、鸡。有煤化工、冶炼、化肥、食品加工等工业企业，有大阳铸造工业园。服务业以古镇旅游、观光农业为主。太焦铁路经此。

140525-B10-H01 **三分街**［Sānfēnjiē］大阳镇人民政府驻地。在县政府驻地金村镇西北 21.2 千米。人口 2400。汉为阳阿县治所，后演变为今名。雍正《泽州府志》卷 13《方舆志·古迹考》：“阳阿，邑北五十里今大阳镇。汉为阳阿侯国。”《水经注校正》卷 9《沁水》：“（泽水）东迳阳陵城南，即阳阿县之故城也。汉高帝七年，封卞䜣为侯国。”即此。聚落呈团块状。有三分街小学。有汉代文化遗存大阳遗址。有三分街玄帝庙，俗称小庙，现存正殿为元代建筑遗构，余皆为明清建筑遗构。有三分街奶奶庙、魁星阁、天官院、关帝庙，皆为清代建筑遗构。有大阳古镇景区。2008 年被列入第四批中国历史文化名镇名录。有省非物质文化遗产大阳手工制针业。县道巴马线、县道大东线经此。

140525-B10-H02 **东街**［Dōngjiē］在县政府驻地金村镇西北 21.8 千米。大阳镇辖行政村。人口 1940。汉为阳阿县治所，后演变为今名。雍正《泽州府志》卷 13《方舆志·古迹考》：“阳阿，邑北五十里今大阳镇。汉为阳阿侯国。”《水经注校正》卷 9《沁水》：“（泽水）东迳阳陵城南，即阳阿县之故城也。汉高帝七年，封卞䜣为侯国。”即此。1972 年西大阳分东街、西街，本村居东而得名。聚落呈团块状。有东街小学。有大阳东街一段 12 号院、六段 41 号院、西大阳段氏老宅、金氏老宅、西大阳五台阁、观音阁、吴神庙、金泰号杂货铺，现存皆为清代建筑遗构。有大阳古镇景区。2013 年被列入第二批中国传统村落名录。县道大东线经此。

140525-B10-H03 **西街**［Xījiē］在县政府驻地金村镇西北 22.5 千米。大阳镇辖行政村。人口 1570。汉为阳阿县治所，后演变今名。雍正《泽州府志》卷 13《方舆志·古迹考》：“阳阿，邑北五十里今大阳镇。汉为阳阿侯国。”《水经注校正》卷9《沁水》：“（泽水）东迳阳陵城南，即阳阿县之故城也。汉高帝七年，封卞䜣为侯国。”即此。1972年西大阳分东街、西街，本村居西而得名。聚落呈团块状。有第六批全国重点文物保护单位西大阳汤帝庙，现存正殿为元代建筑遗构，余皆为明清建筑遗构。有西大阳关帝庙、佛堂、玉帝庙、潮音阁、南书院、玄帝庙、张氏老宅、王氏南院、霍氏老宅，皆为清代建筑遗构。有大阳古镇景区。2013年被列入第二批中国传统村落名录。县道大东线经此。

140525-B10-H04　**都家山**［Dūjiāshān］在县政府驻地金村镇西北19.5千米。大阳镇辖行政村。人口450。因地处山区，村庄四周都是山而得名。聚落呈团块状。有都家山崇佛寺、观音堂、通天桥，皆为清代建筑遗构。2019年被列入第五批中国传统村落名录。距离陈大公路1公里，乡村道路经此。

140525-B10-H05　**金汤寨**［Jīntāngzhài］在县政府驻地金村镇西北22.6千米。大阳镇辖行政村。人口270。相传明万历年间建村，因该村前有一山沟叫金汤沟，村民在沟北修建房屋居住而得名。聚落呈团块状。有金汤寨关帝庙、南经阁，皆为清代建筑遗构。2016年被列入第四批中国传统村落名录。有沙发厂、电子仪表厂、建筑材料厂。县道大东线经此。

140525-B10-H06　**李家庄**［Lǐjiāzhuāng］在县政府驻地金村镇西北19.5千米。大阳镇辖行政村。人口780。相传该村过去有一姓李的逃荒到此建庄，故名。聚落呈团块状。有李家庄关帝庙，现存为清代建筑遗构。2019年被列入第五批中国传统村落名录。县道陈大线经此。

140525-B10-H07　**四分街**［Sìfēnjiē］在县政府驻地金村镇西北21.2千米。大阳镇辖行政村。人口2170。汉为阳阿县治所，后演变为今名。雍正《泽州府志》卷13《方舆志·古迹考》：“阳阿，邑北五十里今大阳镇。汉为阳阿侯国。”《水经注校正》卷9《沁水》：“（泽水）东迳阳陵城南，即阳阿县之故城也。汉高帝七年，封卞䜣为侯国。”即此。聚落呈团块状。有县级文物保护单位大阳四分街天柱塔，现存为明代建筑遗构。有四分街东阁、孟氏家族墓地、四分街一段19号院、一段50号院、五段85号院等古建筑群，皆为清代建筑遗构。有大阳古镇景区。2019年被列入第五批中国传统村落名录。县道巴马线、县道大东线经此。

140525-B10-H08　**一分街**［Yīfēnjiē］在县政府驻地金村镇西北21.5千米。大阳镇辖行政村。人口2180。汉为阳阿县治所，后演变为今名。雍正《泽州府志》卷13《方舆志·古迹考》：“阳阿，邑北五十里今大阳镇。汉为阳阿侯国。”《水经注校正》卷9《沁水》：“（泽水）东迳阳陵城南，即阳阿县之故城也。汉高帝七年，封卞䜣为侯国。”即此。聚落呈团块状。有大阳中学。有大阳一分街建新阁、一分街舞台、资圣寺、一号棋盘院、大阳一分街五段29号院、五段14号院、五段24号院、十一段13号院、八段47号店铺，皆为清代建筑遗构。有大阳古镇景区。2019年被列入第五批中国传统村落名录。县道大东线经此。

140525-B11　**山河镇**［Shānhé Zhèn］泽州县辖镇。在县境西南部。面积218平方千米。人口2.25万。辖34行政村。镇人民政府驻马街村。1949年分属晋城县第四区、第七区。1953年设土河、衙道、追山3乡。1958年改公社，土河乡与衙道乡属超美公社，追山乡属犁川公社。1984年9月复设土河、衙道、追山3乡。2000年12月3乡合并设山河镇。因追山、土河得名。地形以山地为主，山高沟深，海拔最高1128米，最低330米。有硫铁、石灰石等矿产资源。有中小学、卫生院、文化大院。有中国历史文化名村、中国传统村落洞八岭村。有谢家大院、西土河晋沁抗日根据地遗址、月湖泉大月寺等文物古迹。有山里泉自然风光旅游区、道宝河石门瀑布、罗河龙洞等旅游景点。有耕地3.3万亩，主产小麦、玉米、大豆，种植棉花、油菜、药材。主要养殖猪、羊、牛、鸡、鱼。有花椒产业园、林果采摘园、药材种植基地、养猪基地、鱼塘。有优秀民营企业晋城市康达水泥有限公司等多个建材企业。服务业主要是乡村旅游和物流运输。二广高速、207国道经此。

140525-B11-H01　**马街**［Mǎjiē］山河镇人民政府驻地。在县政府驻地金村镇西南24.5千米。人口350。因旧时县城至九里口道路从村中通过，且为马姓建庄而得名。聚落呈团块状。有山河镇初级中学、山河镇中心卫生院。有马街舞台，1966年为贯彻毛主席提出的“文艺为工农兵服务”的方针而建。208国道经此。

140525-B11-H02 **洞八岭**［Dòngbālǐng］在县政府驻地金村镇西南27千米。山河镇辖行政村。人口580。因村南山下有龙洞，村周围有南、西、上、小东、大天、小天、中风、新窑共8岭而得名。有谢氏祠堂、谢氏家族墓地、洞八岭传统民居等古建筑群，现存皆为清代建筑遗构。2014年被列入第三批中国传统村落名录。2019年被列入第七批中国历史文化名村名录。乡村道路经此。

140525-B12 **大箕镇**［Dàijī Zhèn］泽州县辖镇。在县境南部。面积132平方千米。人口2.11万。辖1社区和24行政村。镇人民政府驻大箕村。1949年属晋城县第四区。1953年设大箕乡。1958年属南村卫星人民公社。1962年设大箕人民公社。1984年9月改设镇。2001年南河西乡并入。因驻地地势西北高东南低，状如大簸箕而得名。地形以山区、丘陵、河谷为主，海拔最高1089米，最低290米。主要河流有白水河、石门河2条，总长度22.5千米。最大的河流为白水河，从西北到东南流经境内干司、谷坨、河西、两谷坨等村，长15.5千米。有中小学、2个卫生院、五指山文化主题公园。有省级非物质文化遗产泽州对鼓，其独具特色的乐器配置、音色组合特别适合队列行进表演。小箕村自古以来就有对鼓参与取水、祈雨、闹红火等民俗活动的惯例，当地流传有“朝天一扇碑，祈雨一对鼓，三十一孔桥，二百零俩狮”的说法。有中国传统村落南沟村、秋木洼村、南河底村、两股坨村、南峪村。有小寨玫瑰圣母教堂、北魏摩崖石刻、松林寺、大箕迎旭桥、王泰来故居等古建筑。有晋城市四大景观之一的“松林积雪”，位于松林寺内，因古寺后院大雄宝殿佛像后有一深井，炎炎夏日，井口白霜如雪，水质冰凉，故得名。有老翁山、青天河、逍遥山庄自然保护区、龙月生态园等旅游景区。有耕地3.1万亩，主产小麦、玉米、大豆，种植香菇、棉花、花椒、药材等。有黑小麦现代农业产业园、花椒种植基地、标准化种植大棚。养殖羊、猪、兔、鸡。有煤炭、炼铁、铸造、水力发电等企业。太焦铁路、二广高速、207国道经此。

140525-B12-H01 **大箕**［Dàijī］大箕镇人民政府驻地。在县政府驻地金村镇西南16千米。人口2130。因所处地势似大簸箕而得名。聚落呈团块状。有大箕中学、大箕卫生院。有小寨天主教堂，又名圣母玫瑰堂，为国内少见的城堡式罗马教堂。有大箕玉皇庙、迎旭桥，现存皆为清代建筑遗构。208国道经此。

140525-B12-H02 **两谷坨**［Liǎnggǔtuó］在县政府驻地金村镇南23千米。大箕镇辖行政村。人口390。该村位于白水河与丹河汇合处、凤凰山脚下，山下有一洼地，洼地的东、西建立了村庄，故名。聚落呈团块状。全村由大平、东村、西村、西庄、李道辿五个自然村组成。有两谷坨三教堂、两谷坨山神庙，现存皆为清代建筑遗构。2019年被列入第五批中国传统村落名录。乡村道路经此。

140525-B12-H03 **南沟**［Nángōu］在县政府驻地金村镇西南16.6千米。大箕镇辖行政村。人口280。相传该村最初只有两院房子，房子的南面有条小河，初名小南沟，后因居民增多而得名。聚落呈团块状。有南沟南寨寨址、南沟高禖阁，现存皆为清代建筑遗构。2016年被列入第四批中国传统村落名录。208国道经此。

140525-B12-H04 **南河底**［Nánhédǐ］在县政府驻地金村镇西南15千米。大箕镇辖行政村。人口810。该村四周环山，村前有大河，又因村位于县城南面而得名。聚落呈团块状。有南河底村南阁，现存为清代建筑遗构。2019年被列入第五批中国传统村落名录。208国道经此。

140525-B12-H05 **南峪**［Nányù］在县政府驻地金村镇西南16.5千米。大箕镇辖行政村。人口410。因该村位于山谷且在大箕村的南面而得名。聚落呈团块状。有南峪卫氏老宅、南峪卫公墓，现存皆为清代建筑遗构。2019年被列入第五批中国传统村落名录。208国道经此。

140525-B12-H06 **秋木洼**［Qiūmùwā］在县政府驻地金村镇西南17千米。大箕镇辖行政村。人口500。村庄位于山洼，初名楸木洼，后简写而得名。聚落呈团块状。有秋木洼王氏家族墓地、秋木洼王氏老宅，现存皆为清代建筑遗构。2016年被列入第四批中国传统村落名录。208国道经此。

140525-B13　**柳树口镇**［Liǔshùkǒu Zhèn］泽州县辖镇。在县境东南部。面积336.44平方千米，是泽州县面积最大的镇。人口1.47万。辖20行政村。镇人民政府驻柳树口村。1949年属晋城县第八区。1953年设柳树口乡。1958年设柳树口火星人民公社。1962年改称柳树口人民公社。1984年9月复置乡。2001年1月东下村乡并入设镇。因驻地内有棵巨柳，年久而枯，其身成洞，可通牛车而得名。地形为山地，北高南低，主要山脉有玛琅山、关山、圣王山、拐山等，最高峰玛琅山海拔1315米，最低点南石瓮洼地海拔340米。境内森林广布，有国家二级保护单位金钱豹、国家三级保护动物大壁虎。有中小学、2所卫生院。有省级重点文物保护单位紫金山大云院石窟。有中国传统村落南庄村。有北石瓮祈福寺、下川移风桥、汤帝庙、观音阁、紫金山大云院、双林寺、莲花洞石窟等文物古迹。东树沟村是抗日战争时期中共晋东县委、晋东县抗日民主政府所在地。有耕地3.2万亩，主产小麦、大豆、玉米、谷子，种植花生、核桃、药材，主要饲养羊、猪、牛、鸡。有优质苗木基地、山楂种植基地、中药材种植加工基地。作为猕猴保护区，无工矿企业。服务业以乡村旅游为主。有晋新高速、省道万临线经此。

140525-B13-H01　**柳树口**［Liǔshùkǒu］柳树口镇人民政府驻地。在县政府驻地金村镇东南16.8千米。人口380。相传该村有株大柳树，树身有直径一米多的大树洞，能通过牛车，故名。聚落呈团块状。有柳树口中学、柳树口镇中心卫生院。有柳树口舞台，1966年为贯彻“文艺为工农兵服务”的方针而建。有柳树口烈士纪念碑，为纪念韩晋山等抗战烈士而立。有特色产品泡核桃。省道晋张线经此。

140525-B13-H02　**南庄**［Nánzhuāng］在县政府驻地金村镇东南21.3千米。柳树口镇辖行政村。人口400。聚落呈团块状。有南庄诸神馆。现存皆为清代建筑遗构。2019年被列入第五批中国传统村落名录。乡村道路经此。

140525-B13-H03　**下村**［Xiàcūn］在县政府驻地金村镇东16.2千米。柳树口镇辖自然村。人口440。原名叫八槐村（村中有八棵老槐树），后改名为中村，与下村镇的中村重名，又名东中村。聚落呈团块状。有第六批省级文物保护单位紫金山大云院石窟现建筑仅存基址，主要有五代时僧人最早修行的老师洞和崖壁间的元代摩崖造像与题刻等。有东中村观音堂、二仙馆、玉皇庙、石金诸神庙，现存皆为清代建筑遗构。乡村道路经此。

140525-B14　**北义城镇**［Běiyìchéng Zhèn］泽州县辖镇。在县境北部。面积72平方千米。人口2.86万。辖28行政村。镇人民政府驻北义城村。1949年属晋城县第五区。1953年分属南义城、东张村2个乡。1956年设北义城乡。1958年属高都红色人民公社。1962年设北义城人民公社。1984年9月复置乡。2001年1月鲁村乡并入设镇。因驻地得名。地形以丘陵为主，地势东北高、西南低，海拔最高1005米，最低750米。丹河从北至南流经境内上城公、下城公、河底、河东、北尹寨、岸则、尹东等村，汇入任庄水库，长8千米。有煤炭、铁、硫铁等矿产资源。有中小学、卫生院、电影院。有国家级重点文物保护单位北义城玉皇庙、尹西东岳庙、坛岭头岱庙。有中国历史文化名村、中国传统村落西黄石村。有战国名相蔺相如墓和蔺相如庙等古迹。有民间艺术农民书画、剪纸、面塑。有耕地6.3万亩，主产红薯、谷子、玉米、小麦，产粮量位于泽州县各镇之首。有“薯康源”红薯、“东晋”鸡蛋、“寿山”蔬菜、“鲁村”小米等特色农产品品牌。大力发展红薯和小米这两大特色产品，积极引进扩种优势品种，延伸产业链条，创新产业发展模式。主要养殖猪、羊、鸡。有煤炭、建材、铸造、化工、饲料、面粉等工业企业。二广高速、晋城绕城高速、207国道经此。

140525-B14-H01　**北义城**［Běiyìchéng］北义城镇人民政府驻地。在县政府驻地金村镇北15.2千米。人口3820。初名义城，后因村北又建一村为上义城，改称为下义城。后将上、下义城改为南、北义城而得名。聚落呈团块状。有北义城中学、北义城小学、北义城镇卫生院。有第六批全国重点文物保护单位北义城玉皇庙，现存正殿为宋代建筑遗构，余皆为明清时期建筑遗构。有北义城遗址，为夏代文化遗存。有北义城三教堂、祖师庙、文昌庙、水映寺、白衣阁、关帝庙、奶奶堂，现存皆为清代建筑遗构。有特产北义城小米和红薯。208 国道经此。

140525-B14-H02 **西黄石**［Xīhuángshí］在县政府驻地金村镇北 21 千米。北义城镇辖行政村。人口 1490。相传唐初由成姓建村，名金玉，清朝时杜姓势大，成姓告圣上致使杜家楼阁被烧为焦土，故名。聚落呈团块状。有西黄石中心小学。有成家侍郎院、赵家簸箕院等“四大家族”古院落，现存皆为清代建筑遗构。有西黄石静乐宫、玉皇庙、财神庙、三官庙，现存皆为清代建筑遗构。2010 年被列入第五批中国历史文化名村。2012 年被列入第一批中国传统村落名录。207 国道经此。

140525-B14-H03 **尹西**［Yǐnxī］在县政府驻地金村镇东北 14.5 千米。北义城镇辖行政村。人口 760。相传金朝时尹姓于丹河西岸建南、北 2 村，筑护村围墙，起名南尹寨、北尹寨，后南尹寨分东、西 2 片，故名。聚落呈团块状。有第七批全国重点文物保护单位尹西东岳庙，现存天齐殿为金代建筑遗构，玉皇殿为元代建筑遗构，余皆为明清时期建筑遗构。有尹西遗址，为夏周时期文化遗存。乡村道路经此。

140525-B14-H04 **坛岭头**［Tánlǐngtóu］在县政府驻地金村镇北 18 千米。北义城镇辖行政村。人口 650。原名探岭头，即岭高可探住莒山山头，后将“探”改“坛”，故名。聚落呈团块状。有第七批全国重点文物保护单位坛岭头岱庙，现存中殿为金代建筑遗构，余皆为清代建筑遗构。有坛岭头东岳庙，现存为清代建筑遗构。208 国道经此。

140525-B15 **川底镇**［Chuāndǐ Zhèn］泽州县辖镇。在县境西部。面积 68.11 平方千米。人口 2.17 万。辖 17 行政村。镇人民政府驻川底村。1949 年属晋城县第二区。1956 年设川底乡。1958 年分属东沟五星、周村七一人民公社。1962 年分设川底人民公社。1984 年 9 月复置乡。2021 年改设川底镇。因地势低平，濒临河川而得名。地形以丘陵山区为主体，东、西、北三面环山、中间低平，由北向南倾斜，南部丘陵起伏，海拔最高 1150 米，最低 715 米。主要河道有长河、拐河、天户河、上小河 4 条，总长度 11.5 千米，平均年径流量 551 万立方米。有沙沟、寺河 2 水库。有煤炭、铁矿石、石灰岩、天然气等矿产资源。有中小学、卫生院、湿地公园、文化广场、综合文化站、农民技校。有国家级重点文物保护单位川底佛堂，一进院落，现存建筑为清代风格。有省级文物保护的单位郭庄三清殿、马坪头天仙庙、下麓汤帝庙。有市级中共党史教育基地寺河烈士陵园。有中国传统村落董山村。有民俗节日川底铁花节。有耕地 3.7 万亩，主产小麦、玉米，种植核桃、苹果，养殖猪、羊、蚕。基本形成了优质小麦、蚕桑、干果、生猪生产四大基地。工业以采煤为主，有洗煤、冶铸、建材等企业。342 国道经此。

140525-B15-H01 **川底**［Chuāndǐ］川底镇人民政府驻地。在县政府驻地金村镇西 21.4 千米。人口 3200。在长河西岸，初名河西，后因地势低平与河川相连而得名。聚落呈条带状。有川底镇初级中学、川底中心小学、川底镇卫生院。有第七批全国重点文物保护单位川底佛堂，现存正殿为金代建筑遗构，余皆为清代建筑遗构。有河东遗址，为新石器时代文化遗存。有川底遗址，为商周时期文化遗存。有川底东遗址，为东周时期文化遗存。有川底东岳庙、汤帝庙、焦氏老宅、河东万缘空寺，现存皆为清代建筑遗构。342 国道经此。

140525-B15-H02 **董山**［Dǒngshān］在县政府驻地金村镇西 22 千米。川底镇辖行政村。人口 420。该村相传最初由董姓人建村，原名董家庄，后因该村坐落于山上而得名。聚落呈团块状。有董山焦家民宅、董山移圣庵、三官庙、董山石拱桥，皆为清代建筑遗构。2019 年被列入第五批中国传统村落名录。乡村道路经此。

140525-B15-H03 **郭庄**［Guōzhuāng］在县政府驻地金村镇西 26 千米。川底镇辖行政村。人口 750。聚落呈团块状。有第六批省级文物保护单位郭庄三清殿，现存为元代建筑遗构。有市级文物保护单位郭庄龙王庙，现存为清代建筑遗构。

乡村道路经此。

140525-B15-H04　**马坪头**［Mǎpíngtóu］在县政府驻地金村镇西 24 千米。川底镇辖行政村。人口 1130。因该村位于岳圣山下，地势较平坦，村形好像马头而得名。聚落呈团块状。有第六批省级文物保护单位马坪头天仙庙，现存正殿为元代建筑遗构，余皆为明清时期建筑遗构。有马坪头洞阳观，现存为明清时期建筑遗构。乡村道路经此。

140525-B15-H05　**下麓**［Xiàlù］在县政府驻地金村镇西 23 千米。川底镇辖自然村。人口 1140。历史上此地煤铁丰富，炼铁高炉较多，又地处低处，原名下炉，后依本村处岳圣山之平麓，改炉为麓而得名。聚落呈团块状。有下麓村小学、下麓卫生院。有第六批省级文物保护单位下麓汤帝庙，现存正殿为元代建筑遗构，余皆为明清时期建筑遗构。有下麓遗址，为新石器时代文化遗存。有下麓观音堂、昆尼庵，皆为清代建筑遗构。342 国道经此。

140525-B16　**南岭镇**［Nánlǐng Zhèn］泽州县辖镇。在县境西南部。面积 140 平方千米。人口 2.17 万。辖 32 行政村。镇人民政府驻李寨村。1949 年分属晋城县第六区、第七区。1958 年属周村七一人民公社和犁川火箭人民公社。1962 年设南岭人民公社。1984 年 9 月设南岭乡。2021 年 5 月李寨乡并入设南岭镇。以原驻地（南岭村）命名，因位于北岭南面一条较大的山岭上，故名南岭。地形以山地为主，东高西低，起伏很大。沁河、长河、犁川河、冶底河流经。有煤、铁、铝矾土、石灰石等矿产资源。有中小学、2 个卫生院、文化广场。有省级重点文物保护单位泽州汤帝庙、三教堂。有中国历史文化名村陟椒村、段河村。有中国传统村落陟椒村、段河村、葛万村、李沟村、陈河村、白背村、黄砂底村、宋泉村、漏道底村、阎庄村、裴凹村 11 个。有市级爱国主义教育基地土岭事件纪念馆。有栖龙湾景区。主产小麦、玉米、杂粮，种植油菜、油葵、核桃、药材、黄梨、柿子、山楂、甜杏。主要养殖猪、羊、鸡、鱼、密蜂，有许多规模化养殖场、农业合作社、农业公司。工业以材料铸造、煤炭加工、水力风力发电为主。服务业主要为乡村旅游，举办了五届梨花旅游文化节。侯月铁路、省道碗周线经此。

140525-B16-H01　**李寨**［lǐzhài］南岭镇人民政府驻地。在县政府驻地金村镇西南 23.8 千米。人口 2410。因由李姓建庄和村的高处修有寨楼而得名。聚落呈团块状。有南岭镇中学、南岭镇小学、南岭镇卫生院。有第四批省级文物保护单位李寨三教堂，现存为明清时期建筑遗构。省道宛周线、县道南高线经此。

140525-B16-H02　**段河**［Duànhé］在县政府驻地金村镇西南 28.3 千米。南岭镇辖行政村。人口 80。明代段姓建庄，因在干河岸上而得名。清代打井窖近百眼，有“老井村”之称。聚落呈团块状。有段河龙王庙、段成烈老宅、段河新院、段河西阁、段氏家族墓地，现存皆为清代建筑遗构。2014 年被列入第三批中国传统村落名录。2019 年被列入第七批中国历史文化名村名录。乡村道路经此。

140525-B16-H03　**白背**［Báibèi］在县政府驻地金村镇西南 32.8 千米。南岭镇辖自然村。人口 80。相传该村最初由白姓建庄，村位于山的背后，故名。聚落呈团块状。有白背三教堂，现存为清代建筑遗构。2019 年被列入第五批中国传统村落名录。太行一号公路经此。

140525-B16-H04　**陈李河**［Chénlǐhé］在县政府驻地金村镇西南 29 千米。南岭镇辖自然村。人口 100。相传因该村居民大都姓陈，又位于河边而得名。聚落呈团块状。有陈河龙王庙、陈河三教堂、陈河陈氏老宅，现存皆为清代建筑遗构。2019 年被列入第五批中国传统村落名录。乡村道路经此。

140525-B16-H05　**葛万**［Gěwàn］在县政府驻地金村镇西南 25.6 千米。南岭镇辖自然村。人口 290。相传最初由葛、万两姓建庄，故名。聚落呈团块状。有葛万汤帝庙、葛万西阁、葛万南阁、葛万民校旧址、葛万民居，皆为清代建筑遗构。2016 年被列入第四批中国传统村落名录。县道牛东线、太行一号公路经此。

140525-B16-H06　**黄砂底**［Huángshādǐ］在县政府驻地金村镇西南 32.2 千米。南岭镇辖行政村。人口 120。该村位于安山寺山脚下，因山体为黄沙石山，山体被水冲刷形成数条壕沟（方言为碜沟），初名黄碜底，后因谐音而得名。聚落呈团块状。有歇马殿、黄龙庙、白衣菩萨庙，现存皆为清代建筑遗构。2019 年被列入第五批中国传统村落名录。乡村道路经此。

140525-B16-H07 **李沟**［Lǐgōu］在县政府驻地金村镇西南 23.6 千米。南岭镇辖自然村。人口 130。该村最初由李姓建庄，因村位于沟里，故名。聚落呈团块状。有李沟小学。有李沟三教堂、李沟西桥、李沟东桥，现存皆为清代建筑遗构。有林果种植、林果加工业。2019 年被列入第五批中国传统村落名录。县道铁武线经此。

140525-B16-H08 **漏道底**［Lòudàodǐ］在县政府驻地金村镇西南 34 千米。南岭镇辖自然村。人口 60。村庄建在土崖根，当地人称崖为漏，漏上有条小道，故名。聚落呈团块状。有漏道底村观音阁、关帝庙、龙王庙，现存皆为清代建筑遗构。2019 年被列入第五批中国传统村落名录。乡村道路经此。

140525-B16-H09 **裴凹**［Péiāo］在县政府驻地金村镇西南 27.6 千米。南岭镇辖自然村。人口 390。该村最初由裴姓建庄，村又位于山洼里，故名裴洼、裴窊，后改为今名。聚落呈团块状。有清代裴洼城寨遗址，现仅存寨基。有泽州县四大秧歌之一裴凹秧歌，剧种保存至今。有特产红果、花红、梨、核桃。2019 年被列入第五批中国传统村落名录。县道铁武线、太行一号公路经此。

140525-B16-H10 **宋泉**［Sòngquán］在县政府驻地金村镇西南 33 千米。南岭镇辖自然村。人口 30。相传宋朝时由卫姓人建庄，村前有股泉水，故名。聚落呈团块状。有宋泉观音阁、关帝庙、黑龙庙，宋泉民居、卫氏老宅，现存皆为清代建筑遗构。有宋泉抗日民主政府旧址，为晋南抗日民主政府驻地。2019 年被列入第五批中国传统村落名录。乡村道路经此。

140525-B16-H11 **阎庄**［Yánzhuāng］在县政府驻地金村镇西南 20.9 千米。南岭镇辖自然村。人口 280。聚落呈团块状。有晋城一中教育集团南岭爱物学校。有阎庄魁星阁、三教堂、阎庄李氏老宅、马氏老宅，现存皆为清代建筑遗构。2019 年被列入第五批中国传统村落名录。县道铁武线、太行一号公路经此。

140525-B16-H12 **陟椒**［Zhìjiāo］在县镇政府驻地金村镇西南 27.6 千米。南岭镇辖自然村。人口 470。相传村民系刘氏后裔，原名折家腰，阳邑名贤更名为陟椒，意指汉帝死后汉妃所居之处，故名。聚落呈团块状。有第四批省级文物保护单位陟椒三教堂，建于明嘉靖十五年（1536 年），三教殿及偏殿后墙、山墙尚存明清时期壁画近百平方米。有陟椒三官庙、陟椒一号民居、二号民居，现存皆为清代建筑遗构。2016 年被列入第四批中国传统村落名录。2019 年被列入第七批中国历史文化名村名录。县道神陟线、南高线经此。

朔州市

140600 **朔州市**［Shuòzhōu Shì］山西省辖地级市。北纬 39° 05′ –40° 22′，东经 111° 52′ –113° 35′。位于晋西北黄土高原，晋蒙交界处，大同盆地西南端。面积 10626 平方千米。人口 159.34 万。以汉族为主，还有满、蒙古、回、黎等民族。辖朔城区、平鲁区、怀仁市、山阴县、应县、右玉县。市人民政府驻朔城区。夏、商、西周为戎狄所居。赵武灵王破林胡、楼烦后，设雁门郡，治善无。秦沿置雁门郡，始建马邑城。西汉雁门郡辖境内善无、马邑、中陵、剧阳、阴馆、汪陶、繁峙等县。东汉雁门郡徙治阴馆县，三国魏徙治今代县境内，仍辖境内马邑、阴馆、汪陶等县。西晋时，将陉岭（今雁门关）以北各县民南撤，地属代王拓跋猗卢。北齐天保六年（555 年）侨置北朔州（后称朔州），初治新城，八年（557 年）改马邑县为招远县，为州治，州县同治。北周建德六年（577 年）于朔州置总管府。隋开皇初年废朔州总管府，大业三年（607 年）改朔州为马邑郡。唐武德四年（621 年）复称朔州，天宝元年（742 年）更名马邑郡，乾元元年（758 年）恢复朔州。唐末置应州。五代后唐天成元年（926 年）析朔州置寰州，后晋天福元年（936 年），石敬瑭将朔州、寰州、应州割让给契丹。辽置河阴县、怀仁县，废寰州入朔州。金大定七年（1161年）河阴县更名山阴县，贞祐二年（1214年）升马邑县为固州，属西京路。元废固州另设马邑县，属大同路。明属大同府，属冀北道，辖朔州、应州、马邑、山阴、怀仁，实土卫所有右玉林卫、平鲁卫。清康熙年间冀北道废入雁平道，雍正三年（1725年）设朔平府，同时右玉林卫升为右玉县、平鲁卫升为平鲁县。民国元年（1912年）废府，改朔州为朔县，应州为应县，属雁门道，后直隶山西省。1949年属察哈尔省雁北专区，1952年改属山西省雁北专区，1958年属晋北专区，1961年复归雁北专区，1971年属雁北地区。1989年1月，从雁北地区划出朔县、平鲁、山阴3县，设立朔州市，朔县更名朔城区，平鲁县更名平鲁区，市人民政府驻朔城区。1993年撤销雁北地区，将怀仁、应县、右玉3县划入。2018年，经国务院批准，撤销怀仁县设立怀仁市，由朔州市代管。历史名人有西汉诗人班婕妤、三国名将张辽、唐朝名将尉迟恭、后唐皇帝李存勖、抗日民族女英雄李林等。朔含北方之意，因位于中原北部靠近草原大漠而得名。地名最大特色是军事文化浓厚，带“城、堡、寨、口、营”的地名较多，同时受民族融合的影响，部分地名使用少数民族语言，如“圐圙”等。地势西北高、东南低，中间为桑干河盆地。主要地貌类型有山地、丘陵和平原。西北部为大面积黄土缓坡丘陵，东南部为恒山山脉北麓，中部为桑干河冲积平原，属大同盆地南部。主要山峰有卧羊场、黑驼山、洪涛山等。最高峰卧羊场海拔2333.4米，最低点桑干河出口河滩海拔970米。属温带大陆性气候，四季分明。年平均气温3.6℃—7.3℃，1月平均气温-14.9℃—-9.4℃，7月平均气温19.4℃—22.3℃。年平均降水量407.5毫米。全年日照时数2600—3100小时，年日照率为63%—65%。无霜期100—135天左右。河流分属黄河、海河两大水系，其中黄河流域面积3090平方千米，海河流域面积7610平方千米。主要河流有桑干河、苍头河、偏关河、恢河、黄水河、源子河、浑河等，多为季节性河流。矿藏资源丰富，有煤炭、石灰岩、陶瓷粘土、铝土矿、石英砂岩等35种。其中，煤炭地质储量占全省储量的1/6，是中国重要的动力煤基地。一级保护动物有黑鹳、金雕、大鸨、豹等，二级保护动物有天鹅、灰鹤、雀鹰、白尾鹞19种，有野生植物珍稀树木19种。林草覆盖率33%，属全国“三北”防护林建设区和京津风沙源治理区。有山西工学院分校、朔州师范高等专科学校、朔州职业技术学院、朔州陶瓷职业技术学院4所普通高校，中等专业（技工）学校3所，普通高中26所，职业高中学校20所，小学268所，特殊教育学校2所。医院272家，其中综合医院76家。图书馆7个，博物馆5个，档案馆7个，群众艺术馆、文化馆7个。大型体育场馆12处，室外健身公园、广场49个。全国重点文物保护单位有应县木塔、朔州崇福寺、旧广武古城、广武汉墓群、朔州峙峪遗址、应县净土寺、右玉宝宁寺7处。省级重点文物保护单位有朔州城墙、怀仁县鹅毛口遗址、应县繁峙古城遗址、右玉县中陵古城遗址、平鲁区张马营古城遗址、山阴县沙彦珣墓、怀仁县金沙滩墓群等15处。市级重点文物保护单位有张蔡庄堡址、新磨遗址、井坪城址、上黑水沟遗址、平鲁城等66处。国家级非物质文化遗产保护项目有秧歌戏（朔州秧歌）、道情戏（晋北道情）、赛戏、梨花春酒传统酿造工艺、春节（怀仁旺火习俗）、朔州传统鎏金技艺6项。省级非物质文化遗产保护项目广武传说、踢鼓秧歌、朔州喜乐、骡驮娇等16项。国家级传统村落有山阴县旧广武村、朔城区南榆林乡青钟村、朔城区南榆林乡王化庄村、朔城区北旺庄街道新安庄村、平鲁区高石庄乡七墩村、右玉县李达窑乡破虎堡村、山阴县北周庄镇燕庄村等12个。全国文明村（镇）有小平易乡、神头镇、曹沙会村、吉庄村、张蔡庄村、峙庄村6个。省级历史文化名镇有右卫镇。山西省第一批红色文化遗址有中共右玉县委旧址、右玉县烈士陵园、李林烈士陵园、塞北烈士陵园、应县烈士陵园5处。国家四A级景区有应县木塔景区、右玉县生态旅游景区、朔州市崇福寺景区、怀仁金沙滩景区4处。国家级水利风景区有朔州桑干河湿地水利风景区、怀仁鹅毛河水利风景区2处。省级自然保护区有朔州紫金山、应县南山、右玉苍头河生态走廊3处。主要种植玉米、马铃薯、谷子、黍子、莜麦、荞麦、豌豆、胡麻、蔬菜等，是北方重要粮食、蔬菜生产基地，特产有燕麦片、紫皮蒜、荞麦、小杂粮等。养殖业以奶牛、肉羊为主，右玉羊肉、怀仁羔羊肉名气较大；工业以煤炭、电力为主导，以加工制造为补充，特产有乳制品、沙棘汁、陶瓷等；第三产业以服务业为主。三次产业占比为 6.58 ∶ 45.37 ∶ 48.05。有北同蒲铁路、神朔铁路、朔黄铁路、大西高铁过境。G18 荣乌（荣城—乌海）高速、G55 二广（二连浩特—广州）高速、朔州支线高速、朔州环城高速、大呼高速、呼北高速及 G109 京拉线（北京—拉萨）、G208 二长线（二连浩特—长治）国道过境。省道大石线、大忻线、宁应线、山和线、平朔线、董元线、洪朔线、平偏线经此。

140602 **朔城区**［Shuòchéng Qū］朔州市人民政府驻地。在市境西南部，雁门关外大同盆地西南端。面积 1780 平方千米。人口 56.51 万。辖 4 街道、2 镇、8 乡。区人民政府驻北城街道。春秋为狄人所居。战国末年赵武灵王开疆扩土后，属赵国雁门郡。秦代蒙恬北击匈奴，筑土城养马，始设马邑县，属雁门郡。西汉、三国、西晋沿置马邑县。西晋永嘉六年（312 年）属代国。东晋十六国时期，先属代国，后属前秦、后燕。北魏属恒州，为畿内地。北齐天保六年（555 年）原朔州侨置境内，八年州治移马邑城，同时改马邑县为招远县，州县同治。北周武帝建德元年（572 年），升置朔州总管府。隋大业初，改朔州总管府为马邑郡，改招远县为鄯阳县。唐武德四年（621 年）改马邑郡为朔州。开元五年（717 年），于鄯阳县东三十里另置马邑县，隶属于朔州。天宝元年（742 年），复改朔州为马邑郡。乾元元年（758 年）又恢复朔州。五代后唐鄯阳县仍为朔州治，天成元年（926 年）析朔州置寰州。五代后晋天福元年（936 年），朔州、寰州割让给契丹。辽代废寰州，属西京道。元代属大同路。明代鄯阳县并入朔州，朔州领马邑一县，属大同府。清雍正三年（1725 年）改属朔平府，嘉庆元年（1796 年）马邑县并入朔州。民国元年（1912 年）改朔州为朔县，直隶山西省。民国三年（1914 年），属雁门道。民国六年（1917 年）废道，直隶山西省。1937 年属山西省第二行政督察专员署。1940 年成立朔县抗日民主政府，属晋西北行政公署第十一专员公署，9 月改属晋西北行政公署第二专署，次年改属第五专署。1942 年属晋绥分区第五专署，属绥察行署。1946 年属晋绥边区行政公署第五专员公署。1949 年属察哈尔省雁北专员公署。1952 年属山西省雁北专员公署。1958 年改属晋北专区。1961 年属山西省雁北地区。1989 年朔州建市，朔县改称朔城区至今。地形北、西、南三面环山，中间为大同盆地，呈马蹄形向东倾斜敞开。境内最高峰为黑驼山，主峰海拔 2147.3 米；最低是桑干河出境口，海拔 1030 米。属温带大陆性季风型气候，四季分明。年平均气温 6.4℃左右，平均无霜期 100—140 天，年平均降水量 418.9 毫米。桑干河及其支流恢河、源子河、黄水河流经。矿产资源丰富，有煤、铁、铝矾土、石灰石、粘土、云母、石英和黑砂石等。有中北大学朔州校区、朔州职业技术学院、山西大同大学朔州师范分校 3 所普通高等院校，普通高中 19 所，职业高中 7 所，义务教育阶段初中、小学 57 所，幼儿园 96 所。朔州市图书馆为国家一级图书馆。有数十家医院，其中朔州市人民医院为三甲医院。有恢河、七里河、西山森林、金沙植物园等大型公园。有人民公园、中心广场、马邑广场、古城公园等大型广场公园。国家重点文物保护单位有崇福寺、峙峪遗址，省级重点文物保护单位有梵王寺墓群、马邑墓群、朔州城墙、吉庄三大王庙。有国家非物质文化遗产赛戏、朔州秧歌、朔州传统鎏金技艺，省级非物质文化遗产踢鼓秧歌、喜乐等。中国传统村落有南榆林乡青钟村、王化庄村 2 个，全国文明村有小平易乡、曹沙会村、吉庄村、张蔡庄村、峙庄村、神头镇 6 个。有省级爱国主义教育基地塞北烈士陵园、马邑博物馆 2 处。省级自然保护区有紫荆山。名胜景点还有崇福寺、东榆林水库、神海湿地公园、金沙植物园、恢河湿地公园、古城墙公园、七里河公园、西山森林公园等。历史人物有汉代诗人班婕妤、三国魏将张辽、唐开国名将尉迟恭等。朔城区古为边塞要地，今是朔州市重要的煤电能源基地，全国粮食生产先进区县，国家级园林城市。三次产业比例为 5.8 ∶ 40 ∶ 54.2。农业以粮食、蔬菜种植和奶牛、肉羊养殖为主。工业以煤电为主导，以火力、风力、煤矸石发电，有循环产业园区，平朔露天煤炭工业公司，神头二电厂等驻区。现代服务业有金龙商业街、豪德贸易广场、居然之家朔州店、大运果菜批发市场、万达广场等大型商贸集散地。北同蒲、神黄铁路过境。G55 朔州支线、朔州绕城高速、呼北高速经过，省道大忻线、平朔线、董元线、洗朔线经此。县乡道路四通八达。

140602-I01 **平朔中心社区** [Píngshuòzhōngxīn Shèqū] 属北旺庄街道。位于市区北部。面积 1.3 平方千米。人口 16320。因平朔煤炭工业公司生活区和办公区而得名平朔生活区，2021 年更名为此。1984 年设立，1986 年建成入住。住宅小区分为七部分管理，有住宅楼 214 栋和平朔度假村 40 余栋别墅。有平朔中学、朔州市第五小学校、朔州市第六小学校、平朔公园、平朔宾馆、平朔会展中心、平朔集贸市场，是全市首家现代化住宅小区。有平朔煤炭工业公司。2008 年被列入全国文明社区。2014 年被列入省级文明社区。通 21 路、19 路、17 路等多路公交车。

140602-K01 **长宁街** [Chángníng Jiē] 在城区北部。西起张辽路，东至大新路。与开发北路、顺义路等相交。长 5.72 千米，宽 50 米。沥青路面。2006 年建成。因古代朔州曾称长宁县得名。两侧有朔州市第二中学校、朔州市科技馆、大运陶瓷批发市场等。通 5 路公交车。

140602-K02 **长宁东街** [Chángníng Dōngjiē] 在城区北部。西起开发北路，东至文远路。与顺义路等相交。长 2 千米，宽 40 米。沥青路面。2005 年建成沿用至今。因古代朔州曾置长宁县得名。两侧有朔州市第二中学校（东校区）、山西工学院、朔州大医院、朔州星辰双语学校等。通 5 路公交车。

140602-K03 **安泰街** [Antài Jiē] 在城区北部。西起张辽路，东至朔神路。与开发北路相交。长 5.4 千米，宽 40 米。沥青路面。2004 年新建，2006 年整治人行道完善工程沿用至今。因通往安泰平朔露天煤矿专用道路得名。沿线有朔州中心医院、朔州市传染病医院、疾病预防控制中心、人民公园、朔州新闻大楼等。通 3、19 路等公交车。

140602-K04 **振华街** [Zhènhuá Jiē] 在城区北部。西起民福西街，东至开发北路。与顺义路、张辽北路相交。长 2.8 千米，宽 40 米。沥青路面。1995 年建成，2003 年向东扩展。以振兴中华之意得名。两侧有邮政大厦、朔州市人民公园、朔州市图书馆、朔州市博物馆、朔州市方舱医院等。通 3 路公交车。

140602-K05 **振华东街** [Zhènhuá Dōngjiē] 在区境北部。西起梁郡路，东至穆寨路。与招远路、文远路、五周路等路线相交。长 2.4 千米，宽 40 米。沥青路面。2008 年建成。由于该路段位于振华街东延，故名。两侧有实验学校、朔州市中医院、朔州第六小学、朔州第四中学、第五小学、朔州汽配城、文化科技园等物理实体。通 3 路公交车。

140602-K06 **民福街**[Mínfú Jiē]在城区中部。西起张辽北路，东至开发北路。与顺义路相交。长 1.6 千米，宽 50 米。沥青路面。1988 年建成。该街位于中日合资的试点民福小区附近，故名。两侧有朔州五中、朔州新健康医院、朔州第二小学、敬德公园等。通 8 路公交车。

140602-K07 **民福西街** [Mínfú Xījiē] 在城区中部。西起西环路，东至开发北路。与金沙路、张辽路相交。长 5 千米，宽 50 米。沥青路面。1992 年建成。原名八一路，1993 年更今名，后拓宽改建。两侧有朔州五中、实验中学、体育广场、交通银行等。通 8 路公交车。

140602-K08 **民福东街** [Mínfú Dōngjiē] 在城区中部。西起开发北路，东至文远路立交桥。与平朔路、朝阳路、梁郡路、招远路相交。长 2.6 千米，宽 50 米。沥青路面。2002 年建成。因该路段位于民福街东延，又寓意人民幸福安康而得名。沿线有中煤财产保险股份有限公司朔州中心支公司、瑀丰国际商务广场、民福中学、朔州高速、卫生大楼、美都汇购物广场、朔州市游客集散中心等。通 5 路公交车。

140602-K09 **市府街**[Shìfǔ Jiē]在区境中部。西起西环路，东至建设路。与开发南路、马邑路、张辽路相交。长 6.2 千米，宽 45 米。沥青路面。1990 年开工，1991 年竣工。因临市政府办公楼而得名。两侧有朔州交通局、朔州市三医院、喷泉广场、住建局、交通银行、农村信用社、日福隆公司、环境救援、第六小学、土地收购储备中心、市一中、家家乐装饰城、东方巴黎国际公所、中鹤科技、森堡幼儿园等。通 8、9 路等公交车。

140602-K10 **古北街**[Gǔběi Jiē]在城区中部。西起西环路，东至建设南路。与开发南路、北关路、马邑路、张辽路相交。长 6.5 千米，宽 40 米。沥青路面。1987 年建成。2009 年改扩建。因位于朔州北齐马邑古城墙北而得名。两侧有手外科医院、现代医院、北齐古城墙遗址、朔州石油分公司、中国银行等。通 13 路公交车。

140602-K11 **古北西街**［Gǔběi XīJiē］在城区中部，西起西环路，东至张辽路。与金沙路、怡西路、张辽路相交。长 3.3 千米，宽 40 米。沥青路面。1989 年建成，2009 年改扩建。因该街位于古北街西延而得名。两侧有第十中学、豪德贸易广场等建筑。通 12 路公交车。

140602-K12 **古北东街**［Gǔběi DōngJiē］在城区中部。西起开发路，东至建设路。长 0.98 千米、宽 40 米。沥青路面。2000 年建成。因位于古北街东延而得名。两侧有第四中学、朔州金店、金太阳幼儿园等。通 13 路公交车。

140602-K13 **鄯阳街**［Shànyáng Jiē］在城区中部。西起西环路，东至建设路。与开发南路、北关路、马邑路交汇。长 5.6 千米，宽 45 米。沥青路面。1989 年开工，1994 年建成，2012 年续建西沿线。原名新建大街，因唐代在此置鄯阳县得名，1993 年更今名。两侧有一中、马邑文化广场、人民医院、塞北革命纪念馆、人民英雄纪念碑等。通 2、8 路等公交车。

140602-K14 **鄯阳东街**［Shànyáng Dōngjiē］在城区中部。西起开发南路，东至建设路。长 0.58 千米，宽 50 米，沥青路面。1977 年建成沿用至今。因位于鄯阳街东延而得名。两侧有万人新天地商厦、朔州泰康医院、宁化府、晋商银行等。通 5 路、6 路等公交车。

140602-K15 **鄯阳西街**［Shànyáng Xījiē］在城区中部。西起西环路，东至张辽南路。与怡西路相交。长 3.3 千米，宽 50 米。沥青路面。1977 年建成，2012 年续建。因唐代于此置鄯阳县，且该路位于鄯阳街西延，故名。两侧有金沙植物园、朔城区八中、万达广场等。通 13、21 路等公交车。

140602-K16 **南垣街**［Nányuán Jiē］在城区南部。西起西环街，东至建设南路。与南关路、马邑路相交。长 5.1 千米，宽 40 米。沥青路面。1949 年为南关老街，1991 年重建，2008-2009 年改建。因位于老城南城墙外得名。两侧有华昱地产、金沙植物园、神华销售集团华北能源贸易有限公司朔西办事处、朔州西站、朔城区三中、朔城区七小等。通 6、22 路公交车。

140602-K17 **南垣西街**［Nányuán Xījiē］在城区南部。西起西环路，东至张辽南路。与怡西路、怡东路相交。长 3.4 千米，宽 40 米。沥青路面。1949 年为南关老街。1993 年重建，2008—2009 年改建。因其位于南垣街西延而得名。两侧有神电生态园，朔州市昱仁中学新校区等建筑。通 6、22 路公交车。

140602-K18 **张辽路**［Zhāngliáo Lù］在城区中部，贯穿市区南北。北起北环路，南至南环路环岛。与长宁街、振武街、友谊街、振华街、民福街、市府街、鄯阳街、南垣街相交。全长 9.41 千米，宽 50 米。沥青路面。因市区扩大，在原古西路（又称大运路）基础上，经多次改造发展成市区街道。1990 年建成，2000 年改造，2008—2009 年完成改造后更今名，以纪念朔州籍三国名将张辽。两侧有市博文馆、市人民公园、安泰中学、豪德建材市场、大运商贸菜市场等。通 3、19 路等公交车。

140602-K19 **马邑路**［Mǎyì Lù］在城区西部。北起滨河南路，南至鄯阳街。与市府街、古北街等路线相交。长 5 千米，宽 34 米。沥青路面。原为平鲁—阳方口公路一段，1989—1993 年改扩建。因位于北齐马邑县城旧址西得名。两侧有燕来购物中心、美联购物中心、现代医院、北齐古城墙遗址、人民医院、第一中学、朔城区第六小学、护国寺等。通 8、21 路等公交车。

140602-K20 **马邑南路**［Mǎyì Nánlù］在城区西部。北起鄯阳街，南至南环路。与南垣街、紫金街、学院街相交。长 3.07 千米，宽 34 米。

沥青路面。原为平鲁—阳方口公路一段，1989—1993年改扩建。因位于马邑路南延而得名。两侧有朔城区第二中学、文化广场、市政工程公司等。通9、17路等公交车。

140602-K21 **开发北路**［Kāifā Běilù］在城区北部。北起北环路，南连七里河大桥。与长宁街，广安街、振武街、振华街、民福街相交。长4.4千米，宽50米。沥青路面。1992年扩建，1998年改扩延建。原名体育路，因当时处于经济大发展时期，故更名开发路，以七里河大桥为界分为开发北路、南路，因该路位于七里河大桥北，故名。两侧有第二中学、实验中学、中西医院、七里河公园、体育广场等。通1、19路等公交车。

140602-K22 **开发南路**［Kāifā Nánlù］在城区南部。北起七里河大桥，南至南环路。与市府街、古北街、北新街、鄯阳街、南垣街、紫金街相交。长3.6千米，路宽50米。沥青路面。1973年建成，1974、1992、1998年多次改扩建。为迎接省第六届运动会命名为体育路，后因朔州处于开发建设中，故更名为开发路，其位于道路南段，故名。两侧有中国人民银行、文化活动中心、宾都购物、喷泉广场、园艺广场、花卉广场、日升昌收集连锁大厦、万人新天地、佛心阁、崇福广场、古城墙公园、第三中学等。通1、5路公交车。

140602-K23 **建设北路**［Jiànshè BěiLù］在城区东部。北起市府东街，南至鄯阳东街、迎宾路予建设南路交会处。与古北东街、北新东街交会。长4.6千米，宽12米。沥青路面。1982年修建，2006年改造。取城市建设之意，因其位于建设路道路北段而得名。两侧有朔州骨外科医院、城区七中等建筑。通9、15路等公交车。

140602-K24 **建设南路**［Jiànshè NánLù］在城区东部。北起鄯阳东街，南至雁门街东端。与东关街相交。长0.52千米，宽50米，沥青路面。原为太原—大同路的一段，1996年改扩建，2012年延建。因其位于建设路南段而得名。两侧有银建小商品批发市场、佳丽职业培训学校等。通2、15路公交车。

140602-K25 **招远路**［Zhāoyuǎn Lù］在城区东部。北起振武街，南至民福东街。与友谊街、安泰街相交。长2千米，宽30米。沥青路面，曾为平朔露天煤炭物资供应公司专用车道。2008年建成。因古代朔州曾置招远县而得名。两侧有开发区实验小学、中国烟草、朔州市中小企业、森隆大厦等。通12路公交车。

140602-K26 **文远路**［Wényuǎn Lù］在城区东部。北起北环路，南至朔神路。与常宁街、振华街、民福东街相交。长7.7千米，宽50米。沥青路面。2001年开工，2008年建成。因朔州籍三国名将张辽（字文远）而得名。两侧有朔州师范高等专科学校、朔州开发区实验中学、基督教堂、朔州汽车客运北站等。通12、13路等公交车。

140602-K27 **朔神路**［Shuòshén Lù］位于城区东部。北起新建路（神头电厂南门），南至区古北街。与振华街、民福街、市府街等路相交。长11.9千米，宽50米。沥青路面，道路等级为主干道。1997年建成。因起于神头电厂而得名。两侧有东岸国际、宝源商务、朔州开发区实验中学、腾龙钢材市场、开发区第一中学、祝家庄生态园等。通13、16路公交车。

140602-K28 **友谊东街**［Yǒuyì Dōngjiē］位于城区北部。西起梁郡路，东至招贤路。与文远路、招远路相交。长2.9千米，宽40米。沥青路面。东段2003年通车至平朔铁路支线，2007年修至招贤路。为纪念中美共同开发露天矿而得名，东段称友谊东街。两侧有开发区实验小学、烟草公司、中医诊所等。通15路公交车。

140602-K29 **振武东街**［Zhènwǔ Dōngjiē］位于城区北部。西起梁郡路，东至大新路。与招远路、文远路等路线相交。长5.6千米，宽40米。沥青路面。2003年建成部分，2008全部通车。五代时期在此置振武镇，故名。沿途中北钢材市场、开发区实验小学、朔州长运公司、中煤平朔工业园区等。通13路公交车。

140602-K30 **东街**［Dōng Jiē］在南城街道东部。西起文昌阁，东至开发南路。长0.7千米，宽22米。沥青路面。1956年建成，1978年扩建。因位于文昌阁以东而得名。多为明清仿古建筑店铺和文物建筑。有全国重点文物保护单位崇福寺、崇福广场、佛心阁、基督教堂、义善庄等。

140602-K31 **西街** [Xī Jiē] 位于朔城区南城街道西部。西起老城文昌阁，东至马邑路。长 0.4 千米，宽 20 米。柏油路。以原旧城文昌阁为中心，按方位得名。两侧有文昌阁、山西证券股份有限公司、夕阳红敬老院等。

140602-K32 **南街** [Nán Jiē] 位于朔城区南城街道南部。北起老城文昌阁，南至南垣街。长 0.8 千米，宽 20 米。沥青路面。以原旧城文昌阁为中心，按方位得名。两侧有文魁阁、文昌阁等。

140602-K33 **北街** [Běi Jiē] 位于朔城区南城街道北部。北起鄯阳街，南至老城文昌阁。与云路巷相交。长度为 0.6 千米，宽 10 米。沥青路面。该街以原旧城文昌阁为中心，按方位得名。两侧有朔城区二小、朔州烟草分公司等。

140602-K34 **东关街** [Dōngguān Jiē] 位于城区东部。西起开发南路，东至车站广场。与建设南路相交。长 0.83 千米，宽 22 米。沥青路面。原为老城东部道路，故名东关街。又因此街原有三官庙，曾用名三官庙街。两侧有中国联通营业厅、东关集贸市场等。

140602-K35 **西关街** [Xīguān Jiē] 位于城区中部。西起张辽路，东至马邑路。与张辽路等路线相交。长 0.63 千米，宽 12 米。沥青路面。1996 年修建。因此街东西横穿西关而得名。两侧有诚信名都接待中心、中国太平洋保险公司、亿婴天使早期教育中心等。

140602-K36 **南关路** [Nánguān Lù] 在城区南部。北起南恒街，南至恢河北岸。长 2 千米，宽 11 米。沥青路面。始建于 1991 年，2005 年扩建重修。因该路南北纵贯南关而得名。两侧有南关小学、天主教堂、新康药店、南城办中心幼儿园等。

140602-K37 **北关路** [Běiguān Lù] 在城区北部。北起市府街，南至鄯阳街。与古北街等路线相交。长 1.1 千米，宽 34 米。沥青路面。因该路南北纵贯北关而得名。两侧有百福时尚国际购物中心、新华林商厦、朔州市一中、城区四小、大富翁购物中心、天主教堂等，是朔州市的金龙商业街。通 3、17 路公交车。

140602-K38 **怡西路** [Yíxī Lù] 在城区西部。北起民福西街，南至紫金街。与市府街、古北街、鄯阳街等路线相交。沥青路面。长 3.9 千米，宽 30 米。2007 年始建，2011 年完成建设。因位于怡家苑小区西侧而得名。两侧有华联商厦、金沙植物园、职业技术学校、万达广场、八中等。通 9、22 路公交车。

140602-K39 **金沙路** [Jīnshā Lù] 在城区西部。北起民福街，南至鄯阳街。与市府街、古北街等路线相交。长 2.7 千米，宽 30 米。沥青路面。2009 年始建，2011 年建成。因紧邻朔州金沙植物园而得名。两侧有兆林农牧有限公司、朔城区图书馆、朔州市五校建设投资有限公司等。通 12 路公交车。

140602-K40 **梁郡路** [Liángjùn Lù] 位于城区中部。北起北环街，南至民福街。与振武街、振华街相交。长 3.9 千米，宽 30 米。沥青路面。以汉晋时期诸侯王的分封国命名。两侧有平朔商场、集贸市场、慧圆创新科创园、平朔供应公司等，商业较为兴盛。通 12、17 路等公交车。

140602-K41 **朝阳路** [Cháoyáng Lù] 位于城区东部。北起平朔宾馆，南至贺家河。与民福街、平朔路等路线相交。长 1.9 千米，宽 34 米。沥青路面。1986 年建成，2010 年改造。"朝阳"指朝气蓬勃，寓意美好，故名。两侧有平朔会展中心、平朔煤炭工业公司、第五小学、中煤平朔集团有限公司等。通 21 路公交车。

140602-K42 **平朔路** [Píngshuò Lù] 位于城区北部。北起体育馆，南至市府街。与民福路相交。长 1.32 千米，宽 34 米。沥青路面，为次干道。2001 年建成 ,2008 年改造。因位于平鲁—朔县道路的路段而得名。两侧有朔州体育馆、平朔公园、朔州第六小学、中国银行、中医院、体育馆、敬德公园等。通 3、15 路等公交车。

140602-N01 **七里河大桥** [Qīlǐhé Dàqiáo] 在城区中部。桥长 443 米，桥面宽 50 米，最大跨度 78.9 米，桥下净高 7 米。1990 年动工，1992 年建成，2007 年改扩建。因横跨七里河而得名。为大型河道桥梁。最大载重量 55 吨。通 3 路公交车。

140602-N02 **恢河桥** [Huīhé Qiáo] 在城区南部。长 450 米，桥面宽 37 米，最大跨度 210 米，

桥下净高 7 米。1990 年始建，1992 年建成。因横跨恢河而得名。为大型河道桥梁。最大载重量 55 吨。通 17 路公交车。

140602-N03　**张家河桥**［Zhāngjiāhé Qiáo］在城区南部。桥长 180 米，桥面宽 20 米，最大跨度 25 米，桥下净高 5 米。1971 年始建并建成，2011 年重建，横跨恢河。因位于张家河村东北得名。是大型河道桥梁。最大载重量 55 吨。通 1、9 路公交车。

140602-N04　**胡家窑桥**［Hújiāyáo Qiáo］在城区东部。桥长 100 米，桥面宽 28 米，最大跨度 60 米，桥下净高 7 米。1971 年建。2001 年重建，2002 年竣工。横跨七里河。因位于胡家窑村西而得名。混凝土桁架结构。最大载重量 55 吨。通 7、13 路公交线路。

140602-A01　**北城街道**［Běichéng Jiēdào］朔城区人民政府驻地。在区境中部。面积 4.13 平方千米。人口 6.7 万。辖 11 社区、1 行政村。街道办事处驻西兴街社区马邑路与古北街路口。1948 属城关区。1950 年属城关镇。1958 年属城关人民公社。1984 年属朔县城关镇。1992 年设北城街道。因位于朔城区人民政府驻地北而得名。地处市区中心，地势平坦，七里河流经。境内有众多学校、医院、党政机关、住宅小区、商场、宾馆、饭店等，有七里河公园、中心广场、市艺术中心等。省级重点文物保护单位有朔州城墙。商贸、物流、餐饮的服务业兴隆。北同蒲铁路纵贯南北，鄯阳街、古北街、市府街、开发路、马邑路、张辽路等市内街路纵横交错，多路市内公交经过，交通便利。

140602-A01-J01　**马邑路中心社区**［Mǎyìlù zhōngxīn Shèqū］属北城街道，位于市区中部。面积 0.65 平方千米。人口 8370。因紧临马邑路而得名。2003 年成立。有住宅楼 89 栋，分为马邑花园、马邑小区等多个住宅小区。有朔州市人民医院、朔城区税务局、燕来购物中心。2014 年被评为省文明社区。通 17、13、11 路等多路公交车。

140602-A02　**南城街道**［Nánchéng Jiēdào］属朔城区。在城区中部。面积 5.1 平方千米。人口 4.8 万。辖 12 社区、3 行政村。街道办事处驻家和苑社区南垣街西 2 号。1948 属城关区。1950 年属城关镇。1958 年属城关人民公社。1984 年属城关镇。1992 年设南城街道。因位于朔城区人民政府驻地南而得名。地处市区中心，地势平坦，恢河流经。境内有众多学校、医院、党政机关、住宅小区、商场、宾馆、饭店等。有国家重点文物保护单位崇福寺，省级重点文物保护单位朔州城墙，省级爱国主义教育基地塞北烈士陵园。有马邑博物馆、唐鄂国公庙、护国寺、恢河公园、金沙植物园、古城墙公园等。服务业以商贸、餐饮、物流为主。北同蒲铁路纵贯南北，鄯阳街、南垣街、紫金街、怡西路、怡东路、马邑路、张辽路、开发南路、建设南路等街巷道路纵横交错，通市内多路公交。有朔州火车站和汽车站。

140602-A02-J01　**城南中心社区**［Chéngnán zhōngxīn Shèqū］属南城街道。位于市区南部。面积 1.2 平方千米。人口 11820。2003 年成立。住宅小区和平房共存。有朔城区第三中学、市政工程公司等。有县级文物保护单位南关护国寺，俗称保合寺，现存观音殿为清代建筑遗构。有清平寺遗址，为宋辽金时期文化遗存。有南关天主堂，1941 年创建，现存为欧式大钟楼风格建筑。2014 年被评为省文明社区。通 22、17、9 路等多路公交车。

140602-A03　**神头街道**［Shéntóu Jiēdào］属朔城区。在城区东部。面积 16.62 平方千米。人口 2.55 万。辖 5 社区、3 行政村。街道办事处驻神头一电厂光明东街。1949 年属二区。1953 年属神头乡。1958 年属神头人民公社。1992 年分设神头街道。2001 年神头镇的大洼、王圐圙和司马泊 3 村并入。因境内有大型企业神头电厂而得名。地势平坦，地下水资源丰富，神头泉水质优良。境内有小学所、中学 1 所、医院 1 所。旅游景点有三泉湾、金龙池等。种植玉米、蔬菜等，饲养虹鳟鱼等。工业以火电、啤酒业为主，神头一、二电厂曾为国家重要的电力生产基地。服务业以餐饮、运输、商贸为主。北同蒲铁路过境，设神头站。朔州支线高速、省道大忻线、洗朔线经此。通市内多路公交。

140602-A04　**北旺庄街道**［Běiwàngzhuāng

Jiēdào］属朔城区。环绕在市区周围。面积95.5平方千米。人口7.65万。辖12社区、21行政村。街道办事处驻北旺庄村。1949年属城关区。1953年属城关乡。1958年属城关人民公社。1984年属城关乡。2001年设北旺庄街道。因驻地得名。地势平坦，恢河、七里河流经。境内有朔州师范高等专科学校、中北大学朔州校区、山西职业技术学院，市、区中小学20余所。有市体育馆、市体育广场、市图书馆、市博物馆，恢河公园、七里河公园、人民公园、中心医院等。种植玉米、蔬菜等，饲养猪、羊等。物流运输、金融商贸、餐饮住宿、文化娱乐等发展迅速。北同蒲铁路过境，大忻线、洗朔线省道通过，南环、西环、安泰街、民福街、开发路、张辽路等街路纵横交错，通多路市内公交。

140602-A04-H01 **新安庄**［Xīn'ānzhuāng］在区政府驻地北城街道南5.3千米。北旺庄街道辖行政村。人口1100。古称米昔马庄，1946年小平易公社安庄大队荣获全县先进生产单位，该村向安庄学习更名为新安庄。聚落呈团块状。有县级文物保护单位新安庄主教堂，1913年由意大利希贤神父创建，现存为砖木结构中西合璧式建筑。2019年被列入第五批中国传统村落名录。省道朔蔚线经此。

140602-A04-J01 **振华中心社区**［Zhènhuá zhōngxīn Shèqū］属北旺庄街道。位于市区北部。面积0.42平方千米。人口3596。因振华街从社区中间通过而得名。2013年成立。有住宅楼207栋。有朔州人民公园、朔州市图书馆、朔州市博物馆、朔州四季平朔大酒店。2014年被评为省级文明社区。通1、3、5路等多路公交车。

140602-A04-H01 **曹沙会**［Cáoshāhuì］在区政府驻地北城街道西南3.5千米。北旺庄街道辖行政村。人口1500。相传该村在唐时为一片沙滩，后曹姓在此立庄，故名。聚落呈团块状。2017年被评为第五届全国文明村。241国道经此。

140602-B01 **神头镇**［Shéntóu Zhèn］朔城区辖镇。在城区东北部。面积162平方千米。人口3.68万。辖27行政村。镇人民政府驻东神头村。1949年属九区。1954年属神头乡。1958年属神头人民公社。1984年设神头镇。2001年大夫庄乡并入。因此地为神龙降生之地，又为桑干河清水源头，故名。地势北高南低，北依洪涛山，南跨桑干河及其支流源子河、恢河，境内神头泉水为山西著名岩溶泉，水质优良，富含多种矿物质。有小学1所、镇卫生院1所。省级重点文物保护单位有吉庄三大王庙，市级重点文物保护单位有新磨遗址、三大王庙。古迹有马邑古城、张辽故里等。有神海湿地公园、虹鳟鱼场、东榆林水库、神头泉群等旅游景点。2017年神头镇、吉庄村获全国文明村（镇）称号。种植玉米、马铃薯、蔬菜等，饲养猪、牛、羊等。工业以建材生产、煤炭运销为主。运输业、物流业、旅游业、餐饮业发展较好。铁路北同蒲线经过，设神头、袁树林、马邑3个站。朔州支线高速、省道大忻线、洗朔线经此。有县乡级公路多条，交通便利。

140602-B01-H01 **东神头**［Dōngshéntóu］神头镇人民政府驻地。在区政府驻地北城街道东北15千米。人口2050。相传因神话人物东神而得名。聚落呈团块状。有神头镇卫生院。有县级文物保护单位东神头老爷庙戏台，现存为清代建筑遗构。有神头泉、神海湿地公园和乡村旅游景点。336国道、省道大忻线经此。

140602-B01-H02 **大夫庄**［Dàifūzhuāng］在区政府驻地北城街道东北22.2千米。神头镇辖行政村。人口1400。据明《马邑县志》载为张辽故里，后人称大夫庄。聚落呈团块状。336国道、省道大忻线经此。

140602-B01-H03 **吉庄**［Jízhuāng］在区政府驻地北城街道东北16千米。神头镇辖行政村。人口2100。相传为吉姓建村，明万历《马邑县志》载名吉庄堡，清《朔州志》载名吉家庄，后简称今名。聚落呈团块状。有第六批省级文物保护单位吉庄三大王庙，创建于辽应历五年（955年），现存为清代建筑遗构。有吉庄遗址，为汉代文化遗存。2017年被评为第五届全国文明村。336国道、省道大忻线经此。

140602-B02 **利民镇**［Lìmín Zhèn］朔城区辖镇。在城区西北部。面积266平方千米。人口1.48万。辖15行政村。镇人民政府驻利民村。1949

年属六区。1953 年属利民乡。1958 年设利民公社。1984 年恢复利民乡，同年建镇。2001 年暖崖乡并入。因明代为军事要地，驻军称利民营得名。四面环山，黑驼山海拔 2147 米，为朔城区最高峰。有偏关河流经。风力资源丰富。有镇卫生院 1 所。古迹有明代长城、利民堡遗址、穆桂英圈马场遗址、黑驼山丰王古墓等。每年农历六月初一举行传统古庙会。盛产莜麦、胡麻、荞麦、豌豆等小杂粮，家庭普遍饲养猪、牛、羊等，养羊是农民收入的重要来源之一。特产有羊肉、胡麻油等。集市贸易历史悠久。神黄铁路经此，有县级公路经此。

140602-B02-H01　**利民堡**［Lìmínbǎo］利民镇人民政府驻地。在区政府驻地北城街道西 30 千米。人口 2100。相传古称狮子头，明代建堡驻军，取今名。自古为军事重镇，因城墙以条石建成，有“石头城”之誉。聚落呈团块状，有利民镇卫生院。有古城堡、内长城，现存为明代建筑遗构。有利民堡大寺庙，现存为清代建筑遗构。有周体乾家族墓地，为清代墓葬。清代为朔州西部重要集镇，手工榨油十分兴盛。县道小神线经此。

140602-C01　**下团堡乡**［Xiàtuánbǎo Xiāng］朔城区辖乡。在城区西北部。面积 118.23 平方千米。人口 3.17 万。辖 27 行政村。乡人民政府驻下团堡村。1949 年属一区。1953 年属下团堡乡。1958 年属全武营人民公社。1961 年属下团堡人民公社。1984 年改乡。2001 年北旺庄村划入北旺庄街道。因驻地得名。地貌为山区、平川，七里河流经。地下有煤炭、黏土等，地上有石灰石等资源。有小学 1 所，乡卫生院 1 所。有国家级重点文物保护单位峙峪旧石器遗址，古迹有圣泉寺等。农业种植以玉米、马铃薯、小杂粮为主。家庭饲养牛、羊、猪等。第三产业以运输业、餐饮业、物流业为主。呼北高速经此，有多条县乡级公路。

140602-C01-H01　**下团堡**［Xiàtuánbǎo］下团堡乡政府驻地。在区政府驻地北城街道西北 6 千米。人口 2070。明代筑土堡，为附近村庄防范抢劫共用之民堡，取团聚之意得名团堡，后为与上团堡区分，故名。清《朔州志》载名下团堡。聚落呈团块状，有下团堡乡卫生院。种植、养殖发展较好。有下团堡遗址，为汉代文化遗存。有下团堡龙王庙，现存为清代建筑遗构。有省级非物质文化遗产踢鼓秧歌。市区西环路经此。

140602-C01-H02　**峙峪**［Shìyù］在区政府驻地北城街道西北 10 千米。下团堡乡辖行政村。人口 4300。相传因村旁有座寺院，建在后沟西梁上，原名寺峪，后来后沟修建瓷窑，故称瓷峪，后讹传为此。清《朔州志》载名峙峪。聚落呈团块状。有第八批全国重点文物保护单位峙峪遗址，为旧石器时代文化遗存。有县级文物保护单位峙峪瓷窑址，为辽金时期文化遗存。有峙峪西遗址，为新石器时代文化遗存。有省级非物质文化遗产踢鼓秧歌。乡村道路经此。

140602-C02　**小平易乡**［Xiǎopíngyì Xiāng］朔城区辖乡。在城区北部。面积 67.78 平方千米。人口 3.34 万。辖 17 行政村。乡人民政府驻小平易村。1949 年属一区。1958 年属杨涧人民公社。1961 年设小平易人民公社。1984 年设小平易乡。因乡人民政府驻得名。地势北高南低，北依洪涛山，南为平川区。源子河流经。地下有煤炭、石灰石、黏土等。有乡卫生院 1 所。古迹有北魏元姬山墓葬。2005 年小平易乡获全国文明村（镇）称号。种植玉米、马铃薯、蔬菜等。家庭饲养猪、羊、牛、家禽等。煤炭、建材业发展较快。运输业、维修、商贸、餐饮等发展强劲。北同蒲、平朔运煤专线铁路经此，设大新站。大忻线、董元乡、洗朔线省道经过，交通非常便利。

140602-C02-H01　**小平易**［Xiǎopíngyì］小平易乡人民政府驻地。在区政府驻地北城街道东北 9 千米。人口 1500。相传明朝有王姓从保德县雅儿崖村迁来，因一路平安到达而得名，后居民增多分为大小两村。明《马邑县志》载名平易村。聚落呈团块状。有小平易乡卫生院。有县级文物保护单位小平易汉代墓群。沿公路餐饮、维修服务业兴盛。336 国道经此。

140602-C03　**滋润乡**［Zīrùn Xiāng］朔城区辖乡。在城区东部。面积 159.5 平方千米。人口 2.57 万。辖 22 行政村。乡人民政府驻滋润村。民国 35 年（1946 年）属朔县二区。1949 年属八区。1953 年设立滋润乡。1958 年改称滋润人民公社。

1984 年复置滋润乡。2001 年汴子疃乡 8 村并入。2021 年福善庄乡 3 村并入。因地表较为湿润且多泥塘而得名。地势平坦开阔，黄水河流经。有小学 1 所、乡卫生院 1 所。古迹有西汉置阴馆县遗址。农业以种植玉米、马铃薯、葵花为主，为城区粮食生产大乡。饲养奶牛、肉羊，建有规模养殖园区。盐碱地改造成就较大。有二广高速、朔州支线高速经此。

140602-C03-H01 **滋润** [Zīrùn] 滋润乡人民政府驻地。在区政府驻地北城街道东 23 千米。人口 1870。因土地湿润且多泥塘而得名。明《马邑县志》和清《朔州志》载名滋润村。聚落呈团块状。有滋润乡寄宿制小学、滋润乡卫生院。盐碱地改造和人畜饮水建设成就较大。乡村道路经此。

140602-C04 **南榆林乡** [Nányúlín Xiāng] 朔城区辖乡。在城区东南部。面积 212.4 平方千米。人口 0.95 万。辖 19 行政村。乡人民政府驻东村。1949 年属八区。1959 年属神武人民公社。1962 年设南榆林人民公社。1984 年改设南榆林乡。2001 年神武乡并入。2021 年福善庄乡 2 村并入。因位于古马邑城南且榆树茂盛成林而得名。地势南高北低，南依恒山，北连平川黄水河支流福善庄河流经。有乡卫生院 1 所。紫荆山为省级原始次生林自然保护区。有昭君墓、内长城，雁门十八隘之八岔口、莲花口等遗址，还有古榆树、古柳树及徐村壁画等等。2016 年青钟村、王化庄村获中国传统村落称号。种植玉米、马铃薯、胡麻、葵花等，饲养奶牛、肉羊等，有现代化养殖园区。乡村旅游兴起。县级公路广梵线，朔广线、旅游公路经过。

140602-C04-H01 **东村** [Dōngcūn] 南榆林乡人民政府驻地。在区政府驻地北城街道东南 25.5 千米。人口 1200。聚落呈团块状。有南榆林乡卫生院。县道朔广线经此。

140602-C04-H02 **青钟** [Qīngzhōng] 在区政府驻地北城街道东南 19 千米。南榆林乡辖行政村。人口 1340。清《朔州志》卷三《方舆志》载，村北有“阔四、五亩，高丈余之冢，为汉王昭君之墓。”俗称“青冢”，后因谐音而得名。聚落呈团块状。有青钟墓，为汉代土堆墓葬。有烽火台，现存为明代建筑遗构。有金土地农牧公司和养殖园区、奶站等。2016 年被列入第四批中国传统村落名录。乡村道路经此。

140602-C04-H03 **王化庄** [Wánghuàzhuāng] 在区政府驻地北城街道东南 28.5 千米。南榆林乡辖行政村。人口 870。原名八岔口，为雁门十八隘之一，因位于莲花山下第八个峪口，古代王姓居多而得名。聚落呈团块状。坐落在恒山脚下，自然风光秀丽，乡村旅游渐兴。2016 年被列入第四批中国传统村落名录。乡村道路经此。

140602-C05 **贾庄乡** [Jiǎzhuāng Xiāng] 朔城区辖乡。在城区东南部。面积 141.3 平方千米。人口 2.86 万。辖 24 行政村。乡人民政府驻贾庄村。1949 年属七区。1952 年设贾庄乡。1958 年改贾庄人民公社。1984 年复设贾庄乡。2001 年大涂皋、小涂皋、官地 3 村划入出，太平窑村并入。2021 年福善庄乡 11 村并入。地势平坦，恢河、黄水河、沙塄河等流经。有小学 1 所、乡卫生院 1 所。古迹有明代古堡、清代关帝庙壁画等。有太平窑水库、灌溉农业条件较好，种植玉米、谷子、马铃薯、瓜菜等，养殖牛、羊、鸡等。朔州环城高速、南环、东环等经过，交通便利。

140602-C05-H01 **贾庄** [Jiǎzhuāng] 贾庄乡人民政府驻地。在区政府驻地北城街道东南 13 千米。人口 3800。相传明朝万历年间为贾姓地庄，后逐渐发展成村庄，故名。清《朔州志》载名贾庄。聚落呈团块状。有贾庄乡卫生院。有贾庄堡址，现存为明代建筑遗构。有朔州最早引水灌溉的记载。乡村道路经此。

140602-C06 **沙塄河乡** [Shālénghé Xiāng] 朔城区辖乡。在城区东南部。面积 201.82 平方千米。人口 1.84 万。辖 16 行政村。乡人民政府驻上沙塄河村。1949 年属七区。1953 年设沙塄河乡。1958 年改人民公社。1984 年复设沙塄河乡。2001 年将梵王寺乡 5 村和贾庄乡 3 村并入。地势南高北低，沙塄河、石碣峪河、大涂皋河流经。矿产资源有煤炭、铝矾土、石灰石、铁矿石等。有小学 1 所、乡卫生院 1 所。种植玉米、蔬菜、马铃薯和小杂粮等，家庭饲养猪、牛、羊等。工业以煤炭为主，2 座大型煤矿。乡村旅游兴起。县级广梵、朔沙公路，市内朔南大道经过，交通非常便利。

140602-C06-H01 **上沙塄河**[Shàngshālénghé] 沙塄河乡人民政府驻地。在区政府驻地北城街道南 15 千米。人口 1530。因村临近沙塄河而得名。聚落呈团块状。有沙塄河乡卫生院。有县级文物保护单位天主教堂，1903 年由意大利神父希贤创建，现存为哥特式砖木结构建筑。有沙塄河遗址，为汉代文化遗存。有关帝庙，现存为清代建筑遗构。有蔬菜大棚种植园区。县道朔沙线经此。

140602-C07 **窑子头乡** [Yáozitóu Xiāng] 朔城区辖乡。在城区西南部。面积 134.62 平方千米。人口 1.58 万。辖 17 行政村。乡人民政府驻窑子头村。1949 年属三区。1953 年设窑子头乡。1958 年改窑子头人民公社。1984 年复设窑子头乡。2001 年梵王寺乡 9 村并入。地势由西南向东北倾斜，中部平坦，西部为山区，恢河流经。矿产资源有煤炭、铝矾土、石灰岩等，风力资源丰富。有小学 1 所、乡卫生院 1 所。省级重点文物保护单位有梵王寺墓群，市级重点文物保护单位有定远桥，古迹有明代长城、茶坊庙遗址等，景点有“恢河伏流”奇观等。种植玉米、小杂粮和瓜菜等，有蔬菜大棚。饲养牛、羊等。运输物流发展较好。铁路北同蒲线、神木线过境，设前寨、梨元头、上坊佬 3 个站。呼北高速、省道大忻线经此。交通便利。

140602-C07-H01 **窑子头** [Yáozitóu] 窑子头乡人民政府驻地。在区政府驻地北城街道西南 13.7 千米。人口 1800。相传古时该村由姚姓建庄，村民多以崖头打窑居住，后因谐音而得名。聚落呈团块状。有窑子头乡卫生院。有窑子头遗址，为汉代文化遗存。有定远桥、龙王庙，现存为清代建筑遗构。241 国道经此。

140602-C07-H02 **梵王寺** [Fànwángsì] 在区政府驻地北城街道西南 24.5 千米。窑子头乡辖行政村。人口 1080。聚落呈团块状。有第二批省级文物保护单位梵王寺墓群，为战国、汉、北朝时期墓葬，现有明显封土 21 处，以照壁山巅的北朝土冢最为壮观。乡村道路经此。

140602-C08 **张蔡庄乡** [Zhāngcàizhuāng Xiāng] 朔城区辖乡。在城区西南部。面积 186.79 平方千米。人口 1.09 万。辖 15 行政村。乡人民政府驻张蔡庄村。1949 年属三区。1953 年属寇庄乡。1958 年属寇庄人民公社。1984 年属寇庄乡。2001 年，撤销寇庄乡，设张蔡庄乡。因明代张、蔡二姓由洪洞县迁来定居而得名。有小学 1 所、乡卫生院 1 所。市级重点文物保护单位有张蔡庄堡址、鄯阳桥、李树洲旧居 3 处。2020 年峙庄村获评全国文明村称号。种植玉米、谷子、高粱、豆类、油料等，饲养猪、羊等，有标准化肉羊养殖示范区、生态养殖园区，肉羊散养示范基地等。有神朔铁路、环城高速、呼北高速过境，有多条县乡级公路经过。

140602-C08-H01 **张蔡庄** [Zhāngcàizhuāng] 张蔡庄乡人民政府驻地。在区政府驻地北城街道西南 9 千米。人口 1420。相传，明初张、蔡二姓由洪洞县迁居此地，故名。聚落呈团块状。有张蔡庄乡中学、张蔡庄乡卫生院。有张蔡庄堡址，现存为明代建筑遗构。有陶姓家族墓地，为清代墓葬。乡村道路经此。

140602-C08-H02 **大虫窝** [Dàchóngwō] 在区政府驻地北城街道西 18 千米。张蔡庄乡辖行政村。人口 400。相传古代因地处山区，野兽出没无常，当地人称老虎为大虫而得名。聚落呈条带状。有大虫窝突围战遗址，1940 年 8 月 20 日八路军 358 旅 714 团 300 余名将士壮烈殉国，现存当年八路军战士住过的石窑洞 500 余间。有特产小杂粮。乡村道路经此。

140602-C08-H03 **峙庄** [Zhìzhuāng] 在区政府驻地北城街道西 9.4 千米。张蔡庄乡辖行政村。人口 850。相传该村在宋代为一座堡，内有寺院，后演变为村庄，因谐音得名。聚落呈团块状。有西山森林公园。有烽火台，现存为明代建筑遗构。有肉羊养殖园区和蛋鸡养殖厂。2020 年被评为第六届全国文明村。乡村道路经过。

140603 **平鲁区** [Pínglǔ Qū] 朔州市辖区。东经 111° 52′ –112° 41′，北纬 39° 27′ – 39° 58′。面积 2315 平方千米。人口 14.82 万。辖 2 镇、10 乡。区人民政府驻井坪镇平阳西街。民国二十八年（1939 年）划为清平县、右平县、山朔县。民国三十年（1941年）又改为平鲁县、右南县、山朔县。1945年8月，抗战胜利后恢复平鲁县治。建国后，隶察哈尔省雁北专区，1950年辖4个区公所。1951年4月，县政府迁到井坪镇，并划拨朔县三个区的自然村归平鲁县。1952年划归山西省雁北专区。1958年8月，成立22个人民公社，10月后平鲁朔县合并，原平鲁境内设7个人民公社。1961年5月，恢复平鲁县治。1989年国务院批准朔州市成立后，平鲁划归朔州，并撤县改为平鲁区。因驻地得名。位于黄土高原，地势西北高，东南低，轮廓呈等边三角形。东、西、北部为山地，中部、南部为黄土丘陵沟壑地形。主要地形为基岩石山区、黄土丘陵区、山涧盆地。黑驼山主峰为境内最高点，海拔2147.3米；最低点是马关河南端河谷，海拔1130米。属北温带大陆性季风气候，年平均气温5.5℃，无霜期115天，年平均降水量411.1毫米。有沧头河、大沙沟、马关河等流经，最大河流为大沙沟（一级河），全长99千米，属黄河、海河两大流域，多为自产外流型河道。矿藏资源主要有煤、高岭土、石墨、石灰石等40余种。平鲁是全国著名的亿吨级煤炭大县（区），探明储量为137.73亿吨，煤田面积达407平方千米，为优质动力煤。有敬德大剧院、紫晨广场、南山公园、图书馆、博物馆等。有高中1所，职业高中1所，初中3所，小学22所。有区二甲医院2所、乡级医院13所。省级重点文物保护单位有明长城、张马营古城，南梁战国、汉代墓群遗址、刘昭墓5处。市级重点文保单位有上黑水沟遗址、平鲁城、王高登遗址、井坪城址、刘诏墓、北烟墩墓群、平鲁烈士陵园、李氏宅院、七墩关帝庙9处。区级文保单位有迎恩堡、败虎、吴辛寨关帝庙等200多处。省级非物质文化遗产有踢鼓秧歌、骡驮轿。2011年白堂乡西易村获评第三批全国文明村。2017年双碾乡大有坪村获评第五批全国文明村。2016年高石庄乡七墩村获评第四批中国传统村落。山西省第一批革命文物有马鞍山战斗遗址、虎头山伏击战遗址、武云英烈士墓地、凤凰城镇贺龙路居、口子上贺龙路居、绥蒙军区司令部旧址、李林烈士陵园等11处。其中李林烈士陵园为省级红色文化遗址。名胜有千佛洞、凤凰阁、聚仙岩、明海湖、乌龙洞、北固山、南山公园等。民俗文化以农历正月十五、六月六庙会及九曲黄河灯为代表。三次产业比例为1.89 ： 71.43 ： 26.68。农作物以莜麦、豌豆、荞麦、马铃薯为主，是国家重要的小杂粮生产基地。特产有“红山荞麦”、平鲁面塑、羊拐弯。工业以煤炭、化工、电力、冶金及其循环产业为主。有运煤专线元卢、安木、准朔铁路穿境而过，荣乌高速，朔州西环、右平高速纵横区境，109国道及省道平朔线、平万线、元元线经此。

140603-K01 **平安街**［Píng'ān Jiē］在城区中部。西起胜利南路与北路的交界，东至东环路。与建设路、兴平路、紫河路相交。长4.9千米，宽30米。沥青路面。1985年建。2000–2001年扩建。有安定、平和的寓意，故名。两侧有永和百货大楼、中医院、第二中学、汽车站、大剧院等，为商业街。通2路等公交车。

140603-K02 **平安西街**［Píng'ān Xījiē］在城区中部。西起西环路，东至胜利南路与北路交界。与煤源路、兴林路等街道相交。长3.4千米，宽12米。沥青路面。1984年建，2000年进行改造。因位于平安街西延而得名。两侧有平鲁第三中学分校、平鲁第六中学、五金交电等。通11路外环公交车。

140603-K03 **平阳街**［Píngyáng Jiē］在城区南部。西起东应寺路，东至东环路。与紫河路、胜利路相交。沥青路面。2000年建，2010–2011年续建。取阳光平鲁之意，故名。两侧有紫晨广场、晋能控股煤业集团朔州平鲁分公司、人民医院、平鲁供水等。通10路公交车。

140603-K04 **平阳西街**［Píngyáng Xījiē］在城区南部。西起西环路，东至东应寺路。与文昌西街、东应寺路等路线相交。长0.7千米，宽12米。沥青路面。因位于平阳街西延而得名。1998年建成，2010年续建。两侧有李林中学、博艺音乐学院、鲲鹏人力资源有限公司、启明实验小学等。通11路公交车。

140603-K05 **胜利南路**［Shènglì Nánlù］在城区中部。北起平安街东口，南至文昌街。与平阳街、新城街、民福街相交。长2千米，宽12米。

沥青路面。取“平鲁胜利”之意。且位于道路南延，故名。1985年建，2000—2001年续建。两侧有平鲁烟草专卖局、平鲁商城、森林公园、国家电网平鲁供电营业厅等。通3路公交车。

140603-K06 **胜利北路** [Shènglì Běilù] 在城区中部。北起胜利北路与建设北路交口，南止胜利北路与胜利南路交口。与李林街、滨河西街、井西街相交。长1.8千米，宽12米。沥青路面。因该路位于胜利路北段而得名。2006年建成。两侧有平鲁敬德大剧院、国家电网充电站、朔州市聚仁职业培训学校、红旗商场等。通5路公交车。

140603-K07 **建设南路** [Jiànshè Nánlù] 在城区中部。北起平安街，南至新城街。与民福东街相交。长0.46千米，宽8米。沥青路面。取城市建设之意，且位于道路南延，故名。2006年始建，2007年建成。两侧有朔州敬德医院、南山公园、烟草公司、朔州平鲁区实验小学、购物广场、通宇广告制作中心、集运站家属院等。通3路公交车。

140603-K08 **建设北路** [Jiànshè BěiLù] 在城区中部。北起明珠街，南至平安街。与井西街、滨河西街相交。长4.6千米，宽12米。沥青路面。取城市建设之意，且位于建设路北延，故名。1982年建成，续修于2006年。两侧有新华书店、购物城、聚仁职业培训学校、平鲁区保安公司等。通5、10路等公交车。

140603-K09 **建设路** [Jiànshè Lù] 在城区中部。北起新城街，南至平阳街。长2.7千米，宽30米。沥青路面。取城市建设之意而得名。2006年始建，2007年建成。两侧有平鲁区实验小学、平鲁康源镇所、各种便民商铺等。通3、10路等公交车。

140603-K10 **新城街** [xīnchéng Jiē] 位于区境中部，西起新城路与胜利南路交会处，东至东南环路。与胜利路、建设路相交。长5千米，宽16米，两侧人行道宽10米，配有绿化隔离带，总宽40米。沥青路面，是东西向主干道。1998年建成，续建于2018年。取新建之城而定名。两侧有金银昌投资管理有限公司、中煤财产保险股份有限公司、平鲁区实验中学等。通1、3路公交车。

140603-K11 **新城西街** [xīnchéng Xījiē] 位于区境中部，西起煤源路，东至东环路。与胜利路、建设路相交。长0.6千米，宽15米。沥青路面。1998年建成，续建于2018年。因其位于新城街西延而得名。两侧有希望国际双语幼儿园、长庆烟花爆竹公司等。通1、3路公交车。

140603-K12 **紫河路** [Zǐhé Lù] 位于城区东部。南起花园街，北至平安街。与平阳街、新城街、平安街相交。长1.7千米，宽20米。沥青路面。始建于2003年，2004年完工。因古有“紫河”之称而得名。两侧有区人民医院、天宇商贸等。通9路公交车。

140603-K13 **文昌西街** [Wénchāng Xījiē] 位于城区西南端。西起文昌西街与西环路交叉口，东至文昌西街与胜利南路交叉口。与胜利街、西环路交会。长2.1千米，宽50米。沥青路面。由于该路段原为平鲁至万家寨引黄公路，2008年动工改造成城市南干道。因是路东北向有文昌塔，且该路位于道路西段，故名。两侧有泰安洗煤有限公司、南山公园等。通8、12路公交车。

140603-K14 **文昌东街** [Wénchāng Dōngjiē] 位于城区东南端。西起转盘路雕塑，东至东环路。与胜利路、东环路相交。长2千米，宽50米。沥青路面。因位于文昌路东段，故名。两侧有南山公园、平鲁区博物馆等。

140603-K15 **西环路** [Xīhuán Lù] 位于城区最西端。北起平安街，南至平万公路。与文昌街、平阳街、新城街、平安街相交。全长1.97千米，宽50米。沥青路面。该路原为平鲁至万家寨引黄公路，2012年引黄公路改线后改造为主干景观道路。因处于城区西端而得名。两侧有李林中学、小精灵幼儿园、井西小区等。通1路公交车。

140603-B01 **井坪镇** [Jǐngpíng Zhèn] 平鲁区人民政府驻地。在城区中南部。面积177.52平方千米。人口8.32万。辖10社区、15行政村。镇人民政府驻平安街8号。民国年间属朔县第二区辖，为区公所驻地。1951年4月朔县第二区划归平鲁县第六区，同期平鲁县政府迁驻井坪。1953年7月设立井坪镇。1958年8月称超美人民公社，10月后属朔县井坪人民公社。1961年5月平朔分治，成立平鲁县井坪人民公社。1984年7

月称井坪镇至今。明代建城时，因城址坐落土丘上，且四周平坦，取名井坪。地势西北高，东南低。为剥蚀堆积地形。地貌镇西北部是黄土丘陵区，北部为山涧盆地区，平均海拔 1400 米，最高山峰为虎头山，海拔 1898 米。一级河大沙沟从西北至东，流经小白羊洼、井坪村出境，境内长度 9.8 千米。有幼儿园 1 所、中小学 4 所、南山公园、电影院、文化站、卫生院、综合商店、超市等。省级重点文物保护单位有南梁战国、秦汉墓群。市级文物保护单位有井坪城址、平鲁烈士陵园 2 处。引黄工程大梁水库在本镇大梁村。农业以种植莜麦、豌豆、糜谷、马铃薯、胡麻为主，畜牧业以养猪养羊为主。工业有现代煤化工、装备制造、新型材料、工业固废利用等转型项目。服务业以商贸、餐饮、零售为主。G59 呼北高速公路，省道 212 线朔州至平鲁一级公路经此。

140603-B02 **凤凰城镇**［Fènghuángchéng Zhèn］平鲁区辖镇。在城区北中部。面积 184 平方千米。人口 0.79 万。辖 13 行政村。镇人民政府驻凤凰城村。1945 年解放，为平鲁县委、县政府驻地。1949 年属平鲁县第一区城关镇。1951 年县府搬迁井坪城后为一区公所驻地。1953 年属平鲁城乡。1958 年 8 月称火箭人民公社，10 月后称朔县平鲁城人民公社。1961 年平朔分治后称平鲁县平鲁城人民公社。1984 年改称平鲁城镇。2001 年因平鲁区名与平鲁城镇名相近而容易混淆，故根据明代建城时有凤凰落地的传说，更名为凤凰城镇，同时将周花板乡划归本镇。地势东、南、西高，北低。境内多为黄土覆盖下的石灰岩低中山，属构造剥蚀地形。地貌景观为黄土高原丘陵，平均海拔 1500 米，最高山峰为石楼山，海拔 1727 米。有一级河沧头河流经，属海河流域。风能丰富，建有天瑞风电厂。有幼儿园、中小学、医疗卫生院、农家书屋、文化中心等。市级重点文物保护单位有平鲁城、李氏宅院 2 处。古遗址有周花板汉代遗址、张小村汉代遗址、银卯梁汉代遗址、屯军沟唐代窖藏遗址、大舍坡辽金遗址。古墓葬有张小村李梁材、三里庄刘凯墓。古建筑有凤凰城李将军府、三层洞观音塔、安架山河神庙、凤凰城北岳神祠等。民俗文化有农历六月十八传统庙会，刺绣、剪纸、踢鼓秧歌等。农业以种植莜麦、豌豆、马铃薯、胡麻为主，主导产业为粮油种植。家庭饲养猪、牛、羊。第三产业以商贸服务与生态旅游为主。有 G18 荣乌高速过境，有 109 国道及省道走马线经此。

140603-B02-H01 **凤凰城**［Fènghuángchéng］凤凰城镇人民政府驻地。在区政府驻地井坪镇北 30 千米。人口 2950。原名平鲁城，2001 年撤并乡镇时，为避免与平鲁区名称混淆，更今名。聚落呈团块状。有凤凰城镇寄宿制小学、凤凰城镇卫生院。有平鲁城、烽火台，皆为明代建筑遗构。有大辽坡遗址，为宋辽金时期文化遗存。有凤凰城乐楼、文佛阁门洞、李氏老宅、杨家宅第门楼，皆为清代建筑遗构。109 国道经此。

140603-B02-H02 **三层洞**［Sāncéngdòng］在区政府驻地井坪镇北 37 千米。凤凰城镇辖自然村。人口 290。因该村建于塔儿山下，山腰有三层石窟而得名。聚落呈条带状。有三层洞烽火台，现存为明代建筑遗构。有银卯梁遗址，为汉代文化遗存。乡村道路经此。

140603-C01 **白堂乡**［Baítáng Xiāng］平鲁区辖乡。在城区西南部。面积 106.56 平方千米。人口 1.5 万。辖 16 行政村。乡政府驻安太堡村。1951 年划归平鲁县第六区。1953 年建乡时由白堂乡、西易村乡，太西乡分辖。1958 年 8 月称永跃人民公社，10 月后属朔县井坪人民公社。1961 年属平鲁县井坪人民公社。1962 年成立白堂人民公社。1984 年改称白堂乡。2001 年 1 月划井坪镇南部 9 个村入白堂乡。2007 年乡政府搬迁安太堡。白堂旧称白草梁，清康熙年间这里建有一座佛堂，故更名白堂。全乡多为黄土丘陵沟壑区，地势西北高，东南低，西南部为土石山区，平均海拔 1400 米，最高山峰为黑驼山，海拔 2147 米。一级河七里河流经。有工业企业、综合超市、小学、文化站、卫生院等。有市级重点文物保护单位上黑水沟遗址。2011 年西易村获评第三批全国文明村。省级非物质文化遗产项目有窝窝会踢鼓秧歌队。其他民俗文化有“二月二”、九曲黄河灯。古迹有上黑水新石器文化遗址，窝窝会、红沟、二道凹汉代聚落遗址、陶卜洼黄石崖石窟、党家沟龙王庙、圣泉寺遗址、窝窝会村绥蒙军区司令部遗址及纪念墙、碑。农业以种植莜麦、玉米、马铃薯为主。家庭饲养猪、牛、羊等。有小杂粮种植基地、优种蔬菜培植基地。工业有西易党新煤业、东易煤业、泰安煤业、莲盛煤业、潘家窑煤业、西易杰旺等有限责任公司。服务业为零售、商贸、餐饮等。有铁路平朔支线过境，G18 国道呼北高速公路，省道朔平线经此。

140603-C01-H01　**安太堡**［Āntàibǎo］白堂乡人民政府驻地。在区政府驻地井坪镇南 4.7 千米。人口 2100。因该村多生长苦参，故名苦参坪，后因该地建过军堡，清代村民取安泰平安之意得名。聚落呈团块状。有白堂乡寄宿制小学、白堂乡卫生院。有安太堡烽火台、上窑子烽火台，皆为明代建筑遗构。336 国道经此。

140603-C01-H02　**西易**［Xīyì］在区政府驻地井坪镇东南 10 千米。白堂乡辖行政村。人口 1290。1986 年因平朔露天矿开采，整村搬迁至此，为新建居民点，仍称西易。聚落呈团块状。有西易煤矿有限公司。2011 年被评为第三届全国文明村。336 国道经此。

140603-C02　**陶村乡**［Táocūn Xiāng］平鲁区辖乡。在城区东南部。面积 84.82 平方千米。人口 1.33 万。辖 14 行政村。乡人民政府驻陶东村。1946 年属朔县第五区。1951 年划归平鲁县第五区。1953 年属陶家村乡。1958 年 8 月称联盟人民公社，10 月后属朔县下面高人民公社。1961 年成立平鲁县陶村人民公社。1984 年改称陶村乡。1990 年称朔州市平鲁区陶村乡。陶村由陶姓始建，原名陶家村，后简称陶村。因乡人民政府驻此地得名。全乡为黄土丘陵沟壑地形，平均海拔 1300 米，马关河从西北向南流经杨井沟、王高登、刘高登、计高登、西家寨、陶东、陶西、歇马关出境，境内全长 22 千米。有市级重点文物保护单位王高登新石器文化遗址，有古迹陶东村宋代钱币发掘遗址、歇马关辽金遗址、石曹西村元代石窟及清代煤窑一座。民俗文化有踢鼓秧歌、剪纸、八音会吹奏乐。农业以种植谷子、玉米、莜麦、马铃薯、胡麻为主。畜牧业以饲养猪、羊为主。工业有兴陶煤业、大恒煤业、国强煤业、茂华白芦煤业、后安煤业、芦家窑煤业六大有限责任公司。有元芦铁路、元元公路、井坪至陶村区乡公路经此。

140603-C02-H01　**陶东**［Táodōng］陶村乡人民政府驻地。在区政府驻地井坪镇东南 16.7 千米。人口 1310。该村由陶姓始建，原名陶家村，后分为东西两村，该村居东，故名。聚落呈团块状。有陶村小学、陶村乡卫生院。乡村道路经此。

140603-C03　**下水头乡**［Xiàshuǐtóu Xiāng］平鲁区辖乡。在城区西部。面积 310.63 平方千米。人口 2.01 万。辖 28 行政村。乡人民政府驻另山村。1951 年划归平鲁县第七区。1953 年建乡时境内有前沙沟乡、下井乡、另山乡、只泥泉乡等。1958 年 8 月为红旗人民公社，10 月后称朔县下水头人民公社。1961 年称平鲁县下水头人民公社。1984 年改为下水头乡。2001 年将只泥泉乡及刘家窑乡的祝马会、黄土坡两村并入下水头乡。2020 年下木角乡并入下水头乡。因村前有关河向西流过，且位于关河上游三条直流交汇处，故名。地势东、南、北高，西低，为侵蚀构造地形，境内多是土石山区，平均海拔 1500 米以上。最高山峰为玉石盘山，海拔 1784 米。一级河关河流经，长 32 千米，属黄河流域。有虎头山风电场。有小学、文化站、卫生院、综合商店、超市等。有省级重点文物保护单位刘昭墓，有古迹乃河古堡、下井新石器打制场、突厥遗址等。民俗文化有踢鼓秧歌，清泉寺庙会。农业以种植莜麦、玉米、豌豆、山药等为主。畜牧业以饲养羊、肉牛、野猪为主。服务业以农贸、收购、修理为主。平鲁至偏关万家寨引黄公路专线穿境而过，有县乡级公路 3 条。

140603-C03-H01　**另山**［Lìngshān］下水头乡人民政府驻地。在区政府驻地井坪镇西 18 千米。人口 950。因坐落虎头山麓另一座山峰下而得名。聚落呈团块状。有下水头乡寄宿制小学、下水头乡卫生院。有另山烽火台，现存为明代建筑遗构。336 国道经此。

140603-C03-H02　**只泥泉**［Zhīníquán］在区政府驻地井坪镇西 28.3 千米。下水头乡辖行政村。人口 460。该村建于明代，因村前红泥沟中的泉水呈红色，名赤泥泉，后以谐音演化而得名。聚落呈团块状。为敌后抗日根据地。有西山洼遗址，为汉代文化遗存。县道土黑线经此。

140603-C03-H03 **上木角** [Shàngmùjiǎo] 在区政府驻地井坪镇西南21.6千米。下水头乡辖行政村。人口230。原名上无忌，因村址在下木角之上而得名。聚落呈条带状。为唐初鄂国公尉迟敬德故乡。有西虎儿界村烽火台、云游寺碑，皆为明代建筑遗构。有抗战期间朔县县委、抗日民主政府驻地旧址。门神故里旅游公路经此。

140603-C03-H04 **东昌峪** [Dōngchāngyù] 在区政府驻地井坪镇西北25.8千米。下水头乡辖行政村。人口890。明代建置，村名来历失考。聚落呈条带状。有第六批省级文物保护单位刘诏墓，为清代墓葬。有东昌峪堡址、寺儿沟一号烽火台，皆为明代建筑遗构。乡村道路经此。

140603-C04 **双碾乡** [Shuāngniǎn Xiāng] 平鲁区辖乡。在城区西北部。面积198.72平方千米。人口0.94万。辖15行政村。乡人民政府驻大有坪村。1951年该乡原属朔县二区的村庄划归平鲁县四区。1953年建双碾乡。1958年8月称双胜人民公社，10月后，称朔县双碾人民公社。1961年平朔分治后称平鲁县双碾人民公社。1984年改为双碾乡。1990年称朔州市平鲁区双碾乡。2001年1月将刘家窑乡东南部4个村并入双碾乡。因乡政府原驻双碾村，古时村里有两盘大石碾而得名。地势西北高，东南低，为侵蚀构造地型。全乡为土石山区，山高沟深，平均海拔1450米，最高山峰为乌龙洞山，海拔1830米。一级河大沙沟流经，长20千米，属海河流域。有山西洁能有限公司平鲁北山风电场、大唐白玉山风电场。有幼儿园、小学、卫生所、文化站、综合商店、超市等。有大林山、退耕还林工程、黄草梁综合治理工程。古迹有东水洼战国遗址、红娘墓遗址、潘井沟辽金遗址、李林高小旧址等。名胜有平鲁古八景之一的“龙洞滴珠”，乌龙洞旅游风景区、人马山地质公园。民俗文化有踢鼓秧歌。2017年大有坪村获第五批全国文明村称号。农业以种植莜麦、豌豆、山药、胡麻为主，畜牧业养殖猪、羊、牛等。服务业以零售、餐饮为主。乌龙洞旅游公路、井坪至刘家窑公路通过乡驻地。

140603-C04-H01 **大有坪** [Dàyǒupíng] 双碾乡人民政府驻地。在区政府驻地井坪镇西北12千米。人口370。因村前坪地较大，土地肥沃，取富贵年年大有之意而得名。聚落呈团块状。有双碾乡卫生院。有大有坪墓葬、大有坪遗址，皆为汉代文化遗存。2017年被评为第五届全国文明村。乡村道路经此。

140603-C05 **阻虎乡** [Zǔhǔ Xiāng] 平鲁区辖乡。在城区西北部。面积177.13平方千米。人口0.91万。辖21行政村。乡政府驻阻虎村。1953年建阻虎乡，境内有后暖沟乡、大杨家窑乡、阻堡乡、兔儿水乡。1958年8月属火箭、新胜人民公社，10月属朔县郭家窑人民公社。1961年平朔分治设阻虎人民公社。1984年改为阻虎乡。2001年撤并乡镇时，将刘家窑乡20个村并入阻虎乡，设立新的阻虎乡。建堡时取阻击胡人来犯之意，得名阻胡，清初改称阻虎。地势东、西低，南、北高，全乡为构造剥蚀地形，山顶浑圆，地形呈波状起伏，冲沟发育，切割不深。平均海拔1500米。最高山峰为卧龙洞山，海拔1694米。有大沙沟、清水河流经，属海河、黄河两大流域。有小学、文化站、卫生院、农家书屋、工业企业、综合商店、超市等。有省级文物保护单位明长城，境内全长20.1千米。古迹有阻虎堡、将军会堡、阻堡、迎恩堡。民俗文化有每年7—8月的油菜花旅游观光季、八十道洼系列故事。农业以种植莜麦、荞麦、马铃薯、黄芥为主，其中红山村荞麦为地方特产，2013年获地理标志证明—商标认证。2015年，中国粮食协会命名平鲁为“中国红山荞麦之乡”。畜牧业以饲养生猪、羊、牛、家禽为主。服务业以零售、餐饮为主。有阻虎、刘家窑两座风电场。有朔州西山扶贫公路、井坪至刘家窑、井坪至阻虎三条公路通过。

140603-C05-H01 **阻虎** [Zǔhǔ] 阻虎乡人民政府驻地。在区政府驻地井坪镇西北32.6千米。人口1280。明嘉靖年间筑军堡，取阻击胡人之意称阻胡堡，清雍正年间改称阻虎堡。聚落呈团块状。有阻虎乡寄宿制小学、阻虎乡卫生院。有长城、阻虎堡、烽火台，现存皆为明代建筑遗构。乡村道路经此。

140603-C06 **高石庄乡** [Gāoshízhuāng Xiāng]

平鲁区辖乡。在城区北部。面积229.2平方千米。人口1.05万。辖18行政村。乡人民政府驻泉子坡村。清属平鲁县辖。1949年属平鲁县第三区。1953年属郭家窑乡辖。1956年改称大郭家窑乡、索家窑乡。1958年8月称九一人民公社，10月后属朔县郭家窑人民公社。1961年称平鲁县郭家窑人民公社。1979年公社驻地搬迁高石庄村，并经省政府批准，更名为高石庄人民公社。1984年改称高石庄乡。2001年将蒋家坪乡并入高石庄乡，设立新的高石庄乡。因乡人民政府驻此地得名。地势北高南低，为构造剥蚀地形，地貌为黄土丘陵风沙区，平均海拔1600米。有沧头河、汤溪河、石湾河三条较大的河流流经。有幼儿园、小学、文化站、卫生院、综合商店、超市等，有蒋家坪、败虎两个风电场，王家庄太阳能发电场。省级重点文保单位有明长城，境内全长28.8千米。有市级重点文物保护单位七墩关帝庙。2016年七墩村获第四批中国传统村落称号。古迹有败虎、少家堡、大河堡三座军堡，七墩镇关帝庙，黑家窑汉代聚落遗址，赵家窑、大庙坡惨案遗址。主要景点有明海湖风景区。民俗文化有农历六月二十四大庙坡庙会。农业以种植莜麦、豌豆、马铃薯、蔬菜为主，主要经济作物为胡麻。养殖业以猪、羊为主。服务业有宾馆、饭店、超市、车辆配修、农副产品加工等。109国道东西向、泉子坡至七墩县际公路南北向穿行乡境。

140603-C06-H01 **泉子坡**［Quánzipō］高石庄乡人民政府驻地。在区政府驻地井坪镇西北37.3千米。人口480。明代建村时称东儿洼，清代地震，村中涌出一眼清泉，更名泉旺坡，民国时期改称此名。聚落呈条带状。有高石庄乡寄宿制小学、高石庄乡卫生院。有泉子坡烽火台，现存为明代建筑遗构。109国道经此。

140603-C06-H02 **败虎**［Bàihǔ］在区人民政府驻地井坪镇西北39千米。高石庄乡辖行政村。人口730。原名永宁堡，因在此打败胡人，称败胡堡，后为民族团结改今名。聚落呈团块状。有败虎堡、烽火台，现存为明代建筑遗构。是明代中叶“隆庆议和”的发生地。109国道经此。

140603-C06-H03 **七墩**［Qīdūn］在区人民政府驻地井坪镇北52千米。高石庄乡辖行政村。人口680。因处于明长城平鲁段第七个烽火台下，故以墩子数为村名。聚落呈团块状。有长城、烽火台，现存为明代建筑遗构。有七墩关帝庙，现存为清代建筑遗构。2016年被列入第四批中国传统村落名录。长城一号旅游公路经此。

140603-C07 **西水界乡**［Xīshuǐjiè Xiāng］平鲁区辖乡。在城区中北部。面积209.69平方千米。人口1.22万。辖23行政村。乡人民政府驻西水界村。1945年8月解放后归属平鲁县第一区。1953年划乡后，先后由大路庄乡、前沙城乡、担子山乡、骆驼山乡分治。1956年设西水界乡。1958年8月改称中心红旗人民公社，10月后属朔县平鲁城人民公社。1961年平朔分治后，属平鲁县西水界人民公社。1984年改称西水界乡。2001年将骆驼山乡并入，设立新的西水界乡。因驻地得名。地势东、南、北高，西低。境内多为土石山区，属构造剥蚀地形，有瞭高山、儿女山、天门山，平均海拔1500米，最高峰为瞭高山，海拔1828米。有大沙沟、马营河流经，境内最大的河流为大沙沟。有派出所、信用社、医院、寄宿制学校、农家书屋等。古迹有平鲁古八景之一的“天门还翠”、天门山观音寺遗址、上徐坟明代郭氏墓地、上赤岔马氏墓地、小路庄汉代聚落遗址。农业以种植莜麦、豌豆、山药、土豆为主，主要经济作物为胡麻。家庭饲养业以猪、牛、羊为主。有大山台风电场，是平鲁区示范性绿色环保项目。服务业有餐饮服务业和粮油加工、物流产业。省道201线朔州至平鲁一级公路横贯全乡。

140603-C07-H01 **西水界**［Xīshuǐjiè］西水界乡人民政府驻地。在区政府驻地井坪镇北17.2千米。人口240。相传明代称西水涧，后演变为今名。聚落呈团块状。有西水界乡寄宿制小学、西水界乡卫生院。有西水界一号烽火台，现存为明代建筑遗构。省道平朔线经此。

140603-C08 **下面高乡**［Xiàmiàngāo Xiāng］平鲁区辖乡。在城区东南部。面积205.74平方千米。人口2.02万。辖26行政村。乡人民政府驻下面高村。1951年将朔县第五区划归平鲁县第五区。1953年先后称下面高乡、花圪坨乡、吴辛寨乡。1958 年 8 月称卫星、跃进、幸福人民公社，10 月后称朔县下面高人民公社。1961 年称平鲁县下面高人民公社、花圪坨人民公社。1984 年称下面高乡、花圪坨乡。2001 年将花圪坨乡划归下面高乡，设立新的下面高乡。因村庄坐落在高家岭下，岭上也有人家居住，该村居下，故得名下面高。全乡为黄土丘陵沟壑地形，地势西、北、东高，南低，平均海拔 1400 米，最高山峰为牛头山，海拔 1770 米。有一级河大沙沟横贯全乡。有幼儿园、小学文化站、卫生院、综合商店、超市等。有市级重点文物保护单位北烟墩墓群。古迹有杏园、马家湾汉代文化遗址、范庄石窟、北烟墩墓群、吴辛寨关帝庙、吴辛寨堡、张崖沟茶树，有花圪坨、上面高清代民居、圣佛崖寨等。红色遗迹有张崖沟抗日烈士陵园。农业以种植谷子、豆类、玉米、马铃薯等小杂粮为主。养殖业主要有牛、驴、骡、羊、猪、鸡。工业有同煤、国电、山东鲁能三座煤炭企业，中煤平朔东露天工业园区。服务业以零售、餐饮为主。元元公路、井小公路途经乡境。

140603-C08-H01 **下面高**［Xiàmiàngāo］下面高乡人民政府驻地。在区政府驻地井坪镇东 20 千米。人口 2300。该村坐落在高家岭下的沟滩，取米面如山之意，故名面高，后人口增多形成上下两村，故名。聚落呈条带状。有下面高乡中心小学、下面高乡卫生院。有同煤圣厚源煤业有限公司。乡村道路经此。

140603-C09 **向阳堡乡**［Xiàngyángbǔ Xiāng］平鲁区辖乡。在城区东北部。面积 175.87 平方千米。人口 1.87 万。辖 21 行政村。乡人民政府驻向阳堡村。1946 年属朔县第五区。1949 年属平鲁县第二区。1951 年划归平鲁区第一区。1953 年在此设向阳堡乡、东平太乡。1958 年 8 月称东风及东方红人民公社，10 月后称朔县向阳堡人民公社。1961 年称平鲁县向阳堡人民公社。1962 年分设东平太人民公社。1984 年分别称向阳堡乡、东平太乡。2001 年将东平太乡划归向阳堡乡，设立新的向阳堡乡。因村后筑有古堡且村址向阳的实际，取名向阳堡，乡名据村名而得名。地势北、南、西高，东低。为剥蚀堆积地形，地貌为山涧盆地，平均海拔 1400 米。最高山峰为黑虎庙梁山，海拔 1756 米。大沙沟从乡南流经。有小学、文化站、卫生院、综合商店等。古迹有向阳堡战国遗址、南汉井代遗址、西平太孔家坪汉代遗址，明代古堡向阳堡、平番城两座。农业以种植莜麦、糜谷、玉米、马铃薯、胡麻为主。畜牧业以饲养牛、羊、猪为主。第二产业以煤炭加工、建材加工、小杂粮加工和粮油加工等为主。有平鲁至右玉、井玉线两条二级公路贯穿全境，在回回沟村附近设有 G18 荣乌高速公路井坪收费站。

140603-C09-H01 **向阳堡**［Xiàngyángbǔ］向阳堡乡人民政府驻地。在区政府驻地井坪镇东北 12.2 千米。人口 1330。原名赫哨村，民国时根据村中筑有明代军堡，且村址坐落阳坡而改名。聚落呈团块状。有向阳堡乡寄宿制学校、向阳堡乡卫生院。有向阳堡遗址，为新石器时期、战国时期文化遗存。有向阳堡，现存为明代建筑遗构。县道回平线经此。

140603-C10 **榆岭乡**［Yúlǐng Xiāng］平鲁区辖乡。在城区东南部。面积 92.72 平方千米。人口 1.21 万。辖 14 行政村。乡人民政府驻榆岭村。清代属朔州。民国属朔县五区。1951 年划归平鲁县第二区。1953 年先后分属榆岭乡、乱道沟乡。1958 年属朔县向阳堡人民公社。1961 年平朔分治成立平鲁县榆岭人民公社。1984 年改称榆岭乡至今。因驻地得名。地势西北高，东南低，为黄土丘陵沟壑地形。是马关河上流发源地，平均海拔 1400 米。有马关河、大沙沟流经，境内最大河流为马关河，长 30 千米，属海河流域。有小学、文化站、卫生院、综合商店等。有省级重点文物保护单位张马营古城。有市、区级重点文物保护单位石井沟、石峰汉墓、朝阳湾民居、石峰汉代文化遗址，韩村战国、辽金遗址等。农业以种植业莜麦、糜谷、马铃薯为主，家庭饲养业以猪、羊为主。工业有中煤平朔东露天煤矿，山西兰花集团、国能煤业、国兴煤业四座大型煤炭企业。有神头电厂“上大压小”发电机组项目。井坪至朔城区小平易乡三级油路贯穿全境。

140603-C10-H01 **韩村**［Háncūn］榆岭乡人民政府驻地。在区政府驻地井坪镇东 18 千米。榆岭乡辖行政村。人口 860。聚落呈团块状。有韩家村遗址，为东周、辽代文化遗存。乡村道路经此。

140603-C10-H02　**张马营**［Zhāngmǎyíng］在区政府驻地井坪镇东北 10 千米。榆岭乡辖自然村。人口 210。因该村在明代曾设置过军马营，后张姓迁此定居而得名。聚落呈团块状。有第四批省级文物保护单位张马营古城梁遗址，为东周、汉代文化遗存。乡村道路经此。

140681　**怀仁市**［Huáirén Shì］山西省辖县级市，由朔州市代管。东经 112°　45.7′　–113°　26.4′，北纬 39°　36.2′　–39°　57.9′。在朔州市境东北部。面积 1234 平方千米。人口 34.85 万。以汉族为主，另有蒙古、满、回、土家等民族。辖 3 街道、3 镇、5 乡。市人民政府驻云东街道。战国时属代郡。秦置班氏县，属代郡。西汉置班氏县，新莽改为班副县。东汉复为班氏县，东汉末年县废。北魏时为畿内之地。隋代属马邑郡云内县。唐代属云中县地，五代因之。辽代析云中县地置怀仁县，属西京道。金贞祐二年（1214 年）升云州。元降为怀仁县，属大同路。明、清均为怀仁县，属大同府。抗战和解放战争时期，区划变更较大。1948 年怀仁全境解放，属晋绥边区专署。1949 年属察哈尔省雁北专署。1952 年属山西省雁北专区。1954 年与大同县合并称大仁县。1958 年并入大同市，称大同市郊区。1960 年设大同市怀仁区。1964 年复称怀仁县，属雁北地区。1993 年属朔州市。2018 年设立县级怀仁市。取论语“怀德仁里”之义，得名怀仁。地处晋北大同盆地中部，地势东西高，中间低，呈两山夹一川之势。西端洪涛山，中部为桑干河平川，东端属恒山。主要山峰有清凉山、台墩山、两狼山等。境内最高峰两狼山，海拔 1856 米；最低点桑干河河滩，海拔 996 米，平均海拔 1085.7 米。属北温带大陆性气候，气候特点四季分明，温差较大。年平均气温 7.3℃，无霜期 149 天。年平均降水量 376.9 毫米。有桑干河、御河、浑河、大峪河、鹅毛口河、口泉河流经，属海河流域。矿藏有煤、铁、铝、高岭土、石灰岩、耐火粘土等，其中高岭土品质极高。全市有普通中小学 89 所，其中怀仁一中为省级示范学校；有朔州陶瓷职业技术学院 1 所，有医疗机构 285 所，有剧院 1 座、电影院 1 座、文化馆 1 个、公共图书馆 1 个、博物馆 1 个、档案馆 1 个、体育馆 1 处。有省级重点文物保护单位鹅毛口古石器场遗址、金沙滩汉墓群、丹阳王墓、华严寺塔 4 处，有市级重点文物保护单位东昌城、温庄古城梁遗址、日中城址、下峪遗址、清凉山僧人墓群址、西安堡堡址、王皓疃遗址、石井龙王庙等 12 处。国家级非物质文化遗产有怀仁旺火。2020 年何家堡乡芦子沟村、云中镇西小寨村、金沙滩镇获评第六批全国文明村（镇）。2018 年河头乡王皓疃村、中街村获评第五批中国传统村落。有国家 4A 级景区怀仁金沙滩生态旅游区。历史名人有元代宰相赵壁等。地方特色民间文化有踢鼓秧歌、耍孩儿、剪纸等，被文化部命名为“全国文化艺术之乡”。三次产业比例为 5.7 ∶ 48.4 ∶ 45.9。农业主产玉米、谷子、高粱、糜黍、马铃薯等，畜牧业以肉羊养殖为主。工业有煤电、陶瓷、医药以及肉羊加工等，“怀仁陶瓷”为国家地理标志商品，2019 年怀仁市荣获“中国北方日用瓷都”荣誉称号。羊产业加工企业 25 家，有“怀仁羔羊省级现代农业产业园”，为全国农区养羊第一县。第三产业以商贸、餐饮、物流为主。特产有陶瓷、羔羊肉、糖干炉等。北同蒲铁路、大西高铁过境。二广高速、208 国道，省道大忻线、宁应线经此。

140624-K01　**怀贤东街**［Huáixián Dōngjiē］位于市区中部。西起仁德北路，东至仁和北路。与和平南路相交。长 3.8 千米，红线宽 60 米。沥青路面。曾用名云州东街。“贤”意为尊重贤良、求贤若渴之意，2012 年更名为怀贤东街。道路两侧有客运站、大同煤矿集团朔州煤电铁路管理公司等。通 3 路、6 路公交车。

140624-K02　**怀贤西街**［Huáixián Xījiē］位于市区中部。西起大同路环路，东至仁德北路。与仁人路、仁爱路等路线相交。长 2.8 千米，宽 42 米。沥青路面。曾用名云州西街。为表达“尊重贤良、求贤若渴”之意，2012 年更名为怀贤西街。两侧有火车站、中医院、怀化广场（原文化广场）、实验二小、怀仁海宁皮革城、大同市三医院怀仁分院等。通 3 路公交车。

140624-K03　**怀安东街**［Huái'ān Dōngjiē］

位于市区南部。西起仁德路仁德广场，东至怀仁高速路入口。与和平南路等路线相交。长 3.7 千米，宽 34 米。沥青路面。曾用名迎宾东街、世纪大道。因寓归向德政、安居乐业之意，2012 年更名为怀安东街。两侧有人民公园、丰火台村、庞家大院、九龙壁、仁德广场等。通 1 路公交车。

140624-K04 **怀安西街**［Huái'ān Xījiē］位于市区南部。西起于怀安大桥，东至仁德路市自然资源局。与仁人南路相交。长 4.3 千米，宽 50 米。沥青路面。曾用名迎宾西街、世纪大道。因寓归向德政、安居乐业之意，2012 年更名为怀安西街。两侧有人民医院、人民公园、怀仁一中等。通 1、4 路等公交车。

140624-K05 **怀义西街**［Huáiyì Xījiē］位于市区南部。西起 S206 省道，东至仁德路云东街道办。与仁泰路等路线相交。长 2.7 千米，宽 38 米。沥青路面。曾用名南环路，后因"怀善怀义"之意而得名，2012 年更名为怀义西街。两侧五龙洞庙、仁德家园等。通 6 路公交车。

140624-K06 **怀义东街**［Huáiyì Dōngjiē］位于市区南部。西起仁德路黎寨新农村，东至高铁客运专线。与仁和南路相交。长 3.7 千米，宽 32 米。沥青路面。因寓"怀善怀义"之意而得名。原名南环路，2012 年更名为怀义东街。两侧有体育场、旺火广场、德仁广场、庞家大院、天顺牧业、草莓采摘园等。通 1 路公交车。

140624-K07 **仁人北路**［Rénrén Běilù］位于市区北部。北起大运公路，南至怀安大街神隆生活广场。与怀贤西街相交。长 4.2 千米，宽 42 米。沥青路面。曾用名新华北路。后取"怀想仁人"之意而名，同时为表示该条街为南北方向，2012 年更名为仁人北路。两侧有新天地购物广场、万人商厦、开元大厦、聚仁大桥（新华大桥）、仁德中学等。通 2、4 路公交车。

140624-K08 **仁人南路**［Rénrén Nánlù］位于市区南部。北怀安大街仁义广场，南至怀礼街。与怀义西街相交。长 2.97 千米，宽 42 米。沥青路面。曾用名新华南路，2012 年更名为仁人路，因其位于道路南段，故名。体育馆、怀仁市盛唐商务会馆、怀仁华杰小学等。通 2、4 路公交车。

140624-K09 **仁德北路**［Réndé Běilù］位于市区中部。北起于怀玉街仁德公园，南至怀安大街市自然资源局。与怀贤街、怀信街等路线相交。长 3.15 千米，宽 60 米。沥青路面。曾用名长征路。因崇尚仁爱与正义之美德而名，2012 年更名为仁德路，因其位于道路北段而得名。两侧有仁德公园、峪宏中学、怀仁市海宁皮革城等。通 6 路公交车。

140624-K10 **仁德南路**［Réndé Nánlù］位于市区中部。北起怀安大街国益酒店，南至怀礼街。与淮善西街相交。长 2.98 千米，宽 60 米。沥青路面。原名长征路，2012 年更名为仁德路，且因位于道路南段，故名。两侧有怀仁市体育馆、仁德广场等。通 6 路公交。

140624-K11 **仁和北路**［Rénhé Běilù］位于城市东部。北起于怀玉街，南止于丰火台村。与怀贤东街相交。长 3.2 千米，宽 20 米。沥青路面。曾用名东环路。因崇尚仁爱温和之美好品质，2012 年改今名。两侧有云东供水站，博翔国际赛鸽中心等。通 7 路公交车。

140624-K12 **仁里北路**［Rénlǐ Běilù］位于市区西部。北起怀贤街市邮政局，南至怀安大街祥宇酒店。与怀信街、天合街相交。长 1.2 千米，宽 22 米。沥青路面。因此地为风俗淳美之乡里而名。原名新建北路，2012 年更名。两侧有怀富广场，怀仁五中、怀仁第三小学、中燃能源发展有限公司等。通 3、4 路等公交车。

140624-K13 **仁里南路**［Rénlǐ Nánlù］位于市区西部。北起怀安大街祥宇酒店，南至怀礼街蔬菜大市场。与仁义南巷、怀善西街等相交。长 2.9 千米，宽 20 米。沥青路面。因誉此地为风俗淳美之乡而名。原名新建南路，2012 年更名。两侧有怀仁五中、郝家寨新农村、城镇第七中学、中国农业银行怀仁分行等。通 3 路公交车。

140624-K14 **仁福北路**［Rénfú Běilù］位于城市西部。北起怀仁火车站，南至怀安大街市公安局 110 指挥中心。与怀信西街、天合街相交。长 1.2 千米，宽 10 米。沥青路面。因寓仁爱而得万福之意而名。原名青年北路，2012 年更名。两侧有怀仁站、大同煤矿集团朔州煤电有限公司、七彩童年幼教园等。通 5 路公交车。

140624-K15 **仁福南路**［Rénfú Nánlù］位于市区西部。北起怀安大街市公安局 110 指挥中心，南至怀善西街。与仁义南巷、七小路等路线相交。长 0.68 千米，宽 9 米。沥青路面。因寓仁爱而得万福之意而名。原名青年南路，2012 年更名。两侧有第七小学、怀仁光荣院等。通 3 路公交车。

140624-K16 **仁爱北路**［Rén'ài Běilù］位于城市中部。北起滨河嘉园北区，南至怀仁一中。与怀贤西街、怀信西街等路相交。长 1.7 千米，宽 20 米。沥青路面。曾用名新兴北路，因崇尚仁爱之举而名，2012 年更名。两侧有美之居广场，怀仁一中、仁人时代广场、银合假日广场等。通 3 路公交车。

140624-K17 **仁爱南路**［Rén'ài Nánlù］位于市区中部。北起怀安街，南至怀礼街。与怀义西街、怀善西街相交。长 3 千米，宽 20 米。沥青路面。原名新兴南路，因崇尚仁爱之举而名。2012 年更名。两侧有怀仁七中，怀仁九小、白衣寺、体育场等。通 4 路公交车。

140624-K18 **怀玉东街**［Huáiyù Dōngjiē］位于市区北部。西起仁德路口仁德公园，东至仁和路金沙滩医药园区。长 3.7 千米，宽 32 米。沥青路面。因寓怀抱仁德之意而名。原名北环路，2012 年更名为怀玉街，后为怀玉东街。两侧有怀仁市云北中学、大地学校、新发村等。通 7 路公交车。

140624-K19 **怀信东街**［Huáixìn Dōngjiē］位于市区北部。西起仁德路怀仁市人武部，东至仁和路。与和平路等路线相交。长 4 千米，宽 21 米。沥青路面。因寓崇尚诚信之美德而得名。原名云中东街，2012 年更名为怀信东街。两侧有同人学校、正德医院、启点幼儿园等。通 1 路公交车。

140624-K20 **怀信西街**［Huáixìn Xījiē］位于市区北部。西起仁福家园，东至仁德路金沙滩国际酒店。与仁爱路、仁人路等路线相交。长 2.9 千米，宽 3 米。沥青路面。因寓崇尚诚信之美德而名。原名云中西街，2012 年更名为怀信西街。两侧有人民公园、怀仁一中、怀仁二小、市烟草公司、怀仁云东综合大市场等。通 7 路公交车。

140624-K21 **怀善东街**［Huáishàn Dōngjiē］位于城区南部。西起市体育馆，东至仁和路。与和平南路等路线相交。长 3.7 千米，宽 8 米。沥青路面。因寓“怀善怀义”之意而得名。原名怀河路，2012 年改名为怀善东街。两侧有山西龙首山集团、怀仁体育馆、怀仁市第三实验小学、管庄村等。通 6 路公交车。

140624-K22 **怀善西街**［Huáishàn Xījiē］位于城市南部。西起仁福南路，东至市体育馆。与仁里、仁人路、康乐路等路相交。长 3 千米，宽 16 米。沥青路面。为城市主干道。曾用名迎新街、怀河路。后因寓“怀善怀义”之意而得名，2012 年改名为怀善街，因其位于怀善街西段而得名。两侧有怀仁七中、怀仁二中、怀仁六小、白衣寺、怀仁供热公司等。通 4 路公交车。

140681-A01 **云东街道**［Yúndōng Jiēdào］怀仁市人民政府驻地。在市境西北部。面积 39.99 平方千米。人口 6.2 万。辖 1 社区、5 行政村。街道办事处驻怀安大街。1949 年属三区。1953 年属海北头乡。1958 年属海北头人民公社。1984 年属海北头。2021 年设立云东街道，辖管庄村、黎寨村、新发村、下寨村、丰火台共 5 个行政村及同仁家园 1 个社区。因位于怀仁城东得名。鹅毛河、清凉河流经。境内有幼儿园、中小学、医院、党政机关、宾馆饭店、住宅小区等。有仁德广场、图书馆、展览馆、体育馆等文化设施，街道整齐，环境优美。餐饮、物流、商贸等服务业兴隆。怀善东街、怀安东街、怀义东街、仁和南路等街道纵横交错，街道整齐，道路宽广。二广高速经此，通多路公交车。

140681-A02 **云中街道**［Yúnzhōng Jiēdào］属怀仁市。在市境西北部。面积 25.6 平方千米。人口 12.03 万。辖 10 社区、4 行政村。街道办事处驻仁人路。1949 年属一区。1953 年属城关镇。1958 年属城关镇人民公社。1984 年属城关乡。1987 年属城关镇。2001 年属云中镇。2021 年设立云中街道，辖北坛西街、北坛东街、云中西街、农贸西街、迎宾西街、气象街、花园街、六小路、五里滩、怀河街 10 个社区及东关村、城内村、西关村、南七里寨村 4 个行政村。因位于怀仁城中部得名，过去为怀仁老县城所在地。有幼儿园、中小学、医院、党政机关、宾馆饭店等。有人民公园、仁义广场、怀化广场、怀泰广场等公共设施。餐饮、商贸、物流发展迅速。通多路公交车。

140681-A03 **云西街道**［Yúnxī Jiēdào］属怀仁市。在市境西北部。面积 52.65 平方千米。人口 10.05 万。辖 5 社区、8 行政村。街道办事处驻怀安西街。1949 年属一区。1953 年属城关镇。1958 年属城关镇人民公社。1984 年属城关乡。1987 年属城关镇。2001 年属云中镇。2021 年设立云西街道，辖军营路、二道坡北路、二道坡南路、云州西街、云城街 5 个社区及七里寨、西小寨、秦城、甄庄、于家园、南窑、郝家寨、全福寨 8 个行政村。2020 年西小寨村获全国文明村称号。主要种植玉米、谷子、马铃薯、胡麻、蔬菜等。养殖业肉羊、奶牛、猪等。农产品交易、维修业发展较快。有怀德、怀富广场等。有同蒲铁路过境，208 国道经过。

140681-A03-J01 **二道坡南路社区**［Èrdàopō nánlù Shèqū］属云西街道。在市区西南部。面积 2.5 平方千米。人口 7670。1995 年设立。因在二道坡南而得名。有金美汇酒店。2014 年被列入省级文明社区。通怀仁 1 路公交车。

140681-A03-H01 **南窑**［Nányáo］在市政府驻地云东街道西北 7 千米。云西街道辖行政村。人口 1600。相传因古时村庄在大沟南侧，居民多住窑洞而得名。聚落呈团块状。有南窑老爷庙，现存为清代建筑遗构。省道大石线、省道大忻线经此。

140681-A03-H02 **全福寨**［Quánfúzhài］在市政府驻地云东街道西 4 千米。云西街道辖行政村。人口 2280。原古庙钟铸文和碑文称“千家寨”，县志载名为拳伏寨，后因谐音得名。聚落呈团块状。有全福寨堡址，现存为明代建筑遗构。有全福寨曹氏民宅，现存为清代建筑遗构。省道大忻线经此。

140681-A03-H03 **西小寨**［Xīxiǎozhài］在市政府驻地云东街道西北 5 千米。云西街道辖行政村。人口 900。因位于县城西部而得名西小寨。聚落呈团块状。有西小寨堡址，现存为明代建筑遗构。有西小寨龙王庙，现存为清代建筑遗构。2020 年被评为第六届全国文明村。省道大石线经此。

140681-B01 **吴家窑镇**［Wújiāyáo Zhèn］怀仁市辖镇。在市境西南部。面积 41.2 平方千米。人口 1.01 万。辖 4 行政村。镇人民政府驻吴家窑村。1949 年由左云县划入，属五区。1953 年设吴家窑乡。1958 年改称公社，同年并入金沙滩公社，后属新家园公社。1963 年设吴家窑人民公社。1984 年改吴家窑镇。地势西高东低，属洪涛山山区。大峪河流经。矿产资源有煤、高岭土、铝矾土、石灰石等。有小学 1 所、镇卫生院 1 所。碗窑村是怀仁陶瓷的发祥地，武术传统源远流长。古迹有吴家窑古八景、古寺庙、古城堡、古瓷窑遗址等。有两狼山生态旅游区。种植莜麦、豌豆等小杂粮，饲养猪、羊、家禽等。境内有煤矿、陶瓷厂，是县域重要煤炭和陶瓷产地。有运输、餐饮、商贸等服务业。省道宁应县经此。

140681-B01-H01 **吴家窑**［Wújiāyáo］吴家窑镇人民政府驻地。在市政府驻地云东街道西南 24 千米。人口 3500。相传明朝有吴、贾两姓逃难来此合伙开办小煤窑，称吴贾窑，后因谐音而得名。聚落呈条带状。有吴家窑镇中学、吴家窑镇第二小学、吴家窑镇卫生院。有吴家窑堡、烽火台，现存皆为明代建筑遗构。有吴家窑遗址，为新石器时代文化遗存。有云中观（玉皇庙）、土黄庙、大庙、唐郁宅院、连氏民宅、张氏民宅，现存皆为清代建筑遗构。省道应凉线经此。

140681-B01-H02 **碗窑**［Wǎnyáo］在市政府驻地云东街道西南 23.6 千米。吴家窑镇辖行政村。人口 700。清代称张毛圪塔，后因产瓷碗窑而得名。聚落呈团块状。有烽火台，现存为明代建筑遗构。有碗窑雕窝寺，现存为清代建筑遗构。古代陶瓷产品名声较大。省道应凉线经此。

140681-B02 **金沙滩镇**［Jīnshātān Zhèn］怀仁市辖镇。在市境南部。面积 183.51 平方千米。人口 2.06 万。辖 17 行政村。镇人民政府驻金沙滩村。1949 年属六区。1955 年属第三作乡。1958 年设金沙滩人民公社。1984 年复设金沙滩乡，同年改镇。2003 年搬迁至兴旺庄附近的移民新村。

2020年移民新村命名为金沙滩村。因地处宋辽交战的金沙滩古战场而得名。地势南高北低，有山区、坡地、平川，大峪河、虾河流经。矿产资源有铁、煤等。有小学1所、中学1所、镇卫生院1所。有省级重点文物保护单位金沙滩汉墓群，市级重点文物保护单位刘宴庄崔府君庙、日中城址。国家4A级景区怀仁金沙滩景区在境内。为全省造林绿化百佳乡镇和省级百镇建设示范镇，2020年金沙滩镇获全国文明村（镇）称号。种植玉米、谷物、蔬菜、小杂粮等，饲养奶牛、羊、猪等。工业有陶瓷、建材、煤炭洗选等行业，日用瓷生产蒸蒸日上。第三产业以旅游、商贸、餐饮、维修为主，有金沙滩旅游景区。北同蒲铁路过境，设金沙滩站。二广高速、208国道，省道宁应线、大忻线经此。

140681-B02-H01 **兴旺庄**［Xīnwàngzhuāng］原金沙滩镇人民政府驻地。在市政府驻地云东街道西南30千米。人口1200。原名西官道，清光绪年间发生瘟疫，为避灾更今名。聚落呈团块状。有金沙滩镇寄宿制小学、金沙滩镇卫生院。有烽火台，现存为明代建筑遗构。农耕精细，是全镇产粮大村。208国道经此。

140681-B02-H02 **日中城**［Rìzhōngchéng］在市政府驻地云东街道西南25千米。金沙滩镇辖行政村。人口1580。始见于北魏，《水经·纝水注》：“（武周塞水）迳日没城南……东有日中城。”《金史·地理志》：怀仁县有日中城。即此。聚落呈团块状。有县级文物保护单位日中城址，为汉代、北魏文化遗存。有日中城关帝庙，现存为清代建筑遗构。乡村道路经此。

140681-B03 **毛家皂镇**［Máojiāzào Zhèn］怀仁市辖镇。在市境东北部。面积131平方千米。人口1.61万。辖16行政村。镇人民政府驻里八庄村。1949年属一区。1953年设毛家皂乡。1958年毛家皂人民公社。1984年设毛家皂镇。2001年里八庄乡并入。地势平坦，有口泉河、鹅毛河等流经。有小学1所、中学1所、镇卫生院1所。市级重点文物保护单位有温庄古城梁遗址。为省级环境优美乡镇。种植玉米、蔬菜、马铃薯、瓜类、小杂粮等，有“绿色菜篮子”之称。工业有煤业、化工、商贸、建材等企业，主要产品有洗精煤、石灰氮、活性炭、水泥等。北同蒲铁路过境，设里八庄站，二广高速、208国道、省道大忻线经此。

140681-B03-H01 **里八庄**［Lǐbāzhuāng］毛家皂镇人民政府驻地。在市政府驻地云东街道东北10.6千米。人口1800。因与周围村庄距离均为八里而得名。聚落呈团块状。有毛皂镇中学、毛皂镇卫生院。有里八庄遗址，为汉代文化遗存。有里八庄三官庙，现存为清代建筑遗构。208国道经此。

140681-C01 **何家堡乡**［Héjiābǔ Xiāng］怀仁市辖乡。在市境西部。面积148.21平方千米。人口2.24万。辖15行政村。乡人民政府驻何家堡村。1949年属四区。1956年属何家堡乡。1959年属怀仁人民公社。1963年属何家堡人民公社。1984年复设何家堡乡。2021年2村划入云中街道，云中镇7村并入。传说，很久以前，姓何的家族来此居住，故名何家堡；另一说，古堡东、西、南皆有河，村庄为河流环绕，故名。地势西北高东南低，地形“三分山七分川”，主要山峰为清凉山，海拔1647米。有磨道河流经。矿藏资源有煤炭、硝铁矿、高岭土、石灰石等。域内有幼儿园、中小学、卫生院等。有省级重点文物保护单位华严寺塔，有市级重点文物保护单位磨道河李氏民宅、清凉山僧人墓群。2020年芦子沟村获全国文明村称号。有清凉山生态旅游区。种植玉米、谷子、小杂粮、马铃薯、蔬菜、瓜果等，饲养奶牛、羊等。工业有以煤炭、陶瓷、建材、运输为支柱产业，有工业园区。第三产业以汽修汽配、物流运输、劳务输出、商贸餐饮、生态旅游为主。北同蒲铁路经此，设宋家庄站。二广高速、208国道，省道大忻线经此。

140681-C01-H01 **北街**［Běijiē］在市政府驻地云东街道西北11千米。何家堡乡辖行政村。人口1100。原名鹅毛口村，1956年一村分为三村，因在鹅毛河口村北而得名。聚落呈团块状。有第二批省级文物保护单位鹅毛口遗址，为新石器时代文化遗存。有北街遗址，为明代文化遗存。有北街娘娘庙，现存为清代建筑遗存。省道大石线经此。

140681-C01-H02 **中街**［Zhōngjiē］在市政府驻地云东街道西北10千米。何家堡乡辖行政村。人口1400。原名鹅毛口，1956年一村分为三村，因在鹅毛河口中段而得名。聚落呈团块状。有县级文物保护单位中街关帝庙，现存为清代建筑遗构。有县级文物保护单位中街遗址，为金代文化遗存。2019年被列入第五批中国传统村落名录。省道大石线经此。

140681-C01-H03 **悟道**［Wùdào］在市政府驻地云东街道西11.4千米。何家堡乡辖行政村。人口1100。相传原名乔家园，古代有一帝王在此打猎，被雾迷道，戏称雾道，因谐音而得名。聚落呈团块状。有第三批省级文物保护单位华严寺塔，现存为辽代建筑遗构。有清凉山石窟，为辽代文化遗存。有悟道关帝庙，现存为清代建筑遗构。乡村道路经此。

140681-C02 **新家园乡**［Xīnjiāyuán Xiāng］怀仁市辖乡。在市境西南部。面积144平方千米。人口2.46万。辖6社区、16行政村。乡人民政府驻新家园村。1949年属四区。1953年设新家园乡。1958年属金沙滩人民公社。1959年设新家园人民公社。1984年复设新家园乡。1987年小峪口、王坪村划入小峪镇。2001年小峪镇并入。地势西高东低，地形分为山地、平川。有大峪河、小峪河等流经。矿藏有煤炭、铁、锰、铝矾土、耐火黏土等。有小学2所、中学1所、乡卫生院1所。种植玉米、谷子、马铃薯等，饲养猪、羊等，有设施农业园区、养羊畜牧园区、蔬菜交易大市场。工业有煤矿、煤站、电厂、陶瓷等企业，有金沙滩陶瓷工业园区，商贸物流服务园区。北同蒲铁路过境，设宋庄站。208国道，省道大忻线、宁应线经此。

140681-C02-H01 **新家园**［Xīnjiāyuán］新家园乡人民政府驻地。在市政府驻地云东街道西南14.3千米。人口2400。原名薛家店，1952年被洪水冲毁后重建，更今名。聚落呈团块状。有怀仁第十中学校、怀仁第八中学、新家园寄宿制小学、新家园乡卫生院。有新家园遗址，为汉代、金代文化遗存。有新家园西墓葬，为辽代墓葬。新家园双柏寺，现存为清代建筑遗构。208国道、省道大忻线经此。

140681-C03 **亲和乡**［Qīnhé Xiāng］怀仁市辖乡。在市境南部。面积132平方千米。人口2.33万。辖15行政村。乡人民政府驻清水河村。1949年属三区。1953年设亲和乡。1959年属亲和人民公社。1984年复设亲和乡。因取亲善和睦之意得名。地势平坦，有大峪河流经。有小学1所、乡卫生院1所。市级重点文物保护单位有南小寨永宁寺。古迹有永宁寺千佛舍利塔。为全县武术之乡。种植玉米、谷子、马铃薯等，有现代农业园区。养羊数量较多，羔羊养殖闻名全国。第三产业有集贸市场、运输业、餐饮业和物流业等。二广高速，省道大石线经此。

140681-C03-H01 **清水河**［Qīngshuǐhé］亲和乡人民政府驻地。在市政府驻地云东街道南11千米。人口3600。因村南有清河水流过而得名。聚落呈团块状。有亲和小学、亲和乡卫生院。有清水河关帝庙、清水河青云寺，现存皆为清代建筑遗构。省道大石线经此。

140681-C03-H02 **南小寨**［Nánxiǎozhài］在市政府驻地云东街道南9.4千米。亲和乡辖行政村。人口2000。古称王庄小寨，因在县城之南，后更今名。聚落呈团块状。有南小寨寄宿制小学。有南小寨永宁寺、南小寨关帝庙、南小寨龙王庙，现存皆为清代建筑遗构。有"中国养羊第一村"之美称。有现代化养殖园区和多家肉羊加工和销售企业。省道大石线经此。

140681-C04 **海北头乡**［Hǎiběitóu Xiāng］怀仁市辖乡。在市境东部。面积205.75平方千米。人口1.8万。辖17行政村。乡人民政府驻海北头村。1949年属三区。1953年设海北头乡。1958年属东风人民公社。1984年复设海北头乡。2021年1个社区、4个村划入云东街道，同时马辛庄乡8村并入。古时此处有镇子海（又称离源海），因村庄位于海北岸，故名。地势平坦，桑干河、鹅毛河、大峪河、小峪河流经。有小学1所、乡卫生院1所。有市级重点文物保护单位西安堡堡址。种植玉米、谷类、绿豆、小杂粮等，饲养猪、羊、牛等。工业有制药、陶瓷、运输等企业。集市商贸、运输、餐饮等服务业发展较快。二广高速经此。

140681-C04-H01 **海北头**［Hǎiběitóu］海北头乡人民政府驻地。在市政府驻地云东街道东 5.4 千米。人口 2100。相传古时此处有镇子海（又称离源海），因位于海之北岸而得名。聚落呈团块状。有海北头寄宿制小学，海北头中学、海北头乡卫生院。有海北头墓群，为汉代土墓葬。有太阳能光伏发电厂。县道怀应线经此。

140681-C04-H02 **鲁沟**［Lǔgōu］在市政府驻地云东街道东北 15.7 千米。海北头乡辖行政村。人口 530。据《怀仁县志》记载，因村庄前后、左右都有沟，且成“鲁”字形而得名。聚落呈团块状。有鲁沟大庙、鲁沟李氏民宅，现存皆为清代建筑遗构。2015 年被评为第四届全国文明村。乡村道路经此。

140681-C05 **河头乡**［Hétóu Xiāng］怀仁市辖乡。在市境东南部。面积 139 平方千米。人口 1.28 万。辖 15 行政村。乡人民政府驻河头村。1949 年属大同县。1971 年由大同县划入怀仁县，属河头人民公社。1984 年设河头乡。相传，因村庄古代建在河边，故名。地势东高西低，东部为龙首山山区，西部为平川，桑干河、浑河流经境。有乡卫生院 1 所。市级重点文物保护单位有王皓疃堡址、下峪遗址、东昌城。古迹有清代乐楼、大通寺等。2018 年王皓疃村获中国传统村落称号。种植玉米、小杂粮、马铃薯、瓜菜等，是全县粮油高产区和重点产粮区，素有“雁北粮仓”之美誉。饲养猪、牛、羊等。有县级公路 2 条。

140681-C05-H01 **河头**［Hétóu］河头乡人民政府驻地。在市政府驻地云东街道东南 15.6 千米。人口 800。因村庄坐落在河边而得名。聚落呈团块状。有怀仁市第十三中学、河头乡卫生院。县道怀应线经此。

140681-C05-H02 **王皓疃**［Wánghàotuǎn］在市政府驻地云东街道东南 18.4 千米。河头乡辖行政村。人口 710。相传古堡由明正千户张桂建于洪武年，为军事要地，后居民多数姓王，故名。聚落呈团块状。有王皓疃东遗址，为新石器时代、汉代文化遗存。有王皓疃南遗址，为汉代、辽代文化遗存。有王皓疃堡址，现存为明代建筑遗构。有王皓疃戏台、王皓疃聂氏民宅，现存为清代建筑遗构。有“八音班”“祈雨节”“庆八仙”等民俗活动。2019 年被列入第五批中国传统村落名录。县道鳌镇线经此。

140621 **山阴县**［Shānyīn Xiàn］朔州市辖县。北纬 39° 11′ –39° 47′，东经 112° 25′ –113° 04′。在市境中部。面积 1645 平方千米。人口 19.95 万。以汉族为主，还有蒙古、满、土家、彝等民族。辖 5 镇、7 乡。县人民政府驻岱岳镇。春秋属狄域。战国为赵地。秦属雁门郡。北魏至唐为马邑县地，后归入应洲金城县。五代属寰州和应州。辽初置河阴县。金大定七年（1167 年）改为山阴县，治故驿村。贞祐二年（1214 年）升为忠州。元至元二年（1265 年）县地并入金城县。元末复置，仍名山阴县，属应州，徙治古城村。明清沿置，属大同府。1912 年直属山西省。1937 年徙治岱岳镇。抗战时期一度与朔县合置山朔县，属晋绥边区。1949 年属察哈尔省。1952 年属山西省，属雁北专区。1958 年应县并入山阴县，属晋北专区。1960 年应县析出。1961 年属雁北专区。1967 年属雁北地区。1989 年划归朔州市至今。因地处复宿山之北，桑干河之南，故名山阴。地处黄土高原，地势南北高，中间低。南、北为恒山余脉、洪涛山脉，中间为桑干河冲积平原。洪涛山主峰大贝山为县境最高峰，海拔 1947 米。最低点位于桑干河谷，海拔 1003 米。气候四季分明，雨热同期。年平均气温 7.3℃，年平均降水量 400.2 毫米，无霜期 130 天。桑干河、黄水河、木瓜河流经，属季节性河流，桑干河两岸，部分低洼地土壤盐碱化较重。矿藏有煤炭、铁矿石、铝矾土、石灰石、大理石、石英石、黑云母等，其中煤炭可采储量 115 亿吨，为优质烟煤，素有“煤乡”之称。有中等职业技术学校 1 所，普通中小学 51 所，医院 6 所，公共图书馆 1 个，档案馆 1 个，体育场馆 2 处。有儿童公园、影剧院、政府广场、紫源广场、广武汉墓广场等公共文化设施。全国重点文物保护单位有广武汉墓群、旧广武古城 2 处，省级重点文物保护单位沙彦珣墓、王家屏墓、繁峙古城遗址、内长城 4 处，市级重点文物保护单位王宪武墓、佛殿庙、文昌庙、白殿沟遗址、化悲庙遗址、新岱岳关帝庙、恒山庙、榆树洼摩崖石刻、瑞云寺遗址9处。2014年旧广武村获批第三批中国传统村落。省级非物质文化遗产有广武传说等。古迹有广武长城、广武旧城、沙彦珣墓、王家屏墓等。有省级工业旅游示范点金海洋洁净煤有限责任公司、古城乳业2个。民俗文化有朔州秧歌戏、耍孩儿等。历史名人有辽丞相沙彦恂、明代内阁首辅王家屏等。三次产业比例为8.85 ∶ 36.63 ∶ 54.52。农业以种植业为主，主产玉米、土豆、谷子、莜麦、荞麦、胡麻、蔬菜等，为全国粮食生产大县，是“全国富硒小米之乡”。畜牧业养殖奶牛、生猪、肉羊等。特产有山阴燕麦、奶粉等。工业以煤炭、化工、电力、冶金及其循环产业为主，还有古城乳业。北同蒲、大西铁路过境。荣乌高速、二广高速、208国道，省道大忻线、虎山线、董元线、洗朔线经此。

140621-B01 **岱岳镇**［Dàiyuè Zhèn］山阴县人民政府驻地。在县境中部。面积136.25平方千米。人口10.3万。辖10社区、23行政村。镇人民政府驻兴隆社区。1946年县境解放后，设岱岳市，管辖岱岳及附近6村。1947年从岱岳分出南大道、堡子巷、瓜园及周围10余村组建为新六区。1949年属山阴县第六区。1952年更名为岱岳镇。1953年在岱岳镇外围设岱岳乡。1954年岱岳镇并入岱岳乡。1958年称岱岳人民公社。1981年析岱岳公社置岱岳镇，辖城内4个居民委员会。1984年撤人民公社建乡，称岱岳乡。2001年岱岳镇、岱岳乡、甘庄乡合并，设立新的岱岳乡。县城岱岳设立东城区、西城区2个城区管委会。2011年岱岳乡改称岱岳镇，后来2个城区管委会并入。2021年辖23个行政村，10个社区。明代称大要村，以其地处南北大路交通要道，地理位置重要而得名。清康熙五十一年（1712年），山阴路防御都司移驻大要，军民人口渐增，形成集镇，谐音演化为岱岳。地势西高东低，地形分为山地、丘陵、平川，西北依洪涛山，东南临桑干河。因地处县城四周，为县域政治、经济、文化、交通中心，县城学校、医院集中，公园、广场等文化设施齐全。有市级重点文物保护单位白殿沟遗址。古迹有古城堡、敬爱寺、关帝庙等。每年农历六月二十四举办的传统古镇庙会，热闹非凡，有戏曲舞蹈表演、集市交易、民间杂耍等。农业以种植玉米、谷物、马铃薯、蔬菜为主。畜牧业以饲养以奶牛、羊、猪和家禽为主。工业有乳品、活性炭、针织地毯、化工、运输等企业。第三产业以商贸、餐饮、宾馆等服务业为主。北同蒲铁路过境并设岱岳站。二广高速、208国道，省道大忻线、虎山线经此。

140621-B01-K01 **北环街**［Běihuán Jiē］在城区北部。西起大同—忻州省道，东至同太路。与西环路、东环路相交。长2.1千米，宽30米。沥青路面。1978年开工，1991年建成。因县城北部环城路得名。两侧有汇佳双语幼儿园、山阴县第二小学、山阴县第七小学、汽车站等。通2路公交车。

140621-B01-K02 **新建路**［Xīnjiàn Lù］在城区中部。西起大同—忻州省道，东至东环路。与西环路、府南路、同太路相交。长2.6千米，宽46米。沥青路面。1975年建成，1985年铺设沥青路面，2003年改造。原称府西街，后向东拓展，更名新建路。两侧有山阴四中、山阴县体育场、开源商城等，通2路公交车。

140621-B01-K03 **青年街**［Qīngnián Jiē］在城区中部。西起大同—忻州省道，东至中商街。与西环路、同太路、东环路交汇。长2.6千米，宽46米。沥青路面。1979年开工建成西段，后多次改造延建东段。因临街原有知青大楼得名。两侧有文化广场、妇幼保健中心、第三小学等。为县城繁华商业街道。通1路公交车。

140621-B01-K04 **青年东街**［Qīngnián Dōngjiē］在城区中部。西起中商街，东至刘家岭村。与合山线等路线相交。长0.8千米，宽20米。沥青路面。1979年修建。因其位于青年街东延而得名。两侧有山阴县第一中学、山阴县第五中学、紫源广场等。通1路公交车。

140621-B01-K05 **南环街**［Nánhuán Jiē］在城区南部。西起大同—忻州省道，东至东环路。与西环路、同太路相交。长1.8千米，宽30米。沥青路面。2002年建成。因位于环城路的南段而得名。两侧有新天地汽车装饰城、中意电力技术有限公司、中国银行、幼儿园等。通5路公交车。

140621-B01-K06 **西环路**［Xīhuán Lù］在

城区西部。北起杀虎口—山阴省道，南至南环街。与文卫路、新建路、青年街相交。长 2.3 千米，宽 30 米。沥青路面。1981 年开工，1982 年建成。因该路位于环城路西段而得名。两侧有山阴县第二中学、山阴县第一幼儿园、人民医院等，为县城商业街道。通 6 路公交车。

140621-B01-K07　**同太路**［Tóngtài Lù］在城区中部。北起翠微路，南至世纪大道。与北环街、新建路、青年街、南环街相交。长 4.5 千米，宽 44 米。沥青路面。初为土路，民国年间铺砂石。新中国建立初期，为山阴县城铁路以西同太路（太原到大同）的一部分路段，故名。1969 年开工铺柏油并建成，2011 年延建。两侧有开源商城、朔州市技校、华兴文化广场等。通 2 路公交车。

140621-B01-K08　**府西街**［Fǔxī Jiē］在城区西部。西起大运路（西外环），东至同太路。与西环路、府南路相交。长 1.3 千米，宽 44 米。沥青路面。始建于 1975 年，1985 年铺设沥青路面，后经多次改造。原称府西街，一度改为新建路，后因位于区政府西得名。两侧有山阴第一幼儿园、联通公司、建设银行等。通 2 路公交车。

140621-B01-K09　**府东街**［Fǔdōng Jiē］在城区东部。西起同太路，东至东环路。长 3.9 千米，宽56米。沥青路面。1983年兴建，1988年基本完工，后经过多次改造扩建。因位于区政府东得名。两侧有供销大楼、中国邮政储蓄银行等。

140621-B01-K10　**府南路**［Fǔnán Lù］在城区中部。北起新建西路，南至青年西路。分别与府西街、青年街相交。长 0.33 千米，宽 20 米。1985 年铺设渣油路面，后经多次改造。因位于山阴县政府南方而得名。两侧有第二幼儿园、华盛房地产开发有限公司、山阴县图书馆等。

140621-B02　**玉井镇**［Yùjǐng Zhèn］山阴县辖镇。在县境西北部。面积 168.48 平方千米。人口 2.2 万。辖 18 行政村。镇人民政府驻玉井村。1949 年属右玉县第五区。1953 年划入山阴县第一区。1958 年设玉井人民公社。1984 年设玉井镇。2001 年撤乡并镇，史家屯乡 9 个行政村并入。相传唐将尉迟恭路过此地，人饥马渴，四处觅水不见，战马渴急，腾空而起，落地时一蹄踏开泉眼，因水清如玉，故名。地势西高东低，属洪涛山区，山环沟绕，植被稀疏，主要山峰有洪涛山等。地下矿藏有煤炭、黏土等。古迹有古乐楼、古寺庙，红色文化有水头、王老沟、东庄村、李林烈士战斗地等纪念地。每年正月举行民间文化汇演，有踢鼓拉花、扭秧歌、地方小戏等表演形式。由于地下采空，许多居民搬迁到县城玉马小区居住。退耕还林后，生态恢复较快。主产莜麦、荞麦、马铃薯、胡麻等小杂粮。家庭普遍饲养猪、牛、羊等。工业以采煤、风电为主，有煤矿 11 座，为山阴县产煤大镇。第三产业以餐饮业、运输、商贸为主。有小学 1 所。省道虎山线、董元线经此。

140621-B02-H01　**玉井**［Yùjǐng］玉井镇人民政府驻地。在县政府驻地岱岳镇西北 23.7 千米。人口 2700。因传尉迟恭战马踏出泉眼，后人在泉边筑井、水清如玉而得名。聚落呈条带状。有玉井中学、玉井镇中心学校、玉井镇卫生院。有玉井遗址，为汉代文化遗存。省道元元线、省道山和线经此。

140621-B02-H02　**王老沟**［Wánglǎogōu］在县政府驻地岱岳镇西北 24 千米。玉井镇辖行政村。人口 2200。因村庄建于山沟两边，沟中长满一种黄老植物，称黄老沟，后因谐音而得名。聚落呈条带状。有大寺庙，现存为清代建筑遗构。有八路军血战王老沟遗址。乡村道路经此。

140621-B03　**北周庄镇**［Běizhōuzhuāng Zhèn］山阴县辖镇。在县境中北部。面积 162.84 平方千米。人口 2.01 万。辖 18 行政村。镇人民政府驻北周庄村。1949 年属山阴县第四区。1953 年划分为永胜乡、卫国乡、新华乡。1958 年设红旗人民公社。1959 年更名北周庄人民公社。1984 年改北周庄乡，同年改北周庄镇。2001 年苑家辛庄乡 8 个村和甘庄乡 3 个村并入。因原居民都姓周且皆居于土堡内，故名周家堡，又因与县城周家堡同名，故称北周庄。地势西高东低，地形分为坡区和平川。西部属洪涛山区，沟壑纵横，东部平坦，木瓜河流经境内，灌溉农业便利。地下矿藏有石灰岩、玄武岩等。有小学 1 所。有市级重点文物保护单位新岱岳关帝庙、王宪武墓，县级文物保护单位王家堡老爷庙、永静城。民间文化踢鼓秧歌名声较大。名人有王宪武、王家屏等。农业主要种植玉米、谷子、瓜果等，家庭养殖牛羊。因交通便利，依托铁路、公路，煤电、冶金、运输业聚集，有朔州市重点工业循环园区、金海洋洁净煤有限责任公司等。第三产业以餐饮、商贸、运输等服务业为主。经济实力处县域首位，2014年跨入全国名镇行列。208国道、大忻线、北同蒲铁路（设北周庄站）纵贯南北，荣乌高速和县级岱马路经此。

140621-B03-H01 **北周庄**［Běizhōuzhuāng］北周庄镇人民政府驻地。在县政府驻地岱岳镇北9千米。人口4600。聚落呈团块状，全村分六个区管理。有北周庄小学、北周庄镇卫生院。有王宪武墓，为明代墓葬。有北周庄堡址，现存为明清时期建筑遗构。有传统民居宅院，皆为清代建筑遗构。有煤炭洗选、运销、电力企业。208国道、省道大忻线经此。

140621-B03-H02 **燕庄**［Yànzhuāng］在县政府驻地岱岳镇西北13千米。北周庄镇辖行政村。人口460。相传东晋时期，北方一位燕王每年夏天在此避暑，常来南寺、北寺、烟霞寺拜佛，故名。聚落呈团块状。有烽火台，现存为明代建筑遗构。有踢鼓秧歌、小孩儿等民俗文化。2019年被列入第五批中国传统村落名录。乡村道路经此。

140621-B04 **古城镇**［Gǔchéng Zhèn］山阴县辖镇。在县境东南部。面积153平方千米。人口1.82万。辖21行政村。镇人民政府驻古城村。1949年属山阴县第二区。1953年设山阴城乡。1958年改山阴城人民公社。1984年改山阴城镇。2001年黑圪塔乡并入，设立古城镇。地势平坦，西南略高于东北，桑干河、黄水河流经，灌溉渠系完善，灌溉农业发达，属桑干河灌区。有小学、中学各1所，奶牛医院1所。有县级文物保护单位明代山阴城遗址、真武大帝庙。古迹有关帝庙、云台寺、王家屏相府遗址等。纪念地有刘辛烈士陵园。旅游有古城乳业省级工业旅游示范点。新中国成立以来，盐碱地改造成就巨大。农业以种植玉米、谷子、高粱、牧草、蔬菜为主。畜牧业以奶牛养殖为主，有20余座大型现代化奶牛养殖园区。工业以乳品加工为龙头，带动晋北牧草加工和奶牛养殖业发展，有“山阴奶都”之称。北同蒲铁路经过。国道二广高速，虎山线、省道洗朔线经此。

140621-B04-H01 **古城**［Gǔchéng］古城镇人民政府驻地。在县人民政府驻地岱岳镇东南14千米。人口2600。《山西历史地名通检》载，元末至民国为县治所在地。1937年日军入侵后降为行政村，称山阴城村，2001年更名为此。聚落呈团块状。有古城中学、古城镇小学、古城镇卫生院。有山阴故城，现存为元明清时期建筑遗构。有郭氏家族墓地，为明代墓葬。有山西古城乳业集团有限公司。省道洗朔线经此。

140621-B05 **广武镇**［Guǎngwǔ Zhèn］山阴县辖镇。在县境南端雁门关下。面积218.34平方千米。人口2.49万。辖24行政村。镇人民政府驻后所村。1949年属山阴县三区。1953年设张家庄乡、后所乡。1958年属张家庄公社、后所公社。1984年恢复张家庄乡、后所乡。2021年撤销张家庄乡、后所乡，合并设立广武镇。因新广武、旧广武两村，地处军事隘口，古代一直是镇守雁门关北口的重要城池，又相传汉代著名武将李广，常在此屯兵守关，故名。南端为恒山北麓，地势较高，中北部为冲积平原。广武河、黄水河、水峪口河流经，灌溉便利。有幼儿园、小学各1所。国家重点文物保护单位有广武汉墓群、旧广武古城，省级重点文物保护单位内长城、六郎城遗址，市级重点文物保护单位有化悲庙遗址。农业以种植玉米、蔬菜、谷黍、豆类、葵花为主，建有多座蔬菜大棚，坡区培育的大结杏较有名。养殖业以奶牛、肉羊为主。依托丰厚的边隘关口军事资源，已建成大型广场、宾馆、长城步道、采摘园等，初步形成广武边塞军事文化旅游景区，旅游业方兴未艾。大西高铁、二广高速、208国道经此。

140621-B05-H01 **后所**［Hòusuǒ］广武镇人民政府驻地。在县政府驻地岱岳镇南24千米。人口2250。聚落呈团块状。有广武镇中学、广武镇小学、广武镇卫生院。有脱水蔬菜厂和蔬菜交易市场，有奶牛养殖园区，日产牛奶十余吨。县道应汴线经此。

140621-B05-H02 **旧广武**［Jiùguǎngwǔ］在

县政府驻地岱岳镇南35千米。广武镇辖行政村。人口1720。相传汉代武将李广曾驻防雁门关，取其中二字得名。明以前为古雁门关军事要冲，明代成为雁门关倚防城。聚落呈团块状。有全国重点文物保护单位旧广武古城、广武汉墓群。有省级非物质文化遗产广武传说。有县级文物保护单位六郎城。有特产大接杏。2014年被列入第三批传统村落名录。2019年被列入第七批中国历史文化名村。208国道、县道朔广线经此。

140621-B05-H03　**新广武**［Xīnguǎngwǔ］在县政府驻地岱岳镇南34千米。广武镇辖行政村。人口2000。明代新筑广武城，防守雁门关，因临近旧广武城而得名。聚落呈团块状。有明内长城、烽火台，现存为明代建筑遗构。有新广武关帝庙，现存为清代建筑遗构。208国道、县道朔广线经此。

140621-C01　**吴马营乡**［Wúmǎyíng Xiāng］山阴县辖乡。在县境西北部。面积106.84平方千米。人口约0.85万。辖12行政村。乡人民政府驻吴马营村。1949年属右玉县第五区。1952年划入山阴县。1961年设吴马营人民公社。1984年设吴马营乡。属洪涛山缓坡丘陵区，山高沟缓，植被较差，水土流失严重，主要山峰有洪涛山、大元卯山等。地下矿藏有煤炭、陶土、铁矿石等，其中煤炭资源丰富，特别是浅层煤分布广，便于开采。退耕还林后，生态日益改善。由于地下采空，许多居民搬迁到县城玉马小区居住。抗战时期，八路军常驻扎在此地，抗日民族英雄李林经常活动于此，在当地影响极大。有牺盟会死难烈士纪念碑。农业以种植莜麦、豌豆、土豆、胡麻等小杂粮为主。家庭普遍养殖牛、羊、猪等。工业以煤炭开采、煤炭运输、风电产业为主。荣乌高速、省道虎山线、董元线经此。有多条县乡道路。

140621-C01-H01　**吴马营**［Wúmǎyíng］吴马营乡人民政府驻地。在县政府驻地岱岳镇西北31千米。人口750。宋为边关兵马大营，后吴姓始居多，故名。聚落呈条带状。有吴马营乡中心学校、吴马营乡卫生院。有吴马营遗址，为汉代文化遗存。省道元元线经此。

140621-C02　**马营乡**［Mǎyíng Xiāng］山阴县辖乡。在县境西北部。面积122平方千米。人口1.2万。辖13行政村。乡人民政府驻马营村。1949年属怀仁县。1956年划入山阴县。1958年属偏岭人民公社。1961年设马营人民公社。1984年设马营乡。2001年偏岭乡并入。地势西高东低，属洪涛山区，主要山峰有宝峰山、洪涛山、台墩山等，群山环绕，沟壑纵横，植被稀疏。小马营河由东而西发源于境内。矿产资源有煤炭、陶土、铁矿石等，有8座煤矿，风力资源丰富，有多座风力发电机。抗战时期，当地人民积极参军参战，支援八路军抗日。由于采煤陷落，许多居民搬迁到县城玉马小区居住。农业以种植马铃薯、胡麻、莜麦和豌豆等高寒小杂粮为主。养殖业主要饲养绒山羊、肉牛、鹌鹑等。工业以采煤、煤焦油加工为主。经过多年造林绿化和自然修复，生态环境日益改善。境内有3条县级公路。

140621-C02-H01　**马营**［Mǎyíng］马营乡人民政府驻地。在县政府驻地岱岳镇西北23千米。人口1260。相传辽宋时期契丹人在此安营圈马，后来夏姓居多，称夏家马营，简称为此。聚落呈团块状。有马营中心校、马营中学、马营乡卫生院。有井沟遗址，为新石器时代、汉代文化遗存。有3座煤矿。乡村道路经此。

140621-C03　**下喇叭乡**［Xiàlǎbā Xiāng］山阴县辖乡。在县境西北部。面积138平方千米。人口0.64万。辖11行政村。乡人民政府驻下喇叭村。1949年属右玉县第五区。1953年划入山阴县七区。1956年设下喇叭乡。1958年属洪英人民公社。1961年设下喇叭人民公社。1984年设下喇叭乡。2001年冻牛坡乡整体并入。境内群山连绵，山大沟深，植被稀疏，地势西高东低，属洪涛山区，主要山峰有大贝山等10余座。地下矿藏有石灰石、大理岩等，风电资源丰富。退耕还林后，自然植被恢复较快。抗战时期，属洪涛山抗日根据地，当地人民积极参军参战，支援八路军抗日。有市级重点文物保护单位榆树洼摩崖石刻，县级重点文物保护单位下立羊泉革命烈士墓。旅游景点有北魏石窟千佛寺景区。农业以种植莜麦、荞麦、豌豆、胡麻为主，为县域高寒小杂粮、优质马铃薯生产基地。家庭普遍饲养奶牛、羊。荣乌高速、省道虎山线经此。

140621-C03-H01 **下喇叭**［Xiàlǎbā］下喇叭乡人民政府驻地。在县政府驻地岱岳镇西北15千米。人口600。相传因地势低洼，村井全是苦水，后在本村一哑女指引下打出甜水井，为纪念小女孩取名“下亚八”，后谐音为此。聚落呈团块状。有下喇叭乡卫生院。有特产小杂粮、莜面、土豆、豆面。有洪家堡遗址，为北魏文化遗存。有朱茂朝宅院，现存为清代建筑遗构。省道山和线经此。

140621-C03-H02 **下立羊泉**［Xiàlìyángquán］在县政府驻地岱岳镇西北18千米。下喇叭乡辖行政村。人口100。相传村中山腰有一泉眼，羊群来此喝水，必须站立于泉眼之下才能喝到水，故名。聚落呈团块状。有下立羊泉革命烈士墓，为纪念1939年被日军围剿、杀害在此的八路军伤员以及医护人员而建。乡村道路经此。

140621-C04 **合盛堡乡**［Héshèngbǎo Xiāng］山阴县辖乡。在县境东北部。面积96平方千米。人口1.24万。辖12行政村。乡人民政府驻合盛堡村。1949年属山阴县第四区。1953年设合盛堡乡。1958年改合盛堡人民公社。1984年复设合盛堡乡。因清代举行盛大的木瓜河灌溉会议，后取合力兴盛之意，得名合盛堡。地势平坦，由北向南倾斜，地形多为丘陵平川，北依黄花梁，南临桑干河。桑干河、木瓜河流经。有小学1所。有市级重点文物保护单位恒山庙、佛殿庙、文昌庙3处。有北京知青展览馆1处。种植玉米、蔬菜、小杂粮等，经济作物有精细蔬菜、葵花、西瓜等，含硒小米为特色农产品。生态畜牧养殖业以奶牛、肉羊、鹌鹑为主，有现代化奶牛养殖园区10余家。矿藏资源有玄武岩，工业以山阴县工业园区为代表。大西高铁、荣乌高速、二广高速经此。

140621-C04-H01 **合盛堡**［Héshèngbǎo］合盛堡乡人民政府驻地。在县政府驻地岱岳镇东北10千米。人口1300。因坐落在木瓜河上游，原名水上村，清朝时附近村庄因吃水产生纠纷，后达成合作协议而得名。聚落呈团块状。有合盛堡乡卫生院。有现代化奶牛养殖园区2座、奶站2座，日产鲜奶七余吨。县道合山线经此。

140621-C05 **安荣乡**［Ānróng Xiāng］山阴县辖乡。在县境中部。面积90平方千米。人口1.31万。辖12行政村。乡人民政府驻安荣村。1949年属山阴县第五区。1953年设安荣乡。1958年改安荣人民公社。1984年复置安荣乡。2001年泥河乡整体并入。地势西北高，东南低，西北部属洪涛山区，群山耸立，坡度较大。桑干河流经，南部和东南部为桑干河谷地，土地平坦肥沃，灌溉农业发达。矿藏资源有石灰岩、铝矾土等。有小学1所，综合商店、超市多家。有省级重点文物保护单位王家屏墓。古迹有古城堡、河神庙、泥河大坝等。景区有桑干河湿地公园。历史名人有民国期间的京议员闫鸿举、省议员梁万春。农业以种植玉米、谷子、蔬菜为主，有绿色蔬菜瓜果、玉米丰产田和优质谷黍三大基地。养殖牛羊，有现代化奶牛养殖园区多家。工业有煤炭、建材、化工企业20余家。第三产业以旅游业、商贸、餐饮等为主，县域交通运输业较强。北同蒲铁路设东榆林站，二广高速、208国道，省道大忻线、洗朔线经此。

140621-C05-H01 **安荣**［Ānróng］安荣乡人民政府驻地。在县政府驻地岱岳镇南6千米。人口3300。相传北宋年间萧太后打败宋兵，宋朝贡银放在此地，取名“安银子”，后改名“安营子”，解放后改为今名。聚落呈团块状。有安荣乡卫生院。有安荣遗址，为东周、汉代文化遗存。有烽火台，现存为明代建筑遗构。有桑干河湿地公园。208国道、省道大忻线经此。

140621-C05-H02 **河阳堡**［Héyángbǎo］在县政府驻地岱岳镇西南8.8千米。安荣乡辖行政村。人口540。相传明朝皇帝为内阁首辅王家屏在此筑墓，筑墓人在近旁筑堡而居，因堡在桑干河之北而得名。聚落呈团块状。有第二批省级文物保护单位王家屏墓，为明代墓葬。有烽火台、河阳堡址，现存为明代建筑遗构。省道大忻线经此。

140621-C06 **薛圐圙乡**［Xuēkūlüè Xiāng］山阴县辖乡。位于县境西南部。面积127.71平方千米。人口1.18万。辖17行政村。乡人民政府驻薛圐圙村。1949年属山阴县第五区。1953年属薛圐圙乡。1958年改设薛圐圙人民公社。1984年复置薛圐圙乡。2001年黑圪塔乡部分村庄并入。圐圙为蒙古语，指围起来的草场，为多民族融合产物，明代有薛姓兄弟来此居住，得名薛圐圙。地势平坦，西高东低，桑干河、黄水河流经。有小学1所。古迹有古寺庙、古戏台、民国时期水利设施等。有白坊知青纪念馆。刘少奇之子刘源上将曾在此生活。种植玉米、谷子等，盛产玉米。牧业发达，家庭广泛养殖奶牛、肉牛、肉羊等，有山阴县农牧场等20余家现代化养殖场，特色养殖芦花鸡。境内有二广高速公路、208国道，省道洪朔线经此。

140621-C06-H01 **薛圐圙**［Xuēkūlüè］薛圐圙乡人民政府驻地。在县政府驻地岱岳镇南13.5千米。人口1650。清末有薛姓兄弟来此居住，因当地风沙大，便用土制板墙将房子围成一个圈，叫薛家圐圙，后演变为此。聚落呈团块状。有薛圐圙乡卫生院。盐碱地改造成果较大，灌溉农业发达。有山阴县农牧场。208国道、336国道经此。

140621-C07 **马营庄乡**［Mǎyíngzhuāng Xiāng］山阴县辖乡。在县境东南部。面积132平方千米。人口1.59万。辖17行政村。乡人民政府驻马营庄村。1949年属山阴县第二区。1956年设马营庄乡。1958年改属山阴城人民公社。1961年设马营庄人民公社。1984年复设马营庄乡。因驻地得名。地势南高北低，南部为山坡，自然植被较好，北部为平川，灌溉农业便利。南部山脉属恒山北麓，山脉雄奇秀美，多有泉水流出，地下矿藏有钾长石，地表植被有华北落叶松、云杉、油松、红桦、白桦、山杨、毛榛子等树种；花卉植物有金莲花、山丹花、百合花、石竹花、山菊花等300多种，山地旅游开发价值较高。有小学1所，村村有广场舞队。有省级重点文物保护单位沙彦珣墓和内长城，市级重点文物保护单位瑞云寺遗址。观光景点有香山、瑞云寺、故驿古城、南山瀑布、一线天峡谷等。主要种植玉米、蔬菜等，其产量、质量较高。养殖以奶牛、肉羊为主，有二十余家现代化奶牛养殖园区。有光伏电厂、蔬菜加工厂等。古马线、应汴线、长城公路经此。

140621-C07-H01 **马营庄**［Mǎyíngzhuāng］马营庄乡人民政府驻地。在县政府驻地岱岳镇东南23.6千米。人口910。相传此地原为草地，宜于养马，宋朝时杨家将镇守三关，在此养马建营而得名。聚落呈团块状。有马营庄乡中学、马营庄乡卫生院。有烽火台，现存为明代建筑遗构。有特产豆腐。县道古马线、应汴线经此。

140621-C07-H02 **沙家寺**［Shājiāsì］在县政府驻地岱岳镇东南27千米。马营庄乡辖行政村。人口630。相传辽代沙陀族人沙彦珣在此建家庙而得名。聚落呈团块状。有第二批省级文物保护单位沙彦珣墓，为辽代墓葬。有沙家寺龙王庙，现存为清代建筑遗构。有沙家寺遗址，为汉代文化遗存。有光伏电厂。乡村道路经此。

140621-C07-H03 **故驿**［Gùyì］在县政府驻地岱岳镇东南20千米。马营庄乡辖行政村。人口1300。《读史方舆纪要》：“山阴故邑在县城（今古城镇）西南十五里，亦名忠州城。”即此。聚落呈团块状。有故驿遗址，为新石器时代、东周、汉代文化遗存。有故驿城址，为战国、汉代、南北朝文化遗存。2019年被列入第五批中国传统村落名录。县道古马线经此。

140622 **应县**［Yìng Xiàn］朔州市辖县。东经112° 58′ –113° 37′，北纬39° 17′ –39° 45′。在市境东部。面积1673平方千米。人口24.4万。以汉族为主，还有蒙古、满、黎、回等民族。辖3镇、9乡。县人民政府驻金城镇。春秋为林胡、楼烦等部落活动区域。战国属赵国代郡。秦属雁门郡。西汉属剧阳县。王莽新朝改剧阳为善阳，东汉初复旧。三国属鲜卑族人游牧地。西晋永嘉六年（312年）为鲜卑族占据，属代国。北朝北魏属平城近畿，西部属桑干郡，东部属繁峙郡。隋代属马邑郡神武县。唐初属朔州，唐末置金城县，治今金城东5公里，后徙天王村（即今应县城），并以金城县置应州，州县同治。五代晋天福元年（936年）应州入于辽，属西京道。金属西京路，领金城县。元属大同路。明洪武八年（1375年）废金城县入应州，属大同府，并置安东中屯卫。清初属山西省大同府。1912年改应州为应县，属山西省。1913年属北路道。1914年改雁门道。1937年属山西省第二行政区。抗日战争时期曾以县境南部及山阴县部分地区置应山县，属晋察冀边区二专区。1949年属察哈尔省雁北专区。1952年复归山西省，属雁北专区。1958

年并入山阴县，属晋北专区。1960年复置应县。1961年属雁北专区。1967年属雁北地区。1993年改属朔州市，应县属朔州至今。因南有雁门山，北有龙首山，两山相应，故名应县。地处大同盆地南缘。地势南高北低。有山峰卧羊场、跑马梁、关帝庙梁、鹰家梁等。最高海拔卧羊场2333米，最低海拔981米。桑干河、浑河、木瓜河、黄水河、马兰峪流经。属北温带大陆性季风气候，四季分明。年平均气温7℃，1月平均气温-9.8℃，7月平均气温23℃。年平均降水量365毫米。无霜期100—140天。水土资源充足，非煤矿产丰富，全县水资源可采量达1.4亿立方，生产生活用水经济实惠。主要矿藏有瓷石、石灰石、花岗岩、石英、沸石、锆等20多种。天然野草花卉有275种。有野生药材黄芪、甘草、枸杞子、柴胡、秦艽、苍术、远志等10余种。有野生动物灰狼、沙狐、猪獾、金钱豹、狍子、野兔、鼠类、野雉、石鸡、半翅、猫头鹰、啄木鸟、麻雀、鸽等54种。有国家重点文物保护单位佛宫寺释迦塔（应县木塔）、净土寺2处。有省级重点文物保护单位繁峙古城遗址、田蕙墓、花寨关帝庙、丁堡龙王庙、钗里五神庙5处。有市级重点文物保护单位大安寺遗址、广盈仓、文殊寺、永镇寺、大西头五神宫、花寨关帝庙、观音阁、下桥头关帝庙、北楼口关帝庙、大石堡崇寿寺、崇祯观等16处。有国家非物质文化遗产梨花春白酒传统酿造技艺。2018年北周庄镇燕庄村、马营庄乡故驿村、南河种镇小石口村获评第五批中国传统村落。2005年龙泉村获评第一批全国文明村镇。2015年南河种镇获评第四届全国文明村（镇）。山西省第一批革命文物应县烈士纪念塔、大石口抗战县政府旧址、曹汝谦故居3处。应县烈士陵园为省级红色文化遗址。有古迹永镇寺、殊海寺、边耀遗址、司马镇古城、大安寺遗址。有省级爱国主义教育基地2个。有省级自然保护区南山。有省级工业旅游点老万锅炉厂。有民间艺术踢鼓秧歌、耍孩儿、东路秧歌、西路秧歌、北路梆子、罗罗腔、高跷等。风味美食有羊杂割、应县凉粉、应县牛腰、应县面片、滴溜、油糕、塞上冻兔肉、莜面栲栳栳等。应县先后被评为中国绿色名县、全国生态文明先进县和国家园林县城，中国最佳生态宜居旅游名县、山西省休闲农业与乡村旅游示范县。有职业高中、中小学，应县一中为省级示范学校。有医院、图书馆、档案馆、文化馆。2021年11月被文化和旅游部命名为2021—2023年度“中国民间文化艺术之乡”。三次产业比例为27 ∶ 12 ∶ 61。农业主产小麦、玉米、谷子、黍子、豆类、马铃薯、大麦、高粱。主要经济作物有甜菜、葵花、蓖麻、胡麻、黄芥、瓜类和各种蔬菜。其中蔬菜以应州绿冠名，为省著名商标。土特产品有紫皮大蒜、中药材黄芪。畜牧业以饲养牛、羊为主。工业以白酒、制糖、炉具、陶瓷、乳制品为主。为省日用陶瓷生产基地，有陶瓷之城美誉。有韩（家岭）原（平）铁路线，大原高铁在应县设站；荣乌、二广高速，省道大石线、洗朔线、宁应线经此。

140622-B01 **金城镇**［Jīnchéng Zhèn］应县人民政府驻地。在县境中部。面积98.23平方千米。人口7.33万。辖9社区、22行政村。镇人民政府驻县城三环东路。1949年为应县十区。1950年属应县八区。1953年设城关镇。1958年设城关公社。1962年改设应州公社。1966年复设城关公社。1973年设城关镇公社。1985年复置镇。2001年更名为金城镇。应州古城始建于唐朝乾符年间，大同军节度使李国昌所筑。传说李国昌的儿子李克用生时，住宅旁边的井里飞出金凤凰，故将所筑的城池叫金凤城。后在此设县，取名金城。地势平坦，有桑干河流经，属海河流域。有国家重点文物保护单位应县木塔、净土寺。有市级文物保护单位吴庄五神庙、广盈仓、席家堡关帝庙。有幼儿园、小学、普通高中、职业高中、医院、卫生院等。2005年龙泉村获评第一批全国文明村镇。农业以种植玉米、大豆、谷子、马铃薯为主。特产为胡萝卜、凉粉。工业有民营乳业工业区、炉业、陶瓷等企业。第三产业有房地产开发、运输业、餐饮业、物流等。有荣乌高速公路，省道大石线、洗朔线经此。

140622-B01-K01 **新建西街**［Xīnjiàn Xījiē］在城区西部。西起长征北路，东至迎宾北路。与大同路相交。长3千米，宽20米。沥青路面。原为洗马庄—朔州省道段。1972年建成，称新建路。

2008 年改造路面并向东拓展。以迎宾路为界，分新建西、东街，该路在迎宾路以西，故名。两侧有汽车客运站、同济医院、应县第六幼儿园等。通 1、2 路等公交车。

140622-B01-K02 **新建东街**［Xīnjiàn Dōngjiē］在城区东部。西起迎宾路，东至洗马庄—朔州省道城东绕行道。与新建南路、瑞东路相交。长 3 千米，宽 20 米。沥青路面。始建于 1972 年，分为东西两段，该路段位于东段，故名。1999 年、2002 年进行改造。两侧有辽代文化城、中医院、一中、金太阳幼儿园、三中等。通 2 路、3 路公交车。

140622-B01-K03 **金城西街**［Jīnchéng Xījiē］在城区南部。西起长征南路，东至迎宾南路。与大同南路相交汇。长 2 千米，宽 20 米。沥青路面。1992 年建成，2003 年扩建。原名南环路，后因金城镇得名。2006 年以迎宾南路为界，分金城西街、金城东街，该路处于金城街道路西段，故名。两侧有六中、职业中学、和谐医院等。通 5 路公交。

140622-B01-K04 **金城东街**［Jīnchéng Dōngjiē］在县城南部。西起迎宾南路，东至龙泉南路。与新建南路、梨花路相交。长 3 千米，宽 20 米。沥青路面。1992 年初建，原名南环路，2003 年、2006 年扩建。因该路处于金城街道路东段而得名。两侧有金城农贸市场、应县人民医院、七中新校区、山西田仁乳业公司等。通 5 路公交车。

140622-B01-K05 **大同北路**［Dàtóng Běilù］在城区西北部。北起大同—石咀省道，南至新建西街。与新建西街相交。长 1.9 千米，宽 12 米。沥青路面 1986 年始建，1992 年铺柏油。因通往大同得名，2006 年以新建西街为界分大同北路、南路，该路段为北路，故名。两侧有应县第二中学、应县机关第二幼儿园、同济医院、新天地购物中心等。

140622-B01-K06 **大同南路**［Dàtóng Nánlù］在城区西南部。北起新建西街，南至洗马庄—朔州省道城南绕行道。与金城街交汇。长 1.3 千米，宽 40 米。1998 年开工，1999 年建成，2011 年向南拓展并铺柏油。该路位于大同路南段，故名。两侧有应县要孩儿综合艺术团、应县六中、应县七小等。通 6 路公交车。

140622-B01-K07 **迎宾北路**［YíngBīn Běilù］在城区中部。北起荣乌高速应县出入口，南至新建西街。与大石线相交。长 1.3 千米，宽 28 米。沥青路面。2003–2005 年改扩建原环城西路、保健路，因寓意迎接宾客且位于道路北段而得名。两侧有应县木塔景区、应县第二小学等。通 5 路公交车。

140622-B01-K08 **迎宾南路**［YíngBīn Nánlù］在城区中部，北起新建西街，南至清宁街。道路与金城街相交。长 0.8 千米，宽 10 米。沥青路面。2003–2005 年改扩建原环城西路、保健路，2012 年新建人行道及绿化带。因位于迎宾路南段而得名。两侧有晋海悦科技有限公司、玻璃大世界有限公司等。通 5 路公交车。

140622-B01-K09 **新建南路**［Xīnjiàn Nánlù］在城区中部。北起新建东街，南至洗马庄—朔州省道城南绕行道。与广和东街、金城街相交。长 1.4 千米，宽 28 米。沥青路面。1973 年建成，1993 年扩建，2002 年重建。2012 年改扩建。因重新规划建设，且该路位于南段，故名。两侧有苏宁易购、中国工商银行应县支行、应县盐业公司、应县供电公司等。通 2 路公交车。

140622-B01-K10 **辽代街**［Liáodài Jiē］在城区中部。北起应县木塔景区，南至新建东街。长 0.3 千米，宽 16 米。1996 年开工，1997 年竣工。因多仿辽建筑，故名。有辽城文化城、广和圆木塔模型等。

140622-B01-K11 **瑞东南路**［Ruìdōng Nánlù］位于城区北部。北起新建东街，南至应县第八中学。与广和东街等路线相交。街道长 1.35 千米，宽 18 米。水泥路面。1993 年初建，2002 年重建，2006 年新建。原名东环路，后取“瑞气东升”之意又在线路南端，故名。两侧有应县八小、应县第八中学、妇幼保健院、金城农贸市场、应县第三中学等。通 12 路公交车。

140622-B01-K12 **瑞东北路**［Ruìdōng Běilù］位于城区北部。北起大石线，南至新建东路。与应元街等路线相交。长 1.04 千米，宽 10 米。水泥路面。1986–1987 年修建，1993 年扩建，2008 年又重新整修。原名东环路，后取瑞气东升之意，又在线路北段，故名。两侧有应县一小、净土寺、应县一中等。

140622-B01-K13 **广和东街**［Guǎnghé Dōngjiē］位于城区南部。西起新建南路，东至梨花路。与同瑞东南路等路线相交。长 1.07 千米，宽 20 米。沥青路面。始建于 1978 年，2002 年重修，2006 年路面硬化，2007 年重新分段命名。原名新开路，后因该路段位于迎宾路以东，故名。两侧有应县第五小学、汇文图书城、佳美超市等。通 3 路公交车。

140622-B01-K14 **广和西街**［Guǎnghé Xījiē］位于城区南部。西起长征南路，东至新建南路。与迎宾南路等路线相交。长 1.07 千米，宽 20 米。沥青路面。始建于 1978 年，2002 年重修，2006 年路面硬化，2007 年重新分段命名。原名新开路，后因该路段位于迎宾路以西，故名。两侧有应县人民文化馆、应县晋剧传承中心、金城镇中学等。通 3 路公交车。

140622-B01-H01 **龙泉**［Lóngquán］在县政府驻地金城镇东南 4 千米。金城镇辖行政村。人口 3080。相传村东南有眼苦泉，称厌泉，后村民打出好井，名隆泉，1911 年更今名。聚落呈团块状。有龙泉遗址，为汉代文化遗存。有万灵阁、龙泉刘家宅院，皆为清代建筑遗构。以农业及农产品加工为主，主产胡萝卜，为晋北最大的优质胡萝卜种植及加工基地。2005 年被评为第一届全国文明村。乡村道路经此。

140622-B02 **南河种镇**［NánhéZhǒng Zhèn］应县辖镇。在县境南部。面积 150.3 平方千米。人口 3.85 万。辖 23 行政村。镇人民政府驻西堡。1949 年属应县三区。1958 年设南河种乡。1959 年设南河种公社。1985 年改设南河种镇。2001 年北曹山乡并入，设立新南河种镇至今。本名禾种，位于三里河以南，为与北河种区分，按方位取名南河种，与北河种对应得名。地处大同盆地南端，地势南高北低。地形分为山地、平川。主要山脉有翠微山，境内最高峰闻名山位于小石口村，海拔 1741.2 米，最低点位于南王庄，海拔 1065.2 米。有大石峪河、小石峪河流经。有中小学、卫生院、蔬菜批发市场等。有市级文物保护单位永镇寺、大安寺遗址、文殊寺、南王庄关帝庙等。2015 年南河种镇获批第五届全国文明村（镇）。农业以蔬菜业、奶牛养殖业和生态林果业为主。粮食作物以玉米为主；经济作物主要种植蔬菜、油料作物。菜种青椒、架豆、胡萝卜、土豆等 9 个品种通过了国家级无公害产地和产品认证，以“应洲绿”注册商标。饲养牛、羊等，建成多个奶牛、肉羊养殖小区。生态果林业发展势头良好。有北曹山、朔州科技创新等工业园区。第三产业发有餐饮、运输、信息、修理，百货等各类服务业。有荣乌高速、二广高速（境内称大运高速）公路、省道大石线、洗朔线经此。

140622-B02-H01 **西堡**［Xībǎo］南河种镇人民政府驻地。在县政府驻地金城镇东南 10 千米。人口 1070。聚落呈团块状。有南河种镇中学、南河种镇寄宿制小学、南河种镇中心卫生院。有西堡观音寺、西堡次家宅院，现存皆为清代建筑遗构。乡村道路经此。

140622-B02-H02 **小石口**［Xiǎoshíkǒu］县政府驻地金城镇东南 14.8 千米。南河种镇辖行政村。人口 1970。因坐落在小石峪口处，与大石口相对应而得名。据明《繁峙县志》载，小石口为雁门十八隘之一。聚落呈团块状。有小石口堡、烽火台，现存为明代建筑遗构。有永镇寺、殊海寺，现存皆为清代建筑遗构。有小石口遗址，为新石器时代文化遗存。2019 年被列入第五批中国传统村落名录。有特产紫皮大蒜，2010 年荣获国家地标产品。乡村道路经此。

140622-B03 **下社镇**［Xiàshè Zhèn］应县辖镇。在县境东南部。面积 54.46 平方千米。人口 2.33 万。辖 15 行政村。镇人民政府驻李堡村。1949 年属应县三区。1953 年属应县四区。1956 年设下社乡。1958 年改下社人民公社。1984 年改设下社镇。因驻地得名。地势南高北低，呈梯形分布。地形分为平原、丘陵。主要山脉有翠微山，境内最高峰狼峪尖山位于大石口村，海拔 1682.1 米，最低点位于石庄，海拔 1050 米。有大东河、大西河流经，境内最大河流为大东河，长 15.3 千米，属海河流域。有小学、卫生院、文化站、应州绿蔬菜批发市场、变电所等。有省级重点文物保护单位丁堡龙王庙。古迹有天王寺遗址。下社镇以蔬菜种植、畜牧业、加工业和服务业为主导产业。农业以种植玉米、小杂粮为主。主要经济作物为蔬菜，有石庄村设施蔬菜示范村，青椒、架豆、胡萝卜、土豆等畅销全国多个省市。有蔬菜加工企业及大型蔬菜制冷库。特产为紫皮大蒜。饲养奶牛、肉羊为主，有奶牛、肉羊养殖小区，山野鸡为特色养殖。第三产业有“应洲绿”蔬菜批发市场、餐饮、运输、信息、修理、百货等各类服务业。荣乌高速，省道大石线、洗朔线经此，有县乡级公路3条，通多路公交车。

140622-B03-H01　**李堡**［Lǐbǎo］下社镇人民政府驻地。在县政府驻地金城镇东南11千米。人口1440。下社古村十二连堡之一，因李姓聚居而得名。聚落呈团块状。有下社镇职业中学、下社镇卫生院。有李堡李家宅院，现存为清代建筑遗构。省道大石线经此。

140622-B03-H02　**丁堡**［Dīngbǎo］在县政府驻地金城镇东南12.5千米。下社镇辖行政村。人口1470。下社古村十二连堡之一，因丁姓聚居而得名。聚落呈团块状。有第六批省级文物保护单位丁堡龙王庙，现仅存龙王殿、乐楼和钟亭，皆为清代建筑遗构。省道大石线经此。

140622-C01　**镇子梁乡**［Zhènzǐliáng Xiāng］应县辖乡。在县境东北部。面积74.99平方千米。人口1.85万。辖11行政村。乡人民政府驻镇子梁。1948年属应县五区。1955年属城关集镇乡，魏庄乡辖。1958年属义井公社。1962年属南马庄公社。1981年设镇子梁公社。1985年改乡。因在安边镇附近，又坐落在山梁上得名镇子梁。地处太行山余脉，地势东高西低。地形分为山地、平川。主要山脉有北岳山，境内最高峰庙山位于吕花疃村东，海拔1438米，最低点位于东辉耀，海拔995米。有浑河流经，有水库、龙潭湖。有省级文物保护单位繁峙古城遗址。有景点龙首山生态旅游区。有中小学、卫生院、文化站等。农业以种植玉米为主，主要特产有西芹、圆白菜、萝卜等。饲养奶牛、肉羊等，有规模养殖园区。有山西老万炉业集团、山西玉雄淀粉厂、汽车修理厂、饭店等。有荣乌高速，省道洗朔线、大石线经此。

140622-C01-H01　**镇子梁**［Zhènzǐliáng］镇子梁乡人民政府驻地。在县政府驻地金城镇东北8千米。人口660。古为养兵屯粮守护金城的军镇，因村在古安边镇附近土梁之上而得名。聚落呈团块状。有镇子梁中心卫生院。有北马庄墓、镇子梁遗址，皆为汉代文化遗存。有安边镇遗址，为金代文化遗存。有镇子梁烽火台，现存为明代建筑遗构。有镇子梁乐楼，现存为清代建筑遗构。县道鳌镇线经此。

140622-C02　**义井乡**［Yìjǐng Xiāng］应县辖乡。在县境北部。面积160.65平方千米。人口2.16万。辖16行政村。乡人民政府驻义井村。1949年属应县五区。1956年属城关集镇乡。1954年设义井乡。1958年改公社。1984年复置为义井乡。2001年撤乡并镇，义井乡与边耀乡合并，成立新的义井乡。传说很早以前，村北有一眼井，泉水自井下直向地面流溢。村子因此起名“溢井”，后演变为“义井”。地处大同盆地南端，地势东高西低。地形分为山区、平川。主要山脉有龙首山，境内最高峰大头顶位于边耀村北，海拔1650.9米；最低点位于北张寨村，海拔983.5米。有桑干河、浑河流经。有小学、文化站、卫生院、文化体育场等。古迹有楞严寺、义井三官庙、北张关帝庙、三门城真武庙、边耀木瓜寺。景点有边耀夕照等。农业种植以玉米、黍谷、绿豆为主。饲养生猪、肉羊、奶牛等。有粮食、瓜果、蔬菜、甜菜、母羊繁殖农业生产基地。有工业园区，包括皮革公司、蔬菜加工厂、糠醛场、电力公司等。有蔬菜瓜果大型批发市场及交易市场。服务业有餐饮、运输、物流信息、加工修理等。多条公路经此。

140622-C02-H01　**义井**［Yìjǐng］义井乡人民政府驻地。在县政府驻地金城镇北10千米。人口2140。相传以前村北有一眼井，泉水自井下直向地面流溢，村子因此起名“溢井”，后演变为此。聚落呈团块状。有义井中学、义井中心校、义井乡卫生院。有义井遗址，为汉代文化遗存。有义井关帝庙，现存为清代建筑遗构。有西瓜、香瓜种植业，为晋北最大的香瓜生产基地。县道怀应线经此。

140622-C03　**臧寨乡**［Zāngzhài Xiāng］应

县辖乡。在县境西北部。面积182.37平方千米。人口2.51万。辖25行政村。乡人民政府驻臧寨。1948年属应县六区。1954年设曹娘乡。1958年设曹娘公社。1961年设臧寨公社。1984年改为臧寨乡。2001年撤并乡镇，大营乡整体并入，成立新的臧寨乡。因臧姓先居得名。地势西高东低，主要地形为平川。主要山脉有黄花梁，境内最高峰黄花岭位于水磨村西，海拔1153米，最低点位于下桥头村，海拔989米。有桑干河流经，另有木瓜河、虾河2条小河，有薛家营水库一座。有小学、卫生院、文化站、图书阅览室、全民健身广场等。有市级文物保护单位花寨关帝庙、下桥头关帝庙、观音阁。有景点佛教寺院、乐楼、黄花岭自然生态旅游区。农业以种植玉米、甜菜、葵花、黍谷为主。有奶牛养殖园区。工业有大型轮窑、陶瓷、建材、煤洗、屠宰加工等企业。为县粮糖、牧业及全省最大的建材基地。第三产业有运输、餐饮、修理、商业。有荣乌、二广高速，省道大石线、宁应线经此。

140622-C03-H01 **臧寨**［Zāngzhài］臧寨乡人民政府驻地。在县政府驻地金城镇西北10.5千米。人口930。古为边关守军营寨，后臧姓居此得名。聚落呈团块状。有藏寨乡中心卫生院。有民营企业陶瓷厂。省道大石线经此。

140622-C03-H02 **大营**［Dàyíng］在县政府驻地金城镇西北14千米。臧寨乡辖行政村。人口1720。相传明代雁门关设军营镇守，因大将鲍孟辉驻守，称鲍家大营，后简为此。聚落呈团块状。有大营乐楼、关帝庙、大营传统宅院，皆为清代建筑遗构。有现代化奶牛养殖园区、物流园区。乡村道路经此。

140622-C04 **大黄巍乡**［Dàhuángwēi Xiāng］应县辖乡。在县境西南部。面积96.06平方千米。人口1.22万。辖16行政村。乡人民政府驻大黄巍。1948年属应县九区。1951年属应县六区。1954年设大黄巍乡。1956年属北湛乡。1959年改属曹娘公社。1962年设大黄巍公社。1984年改设大黄巍乡。因村中原有风积黄土丘巍然屹立，故名大黄巍。有桑干河、黄水河流经，境内最大河流为桑干河。古迹有真武庙、圣母庙、关帝庙。有中小学、卫生院、文化站等。农业以生产甜菜、瓜、玉米、黍谷等为主，主要经济作物有油料、蔬菜等。特产有葵花、胡油、西瓜。养殖业以饲养肉羊为主，有养殖园区。工业以铸造业为主。服务业以零售、餐饮、运输为主。有荣乌高速、省道洪朔线经此。

140622-C04-H01 **大黄巍**［Dàhuángwēi］大黄巍乡人民政府驻地。在县政府驻地金城镇西南10千米。人口1000。相传明初村民王巍高中举人，位列黄榜，故名。聚落呈团块状。有大黄巍乡寄宿制中小学、大黄巍乡卫生院。有大黄巍古堡，现存为明代建筑遗构。336国道经此。

140622-C05 **杏寨乡**［Xìngzhài Xiāng］应县辖乡。在县境西南部。面积95.71平方千米。人口1.85万。辖18行政村。乡人民政府驻杏寨。1948年为应县八区。1953年为应县七区。1956年设杏寨乡。1958年改置杏寨公社。1985年复设杏寨乡。清雍正《应州志》载为杏家寨，后简称杏寨。一说因产杏而命名，一说因姓氏得名。地势南高北低，属于典型的上游河床冲积扇带。有桑干河三、四干渠横贯东西。有小学、卫生院、文化站、农家书屋等。有市级文物保护单位大西头五神宫。有古迹望岩河神庙。农业以粮食种植、蔬菜为主导。蔬菜种植有青椒、尖椒、架豆。养殖以饲养肉羊、奶牛为主。有新西兰恒天然集团大型奶牛养殖基地，有奶牛养殖“明珠”的美誉。乡村道路经此。

140622-C05-H01 **杏寨**［Xìngzhài］杏寨乡人民政府驻地。在县政府驻地金城镇西南15.7千米。人口1210。因杏树繁茂而得名。聚落呈团块状。有杏寨乡中心卫生院。有杏寨遗址，为汉代文化遗存。有杏寨传统宅院，皆为清代建筑遗构。有杏寨战斗发生纪念地，为1947年6月雁北军分区12团、13团与反动地方武装复仇队进行的一场战斗。有现代化奶牛养殖园区。县道应汴线经此。

140622-C06 **下马峪乡**［Xiàmǎyù Xiāng］应县辖乡。在应县西南部。面积115.38平方千米。人口1.26万。辖8行政村。乡人民政府驻下马峪。1948年属应县八区。1950年属应县四区。1953年属应县七区。1956年属杏寨乡。1959年属杏寨公社。1971年设下马峪公社。1984年改设下马峪乡。2001 年梨树坪乡并入。地势南高北低，主要地形有山地和平川，南部为山区，北部为平川。主要山脉有翠微山，境内最高峰白庄梁位于双沟村附近，海拔 1943 米，最低点位于张庄村，海拔 1022 米。有马岚峪河流经，属海河流域。有矿产资源大理石、铁矿石、石英、浮石等。有小学、卫生院、农家书屋、文化站等。有市级文物保护单位崇祯观、武家店关帝庙。有古迹真武庙、威宁堡等。农业以种植玉米、黍子、谷子为主，主要经济作物有油料作物和蔬菜等。下马峪乡是全县五大蔬菜主产区之一，盛产青椒、架豆，洋葱、胡萝卜、西葫芦、茄子等。畜牧业以饲养生猪、羊、牛为主。有奶牛养殖园区。第三产业有餐饮、运输、信息、修理、百货等各类服务业。乡村道路经此。

140622-C06-H01　**下马峪**［Xiàmǎyù］下马峪乡人民政府驻地。在县政府驻地金城镇西南 19 千米。人口 2560。因坐落在马岚峪口下而得名。明万历《应州志》载有下马峪。聚落呈团块状。有下马峪中学、下马峪乡卫生院。有曹汝谦烈士故居，曹汝谦于 1922 年加入中国共产党，在周恩来直接领导下工作，1929 年被捕牺牲。有下马峪传统宅院，皆为清代建筑遗构。县道应汴线经此。

140622-C07　**南泉乡**［Nánquán Xiāng］应县辖乡。在县境南部。面积 144.31 平方千米。人口 1.62 万。辖 16 行政村。乡人民政府驻南泉村。1948 年属应县四区。1953 年属应县三区。1954 年设南泉乡。1958 年设南泉公社。1984 年复设南泉乡。2001 年撤并乡镇时，原梨树坪乡 10 个行政村并入，设立新南泉乡。因村南有股泉水而得名。地势南高北低，地形分为山区、平川。主要山脉有五斗山，境内最高峰赤桦梁位于书堂崖附近，海拔 2250 米；最低点位于周家地村，海拔 1036 米。有茹越峪河、土巷峪河等流经，总长 16 千米。境内最大的河流为茹越峪河，长 10 千米，属海河流域。有省级重点文物保护单位钗里五神庙，市级重点文物保护单位钗里五神庙、南上寨关帝庙。有景点石柱山、马莲滩、龙湾观。为抗日敌后根据地。有历史文化遗址王十万洞遗址。有小学、卫生院、文化站、农家书屋、综合商店、超市等。农业以种植蔬菜、玉米、黍谷、葵花为主。畜牧业以饲养生猪、羊、奶牛为主。四大特色农业基地为玉米制种、小辣椒种植、西瓜种植、黄芪产业。有同朔水泥厂、小辣椒加工企业。第三产业有农业小集贸市场，运输业、餐饮业、物流业、信息业。县道应汴线经此。

140622-C07-H01　**南泉**［Nánquán］南泉乡人民政府驻地。在县政府驻地金城镇南 15 千米。人口 1410。原名南泉子，因村南有一眼泉水而得名，后简为今名。聚落呈团块状。有南泉乡中心学校、南泉乡卫生院。有南泉村堡遗址，现存为明代建筑遗构。有南泉张家宅院，现存为清代建筑遗构。有传统民俗要孩儿、道情、戏班。县道应汴线经此。

140622-C07-H02　**茹越口**［Rúyuèkǒu］在县政府驻地金城镇东南 18 千米。南泉乡辖自然村。人口 200。因有关隘，并取安定、平息异族侵略之意而得名。聚落呈团块状。明正统年间筑堡，为雁门十八隘之一。有茹越口遗址，为新石器时代、汉代文化遗存。有茹越口堡、烽火台，皆为明代建筑遗构。有茹越口关帝庙，现存为清代建筑遗构。有茹越口反击战遗址，1937 年晋绥军与日军在此激战。乡村道路经此。

140622-C07-H03　**书堂崖**［Shūtángyá］在县政府驻地金城镇南 26 千米。南泉乡辖自然村。人口 120。据《应州志》载，金朝进士曹之谦曾在此地隐居讲学，崖边筑有书堂，故名。聚落呈团块状。主产青椒、架豆。乡村道路经此。

140622-C07-H04　**钗里**［Chāilǐ］在县政府驻地金城镇南 16 千米。南泉乡辖行政村。人口 1730。清初在此设置西城里，管辖东西贾庄、南泉等七村，后撤里为村，得名“拆里”，后改为此。聚落呈团块状。有第六批省级文物保护单位钗里五神庙，现存为清代建筑遗构。县道应汴线经此。

140622-C08　**大临河乡**［Dàlínhé Xiāng］应县辖乡。在县境东部。面积 180.91 平方千米。人口 2.75 万。辖 23 行政村。乡人民政府驻大临河村。1948 年属应县七区。1953 年属应县四区。1954 年设大临河乡。1958 年改大临河公社。1984 年复改大临河乡。2001 年撤乡并镇，北楼口乡整体并入大临河乡，设立新的大临河乡。因驻地得名。

地势东高西低，地形分为丘陵、中山区和平川区。主要山脉有翠微山，境内最高峰铁钢崖位于柳坪村附近，海拔2320米，最低点位于安乐营村，海拔1021米。有浑河、北楼峪河、康峪河、王家窑峪、先生沟流经。境内最大的河流为浑河，长5.6千米，属海河流域。有省级文物保护单位田蕙墓，市级文物保护单位北楼口关帝庙。有中小学、文化站、农家书屋、卫生院等。农业以种植马铃薯、玉米、糜黍、豆类、蔬菜为主。主要果品有苹果、葡萄。养殖业以饲养牛、羊、鸡、猪为主。特产有四联社黍子、羊肉、王家窑大葱、北楼峪黄芪等。工业有以蔬菜产业为依托的脱水厂、预冷库。第三产业有运输业、餐饮业、物流、信息。有荣乌高速、省道大石线经此，县道洗朔线经此。。

140622-C08-H01　**大临河**［Dàlínhé］大临河乡人民政府驻地。在县政府驻地金城镇东15千米。人口2490。原名临河堡，因村民在此临河筑堡定居而得名，后分大、小临河。聚落呈团块状。有大临河乡卫生院。有养殖园区。336国道经此。

140622-C08-H02　**北楼口**［Běilóukǒu］在县政府驻地金城镇东22.4千米。大临河乡辖行政村。人口2560。为翠微山北麓一山口，自唐朝以来均为军事设防之地，宋代雁门十八隘之一，称“北楼村营”或“北楼村城”。聚落呈团块状。现西城门尚存，残留城墙70多米。有东沟遗址，为新石器时代、汉代、辽金文化遗存。有北楼口堡、北楼口东山堡，现存为明代建筑遗构。有北楼口关帝庙，现存为明清建筑遗构。有北楼口传统民居，皆为清代建筑遗构。2019年被列入第五批中国传统村落名录。县道郝罗线经此。

140622-C09　**白马石乡**［Báimǎshí Xiāng］应县辖乡。在县境东南部。面积328.32平方千米。人口1.44万。辖21行政村。乡人民政府驻白马石村。1948年属应县一区。1956年设白马石乡。1958年改白马石公社。1985年复设白马石乡。2001年撤并乡镇，将三条岭、双钱树2乡并入，设立新的白马石乡。原名为白蟒神，村南山势高峻，色灰白，状若蟒，居民尊为蟒神降临。又传说曾有外地商客丢失白蟒于此地，后村中灾吉祸福，皆疑白蟒神主宰，后为书写方便，自然演变成“白马石”。地处大同盆地南端的恒山中部，地势东高西低。主要地形为山区。主要山脉有恒山、翠微山，境内最高峰卧羊场位于尧峪村附近，海拔2330米，最低点位于赵家窑村，海拔1314米。有矿产资源金、银、铜、铁、石英、长石、石棉等。有小学、卫生院、文化站、综合商店、农家书屋、超市等。有省级自然保护区南山。有市级文物保护单位大石堡崇寿寺。有景点跑马梁、白蟒寺、崇寿寺等。农业以种植马铃薯、胡麻、小杂粮为主，养殖业以饲养牛、羊、猪为主。特产有黄芪、山野菇、小杂粮。有跑马梁风力发电项目。服务业有旅游、运输、餐饮、住宿等。省道大石线经此。

140622-C09-H01　**白马石**［Báimǎshí］白马石乡人民政府驻地。在县政府驻地金城镇东南26千米。人口800。因村南山势高俊，色白，状若蟒，村民尊为蟒神降临，竟相供奉白蟒神而得名，1966年后演变为此。聚落呈团块状。有白马石乡卫生院。有白马石烽火台，现存为明代建筑遗构。省道大石线经此。

140623　**右玉县**［Yòuyù Xiàn］朔州市辖县。北纬40°　10′，东经112°　21′。在市境西北部。面积1969平方千米。人口8.82万。以汉族为主，还有蒙古、满、回等民族。辖4镇、4乡。县人民政府驻新城镇。夏、商、西周为戎狄所居。春秋、战国为楼烦族人游牧地，战国末期，赵国置雁门郡，治善无。秦置善无县，属雁门郡。西汉添置中陵县。建武二十七年（51年）雁门郡治南迁，属定襄郡。建安末年县废。三国、西晋、十六国时期，多为鲜卑族人游牧地。北魏复置善无县，初隶畿内，后属恒州。北朝北齐、北周属朔州。隋朝属马邑郡善阳县。唐天宝年间置镇静边军，后废。五代后唐属云州，后晋割让给契丹。辽、金属大同府云中县。元代属大同路大同县。明代属山西行都指挥使司。清雍正三年（1725年）升卫为县，同时置朔平府，府县同治。1912年属雁门道，后直属省。抗战时期，成立右南县，属晋绥五专署。1949年属察哈尔省雁北专区。1958年并入左云县。1961年复置。1967年属雁北地区。1972年县驻地从右玉城（今右卫镇）迁至梁家油坊。1993年改属朔州市。地处晋西北黄土丘陵缓坡区，地势东南高、西北低。平均海拔1400米左右。东西两侧均为土石山地，南北部为黄土连绵的丘陵。主要山峰有红家山、曹家山、雷公山、桦林山、贺兰山、牛心山等。境内最高峰红家山，海拔1969米，最低点位于杀虎口苍头河出境处，海拔1230米。有苍头河、源子河、二道河、石匣河、李红河、三道河等河流。属温带大陆性季风气候，气候特点为冬季长而严寒，春季干燥多风，夏季无酷热，且雨量集中，秋季短暂而凉爽。年平均气温约3.6℃。无霜期113天。年平均降水量411.3毫米。矿产资源主要有煤、高岭岩、硅线石、花岗岩等，其中煤炭储量达34亿吨。为国家级生态县，林木绿化率达56%。其他自然资源有野生动物狼、山鸡、石鸡、黄羊、狍子、鹳等30余种；野禽有白鹳、黑雕、朱鹭等国家一类保护动物，猫头鹰、大天鹅等二类保护动物。有职业中学1所，高中1所，初中2所，小学5所，中心校4所，县直幼儿园5所，县医院2所，图书馆1个、展览馆3个、档案馆1个、体育馆1个、玉龙赛马场1处、滑雪场2个。地方特色民间艺术有道情、秧歌、耍孩儿、二人台等。全国重点文物保护单位有宝宁寺。省级重点文物保护单位有中陵古城遗址、威远墓群、马营河老爷庙戏台3处。市级重点文物保护单位万全桥遗址、杀虎堡遗址、古城村西城遗址、右玉清真寺、老爷庙戏台、西口古道、广义桥、通顺桥、晋北实业银行右玉分行旧址、右玉城汽车站10处。有国家非物质文化遗产道情。山西省历史文化名镇右卫镇。省级革命文物有中共右玉县委旧址、右玉革命烈士陵园、十七沟烈士墓群。右玉精神展览馆2019年被中宣部评为全国爱国主义教育示范基地，省级爱国主义教育基地有右玉烈士陵园、右玉博物馆2处。境内存有古长城84千米，古堡50多座，被称为“中国古堡之乡”。生态旅游景区为国家4A级景区，名胜有苍头河国家湿地公园、杀虎口风景名胜区、南山森林公园、贺兰山景区、右玉雪景、西口长城、苍河滴翠、右玉风光、生态右玉、牛心孕璞等。名人有麻贵、关露等。2011年新城镇获评全国文明村（镇），2020年杨千河乡金牛庄村获评全国文明村（镇）。2016年李达窑乡破虎堡村获评第四批中国传统村落。三次产业比例为7.4 ： 39.6 ： 53。农业以种植业为主，生产玉米、马铃薯、甜菜、谷子、莜麦、荞麦、胡麻、豆类、蔬菜等。土特产品有沙棘汁、燕麦片、小杂粮、右玉羊肉、莜面、油糕、莜面栲栳栳、山药八股、豆面八股等。右玉羊肉通过国家农业部农产品地理标志登记，为山西省首个获此殊荣的畜产品。工业形成以煤炭、电力、建材、化工、家畜产品为主导的工业体系。特色农业加工企业22家。第三产业以餐饮、货运物流、农副产品加工、旅游为主。109国道、呼北高速、大呼高速，省道虎山线、董元线经此。

140623-N01　**迎宾大桥**［Yíngbīn Dàqiáo］在县城南部。桥长89.6米，桥面宽20米，最大跨度80米，单孔最大跨度42米。2001年开工并建成。又称滨河大桥。为大型河道桥梁，结构形式为架拱式桥台。最大载重量55吨。担负县城交通南出口重要通道任务。通有1路、3路公交车。

140623-N02　**油坊大桥**［Yóufǎng Dàqiáo］位于杀虎口—山阴线路上。所跨河流为三道河，桥身长107.05米，桥净宽7米，桥高3.2米，最大跨度是15米。该桥建于1972年，因桥位于梁家油坊南，故名，自得名以来沿用至今。

140623-B01　**新城镇**［Xīnchéng Zhèn］右玉县人民政府驻地。在县境中部。面积237.6平方千米。人口1.36万。辖12社区、30行政村。镇政府驻梁家油坊村。1949年属右玉县大油坊头三区。1953年改为梁家油坊乡。1958年设立灯塔人民公社。1961年改称梁家油坊人民公社。1984年改为梁家油坊镇。2001年撤并乡镇，梁家油坊更名为新城镇。2021年白头里乡6村并入。地势北高南低，地形分为黄土丘陵区、盆地区。主要山峰有贺兰山（大南山）、小南山等。仓头河及支流三道河流经，森林覆盖率达53.8%。素有“山川秀美、绿树成荫、塞上绿洲”之美称，是全县特色生态旅游名镇。县域中小学、医院、宾馆、商贸、党政机构集中于此。2011年获第三批全国文明村（镇）称号。农业以种植玉米、莜麦、小杂粮等为主，为县域粮食主产区。养殖业以饲养以牛、羊、猪和鸡为主。工业以农牧业加工为主。

服务业以餐饮、维修物流为主。109 国道、大呼高速、省道虎山线经此。

140623-B01-K01 **玉林东街** [Yùlín DōngJiē] 在城区中部。西起迎宾路，东至杀虎口—山阴省道，与柳影路、文源路相交。长 1.5 千米，宽 30 米。沥青路面。曾名大东街，2005 年更今名。因该路段位于十字街东而得名。两侧有右玉二中、山西英富光伏发电、利康中医院等。通 2、3 路公交车。

140623-B01-K02 **玉林西街** [Yùlín Xījiē] 在城区中部。西起官屯路，东至迎宾路。与民福路、紫玉南路、广贸路相交。长 3.2 千米，宽 20 米。沥青路面。该路因位于十字街以西，故名。两侧有右玉一中、西口文化博物馆、右玉县人民医院等。通 2、3 路公交车。

140623-B01-K03 **长虹西街** [Chánghóng Xījiē] 在城区中南部。西起祥丰南路，东至迎宾南路。与广贸路相交。长 0.55 千米，宽 10 米。沥青路面。取“气势长虹”的美好愿望，且位于道路西延，故名。两侧有右玉县第一小学、基督教西堂、右玉县人民医院等。

140623-B01-K04 **长虹东街** [Chánghóng Dōngjiē] 在城区中南部。西起迎宾南路，东与玉林东街相接。与文源北路相交。长 1.33 千米，宽 10 米。沥青路面。取“气势长虹”的美好愿望，且位于道路东延，故名。两侧有右玉县第四小学、右玉信达商务咨询有限公司、右玉县诚信家政服务部等。

140623-B01-K05 **宝宁街** [Bǎoníng Jiē] 在城区中北部。西起祥丰路，东至文源路。与迎宾路、柳影路、文源路相交。长 1.9 千米，宽 7–9 米。沥青路面。以宝宁寺命名。两侧有油坊信用社、右玉二中、右玉机械厂等。

140623-B01-K06 **迎宾路** [Yíngbīn Lù] 在城区中部。北起玉环街，南至杀虎口—山阴省道。与宝宁街、玉林街、长虹街、正和街相交。长 6.4 千米，宽 35 米。沥青路面。1972 年建成。沙土路面，1988 年改建，2005 年更今名。两侧有中巴希望学校、右玉人民医院、右玉三中、体育广场、右玉购物广场等。通 1、3 路公交车。

140623-B01-K07 **民福北路** [Mínfú Běilù] 在城区中部。北起玉环路防洪渠，南至玉林西街。与玉龙街相交。长 1.2 千米，宽 38 米。沥青路面。原为虎山路，因起于民福小区，且道路位于北段，故名。两侧有晋商银行、右玉龙正泰输配电设备电气工程有限公司等。通 3 路公交车。

140623-B01-K08 **民福南路** [Mínfú Nánlù] 在城区中部。北起玉林西街，南至国营林场南。与滨河街、玉羊街等路线相交。长 2.1 千米，宽 38 米。沥青路面。因位于民福路南段而得名。2013 年拓宽。沿途有新建大桥、国营林场、明德小学等。通 1 路公交车。

140623-B01-K09 **玉羊东街** [Yùyáng Dōngjiē] 在城区南部。西起民福路，东至迎宾路。与御景路相交。长 1.2 千米，宽 38 米。沥青路面。1992 年建立玉羊市场，出入市场的小路逐渐成为街道，称玉羊市场路，2005 年更名玉羊街，后因其位于玉羊路东段，改为玉羊东街。2012 年扩建街道。街道两侧为店铺门面，为县城新型现代化商业街道之一。通 1、3 路公交车。

140623-B01-K10 **玉羊西街** [Yùyáng Xījiē] 在城区南部。西起原 109 国道，东至民福南路。与 109 国道相交。长 0.2 千米，宽 38 米。沥青路面。因该路位于玉羊街西段而得名。2012 年扩建街道。沿路有绿化带、店面门铺等。

140623-B01-K11 **滨河西街** [Bīnhé Xījiē] 在城区南部。西起虎山路，东至迎宾路。与祥丰南路、广贸路等相交汇。长 1.2 千米，宽 24–25 米。沥青路面。因位于二道河北岸，临河而建，且位于道路西段而得名。2011 年兴建，2014 年正式命名。两侧有右玉实验学校、右玉三中、滨河公园等。为县城休闲商业街道。通 1 路公交车。

140623-B01-K12 **滨河东街** [Bīnhé Dōngjiē] 在城区南部。西起迎宾路，东至下堡村。与柳影南路相交。长 0.9 千米，宽 14 米。沥青路面。因位于二道河北岸，临河而建，且位于道路东段，故名。2011 年兴建，2014 年正式命名。两侧有滨河公园、滨河大桥、实验小学、体育广场等，为县城休闲商业街道。

140623-B01-K13 **玉环东街** [Yùhuán Dōngjiē] 在城区北部。西起牛心堡转盘，东至北环转盘。与文源北路相交。长 3 千米，宽 22 米。沥青路面。

为县城东西向主干道，原为109国道过境线，随着县城扩大，成为县城街道，称北环路。2005年更名玉环街，后因位于道路东段，改称玉环东街。2002年扩建，2016年109国道改道。两侧有右玉粮油批发交易市场等，街道两侧为店铺门面，多经营汽车修理。

140623-B01-K14　**玉环西街**［Yùhuán Xījiē］位于城区北部。西起虎山线，东至北环转盘。长1千米。宽12米。沥青路面。为县城东西向主干道。原为109国道过境线，随着县城的扩大，成为县城街道，称北环路。2005年更名玉环街，后又因地处道路西段，改称玉环西街。2002年扩建，2016年109国道改道。两侧有超市宾馆、店铺门面等，多经营汽车修理。通3路公交车。

140623-B02　**右卫镇**［Yòuwèi Zhèn］右玉县辖镇。在县境中北部。面积243平方千米。人口1.29万。辖1社区、26行政村。镇人民政府驻联丰。战国时期称善无，为雁门郡治。秦汉，为雁门郡、善无县治所。明代为右卫、玉林卫驻地。清雍正三年（1725年），为朔平府、右玉县治所。1949年属右玉县第一区。1953年设城关镇。1958年设长城人民公社。1961年设城关公社，1972年县政府迁出。1984年恢复城关镇。2001年更名右卫镇。地处黄土高原丘陵区，地势西高东低，中间平缓，周围群山环抱。主要河流有苍头河及其支流马营河、欧家河、十里河。有幼儿园小学1所、镇卫生院1所。有国家级重点文物保护单位宝宁寺，省级重点文物保护单位马营河老爷庙戏台，市级重点文物保护单位有西口古道、广义桥、通顺桥、晋北实业银行右玉分行旧址、右玉城汽车站、老爷庙戏台、右玉清真寺、杀虎堡堡址、万全桥遗址9处。古迹有城隍庙和风神台、三十二长城等。2009年被确定为省级历史文化名镇。农业以种植玉米、莜麦、胡麻等小杂粮为主，建有土豆种植区和高产玉米种植区。养殖业饲养牛、羊、猪、鸡为主。工业以农牧副产品加工业和建材业为主，另有大理石厂等。服务业餐饮、商贸、旅游为主。大呼高速、省道虎山线经此。

140623-B02-H01　**联丰**［Liánfēng］右卫镇人民政府驻地。在县政府驻地新城镇西北21千米。人口800。因1956年成立农业合作社，取联合丰收之意而得名。聚落呈团块状。有右玉中学、右卫镇镇卫生院。有第八批全国重点文物保护单位宝宁寺，现存过殿和大雄宝殿为明代建筑遗构。有右卫古城，现存为明代建筑遗构。241国道经此。

140623-B02-H02　**杀虎口**［Shāhǔkǒu］在县政府驻地新城镇西北31千米。右卫镇辖行政村。人口920。古为边关军事要塞，控制北方游牧民族南下通道，称杀胡口，清初国家一统，更今名。聚落呈团块状。有第六批省级文物保护单位西口古道，现存为明代遗构。有长城、杀虎堡址，现存为明代建筑遗构。有永济桥、平丰桥、通顺桥，现存为明清时期建筑遗构。有杀虎口遗址，为汉代文化遗存。241国道经此。

140623-B02-H03　**袁家窑**［Yuánjiāyáo］在县政府驻地新城镇北15千米。右卫镇辖自然村。人口200。聚落呈团块状。有麻贵墓，麻贵为明朝后期重要将领，在《明史》中与名将李如松合传。乡村道路经此。

140623-B02-H04　**马营河**［Mǎyínghé］在县政府驻地新城镇西北26千米。右卫镇辖行政村。人口150。该村东堡门石碑记载村名马营堡，清朝驻军常在马营河饮马，更名为此。聚落呈条带状。有马营河堡址、烽火台、老爷庙戏台（马营堡乐楼），现存为明代建筑遗构。有三圣庙，现存为清代建筑遗构。241国道经此。

140623-B03　**威远镇**［Wēiyuǎn Zhèn］右玉县辖镇。在县境西部。面积314.2平方千米。人口1.44万。辖27行政村。镇政府驻威东。明筑威远堡，设威远卫。1949年属四区。1953年设威远乡。1958年改为威远公社，后与威坪、丁家窑合并成立飞跃人民公社。1961年复设威远公社。1984年更名威远堡镇。2001年威坪堡乡部分村庄并入，更名威远镇。2021年丁家窑乡3村并入，白头里乡2村并入。地势西北高、东南低。地形分为山地丘陵、河谷平川。有苍头河流经。有小学1所、镇卫生院1所。有省级文物保护单位中陵故城遗址，市级重点文物保护单位古城村西城址。有常门铺水库旅游、观光景区。农业以种植玉米、小杂粮为主，有蔬菜和花卉大棚。饲养牛、羊、猪、家禽等，有养殖园区、奶站等。农产品加工发展较快。呼北高速经此。

140623-B03-H01 **威东**［Wēidōng］威远镇人民政府驻地。在县政府驻地新城镇西 9 千米。人口 530。因位于威远村东而得名。聚落呈团块状。为 2001 年新建移民村。有蔬菜大棚、奶牛养殖和花卉种植业。县道右威线经此。

140623-B03-H02 **中陵**［Zhōnglíng］在县政府驻地新城镇西南 14 千米。威远镇辖行政村。人口 80。西汉设中陵县，《汉书·地理志》雁门郡："中陵，莽曰遮害。"《水经·河水注》："（中陵川水）东北流，迳中陵县故城东，北俗谓之北右突城，王莽之遮害也。《十三州志》曰：善无县南七十五里有中陵县，世祖建武二十五年（49 年）置。"即此。1977 年石香炉村居民搬迁到该村，故名。聚落呈团块状。有第二批省级文物保护单位中陵古城遗址，为汉代文化遗存。乡村道路经此。

140623-B03-H03 **树儿照**［Shùérzhào］在县政府驻地新城镇西南 12.5 千米。威远镇辖行政村。人口 220。因旧时该村树木林立而得名。聚落呈团块状。有第二批省级文物保护单位威远墓群，为汉代墓葬。乡村道路经此。

140623-B04 **元堡子镇**［Yuánbǔzǐ Zhèn］右玉县辖镇。在县境南部。面积 219.9 平方千米。人口 1.13 万。辖 21 行政村。镇人民政府驻董半川村。1949 年属二区。1953 年设董半川乡。1958 年属高家堡钢铁人民公社。1961 年设元堡子人民公社。1984 年改元堡子乡。2001 设元堡子镇。2021 年白头里乡 5 村并入。地势北高南低，地形为丘陵。元子河流经。矿产资源有煤炭、石灰石和铁矿石等。有小学 1 所、镇卫生院 1 所。农耕地平坦，农牧业生产条件良好，种植玉米、莜麦、油料等。饲养牛、羊、猪、家禽等。工业以煤炭产业为主，有煤炭及相关产业。有运输、餐饮、维修等服务业。省道虎山线、董元线经此。

140623-B04-H01 **董半川**［Dǒngbànchuān］元堡子镇人民政府驻地。在县政府驻地新城镇南 24.5 千米。人口 780。因董姓建村而得名。聚落呈团块状。有董半川中心校、元堡子镇卫生院。有董半川堡址，现存为明代建筑遗构。有煤炭开采业。241 国道经此。

140623-C01 **牛心堡乡**［Niúxīnbǎo Xiāng］右玉县辖乡。在县境西部。面积 194 平方千米。人口 0.63 万。辖 14 行政村。乡人民政府驻牛心堡村。1949 年属三区。1956 年设牛心堡乡。1958 年改为人民公社，同年并入灯塔公社。1961 年分设牛心堡公社。1984 年设牛心堡乡。2001 年欧家村乡 11 个村并入。地势北高南低，中部低凹，属丘陵地区，山势平缓，谷地开阔。主要山峰有牛心山等，苍头河及其支流欧家村河、牛心河流经。有乡卫生院 1 所。景区有牛心山景区，山上有文昌阁、玉皇殿旧址，"牛心孕璞"是右玉古十景之一。农业以种植玉米、小杂粮等，家庭饲养、羊、猪等。工业有石料厂、风电厂等。有乡村特色旅游业。大呼高速经此。

140623-C01-H01 **牛心堡**［Niúxīnbǎo］牛心堡乡人民政府驻地。在县政府驻地新城镇东北 9 千米。人口 650。因明朝于牛心山下筑堡得名。聚落呈团块状。有牛心堡乡卫生院。有牛心堡堡址、烽火台，现存为明代建筑遗构。有牛心堡东遗址，为汉代文化遗存。有牛心山，孤峰独秀。县道右新线经此。

140623-C01-H02 **缑家**［Gōujiā］在县政府驻地新城镇南 35 千米。牛心乡辖行政村。人口 250。明代提督缑谦葬于此地，名缑家坟，1983 年更今名。聚落呈团块状。有缑谦家族墓地，为明代墓葬。有李氏家族墓地，为清代墓葬。乡村道路经此。

140623-C02 **高家堡乡**［Gāojiāpù Xiāng］右玉县辖乡。在县境西南部。面积 226 平方千米。人口 1 万。辖 18 行政村。乡人民政府驻高家堡村。1949 年属二区。1953 年设高家堡乡。1958 年成立高家堡钢铁人民公社。1961 年设高家堡人民公社。1984 年设高家堡乡。2001 年西碾头乡并入。地处黄土高原缓坡区，地势北高南低，地形为丘陵，山势平缓、谷地开阔。有源子河流经。有小学 1 所、乡卫生所 1 所。古迹有古堡 5 座，其中山岔堡保存较为完整。农业以种植小杂粮为主。养殖牛、羊、猪和鸡等。工业有煤矿、镁业、石料、风电等。呼北高速公路经此。

140623-C02-H01 **高家堡**［Gāojiāpù］高家堡乡人民政府驻地。在县政府驻地新城镇南 21.5 千米。人口 800。因明代高姓在此筑堡定居而得名。聚落呈团块状。有高家堡乡寄宿制小学、高家堡乡卫生院。有高家堡遗址，为汉代文化遗存。有高家堡堡址、高家堡老爷庙，现存为明代建筑遗构。县道右董线、县道胡吴线经此。

140623-C02-H02 **大川**［Dàchuān］在县政府驻地新城镇南 31 千米。高家堡乡辖行政村。人口 280。因村庄建在山间平地，为与小川村区别而得名。聚落呈团块状。有大川遗址，为汉代文化遗存。县道胡吴线经此。

140623-C03 **杨千河乡**［Yángqiānhé Xiāng］右玉县辖乡。在县境西北部。面积 256.3 平方千米。人口 0.69 万。辖 17 行政村。乡人民政府驻杨千河村。1949 年属一区。1953 年属新庙子乡。1956 年属西黄家窑乡。1958 年属西黄家窑人民公社，同年并入长城人民公社。1961 年属西黄家窑公社。1983 年设杨千河公社。1984 年更名杨千河乡。2021 年丁家窑乡 7 村并入。相传，古代一个姓杨的千户官，居于苍头河边，名为杨千户河，后简称杨千河。地势西高东低。地形大部分为丘陵地带。主要山峰有桦林山黄花山等，有苍头河及其支流杨千河流经。地下矿藏有白云母、大理石等。有乡卫生院 1 所。2020 年金牛庄村获全国文明村。古迹有铁山古堡、三十二明代长城、圣山泉自然景观等。自然植被良好，适于牧养。种植马铃薯、玉米等小杂粮。饲养羊、牛等。工业有大理石厂。旅游业逐渐兴起。有县乡公路经过。

140623-C03-H01 **杨千河**［Yángqiānhé］杨千河乡人民政府驻地。在县政府驻地新城镇西北 18 千米。人口 300。相传明代有杨姓千户官员在苍头河西岸居住，原名杨千户河，后简称今名。聚落呈块状。有杨千河乡卫生院。边塞风光独特，成为玉林书画院的写生基地。县道右后线经此。

140623-C04 **李达窑乡**［Lǐdáyáo Xiāng］右玉县辖乡。在县境东北部。面积 243 平方千米。人口 0.92 万。辖 19 行政村。乡人民政府驻李达窑村。1949 年属六区，后改为五区、三区。1953 年设李达窑乡。1958 年 8 月设立李达窑人民公社，同年李达窑、破虎堡、欧家村 3 个人民公社合并成立李达窑人民公社。1961 年分设李达窑人民公社。1984 年复置李达窑乡。2001 年撤并乡镇，破虎堡乡、欧家村乡部分村并入。地势西低东高、南北高中间低。地形为丘陵。主要山峰有马头山、红家山，红家山为全县最高点，海拔 1975 米。有马营河流经。地下矿藏有玄武岩，质地优良、储量大、易开采、易加工。其他自然资源有风能、太阳能资源，风能资源位居全省前列，有右玉县老千山风电场。有小学 1 所、乡卫生院 1 所。省级文物保护单位有古长城。2016 年破虎堡村获中国传统村落称号。农业发展以莜麦、杂豆、荞麦、土豆等小杂粮为主，为晋西北地区有名的优质“杂粮之乡”和全省重要的优质小杂粮主产区。饲养羊、牛等，为右玉县重要的畜产品生产基地。服务业以旅游、餐饮为主。有县乡公路经过。

140623-C04-H01 **李达窑**［Lǐdáyáo］李达窑乡人民政府驻地。在县政府驻地新城镇北 28 千米。人口 520。因李姓建村，居住在窑洞而得名。聚落呈团块状。有李达窑乡卫生院。有石塘沟遗址，为汉代文化遗存。有李达窑遗址，为辽金文化遗存。县道李马线经此。

140623-C04-H02 **破虎堡**［Pòhǔbǎo］在县政府驻地新城镇东北 30.4 千米。李达窑乡辖行政村。人口 250。据《朔平府志》记载，明嘉靖年间筑堡，取名破胡堡，清朝改为此。聚落呈团块状。有长城、破虎堡堡址，现存为明代建筑遗构。有破虎堡城址，为汉代文化遗存。有破虎堡墓群，为汉代墓葬。2016 年被列入第四批中国传统村落名录。乡村道路经此。

晋中市

140700 **晋中市**［Jìnzhōng Shì］山西省辖市。东经 113° 05′ –113° 56′，北纬 37° 03′ –37° 36′。在省境中部。面积 1.64 万平方千米。总常住人口 337.95 万。以汉族为主，还有回、满、蒙古等民族。辖榆次、太谷 2 区，榆社、左权、和顺、昔阳、寿阳、祁县、平遥、灵石 8 县，介休 1 县级市。市人民政府驻榆次区。春秋属晋。战国属赵。秦属太原郡、上党郡。西晋属太原国。

东汉析置乐平郡，属并州。三国时，归魏国并州统辖，分隶于太原、上党、西河、乐平4郡。北魏为并州所属太原、乡郡、乐平、上党4郡和汾州所属西河郡地。隋属并、介、韩、辽、吕5州，后属太原、介休、霍山3郡。唐武德元年（618年）改属并州总管府，开元十一年（723年）属太原府，南部属汾州，东部置辽州。宋太平兴国四年（979年）榆次县为并州治所，七年（982年）移治唐明监（今太原），嘉祐四年（1059年）属太原府。金代分属河东北路的太原府、晋州、平定州、汾州和河东南路的辽州。元代属冀宁路和晋宁路。明洪武元年（1368年）改属太原府，东部置辽州，南部属汾州、平阳府。清代分属太原府、汾州府、辽州、霍州。1913年属中路道，南部属河东道。1914年属冀宁道。1927年废道，直属省。1937年分属省第三、四、六行政区。1937年分属晋察冀、晋冀鲁豫、晋绥边区。1948年属华北区太行一专区、太岳一专区和晋中一、三专区。1949年设榆次专区，辖14县区。1951年撤汾阳专区，原辖交城、文水、汾阳、孝义、清源、徐沟6县划归榆次专区，次年划入临县、离石、方山、中阳4县。1958年更名晋中专区，辖7县2市。1960年榆次、寿阳、文水、交城、盂县、左权、昔阳、中阳8县复置，共辖17县市。1961年析阳泉市，复置孝义、灵石、祁县、平定4县，共辖20县。1968年更名晋中地区。1971年孝义、文水、交城、汾阳、离石、中阳、临县7县，属吕梁地区。析榆次县部分区域，设榆次市（县级），辖14县市。1983年撤榆次县并入榆次市，平定、盂县2县属阳泉市。1992年介休县改市（县级）。1999年设晋中市（地级），所属榆次市改榆次区。2019年撤销太谷县，设立晋中市太谷区。该市位于山西中部，故名“晋中”。地势东高西低，东部山地、中部丘陵、西部平原。有太行、太岳等主要山脉。最高峰牛角鞍海拔2566.6米，最低点海拔506米。年平均气温9.4℃，1月平均气温-5.7℃，7月平均气温23.2℃。年平均降水量477.3毫米。无霜期年均151天。最大河流为汾河，主要支流有潇河、昌源河、惠济河、柳根河、龙凤河、静升河、仁义河、交口河、段纯河等，均属黄河水系。浊漳北源、清漳东源、清漳西源属海河水系。有野生动物231种，有国家一级保护动物金钱豹、原麝、金雕、黑鹳等，有国家二级保护动物水獭、青鼬、鸳鸯、蜂鹰等21种。有野生植物1000多种，其中珍稀野生植物有红豆杉、连香树和翅果油树等8种。矿产资源有煤炭、铁、铬、钛、铝土、硫铁、石榴子石、石膏、电石用灰岩、水泥用灰岩、玻璃用砂岩、耐火粘土、水泥配料用粘土等。独立科研与技术开发机构有7个，其中省级技术研究中心为省纺织机械工程技术研究中心。高端装备制造、新能源汽车、文化旅游、生物医药、现代物流等8个新兴产业集群快速崛起。有高校10所，普通高等学校17所，普通中学220所，小学488所，幼儿园620所。文化馆12个，文化系统艺术表演团体77个，公共图书馆12个。卫生机构（含诊所和村卫生室）3807个，其中医院112个、妇幼保健院（所、站）12个、疾病预防控制中心12个。各级体育机关12个，体育运动学校1所，体育场200个，体育馆129个。有国家级重点文物保护单位城隍庙、双林寺、镇国寺、乔家大院、祆神楼、后土庙、资寿寺、孔氏大院等。有省级文物保护单位郭有道墓、石马寺、梁村遗址、白燕遗址等。有国家级非物质文化遗产和顺牛郎织女传说、左权开花调、寿阳爱社、左权小花戏、祁太秧歌、晋中晋剧（中路梆子）、祁县心意拳、太谷形意拳、平遥纱阁戏人、平遥推光漆器髹饰技艺、冠云平遥牛肉传统加工技艺、太谷龟龄集传统制作技艺、平遥道虎壁王氏中医妇科、太谷定坤丹制作技艺、太谷安宫牛黄丸制作技艺、介休寒食清明习俗、传统琉璃制作工艺、榆次南庄无根架火等。有省级非物质文化遗产背铁棍（抬阁、挠阁）、龟龄集酒药传统制作工艺、榆社霸王鞭、老寿星传说、昔阳迓鼓、昔阳拉话、寿阳竹马、凤台小戏、太谷绞活龙、榆社阿胶熬制技艺、太谷砖雕等。有全国爱国主义教育示范基地左权麻田八路军总部纪念馆、昔阳大寨展览馆。有国家历史文化名城太谷、祁县、平遥。1997年平遥古城被联合国教科文组织列入《世界遗产名录》。有国家级历史文化名镇名村灵石县静升镇、夏门村、冷泉村，太谷区北洸村，介休市张壁村、平遥县梁村等。

有国家5A级旅游景区平遥古城、介休绵山风景区。有国家4A级旅游景区榆次常家庄园、镇国寺、协同庆钱庄博物馆、城隍庙财神庙、王家大院、双林寺彩塑艺术馆、文庙学宫博物馆、日升昌票号博物馆、平遥县衙博物馆、乌金山国家森林公园、石膏山风景区。有国家级森林公园介休太岳山、寿阳方山和榆次乌金山。有省级森林公园4处。有省级自然保护区5处。有国家级湿地公园祁县昌源河和省级湿地公园4处。有历史名人介子推、祁奚、郭林宗、孙康、王珪、温彦博、王维、白居易、文彦博、杨云翼、罗贯中。有民俗节庆介休张兰镇泰山庙会、昔阳皋落镇大王庙会、太谷凤山三清观庙会、和顺云龙山龙王庙会、左权永佛寺庙会、榆次城隍庙会、榆社城关泰山庙会、祁县郜北村泰山庙会、介休绵山空王古佛庙会、平遥桥头村双林寺庙会等。有传统美食苦荞面凉粉、左权浆水汤抿尖、和顺酸菜掺面粥、大把拉面、云竹干面饼、寿阳豆腐干等。三次产业比例8.1 ∶ 51.2 ∶ 40.7。农业以种植业为主，主产玉米、小麦，养殖猪、牛、羊、家禽。工业以煤焦、冶金、机械、化工为主，建有纺织机械、液压及配件、玻璃器皿、铸造、新能源汽车等新型产业集群。服务业以旅游、餐饮、商贸、娱乐为主。有国家级晋中经济技术开发区和省级山西榆次工业园区。特产平遥牛肉、太谷饼、龟龄集、定坤丹等。石太、南同蒲、太焦、阳涉、太中银、大西铁路，108、207、208、307国道，京昆、青银、二广、汾阳—邢台、榆次—祁县、天镇—黎城高速公路，省道榆盂线、东夏线、汾屯线、汾介线、榆古线、榆邢线、祁方线经此。

140702　**榆次区**［Yúcì Qū］晋中市人民政府驻地。东经112°　72′，北纬37°　68′。在市境西北部。面积1318平方千米。常住人口90.45万。辖9街道、5镇、4乡。区人民政府驻新建街道。春秋晋国魏榆邑。晋顷公十二年（前514年）置涂水县。战国时期，榆次始属魏，后属赵。秦置榆次县，属太原郡。西汉因之。新莽改榆次县为太原亭。东汉复名。魏、晋属太原国。北魏太平真君二年（441年），榆次并入晋阳，九年（448年）废入晋阳县，并于境内徙置中都县。景明元年（500年）复置榆次县。北齐废榆次县入中都县，治徙榆次故城，属太原郡。隋开皇十年（590年）复名榆次县。唐属并州、太原府。北宋太平兴国四年（979年）为并州治。七年（986年）并州治徙唐明镇（今太原），县属并州、太原府。元属太原路、冀宁路。明、清属太原府。1913年属中路道。1914年属冀宁道。1927年废道，直属省。1937年属省第三行政区。1948年置榆次县，属晋中第三专署。1949年后属榆次专区，为专署驻地。1954年置榆次市。1958年榆次、寿阳2县并入榆次市，改属晋中专区，为专署所在地。1963年改市为县。1967年属晋中地区。1971年市、县分设，1983年市、县合并，恢复榆次市。2000年撤市设区为晋中市榆次区，至今。《榆次县志》记载：上古帝榆罔凭太行以居冀州，其后代建立榆州国，后亡于西周末。《周书》云：孤而无使，曲沃（国）伐之。榆州既亡，其社存焉（今榆社境内有社城），古谓之榆社，榆次和榆社土地“相次接属”，故名榆次。地势东高西低。有八缚岭山和罕山。最高峰圪塔海拔1782.3米，最低海拔768.8米。年平均气温9.8℃，降雨量418—483mm，年日照时数2662小时，无霜期158天。河道属黄河流域。最大河流为潇河，从东至西流经东赵乡、郭家堡乡等。主要支流有涂河、龙门河等。植物种类有林木、果木、药材、花卉、藻类、菌类。动物种有鸟类、哺乳类、爬行类、两栖类。有矿产资源煤、耐火粘土、砖瓦粘土等。各级各类学校1495所，其中高等学校4所、中等职业学校22所、普通中学203所、小学322所、幼儿园934所、特殊教育学校10所。艺术表演团体12个、影剧院43个、文化艺术馆13个、公共图书馆12个、文化站201个、博物馆1个、纪念馆34处。全市广播、电视转播台20座。医疗卫生机构3727个，其中医院111家、社区服务中心18家、卫生院220家、村卫生室2632个。有国家级重点文物保护单位什贴墓群、城隍庙。有省级文物保护单位有猫儿岭墓群。另有古迹清虚阁等。有国家级非物质文化遗产南庄无根架火。有省级非物质文化遗产背铁棍、四眼井醋制作工艺、黑陶烧制技艺、九曲黄河阵、“鱼羊包”烹饪技艺、枣木制板拓片传统技艺、玻璃雕刻等。有纪念地东蒜峪抗日活动旧址、华北野战军第十八兵团前线指挥部旧址、晋华地下党支部旧址、太原战役前线委员会旧址、西沙沟烈士纪念碑、西蒜峪抗日县政府旧址、相立村徐向前旧居、张绍文烈士就义处、榆次革命烈士纪念碑。有省级风景区常家庄园、榆次老城等。有国家级森林公园乌金山。有地方特色民间艺术铁棍、背棍、旱船、剪纸等。有历史名人郝昭、王溥、刘知远、宋继宗、常万玘等。地方特产有长凝大蒜、鱼羊包、上戈小白梨、三郝西瓜。标志性建筑有晋商骆驼群雕。三次产业比例 5.3 ∶ 68.2 ∶ 26.5。农业以种植业为主，主产玉米、小麦、高粱、谷子、大豆、绿豆、荞麦、莜麦、糜黍等杂粮品种，养殖猪、牛、羊、家禽。工业以冶金、机械、电气、化工、煤焦、建材、轻纺、食品为主。独立科研与技术开发机构 2 个，其经纬牌细纱机为中国液压行业发源地，称纺机之城、液压之城。为市粮食、蔬菜主产区和工业生产基地。服务业以服装、餐饮、仓储物流、零售、酒店服务为主。石太、南同蒲、太焦、太中银、大西铁路，京昆、二广、榆次—祁县高速公路，108 国道，省道榆盂线、榆古线、榆邢线经此。通多条公交线路。

140702-K01 **鸣谦大街**［Míngqiān Dàjiē］在城区北部。西起 108 国道交汇处，东至京昆高速公路晋中北出口。与魏榆路、新建北路、中都北路、乌金路、中都北路相交。长 9.6 千米，宽 27 米。沥青路面。2003 年开工，2004 年建成。原名环城北路，2012 年因鸣谦村更名。两侧有晋中开发区汇通路中学校、晋中开发区秋村小学校、王杜学校、乌金山中学等。通 25、新 202 路等公交车。

140702-K02 **汇通路**［Huìtōng Lù］在城区西部。北起迎宾街，南至顺城街。与蕴华街相交。长 1.8 千米，宽 45 米。沥青路面。始建于 1920 年，后多次改建。取汇通天下、四通八达之意得名。两侧有夏雨园、天主教堂、华矩商城、掌上明珠生活馆等。通 801、5 路等公交车。

140702-K03 **汇通北路**［Huìtōng Běilù］在城区西部。北起 108 国道，南至迎宾街。与大学街、文华街、安宁街相交。长 8.2 千米，宽 45 米。沥青路面。2011 年开工，2012 年建成。因在汇通路以北，取汇通天下、四通八达之意得名。两侧有现代双语南校、煤炭公司、汽车公司等。通 25、205 路等公交车。

140702-K04 **汇通南路**［Huìtōng Nánlù］在城区西部。北起顺城街，南至郭村。与顺城街、思凤街、安宁街、龙湖街交会。长 5 千米，宽 56 米。沥青路面。1996 年开工，2008 年建成。因在汇通路以南，取汇通天下、四通八达之意得名。两侧有晋中秉义医院、近城中学、晋中市新都药业有限公司、晋中市第一人民医院、潇河湿地公园等。通 8、11 路等公交车。

140702-K05 **迎宾西街**［Yíngbīn Xījiē］在城区西部。西起马练营路，东至汇通北路。与银泰路、经纬北路、诚信路相交。长 1.15 千米，宽 31 米。沥青路面。原是县城最南的一条街，故取迎宾二字，且为迎宾街西延道路，故称迎宾西街。两侧有中核七院科技创新基地、社火公园、中鼎物流园、榆次区中医院、晋商文化广场等。通 28、201 路等公交车。

140702-K06 **迎宾街**［Yíngbīn Jiē］在城区中部，西起汇通路，东至锦纶路。与中都路、新建路、正太北路交会。长 3.2 千米，宽 40 米。沥青路面。1977 年始建迎宾路，后又多次拓宽改造。取欢迎宾朋之意，故名。两侧有迎宾广场、晋中第四人民医院、中铁三局集团有限公司运输工程分公司等。通 5 路、10 路等公交车。

140702-K07 **迎宾东街**［Yíngbīn Dōngiē］位于城区中部。西起锦纶路，东至环城东路。与幸福路等路线相交。长 1.57 千米，宽 52 米。沥青路面。2015 年修建，2016 年建成。因紧邻火车站，每天均有大量宾客进入本市，故名“迎宾”，有欢迎宾客之意，且位于迎宾路东延，故名。两侧有晋中市水利建设工程公司、远通商务中心等。通 201、K001 路等公交车。

140702-K08 **大学街**［Dàxué Jiē］在城区北部。西起汇通北路，东至中都北路。与魏榆路、定阳路、新建北路相交。长 6.7 千米，宽 57 米。沥青路面，2012 年建成。因毗邻大学城得名。两侧有太原师范学院、太原理工大学、山西传媒学院等新校区、山西医科大学榆次校区、晋中学院、山西工程科技大学等。通 902、903 路等公交车。

140702-K09 **大学东街**［Dàxué Dōngjiē］在城区北部。西起中都北路，东至环城东路。与寿阳路相交。长 2 千米，宽 42 米。沥青路面。因在大学街以东而得名。两侧有启帆双语学校、山西凯焱新能源科技有限公司、东方尚品厨具批发城、大学城采摘园等。

140702-K10 **龙湖西大街**［Lónghúxī Dājiē］在城区北部。西起东温庄村，东至汇通路龙湖桥西。与环城西路、箕城路、经西大道交会。长 4.4 千米，宽 40 米。沥青路面。2012 年建成，沿用至今，因位于龙湖大街西延而得名。两侧有汽车客运总站、汇晋金融港、开发区龙湖公园、鑫法大拇指广场等。通 3、205 路等公交车。

140702-K11 **龙湖大街**［Lónghú Dàjiē］在城区北部。西起汇通路龙湖桥东，东至王湖村。与定阳路、新建北路、中都北路交会。长 2.2 千米，宽 66 米。沥青路面。2004 年开工，2005 年建成。因附近有龙田与王湖两村，故取两村组合为名。两侧有山西古城乳业集团、晋中万达广场、太原幼儿师范学院晋中分校、榆次区妇幼保健院、新世纪书院等。通有 25、2 路等公交车。

140702-K12 **龙湖东大街**［Lónghúdōng Dàjiē］在城区北部。西起锦仑北路，东至锦东大道。与吉利路、高源线、太源二环高速相交。长 15.4 千米，宽 20 米。沥青路面。2004 年开工，2005 年建成。因龙田与王湖两村得名。两侧有榆次电缆责任有限公司、春树沐云农业、晋中恒济通集团、山西新能源汽车有限公司等。通 K001、201 路公交车。

140702-K13 **文苑东街**［Wényuàn Dōngjiē］在城区北部。西起锦纶北路，东至环城东路。与体育西路相交。长 1.6 千米，宽 49 米。沥青路面。原名体育街，因“晋中学院、新闻中心”等单位分布于此街，故名。两侧有晋中体育公园、体育西路便民超市、河北建设集团等。通 105、106 路等公交车。

140702-K14 **文苑街**［Wényuàn Jiē］在城区北部。西起站北路，东至锦纶北路。与定阳路、新建北路、中都北路相交。长 3.5 千米，宽 45 米。沥青路面。1994 年建成，原名校园路，“文苑”指文士所居之地，因“晋中学院、新闻中心”等单位分布于此街，故名。两侧有文苑街小学、龙湖地产、中国人民银行、中铁三局集团电务工程有限公司、晋中市青少年活动中心玉湖公园、榆次二中等。通 5 路西环、909 路等公交车。

140702-K15 **安宁街**［Anníng Jiē］在城区北部。西起汇通北路，东至锦纶北路。与定阳路、新建北路、中都北路相交。长 3.5 千米，宽 24 米。沥青路面。1985 年开工，1994 年建成，2002 年改造。原名安宁大街，因穿过安宁村得名。2005 年全线通车。有房地产、证券股份等公司、晋中印象城、榆次第五中学、榆次第二中学等。通 106 路、2 路等公交车。

140702-K16 **安宁东街**［Anníng Dōngjiē］在城区北部。西起锦纶北路，东至百草坡森林植物园。与锦东大道、北关小区东巷、体育西路相交。长 2.24 千米，宽 32 米。沥青路面。因其从榆次安宁村穿行而过，故名。两侧有榆次实验中学、晋中供电公司、山西金航建筑有限公司、淘乐堡儿童乐园等。通 6、13 路等公交车。

140702-K17 **安宁西街**［Anníng Xījiē］在城区北部。西起农谷大道，东至汇通北路。与经西大道、箕城路、灵石路、银泰路相交。长 10.7 千米，宽 24 米。沥青路面。1985 年开工，1994 年建成，2002 年改造。原名安宁大街，因其位于安宁路西段，故名。两侧有晋中市开发区新长城机械有限公司、经东机械、汽车客运站、太原惠特科技有限公司等。通 3、205 路等公交车。

140702-K18 **蕴华西街**［Yùnhuá Xījiē］在城区中部。西起环城西路，东至汇通路。与箕城路、韩村路、经纬路等相交。长 4.4 千米。宽 24 米。沥青路面。1992 年开工，2009 年建成。因其位于蕴华街西延，故名。两侧有技术学院、中学、站前公园、晋中市第四人民医院、工人文化宫、工人俱乐部、晋中供电分公司等。通 1、4 路等公交车。

140702-K19 **蕴华街**［Yùnhuá Jiē］在城区中部。西起汇通路，东至锦纶路。与新建路、中都路相交。长 2.8 千米，宽 24 米。沥青路面。始建于 1982 年，曾用名建东街、建西街等。因处于市中心繁华地带，商业密集，教育机构密集，为集聚人才、蕴含才华之地，故名。2004 年又合并建东街、建西街、窑新街、窑北街，故更名蕴华街。两侧有榆次一中、榆次区五处小学、晋华小学、中都广场等。通 11、203 路等公交车。

140702-K20 **蕴华东街** [Yùnhuá Dōngjiē] 在城区中部。西起锦纶路，东至环城东路。与建通路、体育西路相交。长 1.6 千米，宽 8 米。沥青路面。1998 年开工，2007 年建成环城东路—直隶庄小区路段。因其位于蕴华路东延，故名。两侧有锦纶路小学、晋中市老年大学、岭南便民市场、山西优骏达供应链管理服务有限公司等。通 206、9 路等公交车。

140702-K21 **顺城街** [Shùnchéng Jiē] 在城区中部。西起汇通路，东至锦纶路。与汇通南路、新建路、中都路、环城东路相交。长 2.43 千米，宽 48 米。沥青路面。1955 年改造顺城东街和顺城西街，后多次改建，2005 年拓宽改造。因顺老城北城墙通达东西而得名。两侧有顺城公园、晋中市第一人民医院、榆次文化广场、百货大楼、榆次十中等。通 1、2 路等公交车。

140702-K22 **顺城东街** [Shùnchéng Dōngjiē] 在城区中部，西起锦纶路，东至 S317 与 S318 交汇处。沥青路面。与锦东大道、岭南路、新华街相交。长 5.6 千米，宽 48 米。沥青路面。1955 年初建，1960 年扩建。因其位于顺城街东延，故名。沿街两侧有北合新流区、晋中市吉美粮食加工厂、一职中、晋中市客运办、岭上公园、榆次第四中学等。通 18、31 路等公交车。

140702-K23 **顺城西街** [Shùnchéng Xījiē] 在城区中部。西起环城西路，东至汇通路。与西环路相交。长 4.6 千米，宽 48 米。沥青路面。因其位于顺城街西延，故名。两侧有榆次区职业技术学校、晋中大剧院、经纬幼儿园、荣村、晋中站等。通 1、101 路等公交车。

140702-K24 **思凤街** [Sīfèng Jiē] 在城区南部。西起古陶路，东至锦纶南路。与汇通南路、花园路、府兴路相交。长 2.7 千米，宽 49 米。1987 年初建，2004 年合并南内环、洞西街、石油街。因隋代思凤乡、清代思凤楼得名。两侧有近城中学、汇隆农贸市场、瑞阳热电联产供热有限责任公司、东瑞农贸中心、瑞达公交等。通 17、21 路等公交车。

140702-K25 **思凤东街** [Sīfèng Dōngjiē] 在城区南部。西起锦纶南路，东至环城东路。长 5.38 千米，宽 49 米。沥青路面。2003 年修建南内环，2004 年合并南内环、洞西街、石油街。因其位于思凤街东延得名。两侧有汽修服务有限公司、旭日国际旅行社、东瑞农贸中心、瑞达公交等。通 8、901 路公交车。

140702-K26 **新建北路** [Xīnjiàn Běilù] 在城区中部。北起鸣谦大街，南至迎宾街。与大学街、文华街、龙湖大街、文苑街、安宁街相交。长 7.2 千米，宽 31 米。沥青路面。2002 年开工，2012 年建成。因该路段在新建路以北，故名。两侧有山西能源学院、山西医科大学、山西传媒学院、师范高等专科学校、艺术学校、乌金山中学、晋中万达广场、晋商公园、晋中市博物馆等。通 11、207 路等公交车。

140702-K27 **新建路** [Xīnjiàn Lù] 在城区中部。北起迎宾街，南至顺城街。与道北西街、晋华路、新华街相交。长 1.7 千米，宽 38 米。沥青路面。因该路是一条新修建的路，故名。两侧有晋华中学、晋华小学、晋中开发区农村商业银行、晋华片区万达广场等建筑。通 Z1 路、10 路等公交车。

140702-K28 **中都北路** [Zhōngdū Běilù] 在城区中部。北起环城北路，南至迎宾街。与京昆高速公路、鸣谦大街、大学街、龙湖大街、文苑街、安宁街相交。长 7.1 千米，宽 32 米。沥青路面。榆次古有“中都”之称，该道路是一条横贯城中心南北主干道，又因此路段位于主干道北端，故名。两侧有山西医科大学、榆次五中、山西大学附属中学晋中学校、山西省检察官培训学院、玉湖公园、晋中荣慈综合医院等。通 5、23 路等公交车。

140702-K29 **中都路** [Zhōngdū Lù] 城区中部。北起迎宾街，南至顺城街。与顺城街、蕴华街、迎宾街相交。长 2 千米，宽 32 米。沥青路面。2004 年改造校园路，并合并粮店街、道北街、北山路。因榆次旧称中都得名。两侧有榆次区老年大学、榆次区人民医院东院区、田森汇城市生活公园、晋华街道商贸城、新天地时尚购物广场等。通 2、9 路等公交车。

140702-K30 **锦纶路**[Jǐnlún Lù]在城区东部。北起迎宾街，南至小东关北大巷。与蕴华街、新华街、顺城街相交。长 1.5 千米，宽 50 米。沥青路面。1970 年开工，2002 年改造，2005 年底通车。因毗邻山西锦纶厂得名。两侧有清真寺、中铁三局集团第六工程有限公司、市晋剧和民间艺术研究院晋中市老年大学等。通 4 路西环、909 路等公交车。

140702-K31 **锦纶南路** [Jǐnlún Nánlù] 在城区东部。北起小东关北大巷，南至凤栖大街。与思凤街、新华街、蕴华街相交。长 1.5 千米，宽 65 米。沥青路面。2003 年开工，2005 年建成。因其位于锦纶路南延得名。两侧有晋中天玺医院、榆次区潇河湾小学、农商银行、潇河湿地公园等。通 8、20 路等公交车。

140702-K32 **锦纶北路** [Jǐnlún Běilù] 在城区东部。北起龙湖大街，南至迎宾街。与乐平街、文苑东街相交。长 2 千米。宽 65 米。沥青路面。2003 年开工，2005 年建成。因其位于锦纶路北延而得名。两侧有榆次二中、王湖榆树遗址、云清商务大厦、台商书语君营销中心等。通 5、909 路公交车。

140702-K33 **环城西路** [Huánchéng Xīlù] 在城区西部。北起汇通北路，南至环城南路。与龙湖西大街、迎宾街、顺城西街相交。长 10 千米。宽 28 米。沥青路面。2003 年开工，2004 年建成。因位于环城路西线，故名。两侧有晋中市汽车客运站、老陈醋公司、山西新华书店集团有限公司、晋中开发区智能制造产业园、晋中榆次长城电缆厂、山西古船食品有限公司等。通 10、106 路等公交车。

140702-K34 **环城南路** [Huánchéng Nánlù] 在城区南部。西起 108 国道与榆次—古交省道交汇处，东至西郝村。与古陶路、汇通南路、郭村路、南关路相交。长 4.9 千米。宽 24 米。沥青路面。2003 年建成。因位于环城路南线，故名。两侧有太重液压工业园、湿地公园、石油天然气公司、晋中市第一人民医院、潇河带状公园等。通 29、206 路等公交车。

140702-K35 **环城东路** [Huánchéng Dōnglù] 在城区东部。北起京昆高速公路晋中北路口，南至西郝村。与文苑街、安宁街、迎宾街、顺城街相交。长 13 千米，宽 28 米。沥青路面。2003 年开工，2004 年建成。因位于环城路东线，故名。两侧有金湖油厂、大唐现代双语学校、公交公司、晋能控股煤业集团、晋中体育公园、潇河莲花湾景区等。通 10、912 路等公交车。

140702-K36 **龙城中央大道** [Lóngchéngzhōngyāng Dàdào] 在城区北部。西起 005 乡道，东至锦东大道。与鸣谦大街、青银高速、中都北路、榆罕线等相交。长 6.1 千米，宽 25 米。沥青路面。两侧有北砖井村、施家凹村、山西建投总承包公司市政分公司、山西交通养护集团榆次分公司等。通有 20 路公交车。

140702-K37 **魏榆路**[Wèiyú Lù]在城区北部。北起龙城大街，南至龙湖大街。与青银高速、鸣谦大街、文津街、大学街、文华街、汇丰街、广安街等交汇。长 5.2 千米，宽 52 米。沥青路面。2006 年始建，2012 年建成。春秋中期，因晋悼公用大夫魏绛和戎之策，以获得榆次一带，因此盖取魏绛之姓，榆州国之名，而称魏榆。两侧有太原师范学院、山西工程科技大学、晋中学院、太原理工大学、山西卫星信息产业园、中国圣贤药业、山西卫安环报科技股份有限公司等。通有 7 路、K903 路等公交车。

140702-K38 **文津街** [Wénjīn Jiē] 在城区北部。西起乌金路，东至中都北路。与魏榆路、定阳路、新建北路等相交。长 3.84 千米，宽 52 米。2012 年修建。沥青路面。取“文人津津乐道”之意，故名。两侧有志村观音堂、太原师范学院、太原理工大学、山西省中医学校、山西卫生健康职业学校等。通有 205、207 路等公交车。

140702-K39 **文华街** [Wénhuá Jiē] 在城区北。西起汇通北路，东至中都北路。与中都北路、新聂路、新建北路、辽阳路、定阳路、龙田路等交汇。长 6.12 千米，宽 51 米。2006 年文华街开始建造，2012 年建成。沥青路面。因其位于大学高校园区，取才华之意，故名。两侧有山西传媒学院、山西工程科技大学、学府生态绿地公园、太铁救援培训中心、晋中学院、山西医科大学等。通有 205、5 路等公交车。

140702-K40 **文华东街**［Wénhuá Dōngjiē］在城区北。西起中都北路，东至锦东大道。长 1.98 千米，宽 52 米。2013 年建造。沥青路面。因其位于文华街东延，故名。两侧有山西新一双语学院、麻六酒店用品大厦等。通 20 路公交车。

140702-K41 **定阳路**［Dìngyáng Lù］在城区北部。北起鸣谦大街，南至迎宾路。与文化街、文津街、广安街、凤翔街、龙湖街、文苑街等相交。长 6.5 千米，宽 20 米。沥青路面。因南北朝时期于晋中置“定阳郡”，故名。两侧有山西智创城 4 号、山西省中医学校、太原理工大学、山西中医药大学、山西传媒学院、晋中学院、山西海立方海洋公园、晋中市警察培训学校等。通有 6、207 路等公交车。

140702-K42 **乌金路**［WūJīn Lù］在城区北部。北起鸣谦大街，南至文华街。与大学街、文津街相交汇。长 2.53 千米、宽 37 米。沥青路面。2012 年建成。因此路北向为乌金山，故名。两侧有太原师范学院、山西工程科技职业大学、学府生态绿地公园等。通有 909、205 路公交车。

140702-K43 **体育西路**［Tǐyù Xīlù］在城区东部，北起文苑街，南至迎宾东街，与文苑东街、乐平街、龙湖东大街等相交汇。长 2.12 千米，宽 52 米。2013 年建成。沥青路面。因其位于市体育局与体育公园西侧，为弘扬体育精神，倡导全民健身，故名。两侧有晋中三兄弟金属制品有限公司、榆次区第三幼儿园、榆次农商行、晋中市荣军医院、晋中体育公园等。通有 206、201 路等公交车。

140702-A01 **北关街道**［Běiguān Jiēdào］属榆次区管辖。在城区中部。面积 1.65 平方千米。常住人口 3.91 万。辖 7 社区。1956 年设立东北关街道，属榆次县。1958 年属榆次市。1960 年街道改公社，属城镇公社。1961 年改为北关分社。1964 年恢复北关街道办事处，仍为城镇公社下属机构。1984 年设立北关街道办事处。2000 年属榆次区。2002 年居民委员会改社区居民委员会。2005 年栈房街社区并入晋华社区，划归晋华街道。因地处榆次旧城北关一带得名。有中小学、幼儿园、卫生院、公共图书馆，另有党政机关、医院、铁路货运站、商场等。为榆次政治、经济、文化中心。工业以材料加工为主。服务业以金融、餐饮、零售、商贸、酒店服务、运输为主。有特色小吃鱼羊包和砂子饼。通 912、9 路等公交车。

140702-A01-J01 **荣发社区**［Róngfā Shèqū］属北关街道。在榆次区中部。面积 0.4 平方千米。人口 5600。因山西荣发车辆集团而得名。2002 年 10 月成立。有榆次一中。有楼房 73 栋。2014 年获省文明社区称号。通 1、11、909 路等多路公交车。

140702-A02 **锦纶街道**［Jǐnlún Jiēdào］属榆次区管辖。在城区东北部。面积 9.3 平方千米。常住人口 5.16 万。辖 9 社区。1979 年在北关街道办事处的基础上增设大庆街道办事处，属城镇人民公社。1984 年在大庆街道的基础上新设锦纶街道，属榆次市。1993 年增辖王湖西、王湖东、田青坡、荣复 4 个居民委员会。1996 年增辖北郊东居民委员会。2000 年属榆次区。2002 年居民委员会改社区居民委员会，辖 8 个社区居民委员会。因辖区内有山西锦纶厂而得名。有中小学、幼儿园、超市、商城、卫生院及党政机关。有国家级文明单位 1 个，省级精神文明单位 6 个，市级精神文明单位 21 个，区级精神文明单位 3 个。有晋中市中级人民法院、晋中市财政局、晋中市审计局、晋中市电业局等。服务业以金融、餐饮、娱乐、零售、仓储物流为主。通 201、912 路等公交车。

140702-A03 **新华街街道**［Xīnhuájiē Jiēdào］属榆次区管辖。在城区东南部。面积 2.8 平方千米。常住人口 2.81 万。辖 7 社区。原为榆次城东门外。1955 年建顺城东街。1965 年改建新华街，后多次拓建。1984 年成立，属榆次市。2000 年属榆次区。2002 年有 5 个社区居民委员会。2004 年建环城东路。2005 年建锦纶南路。2006 年晋化社区更名金恒社区。因新华街得名。有中小学、幼儿园、医院、公共图书馆等，另有党政机关、酒店及省女子监狱。荣获流动人口计划生育管理服务奖、爱国卫生城乡清洁工程工作先进单位、先进基层工会、先进基层人民武装部、党风廉政工作先进集体、信访工作先进社区等称号。服务业以商贸、餐饮、零售、酒店服务为主。有特色小吃鱼羊包、砂子饼。石太铁路线经此。通13路、新101路公交车。

140702-A04 **西南街街道**［Xīnánjiē Jiēdào］属榆次区管辖。在城区南部。面积5.6平方千米。常住人口2.07万。辖9社区。1954年拓宽改造南大街、北大街、东大街。1956年设立西南街道办事处，属榆次市。1958年属榆次市。1960年街道改公社，属人民公社。1984年撤销公社，成立西南街道，属榆次市。2000年属榆次区。2002年居民委员会改社区居民委员会，辖6个社区居民委员会。2005年清虚阁社区更名思凤社区。因地处城区西南部得名。有中小学、幼儿园、卫生院、商城、超市、文化艺术中心及党政机关。有国家级重点文物保护单位榆次城隍庙。另有古迹榆次县衙、思凤楼、清虚阁、凤鸣书院、市楼、文庙、大乘寺、瓮城遗址等。服务业以旅游、娱乐、商贸、餐饮、零售、仓储物流为主。拥有颐景国际酒店、芙蓉酒楼、百花苑酒店、德胜苑酒店（乔家文化餐饮有限公司）、东湖井商城、东湖井商业街、君豪国际购物、田森超市、东森超市等多个大型餐饮、购物场所。有特色小吃榆次灌肠、砂子饼。通20、25等多路公交车。

140702-A04-J01 **思凤社区**［Sīfèng Shèqū］属西南街道。在榆次区南部。面积2平方千米。人口1.2万。因在思凤街而得名。2006年1月成立。有楼房73栋、单门独院小二楼302栋。2014年获省文明社区称号。通203、909路等多路公交车。

140702-A05 **路西街道**［Lùxī Jiēdào］属榆次区管辖。在城区西南部。面积2.6平方千米。常住人口1.99万。辖8社区。1984年成立。原为榆次城西南郊。1956年建经纬路。1974年成立郭家堡街道。1978年更名路西街道，属城镇公社。1984年撤销城镇公社，成立路西街道，属榆次市。1986年建西站路。1996年建经纬南路。2000年属榆次区。2004年建汇通南路、环城南路。因地处南同蒲铁路以西得名。辖区有小学、幼儿园、医院、粮食储备库、商城、超市。工业以制造业、机械加工为主。榆次液压集团有限公司在1994年选入全国500家最大机械工业企业。服务业以餐饮、零售、仓储物流、服装、娱乐为主。有特色小吃榆次灌肠、砂子饼。通1、9等多路公交车。

140702-A06 **经纬街道**［Jīngwěi Jiēdào］属榆次区管辖。在城区西部。面积2.7平方千米。常住人口2.33万。辖5社区。1984年成立。2002年社区居委会改制，整合为5个社区。2004年合并顺城东街、顺城西街、经纬路，更名顺城街。2007年顺城西街将经纬辖区分为生活区和生产区。因经纬纺织机械厂得名。有中小学、幼儿园、医院、宾馆、超市、商城、老年活动中心。工业以纺织、制造为主。有机械齿轮制造、化纤精密制造等公司。为省最大纺织机制造基地。服务业以餐饮、零售、仓储物流、运输为主。通1、新101等多路公交车。

140702-A06-J01 **经纬二社区**［Jīngwěièr Shèqū］属经纬街道。在榆次区中西部。面积0.3平方千米。人口2900。1984年5月成立。有经纬齿轮制造公司等。有楼房40栋。2014年获省文明社区称号。通101、35、9路等多路公交车。

140702-A06-J02 **经纬五社区**［Jīngwěiwǔ Shèqū］属经纬街道。在榆次区中西部。面积0.3平方千米。人口5600。1984年5月成立。有新晋优品、经纬丽苑等多个居住小区。有楼房87栋。有志愿者服务和社区养老院。2014年获省文明社区称号。通201、9路等多路公交车。

140702-A07 **安宁街道**［Anníng Jiēdào］属榆次区管辖。在城区北部。面积20.1平方千米。常住人口5.50万。辖10社区。1984年属榆次市。原为榆次北部安宁、鸣李等村用地。1985年建安宁大街。1997年扩增安宁街道。2000年属榆次区，2002年居民委员会改社区居民委员会，辖8个社区居民委员会。2003年增设安宁社区。2006年增设顺驰社区。辖10个居民委员会。2012年建大学街、龙湖西大街等。有大中专院校、中小学、幼儿园、医院。另有党政机关、天主教堂。工业以制造、加工、电力为主。有晋中烟草公司、山西新建机器厂、榆次供电支等公司。服务业以餐饮、零售、仓储物流、金融、酒店服务为主。通1、

9、201 路等多路公交车。

140702-A07-J01 **电力社区**［Diànlì Shèqū］属安宁街道。在榆次区中部。面积 0.7 平方千米。人口 4200。因供电局而得名。2002 年 10 月成立。有安宁小学。有安宁新苑、南都供电宿舍、北供电局宿舍等多个居住小区。2014 年获省文明社区称号。通 1、13、201 路等多路公交车。

140702-A08 **新建街街道**［Xīnjiànjiē Jiēdào］榆次区人民政府驻地。在城区西北部。面积 14.60 平方千米。常住人口 2.75 万。辖 7 社区。1984 年成立，属榆次市。原为榆次城西北部。2000 年属榆次区。2002 年辖区重新划分，居民委员会改为社区委员会。2012 年建龙湖西大街。因新建路得名。有大中专院校、普通高中、幼儿园、医院，另有党政机关、图书角、商业网点等。工业以制造、加工为主。有晋中烟草公司、山西新建机器厂等公司。服务业以餐饮、零售、仓储物流为主。有华钜商城、汇森美家装饰广场等。有特色小吃榆次灌肠、鱼羊包、砂子饼。通 2、13、新 202 等多条公交车。

140702-A09 **晋华街道**［Jìnhuá Jiēdào］属榆次区管辖。在城区中部。面积 3 平方千米。常住人口 4.54 万。辖 9 社区。1956 年设。原属榆次城北门外。清末正太铁路通车设榆次站。民国初建晋华纺织厂。1955 年建顺城街。1956 年改建粮店街。1960 年改为晋华人民公社。1961 年并入城市公社。1963 年属城镇人民公社。1968—1981 年三次拓建花园路。1984 年恢复晋华街道建置。2000 年属榆次区。2004 年粮店街、道北街拓宽改造，统称中都路。因晋华纺织厂得名。有中小学、幼儿园、医院、福利院、超市、商城，另有党政机关等。有榆次爱国主义教育基地榆次革命烈士纪念碑。工业以印刷、纺织、加工为主。服务业以餐饮、零售、运输为主。通 1、9 等多路公交车。

140702-B01 **乌金山镇**［Wūjīnshān Zhèn］榆次区辖镇。在城区北部。面积 159.24 平方千米。常住人口 5.17 万。辖 43 行政村。镇人民政府驻鸣谦。原名鸣谦驿。1950 年属榆次县第四区。1953 年区政府改区公所，区下设乡，四区辖乡除东聂乡外，设有鸣谦、沛霖、西付、峪头、秋村、西沙沟、小西沟、大峪口 8 乡。1954 年撤区，境内设鸣谦乡、小西沟乡、大峪口乡。1958 年 6 月属榆次市。同年 11 月成立鸣谦东风人民公社，1961 年设沛霖人民公社。1962 年改置鸣谦人民公社。1963 年榆次市改县，属榆次县。1971 年榆次市、县分置，属榆次市。1984 年撤人民公社，恢复沛霖乡建置。2000 年属榆次区。2001 年合并沛霖乡与鸣谦镇，更名乌金山。2021 年撤销什贴镇，整建制并入乌金山镇。因辖区内有乌金山而得名。地貌复杂，多属丘陵山区。年平均气温 9.8℃，年平均降雨量为 400—500 毫米。河道属黄河流域。有主要河道涧河、黑河、河口河、泉子河、河底河、白龙河、五龙河，河流总长度 97 千米，最大的河流为涧河，从东北至西南流经境内西蒜峪、田家湾、峪头等村，长 45 千米。有植物资源白皮松、天然林酸枣、枸杞、沙棘等，还有远志、柴胡、黄芩等野生中药材资源。有矿产资源煤炭、煤层气、地下水、耐火黏土、建筑用砂等。有中小学、卫生院、文化站、篮球场。有国家级重点文物保护单位什贴墓群。有第四批中国传统村落小寨村。有国家级森林公园乌金山林场。另有古迹流村、峪头新石器文化遗址、水晶院、敦崇礼墓、龙王庙、张彪祠堂、太清宫、和合寺、福云寺、韩轨墓、资圣寺、文昌庙等。农业以种植业为主，主产谷子、玉米、高粱、豆类、小杂粮为主，养殖猪、牛、羊、家禽，盛产葡萄、苹果、核桃。工业以煤炭开采、电力为主。服务业以运输、零售、餐饮、娱乐为主。南同蒲铁路、青银、京昆、太旧高速公路经此。

140702-B01-H01 **鸣谦**［Míngqiān］乌金山镇人民政府驻地。在区政府驻地新建街道北 7 千米。人口 4300。出自《易经》“鸣谦，贞吉。”明清时为西安至北京驿道，置鸣谦驿。聚落呈团块状。有山西冶金技师学院（晋中校区）、太原师范大学附属中学、鸣谦小学、乌金山中心卫生院。有鸣谦遗址，为新石器时代、夏、商、东周文化遗存。鸣谦大街经此。

140702-B01-H02 **什贴**［Shítiē］在区政府驻地新建街道东北 17.3 千米。乌金山镇辖行政村。人口 2180。历史上为交通重镇与古驿道，两晋南北朝时期政府派兵驻扎于此，“什”为驻军幡号；

历朝皇榜均在此处张贴，故得名为“贴”。聚落呈团块状。有什贴小学、什贴卫生院。有什贴堡址，俗称永宁堡，现存为明代建筑遗构。省道榆盂线经此。

140702-B01-H03 **颉纥**［Xiéhé］在区政府驻地新建街道东北24千米。乌金山镇辖自然村。人口180。颉意为鸟往上飞，纥意为圪塔，相传村庄整体上形如展翅欲飞的蝙蝠，“蝠”谐音为“福”，故名。聚落呈条带状。有第六批省级文物保护单位颉纥法宝寺，现存为明代建筑遗构。有县级文物保护单位张绍文烈士墓，为纪念被日军杀害张绍文烈士而立。有颉纥塔，为明代建筑遗构，有颉纥传统民居，为清代建筑遗构。乡村道路经此。

140702-B01-H04 **小寨**［Xiǎozhài］在区政府驻地新建街道东北15.6千米。乌金山镇辖行政村。人口420。相传因村形状如凤凰展翅，北、西、南三面深沟环绕，东面筑有前后两道门和围墙，因此得名小寨。聚落呈团块状。有小寨烽火台，现存为明代建筑遗构。有舞霓亭、吕祖坛、神栖宫、小寨传统民居，皆为清代建筑遗构。2016年被列入第四批中国传统村落名录。省道榆盂线经此。

140702-B01-H05 **高壁**［Gāobì］在区政府驻地新建街道东北17.8千米。乌金山镇辖行政村。人口1100。村庄地形复杂，地势高而险，西坡西南有一高高的土峭壁，形似一支“毛笔”，故演变为“高壁”。聚落呈团块状。有高壁小学。有第六批省级文物保护单位高壁资圣庙，现存为明清建筑遗构。有南头关帝庙、南石坡道碑、苏河关帝庙，皆为清代建筑遗构。县道秋郭线经此。

140702-B02 **东阳镇**［Dōngyáng Zhèn］榆次区辖镇。在城区西南部。面积57.89平方千米。人口3.02万。辖21行政村。镇人民政府驻东阳。1953年设东阳乡。1954年撤区，直接为县辖乡。1956年扩大区划，正式成立东阳乡。1958年6月上属榆次市，11月撤销东阳乡，所属区域归张庆曙光人民公社管辖。1960年在张庆人民公社潇河南区域增设东阳春光人民公社，机关驻东阳，下辖18个管理区。1962年改东阳人民公社。1963年榆次市改县，属榆次县。1983年属榆次市。1984年设东阳镇，属榆次市。1999年属榆次区。2000年属榆次区。相传，古代此地有一地下泉水通向东海，又地处晋阳区域，故名东阳。因驻地得名。地形平坦。海拔在799.4米—804.6米之间。年平均气温在9.7℃，年平均降水量440.7毫米。河道属黄河流域。主要河道有象峪河、津水河2条，总长17.8千米。最大的河流为象峪河，从东至西流经境内西范、南庄等村，长4.3千米。有中小学、幼儿园、卫生院、村卫生室、文化站、农民书屋、篮球场及乒乓球室和排球室等文体设施。有2013年第二批中国传统村落车辋村。有古迹下丁里古文化遗址、常家庄园、清代秦氏民居、民国赵氏民居等。有爱国主义教育基地和革命传统教育基地南庄革命烈士陵园。1995年被住建部评为全国500强小城镇建设试点镇。2003年上榜第一批山西省历史文化名镇名村。2014年被国家住房城乡建设部等七部委确定为全国重点镇。农业以种植业为主，主产玉米、小麦、谷子、高粱、棉花，养殖猪、牛、羊、家禽、盛产长白菜、茴子白、黄瓜、葱头、西红柿等。为农业大镇，有三晋蔬菜第一镇之誉。服务业以餐饮、旅游、商贸、修理为主。南同蒲铁路经此，设东阳站，二广、榆次—祁县高速公路、108国道经此。通12路支公交车。

140702-B02-H01 **东阳**［Dōngyáng］东阳镇人民政府驻地。在区政府驻地新建街道南17.5千米。人口4700。相传古为秦汉阳邑县旧地，北魏迁至今太谷县境后废为东阳、西阳两村，故名。聚落呈团块状。有东阳一中、东阳小学、东阳镇中心卫生院。有东阳秦氏宅院、赵氏宅院影壁，皆为清代建筑遗构。有革命烈士秦赞忠故居。108国道经此。

140702-B02-H02 **车辋**［Chēwǎng］在区政府驻地新建街道西南18.5千米。东阳镇辖行政村。人口480。相传围绕佛教传教寺为轴心，周边四寨（刘家寨、成家寨、林家寨、王家寨）以车幅状组成一个自然村，故名。聚落呈团块状。有东阳二中。有县级文物保护单位、AAAA级景区常家大院，现存为清代建筑遗构。有县级文物保护单位白起墓，为战国时期墓葬。有车辋堡址，为明代文化遗存。2013年被列入第二批中国传统村落名录。通 12 路支公交车。

140702-B03 **长凝镇**［Chángníng Zhèn］榆次区辖镇。在城区东南部。面积 326 平方千米。常住人口 1.51 万。辖 18 行政村。镇人民政府驻西长凝。1948 年属榆次县第一区。1950 年扩大区的建制仍为第一区。1953 年区政府改称区公所，区下设乡。1954 年区的建制撤销，乡直属榆次县。1958 年设长凝红星人民公社。1959 年成立石圪塔跃进人民公社。1963 年榆次市改县，属榆次县。1971 年榆次市、县分设，县党政机关驻西长凝村。1974 年县党政机关迁榆次城内。1983 年榆次县并入榆次市，属榆次市。1984 年复置乡，属榆次市。2000 年属榆次区。2001 年石圪塔乡并入。明《太原府志》：“后魏人李长宁居此，因名之。”清代避道光皇帝旻宁讳，演变为今名。因驻地得名。地处丘陵区，东高西低。海拔在 800—1320 米之间。年平均降水量 387.1 毫米，年平均气温 10.22℃，无霜期 157 天。河道属黄河流域。主要河道有涂河，从东南至西北流经境内庆城、沟口、上庄、石槽头、石坊塔、北蔺郊、南蔺郊、相立、东长凝、西长凝等 16 个村，长 43.5 千米。有矿产资源煤炭、天然气等。其他自然资源有常绿阔叶林、针叶林、灌木林，还有真菌类、禾本科牧草类、豆科牧类。有中小学、幼儿园、卫生院、村卫生室、文化大院等。有 2016 年第四批中国传统村落相立村。有古迹贾鱼沟旧石器时代古文化遗址、蔺相寺、高家山南塄上的唐代摩崖造像等。此外还有高国杰烈士纪念亭、徐向前司令员解放太原战役驻地旧址、华北野战军十八军团旧址、王家骏宅院。农业以种植业为主，主产玉米、茄子、大蒜，养殖猪、羊、家禽，盛产苹果、桃、杏。服务业以旅游、商贸、餐饮、娱乐为主。有特产茄子、蒜、胡萝卜。特产大蒜被认定为地理标志农产品，被评为省十佳特色品牌产品。省道榆邢线经此。

140702-B03-H01 **西长凝**［Xīchángníng］长凝镇人民政府驻地。在区政府驻地新建街道东南 17 千米。人口 2885。明《太原府志》载：“后魏人李长宁居此，因名之。”清代避道光皇帝旻宁讳，演变为今名。聚落呈团块状。有西长凝小学、长凝镇卫生院。有西长凝遗址，为旧石器时代文化遗存。有西长凝南遗址，为新石器时代、夏文化遗存。有西长凝传统民居，皆为清代、民国建筑遗构。有特产大蒜，被认定为地理标志农产品，被评为省十佳特色品牌产品。历史上为榆次东南交通重镇。省道榆邢线经此。

140702-B03-H02 **相立**［Xiānglì］在区政府驻地新建街道东南 21 千米。长凝镇辖行政村。人口 920。相传此地为赵国宰相蔺相如立马处，取“蔺宰相生存立足之处”之意，故名。聚落呈团块状。有县级文物保护单位相立徐向前旧居，县级文物保护单位华北野战军第十八兵团前线指挥部旧址。有相立戏台、相立传统民居，皆为清代建筑遗构。2016 年被列入第四批中国传统村落名录。省道榆邢线经此。

140702-B04 **北田镇**［Běitián Zhèn］榆次区辖镇。在城区南部。面积 102 平方千米。人口 2.46 万。辖 24 行政村。镇人民政府驻北田。1953 年设北田乡。1954 年撤销区。1956 年扩大乡的建置，小乡合并。1958 年属红旗人民公社。1961 年设北田人民公社。1963 年榆次市改县，隶属榆次县。1983 年榆次县并入榆次市，北田隶属榆次市。1984 年 2 月北田人民公社改设北田乡，8 月乡改镇。2000 年属榆次区。因田氏所居，与南田相对命名。因驻地得名。地势呈“两梁一平川”。平均海拔 840 米。年平均气温 9.7℃，1 月份平均气温 -8℃，7 月平均气温 32℃，年平均降水量 400 毫米。河道属黄河流域。主要河道有培塔河，从东至西流经境内中元、伽西、北流、福堂、福堂庄、田乔、小祁七等村，长 15 千米。有中小学、幼儿园、卫生院、卫生所、文化大院、篮球场。有古迹古南道场沟古文化遗址、小南庄古文化遗址、孟祥墓、关帝庙。农业以种植业为主，主产玉米、蔬菜，养殖家禽。为省苹果、葡萄、梨、红枣四大生产区之一。被农业部确定为全国“新红星开发十大基地之一”“山西省多样化林果基地”。工业以电力、农副产品深加工为主。服务业以商贸、餐饮、零售为主。太焦铁路，二广、榆次—祁县高速公路经此。

140702-B04-H01 **北田**［Běitián］北田镇人民政府驻地。在区政府驻地新建街道东南 15 千米。

人口 3800。相传明朝初黄河泛滥，以田可道为主的田氏六人从原籍河南逃难北行，来此定居。因思念故土，且位于河南以北而得名。聚落呈团块状。有北田中学、北田小学、北田镇中心卫生院。有北田三官庙、北田永安门、王家骏大院，皆为清代建筑遗构。省道太长线经此。

140702-B05　**修文镇**［Xiūwén Zhèn］榆次区辖镇。在城区南部。面积 75 平方千米。常住人口 3.5 万。辖 1 社区、21 行政村。镇人民政府驻陈侃。1948 年属榆次县第六区。1950 年分属榆次县第二区、第三区。1953 年属陈侃乡。1956 年小乡合并为大乡，现境大部分属东阳乡，属榆次县。1961 年设陈侃人民公社。1963 年榆次市改县，属榆次县。1971 年榆次市、县分置，属榆次县。1983 年县并入市，属榆次市。1984 年复置陈侃乡。2000 年 1 月撤榆次市改设榆次区，2 月修文办事处和陈侃乡合并为修文镇，属榆次区。修文为“停止武备，修治文事，振兴文教”，不再使用武力，人们安居乐业之意。偃武修文一词出自《尚书·武成》，因与演武村（原名偃武）相对应而得名。地势东高西低。东部为丘陵区，西部为潇河冲积平原区，地势平坦。海拔 799 米。年平均气温 9.8℃，最高气温 39℃，最低气温 -25℃。年平均降雨量 45.6 毫米。无霜期 150 天。河道属黄河流域。主要河道有潇河，从东至西流经境内中郝、西郝、郭村、北要、南要、修文、东长寿、陈侃、褚村、陈胡、述巴 13 个村，长 18 千米。有矿产资源砖瓦黏土、建筑用砂等。有中小学、幼儿园、卫生院、卫生所。有 2015 年第四届全国文明村东长寿村。有古迹明代户部尚书褚铁墓、明代古地道、魁星阁遗址、赵玘墓、李敏墓等。有历史名人明代进士、廉吏东白村人褚铁，红军战士西郝村人赵品三，王都村人革命烈士王维则、名医马维麟等。农业以种植业为主，主产玉米、小麦、大豆、棉花、蔬菜，养殖猪、羊、牛、家禽，盛产苹果、桃、葡萄等。为榆次重要产粮区。工业以铸造、纺织、化工、建材、农产品加工、机械制造等为主。服务业以运输、旅游、餐饮、零售为主。南同蒲、太焦铁路过境并设文修站，二广高速公路、108 国道经此。

140702-B05-H01　**陈侃**［Chénkǎn］修文镇人民政府驻地。在区政府驻地新建街道南 12 千米。人口 1570。相传此处曾有秦军阵亡将士覆土夯实的土堆，名“秦坑”，后演变为“真肯”，明以后称陈侃。聚落呈团块状。有修文镇卫生院。有陈氏家族墓地，为清代墓葬。108 国道经此。

140702-B05-H02　**东长寿**［Dōngchángshòu］在区政府驻地新建街道南 10.9 千米。修文镇辖行政村。人口 1900。相传唐末农民起义时，取彭祖高寿八百之意定村名为长寿村，后与潇河隔河对应的西长寿对应而得名。聚落呈团块状。有东长寿小学。2015 年被评为第四届全国文明村。108 国道经此。

140702-C01　**郭家堡乡**［Guōjiāpù Xiāng］榆次区辖乡。在城区中部。面积 55.9 平方千米。常住人口 5.27 万。辖 3 社区、28 行政村。乡人民政府驻郭家堡。1919 年属榆次县第一区。1953 年设郭家堡乡。1958 年撤乡建制，成立市区人民公社，机关驻新集街，上属榆次市。1959 年成立郊区人民公社。1964 年改郊区人民公社。1965 年人民公社机关迁驻郭家堡。1971 年榆次市、县分设，属榆次市。1983 年更名郭家堡人民公社。1984 年复置乡，属榆次市。2000 年属榆次区。因境内郭姓人氏居多而得名。因驻地得名。地势东高西低，最高海拔 908.6 米，最低海拔 779.1 米。年平均气温 9.8℃，年平均降雨量 400—500 毫米。河道属黄河流域，主要河道有潇河，从东至西流经境内北合流、源涡、小东关、王村等村，长 8.82 千米。矿产资源有黏土、建筑用砂、建筑石料等。有中小学、幼儿园、卫生院、村卫生室、综合文化站、村文化大院。鱼羊包烹饪技艺被列为省级非物质文化遗产保护名录。有 2005 年第一批、2009 年第二批、全国文明村南关村，2011 年第三批全国文明村郭家堡村。有古迹北合流古文化遗址、源涡文化遗址、盖聂古墓遗址、妙智寺、水草庙。有历史名人后汉贤德皇后李三娘。被授予“中国乡镇之星”“中国最具发展潜力的乡镇”“山西省先进基层党组织”等荣誉称号。2008 年被文化部命名为中国民间艺术之乡。2010 年被国家体育总局评为全国群众体育先进集体。有特产江米粘。

农业以种植业为主，主产各类蔬菜，养殖猪、牛、羊、家禽，盛产苹果、梨、桃等。工业以冶炼、机械制造、农产品加工、房地产建筑、纺机、液压、铸造为主。服务业以仓储物流、商贸、零售为主。有专业化和综合性物流市场。石太、太焦、南同蒲铁路，108国道和榆次—祁县高速公路、省道榆赞线、榆盂线经此。

140702-C01-H01 **郭家堡**［Guójiāpù］郭家堡乡人民政府驻地。在区政府驻地新建街道南2千米。郭家堡乡辖行政村。人口5400。聚落呈团块状。有榆次三中、郭家堡乡卫生院。2005年被评为第一届全国文明村。有省级非物质文化遗产郭家堡鱼羊包烹饪技艺。有特产江米粘。顺城西街经此。

140702-C01-H02 **南关**［Nánguān］在区政府驻地新建街道东南5千米。郭家堡乡辖行政村。人口6100。因民居在榆次老城南门外而得名。聚落呈团块状。2009年被评为第二届全国文明村。思凤街、阁南街经此。

140702-C01-H03 **鸣李**［Mínglǐ］在区政府驻地新建街道西北5千米。郭家堡乡辖自然村。人口2800。原名李村，传李村护村堤堰曾有凤凰鸣叫一声离去，不久村里出了后汉贤德皇后李三娘，故名。聚落呈团块状。有鸣李小学。有经济开发区鸣李村汽贸园。108国道经此。

140702-C02 **张庆乡**［Zhāngqìng Xiāng］榆次区辖乡。在城区西南部。面积79平方千米。常住人口3.91万。辖21行政村。乡人民政府驻张庆。1919年属第四区。1948年属榆次县第七区。1950年为第三区，区政府驻永康村。1953年区政府改为区公所，区下设乡。1956年设张庆乡。1958年改张庆曙光人民公社。1984年复置乡，属榆次市。2000年属榆次区。地处晋中盆地，属汾河与潇河冲积平原，地势平坦。海拔在700—800米之间。年平均气温9.8℃，年平均降水量407.1毫米，无霜期157天。河道属黄河流域。主要河道有潇河1条，从东至西流经境内西长寿、马村、北胡乔、郝村等村，长13.25千米。有“长久吉庆”之意。因驻地得名。有中小学、幼儿园、卫生院、村卫生所。有地方特色民间艺术斗活龙、铁棍等，其中铁棍被列入省级非物质文化遗产名录。有赛贡和绞活龙等民间文艺活动。有古迹西寺、观音寺、宋启英祠堂、郝氏祠堂、张庆惨案遗址等。农业以种植业为主，养殖猪、牛、羊、家禽，盛产红枣、葡萄、苹果、桃。为榆次粮食生产基地。旧有“米粮川”之誉。工业以铸造、纺织、液压、机械为主。现为榆次工业园区。有特产“四眼井”牌陈醋。太中银、大西铁路、108国道、二广高速公路、省道榆邢线经此。

140702-C02-H01 **张庆**［Zhāngqìng］张庆乡人民政府驻地。在区政府驻地新建街道西南7.8千米。人口4200。古称长庆，有“长久吉庆”之意。聚落呈团块状。有张庆中学、张庆小学、张庆卫生院。有县级文物保护单位张庆观音堂，现存为明代建筑遗构。有1937年张庆惨案遗址。明清时处京陕官道，为榆次西部大镇。339国道经此。

140702-C03 **庄子乡**［Zhuāngzǐ Xiāng］榆次区辖乡。在城区东南部。面积159.57平方千米。常住人口1.7万。辖18行政村。乡人民政府驻庄子。1919年为第二区，直属榆次县。抗日战争、解放战争时期，同属中国共产党领导下的榆次县（路东）抗日政府、民主政府第二区和第三区。1948年设第二区、第四区，区政府分别驻上黄彩、庄子。1950年扩大区划，撤销二区、四区建置，并入新的第一区和第二区。1953年区下设乡，属北赵乡。1954年撤区，直属榆次县。1958年榆次县并入榆次市，属榆次市。1961年设庄子人民公社。1963年榆次市改县，属榆次县。1971年榆次市、县分置，属榆次县。1983年置乡，属榆次市。1984年撤销公社建制，改为庄子乡和黄彩乡。1999年属榆次区。2001年与黄彩乡合并。相传该村原是药村种地的庄子，后发展成村，故起名为庄子。因驻地得名。地处太行山西麓。地势东高西低。海拔在838—1630米之间。年平均气温10℃。年平均降雨量400毫米左右。有中小学、幼儿园、卫生院、村级卫生室、文化大院、篮球场。有省级文物保护单位蒲池村寿圣寺、神头古墓、牛村文殊寺。区级文物保护单位胡巨源墓、社稷庙、圣母祠等。农业以种植业为主，主产玉米、谷子，养殖猪、羊、牛、家禽，盛产红枣。服务业以旅游、休闲、娱乐、餐饮为主。二广、榆次—祁县高速公路经此。

140702-C03-H01　**庄子**［Zhuāngzǐ］庄子乡人民政府驻地。在区政府驻地新建街道东南 13 千米。人口 1700。原为药村地庄，后成附属小庄，俗称庄子，渐成村落。聚落呈团块状。有庄子小学、庄子乡卫生院。有区级文物保护单位胡巨源墓，为元代墓葬。有区级文物保护单位庄子圣母祠（圣母庙），现存正殿为金代建筑遗构，东西配殿为清代建筑遗构。有区级文物保护单位社稷庙，现存为清代建筑遗构。乡村道路经此。

140702-C04　**东赵乡**［Dōngzhào Xiāng］榆次区辖乡。在城区东部。面积 91 平方千米。常住人口 1.57 万。辖 14 行政村。乡人民政府驻东赵。1919 年实行区村制，为第二区，属榆次县。1948 年榆次解放恢复完整的榆次县建制，东赵乡境分属第一区、第十一区。1949 年属榆次县第九区。1950 年分属第一区、第五区。1954 年设东赵乡。1958 年 6 月，属榆次市。同年 11 月，撤销东赵乡，原属区域归长凝人民公社。1959 年改公社。1984 年复置乡，属榆次市。2000 年属榆次区。相传起初由使赵村迁来赵姓多人，村址位于使赵村东面，故起名东赵。因驻地得名。地势东高西低。平均海拔 1024 米。年平均气温 11.6℃，年平均降雨量 380 毫米，无霜期 140—150 天。潇河、龙门河上游流经并于境内交汇。有矿产资源砖瓦用土、建筑用砂等。有中小学、幼儿园、农民书屋、文化站。有 2012 年第一批中国传统村落、2019 年第七批中国历史文化名村后沟村。另有古迹观音庙、真武庙、关帝庙、文昌阁、魁星楼、河神庙、山神庙等。有地方特色民间艺术传统社火、西窑河灯等。有后沟中国民间文化遗产抢救工程古村落调查保护示范基地、后沟农耕文化遗产保护采样地。农业以种植业为主，主产玉米、高粱、谷子、小杂粮，养殖猪、羊、牛、家禽为主。为典型山区农业乡。为省四大梨区之一。有特产牙枣、上戈小白梨。有后沟古村、凯众山庄、红杉药业、西窑民俗文化产业园等生态农业经济。有重点工程金粮农科产业链延伸项目、村镇改造工程、苗木基地建设工程、德御坊杂粮快饮建设项目。工业以史料开采、黏土制砖、洗砂加工、酿造为主。服务业以运输、餐饮、零售为主。石太铁路经此并设东赵 1 个货运站，榆次—祁县高速公路、省道榆赞线经此。

140702-C04-H01　**东赵**［Dōngzhào］东赵乡人民政府驻地。在区政府驻地新建街道东 17 千米。人口 1000。相传使赵村中赵姓的一支迁来此地立村，因村址在原籍使赵的东面而得名。聚落呈团块状。有东赵乡中学、东赵乡卫生院。有县级文物保护单位东赵遗址，为夏代、汉代文化遗存。339 国道经此。

140702-C04-H02　**后沟**［Hòugōu］在区政府驻地新建街道东北 19.2 千米。东赵乡辖行政村。人口 240。因村庄在深沟中而得名。聚落呈团块状。有后沟观音堂（南寺），现存为明清时期建筑遗构。有后沟关帝庙、后沟戏台、后沟玉皇殿，现存皆为清代建筑遗构。其民居建筑为典型黄土高原土穴窑居，为中国民间文化遗产抢救工程古村落调查保护示范基地、农耕文化遗产保护采样地所在地，被誉为黄土旱塬农耕文明的传统经典。2012 年被列入第一批中国传统村落名录，2019 年被列入第七批中国历史文化名村名录。乡村道路经此。

140703　**太谷区**［Tàigǔ Qū］晋中市辖地。东经 112° 33′，北纬 37° 25′。在晋中市中部。面积 1046 平方千米。常住人口 32.21 万。辖 3 镇、5 乡。区人民政府驻水秀镇。西汉置阳邑县，治所在今阳邑村，属太原郡。三国时全境归魏国并州辖，属太原郡。西晋时仍归并州辖，属太原国。十六国时期先后属汉（前赵）、后赵、前燕、前秦、西燕、后燕。北魏太平真君九年（448 年）废，景明二年（501 年）复置，属太原郡。北周建德六年（577 年）治徙白塔村，即今城关。隋开皇三年（583 年）县属并州，十八年（598 年）改太谷县，大业三年（607 年）属太原郡。唐武德三年（620 年）于县置太州，县属之，六年（623 年）废太州，县属并州，开元十一年（723 年）属太原府。五代十国时期，县境相继为后梁、后唐、后晋、后汉、北汉领属。宋、金因之。元属冀宁路。明、清俱属太原府。1912 年直属山西省管辖。1914 年省下设道，归冀宁道（治今阳曲县）辖。1927 年废道，直属省。1937 年属省第三行政区。1937 年分置路东、路西 2 县，属太行行署二专署。1948 年复为太谷县。1949 年属榆次专区。1958 年祁县并入，属晋中专区。1961 年祁县析出。1967 年属晋中地区。1999 年属晋中市。2019 年国务院批准撤销太谷县，设立晋中市太谷区。由“三山为太，九口为谷”之语得名。东南部山峦重叠，西北部地势平坦。最高峰蚂蚁岭海拔 1935.9 米，最低点海拔 768.3 米。年平均气温 10.1℃，1 月平均气温 -5.6℃，7 月平均气温 23.9℃。年平均降水量 405.8 毫米。无霜期 176 天。河道属黄河和海河流域。最大河流为乌马河，与象峪河汇流入昌源河，后入汾河。主要支流有石河、朱峪河、四卦河、咸阳河。有野生植物杨树、槐树、刺槐、枸杞等。有野生动物豹、獾、狐、野猪、鹊等。有矿产资源粘土、矿泉水、河砂、砂岩、铸造用砂和膨润土等。有山西农业大学（省农科院）、晋中信息学院等高校、普通中学 22 所、职业中学 1 所、小学 51 所，其中有全国重点职业高中太谷区职业中学、全省重点高中太谷中学和太谷二中。有艺术团体 8 个、博物馆 4 个、有公共图书馆 1 个、文化馆 1 个、体育馆 1 座、卫生机构（包含诊所及村卫生室）389 个。有国家级重点文物保护单位无边寺、曹家大院、孔家大院、安禅寺、真圣寺、白城光化寺、新村妙觉寺、范村圆智寺、无边寺、山西铭贤学校旧址等。有省级文物保护单位白燕遗址、太谷鼓楼。有国家级非物质文化遗产祁太秧歌、形意拳、龟龄集传统制作技艺、定坤丹制作技艺、安宫牛黄丸制作技艺。有省级非物质文化遗产太谷绞活龙、传统乐器制作技艺、王宗岳太极拳、鑫炳记太谷饼传统制作技艺。为中国形意拳的发祥地之一。有省级非物质文化遗产山西民居砖雕艺术、太谷饼传统制作工艺。有历史文化名村北洸村、阳邑村和白燕村。有历史名人箕子、孟母、白居易（祖籍）、孔祥熙、赵铁山、杜润生、阳处父、温承惠、李嗣昭、白建、白敏中（祖籍）、白行简（祖籍）、庞福诚、温忠翰、牛天界、孔令仪、程裕祯、吴效闵、张启仁、李世芳、杨澧、宋光华、聂向庭、张佩义、郭全、阎根生、李思进、韩炎达、任杰生。2007 年太谷秧歌荣获文化遗产奖。2011 年被文化部命名为中国文化艺术之乡。三次产业比例 23 ∶ 26 ∶ 51。农业以种植业为主，主产小麦和玉米，为省级水果、蔬菜生产基地。有特产太谷西瓜、壶瓶枣、葡萄等水果以及龟龄集、定坤丹、牛黄安宫丸等中成药。荣欣堂、广誉远被誉为“中华老字号”。工业以煤焦、铸造、医药、食品、碳素为主，建有循环经济、玛钢工业、工贸、医药食品等产业集群。服务业以旅游、商贸、金融、服装、零售、酒店服务等为主。南同蒲、太焦铁路过境，设太谷站，大西铁路过境，设太谷西站。二广、榆次—祁县高速公路经此并与 108 国道在境内交会。

140703-K01 **凤翼街**［Fèngyì Jiē］在城区北部。西起科谷大道武家堡环岛，东至西杏林村西。与康源北路、南山北路、金谷大道等路线相交。长 9 千米，宽 36—60 米。沥青路面。凤翼西街 2014 年建成，凤翼东街 2020 年建成。因寓意“吉祥的征兆”得名。两侧有西农产品批发市场、德汇公园等。通 T01、T05 路公交车。

140703-K02 **凤凰西街**［Fènghuáng Xījiē］在城区北部。西起 108 国道，东至太州路。与南山路相交。长 40 米，宽 18 米。沥青路面。1988 年开工，1989 年建成。为 108 国道太谷过境段。2010 年因金太谷得名，2021 年更名凤凰街。该路分为东西两街，此为西街。两侧有消防工程有限公司、骨科医院、西苑公园、房地产开发公司等。通 T06 路公交车。

140703-K03 **凤凰东街**［Fènghuáng Dōngjiē］位于城区北部。西起太州路，东至铭贤路。与东海路相交。长 4.1 千米，宽 40 米。沥青路面。1988 年建成。为 108 国道太谷过境段。2010 年因金太谷得名，2021 年更名凤凰街。该路分为东西两街，此为东街。两侧有金谷广场、五中、太谷汽车站等。通 T01 路公交车。

140703-K04 **箕城西街**［Jīchéng Xījiē］位于城区中部。西起 108 国道，东至南大街。与康源路、南山南路相交。长 1.5 千米，宽 20 米。沥青路面。1960 年建，称新建路。2010 年更现名，因太谷旧称箕城得名，为商业街。该街分为东西两条，此为西街，故名。两侧有晋中第二人民医院、箕城公园、山西神舟航天有限公司等。通 T01、T05 路等公交车。

140703-K05 **箕城东街**［Jīchéng Dōngjiē］在城区中部。西起南大街，东至太洛路。与 361 县道相交。长 1.5 千米，宽 20 米。沥青路面。1960 年建，称新建路。2010 年更现名，因太谷旧称箕城得名。为商业街。该街分为东西两条，此为东街，故名。两侧有太谷供电公司、农业银行、中国联合网络通信有限公司等。通 T01、T03 路等公交车。

140703-K06 **康宁街**［Kāngníng Jiē］位于城区南部。西起北沙河村，东至南关正街。与南山路相交。长 3.8 千米，宽 20 米。沥青路面。2002 年建成。原为通往县人民医院的主路，有祈求健康、安宁之意。两侧有山西省太谷区人民医院、家居装饰建材城、艾誉堂中医馆等。通 16 路公交车。

140703-K07 **康源北路**［Kāngyuán Běilù］在城区西部。北起凤翼街，南至凤凰街。与箕城街、康宁街等相交。长 3 千米，宽 21 米。沥青路面。2002 年建成，原称西环中路，2010 年更现名。该路分为南北两路，此为北路，故名。两侧有晋中市太谷区职业中学、晋中市第二人民医院、箕城公园等。通 T05 路公交车。

140703-K08 **康源南路**［Kāngyuán Nánlù］位于城区西部。北起凤凰西街，南至沙河街。与箕城街、西关正街相交。长 3 千米，宽 21 米。沥青路面。2002 年建成，原称西环中路，2010 年更名。该路分为南北两路，此为南路，故名。两侧有晋中市第二人民医院、箕城公园等。通 T05、T06 路等公交车。

140703-K09 **南山南路**［Nánshān Nánlù］位于城区中部。北起凤凰东街，南至韩西线。与康宁街相交。长 5.6 千米，宽 23 米。沥青路面。始建于 1970 年。1988 年、2001 年拓宽改造。原称西环路，2010 年更现名。因临南山公园，且该路分为南北两条，此为南路。两侧有山西交通技师学校、太谷二中、太谷明星中学、西苑公园、太谷文化广场、恒达中学、山西中药厂、山西交通技术学校等。通 T01、T04 路等公交车。

140703-K10 **南山北路**［Nánshān Běilù］位于城区中部。北起乌马河桥，南至凤凰西街。与凤翼街相交。长 5.6 千米，宽 23 米。沥青路面。始建于 1970 年。1988 年、2001 年拓宽改造。原称西环路，2010 年更现名。因临南山公园，且位于南山路北段，故名。两侧有太谷二中、太谷职业中学校、太谷纸业有限公司等。通 T04、T06 等公交车。

140703-K11 **金谷大道**［Jīngǔ Dàdào］位于城区东部。北起榆次—祁县高速公路敦坊出口，南至凤凰街。与凤翼街、013 乡道相交。长 0.72 千米，宽 21 米。沥青路面。2007 年建成。原称北顺城街，2010 年更名为东海北路。因临东海大市场，2021 年更现名。两侧有秀水小学、晋中信息学院、太谷孟母文化院、太谷县鸿昊养殖专业合作社等。通 23、T05 路等公交车。

140703-K12 **东海南路**［Dōnghǎi Nánlù］在城区东部。北起凤凰街，南至正东道（东门广场）。与后东街相交。长 0.72 千米，宽 21 米。沥青路面。始建于明清时期。原称北顺城街，2010 年更现名。因临东海大市场，同时寓意福如东海，且该路位于道路南端，故名。两侧有辰达商场、太谷五中、田丰第八卫生所等。通 23、T05 路等公交车。

140703-K13 **铭贤路**［Míngxián Lù］在城区东部。北起乌马河桥，南至山西农业大学。与凤凰街、箕城街相交。长 0.9 千米，宽 20 米。沥青路面。2007 年建成。原称大学路，2010 年更现名，因农大前身为铭贤学堂得名。两侧有山西农业大学、以及一些经营、餐饮、建材等种类的商铺。通 T01 路等公交车。

140703-K14 **北大街**［Běi Dàjiē］在城区中心鼓楼北部。南起西大街，北至北官道路。与西苑路和借钱庙巷等路线相交。长 0.7 千米，宽 4 米。水泥路面。始建于清代，2005 年重修。因位于鼓楼北部，故名。为太谷老城中心。两侧有万聚恒和广顺号旧址等。

140703-K15 **南大街**［Nán Dàjiē］位于城区中心鼓楼南部。北起太谷鼓楼，南至箕城街。与甜水巷、南寺街以南相交。长 0.7 千米，宽 5 米。沥青路面。始建于清代，1991 年重修。因位于鼓楼南部，故名。为太谷老城中心。两侧有懋昌银号旧址、太谷行政学校、太谷第二幼儿园、兴盛楼旧址等。

140703-K16 **西大街**［Xī Dàjiē］位于城区中心鼓楼西部。西起南山路，东至太谷鼓楼。与封庙街、西道街相交。长0.8千米，宽5米。青石路面。始建于清代，2007年铺设青石。因位于鼓楼西部，故名。为太谷老城中心，两侧有广升远、锦隆泉、德成信、元生利、广顺号等清代旧址。

140703-K17 **东大街**［Dōng Dàjiē］位于城区中心鼓楼东。西起太谷鼓楼，东至原东门外南河街。与东寺园、景公庙巷相交。长0.6千米，宽5米。青石路面。始建于清代，2007年铺设青石。因位于鼓楼东部，故名。为太谷老城中心。两侧有昌盛公、锦全昌、聚古斋、义隆源、富隆裕等清代旧址、东门广场等。

140703-B01 **水秀镇**［Shuǐxiù Zhèn］太谷区辖镇。在区境西北部。面积95.42平方千米。常住人口20.09万。辖19社区、39行政村。镇人民政府驻水秀。1949年属太谷区二、八区。1953年设水秀乡。1958年属火箭人民公社。1961年设水秀人民公社。1984年复置乡。2021年撤销水秀乡、明星镇，设立水秀镇。因驻地得名。乌马河从东至西流经。有晋中信息学院，有中小学、卫生院、文化站、农民书屋。有国家级重点文物保护单位孔家大院、无边寺、安禅寺。有省级重点文物保护单位太谷鼓楼，另有古迹白塔、县衙、关帝庙、观音庙等。有第五批中国传统村落北郭村。有纪念地张家庄徐向前晋中战役前线指挥部旧址。有历史名人王宗岳、王效端、刘耀等。农业以种植业和养殖业为主，主产玉米、小麦，养殖猪、牛、羊、家禽。为县蔬菜生产、畜禽养殖基地。工业以制鞋业为主。工业有节能减排、玛钢铸造生产技术。服务业以零售、餐饮、运输为主。南同蒲铁路、大西高铁、108国道、榆次—祁县高速公路经此。

140703-B01-H01 **水秀**［Shuǐxiù］水秀镇人民政府驻地。人口5480。据《太谷县志》载：唐代名上善，后改益智都，后因乌马河环村流动，取山明水秀之意，故名。聚落呈团块状。有水秀中学、水秀小学、水秀卫生院。有水秀关帝庙、水秀观音庙、水秀民居，现存皆为清代建筑遗构。太太路经此。

140703-B01-H02 **北郭**［Běiguō］在区政府驻地水秀镇北15千米。水秀镇辖行政村。人口3356。该村和南郭村原为一个村，名为郭村，因村中有条东西方向的水渠，后逐渐分为南北郭两个村，此村地处北面，故名。聚落呈团块状。有北郭小学。有区级文物保护单位法安寺，现存为明清、民国建筑遗构。经济以工业为主。2019年被列入第五批中国传统村落名录。金谷路经此。

140703-B02 **胡村镇**［Húcūn Zhèn］太谷区辖镇。在区境东北部。面积71.01平方千米。常住人口3.53万。辖16行政村。镇人民政府驻胡村。1949年，属太谷县第八区。1950年4月，属太谷县第二区。设胡村乡。1956年撤区并乡，属胡村乡辖。1958年设胡村人民公社。1960年改名为火箭公社。1961年太谷、祁县分设，水秀公社划出，火箭公社更名为胡村公社。1984年改置镇。因古时沼泽遍布、积水似湖而命名。因驻地得名。地处晋中平川，地势平坦。年平均气温为10℃，1月平均气温-7℃，7月平均气温23℃。年平均降雨量450毫米，无霜期160天。河道属黄河流域。主要河道有乌马河、象峪河、津水河3条，总长度18.4千米。最大的河流为乌马河，从东至西流经境内沙沟、桑梓、朝阳、武村、韩村等村，长8千米。有中小学、卫生院、文化站、农民书屋。有2017年第五批全国文明村朝阳村。地方文化有社火表演、彩车、秧歌、背棍、铁棍、高跷等。2009年获省文明和谐乡镇称号。2011年被省政府确定为“百强示范镇”之一。2020年山西省爱国卫生运动委员会命名胡村镇为2020—2022周期山西省卫生乡镇。农业以种植业为主，主产玉米、小麦、大白菜、南席辣椒、北阳长山药等，养殖猪、羊、牛、家禽，盛产苹果、梨。工业以钢铁铸造为主。为全国最大玛钢生产基地，被誉为“华夏玛钢第一镇”。服务业以运输、零售为主。南同蒲铁路、榆次—祁县高速公路、108国道、省道太长线、多条公路经此。

140703-B02-H01 **胡村**［Húcūn］胡村镇人民政府驻地。在区政府驻地水秀镇东北7.5千米。人口6005。古时候此地系沼泽地带，长年积水类似湖泊，故名湖村，后因水位下降，地貌变化，演变为胡村。聚落呈团块状。有胡村小学、胡村镇中心卫生院。有第六批省级文物保护单位胡村狐爷庙，现存为明代建筑遗构，正殿内有壁画遗存。有胡村塔墓，为清代文化遗存。有全国最大的玛钢铸造基地。108 国道经此。

140703-B02-H02　**朝阳** [Zháoyáng] 在区政府驻地水秀镇东北 6.5 千米。胡村镇辖行政村。人口 5600。唐时称夕阳村，后名万户庄，相传岳飞抗金路经此地，改名"墨庄"，后来有一举人，目睹凤凰落在村中门楼上，亲笔题匾"九凤朝阳"，遂又更今名。聚落呈团块状。有太谷区朝阳学校。有朝阳关帝庙、朝阳九圣庵，现存为清代建筑遗构。有石窑地遗址，为新石器时代文化遗存。2017 年被评为第五届全国文明村。经济以工业为主。108 国道经此。

140703-B03　**范村镇** [Fàncūn Zhèn] 太谷区辖镇。在区境北部。面积 299.33 平方千米。常住人口 1.08 万。辖 15 行政村。镇人民政府驻范村。1956 年设范村乡。1958 年属东湖人民公社。1984 年改置镇。2001 年王公乡并入。相传该村原有三户姓范，九户姓刘，八户姓王，因姓范的先来发财得势，故把此村取名为范村。因驻地得名。多丘陵、山区。平均海拔 850 米。年平均气温 15.2℃，1 月份平均气温 -7℃，7 月份平均气温 28℃。年平均降雨量 486.9 毫米。河道属黄河流域。主要河道有津水河、象峪河，河流总长度 45 千米。最大河流为象峪河，从东至西流经境内王公、岳家庄、马兰、彭温庄等 18 个村，长 33 千米。有矿产资源膨润土。有中小学、卫生院、文化活动中心等。有全国重点文物保护单位圆智寺、真圣寺。有第七批中国历史文化名村上安村，第五批中国传统村落上安村。另有名胜古迹棋盘山、雪峰山、真圣寺、圆智寺、姑姑庵、东阁楼、圆智寺、东阁、八赋岭风景区等。有纪念地太谷抗日县政府驻地石堡寨村、范村民兵纪念馆、炮楼、碉堡群等。2020 年山西省爱国卫生运动委员会命名范村镇为"山西省卫生乡镇"。农业以种植业为主，主产玉米、谷子、大豆、高粱，养殖猪、牛、羊、家禽，盛产苹果、梨、杏、红枣。工业以加工、制锹为主。服务业以休闲、娱乐、运输、零售为主。旅游景区有康宁度假村、梅苑山庄、梅苑南山滑雪场、跑马场。太焦铁路、二广高速公路经此。

140703-B03-H01　**范村** [Fàncūn] 范村镇人民政府驻地。在区政府驻地水秀镇东北 25 千米。人口 8010。原名康乐堡，后更今名，历来为县东商贸大镇和交通要道。聚落呈团块状。有范村中学、范村卫生院。有第七批全国重点文物保护单位圆智寺，始建于唐贞观年间，现存为明至清代建筑遗构。有第六批省级文物保护单位范村东阁，现存为明代建筑遗构。省道太长线经此。

140703-B03-H02　**上安** [Shàng'ān] 在区政府驻地水秀镇东北 26 千米。范村镇辖行政村。人口 455。原名豆角村，后改今名。聚落呈团块状。有上安关帝庙，现存为明至清代建筑遗构。有上安民居、上安戏台等，现存皆为清代建筑遗构。2019 年被列入第七批中国历史文化名村名录。2019 年被列入第五批中国传统村落名录。乡村道路经此。

140703-B03-H03　**北田受** [Běitiánshòu] 在区政府驻地水秀镇东北 30 千米。范村镇辖自然村。人口 480。殷商甲骨卜辞中有"受年"、"田受"、"受禾"或"受有年"、"田受禾"等词语，意思是祈求有一个好的收成，相传因此村地处象峪河北面而得名。聚落呈团块状。有第六批省级文物保护单位北田受奶奶庙，现存为清代建筑遗构。有太谷生元龟岭酒业有限公司。省道太长线经此。

140703-C01　**侯城乡** [Hóuchéng Xiāng] 太谷区辖乡。在区境东南部。面积 191.98 平方千米。常住人口 2.16 万。辖 20 行政村。乡人民政府驻侯城。1954 年设侯城乡。1958 年设红旗人民公社。1983 年复置乡。2001 年东庄乡、浒泊乡并入。据《太谷县志》载：传说古时有一位侯爷葬于此地，故名侯城，现今侯墓尚存。因驻地得名。年平均气温 9.8℃，年平均降雨量 462.9 毫米，无霜期 175 天。河道属黄河流域。主要河道有石河、成阳河 2 条，河流总长度 28.5 千米。最大的河流为咸阳河，从东南至西北流经境内浒泊、东山底、东成阳、贯家堡、南沙河等村，长 10.2 千米。有矿产资源铸造用砂、铀等。有中小学、卫生院、农民书屋、文化站。有国家级重点文物保护单位山西铭贤学校旧址。有2019年第五批中国传统村落范家庄村。为南山生态旅游度假景区核心区。有名胜古迹大佛山天宁寺、酌泉寺、马鸣王谷、龙泉宫、凤凰山生态园、马定夫烈士陵园、青基沟古楸树、青龙寨、八虎寨延寿庄等。农业以种植业为主，主产小麦、玉米、谷子，养殖猪、牛、羊、家禽，盛产苹果、桃、梨、杏、红枣、沙果、柿子。有千亩瓜菜园、中医药养生园、青龙寨采摘园、黑峰通天沟天然牧场。工业以铸造、煤焦、电力、建材、化工为主。建有循环经济工业园区、医药食品园区、环山西农大高新技术孵化区。驻有全区最大的两家民营企业广誉远和恒达经济循环工业园。服务业以运输、餐饮、零售、商贸为主。乡村道路经此。

140703-C01-H01 **侯城**［Hóuchéng］侯城乡人民政府驻地。在区政府驻地水秀镇东南5千米。人口5000。据《太谷县志》载：传说古时有一位侯爷葬于此地，故名。聚落呈团块状。有侯城乡卫生院。有县级文物保护单位酎泉寺，现存为清代建筑遗构。有侯城墓群，为汉代文化遗存。有二郎庙，现存为清代建筑遗构。县道闫北线经此。

140703-C01-H02 **范家庄**［Fànjiāzhuāng］在区政府驻地水秀镇东南14.5千米。侯城乡辖行政村。人口320。聚落呈团块状。有第六批省级文物保护单位迁善庄寨址，为清代北洸乡曹家为避暑、避乱所建，现存为清代建筑遗构。有尺五庄寨址、关帝庙、龙王庙、青龙寺，现存皆为清代建筑遗构。2019年被列入第五批中国传统村落名录。乡村道路经此。

140703-C02 **北洸乡**［Běiguāng Xiāng］太谷区辖乡。在区境西南部。面积55.1平方千米。常住人口1.46万。辖13行政村。乡人民政府驻北洸。1953年设北洸乡。1958年设红旗人民公社。1978年10月改北洸人民公社。1984年复置乡。据传说村南有洸水河，该村位于洸水河北边，故取名北洸。因驻地得名。地形以平川为主兼有丘陵、山地。年平均气温9.8℃，无霜期175天，年平均降雨量442.64℃。有中小学、卫生院、文化大院、街心公园。有国家级重点文物保护单位光化寺、曹家大院。有第五批中国历史文化名村北洸村。有第一批中国传统村落北洸村。另有古迹娘娘庙、关帝庙、观音庙、明清旧居等。有历史名人曹三喜、曹润堂、武光大、赵树理。有地方文化民间节庆社火、背棍、铁棍、高跷、旱船、舞龙等。有特产北张村和南张村的红枣、白城村的玉露香梨、苹果、井神村和西山底村的鲜桃、三台村的酥梨、胡家庄村和李家庄村的酸枣、槟沙果、鑫炳记太谷饼、果脯、山西黄河中药有限公司的独一味软胶囊、消炎利胆软胶囊、增光胶囊、羚羊感冒软胶囊、益心酮软胶囊等。农业以种植业为主，主产小麦、玉米、高粱、棉花，养殖猪、牛、羊、家禽，盛产红枣、林果。有“天然氧仓”、红枣之乡、林果之乡、文化大乡和生态旅游名乡美称。工业以医药、食品、铸造、农副产品加工为主。服务业以旅游、娱乐、餐饮、零售、运输、休闲为主。南同蒲铁路、108国道经此。

140703-C02-H01 **北洸**［Běiguāng］北洸乡人民政府驻地。在区政府驻地水秀镇西南5千米。人口4420。相传村南原有洸水河，与南洸相对而得名。聚落呈团块状。有北洸中学、北洸小学、北洸卫生院。有第六批全国重点文物保护单位曹家大院。曹氏为晋中著名富商，清道光、咸丰时达到鼎盛，商号遍布全国各地，达640余家。现存为明清时期建筑遗构。2010年被列入第五批中国历史文化名村名录。2012年被列入第一批中国传统村落名录。108国道经此。

140703-C02-H02 **中咸阳**［Zhōngxiányáng］在区政府驻地水秀镇南5.8千米。北洸乡辖行政村。人口390。据《元和郡县志》载：“太谷县，西南有咸阳城。秦代赵，以咸阳兵戍此，故名。后又因地形方位分为东、西、南、中，该村位于中，故名。聚落呈团块状。有第六批省级文物保护单位中咸阳圣果寺，据碑记载，北汉广运三年至宋雍熙三年（976年—986年）创建，现存为清代建筑遗构。经济以苗木花卉生产为主。县道韩西线经此。

140703-C02-J01 **果树所社区**［Guǒshùsuǒ Shèqū］属北洸乡。在区政府驻地水秀镇西南9.8千米。

人口 310。果树研究所即山西农业大学（山西省农业科学院）果树研究所，是果树研究所科研人员及其家属的居住社区，故名。有第六批省级文物保护单位李顺庭宅院，又称“纯一堂”，现存为清末民初建筑遗构，现已开辟为影视剧拍摄基地。果树所专用线经此。

140703-C03 **阳邑乡**［Yángyì Xiāng］太谷区辖乡。在区境中南部。面积 211.03 平方千米。常住人口 1.37 万。辖 19 行政村。乡人民政府驻阳邑。1956 年设阳邑乡。1958 年 10 月属卫星人民公社。1961 年 6 月设阳邑人民公社。1984 年复置乡。2001 年窑子头乡并入。因春秋时晋大夫阳处父食邑，故名阳邑。因驻地得名。地形以丘陵为主，最高海拔 1679 米，最低海拔 920 米。河道属黄河流域。主要河道有乌马河，从东南至西北流经境内水磨坡、槐树底、杨庄、窑子头、念沟、官寨、回马、禅坊、阳邑等村，长 24.5 千米。有中小学、卫生院、农民书屋、文化活动中心。有国家级重点文物保护单位新村妙觉寺。有 2016 年第四批中国传统村落阳邑村。另有古迹北魏阳邑古城遗址、关帝庙、观音庵、妙觉寺、杜家宗祠、清代民居等。有民间艺术铁棍、灯棍、背棍等。农业以种植业为主，主产小麦、高粱、谷子、玉米、豆类，养殖猪、牛、羊、家禽，盛产红枣、林果。有“新村高科技食用菌示范园区”“新村中药材百亩试验推广基地”“里美庄三千亩红枣生态园区”“四卦千亩林果园区”“河西村现代化蛋鸡养殖园区”“阳邑村肉鸡养殖基地”“河西村五百亩日光能温室示范区”七大园区。工业主要以玛钢、建材、电力、碳素、加工为主。是太谷区三大工业乡镇之一。服务业以运输、旅游、餐饮、零售、休闲为主。省道太邢线经此。

140703-C03-H01 **阳邑**［Yángyì］阳邑乡人民政府驻地。在区政府驻地水秀镇东 10 千米。人口 4280。因周襄王时晋侯以阳地赐大夫处父为食邑而得名。聚落呈团块状。有阳邑中学、阳邑学校、阳邑中心卫生院。有第六批全国重点文物保护单净信寺，据寺内碑刻记载始建于唐开元元年（714 年），现存为明清时期建筑遗构，现存明清彩塑 78 尊、壁画 180 平方米。有杜润生故居，杜润生是资深的农村问题专家之一，农村改革重大决策参与者和亲历者，被誉为“中国农村改革之父”。2016 年被列入第四批中国传统村落名录。340 国道经此。

140703-C04 **小白乡**［Xiǎobái Xiāng］太谷区辖乡。在区境东中部。面积 75.18 平方千米。常住人口 1.32 万。辖 16 行政村。乡人民政府驻小白。1954 年设小白乡。1958 年设卫星人民公社。1960 年设小白人民公社。1984 年复置乡。因姓氏及和大白邻近相对应，故名小白。因驻地得名。位于太行山脉边沿，东高西低，有山区、丘陵、平川。海拔在 850 米左右。年平均气温 9.8℃，无霜期 150—180 天。年平均降雨量 426.6 毫米。河道属海河流域。有主要河道乌马河、小河，河流总长度 18 千米。最大河流为小河，从东南至西北流经境内圪垛只、东里、东崖、东西炉、下庄等村，长 16 千米。有中小学、卫生院、农民书屋、文化站。有省级文物保护单位白燕遗址。有 2016 年第四批中国传统村落白燕村。有 2020 年第六批全国文明村白燕村。另有古迹东里汉代遗址。2020 年山西省爱国卫生运动委员会命名小白乡为 2020—2022 周期山西省卫生乡镇。农业以种植业为主，主产玉米、麦子，养殖猪、牛、羊、家禽，盛产红枣。有万亩红枣园区，为省最大壶瓶枣基地。特产小白西瓜。工业以碳素、玛钢、农副产品加工为主。服务业以仓储物流、运输、商贸、餐饮为主。108 国道经此。

140703-C04-H01 **小白**［Xiǎobái］小白乡人民政府驻地。在区政府驻地水秀镇东 15.5 千米。人口 2175。因白姓始居于此，与大白相对而得名。聚落呈团块状。有小白乡中学、小白学校、小白乡卫生院。有观音堂、关帝庙，现存皆为清代建筑遗构。县道闫北线、小韩线经此。

140703-C04-H02 **白燕**［Báiyàn］在区政府驻地水秀镇东 19 千米。小白乡辖行政村。人口 1610。原名白念，相传村中建起一座影壁牌楼，有人发现壁上落着一对白色小燕以为吉祥之兆，遂更名白燕。聚落呈团块状。有第一批省级文物保护单位新白燕遗址，为新石器时代至西周晚期文化遗存。有箕城遗址，为商纣王时期太师胥余封地，以封国为姓，尊称为箕子，箕子是中国文化史上有可靠著作传世的第一位思想家。有卡耐夫集团管道系统有限公司。2016年被列入第四批中国传统村落名录。县道小韩线经此。

140703-C05 **任村乡**［Réncūn Xiāng］太谷区辖乡。在区境北部。面积46.88平方千米。常住人口1.2万。辖14行政村。乡人民政府驻任村。1953年设任村乡。1956年撤区并乡，属任村乡。1958年属东湖人民公社。1961年设任村人民公社。1984年复置乡。因驻地得名。地势平坦开阔。年平均气温9.7℃。年平均降水量470毫米。河道属黄河流域。有主要河道津水河、圪塔河，河流总长度8千米。最大的河流为津水河，从东至西流经境内东贾、任村等村，长7千米。有中小学、卫生院、文化站、农民书屋。有古迹贾家家祠至诚宫。农业以种植业为主，主产小麦、玉米、大豆、高粱、无公害蔬菜，养殖猪牛羊、家禽，盛产葡萄、梨、桃、核桃、苹果、杏。重点培育葡萄、红枣。特产壶瓶枣。先后荣获“设施蔬菜发展先进乡镇”“一村一品示范先进乡镇”等荣誉。工业以玛钢、玻璃建材、塑钢门窗为主，有酒庄、砖厂等企业。服务业以运输、餐饮、零售为主。郑太高铁，二广、榆次—祁县、太长、龙城高速公路，108国道经此。

140781 **介休市**［Jièxiū Shì］省辖县级市，由晋中市代管。东经111° 92′ 北纬37° 03′ 。在晋中市中南部。面积741平方千米。常住人口43.21万。辖5街道、7镇、2乡。市人民政府驻北关街道。战国时期属魏国。秦置界休县，属太原郡。西汉属并州刺史部太原郡。新莽改界休为界美。东汉复为界休。西晋废邬县，改界休县为介休县，属西河国。北魏太和八年（484年）属西河郡。十九年（495年）复置邬县，属太原郡。东魏孝静帝时侨置南朔州于此，介休县属汾州。兴和中叶侨置宁州于汾州介休城，后废。兴和四年（542年）置平昌县，为定阳郡治所。北齐废邬县，省介休县入永安县。北周废南朔州，改定阳郡为介休郡，复置介休县附郭。宣政元年（578年），介休县废入平昌县。隋开皇十八年（598年）改平昌县为介休县，属西河郡。义宁元年（617年）复置介休郡，县属之。唐武德元年（618年）改介休郡为介州，县属之。贞观元年（627年）废介州，县属汾州。五代、宋、金因之。蒙元初改属太原府。至元二年（1265年）属汾州。明、清属汾州府。1913年属中路道。1914年属冀宁道。1927年废道，直属省。1937年属第四行政区。1941年于介休、平遥2县间析置平介县。1942年在介休、灵石2县间析置介灵县，属晋绥边区。1948年复为介休县。1949年后属榆次专区。1958年灵石、孝义2县并入介休县，属晋中专区。1961年灵石、孝义2县析出。1967年属晋中地区。1992年撤县设市。1999年由晋中市代管。因春秋时晋文公以绵山旌介子而得名。地处晋中盆地南缘，南部为太岳山区，主峰有绵山、天中山等。中部为黄土丘陵，北部为平川。地势东南高西北低。最高峰海拔2487米。年平均气温11.3℃，1月平均气温-4.1℃，7月平均气温25.1℃。年平均降水量448毫米。汾河纵贯境内，有龙凤河、樊王河等支流汇入，另有洪山泉等60处泉水。有植物资源油松、落叶松、侧柏、白皮松、黄榆桦、酸刺、虎榛子、柳桃木、枸杞子、猪苓、党参、血丹参、金银花、淫羊藿等。有动物资源山猪、山羊、豺、猫头鹰、鹰、鹞、燕、乌龟、守宫、蚂蚁等。有矿产资源煤、铁、铝土、石英石、石膏、水晶石、石灰石、陶瓷粘土、紫砂、紫木节等。境内有独立科研与技术开发机构3个。有中小学85所、文化馆1个、公共图书馆1所、档案馆1个、博物馆1个、二级甲等医院2所、体育场馆5处、艺术表演团体2个，等。有国家级重点文物保护单位祆神楼、回銮寺、后土庙、五岳庙、张壁古堡、洪山窑址、云峰寺石佛殿、源神庙、城隍庙等。有省级文物保护单位郭有道墓。有国家级非物质文化遗产寒食清明习俗、传统琉璃制作工艺。有国家历史文化名村张壁。有省级历史文化名镇名村北贾、洪山、南庄。另有古迹、东岳庙等，纪念地有介休革命纪念碑公园、介休县人民政府旧址。有国家级5A级旅游景区、省级风景名胜区绵山。另有新城、东城、北坛、汾河湿地等公园。有地方特色民间艺术旱船、高跷、干调秧歌等。有历史名人郭泰、文彦博、赵定远、董柴、杨绍曾、罗钰如、赵力之等。

2022年全国爱国卫生运动委员会重新确认介休市为2021年度国家卫生城市（区）。2022年教育部确定介休市为2021年全国义务教育发展基本均衡县（市、区）。三次产业比例2.2 ：69.3 ：28.5。农作物以种植业为主，主产小麦、玉米、谷子、高粱、豆类、薯类、棉花、油料等，养殖猪、牛、羊、家禽等。工业以焦化、钢铁、洗煤、碳素、农副产品加工为主，为省重要煤炭、钢铁工业生产基地。2017年被省政府确定为全省6个千万吨级焦化产业园区之一。服务业以餐饮、娱乐、旅游、仓储物流、零售为主。南同蒲、大西铁路，京昆、大运、汾阳—邢台高速公路，省道东夏线经此。

140781-K01　**介公路**［Jiègōng Lù］在市区北部。西起西外环路，东至东外环路。与经天街、崇文街、三贤大道、文苑街相交。长8.1千米，宽42米。沥青路面。2011年开工，2013年建成。因纪念介子推得名。两侧有介休市新华小学、介休绵山现代双语学校、介休职业中学、有昌商贸有限公司、金泉集团等。通103、105路等公交车。

140781-K02　**史公路**［Shǐgōng Lù］在市区北部。西起经天街，东至三贤大道。与新华北街、崇文街等路线相交。长3.1千米，宽34米。沥青道路。2009年开工，2013年建成。因纪念介休知县史记事的功绩得名。两侧有定阳高中、山西鑫和聚物资有限公司、介休市人民医院、介休市特教学校等。通109路公交车。

140781-K03　**史公东路**［Shǐgōng Dōnglù］在市区北部。西起新华北街，东至文峰街。与文苑街等街道相交。长2.4千米，宽34米。沥青道路，2008年建成，因位于史公路东延而得名。两侧有文化艺术中心广场、幼儿园等。通109路公交车。

140781-K04　**北坛西路**［Běitán Xīlù］在市区中部。西起西外环路，东至绵山北街。与汾秀街、兴西街相交。长1.36千米，宽56米。沥青道路。1992年开工，2009年建北坛西路。因位于北坛路西延而得名。两侧有供电公司、同文职业技术学院、汾秀公园等。通101、201路等公交车。

140781-K05　**北坛中路**［Běitán Zhōnglù］在市区中部。西起绵山北街，东至崇文街。与经天北街、新华北街相交。长2.06千米，宽56米。沥青路面。1992年开工，1998年建北坛中路。因北坛塔得名。沿路有介休古玩城、北坛公园、汽维有限公司、世纪广场等。通2、103路公交车。

140781-K06　**北坛东路**［Běitán DōngLù］在市区北部。西起崇文街，东至242省道。与文峰路、三贤大道相交。长2.56千米，宽56米。沥青道路。1992年开工，1998年建北坛东路。因位于北坛路东延而得名。两侧有介休二中、介休文化艺术中心、实验小学、金昌煤炭汽化有限公司等。通208、208A路公交车。

140781-K07　**新建东路**［Xīnjiàn Dōnglù］在市区南部。西起南大街，东至三贤大道。与水门南街、段家巷等路线相交。长1.58千米，宽32米。沥青道路。1985年建，因位于新建路东而得名。两侧有公园、农贸市场、充电站、银行、卫生院等。通103路内环、204路等公交车。

140781-K08　**新建西路**［Xīnjiàn Xīlù］在市区南部。西起西外环，东至迎翠桥。与南河沿街、文明南街等路线相交。长5.37千米，宽36米。沥青道路。1982年建成，因其位于新建路西，故名。两侧有介休站、介休八中、汾西矿业责任有限公司、汽车客运站、晋中第三人民医院等。通103、109路等公交车。

140781-K09　**定阳路**［Dìngyáng Lù］在市区南部。西起定阳东路，东至242省道。长6.4千米，宽56米。沥青道路。1985年建。因介休古为定阳郡治所得名。两侧有双龙钢材有限公司、昌隆洗煤设备厂、介休市朝阳小学等。通有105、218路等公交车。

140781-K10　**定阳东路**［Dìngyáng DōngLù］在市区南部。西起迎翠街，东至221省道下庄交汇口。与龙凤公路相交。长4.82千米，宽32米。沥青道路。1985年建。因该路位于定阳路东段，故名。两侧有腾源洗煤设备有限公司、介休市恒稳科贸有限公司、利达公司、山西海川制泵股份有限公司等。通105、28路公交车。

140781-K11　**定阳西路**［Dìngyáng XīLù］在市区南部。西起211省道，东至迎翠街。与绵山南街、大众街相交。长2.78千米，宽32米。沥青道路。1985年建。因该路位于定阳路西段，故名。

两侧有介休市五交化有限公司、常乐煤化有限公司、绵山一中、鑫东方装饰广场、润达物资贸易有限公司等。通 105、28 路公交车。

140781-K12 **绵山北街**［Miánshān Běijiē］在市区中部。北起北坛路，南至裕华路。与金融路、馨园路相交。长 1.17 千米，宽 46 米。沥青道路。1992 年建。因其位于绵山路北段，故名。两侧有北坛小学、仁爱医院、烟草公司营销部、紫光大厦等。通 201、209 路等公交车。

140781-K13 **绵山南街**［Miánshān Nánjiē］在市区中部。北起裕华路，南至定阳路。与光明路、新建路相交。长 1.52 千米，宽 46 米。沥青路面。1982 年建。因位于绵山街南段，故名。两侧有汾西矿业设备制造厂、幼儿园、西关便民市场、汾西矿业职业总医院洗煤厂卫生所等。通 201、209 路等公交车。

140781-K14 **经天街**［Jīngtiān Jiē］在市区中部。北起 108 国道，南至北坛中路。长 1.6 千米，宽 48 米。沥青道路。1992 年建。因经天网架结构公司得名。两侧有弘盛昌建材城、介休市淳瀛大酒店、宏顺商务中心等。通 109 路等公交车。

140781-K15 **经天南街**［Jīngtiān Nánjiē］在市区中部。北起北坛中路，南至金华街。与宏顺路相交。长 0.6 千米，宽 48 米。沥青道路。2015 年建成。因经天网架结构公司得名，该路段位于经天街南延，故名。两侧有东都购物广场等。通 109 路等公交车。

140781-K16 **三贤大道**［Sānxián Dàdào］在市区中部。北起 108 国道，南至南外环路。与介公路、史公路、北坛路、定阳路相交。长 8.3 千米，宽 53 米。沥青道路。2004 年开工，2011 年建成。因有介子推、文彦博、郭泰三贤故里得名。两侧有介休市博物馆、介休三贤广场、新城公园、初心公园、实验小学、介休职业中学、介休一中等。通 107、202 路等公交车。

140781-K17 **崇文街**［Chóngwén Jiē］位于市区东北部，北起介公东路东口，南至水门北街北端。与安康路、介公路、北坛中路相交。长 1.6 千米，宽 49 米。沥青路面。1996 年将介公东路东口以南，北坛中路以北段命名为崇文街。两侧有介休二中、介休人民医院、山西介休农商银行、介休城乡基础设施投资开发有限公司公会联合等。通 1 路 A、1 路 B 等公交车。

140781-K18 **新华北街**［Xīnhuá Běijiē］在市区北部，是新华南街向北延伸的部分。北起介公东路西口，南至北坛中路。与安康路、介公路、史公路相交。长 1.9 千米，宽 49 米。沥青路面。1982 年将原顺城关师家门外的路命名为新华街。1996 年将北坛路以北新华街段命名为新华北街。两侧有煤运公司、介休市中医医院、北坛公园、北坛小学北校区、新华北街综合商业城、介休市金泉集团、介休市益金商务大厦等。通 1 路 A、107 路等公交车。

140781-K19 **新华南街**［Xīnhuá Nánjiē］载市区中北部。北起北坛中路，南至北大街北口。与彦博路相交。长 0.76 千米，宽 49 米。沥青路面。1996 年将南起北大街北口，北至北坛中路段的新华街命名为新华南街。两侧有新华医院、大通城市信用社、人民银行、世纪广场等。通 107 路公交车。

140781-K20 **北河沿街**［Běihéyán Jiē］载市中部中心地带。北起北坛中路，南至裕华路。与体育路、金融路相交。长 1.2 千米，宽 42 米。沥青路面。1980 年拓宽重建。1982 年命名为“北河沿”。1996 年改称“北河沿街”。两侧有北坛小学、农贸市场、介休电影院、介休三中、中国银行等。通 2、103 路公交车。

140781-K21 **南河沿街**［Nánhéyán Jiē］在市区南部中心地带。北起裕华路，南至新建西路。与光明东路相交。长 0.78 千米，宽 42 米。沥青路面。1982 年将南河沿延伸至车站货场门口，统称为南河沿。1996 年将北起西门口，南至新建西路段命名为南河沿街。两侧有新华书店、车站广场、光明小学等。通有 107、109 路公交车。

140781-K22 **汾秀街**［Fénxiù Jiē］在市区西部。北起北外环 108 国道，南至北坛西路。与介公路、安康路相交。长 2.3 千米，宽 70 米。沥青路面。因临近汾秀公园而得名。两侧有介休市立丰水业有限公司、介休市定点屠宰厂、妇幼保健中心等。通 105 路等公交车。

140781-K23　**汾秀南街**［Fénxiù Nánjiē］在市区西部。北起北坛西路，南至汾矿集团洗煤厂。与金融路相交。长3千米，宽70米。沥青路面。2018年建成。因其位于汾秀街南延，故名。两侧有金融路小学、汾秀学校等。通105路公交车。

140781-K24　**安康路**［Ankāng Lù］在市区北部。西起经天街，东至崇文街。与新华北街、新安街相交。长0.5千米。宽30米。沥青路面。2008年命名为安康东路，后改为安康路。两侧有银益购物广场、介休市益金商务大厦、介休中科幼儿园等。通107路公交车。

140781-K25　**军民路**［Jūnmín Lù］在市区北部。西起新华街，东至三贤大道。与崇文街等相交。长2.2千米，宽42米。沥青路面。2008年将纬三路新华北街以西命名为军民路。两侧有新城公园、介休一中，双福寺等。通1路公交车。

140781-K26　**军民东路**［Jūnmín DōngLù］在市区北部。西起新华北街，东至文峰街。与文苑街、崇文街、三贤大道等相交。长0.82千米，宽42米。沥青路面。因其位于军民路东延，故名。两侧有新城公园、人民医院等。通1路公交车。

140781-K27　**北大街**［Běi Dàjiē］在古城十字街北部。南起十字楼底，北至顺城路西口。长0.39千米，宽30米。沥青路面。1996年将南起十字楼底，北至顺城路西口段命名为北大街。两侧有后土庙、太平财产保险有限公司、瑞慈口腔门诊、国大药房等。通105路公交车。

140781-K28　**南大街**［Nán Dàjiē］在市区古城南部。北起东大街，南至新建西路。与光明东路相交。长0.44千米，宽30米。沥青路面。1996年将其名称定为南大街。两侧有城关医院、介休天主堂、中国邮政储蓄银行、介休二轻医院等。通105路公交车。

140781-K29　**东大街**［Dōng Dàjiē］在市区古城东部。西起十字楼底、东至水门南街北口。与段家巷、顺通巷等相交。长0.66千米，宽24米。沥青路面。1996年将西起十字楼底，东至水门南街北口段道路命名为东大街。两侧有市中医院、实验小学等单位和城隍庙、关帝庙（俗称老爷庙）、龙泉观等建筑。通1路公交车。

140781-K30　**西大街**［Xī Dàjiē］在市区古城西部。西起裕华路东口，东至十字口。长0.49千米，宽24米。沥青路面。1996年将裕华路东口、东大期西口段命名为西大街。两侧途有中国农业银行、市政府广场、新华书店等。通1路公交车。

140781-K31　**裕华路**［Yùhuá Lù］在市区中部。西起兴西街南口，东至西大街西。与绵山北街、北河沿街、文明北街等相交。长1.7千米，宽42米。沥青路面。1996年将该街道命名为裕华路。两侧有汾西矿业集团、铁四处、供电公司、联通公司有汾矿医院、工商局、西关小学等。通101、209路等公交车。

140781-K32　**朝阳路**［Cháoyáng Lù］在市区东部偏南。西起东大街，东至东外环路。与新建东路、三贤大道、文苑街、南同蒲线等相交。长2.6千米，宽36米。沥青路面。1982年将原文家庄正街东门外石河大桥西命名为朝阳路。1996年将西起水门南街北口，东至定阳东路的东西向道路命名为朝阳路。两侧有烈士陵园、碳素厂、电杆厂、经华碳素厂、供热公司、多管公司等。通210、220路公交车。

140781-K33　**水门南街**［Shǔimén Nánjiē］在介休市东南区。北起东大街与朝阳街相接处，南至新建东路。与东大街、新建东路相交。长0.53千米，宽10米。1982年将原从玉皇桥起，南至太三公路段命名为南水门。1996年将该路段命名为水门南街。两侧有陆旺商务服务有限公司以及各种商铺。

140781-K34　**水门北街**［Shǔimén Běijiē］在市区中东部。北起北坛中路，南至东大街与朝阳街分界处。与顺城路、彦博路相交。长1.12千米，宽30米。1982年确定原北水门延伸至郭家村西两眼桥，全部为北水门地段。1996年将南起东大街东口，北至北坛中路东口段命名为水门北街。两侧有彦博小学、祆神楼、城隍庙广场、介休体育广场、汾西矿业集团公司林业处、永康医院、彦博小学等。通1路公交车。

140781-K35　**顺城路**［Shùnchéng Lù］在市区中部。西起新华南街，东至三贤大道。与顺城北街、通顺巷、水门北街相交。长1.4千米，宽20米。

青石路面。因顺城关村得名。两侧有北宋名相文彦博故里文家庄、文公祠、三结义庙、林宗书院，全国重点文物保护单位北宋建筑祆神楼等。

140781-K36 **体育路**［Tǐyù Lù］在市中心。西起金融路东段与北河沿街相接，东至顺城路西端。长 0.5 千米，宽 32 米。沥青路面。1996 年将北河沿街以东和新华南街南口以西段命名为体育路。两侧有市三中、自来水公司和后土庙古建筑群、古城墙驿道广场、介休市体育馆等。通 1 路 A、1 路 B 等公交车。

140781-K37 **金融路**［Jīnróng Lù］在市中心。西起西外环路，东至体育路与北河沿街相接。与兴西街、绵山北街、文明北街、金华街等相交汇。长 3.54 千米，宽 32 米。沥青路面。旧称瓜市街，因过去为瓜果市场而名。1996 年将旧瓜市街命名为金融路。两侧有中国银行介休支行、绵山公园、农机厂等。通 109、105 路等公交车。

140781-A01 **北关街道**［Běiguān Jiēdào］介休市人民政府驻地。在市境中部。面积 4.14 平方千米。常住人口 3.51 万。辖 8 社区。1997 年成立。2010 年增设朝阳、新华南街、彦博 3 个社区。辖区有中小学、幼儿园、博物馆、图书馆、晋剧团、体育场、中医院等。临近市政府。社区分别设在各大主要路段。有国家级重点文物保护单位道教庙宇后土庙、明代城隍庙、祆神楼。多次被评为省、晋中市、介休市城市管理、卫生综合治理、信访精神文明创建、计划生育、庭院绿化、人口普查、低保、妇女工作等先进单位。服务业以旅游、餐饮、娱乐、商贸、零售为主。通 9、912 等多路公交车。

140781-A01-J01 **顺城路社区**［Shùnchénglù Shèqū］属北关街道。在市境东北部。面积 0.35 平方千米。人口 2370。因顺城路而得名。有城隍庙广场、介休体育广场。有第六批省级文物保护单位介休龙泉观，创建于隋代，现存过殿、正殿为明代建筑遗构，一进院东、西配殿及二进院东、西配殿为清代建筑遗构。通 105、107 公交车。

140781-A01-J02 **北大街社区**［Běidàjiē Shèqū］属北关街道。在市境东北部。面积 0.58 平方千米。人口 7520。因北大街而得名。有后土庙广场、老爷庙大市场、北大街综合小区。有第六批省级文物保护单位介休关帝庙，清嘉庆《介休县志》，清乾隆五十二年（1787 年）修缮扩建，现存为清代建筑遗构。通 105、107 公交车。

140781-A02 **西关街道**［Xīguān Jiēdào］属介休市。在市境西北部。面积 9.92 平方千米。常住人口 2.92 万。辖 6 社区。1997 年设。1997 年改造北河沿街、金融路、北坛西路。2006 年改造绵山北街。2010 年，增设绿都、祥和苑、福馨园 3 个社区，共辖 6 个社区。有技师学院、广播电视大学、中小学、幼儿园、眼科医院、妇科医院、党政机关等。曾被山西省人口普查办评为人口普查先进单位。服务业以商贸、餐饮、娱乐为主。通公交线路，有京昆高速经此。

140781-A03 **东南街道**［Dōngnán Jiēdào］属介休市。在市境中部。面积 4.01 平方千米。常住人口 2.4 万。辖 4 居民委员会。1997 年设。1997 年改造三贤大道中段、南大街、迎翠街。2003 年撤销 7 个居民委员会和 2 个家属委员会，成立 3 个社区居民委员会。2006 年改造新建东路。2007—2011 年改造三贤大道上段至下段。2010 年社区居委会进行机构改革。因地处介休旧城东南部得名。有新建东路、南大街、南河沿、西大街、东大街等主要干道。有中小学、幼儿园、医院、党政机关、碳素厂、石油公司、药材公司、农机中心、购物中心及商业网点等。多次获得综治先进单位称号。服务业以商贸、零售、餐饮为主。通公交线路，有京昆高速经此。

140781-A03-J01 **南大街社区**［Nándàjiē Shèqū］属东南街道。在市境东南部。面积 0.4 平方千米。人口 4220。因南大街而得名。有第六批省级文物保护单位介休文庙，据清乾隆、嘉庆《介休县志》记载，创建于唐咸亨三年（672 年），元初毁于兵乱，元至元八年（1271 年）重建，明万历二十五年（1597 年）重修，清代屡有修葺，现存为清代建筑遗构。通 105 路公交车。

140781-A04 **西南街道**［Xīnán Jiēdào］属介休市。在市境中部。面积 4.5 平方千米。常住人口 2.6 万。辖 5 社区。1997 年设。2002 年重新划分，设立 3 个社区居民委员会并冠名。2006 年改造新建西路、绵山南街。2010 年西南街道增设辖设备修造厂、定阳、新建西路、南河沿、绵山南街5个社区，共辖8个社区。有中小学、幼儿园、医院、商贸公司、供销市场、建材市场、购物中心等。2009年西南街道被山西省总工会表彰为“山西省基层工会联合会标兵单位”。2010年被晋中市委表彰为“先进基层党组织”。工业以煤炭、运输、电力为主。有铁路系统、洗煤厂、设备修造厂、物资供应总公司等。服务业以仓储物流、零售为主。为介休周边地区的物流中心。是交通枢纽中心，有火车站、汽车站、公交总站。有京昆高速等经此。

140781-A04-J01 **光明社区**［Guāngmíng Shèqū］属西南街道。在市境西部。面积0.44平方千米。人口3400。因光明路而得名。1998年在洗煤厂家属委员会的基础上成立，2002年更今名。有选煤厂生活区、介休十中。2014年获省文明社区称号。通201、209、301公交车。

140781-A05 **北坛街道**［Béitán Jiēdào］属介休市。在市境中部。面积2.23平方千米。常住人口2.02万。辖6社区。1997年设。2003年经市政府统一规划合并为3个社区居委会。2007—2011年改造军民路、史公路、介龙路、北坛路。2012年改建军民路、史公路、彦博路。因社稷坛得名。地势平坦，无山、无川。有中小学、卫生院、住宅小区、广场、党政机关、商业网点等。有名胜古迹北坛公园、汾秀公园、世纪广场、八贤广场、史公塔。先后被市委、市政府评为“综合治理”先进单位，“民政工作”先进单位。服务业以餐饮、娱乐、零售为主。有京昆高速等经此。

140781-B01 **义安镇**［Yìān Zhèn］介休市辖镇。在市境东北部。面积86.09平方千米。常住人口5.91万。辖2社区、29行政村。镇人民政府驻义安。明初境内设义安里、大期里、席村里、洪相里、辛武里、人安里。1949年属介休县第二区。1953年设义安乡。1958年5月义安和东湖龙合并为义安乡。同年9月并入火箭人民公社。1959年设公社。1984年复置乡，同年8月置镇。1992年属介休市。2000年北辛武乡、万户堡乡并入。义安村原名凤凰村，后因某巨户祠堂名“义安堂”，改称义安。因驻地得名。地处平川。海拔在740—800米。年平均气温10—11℃，无霜期150—170天，年平均降水量500毫米。汾河由东向西流经。有中小学、医院。有中国传统村落北辛武村。另有古迹北盐场村圆通寺。2011年被评为全国25个经济发达镇之一。2014年被国家住房城乡建设部等七部委确定为全国重点镇。农业以种植业为主，主产小麦、玉米、谷子、大豆，养殖猪、牛、羊、兔、家禽，盛产苹果、桃、梨、葡萄。工业以焦化、冶炼、电力、建材、碳素为主。形成煤—焦化—钢铁—钢材精加工、煤—焦化—煤气、焦油加工—精细加工、煤—焦化—余热发电—高耗能工业产品四条循环产业链。有中国焦炭之乡美誉。服务业以服装、零售、餐饮、仓储物流为主。南同蒲铁路经此并设站，108国道、汾阳—邢台高速公路、省道东夏线经此。有洪相、孙家寨、北盐场、北辛武4座汾河大桥。

140781-B01-H01 **义安**［Yìān］义安镇人民政府驻地。在市政府驻地北关街道东北10千米。人口6000。相传原名凤凰村，后因当地巨户义安堂而得名。聚落呈团块状。有义安一中、义安中心小学、义安镇中心卫生院。清代为商贾荟萃大镇，有金义安之称。有县级文物保护单位郭氏家族墓地，郭氏为清代当地望族。108国道经此。

140781-B02 **张兰镇**［Zhānglán Zhèn］介休市辖镇。原名张难堡。在市境东北部。面积99.9平方千米。常住人口5.05万。辖2社区，26行政村。镇人民政府驻张兰。1949年属介休县第一区。1953年设张兰乡。1958年5月张兰、北辛武2乡合并为张兰乡，同年9月并入跃进人民公社。1959年设张兰人民公社。1961年三县分设后，复设张兰公社。1963年张兰公社的东街、西街、南街、北街四个大队合并为张兰大队。1984年改乡，同年8月置镇。1992年属介休市。《山西历史地名录》载：“古名张难堡，明、清时称张南镇，在介休县东北四十里。唐太宗败宋金刚于介休，追数里至张难堡，即此”。“难”“南”“兰”谐音，现称张兰。因驻地得名。地形南高北低，南部属土石山区，中部为丘陵地带，北部为平原地带。最高点位于南窑头村，海拔1357米；最低点位于朱家堡村，海拔736米。年平均气温15℃，

1月份平均气温5℃，7月平均气温22℃，年降水量477.2毫米。有矿藏资源煤炭、硫铁矿、石灰石。有中小学、卫生院、文化站、保健站。有2016年第四批中国传统村落板峪村、张村、新堡村，史村、下李候村、旧堡村。有古迹板峪嵘狮庙、上岭云祥寺、大甫村财神庙以及侯氏庄园。2014年被国家住房城乡建设部等七部委确定为全国重点镇。2020年山西省爱国卫生运动委员会命名张兰镇为2020—2022周期山西省卫生乡镇。农业以种植业为主，主产小麦、玉米，养殖猪、牛、羊、家禽，盛产西瓜、核桃、苹果。为市粮油主要产区和第一畜牧大镇。工业以焦化、碳素建材、化工、农机修配、副食加工、酿造等为主。服务业以餐饮、零售、旅游、娱乐为主。南同蒲铁路经此并设站，京昆、汾阳—邢台高速公路，108国道，省道东夏线经境。

140781-B02-H01 **张兰**［Zhānglán］张兰镇人民政府驻地。在市政府驻地北关街道东北20千米。人口5500。古名张难堡，明清称张南镇，后演变为今名。聚落呈条带状。有张兰小学、张兰镇中心卫生院。为明清著名商贸重镇。有张兰古玩城，为北方最大农村收藏品市场之一。108国道经此。

140781-B02-H02 **板峪**［Bǎnyù］在市政府驻地北关街道东北18.6千米。张兰镇辖行政村。人口970。因地处山谷间，早年南部山坡上松柏成林，伐木者始住此地，以加工板材为生而得名。聚落呈团块状。有县级文物保护单位板峪大庙、板峪嵘师庙，现存皆为清代建筑遗构。2016年被列入第四批中国传统村落名录。乡村道路经此。

140781-B02-H03 **北贾**［Běijiǎ］在市政府驻地北关街道东北21千米。张兰镇辖自然村。人口500。相传一条古官道穿村而过，旧时商铺林立，商业繁盛，位置居北，故名。聚落呈团块状。有侯家堡，南宋孝宗隆兴元年（1163年），侯氏始祖侯安由陕西迁入介休北贾村，第十七世侯万瞻开始做生意，贩卖绸缎布匹起家，到十九世侯兴域时生意最为兴隆，成为山西赫赫有名的大财主，介休人称“侯百万”。2003年被列入第一批山西省历史文化名村名录。乡村道路经此。

140781-B02-H04 **旧堡**［Jiùbǔ］在市政府驻地北关街道东北21.6千米。张兰镇辖行政村。人口1950。原与新堡、旧新堡统称为北贾村，因贾侯庙得名。解放后三堡分治，该堡建立时间较早，故名。聚落呈团块状。有旧堡中心小学。有侯安墓，为清代侯安墓葬。有县级文物保护单位旧堡侯氏祠堂、旧堡龙天庙，现存皆为清代建筑遗构。有县级文物保护单位王氏宅院、侯氏宅院，现存皆为清代建筑遗构。2016年被列入第四批中国传统村落名录。乡村道路经此。

140781-B02-H05 **旧新堡**［Jiùxīnbǔ］在市政府驻地北关街道东北21.6千米。张兰镇辖行政村。人口680。原与新堡、旧堡统称为北贾村，因贾侯庙得名。解放后三堡分治，该堡因建立在旧堡之后，新堡之前而得名。聚落呈团块状。有县级文物保护单位侯氏宅院，现存为清代建筑遗构。2016年被列入国家第四批传统村落名录。乡村道路经此。

140781-B02-H06 **史村**［Shǐcūn］在市政府驻地北关街道东北20千米。张兰镇辖行政村。人口1700。聚落呈团块状。有史村小学。有县级文物保护单位禅慧寺，现存为明清建筑遗构。有财神庙、关帝庙、观音堂、宋氏宅院、东沟桥、下河桥，现存皆为清代建筑遗构。2019年被列入第五批中国传统村落名录。乡村道路经此。

140781-B02-H07 **新堡**［Xīnbǔ］市政府驻地北关街道东北21千米。张兰镇辖行政村。人口730。原与旧堡、旧新堡统称为北贾村，因贾侯庙得名。解放后三堡分治，按时间建成先后命名，该堡建立时间最晚，故名。聚落呈团块状。有介休市张兰镇第二初级中学。有县级文物保护单位侯氏宅院，现存为清代建筑遗构。2019年被列入第五批中国传统村落名录。乡村道路经此。

140781-B02-H08 **张村**［Zhāngcūn］在市政府驻地北关街道东北22千米。张兰镇辖行政村。人口3290。聚落呈团块状。有张村中心小学。有观音堂、永宁寺、张氏祠堂、张氏书院，现存皆为清代建筑遗构。2016年被列入第四批中国传统村落名录。乡村道路经此。

140781-B02-H09 **下李侯**［Xiàlǐhóu］在市政

府驻地北关街道东北14.5千米。张兰镇辖行政村。人口1000。原名下岭后，因东南有上岭后而名。后传西汉名将李陵曾葬于此地而得名。聚落呈团块状。有财神庙、关帝庙、观音阁、李陵庙、千佛寺、三官庙、文昌阁，现存皆为清代建筑遗构。2019年被列入第五批中国传统村落名录。乡村道路经此。

140781-B03 **连福镇**［Liánfú Zhèn］介休市辖镇。连福村原名焦寺。在市境东南部。面积90.59平方千米。常住人口3.32万。辖10社区，22行政村。镇人民政府驻连福。1953年设连福乡。1956年张良乡称连福乡，1958年5月归义安人民公社管辖，1958年9月并入火箭公社。1959年设连福人民公社。1960年撤销。1961年设张良人民公社，1962年更名为连福人民公社，1964年连福人民公社分社为连福、东湖龙公社。1984年改乡，同年8月置镇。1992年属介休市。2000年东湖龙乡、樊王乡、化家窑乡并入。连福村原名焦寺，因西汉时樊哙在村北“三教寺”火烧盗匪为民除患而得名。明朝年间，栖凤堡（焦寺村的一部分，今名庆丰堡）有在省外为官者，回乡修建寺院，改村名为“连福”，自此“连福”“焦寺”二名共存。因驻地得名。连地势南高北低、东高西低，地形为土石山、丘陵，西北为平川。最高点天峻山位于赵家庄，海拔2009米；最低点邬城店村西北位于邬城店，海拔747米。年平均气温10℃，年平均降水量470毫米。矿藏资源主要有煤炭、石膏、耐火土、铁等。有中小学、幼儿园、中心卫生院。有2016年第四批中国传统村落刘家山村、张良村。有古迹张良村清乾隆年间宋廷魁故居、刘家山晋商宅院、邬城店村春秋邬县旧址、天峻山文峰塔。农业以种植业为主，主产玉米、小麦、谷子、高粱、豆类，养殖猪、牛、羊、家禽，盛产核桃。工业以煤炭、焦化、耐火材料为主。服务业以商贸、零售、批发、餐饮、酒店服务为主。为商贸集散地。108国道经此。

140781-B03-H01 **连福**［Liánfú］连福镇人民政府驻地。在市政府驻地北关街道东北10.7千米。人口1700。原名焦寺，明朝年间有名望者回乡修建寺院，故名。聚落呈团块状。有连福一中、连福中心小学、连福中心卫生院。有关帝庙、陈氏宅院，现存皆为清代建筑遗构。为传统商贸集散地。108国道经此。

140781-B03-H02 **刘家山**［Liújiāshān］在市政府驻地北关街道11千米。连福镇辖行政村。人口330。原名称刘家寨，解放以后因该村地居高台，原有刘姓巨户而得名。聚落呈团块状。有段氏宅院、张氏宅院、陆氏宅院，现存皆为清代建筑遗构。2016年被列入国家第四批传统村落名录。乡村道路经此。

140781-B03-H03 **张良**［Zhāngliáng］在市政府驻地北关街道东北10千米。连福镇辖行政村。人口3360。因谋士张良在此为民除害，故名。聚落呈团块状。有县级文物保护单位介休县烈士纪念碑，为纪念抗日战争、解放战争中牺牲的烈士而立。有张良村戏台、宅院群，现存皆为清代建筑遗构。2016年被列入中国第四批传统村落名录。乡村道路经此。

140781-B04 **洪山镇**［Hóngshān Zhèn］介休市辖镇。在市境东南部。面积46.03平方千米。常住人口3.26万。辖19行政村。镇人民政府驻三佳。1953年设洪山乡。1954年撤销区级建制，洪山乡归县直管。1958年5月，划归义安公社，同年9月划入火箭公社，1959年改属三佳公社。1960年设洪山人民公社。1984年改乡，同年8月置镇。1992年撤县设市属介休市。2021年撤销三佳乡，整建制并入洪山镇。洪山村位于狐岐山麓，当地居民俗称狐岐山为洪山，故村名称洪山村。洪山镇因辖洪山得名。地势东南高西北低。有矿产资源煤、铁矿、石膏、黑碱、陶土等。有小学、卫生院、文化站。有国家级重点文物保护单位洪山古窑址、源神庙。有省级非物质文化遗产洪山名香“全料香”制作工艺。有2019年第五批中国传统村落洪山村。有2018年第七批中国历史文化名村洪山村。另有古迹正法寺、玉皇桥、张侍郎墓、晋阳楼等。农业以种植业为主，主产小麦、玉米、谷子等，养殖猪、牛、羊，家禽有鸡、鸭等，盛产苹果、梨、柿子、核桃。工业以石料开采、石材加工、碳素、洗煤为主。服务业以仓储物流、旅游、零售、餐饮为主。有介洪公路经此。

140781-B04-H01 **三佳**［Sānjiā］洪山镇人民政府驻地，在市政府驻地北关街道东北 6.4 千米。人口 3900。原名三家堡，后雅为今名。聚落呈团块状。有三佳小学、洪山镇卫生院、介休东高铁站。有专业蔬菜种植、养殖、食品加工服务业。省道东夏线、张义县经此。

140781-B04-H02 **洪山**［Hóngshān］在市政府驻地北关街道东北 10 千米。洪山镇辖行政村。人口 3990。地处狐岐山麓，因当地居民俗称狐岐山而得名。聚落呈条带状。有第六批全国重点文物保护单位洪山窑址，创烧于北宋初年，历经金、元盛烧，明清走向衰败。有第七批全国重点文物保护单位源神庙，据庙内碑文记载，北宋、元两次重建，现存多为清代建筑遗构。2019 年被列入第五批中国传统村落名录。2019 年被列入第七批中国历史文化名村名录。乡村道路经此。

140781-B04-H03 **石屯**［Shítún］在市政府驻地北关街道东北 8 千米。洪山镇辖行政村。人口 1690。该地旧名石洞村，后来北魏时曾在此处屯兵，故名。聚落呈条带状。有第六批省级文物保护单位石屯环翠桥，又称玉皇桥，据桥头石望柱题记记载，创建于明嘉靖十九年（1540 年），清咸丰四年（1854 年）增建楼阁。乡村道路经此。

140781-B05 **义棠镇**［Yìtáng Zhèn］介休市辖镇。原名泥潭。在市境西南部。面积 75.37 平方千米。常住人口 3.56 万。辖 20 行政村。镇人民政府驻义棠。1949 年属介休县第五区。1950 年第五区撤销，属第四区。1953 年设义棠乡。1958 年改义棠人民公社。1984 年 4 月设乡，同年 9 月置镇。1992 年属介休市。义棠地处汾河东岸，介休古为晋阳湖址，此处漫水成泥潭沼泽。后疏通河道，建立居民点，便以“泥潭”之“谐音”取名“义棠”。因驻地得名。地处丘陵山区，东有沟南山，西有郭壁山，汾河穿两山。主要山脉有东西山脉。最高峰圪塔头位于郭壁山，海拔 1125 米；最低点位于义棠镇田村南汾河河滩处，海拔 720 米。年平均气温 10.4℃，平均年降水量 442 毫米。河道属黄河流域。主要河道有汾河，从北至南流经境内西堡、田村等 10 个村，长 7.5 千米。有矿产资源煤、铝土矿。有中小学、卫生院、文化活动中心。有 2019 年第五批中国传统村落田村。有古迹银锭山、虹霁寺、古塔、天圣寺。农业以种植业为主，主产小麦、玉米、高粱、谷子、豆类，养殖猪、牛、羊、家禽，盛产苹果、梨、核桃、柿子。工业以煤炭、洗煤为主。服务业以餐饮、运输、仓储物流为主。南同蒲铁路、108 国道、省道汾介线经此。

140781-B05-H01 **义棠**［Yìtáng］义棠镇人民政府驻地，在市政府驻地北关街道西南 7 千米。人口 1110。相传原名泥滩，后以方言谐音更现名。聚落呈条带状。有义棠小学、义棠中心卫生院。108 国道经此。

140781-B05-H02 **田村**［Tiáncūn］在市政府驻地北关街道西南 13 千米。义棠镇辖行政村。人口 1720。相传原名田堡，北宋末年，农民起义军首领田虎曾在此住宿，并向村民传授武艺，为念其恩情，名为田堡。后演变为今名。聚落呈团块状。有田村北庙，始建年代不详，现存为清代建筑遗构。2019 年被列入第五批中国传统村落名录。108 国道经此。

140781-B05-H03 **师屯北**［Shītúnběi］在市政府驻地北关街道西南 7 千米。义棠镇辖行政村。人口 1710。该村原与师屯南统称师屯，据传方圆原为古战场，是屯兵之所。师者，兵也，光绪年间被洪水截为两半，此地居北，故名。聚落呈团块状。有师屯北小学。有第六批省级文物保护单位师屯北广济寺，又名“广济禅林”，创建于唐代，现存正殿为元代建筑遗构，南北配殿均为明代建筑遗构，过殿为清代建筑遗构。108 国道经此。

140781-B05-H04 **师屯南**［Shītúnnán］在市政府驻地北关街道西南 7 千米。义棠镇辖行政村。人口 1160。该村原与师屯北统称师屯，据传方圆原为古战场，是屯兵之所。师者，兵也，光绪年间被洪水截为两半，此地居南，故名。聚落呈团块状。有师屯南小学。有第六批省级文物保护单位师屯南弘济寺塔，据庙碑记载，创建于明万历十八年（1590 年），清康熙年间（1662 年—1722 年）重修。108 国道经此。

140781-B05-H05 **西刘屯**［Xīliútún］在市政府驻地北关街道西北 7 千米。义棠镇辖行政村。

人口 2710。相传，唐朝末年，刘武周曾屯兵于此，村居县城之西，故名。聚落呈团块状。有第六批省级文物保护单位西刘屯镇河楼，又名玉皇楼，据碑载，创建于明嘉靖十九年（1540 年），清雍正九年（1731 年）重修。340 国道经此。

140781-B06 **龙凤镇**［Lóngfèng Zhèn］介休市辖镇。原名瓦瓮。在市境东南部。面积 114.75 平方千米。常住人口 1.42 万。辖 8 行政村。镇人民政府驻龙凤。1956 年设龙凤乡。1958 年改城关人民公社。1958 年更名红旗人民公社。1959 年改龙凤人民公社。1960 年并入城关人民公社。1961 年复设龙凤人民公社。1984 年复置乡。1992 年属介休市。2000 年改镇。该村地处蚕簇山下，龙凤河西岸。每当雨季山洪暴发时，河水奔腾，形如龙舞；蚕簇山峰，似凤展翅，俯瞰山村，呈龙飞凤舞状，“龙凤”村名由此而得。因驻地得名。丘陵地区。年平均气温 9.5℃，平均降雨量 456.2 毫米，无霜期 136—176 天。龙凤河从东南流经，有南庄、张壁小型水库。矿产资源有煤、石膏、紫木节、耐火土及石料、沙石。有中小学、卫生院、文化活动中心。有全国重点文物保护单位张壁古堡。有 2005 年第二批中国历史文化名村张壁村。有 2012 年第一批中国传统村落张壁村、2014 年第三批中国传统村落南庄村。有 2018 年第七批中国历史文化名村南庄村。另有古迹三官庙、空王殿、琉璃碑、凌空塔等。有“中国十大魅力名镇”“中国特色旅游景观名村”殊荣。农业以种植业为主，主产小麦和玉米等，养殖猪、牛、羊、家禽，盛产核桃、苹果、桃、梨。工业以石料开采、石材加工、洗砂、石灰、碳素、洗煤为主。服务业以仓储物流、旅游、特色手工业、餐饮为主。南同蒲、大西铁路、京昆高速公路经此。

140781-B06-H01 **龙凤**［Lóngfèng］龙凤镇人民政府驻地，在市政府驻地北关街道东南 7.7 千米。人口 4364。村东道弯曲似龙形，每当雨季山洪暴发时河水奔腾如龙舞，村西蚕簇山峰下九沟朝阳如凤凰，故名。聚落呈团块状。有龙凤初级中学、龙凤中心小学、龙凤镇卫生院。有第六批省级重点文物保护单位龙凤村三明寺，据正殿梁架题记载，创建于唐先天二年（713 年），现存为清代建筑遗构。乡村道路经此。

140781-B06-H02 **张壁**［Zhāngbì］在市政府驻地北关街道东南 8.7 千米。龙凤镇辖行政村。人口 1200。相传，因张姓巨户出资筑堡而得名。聚落呈团块状。有第六批全国重点文物保护单位张壁古堡，相传为隋末刘武周的偏将尉迟恭据守此地时，始筑该堡。城堡里保存有完好的城墙、街巷、民居、寺庙群、隋唐地道、金代墓葬、元代戏台、明清民居等文物古迹。2005 年被列入第二批中国历史文化名村名录，2012 年被列入第一批中国传统村落名录。乡村道路经此。

140781-B06-H03 **南庄**［Nánzhuāng］在市政府驻地北关街道东南 6.4 千米。龙凤镇辖行政村。人口 300。明嘉靖年间，张姓巨户为方便耕种北面土地，将部分佃农移住，因方位而得名。聚落呈团块状。“三门石头街，南北两座庙，张家十八堂，阴氏一杆旗”，是对南庄村历史文化资源最精辟的概括。2014 年被列入第三批中国传统村落名录。2019 年被列入第七批中国历史文化名村名录。县道龙张线经此。

140781-B06-H04 **渠池**［Qúchí］在市政府驻地北关街道东南 9.3 千米。龙凤镇辖自然村。人口 360。旧名仝家寨，因姓氏而得名。明嘉靖年间，巨户仝九绍出资筑池蓄水，开渠浇田，故名。聚落呈团块状。有第六批省级文物保护单位渠池棲云庵，现存献亭为元代建筑遗构，东西配殿、西厢房、山门为清代建筑遗构，东厢房为民国建筑遗构。乡村道路经此。

140781-B06-H05 **龙头**［Lóngtóu］在市政府驻地北关街道东南 4.2 千米。龙凤镇辖行政村。人口 2980。俗称缩头村。早年龙凤河从此分为三股注入汾河，雨季山洪暴发，河水奔腾而下，形似龙舞。在此分流后减速，似蛟龙缩头，故名。聚落呈团块状。有第六批省级文物保护单位龙头古龙寺，现存神殿据形制判断为元代遗构，后寝殿为清代砖券窑洞。县道介秦线经此。

140781-B07 **绵山镇**［Mianshān Zhèn］介休市辖镇。古称绵上。在市境西南部。面积 159.22 平方千米。常住人口 3.25 万。辖 4 社区、20 行政村，镇人民政府驻西靳屯。1953 年设靳屯乡。1956 年设西靳屯、大靳、兴地3个公社。1958年分设卫星、红旗2人民公社。1959年兴地、秦树属静升公社管辖，西靳屯归城关公社管辖，大靳归龙凤公社管辖。1960年，撤销龙凤公社，大靳归城关公社管辖。1961年三县分设，介休复设秦树公社和西靳屯公社，大靳归秦树公社管辖。1962年增设大靳公社。1984年撤人民公社，置西靳屯乡。1992年属介休市。2000年合并西靳屯乡、秦树乡、大靳乡3乡为绵山镇。绵山属太岳山脉的一条支脉，古称绵上。因有国家5A级绵山风景名胜区而得名。地势东高西低。地形为平原、丘陵。最高点位于绵山艾蒿坡南，海拔2487米；最低点位于东内封村，海拔775.5米。年平均气温10.6℃。年平均降水量455毫米。有中小学、敬老院、卫生院。有国家级重点文物保护单位回銮寺、云峰寺石佛殿。有2016年第四批中国传统村落焦家堡村、兴地村、小靳村，2019年第五批中国传统村落大靳村。有2018年第七批中国历史文化名村大靳村。绵山为国家4A级旅游景区、省风景名胜区，另有秦柏生态休闲旅游风景区。为中国清明（寒食）节发源地，有中国寒食清明文化研究中心，中国寒食清明文化博物馆。有民间特色介休面食、传统面艺、山西面花、担担面、碗坨子、民间社火、元宵灯会。2020年获得2017—2019周期国家卫生乡镇荣誉称号。农业以种植业为主，主产小麦、大豆、玉米等，养殖猪、牛、羊、家禽，盛产苹果、核桃等。工业以煤炭、洗煤、建材为主。服务业以旅游、娱乐、餐饮为主。有特产贯馅糖、麻糖、绵山白酒、大米、大枣、酸枣仁、元胡、大叶三七、荔枝草、野山参、陈醋等。京昆高速公路、省道东夏线经此。

140781-B07-H01 **西靳屯**［xījìntún］绵山镇人民政府驻地。在市政府驻地北关街道西南5千米。人口2600。早年村民靳姓多，隋末唐初为秦王李世民屯兵积粮之地，故名。聚落呈团块状。有绵山一中、绵山镇中心卫生院。有县级文物保护单位宋子浚墓，为北魏时期文化遗存。有西靳屯关帝庙、武氏宅院，现存皆为清代建筑遗构。有靳茂煤化厂。108国道经此。

140781-B07-H02 **大靳**［Dàjìn］在市政府驻地南9.4千米。绵山镇辖行政村。人口600。相传靳氏兄弟俩最早在此分住沟之南北，后逐渐形成两个村庄，因该处初为兄长所住而得名。聚落呈团块状。有大兴寺，现存正殿为元代遗构，余皆为清代建筑遗构。有观音庙、王家宅院、王氏祠堂、王家当铺，现存皆为清代建筑遗构。2019年被列入第五批中国传统村落名录，2019年被列入第七批中国历史文化名村名录。县道介大线经此。

140781-B07-H03 **小靳**［Xiǎojìn］在市政府驻地南9.4千米。绵山镇辖行政村。人口353。相传，靳氏兄弟俩最早在此分住沟之南北，后逐渐形成两个村庄，因该处初为弟所住而得名。聚落呈团块状。有第六批全国重点文物保护单位介休东岳庙，现存为元明清时期建筑遗构，是山村古道观少见的典型遗存。2016年被列入第四批中国传统村落名录。有乡村道路经此。

140781-B07-H04 **焦家堡**［Jiāojiābǔ］在市政府驻地南9.1千米。绵山镇辖行政村。人口740。聚落呈团块状。有古佛庙、观音庙、永泰门，现存皆为清代建筑遗构。2016年被列入第四批中国传统村落名录。县道介大线、介秦线经此。

140781-B07-H05 **兴地**［Xīngdì］在介休市人民政府驻地南14.8千米。绵山镇辖行政村。人口3300。因村庄傍溪水而建而得名。聚落呈条带状。有第六批全国重点文物保护单位回銮寺，据金大定二十五年（1185年）碑记，原为空王灵溪寺，建于唐僖宗中和（881年—885年）年间。唐太宗欲登山礼佛至此回銮，唐僖宗时（873—887）改名为回銮寺。现存为元明清时期建筑遗构。有第七批全国重点文物保护单位云峰寺石佛殿，又称灵官仙窟、大云寺，始建于唐贞观年间，现存为明清建筑遗构。县道介秦线经此。

140781-C01 **城关乡**［Chéngguān Xiāng］介休市辖乡。在市境中部。面积11.94平方千米。常住人口1.55万。辖9行政村。乡人民政府驻梁吉。1953年设城关镇。1958年改城关人民公社。1960年改城市人民公社。1964年复置镇。1966年城关镇分设为城关镇和城关人民公社。1980年城关镇更名为城镇。1984年4月置乡。1986年城镇和城关乡合并为城关镇。1992年属介休市。1997年复置乡。因驻市城区得名城关乡。地势平坦。年降水量平均为700毫米。汾河流经。有小学、幼儿园、卫生院、文化站、农民公园。1997年为山西省精神文明建设先进单位。2007年以来获得山西省综合实力百强乡镇、晋中市新农村建设标兵乡镇、山西省文明和谐乡镇称号。农业以种植业为主，主产蔬菜，养殖家禽、鱼类。工业以机械制造、碳素、建筑、建材、酿造、化工、发运等为主。服务业以旅游、酒店服务、餐饮、娱乐、商贸、零售、仓储物流为主。南同蒲铁路经此，京昆、大运高速公路、108国道经此。

140781-C02　**宋古乡**［Sònggǔ Xiāng］介休市辖乡。在市境西北部。面积30.5平方千米。常住人口3.39万。辖3社区、10行政村。乡人民政府驻宋古。1949年属介休县第五区。1950年属介休县第三区。1953年属西段屯乡。1958年属城关人民公社。1961年设宋古人民公社。1984年改置乡。宋古村原名“宋胡村”，因宋、胡两家最早在此定居而得名。因驻地得名。地势平坦，海拔730米—760米。年平均气温10.4℃，无霜期平均为173天，年平均降水量477.2毫米。有中小学、幼儿园、卫生院、图书室等。有古迹裕福寺、双福寺、关帝庙。有第六批全国文明村三道河村。农业以种植业为主，主产小麦、大豆、玉米，养殖猪、牛、羊、家禽。工业以电力、建材、机械制造、碳素、建筑为主。服务业以商贸、酒店服务、服装、零售、餐饮为主。108国道经此。

140781-C02-H01　**宋古**［Sònggǔ］宋古乡人民政府驻地。在市政府驻地北关街道西南3.4千米。人口4000。相传，因宋、胡两家最早定居，称宋胡村，乾隆年间朝廷大臣路过借宿问村名，地方官答宋胡村，为避免“胡”与“安史之乱”中“胡人”相联系，防灾难，将“古月”更为“月古”，后因异体字而更为今名。聚落呈团块状。有宋古二中、宋古乡卫生院。108国道经此。

140781-C02-H02　**三道河**［Sāndàohé］在市政府驻地北关街道西北3.5千米。宋古乡辖行政村。人口2090。早年村旁有扁担泉、葫芦泉、牛角泉，三股泉水汇流合一，故名。2020年被评为第六届全国文明村。乡村道路经此。

140721　**榆社县**［Yúshè Xiàn］晋中市辖县。北纬37°　07′，东经112°　97′。在市境东南部。面积1700平方千米。常住人口11.17万。辖4镇、3乡。县人民政府驻箕城。秦辖于上党郡。西汉属涅氏县。东汉改称涅县。三国时属魏，归并州直辖。西晋泰始年间置武乡县，治所在今社城镇，属乐平郡。东晋大兴二年（319年）十六国后赵置武乡郡，治武乡县。永和中年废郡。北魏延和二年（433年）改武乡县为乡县，改郡为乡郡。太和十五年（491年）郡、县徙治今武乡县段村。隋开皇十六年（596年）析乡县地置榆社县，属韩州，大业二年（606年）废入乡县，义宁元年（617年）复置榆社县，属太原郡。唐武德元年（618年），初属并州总管，后改属韩州，三年（620年）于县置榆州，同年于县境别置偃武县，治今魏城村，亦属榆州，六年（623年）废州，偃武县废，入榆社县，属辽州，八年（625年）属箕州。唐先天元年（712年），属仪州。天宝元年（742年）属乐平郡。乾元元年（758年），复属仪州。中和三年（883年），归仪州改置的辽州。五代十国时先后被后梁、后唐、后晋、后汉统治，属河东道辽州。北宋熙宁七年（1074年）废，入武乡县，元丰八年（1085年）复置辽州，榆社以镇往属，元祐元年（1086年）复置榆社县，属辽州。靖康（1126年）后，隶属河东南路的辽州。元代属平阳路（后改称晋宁路）辽州。蒙古至元三年（1266年）废入辽山县，六年（1269年）复置，属辽州。元、明、清仍之。1913年属中路道。1914年属冀宁道。1927年废道，直属省。1937年属省第三行政区。1940年8月划归冀太联办太行区第二办事处，9月划入太行行署三专区。1949年属榆次专区。1955年2月县人民政府改称县人民委员会，归榆次专员公署，11月榆社县并入武乡县，置榆社镇卫星、云簇灯塔、社城红旗、郝北东风4个人民公社，属长治专员公署。1958年废入武乡县。1959年复置，属晋中专区。1967年属晋中地区。1999年属晋中市。据《汉书·地理志》太原郡榆次县吴卓信补注：“昔烈山氏，帝榆罔之后，其国为榆州，曲沃灭榆州，其社存焉，谓之榆社。”因驻地得名。地处太行山主脉中段西麓。属丘陵山区，四周高、中间低。有主要山脉黑神山、武乡岭、吴娃背山、悟云山等。最高峰吴娃背山海拔 1901 米，最低点海拔 961 米。年平均气温 8.8℃，1 月平均气温 -7℃，7 月平均气温 23℃，年平均降水量 560 毫米，无霜期 165 天。主要河流有浊漳河北源、云簇河、东河、泉水河等。有矿产资源煤、石油、天然气、锰、石膏、油页岩等。有国家级重点保护野生动物金钱豹、青羊、鸳鸯等。有省级重点保护野生动物 8 种。被誉为“化石之乡”和“古脊椎动物的宝库”。有观赏、药用等植物 130 余种。有科研机构县小麻研究所。有中小学 22 所、幼儿园 47 所，其中榆社中学为省级文明、德育示范学校，榆社二中为省级示范初中，东升小学为省级德育和语言文字示范学校，太星小学为省级示范学校。艺术表演团体 9 个、乡镇文化站 7 个、艺术表演场所 179 个、文化馆 8 个、公共图书馆 8 个等。医疗卫生机构 250 个，其中二级综合医院 1 所、中医院 1 所、疾病预防控制中心 1 所、妇幼保健机构 1 所。有国家级重点文物保护单位岩良福祥寺、上赤峪崇圣寺。有省级文物保护单位邓峪村石塔造像、庙岭山石窟、南村造像、张果老峰石塔。有省级非物质文化遗产榆社霸王鞭、榆社阿胶熬制技艺、晋绣手工技艺、建筑彩铃、石勒传说、土滩秧歌、木梁压榨小麻油工艺、九曲黄河灯阵等。省级爱国主义教育基地 2 处。有纪念地马定夫烈士墓、马定夫烈士故居、白庄伏击战遗址、榆社县烈士陵园、云竹村烈士碑（亭）、讲堂村烈士碑（亭）、曹更修烈士墓、太行军区第二军分区、司令部旧址、丁思林牺牲地、八路军总部韩庄修械所旧址、八路军后方医院河窊旧址。有地方特色民间艺术戏剧、武术、刺绣、雕刻、剪纸等。另有榆社古生物化石国家地质公园等名胜。有历史名人箕子、廉颇、蔺相如、杜瑞芝、任抟九、石泰峰。2021 年入选山西省第一批农村物流试点县。三次产业比例 14.5 ：37.1 ：48.4。农业以种植业为主，主产玉米、谷子、高粱、薯类、豆类、小杂粮等。农产品地理标志有榆社洋槐蜜、河峪小米。有特产驴皮阿胶、榆社笨鸡蛋、前庄酥梨、河峪小米、然晶蜂蜜、银鱼、北寨小麻油、五粮白酱油等。工业以电力、化工、医药、包装为主。服务业以金融、通信、餐饮、商品零售为主。太焦铁路，二广、汾阳—邢台高速公路经此。

104721-B01　**箕城镇**［Jīchéng Zhèn］县人民政府驻地。在县境中部。面积 307.66 平方千米。常住人口 5.94 万。辖 10 社区、41 行政村。镇人民政府驻城关。1949 年属榆社县第一区。1954 年设城关镇。1956 年分属城关镇、王景乡、潭村乡、银郊乡。1958 年改卫星人民公社。1961 年改城关人民公社。1974 年城关人民公社分置东汇人民公社和银郊人民公社。1984 年置城关镇。2001 年合并城关镇、银郊乡、东汇乡，更现名。因传榆社为商代箕子封国，唐初于此置箕州命名。因驻地得名。地势东北高、西南低。地形为山间河谷、丘陵、盆地。主要山脉有尖山、黑神山，最高峰位于县境东部尖山，海拔 1453 米；最低点位于南马会村，海拔 974 米。年平均气温 8.8℃，年平均降水量 540 毫米，无霜期沿浊漳河村大于 180 天，东南部山区 150—165 天。河道属海河流域。主要河道有浊漳河北源、东河，河流总长度 42 千米。最大的河流为东河，从东北至西南流经境内红崖头、东汇、城关等村，长 19 千米。有中小学、文化站、卫生院、农民书屋。有省级文物保护单位庙岭山石窟。有县级文物保护单位上西山旧石器遗址。有省级非物质文化遗产土滩秧歌、九曲黄河灯阵。另有古迹唐代摩崖石刻、文峰塔、北朝大同寺佛舍利塔遗址、清泉水上游乐园、孔龙山风景区等。有纪念地榆社革命烈士纪念亭、革命烈士马定夫纪念亭。境内的古脊椎动物化石享誉全国。农业以种植业为主，主产玉米、蔬菜，养殖猪、羊、牛、家禽，盛产红枣、核桃、杏。工业以化工、食品加工、酿造、建材、铸造为主。服务业以运输、仓储物流、零售为主。太焦铁路过境，设榆社站。二广、汾阳—邢台高速公路经此。

140721-B01-K01　**迎春北路**［Yíngchūn Běilù］在城区北部。北起泰新东街，南至河南街桥北。与东大街、东升街相交。长 0.7 千米，宽 32 米。沥青路面。1981 年开工，1985 年建成，1998 年改造。原县城以“十字街”分东街、西街、南街、北街。

1981年将北街更现名。寓意迎接春天，且位于道路北延，故名。两侧有榆社县县级机关幼儿园、榆社县会计核算中心、煤运公司、迎春市场、榆社二中、医院、化石博物馆、榆社古地质博物馆、榆社县新光新能源有限公司、榆社天生制药有限公司等。通7、20路等公交车。

140721-B01-K02 **迎春南路**［Yíngchūn Nánlù］在城区南部。北起河南街桥南，南至火车站。与文峰街、新建东街相交。长2千米，宽32米。沥青路面。1964年整修，1976年扩建，1981年将南街更现名。寓意迎接春天，且位于道路南延，故名。沿路有桥南菜市场、卫生院、火车站、中国石化、吉庆念佛堂等。通18、19路等公交车。

140721-B01-K03 **泰新东街**［Tàixīn Dōngjiē］位于城区北部。西起迎春北路，东至凤仪南路。与花园路等路相交。长1千米，宽20米。沥青路面。原为太邢路（太原至邢台路），在县城北面东西穿过。1989年修建，名为太邢东街。2004年道路改建，更名为泰新东街。取自“太邢”谐音，泰，国泰安康；新，与旧相对。两侧有华鼎家具装饰广场、榆社泰新小学、榆社三中、广生公司等。通5、18路等公交车。

140721-B01-K04 **泰新西街**［Tàixīn Xījiē］位于城区北部。西起漳原大道，东至迎春北路。与泰新街相交。长0.5米，宽20米，沥青路面。“泰新”取自“太邢”谐音，又因其位于泰新东街以西，故名。两侧有榆社县烟草公司、榆社县运输公司等。通2、5路公交车。

140721-B01-K05 **北大街**［Běi Dàjiē］在城区北部。北起泰新西街，南至迎春北路。与康乐街支路相交。长0.88千米，宽5.5米。水泥路面。原为县城南北走向的主要大道，故名。两侧有榆社县物资协会、榆社县人民医院、药材公司等。通5路公交车。

140721-B01-K06 **东大街**［Dōng Dàjiē］在城区中部偏北。西起迎春北路，东至体育南路、体育北路交叉口。与大同路、体育路、新开路、箕子南路等路相交。长0.73千米，宽10米。沥青路面。1949年，县城范围十分狭小，县城街道以“十字街”为中心，形成东街、南街、北街、西街，后扩建，将东街命名为东大街。两侧有榆社中学、榆社体育馆、华夏旅行社等。通2路公交车。

140721-B01-K07 **西大街**［Xī Dàjiē］在城区中部。西起漳源大道，东至迎春北路。与太焦线等线路相交。长0.22千米，宽10米。沥青路面。1949年，县城范围十分狭小，县城街道以“十字街”为中心，形成东街、南街、北街、西街，后扩建，将西街命名为西大街。两侧有中国移动通信集团山西有限公司榆社县分公司、榆社县中心敬老院、山西省宸翰教育书法总部等。通2路公交车。

140721-B01-K08 **东升街**［Dōngshēng Jiē］位于城区南部。西起迎春北路，东至山泉峪桥。与凤仪南路、凤台路、大同路相交。长1.2千米，宽12米。沥青路面。意为初升的太阳，形容朝气蓬勃的气象，故名。两侧有中国人民银行榆社支行、东升小学、计生妇幼保健医院、榆社县中医院等。通2路公交车。

140721-B01-K09 **东升西街**［Dōngshēng Xījiē］在城区南部。西起漳源大道，东至迎春路。与太焦线相交。长0.75千米，宽12米。沥青路面。因其位于东升路西延，故名。两侧有山西煤层气勘查开发有限公司、榆社二中等。通2路公交车。

140721-B01-K10 **凤仪北路**［Fèngyí Běilù］在城区东北部。北起泰新东街，南至东大街。与体育北路相交。长0.5千米，宽10米。沥青路面。2013年始建，2014年建成。位于东大街以北，故名凤仪北路。凤仪，亦作“凤凰来仪”，凤凰来舞，仪表非凡，古代指吉祥的征兆。“凤”与凤台路交相呼应，“仪”又喻指仪川河。两侧有榆社县汽车站等。

140721-B01-K11 **凤仪南路**［Fèngyí NánLù］在城区东北部。北起东大街辅路，南至东升街。长0.5千米，宽10米。沥青路面。2013年始建，2014年建成。“凤”与凤台路交相呼应，“仪”又喻指仪川河，又因其路线方位而得名。两侧有榆社县中医院等。

140721-B01-K12 **漳源大道**［Zhāngyuán Dàdào］在城区西部。北起泰新东街，南至路尽头。与仪川西街、西大街相交。沥青路面。长1.7千米，宽 50 米。以浊漳河发源地，故名。两侧有榆社县大众众和汽车贸易公司、漳河医院、滨河公园、榆社正大汽修厂、高校混凝土配送有限公司等。有 21 路公交车。

140721-B01-K13 **文峰街**［Wénfēng Jiē］在城区南部。西起迎春南路，东与凤台南路相接。沥青路面。长 0.74 千米，宽 24 米。因该街直通文峰园、文峰塔，故名。两侧有榆社县职业中学、利康中医诊所、连家庄幼儿园等。通 2 路公交车。

140721-B01-H01 **东汇**［Dōnghuì］在县政府驻地箕城镇东北 1.4 千米。箕城镇辖行政村。人口 1900。相传古时村中有三株大槐树，故名东槐村，后因位于东河各支流交汇处而更名。聚落呈团块状。有东汇中心学校。有第六批省级文物保护单位马定夫烈士故居。马定夫，1939 年后历任中共榆社县委宣传部长、组织部长、晋中独立支队政治部科长、太行二分区政治部主任、30 团政委等职。1943 年 7 月 23 日，在太谷枫子岭战斗中，为掩护群众牺牲。340 国道经此。

140721-B01-H02 **连家庄**［Liánjiāzhuāng］在县政府驻地箕城镇南 1 千米。箕城镇辖行政村。人口 560。聚落呈团块状。有榆社县电视台。有第六批省级文物保护单位连家庄文峰塔，塔高为十三层，现存为清代建筑遗构。文峰街经此。

140721-B02 **云簇镇**［Yúncù Zhèn］榆社县辖镇。在县境西南部。面积 130.26 平方千米。常住人口 1.94 万。辖 22 行政村。镇人民政府驻云簇。1937 年属榆社县第三区。1953 年区下设向阳乡、云簇乡、赵庄乡、高庄乡、南村乡、桃阳乡、壁图画乡。1956 年改置镇。1958 年改灯塔（云簇）人民公社。1961 年划设燎原（东清秀）人民公社。1984 年复置镇。传初建镇时天空有五色云现，又因云簇河，故名。因驻地得名。地势西北高、东南低。地形为河谷盆地。有主要山脉胡爷山、轿顶山。最高山峰轿顶山海拔 1245.9 米；最低点位于镇东南部的和平村海拔 975 米。年均降水量 650 毫米，无霜期 160—170 天。河道属海河流域。主要河道有云簇河，从西北至东南流经境内云簇、南村、和平村等 13 个村，长 13 千米。有中小学、文化站、中心卫生院、敬老院。有省级文物保护单位南村造像。有第五批中国传统村落桃阳村。另有名胜古迹云簇湖风景区、海银山摩崖造像等。有纪念地姚忠祥革命烈士亭。有出土的古脊椎动物化石。是“全省百家重点建设乡镇”。2020 年山西省爱国卫生运动委员会命名云簇镇为 2020—2022 周期山西省卫生乡镇。农业以种植业为主，主产谷子、玉米、小麦、豆类、水稻，养殖鱼、猪、牛、羊、家禽，盛产苹果、梨、杏。为全县第一产粮区。粮、鱼产量在全县名列前茅，人称“鱼米之乡”。工业以塑料包装、食品加工。建筑、铸造为主。服务业以运输、零售、休闲为主。二广、汾阳—邢台高速公路经此。

140721-B02-H01 **云簇**［Yúncù］云簇镇人民政府驻地。在县政府驻地箕城镇西 14 千米。人口 2860。相传建镇初，天空现五色云彩，人以为瑞，故名。聚落呈团状。有云簇中学、云簇小学、云簇镇中心卫生院。有云竹烈士碑亭，为纪念姚忠祥等烈士而建。有云竹烈士墓，1957 年将散落在云竹境内的抗日战争中牺牲的八路军干部、战士的骨骸集中迁移埋葬在一起。县道南峡线经此。

140721-B02-H02 **桃阳**［Táoyáng］在县政府驻地箕城镇西南 9.5 千米。云簇镇辖行政村。人口 1070。相传古时村中有一根杨桃大梁，故名杨桃，后改今名。聚落呈团块状。有桃阳小学。有桃阳戏台、李氏酒坊，现存皆为清代建筑遗构。有桃阳传统民居，现存皆为民国建筑遗构。有桃阳烈士碑，为纪念赵福禄、郝更维、郝全成等 16 名烈士而建。2019 年被列入第五批中国传统村落名录。县道南峡线经此。

140721-B03 **郝北镇**［Hǎoběi Zhèn］榆社县辖镇。在县境南部。面积 312.23 平方千米。常住人口 2.36 万。辖 37 行政村。镇人民政府驻郝北。1956 年设郝壁镇。1958 年改郝北人民公社。1959 年分置锦锋（岚峪）人民公社。1974 年分置韩村乡人民公社。1984 年设郝北镇。2001 年合并郝壁镇、韩村乡，更现名。2021 年岚峪乡、讲堂乡整建制并入郝北镇。该地北面有一古庙，建于唐代，重修于明代，殿后屋顶有一方孔，并安有古镜，在古镜下面有一口井，后殿台上立一石碑，上面记载“上有古镜，下有仙井，以镜照井，鹤壁珠帘”，故名鹤壁。因“鹤”与“郝”，“壁”与“北”同音，故逐渐演变为郝北。因驻地得名。地势东北高西南低。地形属半丘陵地区。有主要山脉黑神山、老爷山。最高峰火蒿地沿山海拔 1267 米；最低点位于关元则村南侧浊漳河河滩海拔 957 米。年平均降水量 550—650 毫米，无霜期 185 天。河道属海河流域。主要河道有浊漳河北源、南屯河，河流总长度 24.5 千米。最大的河流为浊漳河北源，从北至南流经境内邓峪、韩村、闫家沟等村，长 145 千米。有矿产资源煤炭，其他自然资源有韩庄村天然矿泉水水源。有中小学、文化站、卫生院。有国家级非物质文化遗产形意拳。有省级文物保护单位邓峪村石塔造像。另有古迹商代箕城遗址、箕子庙遗址、唐代偃武县城遗址等。有纪念地抗日战争烈士陵园、韩庄村八路军武器修械所遗址、抗日战争时期晋冀豫二地委驻地旧址、白庄革命遗址纪念地。有武术梅花拳、六合拳等。大南沟村为国内外考古专家重点考察古脊椎动物化石地区。2020 年山西省爱国卫生运动委员会命名郝北镇为 2020—2022 周期山西省卫生乡镇。农业以种植业为主，主产玉米、谷子、豆类等，养殖猪、羊、牛、家禽，盛产苹果、杏、核桃等。工业以电力为主。服务业以零售、运输为主。太焦铁路经此，设台曲站，二广高速公路经此。

140721-B03-H01　**郝北**［Hǎoběi］郝北镇人民政府驻地。在县政府驻地箕城镇南 15 千米。人口 870。原名郝壁，以古为壁堡，郝姓始居而得名，后以方言谐音简为今名。聚落呈团块状。有郝北中学、郝北小学、郝北中心卫生院。有第六批省级文物保护单位郝北寿圣寺，现存山门为宋代原构，其余为明清时期建筑遗构。有县级文物保护单位讲堂烈士碑亭，为纪念在抗日战争、解放战争中为国捐躯的讲堂田修文、郝效文等 73 位烈士特建亭立碑。县道榆洪线经此。

140721-B03-H02　**韩庄**［Hánzhuāng］在县政府驻地箕城镇东南 16.5 千米。郝北镇辖自然村。人口 220。聚落呈团块状。有第六批省级文物保护单位八路军总部韩庄修械所旧址，是黄崖洞兵工厂的前身，是抗日战争时期八路军总部在太行山区创建最早、规模最大的一座兵工厂，成立于 1938 年 9 月，现存建筑为民国时期建筑遗构。乡村道路经此。

140721-B04　**社城镇**［Shèchéng Zhèn］榆社县辖镇。在县境北部。面积 324.97 平方千米。常住人口 0.81 万。辖 11 行政村。镇人民政府驻社城。西晋泰始年间，涅县分置武乡县，置治所于社城，为本邑最早县城。后赵皇帝石勒于东晋大兴二年（319 年），置武乡郡，社城为郡和县治所。1949 年属榆社县第二区。1953 年区下设社城乡。1954 年设社城镇。1958 年改红旗人民公社，同年 12 月改社城人民公社。1984 年复置镇。因榆罔帝后裔为榆罔帝立社祭祀而得名榆社，后县治所南迁，为区分两地，把原榆社城更名为社城至今。因驻地得名。地势平缓，地形山、沟、川纵横交错。有主要山脉三县墙山系、板山山系、委山山系等，最高峰漫天堵位于镇东北部，海拔 1626 米；最低点位于南翟管村，海拔 1035 米。年平均降水量 460—700 毫米，无霜期 150 天。河道属海河流域。主要河道有浊漳河北源，从北至南流经境内两河口、社城、西崖底等村，长 35 千米。有中小学、文化站、卫生所、敬老院、农民书屋。有县级文物保护单位古武乡县城遗址。农业以种植业为主，主产玉米、谷子、杂粮，养殖猪、羊、牛、家禽，盛产苹果、珍珠黄杏、仁用杏等。“欣绿洲”有机黑小米被评为“中国消费者信得过特色农产品”。工业以粮食加工为主。服务业以运输、餐饮、零售为主。太焦铁路经此，设石会、阳乐、社城 3 站，二广高速公路经此。

140721-B04-H01　**社城**［Shèchéng］社城镇人民政府驻地。在县政府驻地箕城镇北 15 千米。人口 1220。原为武乡县治所，后赵皇帝石勒故乡。石勒曾将此地比作刘邦故乡丰沛枌榆社，后称“榆社故城”，故名。聚落呈团块状。有社城中学、社城中心小学、社城镇中心卫生院。有县级文物保护单位社城城址，西晋时为武乡县，后赵石勒时更名为榆社县，唐武德三年废弃。有社城遗址，为战国时期文化遗存。省道太长线经此。

140721-C01　**河峪乡**［Héyù Xiāng］榆社县辖乡。在县境西部。面积 220.58 平方千米。常住人口 1.35 万。辖 24 行政村。乡人民政府驻河峪。

1949年属榆社县第三区。1953年设河峪乡。1954年废区。1958年属灯塔（云簇）人民公社。1961年6月置燎原（东清秀）人民公社，驻东清秀村。同年12月更名为东清秀人民公社。1964年改河峪人民公社。1984年复置乡。因村前有条河流，又位于山谷间，故名。因驻地得名。地势西北高、东南低。地形以山地为主。有主要山脉雾（悟）云山系、空王佛山系等，最高峰位于乡境西北的四县墙，海拔2010米，最低点位于乡境南部的云簇湖，海拔1021米。年平均降水量650—700毫米，无霜期145—170天。河道属海河流域。主要河道有石盘河、清秀河，河流总长41.5千米。最大的河流为清秀河，从北至南流经境内东清秀、西清秀、河峪等村，长23.5千米。有中小学、中心卫生院、文化站、农民书屋。有国家级重点文物保护单位岩良福祥寺、禅山崇圣寺。有省级文物保护打单位张果老峰石塔。有2016年第四批中国传统村落赤峪村。另有古迹下赤峪资福寺、五代王建立墓、前庄造像。有纪念地西周村革命遗址、河洼村烈士陵园等。2021年被认定为山西省农村电商强镇。农业以种植业为主，主产玉米、谷子、杂粮，养殖猪、羊、牛、家禽，盛产苹果、酥梨、红枣、杏、小米等。以“河峪小米”“河峪酥梨”为品牌产业。工业以食品加工为主。服务业以旅游、零售、餐饮、运输为主。汾阳—邢台高速公路经此。

140721-C01-H01 **河峪**［Héyù］河峪乡人民政府驻地。在县政府驻地箕城镇西18.3千米。人口890。因村所处方位在山谷间，且村前有条河而得名。聚落呈团块状。有河峪中学、河峪小学、河峪乡卫生院。有后河墓群，为战国时期文化遗存。有河峪墓群，为东周、汉代文化遗存。乡村道路经此。

140721-C01-H02 **下赤峪**［Xiàchìyù］县政府驻地箕城镇西20千米。河峪乡行政辖村。人口340。因该村前有条小河，每逢雨季水位便上涨，故名下府，后改今名。聚落呈团块状。有第六批省级文物保护单位下赤峪资福寺，现存建筑中大雄宝殿为元代建筑遗构，其余为清代、民国时期建筑遗构。有刘忠汉宅院，现存为民国时期建筑遗构。有下赤峪烈士亭，为纪念在抗日战争中牺牲的本村刘启先、刘郁文等11位烈士而建。2016年被列入第四批中国传统村落名录。乡村道路经此。

140721-C01-H03 **河窊**［Héwā］在县政府驻地箕城镇西16.5千米。河峪乡辖行政村。人口380。该村地形低洼，村前有条河流，故名河洼，后演变为河窊。聚落呈团块状。有第六批省级文物保护单位八路军后方医院河窊旧址，1944年随太行军区第二军分区司令部由和顺县迁入榆社县。乡村道路经此。

140721-C02 **北寨乡**［Běizhài Xiāng］榆社县辖乡。在县境东北部。面积203.99平方千米。常住人口0.88万。辖17行政村。乡人民政府驻北寨。1958年设红旗人民公社。1959年建星光（仰天）人民公社，驻地仰天村。1960年改北寨人民公社。1984年置乡。因村南面有个南寨，该村又在泉水河北岸，故名。因驻地得名。地势东北高，地形群山环绕。有主要山脉庙岭山系、尖山山系等。最高峰位于乡境北部的杏花庄村，海拔1612米；最低点位于南部的青峪村，海拔1032米。河道属海河流域。主要河道有泉水河，从东北至西南流经境内北寨、赵王、青峪等村，长34.5千米。有中小学、中心卫生院、文化站，另有霸王诗社。有省级非物质文化遗产木梁压榨小麻油工艺。有古迹赵王村旧石器文化遗址、上城南村汉代石城遗址、赵王村后赵石勒墓、赵王庙、水磨头萌山庙、青峪村老爷庙。有纪念地堡下村革命纪念地。2021年北寨乡被认定为山西省农村电商强镇。农业以种植业为主，主产玉米、高粱、大豆、谷子、小杂粮，养殖猪、羊、牛、家禽，盛产苹果、蜂蜜。工业以食品加工、制造为主。服务业以运输、零售、餐饮为主。特产麻皮。素称“麻皮之乡”。有公路经此。

140721-C02-H01 **北寨**［Běizhài］北寨乡人民政府驻地。在县政府驻地箕城镇东北15千米。人口290。因地处泉水河北岸而得名。聚落呈团块状。有北寨中心校、北寨乡卫生院。县道郭榆线经此。

140721-C03 **西马乡**［Xīmǎ Xiāng］榆社县辖乡。在县境西北部。面积200.39平方千米。常住人口 1.15 万。辖 17 行政村。乡人民政府驻西马。民国初属第二区。1937 年划属第一区。1939 年设为第六区。1940 年重归第一区。1942 年属榆北办事处。1944 年改属第二区。1950 年从第二区划出南白村、北白村、小河沟、大寨、东马村、东周村归第一区。1953 年区下设白村乡、大寨乡、山晕乡、段峪乡。1954 年废区裁并为大寨乡、山晕乡、段峪乡。1956 年改成大寨乡、新村乡。1958 年属红旗（社城）人民公社。1961 年建曙光（大寨）人民公社。1962 年曙光（大寨）人民公社更名为大寨人民公社。1983 年驻地由东马村迁至西马村，并更名为西马人民公社。1984 年置乡。2001 年白北乡并入。因村附近有一土丘，其势如马，相邻两村分别位于马的东西两翼，该村位于西而命名。因驻地得名。地势西高东低，地形为山地、丘陵。有主要山脉蛇盘岭山系、空王佛山系等，最高峰位于空王佛山，海拔 1571 米；最低点位于东周村，海拔 1028 米。年平均降水量 450—550 毫米，无霜期 150—170 天。河道属海河、黄河两大流域。主要河道有海河流域的浊漳河北源和黄河流域的乌马河，河流总长度 38.2 千米。最大的河流为浊漳河北源，从北至南流经境内更修、西马、南山晕等村，长 7.2 千米。有中小学、中心卫生院、文化站。有省级非物质文化遗产晋绣手工技艺。有纪念地曹更修烈士纪念地、张寿砚烈士纪念地。农业以畜牧、林果、蔬菜业为主，盛产苹果。服务业以运输、零售为主。太焦铁路，二广、太长、榆长、太邢高速公路经此。

140721-C03-H01 **西马**［Xīmǎ］西马乡人民政府驻地。在县政府驻地箕城镇北 7.9 千米。人口 780。相传古代村附近有一土丘，其势如马，相邻两村分居“马”两侧，此村地处西面，故名。聚落呈条带状。有西马中学、西马小学、西马乡卫生院。省道太长线经此。

140722 **左权县**［Zuǒquán Xiàn］晋中市辖县。北纬 37° 08′，东经 113° 37′。在市境东南部。面积 2022 平方千米。常住人口 14.45 万。辖 5 镇、3 乡。县人民政府驻辽阳镇。东汉延康元年（220 年）始置轑河县，治轑阳故城，属乐平郡。治所在今治北 1 公里。晋改称轑阳县。北魏太平真君九年（448 年）并入乡县。孝昌二年（526 年）复置县，改称辽阳县，仍属乐平郡。北齐天保五年（554 年）并入乡县。隋开皇十年（590 年）复置，改称辽山县，属并州，十六年（596 年），新置交漳县。是年始置辽州（治所辽阳故城），辖辽山、交漳二县。大业二年（606 年）废州，裁交漳县并入辽山县。唐武德三年（620 年）辽山县徙今治。六年（623 年）辽州治自今昔阳县亦徙此。八年（625 年）辽州改箕州，后改仪州，又改乐平郡。金改南辽州，后复辽州。明洪武元年（1368 年）辽山县废入辽州。九年（1376 年）升辽州为直隶州。清因之。1912 年改州为县，称辽县，属冀宁道，后直属省。1914 年属冀宁道。1927 年废道，直属省。1937 年属省第三行政区。1941 年析置辽西县，属太行区三专署。1942 年改辽县为左权县。1945 年辽西县并入左权县，属太行区二专署。1949 年后属榆次专区。1958 年废入和顺县，次年复置，属晋中专区。1967 年属晋中地区。2000 年晋中地区撤销，设晋中市，左权县隶属于晋中市。因纪念抗日战争时期牺牲在境内的八路军副参谋长左权将军，故得名左权。地处太行山断裂带以西，地势东西北高、中南部低。主要山脉有香烟岭、老寒岭、武乡岭、十字岭、界石岭、界碑山、武军山。最高峰孟信垴海拔 2141 米，最低点海拔 650 米。年平均气温 7.8℃，1 月平均气温 -7.9℃，7 月平均气温 21.4℃。年平均降水量 517.4 毫米。无霜期 153 天。河流属海河流域的南运河水系。主要河流有清漳西源、清漳东源、桐峪河等。植物主要有乔木、灌木、果树、草和药材。动物主要有兽类、鸟类、爬行类、两栖类、鱼类、昆虫类、蛛形类、多足类、环节类、软体类。有矿产资源鞍山式磁铁矿、山西式铁矿、屯留式锰铁矿、铬铁矿、钛铁矿、铝土矿、铝矿、煤矿、硫铁矿、磷矿、电石灰岩、白云岩、石灰岩、蛭石、红板石、耐火粘土、大理石等。有中小学 68 所、文化馆 1 个、公共图书馆 1 个、档案馆 1 个、体育馆 1 个、文艺表演团体 17 个、医疗卫生机构（含诊所和村卫生室）225 个等。有国家级重点文物保护单位文庙大成殿、苇则寿圣寺、寺坪普照寺大殿、南会八路军前方总部旧址、八路军一二九师司令部旧址（并入八路军前方总部旧址）等。有省级文物保护单位左权将军殉难处、晋冀鲁豫边区临时参议会旧址、山庄新华日报社旧址等。有国家级非物质文化遗产左权开花调、左权小花戏。有省级非物质文化遗产左权剪纸、布艺虎工艺。有省级历史文化名镇麻田镇。有2011年第三批全国文明村左权县县城，2015年第四批全国文明村上武村。有纪念地蒿沟辽西县政府旧址、红都村战斗遗址、岭南华北新华书店总店旧址、南井八路军兵工厂旧址、上麻田中共中央北方局旧址、苏亭战斗遗址、辽县国难师范学校旧址、武军寺彭德怀旧居、西隘口晋冀鲁豫军区兵工厂旧址、西河头李雪峰旧居、西河头刘华清旧居、西河头彭真旧居、西河头中共冀豫晋省委旧址、西河头中共晋东特委旧址、西山太行新闻烈士纪念碑、下南会中共太行区党委旧址、羊角村白求恩医院旧址、朝鲜义勇军华北支队旧址、左权县烈士陵园。有省级风景名胜区太行龙泉、国家森林公园龙泉等。有地方特色民间艺术左权民歌、左权剪纸、五里堠竹马、黄河阵等。有历史名人左权、何云、先轸、高巍、赵鹤、傅明道、申锡荣、巨贵如。2021年被国家卫生健康委命名为“2018—2020年全国计划生育优质服务先进单位”。2021年被教育部命名为2020年全国儿童青少年近视防控试点县(市、区)。2021年被文化和旅游部命名为2021—2023年度“中国民间文化艺术之乡”。三次产业比例8.6 ∶ 54.3 ∶ 37.1。农业以种植业为主，主产玉米、谷子、豆类、薯类等，养殖猪、牛、羊、家禽，盛产核桃、花椒、柿子、苹果、梨、桃等。为省优质杂粮基地，2008年左权绵核桃通过国家地理标志保护产品认证。工业以煤电化、冶金、建材为主。服务业以商贸、运输业为主。土特产核桃、花椒、柿子等。石太支线阳泉—涉县、太焦支线武乡—左权铁路，天镇—黎城高速公路，207国道经此。

140722-B01 **辽阳镇**［Liáoyáng Zhèn］县人民政府驻地。在县境中部。面积382.64平方千米。常住人口5.65万。辖8社区、41行政村，镇人民政府驻堡则。历为州、县治所。1949年属左权县第一区。1950年分属一区、二区、三区。1953年左权实行区乡村行政管理体制。1958年8月属红旗公社，公社机关驻城关（县城），10月左权、和顺合并为和顺县，原县城设左权镇。12月撤销乡村建制，分属城关公社、河南公社（部分）。1984年分属城关镇、河南乡（部分）。2001年河南乡部分区域并入改辽阳镇。2021年撤销粟城乡，分别并入辽阳镇、桐峪镇。2021年撤销龙泉乡，整建制并入辽阳镇。因古辽阳县，故名。平均海拔1000米。年平均气温7.4℃，极端最低气温-33℃，极端最高气温36.3℃。无霜期110—150天。年平均降雨量540毫米。河道属海河流域。主要河道有清漳西源1条，从西北至东南流经境内小会、沐池等16个村，长15千米。有矿产资源煤炭、石灰岩、石英石、磁铁、硫铁、铁矿石、白云石、蛭石等。有中小学、文化馆、卫生院、农民书屋。有国家级重点文物保护单位文庙大成殿。有省级非物质文化遗产“黄河阵”“竹马”。有市级为物质文化遗产“染挂”。有纪念地左权烈士陵园。有古迹石佛寺、翁洪寺、花花窑、文峰塔、泰山庙、金代大钟、祝融台古城遗址。有红色遗址129师司令部旧址。农业以种植业为主，主产玉米、谷子、豆类，养殖猪、羊、牛、家禽，盛产核桃、花椒。服务业以旅游、餐饮、商贸、运输、仓储物流为主。阳涉、武左铁路，207国道经此。

140722-B01-K01 **北大街**［Běi Dàjiē］在城区北部。西起七里店桥，东至207国道。与太行路、将军路、辽山路、东河路相交。长4.2千米，宽36米。沥青路面。因位于县城北部，故名。两侧有左权职业技术中学校、左权示范小学、沙河公园、左权恒升五金机电有限责任公司、左权生态文化旅游开发区，沙河公园、左权县示范小学等。通102、105路等公交车。

140722-B01-K02 **万寿街**［Wànshòu Jiē］在城区中部。西起将军路，东至辽山路。与红军路、坛房路相交。长1.28千米，宽24米。沥青路面。1949年后多次改建。因古建万寿宫得名。两侧有左权烈士陵园、泰山圣母庙、粮贸大厦、汽车充电站等。通103路等公交车。

140722-B01-K03 **万寿西街**［Wànshòu Xījiē］

位于城区中部。西起北大街，东至将军路。与太行路、将军路、向前路相交。长1.95千米，宽24米。沥青路面。1949年后多次改建。因该路段位于万寿街西段，故名。两侧有职业中学、左权县人民医院、阳光幼儿园、山西汾西泰能源集团有限公司等。通1、106路等公交车。

140722-B01-K04 **万寿东街**［Wànshòu Dōngjiē］位于城区中部。西起辽山路，东至东河路。长0.61千米，宽24米。沥青路面。1949年后多次改建。因古建万寿宫得名，该街道位于万寿街东延，故名。两侧有农贸市场、左权国有林场、博爱医院等。通106路公交车。

140722-B01-K05 **陵园街**［Língyuán Jiē］位于城区中部。西起西城巷，东至东河路。与王家巷、辽山路相交。长0.9千米，宽16米。沥青路面。1983年初建，原为砂砾路面，1999年和2008年改造成沥青路面。因左权烈士陵园得名。两侧有左权县中学、新世纪购物广场、左权汽车站、三晋建材城、左权将军烈士陵园等。通101、209路等公交车。

140722-B01-K06 **辽阳街**［Liáoyáng Jiē］在城区南部。西起西关前街，东至辽山路。与红军路相交。长555米，宽20米。水泥混凝土路面。始建于明清，1995年建成。因左权县曾名辽阳，此街旧时为县城主要街道，故命名为辽阳街。20世纪60年代，因政府迁往北大街，故又名旧街。两侧有西关小学、县直第一幼儿园、文昌院等。通18路公交车。

140722-B01-K07 **宏远街**［Hóngyuǎn Jiē］位于城区西南部。西起太行路，东至崇圣路。与将军路、红军路等路线相交。长1.5千米，宽24米。沥青路面。2004年开工，2005年建成。两侧有左权宏远学校、将军广场、供暖供气公司等。通101、105路内外环等公交车。

140722-B01-K08 **滨河北街**［Bīnhé Běijiē］位于城区中南部。西起七里店桥，东至东外环路。与北大街、太行路、将军路、辽山路、东河路相交。长4.3千米，宽42米。沥青路面。2004年开工，2005年建。因位于清漳西源河北侧得名。两侧有左权思源实验学校、滨河公园、七里村等。通1、218路等公交车。

140722-B01-K09 **太行路**［Tàiháng Lù］位于城区西部。北起北大街，南至滨河北街。与万寿街、宏远街相交。长0.7千米，宽24米。原为砂砾路面，2005年改造为沥青路面。因纪念抗战时期太行根据地得名。两侧有太行路停车场，沿街以新建的住宅区盛世花苑为主。通103路公交车。

140722-B01-K10 **将军东路**［Jiāngjūn Dōnglù］位于城区西部。北起宏远街，南至滨河北路。长0.25千米，宽20米。沥青路面。2004年建成。因左权将军广场得名，位于将军路东延，故名。两侧有将军广场、龙华大酒店、供暖供气总公司等。通108路公交车。

140722-B01-K11 **将军路**［Jiāngjūn Lù］位于城区西部。北起宏远街、南至滨河北路。与万寿街等路线相交。长0.66千米，宽20米。2004年建成。沥青路面。因左权将军广场得名。沿街两侧有宏远广场、左权体育馆、左权宏远幼儿园等。通1、108路等公交车。

140722-B01-K12 **将军西路**［Jiāngjūn Xīlù］位于城区西部。北起北大街，南至宏远街。长0.25千米，宽20米。沥青路面。2004年建成。因左权将军广场得名，位于将军路西段，故名。两侧有左权广场、天颐大酒店等。通左权101路公交车。

140722-B01-K13 **辽山路**［Liáoshān Lù］在城区东部。北至北大街，南至滨河北街。与万寿街、陵园街相交。长1.1千米，宽24米。沥青路面。1967年开工，1977年建成。2002年拓宽改造。原名东大街，后因左权县古称辽山县得名。两侧有山西省人民医院左权分院、粮贸大厦、新世纪购物广场等。通6、103路等公交车。

140722-B01-K14 **东河路**［Dōnghé Lù］在城区东部。北起207国道，南至新南桥。与北大街、滨河北街相交。长1.3千米，宽36米。沥青路面。曾为207国道一段，2006年扩建为城东主街道。两侧有循环经济工业园区、汽车站、左权县第三中学等。通1、101路等公交车。

140722-B01-K15 **红军路**［Hóngjūn Lù］位于城区中部。北起辽阳街，南至滨河北路。与宏远街相交。长1.48千米，宽7米。沥青路面，属县城主干道。1980 年始建，2005 年滨河新城落成时新建红军路，以红军光荣院命名。两侧有农村信用社、诊所、生活超市等各类门店。

140722-B01-K16 **红军南路**［Hóngjūn Nánlù］位于始建中部。北起万寿街，南至辽阳街。与辽阳街等路线相交。长 0.6 千米，宽 24 米。沥青路面。始建于 1980 年，2005 年滨河新城落成时新建红军路，以红军光荣院而命名，因位于红军路南端，故名。两侧有西关小学，附近有辽县抗日战争纪念馆等。

140722-B01-H01 **堡则**［Bǎozé］辽阳镇人民政府驻地。在县政府辽阳镇驻地南 10.4 千米。人口 800。相传草亭村姓马的人迁居住此，起名马家堡，后更名为堡则。聚落呈团块状。有堡则小学、堡则卫生院。有县级文物保护单位堡则墓葬，为元代文化遗存。207 国道经此。

140722-B01-H02 **西河头**［Xīhétóu］在县政府驻地辽阳镇西 2 千米。辽阳镇辖行政村。人口 1300。因地处漳河西源而得名。聚落呈团块状。有八一希望小学。有第六批全国重点文物保护单位西河头八路军一二九师司令部旧址，1937 年 11 月 15 日，八路军一二九师司令部进驻辽县（今左权县）西河头村。有县级文物保护单位彭真路居，1938 年彭真作为中共北方局代表参加一二九师和中共冀豫晋省委召开的党代会议（史称“西河头会议”），传达 1937 年 12 月中共中央政治局会议和中共北方局洪洞会议精神。340 国道经此。

140722-B01-H03 **苏亭**［Sūtíng］在县政府驻地辽阳镇东南 10 千米。辽阳镇辖自然村。人口 230。苏亭为战国时期邻国间交往而设。聚落呈团块状。有县级文物保护单位苏亭战斗遗址，1942 年 5 月 30 日，八路军三八五旅七六九团一营三连，与辽县沐池编村民兵一起在苏亭村击毙击伤日伪军 140 余人。340 国道经此。

140722-B02 **桐峪镇**［Tóngyù Zhèn］左权县辖镇。在县境东南部。面积 271.66 平方千米。常住人口 1.75 万。辖 15 行政村。镇人民政府驻桐滩。1949 年属左权县第四区。1950 年属三区，辖 15 个村。1953 年属三区桐峪乡、隘峪口乡、苇则乡。1958 年 8 月属卫星公社，公社机关驻桐峪村。10 月左权、和顺合并为和顺县。12 月属和顺县卫星公社，下辖管理区。1959 年恢复左权县置，属卫星公社。1961 年设桐峪人民公社。1984 年改置镇。2021 年撤销粟城乡，分别并入辽阳镇、桐峪镇。地势西北高、东南低。平均海拔 1000 米，年平均气温 11℃，无霜期 170 天，年平均降水量 450 毫米。有矿产资源磁铁矿、石英石、云母、铁、磷。河道属海河流域，主要河道有桐峪河，从西北至东南流经境内上武、桐滩等 5 个村，长 16 千米。有中小学、文化站、篮球场、卫生院。有国家级重点文物保护单位苇则寿圣寺。有省级文物保护单位晋冀鲁豫临时参议会旧址。有 2015 年第四批全国文明村上武村。有 2015 年第五批全国文明村桐峪镇。有古迹高欢云洞、小阴沟。有红色遗址 129 师司令部旧址、苏亭伏击战旧址。有传统文化八音会、武术红拳。1994 年获省政府“科学技术工作先进乡（镇）”奖。1995 年获省科协“优秀科普文明乡（镇）”奖。2021 年桐峪镇被认定为山西省农村电商强镇。农业以种植业为主，主产玉米、大豆、谷子、薯类，养殖猪、羊、牛、家禽，盛产苹果、梨、核桃。2000 年省农业厅、省农科院、山西农大在这里建立农业新科技示范基地。工业以铁矿洗、选、加工为主。服务业以旅游、餐饮、运输、商贸为主。特产柿饼、花椒。207 国道、天镇—黎城高速公路经此。

140722-B02-H01 **桐滩**［Tóngtān］桐峪镇人民政府驻地。在县政府驻地辽阳镇东南 26.7 千米。人口 1700。2002 年撤村并组，桐峪和滩里合并为桐滩村。聚落呈团块状。有桐峪小学、桐峪镇中心卫生院。有市级文物保护单位桐峪晋冀鲁豫边区临时参议会会址，1941 年 7 月 7 日至 8 月 15 日，晋冀鲁豫边区临时参议会在辽县（今左权县）桐峪村召开，历时 40 天。有县级文物保护单位桐峪八路军一二九师司令部旧址，1939 年 6 月至 1940 年 6 月，八路军一二九师司令部驻扎在桐峪村。207 国道、省道沁涉线经此。

140722-B02-H02 **上武**［Shàngwǔ］在县政府驻地辽阳镇东南 24 千米。桐峪镇辖行政村。人口 200。因当地曾有校场，旁边为上武而得名。聚落呈团块状。有上武鲁艺学校旧址，1943 年秋鲁艺学校在此驻扎办学，为抗日根据地培养了大批文艺人才。有上武义勇军烈士墓，为1942年在抵御日军“年关扫荡”，掩护上武村全体村民转移过程中牺牲的朝鲜义勇军烈士墓葬。207国道经此。

140722-B02-H03　**苇则**［Wěizé］在县政府驻地辽阳镇东南22.7千米。桐峪镇辖行政村。人口600。周围为沼泽地，盛产芦苇，故名苇泽，后演变为今名。聚落呈团块状。有第七批全国重点文物保护单位苇则寿圣寺，创建年代不详，现存正殿为元代建制遗构，南殿、钟楼为清代建筑遗构。有苇则五龙庙、苇则戏台，现存皆为明代建筑遗构。1937—1945年辽县牺盟会建立的各界抗日救国总会曾驻扎该村。有核桃等特色经济作物。县道粟桐线经此。

140722-B02-H04　**粟城**［Sùchéng］在县政府驻地辽阳镇东南18千米。桐峪镇辖行政村。人口1700。因该村土地广大，气候温和，很适合发展农作物而得名。聚落呈条带状。有粟城中心小学。有第六批省级文物保护单位粟城寿圣寺，创建年代不详，现存正殿为明代建筑遗构，前檐柱头和台明形制保留了元代建筑特征。304国道经此。

140722-B03　**麻田镇**［Mátián Zhèn］左权县辖镇。在县境东南部。面积225.35平方千米。常住人口2.27万。辖25行政村。镇人民政府驻上麻田。1949年属左权县第三区、第四区。1953年设麻田乡。1958年属和顺县左权公社。1961年初分属麻田、泽城2公社。1984年改置镇。2001年泽城乡并入。相传一外地逃荒者来到此地，引进了线麻，人们发现麻皮能搓绳，麻秆能点火，就广为种植，因此故名麻田。因驻地得名。地处太行山间。平均海拔在1000米以下。年平均气温11.6℃，无霜期180天，年平均降水量在500毫米。河道属海河流域。主要河道有清漳河干流1条，为境内最大的河流，从北至南流经境内南山、云头底、黑虎口等20个村，长21千米。有中小学、卫生院、文化站、敬老院。有国家级文物保护单位南会八路军前方总部旧址。有省级文物保护单位左权将军殉难处、山庄新华日报社旧址。2003年被评为省历史文化名镇。纪念地有麻田八路军总部纪念馆、十字岭左权将军殉难处、八路军前方总部旧址等。其中麻田八路军总部纪念馆为全国爱国主义教育示范基地，曾有“小延安”之誉。2014年被国家住房城乡建设部等七部委确定为全国重点镇。2020年山西省爱国卫生运动委员会命名麻田镇为2020—2022周期山西省卫生乡镇。农业以种植业为主，主产玉米、小麦、谷子、豆类，养殖羊、牛、家禽，盛产核桃、柿子。工业以玻璃、造纸、加工为主。服务业以旅游、运输、餐饮为主。阳涉铁路经此。

140722-B03-H01　**麻田**［Mátián］麻田镇人民政府驻地。在县政府驻地辽阳镇东南34.5千米。人口2900。因旧时多种植线麻而得名。聚落呈团块状。有麻田中心小学、麻田镇卫生院。有第四批全国重点文物保护单位麻田八路军前方总部旧址，1941年7月始，朱德总司令、彭德怀副总司令率八路军前方总部、中共中央北方局、晋冀鲁豫边区政府、一二九师司令部等机关相继驻扎麻田镇一带。历史上为晋冀交通要隘。省道沁涉线经此。

140722-B03-H02　**北艾铺**［Běiàipù］在县政府驻地辽阳镇东南34.6千米。麻田镇辖行政村。人口200。传最初用白艾蒿搭建房屋，称白艾铺，后因在十字岭以北而更今名。聚落呈团块状。有第一批省级文物保护单位左权将军殉难处。1941年7月左权随八路军总部和朱德、彭德怀进驻辽县（今左权县）麻田镇，1942年5月25日，在指挥八路军前方总部突围时壮烈殉国，时年37周岁。乡村道路经此。

140722-B03-H03　**河北沟**［Héběigōu］在县政府驻地辽阳镇东南32.4千米。麻田镇辖自然村。人口210。该村位于清障河北面的山沟口，故取名河北沟。聚落呈团块状。有第六批省级文物保护单位八路军总部军事测绘室河北沟旧址，创建1940年，主要印刷抗战时期太行北部军事作战地图、军号谱、电报密码、武器设计图。乡村道路经此。

140722-B04　**芹泉镇**［Qínquán Zhèn］左权县辖镇。在县境东部。面积181.19平方千米。常住人口 1.58 万。辖 14 行政村。镇人民政府驻芹泉。宋、元实行社管制，政区地域属黄漳管。明代实行坊、乡制，政区地域分属黄漳乡。1953 年设芹泉乡。1958 年属前进公社，公社机关驻芹泉村。10 月左权、和顺合并为和顺县。12 月撤销乡村建制，原左权县境内 6 个公社变成 8 个，政区地域属和顺县前进公社。1959 年恢复左权县置，政区地域属前进公社。1961 年设芹泉人民公社。1984 年改置镇。2001 年下庄乡并入。由于村后有一股泉水，前有青铜山隔河相望，故名清泉村，后因青与芹谐音，即改为芹泉。因驻地得名。海拔 850—1700 毫米。年平均气温 7.6℃，年平均降水量 625 毫米，无霜期 120—160 天。河道属海河流域，主要河道有清漳东源 1 条，从北至南流经境内箕山、五里铺等 9 个村，长 10 千米。有矿产资源白砂岩。有中小学、卫生院、农民书屋、活动室、休闲广场、文化活动室。有古迹明代石拱桥、紫金山书院、郭守敬读书处等。有纪念地高峪沟抗日战争八路军总部兵工厂旧址、东黄漳村辽县县委旧址、西黄漳村辽县抗日政府旧址。2020 年山西省爱国卫生运动委员会命名芹泉镇为 2020—2022 周期山西省卫生乡镇。农业以种植业为主，主产土豆、黄豆、谷子、玉米，养殖猪、羊、牛、家禽，盛产核桃。工业有炼铁、建筑石材加工业。服务业以旅游、餐饮、娱乐为主。省道太邢线经此，通多路公交车。

140722-B04-H01 **芹泉** [Qínquán] 芹泉镇人民政府驻地。在县政府驻地辽阳镇东南 23.5 千米。人口 1200。因村有一条清澈的泉水流淌得名清泉，后因“清”与“芹”谐音，后改称“芹泉”。聚落呈条带状。有芹泉中学、芹泉镇中心卫生院。340 国道、县道松店线经此。

140722-B04-H02 **横岭** [Hénglǐng] 在县政府驻地辽阳镇西北 40 千米。芹泉镇辖自然村。人口 290。因在横岭之上而得名。聚落呈团块状。1943 年作家赵树理曾根据横岭村一起重要事件而著《小二黑结婚》，后编为戏剧。乡村道路经此。

140722-B04-H03 **高峪** [Gāoyù] 在县政府驻地辽阳镇东南 23.6 千米。芹泉镇辖自然村。人口 230。因该村比清漳河东沟高出 30 多米，又因位于小山谷中而得名。聚落呈条带状。第六批省级文物保护单位八路军兵工厂高峪旧址，1939 年 10 月，为适应战争规模的扩大和武器弹药量与日俱增的需求，落实党中央提出的“提高军事技术，建立必要的军火工厂，准备反攻实力”的指示要求，八路军军工部在高峪村组建“军工部三所”。乡村道路经此。

140722-B04-H04 **杨家庄** [Yángjiāzhuāng] 在县政府驻地辽阳镇东南 27 千米。芹泉镇辖自然村。人口 200。聚落呈团块状。有第六批省级文物保护单位八路军兵工厂杨家庄旧址，1938 年 2 月，129 师先遣队利用由河北峰峰煤矿机修车间护厂队队长（中共地下党员）王夺元动员来并潜伏在杨家庄村的 40 余名技术骨干及携带来的机器设备和精细材料，由老红军杨锡禄任厂长，成立了军工厂。乡村道路经此。

140722-B05 **拐儿镇** [Guǎiér Zhèn] 左权县辖镇。在县境东北部。面积 233 平方千米。常住人口 1.33 万。辖 16 行政村。镇人民政府驻拐儿。1953 年设拐儿乡。1959 年恢复左权县置，政区地域属左权县火箭公社。1961 年设拐儿人民公社。1984 年改置镇。相传，拐儿镇原名黄沙镇，后因其坐落于三条沟谷交叉处，故改名拐子村，之后又传为拐儿村。因驻地得名。地形以山区为主，平均海拔 990 米。年平均气温 9.5℃，年平均降水量 542 毫米，无霜期 172 天。河道属海河流域。主要河道有清漳东源 1 条，为境内最大的河流，从南至北流经境内骆驼、河东等 9 个村，长 12 千米。矿产资源有白砂岩、粉砂岩等。有中小学、文化娱乐广场、卫生站。有国家级重点文物保护单位有寺坪普照寺大殿。县级文物保护单位天门寺、经阁寺塔、手掌崖摩崖造像等。农业以种植业为主，主产谷子、玉米、小杂粮，养殖猪、羊、牛、家禽，盛产核桃。为县主要农牧区之一。工业以石材加工、建材等为主。服务业以商贸、运输为主。有公路经此。

140722-B05-H01 **拐儿** [Guǎiér] 拐儿镇人民政府驻地。在县政府驻地辽阳镇东 23 千米。人口 1400。太行山中段主峰古名为“归山”，该村因位于其东侧，故名为“归村”，后更今名。聚落呈团块状。有拐儿中学、拐儿小学、拐儿镇卫生院。有核桃、花椒等特色经济作物。县道松店线、下下线经此。

140722-B05-H02　**寺坪**［Sìpíng］在县政府驻地辽阳镇东南21千米。拐儿镇辖自然村。人口500。因地处普照寺院西面土坪而得名。聚落呈团块状。有第七批全国重点文物保护单位寺坪普照寺大殿，据殿前石碑记载，创建于五代后晋天福年间（936年—944年），现存为元代建筑遗构。县道松店线经此。

140722-C01　**石匣乡**［Shíxiá Xiāng］左权县辖乡。在县境西部。面积428.84平方千米。常住人口1.4万。辖20行政村。乡人民政府驻石匣。1953年设石匣乡。1959年恢复左权县置，政区地域属左权县上游公社。1961年设石匣人民公社。1984年置乡。2001年川口乡及柳林乡部分区域并入。传因村中延寿寺原有一巨石形似匣状得名。因驻地得名。地形丘陵。海拔在120米左右。年平均气温5—7℃，无霜期110—130天，年平均降水量550—650毫米。河道属海河流域。主要河道有清漳西源1条，从西北至东南流经境内蒿沟、马厩等10个村，长18千米。有中小学、文化站、卫生院、农民书屋。建有桃花红杏花白民歌传承基地。2020年山西省爱国卫生运动委员会命名石匣乡为2020—2022周期山西省卫生乡镇。农业以种植业为主，主产玉米、谷子、大豆，养殖猪、羊、牛、家禽，盛产核桃。工业以煤矿、建材为主。服务业以运输、零售为主。汾阳—邢台高速公路、省道太邢线经此。

140722-C01-H01　**石匣**［Shíxiá］石匣乡人民政府驻地。在县政府驻地辽阳镇西北8千米。人口900。传因村中延寿寺原有一巨石形似匣状得名。聚落呈带状。有石匣学校、石匣乡卫生院。有石匣东阁，现存为清代建筑遗构。有张氏家族墓地，为明清时期家族墓地。有石匣天仙阁，现存为清代建筑遗构。340国道、省道太邢线经此。

140722-C02　**羊角乡**［Yángjiǎo Xiāng］左权县辖乡。在县境东南部。面积105.1平方千米。常住人口0.79万。辖11行政村。乡人民政府驻羊角。清代实行里村制，属黄漳里。1918年属辽县二区。1941年辽县与辽西县分置，属辽县五区。1945年左权、辽西合并为左权县，属五区。1950年属左权县第五区。1953年设羊角乡。1961年设羊角人民公社。1984年置乡。因周围有座山角酷似羊的两只角，因此名为羊角乡。因驻地得名。全乡地处丘陵、土石山区，地表岩石裸露较多。平均海拔1380米。年平均气温7.6℃，无霜期125天。年平均降雨量450毫米。河道属海河流域。主要河道有枯河1条，从南至北流经境内坊道、高家井等5个村，长11千米。有矿产资源玄武岩、石灰岩、大理石、铁矿石。有中小学、卫生院、文化站、篮球场。有古迹明代长城、黄泽关及“黄泽关城堡图”石碑等。有纪念地八路军129师模范医院旧址等。农业以种植业为主，主产玉米、谷子、薯类，养殖猪、牛、羊、鸡，盛产苹果、梨、山楂。工业以杂粮加工等为主。服务业以商贸、运输、餐饮为主。特产有中药材、核桃。省道太邢线经此。

140722-C02-H01　**羊角**［Yángjiǎo］羊角乡人民政府驻地。在县政府驻地辽阳镇东南38.8千米。人口1000。因羊角村村西有一个山形像羊角的山峰而得名。聚落呈条带状。有羊角平安希望小学、羊角乡卫生院。有县级文物保护单位羊角八路军一二九师模范医院旧址，1940年8月，八路军一二九师模范医院驻扎羊角村，1942年6月，一二九师模范医院改称“白求恩医院”。县道高黄线经此。

140722-C03　**寒王乡**［Hánwáng Xiāng］左权县辖乡。在县境北部。面积194.48平方千米。常住人口1.74万。辖18行政村。乡人民政府驻寒王。1949年属左权县第一区。1953年分属一区下丰堠、下其至、寒王、上丰堠、段峪5个乡。1958年8月属红旗公社，公社机关驻城关。10月左权、和顺合并为和顺县。12月撤销乡村建制，公社由6个变成了8个（原左权县境内），属和顺县钢铁公社。1959年恢复左权县置，属左权县钢铁公社。1961年设寒王人民公社。1978年寒王公社更名为石港口公社，辖区范围不变。1984年置石港口乡。2001年更现名。因地处高寒，其北一座大山上有天池寺，寺处向阳山洼，山洼中的山桃花数九天竟能盛开，故村名为寒桃，清朝时一官员到寒王，说“此地真乃寒冷之王也”，改名寒王。因驻地得名。地形东北高、西南低，平均海拔1250米。年平均气温7.2℃，无霜期120天。年平均降水量590毫米。河道属海河流域。主要河道有枯河1条，从北至南流经境内寒王、后寨等12个村，长14千米。有矿产资源煤炭、锰铁矿、铝矾土、耐火材料。有中小学、卫生站、文化广场。有古迹石港古村落。2008年被省委办公厅、省政府办公厅授予全省“农村基层党风廉政建设工作先进集体”。2009年被授予全市卫生乡荣誉称号。2021年被认定为山西省农村电商强镇。农业以种植业为主，主产大豆、玉米、谷子、马铃薯，养殖猪、羊、牛、家禽，盛产苹果、山楂。工业以煤矿开采、洗选等为主。服务业以运输、零售为主。阳涉铁路、207国道、阳黎高速公路经此。

140722-C03-H01 **寒王**［Hánwáng］寒王乡人民政府驻地。在县政府驻地辽阳镇北16.3千米。人口1400。相传很早以前，村北有一座古庙叫天池寺，寺内有桃树数株，数九寒天开桃花，故名寒桃村，后更今名。聚落呈团块状。有寒王学校、寒王乡卫生院。有寒王遗址，现存为东周文化遗存。有寒王观音庙，现存为清代建筑遗构。有宏远煤业有限公司。207国道经此。

140723 **和顺县**［Héshùn Xiàn］晋中市辖县。北纬37° 33′，东经113° 58′。在晋中市东南部。面积2194平方千米。常住人口12.16万。辖5镇、3乡。县人民政府驻义兴镇。春秋时期属晋，名盖与，为晋大夫梁余子养封邑。战国时期改名为阏与，隶属上党郡。北魏孝昌二年（前526年），阏与改名为乐平县，隶属乐平郡。北齐更名为梁榆县，隶属太原郡。北齐置梁榆县，属太原郡。隋开皇十年（590年）改为和顺县，属并州。十六年（596年）析置平城县，属并州。唐武德三年（620年）平城县属榆州，同年于今仪村置义兴县，六年（623年）废入和顺县。同年废榆州，平城县属辽州。贞观八年（634年）平城县属箕州，先天元年（712年）属仪州，后属辽州。北宋熙宁七年（1074年）废辽州，平城、和顺2县入辽山县。元祐元年（1086年）复置2县，属辽州。金贞元二年（1154年）废平城县。贞祐四年（1216年）于平城故治置仪城县，属辽州。蒙古至元三年（1266年）仪城县废入和顺县。明、清因之。1913年属中路道。1914年属冀宁道。1927年废道，直属省。1937年属省第三行政区。1940年分置和东、和西2县，分属晋冀豫边区太行一专区与二专区。1941年分属晋冀鲁豫边区太行一专区与二专区。1945年复为和顺县。1949年属榆次专区。1958年左权县废入，属晋中专区。翌年2县分置。1967年属晋中地区。1959年，和顺、左权分置，仍属晋中专区。2000年属晋中市。和顺，语出《易·说卦》：“和顺于道德而理于义。”《礼记·乐记》：“和顺积中而英华发外”。因隋开皇十年（590年）梁榆县改名为和顺县而得名。地处太行山脉中段。地貌分山地、丘陵、河谷阶地、山间盆地类型区。主要山脉有东岭山、沙帽岭、阳曲山、石猴岭、北万山、八赋岭、寒湖岭、松子岭。最高峰阳曲山海拔2058.5米，最低点青城镇新庄村海拔878.7米。年平均气温6.7℃，1月平均气温-8.3℃，7月平均气温20℃。无霜期119天。年平均降水量549.5毫米。主要河流有清漳河、里思河、松溪河、西清漳河等。有植被草灌、针叶林、针阔混交林及灌木林，有主要植物白草、青蒿、刺儿菜、苦苦菜、鬼针草、节节草等。有观赏、药用等植物650余种。有哺乳纲保护动物4种，国家一级1种、国家二级1种、省重点保护2种。有鸟纲保护动物70种，国家一级4种、国家二级19种、省重点保护10种、中日保护候鸟37种。有矿产资源煤、白云岩、石灰岩、铝土矿、石榴子石矿、含钾岩石、硅石、水泥黏土等。有镁业化工、农业科技、杂粮科技等研发中心3个。有中小学73所，其中北关师范小学、和顺一中、和顺二中为省级教育示范学校，另有文化馆1个、公共图书馆1个、档案馆1个、博物馆1个、体育场馆1个、艺术表演团队8个、乡镇文化站8个、电视台1座、优抚事业单位1个、养老机构3个、公立医疗卫生单位20个。有国家级重点文物保护单位有懿济圣母庙。有省级文物保护单位石牌坊、荣华寺。有市级文物保护单位木牌坊。有国家级非物质文化遗产牛郎织女传说。有省级非物质文化遗产跑莲灯、弦腔（夫子岭弦腔）、民间绣活、凤台小戏。省级爱国主义教育基地有八路军石拐会议纪念园。有纪念地朱德旧居、《胜利报》创刊旧址、阳曲山保卫战遗址、北台梁抗日烈士墓群、石拐会议旧址、任元汗村烈士陵园。有古迹走马槽背窑湾旧石器时代晚期洞穴、黄榆古戍、长城堞墩、黄巢寨、魏晋石刻等。有地方特色民间艺术凤台小戏、弦腔、哈哈咳、迓鼓等。国家级3A旅游景区有太行龙口景区。省级森林公园有云龙山森林公园和太行山森林公园。省级狩猎区有合山狩猎区、牛家沟狩猎区。有历史名人石勒、杨晓昀、王云凤、王佐、邢朗、薛超、李阳。先后荣获中国牛郎织女文化之乡、中国优秀生态旅游县、中国避暑休闲百佳县、全国重点产煤县、中国新能源产业百强县、中国黄牛改良及秸秆养牛示范县、全国优秀农特产品百强县、全国重点林业县、中国低碳旅游示范县等称号。三次产业比例5.8 ∶ 64.2 ∶ 30。农业以种植业为主，主产玉米、谷子、马铃薯、燕麦、豆类等，养殖猪、牛、羊、家禽。2011年和顺肉牛被授予全国地理标志保护产品。获“全国商品牛生产基地县”称号。工业以煤炭、化工为主。服务业以旅游、餐饮、商贸、运输为主。有特产青麻、核桃、柿子和顺牛肉。太旧高速公路、董榆公路，207国道、阳涉铁路、阳左高速公路、汾邢高速公路、和邢铁路经此。

140723-N01　**新和大桥**［Xīnhé Dàqiáo］在城区东部。桥长60.7米，桥面宽24米，最大跨度20米，桥下净高7.5米。2002年开工，2002年建成。因连接新和大街与207国道得名。为小型河道桥梁。最大承载量为100吨。通2路公交车。

140723-N02　**永和大桥**［Yǒnghé Dàqiáo］在城区西北部。桥长81.3米，桥面净宽24米，最大跨度25米，桥下净高7.7米。1986年建成，2005年改建。因连接永和路与公路得名。为小型河道桥梁。最大承载量为100吨。

140723-N03　**太和大桥**［Tàihé Dàqiáo］在城区东北部。桥长56.5米，桥面净宽15米，最大跨度25米，桥下净高7.3米。2005年建成。因连接太和路与北内环得名。为小型河道桥梁。最大承载量为100吨。

140723-B01　**义兴镇**［Yìxīng Zhèn］和顺县辖镇。县人民政府驻地。在县境中部。面积374.65平方千米。常住人口5.29万。辖7社区、43行政村。镇人民政府驻新建街。历为县治。1949年属和顺县第一区。1958年设城关人民公社。1983年改置镇。2001年联坪乡、紫罗乡并入改今名。因境内曾为义兴县治得名。地貌复杂，有丘陵、河谷阶地、山间盆地，平均海拔1260米。年平均气温6.3℃，年平均降水量582毫米，无霜期125天。河道属海河流域。主要河道有张翼河、梁余河。河流总长度62千米。最大的河流为张翼河，从西至东，流经境内紫罗、科举、九京、北关、蔡家庄、邢村等村，长22.3千米。有矿产资源煤炭、铁、铝土、重晶石等。有中小学、图书馆、文化馆、医院、广场等。有古迹新石器时代文化遗址北仓遗址、明末建筑石牌坊与木牌坊等。先后获得“全国社会主义精神文明建设先进乡镇、山西省社会治安综合治理先进乡镇、山西省和谐文明乡镇”等荣誉称号。农业以种植业和养殖业为主，主产玉米、谷物、马铃薯等，养殖猪、羊、牛、家禽。土特产青麻。工业以煤炭、建筑、建材为主。服务业以运输、餐饮、零售为主。阳涉铁路，天黎高速公路，207、318国道经此。

140723-B01-K01　**北外环路**［Běiwàihuán Lù］在城区北部。西起永和路，东至新和大街。与平和路、太和路等路线相交。长4.8千米，宽30米。沥青路面。2013年开工，2014年建成。因处于县城北部环路，故名。两侧有百裕东面粉厂、新马杂粮开发有限公司等。通5路公交车。

140723-B01-K02　**新和大街**［Xīnhé Dàjiē］在城区中部。西起永和路，东至207国道。与太和路、永宁路、安宁路相交。长2.9千米，宽42米。沥青路面。1985年开工，1986年建成。因“焕发新貌、和谐安详”得名。两侧有中和商业步行街、太和公园、和顺第二中学、和顺县中医院、太行商城、山西省农村信用社等。通2路公交车。

140723-B01-K03　**西外环路**［Xīwàihuán Lù］在城区西部。北起北外环路，南至318国道。与云山路、新和大街、067乡道相交。长2.4千米，宽12米。沥青路面。2012年始建，2014年建成。

因处于县城西部环路，故名。两侧有云龙山森林公园、山西铁桥、佛光寺、云龙山国家森林公园、白珍小学、和顺正帮煤业有限公司等。通 6 路公交车。

140723-B01-K04 **永和路**［Yǒnghé Lù］在城区西部。北起北外环路，南至 207 国道。与新和大街、和化路、泰山街、新华街、槐树街相交。长 2.5 千米，宽 16 米。沥青路面。1986 年建成。原名西大街，因位于县城西侧，2011 年更现名。因“永久和平、和谐”而得名。两侧有和顺客运站、和顺县第一中学、和顺县教师进修学校、和顺建筑工程有限公司等。被誉为“尊师一条街”。通 3、4 路公交车。

140723-B01-K05 **平和路**［Pínghé Lù］在城区北部。北起北外环路，南至泰山街。与康乐街、新建街相交。长 0.8 千米，宽 4 米。沥青路面。1985 年建成，因“安详平和”而得名。两侧有山西和顺农村商业银行、和顺东关示范学校、北关商贸大厦、康乐幼儿园等。

140723-B01-K06 **太和路**［Tàihé Lù］在城区中部。北起北外环路，南至 207 国道。与新和大街、新华街、新建街相交。长 1.5 千米，宽 12 米。沥青路面。1985 年始建，1986 年建成。原名东大街，2012 年更现名。两侧有太和公园、民生医院、和顺县人民医院、山西煤炭运销集团有限公司、铭德贸易有限公司等。通 2 路公交车。

140723-B01-K07 **泰山街**［Tàishān Jiē］在城区南部。西起新华街，东至北环路。与永宁路、南内环、安宁北路相交。长 0.6 千米，宽 10 米。沥青路面。原名东关街，为老街，因泰山圣母庙 2011 年更现名。两侧有市场、和顺二中、和顺金色阳光文化教育培训中心等。

140723-B01-K08 **永宁路**［Yǒngníng Lù］在城区东部。北起新和路，南至 207 国道。新和大街、泰山街与相交。长 0.5 千米，宽 4.5 米。水泥路面。1985 年始建、1986 年建成。寓意永远安宁而得名。两侧有信誉汽修厂、裕伦盛贸易公司、和顺县义兴镇东关幼儿园。有 1、2 路公交车通过。

140723-B01-K09 **中和路**［Zhōnghé Lù］在县城中央地段。北起新和大街，南至南内环街。与天顺街、新和大街、新建街相交。长 0.6 千米，宽 4.5 米。水泥路面。民国时期建成，寓有“中正平和”之意。现为商业步行街。两侧有和顺县烟草专卖公司、南关小学校、顺昌购物中心等。

140723-B01-K10 **新建街**［Xīnjiān Jiē］在城区北部。西起槐树街，东至北外环。与太和路、永宁路相交。长 1 千米，宽 8 米。水泥路面。因修建时间晚于相接的槐树街，故得。1986 年始建，1987 年建成。两侧有和顺县医院、和顺县供电公司、中兴建筑公司等。通 5 路公交车。

140723-B01-K11 **迎宾路**［Yínbīn Lù］在县城南部。西起 207 国道会里村口，东至义兴镇邢村口。与永和路、太和路相交。长 4 千米、宽 12 米。沥青路面。1950 年始建，1988 年建成。是和顺县城东南向交通主要干道。两侧有永和南公园、天凯集团、泰和湿地公园、冀邢煤焦化验等。通 4、6 路公交车。

140723-B01-H01 **邢村**［Xíngcūn］在县政府驻地义兴镇东南 4.4 千米。义兴镇辖行政村。人口 590。聚落呈团块状。有第六批省级文物保护单位邢村昭懿圣母庙，据碑碣记载，创建于元至元三十年（1293 年），现存为清代建筑遗构。207 国道、省道榆邢线经此。

140723-B02 **李阳镇**［Lǐyáng Zhèn］和顺县辖镇。在县境中北部。面积 223.83 平方千米。常住人口 3.05 万。辖 31 行政村。镇人民政府驻三奇。1949 年属和顺县第二区。1956 年撤销区级建置，设李阳乡。1958 年设李阳人民公社。1983 年复置乡。1985 年改镇。2021 年和顺县撤销牛川乡，整建制并入李阳镇。因十六国时期后赵大将李阳曾在此居住，故名。年平均气温 6.3℃。无霜期 124 天。年平均降水量 600 毫米。河道属海河流域。主要河道有松溪河，从西至东流经境内窑尚、龙峪、榆蛇塔、上石勒、下石勒 5 个村，长 16.5 千米。有矿产资源煤炭、铁、铝土、耐火黏土、高铝黏土、硫等。有中小学、卫生院、文化广场。有 2013 年第二批中国传统村落回黄村。有古迹过街楼、石勒沤麻池、李阳故里、石力王故里、蔡岭秋色等。2014 年被国家住房城乡建设部等七部委确定为全国重点镇。农业以种植业为主，主产玉米、谷子、马铃薯、豆类，养殖猪、羊、牛、家禽为主。有生态农业示范园区。工业以煤炭、建材、建筑、化工、机械为主。为县能源重镇和优质动力煤基地。服务业以运输、餐饮、零售为主。阳涉铁路、207 国道、汾阳—邢台高速公路经此。

140723-B02-H01 **南李阳** [Nánlǐyáng] 李阳镇人民政府驻地。在和顺县人民政府东北 17 公里。李阳镇辖行政村。人口 930。相传为十六国时期为李阳故里，《晋书·石勒载记》：“初，勒与李阳邻居，岁常争麻池，迭相驱击。至是，谓父老曰：‘李阳，壮士也，何以不来？沤麻是布衣之恨，孤方崇信于天下，宁雠匹夫乎！’”即此。后分为南李阳、北李阳两村。民国《和顺县志·地理》：“北区，南李阳，二十五里。”聚落呈团块状。有南李阳小学。有沤麻池遗迹和“李阳故里”等石刻。有南李阳南阁、北阁、官房、传统民居等，皆为清代建筑遗构。207 国道、县道界李线经此。

140723-B02-H02 **回黄** [Huíhuáng] 在县政府驻地义兴镇北 14.3 千米。李阳镇辖行政村。人口 100。因《乐府·休洗红》回黄转绿无定期而得名。聚落呈团块状。有回黄龙神庙、回黄官房，现存皆为清代建筑遗构。有赵氏宅院，现存为清代、民国时期建筑遗构。2013 年被列入第二批中国传统村落名录。乡村道路经此。

140723-B03 **松烟镇** [Sōngyān Zhèn] 和顺县辖镇。在县境东南部。面积 270.29 平方千米。常住人口 1.6 万。辖 23 行政村。镇人民政府驻松烟。1949 年属和顺县第三区。1956 年撤销区级建置，组建松烟乡。1958 年撤销乡级建置，组建 30 个生产大队。1983 年复设乡。1984 年改镇。2001 年许村乡并入。据屠隆《考盘余事》卷二：“余尝谓松烟墨深重而不姿媚，油烟墨姿媚而不深重”，因“松涛阵阵，云雾如烟”，故名。因驻地得名。最高海拔 2058 米，最低海拔 1049 米。年平均气温 8.5℃，无霜期 140 天。年平均降水量 560 毫米。河道属海河流域。主要河道有清河，从西至东流经境内范庄、圈马坪等村，长 10 千米。有海眼泉、娘娘水等山泉。有矿产资源钾岩石、白云岩、石榴石、硅石、辉绿岩等。有中小学、卫生院、文化广场、敬老院、文化室。有国家级非物质文化遗产牛郎织女传说。有省级非物质文化遗产跑莲灯、弦腔（夫子岭弦腔）。有 2020 年第六批全国文明村许村。有古迹石佛洞、龙泉寺、黄巢寨、都司庙、子孙圣母庙、明清老街等。有纪念地阳曲山保卫战遗址、北台梁革命烈士墓碑。此外还有南天池景区、北地垴度假村、马连曲千亩现代农业观光园等景点。2020 年获得 2017—2019 周期国家卫生乡镇荣誉称号。农业以种植业为主，主产玉米、谷子、马铃薯、燕麦、豆类等养殖猪、牛、羊、家禽。工业以食品加工、酿造、化工为主。服务业以旅游、餐饮、娱乐为主。土特产青麻核桃、花椒、柿子。汾阳—邢台高速公路、省道榆邢线经此。

140723-B03-H01 **松烟** [Sōngyān] 松烟镇人民政府驻地。在县政府驻地义兴镇东南 19 千米。人口 1820。古汉语读“鞍”为“烟”，因地处山的鞍部，多古松而得名。聚落呈团块状。有松烟中学、松烟中心校、松烟镇卫生院。有松烟都司院、松烟圣母殿，现存皆为清代建筑遗构。省道榆邢线经此。

140723-B03-H02 **许村** [Xǔcūn] 在县政府驻地义兴镇东南 22 千米。松烟镇辖行政村。人口 890。相传该村经由明太祖朱元璋皇帝批示，允许山上迁到山下建村，故名。聚落呈团块状。有许村财神虫王庙、全神庙、永泉寺等，现存皆为清代建筑遗构。有核桃、花椒、优质小米等特产。2020 年被评为第六届全国文明村。县道松店线经此。

140723-B04 **青城镇** [Qīngchéng Zhèn] 和顺县辖镇。原名倾城。在县境东北部。面积 174.60 平方千米。常住人口 0.88 万。辖 18 行政村。镇人民政府驻青城。1949 年属和顺县第四区。1953 年设青城乡。1958 改青城人民公社。1983 年复设乡，同年 8 月改置镇。2001 年土岭乡并入。清代一县令取青山之意而更名。因驻地得名。因驻地得名。年平均气温 7℃。有矿产资源石灰岩、煤炭、金刚砂等。有中小学、卫生院、文化广场、敬老院。有省非物质文化遗产青城打落、跑炮、响马转。有名胜古迹当城古人类文化遗址、赵奢垒古战场遗址、后虎峪明代尚书王云凤墓、和顺旧十景之一“姑崖天险”、太行龙口景区等。农业以种植业为主，主产玉米、马铃薯、豆类、谷类，养殖猪、羊、牛、家禽。为农业大镇和粮食生产基地。工业以加工为主。服务业以旅游、餐饮、零售为主。有公路通 318 省道。

140723-B04-H01 **青城** [Qīngchéng] 青城镇人民政府驻地。在县政府驻地义兴镇东 26.6 千米。人口 740。原名倾城，北高南低呈倾斜状，清朝县令张公取意青山绿水，更名为青城。聚落呈团块状。有青城镇卫生院。有青城兴福寺、青城戏台、赵氏祠堂、永兴桥，现存皆为清代建筑遗构。乡村道路经此。

140723-B05 **横岭镇** [Hénglǐng Zhèn] 和顺县辖镇。在县境西部。面积 442.58 平方千米。常住人口 0.93 万。辖 21 行政村。镇人民政府驻横岭。1949 年属和顺县第五区。1956 年撤销区级建置，组建横岭乡。1958 年设横岭人民公社。1983 年复设乡。1985 年改镇。2021 年撤销阳光占乡，整建制并入横岭镇。村庄坐落于小寨梁东坡，横断山岭，一条马路亘古至今，越岭而过，故名横岭。因驻地得名。地势低平。年平均气温 6.5℃，无霜期 119 天内，年平均降水量 582 毫米。河道属海河流域。主要河道有龙旺河，从西至东流经境内龙旺、庄里等村，长 15 千米。有中小学、卫生院、文化广场。有 2015 年第四批全国文明村镇横岭镇。有省级爱国主义教育基地八路军石拐会议纪念园。有纪念地仪城朱德驻居处、石拐会议旧址、秦赖支队司令部旧址。有古迹寿圣寺。2021 年入选 2021 年农业强镇创建名单。2021 年被认定为山西省农村电商强镇。农业以种植业、养殖业为主。养牛业是横岭镇的主导产业。2011 年“和顺肉牛”被授予全国地理标志保护产品，并获“全国商品牛生产基地县”称号。土特产和顺白酒、中国翘酒、阳光陈醋、寒湖月饼。工业以食品加工为主。服务业以零售、运输为主。省道榆邢线经此。通多条公交线路。

140723-B05-H01 **横岭** [Hénglǐng] 横岭镇人民政府驻地。在县政府驻地义兴镇西 34.6 千米。人口 190。因地貌而得名。古为上党通太原古道。聚落呈团块状。有横岭九年一贯制学校、横岭镇卫生院。有横岭遗址，为战国时期文化遗存。有县级文物保护单位横岭策圣寺，现存为清代建筑遗构。有县级文物保护单位横岭戏台，现存为清代建筑遗构。省道榆邢线经此。

140723-B05-H02 **石拐** [Shíguǎi] 在县政府驻地义兴镇西 39 千米。横岭镇辖行政村。人口 110。因石拐会议在此召开而得名。聚落呈团块状。有省级爱国主义教育基地、县级红色革命旅游纪念教育基地八路军石拐会议纪念园。有石拐会议旧址，1937 年，朱德、彭德怀、左权、任弼时等在石拐村召开八路军总部重要会议，随后在石拐村召开军民团结抗日动员大会，朱德总司令作了重要讲话。省道榆邢线经此。

140723-C01 **喂马乡** [Wèimǎ Xiāng] 和顺县辖乡。在县境南部。面积 114.58 平方千米。常住人口 0.85 万。辖 16 行政村。乡人民政府驻东喂马村。1949 年属和顺县第一区。1954 年撤销区级建置，组建东喂马乡。1956 年与东仁乡合并，称喂马乡。1958 年属城关人民公社。1959 年改喂马人民公社。1983 年复置乡。传五代时期李克用曾在此驻军设马厩，故名。因驻地得名。地势东高西低。年平均气温 4.5℃，无霜期 95 天。年平均降水量 600 毫米。有矿产资源煤炭、铁、耐火黏土、硫黄、水晶石等。有中小学、卫生站、文化室。有省级文物保护单位荣华寺。另有古迹香山寺、天池寺等。农业以种植业为主，主产玉米、谷子、莜麦、荞麦，养殖猪、牛、羊、家禽。工业以煤炭为主。服务业以商贸、运输、仓储物流为主。特产莜麦、甜荞麦、苦荞麦。207 国道、汾阳—邢台高速公路经此。

140723-C01-H01 **东喂马** [Dōngwèimǎ] 喂马乡人民政府驻地。在县政府驻地义兴镇西南 8.3 千米。人口 120。相传五代时期李克用曾在此驻军设马厩，故名。聚落呈团块状。有喂马中学、喂马小学、喂马乡卫生院。有第三批省级文物保护单位荣华寺，据寺内碑记载，创建于北宋元祐八年（1093 年），现存为明清时期建筑遗构。有东喂马龙王庙、东喂马民居，现存皆为清代建筑遗构。207 国道经此。

140723-C01-H02 **大佛头** [Dàfótóu] 在县政府驻地义兴镇西南 15.4 千米。喂马乡辖行政村。

人口90。因地处香山寺佛像头下而得名。聚落呈团块状。有第六批省级文物保护单位大佛头香山寺，据碑碣记载，创建于北宋熙宁三年（1070年），现存为明清时期建筑遗构。乡村道路经此。

140723-C02 **平松乡**［Píngsōng Xiāng］和顺县辖乡。在县境东部。面积171.18平方千米。常住人口0.87万。辖14行政村。乡人民政府驻平松。1949年属和顺县第一区。1954年撤销区级建置，组建平松乡。1956年同三泉乡、小南会乡合并为玉女乡。1958年撤销乡级建置，划归城关人民公社。1959年改平松人民公社。1983年复置乡。2001年瓦房乡并入。村南垴长有松树，树顶均平张而不上耸，以树形异而取名。因驻地得名。海拔1200—1500米之间。年平均气温6.3℃，年平均降水量582毫米，无霜期110天。河道属海河流域，主要河道有洪河、三泉河、瓦房河，河流总长度22千米。最大的河流为洪河，从西至东流经境内白泉、平松、新村、小南会等村，长8千米。主要树种有油松、杨树、旱柳、白榆、落叶松及杂木等。有矿产资源白云岩、铁等。有中小学、卫生站、农民书屋。有全国重点文物保护单位懿济圣母庙、大王庙。农业以种植业为主，主产玉米、谷子、小杂粮等，养殖猪、牛、羊、家禽等。工业以化工、煤炭为主。有煤炭物流园区、白泉循环工业园区等。服务业以运输、零售为主。省道榆邢线经此。

140723-C02-H01 **平松**［Píngsōng］平松乡人民政府驻地。在县政府驻地义兴镇东南10千米。人口220。因古松树冠平阔奇特而得名。聚落呈团块状。有平松中学、平松乡卫生院。有平松遗址，为商代、汉代文化遗存。有平松惨案遗址，为纪念1940年11月29日被日伪军杀害的平松村民而建亭立碑。省道榆邢线、县道高平线经此。

140723-C02-H02 **合山**［Héshān］在县政府驻地义兴镇东南13.6千米。平松乡辖行政村。人口290。聚落呈团块状。有第六批全国重点文物保护单位懿济圣母庙，据碑记载始建于宋代，现存圣母殿为元代建筑遗构，其余皆为明清时期建筑遗构。有合山圣母景区。乡村道路经此。

140723-C03 **马坊乡**［Mǎfāng Xiāng］和顺县辖乡。在县境西北部。面积422.67平方千米。人口0.49万。辖10行政村。乡人民政府驻马坊。1949年属第六区。1956年设马坊乡。1958年设马坊人民公社。1983年复置乡。因一年举办两次骡马交流大会，上市骡马甚多，遍地搭有马棚的习俗得名。因驻地得名。地势南高北低，平均海拔1400米。年平均气温6.3℃，年平均降水量592.8毫米，无霜期115—140天。河道属黄河流域。主要河道有里思河、西马泉河、树石等，总长55千米。最大的河流为里思河，从南至北流经境内京上、马坊等村，长27千米。野生鸟类64种，兽类20余种，其中华北豹、苍鹭是国家级保护动物。大型真菌38种。有矿产资源煤、铁、铝、耐火粘土、铜、磷、硫、水晶石、辉绿岩、白云石等。有小学、卫生院、文化活动中心。农业以种植业、林牧业为主，种植业主产玉米、谷子、马铃薯、燕麦、豆类等，林牧业有木材树、山杏、山桃、沙棘、药材、牧草、大型真菌等，养殖牛、羊。是国家农业部绿色食品中心认证的绿色食品生产基地。工业以加工为主。服务业以零售为主。县道山团线经此。

140723-C03-H01 **马坊**［Mǎfáng］马坊乡人民政府驻地。在县政府驻地义兴镇西北37.5千米。人口190。因旧为本地骡马贸易场所而得名。聚落呈团块状。有马坊中学、马坊乡中心卫生院。有马坊遗址，为夏商时期文化遗存。有马坊摩崖造像，始凿年代不详，现存造像三尊。县道山团线经此。

140724 **昔阳县**［Xīyáng Xiàn］晋中市辖县。北纬37° 60′，东经113° 69′。在晋中市东部。面积1945平方千米。常住人口19.09万。辖5镇、5乡。县人民政府驻乐平镇。西汉置沾县，治今县城。属上党郡，以县西沾水为名。东汉建安中叶置乐平郡，治沾县。后废郡。西晋泰始中叶别置乐平县，复置乐平郡，与沾县俱属之。北魏太平真君九年（448年）罢乐平郡，又并乐平县入沾县，改属太原郡。孝昌二年（526年）恢复乐平县，并复乐平郡。隋开皇三年（583年）废郡。十六年（596年）于县置辽州，又析置东山县，同属辽州。大业二年（606年）省辽州，东山县废入乐平县，县属并州。唐武德三年（620年）于乐平县复置辽州，县属之。武德六年（623年）辽州治徙辽山县（治今左权县），乐平县属受州。贞观八年（634年）废受州，县属并州。北宋时置乐平县，乾德元年（963年），属置于县的平晋军辖。太平兴国四年（979年）军罢，后隶属平定军。属金，置平定州。金兴定四年（1220年）升乐平县为皋州。蒙古中统元年（1260年）复为乐平县。至元二年（1265年）乐平县废入平定州，七年复置。明因之。清嘉庆元年（1796年）县并入平定州。1912年复置乐平县。1913年属中路道。1914年更名昔阳县，以春秋时期白狄古国昔阳城为名，属冀宁道，后直属省。1927年废道，直属省。1937年属省第三行政区。1938年分置昔东、昔西2县，分属晋冀豫边区太行一专区与二专区。1941年昔东改属太行区第一专员督察专署。1945年复为昔阳县。1949年属榆次专区。1958年并入阳泉市。1959年3月又改称昔阳协作区，7月从阳泉市分出，恢复县制，归晋中专区。1968年晋中专区改设晋中地区，昔阳县仍属之。1999年属晋中市管辖至今。“昔阳”一名最早出现在《左传·昭公十二年》：“晋荀吴伪会齐师，因假道于鲜虞，遂入昔阳。八月壬午，灭肥，以肥子绵皋归。”“山西曰夕阳，山东曰朝阳”，因它在太行山之西，故名夕阳，后夕阳转化成“昔阳”。地形丘陵。地势西高东低。主要山脉有沾岭山、白羊山、陡泉山等。最高峰白羊山海拔1833米，最低点松溪河出境处海拔560米。河道属海河和黄河流域，有松溪河、清漳河及潇河，松溪河主要支流有赵壁河、安坪河、巴洲河、杨赵河、刀把口河等。年平均气温9.3℃，1月平均气温-6.2℃，夏季平均气温23.9℃。年平均降水量571.9毫米。无霜期162天。有野生动物金钱豹、山羊、野猪、獾等50余种，其金钱豹被列为国家一级保护动物。有野生植物油松、臭椿、蔡树、酸枣、山杏，荆条等260余种。有矿产资源煤炭、铝矾土、石英砂岩、云母、磷矿、硫铁矿、石膏、石棉、浮石、石灰石等。科研机构有生态农业科技成果转化中心、农业科学研究中心和科技信息服务中心。有中小学67所、昔阳县医疗集团、文化馆1个、图书馆1个、档案馆1个、博物馆2个、体育馆1个、电影院1个、群众活动阅览室13个、乡镇文化站10个、文物保护单位290处、艺术表演团4个、电视台1座、广播电台节目1套、卫生机构（含诊所、村卫生室）411个。春芽书屋被省教育厅命名为省德育基地。有国家级重点文物保护单位有离相寺、崇教寺、石马寺石窟、大寨人民公社旧址。有省级文物保护单位卧佛寺。有省级非物质文化遗产昔阳迓鼓、昔阳拉话。有省级历史文化名镇大寨镇。有中国传统村落李家沟村、北掌城村等10个。有古迹石马寺、梵乘寺、县衙署、普宁寺、北齐长城等。有纪念地黄岩底战斗遗址、龙门口战斗遗址、昔东抗日政府旧址、路西抗日办事处旧址、庄窝烈士陵园。有全国爱国主义教育基地昔阳大寨展览馆。有省级科普基地清漳源生态农业观光旅游示范园区、昔阳县现代农业示范园区。有国家级休闲农业示范景点昔阳县自由呼吸生态园。有省级森林公园大寨虎头山森林公园。有历史名人张公铎、师富昌、李鸣凤、李洪钟、李跃渊、赵绂、李用清、王志均等。2017年入选国家级出口食品农产品质量安全示范区。2020年入选2018—2019年山西省平安县。2020年荣获2018—2019年山西省文明县城。2021年入选2020年全国村庄清洁行动先进县。三次产业比例6 ： 67.8 ： 26.1。农业以种植业为主，主产玉米、小米、豆类、杂粮等，养殖猪、牛、羊、家禽。昔阳小米是全国农产品地理标志。工业以煤炭、发电、化工、建材、农副产品加工为主。建有巴洲川气化、赵壁川化工、煤电化循环等园区产业集群。服务业以旅游、运输、餐饮、商贸为主。有特产头脑扁食、昔阳吊炉小烧饼、昔阳大曲酒、昔阳小米、昔阳双孢菇。阳涉铁路、207国道、339国道、天黎高速经此。

140724-N01 **东风桥**［Dōngfēng Qiáo］位于城区北部。桥长13米，宽14.8米。最大跨度20米，桥下净高5米。1995年动工，1996年建成。结构形式为梁板桥。最大载重量15吨。通105路公交车。

140724-N02 **厚德桥**［Hòudé Qiáo］位于城区东部。桥长120米，宽28.6米。最大跨度20米，桥下净高6米。2008年动工，2010年建成。因“厚德载物”寓意得名。为小型河道桥梁。最大载重量 15 吨。通 102、105 路等公交车。

140724-N03　**迎宾桥**［Yíngbīn Qiáo］在城区东部。桥长 100 米，宽 27.4 米。最大跨度 20 米，桥下净高 6 米。2003 年动工，2005 年建成。为小型河道桥梁。最大载重量 15 吨。通 1 路、特 999 等公交车。

140724-N04　**朝阳桥**［Zhāoyáng Qiáo］在城区东部。桥长 100 米，宽 27.4 米。最大跨度 20 米，桥下净高 6 米。2003 年动工，2005 年建成。为小型河道桥梁。最大载重量 15 吨。通 107 路公交车。

140724-N05　**松溪河大桥**［Sōngxīhé Dàqiáo］位于城区东部，类型为公路，所在线路锡林浩特—海安公路（G207），所跨河流（道路）松溪河，最大载重量 15 吨，长度 217.4 米，宽度 14 米，高度 14.4 米，最大跨度 30 米，1999 年建成。

140724-N06　**大寨大桥**［Dàzhài Dàqiáo］该桥位于留庄村北松溪河上，因通往大寨，故名大寨桥。因桥建在留庄村前，故又名留庄桥。所在线路虹桥关—马家沟公路，所跨河流（道路）松溪河，最大载重量 15 吨，长度 154 米，宽度 4 米，高度 4 米，最大跨度 12 米，1967 年始建，桥面铺装沥青碎石。通 105 路公交车。

140724-B01　**乐平镇**［Lèpíng Zhèn］昔阳县辖镇。昔阳县人民政府驻地。在县境中北部。面积 181.96 平方千米。常住人口 7.84 万。辖 13 社区、38 行政村。镇人民政府驻瑶湾。1953 年设城关乡。1954 年实行县对乡直管。1956 年一区撤销，城关乡驻西大街。1958 年改城关人民公社。1959 年城关公社改为大寨公社。1961 年大寨公社分为城关、大寨、李家庄、闫庄窝等 4 个公社。1984 年置城关镇。2001 年安平乡、巴洲乡并入改今名。因乐平县旧治得名。属丘陵地带，地势西高东低。海拔在 805 至 1210 米之间，平均海拔为 988.6 米。年平均气温 9℃。河道属海河流域。主要河道有松溪河、安坪河、巴洲河 3 条。河流总长度 56.2 千米。最大的河流为松溪河，从西至东流经境内青岩头、东会、建都等村，长 21.2 千米。有矿藏资源煤炭等。有中小学、卫生院、农家书屋。有 2016 年第四批中国传统村落西南沟村，2019 年第五批中国传统村落村李家沟、北掌城村。另有古迹乐平县衙、城隍庙、梯云阁、赵氏祠堂、巴洲汉墓群等。2020 年获得 2017—2019 周期国家卫生乡镇荣誉称号。农业以种植业为主，主产谷子、玉米，养殖猪、羊、牛、家禽，盛产红富士苹果。工业以煤炭、建材、铸造、机械、化工等为主。服务业以零售、仓储物流为主。阳涉铁路，207 国道、339 国道经此。

140724-B01-K01　**新西街**［Xīngxī Jiē］位于城区西北部。西起昔阳—广阳公路，东至新建路。与阳涉铁路相交。长 1.3 千米，宽 26 米。沥青路面。2009 年扩建，2012 年完工。两侧有示范小学、昔阳中学、昔阳县益民医院、国贸大厦、昔阳宋金文化博物馆等。通 102、105 路等公交车。

140724-B01-K02　**新东街**［Xīngdōng Jiē］在城区东北部。西起新建路，东至翠溪路。与乐东路、昔阳步行街等街道相交。长 0.4 千米，宽 25 米。沥青路面。2009 年拓宽改造，2012 年完成。因位于新建路东侧，故名。两侧有晋美商业广场、新世纪购物中心、颐民公园等。通 102、105 路公交车。

140724-B01-K03　**江口西街**［Jiāngkǒu Xījiē］在城区中部。西起杏坛路，东至新建路。与阳涉铁路、杏坛路、辉煌路、一鸣路相交。长 1.2 千米，宽 26 米。沥青路面。2009 年开工，2010 年建成。因在松溪河西岸得名。两侧有昔阳中学、农信大厦、煤业公司等。通 102 路公交车。

140724-B01-K04　**江口东街**［Jiāngkǒu Dōngjiē］位于城区中部。西起新建路，东至 207 国道。与昔阳—广阳公路、春风路、翠溪路相交。长 0.8 千米，宽 31 米。沥青路面。2009 年开工，2010 年建成。因在松溪河东岸得名。两侧有昔阳汽配一条街、希望书社文化广场、书法鉴定中心、昔阳农村商业银行等。通 102 路公交车。

140724-B01-K05　**迎宾街**［Yíngbīn Jiē］在城区南部。西起新建路，东至松溪大道。与乐东路等多条路线相交。长 1.15 千米，宽 40 米。沥青路面。2005 年建成。该段长 660 米（含长 100 米的跨河大桥），宽 40 米。2012 年，向西拓展，2013 年拓展至赵家沟。有欢迎宾客之意，故名。两侧有昔阳县第二中学、昔阳县第二幼儿园、昔阳县公路建设纪念碑等。通 101、103 路等公交车。

140724-B01-K06 **迎宾西街**［Yíngbīn Xījiē］在城区南部。西起杏坛路，东至新建路。与阳涉铁路等路线相交。长 1.15 千米，宽 31 米。沥青路面。2015 年建成。因是县城最南端的一条街，取名“迎宾”，有喜迎四面宾客之意，因其位于迎宾路西延，故名。两侧有昔阳县老年大学、天泉现代城、陶乐公园、昔阳县消防救援大队等。通 103、106 路等公交车。

140724-B01-K07 **迎宾东街**［Yíngbīn Dōngjiē］在城区南部。西起乌海线，东至新城小学附近。与沾岭路相交。长 0.66 千米，宽 40 米。沥青路面。2013 年建成。因位于迎宾街东延，故名。两侧有文化用品店、新城小学、新城幼儿园、新城学校、新城广厦等。

140724-B01-K08 **白马街**［Báimǎ Jiē］在城区北部。西起翠绿路，东至汽车站。与白马桥等相交。长 1.2 千米，宽 40 米。沥青路面。道路分两段，2013 年建成。该路段过去建有白马神阁，故名。两侧有南方装饰批发总汇、厚道广场、昔阳县三晋园物流、昔阳县汽车站等。通 102、105 路公交车。

140724-B01-K09 **慈云街**［Cíyún Jiē］在城区西部，西起新西街（示范小学），东至红旗一条街（公路宾馆）。长 2.1 千米，宽 18 米。沥青路面。2012 年建成。古代在原昔阳中学有慈云寺，该路段途经慈云寺脚下，故名。两侧有昔阳示范小学、昔阳中学、昔阳县第一幼儿园、崇教寺等。通 103、105 路等公交车。

140724-B01-K10 **三义街**［Sānyì Jiē］在城区北部。西起红旗一条街，东至朝阳街。与翠溪路、昔阳步行街等路线相交。长 0.71 千米，宽 11 米。沥青路面。2013 年建成。该路段过去有三义阁，故名。两侧有三义阁、东关小学、昔阳红十字医院等。通昔阳 108 路公交车。

140724-B01-K11 **新建路**［Xīnjiàn Lù］在城区中部。北起三义街，南至大寨大桥。与新西街、江口街、迎宾街相交。长 2.5 千米，宽 31 米。沥青路面。2008 年拓宽改造，2009 年完成。两侧有博物馆、新世纪购物中心、松溪公园、商贸大厦、昔阳县第二中学、昔阳县老年大学等。通 104、107 路等公交车。

140724-B01-K12 **乐东路**［Lèdōng Lù］在城区东部。北起新东街，南至新建路。有松溪河流经，与江口东街、迎宾街等相交。长 2.5 千米，宽 31 米。沥青路面。2007 年开工，2009 年建成。因昔阳古称乐平，且该路位于县城东侧，故名。两侧有山西省昔阳人民医院、昔阳县第二中学、公园及商业网点、体育馆等。通 105、107 路等公交车。

140724-B01-H01 **巴洲**［Bāzhōu］在县政府驻地乐平镇西南 4 千米。乐平镇辖行政村。人口 1970。聚落呈条带状。有巴洲小学。有市级文物保护单位王无咎父子墓，为金元时期墓葬。有巴洲遗址，为汉代文化遗存。有巴洲神房戏台，现存为清代建筑遗构。有丰富的煤矿铁资源。县道昔广线经此。

140724-B01-H02 **北掌城**［Běizhǎngchéng］在县政府驻地乐平镇西 11.2 千米。乐平镇辖行政村。人口 1130。相传古代此地建过城，此村位于山北之掌，故名。聚落呈团块状。有县级文物保护单位北掌城村寿圣寺，现存为明代、中华民国时期建筑遗构。有北掌城当铺，现存为清代建筑遗构。2019 年被列入第五批中国传统村落名录。乡村道路经此。

140724-B01-H03 **李家沟**［Lǐjiāgōu］在县政府驻地乐平镇西南 4.3 千米。乐平镇辖行政村。人口 1050。聚落呈团块状。有李氏宗祠，据李氏族谱，祠堂为李氏晚清进士李希莲所建。2019 年被列入第五批中国传统村落名录。乡村道路经此。

140724-B01-H04 **西南沟**［Xīnángōu］在县政府驻地乐平镇西北 6.3 千米。乐平镇辖行政村。人口 680。因地处昔阳境内由西向东的鸣水河谷南岸之沟，故称其南沟，又在县城之西而得名。聚落呈团块状。有毛氏宅院，现存为清代建筑遗构。2016 年被列入第四批中国传统村落名录。339 国道经此。

140724-B01-H05 **西大街**［Xīdàjiē］在县政府驻地乐平镇西北 470 米。城区社会事务服务中心辖社区。人口 1780。因位于县城西街处而得名。聚落呈团块状。有西大街小学。有第六批省级文物保护单位昔阳东岳庙大殿，现存大殿为元代建筑遗构，余皆清代建筑遗构。339 国道经此。

140724-B02　**皋落镇**［Gāoluò Zhèn］昔阳县辖镇。在县境东南部。面积 188.32 平方千米。常住人口 1.2 万。辖 13 行政村。镇人民政府驻皋落。1949 年属昔阳县第五区。1953 年设皋落乡。1956 年取消区级建制，属皋落乡。1958 年设皋落人民公社。1984 年置镇。相传，该地为春秋赤狄东山皋落氏所居，故名。因驻地得名。为晋冀分水岭。地处太行山中段，地势东南高西北低。山地和丘陵占总面积的三分之二。白羊山主峰海拔 1884 米。年平均气温 8℃以下，年平均无霜期 148 天左右。年平均降水量 600—700 毫米。河道属海河流域。主要河道有杨赵河，从南至北流经境内南庄、车寺等村，长 26 千米。有矿产资源硅石、石灰石、红砂岩、红刚石、白云岩及少量铁矿。有中小学、卫生院、农民书屋。有 2016 年第四批中国传统村落北岩村。有抗日游击队司令部旧址。有黄庵垴风景区，农业以种植业为主，主产玉米，养殖猪、羊。家禽，盛产苹果。为县粮食主产区，兼畜牧业。服务业以零售为主。县道赵库线经此。

140724-B02-H01　**皋落**［Gāoluò］皋落镇人民政府驻地。距县城约 39 千米。人口 2690。相传为春秋赤狄东山皋落氏所居，故名。聚落呈块状。有皋落小学、皋落镇卫生院。有晋东抗日游击队司令部旧址，是我党在晋东的抗日中心和革命老根据地。有昔东抗日政府旧址，是太行区最早成立的抗日民主政府。中共昔东县委旧址，1938 年 5 月由昔阳县委改设。有黄庵垴风景区。是县粮食主产区，兼畜牧业。县道赵库线经此。

140724-B02-H02　**北岩**［Běiyán］在县政府驻地乐平镇东南 54 千米，皋落镇辖自然村。人口 160。因背靠山崖而得名。聚落呈条带状。有北岩河神庙，现存为清代建筑遗构。2016 年被列入第四批中国传统村落名录。乡村道路经此。

140724-B03　**冶头镇**［Yětóu Zhèn］昔阳县辖镇。在县境东北部。面积 134.19 平方千米。常住人口 1.77 万。辖 21 行政村。镇人民政府驻东冶头。1953 年设东冶头乡。1958 年设东冶头人民公社。1984 年改置镇。2021 年撤销闫庄乡，分别并入东冶头镇、赵壁乡。因古有冶铁坊，故名。因驻地得名。地势西高东低，山势缓和。海拔在 639.4—1006.8 米。年平均降水量 480—600 毫米，无霜期 160—170 天。河道属海河流域。主要河道有松溪河，从东固壁村至口上村流经境内东冶头、静阳、水磨头，长 11.5 千米。有矿产资源玻璃用钾、石英、赤铁、白云岩、铅、石灰岩、黏土、砂岩、赤铁矿、钾矿等。有中小学、卫生院、文化站、体育场、公共图书馆。有古迹肥子国古城遗址、普宁寺，泥澄口及白皮关等。农业以种植业为主，主产玉米、谷子、水稻、薯类，养殖猪、羊、牛、家禽，盛产核桃、苹果。为粮食产区。服务业以零售为主。339 国道经此。

140724-B03-H01　**东冶头**［Dōngyětóu］冶头镇人民政府驻地。在县政府驻地乐平镇东 21 千米。人口 2210。相传为春秋肥子国旧地，后因古有冶铁坊得名。聚落呈条带状。有东冶头小学、冶头中心卫生院。有东冶头城址，为春秋肥子国故城遗址。有东冶头眭氏宗祠、东冶头神房，皆为清代建筑遗构。有昔阳县立第二高等小学校旧址、东冶头女子初级小学校旧址、督军兼省长阎示碑，皆为民国时期建筑遗构。339 国道经此。

140724-B04　**沾尚镇**［Zhānshàng Zhèn］昔阳县辖镇。在县境西北部。面积 459.18 平方千米。常住人口 1.39 万。辖 23 行政村。镇人民政府驻沾尚。1949 年属昔阳县第六区。1953 年设沾尚乡。1956 年取消区级建制，乡级建制进行重新划分，全县共设 46 个乡，辖内设沾尚、安丰、胡丰 3 乡。1958 年设沾尚人民公社。1984 年改置镇。2021 年撤销西寨乡，整建制并入沾尚镇。地处沾岭山上，其山连绵起伏，万物更新，景色壮观，故名沾尚。因驻地得名。位于高寒地带，山多。地势东高西低。年平均气温 5℃，无霜期 117—138 天。年平均降水量 600 毫米。河道属黄河流域。主要河道有潇河、清漳河 2 条，潇河从东至西流经境内口上、沾尚、中山、大寨口、松曲、广阳等村，长 22.5 千米。有其他自然资源金钱豹、山猪等野生动物；油松、蔡树、沙棘等野生植物。有小学、卫生院、农民书屋、文化活动中心。有县级重点文物保护单位龙门口战斗遗址、沾尚戏台、西寨山寨址、路西抗日办事处旧址、庄窝烈士陵园、闹林沟昔西抗日政府旧址。另有古迹战国上艾古城遗址。有广阳伏击战红色遗址等。农业以种植业为主，主产玉米、谷子、荞麦、莜麦等，养殖猪、羊、牛、家禽。工业以农副产品加工为主。服务业以餐饮、零售为主。339 国道经此。

140724-B04-H01 **沾尚**［Zhānshàng］沾尚镇人民政府驻地。在县政府驻地乐平镇西 25 千米。人口 14000。因在沾岭山上，故名沾上，后演变为今名。聚落呈团块状。有沾尚中心校、沾尚中心卫生院。有县级文物保护单位沾尚戏台，现存为清代建筑遗构。有西水东调办公室旧址、沾尚人民公社社址、沾尚邮电所旧址、沾尚礼堂，皆为中华人民共和国时期建筑遗构。有农副产品加工。339 国道经此。

140724-B05 **大寨镇**［Dàzhài Zhèn］昔阳县辖镇。在县境中南部。面积 224.57 平方千米。常住人口 3.55 万。辖 5 社区、48 行政村。镇人民政府驻大寨。1949 年属昔阳县第一区。1953 年设大寨乡。1958 年分属城关、杜庄人民公社。1959 年境域设大寨公社、洪水公社和杜庄公社。1961 年设大寨人民公社。1962 年闫庄窝公社并入大寨公社，驻武家坪。1967 年大寨公社驻地迁大寨。1984 年置大寨乡。2002 年改镇。相传在抗金元时，该村为避兵藏身之处，此地四面环山，形成村寨，一遇兵荒马乱，周围村居民便逃避寨中，故名大寨。因驻地得名。地势西高东低。平均海拔 1420 米，最高海拔 1613 米。年平均气温 9℃，无霜期年平均 162 天，年平均日照总时数 2484.6 小时，年平均降水量 572 毫米。河道属海河流域。主要河道有松溪河，从南至东北流经境内杨家坡、白羊岭、高家岭等村，长 17.5 千米。有矿产资源煤炭、石灰石、石英岩、煤层气、岩层气等。有大寨生态农业科技成果转化中心、大寨农业科学研究中心。有中学、卫生院、展览馆及大寨生态农业园、文化室。有全国重点文化保护单位石马寺石窟、大寨人民公社旧址。有 2005 年第一批全国文明村大寨村。有 2016 年第四批中国传统村落大寨村。另有名胜古迹虎头山森林公园等。有昔阳古八景中的五景蒙山烟雨、洪水温塘、松林积雪、古寺园林、石马含云。为省历史文化名镇。有历史名人陈永贵。2020 年全国爱国卫生运动委员会重新确认大寨镇为 2020 年国家卫生乡镇（县城）。2021 年被认定为第二批全国乡村治理示范乡镇。2021 年被认定为山西省农村电商强镇。农业以种植业为主，主产玉米，养殖猪、羊、牛、家禽。有绿色环保农产品大寨面粉、西红柿、西葫芦、黄瓜、青椒。工业以煤炭开采、水泥制造、糠醛提炼、衬衫和羊毛衫加工为主。服务业以旅游、休闲、餐饮为主。有名优特产大寨豪酒、大寨铁姑娘酒、大寨杂粮、大寨核桃露。阳涉铁路、207 国道经此。

140724-B05-H01 **大寨**［Dàzhài］大寨镇人民政府驻地。在县政府驻地乐平镇东南 4 千米。人口 650。相传古代为驻防虹桥关的兵寨，与相邻小寨区别而得名。聚落呈团块状。有大寨中学、大寨卫生院。有第七批全国重点文物保护单位大寨人民公社社址，有大寨礼堂、陈永贵墓、陈永贵故居、大寨梯田、虎头山水利设施等，是人民公社特征及其演变过程的重要见证。2016 年被列入第四批中国传统村落名录。207 国道经此。

140724-C01 **李家庄乡**［Lǐjiāzhuāng Xiāng］昔阳县辖乡。在县境北部。面积 38.05 平方千米。常住人口 1.64 万。辖 1 社区、13 行政村。乡人民政府驻南渡海。1954 年成立李家庄乡政府。1956 年撤区并乡时取消。1958 年属大寨人民公社。1961 年设李家庄人民公社。1984 年置乡。李姓人在此建庄，故名李家庄。因驻地得名。处丘陵地带，地势西高东低。平均海拔 960 米，境内最高山峰莲花山海拔 1087.1 米。有矿产资源煤、铝矾土、耐火粘土、石灰石等。有中学、卫生院、文化站、阅览室。农业以种植业为主，主产玉米、谷子、豆类等，养殖猪、牛、羊、家禽。工业以运输、选煤、型煤、碳素、建材为主。服务业以餐饮、运输为主。207 国道纵贯乡境。

140724-C01-H01 **南渡海**［Nándùhǎi］李家庄乡人民政府驻地。在县政府驻地乐平镇北 5 千米。人口 1300。相传建村时，西北面有一片水洼，形似汪洋大海，通行艰难，故名渡海。因有两个渡海，此村在南而得名。聚落呈条带状。有新世纪中学、李家庄乡卫生院。有煤矿工业。207 国道经此。

140724-C02 **界都乡**［Jièdū Xiāng］昔阳县辖乡。在县境东部。面积 117.85 平方千米。常住人口 1.28 万。辖 17 行政村。乡人民政府驻北界都。1949 年属昔阳县第四区。1958 年属东冶头人民公社。1959 年从东冶头公社分出设界都人民公社，驻北界都。1984 年置乡。2001 年将原瓦邱乡并入。古代昔阳县东有肥子国，西有建都，两都以此为界，故名界都。因驻地得名。地势西高东低，属山川地带。年平均气温 9.3℃，无霜期 155—162 天。年平均降水量 550 毫米。河道属海河流域，主要河道为松溪河，从西至东流经境内克栳会、西固壁等村，长 15 千米。有矿产资源白云岩、玄武岩、金属镁等。有卫生院、文化大院、文化活动中心。有 2014 年第三批中国传统村落长岭村，2019 年第五批中国传统村落前车掌村。有古迹元代梵乘寺，其中寺内旧有的五色牡丹为古景之一。农业以种植业为主，主产玉米、大豆、高粱、谷子等，其中新型种植产业以连翘等中药材种植为主，养殖猪、牛、羊、家禽，盛产红枣、核桃、柿子、花椒、苹果等。为县农业生产基地。工业以食品加工、光伏产业为主。服务业以餐饮、运输、劳务输出为主。339 国道经此。

140724-C02-H01 **北界都**［Běijièdū］界都乡人民政府驻地。在县政府驻地乐平镇东 12.3 千米。人口 1450。相传明清此地设都甲并与平定为界，故名，又以松溪河分为南、北界都。聚落呈条带状。有界都乡卫生院。有市级文物保护单位梵乘寺，现存为明代、民国建筑遗构。339 国道经此。

140724-C02-H02 **长岭**［Chánglǐng］在县政府驻地乐平镇东南方向 16.6 千米。界都乡辖行政村。人口 570。因村庄位于长岭上而得名。聚落呈团块状。有长岭老爷庙，现存为清代建筑遗构。2014 年被列入第三批中国传统村落名录。乡村道路经此。

140724-C02-H03 **前车掌**［Qiánchēzhǎng］在县政府驻地乐平镇东北 17.6 千米，界都乡辖自然村，人口 290。此处因道路崎岖，阻碍车行，得名车障，又因“障”与“掌”同音，村落建在山沟之前，故名。聚落呈团块状。有前车掌遗址，为夏、商时期文化遗存。2019 年被列入第五批中国传统村落名录。339 国道经此。

140724-C03 **三都乡**［Sāndū Xiāng］昔阳县辖乡。在县境南部。面积 70.13 平方千米。常住人口 1.08 万。辖 12 行政村。乡人民政府驻三都。1953 年设三都乡。1956 年区级建制撤销，乡级建制重新划分，辖内设路家峪乡、翟絮乡。1958 年分属杜庄、赵壁人民公社。1961 年设三都人民公社。1984 年复置乡。宋金时有三姓人建庄，由黄岩都、郭庄都、石马都三个都级交纳皇粮，故名三都。因驻地得名。有小学、卫生院、公共图书室。地势东南低，西北高。有矿藏资源煤炭、铝矾土。农业以种植业为主，主产玉米，养殖猪、羊、牛、家禽。工业以煤、耐火材料加工为主。服务业以旅游、零售、仓储物流为主。有公路经此。

140724-C03-H01 **三都**［Sāndū］三都乡人民政府驻地。在县政府驻地乐平镇南 14 千米。人口 1700。相传因明清实施都甲制，以序数排列第三而得名。聚落呈团块状。有三都小学、三都乡卫生院。有三都文庙，现存为清代建筑遗构。县道界李线经此。

140724-C03-H02 **西峪**［Xīyù］在县政府驻地乐平镇东南 12.7 千米。三都乡辖行政村。人口 970。相传唐代时，王姓迁居于此，在村西建蓄水池，故名西花池。后居民增多，住满西沟水池左右，演变为西峪。聚落呈团块状。有第六批省级文物保护单位西峪惨案烈士纪念地，1940 年 10 月 18 日，驻昔阳日伪军屠杀西峪村民 386 人，26 户灭门绝户，烧毁房屋 400 余间，掠走牲畜 100 余头。县道界李线经此。

140724-C04 **赵壁乡**［Zhàobì Xiāng］昔阳县辖乡。在县境东南部。面积 254.44 平方千米。常住人口 2.59 万。辖 31 行政村。乡人民政府驻赵壁。1953 年设赵壁乡。1954 年三区建制撤销，实行县对乡直管。1956年区级建制撤销，乡级建制重新划分，辖内设赵壁乡、斜峪沟乡。1958年设赵壁人民公社。1984年复置乡。2021年撤销闫庄乡，分别并入冶头镇、赵壁乡。石勒作为后赵之王，他在此长期屯兵得胜，认为此地是赵国之墙壁，故名“赵壁”。因驻地得名。南高北低，山多川少。最高处海拔1549米。河道属海河流域。主要河道有赵壁河，从南至北流经境内前口庄、东横山、寨上等村，长33千米。有中小学、卫生院、图书室。有全国重点文物保护单位离相寺。有2016年第四批中国传统村落楼坪村、东寨村。另有古迹福严寺、石门寺、坐化占、黄岩底伏击战旧址等。有历史名人杨云翼、乔宇。为县重点产粮区，有“米粮川”之誉.农业以种植业为主，主产玉米、谷子、豆类，养殖猪、牛。工业以农副产品加工为主。服务业以运输、零售为主。天黎高速、晋榆高速穿境，界皋公路纵贯南北，还有县道界李线、留马线、杜北线、赵库线通过。

140724-C04-H01 **赵壁**［Zhàobì］赵壁乡人民政府驻地。在县政府驻地乐平镇东南16千米。人口1670。相传古代曾在此修筑壁堡，赵姓始居，故名。聚落呈条带状。有赵壁中学校、赵壁乡小学校、赵壁中心卫生院。有赵壁遗址，为春秋时期文化遗存。有赵壁村王氏祠堂，创建于1933年，现仅存正堂，前设月台。县道留马线、县道赵库线经此。

140724-C04-H02 **川口**［Chuānkǒu］在县政府驻地乐平镇东南11.8千米。赵壁乡辖行政村。人口1300。聚落呈团块状。相传原名莲花池村，后因地处河川交汇之处，更名川口。有第八批全国重点文物保护单位昔阳离相寺，建于金大定年间（1161年—1189年），现存大殿为金代建筑遗构。县道界李线、县道留马线经此。

140724-C04-H03 **东寨**［Dōngzhài］在县政府驻地乐平镇东南11.9千米。赵壁乡辖行政村。人口1030。聚落呈团块状。历来以“文化村”闻名全县，有王氏祠堂，现存为清代建筑遗构。王敦临是清朝光绪十九年（1893年）举人，子王谷是民国年间著名书法家，族孙王志均，是我国著名的生理学家、医学教育家。2016年被列入第四批中国传统村落名录。县道界李线经此。

140724-C04-H04 **楼坪**［Lóupíng］在县政府驻地乐平镇东南22.5千米。赵壁乡辖行政村。人口1540。相传因孔姓于此结庐，得名庐子坪，后李氏经营布匹、食盐发达后，置地兴木，易名楼子坪，1946年更为今名。有楼坪李氏祠堂，现存为清代建筑遗构。有天聚生大院，由李怀乾、李贵乾、李进乾三兄弟所建。有干果等经济作物。2016年被列入第四批中国传统村落名录。县道杜北线经此。

140724-C05 **孔氏乡**［Kǒngshì Xiāng］昔阳县辖乡。在县境东北部。面积201.61平方千米。常住人口1.21万。辖15行政村。乡人民政府驻丁峪。1953年设丁峪乡。1956年区级建制撤销，乡级建制重新划分，辖内设丁峪乡、王寨乡、方台乡、三教河乡。1958年属刀把口人民公社。1981更名丁峪人民公社。1984年置丁峪乡。2001年王寨乡并入改今名。因境内历史名村孔氏村命名。因驻地得名。山地丘陵地貌。海拔在600—800米之间。年平均气温11.5℃—12.2℃。无霜期在120—180天之间。年降水量在500—600毫米之间。河道属海河流域。主要河道为松溪河支流刀把口河1条，从南至北流经境内三教河、李家庄等村，长52千米。有矿藏资源铜、铅、锌、辉绿岩等。有中学、卫生院、文化站、阅览室。有省级文物保护单位卧佛寺。有2016年第四批中国传统村落三教河村。有名胜古迹龙岩大峡谷旅游区等。农业以种植业为主，主产玉米、干果，养殖猪、牛、羊、家禽。有“小江南”之誉。服务业以旅游、物流、餐饮为主。339国道经此。

140724-C05-H01 **丁峪**［Dīngyù］孔氏乡人民政府驻地。在县政府驻地乐平镇东28.6千米。人口1340。相传因村处山谷中，丁姓始居而得名。聚落呈团块状。有丁峪中学。有刀把口人民公社社址，1958年建，现为孔氏乡政府驻地。有核桃、木耳等特产。339国道经此。

140724-C05-H02 **三教河**［Sānjiàohé］在县政府驻地乐平镇东南31.5千米。孔氏乡辖自然村。人口160。相传因村西旧有道士观，上姑庵，云寿寺，因庙地争议不合，经调解，三教和好，故名三教和后“和”改为“河”字而得名。聚落呈团块状。有三教河抗日高校旧址，1939 年 3 月，成立昔阳县抗日高小，校址设在南岩村，1943 年校址迁至此。2016 年被列入第四批中国传统村落名录。乡村道路经此。

140725 **寿阳县**［Shòuyáng Xiàn］晋中市辖县。北纬 37° 88′，东经 113° 16′。在市境东北部。面积 2116 平方千米。常住人口 20.04 万。辖 7 镇、5 乡。县人民政府驻朝阳镇。春秋晋国置马首县，治今马首村。战国周威烈王二十三年（前 403 年）晋国被分为赵、魏、韩三国，马首归赵国。秦推行郡县例，马首为县，属太原郡。西汉马首并入榆次，属太原郡，延续至东汉、三国。西晋置受阳县，以县在寿水（今白马河）之阳得名，属乐平郡。永嘉后废。北魏孝昌中，朔州侨治于此。隋开皇十年（590 年）复置县，称受阳县，属太原郡。唐武德三年（620 年）属受州，六年（623 年）为受州治，八年（634 年）废受州，县改属并州。贞观十一年（637 年）改为寿阳县，仍属并州。开元年间属太原府。宋因之。金兴定二年（1218 年）改属平定州，四年（1220 年）置晋州，治今寨北村，县属之。元废晋州，县属冀宁路。明属太原府。清雍正二年（1724 年）属平定州。1913 年属中路道。1914 年属冀宁道。1927 年废道，直属省。1937 年属省第一行政区，同年 11 月分置寿阳（路北）、寿阳（路南）2 县，分属晋察冀边区北岳第一专区和太行第二专区。1943 年新置寿东县和寿西县。1945 年后复为寿阳县。1949 年属榆次专区。1958 年并入榆次市。1960 年复置，属晋中专区。1967 年属晋中地区。2000 年晋中撤地建市，寿阳县属晋中市所辖。“寿阳”，因居寿水之阳而命名。地处太行山西麓、潇河中上游。地形西北部、北部较高，向东南逐渐倾斜，呈阶梯状分布。主要山脉有高丘山和罕山。最高峰鹿泉山海拔 1717 米，最低点西洛村海拔 813 米。年平均气温 7.6℃，1 月平均气温 -8.5℃，7 月平均气温 21.7℃。年平均降水量 489.7 毫米，日照 2858.3 小时，无霜期 140 天左右。河流属汾河水系与海河水系。主要河流有潇河、白马河、木瓜河、龙泉河、石门沟河、绵河、涧河、石门河、龙门河。有矿产资源煤、锰、石灰岩、砖瓦粘土、石膏、砂岩、铝土矿、煤层气、黄铁矿、重晶石等。有科研机构 12 个，有中小学 32 所、文化馆 1 个、公共图书馆 1 个、体育场馆 1 个、艺术表演团体 11 个、医疗卫生机构 213 个等。有全国重点文物保护单位龙泉寺、福田寺、普光寺。有省级文物保护单位松罗院。有国家级非物质文化遗产傩舞 · 寿阳爱社。有省级非物质文化遗产老寿星传说、寿阳竹马、寿阳福寿剪纸。有省级历史文化名镇宗艾镇、平舒村。有省级爱国主义教育基地尹灵芝烈士纪念馆。有纪念地景尚朱德路居、景尚八路军总部旧址、张韩河烈士碑（亭）、尹灵芝故居、尹灵芝烈士纪念坊、尹灵芝就义处、尹灵芝烈士陵园、种子坡地道战遗址、太原战役烈士墓、羊头崖抗日烈士塔、中共寿阳支部旧址。有国家级森林公园方山国家森林公园。有地方特色民间艺术寿阳竹马、老寿星传说、油柿子技艺、耍叉等。有名胜古迹鹿泉山寿星文化休闲度假旅游景区、祁寯藻故里景区等。有历史文化寿阳大竹马、寿阳耍叉、寿阳背棍、寿阳评说。有历史名人李通玄、祁世长、祁寯藻。2021 年入选国家能源局综合司整县（市、区）屋顶分布式光伏开发试点名单。2021 年入选农业农村部办公厅公布的第三批全国农村创业创新典型县。三次产业比例 8.7 ∶ 66.4 ∶ 24.9。农业以种植业为主，主产玉米、谷子、高粱、大豆、马铃薯及杂粮，养殖猪、牛、羊、家禽。工业以煤炭、煤化工为主。服务业以旅游、商贸、运输、零售、餐饮为主。土特产寿阳豆腐干、油柿子、茶食、小米。石太铁路过境，设测石、芹泉、寿阳、马首、芦家庄、段廷站，青银高速公路、307 国道、省道榆赞线经此。通多路公交车。

140725-B01 **朝阳镇**［Cháoyáng Zhèn］寿阳县人民政府驻地。在县境中部。面积 248.22 平方千米。常住人口 7.73 万。辖 10 社区、24 行政村。镇人民政府驻城中社区。历为州县治。1955 年设城关乡。1958 年寿阳县并入榆次市，改城关人民公社，属榆次市。1959 年改超美人民公社，属寿阳县。1963 年改城关人民公社。1984 年复置城关乡，增设城关镇。2001 年城关镇、城关乡，七里河乡合并设朝阳镇。2021 年寿阳县撤销马首乡，整建制并入朝阳镇。因县城古建筑朝阳阁得名。地势北高南低。地形分为低山丘陵、河谷平原。最高点位于石顶子山，海拔474.8米；最低点南河沿位于城区南部，海拔298米。年平均气温7.3℃，年平均降水量500毫米。无霜期125天。河道属黄河流域。主要河道有童子河、宁真河、东梁河3条。河流总长度27千米。最大的河流为宁真河，从东至西流经境内草沟、闫家坪、童子河、荣家墙、泥河、金石庄等村，长10千米。矿藏资源有煤、河砂、草碳土等。天然树种主要有红松、落叶松、榆树、柳树、樟子松、曲柳、杨、柞、白桦等品种；野果类主要有山里红、山葡萄、山李子、山杏、山芝麻等；山野菜主要有山芹菜、蕨菜、薇菜、山地瓜、灰菜等；野生菌类主要有榛蘑、元蘑、松蘑、黑木耳等；野生动物主要有刺猬、黄鼬、雉、蛇、雨蛙、稻草蛇、青蛙、麻雀、鹰、猫头鹰、啄木鸟、野鸭等。有中小学、卫生院、村级卫生站、中心文化站及锣鼓队、秧歌队。有古迹辉发古城、文昌阁、朝阳阁。有纪念地尹灵芝烈士陵园等。2008年被晋中市授予“新农村建设十佳标兵乡镇”；2009年被中共山西省委命名为“红旗基层组织”。农业以蔬菜种植、家禽畜养殖业为主，养殖猪、牛、羊、家禽。工业以煤炭、建材及化工为主。服务业以旅游、物流为主。有土特产寿阳豆腐干、油柿子、茶食、小米。石太线铁路过境，设寿阳站。青银高速公路、307国道、省道榆赞线经此。

140725-B01-K01 **北大街**［Běi Dàjiē］在城区北部。西北起朝阳大街，东南至滨阳路。与恒阳路相交。长2.8千米，宽24米。沥青路面。1994年开工，1995年建成。两侧有寿阳县中医院、聚鑫沟建材有限公司、北大街小学、寿阳三中、寿阳县住房城等。通602路公交车。

140725-B01-K02 **朝阳大街**［Cháoyáng Dàjiē］在城区中部。西起307国道（寿阳一职中），东至307国道（灵芝公园）。与恒阳路、滨阳路相交。长3.1千米，宽38米。沥青路面。1985年开工，1989年建成。因县城内有古建筑朝阳阁得名。两侧有山西环界石油钻具制造股份有限公司、晋能控股煤业集团寿阳有限公司、中国石化、汽车站、尹灵芝纪念馆、壹品时尚广场、市民广场等。通605、602路等公交车。

140725-B01-K03 **寿水街**［Shòushuǐ Jiē］在城区南部。西起307国道，东至青银高速公路(收费站)。与滨阳路、恒阳路、曹河路、受川路等相交。长4.3千米，宽30米。沥青路面。2007年开工，2009年建成。因临近白马河，古称寿水，故名。两侧有四季公园、寿阳县滨河第二幼儿园、寿阳县人民文化馆等。通601路公交车。

140725-B01-K04 **府东街**［Fǔdōng Jiē］在城区中部。北起府西街相接，南至滨阳路。与东讲街、北讲街等路相交。长0.72千米，宽9米。沥青路面。2002年建成。因其位于古县衙之东，故名。两侧有寿川老年公寓、寿阳县东关小学、寿阳县人民医院等。通605、608路等公交车。

140725-B01-K05 **府西街**［Fǔxī Jiē］位于城区中部。西起恒阳路，东至府东街。与恒阳南路相交。长0.49千米，宽9米。沥青路面。2002年建成。因其位于古县衙之西，故名。两侧有寿阳县妇幼保健医院、寿阳宾馆、农业银行、城内小学、献花幼儿园等。通605、606路等公交车。

140725-B01-K06 **府前街**［Fǔqián Jiē］在城区中部。西起恒阳路，东至滨阳路。与文星巷新开路、东讲街相交。长1.21千米，宽9米，沥青路面。2002年建成。两侧有寿阳县妇幼保健医院、寿阳宾馆、城内小学、献花幼儿园、寿阳县东关小学、寿阳县人民医院等。通605、606路等公交车。

140725-B01-K07 **西关街**［Xīguān Jiē］在城区南部。西起曹河路，东至恒阳路。与西关路、受川路等路线相交。长0.54千米，宽24米。沥青路面。2019年建成。因其位于古城西关，故名。两侧有中国农业银行、山西中利达文化艺术有限公司、九州艺术文化教育等。通605路公交车。

140725-B01-K08 **博大街**［Bó Dàjiē］在城区南部。西起恒阳南路，东至滨阳路。沿线与恒阳南路、新开路、文星巷等路相交。长1.1千米，宽12米。沥青路面，因当地企业博大集团而得名。两侧有寿阳县妇幼保健院、山西东方国旅、国家电网汽车充电站等。通602路公交车。

140725-B01-K09　**恒阳路**［Héngyáng Lù］在城区中部。北起蜗山大道，南至寿水街。与鹿泉街、朝阳街、文渊街、西关街、新阳街等路相交。长 1.74 千米，宽 52 米。沥青路面。1990 年开工，1992 年建成，2019 年重新拓宽改造。两侧有寿阳县第三中学、中国农业银行、公安局、寿阳县妇幼保健医院、工商银行等。通 301、303 路等公交车。

140725-B01-K10　**恒阳北路**［Héngyáng Běilù］在城区中部。北起蜗山大道，南至朝阳街。与鹿泉街相交。长 0.64 千米，宽 52 米。沥青路面。1990 年开工，1992 年建成。因位于恒阳路北延，故名。2019 年重新拓宽改造。两侧有寿阳县第三中学、中国农业银行、公安局等。通 602 路公交车。

140725-B01-K11　**恒阳南路**［Héngyáng Nánlù］在城区中部。北起朝阳街，南至寿水街。与西关街、府西街（府前街）等街道相交。长 1.09 千米，宽 52 米。沥青路面。1990 年开工，1992 年建成，因位于恒阳路南延，故名。2019 年重新拓宽改造。两侧有工商银行、寿阳县妇幼保健院、生活超市等。通 602 路公交车。

140725-B01-K12　**滨阳路**［Bīnyáng Lù］在城区东部。北起北大街，南至青银高速公路收费站。与朝阳大街、寿水街相交。长 2.6 千米，宽 38 米。沥青路面。2008 年开工，2013 年建成。两侧有中国工商银行、寿阳四中、四季公园等。通 605 路公交车。

140725-B01-K13　**新开路**［Xīnkāi Lù］在城区东南部。北起新建街，南至四季公园。与府前街等道路相交。长 1.9 千米，宽 14—30 米。沥青路面。1985 年建成。寓意新的开始，故名。两侧有邮政局、寿阳县人民医院、世宇商厦、寿阳二中居民生活餐饮酒店、生活超市等。通 602 路公交车。

140725-B01-K14　**新开南路**［Xīnkāi Nánlù］在城区东南部。北起朝阳街，南至四季广场。与博大街、新阳街相交。长 1.43 千米，宽 30 米。沥青路面。1985 年建成，因其位于新开路南延，故名。2020 年拓宽改造，2021 年建设完成。两侧有寿阳二中。通 602 路公交车。

140725-B01-K15　**新开北路**［Xīnkāi Běilù］在城区东北部。北起新建街，南至朝阳街。与鹿泉街相交。长 0.47 千米，宽 12 米。沥青路面。1985 年建成，2020 年重新改造，因其位于新开路南延，故名。2021 年建设完成。两侧有图书馆、邮政局等。通 602 路公交车。

140725-B01-K16　**受川南路**［Shòuchuān Nánlù］在城区中部。北起朝阳街，南至寿水街。长 0.97 千米，宽 40 米。沥青路面。1991 年建成。2020 年重新改造，2021 年建设完成。因位于受川路南延而得名。两侧有和盛装饰总汇、寿阳倍耐力金牌轮胎专卖店等。通 602、605 路公交车。

140725-B01-K17　**受川北路**［Shòuchuān Běilù］在城区中部。北起蜗山大道，南至朝阳街。长 0.64 千米，宽 40 米。沥青路面。1991 年建成。2020 年重新改造，2021 年建设完成，因位于受川路北延而得名。两侧有寿阳县第二人民医院、供热公司等。通 605 路公交车。

140725-B01-K18　**受川路**［Shòuchuān Lù］在城区中部。北起蜗山大道，南至寿水街。与北大街、朝阳大街、南大街相交。长 1.6 千米，宽 40 米。为沥青路面，1991 年建成。2020 年重新改造，2021 年建设完成。因寿阳“寿川书院”而得名。两侧有和谐广告业务部、寿阳县第二人民医院、供热公司、烟草公司、金建装饰城等。通 605 路公交车。

140725-B01-K19　**曹河路**［Cáohé Lù］在城区西部。北起北大街，南至南大街。与北大街、朝阳大街、南大街等相交。长 0.54 千米，宽 12 米。沥青路面，2012 年命名，因该路连接曹河村故名。两侧有曹河广场、碧桂园物业管理有限公司、国忠印刷厂、原棉织厂等。

140725-B01-H01　**大落坡**［Dàluòpō］在县人民政府驻地朝阳镇南 7.2 千米。朝阳镇辖自然村。人口 150。相传有一只凤凰落在此坡，人们以此为吉祥，故名。聚落呈团块状。有大落坡反偷袭战旧址。1940 年 8 月 22 日，决死一纵队 25 团所属 3 营 8 连及后勤人员在此阻击了日军的偷袭。乡村道路经此。

140725-B02　**南燕竹镇**［Nányànzhú Zhèn］寿阳县辖镇。在县境西部。面积 152.45 平方千米。

常住人口 1.68 万。辖 17 行政村。镇人民政府驻南燕竹。1955 年设南燕竹、赵巷头、太安驿 3 乡。1960 年设南燕竹人民公社。1984 年改置镇。2001 年太安驿乡并入。据本村古庙碑文记载，北齐后起名为南燕洲。因洲在县管理之下，恐生误会，故将“洲”改为“者”“燕”改为“烟”故名南烟者。在辛亥革命时，调整村名，因“者”与“竹”“烟”与“燕”谐音，故将南烟者改为南燕竹。因驻地得名。地处黄土丘陵地区，地形南高北低。年平均气温 8℃，年平均降水量 500 毫米，无霜期 140 天。河道属黄河流域。主要河道有人字河、赵庄河。河流总长度 38.8 千米。最大的河流为人字河，从东至西流经境内白家庄、太安驿等村，长 26 千米。有矿藏资源煤炭。有中小学、卫生院、文化室、村级卫生站。有全国重点文物保护单位龙泉寺。2021 年农业部认定南燕竹镇为第一批全国一村一品示范村镇（蔬菜）。农业以种植为主，主产玉米、蔬菜，还有仁用杏为主的经济林和以杨树为主的用材林，养殖猪、羊、牛、家禽。工业以采煤、煤化、建材等为主。服务业以餐饮、运输、修理、加工为主。青银高速公路、省道榆盂线经此。

140725-B02-H01 **南燕竹**［Nányànzhú］南燕竹镇人民政府驻地。在县政府驻地朝阳镇西北 10.3 千米。人口 1160。相传为北齐侨治燕州治所，后演变而得名。《读史方舆纪要》卷 40《山西二》太原府寿阳县:“县西二十五里有燕州城。县志云:‘北齐置州于此，今名烟竹村’。”即此。聚落呈团块状。有南燕竹镇中学、南燕竹中心学校、南燕竹镇卫生院。有南燕竹圣寿寺，现存正殿为清代建筑遗构。有半坡遗址，为夏代文化遗存。乡村道路经此。

140725-B02-H02 **太安驿**［Tàiānyì］在县政府驻地朝阳镇西 22 千米。南燕竹镇辖行政村。人口 1050。太安驿本名太安，古代亦有“太安”之称。自太安建立驿站后，遂以太安驿而代之。聚落呈团块状。有太安驿小学。有安定桥，为清代建筑遗构。有太安驿堡址，年代不详，面积 8127 平方米，平面近似圆形，残存墙体最高处约 5 米，宽约 3 米。为县西部地区农副土特产重要集散地。省道榆盂线经此。

140725-B03 **宗艾镇**［Zōng'ài Zhèn］寿阳县辖镇。在县境西北部。面积 64 平方千米。常住人口 1.17 万。辖 7 行政村。镇人民政府驻宗艾。1955 年设宗艾乡。1958 年设宗艾人民公社。1984 年改置镇。民间传说，宗艾始建于汉代，从汉代始，先后叫艾蒿嘴、马莲渠、五槐树、上艾、宗艾，五个村名，后经当地文人取综合之意，最后定名宗艾。因驻地得名。北部为山区和半山区，中南部为黄土丘陵区。年平均气温 7-8℃。年平均降水量 510 毫米。无霜期 120 天。白马河流经。有矿产资源煤、石膏、石料等。有中小学、文化站、卫生院。2009 年被评为省历史文化名镇。有 2016 年第四批中国传统村落下洲村、宗艾村，2019 年第五批中国传统村落尖山村、周家垴村。有 2020 年第六批全国文明村镇下洲村。有 2018 年第七批中国历史文化名村下洲村。有古迹北魏神武郡尖山县治所旧址和金代晋州治所遗址。有纪念地革命烈士尹灵芝就义处。2020 年山西省爱国卫生运动委员会命名宗艾镇为 2020—2022 周期山西省卫生乡镇。农业以种植业为主，养殖猪、牛、羊、家禽，盛产西瓜。工业以煤炭、洗精煤、民用锅炉、耐火材料为主。服务业以旅游、物流、商贸、餐饮为主。有土特产红烧饼、豆腐干。省道榆盂线经此。

140725-B03-H01 **宗艾**［Zōng'ài］宗艾镇人民政府驻地。在县政府驻地朝阳镇西北 10 千米。人口 3400。相传原名艾蒿嘴，清代设宗艾都，故名。聚落呈团块状。有宗艾镇中学、宗艾小学、宗艾中心卫生院。有魁星塔、宗艾牌坊、宗艾请宫，皆为清代建筑遗构。是革命烈士尹灵芝就义之地。是晋东闻名的商业活动的重要集镇，有“晋中旱码头”之称。2016 年被列入第四批中国传统村落名录，2019 年被列入第七批中国历史文化名镇。县道盂上线经此。

140725-B03-H02 **周家垴**［Zhōujiānǎo］在县政府驻地朝阳镇西北 9.5 千米。宗艾镇辖自然村。人口 460。聚落呈团块状。有周家垴龙天庙，现存为清代建筑遗构。2019 年被列入第五批中国传统村落名录。乡村道路经此。

140725-B03-H03 **尖山**［Jiānshān］在县政府驻地朝阳镇西北 8 千米。宗艾镇辖自然村。人口 780。相传村南有座神山，山势突削入空，故名。聚落呈团块状。2019 年被列入第五批中国传统村落名录。乡村道路经此。

140725-B03-H04 **下洲**［Xiàzhōu］在县政府驻地朝阳镇西北 11 千米，宗艾镇辖行政村。人口 700。因流民南迁至此侨置夏州，后演变为今名。聚落呈团块状。有下州墓群，为汉代墓葬。有下州北遗址，为宋辽金元时期文化遗存。有下州遗址，为商代、东周时期文化遗存。有下州聂家宅院门楼、下州戏台，现存皆为清代建筑遗构。2016 年被列入第四批中国传统村落名录，2019 年被列入第七批中国历史文化名村，2020 年被评为第六届全国文明村。县道盂上线经此。

140725-B03-H05 **范村**［Fàncūn］在县政府驻地朝阳镇西北 11.5 千米。宗艾镇辖行政村。人口 430。聚落呈团块状。有第六批省级文物保护单位圣母五龙行祠，现存正殿为元代建筑遗构，其余殿房均为清代建筑遗构。有范村遗址，为东周时期文化遗存。乡村道路经此。

140725-B04 **平头镇**［Píngtóu Zhèn］寿阳县辖镇。在县境西部，位于罕山东麓。面积 198.91 平方千米。常住人口 2.08 万。辖 19 行政村。镇人民政府驻平头。1955 年设平头乡。1958 年平头乡改为平头钢铁人民公社。1960 年设平头人民公社。1984 年置镇。2001 年南庄乡并入。相传，平头原名凤凰村，因村子形状像个凤凰而得名，因村子占地千亩，又叫千亩村，元末、千亩村因设教场练兵，练兵之地称为“教场坪”千亩村又因之称为“坪头”，“坪”与“平”同音，明清时即称为平头。因驻地得名。地势西北高、东南低。年平均气温 6.4℃，年平均降水量 605.7 毫米，无霜期 125 天。河道属黄河流域。主要河道有人字河、涧河。河流总长度 65.2 千米。最大的河流为人字河，从西至东流经境内李家山、南庄、石河、平头、南张芹等村，长 17.5 千米。有矿藏资源煤炭、石膏、铁矿、硫黄、石灰岩、天然气等。有中小学、卫生院、农民书屋、文化活动中心。有全国重点文物保护单位福田寺。有省级文物保护单位松罗院。有全国非物质文化遗产韩沟傩舞、爱社。有省级非物质文化遗产罕山竹马和山底寿星会。有市级非物质文化遗产黑水耍叉。有中国传统村落胡家堙村。有鹿泉山寿星文化休闲度假旅游区。2001 年被山西省人民政府授予“山西省模范单位”。农业以蔬菜生产、家禽饲养、林果种植业为主，主产茴子白、大白菜、西葫芦。为全国旱垣无公害基地。工业以采煤、洗煤、焦化、水泥为主。服务业以零售、运输为主。307 国道经此。

140725-B04-H01 **平头**［Píngtóu］平头镇人民政府驻地。在县政府驻地朝阳镇西北 23.7 千米。人口 3870。因处山前平坦处而得名。聚落呈团块状。有平头中学、平头小学、平头镇中心卫生院。有沙疙瘩遗址，为东周时期文化遗存。有普照寺，现存为明、清时期建筑遗构。307 国道经此。

140725-B04-H02 **胡家堙**［Hújiāyīn］在县政府驻地朝阳镇西 30 千米。平头镇辖行政村。人口 480。因村南泰山庙有老虎出现，以为吉祥，得名虎家堙，后“虎”传为“胡”而得名。聚落呈团块状。有胡家堙兴福寺，现存为清代建筑遗构。307 国道经此。

140725-B05 **松塔镇**［Sōngtǎ Zhèn］寿阳县辖镇。古称九龙镇。在县境东南部。面积 311.47 平方千米。常住人口 1.19 万。辖 14 行政村。镇人民政府驻松塔。明、清时期境域属直隶平定州，属平定县。1949 年属平定县。1950 年属寿阳县第三区。1955 年设松塔乡。1958 年改松塔人民公社。1984 年改置镇。2001 年长岭乡并入。因村东金牛山下有座塔，塔前有一棵高大挺拔的古松，人们便以“松”和“塔”组合成“松塔”。因驻地得名。地处土石山区，地势东高西低。年平均气温 7℃左右，年平均降水量 460 毫米，无霜期 110 天。河道属黄河流域。主要河道有潇河、木瓜河、龙泉河、石旧河，河流总长度 60 千米。最大河流为潇河，从南至北流经境内曲旺、松塔、里庄等村，长 19 千米。有矿藏资源煤炭、天然气、石油等。有中小学、卫生院、农村保健站。有古迹长寿山兴善寺、松塔新石器文化遗址、河神庙，另有三晋第一古铁钟等一批生态人文景观。松塔—里庄—里思湿地为县最大湿地。农业以种植业为主，主产玉米、谷子、豆类，是“山西省土豆生产第一大镇”，养殖猪、牛、羊、家禽。为省小杂粮生产基地。工业以建材、农副产品加工、制造维修、五金交电为主。有省重点工程松塔水电站。服务业以运输、零售为主。省道榆盂线经此。

140725-B05-H01 **松塔**［Sōngtǎ］松塔镇人民政府驻地。在县政府驻地朝阳镇东南 28 千米。人口 910。相传地处潇河与龙泉河交汇处，方言称河滩为“塔”，以其地多松树，故名。聚落呈团块状。有松塔幼儿园、松塔镇中心卫生院。有松塔遗址，为东周时期文化遗存。有松塔河神庙，现存为清代建筑遗构。339 国道经此。

140725-B06 **西洛镇**［Xīluò Zhèn］寿阳县辖镇。在县境西南部。面积 332.48 平方千米。常住人口 1.6 万。辖 18 行政村。镇人民政府驻西洛。1952 年设西洛乡。1955 年区制撤销，西洛乡撤销，段廷乡为基点乡。1961 年改西洛人民公社。1983 年西洛人民公社改为西洛乡。1984 年改置镇。2001 年纂木乡并入。2021 年撤销上湖乡，整建制并入西洛镇。1989 年版《寿阳县志》载：“潇河每逢盛夏，山洪暴发，飞被山谷，乱石滚滚，到段延以西，地势平坦，河床宽阔，沙石沉落，故名西洛。”因驻地得名。地势平坦。平均海拔 1000 米。年平均气温 10℃，年降水量 420—470 毫米，无霜期 140 天。河道属黄河流域，主要河道有潇河，从东至西流经境内段廷、韩村、南东、北东、西洛等村，长 10.9 千米。有矿藏资源煤炭、天然气、无烟煤、煤层气等。有中小学、卫生院、文化室。有全国重点文物保护单位普光寺。有 2016 年第四批中国传统村落南东村、南河村、林家坡村、杏凹村，2019 年第五批中国传统村落纂木村。有 2018 年第七批中国历史文化名村南东村。有古迹冷泉寺。农业以种植业为主，主产谷子、玉米、薯类、豆类，养殖猪、牛、羊、家禽，盛产桃、苹果、梨、枣，以及百余种野生药材。为县主要水果产区。工业以建材、洗沙、铸造、机械、农机作业为主。服务业以餐饮、运输为主。有特产小米。石太铁路、省道榆赞线经此。

140725-B06-H01 **西洛**［Xīluò］西洛镇人民政府驻地。在县政府驻地朝阳镇西南 40 千米。人口 540。因雒姓始居，分东西两村，后演变而得名。聚落呈团块状。有西洛镇九年制学校、西洛镇卫生院。有红枣。339 国道经此。

140725-B06-H02 **林家坡**［Línjiāpō］在县政府驻地朝阳镇西南 25 千米。西洛镇辖自然村。人口 200。聚落呈条带状。有林家坡阁，现存为清代建筑遗构。有林家坡遗址，为东周时期文化遗存。2016 年被列入第四批中国传统村落名录。乡村道路经此。

140725-B06-H03 **南东**［Nándōng］在县政府驻地朝阳镇西南 29 千米。西洛镇辖行政村。人口 530。因该村所处潇河南岸而得名。聚落呈团块状。有五佛殿、姑姑庵、河神庙、灯山庙、水母庙、三官庙，现存皆为清代建筑遗构。2016 年被列入第四批中国传统村落名录。2019 年被列入第七批中国历史文化名村名录。339 国道经此。

140725-B06-H04 **南河**［Nánhé］在县政府驻地朝阳镇西南 24.7 千米。西洛镇辖行政村。人口 320。因村居于河之源头而得名。聚落呈团块状。有南河庙，现存为清代建筑遗构。2016 年被列入第四批中国传统村落名录。2019 年被列入第七批中国历史文化名村名录。乡村道路经此。

140725-B06-H05 **杏凹**［Xìng'ao］在县政府驻地朝阳镇西南 26.9 千米。西洛镇辖自然村。人口 20。相传这里长着许多杏树，人们定居在北山凹里，故名。聚落呈团块状。2016 年被列入第四批中国传统村落名录。乡村道路经此。

140725-B06-H06 **纂木**［Zuǎnmù］在县政府驻地朝阳镇西南 28.9 千米。西洛镇辖行政村。人口 520。相传古代此地处晋阳湖东岸，东面山区的木材由此入水转运，故得名“转”木，后因“纂”比“转”略有文采而得名。聚落呈条带状。有皇恩寺，现存正殿外檐斗拱具有元代建筑特征，中殿、过殿为明代建筑遗构，东西配殿、耳房均为清代建筑遗构。2017 年被列入第五批山西省历史文化名村名录。2019 年被列入第五批中国传统村落名录。乡村道路经此。

140725-B07 **尹灵芝镇**［Yǐnlíngzhī Zhèn］寿阳县辖镇。在县境东部。面积 214.34 平方千米。常住人口 1.13 万。辖 13 行政村。镇人民政府驻芹泉。1955 年设芹泉乡。1955 年区制撤销，保留芹泉、落摩寺等乡，其中芹泉乡为基点乡。1958 年芹泉乡改为金星人民公社，1959 年金星人民公社并入城关人民公社。1960 年设芹泉人民公社。1971 年更名尹灵芝人民公社。1984 改尹灵芝镇。2001 年落摩寺乡并入。因女英雄尹灵芝故里，故名。因驻地得名。地势相对偏低。年平均气温 8℃，年平均降水量 400 毫米，无霜期 125 天。河道属海河流域。主要河道有向阳河、泉寺河 2 条，河流总长度 41.5 千米。境内最大的河流为泉寺河，从南至北流经境内郭王庄、落摩寺、苗家庄、山南、晓庄等村，长 22 千米。有矿产资源煤炭（深层煤）。有中小学、卫生院、文化站、农民书屋，其中尹灵芝镇卫生院获卫生部乙级甲等医院。有 2019 年第五批中国传统村落尹灵芝村、郭王庄村。有古迹太平村北魏太平郡侨治旧址。纪念地有赵家垴尹灵芝故居，为山西省爱国主义教育基地、山西省德育基地、山西省国防教育基地。农业以蔬菜、林果、畜牧为主，主产土豆，养殖猪牛羊、家禽，盛产苹果、梨等。有蔬菜种植园区、农业休闲度假区、特种养殖区。服务业以餐饮、旅游、仓储物流为主。石太铁路、青银高速公路、307 国道经此。

140725-B07-H01　**芹泉**［Qínquán］尹灵芝镇人民政府驻地。在县政府驻地东南 9.6 千米。人口 890。相传因泉得名。聚落呈条带状。有尹灵芝学校、尹灵芝镇中心卫生院。307 国道经此。

140725-B07-H02　**郭王庄**［Guōwángzhuāng］在县政府驻地朝阳镇东南 22.6 千米。尹灵芝镇辖行政村。人口 280。聚落呈团块状。有关帝庙、观音庙、虎神庙、前檐庙，现存皆为清代建筑遗构。2019 年被列入第五批中国传统村落名录。乡村道路经此。

140725-B07-H03　**尹灵芝**［Yǐnlíngzhī］在县政府驻地朝阳镇东北 11.3 千米。尹灵芝镇辖行政村。人口 180。原名赵家垴村，为了纪念 1947 年在寿阳宗艾村被国民党匪军杀害的该村烈士尹灵芝而更名。聚落呈条带状。有尹灵芝故居，现存为民国时期建筑遗构。2017 年被列入第五批山西省历史文化名村名录。2019 年被列入第五批中国传统村落名录。307 国道经此。

140725-C01　**平舒乡**［Píngshū　Xiāng］寿阳县辖乡。在县境西北部。面积 123.14 平方千米。常住人口 1.43 万。辖 11 行政村。乡人民政府驻平舒。1955 年设平舒乡。1958 年乡改人民公社制，分属宗艾和平头人民公社。1960 年改平舒人民公社。1984 年复置乡。平舒、太安古时为一村，名叫太平村，因处山谷地带，独此平坦，清属平安乡。当时人烟稠密，后分为二村，各取原名一字，一曰平舒，一曰太安，均有舒适安然之意。因驻地得名。北部为山区，南部为丘陵区。年平均气温 7.3℃，年平均降水量 510 毫米，无霜期 110 天。有矿藏资源煤炭、青石等。有中小学、乡文化站、卫生院、农民书屋。有 2018 年第七批中国历史文化名村龙门河村。有 2016 年第四批中国传统村落龙门河村。有名胜古迹祁寯藻故居纪念馆、平舒崇福寺、段王村罗汉寺。另有儒雅广场、及第桥、腾蛟阁、起凤楼、翰林大道、砚池、墨妙亭、不系舟、慈孝堂、菊花园、石隐草堂、祁寯藻故里风景区等景点。有历史名人刘静海。农业以种植业为主，主产玉米、谷子、高粱、豆类，养殖猪、牛、羊、家禽。素有“米粮川”之称。有太安村高产优质农业示范园和平舒、古城、太安万亩玉米丰产基地。工业以采煤、洗煤、石料加工为主。服务业以运输、零售为主。石太铁路、黄段铁路专用线、307 国道、东太国防公路经此。

140725-C01-H01　**平舒**［Píngshū］平舒乡人民政府驻地。在县政府驻地朝阳镇西北 12 千米。人口 1120。因处山谷地带，独此平坦而得名。聚落呈团块状。为清代同治内阁大学士祁寯藻故里。祁寯藻，清代著名诗人，“四朝文臣”“三代帝师”，横亘嘉庆、道光、咸丰和同治四代。有平舒遗址，为汉代文化遗存。有崇福寺，现存为元代、清代建筑遗构。有平舒祁家祠堂，现存为清代建筑遗构。2003 年被列入第一批山西省历史文化名村名录。307 国道经此。

140725-C01-H02　**龙门河**［Lóngménhé］在县政府驻地朝阳镇西北 10 千米。平舒乡辖行政村。人口 790。因此地两崖中间一河奔流，犹如龙腾出门之势而得名。聚落呈团块状。有王家宅院、龙门河庆云阁、龙门河登山庙、龙门河戏台，皆为清代建筑遗构。2016年被列入第四批中国传统村落名录。2019年被列入第七批中国历史文化名村名录。307国道经此。

140725-C01-H03 **冯家山**［Féngjiāshān］在县政府驻地朝阳镇西北17千米。平舒乡辖自然村。人口180。因以冯姓为主，又靠近白鹿寺山而得名。聚落呈团块状。有第六批省级文物保护单位冯家山关帝庙，现存正殿为明代建筑遗构，余皆为清代建筑遗构。乡村道路经此。

140725-C01-H04 **东郭义**［Dōngguōyì］在县政府驻地朝阳镇西北15千米。平舒乡辖自然村。人口730。为纪念东郭先生而得名。聚落呈团块状。有第六批省级文物保护单位东郭义清微观，现存为元、明、清建筑遗构。乡村道路经此。

140725-C02 **解愁乡**［Jiěchóu Xiāng］寿阳县辖乡。在县境北部。面积115.52平方千米。常住人口1.03万。辖9行政村。乡人民政府驻解愁。1955年设解愁乡。1958年乡改人民公社制，撤销解愁、苌榆河、赛头3乡，属宗艾人民公社。1960年改解愁人民公社。1984年复置乡。春秋时盂县东部为仇猶国，经常骚扰寿阳北境，后晋平公战败狄人于大卤，从此解除仇猶之患，免除战乱之愁。寿阳方言愁、仇同音，故名解愁。因驻地得名。地貌为山地、丘陵。地势西北高东南低。年平均气温7.1℃，年平均降水量419毫米，无霜期120天。石门河流经。有矿产资源煤炭、铁、石膏、石灰石、黏土、铝矾土等。其他自然资源有林木、果木、药材、花卉、藻类、菌类等。有中小学、卫生院、农民书屋、健身服务场所。有名胜方山国家森林公园，园区为唐代华严学者李通玄著《新华严经论》故址。另有古迹方山寺、昭化院、李通玄墓等。有晋中市爱国主义教育基地种子坡地道遗址。农业以种植业为主，主产玉米、豆类，养殖猪、牛、羊、鸡。工业以采煤、洗煤、建材、煤化工、耐火材料等为主。服务业以运输、零售、餐饮为主。青银高速公路、省道榆盂线经此。

140725-C02-H01 **解愁**［Jiěchóu］解愁乡人民政府驻地。在县政府驻地朝阳镇北20千米。人口900。相传原名解仇，因演变而得名。聚落呈团块状。有解愁乡中小学、解愁乡卫生院。县道盂上线经此。

140725-C02-H02 **武家村**［Wǔjiācūn］在县政府驻地朝阳镇东北16千米。解愁乡辖自然村。人口360。聚落呈团块状。有第六批省级文物保护单位武家村关帝庙，现存为清代建筑遗构。县道盂上线经此。

140725-C02-H03 **阳摩寺**［Yángmósì］在县政府驻地朝阳镇西北17千米。解愁乡辖自然村。现已无人居住。相传古有金佛殿，庙后有一朱砂洞，传说洞内出来一只羊，故名，“羊”同“阳”同音，也称阳摩寺。聚落呈团块状。有第六批省级文物保护单位灵嵩寺石窟，为东魏时期文化遗存。乡村道路经此。

140725-C03 **温家庄乡**［Wēnjiāzhuāng Xiāng］寿阳县辖乡。在县境东北部。面积61.29平方千米。常住人口0.69万。辖9行政村。乡人民政府驻温家庄。1955年设温家庄乡。1959年属火箭公社。1961年设温家庄人民公社。1984年复置乡。相传温家庄最早由温姓人家从宗艾镇蔚河村（原东蔚家庄）搬迁而来，开垦荒地，治理河道，在此扎根居住，繁衍后代，人丁兴旺，居民们过得红火热闹，安居乐业，遂起名温家庄。因驻地得名。地处方山西麓，地势东高西低。最高海拔1532米。年平均气温7.4℃，年平均降水量518.3毫米，无霜期140天。河道属黄河流域。主要河道有北河1条，从东至西流经境内山底铺、程子旺、郑家庄、康家庄、温家庄、大兴庄、大东庄、小东庄等村，长10千米。有矿产资源煤炭、铝矾土、石膏、耐火粘土、铁矿等。其他资源有林木，主要以松树为主。有中小学、卫生院、村保健站、农民书屋、文化室。有名胜方山国家森林公园。农业以种植业为主，主产小杂粮，养殖猪、牛、羊、家禽。工业以采煤、洗煤、焦化、耐火材料、建材等为主。服务业以销售、餐饮、零售、仓储物流、酒店服务为主。省道榆盂线经此。

140725-C03-H01 **温家庄**［Wēnjiāzhuāng］温家庄乡人民政府驻地。在县政府驻地朝阳镇东北17千米。人口650。聚落呈条带状。有温家庄卫生院。有温家庄遗址，为东周时期文化遗存。乡村道路经此。

140725-C04 **景尚乡**［Jǐngshàng Xiāng］寿阳县辖乡。旧名富家坡。在县境南部。面积 78.53 平方千米。常住人口 0.57 万。辖 7 行政村。乡人民政府驻景尚。1955 设景尚乡。1960 年改景尚人民公社。1969 年更名为景尚人民公社革命委员会。1982 年更名为景尚人民公社管理委员会。1984 年复置乡。因驻地得名。地处丘陵区，地势平坦。年平均气温 7.3℃，年平均降水量 497 毫米，无霜期 140 天。河道属黄河流域。主要河道张韩河河道，从东至西流经境内天恩、张韩河等村，长 6 千米。有中小学、卫生院、文化室、农民书屋、健身服务场所。有省爱国主义教育示范基地景尚八路军总部旧址和朱德总司令居住旧址。农业以种植业为主，主产玉米、谷子、豆类，养殖猪、牛、羊、家禽。1991 年被列入省级机械化旱作农业和保护性耕作示范基地。有千亩有机蔬菜基地。2010 年举办了“全市设施蔬菜观摩现场会”。服务业以零售为主。省道榆盂线经此。

140725-C04-H01　**景尚**［Jǐngshàng］景尚乡人民政府驻地。在县政府驻地朝阳镇南 20 千米。人口 800。聚落呈团块状。有景尚八路军总部旧址，1937 年 10 月 25 日进驻，旧址现已辟为朱德生平陈列室，被列为山西省爱国主义教育基地。乡村道路经此。

140725-C05 **羊头崖乡**［Yángtóuyá Xiāng］寿阳县辖乡。在县境南部。面积 215.32 平方千米。常住人口 0.86 万。辖 15 行政村。乡人民政府驻羊头崖。1955 年设羊头崖乡。1958 年乡制撤销，以基点乡为基础，建立人民公社，羊头崖乡改为羊头崖公社。1961 年公社建制缩小，成立白云公社。1984 年复置乡。2001 年白云乡并入。羊头崖乡因地形似羊头积雪而命名。因驻地得名。地处丘陵区，地势南高北低。年平均气温 8.1℃，年平均降水量 400 毫米，无霜期 125 天。河道属黄河流域。主要河道有潇河、石臼河、草庄河、南郊河、阔郊河，河流总长度 61.6 千米。最大的河流为潇河，从东至西流经境内红洼、南坪、羊头崖等村，长 18 千米。有中小学、卫生院、保健站、文化室、农民书屋。有 2019 年第五批中国传统村落西草庄村。有古迹下庄护国寺、阔郊石佛寺。纪念地有羊头崖烈士塔等，为全县“中小学德育基地”。农业以种植业为主，主产玉米、小杂粮，养殖猪、羊、牛、家禽。为县重要产粮基地和优质小杂粮种植区域。有牛羊养殖园区和改良站。有特产核桃。服务业以零售为主。多条公路经此。

140725-C05-H01　**羊头崖**［Yángtóuyá］羊头崖乡人民政府驻地。在县政府驻地朝阳镇西南 16 千米。人口 378 人。因附近山崖状如羊头而得名。聚落呈条带状。有羊头崖学校、羊头崖卫生院。有羊头崖千佛寺，现存为清代建筑遗构。有羊头崖抗日烈士塔，为纪念在抗日战争中牺牲的烈士而立。为县重要产粮基地和优质小杂粮种植区域。339 国道、县道寿羊线经此。

140725-C05-H02　**西草庄**［Xīcǎozhuāng］在县政府驻地朝阳镇西南 17 千米。羊头崖乡辖行政村。人口 140。因位于潇河西岸而得名。聚落呈团块状。有西草庄塔，现存为宋代建筑遗构。有西草庄庙，现存为清代建筑遗构。2019 年被列入第五批中国传统村落名录。乡村道路经此。

140727　**祁县**［Qí Xiàn］晋中市辖县。北纬 37° 36′，东经 112° 33′。在晋中市中部。面积 853 平方千米。常住人口 25.45 万。辖 6 镇、1 乡。县人民政府驻昭馀镇。晋平公二年（前 556 年），将祁地赐给姬奚，后改为祁奚，城邑在古县镇。晋顷公十二年（前 514 年）置祁县，治今上古县村。战国废。秦复置祁县，属太原郡。汉武帝封李善为祁侯，于故治西北另筑新城以为县治，即今祁城村。新莽改示县。东汉复旧。三国属魏国，属并州太原郡。西晋初，祁属太原国。西晋末年，先后被前赵、后赵、前燕、前秦、西燕、后燕统治。北魏太和中叶自祁城村徙治今城关。北齐天保七年（556 年）废入平遥县。隋开皇十年（590 年）复置，属并州。大业三年（607 年）属太原郡。唐武德三年（620 年）属太州，六年（623 年）复属并州。开元十一年（723 年）属太原府。五代十国，先后属后唐、后晋、后汉及北汉。宋太平兴国四年（979 年）北宋灭北汉，属并州。嘉祐四年（1059 年）改并州为太原府，属太原府。天会六年（1128 年），属河东北路。贞祐元年（1213 年）在祁县东南南团柏镇置幘州，祁县属幘州。金贞祐四年（1216 年）于团柏村置幘州，“因县东南幘山名焉”。后废幘州，改祁县为祈县，属晋州。元复祁县，属冀宁路。明、清俱属太原府。1911 年撤道、府建置，直属山西省。1913 年属中路道。1914 年属冀宁道。1927 年废道，县直属于省。1938 年属省第三行政区。1949 年属榆次专区。1950 年属榆次区专员公署。1955 年属榆次专员公署。1958 年入太谷县。1961 年复置，属晋中专区。1967 年属晋中地区。1978 年成立山西省晋中地区行政公署，县属不变。1999 年属晋中市。传以伊祁氏帝尧居此故名。因西汉初置祁县，王莽建朝时改为祁示，东汉初复称祁县而得名。地势由东南向西北倾斜。最高峰四县垴海拔 2023.5 米，最低处城赵镇雅安村海拔 750 米。年平均气温 9.9℃，1 月平均气温 -5.6℃，7 月平均气温 23.9℃。年平均降水量 441.8 毫米。无霜期 171 天。河道属黄河流域，有汾河、昌源河、乌马河、伏西河、东峪河、闫灿河、沙河退水河等。有中小学 61 所、公共图书馆 1 个、文化馆 1 个、档案馆 1 个、博物馆 3 个、体育场地 4 所、卫生二等甲级医院 1 个、疾病控制中心 1 个、农民书屋 117 个、社区阅览室 14 个、全民阅读工作站 36 个等。1994 年被评为国家历史文化名城。有全国重点文物保护单位乔家大院、兴梵寺、渠家大院、梁村遗址、梁村洪福寺、镇河楼。有省级文物保护单位祁奚父子墓、聚全堂药堂旧址、梁村遗址。有国家级非物质文化遗产祁太秧歌、心意拳、城赵镇剪纸等。有省级非物质文化遗产背铁棍、武秧歌、小磨香油制作技艺、民居建筑习俗、八音会、弓力拳、人工吹制玻璃器皿。有省级历史文化名村贾令村、东观村。有省级爱国主义教育基地乔家大院民俗文化博物馆。有纪念地晋中战役纪念馆、晋中战役遗址、晋中战役指挥部旧址、大庄烈士纪念碑、祁县烈士陵园、武克鲁故居。有国家级湿地公园祁县昌源河湿地公园。省级自然保护区有省四县垴自然保护区。有历史名人温彦博、王缙、王涯、温宪、罗贯中、李憙、高锡华等。为第四批节水型社会建设达标县（区）。2021 年农业农村部认定祁县为全国第六批率先基本实现主要农作物生产全程机械化示范县（市、区）。三次产业比例 22.9:24.3:52.8。农业以种植业为主，主产小麦、玉米等，养殖猪、牛、羊、家禽，盛产梨、苹果、葡萄。为主要产粮区。省内水果生产基地，被誉为“中国酥梨之乡”。工业以加工、酿造、化工、制造为主。服务业以旅游、餐饮、娱乐、零售、商贸为主。有名优特产玻璃酒具、来远小米、贾令熏肉、县酥梨、大蒜、小磨香油、红星苹果、六曲香酒、隆州果脯等。南同蒲铁路，108、208 国道，京昆、榆次—祁县、汾阳—邢台高速公路经此。

140727-B01 **昭馀镇**［Zhāoyú Zhèn］祁县人民政府驻地。在县境中部。面积 61.29 平方千米。常住人口 8.65 万。辖 13 社区居委会、20 行政村。镇人民政府驻西六支。1949 年属祁县城关区。1953 年撤销区建制，城关改为城关镇。1955 年城关初级社并转入高级社。1958 年设城关人民公社。1961 年祁太分县恢复城关人民公社。1984 年改置城镇和城关乡。2001 年城镇与城关乡合并改名古城镇，同年 7 月更现名。2021 年将西六支乡整建制并入昭馀镇。因古泽昭馀祁故名。因驻地得名。年平均气温 9.9℃。河道属黄河流域。主要河道有昌源河，为境内最大的河流，从东北至西北流经境内河湾、南社、刘家堡村，长 9.2 千米。有中小学、卫生院、文化室。有省级非物质文化遗产晋中吹打。有市级文物保护单位罗氏宗祠。有 2011 年第三批全国文明村下申村。有昌源河国家湿地公园。农业以种植业为主，主产蔬菜，养殖猪、牛、羊、家禽。工业以农副产品加工、玻璃、碳素、机械加工及塑料制品为主，为县传统工业大镇。服务业以餐饮、商贸、物流、仓储旅游为主。南同蒲铁路过境，设祁县站，大西铁路过境，设祁县东站，京昆高速公路、108 国道、省道东夏线、祁方线经此。

140727-B01-K01 **丹枫西街**［Dānfēng Xījiē］在城区西北部。西起晓祁线（北谷丰村），东至新建北路。与孝义—祁县、永兴庄—城赵公路等相交。长 0.9 千米，宽 35 米。碎石路面。1999 年建成，2007 年改造。因丹枫阁得名，且位于道路西段，故名。两侧有祁县第六中学、中国农业银行、祁县尚巾眼科医院、祁县中医院等。通 8 路公交车。

140727-B01-K02　**丹枫东街**［Dānfēng Dōng jiē］在城区东北部。西起新建北路，东至东环路。与昌源北路相交。长 1.9 千米，宽 35 米。沥青路面。1993 年建成，2007 年改造。该路位于道路东段，故名。两侧有祁县文化馆、祁县中学、中国工商银行等。通 6、7 路等公交车。

140727-B01-K03　**友谊西街**［Yǒuyì Xījiē］在城区中部。西起祁县—方山省道，东至新建北路。与贾令桥—北关、安康小区—西关公路相交。长 1 千米，宽 15 米。沥青路面。1991 年建成，有欢迎四方宾朋，友谊常在的美好寓意。因其在道路西延，故名。2012 年改造。两侧有东方购物中心、祁县第二中学等。通 1、2 路等公交车。

140727-B01-K04　**友谊东街**［Yǒuyì Dōng jiē］在城区中部。西起新建北路，东至昌源北路。与八一街相交。长 1.7 千米，宽 15 米。混凝土路面。1991 年建成，因其在道路东延，故名。2012 年改造。两侧有浙商中汇新天地、东关综合市场、祁县玻璃艺术主题公园等。通 2 路公交车。

140727-B01-K05　**东风大街**［Dōngfēng Dà jiē］在城区南部。西起新建北路，东至东环路。与昌源北路、迎宾街相交。长 1.7 千米，宽 18 米。沥青路面。两侧有浙商中汇新天地、冠东购物中心、东方新时代广场、山西省电力公司（祁县供电支公司）、祁县示范小学、铁路工程学校、玻璃艺术主题公园等。通 1、5 路等公交车。

140727-B01-K06　**迎宾西街**［Yíngbīn Xījiē］在城区南部。西起西环路，东至新建南路。与祁县—方山省道、虹桥路相交。长 1.6 千米，宽 18 米。沥青路面。1985 年开工，1986 年建成，1987 年扩建，1989 年迎宾西街通车。寓意欢迎宾朋，且位于道路西延，故名。两侧有选矿建材机械厂、祁县喜云家具公司、物流及多家汽配网点，住宅小区有祁运小区等。通 6 路公交车。

140727-B01-K07　**迎宾东街**［Yíngbīn Dōng jiē］在城区东南部。西起新建南路，东至东环路。长 1.8 千米，宽 18 米。沥青路面。与杨房—祁县公路、东观—夏门省道相交。寓意欢迎宾朋，且位于道路东延，故名。1983 年开工，1984 年建成，1987 年扩建，1989 年通车。两侧有祁县站、碳素厂、玻璃厂、供热公司、碳素厂、香油场、运输公司、石油公司等。通 3、301 路等公交车。

140727-B01-K08　**新建北路**［Xīnjiàn Běilù］在城区北部。北起北环路，南至东风大街。与丹枫西街、友谊东街等街道相交。长 1.8 千米，宽 18 米。沥青路面。1988 年建，2012 年改建。两侧有职业中学、新华书店、自来水公司、中国银行等。通 3 路公交车。

140727-B01-K09　**新建南路**［Xīnjiàn Nán lù］在城区南部。北起东风大街，南至迎宾西街。与通化街、槐荫街相交。长 1.2 千米，宽 18 米。沥青路面。1975 年建成。与 1986 年、2012 年改建。两侧有医院、美特好超市、昭馀广场、东方购物中心等。通 1 路、3 路等公交车。

140727-B01-K10　**昌源北路**［Chāngyuán Běi lù］在城区东北部。北起 108 国道，南至东风大街。与友谊东街、丹枫东街相交。长 1.7 千米，宽 15 米。混凝土路面。2006 年开工，2007 年拓宽改造。因昌源河得名，且位于道路北段，故名。两侧有玻璃艺术主题公园、天源大厦、祁县宏晋金属材料公司等。通 3、4 路等公交车。

140727-B01-K11　**昌源南路**［Chāngyuán Nán lù］在城区东南部。北起东风大街，南至迎宾东街。杨房—祁县公路、东观—夏门省道相交。长 0.7 千米，宽 15 米。沥青路面。1989 年开工，1993 年建成。因昌源河得名，且该路位于道路南段，故名。沿路有祁县第三中学、祁县政府机关幼儿园、山西省铁路工程学校实训教育区等。通 3 路公交车。

140727-B01-K12　**东环路**［Dōnghuán Lù］在城区中部。北起晋商东路，南至迎宾东路。与温峤东路、大雅路、丹枫东路、安康路等路相交。长 2.2 千米，宽 55 米。沥青路面。因其位于城区外环东边，故名。两侧有祁县中学、文体中心、汽车站等。通 2、4 路等公交车。

140727-B01-K13　**西环路**［Xīhuán Lù］在城区西部。北起北环路，南至迎宾路。与西大街、友谊西路等路线相交。长 5.3 千米，宽 40 米。该路始建于 1987 年。沥青路面。因其处于城区外环西而得名。两侧有祁县第二中学、山西龙腾实业有限公司等。通祁县 1、2 路公交车。

140727-B01-L01 **东大街** [Dōng Dàjiē] 在城区中部。北起鲁村村委会，南至二浙县。长 0.4 千米，宽 7 米。沥青路面。两侧有渠家大院、渠本翘故居、昭馀古城、日升明茶庄遗址、宏源川茶庄遗址、晋商镖局博物馆、珠算文化博物馆等。为中国历史文化名街。

140727-B01-H01 **西六支** [Xīliùzhī] 昭馀镇人民政府驻地。在祁县人民政府驻地东 5.4 千米。人口 3000。相传以昌源河六条支渠汇此而得名，与东六支相对。聚落呈团块状。有西六支小学、昭馀镇卫生院。有宏艺玻璃厂、蔬菜大棚基地。省道东夏线经此。

140727-B01-H02 **下申** [Xiàshēn] 在县政府驻地昭馀镇南 2.5 千米。昭馀镇辖行政村。人口 4400。因申姓始居，与县南申村相对而得名。聚落呈团块状。有祁县第五中学、祁县第五小学。有会龙玻璃器皿有限公司。2011 年被评为第四届全国文明村。县道子祁线经此。

140727-B01-H03 **会善** [Huìshàn] 在县政府驻地昭馀镇东北 1 千米。昭馀镇辖自然村。人口 5400。相传晋文公曾在这里大会群臣，故名。聚落呈团块状。有县级文物保护单位会善西北墓葬、会善墓葬，皆为唐代文化遗存。108 国道经此。

140727-B02 **东观镇** [Dōngguān Zhèn] 祁县辖镇。旧名东管。在县境东部。面积 108.3 平方千米。常住人口 4.96 万。辖 2 社区、28 行政村。镇人民政府驻东观村。1948 年祁县解放，东观划为第三区。1953 年设东观镇。1956 年由太谷县管辖的宫厂、榆林、永安、嘉禾、聚理庄 5 个自然村划归本镇。1958 年设东观（红旗）人民公社。1961 年东观人民公社分为峪口、东观两个公社。1983 年置东观乡，1984 改镇。2001 年晓义乡并入。因此地原有一个坐西面东的观音庙，清乾隆年间易名为东观。因驻地得名。地势东南高西北低。平均海拔在 765—782 米之间。年平均气温 9.9℃。河道属黄河流域。主要河道有昌源河、乌马河、伏西河 3 条，河流总长度 25 千米。最大的河流为昌源河，从南至北流经境内润村、武乡、东六支、马家堡等村，长 7.8 千米。有中小学、卫生院、文化活动中心。有全国重点文物保护单位乔家大院、渠家大院、兴梵寺。有 2015 年第四批全国文明村晓义村。有 2013 年第二批中国传统村落乔家堡村。东观镇为省历史文化名镇。另有古迹延寿寺、三皇庙、真武庙、三教庙等。2014 年被国家住房城乡建设部等七部委确定为全国重点镇。农业以种植业为主，主产小麦、玉米、高粱、豆类，养殖猪、牛、羊、家禽。为国家级高优高农业示范基地，省级商品粮基地和晋中市重要粮食、蔬菜、瓜果生产基地。工业以货运、水泵业为主。服务业以旅游、餐饮为主。大西、南同蒲铁路，108、208 国道、榆次—祁县高速公路，省道东夏线经此。通多路公交车。

140727-B02-H01 **东观** [Dōngguān] 东观镇人民政府驻地。在县政府驻地昭馀镇东 10 千米。人口 7800。原名东管，因管姓始居，与西管相对得名，后演变为今名。聚落呈团块状。有东观中学、东观小学、东观镇中心卫生院。有第六批全国重点文物保护单位兴梵寺，现存为清代建筑遗构。有特产红枣。108、208 国道经此。

140727-B02-H02 **乔家堡** [Qiáojiābǔ] 县政府驻地昭馀镇东北 10.6 公里。东观镇辖行政村。人口 1900。相传明洪武二年，乔氏从洪洞古槐迁来定居，康熙年间为上真都附村，以乔氏族人居住，故名。聚落呈团块状。有第五批全国重点文物保护单位乔家大院，现存为清代建筑遗构。有中共祁县县委旧址、山西省委驻祁办事处旧址。2013 年被列入第二批中国传统村落名录。108、208 国道经此。

140727-B02-H03 **晓义** [Xiǎoyì] 在县政府驻地昭馀镇东北 16.8 千米。东观镇辖行政村。人口 3170。相传清康熙年间，名小义都，后演变为今名。聚落呈团块状。有关帝庙、观音庙，现存为清代建筑遗构。2015 年被评为第四届全国文明村。乡村道路经此。

140727-B02-H04 **张北** [Zhāngběi] 在县政府驻地昭馀镇东北 12 千米。东观镇辖行政村。

人口 1930。相传明洪武二年，张氏从洪洞古槐迁来定居，故名，后演变为今名。聚落呈团块状。有第六批省级文物保护单位张北延寿寺，创建于元延祐三年（1316 年），现存为清代建筑遗构。208 国道经此。

140727-B02-H05　**加乐**［Jiālè］在县政府驻地昭馀镇东北 13 千米。东观镇辖自然村。人口 410。为表达嘉庆欢乐，故名，后演变为加乐。聚落呈团块状。有第六批省级文物保护单位加乐茶壶庙，现存为清代、民国时期建筑遗构。108 国道经此。

140727-B03　**古县镇**［Gǔxiàn Zhèn］祁县辖镇。在县境中部。面积 137 平方千米。常住人口 3.5 万。辖 22 行政村。镇人民政府驻古县。1949 年属祁县第二区、第四区。1953 年属蒲桑乡。1956 年属小韩乡。1958 年属古县公社。1984 年改制古县镇。2001 年任村乡并入。两千五百多年前，晋国大夫祁奚在这块土地上建筑城邑，把它作为祁地的行政中心，古县因此而命名。因驻地得名。山地、丘陵、平川皆备，由北向南呈阶梯状分布。地形呈东西长条状。年平均气温 9.9℃。河道属黄河流域。主要河道有昌源河 1 条，从东南至西北流经境内子洪、洛阳、涧法，下古县、大韩等村，长 5.3 千米。有中小学 15 所、卫生院、文化活动室、文化活动广场、农民文化大院。有全国重点文物保护单位梁村遗址、梁村洪福寺。有省级文物保护单位晋国大夫祁奚父子墓。有 2016 年第四批中国传统村落孙家河村。有古迹有新石器文化遗址、文昌阁、舍利塔、王维墓、戴隆邦故居、祁奚父子墓。有红色革命遗迹神堂头徐向前晋中战役指挥纪念馆、北岗头烈士陵园、郜北晋中战役遗址、白寺岭炮楼、武克鲁纪念馆等。有历史名人祁奚、祁午、祁盈、阎维藩、孟步云、王德茂。2015 年农业部认定古县镇为第五批全国一村一品示范村镇。农业以种植业为主，盛产酥梨、西瓜。为县酥梨主产区，2003 年被农业部授予中国酥梨之乡称号。2005 年被评为中国果菜产业发展论坛评为“中国优质酥梨基地乡镇”。2009 年“祁县酥梨”成为国家地理标志产品。工业以红砖建材和玻璃器皿为主。服务业以旅游、餐饮为主。南同蒲铁路、208 国道、太长高速、省道东夏线经此。

140727-B03-H01　**下古县**［Xiàgǔxiàn］古县镇人民政府驻地。在县政府驻地昭馀镇东 7 千米。人口 2100。晋大夫祁奚封邑，春秋末祁县治所。秦复置祁县，汉武帝时徙治今祁城村。《山西郡县释名》卷上祁县：“本春秋晋大夫祁奚食邑，因以祁名，即《周礼》所载并州泽薮昭余祁之地也。鲁昭公二十八年晋灭祁氏，分其地为七，以祁封大夫贾辛，其城今上、下古县二村。汉武帝封李善为祁侯，乃徙筑西北，即昭余祁既涸之地，为今祁城村北。”与上古县村相对，故名。聚落呈团块状。有古县中学、古县小学、故县镇中心卫生院。有县级文物保护单位下古县村墓群，为唐代、清代、民国时期文化遗存。有特产祁县酥梨。县道子祁线经此。

140727-B03-H02　**梁村**［Liángcūn］在县政府驻地昭馀镇东南 10 千米。古县镇辖行政村。人口 1600。聚落呈团块状。有梁村中学。有第七批全国重点文物保护单位梁村遗址，为新石器时代仰韶文化遗存。有第八批全国重点文物保护单位洪福寺，现存为元代建筑遗构。2007 年被列入第三批中国历史文化名村名录。县道子祁线经此。

140727-B03-H03　**孙家河**［Sūnjiāhé］在县政府驻地昭馀镇东南 11.4 千米。古县镇辖自然村。人口 330。聚落呈团块状。有县级文物保护单位孙家河戏台，现存为清代建筑遗构。有孙家河关帝庙，现存为清代建筑遗构。2016 年被列入第四批中国传统村落名录。乡村道路经此。

140727-B03-H04　**王贤**［Wángxián］在县政府驻地昭馀镇东南 9.2 千米。古县镇辖行政村。人口 650。原名王斜，因该村王姓较多，村中的街道地形倾斜，取名王斜，后演变为今名。聚落呈团块状。有县级文物保护单位王贤关帝庙，现存为清代建筑遗构。2017 年被列入第五批山西省历史文化名村名录。县道子祁线经此。

140727-B03-H05　**荣仁堡**［Róngrénbǎo］在县政府驻地昭馀镇西南 5.8 千米。古县镇辖自然村。人口 510。因村民祈愿繁荣仁义而得名。聚落呈团块状。有第六批省级文物保护单位荣仁堡址，现存为清代建筑遗构。乡村道路经此。

140727-B03-H06　**涧壑**［Jiànhè］在县政府驻地昭馀镇东南 10 千米。古县镇辖自然村。人口 890。聚落呈团块状。有第六批省级文物保护单位涧壑真武庙，现存正殿为明代建筑遗构，余皆为清代建筑遗构。乡村道路经此。

140727-B04　**贾令镇**［Jiǎlìng Zhèn］祁县辖镇。在县境北部。面积 64 平方千米。常住人口 2.69 万。辖 13 行政村。镇人民政府驻贾令。1948 年属祁县第六区。1950 年改属四区。1953 年设贾令乡。1956 年改贾令镇。1958 年改贾令人民公社。1984 年改置镇。公元前 514 年晋献公把祁地分为七处，并以贾辛为祁大夫，曾在此设台而得名贾令镇。因驻地得名。年平均气温 9.9℃。河道属黄河流域。主要河道有昌源河、乌马河，河流总长度 11.5 千米。最大的河流为昌源河，从南至东向西流经境内塔寺、沙堡、贾令、西阳羽、前营村，长 7 千米。有中小学、卫生院、农民书屋、农民健身广场。有全国重点文物保护单位镇河楼。有 2014 年第六批中国历史文化名村谷恋村。有 2013 年第二批中国传统村落谷恋村，2016 年第四批中国传统村落贾令村，2019 年第五批中国传统村落沙堡村。有名胜古迹狐神庙、北左村戏台、谷恋村真武庙等。有“太极圐圙堡、礼乐儒商村”美誉。2020 年山西省爱国卫生运动委员会命名贾令镇为 2020—2022 周期山西省卫生乡镇。农业以种植业为主，主产玉米、小麦、花生、棉花，养殖猪、羊、牛、家禽。工业以化工、酿造、加工为主。有七大农产品基地。服务业以零售、运输为主。有特产贾令熏肉。108 国道、榆次—祁县、龙城高速公路经此。

140727-B04-H01　**贾令**［Jiǎlìng］贾令镇人民政府驻地。在县政府驻地昭馀镇东北 6.8 千米。人口 4160。春秋时期，晋献公把祁地分为七县，第一任大夫贾辛是此地人，又任祁令，故名。聚落呈团块状。有祁县贾令中学、贾令小学、贾岭镇中心卫生院。有第八批全国重点文物保护单位镇河楼，现存为明代建筑遗构。有袁永年宅院、贾令狐神庙，现存皆为清代建筑遗构。有特产“贾令熏肉”、贾令小花生。有熏肉加工厂。2016 年被列入第四批中国传统村落名录。2017 年被列入第五批山西省历史文化名村名录。县道杨祁线、县道晓祁线经此。

140727-B04-H02　**谷恋**［Gǔliàn］在县政府驻地昭馀镇东北 7.1 千米。贾令镇辖行政村。人口 1800。相传原名“圐圙”，为了区别而改为今名。聚落呈团块状。有谷恋真武庙、谷恋门楼、谷恋民居等，现存皆为清代建筑遗构。2006 年被列入第二批山西省历史文化名村名录，2013 年被列入第二批中国传统村落名录，2014 年被列入第六批中国历史文化名村名录。乡村道路经此。

140727-B04-H03　**沙堡**［Shābǔ］在县政府驻地昭馀镇东北 6 千米。贾令镇辖行政村。人口 1310。因靠近昌源河，土地被河沙淤埋而得名。聚落呈团块状。有沙堡关帝庙，现存为清代建筑遗构。有沙堡民居，现存为清代建筑遗构。2018 年被列入第五批中国传统村落名录。乡村道路经此。

140727-B05　**城赵镇**［Chéngzhào Zhèn］祁县辖镇。在县境西北部。面积 75.4 平方千米。常住人口 372 万。辖 1 社区、16 行政村。镇人民政府驻城赵。1953 年设城赵乡。1958 年设城赵人民公社。1984 年城赵人民公社改城赵镇。1984 年改置镇。2001 年里村乡并入。城赵原为春秋时期赵国创始人赵襄子的城池，故名赵城，后演变为城赵。因驻地得名。年平均气温 9.9℃。河道属黄河流域。主要河道有汾河、昌源河、乌马河 3 条，河流总长度 16 千米。境内最大的河流为汾河，从东北向西南流经境内北马堡、苗家堡、思贤、原西、固邑、西建安，长 17.3 千米。有中小学、卫生院、农民文化大院、文化活动广场、文体活动室。有市级非物质文化遗产城赵剪纸。有 2019 年第五批中国传统村落、2020 年第六批全国文明村修善村。另有古迹集圣寺、利应侯庙、赵襄子墓、东汉司徒王允墓等。2003 年被授予中国民间艺术之乡称号。2020 年山西省爱国卫生运动委员会命名城赵镇为 2020—2022 周期山西省卫生乡镇。农业以种植业为主，其中辣椒、酥梨与肉牛合称为三大主导产业，重水果业。工业以农副产品加工、机械、玻璃为主。服务业以零售、餐饮为主。108 国道，京昆、榆次—祁县高速公路，省道东夏线、祁方线经此。

140727-B05-H01 **城赵**［Chéngzhào］城赵镇人民政府驻地。在县政府驻地昭馀镇东南5千米。人口3900。相传该村原为赵襄子城池，与韩、魏联合灭知氏，三分其地，始名赵成，后演变而得名。聚落呈团块状。有城赵中学、城赵镇第一中心小学、城赵镇中心卫生院。有城赵慈音寺，现存为清代建筑遗构。有特产酥梨，有肉牛养殖。108国道、省道祁介线经此。

140727-B05-H02 **修善**［Xiūshàn］在县政府驻地昭馀镇西北6.37千米。城赵镇辖行政村。人口1900。原名修善堡，后因人数增多，在堡外扩建住宅逐渐演变为修善村而得名。聚落呈团块状。有修善小学。有县级文物保护单位修善村西北墓葬，相传为东汉温序之墓。有修善村墓葬，相传为东汉司徒王允之墓。2018年被列入第五批中国传统村落名录。县道晓祁线经此。

140727-B05-H03 **苗家堡**［Miáojiābǔ］在县政府驻地昭馀镇西北9千米。城赵镇辖行政村。人口2010。聚落呈团块状。有第六批省级文物保护单位苗家堡关帝庙，现存为清代建筑遗构。乡村道路经此。

140727-B06 **来远镇**［Láiyuǎn Zhèn］祁县辖镇。在县境东南部。面积275平方千米。常住人口0.35万。辖7行政村。镇人民政府驻来远。1953年设来远乡。1958年改来远人民公社。1984年复设乡，同年改镇。因驻地得名。河道属黄河流域。年平均气温7.1℃，无霜期150天，年平均降水量500毫米以上。主要河道为昌源河，从南至北流经境内北关、来远、团城、谷峪口、盘陀、磨支等村，长16千米。有矿藏资源煤炭。有小学、卫生院、文化站、农民书屋。有2016年第四批中国传统村落唐河底村，2019年第五批中国传统村落盘陀村。有省级自然保护区四县垴自然保护区，其是华北地区重要的动植物基因库。另有名胜古迹河底村北魏摩崖石刻、隆州北关遗址、麓台山自然保护区、紫金山自然保护区。麓台龙洞为祁县古八景之一。有纪念地陆军一六九师子洪抗日阵亡烈士纪念碑、来远白晋铁路桥遗址。农业以种植业、畜牧业为主，主产玉米、土豆、谷子，养殖猪、牛、羊、家禽，盛产苹果、核桃、杏、党参、黄芩。为县主要林区。服务业以餐饮、运输业为主。208国道、汾阳—邢台高速公路经此。

140727-B06-H01 **来远**［Láiyuǎn］来远镇人民政府驻地。在县政府驻地昭馀镇东南40千米。人口660。清康熙年间为东谷都附村，并设来远镇，建来远寨，为驻军地，故名。聚落呈条带状。有来远学校、来远镇中心卫生院。有来远关帝庙，现存为清代建筑遗构。有来远村国共和谈纪念地，1946年1月，国民党与共产党就战后政权形式、军队整编等问题在此进行谈判。208国道经此。

140727-B06-H02 **盘陀**［Pántuó］在县政府驻地昭馀镇东南20千米。来远镇辖行政村。人口540。相传宋朝乾德年间，太祖赵匡胤路经此地，稍作整顿，故名。聚落呈团块状。有盘陀遗址，为新石器时代文化遗存。有盘陀戏台，现存为清代建筑遗构。2018年被列入第五批中国传统村落名录。208国道经此。

140727-B06-H03 **唐河底**［Tánghédǐ］在县政府驻地昭馀镇东南30千米。来远镇辖自然村。人口100。聚落呈条带状。有唐河底南摩崖造像，现存为隋代建筑遗构。有唐河底西摩崖造像、唐河底唐河南岸摩崖造像、唐河底唐河北岸摩崖造像，现存为北齐时期建筑遗构。2016年被列入第四批中国传统村落名录。乡村道路经此。

140727-C01 **峪口乡**［Yùkǒu Xiāng］祁县辖乡。在县境东部。面积128平方千米。常住人口1.08万。辖11行政村。乡人民政府驻鲁村。1953年设北梁乡。1958年归东观公社。1961年因驻地迁移，改峪口人民公社。1984年改置峪口乡。峪口因地处丘陵，村址建在通往上庄沟的入口处，故名峪口。因驻地得名。地处山地丘陵区，海拔在800—1200米范围内。河道属汾河流域。主要河道有昌源河、伏西河，河流总长度14.9千米。最大的河流为昌源河，从南至北流经境内左家滩、王家岭、鲁村、段家窑村，长7.2千米。有中小学、卫生院、敬老院、文化室。有2016年第四批中国传统村落上庄村。有古迹北团柏新石器文化遗址、北团柏隆州城旧址、上庄村石碑坊、段家窑村民居、峪口新石器文化遗址、鲁村窑址、九沟风景区等。农业以林果业和畜牧养殖业为主，重苹果种植业。素有“花果山”之美称。工业以轧钢、建材、造纸为主。服务业以零售为主。特产有隆州果脯。208 国道经此。

140727-C01-H01 **鲁村**［Lǔcūn］峪口乡人民政府驻地。在县政府驻地昭馀镇东南 20 千米。人口 1700。聚落呈团块状。有峪口乡卫生院。有县级文物保护单位鲁村窑址，为宋元时期文化遗存。208 国道经此。

140727-C01-H02 **上庄**［Shàngzhuāng］在县政府驻地昭馀镇东南 26 千米。峪口乡辖自然村。人口 60。该村建在深而长的沟顶处，故名。聚落呈团块状。有上庄五道庙、上庄佛殿，现存为清代建筑遗构。2016 年被列入第四批中国传统村落名录。乡村道路经此。

140728 **平遥县**［Píngyáo Xiàn］晋中市辖县。北纬 37° 18′，东经 112° 17′。在晋中市西南部。面积 1253.53 平方千米。常住人口 45.07 万。辖 3 街道、5 镇、8 乡。县人民政府驻古陶镇。秦置县平陶，属太原郡。汉文帝为代王时都此，又于县东析置京陵县，治今京陵村，俱属太原郡。新莽改京陵为致城。东汉复京陵县。北魏始光元年（424 年）改为平遥县，属太原郡。太平真君九年（448 年）中都县治徙榆次县境。隋开皇三年（583 年）县属介州。十六（596 年）年析置清世县，治今东青村，大业二年（606 年）废，入平遥县。三年（607 年）属西河郡。义宁元年（617 年），于介休设介休郡，平遥县改属介休郡。唐武德元年（618 年），改介休郡为介州，平遥县属介州。贞观元年（627 年），属汾州（介州废）。天宝元年（742 年），属西河郡（汾州郡改）。乾元元年（758 年），属汾州。宋、金、元、明因之。明万历二十三年（1595 年）属汾州府。清因之。1912 年废府后直属于省。1913 年属中路道。1914 年属冀宁道。1927 年废道，直属省。1937 年属省第四行政区。1941 年分置平介县，属太岳区一专区。1948 年复为平遥县。1949 年 2 月平遥县、平遥市同属太原三专区，8 月平遥市撤销，恢复平遥县城关区，属榆次区行政督察专员公署。1950 年属榆次区专区。1958 年属晋中专区。1968 年属晋中地区。2000 年属晋中市。因帝尧初封地陶得名平陶，后因避太武帝拓跋焘名讳，改平陶为平遥。地势东南高、西北低。主要山脉有宝塔山、黑神山、麓台山、界碑山、超山、千秋岭等。最高峰孟山海拔 1962 米，最低点海拔 735 米。年平均气温 10.6℃，1 月平均气温 -5.4℃，7 月平均气温 24.2℃。年平均降水量 415.5 毫米。无霜期 174 天。河道属黄河流域，有昌源河、惠济河、柳根河、瀴涧河、磁窑河等流经。有国家重点保护野生动物金钱豹、黑鹳、金雕、大鸨、水獭、大天鹅、蜂鹰、苍鹭等。有省重点保护野生动物有刺猬、小麝鼩、苍鹭、黄脚三趾鹑、四声杜鹃、蓝翡翠、星头啄木鸟、红翅旋壁雀等。有矿产资源煤、铁、锰、石膏、耐火粘土、铝土矿、石灰岩、建筑材料等。有中小学 124 所、公共图书馆 1 个、文化馆 1 个、档案馆 1 个、博物馆 5 个、体育场馆 4 个、卫生二级甲等医院 2 所、二级乙等医院 2 所、文化站 16 个、农村文化活动室 211 个、农民书屋 273 个、文物保护单位 143 个、专业艺术表演团体 22 个等。有全国重点文物保护单位日升昌票号旧址、双林寺、镇国寺、惠济桥、平遥市楼、平遥文庙、平遥城隍庙、清虚观、利应侯庙、金庄文庙、干坑南神庙、慈相寺、南政隆福寺、清凉寺、白云寺、北依涧永福寺过殿、襄垣慈胜寺、长则普明寺、平遥城墙、雷履泰故居等。有省级文物保护单位东大闫墓群、北常普音寺。有国家级非物质文化遗产纱阁戏人、平遥推光漆器髹饰技艺、冠云平遥牛肉传统加工技艺、道虎壁王氏中医妇科。有省级非物质文化遗产平遥票号、晋商镖局、平遥弦子书、黄酒酿制技艺、平遥彩塑、熏肘传统制作工艺、杨氏中医烧伤疗法、平遥木雕神像、传统油茶制作技艺、“三疙瘩”碗脱子制作技艺、平遥传统石刻技艺。有国家历史文化名镇名村梁村。有省级历史文化名镇名村 10 处。有国家 4A 级旅游风景区双林寺、镇国寺。有国家 5A 级旅游风景区日升昌票号、县衙署、平遥文庙、平遥财神庙、协同庆钱庄等。有纪念地东泉烈士纪念碑、梁奔前烈士墓及就义处旧址、平遥县抗日民主政府旧址、高地原战斗烈士墓。有历史名人廉颇、李予昂、孙楚、张树林、孙绰、张逢文、孙盛、王智兴、梁瑛、郭兴银、刘基（伯温）、郭兰英、雷履泰、阎维文、侯士敏、程玉英、冀运程、李琦、梁学岸、巩志伟、侯外庐等。为国家历史文化名城。1986年平遥古城被国务院公布为国家级历史文化名城。1997年平遥古城被联合国教科文组织列入《世界遗产名录》。2022年入选2022年传统村落集中连片保护利用示范县（市、区）名单。2022年晋中市平遥县青年志愿者团总支荣获“山西省五四红旗团支部”称号。三次产业比例13.6 ∶ 29.4 ∶ 57.0。农业以种植业为主，主产小麦、玉米、豆类、薯类，养殖猪、牛、羊、家禽。为省级蛋鸡养殖基地。工业以煤炭、再生橡胶生产为主，为国家级再生橡胶、再生橡胶清洁生产基地。服务业以旅游、餐饮、商贸、运输为主。有特产平遥推光漆器、平遥牛肉。南同蒲、大西铁路，京昆、汾阳—邢台高速公路，108国道、省道东夏线、汾屯线经此。

140728-N01 **惠济桥** [Huìjì Qiáo] 在平遥县城东部。桥长80米，桥面宽7.4米，最大跨度4.9米，桥下净高7米。清康熙十年（1671年），道士刘演和、郭清宁、刘泽民、安尔邦等600余人，募缘建五孔石拱桥。清康熙三十六年（1697年），增为九孔拱桥。1949年后修葺。1988年改建并铺设路面、补配、置安栏板、望柱。因横跨惠济河得名。因桥洞有九孔，惯称九眼桥。为全国重点文物保护单位。为小型河道桥梁，结构型式为联拱石桥。最大载重量为50吨。通102路公交车。

140728-B01 **古陶镇** [Gǔtáo Zhèn] 平遥县人民政府驻地。在县境中部。面积22.93平方千米。常住人口6.95万。辖9行政村。镇人民政府驻西城。1949年属城区。1956年设城关镇。1958年属以城关为中心的燎原人民公社；12月更名为城关镇。1961年改城关人民公社。1984年复置镇。2001年改今名。因帝尧初封地陶得名平陶。明成化《山西通志建置沿革》载：“平遥县，古陶地，帝尧初封于陶，即此。”地势平坦。年均气温10.4℃，无霜期173天，年平均降水415.5毫米。河道属黄河流域，主要河道有惠济河，从南至北流经境内城南堡、南城、东城、北城、新南堡等村，长16千米。有中小学、卫生院、农民书屋、文化活动中心。有全国重点文物保护单位文庙、干坑南神庙、惠济桥。有2017年第五届全国文明村南城村。另有县衙遗址等数十处古建筑。其中平遥古城在1986年被列为国家历史文化名城。1997年12月联合国教科文组织正式将平遥古城列入《世界遗产名录》。农业以种植业为主，主产小麦、玉米，养殖猪、牛、羊、家禽。工业以橡胶、铸造、冶金、针织为主。有特色园区。服务业以旅游、餐饮为主。南同蒲铁路、京昆高速公路、108国道经此。

140728-B01-K01 **中都西街** [Zhōngdū Xījiē] 在城区西北部。西起文景大道，东至顺城北路。与郑孝燮路相交。长3.4千米，宽36米。沥青混凝土路面。因古中都城得名。1995年开工，1996年建成。2011年将中都路分为三段，该路为西段。两侧有医院、中交天津航道局有限公司、聚缘市场、山西平遥建筑工程公司、站前广场、平遥站等。通108路等公交车。

140728-B01-K02 **中都中街** [Zhōngdū Zhōngjiē] 在城区北部。西起顺城北路，东至泰安南路。与环城西路相交。长1.3千米，宽36米。沥青混凝土路面。原名中都路，1995年开工，1996年建成。2011年更为今名。两侧有加油站、古玩市场，如保成古玩艺术品市场、木材家私城、北关幼儿园、平遥站、平遥中医药健康养生旅游街。通108路等公交车。

140728-B01-K03 **中都东街** [Zhōngdū Dōngjiē] 在城区东北部。西起泰安南路，东至惠济路。与朝阳路相交。长2.2千米，宽36米。沥青混凝土路面。原名中都路，1996年建成。2011年更现名，道路分为三段，该路为东段，故名。两侧有住宅小区如冠云小区、汽车站、惠济公园、古建筑公司、东关区蓝天幼儿园、家装汽修等商业网点、山西平遥牛肉集团有限公司等。通203路等公交车。

140728-B01-K04 **柳根西街** [Liǔgēn Xījiē] 在城区西部。西起汇通路，东至顺城路。与兴平路、永安路相交。长1.7千米，宽36米。沥青混凝土路面。1980年始建，1981年建成，2000年-2002年改建。因位于柳根河岸畔得名，且位于道路中段，故名。两侧有平遥县体育馆、古陶中学、西关小学、平遥农副产品综合市场等。通108路公交车。

140728-B01-K05 **柳根中街** [Liǔgēn Zhōng jiē] 在城区中部。西起顺城南路，东至康宁路。与郑孝燮路相交。长 0.8 千米，宽 36 米。沥青混凝土路面。1980 年始建，1981 年建成，2000 年、2002 年改建。因位于柳根河岸畔得名，该路分为三段，其为中段，故名。两侧有平遥古城、永定公园、实验小学等。通 108 路公交车。

140728-B01-K06 **柳根东街** [Liǔgēn Dōng jiē] 在城区东部。西起康宁路，东至惠济路。与滨河西路、罗哲文路相交。长 1.9 千米，宽 36 米。沥青混凝土路面。1980 年始建，1981 年建成，2000 年、2002 年改建。该路位于道路东段，故名。两侧有平遥古城、平遥古城空中游览、迎薰公园、平遥十九街便民市场、古陶镇十九街小学等。通 209、211 路等公交车。

140728-B01-K07 **曙光西街** [Shǔguāng Xī jiē] 在城区西部。西起文景大道，东至顺城南路。与汇通路、永安南路相交。长 3 千米，宽 36 米。沥青混凝土路面。1990 年开工，1991 年建成，2009 年向西延伸改建，2011 年再次改建。两侧有天然气汽车改装公司、平遥正德骨科医院医院、平遥县第二实验小学、平遥三中、欢春牛肉厂、晋中银行等。通 102、108 路等公交车。

140728-B01-K08 **曙光中街** [Shǔguāng Zhōng jiē] 在城区中部。西起顺城南路，东至康宁路。与城南路相交。长 0.8 千米，宽 36 米。沥青混凝土路面。1990 年开工，1991 年建成，2011 年改建。两侧有平遥县图书馆、汇泰商城、中国联合网络通信有限公司平遥分公司、平遥县初级中学校等。通 1、108 路等公交车。

140728-B01-K09 **曙光东街** [Shǔguāng Dōng jiē] 在城区中部。西起康宁路，东至滨河西路。与南关路相交。长 0.9 千米，宽 36 米。沥青混凝土路面。1990 年开工，1991 年建成，2011 年改建。两侧有中国银行、妇幼保健院、康明眼科医院等。通 1、102 路等公交车。

140728-B01-K10 **下西关街** [Xiàxīguān Jiē] 在城区西部。西起中都西街，东至郑孝燮路。与永安北路、顺城北路等路线相交。长 1 千米，宽 15 米。沥青路面。因该街位于下西关门外，故名。两侧有平遥二中、聚源市场、永安幼儿园、老凤祥银楼等。通 102 路公交车。

140728-B01-K11 **上西关街** [Shàngxīguān Jiē] 在城区西部。西起兴平路，东至郑孝燮路。与永安北路、园丁路等路线相交。长 1.66 千米，宽 15 米。沥青路面。因其在上西门外，故称上西关街。两侧有平遥县中医院、西关小学、平遥县康益医院、房产大厦、农业银行、平遥县邮政局等。通 102 路公交车。

140728-B01-K12 **学府西街** [Xuéfǔ Xījiē] 在城区东部。西起下关东街，东至惠济路。与金花路、园艺路等路线相交。长 0.62 千米，宽 40 米。沥青路面。1986 年兴建该道路。该路原为东升街，东关小学位于此街。并且与平遥中学所在的学府东街相对应，故名学府西街。两侧有东关小学、平遥县第三幼儿园等。

140728-B01-K13 **学府东街** [Xuéfǔ Dōng jiē] 在城区东部。西起惠济路，东至东城村耕地。长度 1.1 千米，宽 40 米。2000 年建成。因位于平遥县中学以北而得名。两侧有平遥中学、未来双语学校、老年活动室、平遥耿龙公共汽车有限公司等。通 102、103 路公交车。

140728-B01-K14 **艺苑街** [Yìyuàn Jiē] 在县城南部。西起顺城南路，东至高速引道。与春蕾路相交。长 0.95 米，宽 40 米。沥青混凝土路面。2005 年开工，2006 年建成。因位于职教艺墅北、康宁苑南得名。两侧有现代工程技术学校、水暖、橱柜、陶瓷、装饰材料等。通 102 路公交车。

140728-B01-K15 **艺苑东街** [Yìyuàn Dōng jiē] 在城区南部。西起高速引道，东至城南路。与春蕾路相交。长 0.48 千米，宽 40 米。沥青混凝土路面。2014 年建成。位于艺苑路东延，故名。两侧有平遥县职业教育中心、康弘大药房、汇济小学、东进装饰材料城、平遥第二幼儿园等。通 102 路等公交车。

140728-B01-K16 **双林大道** [Shuānglín Dà dào] 在城区南部。西起双林寺路，东至惠济路。与文景大道、西外环路、顺城南路、康宁路相交。长 6.7 千米，宽 58 米。沥青混凝土路面。1997 年开工，2003年建成。因双林寺得名。两侧有双林寺中学、汇济小学、中国人民银行、东兴医院、古陶卫生院、聚成农贸市场、双林寺、南神庙、源相寺、山西平遥煤化集团等。通103、108路等公交车。

140728-B01-K17 **文景大道**［Wénjǐng Dà dào］在城区西部。北起中都西街，南至平遥古城站。与双林大道、广通街相交。长3.2千米，宽58米。沥青混凝土路面。2012年开工，2013年建成。因西汉文帝曾封于此，后开创文景之治，故名。为县城通往高铁平遥古城站的专用通道。两侧有南良如村、北良如村、南良如壁小学、双林书院工程指挥部等。通108路公交车。

140728-B01-K18 **顺城北路**［Shùnchéng Běi lù］在城区北部。北起平遥站，南至柳根中街。与下西关街、益民街、上西关街相交。长1.5千米，宽28米。沥青混凝土路面。原名顺城路，因与西城墙平行得名。1980年开工，1981年建成，1999年拓宽改造，2009年延伸改造，2011年更现名。两侧有平遥站、光大商城、又见平遥文化园区、陶源丰新天地、现代幼儿园、新华书店等。通1路公交车。

140728-B01-K19 **顺城南路**［Shùnchéng Nán lù］在城区中部。北起柳根中街，南至艺苑街。与曙光中街相交。长1.5千米，宽28米。沥青混凝土路面。1980年开工，1981年建成，1999年拓宽改造，2009年延伸改造，2011年改建完成。因其为道路南段，故名顺城南路。有汇泰商场、董氏修教堂、烟草专卖公司等。通1、102路公交车。

140728-B01-K20 **康宁路**［Kāngníng Lù］在城区中部。北起平遥古城南门，南至双林大道。与柳根东街、曙光中街相交。长1.2米，宽28米。沥青混凝土路面。1980年开工，1981年建成，称康宁街。1997年、2007年改造。2011年改街为路。此路临近医院，寓意祈求康宁，故名。两侧有冠云平遥牛肉官方旗舰店、山西正前方财务咨询平遥分公司、有迎薰公园、实验中学等。通102路公交车。

140728-B01-K21 **惠济路**［Huìjì Lù］在城区东部。北起108国道，南至双林大道。与中都东街、柳根东街相交。长5.8千米，宽58米。沥青混凝土路面。1997年开工，2002年建成，2012年拓宽延伸。两侧有平遥古陶二中、东关小学、新贸针织厂、汽修厂山西绿丰建材有限公司等。通102、108路等公交车。

140728-B01-K22 **郑孝燮路**［Zhèngxiàoxiè Lù］在城区西部。北起中都西街，南至柳根中街。与上西关街、下西关街等路线相交。长1.73千米，宽16米。沥青路面。1982年修建，2017年更名郑孝燮路。该路为纪念中国国家历史文化名城保护专家郑孝燮而得名。东侧与西城墙平行，西侧为又见平遥文化园区和沿街商铺。

140728-B01-K23 **罗哲文路**［Luózhéwén Lù］在城区东部。北起王景慧街，南至阮仪三街。与上东关街、下东关街等路线相交。长1.6千米，宽16米。沥青路面。1982年修建。1988年命名为环城东路，2017年改名为罗哲文路。该路为纪念中国古建筑学家罗哲文，故名。沿线西侧为古城城墙。

140728-B01-K24 **永安北路**［Yǒngān Běi lù］在城区西部。北起中都西街，南至柳根西街。与上西关街、新华街、益民西街等路线相交。长1.24千米，宽24米。沥青路面。1980年始建，1981年建成。该街仓库密布，因治安工作需要持之以恒，且其位于道路北段，故名。两侧有平遥二中、万福隆超市、平遥县示范幼儿园等。通102路公交车。

140728-B01-K25 **永安南路**［Yǒngān Nán lù］在城区西部。北起柳根西街，南至双林大道。与曙光西街等路线相交。长0.99千米，宽24米。沥青路面。始建于1997年，1998年建成。该街仓库密布，治安工作需要持之以恒，且该街位于道路南部，故名。两侧有光明针织厂、平遥三中、百川聚农贸产品批发市场等建筑实体。通102路公交车。

140728-B01-K26 **兴平路**［Xīngpíng Lù］在城区西部，北起中都西街，南至柳根西街。与上西关街、柳根西街、曙光西街相交。2014年建成。沥青路面。因寓意兴旺、太平得名。长0.75千米。宽36米。两侧平遥县中医院、柳西花园、山西汾平高速公路公司、山西银行等。通 108 路公交车。

140728-B01-K27 **汇通路**［Huìtōng Lù］在城区西部，古陶镇西部。北起中都西街，南至双林大道。与曙光西街、柳根西街等相交汇。长 1.3 千米。宽 58 米。沥青混凝土路面。1996 年始建。1998 年建成。因融会贯通而得名。两侧有康复医药有限公司、平遥县人民医院等。通 8 路公交车。

140728-B01-K28 **城南路**［Chéngnán Lù］在城区南部。北起曙光东街，南至汾屯路高速高架桥线。与双林大道等路相交。长 2 千米，宽 36 米。沥青混凝土路。2014 年建成。两侧有平遥第二幼儿园、农商银行、远馨公园等。通 21、1 路公交车。

140728-B01-K29 **泰安北路**［Tài'ān Běilù］在城区北部。北起京昆线，南至同蒲铁路。沿线与京昆线等路线相交。长 1.01 千米，宽 18 米。沥青路面。2008 年建成。取国泰民安之意，故名。两侧有平遥电杆场、汽贸有限公司、汽修厂等。通 6 路公交车。

140728-B01-H01 **南城**［Nánchéng］在县政府驻地古陶镇西北 370 米。古陶镇辖行政村。人口 18690。因位于平遥古城南部而得名。聚落呈团块状。有实验小学。有县级文物保护单位南城武庙，现存为清代建筑遗构。有县级文物保护单位南城东塔墓、西塔墓，皆为明代文化遗存。2017 年被评为第五届全国文明村。通 108、17、204 路等公交车。

140728-A01 **古城街道**［Gǔchéng Jiēdào］属平遥县管辖。在县城中部。面积 2.25 平方千米。常住人口 1.75 万。辖 5 居委会。因地处平遥古城内得名。地形平坦，地势由东南向西北倾斜。海拔 750—760 米。年平均降水量 430 毫米，最高气温 38℃。街道地理位置特殊，城内街巷形成于明清时期，格局呈八掛形状，朝向分明，南北正直，东哲对应，素有四大街、八小街、七十二条蛐蜒街之说，意前街巷之多。以东、西大街、城隍庙街、衙门街、南大街为主要旅游商业区。与城东街道、城西街道和古陶镇共同构成了平遥县城。为历史文化街区。有小学、卫生院。街巷 199 条为明清街道格局。有全国重点文物保护单位平遥城墙、市楼、日昇昌票号旧址、雷履泰故居。另有古迹平遥县衙、小察院衙署、武庙、二郎庙、天主教堂、蔚泰厚票号旧址、百川通票号旧址、永隆号旧址、长泰永绸缎庄旧址、兰香园炉食铺旧址、长升源炉食铺旧址等。有金井市楼、贺兰仙桥、清虚仙迹、书院弦歌、河桥野望、九龙照壁、凤凰栖台等八景。服务业以旅游、餐饮、娱乐、商贸、酒店服务为主。通古城游览车。

140728-A01-L01 **站马道街**［Zhànmǎdào Jiē］在平遥古城西部。北起西大街，南至上西门街。长 0.8 千米，宽 5.6 米。石头路面。西大街为古时城内交通要道，站马道街濒临西门，且路面较宽，故常有马匹车辆在此停站，因而称之“站马道”。属平遥古城七十二条小巷道之一。沿路有众多特色客栈旅社如平遥明清客栈、基督教堂、古陶寺小学、冀氏老宅等。通古城游览车。

140728-A01-L02 **凤凰台街**［Fènghuángtái Jiē］在平遥古城西部。长 0.1 千米，宽 3 米。石头路面。因地处平遥古八景之一的凤凰栖台南侧得名，俗称凤凰台底。属平遥古城七十二条小巷道之一。沿街有古城区一级保护民宅 7 处及多家现代仿古客栈、店铺。通古城游览车。

140728-A01-L03 **照壁南街**［Zhàobì Nánjiē］在平遥古城南部。北起衙门街，南至书院街。长 0.3 米，宽 6.4 米。石头路面。因位于县衙门前照壁以南得名。属平遥古城七十二条小巷道之一。沿街有多处明清民居及多家现代仿古客栈、店铺如老槐树客栈等。通古城游览车。

140728-A01-L04 **衙门街**［Yámén Jiē］在平遥古城南部。西起马圈巷，东至南大街。长 0.4 千米，宽 5.2 米。石头路面。因位于平遥古城县衙门前平遥古城南部得名。约西周宣王时期修建，称风水楼街，俗称衙门街。因平遥县人民政府更名政府街。1997 年县人民政府搬迁至新城区，2011 年复现名。属平遥古城八小街之一。沿街有听雨楼、土地祠、衙门官舍、平遥县衙博物馆、石芸轩书院、鸿文苑，多处仿古客栈。通古城游览车。

140728-A01-L05 **城隍庙街**［Chénghuáng miào Jiē］在平遥古城东部。西起南大街，东至东马道街。长 0.6 千米，宽 5.2 米。石头路面。明朝初年因路北有城隍庙，故名。20 世纪 70 年代向东延伸至城墙根，辟太和门，属平遥古城八小街之一，为平遥古城旅游热点街巷。两侧有城隍庙、灶君庙、财神庙、平遥文庙、山西探晋科技文化有限公司、仿古客栈等。通古城游览车。

140728-A01-L06 **北大街** [Běi Dàjiē] 在平遥古城北部。北起北马街道，南至西大街。长 0.6 千米，宽 4 米。石头路面。初称北门大街，俗称北门头，是正对北门（拱极门）的南北向交通主干道，道路南高北低。属平遥古城内四大街之一，为平遥古城旅游热点街巷。两侧当铺博物馆、二柜房、二郎庙、多处仿古客栈等通古城游览车。

140728-A01-L07 **南大街** [Nán Dàjiē] 在平遥古城南部。北起西大街，南至南马道街。长 0.7 千米，宽 5.1 米。石头路面。又称明清街，为平遥古城明清繁华商业中心。现存大量百年以上独具明清风格的“前店后寝”式传统老字号和古民居建筑，清朝末年全国半数以上的金融机构在此，被誉为“中国的华尔街”。两侧有蔚盛长珍藏博物馆、金井市楼、长昇源炉食铺、协同庆票号、三晋剪纸博览馆、中国镖局、天元奎客栈、同兴公镖局、百川通票号、中国珍奇报馆等旅游景点。为中国历史文化名街。通古城游览车。

140728-A01-L08 **西大街** [Xī Dàjiē] 在平遥古城西部。西起下西门，东至鹦哥巷。长 0.9 千米，宽 5.1 米。石头路面。为平遥古城内四大街之一，为平遥古城旅游热点街巷。两侧有古民居博览苑、蔚泰厚票号博物馆、日升昌票号旧址、崔氏古玩文化博物馆、晋中平遥柴油机厂旧址、平遥县文涛坊古兵器博物馆等旅游景点。通古城游览车。

140728-A01-L09 **东大街** [Dōng Dàjiē] 在平遥古城东部。西起鹦哥巷，东至东马道街。长 0.6 千米，宽 5 米。石头路面。为平遥古城内四大街之一，是平遥古城旅游热点街巷。两侧有清虚观、中国推光漆器博物馆、华北第一镖局、中国商会博物馆等旅游景点。通古城游览车。

140728-A02 **城东街道** [Chéngdōng Jiēdào] 属平遥县管辖。在县城东部。面积 3.05 平方千米。常住人口 1.52 万。辖 5 社区。因地处平遥古城东部得名。年平均降水量为 437 毫米，年平均气温 17℃左右，最高温度 38℃，最低温度 -15℃。惠济河流经。有中小学、眼科医院、妇幼保健服务中心、红十字博爱医院、社区卫生服务中心，其中平遥中学为省首批重点中学。工业以食品加工、焦化为主。主要企业有平遥牛肉集团有限公司、三江煤机厂、减速器厂、变压器等，其中“冠云”牌平遥牛肉类产品是商务部认证的“中华老字号”企业，国家级农业产业化重点龙头企业。冠云注册商标获“中国驰名商标”、“中国民众满意品牌”，并连续两次入围全国“中华老字号”品牌价值百强榜。2008 年冠云平遥牛肉传统加工技艺被列入《国家级非物质文化遗产名录》。服务业以零售、酒店服务、餐饮为主。有平遥汽车站，同蒲铁路、108 国道、省道东夏线经此，通公交线路。

140728-A03 **城西街道** [Chéngxī Jiēdào] 平遥县人民政府驻地。在县城西部。面积 2.61 平方千米。常住人口 3.77 万。现辖 7 社区，2023 年 8 月 2 日成立汇通社区。2007 年设。因地处平遥古城西部得名。年平均降水量为 437 毫米，年平均气温 17℃，最高温度 38℃，最低温 -15℃。柳根河流经。有平遥现代工程技术学校、老年大学、多个英语培训学校、中小学、示范幼儿园、医院、体育场、广场、剧场。服务业以餐饮、旅游、运输、酒店服务为主，有中都宾馆、丽泽苑大酒店、光大商场等。南同蒲铁路、省道东夏线、汾屯线经此，通公交线路。

140728-B02 **段村镇** [Duàncūn Zhèn] 平遥县辖镇。在县境南部。面积 61.92 平方千米。常住人口 3.41 万。辖 16 行政村。镇人民政府驻段村。1949 年属平遥县第四区。1954 年设段村乡。1958 年 9 月成立钢铁公社，12 月改段村人民公社。1984 年复置乡，同年改镇。2001 年普洞乡并入。相传，该村因段姓在此最早立村，故取名为段村。因驻地得名。属山地、丘陵地形，地势南高北低。河道属黄河流域，主要河道有官沟河、佛常河。河流总长度 23 千米。境内最大的河流为官沟河，从南至北流经境内普洞、马壁、南常、北常、西安社、七洞 6 个村，长 15 千米。年平均气温 9.5℃。有中小学、卫生院、农民书屋。有省级文物保护单位北常普音寺。有 2017 年第五批全国文明村横坡村。有 2013 年第二批中国传统村落普洞村，2014 年第三批中国传统村落段村，2016 年第四批中国传统村落横坡村。有 2018 年第七批中国历史文化名村段村。有古迹河西庙、晋商尚家大院、廉庄廉氏祠堂、陈西村七佛殿，北常村乾山楼、马壁村明代结义庙、堡和村槐柏古树奇观、普洞村古村院落、北常普音寺、横坡村道庄庙建筑群、弓村仰韶文化遗址等。民俗文化艺术凤凰堡龙灯、高跷、薰堡背弓、铁弓、旱船、秧歌、永庆堡走马花灯、黄河灯、刺绣、剪纸、蒸花馍等。农业以种植业为主，主产小麦、玉米，养殖牛、羊、家禽。工业以煤焦、建材为主。服务业以餐饮、零售、娱乐、运输为主。汾阳—邢台高速公路经此。

140728-B02-H01 **段村**［Duàncūn］段村镇人民政府驻地。在县政府驻地古陶镇东南 10.5 千米。人口 7530。聚落呈团块状。有段村第一中学、段村小学、段村镇中心卫生院。有段村玉皇庙、玉皇阁、河底庙、观和熏堡、永庆堡等，现存皆为清代建筑遗构。2014 年被列入第三批中国传统村落名录。2019 年被列入第七批中国历史文化名村名录。县道段佛线、常东线经此。

140728-B02-H02 **普洞**［Pǔdòng］在县政府驻地古陶镇南 15.6 千米。段村镇辖行政村。人口 1460。相传村中桥南原有一个自然山洞，水量很大，明朝年间因许多地方到此求雨，于是将胡家堡、王家堡合并，故名。聚落呈团块状。有普洞五岳庙、五道庙、娘娘庙，现存皆为清代建筑遗构。2013 年被列入第二批中国传统村落名录。县道平泰线经此。

140728-B02-H03 **横坡**［Héngpō］在县政府驻地古陶镇南 20 千米。段村镇辖行政村。人口 1570。因地貌而得名。该村原名为"斜坡"，因当地方言"斜"与"横"相近而得名。聚落呈团块状。有横坡关帝庙、娘娘庙，现存皆为清代建筑遗构。2016 年被列入第四批中国传统村落名录。2017 年被评为第五届全国文明村。乡村道路经此。

140728-B02-H04 **七洞**［Qīdòng］在县政府驻地古陶镇西南 7.2 千米。段村镇辖行政村。人口 2700。相传该村原名七同，后来人们为引洪浇地，在村的东、西、中开了三条大渠，于是把"同"字加了三点水，故名。聚落呈团块状。有七洞村初级小学校。有第六批省级文物保护单位七洞关帝庙，现存为明清建筑遗构。县道平泰线经此。

140728-B03 **东泉镇**［Dōngquán Zhèn］平遥县辖镇。在县境东南部。面积 369.99 平方千米。常住人口 2.36 万。辖 20 行政村。镇人民政府驻东泉。1949 年属平遥县第五区。1953 年设东泉乡。1958 年改东泉人民公社。1984 年复置乡，同年改镇。2001 年千庄乡并入。2021 年撤销孟山乡，将孟山乡行政区划整建制调整到东泉镇管辖。因驻地得名。地处丘陵区。地势东南高、西北低。海拔在 1300—1500 米。年平均气温 8℃，无霜期 132 天，年平均降水量 410 毫米。河道属黄河流域。主要河道有惠济河，从东南至西北流经境内岭底、千庄、上庄、水磨头、圪塔、东泉、赵壁等村，长 14 千米。有中小学、卫生院、农民文体健身场、文化站。有 2019 年第五批中国传统村落东泉村、彭坡头村。有名胜古迹超山自然风景区、东泉百福寺、超山百福寺、东戈山宝禅寺、圪塔三教寺、赵壁子夏庙、西赵观音堂、赵壁村白云寺、水磨头财神楼、棒槌山文峰塔、应润侯庙、南神娘娘庙。有纪念地平遥县抗日民主政府旧址、抗日烈士纪念碑、梁奔前烈士纪念亭等。农业以种植业为主，养殖猪、牛、羊、家禽，主产水果、山药、优质小杂粮。服务业以餐饮、零售为主。汾阳—邢台高速公路经此。

140728-B03-H01 **东泉**［Dōngquán］东泉镇人民政府驻地，在县政府驻地古陶镇东南 12.4 千米。人口 6000。相传因南西泉村先生庙后有一个自流水泉，该村在水泉之东，故名。聚落呈团块状。有东泉中学、东泉中心小学、东泉镇中心卫生院。有县级文物保护单位东泉百福寺，为明清建筑遗构。有县级文物保护单位东泉烈士纪念碑，为纪念在抗日战争中牺牲的烈士于 1940 年而立。2006 年被列入第二批山西省历史文化名村名录。2018 年被列入第五批中国传统村落名录。县道平孟线、常东线经此。

140728-B03-H02 **木瓜**［Mùguā］在县政府驻地古陶镇东南 13 千米。东泉镇辖行政村。人口

700。相传该村原有一颗较大的木瓜树，故名。聚落呈团块状。有木瓜龙王庙，现存为清代建筑遗构。2017 年被列入第五批山西省历史文化名村名录。乡村道路经此。

140728-B03-H03　**彭坡头**［Péngpōtóu］县府驻地古陶镇东南 16.3 千米。东泉镇辖行政村。人口 290。聚落呈团块状。有彭坡头关帝庙、彭家大院，现存皆为清代建筑遗构。平遥县抗日民主政府旧址，梁济民任县长。2006 年被列入第二批山西省历史文化名村名录，2019 年被列入第五批中国传统村落名录。乡村道路经此。

140728-B03-H04　**西赵**［Xīzhào］在县人民政府驻地古陶镇东南 7.5 千米。东泉镇辖自然村。人口 240。相传该村原名赵村，因姓赵的先来定居而命名，后以村中庙为界限分为两村，本村在庙西，故名。聚落呈团块状。有县级文物保护单位西赵观音堂，现存为清代建筑遗构。2006 年被列入第二批山西省历史文化名村名录。乡村道路经此。

140728-B03-H05　**赵壁**［Zhàobì］在县人民政府驻地古陶镇东南 10.5 千米。东泉镇辖行政村。人口 1500。壁在南北朝时为军事设施，一般以其最高长官的姓氏来命名。相传该村初由赵姓居住，故名。聚落呈团块状。有赵壁中心小学。有第六批省级文物保护单位赵壁子夏庙，当地人俗称“高庙”、“文庙”，现存为明清建筑遗构。县道平孟线经此。

140728-B04　**洪善镇**［Hóngshàn Zhèn］平遥县辖镇。在县境东北部。面积 69.43 平方千米。常住人口 3.81 万。辖 20 行政村。镇人民政府驻洪善。1949 年属平遥县第七区。1950 年属平遥县第三区。1954 年设洪善乡。1958 年改洪善人民公社。1984 年复设乡，同年改置镇。2001 年沿村堡乡整体并入洪善镇，设置新的洪善镇。相传原名凤凰村，因其村庄形似凤凰，始建年代无考。该村常用洪水灌溉，土地逐渐改善，故改为洪善。明初在此设洪善驿。因驻地得名。地势平坦。年均气温 9.8℃，无霜期约 160 天，年均降水 398 毫米。河道属黄河流域。主要河道有汾河，从西北至西南流经境内北长寿、南长寿、宋家堡等村，长 2.5 千米。有中学、卫生院、文化站。有全国重点文物保护单位慈相寺。有省级文物保护单位东大闫墓群。另有古迹、慈云寺、冀郭塔、三教寺戏台、古佛堂、观音堂、关帝庙、兴国寺、马王庙、真武庙、财神庙、玉皇庙、魁星楼等。2014 年被国家住房城乡建设部等七部委确定为全国重点镇。农业以种植业为主，主产玉米、小麦、水果、蔬菜，养殖猪、鸡、牛。工业以玻璃器皿、针织、建材、铸造等为主。南同蒲铁路、京昆高速公路、108 国道、省道东夏线经此。

140728-B04-H01　**洪善**［Hóngshàn］洪善镇人民政府驻地。在县政府驻地古陶镇东北 12.1 千米。人口 2420。洪善村原名凤凰村，后来因洪水灌溉土地，农业条件逐渐改善而得名。聚落呈团块状。有洪善初级中学、洪善中心小学、洪善中心卫生院。有李氏宅院、郝氏宅院，现存皆为清代建筑遗构。108 国道、省道东夏线经此。

140728-B04-H02　**北长寿**［Běichángshòu］在县政府驻地古陶镇东北 15.7 千米。洪善镇辖行政村。人口 3310。相传原名凤凰村，后因该村位于长寿河畔，故名。后分为南北两村，该村位于北面，故名。聚落呈团块状。有第六批省级文物保护单位北长寿关岳庙，现存为清代、民国建筑遗构。乡村道路经此。

140728-B05　**宁固镇**［Nínggù Zhèn］平遥县辖镇。在县境西部。面积 80.13 平方千米。常住人口 4.24 万。辖 20 行政村。镇人民政府驻宁固。唐代置宁固府驻府兵。1949 年属平遥县第六区。1950 年属第七区。1954 年设宁固乡。1958 年 9 月属以宁固为中心的火箭人民公社，12 月更名为宁固人民公社。1971 年属汾阳县。1977 年属平遥县。1984 年复设乡，同年 9 月改镇。2001 年净化乡并入。宁固村原位于汾河岸畔，易遭水灾。村民为求安宁永固，故取名为宁固。因驻地得名。年平均气温 10.1℃，无霜期 158 天，年平均降水量 439 毫米。有中小学、卫生院、文化活动场、文化书屋等。有全国重点文化保护单位五岳庙。农业以种植业为主，主产玉米、高粱、花生、向日葵、西红柿、瓜类、长山药、油料等，养殖猪、家禽。为全县粮食主产区。工业以铸造业为主。

服务业以零售、运输为主。汾阳—邢台高速公路、省道汾屯线经此。

140728-B05-H01 **宁固**［Nínggù］宁固镇人民政府驻地。在县政府驻地古陶镇西北 11.6 千米。人口 4020。该村原位于汾河河畔，容易遭受水患侵扰。村民为求安宁永固，故名。聚落呈团块状。有平遥县第四中学校、宁固初级中学、宁固中心小学校、宁固中心卫生院。有宁固王氏宅院、任氏宅院，现存皆为清代建筑遗构。省道汾屯线经此。

140728-B05-H02 **岳封**［Yuèfēng］在县政府驻地古陶镇西北 13 千米。宁固镇辖行政村。人口 2380。因该村有岳姓、封姓居住而得名。聚落呈团块状。有岳封小学。有第六批省级文物保护单位岳封五岳庙，现存为明清建筑遗构。241 国道经此。

140728-C01 **南政乡**［Nánzhèng Xiāng］平遥县辖乡。在县境北部。面积 57.42 平方千米。常住人口 4.18 万。辖 13 行政村。乡人民政府驻南政。1949 年属平遥县第七区。1950 年属平遥县第三区。1954 年设南政乡。1958 年属城关镇。1961 年设南政人民公社。1984 年复置乡。2001 年王家庄乡并入。因驻地得名。地势平坦。年平均气温 11.6℃，极端气温最高 40℃。最低为 -20℃。年平均降水 400 毫米，无霜期 160 天。河道属黄河流域。主要河道有汾河，从东北至西南流经境内蒋家堡、小王家庄、东刘、西刘 4 个村，长 8.9 千米。有中学、卫生院、文化活动中心、健身园。有全国重点文物保护单位隆福寺。有全国非物质文化遗产平遥推光漆器髹饰技艺。另有古迹广惠寺、丹阳观等。农业以种植业为主，主产玉米、棉花等，养殖牛、家禽。省级名优产品晋升油茶。工业以铸造业、加工业为主，有传统牛肉加工企业、其他产品加工企业。服务业以旅游、零售为主。京昆高速公路、108 国道、省道汾屯线经此。

140728-C01-H01 **南政**［Nánzhèng］南政乡人民政府驻地，在县政府驻地古陶镇西北 4.5 千米。人口 8250。该村是乡镇政府驻地，且处于南面，故名。聚落呈团块状。有南政中学、南政村示范小学、南政乡卫生院。有第七批全国重点文物保护单位隆福寺，现存为明代建筑遗构。108 国道经此。

140728-C02 **中都乡**［Zhōngdū Xiāng］平遥县辖乡。在县境西部。面积 52.43 平方千米。常住人口 3.9 万。辖 16 行政村。乡人民政府驻东达蒲。1949 年属平遥县第六区。1954 年设达蒲乡。1956 年并入北三狼乡。1958 年 9 月属燎原人民公社，12 月改达蒲人民公社。1984 年复置乡。2001 年改今名。以地处古中都县故地得名。地势平坦。年平均气温 11.6℃，极端气温最高为 39.6℃，最低为 -21.2℃，平均年降水量 550 毫米左右。河道属黄河流域。主要河道有汾河、柳根河、青沙河，河流总长度 15 千米。最大的河流为汾河，从东北至西南流经境内东达蒲、西达蒲、北三狼、梁周、曹村 5 个村，长 5.7 千米。有中小学、卫生院、农民书屋、文化活动中心。有全国重点文物保护单位双林寺，被列入《世界遗产名录》。另有古迹柏仙观、文星塔等。农业以种植业为主，主产玉米、红薯、瓜类、蔬菜、小杂粮等，养殖猪、牛、家禽。工业以铸造、包装、碳素、焦化等为主。服务业以零售、运输为主。108 国道、汾阳—邢台高速公路、省道汾屯线经此。

140728-C02-H01 **东达蒲**［Dōngdápú］中都乡人民政府驻地，在县政府驻地古陶镇西北 3.8 千米。人口 4120。相传古代这里是一片蒲草，后移民到这里，建起村庄，取名达蒲，该村位于东面，故名。聚落呈团块状。有东达蒲小学、中都乡卫生院。108 国道、省道汾屯线经此。

140728-C02-H02 **桥头**［Qiáotóu］在县政府驻地古陶镇西南 4.6 千米。中都乡辖行政村。人口 2010。该村北古有一座“中都桥”，村庄在桥南，故名。聚落呈团块状。有双林寺中学、桥头中心小学。有第三批全国重点文物保护单位双林寺，1997 年作为平遥古城组成部分被列入世界文化遗产。原名中都寺，创建于北齐武平二年（571 年），后取佛经上“佛陀双林入灭”之说，更名为“双林寺”，现存多为明清建筑遗构，各殿内现存大小塑像共 1566 尊，多为明代所塑。108 国道经此。

140728-C03 **岳壁乡**［Yuèbì Xiāng］平遥县

辖乡。在县境东南部。面积 75.9 平方千米。常住人口 5.22 万。辖 17 行政村。乡人民政府驻岳中村。1949 年属平遥县第五区。1954 年设岳壁乡。1958 年 9 月属燎原人民公社，12 月属城关镇。1961 年属城关公社。1963 年改岳壁人民公社。1984 年复置乡。2001 年梁坡底乡并入。相传唐朝时称乐壁，到宋朝人们因“乐”字多音，取山岳之岳，改为岳壁。因驻地得名。地势平坦。河道属黄河流域。主要河道有惠济河、柳根河，河流总长度 25 千米。最大的河流为惠济河，从南至北流经境内西源祠、岳中、岳北、尹回、小城、西郭等村，长 9 千米。有中小学、卫生院、文化活动中心、农民书屋、文化站等。有全国重点文物保护单位金庄文庙。有县级文物保护单位西源祠圣寿寺。有 2012 年第一批中国传统村落梁村，2016 年第四批中国传统村落西源祠村。有 2005 年第二批历史文化名村梁村。另有古迹高林观音堂、西方寺、关公忠义园、广胜寺等。农业以种植业为主，主产小麦、大豆、高粱、玉米、谷子、棉花等。工业以食品加工、橡胶制品、焦化、洗煤、铸造、碳素、建筑等为主。服务业以运输、零售为主。有土特产马铃薯、大蒜、芫荽、冬瓜等。京昆、汾阳—邢台高速公路、省道汾屯线纵贯西部。

140728-C03-H01 **岳中**［Yuèzhōng］岳壁乡人民政府驻地，在县政府驻地古陶镇东南 5 千米。人口 2110。相传唐代时成乐壁，到宋代人们因为“乐”字多音，更名为岳壁。后到明代又因村庄扩大，遂将岳壁分为北、中、南三端，该村在中间段，故名。聚落呈团块状。有岳壁乡第一中学、岳中小学、岳壁乡卫生院。有岳壁真武庙、关帝庙、李氏家庙，皆为清代建筑遗构。有特产长山药，被称为“山西精品山药”、“中国小人参”。县道平孟线经此。

140728-C03-H02 **梁村**［Liángcūn］在县政府驻地古陶镇东南 6 千米。岳壁乡辖行政村。人口 3660。聚落呈团块状。有梁村小学。有梁村积福寺，据寺内石碣载，始建于唐贞观二年(628 年)，现存为明清建筑遗构。有梁村关帝庙、真武庙、冀氏宗祠、天顺堡，皆为清代建筑遗构。2006 被列入第二批山西省历史文化名村名录。2012 年被列入第一批中国传统村落名录。县道平孟线经此。

140728-C03-H03 **梁坡底**［Liángpōdǐ］在县政府驻地古陶镇东南 12.3 千米。岳壁乡辖行政村。人口 2020。因该村住户以王梁两姓为主，王姓先来，名为“王家坡底”，后来梁姓兴起，改名为“梁家坡底”。聚落呈团块状。有平遥县岳壁三中、梁坡底中心小学。有梁坡底玉皇庙、温家宅院、张家宅院，现存皆为清代建筑遗构。2006 年被列入第二批山西省历史文化名村名录。乡村道路经此。

140728-C03-H04 **西源祠**［Xīyuáncí］在县政府驻地东南 7.5 千米，岳壁乡辖行政村。人口 3780。因该村旁边有神池和源神祠而得名源祠。后分为东西两村，该村位于西面，故名。聚落呈团块状。有西源祠小学。为平遥蔚丰厚票号北京分号经理李宏龄、日升昌票号第三任大掌柜郝可久、平遥“四盛庆”商号四股东之一赵敬业、清末民初平遥四大乡绅之一乔封山故里，有南堡乔封山故居、西堡李宏龄故居、东堡郝可久故居、西河堡赵敬业故居。2006 年被列入第二批山西省历史文化名村名录。2016 年被列入第四批中国传统村落名录。乡村道路经此。

140728-C04 **卜宜乡**［Bǔyí Xiāng］平遥县辖乡。在县境南部。面积 93.12 平方千米。常住人口 3.38 万。辖 21 行政村。乡人民政府驻西卜宜。1949 年属平遥县第一区。1953 年属北石渠乡。1954 年属段村乡。1956 年设西卜宜乡。1958 年属钢铁公社，12 月改卜宜人民公社。1984 年复置乡。2001 年果子沟乡并入。据永盛寺碑记原名为薄泥。因地层石厚土薄而得名。后人改为卜宜，取适宜居住之意。因驻地得名。年平均气温 9.8℃，极端气温最高 36.8℃，平均年降水量 480 毫米，无霜期 150—170 天。河道属黄河流域。主要河道有青沙河、柳根河，河流总长度 32 千米。最大的河流为柳根河，从南至北流经境内米则、石城、果子沟、东卜宜等村，长 22 千米。煤炭资源丰富。有中学、卫生院、文化活动中心、农民书屋等。有全国重点文物保护单位清凉寺、白云寺。有县级文物保护单位先师庙。有省级历史文化名村梁家滩。有 2019 年第五批中国传统村落梁家滩村。

农业以种植业为主，主产玉米、小麦和小杂粮，养殖猪、家禽。工业以采煤、洗煤、焦化、铸造、玻璃器皿加工等为主。服务业以零售、餐饮为主。特产长山药、山药粉条、小磨香油。汾阳—邢台高速公路、省道汾屯线经此。

140728-C04-H01 **西卜宜**［Xībǔyí］卜宜乡人民政府驻地，在县政府驻地古陶镇东南10.7千米。人口1860。原据永盛寺碑记原名为薄泥，因地层石厚土薄而得名，后人取适宜居住之意更名为卜宜。聚落呈团块状。有西卜宜中心小学、卜宜乡卫生院。有县级文物保护单位西方寺遗址，现存佛像基座为隋代风格，窑洞为清代建筑遗构。241国道经此。

140728-C04-H02 **梁家滩**［Liángjiātān］在县政府驻地古陶镇东南14千米。卜宜乡辖行政村。人口340。相传该村始由梁姓大户到此居住，因原为一片沙滩，故名。聚落呈团块状。有第七批全国重点文物保护单位白云寺，现存为明清建筑遗构。2019年被列入第五批中国传统村落名录。241国道经此。

140728-C04-H03 **东卜宜**［Dōngboyí］在县政府驻地古陶镇东南10.3千米。卜宜乡辖行政村。人口1010。据永盛寺碑记原名为薄泥，因地层石厚土薄而得名，后人取适宜居住之意更名为卜宜。聚落呈团块状。有第六批省级文物保护单位东卜宜先师庙，现存为明清建筑遗构。241国道经此。

140728-C05 **朱坑乡**［Zhūkēng Xiāng］平遥县辖乡。在县境东部。面积184.69平方千米。常住人口2.73万。辖19行政村。乡人民政府驻朱坑村。1949年属平遥县第二区。1954年设朱坑乡。1958年9月成立跃进公社，12月改朱坑人民公社。1984年复置乡。2001年南依涧乡、辛村乡并入。此地因朱姓得名，最晚在唐代时即名朱坑。因驻地得名。丘陵山区，海拔在900—1300米。年平均气温8.4℃，无霜期140天，年平均降水量420毫米。河道属黄河流域。主要河道有浸涧河、惠济河。河流总长度37千米。最大的河流为惠济河，从东至西流经境内丰盛、辛村、郭休、喜村等村，长20千米。有中学、卫生院、文化活动中心。有全国重点文物保护单位北依涧村永福寺过殿。有2015年中国传统村落喜村。另有古迹普恩寺、三义殿、喜村毛家大院。纪念地有彭坡头抗日民主政府旧址等。农业主要以种植业为主，主产小麦、玉米、高粱，养殖猪、家禽，盛产苹果、核桃、梨。工业以铸造碳素、橡胶为主。服务业以旅游、餐饮为主。京昆高速公路经此。

140728-C05-H01 **朱坑**［Zhūkēng］朱坑乡人民政府驻地，在县政府驻地古陶镇东12千米。人口1490。此地最晚在唐代时即名朱坑，因朱姓而得名。聚落呈团块状。有朱坑一中、朱坑雷铣小学、朱坑乡中心卫生院。有朱坑关帝庙、汤王庙、闫氏宅院、赵晋魁宅院，现存皆为清代建筑遗构。乡村道路经此。

140728-C05-H02 **六河**［Liùhé］在县政府驻地古陶镇东南12.6千米。朱坑乡辖自然村。人口590。相传明代以前该地由于姓氏家族不同形成了六个聚落区，明初各聚落区之间联姻、交往、扩建，合成一个村落，称为六庄。2003年，六庄村和河西凹村两个自然村合并，故名。聚落呈团块状。六河村整体呈元宝形状，村内有一堡门，堡门前面建有一座三官庙，对面建有戏台。2019年被列入第五批中国传统村落名录。乡村道路经此。

140728-C05-H03 **喜村**［Xǐcūn］在县政府驻地古陶镇东南7千米。朱坑乡辖行政村。人口1120。相传该村原为邢氏一家居住，故取名为邢村。1981年7月1日为解决与辛村的同音问题，故取近似邢字的当地读音，故名。聚落呈团块状。有县级文物保护单位七佛庵，现存为明代建筑遗构。2016年被列入第四批中国传统村落名录。乡村道路经此。

140728-C05-H04 **庞庄**［Pángzhuāng］在县政府驻地古陶镇东南7.5千米。朱坑乡辖行政村。人口1470。据唐代《庞鹤墓志》载，当时已有庞庄之名，清朝年间以横贯其村的古官道为界，分为南北庞庄两村，1956年合并，故名。聚落呈团块状。有第六批省级文物保护单位庞庄普恩寺，据庙碑记载，创建于唐贞观七年（633年），现存为明清建筑遗构。乡村道路经此。

140728-C06 **襄垣乡**［Xiāngyuán Xiāng］平遥县辖乡。在县境东北部。面积65.5平方千米。

常住人口 2.37 万。辖 14 行政村。乡人民政府驻襄垣。1949 年属平遥县第三区。1954 年设襄垣乡。1958 年 9 月属上游公社，12 月改襄垣人民公社。1984 年复置乡。据唐代墓志铭记载，已有襄垣之名。因驻地得名。年平均气温 9.1℃，最高气温 39.6℃，最低气温 -24.1℃。年均降水量 450—500 毫米，无霜期 150—160 天。河道属黄河流域。从东至西流经境内林盛、长则、府底等村，长 3 千米。有中学、卫生院、文化活动中心、农民书屋等。有全国重点文物保护单位利应侯庙、慈胜寺、普明寺、镇国寺，另有古迹洪济寺、古墓塔、观音堂和古墓塔、龙天庙等。有纪念地白城烈士陵园、梁奔前烈士故居。农业以种植业为主，主产小麦、玉米、谷子、棉花、豆类等，养殖猪、家禽。工业以造纸、化工、运输为主。服务业以餐饮、零售为主。南同蒲铁路、京昆高速公路、省道东夏线经此。

140728-C06-H01　**襄垣**［Xiāngyuán］襄垣乡人民政府驻地。在县政府驻地古陶镇东北 15 千米。人口 2970。相传为襄垣县民移居于此而得名。聚落呈团块状。有襄垣乡初级中学校、襄垣小学、襄垣乡卫生院。有第七批全国重点文物保护单位慈胜寺，创建年代不详，现存正殿为元代遗构，余皆为清代建筑遗构。乡村道路经此。

140728-C06-H02　**郝洞**［Hǎodòng］在县政府驻地古陶镇东北 13.7 千米。襄垣乡辖行政村。人口 2330。该村原名为郝同，后来发现镇国寺弥来佛身后有洞，故名。聚落呈团块状。有郝洞小学校。有第三批全国重点文物保护单位镇国寺，1997 年 12 月作为平遥古城组成部分列入世界文化遗产。现存万佛殿为五代遗构，余皆为明清建筑遗构。省道东夏线经此。

140728-C06-H03　**长则**［Chángzé］在县政府驻地古陶镇东北 14.2 千米。襄垣乡辖行政村。人口 1030。相传该村原名德义村，后因其村道路像肠子，根据其发音讹传为长则而得名。聚落呈团块状。有第八批全国重点文物保护单位长则普明寺，创建年代不详，现存为明代建筑遗构。乡村道路经此。

140728-C06-H04　**梁官**［Liángguān］在县政府驻地古陶镇东北 15 千米。襄垣乡辖行政村。人口 1720。相传原名麓台村，后因本村梁瑛及其后代做过元朝的高官而得名。聚落呈团块状。有第六批省级文物保护单位梁官洪济寺，创建年代不详，现存主体建筑是具有元代特色的明代遗构。乡村道路经此。

140728-C07　**杜家庄乡**［Dùjiāzhuāng Xiāng］平遥县辖乡。在县境西北部。面积 44.71 平方千米。常住人口 2.1 万。辖 10 行政村。乡人民政府驻杜家庄。1949 年属平遥县第七区。1954 年设杜家庄乡。1958 年属以宁固为中心的火箭人民公社，12 月属宁固人民公社。1962 年改杜家庄人民公社。1971 年属文水县。1977 年属平遥县。1984 年复置乡。相传该村初由杜姓定居于此，故取名为杜家庄。因驻地得名。河道属黄河流域。主要河道有汾河，从东北至西南流经境内南良庄、苏家堡等村，长 2.5 千米。有中小学、卫生院、文化站、农民书屋、农村党员干部现代教育接收点、人口文化大院、支部活动阵地、老年活动室。有古迹东凤落普照寺、元代中书参知政事杜思古墓。有纪念地刘少奇故居、仁庄村平介县抗日民主政府旧址。有南良庄村平遥古城生态旅游文化产业园等。获得晋中市“十佳文化乡镇”、平遥县“文化大平遥建设先进乡镇”等殊荣。农业以蔬菜、养殖、林果业为主，主产玉米，养殖猪、牛、羊、家禽。服务业以零售、旅游、餐饮、娱乐为主。多条公路经此。

140728-C07-H01　**杜家庄**［Dùjiāzhuāng］杜家庄乡人民政府驻地，在县政府驻地古陶镇西北 12.7 千米。人口 1860。相传该村最初由杜姓人家定居在此，故名。聚落呈团块状。有杜家庄初级中学、杜家庄乡卫生院。有杜家庄福智寺，创建年代不详，现存为明代建筑遗构。乡村道路经此。

140728-C08　**香乐乡**［Xiānglè Xiāng］平遥县辖乡。在县境西部。面积 67.45 平方千米。常住人口 2.77 万。辖 16 行政村。乡人民政府驻香乐。1949 年属县第六区。1950 年属县第七区。1954 年设香乐乡。1958 年 9 月属以宁固为中心的火箭人民公社，12 月属宁固公社。1961 年设香乐人民公社。1971 年属汾阳县。1977 年属平遥县。

1984 年复置乡。2001 年西王智乡并入。香乐意为盼望生活美满。因驻地得名。地势平坦开阔。平均海拔在 745 米。年平均气温 10.4℃，1 月平均气温 -5.4℃，7 月平均气温 24.4℃，无霜期 173 天，年平均降水量 415 毫米。河道属黄河流域，主要河道有磁窑河，从东北至西南流经境内青落、陶屯、安固、云家庄、香乐、西羌、薛贤等村，长 7.3 千米。有中小学、卫生院、文体活动中心等。农业以种植业为主，主产玉米、花生、葵花、甜瓜、西瓜、蔬菜等，养殖猪、牛、家禽。工业以家具加工、销售、洗煤、铸造为主。服务业以零售为主。汾阳—邢台高速公路、省道汾屯线经此。

140728-C08-H01 **香乐**［Xiānglè］香乐乡人民政府驻地，在县政府驻地西北 18.1 千米。人口 2450。相传该村居民初由洪洞大槐树下迁居于此，为盼望生活美满，故名。聚落呈团块状。有香乐中学、香乐示范小学、香乐乡卫生院。有香乐李氏宅院，创建年代及创建人不详，现存为清代建筑遗构。省道汾屯线经此。

140729 **灵石县**［Língshí Xiàn］晋中市辖县。北纬 36° 85′，东经 111° 77′。在晋中市西南部。面积 1202 平方千米。常住人口 24.65 万。辖 6 镇、4 乡。县人民政府驻翠峰镇。战国初年设县，名平周，先属赵国，后属魏国。秦庄襄王三年（前 247 年）改平周县为界休县，属太原郡。汉元朔四年（前 125 年）改属西河郡。三国时期改属魏国并州西河郡。晋改西河郡为西河国，改界休县为介休县，属并州西河国。北魏属汾州西河郡。北周大成元年（579 年）改介休县为平昌县，属介休郡。隋开皇十年（590 年）隋文帝巡幸汾阳宫，开道得瑞石，遂置县名灵石县。隋、唐、宋、金历属西河郡、霍山郡、吕州、汾州、太原府等。蒙古初析灵石县地置小灵石县，治今冷泉关，至元二年（1336 年）废。明属平阳府、汾州府。清属平阳府、霍州。1913 年属河东道。1927 年废道，直属省。1937 年属省第六行政区。1938 年，因抗战需要，以汾河为界分设灵（石）东、灵（石）西县，灵（石）东县属晋冀鲁豫边区太岳分区，灵（石）西县属晋绥边区。1948 年合并为灵石县，属太岳区一专区。1949 年属榆次专区。1958 年入介休县。1961 年复置，属晋中专区。1968 年属晋中地区。1999 年属晋中市。

相传隋文帝杨坚北巡挖河道，获一巨石，似铁非铁，似石非石，色苍声铮，以为灵瑞，遂命名为“灵石”。因驻地得名。地处晋中、临汾盆地之间，东为太岳山，西为吕梁山，汾河切割南部韩信岭，形成狭长谷地，自古为军事要隘。最高峰牛角鞍海拔 2566.6 米，最低点南关镇石桥村海拔 574 米。河道属黄河流域，汾河自北而南流经县界中部，主要支流有静升河、仁义河、交口河、段纯河等。有大小泉水 700 余处。年平均气温 10.9℃，1 月平均气温 -4.3℃，7 月平均气温 24.0℃。年平均降水量 485 毫米。年平均无霜期 184 天。有矿产资源煤、石膏、硫铁等，为华北第二大石膏矿床，为全国煤系煤硫铁主产基地。有森林植物 411 种。有国家一级保护动物金钱豹、原麝、鹳、褐马鸡。有中小学 69 所、公共图书馆 1 个、文化馆 1 个、档案馆 1 个、博物馆 1 个、医院 2 所等。有全国重点文物保护单位王家大院、旌介遗址、马和晋祠庙、静升文庙、静升后土庙、资寿寺，王家大院为国家 4A 级旅游景区。有省级文物保护单位夏门古堡。有全国非物质文化遗产代表性项目摸骨正脊术。省级非物质文化遗产有独龙杆，抬阁，泥塑佛像，战功拳，傅山拳，木雕、石雕、砖雕制作技艺，“盛康源”枣酒酿制技艺。有国家历史文化名镇名村静升镇、夏门村、冷泉村、董家岭村。有省级历史文化名村王禹村。有省级风景名胜区石膏山风景名胜区。另有国家森林公园太岳山森林公园。有历史名人耿文光、何泽慧、张有渔、张彝鼎、力群、牛文、胡正等。先后荣获“全省林业生态县”“全国绿化先进集体”等称号，进入国家卫生县城、国家园林城市和省级文明县城行列。2021 年上榜 2021 中国县域旅游发展潜力百强县市。三次产业比例 2.0 ∶ 67.9 ∶ 30.1。农业以种植业为主，主产小麦、玉米、谷子、高粱，养殖猪、牛、羊、家禽。工业以煤炭采掘为主，其阴极炭块销往俄罗斯、美国、塔吉克斯坦等国家和地区。服务业以旅游、零售、物流为主。有土特产脆皮核桃、荆条蜂蜜、水头陈醋、泉州兔肉、石膏山小米。南同蒲铁路、大西铁路（京昆高速铁路），京昆高速公路，108国道、省道东夏线经此。

140729-N01 **灵石汾河大桥**［Língshífénhé Dàqiáo］在城区北部。桥长150米，桥面宽12米，最大跨度150米，桥下净高10米。1991年10月开工建设。1992年10月竣工通车。2002年改建。桥梁全长410米，宽度11米，为永久性T梁大桥。因所跨河流为汾河得名。为中型河道桥梁，结构型式为立交桥。担负县城道路干道交通功能。最大载重量为20吨。通9路公交车。

140729-B01 **翠峰镇**［Cuìfēng Zhèn］灵石县辖镇。县人民政府驻地。在县境中东部。面积207.21平方千米。常住人口3.38万。辖16社区、30行政村。镇人民政府驻新建路。明代为在城里、关厢里、小水里、中高里（部分）辖区。清代为城中里辖区。1935年为一区。1949年属灵石县第一区。1953年设城关镇。1958年改卫星人民公社。1961年改城关人民公社。1971年分设城关人民公社、城关镇。1983年城关人民公社并入城关镇。2001年将城关镇、张家庄镇、水峪乡、南墕乡合并设翠峰镇。因翠峰山得名。年平均气温9.9℃，无霜期162天，年平均降水量520毫米。有矿产资源煤炭、石膏、石灰石、硫磺矿等。河道属黄河流域。主要河道有汾河、静升河。河流总长度23千米。最大的河流为汾河，从北至南流经境内下庄、水头、张家庄等村，长11千米。有中小学、卫生院、农民书屋等。有古迹吕祖庙、高壁墓葬、高壁村秦晋古道、荡荡岭新石器时代文化遗址、清代永宁桥等。2007年后，先后获得县级以上授予的新农村建设、村村通水泥路、农田水利建设、造林绿化、城区环境整治、社会治安综合治理、计划生育工作等29项荣誉称号。农业以种植业为主，主产小麦、玉米、谷子、高粱、豆类，养殖猪、牛、羊、家禽，盛产核桃。工业以煤炭、精煤、石膏、碳素为主。服务业以零售、餐饮为主。南同蒲铁路经此，设灵石站。京昆高速公路、京昆高速铁路、108国道、省道东夏线经此。

140729-B01-K01 **滨河北路**［Bīnhé Běilù］在城区北部。西起水头桥，东至北王中村。与文礼路、向阳路相交。长5.7千米。宽17米。沥青路面。1986年开工，1987年建成。因位于河道北部得名。两侧有升博建材市场、灵石365不锈钢有限公司、粮食局、灵石县第三小学、旭日幼儿园等。通7、10路等公交车。

140729-B01-K02 **滨河南路**［Bīnhé Nánlù］在城区北部。西起水头桥广场，东至苗旺桥。与文礼路、向阳路相交。长3.7千米。宽13米。沥青路面。1985年开工，1986年建成。因位于河道南部得名。两侧有汽车客运站、第二小学、灵石县直属幼儿园、山西灵石电建公司、五华购物广场、东方商城等。通9路公交车。

140729-B01-K03 **新建西街**［Xīnjiàn Xījiē］在城区中部。西起灵石汾河大桥，东至南同蒲铁路桥。与南同蒲铁路、水头路相交。长0.6千米，宽32米。沥青路面。2002年建成。因位于新建路西延，故名。两侧有灵石园、公开广场、灵石文化艺术中心等。通1、3路等公交车。

140729-B01-K04 **新建东街**［Xīnjiàn Dōng jiē］在县城中部。西起南同蒲铁路桥洞，东至苗旺桥北端。与滶汾路、文礼路、向阳路、兴农北路相交。长6.9千米，宽15米。沥青路面。2002年建成。因位于新建路东延，故名。两侧有中学、翠峰公园、灵石贸易中心、五华购物广场、五一商场、物质大厦、新华书店、灵石实验小学、灵石县人民医院、中国人民银行、灵石三中等。通5、6路等公交车。

140729-B01-K05 **学苑街**［Xuéyuàn Jiē］在城区南部。西起滶汾路，东至瑞云路。与建设路等路线相交。长0.41千米、宽20米。沥青路面。2002年修建。取学术园苑之意，故名。两侧有灵石县第一小学校、灵石县第二中学校等。

140729-B01-K06 **水头路**［Shuǐtóu Lù］在城区西部。北起闫家峰，南至水头桥。与联通路、滨河北路等路线相交。长5.7千米。宽16米。沥青路面。1980年开工，1981年建成。1990年铺装路面。2006年拓宽改造。因临近水头桥，故名。两侧有灵石县翠峰镇中心学校、灵石火车站、山西省歌舞文化艺术学校、四季鲜市场、灵石第四小学等。通2、7路等公交车。

140729-B01-K07 **永吉大道**［Yǒngjí Dàdào］

在城区西北部。西起向阳桥，东至旌介村。与小河北街相交。长9.9千米，宽29米。沥青路面。2007年开工，2008年建成。其名取自灵石铁、陨石碑文内容。两侧有山西天石电力有限公司、灵石森林古猿、灵石县第一中学、灵石五中、灵石第五小学、仁康医院等。通1、7路等公交车。

140729-B01-K08 **翠峰路**［Cuìfēng Lù］ 在城区南部。北起新建西街，南至晋阳路。与瑞云路等路线相交。长1千米 宽12米。沥青路面。建于1972年，为省道东夏线县城区一部分，后多次改造扩建。因所在翠峰镇而得名。两侧有星泰广场、翠峰公园、康泰休闲会所等。通12、4路等公交车。

140729-B01-K09 **晋阳路**［Jìnyáng Lù］ 在城区南部。北起翠峰路，南至玉城桥。与常青汾河大桥等路线相交。长1千米，宽15米。沥青路面。建于1972年。两侧有翠峰镇卫生院、1987汽车生活馆等。通12、2路等公交车。

140729-B01-K10 **漪汾路**［Yīfén Lù］位于灵石汾河大桥南、汾河东侧。北起汾河桥南，南至县第一幼儿园与建设路连接。1998年修建，长1.3千米、宽6米。原名滨河路。沥青路面。因临近汾河而得名。两侧有灵石四中、灵石县第一幼儿园等。通10、1路等公交车。

140729-B01-K11 **建设路**［Jiànshè Lù］在城区西部。北起汾河桥南，南至翠峰路。与学苑街、天石街相交。长1.4千米，宽21米。沥青路面。1984年修建，1985年建成。原名为常青街。两侧有芳草书苑幼儿园、灵石县第二中学校、灵石县公安局、建设银行、第一职高、第一幼儿园等。通1、4路等公交车。

140729-B01-K12 **瑞云路**［Ruìyún Lù］在城区中部。北起新建西街，南至晋阳路。与学苑街、天石街等路线相交。长0.72千米，宽12米。沥青路面。取祥云之意，故名。两侧有通宇集团文化广场、灵石县户外运动协会、劳动保障大厦、中国农业银行、灵石第一小学等。

140729-B01-K13 **车站路**［Chēzhàn Lù］在城区西部。北起闫家峰，南至水头桥。与联通路、滨河北路等路线相交。长5.7千米。宽16米。沥青路面。1980年始建，1981年建成。1990年，改造路基，铺装路面。2006年，进行拓宽改造。因位于车站旁而得名。两侧有灵石县翠峰镇中心学校、灵石火车站、京鑫大酒店、灵石县翠峰畜牧兽医中心站、山西省歌舞文化艺术学校、四季鲜市场、灵石第四小学等。通2、5路公交车。

140729-B02 **静升镇**［Jìngshēng Zhèn］灵石县辖镇。古称旌善。在县境东部。面积142.17平方千米。人口3.39万。辖22行政村。镇人民政府驻静升。1949年属灵石县第三区。1953年设静升乡。1956年设静升乡。1958年属东方红人民公社。1961年改静升人民公社。1983年改置镇。2021年撤销马和乡，整建制并入静升镇。古名旌善。据说晋国大夫介子推偕母隐于绵山，晋文公为逼介子推复出而火焚森林，介子推母子罹难。文公悔之不迭，誓要“志吾过，且旌善人”，旌善村由此得名。在当地方言中，“旌善”和“静升”发音相同。因驻地得名。地处丘陵山地。海拔在900米以上。河道属黄河流域。主要河道有静升河，从东至西流经旌介、静升、南浦等村，长6千米。有矿产资源煤炭。有中小学、卫生院、图书室、文化广场、文化站。有全国重点文物保护单位旌介遗址、王家大院、后土庙、静升文庙、晋祠庙和资寿寺。有省级文物保护单位文庙。有省级非物质文化遗产保护项目泥塑佛像，砖雕、木雕、石雕艺术，龙杆，抬阁。有2013年第二批中国传统村落静升村。2003年评为中国历史文化名镇，并位居榜首。同年又被建设部确定为首批全国重点小城镇之一。2006年后，先后荣获“山西省环境优美乡镇”“山西省特色景观旅游名镇”“山西省新农村致富技术培训百强乡镇”“山西省百万农民健身活动先进乡镇”等荣誉称号。2010年被国家住房和城乡建设部、国家旅游局联合命名为全国特色景观旅游名镇。农业以干果经济林、畜牧业为主。工业以煤炭、焦化、运输、建筑为主。服务业以旅游、娱乐、餐饮为主。有特产王家豆腐、静升月饼、糊糊辣椒、绿色核桃等。京昆高速铁路、京昆高速公路、省道东夏线经此。

140729-B02-H01 **静升**［Jìngshēng］静升镇人民政府驻地。在县政府驻地翠峰镇东北10千米。

人口15050。原名旌善，以地近绵山，因介子推典故“以志吾过，且旌善人”得名，后因谐音而更名。聚落呈团块状。有灵石县第一中学、静升中学、静升小学、静升镇卫生院。有第六批全国重点文物保护单位王家大院，由历史上灵石县四大家族之一的太原王氏后裔于清康熙、雍正、乾隆、嘉庆年间先后建成。有第六批全国重点文物保护单位后土庙，元大德八年（1304年）重修，现仅存献殿和正殿。有第七批全国重点文物保护单位静升文庙，创建于元至顺三年（1332年），现存皆为明清建筑遗构。2013年被列入第二批中国传统村落名录。省道东夏线经此。

140729-B02-H02 **旌介**［Jīngjiè］在县政府驻地翠峰镇东北13千米。静升镇辖行政村。人口2510。晋文公为旌表介子推，故名。聚落呈条带状。有第四批全国重点文物保护单位旌介遗址，为新石器时代、商代、东周及汉代文化遗存。省道东夏线经此。

140729-B03 **两渡镇**［Liǎngdù Zhèn］灵石县辖镇。在县境北部。面积154.2平方千米。人口3.55万。辖3社区、25行政村。镇人民政府驻两渡。1953年设两渡乡。1958年改前进人民公社。1961年改两渡人民公社。1971年分设两渡公社、两渡镇。1983年改为两渡镇。2021年撤销英武乡，整建制并入两渡镇。两渡初名回水湾，因汾河水流经此地，水势重叠，蜿涎漪漩，故得其名。因驻地得名。河道属黄河流域。主要河道有汾河，从北至南流经境内冷泉、崔家沟、两渡等村，长13千米。有矿藏资源煤炭。有中小学、卫生院、敬老院、农民书屋等。有2010年第五批中国历史文化名村冷泉村。有2014年第三批中国传统村落雷家庄村。有古迹卧牛神庙、龙天庙、土地庙、雷家庄文德堂、忠恕堂民居建筑。有历史名人何澄、何泽慧。2020年山西省爱国卫生运动委员会命名两渡镇为2020—2022周期山西省卫生乡镇。农业以小麦、玉米、蔬菜为主，盛产核桃。工业以煤炭、焦化、运输为主，被称“县精煤之都”。服务业以商贸、零售为主。南同蒲铁路、108国道经此。

140729-B03-H01 **两渡**［Liǎngdù］两渡镇人民政府所在地，在县政府驻地翠峰镇北8.5千米。人口3380。因汾河设曹村和索洲渡口而得名。聚落呈条带状。有两渡镇初级中学校、两渡小学、曙光小学、两渡镇卫生院。有两渡财神庙、两渡民居、秋晴桥，现存皆为清代建筑遗构。有“两渡秋晴”，为灵石八景之一。108国道经此。

140729-B03-H02 **冷泉**［Lěngquán］在县政府驻地翠峰镇东北14千米。两渡镇辖行政村。人口660。古代称冷泉关，后因关中有一冷泉而出名，夏天凉之入骨，为了方便，因简称而得名。聚落呈团块状。有商山圣母庙、南寺庙，现存皆为清代建筑遗构。2009年被列入第三批山西省历史文化名村名录，2010年被列入第四批中国历史文化名村名录。108国道经此。

140729-B03-H03 **雷家庄**［Léijiāzhuāng］在县人民政府驻地翠峰镇西北10千米。两渡镇辖行政村。人口550。传始建于元朝末年，原名马家庄，后有平遥富商雷氏迁入，故名。聚落呈团块状。有陈氏民居、雷氏民居，现存皆为清代建筑遗构。2014年被列入第三批中国传统村落名录。乡村道路经此。

140729-B04 **夏门镇**［Xiàmén Zhèn］灵石县辖镇。在县境中南部。面积93.86平方千米。人口1.64万。辖16行政村。镇人民政府驻夏门。1953年设夏门乡。1958年属卫星人民公社。1961年设夏门人民公社。1983年改置镇。夏禹治水时期就有民谣：“打开三湾口，空出晋阳湖”。三湾口位于夏门村南，为纪念夏禹治水功绩，将此地取名为“夏门村”，有诗曰：“两山俨一门，开辟自神禹。”因驻地得名。海拔最高为1127米。年平均降水量500毫米，年平均气温10.8℃。河道属黄河流域。主要河道有汾河、交口河。河流总长度25.8千米。最大的河流为汾河，从北至南流经境内梁家圪塔、夏门等村，长12.8千米。有矿藏资源煤炭、赤铁、铝土、石膏等。有中小学、卫生院、图书阅览室、文化活动室等。有2008年第四批中国历史文化名村、2012年第一批中国传统村落夏门村。有古迹夏门古堡等。2020年山西省爱国卫生运动委员会命名夏门镇为2020—2022周期山西省卫生乡镇。农业以种植业为主，主产玉米、小麦、高粱和谷子，养殖猪、牛、羊、家禽，盛产核桃。工业以煤矿、水泥、洗煤为主。为华北通往西北交通咽喉，素有“秦晋要道、川陕通衢”之称。南同蒲铁路、108 国道经此。

140729-B04-H01 **夏门**［Xiàmén］夏门镇人民政府驻地，在县政府驻地翠峰镇西南 7.5 千米。人口 1740。河两岸高山对峙如门，传夏禹治水时开山通河而得名。有“打开三湾口，空出晋阳湖”之说。聚落呈团块状。有夏门中学、夏门小学、夏门镇卫生院。有县级文物保护单位百尺楼，为灵石县四大家族之一的夏门梁家宅院建筑的一部分，现存为清代建筑遗构。2008 年被列入第四批中国历史文化名村名录，2012 年被列入第一批中国传统村落名录。108 国道、省道东夏线经此。

140729-B05 **南关镇**［Nánguān Zhèn］灵石县辖镇。在县境东南部。面积 259.09 平方千米。常住人口 3.51 万。辖 5 社区、28 行政村。镇人民政府驻南关村。1953 年设南关乡。1958 年改钢铁人民公社。1961 年改南关人民公社。1971 年设南关公社，另设南关镇辖南关厂矿机关及三教、道美非农业人口。1983 年设南关镇。2001 年仁义乡、西许乡、富家滩镇并入。南关古名阴地关，山峦起伏，汾河一线中通，《水经注》称其为“古之津隘，今之地险”。因驻地得名。地势东高西低。主要山脉有石膏山，最高峰花石岩位于东部石膏山区，海拔 2523.6 米；最低点位于石桥村汾河河谷，海拔 574 米。河道属黄河流域。主要河道有汾河、仁义河。河流总长度 44 千米。最大的河流为汾河，从北至南流经境内富家滩、南关、道美、石柜、石桥 5 个村，长 14 千米。有矿藏资源煤炭、石灰岩、石英砂、铁矿、铝矾土、建筑用砂等。有中小学、卫生院、文化活动中心、农民书屋等。有 2019 年第七批中国历史文化名村董家岭村。有名胜古迹仁义驿古村落、石膏山风景名胜区、通济桥。为武术之乡。2020 年山西省爱国卫生运动委员会命名南关镇为 2020—2022 周期山西省卫生乡镇。农业有侧柏天然林，并产枸杞、茵陈、荆芥、甘草等中草药材，有东山荞麦、苦荞面等小杂粮生产基地和南山西瓜、韩家洼“石膏山”牌小米等特色农产品基地。养殖猪、牛、羊、家禽。工业以煤焦产业为主。服务业以运输、零售为主。南同蒲铁路、京昆高速铁路、京昆高速公路、108 国道经此。

140729-B05-H01 **南关**［Nánguān］南关镇人民政府驻地。在县人民政府驻地翠峰镇西南 18 千米。人口 3090。古称阴地关，因位于雀鼠谷南口而得名。聚落呈团块状。有南关中学、南关小学、南关中心卫生院。108 国道经此。

140729-B05-H02 **董家岭**［Dǒngjiālǐng］在县人民政府驻地翠峰镇西南 20 千米。南关镇辖行政村。人口 170。相传赵姓人士在此居住，赵氏子孙世代为铁匠，打铁发出“叮叮咚咚”的声音，又在山岭上，取名咚家岭，后经演化而得名。聚落呈团块状。有岭佛庙、观音庙，现存皆为清代建筑遗构。2013 年被列入第二批中国传统村落名录。2019 年被列入第七批中国历史文化名村名录。乡村道路经此。

140729-B06 **段纯镇**［Duànchún Zhèn］灵石县辖镇。在县境西部。面积 83.27 平方千米。人口 1.8 万。辖 22 行政村。镇人民政府驻地段纯。段纯镇明代分属张志里、甘舍里。清代分属西城里。1917 年为四区。1949 年属灵石县第四区。1953 年设段纯乡。1958 年，属跃进人民公社。1961 年，设段纯人民公社。1983 年改置镇。该村因由前村以温姓人居多和后村以刘姓人居多两村合并而成，中间有建筑物而间断，故名段村，后经演变而得名。因驻地得名。河道属黄河流域。主要河道有段纯河，从北至南流经境内下峪、段纯、新兴、云义、志家庄等村，长 15 千米。有矿藏资源煤炭、硫铁。有中小学、卫生院、文化站。2020 年山西省爱国卫生运动委员会命名段纯镇为 2020—2022 周期山西省卫生乡镇。农业以种植业为主，主产小麦、玉米、杂粮，养殖猪、牛、羊、家禽。工业以煤炭采掘业、洗煤、焦化和硫铁矿、加工业为主。服务业以餐饮、零售、运输为主。有公路通 108 国道。

140729-B06-H01 **段纯**［Duànchún］段纯镇人民政府驻地，在县人民政府驻地翠峰镇西北 18.4 千米。人口 3660。该村因由前村以温姓人居多和后村以刘姓人居多两村合并而成，中间有建筑物而间断，故名段村，后经演变而得名。聚落呈团块状。有段纯中学、段村小学、段纯镇卫生院。有水皇圣母庙，现存为清代建筑遗构。县道三双线经此。

140729-C01 **王禹乡**［Wángyǔ Xiāng］灵石县辖乡。在县境西南部。面积55.42平方千米。人口0.87万。辖12行政村。乡人民政府驻王禹。1953年设王禹乡。1958年改钢铁（南关）人民公社。1961年改王禹人民公社。1983年复置乡。传禹王治水时曾在此观察山势以疏通河道得名。因驻地得名。地形以丘陵、阶地为主。有矿产资源煤、硫、磷、耐火黏土、铝矾土等。有中小学、卫生院、文化站、农民书屋。有省级历史文化名村王禹村。另有古迹望汾源、禹王饮马池。农业以种植业为主，主产小麦、玉米、荞麦、小米，养殖猪、牛、羊、家禽，盛产核桃。工业以煤矿、洗煤为主。服务业以零售、运输为主。有公路通108国道。

140729-C01-H01 **王禹**［Wángyǔ］王禹乡人民政府驻地。在县人民政府驻地翠峰镇西南21千米。人口1630。传禹王治水时曾在此观察山势以疏通河道得名。聚落呈团块状。有王禹中学、王禹小学、王禹乡卫生院。有王禹遗址，为新石器时代文化遗存。有牛廷喜宅院，现存为清代建筑遗构。2009年被列入第三批山西省历史文化名村名录。县道石梁线、富王线经此。

140729-C02 **坛镇乡**［Tánzhèn Xiāng］灵石县辖乡。在县境西南部。面积59.03平方千米。人口0.84万。辖11行政村。乡人民政府驻后坛镇。1953年设坛镇乡。1958年属钢铁（南关）人民公社。1961年分设坛镇人民公社。1983年复置乡。初建村时，因位于高原，聚落成群，在当地为中心地，便于经济活动，故名坛镇。因驻地得名。河道属黄河流域。主要河道有段纯河，从北至南流经境内堡子塘、运家山、孙家山3个村，长5千米。有矿藏资源煤炭、硫铁矿、石灰岩、铝矾土、石膏等。有中小学、卫生院、文化活动中心、农民书屋。有古迹关帝庙和槐抱柏古树。2020年全国爱卫会命名坛镇乡2017—2019周期国家卫生乡镇。农业以种植业为主，主产小麦、玉米、豆类、薯类及蔬菜，养殖猪、牛、羊、兔、家禽，盛产核桃。为县制种基地。工业以煤炭生产为主。服务业以零售为主。108国道经此。

140729-C02-H01 **后坛**［Hòután］坛镇乡人民政府驻地。在县政府驻地翠峰镇西南17.3千米。人口710。初建村时，因位于高原，聚落成群，在当地为中心地，便于经济活动而得名坛镇。在清朝时期因吃水纠纷，分为前坛、后坛两村。聚落呈条带状。有坛镇中学、坛镇小学、坛镇乡卫生院。有后坛关帝庙，现存为清代建筑遗构。有后坛遗址，为汉代文化遗存。县道富孙线经此。

140729-C03 **梁家焉乡**［Liángjiāyān Xiāng］灵石县辖乡。在县境西部。面积86.52平方千米。人口1.09万。辖14行政村。乡人民政府驻梁家焉。1953年设梁家焉乡。1958年属双池人民公社。1961年设梁家焉人民公社。1983年复置乡。据记载及历代传说，村东西两山间有一凹梁，古时称“焉”，又因元、明代有梁姓家族世居西山洼间，故取名为“梁家焉”。因驻地得名。有矿产资源煤炭、硫铁矿。地势起伏较大。有中小学、卫生院、手工编织合作社、文化活动中心、农民书屋等。有古迹关帝庙。2020年山西省爱国卫生运动委员会命名梁家焉乡为2020—2022周期山西省卫生乡镇。农业以种植业为主，主产小麦、玉米、谷子、小杂粮，养殖猪、牛、羊、家禽，盛产核桃。工业以洗煤、加工为主。服务业以零售为主。有公路通108国道。

140729-C03-H01 **梁家焉**［Liángjiāyān］梁家焉乡人民政府驻地。在县人民政府驻地翠峰镇西45千米。人口970。因村处两山鞍部，梁姓始居而得名。聚落呈团块状。有梁家焉中学、梁家焉小学、梁家焉乡卫生院。有梁家焉村关帝庙，现存为清代建筑遗构。县道道梁线、段梁线经此。

140729-C04 **交口乡**［Jiāokǒu Xiāng］灵石县辖乡。在县境西北部。面积61.36平方千米。人口0.8万。辖12行政村。乡人民政府驻交口。1953年设交口乡。1958年属双池人民公社。1961年改交口人民公社。1983年复置乡。因村庄位于交口河和孙义河汇集的交叉三角洲地方，故名“交口”。因驻地得名。海拔在800—1000米。河道属黄河流域。主要河道有交口河、孙义河，河流总长27千米。最大的河流为交口河，从北至南流经境内木瓜曲、马家庄等11个村，长18千米。矿藏资源有煤炭等。有中小学、卫生院、文化站。有古迹东逻村柏山寺和金庄村安静寺。2020年山西省爱国卫生运动委员会命名交口乡为2020—2022周期山西省卫生乡镇。农业以种植业为主，主产小麦、玉米、大豆、杂粮等，养殖猪、牛、羊、家禽。工业以煤炭、焦化、洗煤、运输为主。服务业以零售、仓储物流为主。有公路通108国道。

140729-C04-H01 **交口**［Jiāokǒu］交口乡人民政府驻地。在县人民政府驻地翠峰镇西27千米。人口1110。因位于两条河流交汇口处而得名。聚落呈团块状。有交口中学、交口小学、交口乡卫生院。有交口介庙，现存为清代建筑遗构。县道夏木线经此。

运城市

140800 **运城市**［Yùnchéng Shì］山西省辖地级市。北纬34° 35′—35° 49′，东经110° 15′—112° 04′。在省境西南部。面积14183平方千米。人口447.45万。以汉族为主，还有回、满、壮、蒙、藏等民族。辖盐湖区1区、临猗、万荣、闻喜、稷山、新绛、绛县、垣曲、夏县、平陆、芮城10县，代管永济、河津2县级市。市人民政府驻盐湖区。春秋统属晋国。三家分晋后，运城属魏。秦属河东郡，治所安邑。唐为河东道，治所河中府。北宋时期运城为陕西路永兴军路，治所京兆府。元明清与临汾同为平阳府，治所平阳（今临汾尧都区）。1912年废府、州，属河东道。1927年废道，县直属于山西省。1937年属山西省第七行政区。1949年属运城专区。1950年置运城镇（县级），为运城专区专署驻地。1954年运城专区与临汾专区合并为晋南专区。1955年运城镇并入安邑县。1958年撤销安邑、解虞、临猗、永济4县，合并成立运城县。1960年恢复临猗县。1961年恢复永济县。1967年属运城地区，为运城地区行署驻地。1983年撤销运城县，设运城市（县级），属运城地区。1994年永济县、河津县改市（县级）。2000年6月，撤运城地区，设地级运城市，原县级运城市改盐湖区至今。因“盐运之城”得名。元延祐六年（1319年），为河东陕西等处都转运盐运司。元至正丙申年（1356年）八月，盐运使那海德俊始筑新城，名凤凰城，因运司驻扎，又称运司城，亦名运城。地处黄土高原东缘第一台阶、黄河流域中游地带。东北部为山地，西部高原，西南部有盐湖盆地和汾河下游谷地。有中条山、吕梁山、稷王山、孤峰山、紫金山等。最高海拔舜王坪2358米，最低海拔275米。年平均气温13.6℃，1月平均气温-2.0℃，7月平均气温27.2℃。年平均降水量515.7毫米。河道属黄河流域，汾河支流有浍河、三泉河、三交河、马壁峪、黄华峪河、瓜峪河等。有矿产资源煤、铜、镁、金、铁、芒硝等。有野生动物317种，国家一级保护动物有金雕、大鸨、白额雁、白琵鹭、大天鹅、小天鹅、鸳鸯、红腹锦鸡、鹰类、隼类等13种，国家二级保护动物有白天鹅、水獭、灰鹤、黑鹳、黄河鲤鱼等35种。有独立科研与技术开发机构23个。有全国重点实验室永济电机厂、省农业科学院棉花研究所、省山楂研究所、山西宇达青铜文化艺术公司研究所、省安瑞风机电气公司研究所、山西津化钢铁表面技术研究院、中条山有色金属公司企业技术中心。有运城学院普通高等院校，有中小学467所、三级综合医院4所，有文化馆、图书馆、档案馆、博物馆、体育场馆等。有全国重点文物保护单位永乐宫、万荣东岳庙、绛州文庙、常平关帝庙、西侯度遗址、芮城城隍庙、稷山稷王庙、河津台头庙、舜帝陵庙、蒲津渡与蒲州故城遗址、程村遗址、寿圣寺大殿、普救寺塔、董村戏台、稽王山塔等102处。有省级文物保护单位三官庙戏台、镇风塔、裴行俭墓、晋文公墓、法王庙等78处。有省级红色文化遗址河东特委革命活动旧址、中共太岳三地委陈家庄旧址、芮城县烈士陵园、平陆朱总司令路居、平陆西牛烈士陵园、八路军总部北阳城旧址、十八集团军兵站北垛旧址8处。有国家4A级风景名胜区解州关帝庙、舜帝陵庙、李家大院、永乐宫、普救寺、五老峰等。有国家3A级旅游景区瑶台山、孤峰山、大禹渡等。有国家级自然保护区山西历山风景区。有国家级中条山、五老峰、绛县东华山等森林公园。有国家级非物质文化遗产绛州鼓乐、永济背冰、稷山高跷走兽、稷山高台花鼓、万荣抬阁、万荣笑话、闻喜花馍、尧的传说等28项，其绛州鼓乐为世界3大鼓种之一，被联合国教科文组织亚太文化中心列入人类口头和非物质遗产代表作名录。有省级非物质文化遗产大禹治水、舜的传说、舜的祭祀、晋文公传说、鱼跃龙门、司马光传说、嫘祖养蚕传说、后土文化、蒲津渡铁牛传说、绛墨、绛笔制作技艺等。有中国历史文化名城新绛县，中国民间文化艺术之乡新绛县、稷山县，省级历史文化名镇蒲州镇、解州镇、荣河镇、泽掌镇，中国传统村落光村、马跑泉村、北阳城村、西厢村、阎景村、西庄村、泉掌村、南堡村、侯王村、陈家庄村、西位村、柴家坡村、南城村、尧寓村、北坂村、同善村、西阳村、郭原村、樊村堡村，中国历史文化名村阎景村、光村，全国文明村龙门村。有女娲补天、黄帝战蚩尤、舜耕历山、禹凿龙门、后稷稼穑等传说。有曙猿化石世纪曙猿的发现地垣曲县。有目前中国最早的人类用火证据，为中国境内最古老旧石器时代遗址芮城县西侯度村。三次产业比15.3 ∶ 42.1 ∶ 42.6。为省粮、棉、果、菜生产基地。有国家地理标志农产品芮城苹果、芦笋、花椒、屯屯枣，中国驰名商标“维之王”。有特色农产品稷山板枣、祁家河柿饼、马泉沟水化柿、大久保桃、杜马百合、葛赵杏、涧北芹菜、烟叶、玉露香梨等，绿色环保农产品红富士苹果、黄河滩莲藕、黄河鲤鱼等。有特产闻喜煮饼、北垣花馍等。主产小麦、玉米、蔬菜、棉花、水果。为世界元明粉供应地和全国硫化碱、硫酸钡以及省重要原材料工业等生产基地。有运城、绛县、风陵渡、永济、闻喜、盐湖等12省级经济开发区。工业以冶金、焦炭、机械、化工、食品、建材、医药、纺织、电力为主。有汽车和运输设备、铝镁深加工、新型化工、农产品加工、高新技术等5产业集群。服务业以旅游、物流、商贸为主。南同蒲、大西、侯西铁路经此设站。108、209国道，京昆高速、呼北高速，省道侯平线、运风线、垣孙线、陵侯线、临运线、临陌线、运稷线、临万线、模济线、沁东线、太三线、临夏线、营万线、闻苍线、运台线等经此。有运城张孝机场。

140800-D01 **二郎庙**［Èrláng Miào］在盐湖区境南部。明代曾在此建有二郎神庙（一称武真庙），因此得名。附近地段商贸发达，是清代晋南最大的粮食交易中心。二郎庙之名由此流传至今，现仍为商业一条街，取名二郎庙商业金街。2014年设立二郎庙社区居委会，2021年并入解放路社区。片区内有运城购物中心、盐湖区人民医院等。

140802 **盐湖区**［Yánhú Qū］运城市人民政府驻地。在市境中部。面积1205平方千米。人口92.83万。有汉、回、满、苗、朝鲜等14个民族。辖8街道、7镇、6乡。区人民政府驻中城街道。1950年设运城专区治运城，辖运城、安邑、解县等1镇7县。1954年撤运城专区归晋南专区。1955年解县与虞乡合并为解虞县，县政府驻解州。1955年运城镇并入安邑县。1958年，安邑、解虞、临猗、永济4县合并为运城县人民委员会。1960年1月至1961年7月，分别析出临猗县、永济县，原解县、安邑仍归运城县。1967年改运城县人民委员会为运城县革命委员会。1970年设立运城行署，治运城，辖13县。1981年更名为运城县。1983年改运城县为运城市。2000年由县级运城市改设至今。古为盐贩之泽，因境内有盐池得名。地处运城盆地南端。地势由东北向西南倾斜。南靠中条山，北依稷王山，中部地势平坦。有中条山。最高点海拔刀山达1494.7米，最低海拔316.2米。年平均日照时数2247.4小时。年平均气温13.6℃。全年无霜期208天左右。年平均降水量559.3毫米。有涑水河流经。有矿产资源金、铜、石灰岩、芒硝等。有野生动物白天鹅、山鸡、斑鸠等70种。有省级科研机构6个，其中有省农业科学院棉花研究所。有运城学院，有中小学137所，运城中学为省级示范中学。有县及县以上医院3个、乡镇卫生医院14个、其他医院96个、文化馆6个。有图书馆、档案馆、体育场馆等。有蒲剧团。有全国重点文物保护单位太平兴国寺塔、关王庙、池神庙及盐池禁墙、泛舟禅师塔、解州关帝庙、舜帝陵庙、寨里关帝庙献殿、郭村泰山庙大殿、常平关帝庙、解州同善义仓10处。有国家4A级解州关帝庙、运城舜帝陵庙旅游景区。有省级文物保护单位安邑古城遗址、西曲樊遗址、张村墓葬群、侯村墓群、三官庙戏台、牛家院古盐道等。有市级文物保护单位16处，区级文物保护单位118处。有国家级非物质文化遗产蒲州梆子、关公信俗、运城眉户、晒盐技艺（运城河东制盐技艺）。有省级非物质文化遗产河东说唱道情、运城绒绣、五步产盐法、关公文化、鸣条二月二四圣出巡古庙会、河东盐池文化、蚩尤传说、河东风筝、王牌羊肉胡卜制作技艺等。有地方民间艺术雕刻、剪纸、刺绣、布艺、面艺等。有古迹泛舟禅寺塔、池神庙、关公家庙、关王庙。有省级历史文化名镇解州镇。三次产业比6:31:63。为市粮食蔬菜、特色农产品主产区。有省级运城、运城空港2经济开发区。为有机盐工业生产基地。盐化工以元明粉、硫化碱生产为主。服务业以餐饮、商贸为主。南同蒲铁路、大西铁路经此设站。209国道、呼北高速、省道侯平线、运风线、临陌线、运稷线经此。有运城机场、运城汽车客运中心站、运城汽车客运东站。

140802-I01 **禹香苑**［Yǔxiāngyuàn］在区境东部。人口1.4万。面积42公顷。因临近禹都市场，寓意禹都花香飘逸之苑，故名。始建于1998年，2000年建成并投入使用。建筑总面积100万平方米。有住宅楼81栋，高层7栋，多层74栋。绿化面积84000平方米。有诊所、药店、银行网点、小广场、商铺等。通8、18、12路公交车。

140802-I02 **四季绿城**［Sìjìlǜchéng］在区境北部。人口1.3万。面积50公顷。因小区分春、秀、隽、雅4区，各区四季分明得名。2006年始建，2008年建成并投入使用。建筑面积36万平方米。住宅楼82栋。绿化面积108000平方米。有诊所、药店、小广场、银行网点、商铺等。通6、15、25路公交车。

140802-K01 **舜帝街**［Shùndì Jiē］在盐湖区境北部。西起学苑路，东至机场大道。与人民北路、中银北路、安邑东路、柳河东路等道路相交。长7.9千米，宽50米，沥青路面。2002年5月开工，2003年12月建成。2005年10月改扩建。曾名关公街，2014年更今名。因历史人物舜帝相传出生且葬于运城而得名。两侧有空港度假村、运城张孝机场、凤凰美食生态园等。通17、18、66路等公交车。

140802-K02 **涑水街**［Sùshuǐ Jiē］在盐湖区境北部。西起圣惠北路，东至安邑东路。与运城—稷山省道、中银北路、学苑路、安邑西路等道路相交。长6.5千米，宽50米。沥青路面。2008年开工，2009年建成。曾名国梁街、华源街，2014年更今名。因黄河的重要支流、历史文化名河涑水河流经本区得名。两侧有运城职业技术学院、居然之家等。通6、13、25路等公交车。

140802-K03 **条山街**［Tiáoshān Jiē］在盐湖区境中部偏北。西起书院西路，东至学苑路。以圣惠北路、解放路为界，分为条山西街、条山街、条山东街。与运临路、解放北路、人民北路、中银北路等道路相交。长4.6千米，宽50米。沥青路面。2011年建成并命名。2020年完成西延。因境内中条山简称条山而得名。两侧有运城果品会展交易中心、条山文化苑等。通19、104路等公交车。

140802-K04 **机场大道**［Jīchǎng Dàdào］在盐湖区境中部偏北。西起圣惠北路，东至舜帝街。与安邑路、柳河东路、人民北路、解放路等道路相交。因通往运城张孝机场而得名。2004年建成并命名为机场路。2014年更名为机场大道。2020年提升改造后，工农东街、工农西街并入机场大道范围。长13.5千米，宽60米，沥青路面。两侧有汽贸公司、贸易市场、钢材市场、市中医药研究院、黄河·世纪广场等。通15、108路等公交车。

140802-K05 **禹都西街**［Yǔdū Xījiē］在盐湖区境中部。西起凤凰路，东至解放南路。以解放路为界分东街、西街。长0.4千米，宽13米。沥青、水泥混合路面。1993年开工并命名为禹都大道，1994年建成。因紧邻禹都市场得名。2003年更名禹都西街。两侧有八一市场、晋州大厦等。

140802-K06 **禹都东街**［Yǔdū Dōngjiē］在盐湖区境中部。西起解放南路，东至安邑老东街东口。以解放路为界分东街、西街。与人民南路、中银南路等道路相交。长7.3千米，宽50米。沥青、水泥混合路面。1993年开工并命名为禹都大道，1994年建成。因紧邻禹都市场得名。2003年更名禹都东街。两侧有盐湖区质监局、楹联文化园、南风广场、禹王阁等。通6、12路等公交车。

140802-K07　**河东西街**［Hédōng Xījiē］在盐湖区境中部。西起圣惠北路，东至解放南路。以解放路为界分东街、西街。与凤凰路、禹都西街、运金路等道路相交。长0.3千米，宽50米，沥青路面。1974年建成，原名卫东路。1983年更名河东路。2003年更名河东街。2006年改造凤凰路—解放路段。2019年西延至圣惠北路。因运城古称河东得名。两侧有解放路第一小学、盐湖区妇幼保健院、百货大楼等。通2、101路等公交车。

140802-K08　**河东东街**［Hédōng Dōngjiē］在盐湖区境中部。西起解放南路，东至苏北线。以解放路为界分东街、西街。与人民南路、中银南路、周西路、司马温公路等道路相交。长14.5千米，宽50米。沥青路面。凤凰路—东城墙路段，为原运城北城墙墙基东段。50年代城墙拆除后，墙基作为道路使用。1972年道路改造，1974年完工，命名为卫东路。1983年更名河东路，因运城古称河东得名。2002年改造解放路—学苑路段。2003年更名河东街。2013年建成学苑路以东路段。两侧有运城市人民政府、运康中学、南风广场、运城市中级人民法院、运城市检察院、新象购物广场、运城市中心医院、运城市体育馆及众多居住小区等。通2、10、66路等公交车。

140802-K09　**红旗西街**［Hóngqí Xījiē］在盐湖区境南部。西起西兴花园小区，东至解放南路。以解放路为界分东街、西街。与圣惠南路、陵园路、凤凰路等道路相交。长1.3千米，宽50米。沥青、水泥混合路面。1971年在原姚家巷、庙背后、衔墙巷等旧街基础上拓宽建成。1977年后多次改造，2013年建成。因西端有运城烈士陵园得名。两侧有运城市交通运输局、人民公园、盐湖会堂、关王庙等。通1、5、6路等公交车。

140802-K10　**红旗东街**［Hóngqí Dōngjiē］在盐湖区境南部。西起解放南路，东至侯马—平陆高速东口。以解放路为界分东街、西街。与人民南路、中银南路、槐东路、禹西路等道路相交。长10.5千米，宽50米。沥青、水泥混合路面。1971年在原姚家巷、庙背后、衙墙巷等旧街基础上拓宽建成。1977年建成圣惠路—槐东路段。1997年建成人民路—槐东路段。1999年建成槐东路—学苑路段。2005年拓宽改造学苑路以东路段。2013年改造解放路—人民路段。原名盐湖大道，因西端有运城烈士陵园，2003年改今名。两侧有运城宾馆、河东广场、运城市政务服务中心、运城市中心医院等。通10、20路等公交车。

140802-K11　**圣惠北路**［Shènghuì Běilù］在盐湖区境西部。北起侯马—平陆高速，南至机场大道。以机场大道为界，分南路、北路。与涑水街、条山街等道路相交。长4.4千米，宽50米。沥青、水泥混合路面。上世纪80年代建设，命名圣惠路，2004年改造后称圣惠北路。2007年改造工农街（今机场大道）—涑水街段。据传元代延祐年间，河东盐池遭洪水侵袭，仁宗皇帝减免盐税十之六七，民怀圣德，将路村（今庙村）更名圣惠镇，道路因此得名。两侧有运城蓝海学校、技工学校、运城农业会展中心、农业大厦等。通28、105路等公交车。

140802-K12　**圣惠南路**［Shènghuì NánLù］在盐湖区境西部。北起机场大道，南至运城—永济省道。以机场大道为界，分南路、北路。与红旗西街等道路相交。长4.9千米，宽50米。沥青、水泥混合路面。2004年开工建设盐化二厂—圣惠桥南段。2012年改造姚暹渠—工农街段（今机场大道）。据传元代延祐年间，河东盐池遭洪水侵袭，仁宗皇帝减免盐税十之六七，民怀圣德，将路村（今庙村）更名圣惠镇，道路因此得名。两侧有运城市职业技能学校、运城市口腔卫生学校、圣惠公园及众多居住小区。通4、8路等公交车。

140802-K13　**凤凰路**［Fènghuáng Lù］在盐湖区境中部。北起解放南路，南至南城墙街。与河东西街、红旗西街、老西街等道路相交。长2.1千米，北段宽30米，南段宽24米。沥青、水泥混合路面。20世纪90年代初改造市府街—红旗街段。1992年改造河东西街—运城火车站段。

2001年拓宽改造红旗街—河东街段。曾名北大街、南大街，“文革”期间称反修路。2003年改今名，以运城古有“凤凰城”之美称得名。两侧有盐湖区实验小学、八一市场、二郎庙商业街、运城购物中心、运城火车站、五洲汽车站等。通1、6、7路等公交车。

140802-K14 **解放北路**［Jiěfàng Běilù］在盐湖区境中部。北起北相公园，南至机场大道。以机场大道为界，分南路、北路。与复旦大街、大禹街、涑水街、条山街等道路相交。长11.5千米，宽50米。沥青路面。1970年改建路家巷、老北门外原有土路，1974年建成。纪念1947年解放军由老北门攻入城中得名。两侧有盐湖区第二高级职业中学、盐湖区人民法院、盐湖区人民检察院、运城市第二医院、天逸公园、运城市汽车客运中心站等。通3、12路等公交车。

140802-K15 **解放南路**［Jiěfàng Nánlù］在盐湖区境中部。北起机场大道，南至银湖北路。以机场大道为界，分南路、北路。与老东街、南城墙街等道路相交。长3.1千米，宽50米。沥青路面。1974年拓建。1980年修建禹都大道至工农街（今机场大道）段。1986年修建解放路立交桥。1998年拓宽改造红旗街至禹都大道段。2010年拓宽改造铁道口至红旗街段。纪念1947年解放军由老北门攻入城中得名。两侧有运城市胸心血管病医院、力行中学、运城市幼儿园、中共盐湖区委、盐湖区政务大厅、东星向上广场等。通3、6路等公交车。

140802-K16 **人民北路**［Rénmín Běilù］在盐湖区境中部。北起028乡道，南至机场大道。以机场大道为界，分南路、北路。与涑水街、条山街等道路相交。长5.4千米，宽50米。沥青路面。1979年在土路基础上拓建。2006年改造工农街（今机场大道）—条山街段。2009年建成条山街—涑水街段。两侧有运城市第一医院、吾悦广场、运城市眼科医院等。通4、26路等公交车。

140802-K17 **人民南路**［Rénmín Nánlù］在盐湖区境中部。北起机场大道，南至南城墙街。以机场大道为界，分南路、北路。与禹都东街、河东东街、红旗东街等道路相交。长2.6千米，宽50米。沥青路面。1979年在土路基础上拓建。2003年拓宽改造河东东街—禹都大道段。2004年拓宽改造红旗东街—河东东街段。2012年改造南城墙街—红旗街段。2015年拓宽改造禹都大道—工农街（今机场大道）段。两侧有人民路小学、南风广场、运城市黄河工程局、山西三门峡库区管理中心等。通14、15路等公交车。

140802-K18 **中银北路**［Zhōngyín Běilù］在盐湖区境中部。北起大禹街，南至机场大道。以机场大道为界，分南路、北路。与条山街、涑水街等道路相交。长4.1千米，宽50米。沥青、水泥混合路面。1995年开工，1996年建成。2012年改造。原名建设路，2003年因中国银行有偿冠名更今名。两侧有盐湖区第二实验小学、星河生活广场等。通19、27路等公交车。

140802-K19 **中银南路**［Zhōngyín Nánlù］在盐湖区境中部。北起机场大道，南至老东街。与禹都东街、河东东街等道路相交。以机场大道为界，分南路、北路。长2.4千米，宽50米。沥青、水泥混合路面。1992年建成老东街—河东东街段。1996年建成河东东街—禹都东街段。1999年建成禹都东街—机场大道段。原名建设路，2003年因中国银行有偿冠名更今名。两侧有运城市实验中学、运城市中医医院、运城市人社局、运城市文物局等。通5、9路等公交车。

140802-K20 **槐东路**［Huáidōng Lù］在盐湖区境中部。北起禹都东街，南至银湖东街。与河东东街、红旗东街等道路相交。以河东东街为界，分槐东路、槐东南路。长2.2千米，宽50米。沥青路面。2000年开工，2002年建成。2005年建成禹都东街—红旗东街段和禹都东街—铁南街段。2008年拓宽改建红旗东街—银湖东街段。因在槐树凹村东侧得名。两侧有槐东文化苑、运城学院附属中学等。通1路公交车。

140802-K21 **学苑路**［Xuéyuàn Lù］在盐湖区境中部。北起运城北站，南至滨湖大道。与红旗东街、河东东街、机场大道、舜帝街等道路相交。长9.7千米，宽50米，沥青路面。2004年建成并命名河东街—禹都东街段。2009年建成红旗东街—滨湖大道段。2011年建成机场大道—涑水街段。2014 年建成涑水街—北环路段。因途经运城学院老校区得名。两侧有运城职业技术大学、消防主题公园、新象城购物广场、盐湖园等。通 14、28 路等公交车。

140802-K22　**禹西路**［Yǔxī Lù］在盐湖区境东部。北起机场大道，南至银湖东街。与禹都东街、魏风街、河东东街等道路相交。长 2.9 千米，宽 40 米。沥青路面。2007 年改造禹都东街—红旗东街段。因在禹都开发区西侧得名。两侧有运城中学、运城市民服务中心、运城市中心医院、运城市博物馆等。通 14、25 路等公交车。

140802-K23　**周西路**［Zhōuxī Lù］在盐湖区境东部。北起魏风街，南至银湖东街。与河东东街相交。长 0.9 千米，宽 40 米，沥青路面。2008 年新建河东东街—红旗东街段。2010 年新建河东街—魏风街段。2011 年命名，因位于城中村周家坡村西侧得名。两侧有运城市公安局盐湖分局、中银大厦、运城市体育馆等。通 10 路公交车。

140802-K24　**韩信路**［Hánxìn Lù］在盐湖区境东部。北起铺安街，南至红旗东街。与魏风街、河东东街等道路相交。长 1.7 千米，宽 40 米。沥青路面。2008 年开工建设。2012 年改造河东东街—红旗东街段。2015 年新建铺安街—河东东街段。曾名韩信沟，因楚汉之际韩信进攻魏国时，在此挖掘水沟攻入魏豹城得名，2011 年更今名。两侧有禹都公园、外滩首府小区等。通 1 路公交车。

140802-K25　**安邑西路**［Ānyì Xīlù］在盐湖区境东部。北起 028 乡道，东南至安邑路。与禹都东街、涑水街、机场大道等道路相交。长 8.1 千米，宽 60 米。沥青路面。2013 年开工，2014 年底建成。曾名安中路，因地处安邑古城西侧，2014 年更今名。两侧有运城三中、禹都公园等。通 15 路公交车。

140802-K26　**安邑路**［Ānyì Lù］在盐湖区境东部。北起辛庄村，南至红旗东街。与河东东街、安邑西路等道路相交。长 2 千米，宽 60 米。沥青路面。2010 年开工，2012 年建成。曾名安东路，因地处安邑古城附近，2014 年更今名。两侧有禹都公园、大运幼儿园等。

140802-K27　**安邑东路**［Ānyì Dōnglù］在盐湖区境东部。北起苏北线，南至红旗东街。与河东东街、光华路等道路相交。长 2.9 千米，宽 60 米。沥青路面。2010 年开工，2012 年建成。曾名邑东路，因地处安邑古城东侧，2014 年更今名。两侧有晋南综合职业技术学校、运城市汽车客运东站等。通 13、103 路等公交车。

140802-K28　**康杰路**［Kāngjié Lù］在盐湖区境东部。北起舜帝街，南至机场大道。与雷达街等道路相交。长 2.4 千米，宽 40 米。沥青路面。2003 年 4 月开工，2004 年 8 月建成。因运城籍革命家、教育家嘉康杰烈士得名。两侧有康杰中学、东康中学、大运汽车股份有限公司等。通 13、17 路等公交车。

140802-K29　**柳河东路**［Liǔhédōng Lù］在盐湖区境东部。北起舜帝街，南至河东东街。与机场大道、陶朱公街、柏园东街、苏北线等道路相交。长 5.7 千米，宽 60 米。水泥路面。2005 年 3 月开工，2006 年 6 月建成。2013 年改造。曾名通达路，因运城籍历史人物柳宗元别名柳河东得名，2014 年更今名。两侧有大运汽车股份有限公司、薛辽中学、冯家卓村委会等。通 17、66 路等公交车。

140802-K30　**裴相路**［Péixiàng Lù］在盐湖区境东部。北起舜帝街，南至 209 国道。与机场大道、候安公路、陶朱公街等道路相交。长 3.7 千米，宽 60 米。水泥路面。曾名华雄路，因运城籍历史人物唐代宰相裴度得名，2014 年更今名。两侧有运城市财经学校、幼儿师范高等专科学校、张孝村等。通 24、66 路等公交车。

140802-K31　**滨湖大道**［Bīnhú Dàdào］在盐湖区境南部，为环盐湖周边道路。目前建成路段东起环池村，西至营部窑村西南。与解放南路、学苑路等道路相交。规划全长 56.13 千米，已改造段长 10.1 千米，宽 36 米。柏油路面。原名滨湖路，因道路环绕盐湖得名，2020 年更今名。滨湖大道是运城盐湖生态文化旅游的景观大道。两侧有池神庙、盐湖园、湖东派出所等。

140802-K32　**大禹街**［Dàyǔ Jiē］在盐湖区境北部。西起解放北路，东至安邑东路。与中银北路、人民北路等道路相交。长 5.8 千米，宽 40 米。

其中学苑路—安邑西路段尚未贯通。柏油路面。曾名曲渠街，2014 年更今名，为纪念大禹建都于运城安邑得名。两侧有吾悦广场、运城市惠民脑瘫康复医院等。通 107、109 路等公交车。

140802-K33 **陶朱公街**［Táozhūgōng Jīe］在盐湖区境东北部，西北起机场大道，与康杰路相连，东到郭家卓村。与司马温公路、柳河东路等道路相交。长 5.2 千米，宽 50 米。曾名港府大道，2014 年更今名。春秋晚期，“商圣”陶朱公范蠡据传晚年归隐河东，今陶村镇有其墓碑。此街地处经济开发区，毗邻陶村镇界，因此得名。附近有金海岸居家装饰城、空港创业大厦等。通 66、88 路等公交车。

140802-K34 **司马温公路**［Sīmǎwēngōng Lù］在盐湖区境东部。北起候安公路，南至呼北线。与河东东街、苏北线、陶朱公街等道路相交。长 5.6 千米，宽 40 米。柏油路面。曾名雪花路，2014 年更今名。为纪念运城籍历史名人司马光得名。两侧有运城电子商务产业园、运城幼儿师范高等专科学校等。通 24、88 路等公交车。

140802-N01 **涑水桥**［Sùshuǐ Qiáo］在盐湖区境东北部。横跨尧梦湖（樊村水库）之上。长 304.98 米，宽 38.6 米。其中主桥长 184 米，跨径为 52 米 +80 米 +52 米；东西引桥各长 60 米，跨径为 2×30 米。工程总投资 9938.7 万元。柏油路面。2014 年建成。2018 年于桥两侧安装灯光音乐喷泉。曾名涑水街大桥，2022 年 5 月更今名。因位于涑水街得名。通 56 路公交车。

140802-A01 **中城街道**［Zhōngchéng Jiēdào］盐湖区人民政府驻地。在区境中部。面积 3 平方千米。人口 2.26 万。辖 9 社区。人口以汉族为主，还有回、满、蒙古等族。因位于城区中部而得名。1983 年成立中城办事处，2000 年改称中城街道。2002 年改设为解放路、西花园、潞村、站前 4 个社区。2011 年增设八一西街社区。有商贸区二廊庙商业金街、八一市场、家电市场、文化及装饰材料市场。建 20 余居民小区。有中小学 3 所。有各级各类医疗卫生机构 29 个，其中卫生院 1 所。有广场、商城、盐湖会堂、文化宫、铁路俱乐部。有全国重点文物保护单位关王庙。有古迹中山中学旧址、嘉康杰被扣监狱旧址、关王庙等。经济以商业为主。境内有运城火车站、五洲汽车站等车站。南同蒲铁路经此设站。通多路公交车。

140802-A01-J01 **潞村社区**［Lùcūn Shèqū］属中城街道。在区境中部。面积 0.6 平方千米。人口 7300。原名路村，有路家巷和路代宗祠，后因潞盐闻名全国，遂演变为潞村。2001 年 7 月成立。有楼房 60 栋。有解放路小学。有都市花园、汇景仕嘉、百纺汇景苑运城供电分公司家属院等多个居住小区。有运城供电公司、运城市农业生产资料公司。2014 年被评为省文明社区。通 3、33、99、104 路公交车。

140802-A02 **东城街道**［Dōngchéng Jiēdào］属盐湖区。在区境东部。面积 8.9 平方千米。人口 10.25 万。辖 27 社区、3 行政村。因该行政区位于城区东部而得名。1983 年成立。地势平坦。年平均气温 14.7℃，年平均无霜期 206 天，姚暹渠流经。有中小学 14 所。有卫生院、党政机关、博物馆、体育馆、广场、航天公园、楹联文化园、消防主题公园。有省级文物保护单位河东盐务稽核分所旧址。有清真寺等。经济以服务业为主，主导产业以务工经商、房产开发、房屋租赁为主。主要交通干线有人民南路、滨湖路、红旗东街等。通多路公交车。

140802-A02-J01 **河东东街社区**［Hédōng dōngjiē Shèqū］属东城街道。在区境东部。面积 0.6 平方千米。人口 7800。2001 年 7 月成立。有楼房 60 栋。有运城学院附属中学、运城市人力资源和社会保障局、罗马假日酒店。有怡和小区、国土家属院、运城市广播电视台家属院等多个居住小区。有山西金鼎生物种业股份有限公司。2014 年被评为省文明社区。通 1、10、15 路公交车。

140802-A02-J02 **八一西街社区**［Bāyīxījiē Shèqū］属东城街道。在区境中部。面积 0.8 平方千米。人口 6800。因紧邻八一市场得名。2011 年 11 月成立。有楼房 80 栋。有运城市火车站、运城市五洲汽车站。有运城市第二实验中学。有八一市场、中环大厦、凤凰财富广场。有中贸佳苑、路西小区等多个居住小区。2014 年被评为省文明社区。通 11、16、101、106 路公交车。

140802-A03 **西城街道** [Xīchéng Jiēdào] 属盐湖区。在区境西南部。面积 10.3 平方千米。人口 2.11 万。辖 6 社区、5 行政村。因位于城区西部得名。1983 年成立。原名运城市西城办事处，2000 年更名为西城街道办事处。地势平坦。姚暹渠流经。有中小学 6 所，有卫生院、文化站、圣惠公园、特色小游园、酒店、服装公司、企业等。6 村形成一村一品产业格局。有省级红色文化遗址运城市烈士陵园。农业以种植小麦、棉花为主。工业以海绵制造业、粉煤灰加工业、服装加工、关铝热电、硫化碱为主。南同蒲铁路经此。通多路公交车。

140802-A03-J01 **圣惠桥社区** [Shènghuìqiáo Shèqū] 属西城街道。在区境西部。面积 0.7 平方千米。人口 5200。因临近圣惠桥得名。2001 年 7 月成立。有楼房 70 栋。有运城市职业技能学校、运城市口腔卫生学校、新民中医院。有碧海花园、西兴花园、丽锦城西人家、路桥小区等多个居住小区。2014 年被评为全国文明社区。通 5、7、10 路公交车。

140802-A04 **南城街道** [Nánchéng Jiēdào] 属盐湖区。在区境西南部。面积 50 平方千米。人口 3.67 万。辖 9 社区、7 行政村。1983 年成立南城办事处。2000 年改称南城街道。2001 年西姚乡并入。因位于城区南部得名。辖区跨盐湖两岸，南山一带矿产资源丰富，有金、银、铜、铁等。2010 年，实施凤凰南路棚户区改造和“圣惠嘉苑”城市保障性住房惠民工程，拓宽改造解放南路。有中小学 6 所。有卫生院 1 所、各级各类医疗卫生机构 37 个。盐湖为我国最古老盐池之一，为中国化工企业—南风集团原料基地，是世界第三大硫酸钠型内陆湖泊。有池神庙、凤凰谷森林公园、哑姑泉等。农业以种植业和养殖业为主。有南风集团无机盐生产基地。

140802-A04-J01 **凤凰南路社区** [Fènghuáng nánlù Shèqū] 属南城街道。在区境南部。面积 3 平方千米，人口 2300。因紧邻凤凰路而得名。2001 年 7 月成立。有楼房 20 栋。有运城市盐湖区实验小学、盐湖区西街小学、南街小学、运城市中心医院。有运城市盐湖区政府、运城市盐湖区文化馆。有山西运城建国饭店、东星向上广场。有钟楼小区等多个居住小区。2014 年被评为省文明社区。通 4、44、104 路公交。

140802-A05 **北城街道** [Běichéng Jiēdào] 属盐湖区。在区境北部。面积 18.9 平方千米。人口 7 万。辖 33 社区、5 行政村。因位于城区北部得名。1982 年境域属运城县运城镇。1983 年设运城市北城街道。2011 年增设四季绿城社区。地处中纬度，属暖温带大陆性气候，年平均温度 12—14℃。地貌平坦，地势开阔。姚暹渠从东向西流经。有中小学 14 所。有职业技术学校、医院、卫生院。主导产业以车辆运输业、水泥制管业、豆腐豆芽加工业、商贸零售业为主。服务业以餐饮、物流等为主。南同蒲铁路、209 国道、省道侯平线经此。通公共交通。

140802-A06 **安邑街道** [Ānyì Jiēdào] 属盐湖区。在区境东部。面积 76 平方千米。人口 4.46 万。辖 13 社区、27 行政村。因所辖区域为古时南安邑所在而得名。安邑，古都邑，取大禹治水“洪水既平，民始安居”之意 。北魏古分北安邑（今夏县）、南安邑。南安邑即现在安邑街道。北魏神元年（428 年）安邑县分为南北 2 县。太和十一年（487 年）南安邑更今名。1955 年安邑县人民政府迁址运城。1958 年安邑、解虞、永济、临猗四县合并成立运城县。1984 年组建，原名运城市安邑办事处。2001 年撤并乡镇，安邑办事处改称安邑街道。属温带季风气候，年平均气温 14.7℃，无霜期年平均 206 天。安邑街道境内河道属黄河流域，有姚暹渠，从东至西流经境内杨家卓、郭家卓、湾子村、黄家卓、冯家卓、辛卓、东街、北街、西街等村，长 13.6 千米。有中小学 19 所。有卫生院、文化站。有全国重点文物保护单位宋代太平兴国寺塔和盐池禁墙。有安邑古城遗址魏豹城、韩信沟等遗址。主产小麦、玉米。服务业以批发零售、商贸为主。有常运柴油机厂、关铝碳素厂等民营企业 100 余家。209 国道、运三高速、运侯高速、大运二级公路经此。

140802-A07 **大渠街道** [Dàqú Jiēdào] 属盐湖区。在区境西北部。面积 28 平方千米。人口 1.59 万。辖 2 社区、9 行政村。因大渠村得名。大渠村地势低洼，每逢雨季，洪水皆绕村四周而过，经村南渠汇入运城姚堰渠，故为大渠。2001 年 3 月由大渠乡改设。地势平坦，土壤肥沃。年平均降水量 559.3 毫米，年平均日照时数 2247 小时，年平均气温 13.6℃，全年无霜期 208 天左右。有中小学 6 所、卫生院 1 个、各级各类医疗卫生机构 22 个、文化艺术表演团体 6 个。有全国重点文物保护单位泛舟禅师塔。有省级文物保护单位河东书院藏书楼。主产小麦、棉花、蔬菜，有经济林，有畜牧业。省道运风线、侯平线、运临线经此。

140802-A07-J01 **大渠** [Dàqú]大渠街道办事处驻地。在区政府驻地中城街道西北 4 千米。人口 750。因村地势低洼，每逢雨季发洪水，四邻洪水皆绕村四周而过，经村南渠汇入运城姚暹渠，故名。聚落呈团块状。有河东中学、大渠小学。有第六批省级文物保护单位河东书院藏书楼，现存为明代建筑遗构。县道运文线、圣惠北路经此。

140802-A07-H01 **寺北** [Sìběi] 在区政府驻地中城街道西北 5 千米。大渠街道辖行政村。人口 3000。相传唐晋昌郡王曲环家族于报国寺北部定居，后演变而得名。聚落呈团块状。有寺北小学。有第五批全国重点保护文物单位泛舟禅师塔，现存为唐代建筑遗构。有特产桃、梨、葡萄。县道运文线经此。

140802-A08 **姚孟街道** [Yáomèng Jiēdào] 属盐湖区。在区境中部。面积 16 平方千米。人口 2.58 万。辖 6 社区、8 行政村。1949 年安邑县设 5 个区，辖区分属一区和四区。1953 年建乡，辖区 12 个村分属原王庄乡、羊驮寺乡和陶上乡。1956 年全县乡镇合并，属原王庄乡。1958 年成立人民公社，属运城公社原王庄管理区。1961 年属原王庄公社。1967 年，属原王庄公社革命委员会原王庄公社。1984 年成立姚孟公社管理委员会，辖 12 村。1984 年姚孟公社管理委员会更名为姚孟乡人民政府。2001 年姚孟乡改为姚孟街道。姚孟因历史传说得名。相传当年尧王外出访贤，途经此地，夜宿该村，晚上尧做梦遇贤人大舜，遂位于舜。后人称该村为尧梦，后演变为姚孟。地势平坦。年平均降水量 559.3 毫米，年平均无霜期 208 天。引黄渠、退水渠流经。有小学 4 所、村级卫生所 11 个、卫生院 1 个、文化艺术团体 30 个。有农家书屋、文化活动室。主要经济作物为韭菜。以种植业、制鞋业、食品加工业和运输业为主。大西铁路经此设站。省道侯平线经此。

140802-B01 **龙居镇** [Lóngjū Zhèn] 盐湖区辖镇。在区境西北部。面积 94 平方千米。人口 4.49 万。辖 28 行政村。镇人民政府驻龙居。1949 年境域属解县第二区。1984 年由龙居公社改为龙居镇。2020 年辖 28 行政村。因驻地得名。相传古时有一皇帝东行，曾旅居于此，故名龙居。境内河道属黄河流域，有涑水河，从东至西流经境内冯庄头、东张耿、下张耿、茂盛等村，长 12.8 千米。有姚暹渠、常硝渠。有中小学 9 所，有文化站、卫生院、农家书屋等。有全国文明村西张耿村。有古迹王马墓地、石牛寺、王南文昌阁等。有民间艺术狮子舞、花篮灯等。为盐湖区农业镇，主产西瓜、红黑提葡萄、早熟油桃、红香酥梨及大棚蔬菜。以红香酥梨基地建设、现代设施农业建设、优质粮棉基地建设为特色。工业以化工、建材为主。铁路南同蒲线、省道运风线、运永线经此。

140802-B01-H01 **龙居** [Lóngjū] 龙居镇人民政府驻地。在区政府驻地中城街道西 1 千米。人口 1900。因镇南四十里岗起伏蜿蜒如龙而得名。聚落呈团块状。有龙居中学、龙居镇卫生院。有特产桃、梨、葡萄。县道运文线经此。

140802-B01-H02 **雷家坡** [Léijiāpō] 在区政府驻地中城街道西南 8 千米。龙居镇辖行政村。人口 1400。因村建在半坡，村中以雷姓居多而得名。聚落呈团块状。有德孝苑，以德孝敬老闻名。有雷家坡遗址，为汉代文化遗存。2015 年被评为第四届全国文明村。521 国道经此。

140802-B01-H03 **西张耿** [Xīzhānggěng] 在区政府驻地中城街道西南 9 千米。龙居镇辖行政村。人口 860。原有张、耿姓居住，后来人口增多，居住分为三个地方，该村位于西，故名。聚落呈团块状。2020 年被评为第六届全国文明村。县道运文线经此。

140802-B02 **陶村镇** [Táocūn Zhèn] 盐湖区辖镇。在区境东北部。面积 47 平方千米。人口 3.34 万。辖 2 社区、15 行政村。镇人民政府驻陶村。

1949 年属安邑县第一区。1953 年设陶村乡。1958 年改公社。1961 年设陶村公社。1984 年改置镇。因驻地得名。古名陶，以盛产陶器而闻名。传说周敬王时期当地以制陶而出名，名曰陶山。又说春秋末年陶朱公范蠡流寓河东，卒葬于此而得名。地势东高西低，东为鸣条岗，南有苦池滩。有中小学 8 所、幼儿园 8 所。有卫生院、文化站、图书室。有古迹陶朱公墓。是盐湖区新农村建设试点镇。经济以商贸、运输、建筑、建材为主。农业以小麦、棉花为主，经济林以油桃、葡萄、梨枣、小杂果为主。铁路南同蒲线、省道侯风线经此。大运路、大风路过镇。有运城机场。

140802-B02-H01 **陶村**［Táocūn］陶村镇人民政府驻地。在区政府驻地中城街道东北 14 千米。人口 3000。据村西陶朱公墓碑文载，越国大夫陶朱公范蠡晚年隐居并葬于此，故名。聚落呈团块状。有陶村中学，陶村镇卫生院。有陶朱公墓、陶村墓地，为东周时期文化遗存。有特产油桃、葡萄。342 国道经此。

140802-B03 **东郭镇**［Dōngguō Zhèn］盐湖区辖镇。在区境东南部。面积 57 平方千米。人口 1.71 万。辖 7 行政村。镇人民政府驻东郭。1949 年属安邑县第二区。1953 年设东郭乡。1958 年改公社。1961 年设东郭公社。1984 年改置镇。因驻地得名。东郭，原名东躲，因躲避山洪，村落东迁而得名。后一郭姓财主嫌村名不雅，取其郭姓改名东郭。南侧中条山，北侧盐池滩。地势南高北低。北温带大陆性气候，一年四季分明。年平均气温 14 度。旱灾、风灾频繁，有“一年一场风，年初到年终”的特点。有中小学 5 所、幼儿园 5 所、文化站 1 个、图书室 11 个、卫生院 1 所、体育场地 10 处。有全国重点文物保护单位虞坂古盐道。有市级文物保护单位蚩尤村新石器时代遗址、白庄古戏庙、牛家院古盐道等。有景点九龙山。有市级非物质文化遗产磨河村雄狮上老杆。为蚩尤故里。有民间艺术蚩尤战鼓、老虎舞及界村龙灯舞、晋南十样景锣鼓、跑马灯、扎马角等。2004 年被评为省级文明小城镇。水资源丰富，地下水属含锶重碳酸钙天然矿泉水。有矿产资源硝、金、铁等。主导产业以小麦、棉花、大棚蔬菜为主。有多条公路经此。

140802-B03-H01 **东郭**［Dōngguō］东郭镇人民政府驻地。在区政府驻地中城街道东南 15 千米。人口 3500。原名东躲，因躲避山洪村落东迁得名，郭姓认为村名不雅，遂取其姓而得名。聚落呈团块状。有东郭镇中学、东郭小学、东郭镇卫生院。有东郭葛氏宅，现存为清代建筑遗构。有东郭墓地，为东周时期文化遗存。有特产陈桃、杏。乡村道路经此。

140802-B03-H02 **刘范**［Liúfàn］在区政府驻地中城街道东南 10 千米。东郭镇辖行政村。人口 410。原为刘家窑、范家窑两个自然村，后合并为一村，取首字得名。聚落呈团块状。有第六批省级文物保护单位牛家院古盐道，为北周时期文化遗存。有开山道摩崖石刻，开凿于北周大象二年（580 年）。乡村道路经此。

140802-B04 **三路里镇**［Sānlùlǐ Zhèn］盐湖区辖镇。在区境北部。面积 56.9 平方千米。人口 1.38 万。辖 4 行政村。镇人民政府驻三路里。1949 年属安邑县第三区。1953 年设三路里乡。1958 年改公社。1961 年设三路里公社。1984 年改置镇。因驻地得名。原名三路李，因该村东、西、南有三条大路和居民为李姓而得名，又称李村。侵华日军占领时，将“李”写成“里”，后沿用至今。地处稷王山南麓。地势北高南低。年平均气温 13.6℃，平均最低气温 -7.3℃，最高气温 32.6℃，年降水量 564—750 毫米，年平均无霜期 207 天。有中小学 3 所。有卫生院、文化站、农家书屋等。有省级文物保护单位元代建筑三官庙戏台。有以杨家门村为中心的鸡腿菇种植业、三路里村为中心的旱地优质核桃基地、沟东为中心的国槐生产基地。主产小麦、绿豆，种植药材、果树、梨树、核桃等。为市第一国槐生产基地。有石灰、镁矿石、碎石等石产品。有公路经此。

140802-B04-H01 **三路里**［Sānlùlǐ］三路里镇人民政府驻地。在区政府驻地中城街道东北 35 千米。人口 5400。因该村东、西、南有 3 大路，李姓居多，名三路李，后演变而得名。聚落呈团块状。有运城市柏王中学、三路里小学、三路里镇卫生院。有第四批省级文物保护单位三官庙戏台，现存为明代建筑遗构。有特产核桃、双季槐。北部山区产青石，青石加工居多。县道三南线经此。

140802-B05 **北相镇**［Běixiàng Zhèn］盐湖区辖镇。在区境北部。面积60平方千米，人口4.02万。辖3社区、19行政村。镇人民政府驻北相。民国时期，先后属安邑县六区、四区，为区治驻地时称北相治村，为四区治所，称为北相行政村。1953年设北相乡。1958年改公社。1984年改置镇。以驻地得名。古名相城，春秋时晋大夫里克被杀，妻司城氏携其少子季友避居相城，为相氏，故名相里，亦称相镇。后村分为二，名北相镇。地处鸣条岗西端，北邻涑水河。境内河道属黄河流域，有涑水河1条，从东至西流经南任留、北任留、麻家卓等村，长7.2千米。有中小学6所、卫生院1所。有全国重点文物保护单位舜帝陵庙。有辛亥革命烈士李歧山和文学家、戏剧家、翻译家李健吾。盐湖区主要的粮棉生产基地。为农业镇，种植果、梨、黄瓜、相枣。畜牧业以饲养生猪、羊、牛、家禽为主。省道运稷线经此。

140802-B05-H01 **北相**［Běixiàng］北相镇人民政府驻地。在区政府驻地中城街道西15千米。人口5000。春秋时称相城，为晋大夫里克食邑。里克被戮，其妻司城氏携少子逃来此地，称相里城，后演变而得名。聚落呈团块状。有北相中心学校、北相小学、北相镇卫生院。有北相遗址，为新石器时代文化遗存。有北相关公庙、王满朝宅院、祖神庙，现存为清代建筑遗构。特产相枣，有名吃北相胡卜。省道运稷线经此。

140802-B06 **泓芝驿镇**［Hóngzhīyì Zhèn］盐湖区辖镇。在区境西北部。面积45平方千米。人口2.19万。辖13行政村。镇人民政府驻泓芝驿。1949年属安邑县第四区。1953年设泓芝驿乡。1958年改公社。1961年设泓芝驿公社。1984年改置镇。以驻地得名。据《安邑县志》记载，古为北驿路马号所在地，人传驿号在真武庙后，庙前有池，池水不竭，池草色红，有解役畜饥渴、治困乏的功效，时人有灵芝之称，故名。北为丘陵，南部平川。境内河道属黄河流域，有涑水河，从东至西流经境内南店、西翟底、东庄、寨里、张岳等村，长4.76千米。有中小学5所、卫生院1所。有全国重点文物保护单位寨里关帝庙。有古迹南店后土庙、寨里堡门等。为农业镇，粮食作物以小麦、玉米为主。王过酥梨为国家农产品地理标志保护产品。有酥梨生产、果品贮藏等产业。有公路经此。

140802-B06-H01 **泓芝驿**［Hóngzhīyì］泓芝驿镇人民政府驻地。在区政府驻地中城街道北25千米。人口1600。相传村中水草为红色，驿马饮水食草可解困驱病，称此草为灵芝，后演变而得名。聚落呈团块状。有泓芝驿学校、泓芝驿镇卫生院。为古驿站。有特产酥梨。县道泓临线经此。

140802-B07 **解州镇**［Hàizhōu Zhèn］盐湖区辖镇。在区境西南部。面积205平方千米。人口6.34万。辖2社区、26行政村。镇人民政府驻解州。1949年属解县第一区。1953年设解州乡。1958年改公社。1984年改置街道。1997年设镇。2001年车盘、常平、五龙峪3乡并入。以驻地得名。上古称“渤澥”，是海之意。后“澥”字“去水名其地”称为“澥”。春秋时称解（Hài）梁，汉代置解县，五代置解州，宋金沿用，清又升为直隶州，民国重置解县，故称解州，又称解县。南靠中条山，东依盐池，北临硝池滩。地势南高北低。有姚暹渠、常硝渠。境内河道属黄河流域，姚暹渠从东至西流经境内东高玉、北高玉、许贾、北贾、西辛庄等村，长11.2千米。有中小学、卫生院、文化站等。有全国重点文物保护单位解州关帝庙、常平关帝庙、解州同善义仓。有省级文物保护单位解州文庙。为国家重点小城镇、省历史文化名镇。有武圣关羽、兴办都江堰的蜀郡守李冰等。有无产阶级革命家程子华和蒲剧大师阎逢春。关公文化发源地之一。为武圣关公故里。经济以营销服饰、生活用品为主，为发展农林牧多种经营和化学工业的重要基地。铁路南同蒲线、西南绕城高速、521国道、省道临陌线、运解线经此。

140802-B07-H01 **解州**［Hàizhōu］解州镇人民政府驻地。在区政府驻地中城街道西南15.8千米。人口5400。“解”本字“澥”，意为海。上古洪水泛滥，号为“渤澥”，去水名其地，故名。聚落呈团块状。有解州中学、解州初级中学、解州镇中心卫生院。为武圣关公故里。有全国重点文物保护单位解州关帝庙，创建于隋开皇九年（589年），现存为明清建筑遗构。有第八批全国重点文物保护单位解州同善义仓，现存为清代建筑遗构。有大型企业关铝集团和运城盐池，有泵业产品。521国道、省道临陌线、运解线经此。

140802-C01 **席张乡**［Xízhāng Xiāng］盐湖区辖乡。在区境西部。面积75平方千米。人口1.62万。辖7行政村。乡人民政府驻席张。1949年境域属解县第一区。1953年设席张乡。1958年改公社。1961年设席张公社。1984年复置乡。以驻地得名。席张，又名西障，因地处解州西界，似州西屏障而得名。南有中条山，北有硝池滩。年平均降水量525毫米，年日照时数2350小时，年平均气温13℃，无霜期212天。有中小学6所、卫生院1所。有古迹张骞墓。以种植业为主。主产棉花、小麦、薄皮核桃、枣、杏，养殖以奶牛、猪、羊为主。有传统羊肉泡馍。南同蒲铁路省道运永线经此。

140802-C01-H01 **席张**［Xízhāng］席张乡人民政府驻地。在区政府驻地中城街道西南25千米。人口4500。因在解州西，素有州西屏障之称，故名西障，后因席姓、张姓人家多数而得名。聚落呈团块状。有席张中心学校、席张小学、席张乡卫生院。有席张墓葬、席张遗址，为汉代文化遗存。有特产核桃、枣、杏。521国道经此。

140802-C02 **金井乡**［Jīnjǐng Xiāng］盐湖区辖乡。在区境西部。面积49.9平方千米。人口2.57万。辖12行政村。乡人民政府驻金井。1949年属解县三区。1953年设金井乡。1958年改公社。1960年设金井公社。1984年复置乡。以驻地得名。金井，又称金井庙，即后土庙。因向庙前枯井投掷铜钱有金银般回声，故称金井。地势东北高西南低。年平均气温13.6℃，无霜期220天左右，年平均降水量506.2毫米。有中小学8所、幼儿园4所。有文化站、卫生院等。有省级非物质文化遗产贵家营村“龙灯海仙”舞等。有全国文明村洗马村。为农业乡，主产小麦、玉米。养殖猪、羊、牛、家禽为主。有多个农业园区。山西省优质的粮棉基地。有棉花加工企业。2008年被评为省文明和谐乡镇。有省道运风线、运永线、临陌线经此。

140802-C02-H01 **金井**［Jīnjǐng］金井乡人民政府驻地。在区政府驻地中城街道西20千米。人口560。因金井庙而得名。聚落呈团块状。有金井乡初级中学、金井乡卫生院。有金井重修大井后土庙记碑，为明代文化遗存。主产鲜桃、酥梨、葡萄。省道临陌线经此。

140802-C02-H02 **洗马**［Xǐmǎ］在区政府驻地中城街道西南20.7千米。金井乡辖行政村。人口850。因村中有人任过洗马官而得名。聚落呈团块状。2020年被评为第六届全国文明村。县道运文线经此。

140802-C03 **冯村乡**［Féngcūn Xiāng］盐湖区辖乡。在区境东北部。面积55平方千米。人口2.28万。辖13行政村。乡人民政府驻冯村。1949年归安邑县第三区管辖。1953年设冯村乡。1958年改公社。1961年设冯村公社。1984年改置乡。以驻地得名。冯村，原名将军庙，相传慈禧太后经过将军庙一户家主叫做王振汉的大户人家门槛时，不小心将裙子扯破，即命人将裙子缝好，得名冯村。又说因冯姓人家居住较多而得名。北靠峨眉岭，南邻鸣条岗，涑水河从东至西流经，南部丘陵起伏，北为涑水冲积平原，地势平坦。境内河道属黄河流域，从东至西流经境内新郭、顺郭、东阳、中阳、西阳等村，长7.6千米。年平均气温10.5℃，年平均降水量270毫米。有中小学4所、幼儿园2所、卫生院1所。有古迹冯村圣母庙、东阳毛主席语录塔。有机械制造、造纸、砖瓦、家具等产业，特产犁铧、耙齿。农业乡，种植棉花、小麦，主产粮、果、梨、桃、菜。有新杜露天韭菜、西阳大棚黄瓜、郭西庄毛桃、小张早熟油桃等。有公路经此。

140802-C03-H01 **冯村**［Féngcūn］冯村乡人民政府驻地。在区政府驻地中城街道东北18千米。人口2000。据村中碑文记载，为汉光武帝大将冯翼封地，故名。聚落呈团块状。有冯村乡中学、冯村中心小学、冯村乡卫生院。有冯村遗址，为新石器时代文化遗存。有圣母庙，现存为清代建筑遗构。有特产鲜桃、酥梨、葡萄。乡村道路经此。

140802-C04 **王范乡**［Wángfàn Xiāng］盐

湖区辖乡。在区境东北部。面积 43.5 平方千米。人口 1.87 万。辖 7 行政村。乡人民政府驻王范。1949 年境域属安邑县第三区。1953 年设王范乡，后改公社。1959 年属运城县上郭公社。1961 年设王范公社。1984 年复置乡。因驻地得名。因该地区王、范两姓氏最早居于此，故称王范。年平均气温 10.9℃，1 月份平均气温 -3.8℃，7 月份平均气温 24℃，年平均降水量 630 毫米。南临鸣条岗，北接峨眉岭，地势开阔。境内河道属黄河流域，有涑水河，从东至西流经境内刘村庄、姚张、霍赵、王范、下马等村，长 4 千米。有中小学 4 所、幼儿园 6 所、卫生院 1 所。有古迹张董堡址、王范寿圣寺正殿等。有集贸市场。农业乡，主导产业以韭菜、葡萄、苹果、棉花、凿井为主。有运输、餐饮等行业。有公路经此。

140802-C04-H01 **王范** [Wángfàn] 王范乡人民政府驻地。在区政府驻地中城街道东北 21 千米。人口 4300。因该村王、范 2 姓始居得名。聚落呈团块状。有王范乡中学、王范示范小学、王范乡卫生院。有县级文物保护单位王范寿圣寺正殿，现存为明代建筑遗构。有王范遗址，为新石器时代文化遗存。有黄玉、黑云母、黄河矿等资源。有特产韭菜、葡萄、酥梨、桃等。乡村道路经此。

140802-C05 **上郭乡** [Shàngguō Xiāng] 盐湖区辖乡。在区境北部。面积 69 平方千米。人口 2.37 万。辖 12 行政村。乡人民政府驻上郭。1949 年属安邑县第三区。1953 年设上郭乡。1958 年设公社。1984 年 9 月复置乡。以驻地得名。因相传早前有郭姓兄弟二人从洪洞大槐树搬到该地居住，因居坡上，故名上郭。北部丘陵起伏，西南部近涑水平原，多方田林网。有中小学、幼儿园、卫生院。有爱国主义教育基地上段村二·二六惨案纪念馆及烈士纪念碑。有董永七仙女传说。为农业乡。主产小麦、棉花，种植秋杂粮，产无公害套袋苹果，有果库，有香椿基地。畜牧业以饲养生猪、羊、家禽为主。有上郭、中陈 2 个农村集贸市场。有生产空心砖建材工业园区。多条公路经此。

140802-C05-H01 **上郭** [Shàngguō] 上郭乡人民政府驻地。在区政府驻地中城街道东北 24.5 千米。人口 4300。因明初从洪洞大槐树下移民郭姓兄弟 2 人搬迁至此，兄居坡上而得名。聚落呈团块状。有上郭中学、上郭学校、上郭卫生院。有上郭碑楼，现存为清代建筑遗构。有上郭遗址，为汉代文化遗存。特产苹果、酥梨。省道运稷线经此。

140802-C05-H02 **上段** [Shàngduàn] 在区政府驻地中城街道东北 22.8 千米。上郭乡辖行政村。人口 1800。相传为战国时名士段干木故里，段干木家族一部南迁中条山下，称下段，原段村遂称为上段。聚落呈团块状。有上段遗址，为汉代文化遗存。有县级文物保护单位段干木碑，为明代文化遗存。有县级文物保护单位上段惨案遗址，1939 年 4 月 15 日，日军藤田茂部在上段村内共杀害村民 108 人，为青少年爱国主义教育基地。有特产苹果、酥梨。乡村道路经此。

140802-C06 **上王乡** [Shàngwáng Xiāng] 盐湖区辖乡。在区境东北部。面积 41 平方千米。人口 1.09 万。辖 6 行政村。乡人民政府驻上王。1953 年设上王乡，后改公社。1961 年设上王公社。1984 年复置乡。以驻地得名。上王村原名双凤村，后因该村位于涑水之上，又是诸村之首，因而称上王。多丘陵。有中小学 4 所、卫生院。抗日战争时期牛庄村“四九”惨案发生地，是牛庄村廉政警示教育基地，有红色生态旅游休闲路线。有矿藏石灰石等。主导产业以经济林、退耕还林、劳务输出为主。有特色种植业和规模养殖业。有子谏酥梨出口、万物春肉羊养殖、果品贮藏、中昌香菇种植、垣峪兔、鸭养殖等基地。有公路经此。

140802-C06-H01 **上王** [Shàngwáng] 上王乡人民政府驻地。在区政府驻地中城街道东北 10.6 千米。人口 2700。原名双凤村，后因王姓聚居而得名。聚落呈团块状。有大上王中学、大上王小学、上王乡卫生院。据碑文记载，为东汉时期古村落。有三官庙，现存为清代建筑遗构。有特产“子谏”酥梨、苹果、桃。有果品贮藏及加工业。乡村道路经此。

140881 **永济市** [Yǒngjì Shì] 山西省辖县级市，由运城市代管。北纬 34° 52′，东经 110° 26′。在市境西南部。面积 1208 平方千米。人口 39.49

万。以汉族为主，另有回、满、蒙古等族。辖 3 街道、7 镇。市人民政府驻城西街道。清雍正六年（1728 年）置永济县，为蒲州府治。1912 年属河东道。1927 年废道，永济县直属山西省。1937 年属山西省第七行政区。1947 年永济县与虞乡县合并，改称永虞县。1948 年县人民政府迁驻赵伊镇。先后属晋冀鲁豫边区太岳区第三专区、晋绥边区第十一专区。1949 年初属陕甘宁边区晋南专区。同年 8 月属山西省运城专区，分属永济县、虞乡县。1954 年撤虞乡县、解县合并为解虞县，属晋南专区。1958 年永济县、解虞县并入运城县。1961 年复置永济县，属晋南专区。1967 年属晋南地区。1970 年属运城地区。1994 年撤永济县，设永济市（县级）。2000 年改省直辖，由运城市代管。因旧治蒲州城东有人工渠“永济渠”得名。地处省境西南端。地势南高北低。有玉柱峰、天柱峰、太乙峰、雪花山、棋盘山、首阳岭等。最高海拔雪花山 1993.8 米，最低海拔 326.6 米。年平均气温 14.2℃，1 月平均气温 -0.3℃，7 月平均气温 27.1℃。年平均降水量 494.3 毫米。黄河、涑水河等流经。有矿产资源石灰岩、花岗岩、磷、石英等。有野猪、獾、狐、野鸡、松鼠等野生动物 20 多种。有珍奇植物连翘、丁香、五味子等达百种之多，漆树、莎萝树、白皮松等珍奇树木 30 多种。有森林资源。有科研机构市芦笋研究所与市乙肝研究所。有国家级重点实验室永济电机厂。有中小学 70 所、二级综合医院 2 所、文化馆 7 个、档案馆 2 个、博物馆 3 个。有图书馆、体育场馆、体育场地等。有全国重点文物保护单位蒲津渡、蒲州故城、解梁故城遗址、栖岩寺塔林、普救寺塔、董村元代戏台万固寺、扁鹊庙、东姚温牌坊等。有国家级五老峰森林公园。有国家 4A 级普救寺、五老峰风景区。有省级文物保护单位石庄遗址、高市村汉墓群、小朝村汉墓群、赵杏古墓群、伯夷叔齐墓、孟桐墓、杨博墓、杨瞻墓、韩楫墓 15 处。有蒲剧。有国家级非物质文化遗产传统棉纺织技艺（惠畅土布制作技艺）、永济背冰。有省级非物质文化遗产牛郎织女传说、杨贵妃传说、河东说唱道情、麦草画（永济扎麦草）、蒲津渡铁牛传说等。有中国传统村落蒲州镇西厢村、张营镇舜帝村。有山西历史文化名镇蒲州镇。有地方民间艺术蒲州伞秧歌、韩阳道情等。古称蒲坂，中华民族发祥地的核心区域，境内蒲州城为畿辅重镇，曾建中都。有古迹鹳雀楼、蒲津渡遗址、唐铁牛博物馆、万固寺、王官峪、扁鹊庙。有景点雪花山、鹳雀楼。山西四大剧种之一的蒲剧和我国武术拳种之一的“形意六合拳”的发源地。有宝寺名刹、亭台楼阁、名人故里、将相陵寝、别墅城池、山川名胜 140 余处。2012 年实施舜帝山森林公园二期工程、东环路翻新改造及北延工程、涑水街西延拓宽改造工程，实施舜帝山、涑水河滨河和蒲园 3 公园绿化工程，关铝棚户区改造、保障性住房建设。2017 年获国家园林城市。2021 年入选国家级渔业健康养殖示范县。三次产业比 16 ∶ 54 ∶ 30。主产小麦、玉米，种植蔬菜、棉花等。有农产品地理标志永济大樱桃。有土特产品永济芦笋、蒲州青柿、双孢菇、张营小米醋。有特色农产品红薯粉条、绿色农产品马铺头蒜。工业以铝加工业、机电制造业、煤化工装备制造业、农副产品加工业和医药化工产业为主。有铝深加工、机电制造、农副产品加工、化工产业、高新技术等 5 产业园区。为机车牵引电传动装置研制基地。南同蒲铁路、大西铁路过境设站。省道运风线经此。

140881-K01　**涑水街**［Sùshuǐ Jiē］在永济市区北部。西起黄河大道，东至东外环路。以舜都大道为界，分东街、西街。与河东大道、西厢路、舜都大道等道路相交。长 4.8 千米，宽 40 米。沥青路面。1985 年始建，原名涑北街。1993 年改建黄河大道—东环路段。1995 年更今名。2005 年改建东环路—东外环路段。因路南紧邻涑水河得名。两侧有永济市旅游职业技术学校、永济市职业中专学校、永济市委党校、滨河公园、永济市人民医院新院区等。通运城 116、永济 10 路等公交车。

140881-K02　**市府街**［Shìfǔ Jiē］在永济市区中部。西起永济中学，东至东环路。以舜都大道为界，分东街、西街。与河东大道、西厢路、舜都大道相交。长 4 千米，宽 28 米。沥青路面。1966 年始建，原名赵伊街。1994 年更今名。1999 年改建东环路—舜都大道路段。2002 年改建西厢路—永济中学段。因市政府驻该街道得名。两侧有永济中学、赵伊村、永济市人民政府、永济市公安局等。通永济 6、10 路等公交车。

140881-K03 **银杏街** [Yínxìng Jiē] 在永济市区中部。西起河东大道，东至东环路。以舜都大道为界，分东街、西街。与西厢路、舜都大道相交。长 3 千米，宽 23 米。沥青路面。1979 年始建，2005 年改建河东大道—西厢路段。2007 年改建西厢路—东环路段。因街道修建初有两行银杏树得名。两侧有樱花园、蒲园、永济市人民医院、永济市审计局等。通永济 5、6 路等公交车。

140881-K04 **富强街** [Fùqiáng Jiē] 在永济市区南部。西起黄河大道，东至东环路。以舜都大道为界，分东街、西街。与河东大道、迎宾路、西厢路等道路相交。长 4 千米，宽 30 米。沥青路面。1979 年始建，2005 年改建河东大道—西厢路段。2011 年改建舜都大道—东环路段。原名四冯街，2005 年拓宽硬化后更今名。两侧有四冯村、城东示范小学、永济市司法局、柳园等。通永济 6、10 路等公交车。

140881-K05 **中山街** [Zhōngshān Jiē] 在永济市区南部。西起孟盟桥村，东至科技二路。以舜都大道为界，分东街、西街。与黄河大道、河东大道、西厢路、舜都大道、东环路等道路相交。长 14 千米，宽 40 米。沥青路面。1979 年始建。1997 年改建黄河大道—东环路段。2010 年改建孟盟桥—黄河大道段。2011 年改建东环路—科技二路段。原名条山街，1994 年更今名，因在中条山下得名。两侧有永济西高速收费站、永济市双语学校、电机中学、永济电机厂等。通永济 2、4、运城 116 路等公交车。

140881-K06 **迎新街** [Yíngxīn Jiē] 在永济市区北部。西起康乐北路，东至东丰路。以舜都大道为界，分东街、西街。与富强街、中山街、涑水街等道路相交。长 1 千米，宽 26 米。沥青路面。1959 年 4 月修建火车站前广场—双碾子段，2007 年改扩建。街名取“迎接社会主义，建设新时代”之意。两侧有永济火车站、永济汽车站、永济市应急管理局、永济百货大楼等。通永济 3、4、运城 206 路等公交车。

140881-K07 **黄河大道** [Huánghé Dàdào] 在永济市区西部。北起振兴街，南至水峪口村。与富强街、中山街、涑水街等道路相交。长 5.6 千米，宽 60 米。沥青路面。2004 年开工，2008 年建成。因永济西临黄河得名。两侧有永济市体育中心、永济市第三中学等。通运城 116 路等公交车。

140881-K08 **河东大道** [Hédōng Dàdào] 在永济市区西部。北起涑水街，南至中山街。与市府街、银杏街、富强街等道路相交。长 3.3 千米，宽 60 米。沥青路面。2001 年修建主车道，2006 年修建副车道。因永济古属河东得名。两侧有永济市消防救援大队、永济市中医医院、永济市公安局交通管理大队等。通永济 301 路公交车。

140881-K09 **西厢路** [Xīxiāng Lù] 在永济市区西部。北起涑水街，南至省永济粮库。与市府街、银杏街、富强街、中山街等道路相交。长 3.8 千米，宽 30 米。沥青路面。1998 年开工，1999 年建成。因文学名著《西厢记》故事发生于永济得名。两侧有李店村、西厢社区居委会、城西街道办事处、永济市卫计局等。通永济 10、302 路等公交车。

140881-K10 **舜都大道** [Shùndū Dàdào] 在永济市区中部。北起运风高速赵杏立交桥，南至南山街。与振兴街、涑水街、市府街、中山街等道路相交。长 4.4 千米，宽 30 米。沥青路面。1976 年扩建并命名为新开路。1985 年建成迎新街—中山街段。1997 年修建高速路口—下行立交桥口段。2008 年修建中山街—舜帝山公园段。1995 年更今名，因“舜都蒲坂”位于永济而得名。两侧有永济市财政局、永济市广播电视台、永济市总工会、永济市教育局、永济市剧院、永济市客运中心站等。通永济 1、2、3 路等公交车。

140881-K11 **东环路** [Dōnghuán Lù] 在永济市区东部。北起振兴街，南至中山街。与涑水街、市府街、银杏街、富强街等道路相交。长 3.5 千米，宽 30 米。沥青路面。1985 年命名为孙李路，1993 年改建，1994 年建成并更今名。因其贯通城区东部，与西环路相对应得名。两侧有银杏小学、城东中学、宝达食品厂等。通永济 10 路、运城 116 路等公交车。

140881-K12 **康乐路** [Kānglè Lù] 在永济市区西部。北起滨河公园，南至中山街。以市府街为界，分康乐北路、康乐路。与迎新街、银杏街、富强街等道路相交。长 2.9 千米，宽 22 米。沥青路面。1996 年修建银杏街—中山街段。2003 年修建银杏街—迎新街段。2004 年修建中山街—粮库段。同蒲铁路以北路段尚未改造。1985 年命名为桑落路，以纪念永济历史名酒“桑落酒”。后因“桑落”谐音“伤落”，1995 年更今名，取健康安乐之意。两侧有永济市政协、樱花园等。

140881-N01 **赵伊桥** [Zhàoyī Qiáo] 在永济市区东北部，纵跨于涑水河之上。为小型河道桥梁，结构型式为拱桥。桥长 180 米，桥面宽 30 米，最大跨度 24 米，桥下净高 6 米。原为木桥，1962 年动工，1963 年建成。2011 年建滨河公园时重建。因位于赵伊村境内得名。最大载重量 20 吨。

140881-N02 **西厢路涑水河桥** [Xīxiāng Lù Sùshuǐhé Qiáo] 在永济市区西北部，纵跨于涑水河之上。为小型河道桥梁，结构型式为拱桥。桥长 19 米，桥面宽 18 米，最大跨度 20 米，桥下净高 6 米。1998 年动工，1999 年建成。因桥南连接西厢路，跨涑水河得名。担负城区干道交通任务，最大载重量 55 吨。

140881-N03 **舜都大道涑水河桥** [Shùndū Dàdào Sùshuǐhé Qiáo]在永济市区北部，纵跨于涑水河之上。为小型河道桥梁，结构型式为拱桥。桥长 50 米，桥面宽 30 米，最大跨度 50 米，桥下净高 6 米。原为古石板桥，1962 年重修为石拱桥。1975 年改造为混凝土拱桥。1981 年—1982 年改建。2009 年改建为水泥桥。担负城区干道交通任务，最大载重量 55 吨。通永济 4 路公交车。

140881-A01 **城西街道** [Chéngxī Jiēdào] 永济市人民政府驻地。在市境西南部。面积 59 平方千米，人口 9.08 万。辖 8 社区、12 行政村。1996 年析城关镇设立。因辖区位于城中西南部得名。属运城盆地，地势低平。年平均光照日数 200 天，年平均气温 14.3℃，无霜期 219 天。南依中条山，境内河道属黄河流域，有涑水河，从东至西流经境内张华、张志、桃李、太宁等村，长 8 千米。有电机技术学校、多个中小学、电机医院、卫生所。有各类文化艺术表演团体 36 个、文化站 1 个、农家书屋 17 个。有全国重点文物保护单位东姚温牌坊。有古迹尧王台。有景点中条山神潭大峡谷。有柳园、樱花园。有矿产资源铜、铝、磷岩、石英岩、现代沉积石膏等。农业以粮食种植和畜牧业为主。工业以机电制造业、铝加工业为主。服务业以运输、餐饮、物流为主。运城—风陵渡高速过境。通公共交通。

140881-A01-H01 **任阳** [Rènyáng] 在市政府驻地城西街道西南 4.5 千米。城西街道辖行政村。人口 2700。因任姓、杨姓居民最早居此，名任杨村，民国后演变为今名。聚落呈团块状。有城西二中。有皂角树，相传为关羽出生地。有任阳墓群，为战国时期文化遗存。有皂角树关帝庙，现存为清代建筑遗构。有庙会及祭祀关羽活动。有果蔬生产。521 国道经此。

140881-A01-H02 **东姚温** [Dōngyáowēn] 在市政府驻地城西街道西南 6.6 千米。城西街道辖行政村。人口 2000。相传尧王母之墓在该村尧王台北坡。村原名姚村，因村在姚氏坟附近温泉之东而得名。聚落呈团块状。有第八批全国重点文物保护单位东姚温牌坊，共有两处，其中东姚温砖牌坊为明代建筑遗构，东姚温石牌坊为清代建筑遗构。省道太风线经此。

140881-A01-H03 **孙常** [Sūncháng] 在市政府驻地城西街道东北 10 千米。城西街道辖自然村。人口 2000。因孙、常两姓人口繁衍渐居多数而得名。聚落呈团块状。有第六批省级文物保护单位赵睿冲墓，为唐代文化遗存。省道太风线经此。

140881-A02 **城北街道** [Chéngběi Jiēdào] 属永济市。在市境西南部。面积 82 平方千米，人口 4.64 万。辖 5 社区、16 行政村。1961 年属永济县城关公社。1984 年分属城关镇、赵柏乡。1994 年属永济市。1996 年析城关镇设立城北街道。2001 年赵柏乡并入城北街道。因地处永济市之北得名。地势平坦，无山、无川。年平均光照日数 200 天，平均日照 2183.9 小时，年平均气温 14.2℃，极端最高气温 41.3℃，极端最低气温 -14.3℃，无霜期 219 天，年平均降水量 494.3 毫米，土壤最大冻结厚度 35 厘米。境内河道属黄河流域，有涑水河从东至西流经境内郭家庄、赵伊、七社等，长6.5千米。有伍姓湖，是永济市面积最大的湿地保护区。市府街、迎新街、涑水街、振兴街等4条东西大街和禹都大道、西厢路、河东大道、黄河大道等4条，南北大道构成城区框架。有多个中学、医院、卫生所、滨河公园，有古迹伍姓湖、千年古槐、泰山庙、寇氏坟茔。主产小麦、棉花、玉米。有舜都、蒲津等市场。有涑水、振兴等工业园区。省道运风线经此。有火车站、汽车站。

140881-A03 **城东街道**［Chéngdōng Jiēdào］属永济市。在市境西南部。面积113平方千米。人口5.12万。辖9社区、14行政村。1961年属永济县城关公社。1984年分属城关镇、郭李乡。1994年属永济市。1996年析城关镇设立。因地处永济市区之东得名。地势平坦。年平均光照日数近200天，年均日照2183.9小时，年平均气温14.3℃，无霜期219天，年平均降水量494.3毫米。有中条山。境内河道属黄河流域，有水河、姚暹渠2条，河流总长度19千米，境内最大的河流为涑水河，从东至西流经境内孙常、吴村等村，长25千米。有乙肝研究所、逸夫中学、城东中学、双语学校、医院、中医院等。有省级文物保护单位赵睿冲墓。有古迹延祚寺、龙王庙、三官庙、雪花山战斗遗址风景区。有蒲园、舜帝山森林公园。主产小麦、玉米。养殖牛、猪、羊、鸡为主。工业有铝业、铸造等行业，有热电厂。南同蒲铁路、省道运风线经此。

140881-B01 **虞乡镇**［Yúxiāng Zhèn］永济市辖镇。在市境东南部。面积167平方千米。人口4.6万。辖19行政村。镇人民政府驻虞乡。1949年属虞乡县第二区、第三区、第五区。1953年设虞乡乡。1958年改公社。1984年改置镇。2001年清华乡并入。以驻地得名。相传虞氏部落始祖虞幕曾居于境内，故名。南靠中条山，北邻运城盆地。境内河道属黄河流域，有水河、姚暹渠2条，河流总长度13千米，境内最大的河流为姚暹渠，从东至西流经境内陶家窑、石卫、永安等村，长10千米。有中学、第二人民医院清华分院、卫生院等。有全国重点文物保护单位扁鹊庙。唐代建有中条山太乙峰费君书院，明代王官谷建有王官书院。古谚语："四门八桥水围城，倒扎衙门小开封"。为永济市旅游窗口和商贸流通集散地。有景区五老峰、王官峪、柳隐山、王官别墅等。主产小麦、玉米，种植棉花、蔬菜等。养殖牛、猪、羊为主。服务业以运输、餐饮为主。南同蒲铁路经此。

140881-B01-H01 **虞乡**［Yúxiāng］虞乡镇人民政府驻地。在市政府驻地城西街道东16.5千米。人口1200。古为舜帝远祖虞幕封国，故名。聚落呈团块状。有虞乡中学、虞乡小学、虞乡镇卫生院。有县级文物保护单位虞乡村墓群，为汉代文化遗存。有虞乡村文庙，现存为清代建筑遗构。有尚恒发宅院，现存为清代建筑遗构。有油脂企业。521国道经此。

140881-B01-H02 **王官峪**［Wángguānyù］在市政府驻地城西街道东南22.2千米。虞乡镇辖行政村。人口900。为王官城遗址。《虞乡县志》载："王官谷故名也，王官城在其侧"。因"峪"、"谷"二字音异义同而得名。聚落呈团块状。唐代为司空图隐居处，有遗迹司空图分水石。有司空图墓，为唐代文化遗存。521国道经此。

140881-B01-H03 **清华**［Qīnghuá］在市政府驻地城西街道东22千米。虞乡镇辖行政村。人口2000。据《永济县地名录》载，原村名为古清华市，后简化为故市镇，日军侵占期间改为清华，沿用至今。聚落呈团块状。有清华中学。有第八批全国重点文物保护单位永济扁鹊庙，现存为明代建筑，内有古代十大名医彩塑，为明代彩塑。521国道经此。

140881-B02 **卿头镇**［Qīngtóu Zhèn］永济市辖镇。在市境东北部。面积131平方千米。人口5.04万。辖22行政村。镇人民政府驻卿头。1950年属虞乡县三区。1953年设卿头乡。1958年设公社。1984年改置镇。2001年董村乡并入。以驻地得名。相传，远古时期地形似一大坑，故名坑头。西汉时，设有盐运驿站。唐开元时期，官府因"坑"字不吉利，遂以爱卿的"卿"字取代"坑"字，名曰"卿头"。土地平坦，属于涑水冲积平原，水利条件佳。年平均气温13.5℃，年平均无霜期216天，年平均降水量541.3毫米。属涑水冲积平原，境内地貌单一，地形平坦，海拔在340—500米之间。有姚暹渠。为永济粮棉主产区之一。有中小学、医院等。有全国重点文物保护单位董村元代戏台。有古迹宋朝石桥、汉代三进士墓、元代樊圭坟冢、樊卫遗址、张锁墓群等。主产小麦、玉米，种植棉花、蔬菜等。养殖猪、羊、家禽为主。工业以食用油、饲料、食品等为主，有企业。南同蒲铁路过境设站。省道运风线经此。

140881-B02-H01 **卿头**［Qīngtóu］卿头镇人民政府驻地。在市政府驻地城西街道东北29.5千米。人口3400。相传原名“坑头”。唐开元时期，官府因“坑”字不吉利，遂以“卿”字取代“坑”字，故名。聚落呈团块状。有永济市逸夫中学卿头初中教学点、卿头小学、卿头镇中心卫生院。有县级文物保护单位卿头洪桥，为明代建筑遗构。特产红枣、桃、核桃。省道运风线经此。

140881-B02-H02 **董村**［Dǒngcūn］在市政府驻地城西街道东北22千米。卿头镇辖行政村。人口1300。原名万岁里，后因唐朝名臣董晋的故里而更名。聚落呈团块状。有第八批全国重点文物保护单位董村戏台，现村戏台主体结构为元代建筑风格，清代有修缮。县道新北线经此。

140881-B03 **开张镇**［Kāizhāng Zhèn］永济市辖镇。在市境中部偏北。面积110平方千米。人口4.13万。辖23行政村。镇人民政府驻东开张。1949年境域属永虞县第四区。1953年设开张乡，1958年设公社。1984年改置镇。2001年黄营乡并入。以驻地得名，取开放、不闭塞之意。位于运城盆地，地势低平。年平均气温14.1℃，一月份气温-7.3℃，七月份达27℃，年平均降水量为530—600毫米。境内河道属黄河流域，有涑水河、姚暹渠2条，河流总长度15.5千米；境内最大的河流为涑水河，从东至西流经境内普乐头、东开张、民生、西开张等村，长12.8千米。有中小学、卫生院等。有全国重点文物保护单位解梁故城。有红色教育基地中共虞临永支部旧址、中共永济第一个党支部纪念馆。主产小麦、玉米。经济作物有棉花、蔬菜等。养殖猪、羊、家禽。产纺织品，有面粉厂、棉机厂。省道运风线经此。

140881-B03-H01 **东开张**［Dōngkāizhāng］开张镇人民政府驻地。在市政府驻地城西街道东北13.9千米。人口2800。汉高祖二年魏王豹反，汉将曹参与魏将孙遬交战于此，大破魏军，当地人称其地为“开仗”，谐音“开张”，以红眼沟为界该村居东，故名。聚落呈团块状。有开张镇中心小学、开张镇卫生院。有东开张村温氏宅院，为民国时期建筑遗构。有东开张村桥，为明代建筑遗构，现该桥仍为村中的重要交通要道。有纺织品公司、棉机厂等。省道运风线经此。

140881-B03-H02 **古城**［Gǔchéng］在市政府驻地城西街道东北11千米。开张镇辖行政村。人口1790。因该村位于古城遗址旁而得名。聚落呈团块状。有第八批全国重点文物保护单位解梁故城遗址，为春秋时期晋国六卿之一的智伯所建。省道运文线经此。

140881-B04 **栲栳镇**［Kǎolǎo Zhèn］永济市辖镇。在市境中部偏北。面积143平方千米。人口5.2万。辖33行政村。镇人民政府驻栲栳。1949年境域属永虞县第二区、第三区。1953年设栲栳乡。1958年改公社。1984年改置镇。2001年常青乡并入。以驻地得名。因当地一种用竹子或柳条编制的盛物器具“栲栳”行销四方，故名。年平均气温13.5℃，年有效积温4329℃左右（保证率为80%），极端最低气温为-18.5℃，最高气温为43.1℃。无霜期216天，最长272天，最短190天。全年日照时数为2375.8小时，日照百分率为55%，光热资源丰富。年平均降水量534.5毫米，年平均蒸发量为2015.4毫米。境内河道属黄河流域，有姚暹渠1条，从东至西流经境内龙行、方池、北苏等村，长9千米。有中小学11所、幼儿园10所、卫生院2所。有古迹苏村遗址、西下遗址、商代下高士遗址、汉代王东遗址、高市墓群、韩村墓群等。农业镇，主产小麦、玉米，水果以苹果、杏、梨等，种植棉花、蔬菜等。养殖牛、猪、羊、家禽为主。多条公路经此。

140881-B04-H01 **栲栳**［Kǎolǎo］栲栳镇人民政府驻地。在市政府驻地城西街道西北8.9千米。人口3700。相传原名陈村，因盛产盛物器具“栲栳”更名。聚落呈团块状。有栲栳中学、栲栳镇卫生院。有特产老冯家牛肉酱，为市境农副产品集散地。521 国道经此。

140881-B05 **蒲州镇**［Púzhōu Zhèn］永济市辖镇。在市境西部。面积 177 平方千米。人口 4.3 万。辖 22 行政村。镇人民政府驻蒲州。1949 年境域属永虞县第一区、第二区。1961 年设蒲州公社。1984 年改置镇。2001 年文学乡并入。以驻地得名。古名蒲坂，因盛产蒲草，故名。地势南北高中部低。年平均光照 200 天，年日照时数 2183.9 小时，年平均气温 14.2℃，无霜期 219 天，年平均降水量 494.3 毫米。有中条山、峨嵋垣。有山、川、滩等自然景观。境内属黄河流域，有涑水河，从西至东流经境内石庄、孟盟桥、杨马、弘道园、薛崖、寨子等村，长 10 千米。有中小学、卫生院、农家书屋等。有鹳雀楼、普救寺以及古蒲津渡遗址。有唐代诗人王维、卢纶，宋代画家王居正、马兴祖，清代戏剧名家祁彦子、郭宝臣等。有全国重点文物保护单位蒲州古城、普救寺塔、万固寺。有省级文物保护单位杨博墓、张允龄家族墓地。有新石器时代的石庄遗址、仁和堡遗址，汉代的程胡庄墓群、东文学墓群等。有历史名人杨博、王崇、张允岭、张四维等。有古迹鹳雀楼、蒲津渡开元铁牛等。普救寺为《西厢记》爱情故事发生地。为省历史文化名镇。国家级非物质文化遗产有蒲剧。主产小麦、玉米，种植棉花、芦笋等，是全国芦笋生产加工基地和高效生态农业示范基地。养殖羊、猪、家禽为主。南同蒲铁路过境设站。省道运风线经此。有蒲州渡口。

140881-B05-H01 **蒲州**［Púzhōu］蒲州镇人民政府驻地。在市政府驻地城西街道西南 11.3 千米。人口 1000。1984 年更名蒲州村。聚落呈团块状。有蒲州中心小学、蒲州镇卫生院。有地方文艺蒲州威风锣鼓。省道运风线经此。

140881-B05-H02 **西厢**［Xīxiāng］在市政府驻地城西街道西南 10.5 千米。蒲州镇辖行政村。人口 1200。因位于普救寺院坡底，原名寺坡底，因《西厢记》爱情故事发生于普救寺而得名。聚落呈团块状。有西厢小学。有第八批全国重点文物保护单位普救寺塔，西轴为唐代，中轴为宋金两代，东轴为明清形制。有特产芦笋。省道运风线经此。

140881-B05-H03 **襄毅庄**［Xiāngyìzhuāng］在市政府驻地城西街道西南 11.5 千米。蒲州镇辖自然村。人口 200。因明代兵部尚书、太子太傅杨博及其父亲杨瞻葬于此，杨博谥号襄毅而得名。聚落呈团块状。有第一批省级文物保护单位杨博墓、第四批省级文物保护单位杨瞻墓，皆为明代文化遗存。乡村道路经此。

140881-B05-H04 **胜利庄**［Shènglìzhuāng］在市政府驻地城西街道西南 10 千米。蒲州镇辖自然村。人口 2000。相传明清时期搭起草庵居住，名草庵村，中华人民共和国成立后，草庵换成了新瓦房，遂更名。聚落呈团块状。有第八批全国重点文物保护单位万固寺，现存为北魏时期建筑遗构。省道太风线经此。

140881-B06 **韩阳镇**［Hányáng Zhèn］永济市辖镇。在市境西南部。面积 89 平方千米。人口 2.5 万。辖 15 行政村。镇人民政府驻祁家巷。1953 年设韩阳乡。1958 年改公社。1961 年设韩阳公社。1984 年置镇。2001 年首阳乡并入。因明代僖宗朝首辅韩爌为祭奠祖墓修一道路，因路在墓之南，故名。东依中条山终端。南部为狭而长的丘陵区，是中条山西部的起点。黄河、涑水河流经。年平均光照日数 200 天，年平均气温 14.4℃，无霜期 219 天，年平均降水量 494.3 毫米。有中小学 7 所、幼儿园 3 所、卫生院 2 所。有全国重点文物保护单位栖岩寺塔林。有伯夷叔齐墓、韩楫墓、栖岩寺塔群。有贺家千亩竹林、盘底南庄百亩竹林等景点。有国家级非物质文化遗产长旺背冰。有省级非物质文化遗产韩阳道情等。有古迹旧石器时代独头遗址、新石器时代蔡坡遗址、长旺遗址、战国时期祁家巷遗址等。有地方文化蒲剧、眉户等。有汉族传统民间文艺活动背冰亮膘。粮食作物以小麦、玉米为主。主要经济作物有蔬菜、棉花等。畜牧业以饲养生猪、羊为主。南同蒲铁路、省道运风线经此。

140881-B06-H01 **祁家巷**［Qíjiāxiàng］韩阳镇人民政府驻地。在市政府驻地城西街道西南 16.5 千米。人口 1100。聚落呈团块状。有韩阳中心小学、韩阳镇卫生院。有第八批全国重点文物保护单位栖岩寺塔林，现存古塔二十六座，其中唐、五代、宋塔各一座，元代塔两座，明、清塔二十一座。521 国道经此。

140881-B06-H02　**独头**［Dútóu］在市政府驻地城西街道西南 24.5 千米。韩阳镇辖自然村。人口 300。因地处雷首山秃头峰之侧，山上均为红色泥土，植物难以生长，得名秃头村，后因秃头不雅而更今名。聚落呈团块状。为杨贵妃故里。有县级文物保护单位贵妃池，为唐代建筑遗构。有独头遗址，为旧石器时代文化遗存。有独头西遗址，为新石器时代文化遗存。521 国道经此。

140881-B06-H03　**韩家坟**［Hánjiāfén］在市政府驻地城西街道西南 16.1 千米。韩阳镇辖自然村。人口 400。因明代大学士韩爌之墓而得名。聚落呈团块状。有县级文物保护单位韩爌及其家族墓地，为明代文化遗存。521 国道经此。

140881-B07　**张营镇**［Zhāngyíng Zhèn］永济市辖镇。在市境西北部。面积 93 平方千米。人口 3.3 万。辖 19 行政村。镇人民政府驻张营。1950 年境域属永济县第二区。1953 年设张营乡。1958 年改公社。1961 年设张营公社。1984 年复设乡。2002 年改置镇。以驻地得名。因相传汉代一张姓将军在境内安营，故名。东部为台塬，西部为黄河川道，台垣区为褐壤土，滩涂为沙壤土。黄河流经。有中小学 9 所、幼儿园 6 所、卫生院 1 所。有中国传统村落舜帝村。有古迹瞽叟墓、诸冯遗址、小樊遗址、朱绘墓、朱永康墓、清代龙行戏台、张莹战斗遗址等。粮食作物以小麦为主。主要经济作物有棉花、蔬菜等。畜牧业以饲养生猪、牛、羊为主。有张营小米醋，近 400 年的酿造历史。大西铁路过境设站。多条公路经此。

140881-B07-H01　**张营**［Zhāngyíng］张营镇人民政府驻地。在市政府驻地城西街道西北 15.5 千米。人口。相传三国时，曹操部下张郃在此宿营，故名。聚落呈团块状。有张营初级中学、张营镇中心小学、张营镇卫生院。县道西栲线经此。

140882　**河津市**［Héjīn Shì］山西省辖县级市，由运城市代管。北纬 35° 28′，东经 110° 34′。在市境西北部。面积 593 平方千米。人口 39.26 万。辖 4 街道、3 镇、2 乡。市人民政府驻城区街道。宋宣和二年（1120 年）改龙门县为河津县。金初属河中府。贞祐三年（1215 年）属荣州。元初荣州废，河津县属河中府。皇庆初县治徙今河津老城。明属平阳府蒲州。清雍正二年（1724 年）改隶绛州。1912 年属河东道。1927 年撤道，直属山西省。1937 年属山西省第七行政区。1947 年属晋绥边区第十专区。1949 年初属陕甘宁边区晋南专区。同年 8 月属山西省运城专区。1954 年属晋南专区。1958 年并入稷山县。1962 年复设河津县，属晋南专区。1967 年属晋南地区。1970 年属运城地区。1994 年撤河津县设河津市（县级）。2000 年由运城市代管。因地处滨河要口，当黄河要津，有黄河渡口得名。地处省境西南部。地势南北高、中间低。有吕梁山、姑射山。最高海拔朝朝岭 1352 米，最低海拔 367.8 米。年平均气温 13.5℃，1 月平均气温 -1.2℃，7 月平均气温 26.7℃。年降水量 484 毫米。黄河、汾河流经。有矿产资源煤、硫铁、褐铁、地热、耐火粘土、石灰石等 16 种。黄河滩有 90 平方千米优质水源地。有狼、狐狸、野猪、野兔等野生动物 90 多种，有国家二级保护动物灰鹤、黑鹳、黄河鲤鱼。有科研机构山西津化钢铁表面技术研究院、河津市远东特种铝业公司技术中心 、中国有色金属工业集团晋铝高温材料检测中心、中国铝业晋铝耐材公司技术中心等。有中小学 59 所，河津中学、河津市实验小学为省级示范学校。有二级医院 3 所、图书馆、档案馆、博物馆、体育场馆。华夏文明的发祥地之一。“河津”一词首见于汉代地理名著《三秦记》：“河津，一名龙门”，意谓黄河津渡。“龙门”专指河津，是山西通往陕西的交通要道，清代商业普遍兴起，贸易场所有清涧湾、禹门口、马家河。有全国重点文物保护单位西周山王墓地、河津台头庙、玄帝庙、古垛后土庙、西梁阮氏双碑楼。有省级文物保护单位樊村戏台、龙门村禹门口抗日纪念摩崖石刻、康家庄镇风塔、高禖庙、杨家巷真武庙、禹门口抗日纪念摩崖石刻等。有市级文物保护单位 5 处。有市级爱国主义教育基地河津市烈士陵园。有大禹文化节。有省级非物质文化遗产大禹治水传说、鱼跃龙门传说、河津干板腔、河津剪纸、河津赵氏中医正骨、河东戏剧脸谱、河津小曲、吕氏祖传砖雕制作技艺、河津灰陶制作技艺等。有全国文明村龙门村。有中国传统村落樊村镇樊村堡村等。有地方民间艺术琉璃制作技艺、干板腔、僧楼转灯、台阁、剪纸等。有古迹禹凿龙门、薛仁贵寒窑、真武庙（即玄帝庙）、高禖庙、樊村戏台、镇风塔等。有纪念地东庄五·二六惨案遗址、龙门村禹门战役纪念碑、伏伯弘法寺等。城市绿化率33.8%。三次产业比4:64:32。主产小麦、玉米、蔬菜、水果。有土特产品黄河鲤鱼、柿饼、连伯韭菜、汾滨牌草莓汁、“金栗牌”芝麻酥糖等。工业以煤焦化、煤电铝、铁钢铸3产业为主，有铝及深铝加工、清洁能源、精细化工、钢铁铸造机加工、节能建筑环保建材等5产业基地。侯西铁路过境设站。有108、209国道、京昆高速、呼北高速经此。

140882-K01 **龙门大道**［Lóngmén Dàdào］在河津市区北部。北起铝都大道，东至紫金街。东与新兴路相连。与京昆高速、九龙大街、汾滨街等道路相交。长7.6千米，宽78米。混凝土、沥青混合路面。1983年修建铝都大道—晋铝路段。2002年新建紫金街—文苑西街段。2005年新建文苑西街—晋铝路段。2006年全线建成通车。2003年命名，为纪念 “鱼跃龙门”典故的出处、河津名胜禹门口而得名。两侧有河津经济技术开发区、河津实验中学、河津市卫生和计划生育局、九龙公园等。通河津9路公交车。

140882-K02 **新兴路**［Xīnxīng Lù］在河津市区北部。西起紫金街，东至馨苑东街。西与龙门大道相连。与新耿街、延平街、万春街、209国道等道路相交。长2.9千米，宽70米。沥青、混凝土混合路面。2002年修建延平街—紫金街段。2003年修建延平街—万春街段。2006年修建万春街—209国道段。2008年修建209国道—馨苑东街段。2009年2月全线建成通车。路名取正在兴起之意。两侧有河津市自然资源局、河津大酒店等。通河津1、3路等公交车。

140882-K03 **泰兴路**［Tàixīng Lù］在河津市区北部。西起文苑西街，东至海华名园小区。与汾滨街、紫金街、新耿街、延平街等道路相交。长1.6千米，宽40米。混凝土路面。2002年修建紫金街—延平街段。2008年修建紫金街—文苑西街段。2008年9月全线建成通车。2003年命名，取国泰民安、兴旺发达之意。两侧有中共河津市委、河津市人民政府、河津市实验小学等。

140882-K04 **华兴路**［Huáxīng Lù］在河津市区中部。西起文苑西街，东至209国道（苏北线）。与汾滨街、紫金街、新耿街、万春街等道路相交。长3.4千米，宽40米。沥青、混凝土混合路面。2002年修建文苑西街－延平街段。2003年修建延平街—万春街段。2007年修建万春街—209国道段。2007年12月全线建成通车。2003年命名，与振兴路、中兴路相连，取“振兴中华”之意。两侧有河津宾馆、河津大礼堂等。通河津1、6路等公交车。

140882-K05 **中兴路**［Zhōngxīng Lù］在河津市区中部。西起汾滨街，东至万春街。与紫金街、新耿街、延平街等道路相交。长1.8千米，宽35米。沥青、混凝土路面。2003年修建汾滨街—紫金街段。2005—2008年修建紫金街—万春街段。2008年9月全线建成通车。2003年命名，与振兴路、华兴路相连，取“振兴中华”之意。两侧有河津市第二小学、河津市公安局、香江国际购物中心等。

140882-K06 **振兴路**［Zhènxīng Lù］在河津市区中部。西起紫金街，东至209国道（苏北线）。与新耿街、延平街、万春街等道路相交。长2.3千米，宽32米。沥青、混凝土混合路面。2004年修建延平街—209国道段。2008年修建紫金街—延平街段。2008年5月全线建成通车。2003年命名，与中兴路、华兴路相连，取“振兴中华”之意。两侧有河津二中、好又多购物广场、东星时代广场等。通河津5路公交车。

140882-K07 **莲池路**［Liánchí Lù］在河津市区中部。西起莲池公园，东至米家湾村。与龙岗路、汾滨街、紫金街、新耿街等道路相交。长2.5千米，宽20米。沥青、混凝土混合路面。2002年修建汾滨街—新耿街段。2005年修建新耿街—延平街段。2010年修建龙岗路—汾滨街段。因莲池公园得名。两侧有东关二义庙、河津市中心医院、高家湾市场等。

140882-K08 **龙岗路**［Lónggǎng Lù］在河

津市区南部。西起 108 国道（京昆线），东至 209 国道（苏北线）。与九龙大街、紫金街、新耿街、延平街等道路相交。长 5.3 千米，宽 40 米。沥青、混凝土混合路面。2002 年修建紫金街—新耿街段。2007 年修建新耿街—209 国道段。2010 年修建 108 国道—紫金街段。因沿线有龙门村、卧麟岗、白虎岗得名。两侧有河津市公交公司、台头庙广场、城关中学等。通河津 2、4 路等公交车。

140882-K09　**学府路**［Xuéfǔ Lù］在河津市区南部。西起紫金街，东至 209 国道（苏北线）。与新耿街、延平街等道路相交。长 2.1 千米，宽 40 米。混凝土路面。2006 年初开工，同年 9 月建成通车。因沿线坐落多个学校得名。两侧有河津市第二初中、河津市人民医院、河津市第三实验小学等。

140882-K10　**永兴路**［Yǒngxīng Lù］在河津市区南部。西起 108 国道（京昆线），东至 209 国道（苏北线）。与九龙大街、汾滨街、紫金街、延平街等道路相交。长 4.4 千米，宽 60 米。混凝土路面。2004 年开工，2005 年建成通车。两侧有河津市人民法院、河津市体育馆、河津市人民医院、河津市汽车站等。路名取永远兴旺发达之意。通河津 9 路公交车。

140882-K11　**耿都大道**［Gěngdū Dàdào］在河津市区北部。西起西庄村西南，东至 209 国道（苏北线）。与万春街、紫金街等道路相交。长 2.9 千米，宽 60 米。沥青路面。2014 年 8 月建成通车。原名东赵路。2017 年更今名，为纪念先秦时期定都于河津的耿国而得名。两侧有东庄村、河津市政务服务中心等。

140882-K12　**府前路**［Fǔqián Lù］在河津市区北部。西起文苑西街，东至延平街。与汾滨街、紫金街、新耿街等道路相交。长 1.5 千米，宽 30 米。沥青路面。2003 年 8 月建成通车。因政府原计划搬迁至该路而得名。两侧有北城公园、文苑小区等。通河津 6、8 路等公交车。

140882-K13　**复兴路**［Fùxīng Lù］在河津市区中部。西起紫金路，东至河津市城区工商所门前。以新耿街为界，分复兴路、复兴东路。与建新街、新耿街等道路相交。长 0.5 千米，宽 10 米。沥青路面。2002 年建成通车。路名取自复兴中华之意。两侧有河津市交通运输局、生资大楼等。

140882-K14　**九龙大街**［Jiǔlóng Dàjiē］在河津市区西部。北起龙门大道，南至 108 国道（京昆线）。与龙岗路、永兴路等道路相交。长 3.4 千米，宽 60 米。沥青路面。2006 年初开工，8 月建成。因毗邻九龙庙得名。两侧有真武庙、九龙公园、莲池公园、河津中学、俊杰实验学校、烈士陵园等。

140882-K15　**汾滨街**［Fénbīn Jiē］在河津市区西部。北起文苑北路，南至 108 国道（京昆线）。南与 209 国道（呼北线）相连。与龙门大道、泰兴路、中兴路、永兴路等道路相交。长 5.6 千米，宽 40 米。沥青、混凝土混合路面。2002 年修建龙岗路—永兴路段。2003 年修建文苑北路—中兴路段。2007 年修建中兴路—龙岗路段。因河津市邻近汾河之滨得名。两侧有麟岛社区居委会、东都商城、津辉建材城等。通河津 1、3 路等公交车。

140882-K16　**紫金街**［Zǐjīn Jiē］在河津市区中部。北起耿都大道，南至汾滨苑公寓东北。与新兴路、泰兴路、华兴路、中兴路等道路相交。长 5.3 千米，宽 45 米。沥青路面、混凝土混合路面。2001 年开工，2002 年建成通车。因市区以北有紫金山得名。两侧有儿童医院、黄河河务局、北城公园、东星时代广场、城北市场等。通河津 1、9 路等公交车。

140882-K17　**新耿街**［Xīngěng Jiē］在河津市区中部。北起府前路，南至 108 国道（京昆线）。与新兴路、泰兴路、莲池路、学府路等道路相交。长 4.3 千米，宽 78 米。沥青、混凝土混合路面。2001 年修建龙门广场—龙岗路段。2002 年建龙岗路—学府路段。2003 年修建府前路—龙门广场段与学府路—108 国道段。因河津先秦时属耿国而得名。两侧有中共河津市委、河津市人民政府、龙门广场、金世界商城、河津市体育馆等。通河津 1、5 路等公交车。

140882-K18　**延平街**［Yánpíng Jiē］在河津市区东部。北起府前路，南至 108 国道（京昆线）。与新兴路、泰兴路、华兴路、中兴路等道路相交。长 3.6 千米，宽 78 米。沥青路面。2007 年开工，2008 年 12 月建成通车。新朝天凤元年（公元 14

年），王莽将原皮氏县更名延平县。道路因纪念延平县之古称而得名。两侧有育才中学、河津市人民医院、河津市体育馆等。通河津 1、3 路等公交车。

140882-K19 **万春街** [Wànchūn Jiē] 在河津市区东部。北起河津市高速东收费站，南至河津火车站。与泰兴路、华兴路、中兴路、振兴路等道路相交。长 4.5 千米，宽 60 米。混凝土路面。2007 年建成。唐武德三年（620 年）析龙门县地置万春县，县治在今河津市东北四十里。道路因纪念万春县之古称而得名，同时蕴含万物逢春、生机蔚然之意。两侧有运城韶华中学、河津火车站、河津二中、万和公园等。通河津 3、8 路等公交车。

140882-K20 **文苑西街** [Wényuàn Xījiē] 在河津市区西北部。北起文苑北路，南至中兴路。与龙门大道、府前路等道路相交。长 1.5 千米，宽 20 米。混凝土路面。2003 年建成。因坐落于文苑社区西侧得名。两侧有河津市第四小学、河津实验中学、文苑小区等。通河津 6 路公交车。

140882-N01 **龙门桥** [Lóngmén Qiáo] 在河津市区西北部 108 国道上，横跨遮马峪河。为小型河道桥梁，结构型式为钢筋混凝土桥。桥长 24 米，桥面宽 11 米，最大跨度 20 米，桥下净高 3.3 米。2000 年 3 月开工，同年 10 月竣工通车。因位于龙门村东南得名。担负城区干道交通任务。最大载重量 55 吨。

140882-A01 **城区街道** [Chéngqū Jiēdào] 河津市人民政府驻地。在市境南部。面积 63 平方千米。人口 9.68 万。辖 10 社区、19 行政村。清代曾设太和里、永绥里、百黄里。1958 年设卫星公社，后改称河津公社。1961 年更名城关公社。1984 年 4 月撤销城关公社设立城关镇。2001 年与黄村乡合并设立城区街道。因位于城区而得名。地势平坦。全年平均气温 13.5 度，全年平均降水量 544.9 毫米，无霜期 200 天。境内河道属黄河流域，有汾河 1 条，从东至西流经境内西王、百底、卫庄、东黄、黄村、修村、郭村、马家、樊家坡、米家湾等村，长 15 千米。2010 年先后完成国道、市道、自然村、校区等绿化工程，村村通水泥路，有活动广场及卫生室。有中小学、医院、文化馆、图书馆、档案馆、博物馆、体育场馆、商城、购物广场等。有全国重点文物保护单位真武庙。有古迹薛仁贵寒窑、东窑头汉代墓群、修村射雁塔、清代法王庙戏台。有景点龙门文化休闲景观区、生态湿地体验景观区、郊野生态度假景区等。有土特产品汾滨牌草莓汁、“金栗牌”芝麻酥糖等。有煤焦、铸业等公司。108、209 国道，侯西铁路，呼北高速过境。有长途汽车客运站。通公共交通。

140882-A01-H01 **修村** [Xiūcūn] 在市政府驻地城区街道东南 6.3 千米。城区街道辖自然村。人口 3200。相传为唐初大将薛仁贵故里。薛仁贵父亲怕儿半路夭折，取名“羞人”，薛仁贵长大后以谐音将“羞人”改“修仁”，意修养仁法，村落更名修仁村，又叫修村。聚落呈团块状。有修村小学、卫生院。有薛仁贵故里风景区，现存白袍洞和寒窑，相传为薛仁贵夫妇贫居之所。有市级文物保护单位修村白虎塔，通体修长，是薛氏后裔为纪念薛仁贵汾河滩打雁而建。108 国道经此。

140882-A01-H02 **吴家关** [WúJiāguān] 在市政府驻地城区街道南 1 千米。城区街道辖自然村。人口 5200。聚落呈团块状。有河津市第二实验中学、河津市第三实验小学、吴家关小学、吴家关育才幼儿园、吴家关卫生所。有第七批全国重点文物保护单位台头庙，又称西岳庙。108 国道、209 国道经此。通 3、5、8 路公交车。

140882-A02 **清涧街道** [Qīngjiàn Jiēdào] 属河津市。在市境西北部。面积 56 平方千米。人口 1.92 万。辖 4 社区、10 行政村。1953 年为河津县清涧乡。1961 年属禹门公社。1984 年属清涧公社，同年 4 月，清涧公社改为清涧镇。1994 年属河津市。2001 年撤清涧镇设立。2010 年建住宅楼、临街商品房、文化活动中心 6 所、健身广场 5 个及道路改造。因清涧村得名。原有清水涧绕村流过，故名。属于黄土高原丘陵沟壑区。黄河、遮马峪河流经。遮马峪河从北至南流经境内龙门、侯家庄、清涧一村、清涧二、清涧三、清涧四等村，长 5 千米。有中小学、卫生院等。有省级文物保护单位镇风塔、禹门口抗日纪念摩崖石刻。有古迹龙门大禹庙、云中寺。有景点龙门景区、龙门水利风景区。有纪念地龙门村禹门战役纪念碑。主产小麦、蔬菜、苹果、梨。工业以煤、焦、化、铝、电、耐材为主，有焦化、铝业等公司。服务业以运输为主。侯西铁路、108国道、京昆线经此。

140882-A02-H01 **龙门**［Lóngmén］在市政府驻地城区街道西北11.2千米。清涧街道辖自然村。人口3700。1961年前称神前村，后以邻近黄河渡口龙门更名。聚落呈团块状。有卫生所、龙门广场、禹门口公园。有第五批省级文物保护单位禹门口抗日纪念摩崖石刻。有省级非物质文化遗产大禹治水、鲤鱼跳龙门神话。2005、2009、2011年被评为全国文明村。有特产龙门梨枣。108国道经此。通4路公交车。

140882-A03 **赵家庄街道**［Zhàojiāzhuāng Jiēdào］属河津市。在市境东部。面积56平方千米。人口3.45万。辖14行政村。1953年设赵家庄乡，后改公社。1961年设赵家庄公社。1984年复设乡。2021年撤销赵家庄乡，设赵家庄街道。因街道办事处在赵家庄村得名。旧时南辛兴村村民赵氏家的耕地距离村子较远，耕作不便，经赵户家族商量，分出一赵户在自己耕地附近建房居住，逐渐形成村庄，起名西新兴村。后来日益壮大成为独立的村庄，因多为赵姓，立名赵家庄。位于汾河盆地以北，地势开阔，土地平坦。年平均气温13.5度，年平均降水量544.9毫米。汾河流经。有中小学、卫生院等。有市级爱国主义教育基地新兴村河津县委旧址。有县级文物保护单位邵庄薛聪墓、东庄五·二六惨案遗址。有古迹弘法寺、关帝庙、娘娘庙等。南里和邵庄被誉为武术之乡。有樊家庄村效德鼓乐团。主产小麦、大豆、玉米。有农产品加工、食品等企业。服务业以运输、餐饮、物流为主。京昆高速、209国道经此。

140882-A03-H01 **赵家庄**［Zhàojiāzhuāng］赵家庄乡人民政府驻地。在市政府驻地城区街道东北5.7千米。人口1700。聚落呈团块状。有赵家庄中学、赵家庄卫生院。全村整体规划发展格局为北工、南农、中商贸、西物流。有洗煤焦化厂。县道张高线经此。

140882-A03-H02 **伏伯**［Fúbó］在市政府驻地城区街道东北8.4千米。赵家庄乡辖自然村。人口2600。相传因秦王李世民在此说服王伯当归顺唐王朝得名。聚落呈团块状。有卫生室、文化活动中心。有伏伯遗址，为新石器时期、东周时期文化遗存。有伏伯墓群，为东汉时期文化遗存。有多种经济作物和矿产资源。县道张高线经此。

140882-A04 **阳村街道**［Yángcūn Jiēdào］属河津市。在市境西南部。面积101平方千米。人口2.43万。辖8行政村。1949年，阳村街道境域属于河津县第一区。1953年设太阳乡，后改公社。1983年设阳村公社。1984年复设乡。2021年撤销阳村乡，设阳村街道。因街道办事处在太阳村得名。相传该地于战国时为皮氏城的“阳关”，后皮氏城圮于汾水，乃迁城于米家关村北，时该地远离县城，为吉祥取名为阳村。地势北高南低。汾河从北至南流经。滩涂资源广阔，有优质水源90平方千米。有中小学、卫生院等。有省级文物保护单位高禖庙。有市级文物保护单位卜子夏墓地。有古迹古耿皮氏城遗址。有山西龙门水利风景区、运城市湿地自然保护区河津段。粮食作物以小麦、玉米为主。主要经济作物有蔬菜等。畜牧业以饲养生猪、羊、牛为主。土特产品有黄河鲤鱼。服务业以餐饮和物流信息为主。京昆高速、108国道经此。

140882-A04-H01 **太阳**［Tàiyáng］阳村乡人民政府驻地。在市政府驻地城区街道西3.8千米。人口4500。据《水经注》、《汉书·沟洫志》和杨宽《战国史》，战国时为皮氏城“阳关”，后皮氏城圮于汾水，乃迁城于米家关村北，名阳村，后改今名。聚落呈团块状。有太阳中心小学、太阳幼儿园、卫生院。有县级文物保护单位皮氏城址，为秦朝皮氏县治。有柴惟荣德行碑楼。为市棉花主产地。108国道经此。通5路公交车。

140882-A04-H02 **东辛封**［Dōngxīnfēng］在市政府驻地城区街道西北4千米。阳村乡辖自然村。人口2500。相传司马迁后裔为纪念司马迁把太和坊更名为新封，后改为辛封，因村中有一壕，把壕东叫东辛封。聚落呈团块状。有东辛封学校、东辛封幼儿园、卫生室。有市级文物保护单位卜子夏墓。有县级文物保护单位卜子夏祠堂。108

国道经此。通 4、5 路公交车。

140882-B01 **樊村镇**［Fáncūn Zhèn］河津市辖镇。在市境西北部。面积 60 平方千米。人口 4.97 万。辖 21 行政村。镇人民政府驻樊村。1949 年属河津县第三区。1953 年设樊村乡，后改公社。1961 年设樊村公社。1984 年 4 月改置镇。以驻地得名。公元前 635 年今河南济源市一部分樊姓人家迁徙到樊村后，以姓氏命名为村落。由吕梁山区、南北坡高垣阶地及黄河汾河河谷等地貌单元组成，境内有一山（吕梁山）、三峪（遮马峪、瓜峪、神峪）。樊村镇因汾河横穿中部而过形成河谷盆地，地形自北向南呈两端高中向低的马鞍状，平均海拔 483 米。年平均气温 13.5 度，年平均降水量 544.9 毫米，无霜期 200 天。有双峰山、吕梁山。黄河、汾河、遮马峪河、瓜峪河、神峪河等流经。有中小学、卫生院等。有全国重点文物保护单位古垛后土庙。有省级文物保护单位樊村戏台、固镇瓷窑址。有中国传统村落樊村堡村。有摩天寨、半坡山、九龙洞、鹿蹄山、古垛后土庙、琉璃庙等景点。有樊村小磨香油、寺庄豆腐等特产。盛产小麦、玉米、林果、豆类、棉花等。工业以煤、焦、铝、电、铸造为主。服务业以商贸、饮食、运输为主。209 国道、多条公路经此。有山西铝厂、王家岭煤矿等铁路专运线。

140882-B01-H01 **樊村**［Fáncūn］樊村镇人民政府驻地。在市政府驻地城区街道北 8.9 千米。人口 6000。相传因晋时有樊姓大家族得名。聚落呈团块状。有樊村学校、樊村育红学校、樊村卫生院。有第七批全国重点文物保护单位玄帝庙、第二批省级文物保护单位樊村戏台，现存皆为明代建筑遗构。209 国道经此。

140882-B01-H02 **堡村**［Bǔcūn］在市政府驻地城区街道北 9.1 千米。樊村镇辖自然村。人口 1800。聚落呈团块状。有瓦渣岭遗址，为新石器时代、夏代文化遗存。有樊村堡遗址，为新石器时代、东周文化遗存。有元代樊村堡城址，清嘉庆二十五年（1820 年）重建樊村堡关帝庙。2019 年被列入第五批中国传统村落名录。有化工厂。209 国道经此。

140882-B01-H03 **固镇**［Gùzhèn］在市政府驻地城区街道北 11 千米。樊村镇辖行政村。人口 7680。原名故镇，后因有城墙，寓意“万年永固”、“固若金汤”之意更名。聚落呈团块状。有固镇中心小学。有第六批省级文物保护单位固镇瓷窑址，时代为宋金时期，以金代遗存为主。209 国道、县道稷西线经此。

140882-B02 **僧楼镇**［Sēnglóu Zhèn］河津市辖镇。在市境东北部。面积 75 平方千米。人口 5.42 万。辖 19 行政村。镇人民政府驻李家堡。1953 年设僧楼乡，后改公社。1961 年设僧楼公社。1984 年复置乡。2001 年张吴乡并入。2002 年改置镇。在盛唐时期，僧楼的寺庙林立，楼阁高耸，僧侣万千，有后土庙的丰米楼，宝胜寺的藏经楼、钟楼，四通塔楼等 7 座楼。据稷山青龙寺碑载，僧楼镇唐时僧侣达 3000 之众，故名。年平均气温 13.5 度，年平均降水量 544.9 毫米，无霜期 200 天。地势北高南低，北部为吕梁山脉绵延部分。瓜峪河流经。有中小学、卫生院等。有文化室、健身场所等。有古迹古楼阁，誉称“吕祖静养坛”。有郭庄村遗址、贺家庄遗址、艳掌遗址、清代北午芹村魁星楼、张吴村文昌阁等。有民间艺术锣鼓、干板腔、转灯、剪纸等。主产小麦、玉米、豆子、薯类、香椿等。工业以洗煤、焦化、钢铁、新兴化工等为主。服务业以运输、餐饮为主。有多家企业。209 国道、多条公路经此。

140882-B02-H01 **李家堡**［Lǐjiā Bǔ］僧楼镇人民政府驻地。在市政府驻地城区街道东北 9.5 千米。人口 2200。聚落呈团块状。有僧楼中学、李家堡小学、僧楼镇中心卫生院。县道张清线经此。

140882-B03 **柴家镇**［Cháijiā Zhèn］河津市辖镇。在市境东南部。面积 45 平方千米。人口 4.97 万。辖 11 行政村。镇人民政府驻柴家。1949 年境域属河津县第五区。1953 年设柴家乡，后改公社。1961 年设柴家公社。1984 年复设乡。2019 年改为柴家镇。以驻地得名。柴家村因后周柴荣先人在境内兴建集市而得名。境内河道属黄河流域，有汾河 1 条，从东向西流经境内庄头、柴家、樊家峪、吴村、北原、苍底等村，长 9 千米。有中小学 12 所、卫生院。有县级文物保护单位苍底村苍底塔、上市戏台。有古迹樊家峪墓群、西周耿国都城遗址、下牛村唐代石造像、玉泉寺等。为“管乐之乡”。有地方文化庄头村管乐、北原村锣鼓、上市村舞龙、北张村家戏等。为产粮大镇，有“粮棉三乡”之称。主产槐米、葡萄、苹果，种植粮棉作物。有农副产品加工企业。呼北高速、209 国道经此。

140882-B03-H01　**柴家**［Cháijiā］柴家乡人民政府驻地。在市政府驻地城区街道东南 9.2 千米。人口 2300。聚落呈团块状。有柴家中学、柴家小学、柴家乡中心卫生院。有南坡地遗址，为汉朝文化遗存。有柴立中老宅，现存为清代建筑遗构。有纪念地柴家革委会旧址。县道闻苍线、张高线经此。

140882-B03-H02　**山王**［Shānwáng］在市政府驻地城区街道东南 8.5 千米。柴家乡辖自然村。人口 2300。相传为殷商时期耿国国都，耿国灭亡后为王村，元朝称三王村，清朝称帝王村，1946 年改今名。聚落呈团块状。有县级文物保护单位山王遗址，为新石器时期文化遗存。有山王墓地，是西周晚期墓群。经济以种植业、养殖业为主。县道闻苍线、张高线经此。

140882-C01　**小梁乡**［Xiǎoliáng Xiāng］河津市辖乡。在市境南部。面积 53 平方千米。人口 3.3 万。辖 14 行政村。乡人民政府驻小梁。1949 年属河津县第二区。1953 年设小梁乡，后改公社。1961 年设小梁公社。1984 年复设乡。因驻地得名。古时称小梁村为小梁坡，因为出村向南便要上坡。坡上有两道梁，一为南北走向，东为东梁村，西为西梁村。一为东西走向，梁南有南梁村，梁北原应称北梁村，因“北”字有败北、失败之意，就以人口少、面积小，起名小梁。境内河道属黄河流域，有汾河 1 条，从东向西流经境内东湖潮、中湖潮、西梁等村，长 5 千米。有中小学、卫生院等。有全国重点文物保护单位西梁阮氏双碑楼。有古迹小停百王庙戏台、伯王关帝庙、吕仙庙、八仙洞、胡家堡、西堡地汉代遗址等。为“鲁班之乡”。境内除种植粮棉外，多从事建筑业。主产小麦、玉米、苹果、桃、核桃、葡萄。工业以建筑业为主。服务业以流通、餐饮为主。209 国道、多条公路经此。

140882-C01-H01　**小梁**［Xiǎoliáng］小梁乡人民政府驻地。在市政府驻地城区街道南 9.4 千米。人口 4200。聚落呈团块状。有小梁中学、小梁村小学、小梁乡卫生院。有吕仙庙。有“鲁班之乡”之称。209 国道经此。

140882-C01-H02　**西梁**［Xīliáng］在市政府驻地城区街道西南 11 千米。小梁乡辖自然村。人口 2820。聚落呈团块状。有第八批全国重点文物保护单位阮氏双碑楼，为清代武德左骑尉阮廷实与其子阮凌云的德行碑楼。有西梁关帝庙戏台，现存为清代建筑遗构。西梁至沿黄旅游路经此。

140882-C02　**下化乡**［Xiàhuà Xiāng］河津市辖乡。在市境西北部。面积 83 平方千米。人口 1.99 万。辖 9 行政村。乡人民政府驻陈家岭村。1949 年境域属乡宁县西坡公社。1953 年设下化乡，后改公社。1961 年设下化公社。1984 年复置乡。以驻地得名。相传该地原有一座古庙，通过化缘方式形成，该聚落便取名化里。清末民初，坡上坡下都有人居住，坡上的叫上化，坡下的叫下化。地势东高西低，地形主要为山区，境内最高处为凤凰岭，位于陈家岭境内，海拔 996 米，最低点九龙沟位于上岭村境内，海拔 523 米。有煤矿 11 座，井田面积 59 平方千米，煤炭储量 2.1 亿吨。有矿产资源煤、硫铁矿、褐铁矿、地热、耐火黏土、石灰石等。有中小学、卫生院、文化站。有省级文物保护单位老窑头瓷窑址。有古迹仰韶文化遗址、二郎神庙、城里村古城遗址、坪头遗址、上岭村禹王庙等。粮食作物以小麦、玉米为主。主要经济作物有油料作物等。畜牧业以饲养生猪、羊、牛、家禽为主。特产乾泽坡红薯、杏茶饭、油酥干馍、硬面馒头等。有硫铁矿、铁矿等。209 国道经此。

140882-C02-H01　**陈家岭**［Chénjiālǐng］下化乡人民政府驻地。在市政府驻地城区街道西北 17.8 千米。人口 2000。相传该村原有一古庙，因化缘方式形成，名化里。清末民初，坡上坡下有人居住，坡上的叫上化，后改为陈家岭。聚落呈团块状。有下化中学。老下公路经此。

140882-C02-H02　**老窑头**［Lǎoyáotóu］在市政府驻地城区街道西南 18 千米。下化乡辖行政村。人口 1465。因该村地处山头岭头，最早有人居住时，只有一孔窑洞，故称老窑头。聚落呈团块状。有第六批省级文物保护单位老窑头瓷窑址，为清至二十世纪五十年代窑址。209 国道经此。

140821 **临猗县**［Línyī Xiàn］运城市辖县。北纬 34° 58′，东经 110° 30′。在市境西北部。面积 1362 平方千米。人口 48.26 万。以汉族为主，还有回、满、蒙古、朝鲜、壮、苗、藏、布依、纳西等民族。辖 10 镇、4 乡。县人民政府驻猗氏镇。秦置猗氏县、解县，治所分别在今铁匠营村、城西村，属河东郡。汉、魏、晋因之。北魏在今县西境置温泉县。太和十一年（487 年），解县改为北解县，属河东郡。猗氏县北徙今猗氏镇，改称北猗氏县，属北乡郡。西魏恭帝二年（555 年），北猗氏县改称桑泉县。北周废温泉县，明帝时桑泉县改猗氏县，北解县废入，属汾阴郡。隋开皇三年（583 年）改属蒲州，十六年（596 年）复置桑泉县，治所在今临晋镇。大业初于桑泉县置河东郡，与猗氏县俱属之。唐武德元年（618 年）废河东郡，改蒲州，仍治桑泉县，与猗氏俱属之。三年（621 年）蒲州治徙今永济市境，复置温泉县，与猗氏县俱属之。九年（626 年）温泉县废入桑泉县。天宝十三年（754 年），桑泉县改为临晋县，与猗氏县俱属河中府。宋、金因之。元至元三年（1266 年）省万泉县入猗氏县，省虞乡县入临晋县。明属平阳府蒲州。清雍正六年（1728 年）属蒲州府。八年（1730 年）分置虞乡县。1912 年废府，猗氏、临晋两县属河东道。1927 年道废后直属山西省。1937 年同属第七专员公署。1947 年两县解放，属晋冀鲁豫边区太岳区第三专区。1948 年属晋绥边区第十一专区。1949 年初属陕甘宁边区晋南专区，同年 8 月属山西省运城专区。1954 年 8 月临晋县、猗氏县 2 县合并，设临猗县，取 2 县名之首字，故名，属晋南专区。1958 年撤临猗县并入运城县。1960 年恢复临猗县。1967 年属晋南地区。1970 年属运城地区。2000 年属运城市。地处运城盆地西侧，黄河东岸。地势北高南低，北为峨嵋岭，南为涑水河冲积平原。最高海拔 756.8 米，最低海拔 345 米。年平均气温 13.7℃，1 月平均气温 -1.1℃，7 月平均气温 27.1℃。年平均降水量 483.9 毫米。黄河、涑水河流经。有矿产资源砂石及地热资源、湿地资源。有国家级重点保护野生动物大雁、刺猬、猫头鹰等。有省级保护野生动物天鹅、啄木鸟。有观赏、药用等植物 30 余种。有工程技术研究中心。有中小学 61 所、中等职业学校 2 所，其中临猗中学、临晋高中为省级示范高中，有二级医院、中医院、文化馆、图书馆、档案馆、博物馆、体育场地。有眉户剧团。有全国重点文物保护单位程村遗址、猗氏故城遗址、闫原头永兴寺塔、张村圣庵寺塔、临晋县衙、妙道寺双塔等。有省级文物保护单位猗顿墓、薛道实墓、王卓墓、陈茂墓、临晋文庙大成殿等。有市级文物保护单位 5 处。有国家级非物质文化遗产锣鼓杂戏、晋南眉户，省级非物质文化遗产有乔阁老的传说、临晋酱玉瓜、散手迎风掌等。有地方民间艺术书画、剪纸、蛋雕、刺绣等。有古迹临晋县衙、妙道寺双塔等。三次产业比 34:30:36。主产小麦、玉米，种植苹果、桃、枣、梨、杏、葡萄、石榴、柿子、山楂。有农产品地理标志北景柿子、临晋江石榴、临猗苹果、庙上冬枣。有特色农产品香汇馍片、酱玉瓜系列、苹果脆片及绿色农产品食用菌。工业以精细化工、纺织服装、装备制造、食品饮料、医药农药等为主。有精细化工、纺织服装 2 产业集群。服务业以旅游、农副产品、化工产品、纺织品加工为主。209、241 国道、省道运风线、临陌线、临万线经此。

140821-B01 **猗氏镇**［Yīshì Zhèn］临猗县人民政府驻地。在县境中部。面积 80 平方千米。人口 3.8 万。辖 20 行政村。镇人民政府驻王村。1949 年境域属猗氏县第一区。1953 年设城关乡。1958 年改公社。1960 年设城关公社。1984 年改设镇。2001 年城关、牛杜 2 镇合并，设猗氏镇。2007 年原牛杜镇从猗氏镇析出至今。据《路史》载：“夏有猗国，猗之名实肇于此。”以猗氏故城和猗顿而得名。猗氏古城又称猗顿城。故城原周围有 5 公里，现四周城墙遗址尚存，每层夯土厚 9—10 厘米。北靠峨眉岭，南濒涑水河，地形北高南低。年平均气温 13.8℃，年平均降水量 456 毫米，无霜期 226 天。有中小学、卫生院等。有全国重点文物保护单位猗氏故城遗址、妙道寺双塔、杨原头村的永兴寺塔。1998 年为中国乡镇之星。有专业市场贵戚坊猗顿财源商贸广场、崇相西商贸中心。为省粮棉主产区。主产小麦、玉米，种植棉花、油料作物、蔬菜等。养殖猪、羊、牛、家禽为主。209、239、241 国道、省道运风线经此。

140821-B01-K01 **峨嵋大道**［Éméi Dàdào］在临猗县城北部。西起五一北路，东至 209 国道（苏北线）。与双塔北路、东城路等道路相交。长 1.8 千米，宽 60 米。沥青路面。2009 年开工，2011 年建成。因临近峨嵋公园得名。两侧有峨嵋公园、双塔初中等。通临猗 2 路等公交车。

140821-B01-K02 **北环路**［Běihuán Lù］在临猗县城北部。西起西环路，东至 209 国道（苏北线）。与建设路、双塔北路、东城路等道路相交。长 3.6 千米，宽 40 米。水泥路面。2005 年初开工，年底建成。2020 年北延。因位于临猗县城北部，为环县城道路的一段，故名北环路。两侧有英杰职校、临猗县公安局交警大队、临猗县中医医院等。通临猗 1、4 路等公交车。

140821-B01-K03 **府西街**［Fǔxī Jiē］在临猗县城中部。西起盛世绿苑小区，东至双塔北路。以双塔北路为界，分东街、西街。与五一北路、建设路等道路相交。长 1.5 千米，宽 23 米。水泥、沥青混合路面。1975 年扩建原有街道，1977 年铺设柏油路面。原名西大街。因位于临猗县人民政府西侧，2005 年更今名。两侧有临猗县人民医院、五一广场、临猗县公安局等。通运城 103、临猗 1 路等公交车。

140821-B01-K04 **府东街**［Fǔdōng Jiē］在临猗县城中部。西起双塔北路，东至 209 国道（苏北线）。与东城路、嶷山路相交。长 2.2 千米。宽 23 米。水泥、沥青混合路面。1975 年扩建原有街道，1977 年铺设柏油路面。原名东大街。因位于临猗县人民政府东侧，2005 年更今名。两侧有双塔城市广场、临猗中学等。通运城 106、临猗 11 路等公交车。

140821-B01-K05 **郇阳街**［Xúnyáng Jiē］在临猗县城中部。西起西环路，东至东环路。以双塔南路为界，分东街、西街。与五一南路、建设路等道路相交。长 3.3 千米，宽 33 米。沥青路面。2005 年建成命名。2009 年由于道路延伸分东、西街。两侧有崇相西小学、郇阳市场等。

140821-B01-K06 **南环路**［Nánhuán Lù］在临猗县城南部。西起翟村，东至 209 国道（苏北线）。与五一南路、双塔南路、东城路、嶷山路等道路相交。长 4.7 千米，宽 40 米。沥青路面。2005 年初开工，年底建成。因位于临猗县城南部，为环县城道路的一段而得名。两侧有临猗电视台、猗氏镇人民政府、临猗县示范小学、临猗县体育场等。通运城 104、临猗 1 路等公交车。

140821-B01-K07 **合欢街**［Héhuān Jiē］在临猗县城南部。西起五一南路，东至 209 国道（苏北线）。与双塔南路、东城路、嶷山路等道路相交。长 2.8 千米，宽 35 米。沥青路面。2005 年初开工，年底建成。取合家欢乐之意。两侧有临猗县妇幼保健院、临晋中学等。通运城 303、临猗 16 路等公交车。

140821-B01-K08 **丰喜大道**［Fēngxǐ Dàdào］在临猗县城南部。西起丰喜集团，东至 209 国道（苏北线）。西南与 342 国道（临风线）相连。与西环路、五一南路、双塔南路、嶷山路等道路相交。长 4.9 千米，宽 16 米。沥青路面。2005 年初开工，年底建成。因经过县内重要企业阳煤丰喜集团临猗分公司得名。两侧有临猗消防队、丰喜医院、政务中心、临猗三中等。通运城 106、临猗 2 路等公交车。

140821-B01-K09 **西环路**［Xīhuán Lù］在临猗县城西部。北起北环路，南至涑水河北岸。与郇阳街、南环路等道路相交。长 5.2 千米，宽 25 米。沥青路面。2005 年初开工，年底建成。2018 年南延。2020 年北延。原名西外环路。因位于临猗县城西部，为环县城道路的一段，2005 年更今名。两侧有育才学校、党政机关、居住小区、酒店、化工公司等。通临猗 10、11 路等公交车。

140821-B01-K10 **五一北路**［Wǔyī Běilù］在临猗县城西部。北起五一路立交桥，南至府西街。以府西街为界，分北路、南路。与峨嵋大道、北环路等道路相交。长 2.3 千米，宽 15 米。沥青路面。2009 年初开工，年底建成。因途经五一广场得名。两侧有西关小学、西关幼儿园、盐业大楼等。通临猗 6、7 路等公交车。

140821-B01-K11 **五一南路**［Wǔyī Nánlù］在临猗县城西部。北起府西街，南至丰喜大道。以府西街为界，分北路、南路。与郇阳街等道路相交。长 1.3 千米。宽 15 米。沥青路面。2009 年初开工，年底建成。因途经五一广场得名。两侧有星博中学、临猗县示范小学等。通临猗 6 路公交车。

140821-B01-K12 **建设路**［Jiànshè Lù］在临猗县城西部。北起北环路，南至郇阳街。与府西街等道路相交。长 1.3 千米，宽 23 米。水泥路面。2005 年初开工，年底建成。因县建设局曾位于此路段得名。两侧有双塔小学、临猗粉末冶金厂等。

140821-B01-K13 **双塔北路**［Shuāngtǎ Běi lù］在临猗县城中部。北起峨嵋大道，南至府东街。以府东街为界，分南路、北路。与北环路等道路相交。长 1.6 千米，宽 35 米。水泥、沥青混合路面。原名北大街。因沿途有名胜古迹妙道寺双塔，2005 年改造后更今名。两侧有中共临猗县委、临猗县人民政府、妙道寺双塔、工人文化宫、临猗县图书馆等。通临猗 1 路公交车。

140821-B01-K14 **双塔南路**［Shuāngtǎ Nán lù］在临猗县城中部。北起府东街，南至丰喜大道。以府东街为界，分南路、北路。与郇阳街、南环路、合欢街等道路相交。长 1.3 千米，宽 35 米。水泥、沥青混合路面。原名南大街。因沿途有名胜古迹妙道寺双塔，2005 年改造后更今名。两侧有郇阳广场、临猗汽车站、临猗县住建局等。通临猗 4、9 路等公交车。

140821-B01-K15 **东城路**［Dōngchéng Lù］在临猗县城中部。北起峨嵋大道，南至丰喜大道。与北环路、府东街、郇阳街、合欢街相交。长 2.8 千米，宽 40 米。沥青路面。2009 年初开工，年底建成。因位于临猗旧城东边，系历史上东城墙所在地，故名。两侧有临猗三中、临猗县农机局、贵戚坊小学等。通临猗 7 路公交车。

140821-B01-K16 **嶷山路**［Yíshān Lù］在临猗县城东部。北起府东街，南至丰喜大道。与郇阳街、南环路等道路相交。长 1.3 千米，宽 30 米。水泥路面。2005 年初开工，年底建成。因县境内有大小嶷山得名。两侧有第一职业中学、临猗建材城等。通临猗 11 路等公交车。

140821-B01-K17 **东环路**［Dōnghuán Lù］在临猗县城东部。北起北环路，南至丰喜大道。与府东街、郇阳街、南环路、合欢街等道路相交。长 2.3 千米，宽 40 米。沥青路面。原名西外环路。因位于临猗县城西部，为环县城道路的一段，2005 年更今名。两侧有东明学校、山西华恩公司等。通运城 103、临猗 1、9 路等公交车。

140821-B02 **嵋阳镇**［Méiyáng Zhèn］临猗县辖镇。在县境西南部。面积 67 平方千米。人口 2.66 万。辖 17 行政村。镇人民政府驻嵋阳。1949 年属猗氏县第四区。1953 年设嵋阳乡。后改公社。1960 年设嵋阳公社。1984 年改设镇。因驻地得名。因境域居于嵋岭之南，故名。地形北高南低。年平均降水量 508 毫米，日照 2271 小时，无霜期 210 天。境内河道属黄河流域，涑水河从东至西流经祁任庄、邸家营、南智光、西智光、祁任等村，长 4.8 千米。有中小学、幼儿园、文化站、农村书屋等。经济以粮、棉、果为主导产业，形成了北果、中桃、南葡萄的三大产业种植格局。农业以粮棉为主。有化工、药业、塑业、生化等公司，有机械厂、食品厂。241 国道、省道运风线经此。

140821-B02-H01 **嵋阳**［Méiyáng］嵋阳镇人民政府驻地。在县政府驻地猗氏镇西南 10 千米。人口 3400。因地处峨嵋岭南麓而得名。聚落呈团块状。有嵋阳镇初级中学、嵋阳中心示范小学、嵋阳镇卫生院。有峨嵋寺，现存为清代建筑遗构。有嵋阳传统民居，现存为清至民国时期建筑遗构。有特产苹果、桃。342 国道经此。

140821-B03 **临晋镇**［Línjìn Zhèn］临猗县辖镇。在县境西部。面积 90 平方千米。人口 3.64 万。辖 1 社区、19 行政村。镇人民政府驻临晋。1953 年设临晋镇。后改公社。1960 年设临晋公社。1949 年境域属临晋县第一区。1984 年复置镇。以驻地得名。古称桑泉，后因临近晋州，故名。地形开阔平坦，西高东低，北高南低。年平均降水量为 500 毫米。有中小学、县级医院、镇卫生院、文化站等。临猗县西半县交通运输、文化教育、医疗卫生和商业贸易的中心。有工业企业 72 个，其中规模以上 1 个，有营业面积超过 50 平方米以上的综合商店或超市 48 个。有全国重点文物保护单位元代临晋县衙大堂。有省级文物保护单位明代文庙大成殿。大殿前唐代古柏有 1300 年历史。有宋代大铁钟。有省级非物质文化遗产临晋东晟酱园酱玉瓜制作技术。“玉楼晓钟”历史上被誉为临晋八景之一。为县果业种植基地之一，特产江石榴。有优质苹果和江石榴生产、农副产品加工、交通运输、化工、医疗卫生、商贸物流 6 产业。241 国道、省道运风线、临陌线、临万线经此。

140821-B03-H01　**临晋**［Línjìn］临晋镇人民政府驻地。在县政府驻地猗氏镇西部 20 千米。人口 2700。《元和郡县志》河中府临晋县：“天宝十二年改（桑泉县）为临晋。”《太平寰宇记》蒲州临晋县：“隋开皇十六年分猗氏县于今理（置桑泉县，天宝十三年）改为临晋。”即此，故名。聚落呈团块状。有临晋初级中学、临晋小学、临猗县第二人民医院。有第五批全国重点文物保护单位临晋县衙，现存为元代建筑遗构。有胡家祠堂，现存为清代建筑遗构。有特产苹果、核桃。342 国道经此。

140821-B04　**七级镇**［Qījí Zhèn］临猗县辖镇。在县境西南部。面积 72 平方千米。人口 2.99 万。辖 19 行政村。镇人民政府驻七级。1949 年属临晋县第一区。1953 年设七级乡。后改公社。1961 年设七级公社。1984 年复置乡。1994 年乡改镇。以驻地得名。原名赵家堡，清末慈禧太后携光绪皇帝避八国联军，路经此地，留下一七品官员，走时写下“七级镇”三字，即以此为名。又说境内丰产甜西瓜，被逃难的慈禧太后封为七级瓜，故名。地势平坦，东北较高，西南略低。境内河道属黄河流域，主要河道有涑水河 1 条，从东至西流经境内王肖村，长 2.5 千米。无霜期较长，年平均气温 13℃，年平均最高气温 19.7℃，极端最高气温 42.8℃，年平均降水量 500 毫米。有中小学、中心卫生院、文化站等。有民间艺术文家营泥塑。为典型农业乡镇。主产小麦、玉米、棉花。有企业。服务业以小规模市场为主。省道运风线经此。

140821-B04-H01　**七级**［Qījí］七级镇人民政府驻地。在县政府驻地猗氏镇西南 27.2 千米。人口 2000。原名赵家堡，清末慈禧西逃时经此，留一七品官员于此，故名。聚落呈团块状。有七级中学、七级镇卫生院。经济以农业为主，有特产苹果、玉米、核桃。县道王开线经此。

140821-B05　**东张镇**［Dōngzhāng Zhèn］临猗县辖镇。在县境西南部。面积 77.2 平方千米。人口 2.31 万。辖 17 行政村。镇人民政府驻东张。1949 年至 1953 年属临晋县第四区。1953 年设东张乡。后改公社。1961 年设东张公社。1984 年复置乡。1994 年乡改镇。以驻地得名。据传为轩辕黄帝的大臣张辉的儿子张郭的封地。另一说，为战国末年秦国相张仪的故乡，遗址在东张镇西仪村。境内河道属黄河流域，有夹马口引黄河道 1 条，从西北至西南流经境内下里、夹马口、西仪等村，长 5 千米。有中小学、中心卫生院、文化站等。有景点街东村姬鹏飞纪念馆、夹马口水利工程、积善村明代龟趺碑、张仙村唐代弘法寺碑、街东村百年槐树等。有地方特色西仪手工老粗布、西堡里农家花馍、峪南手剪纸。有地方文艺夹马口威风舞狮、杨杏小戏、新城庄农家书画院。主产小麦、玉米、棉花，有粮、棉、果、枣、畜 5 产业。有公路经此。

140821-B05-H01　**街东**［Jiēdōng］东张镇人民政府驻地。在县政府驻地猗氏镇西南 35 千米。人口 3400。1983 年经县人民政府批准，东张一分为二，由东张南北街为界，位于街东，故名。聚落呈团块状。有东张镇初中、街东小学、东张镇卫生院。为原全国人大常委会副委员长姬鹏飞故里。有街东遗址，为汉代文化遗存。县道张楞线、西夹线经此。

140821-B06　**孙吉镇**［Sūnjí Zhèn］临猗县辖镇。在县境西北部。面积 158 平方千米。人口 5.28 万。辖 24 行政村。镇人民政府驻孙吉。1953 年设孙吉乡。后改公社。1949 年境域属荣河县第三区。1959 年设孙吉公社。1984 年改设镇。2001 年南赵乡并入。以驻地得名。原名吉镇，明朝洪洞大槐树下迁来居民中，以孙氏人口多，当时市井繁荣，形成集镇，因将吉镇冠以孙氏，改为孙吉镇。地势北高南低，属黄土高原地带，海拔520—692米。年平均气温12.5℃，无霜期224天，年日照时数2362小时，日照百分率55%，年平均降水量568.7毫米。境内河道属黄河流域，黄河从西北至西南流经境内南樊、杨董、北白底、南百底、北赵、南赵、安昌、师家、屈村、薛公等村，长12千米。有中小学、中心卫生院等。有古迹爱国将领傅作义故居、安昌玉皇洞、北赵白马庙、天兴诸葛亮庙、孙吉文昌阁等。有国家级非物质文化遗产锣鼓杂戏。经济以农业为主，主产苹果、小麦、棉花。有果品加工业。服务业以商贸市场为主。古镇市场是全市最大的乡镇级农贸市场。省道临万线经此。

140821-B06-H01 **孙吉**［Sūnjí］孙吉镇人民政府驻地。在县政府驻地猗氏镇西北40千米。人口5000。原名吉镇，后因洪洞大槐树下迁来居民中，以孙氏人多而得名。聚落呈团块状。有孙吉第一小学、孙吉第二小学、孙吉镇卫生院。有王姓始祖碑，为明代文化遗存。有国家级非物质文化遗产锣鼓杂戏。有特产猴头。有化工、农药、激素、造纸、罐头、食品、玻璃器皿等厂。省道小风线经此。

140821-B07 **三管镇**［Sānguǎn Zhèn］临猗县辖镇。在县境东北部。面积49平方千米。人口1.91万。辖10行政村。镇人民政府驻三管。三管，旧名沙庄，以沙土见称。原址在今之西2公里处，明代迁至今地，因地处猗氏、万泉、安邑三县交汇地带，故俗称“三不管”，通称三管。1949年属猗氏县第一区。1953年设三管乡，后改公社。1961年设三管公社。1984年复置乡。1997年乡改镇。以驻地得名。北靠峨嵋岭，南濒涑水河，地形北高南低，平均海拔551米。有中小学、中心卫生院等。有省级文物保护单位东姚庄樊紫微碑楼。有全国非物质文化遗产锣鼓杂戏。全镇主导产业为果业。有古迹王家庄常验智碑亭、薛家庄杨盛之碑亭、东姚庄樊帝室碑亭等。为小麦生产集散地。产粮、棉、绿豆、红薯，有农副产品流通业，为小杂粮生产集散地。有工业企业3个，其中规模以上1个，有营业面积超过50平方米以上的综合商店或超市9个。工业以水泵业和果品储运包装为主。209国道经此。

140821-B07-H01 **三管**［Sānguǎn］三管镇人民政府驻地。在县政府驻地猗氏镇东北11.8千米。人口2800。因地处猗氏、万泉、安邑3县交汇地带，管属即离而得名。聚落呈团块状。有三管镇中心学校、三管镇卫生院。有三管庄遗址，为汉代文化遗存。有三管传统民居，现存为清至民国时期建筑遗构。有特产柿子。县道三赵线经此。

140821-B07-H02 **东姚庄**［Dōngyáozhuāng］在县政府驻地猗氏镇东北13.7千米。三管镇辖行政村。人口1480。明末清初，姚氏建村，因居东方而得名。聚落呈团块状。有东姚庄卫生院。有第六批省级文物保护单位东姚庄樊紫微碑楼，现存为清代建筑遗构。有东姚庄传统民居，现存为清代建筑遗构。县道三赵线经此。

140821-B08 **牛杜镇**［Niúdù Zhèn］临猗县辖镇。在县境南部。面积75平方千米。人口3.34万。辖24行政村。镇人民政府驻牛杜。1949年属猗氏县第三区。1953年设牛杜乡，后改公社。1960年设牛杜公社。1984年改设镇。2001年7月城关、牛杜2镇合并为猗氏镇。2007年原牛杜镇从猗氏镇析出复置。以驻地得名。原牛杜西门口有对联“牛尚书兴大业首出鸣珂里，杜相国佐贞观人迷风麓村”。牛杜有此二名人，古往今来，远近闻名，曾称该村杜村街。由于一度油业兴隆，亦称该村油杜镇。历史上有牛尚书、杜西厢两位成功商人善举彰显而得名。地势平坦，北高南低。年平均气温13.8℃，年平均降水量456毫米，无霜期226天。涑水河从东至西南流经。有中小学、卫生院等。有省级文物保护单位王寮村猗顿墓。有市级文物保护单位铁匠营村猗氏古城、牛杜中学、牛杜会馆。有小麦、棉花、奶牛特色养殖和特色蔬菜生产等基地。形成粮、棉、果、菜、椒、枣为主的6大支柱产业。有发电、机械、纺织等企业。241、209国道、省道运风线经此。

140821-B08-H01 **牛杜**［Niúdù］牛杜镇人民政府驻地。在县政府驻地猗氏镇东南5千米。人口2300。因取牛、杜2姓得名。聚落呈团块状。有牛杜中学、牛杜初级中学、牛杜镇卫生院。有牛杜会馆，现存为清代建筑遗构。有牛杜传统民居，现存为清至民国时期建筑遗构。主产小麦、棉花、苹果。省道临陌线经此。

140821-B08-H02　**王景**［Wángjǐng］在县政府驻地猗氏镇西南 7.5 千米。牛杜镇辖自然村。人口 2500。因春秋富商大贾猗顿次子王景居此，故名。聚落呈团块状。有特产冬枣、苹果。2011 年被评为第三届全国文明村。县道西夹线经此。

140821-B09　**耽子镇**［Dānzǐ Zhèn］临猗县辖镇。在县境西北部。面积 118 平方千米。人口 3.59 万。辖 23 行政村。镇人民政府驻耽子。1949 年属临晋县第三区。1953 年设耽子乡，后改公社。1961 年设耽子公社。1984 年复置乡。1994 年乡改镇。2001 年卓里镇并入。以驻地得名。因纪念诞生于境内的隋代高僧昙延法师（字耽子）而得名。位于峨嵋岭边沿，属半沟壑地带。无霜期 210 天，年平均降水量 500 毫米，耕地面积 77493 亩。主要自然灾害有干旱、冰雹、暴雨和干热风等。有中小学、卫生院等。有清代靳家桌、后土营 2 戏台。为山西省楹联文化镇。为农业镇，产苹果、桃、梨、柿子等。有蜜枣、果脯、果丹皮等加工业，被誉为“蜜枣之乡”。多条公路经此。

140821-B09-H01　**耽子**［Dānzǐ］耽子镇人民政府驻地。在县政府驻地猗氏镇城西北 18.4 千米。人口 1400。因史说得名，该地为隋代高僧昙延故里，昙延本名王祟，字耽子，故名。聚落呈团块状。有耽子镇初级中学、耽子镇卫生院。有耽子墓葬，为汉代文化遗存。有耽子薛氏宅院，现存为清代建筑遗构。有特产苹果、梨、桃。县道王开线经此。

140821-B10　**角杯镇**［Jiǎobēi Zhèn］临猗县辖镇。在县境西部。面积 111 平方千米。人口 3.86 万。辖 22 行政村。镇人民政府驻角杯。1949 年属临晋县第四区。1953 年设角杯乡。后改公社。1960 年设角杯公社。1984 年复设乡。2001 年张吴乡并入。2021 年改设镇。以驻地得名。一说晋公子重耳出逃时受困于此，干渴难忍遂伐牛取角，以角为杯，痛饮黄河水，故名角杯。二说西汉汉武帝刘彻由长安东渡黄河到后土祠祭祀，过河后在此歇息。当地官员以犀牛角盛酒敬请皇帝，深得汉武帝欢喜，御赐“角杯”村名。三说宋代使者至此发现一精致酒器—角杯，故曰角杯。四说，相传原长江北部移民至此，取名江北，角杯为其后之转音。地势平坦。年平均气温 13.5℃，平均降雨量 500 毫米，平均日照 2217 小时，无霜期达 220 天，且昼夜温差大。黄河从西北至西南流经。有中小学、影剧院、文化综合站等。有古迹吴王古渡寨门、浪店遗址等。潘侯村为古脊椎动物化石区之一。主产小麦、大豆、玉米、棉花，种植桃、果、药、枣。服务业以餐饮服务、汽配、运输为主。241 国道经此。

140821-B10-H01　**角杯**［Jiǎobēi］角杯镇人民政府驻地。在县政府驻地猗氏镇西北 30 千米。人口 1700。汉武帝刘彻由长安东渡黄河经此，当地官员以犀牛角盛酒敬请皇帝，赐名“角杯”。聚落呈团块状。有角杯初级中学、角杯小学、角杯中心卫生院。特产桃、柿子、苹果。342 国道、县道张栲线经此。

140821- B10-H02　**吴王**［Wúwáng］在县政府驻地猗氏镇西 35.7 千米。角杯镇辖行政村。人口 3000。聚落呈团块状。有吴咀沟古脊椎动物化石点，为旧石器时代文化遗存。有吴王古渡城楼，现存为清代建筑遗构。有吴王水乡度假村。有特产苹果、柿子。342 国道经此。

140821-C01　**楚侯乡**［Chǔhóu Xiāng］临猗县辖乡。在县境东南部。面积 64 平方千米。人口 3.18 万。辖 1 社区、19 行政村。乡人民政府驻楚侯。1949 年属猗氏县第三区。1953 年属董家庄乡，后改公社。1976 年因驻地迁至楚侯，更名为楚侯公社。1984 年改设楚侯乡。2001 年李汉乡并入。以驻地得名。相传古代楚国一侯爵官宦之家落户于此，故名楚侯。地势平坦。日照充足，年平均降雨量不足 500 毫米，无霜期 210 天。境内河道属黄河流域，有涑水河 1 条，从东至西流经境内南岳、高头、东三里、西三里等村，长 5 千米。有中小学 3 所、卫生院 2 所。有省级非物质文化遗产乔阁老文化。明代名臣乔应甲在张嵩村编写《半九亭集》。为农业乡，盛产粮、棉、果、菜，有南苹果、北酥梨、中芽枣、西蔬菜的农作物种植格局。工业以新型建材、化工产业和棉花加工为主。209、241 国道经此。

140821-C01-H01 **楚侯**［Chǔhóu］楚侯乡人民政府驻地。在县政府驻地猗氏镇东南10.5千米。人口1700。聚落呈团块状。有楚侯初中、楚侯小学、楚侯乡卫生院。有特产苹果，梨。209国道经此。

140821-C02 **庙上乡**［Miàoshàng Xiāng］临猗县辖乡。在县境南部。面积110平方千米。人口3.24万。辖18行政村。乡人民政府驻庙上屯。1949年境域属临晋县第二区。1953年设城西乡。后改公社。1961年设城西公社。1983年因驻地迁至庙上，更名为庙上公社。1984年设庙上乡。以驻地得名。全境位于涑水冲积平原，地势平坦。年平均气温12℃，年平均降水量480毫米，耕地97343亩。境内河道属黄河流域，有涑水河1条，从东至西流经境内水头、渠下、城东、城西、北贯、南贯、山东庄、胥村、程村、吉令等村，长14.2千米。有中小学7所、卫生院。有全国重点文物保护单位程村遗址。有省级文物保护单位城西人民舞台。有古迹程村清代建筑孟母楼、城西村王卓碑、好义村唐代司空表圣故里碑。有地方民间艺术踩高跷、高台、老鼠嫁女、锣鼓、秧歌、剪纸、书画、花馍等。为全国现代枣业示范、设施枣业栽培等基地。庙上乡（冬枣）入选第九批全国"一村一品"示范村镇名单。为农业乡，主产临猗梨枣。有公路经此。

140821-C02-H01 **庙上屯**［Miàoshàngtún］庙上乡人民政府驻地。在县政府驻地猗氏镇西南20千米。人口1000。因此处原建有大庙，屯过兵而得名。聚落呈团块状。有庙上初中、庙上中心小学、庙上乡中心卫生院。有庙上屯詹家祠堂，现存为清代建筑遗构。特产冬枣。县道西夹线经此。

140821-C02-H02 **程村**［Chéngcūn］在县人民政府驻地猗氏镇西南16.2千米。庙上乡辖行政村。人口750。聚落呈团块状。有第七批全国重点文物保护单位程村遗址，为东周时期文化遗存。有程村墓地，为东周时期文化遗存。有孟母楼，现存为清代建筑遗构。特产冬枣。县道西夹线经此。

140821-C02-H03 **城西**［Chéngxī］在县人民政府驻地猗氏镇西南15千米。庙上乡辖行政村。人口1700。因村处北解故城之西侧而得名。聚落呈团块状。有第四批省级文物保护单位王卓墓。王卓，生卒年月不详，西晋时为河东太守，迁司空，封猗氏侯，薨于河东，葬于河东猗氏县北解故城西隅，唐虢州刺史王颜为其十八代祖王卓立碑。有第六批省级文物保护单位城西人民舞台，建于1968年，是一座集舞台、礼堂于一体的多功能建筑。有北解故城，为北魏、隋、唐时期文化遗存。县道卓于线经此。

140821-C03 **北辛乡**［Běixīn Xiāng］临猗县辖乡。在县境西北部。面积98平方千米。人口2.97万。辖16行政村。乡人民政府驻北辛。1949年境域属临晋县第三区。1953年设北辛乡。后改公社。1960年设北辛公社。1984年复设乡。以驻地得名。相传北辛原址在道场村南二里处，处于低凹之地，常遭水患，明朝中期逐渐迁移到道场村铁佛寺西，清朝时铁佛寺以西的高埠蔚然成村，群众习惯称其为新村，因地处临晋县城以北，民国初年备案时为北新村，后演化成北辛。北靠峨嵋岭，南濒涑水河，地形北高南低。年平均气温13.6℃，无霜期217天，年平均降水量为495.2毫米。有中小学、一级医院、农家书屋、卫生室等。有省级文物保护单位薛道实墓。有古迹北马王东顺宅院、王申李家大院、东卓谢天吉墓等。为优质苹果生产基地。多条公路经此。

140821-C03-H01 **北辛**［Běixīn］北辛乡人民政府驻地。在县政府驻地猗氏镇西北18.7千米。人口1500。原名水南村，后因水灾重建新村，名北新，后演变而得名。聚落呈团块状。有北辛乡初级中学、北辛中心小学、北辛乡中心卫生院。有北辛遗址，为汉代文化遗存。有特产苹果、棉花、油菜。县道三赵线、王开线经此。

140821-C04 **北景乡**［Běijǐng Xiāng］临猗县辖乡。在县境北部。面积176平方千米。人口6.4万。辖29行政村。乡人民政府驻北景。1949年境域属猗氏县第二区。1953年设北景乡。后改公社。1960年设北景公社。1984年复设乡。2001年闫家庄、大阎2乡并入。以驻地得名。相传景姓建村，因地居北，故称北景。地势南高北低。南部台地宜森宜牧，北部地势平坦，适用小麦棉花种植。年平均降水量 400 毫米，耕地面积 14.7 万亩。有中小学 3 所、卫生院 2 所。有全国重点文物保护单位张村圣庵寺塔。有纪念地革命老区焦家营。有古迹尉庄村文昌阁、焦家营村碑楼等。经济以农业为主，主导产业以果业生产、贮运业和养殖业为主。主产粮、棉、水果。服务业以运输、餐饮等为主。209、241 国道经此。

140821-C04-H01 **北景**［Běijǐng］北景乡人民政府驻地。在县政府驻地猗氏镇北 8 千米。人口 3100。因由景氏创建此村且地居北而得名，与南景相对，故名。聚落呈团块状。有北景乡初级中学、北景小学、北景乡中心卫生院。有郭宝臣墓。郭宝臣，临猗县北景村人，蒲剧艺术家，清光绪十四年（1888 年）创立顺和班，10 余年间为蒲剧领军人物。209 国道、县道三赵线经此。

140821-C04-H02 **张村**［Zhāngcūn］在县政府驻地猗氏镇北 12 千米。北景乡辖行政村。人口 1900。聚落呈团块状。有第七批全国重点文物保护单位圣庵寺塔，现存为宋代建筑遗构。有张村遗址，为汉代文化遗存。有张村文笔塔，现存为清代建筑遗构。有特产苹果，梨，枣。县道三赵线经此。

140822 **万荣县**［Wànróng Xiàn］运城市辖县。北纬 35° 24′，东经 110° 49′。在市境西北部。面积 1076 平方千米。人口 36.19 万。辖 6 镇、8 乡。县人民政府驻解店镇。唐武德三年（620 年）割汾阴县东部及五县部分村庄置万泉县，治薛通城，即今万泉村。唐开元十年（722 年）改汾阴县为宝鼎县。宋大中祥符四年（1011 年）改宝鼎县为荣河县，属河中府。明洪武三年（1369 年）荣河县、万泉县属平阳府蒲州。清雍正六年（1728 年）同属蒲州府。1912 年废府，同属河东道。1937 年同属山西省第七行政区。1947 年同属晋绥边区第十一分区。1949 年初属陕甘宁边区晋南专区。同年 8 月属山西省运城专区。1954 年万泉县、荣河县合并，取两县首字名为万荣县，县人民政府迁驻解店镇，属晋南专区。1958 年并入稷山县。1960 年恢复万荣县，属晋南专区。1967 年属晋南地区。1970 年属运城地区。2000 年属运城市。地处北峨眉岭黄土台垣区。地势东南高西北低。有稷王山，最高海拔孤峰山主峰法云寺 1411.2 米，最低海拔 354 米。年平均气温 12.3℃，1 月平均气温 -2.8℃，7 月平均气温 25.9℃。年平均降水量 502.6 毫米。黄河、汾河流经。有矿产资源砖瓦粘土、白云岩、石灰岩等。有 20 万亩黄河滩涂及滩涂地，浅水养殖面积 3000 亩。有中小学 158 所，万荣中学是省级示范学校。有二级医院、有文化馆、图书馆、档案馆、体育场馆。有全国重点文物保护单位稷王山塔、中里庄八龙寺塔、旱泉塔、解店东岳庙、南阳村寿圣寺塔、稷王庙、万泉文庙、薛瑄家庙及墓地、万荣后土祠、阎景李家大院、北辛舍利塔 11 处。有国家 4A 级旅游景区李家大院、国家 3A 级孤峰山风景名胜区。有省级文物保护单位荆村遗址、汾阴古城址及墓地。有省级风景名胜区东岳庙、西滩等。有市级文物保护单位吴信家族墓地、荣河吕祖庙戏台、东畅戏台、乔村戏台、汉薛玉帝阁、刘村寻氏宅院、贾村后土庙、荣河县署旧址 8 处。有国家非物质文化遗产万荣抬阁、万荣笑话、董永传说。有省级非物质文化遗产后土文化、介子推传说、锣鼓杂戏、万荣剪纸、万荣面人、勒马回中药制作技艺、“王通王绩王勃”传说、冯氏中医皮肤烧伤疗法、流星锤等。有中国传统村落、中国历史文化名村高村乡阎景村，山西历史文化名镇荣河镇。有地方民间艺术南景花鼓、西村抬搁、软槌锣鼓、云仙面塑、捏面人、麦秆画、五谷字画等。三次产业比 27:35:38。农业以种植业为主，主产小麦、苹果、药材。土特产品有苹果、大葱、柿饼、孤山金梨等。工业以稀土永磁、金属镁生产为主。服务业以餐饮服务、物流运输为主。108、209、241 国道、省道垣孙线、运稷线、营万线经此。

140822-N01 **南沟大桥**［Nángōu Dàqiáo］在万荣县北环路上，横跨于南沟之上。桥长 188 米，桥面宽 46 米，最大跨度 30 米。2012 年建成。因所处位置为太贾村南沟而得名，又名北环路大桥。紧邻城北生态公园、万荣二中，担负城区干道交通任务。

140822-B01 **解店镇**［Hàidiàn Zhèn］万荣县人民政府驻地。在县境东北部。面积 77 平方千米。人口 3.82 万。辖 19 行政村。镇人民政府驻解店。1949年分属万泉县第一区、第四区。1953年设解店镇。后改公社。1959年改设解店公社。1961年更名城关公社。1984年设城关镇。2001年里望乡与城关镇合并，设解店镇。2005年原里望乡析出。以驻地得名。因北牛池解姓人家先祖解德在金兵入侵中原时，迁居此地开设店铺，渐成集市，故名。东依稷王山、南靠孤峰山，属丘陵地带。年平均气温11.9℃，1月-3.8℃，7月25℃，年平均降水量500毫米，无霜期190天。有中小学、卫生院等。有全国重点文物保护单位稷王山塔、东岳庙。据清乾隆十一年重修飞云楼碑记载："万邑之北15里许，有镇曰解店，镇之东南隅有东岳庙，不知创始何年。"楼高22米，斗拱层叠，结构复杂。为山西省文明镇。主要经济作物有棉花、油料作物、蔬菜、药材等。有畜牧养殖、药材种植、苹果、花卉种植基地。有地下矿藏石灰岩等。工业以化工建材、配料加工为主，有制药、印刷、食品、针织、皮革、轧钢、化工、面粉等厂。服务业以运输、商贸物流为主。241国道、省道运稷线经此。

140822-B01-K01 **汇源街**［Huìyuán Jiē］在万荣县城中部。西起经一路，东至233省道（运稷线）。与西环路、飞云路、新建路、恒磁路等道路相交。长6.8千米，宽41米。沥青路面。2005年建成。2013年拓宽改造。2020年新建经一路—西环路段。原名五一东街、五一西街，因汇源果汁厂更今名。两侧有万荣西站、万荣职教中心、万荣汽车站等。通运城107、万荣1、2路等公交车。

140822-B01-K02 **后土大道**［Hòutǔ Dàdào］在万荣县城中部。西起经一路，东至233省道（运稷线）。与飞云路、新建路、宝鼎路、恒磁路等道路相交。长6.9千米，宽60米。沥青、混凝土混合路面。2005年开工，2007年建成。2013年拓宽改造。2020年新建经一路—西环路段。原名东大街、西大街。为纪念名胜古迹后土祠更今名。两侧有中共万荣县委、万荣县人民政府、万荣县人民医院、笑城文化广场、东岳庙等。通运城107、万荣1路等公交车。

140822-B01-K03 **孤峰街**［Gūfēng Jiē］在万荣县城南部。西起新建路，东至233省道（运稷线）。与恒磁路等道路相交。长3.1千米，宽40米。沥青、混凝土混合路面。2004年开工，2005年建成。2012年改建。原名北解路。因境内有孤峰山更今名。两侧有万荣县实验中学、人民公园、山西万辉制药有限公司等。通万荣1路公交车。

140822-B01-K04 **西环路**［Xīhuán Lù］在万荣县城西部。北起北环路，南至芦邑村。与汇源街、后土大道等道路相交。长1.5千米，宽60米。沥青、混凝土混合路面。2013年初开工，年底建成。2021年新建后土大道—芦邑村段。因位于万荣县城西部，为环县城道路的一段得名。两侧有肛肠医院、诚信果库等。通万荣2路公交车。

140822-B01-K05 **飞云路**［Fēiyún Lù］在万荣县城西部。北起北环路，南至南内环街。以后土大道为界，分南路、北路。与汇源街、后土大道等道路相交。长2.3千米，宽30米。水泥、混凝土混合路面。2004年开工，2005年建成。2008、2013年改建。原名北大街、南大街。因临近名胜古迹东岳庙飞云楼更今名。两侧有万荣图书馆、城镇中学、解店镇人民政府、金茂广场等。通万荣1路公交车。

140822-B01-K06 **新建路**［Xīnjiàn Lù］在万荣县城中部。北起北环路，南至南解村。以后土大道为界，分南路、北路。与汇源街、后土大道等道路相交。长2.3千米，宽35米。沥青、混凝土混合路面。2004年开工，2005年建成。2009年改建。因建成时间较晚得名。两侧有北解实验小学、万荣县民政局等。

140822-B01-K07 **宝鼎路**［Bǎodǐng Lù］在万荣县城中部。北起荣昌小区，南至南外环街。以后土大道为界，分南路、北路。与北环路、汇源街等道路相交。长4.1千米，宽60米。沥青、混凝土混合路面。2004年开工，2005年建成。2007、2012年改建。为纪念荣河县的古称宝鼎县得名。两侧有万荣县实验中学、人民公园、万荣县审计局等，为县城重要商业街。通运城—万荣城际公交车。

140822-B01-K08 **恒磁路**［Héngcí Lù］在

万荣县城东部。北起北环路，南至南外环街。以后土大道为界，分南路、北路。与汇源街、后土大道、恒磁路等道路相交。长 4.3 千米，宽 43 米。沥青、混凝土混合路面。2005 年初开工，年底建成。2019 年新建南内环街—南外环街段。因紧邻恒磁工业园区得名。两侧有英华中学、万荣县公安局交警大队等。

140822-B01-K09　**华康路**［Huákāng Lù］在万荣县城东部。北起北环路，南至南外环街。以后土大道为界，分南路、北路。与汇源街、孤峰街等道路相交。长 3.1 千米，宽 25 米。沥青、混凝土混合路面。2005 年建成。2012 年拓宽改造。2021 年新建南内环街—南外环街段。为纪念华康药业而得名。两侧有中共万荣县委党校、宝鼎公园、万荣县人民法院等。

140822-B01-K10　**荣河路**［Rónghé Lù］在万荣县城中部。北起北环路，南至恒泰花苑。以后土大道为界，分南路、北路。与汇源街、孤峰街等道路相交。长 2.9 千米，宽 25 米。沥青、混凝土混合路面。2009 年建成。2012 年、2014 年拓宽改造。为纪念万荣县的前身之一荣河县得名。两侧有万荣县政务中心、万荣县公安局、人民公园等。通运城 107、万荣 2 路等公交车。

140822-B01-H01　**解店**［Hàidiàn］解店镇人民政府驻地。在县政府驻地解店镇东 0.4 千米。人口 40000。明初解德，盐运大道十字口旁设骡马大店，成集市，后经演变而得名。聚落呈团块状。有万荣二中、万荣特校、万荣县人民医院、解店医院。有第三批全国重点文物保护单位万荣东岳庙，亦称岱岳庙、泰山庙，始建年代不详，唐贞观年间置汾阴郡时即有此庙，现存建筑飞云楼为明建清修，其余多为元建明修。省道运稷线、裴运线、县道张高线、万临线经此。

140822-B02　**通化镇**［Tōnghuà Zhèn］万荣县辖镇。在县境西北部。面积 51 平方千米。人口 2.78 万。辖 14 行政村。镇人民政府驻通化。1949 年属河津县第二区。1953 年设通化乡。后改公社。1959 年设通化公社。1984 年改设镇。以驻地得名。该村为隋末唐初大儒王通故里，后为纪念这位儒家大师，曾明通化村，取王通教化之意，故名通化。年平均气温 11.8℃，无霜期 190 天，属大陆性温带气候。有中小学、卫生院、文化广场等。2010 年被评为省楹联文化镇。有古迹王通庙。是三王（王通、王绩、王勃）故里。经济以建筑业、养殖业、种植业、果业、砖瓦业为主。农业主产小麦、玉米、苹果。有农产品交易、木材批发、建筑材料等 3 商贸市场。209 国道经此。

140822-B02-H01　**通化**［Tōnghuà］通化镇人民政府驻地。在县政府驻地解店镇西北 12.6 千米。人口 3200。因隋末唐初教育家、思想家王通而得名。聚落呈团块状。有王通中学、通化二校、通化镇卫生院。有县级文物保护单位王通庙，现存为清代建筑遗构。有县级文物保护单位通化香亭，现存为清代建筑遗构。209 国道经此。

140822-B03　**汉薛镇**［Hànxuē Zhèn］万荣县辖镇。在县境东南部。面积 91 平方千米。人口 2.46 万。辖 14 行政村。镇人民政府驻汉薛。1953 年设汉薛乡，后改公社。1949 年属万泉县第二区。1959 年设汉薛公社。1984 年改设镇，2001 年三文乡并入。以驻地得名。传说汉朝年间，有位姓薛的人在朝内做了大官，号称薛公，人们为纪念此公，故称该村为汉薛。地势东高西低，呈阶梯走向。主要自然灾害有洪水、冰雹、干旱、暴雪等。有矿产资源白云岩、石灰岩等。有中小学、卫生院等。有省级非物质文化遗产锣鼓杂戏。南景村有锣鼓队。形成南水果、北干果、中药材的产业格局。有企业 18 家。主产小麦、玉米、药材，有水果、干果、中药材等。畜牧业以饲养生猪、羊、牛、家禽为主。工业以石料、预制建场为主。服务业以运输、物流为主。省道垣孙线、运稷线经此。

140822-B03-H01　**汉薛**［Hànxuē］汉薛镇人民政府驻地。在县政府驻地解店镇西北 15.8 千米。人口 3200。原名旱薛，因薛姓始居，土厚水深而得名。聚落呈团块状。有汉薛中学、汉薛小学、汉薛中心卫生院。有汉薛遗址，为汉代文化遗存。有遏风楼，俗称“过风楼”，据梁脊板题记载，创建于清道光二十四年（1844 年），现存为清代建筑遗构。有特产柿饼。乡道皇埝线经此。

140822-B04　**荣河镇**［Rónghé Zhèn］万荣县辖镇。在县境西南部。面积 101 平方千米。人口 4.33 万。辖 27 行政村。镇人民政府驻荣河。1949 年属荣河县第四区。1953 年置荣河镇。后改公社。1959 年设荣河公社。1984 年复设镇。2001 年宝井乡并入。以驻地得名。原名冯村，古时此村姓冯人多又是村主，起名冯村。1920 年荣河县政府迁移此地后将村名改为荣河，故有荣河镇之称。地处峨眉台地，东傍峨眉岭。年平均气温 13℃。黄河从西边流经，汾河在此从北至南流经南甲店、北辛庄、临河、南辛庄、刘村、北寨子、庙前、志范、龙井、宝井、金井、社南、邱家庄等 13 个村，长 15.5 千米，汇入黄河。地下矿藏有石灰岩矿等，其它自然资源有滩涂等。有中小学、卫生院等。古称汾阴，汉武帝、唐玄宗、宋真宗曾来此祭祀后土。有全国重点文物保护单位中里庄八龙寺塔、万荣后土庙（俗称后土祠）、北辛舍利塔。有省级文物保护单位荣河吕祖庙戏台。为山西历史文化名镇。汾阴后土祠，位于荣河镇庙前村，为封建王朝祭祀后土的场所。经济以农业为主，主产小麦、苹果。有建材化工企业。108 国道经此。

140822-B04-H01 **荣河**［Rónghé］荣河镇人民政府驻地。在县政府驻地解店镇西南 27.1 千米。人口 4700。原为宝鼎县，因后土祠地处汾黄两河交汇之处，向为帝王祭地祈福之所。宋真宗祈嗣之时，尝见“荣光幂河”，誉其为古今最大祥瑞，后改而得名。聚落呈团块状。有荣河中学、荣河中心卫生院。有马王庙、娘娘庙、吕祖庙戏台，均为清代建筑遗构。省道小风线经此。

140822-B04-H02 **庙前**［Miàoqián］在县政府驻地解店镇西南 33 千米。荣河镇辖行政村。人口 2300。因建于后土庙前方而得名。聚落呈团块状。有第四批全国重点文物保护单位后土庙，相传这里历史上曾属于著名的“汾阴睢地”，自汉武帝时，汾阴后土庙已成为历代帝王祭祀地神，祈福育民的胜地，现存山门为元代建筑遗构，秋风楼为明代建筑遗构，余皆清代建筑遗构，秋风楼上存有汉武帝《秋风辞》元代碑刻。乡道荣庙线经此。

140822-B04-H03 **中里庄**［Zhōnglǐzhuāng］在县政府驻地解店镇西南 29 千米。荣河镇辖行政村。人口 1700。古代南、中、北、贾四个里庄在一里之内，统称里庄，该村位于中间，故名。聚落呈团块状。有第七批全国重点文物保护单位八龙寺塔，建于北宋熙宁七年（1074 年），为七层楼阁式砖塔。省道小风线经此。

140822-B04-H04 **北辛**［Běixīn］在县政府驻地西南 25 千米。荣河镇辖自然村。人口 1500。相传，靠黄河滩有两处聚落，皆称辛庄，该村在北，故名。聚落呈团块状。有第四批省级文物保护单位北辛舍利塔，创建于明洪武十六年（1383 年），为三级覆钵式砖塔。省道小风线经此。

140822-B05 **高村镇**［Gāocūn Zhèn］万荣县辖镇。在县境西南部。面积 89 平方千米。人口 3.23 万。辖 15 行政村。镇人民政府驻高村。1949 年属万泉县第三区。1953 年设高村乡。后改公社。1983 年所在地由王亚迁至高村，改名高村公社。1984 年复设乡。2021 年改高村镇。以驻地得名。传说从前姓高的在此居住，又因地势比四面高，故名高村。有中小学 14 所、卫生院。有全国重点文物保护单位、国家 4A 级旅游景区李家大院。有省级非物质文化遗产丁樊村锣鼓。有中国历史文化名村、中国传统村落阎景村。主产苹果、小麦，有果品加工。主要经济作物有棉花、油料作物、蔬菜等。畜牧业以饲养生猪、羊、牛、家禽为主。209、241 国道、省道垣孙线经此。

140822-B05-H01 **高村**［Gāocūn］高村镇人民政府驻地。在县政府驻地解店镇西南 11 千米。人口 2200。聚落呈团块状。有高村中学、高村中心小学、高村镇卫生院。有高村遗址、高村墓群，均为汉代文化遗存。209 国道、县道张高线经此。

140822-B05-H02 **闫景**［Yánjǐng］在县政府驻地解店镇西南 17.8 千米。高村镇辖行政村。人口 2400。聚落呈团块状。有第七批全国重点文物保护单位李家大院，建于清道光至民国年间，是近代晋商发迹史的实物例证，体现了中西文化交流的时代特征。有中国万荣笑话博览园。2010 年被列入第五批中国历史文化名村名录。2012 年被列入第一批中国传统村落名录。209 国道经此。

140822-B06 **裴庄镇**［Péizhuāng Zhèn］万荣县辖镇。在县境西北部。面积 97 平方千米。人口 2.81 万。辖 16 行政村。镇人民政府驻裴庄。1949 年属荣河县第一区。1953 年设裴庄乡，后改公社。1961 年设裴庄公社。1984 年复设乡。2019 年改设镇。以驻地得名。历代属裴氏居住之地，故名裴庄。为黄土谷地。年平均气温 11.9℃，年平均降水量 500 毫米，耕地面积 44000 亩。境内河道属黄河流域，汾河从西北至西南流经远停、徐家崖、西范、老庄、南埝、西效和、西孙石、岔门口、寺后、北百祥、南百祥、王信等 12 个村庄，长 10.6 千米。有黄河湿地资源 10 万亩。有中小学、卫生院、文化站、农家书屋等。有多处温泉度假村。主产苹果、葡萄、芦笋，有滩涂水产养殖等。209 国道经此。

140822-B06-H01 **裴庄**［Péizhuāng］裴庄镇人民政府驻地。在县政府驻地解店镇西北 18.2 千米。人口 2700。历代属裴氏居住之地，故名。聚落呈团块状。有裴庄小学、裴庄初中、裴庄卫生院。209 国道经此。

140822-C01 **万泉乡**［Wànquán Xiāng］万荣县辖乡。在县境南部。面积 45 平方千米。人口 1.32 万。辖 8 行政村。乡人民政府驻万泉。1953 年设古城乡。后改公社。1983 年更名万泉公社。1949 年属万泉县第一区。1984 年改设乡。以驻地得名。因东西之间，涧内多泉，故名万泉。北魏道武天赐元年（404 年），夏世祖赫连勃勃入侵，邑人薛通率宗族千余户，凭借孤峰山地势，筑城防御，故又名薛通城。地处孤峰山北麓，境内山势起伏，沟壑纵横，地势南高北低。年平均气温 25℃，1 月份平均气温 -7℃，7 月份平均气温 29℃，年平均降水量 550 毫米。有中小学、卫生院等。有历史名人介子推（晋）、贾仁元（明嘉靖进士、任兵部侍郎）等，近（现）代有曹普、牛仁亮、王国正等。有全国重点文物保护单位万泉文庙。有国家 3A 级孤峰山旅游风景区。有景点法云寺。盛产大葱、红杏、金梨、小麦。主要经济作物有油料作物、蔬菜等。畜牧业以饲养生猪、羊、牛、家禽为主。省道垣孙线经此。

140822-C01-H01 **万泉**［Wànquán］万泉乡人民政府驻地。在县政府驻地解店镇南 6.5 千米。人口 2300。原名薛通城，唐初因东、西两涧内多泉，于此置万泉县城。1952 年县政府迁移后，此处称古城。2004 年更今名。聚落呈团块状。有万泉中学、万泉小学、万泉乡卫生院。有第六批全国重点文物保护单位万泉文庙，现仅存大成殿和影壁为明代建筑遗构。县道三光线经此。

140822-C02 **里望乡**［Lǐwàng Xiāng］万荣县辖乡。在县境北部。面积 51 平方千米。人口 2.28 万。辖 13 行政村。乡人民政府驻里望。1953 年分属河津县平原、北阳 2 乡。1956 年设里望乡。后改公社。1959 年设里望公社。1984 年复设乡。2001 年里望乡与城关镇合并，设解店镇。2005 年原里望乡从解店镇析出至今。以驻地得名。该村原名李庄，因该村原来多李姓居住，后李姓迁居他地，杜、严二姓迁来，人们希望成为一个有名望的村子，故改为里望。地势平坦，森林覆盖率 12%，海拔 500—600 米。年平均气温 25℃，年平均降水量 500 毫米。有中小学、卫生院、文化广场、商贸街等。有全国重点文物保护单位薛瑄家庙及墓地、寿圣寺塔，有省级文物保护单位南阳村唐塔。有古迹薛瑄故居、家庙和墓茔等。主产小麦、苹果、葡萄。畜牧业以饲养生猪、羊、牛、家禽为主。工业有磁材、古建、食品加工、医药等，有古建行业。呼北线经此。

140822-C02-H01 **里望**［Lǐwàng］里望乡人民政府驻地。在县政府驻地解店镇西北 7.6 千米。人口 2500。原名李庄，杜、严二姓迁来后，寄希望于故里成为有名望之村，故名。聚落呈团块状。有里望中学、里望小学、里望乡卫生院。有观音堂、北关门、严氏宅院，均为清代建筑遗构。县道张高线经此。

140822-C02-H02 **平原**［Píngyuán］在县政府驻地解店镇西北 7.8 千米。里望乡辖行政村。人口 2300。因地势较平而得名。聚落呈团块状。有第七批全国重点文物保护单位薛瑄家庙及墓地，家庙现仅存前院，为薛瑄的第六代世孙薛兰于明万历四十七年（1619 年）创建，墓地保存完整，体现了明代陵墓形制。县道管裴线经此。

140822-C03 **西村乡**［Xīcūn Xiāng］万荣县辖乡。在县境东北部。面积 51 平方千米。人口 1.59 万。辖 9 行政村。乡人民政府驻西村。1949

年属稷山县第五区。1953 年设西村乡。后改公社。1959 年设西村公社。1984 年复设乡。以驻地得名。原和北仁村为一村，名南村，后改仁村。光绪三年（1877 年）遭灾后从仁村分出，以方位称西村。地势东高西低，一条横断沟将西村乡分为南北两半，支沟纵横，地势起伏。境内海拔 700—800 米。年平均气温 9—10℃，年平均降水量 500 毫米，日照时数 2300 小时，无霜期 190 天。有中小学、卫生院等。有国家级非物质文化遗产抬阁。为药材之乡。土特产有麻花、礼品花馍等。工业有药材、熟食加工、畜牧养殖、镁矿运输、干果。熟食加工以礼品花馍、麻花闻名。省道垣孙线、营万线经此。

140822-C03-H01 **西村**［Xīcūn］西村乡人民政府驻地。在县政府驻地解店镇东北 5.7 千米。人口 4100。原名西陵古里村，后因简称而得名。聚落呈团块状。有西村中学、西村小学、西村乡卫生院。有张氏宅院，现存为清代建筑遗构。有国家级非物质文化遗产抬阁，又称擡阁，是集历史故事、神话传奇于一体，融绘画、戏曲、彩扎、纸塑、杂技等艺术为一身的汉族传统民俗舞蹈。县道宁仁线经此。

140822-C04 **南张乡**［Nánzhāng Xiāng］万荣县辖乡。在县境中部。面积 64 平方千米。人口 2.97 万。辖 14 行政村。乡人民政府驻南张。1949 年境域分属万泉县第三区、第四区。1953 年设南张乡。后改公社。1961 年设南张公社。1984 年复设乡。以驻地得名。该村原属张氏所居，故名张村，后因河津县也有一个张村，故按据居住方位定名为南张。1 月平均气温 -3.8℃，7 月平均气温 25℃，年平均气温 11.9℃，年平均降水量 500 毫米，无霜期 190 天左右。南片多沟壑、丘陵，北片属平原地形。土质以南张村为分界，东片多黏土，西片为沙土。耕地以旱地为主。有中小学、卫生院等。有全国重点文物保护单位太赵村稷王庙。为著名文人娄道南故里。主要经济作物有棉、花、油料作物等。畜牧业以饲养生猪、羊、牛、家禽为主。土特产品有三白瓜、红提葡萄、孙庄牛肉等。工业以建筑材料加工为主。209、241 国道经此。

140822-C04-H01 **南张**［Nánzhāng］南张乡人民政府驻地。在县政府驻地解店镇西 10.7 千米。人口 4100。原名张村，因与河津县张村重名，后因变更而得名。聚落呈团块状。有南张中学、南张实验学校、南张乡中心卫生院。有南张禹王庙，现存为清代建筑遗构。209 国道经此。

140822-C04-H02 **太赵**［Tàizhào］在县政府驻地解店镇西北 7.1 千米。南张乡辖行政村。人口 3800。相传西周初有姬姓居住，后繁衍为大户，姬姓为国姓，名大朝村，后村民误将“大”写“太”，“赵”方言通“朝”，故名。聚落呈团块状。有太赵学校。有第五批全国重点文物保护单位万荣稷王庙，又称后稷庙，始建年代不详，现仅存正殿正殿、戏台为金元时期建筑遗构。乡道太薛线经此。

140822-C05 **皇甫乡**［Huángfǔ Xiāng］万荣县辖乡。在县境东南部。面积 82 平方千米。人口 2.32 万。辖 12 行政村。乡人民政府驻皇甫。1949 年分属万泉县第一区、第二区。1953 年设皇甫乡，后改公社。1961 年设皇甫公社。1984 年复设乡。2001 年埝底乡并入。以驻地得名。相传为汉朝怀里候皇甫嵩故里，故名。地形西北高东南低。年平均气温 11.2℃，年平均降水量 510 毫米。有中小学、卫生院等。有国家非物质文化遗产董永传说。有县级文物保护单位乌苏铁旗杆、后小淮二郎庙等。前小淮村为“天仙配”发源地。粮食作物以小麦、玉米为主，畜牧业以饲养生猪、羊、牛、家禽为主。主产苹果、冬枣、小麦、药材。工业以化工建材、装饰为主。有镁工业园区。241 国道经此。

140822-C05-H01 **皇甫**［Huángfǔ］皇甫乡人民政府驻地。在县政府驻地解店镇东南 9.8 千米。人口 1700。因该地为东汉太尉皇甫嵩故里而得名。聚落呈团块状。有皇甫中学、皇甫希望小学、皇甫乡卫生院。有皇甫永济桥，现存为清代建筑遗构。省道运稷线、县道万临线经此。

140822-C06 **贾村乡**［Jiǎcūn Xiāng］万荣县辖乡。在县境西南部。面积 65 平方千米。人口 2.45 万。辖 14 行政村。乡人民政府驻贾村。1953 年设贾村乡，后改公社。1949 年属荣河县第三区。

1959年设贾村公社。1984年复设乡。以驻地得名。清朝前，有几户贾姓居住在此，又因村内有座后土娘娘庙，故取名贾村庙，后改为贾村。东南部地势较平坦，西北部多丘陵、沟壑。年平均气温10℃，年平均降水量510毫米。有中小学、卫生院、多家企业。有省级文物保护单位薛怀吉家族墓地。有思雅武氏宅院、贾村后土庙、杜村灾情石碣等古建遗址。农业以种植果树，产油桃为主。有果库、果品加工企业、果筐生产企业。闻合高速公路、县道王开线、王七线经此。

140822-C06-H01 **贾村**［Jiǎcūn］贾村乡人民政府驻地。在县政府驻地解店镇西南17.9千米。人口900。原名贾村庙，后因简化而得名。聚落呈团块状。有贾村中学、贾村小学、贾村乡卫生院。有后土庙，现存为清代建筑遗构。省道三光线、县道王开线经此。

140822-C06-H02 **西思雅**［Xīsīyǎ］在县政府驻地解店镇西南21千米。贾村乡辖行政村。人口1600。明朝初年，因灾荒、官逼，有吃人肉而炊白骨者，据此惨情，得名思野村，后舍“野”变“雅”，改名思雅村，建国前，因村大，按方位分东西两个村，此村居西，故名。聚落呈团块状。有武氏宅院，现存为清代建筑遗构。县道王开线经此。

140822-C07 **王显乡**［Wángxiǎn Xiāng］万荣县辖乡。在县境西南部。面积71平方千米。人口2.9万。辖14行政村。乡人民政府驻王显。1949年境域属荣河县第二区。1953年设王显乡，后改公社。1961年设王显公社。1984年复设乡。以驻地得名。地名含义诸说并存，一说该村原有牛姓与杨姓人家，后来又迁来7户王姓人家，故名。二说魏晋时期河东太守猗氏侯王卓（今临猗县有王卓神道碑）葬于今临猗县境内，其子孙在万荣与临猗地区繁衍开来，此村最早为王卓后人王显开村，故名。地势北高南低，东西起伏。年平均气温11.8℃，年平均降水量550毫米，无霜期190天，耕地面积85851亩。有中小学10所、卫生院。2003年被评为省民间艺术之乡。为山西省诗词楹联乡。主产小麦、苹果。主要经济作物有棉花、油料作物等。畜牧业以饲养生猪、羊、牛、家禽为主。有国家级优质苹果示范园区。有恒温果库。省道垣孙线经此。

140822-C07-H01 **王显**［Wángxiǎn］王显乡人民政府驻地。在县政府驻地解店镇西南26.2千米。人口3100。聚落呈团块状。有王显中学、王显小学、王显乡卫生院。县道王开线经此。

140822-C07-H02 **张仪**［Zhāngyí］在县政府驻地解店镇西南25.6千米。王显乡辖行政村。人口1743。为战国时期纵横家张仪故里，故名。聚落呈团块状。有张仪墓群，为汉代文化遗存。有土特产品套柿。有国家级的优质苹果示范园区。乡村道路经此。

140822-C08 **光华乡**［Guānghuá Xiāng］万荣县辖乡。在县境西部。面积83平方千米。人口3.45万。辖18行政村。乡人民政府驻西光华。1949年境域属荣河县第一区。1953年设光华乡，后改公社。1961年设光华公社。1984年复设乡。以驻地得名。相传古时此地有一姓王者，在此卖炭发财，故名王黑村，后更名为光华，意愿光明。地处峨嵋岭下，境内地势东高西低，东部为台地，中部为平原，西部多沟壑。年平均气温11.9℃，年平均降水量500毫米，无霜期190天。境内河道属黄河流域，汾河从西北至西南流经秦村、新安、大兴、罗池、北甲店5个村庄，长2.9千米。有中小学、卫生院等。粮食作物以小麦、玉米、红薯、小杂粮为主。畜牧业以饲养生猪、羊、牛、家禽为主。工业以化工建材为主。有公路经此。

140822-C08-H01 **西光华**［Xīguānghuá］光华乡人民政府驻地。在县政府驻地解店镇西22.1千米。人口2800。因该村原有王姓人家卖炭发财，名王黑村，后分为东西2村，名西王黑，1935年更今名。聚落呈团块状。有光华中学、西光华小学、光华乡卫生院。省道三光线经此。

140822-C08-H02 **薛吉**［Xuējí］在县政府驻地解店镇西20.8千米。光华乡辖行政村。人口4700。原名薛稽，后演变为今名。聚落呈团块状。为薛氏一族发源地之一，薛收、薛德（音）、薛元敬被并称为“河东三凤”。有薛吉村薛氏祖茔，为唐代文化遗存。有薛家墓地，为明代文化遗存。有薛氏宅院，现存为民国时期建筑遗构。有薛吉三凤故里牌楼，现存为清代建筑遗构。省道小风线经此。

140823 **闻喜县** [Wénxǐ Xiàn] 运城市辖县。北纬 35° 21′，东经 111° 13′。在市境东北部。面积 1168 平方千米。人口 35.53 万。以汉族为主，还有回族、满、朝鲜、彝、苗、拉祜、黎等民族。辖 10 镇、2 乡。县人民政府驻桐城镇。西汉元鼎六年（前 111 年）由左邑县析置闻喜县，治所在今县西南。东汉左邑县废入闻喜县，迁治今县城。魏、晋因之。北魏属正平郡。北周县治迁柏壁，属绛州。隋开皇十年（590 年）县治迁今东镇，属绛郡。大业末改闻喜县为桐乡县。唐武德元年（618 年）复名闻喜县，属绛州。元和十年（815 年）县治迁今县城，属河中府。后汉乾祐元年（948 年）改属解州。宋、金、元、明因之。清初属平阳府，雍正七年（1729 年）属绛州。1912 年废州，属河东道。1927 年废道，直属山西省。1937 年属山西省第七行政区。1944 年属晋冀鲁豫边区太岳区第五专区。1945 年属晋冀鲁豫边区太岳区第三专区。1948 年属晋绥边区第十一专区。1949 年初属陕甘宁边区晋南专区，同年 8 月属山西省运城专区。1954 年属晋南专区。1967 年属晋南地区。1970 年 4 月属运城地区。2000 年属运城市。因汉武帝刘彻巡幸缑氏经此，欣闻平南越大捷得名。地处黄土高原，有中条山、稷王山、紫金山。最高海拔汤王山 1571.4 米，最低海拔 443.6 米。年平均气温 13.9℃，1 月平均气温 -1.9℃，7 月平均气温 26.3℃。年平均降水量 463.5 毫米。涑水河、沙渠河、沙渠河、南河、石门河等流经。有矿产资源白云岩、石灰岩、大理石、石英石、铁、镁等。有省级保护野生动物金钱豹。有观赏、药用等植物 50 余种。有中小学 86 所，其中闻喜中学为省级示范高中。有三级医院、文化馆、图书馆、档案馆、博物馆、体育场馆等。有全国重点文物保护单位郭家庄仇氏石牌坊及碑亭、上郭古城址及邱家庄墓群、吴吕后稷庙等。有省级文物保护单位东镇保宁寺塔、东镇伯里合不花墓、裴柏碑馆、裴氏墓群、闻喜文庙、阳隅回坑遗址、杨深秀墓、中共太岳三地委陈家庄旧址、大马古城址、千金耙矿冶遗址、南白石遗址等。有国家级非物质文化遗产面花。有省级非物质文化遗产闻喜花馍、稷王传说、董父豢龙传说、闻喜煮饼制作技艺、郭璞堪舆文化、花鼓（北垣花鼓）、闻喜剪纸等。有地方民间艺术面塑等。有中国传统村落郭家庄镇陈家庄村。有古迹中华宰相村裴柏。有纪念地郭家庄碑楼群、上郭古城址及邱家庄墓群、吴吕后稷庙等。“将相接武，公侯一门”的裴氏家族先后出过裴度等 59 个宰相，裴行俭等 59 个大将军，七品以上官员 3000 余人。有三国时期魏国名将毌丘俭，东晋文学家、堪舆学鼻祖郭璞，南宋名相赵鼎及“戊戌六君子”之一的杨深秀。属革命老区县，有孙兴华、刿希何等烈士 934 名。有 236 个行政村被确定为老区村，已认定的革命遗址 21 处。三次产业比 16:36:48。农业以种植业为主，主产小麦、玉米。土特产品有闻喜煮饼、北垣花馍、北垣秋柿、董泽白莲等。工业以服装、焦煤、水泥、玻璃、钢材、金属镁等为主。服务业以餐饮为主。南同蒲铁路、大西铁路过境设站。省道垣孙线、侯平线、临夏线、沁东线、横济线经此。

140823-B01 **桐城镇** [Tóngchéng Zhèn] 闻喜县人民政府驻地。在县境中部。面积 136 平方千米。人口 11.54 万。辖 40 行政村。镇人民政府驻城关。1949 年境域属闻喜县第一区。1953 年设城关乡。1958 年设公社。1984 年改设镇。2001 年城关镇、西官庄乡、下阳乡、岭西东乡合并为桐城镇。以驻地得名。原名桐宫，商代桐地的宫室，传为汤葬地，伊尹曾放太甲于此，后演变为今名。北依峨嵋岭，南依鸣条岗，中部狭长，两端宽阔，呈亚铃形，境内地形多样，河谷、塬地、丘陵、山地共存，处于涑水及其支流藕河冲积而成的涑水河谷盆地。年平均降水量 506 毫米，年平均气温 8—14℃。涑水河流经。有矿产资源白云石、镁石等。有中小学、医院、文化馆、图书馆、档案馆、博物馆、体育场馆等。有全国重点文物保护单位上郭古城址及邱家庄墓群。有省级文物保护单位岭东孙氏祠堂。有纪念地杨深秀墓等。主产小麦、玉米、谷子、棉花、油料、薯类、豆类、蔬菜、药材。北部丘陵区多植桃、杏、苹果等树。地方特产有闻喜煮饼、北垣柿饼、董泽白莲、峪口紫皮蒜、焦山矿泉水。有多个玻璃器皿加工及销售公司。服务业以餐饮为主。南同蒲铁路、大西高铁过境设站。省道侯平线经此。

140823-B01-K01　**兴闻街**［Xīngwén Jiē］在闻喜县城西北部。西南起侯马—平陆高速互通道，东北至闻喜二中。以西湖北路分界，分东街、西街。与城西路、新开路、城东路等道路相交。长7.5千米，宽60米。混凝土路面。1989年开工，1990年建成。曾名晋都大道。2005年更今名，取兴盛闻喜之意。两侧有闻喜县公安局、八达休闲公园、闻喜中学、闻喜大酒店等。通运城108、闻喜11路等公交车。

140823-B01-K02　**太风街**［Tàifēng Jiē］在闻喜县城中部。西南起南同蒲线互通路，东北至235省道（侯风线）。以西湖北路分界，分东街、西街。与城西路、新开路、城东路等道路相交。长7.4千米，宽37米。混凝土路面。1949年改造原有道路，1950年建成。1972年扩宽改建。曾名太风路，2005年更今名。因原属太原至风陵渡公路之路段而得名。两侧有闻喜县实验小学、闻喜汽车站、西城庄村委会等。通闻喜5、6路等公交车。

140823-B01-K03　**城南街**［Chéngnán Jiē］在闻喜县城东南部。西南至城西路，东北至城东路。以西湖南路分界，分东街、西街。与苗圃路、西湖路、新开路等道路相交。长2.9千米，宽60米。混凝土路面。原为闻喜县城墙外侧，1973年省建工局土方大队铲除残余城墙，填平城壕，命名为环城东路。2009、2016年改建。因位于县城东南，2005年更今名。两侧有闻喜中医院、闻喜县教育局、体育公园、闻喜县廉政警示教育基地等。通运城108路公交车。

140823-B01-K04　**牌楼街**［Páilóu Jiē］在闻喜县城中部。西南起西湖佳苑，东北至城东路。以西湖公园为界，分东街、西街。与广场西路、新开路等道路相交。长1.8千米，宽25米。混凝土路面。1972年修建，原名党政街。1986年更名七一街。2005年，为纪念闻喜名胜古迹、全国重点文保单位仇氏石牌坊更今名。两侧有中共闻喜县委、闻喜县人民政府、闻喜县博物馆、人民广场等。

140823-B01-K05　**平安街**［Píng'ān Jiē］在闻喜县城中部。西南起明德小学东侧，东北至广场东路。与广场西路、新开南路、西湖东路等道路相交。长1.6千米，宽25米。混凝土路面。2016年改建。原名东街、西街。因期望过往车辆路人出行平安，2005年更今名。两侧有桐城镇中心卫生院、中共闻喜县委党校、西湖小区等。

140823-B01-K06　**城东路**［Chéngdōng Lù］在闻喜县城东北部。西北起城北路，东南至城南街。以牌楼街分界，分北路、南路。与太风街等道路相交。长4.2千米，宽60米。混凝土路面。原名城东大街，2005年更今名。2016年改建。因位于县城东北方向，为环城道路的一部分而得名。两侧有东华中学、晋丰苑等。通运城108、闻喜5路等公交车。

140823-B01-K07　**新开路**［Xīnkāi Lù］在闻喜县城东北部。西北起兴闻街，东南至城南。以太风街为界，分北路、南路。与道北街、太风街、牌楼街等道路相交。长2.8千米，宽37米。混凝土路面。1955年在古街基础上铺成水泥石子路面。1959年命名为新开路，取新建道路之意。1964、2005、2016年改扩建。两侧有闻喜火车站、海天时代广场等。

140823-B01-K08　**西湖路**［Xīhú Lù］在闻喜县城西南部。西北起城北街，东南至南外环街。以太风街分界，分北路、南路。与道北街、兴闻街、牌楼街、城南街等道路相交。长4.3千米，宽45米。混凝土路面。2008年开工，2009年建成。因毗邻西湖得名。两侧有西湖公园、闻喜县妇幼保健院、体育公园等。通闻喜7、11路等公交车。

140823-B01-K09　**城西路**［Chéngxī Lù］在闻喜县城西南部。北起侯马—平陆高速路收费站，南至南外环街。以太风街分界，分北路、南路。与兴闻街、道北街、桃园街等道路相交。长4.5千米，宽60米。混凝土路面。原名城西大街，2005年更今名。2009、2016年改扩建。因位于县城西南方向，为环城道路的一部分而得名。两侧有城西中学、实验中学、闻喜县政务服务中心等。

140823-B01-H01　**仪张**［Yízhāng］在县政府驻地桐城镇东北3.2千米。桐城镇辖行政村。人口1700。因仪姓、张姓始居而得名。聚落呈团块状。为戊戌六君子之一杨深秀故里。有第三批省级文物保护单位杨深秀墓。342 国道经此。

140823-B01-H02 **东吴**［Dōngwú］在县政府驻地桐城镇东北 4.2 千米。桐城镇辖行政村。人口 1900。传汉朝时，赵、王、陈、吴四姓迁居此地，后分东、西吴村，因村居东边，故名。聚落呈团块状。有东吴小学。有东吴堡址，现存为明代建筑遗构。为特产闻喜煮饼主产地。342 国道、县道闻垣线经此。

140823-B01-H03 **上郭**［Shàngguō］在县政府驻地桐城镇东南 4.2 千米。桐城镇辖行政村。人口 1500。因郭姓始居而得名。聚落呈团块状。有第六批全国重点文物保护单位上郭城址和邱家庄墓群，为东周、汉代文化遗存。上郭城址为春秋时期古曲沃城址。乡村道路经此。

140823-B01-H04 **上邱**［Shàngqiū］在县政府驻地桐城镇东南 3.4 千米。桐城镇辖行政村。人口 700。相传周代曾名丘村，北魏时幽州刺史毌丘俭讨伐司马师兵败，被诛三族，村民怕因“丘”字受到牵连，改为邱村，后因方位而得名。聚落呈团块状。有闻喜烈士陵园，为纪念解放闻喜战役中牺牲的解放军官兵而建。西湖南路经此。

140823-B01-H05 **岭东**［Lǐngdōng］在县政府驻地桐城镇西南 4.2 千米。桐城镇辖行政村。人口 2240。因位于土岭以东而得名。聚落呈团块状。有第六批省级文物保护单位岭东孙氏祠堂，据梁记记载，创建于明万历三十八年（1610 年），现存为清代建筑遗构。省道临夏线经此。

140823-B02 **郭家庄镇**［Guōjiāzhuāng Zhèn］闻喜县辖镇。在县境西南部。面积 121 平方千米。人口 3.36 万。辖 14 行政村。镇人民政府驻郭家庄。1949 年境域属闻喜县第四区。1953 年设郭家庄乡。后改公社。1961 年设郭家庄公社。1984 年复设乡。1989 年乡改镇。2001 年七里坡、柏林 2 乡并入。据传宋朝时，因村民大多数姓郭而得名，村中有宋庆历年间碑记载宋时村名为郭家庄社，明朝演变为郭家庄，曾分东、西郭家庄。因该镇政府驻郭家庄村，故名。西北部属稷王山脉、峨嵋岭，东南部属涑水盆地。境内河道属黄河流域，涑水河从南至北流经境内太平庄、七里坡、下七里坡、堆后、西川、柏林、坑东、晋庄、小堆后、沟西、沟东、陈家庄等村，长 27 千米。有矿产资源白云岩、砂石等。有中小学、卫生院等。有省级文物保护单位、省级红色文化遗址中共太岳三地委陈家庄旧址。有中国传统村落陈家庄村。有纪念地仇氏石牌坊及碑亭。主产玉米、小麦、山楂。土特产品有七里坡山楂。工业以玻璃、金属镁为主导产业。服务业以餐饮为主。南同蒲铁路过境设站。大西高铁、省道侯平线经此。

140823-B02-H01 **郭家庄**［Guōjiāzhuāng］郭家庄镇人民政府驻地。在县政府驻地桐城镇西南 7.8 千米。人口 1200。相传宋朝时，居民大多数系郭姓人氏，曾称郭家庄社，后演变为今名。聚落呈条带状。有郭家庄中学、郭家庄镇中心卫生院。有第七批全国重点文物保护单位仇氏石牌坊及碑亭，是清同治、光绪年间为清盐提举仇嘉谟之母孙宜人所建。342 国道、省道临夏线、县道侯郭线经此。

140823-B02-H02 **冰池**［Bīngchí］在县政府驻地桐城镇西北 17.2 千米。郭家庄镇辖行政村。人口 700。相传因姜嫄将后稷扔进一水池冰上而得名。聚落呈条带状。为中国农业始祖后稷故里。有冰池遗址，为东周、汉代文化遗存。县道侯郭线经此。

140823-B02-H03 **陈家庄**［Chénjiāzhuāng］在县政府驻地桐城镇西南 10 千米。郭家庄镇辖行政村。人口 1200。聚落呈团块状。为革命老区。有第五批省级文物保护单位中共太岳三地委陈家庄旧址，1945 年 7 月至 1948 年底，中共稷麓三区区委会、区政府、中共稷麓抗日民主县委、县政府，中共太岳三地委、三专署、三分区司令部等党政军机关驻此。2018 年被列入第五批中国传统村落名录。县道侯郭线经此。

140823-B03 **畖底镇**［Wādǐ Zhèn］闻喜县辖镇。在县境北部。面积 76 平方千米。人口 2.89 万。辖 18 行政村。镇人民政府驻中畖底。1949 年属闻喜县第五区。1953 年设畖底乡。后改公社。1961 年设畖底公社。1984 年改设镇。原名北垣。因村居北垣东南端峨嵋岭下低洼处，得名凹底，因觉凹之底不雅，用凹字音切田、瓜组成畖字，得名邷底。后村庄扩大，以方位分东、中、西邷底，旧称三邷底。因镇政府驻中邷底村，故名。地势平坦，地势以丘岭高垣为主。年平均降水量250—270毫米，无霜期170—200天。李铁河流经。有地下矿藏镁、石英石、大理石、石灰石等。有中小学、卫生院、文化站、农家书屋等。有省级文物保护单位大马古城址、康村碑楼。有地方文化花馍、剪纸、书法、楹联、抬阁、民间戏曲等。为县北垣大镇、文化名镇。有抗日英雄裴新潮、全国见义勇为英雄冯官成等。为优质小麦生产基地，有"闻喜粮仓"之称。主产小麦、玉米、红薯，有柿子、中药材等。畜牧业以饲养生猪、羊为主。有特产北垣馍、闻喜花馍。有小马、栗村玻璃工业集结地。服务业以餐饮为主。省道垣孙线、临夏线经此。

140823-B03-H01　**中邷底**［Zhōngwādǐ］邷底镇人民政府驻地。在县政府驻地桐城镇西北11.3千米。人口800。因村居北垣峨嵋岭下低洼处，名洼底，后因"洼之底"不雅，用"田、瓜"组成邷字，又因方位而得名。聚落呈团块状。有邷底初中、邷底集镇小学、邷底镇卫生院。有张氏宅院、周秀吉宅院，均为清代建筑遗构。有省级非物质文化遗产北垣花馍。省道临夏线，县道侯郭线经此。

140823-B03-H02　**大马**［Dàmǎ］在县政府驻地桐城镇西北13千米。邷底镇辖行政村。人口480。相传春秋时期晋献公长女与驸马居此，故名。聚落呈团块状。有第六批省级文物保护单位大马古城址，为春秋时晋国之清原城，现存为东周至汉代文化遗存。省道临夏线经此。

140823-B03-H03　**康村**［Kāngcūn］在县政府驻地桐城镇西北16.4千米。邷底镇辖行政村。人口2190。据传因康姓人家先居此地而得名。聚落呈团块状。有第六批省级文物保护单位康村碑楼，其中冯氏碑楼创建于清光绪十三年（1887年），为双碑楼，雷氏碑楼创建于清同治七年（1868年），为单碑楼。省道临夏线经此。

140823-B04　**薛店镇**［Xuēdiàn Zhèn］闻喜县辖镇。在县境北部。面积40平方千米。人口1.34万。辖7行政村。镇人民政府驻薛店。1949年属闻喜县第五区。1953年设薛店乡。后改公社。1961年设薛店公社。1984年改设镇。以驻地得名。薛店之来历有两说，一说唐朝贞观年间，平辽王薛仁贵汾河湾打雁误射白虎，追至此处，天晚住店，得名薛店。二说村居闻喜通新绛之古道，相传因薛姓之人在古道旁开店而得名。地处峨嵋岭，属丘陵高处，地势平坦，海拔较高，丘陵平川均有分布。立体气候明显，年平均降水量400毫米，无霜期300天以上。有小学、幼儿园、卫生院等。有沟渠头农民业余锣鼓队、北张、岳原秧歌队等。为县北垣优质面粉产地之一。粮食作物以小麦、玉米为主。主要经济作物有药材等。畜牧业以饲养生猪、羊为主。有网袋厂、玻璃制品厂、管件厂、中药材合作社。服务业以餐饮为主。省道垣孙线、临夏线经此。

140823-B04-H01　**薛店**［Xuēdiàn］薛店镇人民政府驻地。在县政府驻地桐城镇西北12.8千米。人口1100。因村处闻喜至绛州古道旁，至多客店，薛姓聚居而得名。聚落呈团块状。有薛店集镇小学、薛店镇卫生院。有薛店刘氏宅院，现存为清代建筑遗构。县道侯郭线经此。

140823-B05　**东镇镇**［Dōngzhèn Zhèn］闻喜县辖镇。在县境东部。面积78平方千米。人口4.69万。辖2社区、16行政村。镇人民政府驻东镇。1949年属闻喜县第六区。1953年设东镇乡。1958年设公社。1984年改设镇。以驻地得名。古为邑境大镇，原名甘泉谷，因居县城东北部，故名。金代《地理志》："东镇者，距县三十里，即甘谷，隋移治之故城也。"暖温带大陆性季风气候，年平均气温12.5℃。境内河道属黄河流域，有涑水河，从东北至西南流经境内裴村、东鲁、涑阳、东镇、川口、张家庄等村，长2.4千米。有矿产资源沙、石灰岩等。有风能资源。有中小学、医院等。有省级文物保护单位官庄墓地。为省历史文化名镇、河东楹联文化第一镇。有省级非物质文化遗产东镇官庄村董父豢龙传说。有纪念地唐代保宁寺塔、元代伯里阁不花墓、裴氏墓群。主产小麦、玉米。经济作物有棉花、药材、蔬菜等。畜牧业以饲养生猪、羊、家禽为主。土特产品董泽白莲为国家农产品地理标志保护产品。经济以工业为主，有山西民营企业建龙集团。服务业以餐饮为主。南同蒲铁路过境设站。菏宝高速公路、342 国道、省道侯平线、侯风线、侯安线经此。

140823-B05-H01 **东镇**［Dōngzhèn］东镇镇人民政府驻地。在县政府驻地桐城镇东北 11 千米。人口 2900。原名甘泉谷，后因位于县城东面而得名。聚落呈团块状。有东镇中学、东镇中心卫生院。342 国道、省道侯风线经此。

140823-B05-H02 **西街**［Xījiē］在县政府驻地桐城镇东北 10.8 千米。东镇镇辖行政村。人口 2260。因位于东镇西面而得名。聚落呈团块状。有西街小学。有第五批省级文物保护单位保宁寺塔，初名唐兴寺，创建于唐开元六年（718 年），北宋治平二年（1065 年）重修后改为今名。2009 年被评为第二届全国文明村。县道侯郭线经此。

140823-B05-H03 **上镇**［Shàngzhèn］在县政府驻地桐城镇东北 12.5 千米。东镇镇辖行政村。人口 2300。古代东镇分上、下东镇。后来下东镇称东镇，上东镇称上镇。聚落呈团块状。2017 年被评为第五届全国文明村。省道侯风线经此。

140823-B06 **礼元镇**［Lǐyuán Zhèn］闻喜县辖镇。在县境东北部。面积 83 平方千米。人口 3.21 万。辖 18 行政村。镇人民政府驻礼元。1949 年属闻喜县第六区。1953 年设礼元乡。后改公社。1961 年设礼元公社。1984 年改设镇。相传因唐开元年间在此设梨园乐府得名梨园，建国后改名为礼元。因镇政府驻礼元街村，故名。有峨嵋岭、凤凰塬、涑水河盆地。年平均气温 12.5℃，1 月平均气温 -3.2℃，7 月平均气温 26.5℃，年平均降水量 500 毫米。土壤主要为草甸土。有矿产资源锌、铅、石灰石等。有中小学、卫生院等。有纪念地槐林村，为花木兰镇守铁栅栏关旧址。阜底村为南宋名相赵鼎故里。湖村董泽湖传为“董父豢龙”之地。为华夏龙文化发源地之一。有“中华宰相村”裴柏村。有裴氏祠堂。主产小麦、玉米。主要经济作物有豆类等。畜牧业以饲养生猪、羊、家禽为主。有复肥、农牧科技公司。服务业以餐饮为主。南同蒲铁路过境设站。省道侯平线、侯风线、侯安线经此。

140823-B06-H01 **礼元**［Lǐyuán］礼元镇人民政府驻地。在县政府驻地桐城镇东北 20.1 千米。人口 1500。为纪念花木兰和唐代名将尉迟敬德，名兰德镇，唐开元年间在此设梨园乐府，名梨园，明代更今名。聚落呈团块状。有礼元镇中心卫生院、文化广场。省道侯风线经此。

140823-B06-H02 **阜底**［Fùdǐ］在县政府驻地桐城镇东北 20.6 千米。礼元镇辖行政村。人口 2000。村居凤凰垣下低凹处，阜为丘陵之意而得名。聚落呈团块状。为北宋名相赵鼎故里。有阜底堡址、风水塔、门楼、赵鼎故里碑，现存皆为清代建筑遗构。327 国道经此。

140823-B06-H03 **裴柏**［Péibǎi］在县政府驻地桐城镇东北 19.3 千米。礼元镇辖行政村。人口 300。因裴姓聚居，多古柏而得名。聚落呈团块状。有第二批省级文物保护单位裴柏碑馆，始建年代无考，现存为明代建筑遗构。有第三批省级文物保护单位裴氏墓群，为汉、唐、宋代文化遗存。有“中华宰相村”之称。省道侯风线经此。

140823-B07 **河底镇**［Hédǐ Zhèn］闻喜县辖镇。在县境中部偏南。面积 123 平方千米。人口 3.57 万。辖 19 行政村。镇人民政府驻河底。1949 年属闻喜县第三区。1953 年设河底乡。1958 年设河底公社。1984 年改设河底镇。2001 年酒务头乡并入。以驻地得名。沙渠河流经此处与南山诸水汇合，因地势平坦，河流至此变缓，故名河底。境内河道属黄河流域，主要河道有沙渠河 1 条，从东至西流经境内茨凹、河底、苏村、小寺头、南阳、中申、坡申、下庄、冯村、孙村、冷泉等村，长 9 千米。有矿产资源铁、花岗岩等。有中小学、卫生院等。有省级文物保护单位酒务头墓群。有纪念地小寺头村闻夏战役烈士陵园。有蛋鸡、肉鸡、牛、猪 4 基地，有药材、莲菜、经济林、蔬菜 4 园区。主产小麦、棉花、玉米。主要经济作物有药材、蔬菜等。畜牧业以饲养生猪、羊、家禽为主。水果种植品种有苹果、桃、葡萄。有石材加工企业。服务业以餐饮为主。207、335 国道、省道横济线、垣孙线经此。

140823-B07-H01 **河底**［Hédǐ］河底镇人民政府驻地。在县政府驻地桐城镇东南 12.6 千米。人口 800。因处沙渠河上游而得名。聚落呈团块状。

有闻喜县红旗中学、河底中心校、河底初级中学、河底镇中心卫生院。有第一批县级文物保护单位河底遗址，为新石器时代、汉代文化遗存。县道侯夏线经此。

140823-B07-H02　**酒务头**［Jiǔwùtóu］在县政府驻地桐城镇东南 19 千米。河底镇辖行政村。人口 820。古时闻喜通垣曲古道经此，因此地设有酒店，为至垣曲途中闻喜境内最后的酒店，古代民间俗称酒店为酒务，故名。聚落呈团块状。有第六批省级文物保护单位酒务头墓群，为商代晚期文化遗存。乡村道路经此。

140823-B08　**阳隅镇**［Yángyú Zhèn］闻喜县辖镇。在县境西北部。面积 88 平方千米。人口 2.39 万。辖 15 行政村。镇人民政府驻阳隅。1949 年属闻喜县第五区。1953 年设阳隅乡。后改公社。1961 年设阳隅公社。1984 年复设乡。2021 年撤销神柏乡、阳隅乡，合并设立阳隅镇。以驻地得名。据村史记载，阳隅村位于县城西北，人民把县城比作太阳，西北方位为隅（角落的意思）字，故名阳隅。地处峨眉岭前沿，属丘陵沟壑地区，坡岭多，沟壑多。年日照时数 2461 小时，年平均气温 12℃，年平均降水量 530 毫米，无霜期 223 天。有矿产资源铁、金、花岗岩、石灰石、白云石等。有中小学、卫生院等。有省级非物质文化遗产闻喜（北垣）花馍。有仰韶文化庙底沟类型回坑遗址。有古迹大云寺古柏。为县优质小麦和林果生产基地。农业以种植小麦和林果为主，有特色品牌阳隅的苹果、柿饼。主要经济作物有药材等。畜牧业以饲养生猪、羊、家禽为主。工业以玻璃器皿和镁业加工为主。服务业以餐饮和物流为主。省道垣孙线、侯平线经此。

140823-B08-H01　**阳隅**［Yángyú］阳隅镇人民政府驻地。在县政府驻地桐城镇西北 13 千米。人口 1500。相传因村位于原邑边境西北边缘，把县城比作太阳，西北方位为隅字而得名。聚落呈团块状。有阳隅镇卫生院。有阳隅墓群，为周代文化遗存。有李氏宅院，为清代建筑遗构。327 国道、省道侯风线经此。

140823-B08-H02　**吴吕**［Wúlǚ］在县政府驻地桐城镇西北 15.4 千米。阳隅镇辖行政村。人口 1100。相传建于元代，有吴、吕两姓人家先后到此落户而得名。聚落呈团块状。有第六批全国重点文物保护单位吴吕后稷庙，创建年代不详，现存对陆毅和戏台均为元代建筑遗构。乡村道路经此。

140823-B09　**侯村镇**［Hóucūn Zhèn］闻喜县辖镇。在县境东南部。面积 51 平方千米。人口 2.48 万。辖 11 行政村。镇人民政府驻侯村。1949 年属闻喜县第六区。1978 年设侯村公社。1984 年改设乡。2021 年改设侯村镇。以驻地得名。相传东汉末年建村，因侯姓为大户而得名侯村。地处半山半丘陵地带，西北部靠近中条山山峰焦山。年平均气温 16℃，1 月份平均气温 3.6℃，7 月份平均气温 24℃，年平均降水量 500 毫米。境内河道属水河大流域，主要河道有涑水河 1 条，从东至西流经境内下峪口、西刘家、杨家园、仁和、东峪等村，长 6 千米。有矿产资源石灰岩等。有小学、幼儿园、卫生院等。主产小麦、玉米、大蒜、棉花、豆类、油料作物。畜牧业以饲养生猪、羊为主。有蔬菜、紫皮大蒜、速生杨为主生产基地。工业以水泥、钢筋、玻璃、建材、机械加工、管件铸造、造纸为主。服务业以运输、餐饮、物流信息为主。省道侯平线、沁东线经此。

140823-B09-H01　**侯村**［Hóucūn］侯村镇人民政府驻地。在县政府驻地桐城镇东北 14.3 千米。人口 2300。相传建于东汉末年，因姓氏而得名。聚落呈团块状。有侯村小学、侯村卫生院。有侯村遗址，为魏晋时期文化遗存。有杨氏宅院、碑楼，现存皆为清代建筑遗构。有特产紫皮蒜。县道侯郭线经此。

140823-B10　**裴社镇**［Péishè Zhèn］闻喜县辖镇。在县境南部。面积 83 平方千米。人口 1.98 万。辖 10 行政村。镇人民政府驻裴社。1949 年属闻喜县第三区。1953 年设裴社乡。后改公社。1961 年设裴社公社。1984 年复设乡。2021 年改设裴社镇。以驻地得名。社为民间祭祀、社火之场所，相传为纪念一裴姓僧人，故名。铁寺河流经。年平均气温 11.5℃，年平均降水量 554.5 毫米。有矿产资源铁矿石、大理石等。有中小学、卫生院。属革命老区，有战斗英雄赵满家和支前英雄卫全旺等革命先辈。为东晋文学家、训诂学家、风水学家郭璞故里。有浓厚的堪舆文化。郭璞博学才高，通阴阳历算、卜筮之术，曾注《尔雅》《方言》《山海经》《穆天子传》等数十万言。有省级非物质文化遗产郭璞堪舆文化。有景区汤王山郭璞故里。为县“南菜北药”格局中无公害蔬菜生产基地。粮食作物以小麦、玉米为主。经济作物有棉花、蔬菜等。畜牧业以饲养生猪、羊、家禽为主。工业以金属镁业、选矿、石材等加工为主。服务业以旅游为主。省道临夏线经此。

140823-B10-H01 **裴社**［Péishè］裴社镇人民政府驻地。在县政府驻地桐城镇东南 11.3 千米。人口 1700。因该地裴姓聚居，为办理迎神社事之地而得名。聚落呈团块状。有裴社初级中学、裴社镇卫生院。有裴社西堡堡址、东堡堡址，现存皆为明清时期建筑遗构。有裴社墓群，为战国、汉、宋时期文化遗存。有裴社遗址，为商代、东周、汉代时期文化遗存。县道后夏线经此。

140823-B10-H02 **南郭**［Nánguō］在县政府驻地桐城镇东南 10.2 千米。裴社镇辖行政村。人口 1000。古称柏地，系上郭派生村，因郭姓定居，且地处上郭南面而得名。聚落呈团块状。据《闻喜县志》载：该地为堪舆文化的鼻祖郭璞故里。有郭璞故里碑、郭氏祠堂照壁，现存皆为清代建筑遗构。县道闻裴线经此。

140823-C01 **后宫乡**［Hòugōng Xiāng］闻喜县辖乡。在县境东南部。面积 117 平方千米。人口 1.84 万。辖 11 行政村。乡人民政府驻后宫。1949 年属闻喜县第三区。1953 年设后宫乡。后改公社。1959 年设后宫公社。1984 年复设乡。2001 年白石乡并入。以驻地得名。后宫之来历有二说，一说春秋时晋武公曾将嫔妃置于该地。清乾隆三十年《闻喜县志》记载村名为后宫里。二说汉元鼎六年武帝刘彻至闻喜时，后妃驻此，得名后宫。地形由东北向西南倾斜，系丘陵山区。地处中温带季风区，全年降水量 350—400 毫米，全年无霜期 185 天，解冻期 70—80 天。境内河道属涑水河，有沙渠河、后宫河 2 条，河流总长度 10 千米，最大河流为沙渠河，从南至西流经境内十八埝、长岭坡、界元、南白石、马安桥、汾村、下院、刘家庄、上偏桥、前偏桥、后宫、柏底等村，长 8.26 千米。有矿产资源镁、铁、石灰石等。有小学、卫生院等。有省级文物保护单位南白石遗址。主产小麦，种植玉米、棉花、油用牡丹等。畜牧业以饲养生猪、羊、家禽为主。有镁业、机械制造等公司。省道垣孙线经此。

140823-C01-H01 **后宫**［Hòugōng］后宫乡人民政府驻地。在县政府驻地桐城镇东北 16.4 千米。人口 1400。因宫姓始居而得名。聚落呈团块状。有后宫初级中学、后宫实验小学、后宫乡卫生院。有县级文物保护单位后宫遗址，为新石器时代文化遗存。有后宫墓群，为战国至汉代文化遗存。县道闻垣线、东白线经此。

140823-C01-H02 **南白石**［Nánbáishí］在县政府驻地桐城镇东北 22.6 千米。后宫乡辖自然村。人口 620。因位于白石的南、北方向而得名。聚落呈团块状。有第六批省级文物保护单位南白石遗址，包括新石器时代仰韶文化、龙山文化和周代文化遗存。县道闻垣线经此。

140823-C02 **石门乡**［Shímén Xiāng］闻喜县辖乡。在县境东南部。面积 174 平方千米。人口 0.87 万。辖行政村。乡人民政府驻石门。1949 年属闻喜县第三区。1953 年设石门乡。后改公社。1959 年设石门公社。1984 年复设乡。以驻地得名。传说曲家沟村对面山上，高山林立、悬崖峭壁，人们出入要经过该地的羊肠小道，从两山之间通过，恰似一座石门，故名。地处中条山腹地。境内有汤王山、鸡子山、黄石山、石羊山、梯子山等，汤王山为闻喜县最高峰，海拔 1572 米，又名景山。境内河道属黄河流域，有亳清河，从西至东南流经境内店上、后交、石门等村，长 8 千米。森林资源有栎树、油松、连翘、红叶树等。有金钱豹、獾、鹿等野生动物。有矿产资源金、铜、铁、石英、蛭石、大理石等。有中小学、卫生院等。有省级文物保护单位千金耙矿冶遗址。有横榆革命老区。刘家村刘庄冶为古关隘，为军事要地。有商汤文化、郭璞堪舆文化发祥地汤王山。为县林区、山区乡。主产杂粮，经济作物以山区物产为主。产中药材，有远志、丹参、刺五加、猪苓、桔梗、天麻、党参等。工业以采矿业为主。省道沁东线、横济线经此。

140824 **稷山县** [Jìshān Xiàn] 运城市辖县。北纬 35° 22′，东经 110° 49′。在市境西北部。面积 686 平方千米。人口 31.61 万。辖 5 镇、2 乡。县人民政府驻稷峰镇。北魏太和十一年（487 年）析闻喜、龙门两县地置高凉县，治所在今清河镇。隋开皇十八年（598 年）改高凉县为稷山县，县治迁今县城，属绛郡。唐属绛州，后属河中府。五代梁属河中府。后唐同光三年（925 年）属绛州。北宋、金、元属绛州。明属平阳府绛州。清初属平阳府，雍正二年（1724 年）属绛州。1912 年属河东道。1927 年废道，直属山西省。1937 年属山西省第七行政区。1947 年 8 月县境汾北地区仍称稷山县，属晋绥边区第十专区。汾河以南地区与河津县汾河以南地区组成稷河县，县治在今稷山翟店镇，属晋冀鲁豫边区太岳区第三专区。1948 年撤稷河县，复置稷山县，仍属晋绥边区第十专区。1949 年初属陕甘宁边区晋南专区，同年 8 月属山西省运城专区。1954 年属晋南专区。1967 年属晋南地区。1970 年属运城地区。2000 年 4 月属运城市。相传农业始祖后稷在此教民稼穑，后稷死后，埋葬南山，位于县境南部，名曰稷王山，故名稷山县。地处山西省西南部。地形中间低、南北高。地貌有基岩山区、山前倾斜平原区和湖积平原区。有吕梁山尾脉，南有稷王山、姑射山、紫金山。最高海拔吕梁山尾脉西社镇庄头村西岭 1716 米，最低海拔 374 米。年平均气温 13.4℃。年平均降水量 459.3 毫米。汾河、马壁峪、黄华峪流经。有矿产资源铁矿、花岗岩、石灰石等及地热资源。森林覆盖率 21.3%。有中小学 109 所、文化馆 1 个，文化站 7 个、博物馆 1 个、农村文化活动场所 200 个、公共图书馆 1 个、广播电视台 1 座、电台 1 座。为后稷故里，有稷王庙，旧《稷山县志·序》载："邑以稷山名者，以后稷始播百谷于兹，而邑以是得名。"有全国重点文物保护单位玉璧城遗址、马村砖雕墓、南阳法王庙、稷山稷王庙、北阳城砖塔、青龙寺、稷山大佛。有省级文物保护单位李老庄玉皇庙、平陇城址等。有省级红色文化遗址八路军总部北阳城旧址。有市级文物保护单位勋重砖牌坊、华峪城址、平陇城址、太杜后稷庙、范家庄关帝庙、小杜关帝庙、丁庄李家大院和稷山县抗日民主政府旧址。有国家级非物质文化遗产稷山高跷走兽、高台花鼓、稷山螺钿漆器制作技。有省级非物质文化遗产稷王的传说、后稷祭祀、中医正骨疗法、传统丹药炼制技艺、十二生肖民俗花鼓、古琴书等。有中国传统村落、铺头村，清河镇北阳城村，翟店镇西位村。有中国历史文化名村西社镇马趵泉村等。稷山县清河镇因高台花鼓、高跷走兽被评为"中国民间文化艺术之乡"。有地方民间艺术高跷八抬、剪纸、面塑、仿古工艺、灯笼制作、雕塑、木雕、石雕、砖雕、根雕、席编、木版年画、版画、鼓车、锣鼓、五谷画、唢呐、红樱棍、火龙表演、旱船、京板鼓制作、手工织布、民间布艺等。有贾峪遗址、马家巷遗址、玉壁城遗址、平陇城遗址、华峪遗址、兴化寺遗址等 30 余处。有古墓裴耀卿墓、马村砖雕墓、二贤墓等 21 处。有古建青龙寺、稷山稷王庙、稷山大佛、南阳法王庙等。有古塔稷王山砖塔、北阳城砖塔、佛峪口石塔 3 处。有金石国家馆藏一级文物姚天福神道碑、国家馆藏三级文物龙门全景石雕影壁等。有晋家峪风景区、峨嵋山避暑山庄和民乐公园。三次产业比 16:41:43。主产小麦、玉米、中药材，种植双季槐米、蔬菜，养殖猪、羊、鸡。土特产品有稷山板枣、红提葡萄等。工业以冶铁、化肥、炼焦、纺织、金属镁、造纸、包装、化工、农副产品加工为主，有白云岩矿、石灰石矿、铁矿。有煤焦循环经济工业园区、翟店印刷包装文化产业功能区和县高新技术产业园区。服务业以仓储物流、餐饮服务、旅游为主。侯西铁路过境设站。京昆高速，108 国道，省道稷运线、闻苍线、台运线经此。

140824-B01 **稷峰镇** [Jìfēng Zhèn] 稷山县人民政府驻地。在县境中部。面积 151 平方千米。人口 12.63 万。辖 44 行政村。镇人民政府驻城关。1949 年属稷山县第一区。1953 年设城关乡。1958 年改公社。1959 年设城关公社。1984 年改设镇。2001 年杨赵镇、管村乡、下迪乡、城关镇合并为稷峰镇。取稷王山巅的"稷峰叠翠"为镇名。地处汾河北岸。年平均气温 13℃，1 月平均气温 -4℃，

7月平均气温27℃，年平均降水量483毫米，无霜期220天。境内河道属黄河流域，有汾河，从东至西流经境内荆平、苑曲、下费等村，长42.4千米。有中小学、幼儿园、二级专科医院、卫生院、文化馆、图书馆、档案馆、博物馆、文化广场、音乐广场等。有全国重点文物保护单位稷山大佛、青龙寺、马村砖雕墓、南阳法王庙、稷山稷王庙等。有省级文物保护单位平陇城址、太杜后稷庙。有历史名人唐代名相裴耀卿、宋代名将解元、金代词坛“二妙”段克己、段成己（平陇村）、元代铁面御史姚天福等。为省板枣生产基地。有红提育苗基地和生产基地。主产小麦、玉米、板枣、葡萄。工业有炼焦、造纸、纺织、化工、铝制品、金刚石、蜜枣加工、葡萄贮藏等产业。侯西铁路过境设站。京昆高速、108国道、省道台运线经此。

140824-B01-K01 **富强街**［Fùqiáng Jiē］在稷山县城北部。西起大佛路，东至233省道（运稷线）。与建设路、稷圣路、体育路等道路相交。长1.8千米，宽30米。沥青路面。2013年改建交通局北—火车站广场，后多次改造。路名取国富民强之意。两侧有稷山站、东兴花苑等。

140824-B01-K02 **育英街**［Yùyīng Jiē］在稷山县城北部。西起劳动北路，东至稷王中学。以大佛路为界，分东街、西街。与振兴路、稷王路、稷圣路等道路相交。长4千米，宽40米。沥青路面。1986年建成并取名。2004年改建。因沿途有众多学校，取培育英才之意。两侧有育英小学、稷王幼儿园、中共稷山县委党校、稷山中学等。

140824-B01-K03 **稷峰街**［Jìfēng Jiē］在稷山县城中部。西起丰喜路，东至108国道（京昆线）。以大佛路为界，分东街、西街。与振兴路、稷王路、建设路等道路相交。长4.8千米，宽60米。沥青路面。1983年由新开街更名为稷峰街，因位于稷峰镇得名。两侧有中共稷山县委、稷山县人民政府、民乐体育公园、四馆一中心广场等。通稷山1路公交车。

140824-B01-K04 **康复街**［Kāngfù Jiē］在稷山县城中部。西起丰喜路，东至振兴路。与劳动路等道路相交。长1.6千米，宽15米。水泥路面。1993年改建并命名。2013年扩宽改建。因沿途有众多医院，寓意患者康复而得名。两侧有稷山县人民医院、妇幼保健院、稷山县中医院和西街小学等。

140824-B01-K05 **后稷街**［Hòujì Jiē］在稷山县城南部。西起振兴路，东至建设路。与稷王路、大佛路等道路相交。长1.6千米，宽20米。沥青路面。2003年开工，建西关口—东关口步行街。后经多次改扩建。因途经全国重点文保单位稷王庙，为纪念周人始祖后稷在本县稼穑而得名。两侧有东街中学、稷王庙（稷山县博物馆）等。

140824-B01-K06 **城南街**［Chéngnán Jiē］在稷山县城南部。西起丰喜路，东至大佛路。与后稷街、振兴路、稷王路等道路相交。长2.8千米，宽40米。沥青路面。1985年在原有晋韩公路过城段基础上改造，1986年建成。因在稷山县城南侧得名。两侧有稷峰二中、稷山县公安局交警大队等。通稷山1路公交车。

140824-B01-K07 **稷南大街**［Jìnán Dàjiē］在稷山县城南部。西起丰喜路，东至233省道（运稷线），为108国道穿境路段。与振兴路、大佛路、建设路等道路相交。长3.6千米，宽60米。沥青路面。因位于稷山县城南侧得名。两侧有稷山县汽车站、滨河文化广场等。通稷山1路、运稷快线等公交车。

140824-B01-K08 **丰喜路**［Fēngxǐ Lù］在稷山县城西部。北起加庄村口，南至稷南大街。以稷峰街为界，分北路、南路。与康复街、城南街等道路相交。长2.4千米，宽30米。沥青路面。2009年开工，2010建成。因途经阳煤丰喜集团稷山分公司得名。两侧有丰喜集团、华南纺织有限责任公司、丰鑫苑等。

140824-B01-K09 **振兴路**［Zhènxīng Lù］在稷山县城西部。北起稷山县职业中学，南至稷南大街。以稷峰街为界，分北路、南路。与后稷街、城南街等道路相交。长2.3千米，宽20米。水泥路面。1986年在原有道路的基础上修建。2007年改造。路名取振兴稷山之意。两侧有稷峰二中、稷山县自然资源局等。

140824-B01-K10 **大佛路**［Dàfó Lù］在稷山县城中部。北起稷山大佛寺，南至稷南大街。

以稷峰街为界，分北路、南路。与育英街、稷峰街、后稷街、城南街等道路相交。长 2.2 千米，宽 40 米。沥青路面。1983 年在原有道路的基础上修建。1986、2006 年改建。因途经全国重点文保单位稷山大佛寺得名。两侧有大佛文化公园、稷山县烟草专卖局等。

140824-B01-K11　**稷王路**［Jìwáng Lù］在稷山县城西部。北起育英街，南至稷南大街。以稷峰街为界，分北路、南路。与后稷街、城南街等道路相交。长 1.4 千米，宽 30 米。水泥路面。1993 年开工，1994 年建成。2007 年改建。为纪念周人始祖后稷得名。两侧有百货大楼、痔瘘医院等。通稷山 1 路公交车。

140824-B01-K12　**建设路**［Jiànshè Lù］在稷山县城中部。北起富强街，南至稷南大街。以稷峰街为界，分北路、南路。与育英街、稷峰街、后稷街等道路相交。长 1.6 千米，宽 20 米。水泥路面。1986 年新建。1998、2008 年拓宽改建。取建设大美稷山之意。两侧有稷王幼儿园、信合小区等。

140824-B01-K13　**稷圣路**［Jìshèng Lù］在稷山县城中部。北起稷山站，南至 108 国道（京昆线）。与富强街、育英街、稷峰街等道路相交。长 1.3 千米，宽 20 米。水泥路面。1983 年开工，年底建成，原名站前路。1998、2007 年改建。2013 年为纪念历史人物农神后稷更今名。两侧有稷峰一中、稷王文化广场等。

140824-B01-K14　**体育路**［Tǐyù Lù］在稷山县城东部。北起富强街，南至 108 国道（京昆线）。以稷峰街为界，分北路、南路。与育英街、稷峰街等道路相交。长 1.2 千米，宽 30 米。水泥路面。2012 年开工，2013 年建成。2017 年命今名。因途经体育馆得名。两侧有稷王小学、明鑫苑等。

140824-B01-H01　**马村**［Mǎcūn］在县政府驻地稷峰镇西南 7.3 千米。稷峰镇辖行政村。人口 1300。因史话而得名。聚落呈团块状。有第五批全国重点文物保护单位马村砖雕墓，据“段楫预修墓记”和对墓葬形制的判断，为金大定以前的段氏墓地。有第五批全国重点文物保护单位青龙寺，始建于唐龙朔二年（626 年），现存建筑腰殿、大雄宝殿及垛殿为元代原构，余皆明清时期建筑遗构。108 国道经此。

140824-B01-H02　**南阳**［Nányáng］在县政府驻地稷峰镇西北 2.5 千米。稷峰镇辖行政村。人口 4600。因村有一德高望重之老人，周围村乡民皆尊称为爷爷村，后经年累月，村村人异，遂取南阳诸葛庐之意，以示该村处于偏僻、似隐士逸居之地，故名。聚落呈团块状。有实验中学（南阳校区）。有第六批省级文物保护单位平陇城址，又名“高欢寨”，俗称“南阳堡”，为东魏、北齐文化遗存。有第七批全国重点文物保护单位南阳法王庙，又称“玄帝庙”，为元明清建筑遗构。108 国道经此。

140824-B01-H03　**太杜**［Tàidù］在县政府驻地稷峰镇东北 8 千米。稷峰镇辖行政村。人口 3580。西汉杜恬族人聚居于此而得名大杜，后经演变更今名。聚落呈团块状。有太杜小学。有第六批省级文物保护单位太杜后稷庙，创建年代不详，现存正殿为元代遗构，余皆为清代建筑遗构。乡村道路经此。

140824-B02　**西社镇**［Xīshè Zhèn］稷山县辖镇。在县境东北部。面积 133 平方千米。人口 3.06 万。辖 16 行政村。镇人民政府驻西社。1949 年属稷山县第五区。1953 年设西社乡。后改公社。1959 年设西社公社。1984 年改设镇。以驻地得名。镇北有羲和陵（即羲仲、羲叔、和仲、和叔四人之陵墓），为便于祭祀与守护，于东周时期在此设三社，陵之东者为东社，中者为中社，西为西社。地处吕梁山南麓，为半山区，地势北高南低。年平均日照 2382 小时，年平均气温 13℃，年平均降水量 483 毫米，无霜期 218 天。境内河道属黄河流域，有晋家峪、马壁峪 2 条，河流总长度 13 千米，马壁峪从北至南流经境内铺头、三界庄、范家庄、李老庄、中社等村，长 8 千米。有矿产资源铁、花岗岩、白云岩、石灰石、地下水等。有中小学、幼儿园、卫生院、农家书屋、文化站。有文采管乐队、三界庄鼓队等文化艺术团体。有省级文物保护单位李老庄玉帝庙、范家庄关帝庙、稷山县抗日民主政府旧址。有中国传统村落、中国历史文化名村马跑泉村。有西社仰韶文化遗址。

有景点晋家峪水库。为革命老区，有革命纪念地马家沟抗战时期县政府旧址。主产小麦、玉米、棉花、油料。养殖羊、猪为主。工业以煤焦、化工、冶炼、建材、新材料加工等为主。侯西铁路过境设站。京昆高速、省道台运线经此。

140824-B02-H01 **西社**［Xīshè］西社镇人民政府驻地。在县政府驻地稷峰镇东北 6.2 千米。人口 1600。因村东北有羲和陵，为便于祭祀与守护，设三社，因方位而得名。聚落呈团块状。有西社初中、西社镇办小学、西社中心卫生院。有西社堡址、西社城址，为明清时期建筑遗构。有关王庙、张世民宅，均为清代建筑遗构。省道台运线经此。

140824-B02-H02 **马趵泉**［Mǎbàoquán］在县政府驻地稷峰镇西北 14.1 千米。西社镇辖自然村。人口 180。相传隋朝末年，李世民兵败逃至此地，退路难寻，人困马乏，饥渴难耐，这时他的坐骑一声嘶鸣，昂首跃起，用前面双蹄朝地上猛劲一刨，瞬间一股清泉喷涌而出，故名。聚落呈团块状。2014 年被列入第三批中国传统村落名录。2019 年被列入第七批中国历史文化名村名录。省道台运线经此。

140824-B02-H03 **范家庄**［Fànjiāzhuāng］在县政府驻地稷峰镇西北 14.1 千米。西社镇辖行政村。人口 2650。相传始建于宋金时期，村里有五户人家，其中一户住坡下称“前范”，其余四户住坡上称“后范”，后来人口增多，居住相连，故名。聚落呈团块状。有第六批省级文物保护单位范家庄关帝庙，现存为明清时期建筑遗构。省道台运线经此。

140824-B02-H04 **马家沟**［Mǎjiāgōu］在县政府驻地稷峰镇西北 13.4 千米。西社镇辖行政村。人口 870。原名马庄岭，后因马氏一族先居于此山岭下而得名。聚落呈团块状。有第六批省级文物保护单位稷山县抗日民主政府旧址，原为玉皇庙，创建于雍正年间，现庙宇布局为民国十五年所重建。省道台运线经此。

140824-B03 **化峪镇**［Huàyù Zhèn］稷山县辖镇。在县境西北部。面积 113 平方千米。人口 4.35 万。辖 22 行政村。镇人民政府驻化峪。1953 年设华峪乡。后改公社。1949 年属稷山县第四区。1959 年设化峪公社。1984 年改设化峪镇。2001 年路村乡并入。以驻地得名。地处黄华峪口，北齐曾为屯兵之地，北齐武平二年（571 年），斛律光率众筑华谷城，明隆庆年间，在此设华峪镇，因“化”与“华”通用，清代改为化峪镇。地势北高南低，平均海拔 1300 米。年平均气温 13℃，年平均降水量 483 毫米，无霜期 220 天。境内河道属汾河流域，有黄化峪，从北至南流经境内张开东、张开西、化峪、南堡、梁堡、东段、西段等村，长 9 千米。有矿产资源石英、钾长石、辉绿岩、磷灰石等。有国家一级重点保护的野生动物褐马鸡，其他野生动物有狼、兔、山猪、獾等，稀有植物有翅果油树。有中小学、幼儿园、卫生院、农家书屋等。有古迹华（化）峪、八宝金禅寺、九峰朝阳沟、米汤锅神水、斛律光寨古城堡、稷山八景之“文洞飞云”“仙掌擎月”及文中子洞等。有黄华古镇之美称。主产小麦、玉米、棉花、油料。养殖羊、养猪为主。京昆高速经此。

140824-B03-H01 **化峪**［Huàyù］化峪镇人民政府驻地。在县政府驻地稷峰镇西北 9.3 千米。人口 2100。相传建于北齐武平元年。古时为屯兵之地，因地处黄华峪口，名黄华古镇，明清时改为华峪镇，后经演化而得名。聚落呈团块状。有化峪初中、黄华小学、化峪卫生院。有化峪堡址，为明清时期建筑遗构。县道稷西线经此。

140824-B04 **翟店镇**［Zháidiàn Zhèn］稷山县辖镇。在县境西南部。面积 56 平方千米。人口 4.17 万。辖 16 行政村。镇人民政府驻翟东。1949 年属稷山县第三区。1953 年设翟店乡。后改公社。1959 年设翟店公社。1984 年改设镇。古名皖康里，明初更名石龙镇，明末以姓氏得名。在汾河南岸二级阶地与峨眉丘陵之间，南部为丘陵，北部为平川。境内河道属汾河流域，有黄华峪，从北至南流经境内张开东、张开西、化峪、南堡、梁堡、东段、西段等村，长 9 千米。有矿产资源白云岩等。有中小学、卫生院、农家书屋等。有中国传统村落西位村。有古迹东位遗址、兴化寺遗址、西位关帝庙、太耿造像碑、龙门图刻石、太宁铁狮子等。为三晋名镇之一。东部以印刷包装产业为主，西部以种植水果为主，南部以种植干果经济林为主，中部以养殖业为主。主产小麦、玉米、棉花。工业以煤焦发电、硅镁冶炼、纸箱包装、造纸、服装加工为主，有焦铁、服饰、包装、纸业、彩印、纺纱、矿泉水等企业，为纸箱包装生产基地，被誉为中国纸箱城。省道运稷线、台运线经此。

140824-B04-H01　**翟东**［Zháidōng］翟店镇人民政府驻地。在县政府驻地稷峰镇西南 14.2 千米。人口 2200。原名翟店，后分为东西两村，因地处东边而得名。聚落呈团块状。有翟店高中、翟店初中、翟店卫生院。省道台运线经此。

140824-B04-H02　**西位**［Xīwèi］在县政府驻地稷峰镇县人民政府西南 16 千米。翟店镇辖行政村。人口 5100。聚落呈团块状。有西位关帝庙，为元、清时期建筑遗构。有西位传统民居，均为清代建筑遗构。2018 年被列入第五批中国传统村落名录。省道台运线经此。

140824-B05　**清河镇**［Qīnghé Zhèn］稷山县辖镇。在县境东南部。面积 71 平方千米。人口 3.36 万。辖 14 行政村。镇人民政府驻清河。1949 年属稷山县第二区。1953 年设清河乡。后改公社。1959 年设清河公社。1984 年改设镇。以驻地得名。清河镇地临山涧，涧中有水，源自稷王山，古时稷王山清泉长流，水流较大，金元时期在此地设镇，因河水宽广，故命名为大海镇。明万历年间河流变小，设小河镇。民国初年，因河水长流，清洌可鉴，故名。三面环沟，中北部地势平坦，南部为旱塬山区。年平均气温 13℃，年平均降水量 483 毫米，无霜期 220 天。境内河道属黄河流域，有汾河从东至西流经境内上费、刘村等村，长 2 千米。有天然煤层气、地热资源。有中小学、卫生院等。有省级文物保护单位吴壁后土庙、八路军总部北阳城旧址。八路军总部北阳城旧址为省级红色文化遗址。有国家级非物质文化遗产高台花鼓和高跷走兽。有古迹古高凉县郡古城墙遗址。有纪念地朱德、彭德怀、左权故居。为农业镇，农业以“南药北果中养殖”为总体布局，以苹果、桃、药材为主导，间以葡萄、梨、杏、蔬菜等。以水果、药材、养殖三大主导产业。养殖猪、牛、羊、禽类，有养鸡场。工业以工业园区包装类、金刚石刀具产业为主。京昆高速、省道台运线经此。

140824-B05-H01　**清河**［Qīnghé］清河镇人民政府驻地。在县政府驻地稷峰镇东南 12 千米。人口 1300。原名小郝，后方言谐音改为小河，后更今名。聚落呈团块状。有清河初级中学、清河镇卫生院。有清河传统民居，均为清代建筑遗构。乡道荆清线、管裴线经此。

140824-B05-H02　**北阳城**［Běiyángchéng］在县政府驻地稷峰镇东南 16.7 千米。清河镇辖行政村。人口 1500。汉时大将魏豹曾在此屯兵练将，名太阳城，北魏太和十一年（487 年）系高凉县和高凉郡治所在地，唐宋名杨城村，明末清初名阳城村，后因方位而得名。聚落呈团块状。有第七批全国重点文物保护单位北阳城砖塔，始建于北宋宝元二年（1039 年），现塔身保存基本完好。有第六批省级文物保护单位北阳城八路军总部，系一座清代民居四合院，原功能为当铺。有国家级非物质文化遗产高跷走兽。乡村道路经此。

140824-B05-H03　**吴壁**［Wúbì］在县政府驻地稷峰镇东南 5 千米。清河镇辖行政村。人口 3030。因吴氏一族先居于此，又因建于崖壁处，故名。聚落呈团块状。有第六批省级文物保护单位吴壁后土庙，全名“后土圣母庙”，俗称“娘娘庙”，现存均为明代建筑遗构。省道台运线经此。

140824-C01　**蔡村乡**［Càicūn Xiāng］稷山县辖乡。在县境西南部。面积 53 平方千米。人口 3.26 万。辖 13 行政村。乡人民政府驻蔡村。1953 年设蔡村乡。后改公社。1949 年属稷山县第一区。1959 年设蔡村公社。1984 年复设乡。以驻地得名。明朝正统八年（1443 年）杨三起义，由蔡将军统帅 4000 余人从聚善堡转移到此，据险防守，以抗朝廷，在战争中不幸牺牲，为纪念蔡将军，此地即起名蔡村。位于汾河谷南塬一带，地势开阔。年平均气温 13℃，年平均降水量 483 毫米，无霜期 220 天。汾河流经。有中小学、幼儿园、卫生院等。有新石器时代遗址柴村遗址、底史遗址，有东周文化遗址底史东遗址，有汉代文化遗存郝壁遗址。有地方文化坑东村八台高跷、东蒲村腰鼓、郝壁村根雕艺术。经济以农业为主，主产小麦、玉米、苹果、桃、柿子。养殖羊、猪、鸡为主。

工业有食品加工、金属冶炼、纸箱包装、果蔬储藏4产业。多条公路经此。

140824-C01-H01 **蔡村**［Càicūn］蔡村乡人民政府驻地。在县政府驻地稷峰镇西南11.2千米。人口1800。聚落呈团块状。有蔡村小学、蔡村乡卫生院。有秦氏民宅，现存为清代建筑遗构。县道闻苍线经此。

140824-C02 **太阳乡**［Tàiyáng Xiāng］稷山县辖乡。在县境中部。面积106平方千米。人口5.26万。辖19行政村。乡人民政府驻太阳。1953年设太阳乡。后改公社。1949年分属稷山县第二区、第三区。1959年设太阳公社。1984年复设乡。2001年修善乡并入。以驻地得名。地势北高南低。年平均降水量483毫米，年平均气温13℃，无霜期218天。境内河道属黄河流域，有李铁河，从南至北流经境内刘家坪、石佛沟等村，长2.5千米。有矿产资源白云岩等。有中小学、卫生院等。有古迹稷王山。有全国重点文物保护单位玉壁城遗址。有省级非物质文化遗产以坞堆村为首的稷山螺钿漆器制作技艺。为农业镇。主产小麦、玉米。种植豆类、谷类、薯类，有大葱及水果苹果、柿子、山楂、西瓜。有蜜枣加工、纺织制衣、建筑材料加工等企业。省道台运线等多条公路经此。

140824-C02-H01 **太阳**［Tàiyáng］太阳乡人民政府驻地。在县政府驻地稷峰镇南14千米。人口1900。原名秦家庄，后因村南柳家爻上处有一教稼台，每年教稼台北的庄稼萌发早，为大阳面，称大阳村，后经演变更今名。聚落呈团块状。有太阳初级中学、太阳小学、太阳中心卫生院。有三义庙，创建年代不详，现存为清代建筑遗构。乡道管裴线经此。

140824-C02-H02 **白家庄**［Báijiāzhuāng］在县政府驻地稷峰镇南13.4千米。太阳乡辖行政村。人口200。始建于明末清初，由稷山县汾南白家庄北堡的白氏一支迁居此地而得名。聚落呈团块状。有第七批全国重点文物保护单位玉璧城遗址，始筑于西魏大统四年（538年），北周保定二年（562年）置勋州，至北周武帝建德六年（577年）城始荒废。省道台运线、县道闻苍线经此。

140825 **新绛县**［Xīnjiàng Xiàn］运城市辖县。北纬35° 36′，东经111° 13′。在市境北部。面积597平方千米。人口28.22万。以汉族为主，还有回族。辖9镇。县人民政府驻龙兴镇。明帝二年（558年）改东雍州为绛州。武帝时治今柏壁村。建德六年（577年）绛州徙治玉壁城。隋开皇三年（583年）绛州迁治今新绛县城。唐、宋、金因之。天会六年（1128年）于绛州置绛阳军节度使。明洪武初正平县废入绛州，隶平阳府。清雍正二年（1724年）升绛州为直隶州。1912年废州改称新绛县，属河东道。1927年废道直属山西省。1937年属山西省第七行政区。1945年属晋冀鲁豫边区太岳区第三专区。1947年8月以汾河为界分为绛南、新绛2县。汾南为绛南县，属晋冀鲁豫边区太岳区第三专区。汾北为新绛县，属晋绥边区第十专区。1948年绛南县并入新绛县，属晋绥边区第十专区。1949年初属陕甘宁边区晋南专区，同年8月属山西省运城专区。1954年属晋南专区。1958年撤新绛县并入侯马市，属晋南专区。1962年复置新绛县。1967年属晋南地区。1970年属运城地区。2000年6月属运城市。古称绛州，后取除旧更新之意，故名新绛。地处山西省西南部，临汾盆地南缘。地势由东向西倾斜。有吕梁山、九原山、峨眉岭等。最高海拔姑射山1438.4米，最低海拔380.5米。年均气温13.8℃，1月平均气温-1.7℃，7月平均气温26.8℃。年平均降水量496毫米。汾河、浍河流经。有矿产资源铁矿石、石英石、天然高岭土、石灰石、石膏及地热水，有野生防风、柴胡、远志、丹参、连翘等药材。有中小学29所，新绛中学为省级示范高中、新绛县北张示范初中为省级示范初中、新绛县西街实验小学为省级示范小学。有文化馆、图书馆、档案馆、博物馆、体育场馆等。有全国重点文物保护单位冯古庄墓地、绛州文庙、北池稷王庙、白台寺、泉掌关帝庙、绛州大堂（含三楼）、福胜寺、乔沟头玉皇庙、稷益庙、龙香关帝庙、新绛龙兴寺、三官庙、寿圣寺大殿等。有省级文物保护单位绛守居园池、马庄遗址、西尉遗址、光村遗址、净梵寺大殿、苏阳稷王庙、大益成纺纱厂旧址、新绛天主教堂等。有市级文物保护单位3处。有国家级非物质文化遗产面花（新绛面塑）、澄泥砚制作技艺、梅花点舌丹。有省级非物质文化遗产云雕制作技艺、绛墨制作技艺、绛笔制作技艺、新绛刻瓷技艺、绛州皮影戏、新绛戏曲剪纸、绛州木版年画、彩绘陶制作技艺等。为中国民间文化艺术之乡、中国历史文化名城。有中国传统村落北张镇西庄村、泉掌镇泉掌村。有中国传统村落、中国历史文化名村泽掌镇光村。有山西历史文化名镇泽掌镇。有地方民间艺术剪纸等，绛州鼓乐为世界三大鼓种之一，已被联合国教科文组织亚太文化中心列入“人类口头和非物质遗产代表作”名录，被列入国家级非物质文化遗产名录。有遗存四大名帖之一“绛帖”、以“悬塑”出名的唐代“福胜寺”、以古代农业为题材的明代《稷益庙壁画》、创建于元明的“绛州三楼”、金代天德三年铸造的万斤巨钟。有馆藏文物“战国玉璧”、“金代钞版”等。有景点龙兴寺、绛守居园池等。三次产业比21:47:32。农业以种植业为主，主产小麦、玉米，种植棉花、药材、油料作物、蔬菜等，为国家无公害蔬菜生产基地。有油桃、苹果、葡萄、核桃、红枣等经济林。养殖猪、羊、牛、家禽为主。土特产品有西庄猪卷等。工业以炼焦、冶炼、铸造、化工、建材、医药、机械制造为主，有轻纺工业园、农民创业园、煤化工业园。服务业以旅游、餐饮、运输物流为主。大西高铁过境设站。京昆高速、108国道、省道侯平线、陵侯线、临夏线经此。

140825-B01 **龙兴镇**［Lóngxìng Zhèn］新绛县人民政府驻地。在县境中部。面积72平方千米。人口8.02万。辖27行政村。镇人民政府驻城关。1949年属新绛县第一区。1953年设城关区。后改公社。1970年设绛州公社。1984年改设城关镇。2001年城关镇、店头乡合并为龙兴镇。因宋太祖赵匡胤登基前曾寓居的龙兴寺得名。地处汾河阶地冲积平原。境内河道属黄河流域，有汾河，从东至西流经东木赞、店头、娄庄、站里、西关、段家庄、桥东等村，长11.5千米。有中小学、幼儿园、卫生院、文化站、图书馆等。历史上手工业发达，交通便利，享有“七十二行样样有”的赞誉。有全国重点文物保护单位龙兴寺、绛州大堂（含绛州三楼）、三官庙、龙香关帝庙。绛州大堂为唐代修建，现存建筑为元代重建遗构，是全国目前保存最完整的三座州衙大堂之一。有省级文物保护单位文庙、绛守居园池、新绛天主教堂。有市级文物保护单位天主教堂、乔家花园、护国善庆寺。为脱皮地黄加工、销售集散地。主产菜、药、干果，干果以核桃为主。种植黄瓜、西红柿、茄子、辣椒等，有蔬菜批发市场。有小商品批发汾河湾市场。传统工艺产品加工和轻纺家庭工业有仿古青铜、云雕家具及饰品、仿古汉陶、澄泥砚等。108国道、省道侯平线、陵侯线、临夏线经此。

140825-B01-K01 **北环大街**［Běihuán Dàjiē］在新绛县城北部。西起文体路，东至232省道（临夏线）。与绛州路、气象路、城壕路、朝殿路等道路相交。长3千米，宽30米。沥青路面。2002年开工，2003年建成。原名北环路。2017年更今名，因位于老城北侧得名，为新城和老城分界线。两侧有新绛县政务服务中心、北张车站、天然气公司、轻纺工业园等。

140825-B01-K02 **正平街**［Zhèngpíng Jiē］在新绛县城西北部。西起新绛县看守所，东至龙兴路北端。与城壕路、西关街、气象路、绛州路等道路相交。长2.8千米，宽30米。沥青路面。始建于1984年。原名东、西大街，因地处古代正平坊，故名。1994年以龙兴路—站北路段为正平街，站北路以西段为古城街。因“古城街”易使人误以为是古城所在地，2014年合并称正平街。两侧有多个西街实验小学、新绛县财政局、新绛县图书馆等。通侯马至万荣特快专线。

140825-B01-K03 **荀子街**［Xúnzǐ Jiē］在新绛县城北部。西起学府路，东至凤凰路。与文体路、迎宾路、梁公路、府西路等道路相交。长2千米，宽40米。沥青路面。2008年始建。2017年命名。为纪念新绛历史名人、战国著名思想家、教育家荀子得名。两侧有荀子苑、新绛县人民医院、烟草公司、海泉购物广场等。

140825-B01-K04 **复兴街**［Fùxīng Jiē］在新绛县城北部。西起迎宾路，东北至绛州大街。与梁公路、府西路、西市路等道路相交。长2.1千米，宽50米。沥青路面。2008年始建。2017年命名。

因新城建设为振兴新绛经济发展起到重大作用，且此街位于行政中心门前，路名取引领和带动新绛实现复兴之意。两侧有绛州广场、中共新绛县委党校、丽华苑等。

140825-B01-K05　**绛州大街**［Jiàngzhōu Dàjiē］在新绛县城北部。西起西环路，东至凤凰路。与梁公路、府西路、西市路等道路相交。长 2.4 千米，宽 50 米。沥青路面。2010 年始建。2017 年命名。因此街为新城的东西主轴线，为纪念新绛古称绛州命名。两侧有绛州广场、新绛县交通运输局、龙湖金港等。

140825-B01-K06　**峨嵋街**［Éméi Jiē］在新绛县城北部。西起西环路，东至凤凰路。与梁公路、府西路、西市路等道路相交。长 2.4 千米，宽 50 米。沥青路面。2010 年始建。2017 年命名。为纪念新绛县重要地理标志峨嵋岭得名。两侧有新绛县人民法院、新绛县公安局、新绛中学等。

140825-B01-K07　**朝殿路**［Cháodiàn Lù］在新绛县城北部。北起北环街，南至正平街。与仓坡巷、塔寺巷相交。长 0.8 千米，宽 12 米。混凝土路面。1988 年扩建原有道路，将原朝殿坡由“之”字形改为“7”字形。明正德十四年（1519 年）灵丘王曾在山坡顶端建朝殿庙，山坡得名朝殿坡，因此路与朝殿坡贯通，故名。两侧有部队营房、礼乐园新华学校（小学部）、中国农业银行新绛县支行等。

140825-B01-K08　**龙兴路**［Lóngxìng Lù］在新绛县城中部。北起正平街，南至顺城街。与四府街、东街、韩家巷、府君巷等道路相交。长 1.1 千米，宽 30 米。沥青路面。明初即为连通绛州城南北门的大街。清光绪十三年（1888 年）铺石条。1955、1964、1975 年改扩建。原以贡院巷为界，以北名为北大街，以南名为南大街。1994 年，因街道北端正对全国重点文保单位龙兴寺更今名。两侧有新绛县中医院、新绛县人大常委会、百丰大厦等。通侯马至万荣特快专线。

140825-B01-K09　**文庙路**［Wénmiào Lù］在新绛县城东部。北起四府街，南至桥头广场。与东门街、东街、韩家巷、府君巷、桥西街等道路相交。长 1.5 千米，宽 20 米。混凝土路面。原名文庙前巷，后发展成为主路，为老城区东侧环城通道。因紧邻文庙得名。两侧有绛州文庙、新绛县职工医院、东天池广场等。

140825-B01-K10　**站北路**［Zhànběi Lù］在新绛县城南部。北起正平街，南至铁路。北与绛州路相连。与汾阳街等道路相交。长 0.7 千米，宽 30 米。1984 年始建。1994 年命名。因位于新绛县火车站以北而得名。两侧有新绛站、新绛县税务局、新绛县卫生和计划生育局等。

140825-B01-K11　**绛州路**［Jiàngzhōu Lù］在新绛县城南部。北起北环大街，南至正平街。南北分别与迎宾路、站北路相连。长 0.8 千米，宽 30 米。沥青路面。1993 年为发展新绛商贸而兴建，初名“商品一条街”。1994 年为纪念新绛古称绛州更今名。两侧有名城公寓、新华人寿保险等。

140825-B01-K12　**迎宾路**［Yíngbīn Lù］在新绛县城西北部。北起新绛高速口，南至北环大街。南与绛州路相连。与峨嵋街、绛州大街、复兴街、荀子街等道路相交。长 2.6 千米，宽 40 米。沥青路面。原名学府北路、学府南路。2017 年更今名。因此路南通火车站，北至高速路口，中间设有汽车站，是新绛与外界联系的主要通道，取欢迎四海宾朋之意。两侧有新绛汽车站、职教中心、海泉学校等。通侯马至万荣特快专线。

140825-B01-K13　**文体路**［Wéntǐ Lù］在新绛县城西部。北起磨头路，南至北环大街。与荀子街、学苑街等道路相交。长 2.1 千米，宽 30 米。沥青路面。2009 年始建。2017 年命名。因体育场、青少年活动中心、图书馆等重要文体活动场所均位于此路附近而得名。两侧有新绛县民政局、希望学校、新绛县体育场等。

140825-B01-K14　**梁公路**［Liánggōng Lù］在新绛县城北部。北起峨嵋街，南至北环大街。与绛州大街、复兴街、荀子街等道路相交。长 2.3 千米，宽 25 米。沥青路面。2009 年始建。2017 年命名。为纪念历史上修渠治水、造福新绛的隋代县令梁轨而得名。两侧有龙湖幼儿园、学府康城等。

140825-B01-K15　**府西路**［Fǔxī Lù］在新绛

县城北部。北起新绛中学西北，南至寨里村。与峨嵋街、绛州大街、复兴街、荀子街等道路相交。长 1.9 千米，宽 30 米。沥青路面。2011 年始建。2017 年命名。因位于规划中的县人民政府新址西侧得名。两侧有富力城、新绛县人民医院、新绛县公安局等。

140825-B01-K16　**民生路**［Mínshēng Lù］在新绛县城北部。北起绛州大街，南至荀子街。与府西路相交。长 0.4 千米，宽 20 米。沥青路面。2011 年始建。2017 年命名。因位于新城规划的行政中心、金融中心、县医院之间，取事关国计民生之意。两侧有新绛县环境保护局、新绛县人民医院、荀子苑等。

140825-B01-K17　**西市路**［Xīshì Lù］在新绛县城北部。北起峨嵋街，南至荀子街。与绛州大街、复兴街等道路相交。长 1.1 千米，宽 20 米。沥青路面。2017 年始建，2019 年建成。因位于新城规划的商业中心之西，故名。两侧有绛州广场、烟草公司、荀子苑等。

140825-B01-L01　**韩家巷**［Hánjiā Xiàng］在新绛县城东部。西起仁义路，东至东天池。与文庙路、桥北路相交。长 0.5 千米，宽 5 米。沥青路面。因明代工部尚书韩重曾居于此得名。原为韩家巷、过桥楼、乐善巷组成，后取主巷统一命名。两侧有龙兴镇人民政府、网通家属院、老体育场等。

140825-B01-H01　**龙香**［Lóngxiāng］在县政府驻地龙兴镇东北 9.7 千米。人口 900。原名李香，后因村南有宋建龙香院（后改为龙香寺），故名。聚落呈团块状。有第六批全国重点文物保护单位龙香关帝庙，现存正殿为元代建筑遗构，余皆清代建筑遗构。有市级非物质文化遗产汉陶雕塑艺术。县道店龙线经此。

140825-B02　**三泉镇**［Sānquán Zhèn］新绛县辖镇。在县境西北部。面积 96 平方千米。人口 4.29 万。辖 21 行政村。镇人民政府驻三泉。1949 年属新绛县第一区。1953 年设三泉乡。后改公社。1962 年设三泉公社。1984 年改设镇。2001 年南社乡并入。以驻地得名。春秋时原名雄镇，后因村东北有清泉、浑泉、莲花泉三大涌泉，故名。平原乡镇，仅鼓堆村有少量沟坡。鼓水流经有三泉、水西 2 水库。有中小学、卫生院等。有全国重点文物保护单位冯古庄墓地。有新石器时代遗址古堆遗址、三泉遗址、白村遗址、孝陵遗址 4 处。有古建筑三泉药王阁、三泉关圣庙、孚惠桥、遵王桥、东陀节孝牌坊、三泉鼓楼、泰山庙舞台等。有纪念地三泉烈士陵园。有三泉穿箱锣鼓。粮食作物以小麦、玉米为主。经济作物有蔬菜、药材等。畜牧业以饲养生猪、牛、羊为主。有无公害蔬菜示范园，产三泉莲菜。有九原山优质肉牛良种繁育和现代规模养猪基地。是山西南部最大的小杂粮集散地。有家具创业园。京昆高速、省道侯平线、临夏线经此。

140825-B02-H01　**三泉**［Sānquán］三泉镇人民政府驻地。在县政府驻地龙兴镇西北 10 千米。人口 6100。因村东北有浑泉、清泉、莲花 3 泉得名。聚落呈团块状。有三泉中学、三泉示范小学、三泉镇卫生院。有县级文物保护单位三泉关圣庙、三泉镇门楼，现存为明代建筑遗构。有三泉遗址，为先秦时期文化遗存。有小杂粮市场，为县小杂粮集散地。省道临夏线经此。

140825-B02-H02　**冯古庄**［Fénggǔzhuāng］在县政府驻地龙兴镇西北 9.5 千米。三泉镇辖行政村。人口 2100。因村落凭依古山古水，旧时凭冯二字同音，故名。聚落呈团块状。有第七批全国重点文物保护单位冯古庄墓地，为西周时期文化遗存。县道新苏线经此。

140825-B03　**泽掌镇**［Zézhǎng Zhèn］新绛县辖镇。在县境西北部。面积 82 平方千米。人口 2.87 万。辖 14 行政村。镇人民政府驻泽掌。1949 年属新绛县第四区。1953 年设泽掌乡。1958 年改公社，同年 11 月设泽掌公社。1984 年改设镇。以驻地得名。泽掌村西、北、东三个方向有淆里泉、龙头泉、五分泉、吕祖庙边泉、黑水泉，五股自流泉水，其状如同手掌，自古形成的五股泉水自北向南经过村庄顺流南下，故名。北部为山前冲积阶地，中南部为平原。有吕梁山。有矿产资源铁矿石、石灰岩等。有中小学、幼儿园、卫生院、文化站等。有全国重点文物保护单位福胜寺、乔沟头玉皇庙、寿圣寺大殿。有省级文物保护单位光村遗址、寿圣寺、净梵寺、东蔡村公所。有横岭战役纪念地华灵庙遗址。为省历史文化名镇。有中国传统村落和中国历史文化名村光村。为省民间艺术之乡，有剪纸、刺纸、社火。粮食作物以小麦、玉米为主。产蔬菜、林果，有无公害蔬菜基地、泽掌村小尾寒羊繁育基地、程官庄养猪小区、光村养羊小区。畜牧业以饲养生猪、羊、牛、家禽为主。有农产品和石材加工。有公路经此。

140825-B03-H01 **泽掌**［Zézhǎng］泽掌镇人民政府驻地。在县政府驻地龙兴镇西北 12.6 千米。人口 4100。因有水利，地势平坦而得名。聚落呈团块状。有泽掌中学、泽掌示范小学、泽掌镇卫生院。有第四批省级文物保护单位净梵寺大殿，现存为元代建筑遗构。县道新苏线、泽古线经此。

140825-B03-H02 **光村**［Guāngcūn］在县政府驻地龙兴镇西北 15.7 千米。泽掌镇辖行政村。人口 1700。相传始建于北齐，因村北郊有夜间发光之地而得名。聚落呈团块状。有泽掌镇中学。有第一批省级文物保护单位光村遗址，为新石器时代仰韶文化遗存。有第五批全国重点文物保护单位福胜寺，现存为唐代建筑遗构。2010 年被列入第五批中国历史文化名村名录。县道新苏线经此。

140825-B03-H03 **乔沟头**［Qiáogōutóu］在县政府驻地龙兴镇西北 18.1 千米。泽掌镇辖行政村。人口 2100。音位于沟旁，来去过桥，古名桥沟头，后演变为今名。聚落呈团块状。有第六批全国重点文物保护单位乔沟头玉皇庙，现存为明代建筑遗构。有乔沟头关帝庙，现存为清代建筑遗构。县道清泽线经此。

140825-B03-H04 **北苏**［Běisū］在县政府驻地龙兴镇西北 15.3 千米。泽掌镇辖行政村。人口 1000。北宋前，苏姓在此地定居，故名苏村，清顺治间厘定区划，因一县同名三村，以方位而得名。聚落呈团块状。有第八批全国重点文物保护单位新绛圣寿寺大殿，现仅存大殿为元代建筑遗构。为新绛、稷山、乡宁 3 县商贸集散地。县道新苏线经此。

140825-B03-H05 **东蔡**［Dōngcài］在县政府驻地龙兴镇西北 11.3 千米。泽掌镇辖自然村。人口 1000。清顺治年间以方位定名，更名为东、西蔡村，本村居东，故名。聚落呈团块状。有第六批省级文物保护单位东蔡村公所，现存为民国时期建筑遗构。乡村道路经此。

140825-B04 **北张镇**［Běizhāng Zhèn］新绛县辖镇。在县境西北部。面积 61 平方千米。人口 2.35 万。辖 12 行政村。镇人民政府驻北张。1949 年境域属新绛县第四区。1953 年设北张乡。后改公社。1962 年设北张公社。1984 年复设乡。1995 年改设镇。以驻地得名。北张村内先有张、段二户，后有权姓迁来，建村庄时在宋代后期，原村西东岳庙内碑记查证，因张姓迁住早，张家人曾出任节度使官职，爵居王位，而又在本县城西北，故称北张。地势北高南低，北部是丘陵和山区。境内姑射山主峰海拔 1438.4 米，是新绛县最高处，北部是丘陵和山区。有矿产资源铁矿石、石英石等。有中小学、幼儿园、卫生院等。有古迹西庄魁星楼、朱佰庐治家格言碑和北董王庙内的光绪荒年碑。有古绛州八景之一“姑射晴岚”。粮食作物以小麦、玉米为主。主要经济作物有蔬菜等。畜牧业以饲养生猪、羊、牛、家禽为主。有野生防风、柴胡、远志等药材。有北张村高效农业开发基地，南燕村大棚蔬菜、香菇生产基地，北杜坞中药材生产基地，西庄村规模养殖基地，北董村民营企业基地 5 大主导产业。有粮食加工、青石加工、建材生产、西庄村三头（鸡头、猪头、石头）企业。多条公路经此。

140825-B04-H01 **北张**［Běizhāng］北张镇人民政府驻地。在县政府驻地龙兴镇西北 14.3 千米。人口 2500。相处传因此地张家曾出任唐节度使官职，爵居王位，村落又在县城西北，故名。聚落呈团块状。有北张中学、北张示范小学、北张镇中心卫生院。有北张戏台，现存为清代建筑遗构。为新绛、稷山、乡宁 3 县商贸集散地。县道泽古线经此。

140825-B04-H02 **西庄**［Xīzhuāng］在县政府驻地龙兴镇西北 16.5 千米。北张镇辖行政村。人口 3000。因位于杜坞西而得名。聚落呈团块状。有县级文物保护单位魁星阁、关帝庙，现存为清代建筑遗构。2016 年被列入第四批中国传统村落名录。乡村道路经此。

140825-B05 **古交镇**［Gǔjiāo Zhèn］新绛县辖镇。在县境西部。面积58平方千米。人口3.99万。辖19行政村。镇人民政府驻上院。1949年境域属新绛县第二区。1953年设古交乡，1958年改公社，同年11月设古交公社。1984年复设乡。2001年古交乡、泉掌镇合并为古交镇。2007年泉掌镇从古交镇分设。以驻地得名。该地上院、下院本为一自然村，地处鼓水（当地百姓称为古水）之交的南端，故称南古交，古时鼓水从南古交浇田之后分为两支，取古水之交，或古水浇田之意，故名。地形为台地、沟坡，地势北高南低。境内河道属黄河流域，有汾河1条，从东至西流经境内桥东、桥西、下船庄等村，长8千米。有中小学12所、幼儿园、卫生院、文化站。有省级文物保护单位大益成纺纱厂旧址。为省民间艺术之乡。有省独特的花腔鼓和木版年画艺术。为省民间艺术之乡和科技先进乡镇。为农业镇。粮食作物以小麦、玉米为主。有蔬菜、林果、药材、畜牧养殖加工运输等产业。为县优质粮棉基地。南苏村农产品加工业产粉条、粉面。侯西铁路、京昆高速、108国道、省道临夏线经此。

140825-B05-H01 **上院**［Shàngyuàn］古交镇人民政府驻地。在县政府驻地龙兴镇西7.3千米。人口2800。相传因地处鼓水之交南端，称南古交。1917年，以地势高低定名，位于高处的称上院。聚落呈团块状。有古交中学、古交镇中心卫生院。有上院遗址，为新石器时代文化遗存。有上院荣家祠堂、上院李氏宅院、堡子庙、关帝庙，现存皆为清代建筑遗构。108国道经此。

140825-B06 **万安镇**［Wàn'ān Zhèn］新绛县辖镇。在县境西南部。面积46平方千米。人口1.99万。辖10行政村。镇人民政府驻万安。1949年境域属新绛县第二区。1953年设万安乡，后改公社。1962年设万安公社。1984年复设乡。1995年改设万安镇。以驻地得名。建村先于隋代，初为万氏住地，后因东依古唐关（今柏壁）、西临北侯堡、南靠阳王庙，均设重兵防守，北面又有汾河险阻，取长期安宁之意，遂易名万安。地势南高北低。地形有台地、滩涂。有中小学、文化站、卫生院等。柏壁村有古绛州遗址柏壁关、屯兵遗址、天地庙。有地方文化社火抬阁、高跷、锣鼓。有玉石雕刻、核桃工艺。粮食作物以小麦、玉米为主。种植油桃、蔬菜。养殖以生猪、羊、牛、家禽为主。生产金刚石系列工具，素称“钻石之乡”。有果业市场。省道临夏线经此。

140825-B06-H01 **万安**［Wàn'ān］万安镇人民政府驻地。在县政府驻地龙兴镇西南11.5千米。人口3500。初名万家庄，后取长期安宁之意而更今名。聚落呈团块状。有万安中学、万安镇卫生院。有市级非物质文化遗产抬搁、鼓车、高跷。有万安观音老母庙、万安崔氏宅院，现存为清代建筑遗构。有特产油桃。有钻石加工业。省道临夏线经此。

140825-B07 **阳王镇**［Yángwáng Zhèn］新绛县辖镇。在县境西南部。面积66平方千米。人口2.64万。辖12行政村。镇人民政府驻阳王。1949年境域属新绛县第二区。1953年设阳王乡。1958年设阳王公社。1984年改设镇。以驻地得名。驻地有稷益庙，因稷益庙又称阳王庙，故名阳王。南依峨眉岭，地势南高北低，东西平坦，属丘陵旱地区。地热资源丰富。有中小学、文化站、卫生院等。有全国重点文物保护单位阳王镇（又称稷益庙）和北池稷王庙。有省级文物保护单位苏阳稷王庙。有地方文化抬阁、高跷、鼓乐、秧歌等。为农业镇，2019年入选全国农业产业强镇建设名单。粮食作物以小麦、玉米为主。有干果产业，有苏阳油桃、辛安核桃等生产基地。北池村药材生产基地有远志、甘遂、柴胡、黄姜等20余品种，产品远销日本、韩国以及东南亚地区。阳王中药材产地集散市场是山西省最大的中药材专业市场。畜牧业以饲养生猪、羊、牛、家禽为主。工业以材料加工为主，有多个金刚石工具加工企业。省道临夏线经此。

140825-B07-H01 **阳王**［Yángwáng］阳王镇人民政府驻地。在县政府驻地龙兴镇西南15.3千米。人口1100。因县内有阳王庙，一名两地，更今名。聚落呈团块状。有阳王中学、阳王中心小学、阳王中心卫生院。有第五批全国重点文物保护单位阳王稷益庙，现存为元代建筑遗构。历史上为新绛、闻喜、稷山3县商贸集散地。有特产油桃、药材。有钻石加工业。省道临夏线经此。

140825-B07-H02 **北池**［Běichí］在县政府驻地龙兴镇西南21.2千米。阳王镇辖行政村。人口1600。元中叶后因久旱无水，取仿羊盼水之义，更今名。聚落呈团块状。有第七批全国重点文物保护单位北池稷王庙，现存正殿和戏台为明代建筑遗构，余为清代建筑遗构。有大棚蔬菜、养殖业。乡村道路经此。

140825-B08 **泉掌镇**［Quánzhǎng Zhèn］新绛县辖镇。在县境西北部。面积29平方千米。人口1.96万。辖11行政村。镇人民政府驻朝阳庄。1949年境域属新绛县第三区。1953年设泉掌乡。后改公社。1962年设泉掌公社。1984年改设镇。2001年并入古交镇。2007年复设泉掌镇。因原驻地泉掌得名。明清时期，因村东南有泉五眼，村当中有泉一眼，布状似掌，故取名泉掌镇，后去镇为泉掌。另有一说，古时"掌"为水塘之意，因村居泉水旁，故名泉掌。地势平坦，西北略高。有中小学、卫生院、文化站等。有全国重点文物保护单位泉掌关帝庙和白台寺。有中国传统村落泉掌村。农业以温室蔬菜、畜牧养殖为主。工业以轻纺工业为主。有农产品加工、民间手工制作企业等。京昆高速经此。

140825-B08-H01 **朝阳庄**［Cháoyángzhuāng］泉掌镇人民政府驻地。在县政府驻地龙兴镇西北11.2千米。人口600。清顺治年间名史家庄，1981年因与支北庄乡史家庄重名，更今名。聚落呈团块状。有泉掌中学、泉掌镇卫生院。有大棚蔬菜产业。县道新北线经此。

140825-B08-H02 **泉掌**［Quánzhǎng］在县政府驻地龙兴镇西北13千米。泉掌镇辖行政村。人口5200。西汉为长修县，北周名长秋镇，明清时因村东南有泉五眼，布状似掌，故名。聚落呈块状。有泉掌中心小学。有第七批全国重点文物保护单位泉掌关帝庙，现仅存大殿为元代建筑遗构，为新绛、稷山、乡宁3县集贸市场。县道泽古线经此。

140825-B08-H03 **光马**［Guāngmǎ］在县政府驻地龙兴镇西北14.4千米。泉掌镇辖行政村。人口1200。据郝家家谱载：祖传郝氏进入该地时，庄内以光、马二氏为大户，故名。聚落呈团块状。有第六批全国重点文物保护单位光马白台寺，现存为宋元、明清时期建筑遗构。县道泽古线经此。

140825-B09 **横桥镇**［Héngqiáo Zhèn］新绛县辖镇。在县境南部。面积103平方千米。人口4.99万。辖27行政村。镇人民政府驻南马村。1949年境域属新绛县第一区。1953年设横桥乡。1958年改公社。1984年复设乡。2001年支北庄、柳泉2乡并入。2019年改为横桥镇。横桥因地处浍河下游，古时浍河泛滥，交通不便，遂于浍河转弯处由西向东横架一桥，因此得名。地处汾、绘崖边，峨嵋岭下。地形南高北低。地貌分沟壑丘陵台地、滩涂。境内河道属黄河流域，有汾河、浍河2条，河流总长度14.5千米。最大河流为汾河，从东至西流经境内中村北、中村南、孙家院、西柳泉等村，长3千米。有中小学、文化站、卫生院等。有古迹支社村北的龙槐和秦王堡遗址、西横桥齐姜墓、薛仁贵点将台、台上晋公子申生隔河祭母处、晋墓群。有古绛十景之"紫金积雪""佛窟晨钟"。粮食作物以小麦、玉米为主。主要经济作物有蔬菜、核桃、药材等。畜牧业以饲养生猪、羊、牛、家禽为主。工业以皮衣加工为主，素称"皮毛之乡"。有名特产刘雅线麻。108国道、省道侯平线、临夏线经此。

140825-C01-H01 **东横桥**［Dōnghéngqiáo］横桥乡人民政府驻地。在县政府驻地龙兴镇南4.1千米。人口650。东横桥、西横桥、横桥堡原为一个村，名横桥，后为分清位置，该村在东，故名。聚落呈团块状。有横桥中学、横桥中心小学、横桥乡卫生院。有横桥遗址，为东周时期文化遗存。有横桥墓地，为汉代文化遗存。县道新北线经此。

140826 **绛县**［Jiàng Xiàn］运城市辖县。北纬35° 29′，东经111° 34′。在市境东北部。面积978平方千米。人口22.69万。以汉族为主，还有回、蒙古、满等民族。辖8镇、2乡。县人民政府驻古绛镇。北魏太和十八年（494年）置南绛县，治所车厢城，即今东南城村，属正平郡。北魏建义元年（528年）置南绛郡，治所浍交川，即今大交村，属正平郡。西魏大统五年（539年）

侨置建州于此，二十年（554年）改南绛郡为绛郡，改南绛县为绛县。北周于郡置晋州。建德五年（576年）废晋州。隋开皇三年（583年）郡废，绛县属绛州。隋大业三年（607年）属绛郡。唐武德元年（618年）绛县治所由车厢城迁至今县城，属浍州。四年（621年）浍州废，属绛州。五代、宋、金因之。元至元二年（1265年）垣曲县并入，至元十六年（1279年）复置垣曲县，绛县仍属绛州。明洪武二年（1369年）属平阳府绛州。清初属平阳府。雍正七年（1729年）属绛州。1912年属河东道。1927年废道直属山西省。1937年属山西省第七行政区。1943年属晋冀鲁豫边区太岳区第四专区。1945年12月属晋冀鲁豫边区太岳区第二专区。1948年属晋冀鲁豫边区太岳区第四专区。1949年属山西省运城专区。1954年属晋南专区。1958年撤绛县，分别划入闻喜、翼城2县。1961年复置绛县。1967年属晋南地区。1970年属运城地区。2000年属运城市。因县境临近春秋晋国绛都得名。地处中条山西北麓。地势东南高、西北低。有绛山、东华山、垣址坪山、横岭山、马儿崖、露齿山、湫池山等。最高海拔南山2047.4米，最低海拔483.9米。年平均气温11.7摄氏度，1月平均气温-3.4℃，7月平均气温24.2℃。年平均降水量653.8毫米。涑水河、浍河流经。有矿产资源铜、铁、大理石、石英石、白云岩等。有草灌植被13万余亩，牧草80余种，有野生药用草本植物地黄、菖蒲、柴胡、远志、人参、党参、桔梗等50余种。有野猪、野鸡、野兔、狼、松鼠、豹、猕猴、鹿等野生动物10种，其中国家二级保护动物有豹、麝、猕猴、鹿等。有农业技术推广站、山楂研究所、中医补治研究所、细胞增长研究所等。有中小学120所，有二级医院、中医院、国家三级图书馆、全国先进文化馆、体育馆。有全国重点文物保护单位周家庄遗址、横北倗国墓地、长春观、绛县文庙、南樊石牌坊及碑亭、乔寺碑楼、南柳泰山庙、太阴寺、董封戏台、景云宫玉皇殿等。有省级文物保护单位晋文公墓、晋献公墓、晋灵公墓、居太遗址、横水成汤庙等。有市级文物保护单位2处。有国家级非物质文化遗产尧的传说。有省级非物质文化遗产尧的祭祀、布艺（绛县布扎）、绛州飞龙制作技艺、晋文公的传说、跑花灯。有市级非物质文化遗产道教音乐等。有地方民间艺术飞龙、剪纸、布札、根雕、奇石、泥塑、剪纸、刺绣等。有省级沸泉龙岩洞景区、东华山省级森林公园等。有中国传统村落古绛镇柴家坡村、南城村、尧寓村等。有绛山晓日、龙涧早春、浍滩落雁等自然奇观。史称故绛，是先秦历史文献《左传》中最早出现具体县名的县。《左传》鲁襄公三十年有关于“绛县老人”的记载。有绛北大峡谷、紫云寺等经典。有周家庄、韩庄等72处新石器时代遗址及254处明清古民居。三次产业比14:47:39。农业以林果业、中药材、畜牧业为主，主产山楂、大樱桃，养殖梅花鹿。有土特产品维之王山楂、金绛牛肉、鹿茸酒等。工业以焦油化工、机械制造、精密铸造、冶炼冶金、食品加工、建筑材料等为主。服务业以旅游为主。有中国驰名商标“维之王”等。有省级绛县经济开发区。省道垣孙线、横济线、沁东线、临磨线经此。

140826-B01　**古绛镇**［Gǔjiàng Zhèn］绛县人民政府驻地。在县境中部。面积141平方千米。人口7.29万。辖26行政村。镇人民政府驻振兴西街。1949年境域属绛县第一区。1953年设城关镇。后改公社。1961年改设公社。1984年复设镇。2001年城关镇、中杨乡、勃村乡合并设古绛镇。春秋时期晋文公建都于此，名“绛邑”，后晋景公迁都于侯马新田，名新绛，为区别称此地为古绛。地势北高南低。年平均气温11.2℃，年平均降水量618.3毫米，年平均日照2280小时左右，全年平均无霜期180—210天。境内河道属黄河流域，有涑水河，从东至西流经境内毛家坡、申王坡、北杨、中杨、郝家窑、沟楞等村，长9千米。有砂石资源。紫金山有钙镁矿资源。有中小学、二级综合医院、文化站、体育场等。有省级文物保护单位北步康墓地、龙庆院。有中国传统村落柴家坡村、南城村、尧寓村。有古迹尧王故里、将军府、车厢城、唐代文庙大成殿、明代明伦堂、孔家庄村仰韶文化遗址等。为新石器时期人类原始部落密集区。相传尧寓村乃尧帝生地，南城村乃春秋时期晋国都城“车厢城”所在地，勃村乃西汉绛侯周勃封地。城内村为古代历代县治所在地。主产山楂、草莓。工业以食品加工、建筑材料、机械制造、焦油化工为主。有维之王、食品、化工、制药等企业。省道沁东线经此。

140826-B01-K01 **绛山街** [Jiàngshān Jiē] 在绛县城北部。西起绛县城内村，东至中条山路。与文公路为界，分西街、东街。与仪门路、文体路等道路相交。长 2.3 千米，宽 28 米。沥青路面。1984 年开工。1996 年东延。2005 年重建。因县城位于绛山脚下得名。两侧有第二实验小学、绛县人民政府、龙王庙、绛县中学等。

140826-B01-K02 **振兴街** [Zhènxīng Jiē] 在绛县城中部。西起绛县烈士陵园，东至中条山路。与文公路为界，分西街、东街。与仪门路、紫金山路、车厢路、文体路等道路相交。长 3.2 千米，宽 35 米。沥青路面。1984 年初建，1995、2006 年重建。路名取奋发图强、振兴县城之意。两侧有城内小学、绛县人民广场、绛县会堂、古绛镇人民政府等。

140826-B01-K03 **厢城街** [Xiāngchéng Jiē] 在绛县城中部。西起城西加油站，东至乔村加油站。与文公路为界，分西街、东街。与仪门路、紫金山路、车厢路等道路相交。长 2.1 千米，宽 48 米。沥青路面。1997 年建成。2004 年改建。因纪念县内晋国古城车厢城得名。两侧有绛县人民医院、绛县交通运输局、绛县客运汽车站等。通侯马—南樊—绛县专线。

140826-B01-K04 **涑水大街** [Sùshuǐ Dàjiē] 在绛县城南部。西起阳光花园，东至乔村附近，为 241 国道（呼北线）过城段。与紫金山路、车厢路、文体路、文公路、中条山路等道路相交。长 3.8 千米，宽 60 米。沥青路面。2008 年初开工，年底建成。因涑水河流经绛县而得名。两侧有绛县人民检察院、郭家庄村、涑水豪庭等。

140826-B01-K05 **仪门路** [Yímén Lù] 在绛县城西部。北起绛山街，南至厢城街。与振兴街相交。长 0.6 千米，宽 18 米。沥青路面。1985 年初开工，年底建成，2004 年 7 月重新修建。因宋初在城内北街曾建有仪门楼得名。两侧有教师进修学校、第一实验小学、豫剧团等。

140826-B01-K06 **紫金山路** [Zǐjīnshān Lù] 在绛县城西部。北起监狱西路口，南至涑水大街。与厢城街相交。长 1.5 千米，宽 40 米。沥青路面。1997 年初开工，年底建成，2007 年改建中段。该路北段原为老县城城东小沟，逐渐被生活垃圾填平后，修建为道路，原名新民建路。为纪念绛山别名紫金山更今名。两侧有绛县地震局、绛县林业和草原局、文庙等。

140826-B01-K07 **文体路** [Wéntǐ Lù] 在绛县城中部。北起绛山街，南至涑水大街。与振兴街、厢城街等道路相交。长 0.6 千米，宽 24 米。沥青路面。1985 年建成。2004 年重建。因附近有文化馆和体育馆得名。两侧有绛县宾馆、东湖体育场、绛县文化馆等。

140826-B01-K08 **健康路** [Jiànkāng Lù] 在绛县城中部。北起振兴街，南至涑水大街。与厢城街相交。长 0.9 千米，宽 18 米。沥青路面。1985 年建成。2004 年重建。因途经医院，寓意患者康复而得名。两侧有绛县人民医院、绛县供水公司、涑水佳苑等。

140826-B01-K09 **文公路** [Wéngōng Lù] 在绛县城东部。北起绛山街，南至涑水大街。与振兴街、厢城街等道路相交。长 1.9 千米，宽 30 米。沥青路面。1996 年开工，1997 年初建成，2004 年改造。因县境内有晋文公墓，为纪念春秋五霸之一的晋文公而得名。两侧有绛县人民检察院、第三实验小学、飞龙小区等。

140826-B01-K10 **中条山路** [Zhōngtiáoshān Lù] 在绛县城东部。北起路村，南至涑水大街。与绛山街、振兴街、厢城街相交。长 1.8 千米，宽 40 米。沥青路面。2005 年建成。因中条山脉在县境南部得名。两侧有时代广场、路村村委会、宇丰壹号公馆等。

140826-B01-K11 **和平路** [Hépíng Lù] 在绛县城中部。北起绛山街，南至涑水大街。与振兴街、厢城街等道路相交。长 1.1 千米，宽 24 米。沥青路面。1983 年建成。路名取热爱和平之意。两侧有绛县中学、金鑫小区、波音大酒店等。

140826-B01-K12 **车厢路** [Chēxiāng Lù] 在绛县城中部。北起振兴街，南至涑水大街。与厢城街等道路相交。长 0.9 千米，宽 34 米。沥青路面。1984 年建成。2004 年重建。因纪念县内晋国古城车厢城得名。两侧有绛县中医院、南窑新村等。

140826-B01-H01 **东吴**［Dōngwú］在县政府驻地古绛镇北部 1.2 千米。古绛镇辖行政村。人口 1600。明朝吴士安将军在村东居住，故名。聚落呈团块状。有东吴小学。有东吴遗址，为新石器时代文化遗存。有特产山楂、核桃。2015 年被评为第四届全国文明村。县道绛曲线经此。

140826-B01-H02 **尧寓**［Yáoyù］在县政府驻地古绛镇西南 4 千米。古绛镇辖行政村。人口 900。史载尧王路过此地居住，故名。聚落呈条带状。有尧寓遗址，为新石器时代文化遗存。有尧寓墓群，为汉代文化遗存。有国家级非物质文化遗产尧的传说。有省级非物质文化遗产尧的祭祀、尧王故里传说。有特产山楂、芦笋。乡道峪尧线经此。

140826-B01-H03 **柴家坡**［Cháijiāpō］在县政府驻地古绛镇东南 2.1 千米。古绛镇辖行政村。人口 720。据传西魏时期柴姓始居此村，村址位于涑水河畔，北垣坡根，故名柴家坡。聚落呈团块状。有柴家坡堡址，现存为明代建筑遗构。有郭福林宅院，现存为清代建筑遗构。2019 年被列入第五批中国传统村落名录。县道沁东线经此。

140826-B01-H04 **南城**［Nánchéng］在县政府驻地古绛镇东南 4 千米。古绛镇辖行政村。人口 1380。因古车厢城在此，故名。聚落呈团块状。2019 年被列入第五批中国传统村落名录。乡村道路经此。

140826-B01-H05 **北步康**［Běibùkāng］在县政府驻地古绛镇东南 26 千米。古绛镇辖自然村。人口 1520。因地势为坑，行走困难，故名为步坑村，后将“坑”字雅化为“康”字，又因位于南面，故名。聚落呈团块状。有第六批省级文物保护单位北步康墓地，为西周时期文化遗存。县道绛曲线经此。

140826-B01-H06 **东仇张**［Dōngchóuzhāng］在县政府驻地古绛镇东南 24 千米。古绛镇辖自然村。人口 510。相传该村由曲沃迁来，移民为仇，张二姓，故名仇张，后该村居东而得名。聚落呈团块状。有第六批省级文物保护单位龙庆院，现存正殿为元代建筑遗构。乡村道路经此。

140826-B02 **横水镇**［Héngshuǐ Zhèn］绛县辖镇。在县境西部。面积 80 平方千米。人口 4.9 万。辖 25 行政村。镇人民政府驻横北。1949 年境域属绛县第二区。1953 年设横水乡。1958 年设公社。1984 年改置镇。2001 年东山底乡并入。以驻地得名。明代该镇名古槐镇。因境内有 9 条纵向沟，每逢大雨时 9 条沟的洪水汇聚于镇北，穿街而过，故名横水。清代改为横水镇。南依中条山，地势北高南低。境内河道属黄河流域，有涑水河，从东至西流经境内新庄、西磨里、东录家庄等村，长 7.5 千米。南依中条山。有石灰岩、砂石资源。有中小学、卫生院、农家书屋等。有全国重点文物保护单位乔寺碑楼、景云宫玉皇殿、周家庄仰韶文化遗址、横北倗国墓地。有省级文物保护单位横水成汤庙、横北探花府。有市级文物保护单位横北探花府。地处绛县、垣曲、闻喜、曲沃 4 县交界处，是重要的商品集散地。主产粮食、蔬菜、水果、育苗。有中草药。畜牧业以饲养生猪、羊、牛、家禽为主。工业以碳素制品、金属铸造、塑料加工为主。有九龙市场。省道垣孙线、沁东线、横济线经此。

140826-B02-H01 **横北**［Héngběi］横水镇人民政府驻地。在县政府驻地古绛镇西 11.5 千米。人口 3300。因地处沟口，逢雨洪水汇此且居北部而得名。聚落呈团块状。有横北小学。有第七批全国重点文物保护单位横北倗国墓地，为西周时期文化遗存。有特产中药材、山楂、樱桃。为县西部商贸中心。241、327 国道经此。

140826-B02-H02 **乔寺**［Qiáosì］在县政府驻地古绛镇西 13 千米。横水镇辖行政村。人口 3300。村北门外有唐代敬业寺，村东北有涑水河桥，以寺和桥取名桥寺村，后因“桥”“乔”同音而得名。聚落呈团块状。有乔寺小学。有第七批全国重点保护文物单位乔寺碑楼，现存为清代建筑遗构。有特产中药材、山楂、樱桃。241、327 国道经此。

140826-B02-H03 **周家庄**［Zhōujiāzhuāng］在县政府驻地古绛镇西 9 千米。横水镇辖行政村。

人口 1400。原名官家庄，明永乐年间有周姓从曲沃尉村迁居于此，遂更今名。聚落呈团块状。有第七批全国重点文物保护单位周家庄遗址，为新石器时代文化遗存。特产山楂、樱桃。241、327 国道经此。

140826-B03 **陈村镇** [Chéncūn Zhèn] 绛县辖镇。在县境南部。面积 98 平方千米。人口 1.2 万。辖 7 行政村。镇人民政府驻陈村。1949 年境域属绛县第一区。1953 年设陈村乡。后改公社。1961 年设陈村公社。1984 年改置镇。该村由陈姓首先在此建居，故名陈村。后为镇政府驻地，故名陈村镇。地势平坦。境内河道属黄河流域，有陈村峪河，从东至西流经境内陈村峪、花疙瘩、陈村等村，长 25 千米。有林业资源。地下水丰富，水源系涑水河平川区地下水。东南陈村峪为涑水河发源地。有矿产资源铁、锰、铜、锌等。有中小学、卫生院、文化广场等。有省级文物保护单位长春观和陈氏家族的典型建筑道公府。为多山、水、林生态镇。主产粮食、水果、育苗。种植木耳、柴胡、山核桃。有中信机电制造公司山西冲压厂。多条公路经此。

140826-B03-H01 **陈村** [Chéncūn] 陈村镇人民政府驻地。在县政府驻地古绛镇东南 5.4 千米。人口 2100。因陈姓先居，门匾字“陈邨”，因“邨”通“村”，故名。聚落呈团块状。有陈村示范小学、陈村镇卫生院。有陈村遗址，为新石器时代文化遗存。有国有大型企业山西冲压厂、合资企业中科晶电信息材料公司。有集贸市场。有商贸业、餐饮服务业。241 国道经此。

140826-B03-H02 **东荆下** [Dōngjīngxià] 在县政府驻地古绛镇东南 5.2 千米。陈村镇辖行政村。人口 2000。古名荆村，清代为与县城西古绛镇西荆村区分，名东荆村，时有 8 堡，至 1961 年下 4 堡成立大队，更今名。聚落呈团块状。有东荆下小学。有第七批全国重点文物单位长春观，始建于元延祐元年至元延祐七年（1320 年），现存玉泉殿为元代建筑遗构。特产有桃、山楂等。241 国道经此。

140826-B04 **卫庄镇** [Wèizhuāng Zhèn] 绛县辖镇。在县境东南部。面积 139 平方公里。人口 1.88 万。辖 11 行政村。镇人民政府驻卫庄。1949 年境域属绛县第一区。1953 年设卫庄乡。后改公社。1961 年设卫庄公社。1984 年改置镇。以驻地得名。因卫姓首先在境内建居，故名。地处晋南山地丘陵地带，平均海拔 428 米。境内河道属黄河流域，有里册峪河，从南至北经境内里册、下村等村，长 25 千米。有铜、铁等矿产资源。有中小学、卫生院、文化广场等。有全国重点文物保护单位太阴寺。有省级文物保护单位晋文公墓、雎村墓地、韩庄净居寺。经济以工业为主。形成以山楂、草莓、中药材为主的种植产业，以肉牛、生猪、蛋鸡、梅花鹿为主的养殖产业。有机电公司、多家化工企业。有内燃机缸体铸件、硅铁、炭黑、工业萘等。有绛县经济开发区。省道沁东线经此。

140826-B04-H01 **卫庄** [Wèizhuāng] 卫庄镇人民政府驻地。在县政府驻地古绛镇东 7 千米。人口 600。聚落呈团块状。有卫庄小学、卫庄镇卫生院。有县级文物保护单位卫庄遗址，为新石器时代文化遗存。有特产草莓。为镇农副土特产集散地。241 国道经此。

140826-B04-H02 **张上** [Zhāngshàng] 在县政府驻地古绛镇东 6.8 千米。卫庄镇辖行政村。人口 1500。最早有张姓居住，又因地处卫庄南边坡上而得名。聚落呈团块状。有第五批全国重点文物保护单位太阴寺，始建于北魏时期（396—534 年），现存现存大雄宝殿为金代建筑遗构。有张上帝君庙，现存为清代建筑遗构。有特产山楂、西红柿、大葱。241 国道经此。

140826-B04-H03 **雎村** [Jūcūn] 在县政府驻地古绛镇东 5 千米。卫庄镇辖行政村。人口 1230。相传原有一个水潭，有一种雎鸟常成群结队的在此栖居，故名。聚落呈团块状。有第六批省级文保单位雎村墓地，为西周时期文化遗存。有雎村奎光楼，现存为清代建筑遗构。241 国道经此。

140826-B04-H04 **韩庄** [Hánzhuāng] 在县政府驻地古绛镇东 7.6 千米。卫庄镇辖行政村。人口 770。聚落呈团块状。有第六批省级文物保护单位韩庄净居寺，现存为元代建筑遗构。有韩庄关帝庙，现存为明代建筑遗构。241 国道经此。

140826-B05　**磨里镇**［Mólǐ Zhèn］绛县辖镇。在县境东南部。面积152平方千米。人口1.01万。辖7行政村。镇人民政府驻磨里。1949年境域属绛县第三区。1953年设磨里乡。1958年改公社。1961年设磨里公社。1984年改置镇。以驻地得名。该地位于磨里峪口，过去此峪以出桃花石磨闻名，故名为磨里村。有马儿崖。地处中条山麓，七山二岭一分川。年平均降水量500—580毫米，无霜期205天。境内河道属黄河流域，有磨里峪河，从东至西流经境内磨里、东崖下等村，长30千米。有铜、铁等矿产资源。野生中药材品种有连翘、青翘、五味子、桃仁、党参、柴胡、菖蒲、石菖蒲等。有中小学、文化站、文化室、图书室、文体广场等。有省级文物保护单位焦家凹晋灵公墓。有回马岭红色革命传统教育基地。有马儿崖、歪头山、大晋堂、小晋堂、黑龙潭等自然景观。为农业镇。主产小麦、玉米、苹果、山楂、药材。主要经济作物有蔬菜等。畜牧业以饲养生猪、羊、牛、家禽为主。服务业以运输、餐饮、商贸等为主。省道沁东线、临磨线经此。

140826-B05-H01　**磨里**［Mólǐ］磨里镇人民政府驻地。在县政府驻地古绛镇东11千米。人口1200。因位于磨里峪口，以出产桃花石磨闻名，故名。聚落呈条带状。有磨里初中、磨里镇卫生院。有县级文物保护单位磨里遗址，为新石器时代文化遗存。有特产山楂、苹果。为镇农副土特产集散地。342国道经此。

140826-B06　**南樊镇**［Nánfán Zhèn］绛县辖镇。在县境北部。面积56平方千米。人口2.47万。辖14行政村。镇人民政府驻中堡。1949年境域属绛县第三区。1953年设南樊乡。1958年设南樊公社。1984年改置镇。明初居荆、姚二姓，名荆姚镇。至清乾隆、光绪年间，南、樊二姓人丁兴旺，出两名秀才，更今名。地势东高西低。有中条山。境内河道属黄河流域，有南凡河，从东至西流经境内槐泉、董封、柴堡、中堡等村，长12千米。有中小学、卫生院、文化广场等。有全国重点文物保护单位西堡村南樊石牌坊及碑亭、南柳泰山庙。有省级文物保护单位晋献公墓、沸泉九龙庙。有景点沸水风景区、虎啸山庄等。清代起为晋南地区商业贸易中心。形成以史村为主的大樱桃种植产业，以郑柴村、槐泉村为主的山楂种植产业，以中堡村、西三涧村、柴堡村、兰峪村为主的中药材种植产业，以赵村、南柳村、中堡村为主的苹果种植产业，以槐泉村为主的核桃种植产业，以北柳村为主的生猪养殖产业，以范柴村为主的蛋鸡养殖产业，以柴堡村为主的肉牛养殖产业，以沸泉村、兰峪村为主的旅游观光产业，以西堡村为主的中药材加工销售产业。主产粮食、水果、药材，产虹鳟鱼。为华北地区樱桃、中药材之乡，梅花鹿养殖基地。有公路经此。

140826-B06-H01　**中堡**［Zhōngbǎo］南樊镇人民政府驻地。在县政府驻地古绛镇东北13千米。人口1300。因位于南樊中部而得名。聚落呈团块状。有南樊镇初级中学。有中堡遗址，为东周时期文化遗存。有中堡传统民居，现存为清代建筑遗构。有中堡烈士陵园，为纪念1947年在解放运城时牺牲的解放军官兵而建。有果树、药材等产业。有南樊鹿场、山西华茸保健品公司。为镇农副土特产集散地。县道曲绛线经此。

140826-B06-H02　**沸泉**［Fèiquán］在县政府驻地古绛镇东北7.8千米。南樊镇辖行政村。人口770。因有一沸腾的泉水而得名。聚落呈团块状。有第六批省级文物保护单位沸泉九龙庙，现存为元代建筑遗构。有紫云寺、竹林沟、龙岩洞、月牙湖等旅游资源。县道曲绛线经此。

140826-B07　**安峪镇**［Ānyù Zhèn］绛县辖镇。在县境东北部。面积73平方千米。人口2.98万。辖13行政村。镇人民政府驻安峪。1949年境域属绛县第三区。1953年设安峪乡。后改公社。1971年设安峪公社。1984年改置镇。2001年续鲁峪乡冯村岭、丁家凹、大神殿、小神殿、长畛岭并入。以驻地得名。因建于安谷山脚下，“谷”与“峪”为同义异写，于清雍正年间正式改为安峪。地势东高西低。境内河道属黄河流域，有续鲁峪、郇王2条，河流总长度55千米。最大河流为续鲁峪河，从西至东流经境内大神殿、小神殿、东晋峪、北晋峪、永乐等村，长30千米。有矿产资源石灰石、大理石等。为绛县的主要粮棉产区。有中小学、医院等。有全国重点文物保护单位董封戏台，古迹下柏村明代建筑四明楼、仓丰村洪福寺。主产粮食、蔬菜、水果。粮食作物以小麦、玉米、杂粮为主。主要经济作物有药材等。养殖牛、猪、鹿、家禽为主。有电厂、化工等企业。省道临磨线经此。

140826-B07-H01 **安峪** [Ānyù] 安峪镇人民政府驻地。在县政府驻地古绛镇东北 14 千米。人口 2100。因地处峪口，安姓始居而得名。聚落呈团块状。有安峪初级中学、安峪中心小学、安峪镇卫生院。有县级文物保护单位安峪东北遗址、安峪东北遗址，为新石器时代文化遗存。有特产樱桃、山楂，为镇农副土特产集散地。有明迈特公司，主要生产高碳铬铁。241 国道经此。

140826-B07-H02 **董封** [Dǒngfēng] 在县政府驻地古绛镇东北 12 千米。安峪镇辖行政村。人口 3700。春秋时期晋国史官董狐受封此地，故名。聚落呈团块状。有董封小学。有第六批全国重点文物保护单位董封戏台，现存为明代建筑遗构。有特产山楂、核桃。有山西江河生物质能发电公司。县道大槐线经此。

140826-B08 **大交镇** [Dàjiāo Zhèn] 绛县辖镇。在县境东北部。面积 52 平方千米。人口 2.73 万。辖 10 行政村。镇人民政府驻大交。1949 年境域属绛县第四区。1953 年设大交乡。1958 年设大交公社。1984 年改置镇。2001 年续鲁峪乡洪家山村、裴家岭村、南坂、北坂、续鲁峪村并入。地势呈东山西川之势。以驻地得名。据该村南城门楼石匾载：明崇祯年间，称浍交村（土音读作“贵交”），因大郡泉水、磨头泉水、范壁泉水、浍水、滦水，五水于此汇入浍河，故名浍交。清代改为大交。境内河道属黄河流域，有浍河、续鲁峪河 2 条，河流总长度 66.5 千米。最大河流为续鲁峪河，从西至东流经境内续鲁、东杨、大交等村，长 50 千米。有矿产资源石灰石等。有浍河落雁、石雷石鼓等自然景观。有中小学、医院等。有中国传统村落北坂村。经济以农业为主，为县粮食、蔬菜主产区。养殖牛、鹿、猪、鸡为主。工业以机械、冶炼、洗煤、化工为主，有汽车、硅铁、炭黑等产品。有中央大型企业中信机电公司晋南机械厂。服务业有农副产品收购、商品批发零售。省道临磨线经此。

140826-B08-H01 **大交** [Dàjiāo] 大交镇人民政府驻地。在县政府驻地古绛镇东北 18 千米。人口 3400。因大郡泉水、磨头泉水、范必泉水、浍水、滦水五水于此均入浍河故名浍交，后演变为今名。聚落呈团块状。有大交镇初级中学、大交小学、大交镇卫生院。有县级文物保护单位大交遗址，为新石器时代文化遗存。有大交水井，为清代建筑遗构。为县东北地区农副土特产集散地。241 国道经此。

140826-B08-H02 **北坂** [Běibǎn] 在县政府驻地古绛镇东北 27 千米。大交镇辖自然村。人口 150。该村位于续鲁峪河北岸山坡上，故名。聚落呈条带状。2019 年被列入第五批中国传统村落名录。乡道北续线经此。

140826-C01 **郝庄乡** [Hǎozhuāng Xiāng] 绛县辖乡。在县境西北部。面积 49 平方千米。人口 2.17 万。辖 13 行政村。乡人民政府驻西郝庄。1949 年境域属闻喜县。1953 年设郝庄乡。1958 年设郝庄公社。1984 年复设乡。以驻地得名。该村古名西董，明嘉靖年间刑部郎中郝修已告老还乡居于此地，县上官员将村名改为郝庄。地形为丘陵山地。地势北高南低、东高西低。有紫金山。有矿产资源石灰石等。有小学、卫生院等。有古迹唐代裴行俭墓、董义豢龙遗址。有“凤凰垣”之称。主产小麦、玉米、红薯、芦笋。养殖牛、猪、鸡为主。工业以面粉加工、粉条加工、塑料加工为主。省道垣孙线、横济线经此。

140826-C01-H01 **西郝庄** [Xīhǎozhuāng] 郝庄乡人民政府驻地。在县政府驻地古绛镇西北 14 千米。人口 2300。古名西董，明嘉靖年间刑部郎中郝修已告老居此，县上官员将村名改为郝庄，后分东、西郝庄。聚落呈条带状。有郝庄乡卫生院。有郝庄堡堡址，现存为明代建筑遗构。有特产药材。327 国道经此。

140826-C02 **冷口乡** [Lěngkǒu Xiāng] 绛县辖乡。在县境西南部。面积 108 平方千米。人口 1.02 万。辖 7 行政村。乡人民政府驻东冷口。1949 年境域绛县第二区。1956 年设冷口乡。1958 年改公社。1961 年设冷口公社。1984 年复设乡。以驻地得名。该地处中条山北麓冷口峪，峪口背阴而多风，气候寒冷，古名“寒口”，又名冷口。东南部海拔600—800米，为基岩石山地区，地势陡峭。北部为冲积平原区，地势平坦。全年无霜期280天，年平均降水量800毫米，其中横岭关村为运城市暴雨中心区，年平均降水量800—1200毫米，沿山区年平均降水量为600—800毫米。有洮水1条，从东至西流经境内韩家沟、庞家峪、大虎峪等村，长20千米。有矿产资源金、银、铜、铁、石英石、花岗岩、石榴石等。有党参、连翘、黄芪等众多的植物资源，还有豹、獾、野猪、野羊等动物资源。有中小学、卫生院等。有古迹烟庄村姜嫄圣母庙和墓、大虎峪村隋代古槐、宋东村昊天洞。主产粮食、水果、蔬菜。养殖牛、养、猪、鹿、鸡、蜂为主。养蜂为特色产业。工业以冶金、建材为主，有色金属、铜业、炉料等公司。省道垣孙线、沁东线、横济线经此。

140826-C02-H01　**东冷口**［Dōnglěngkǒu］冷口乡人民政府驻地。在县政府驻地古绛镇西南8千米。人口1000。因地处中条山北麓冷口峪，峪口背阴多风，为分别于西冷口而得名。聚落呈团块状。有冷口峪河流经。有冷口乡初级中学、冷口小学、冷口乡卫生院。241国道经此。

140827　**垣曲县**［Yuánqǔ Xiàn］运城市辖县。北纬35° 26′，东经111° 30′。在市境东部。面积1609平方千米。人口19.78万。辖6镇、5乡。县人民政府驻新城镇。秦置垣县，治所在今古城镇，隶河东郡。北魏皇兴四年（470年）置邵上郡，改垣县为白水县，为郡治。孝昌年间改邵上郡为邵郡，治白水县。北周武成元年（559年）改白水县为亳城县，属邵郡，仍为郡治。隋大业三年（607年）改亳城县为垣县，清廉、蒲原2县废入。同年废邵州、邵郡，县属绛郡。义宁元年（617年）复置亳城县，治所在今下亳城村，属绛州；同年于垣县置邵原郡，县属之。唐武德元年（618年）复置清廉县，改邵原郡为邵州，垣县、清廉2县俱属之。五年（622年）亳城县废入垣县。九年（626年）废清廉县及邵州，垣县先后属绛州、洛州、陕州。元和三年（808年）还属绛州。北宋改垣县为垣曲县，仍属绛州。金兴定四年（1220年）属翼州。元至元二年（1265年）垣曲县并入绛县。十六年（1279年）复置，隶绛州。明隶平阳府绛州。清雍正二年（1724年）属解州。七年（1729年）改属绛州。1912年属河东道。1927年废道，直属山西省。1937年属山西省第七行政区。1942年属晋冀鲁豫边区太岳区第四专区。1949年属山西省运城专区。1954年属晋南专区。1970年属运城地区。2000年属运城市。因环山如垣，黄河到此一曲，故名。地处省境南端，地势北高南低。最高海拔舜王坪2358米，最低海拔275米。有舜王坪、锯齿山、皇姑幔、天盘山、歪头山、蚁山等。年平均气温13.5℃，1月平均气温-0.5℃，7月平均气温25.6℃。年平均降水量631毫米。亳清河、沇河、板涧河、西阳河、清水河流经。有矿产资源铜、煤、铁、石英岩、白云岩、石灰岩、石榴子石、重晶石等。有原始森林72万亩。有野生动物68种，其中有国家一级重点保护动物金钱豹，国家二级重点保护动物大鲵。有野生植物782种，其中连香树为国家二级树种。有华北地区面积最大、保存最完整的历山原始森林。有省科研机构中条山有色金属公司企业技术中心和垣曲县肿瘤研究所。有职业高中、中小学，垣曲中学为省级示范学校。有二级医院、文化馆、图书馆、档案馆、县级自然博物馆、体育场馆、国家级山芽儿童文化园。有全国重点文物保护单位二郎庙北殿、埝堆玉皇庙、宋村永兴寺。有省级文物保护单位毛家湾南海峪旧石器遗址、北峪铜矿遗址、丰村遗址、王茅上亳城址。有省级非物质文化遗产舜的传说、舜的祭祀、西石霸王鞭、花敲鼓、坡底武高跷、垣曲曲剧、垣曲炒粸制作技艺、垣曲菖蒲酒泡制技艺、汤王传说等。有中国传统村落历山镇南堡村、同善村，蒲掌乡西阳村。有地方民间艺术舞龙、舞狮、高跷、竹马、旱船、西石霸王鞭、怀梆戏等。有古迹二郎庙、皇姑幔、埝堆玉皇庙、北峪铜矿遗址、小浪底库区等。1994年至1997年发现了4000万年以前的猿类化石。有国家级自然保护区——山西历山风景区，被誉为“华北动植物物种基因库”。有中条山国家森林公园、县级舜乡森林公园。寨里村土桥沟有“世纪曙猿”。三次产业比8:52:40。农业以种植业为主，主产小麦、玉米、辣椒。土特产品有垣曲猴头、炒祺、木耳、三樱椒、烟叶、九节菖蒲、菖蒲酒、果脯、蜂蜜、香菇酱、核桃油等。工业以铜、铁精粉、陶粒砂、农副产品加工等为主。服务业以旅游业、餐饮为主。省道垣孙线、横济线经此。

140827-N01 **人民路大桥**［Rénmínlù Dàqiáo］在垣曲县城中部，横跨亳清河之上。桥长 80 米，桥面宽 13 米。最大跨度 120 米，桥下净高 6 米。2002 年建成。为小型河道桥梁，结构型式空心板桥。因桥连接县城人民西路与人民东路得名。担负城区干道交通任务，最大载重量为 55 吨。

140827-B01 **新城镇**［Xīnchéng Zhèn］垣曲县人民政府驻地。在县境西北部。面积 98 平方千米。人口 8.59 万。辖 7 行政村。镇人民政府驻刘张。1949 年境域属垣曲县第二区。1953 年设刘张乡。后改公社。1965 年更名上王公社。1984 年改设新城镇。1959 年国家拟建黄河小浪底水库，同时有撤销垣曲县制建皋落市之动议，加之中条山有色金属公司亦于东峰山一带开建，为就近联系矿区和皋落，遂将新县城选建此处，得名新城。东西北三面环山，地处山区和丘陵地带。最高海拔 1665.6 米，最低海拔 474.5 米，平均海拔 550 米。年平均降水量 622.7 毫米，日平均气温 13.2℃，无霜期 248 天。有青年山。有亳清河、白涧河、五龙沟河、龙峪沟河 4 条。有矿产资源铜、铁、锰、金、大理石、重晶石、石英岩等。有职业中学、中小学、地级医院、县级医院、专科医院、卫生院等。有省级非物质文化遗产坡底武高跷。有古迹云佛寺遗址、东峰山戏台、竹林寺、上王旧石器时代遗址、杨家河新石器时代遗址等。有景点鸟鸣涧瀑布。有民间风土习俗清源锣鼓、古堆狮子、上王霸王鞭。农业以种植温室蔬菜、特色农产品为主，主产小麦、玉米。工业以运输、建筑业及材料加工为主。省道垣孙线、横济线经此。

140827-B01-K01 **友谊西路**［Yǒuyì Xīlù］在垣曲县城北部。西起 241 国道（王横线），东至中条街。以中条街为界，分西路、东路。长 0.9 千米，宽 38 米。混凝土路面。2003 年建成。两侧有中条山总医院、中条中学、舜乡移民小区等。通垣曲 1 路公交车。

140827-B01-K02 **友谊东路**［Yǒuyì Dōnglù］在垣曲县城北部。西起中条街，东至新城北街。以中条街为界，分西路、东路。与中条北街相交。长 1.2 千米，宽 38 米。混凝土路面。2003 年建成。两侧有客都购物广场、东峰山友谊新村、体育公园等。通垣曲 1、6 路等公交车。

140827-B01-K03 **历山西路**［Lìshān Xīlù］在垣曲县城北部。西起 241 国道（王横线），东至滨河西道。以亳清河为界，分东路、西路。与中条街等道路相交。长 1.3 千米，宽 34 米。混凝土路面。2004 年建成。因县境内有历山而得名。两侧有垣曲县处级中学、垣曲县财政局、历山西路公租房等。通垣曲 3 路公交车。

140827-B01-K04 **历山东路**［Lìshān Dōnglù］在垣曲县城北部。西起滨河东道，东至东环路。以亳清河为界，分东路、西路。与舜王北街、新城北街等道路相交。长 1.5 千米，宽 10 米。混凝土路面。2004 年建成。因县境内有历山而得名。两侧有中条山技工学校、齿科医院、垣曲县市场和质量监督管理局等。通垣曲 3 路公交车。

140827-B01-K05 **七一西路**［Qīyī Xīlù］在垣曲县城中部。西起 241 国道（王横线），东至滨河西道。以亳清河为界，分东路、西路。与中条南街相交。长 1 千米，宽 30 米。混凝土路面。2004 年建成。为纪念中国共产党建党日得名。两侧有城西幼儿园、五龙滨河广场、垣曲县老干部党校等。

140827-B01-K06 **七一东路**［Qīyī Dōnglù］在垣曲县城中部。西起滨河东道，东至新城—望仙县道。以亳清河为界，分东路、西路。与舜王北街、新城北街、公园东路等道路相交。长 1.3 千米，宽 24 米。混凝土路面。2000 年建成。为纪念中国共产党建党日得名。两侧有垣曲县城乡建设局、滨河壹号、清真寺等。

140827-B01-K07 **人民西路**［Rénmín Xīlù］在垣曲县城中部。西起 241 国道（王横线），东至滨河西道。以亳清河为界，分为东路、西路。与中条南街相交。长 1 千米，宽 28 米。混凝土路面。2003 年建成。因紧邻人民政府得名。两侧有人民路大桥、滨河公园等。

140827-B01-K08 **人民东路**［Rénmín Dōnglù］

在垣曲县城中部。西起滨河东道，东至东环路。以亳清河为界，分为东路、西路。与舜王南街、新城大街等道路相交。长 1.7 千米，宽 28 米。混凝土路面。2003 年建成。因紧邻人民政府得名。两侧有城东希望小学、垣曲县人民政府、人民会堂等。

140827-B01-K09 **黄河西路** [Huánghé Xīlù] 在垣曲县城南部。西起 241 国道（王横线），东至滨河西道。以亳清河为界，分为东路、西路。与中条南街相交。长 0.8 千米，宽 40 米。混凝土路面。2007 年建成。因母亲河黄河流经垣曲县得名。两侧有垣曲县汽车站、桥北加油站、崖底村等。通垣曲 1、2 路等公交车。

140827-B01-K10 **黄河东路** [Huánghé Dōng lù] 在垣曲县城南部。西起滨河东道，东至东环路。与舜王南街、新城北街等道路相交。长 1.9 千米，宽 40 米。混凝土路面。2010 年建成。因母亲河黄河流经垣曲县得名。两侧有黄河路小学、垣曲县水利局、农商银行等。通垣曲 1、2 路等公交车。

140827-B01-K11 **东环路** [Dōnghuán Lù] 在垣曲县城东部。北起铜矿峪路，南至学府路。与历山东路、人民东路、黄河东路等道路相交。长 6.8 千米，宽 12 米。混凝土路面。2011 年建成。因位于县城东部得名。两侧有原中移民新村、历山国家级自然保护区管理局、垣曲县公安局等。

140827-B01-K12 **青年路** [Qīngnián Lù] 在垣曲县城中部。西起滨河东道，东至新城南街。与舜王南街相交。长 0.7 千米，宽 16 米。2004 年改造建成。路名寓意年轻人朝气蓬勃、奋发向上之意。两侧有垣曲中心广场、新建小学等。

140827-B01-K13 **电力路** [Diànlì Lù] 在垣曲县城中部。西起滨河东道，东至新城南街。与舜王南街相交。长 0.8 千米，宽 13 米。2006 年建成。因附近有较为醒目的地标电业局变电站得名。两侧有垣曲县人民法院、运城交通运输执法局垣曲县分局、滨河花园等。

140827-B01-K14 **中条北街** [Zhōngtiáo Běi jiē] 在垣曲县城西部。北起古毛县道，南至友谊西路。以友谊西路为界，分为南街、北街。与七一西路、六一路等道路相交。长 1 千米，宽 50 米。混凝土路面。2002 年建成。以县境南部地处中条山脉得名。两侧有中条山有色公司体育场、街西一区等。通垣曲 2 路公交车。

140827-B01-K15 **中条南街** [Zhōngtiáo Nán jiē] 在垣曲县城西部。北起友谊西路，南至建设西路。以友谊西路为界，分为南街、北街。与历山东路、七一西路、人民西路、黄河西路等道路相交。长 2.6 千米，宽 50 米。混凝土路面。2002 年建成。以县境南部地处中条山脉得名。两侧有齿科医院、党政机关、国泰新都等。通垣曲 6 路等公交车。

140827-B01-K16 **滨河西道** [Bīnhé Xīdào] 在垣曲县城中部。北起友谊东路，南至下寺桥。与历山西路、七一西路、人民西路、黄河西路等道路相交。长 3.5 千米，宽 21 米。混凝土沥青路面。2014 年建成。因在亳清河西岸得名。两侧有建设路小学、滨河公园、下寺桥、舜乡楹联文化广场等。

140827-B01-K17 **滨河东道** [Bīnhé Dōng dào] 在垣曲县城中部。北起舜王北街，南至舜王南街。与历山东路、七一东路、人民东路、黄河东路相交。长 4.1 千米，宽 21 米。沥青路面。2013 年建成。因在亳清河东岸得名。两侧有滨河花园、滨河市场、下寺桥、五龙桥等。

140827-B01-K18 **舜王北街** [Shùnwáng Běi jiē] 在垣曲县城东部。北起友谊东路，南至人民东路。以人民东路为界，分南街、北街。与历山东路、七一东路、人民东路等道路相交。长 1.3 千米，宽 24 米。混凝土路面。2000 年改扩建原有道路。因垣曲县为帝舜故里得名。两侧有体育公园、瑞鑫小区、垣曲县人民政府等。通垣曲 3 路等公交车。

140827-B01-K19 **舜王南街** [Shùnwáng Nán jiē] 在垣曲县城东部。北起人民东路，南至横水—济源省道。以人民东路为界，分南街、北街。与黄河东路等道路相交。长 4 千米，宽 40 米。混凝土路面。2000 年改扩建原有道路。因垣曲县为帝舜故里得名。两侧有垣曲县气象局、垣曲中学、黄河市场、垣曲中心广场等。通垣曲 3 路等公交车。

140827-B01-K20 **新城北街** [Xīnchéng Běi jiē] 在垣曲县城东部。北起友谊西路，南至人民

东路。以人民东路为界，分南街、北街。与历山东路、七一东路等道路相交。长1.3千米，宽30米。混凝土路面。2000年改造建成。因县政府驻地新城镇得名。两侧有新城镇人民政府、怡然明都、城北幼儿园等。通垣曲1、6路等公交车。

140827-B01-K21 **新城南街**［Xīnchéng Nán jiē］在垣曲县城东部。北起人民东路，南至电力路。以人民东路为界，分南街、北街。与历山东路、七一东路等道路相交。长1千米，宽30米。混凝土路面。2000年改造建成。因县政府驻地新城镇得名。两侧有中共垣曲县委党校、新城派出所、垣曲县图书馆等。通垣曲1路公交车。

140827-B02 **历山镇**［Lìshān Zhèn］垣曲县辖镇。在县境东北部。面积392平方千米。人口1.24万。辖9行政村。镇人民政府驻同善。司马迁《史记·五帝本纪》载："舜，冀州之人也。舜耕历山、渔雷泽，陶河滨，作什器于寿丘，就时于负夏。"舜曾躬耕于历山，为纪念缅怀这位中华民族的先祖，故名。1949年境域属垣曲县第三区。1953年设历山乡。1958年改公社。1984年设同善镇。2001年历山乡并入同善镇，设历山镇。山峦起伏，沟壑纵横。最高山峰为舜王坪，海拔2321.8米，年平均降水量639毫米，无霜期约250天。境内河流属黄河流域，有允西河，从北至南流经境内后河、神后、同善、绛道、河西、南堡、宋家湾等村，长38千米。有矿产资源铜、铁、金等。传说境内诸冯山为舜生之地，镇治古称负夏，即《孟子》云舜："生于诸冯，迁于负夏，耕于历山"之地。保护区面积36万亩，原始森林12000亩。野生动物68种，其中金钱豹为国家一级重点保护动物，大鲵为国家二级重点保护动物，野生植物782种，其中连香树为国家二级树种。有中小学、卫生院。有省级文物保护单位同善同心会馆、第十八集团军北垛兵站旧址。第十八集团军北垛兵站旧址为省级红色文化遗址。有中国传统村落南堡村、同善村。舜的传说广泛流传。有古迹负夏城北门楼、舜井等。有景点树抱石、娥皇浴池、三潭瀑布、舜王庙、舜王坪、望仙大峡谷、皇姑幔等。有河西、北垛、神后等旧石器时代遗址。有地方民间艺术舞龙、秧歌等。为历史名镇。是畜牧镇，以饲养生猪、牛、羊、家禽为主。企业以铁矿冶炼为主。多条公路经此。

140827-B02-H01 **同善**［Tóngshàn］历山镇人民政府驻地。在县政府驻地新城镇东北49千米。人口1100。根据《孟子》上"舜善与人同"名言，更名为同善。聚落呈团块状。有同善中学、同善示范小学、历山镇中心卫生院。有同善同心会馆，现存为清代建筑遗构。县道阳店线经此。

140827-B02-H02 **南堡**［Nánbǎo］在县政府驻地新城镇东南20千米。历山镇辖自然村。人口1330。民国时期，移居村民日益增多，单列为村，以方位和地形而得名。聚落呈团块状。有县级文物保护单位南堡王家祠堂，现存为清代建筑遗构。有县级文物保护单位南堡济众桥，现存为明代建筑遗构。有南堡东遗址，为新石器时代文化遗存。2016年被列入第四批中国传统村落名录。乡村道路经此。

140827-B02-H03 **北垛**［Běiduǒ］在县政府驻地新城镇东南20.4千米。历山镇辖自然村。人口300。相传明代时村北有城垛，故名。聚落呈团块状。有第六批省级文物保护单位第十八集团军北垛兵站旧址。1939年设，1940年7月撤销，主要任务是转运由大后方供应我军前方作战的军用物资以及护送我党高级领导干部和一般工作人员由延安到晋东南根据地，或由根据地到延安的来往人员。县道阳店线经此。

140827-B03 **古城镇**［Gǔchéng Zhèn］垣曲县辖镇。在县境东南部。面积119平方千米。人口2.35万。辖10行政村。镇人民政府驻古城。1949年属垣曲县第四区。1953年设城关乡。1958年改公社。1959年县城迁至刘张，改设城关公社。1964年更名古城公社。1984年改设镇。2001年谭家乡并入。以驻地得名。自西魏大统十六年（550年）至1959年，一直为垣曲县治所在，古名城关或老县城，1959年县城迁至刘张（今新城），改称城关镇，1964年更名为"古城"，1998年因小浪底水库蓄水，旧址被淹没，迁至新址，仍叫古城。居允河、亳清河下游入黄河处。最高点佛云山海拔1110米，最低点东寨村黄河边198米。有凤凰山、鸡笼山、孤山、佛云山等。年平均降水量672毫米，无霜期240天。境内河道属黄河流域，有允西河1条，从北至南流经境内硖口、上嶝坂、南嶝坂、西敌、谭家、新瑶、窑店河、西石、东石、允东、峪子、店头等村，长9.5千米。有矿产资源煤、铁等。有中小学、卫生院等。有遗址关家十八兵站、莘庄朱德与卫立煌会晤地、南圢烈士陵园、曙猿活动遗址、夏代文化遗址、商城遗址，另有宁董、董家庄、莘庄、西沟等几十处旧石器、新石器时代遗址、夏代至汉代遗址。有古城国家级湿地公园、古城码头、西滩码头、国家历史博物馆考古文物库。农业以畜牧、林果、蔬菜、蚕桑、制种、苗木育制等6产业为主。有农产品加工企业，产果脯、蜜饯、果酱软糖等。省道垣孙线、横济线经此。

140827-B03-H01　**古城**［Gǔchéng］古城镇人民政府驻地。在县政府驻地新城镇东南40千米。人口3500。为垣曲县汉朝设县之古县城而得名。聚落呈团块状。有古城中学、古城示范小学、古城卫生院。有古城北关墓地，为宋代文化遗存。有第一批县级文物保护单位重修兴国禅寺碑，现存为元代文化遗存。327国道经此。

140827-B04　**王茅镇**［Wángmáo Zhèn］垣曲县辖镇。在县境东南部。面积63平方千米。人口1.04万。辖5行政村。镇人民政府驻王茅。1953年设王茅乡。后改公社。1949年，境域属垣曲县第四区。1954年，分属王茅、亳城、小赵3乡。1958年，属红旗公社。1959年，属华峰公社。1961年设王茅公社。1984年改置镇。以驻地得名。因河滩茅草茂盛，最早居民为王姓和茅性，后演变为王茅。地形以丘陵为主。有五女山、长岭坡、高城山等。境内河道属黄河流域，有亳清河，从西至东流经境内西王茅、王茅、东窑、北河、柳庄、上亳、下亳等村，长15千米。有矿产资源铅、石膏、石灰石、石英砂等。有小学、卫生院等。有王茅村石灰岩溶洞、亳城商汤古都遗址。有王茅、冕家坡等旧石器时代遗址，有白水、柳庄、下亳、上亳等新石器时代遗址。农业以种植核桃、花椒、蔬菜为主。养殖猪、牛、羊为主。有建筑材料加工企业。省道垣孙线、横济线经此。

140827-B04-H01　**王茅**［Wángmáo］王茅镇人民政府驻地。在县政府驻地新城镇东南22千米。人口1200。原名王苜，后因河滩茅草茂盛，更今名。聚落呈团块状。有王茅示范小学、王茅镇卫生院。有王茅遗址，为旧石器时代文化遗存。241国道经此。

140827-B04-H02　**上亳**［Shàngbó］在县政府驻地新城镇东南26.5千米。王茅镇辖自然村。人口500。相传商汤时期汤王建都于亳城，因该村地势较高，在亳城之上而得名。聚落呈团块状。有第五批省级文物保护单位上亳城址，为战国早期至汉代文化遗存。327国道经此。

140827-B05　**英言镇**［Yīngyán Zhèn］垣曲县辖镇。在县境东南部。面积84平方千米。人口1.8万。辖8行政村。镇人民政府驻英言。1949年境域属垣曲县第一区。1953年设英言乡，后改公社。1965年设英言公社。1984年复设乡。2019年改为英言镇。以驻地得名。原名圣佛头，1946年为纪念在此牺牲的段英言烈士而更名。地形东、西部为丘陵，中部平坦。年平均气温13.2℃，年平均日照时数2150.7小时，年平均降水量640.2毫米，无霜期288天。有矿产资源赤铁矿、磁铁矿、褐煤、烟煤、石灰石、重晶石等。有牛头山。西河、韩家河、河底河流经。有中小学、卫生院等。有省级文物保护单位北白鹅城隍庙。有古迹英言村三义庙、北白鹅经幢、赵寨大佛寺、无根卫氏宗祠、龙尾头新石器遗址。主产三樱椒、线椒、烟叶、小麦、玉米、羊、粉条、蜂蜜，有烟、粮、核桃、蚕桑、香菇等产区。省道垣孙线、横济线经此。

140827-B05-H01　**英言**［Yīngyán］英言镇人民政府驻地。在县政府驻地新城镇东南34千米。人口1000。原名圣佛头，为纪念革命烈士段英言更今名。聚落呈团块状。有英言初级中学、英言镇卫生院。有英言墓地，为清代三义庙道士墓地。有英言三义庙戏台，现存为清代建筑遗构。有第二批县级文物保护单位英言烈士陵园。有特产三樱椒。327国道经此。

140827-B05-H02　**北白鹅**［Běibái'é］在县政府驻地新城镇东南29千米。英言镇辖行政村。人口1440。相传商汤时，小鹅出生时飞来一双白鹅，落于此地，即名白鹅，后一分为二，此村在北，故名。聚落呈团块状。有第六批省级文物保护单位北白鹅城隍庙，现存阎王殿为元代建筑遗构，戏台为清代建筑遗构。乡村道路经此。

140827-B06 **毛家湾镇**［Máojiāwān Zhèn］垣曲县辖镇。在县境西南部。面积193平方千米。人口0.79万。辖1社区、4行政村。镇人民政府驻朱家庄。1949年境域属垣曲县第二区。1953年设毛家湾乡。后改公社。1984年改设镇。以驻地得名。因地处河湾，村民多毛姓，故名毛家湾。地处山区、沟岭。有歪头山、汤王山。年日照时数2090.6小时，年平均气温15.8℃，年平均降水量460.8毫米，年平均无霜期176天。境内河道属黄河流域，有板涧河，从西至东流经境内毛家、朱家庄、郑家岭、清泉、南庄等村，长28.25千米。有矿产资源铜、铁、金、银、锡、钴、孔雀石、石榴石、金属镁等。有中小学、卫生院等。有省级文物保护单位南海峪旧石器遗址、北峪铜矿遗址。有景点二郎担山、三关庙、白马山、千年古槐、清泉漂流、南海峪旧石器遗址、北峪冶铜遗址、泰山庙、抗日垣南县政府遗址等。有民间艺术踩高跷。粮食作物以小麦、玉米为主。畜牧业以饲养生猪、羊、牛、家禽为主。为县林区。有烟、桑、椒、蜂等产业。有矿产企业。多条公路经此。

140827-B06-H01 **朱家庄**［Zhūjiāzhuāng］毛家湾镇人民政府驻地。在县政府驻地新城镇西南12千米。人口300。聚落呈团块状。有朱家庄示范小学、毛家湾镇卫生院。有特产花椒、核桃、大豆。县道长毛线、古毛线经此。

140827-B06-H02 **店头**［Diàntóu］在县政府驻地新城镇西南14千米。毛家湾镇辖自然村。人口100。聚落呈团块状。有第二批省级文物保护单位南海峪遗址，是目前山西省旧石器早期唯一的一处洞穴遗址，地质时代应属于中更新世或稍晚，文化期为旧石器时代早期或稍晚。县道古毛线经此。

140827-B06-H03 **北峪**［Běiyù］在县政府驻地新城镇西南12千米。毛家湾镇辖自然村。人口100。聚落呈团块状。有第二批省级文物保护单位北峪铜矿遗址，为汉代、唐代文化遗存。县道古毛线经此。

140827-C01 **蒲掌乡**［Púzhǎng Xiāng］垣曲县辖乡。在县境东南部。面积167平方千米。人口1.49万。辖6行政村。乡人民政府驻蒲掌。1949年境域属垣曲县第一区。1956年设蒲掌乡。1958年改公社。1959年设蒲掌公社。1984年复设乡。2001年窑头乡并入。以驻地得名。据柏地古碑载，金代称蒲张村。后因地形似蒲掌状，故名蒲掌。地形以丘陵、山区为主。有娘娘腰山、十八盘许山、老虎头山、康家山。境内河道属黄河流域，有西阳河、黄河，西阳河从北至南流经境内水出窑、下马等村，长28.25千米。黄河自西向东经过乡境，境内河道长6千米。有铜等矿产资源，水出窑、洛家河一带铜矿储量丰富。其它自然资源有天然森林等。年平均气温13.4℃，年平均降水量为500毫米，无霜期230天。有小学、幼儿园、卫生院等。有全国重点文物保护单位二郎庙北殿。有中国传统村落西阳村。有北岳庙、东坡东周墓群、芮王坟、北凹旧石器时代遗址，下马、后庄新石器时代遗址以及下马北汉代遗址。主产小麦和玉米、烟叶、三樱椒，种植香菇、干果、蔬菜等。养殖黄牛、生猪、山羊、鸡为主。服务业以交通运输、批发零售、餐饮为主。省道垣孙线、横济线经此。

140827-C01-H01 **蒲掌**［Púzhǎng］蒲掌乡人民政府驻地。在县政府驻地新城镇东南54千米。人口1600。金代称蒲张村，后因地势较平，多菖蒲，故名。聚落呈团块状。有蒲掌示范小学、蒲掌中心卫生院。有南蒲遗址，为新石器时代文化遗存。有南蒲石器出土点，为旧石器时代文化遗存。327国道经此。

140827-C01-H02 **北阳**［Běiyáng］在县政府驻地新城镇东北33.9千米。蒲掌乡辖行政村。人口1300。聚落呈团块状。有第六批全国重点文物保护单位二郎庙北殿，现存为元代建筑遗构。有特产韭菜花、绿豆芽。乡村道路经此。

140827-C01-H03 **西阳**［Xīyáng］在县政府驻地新城镇东南36千米。蒲掌乡辖行政村。人口1690。聚落呈团块状。有第二批县级文物保护单位关帝庙，现存正殿为清代建筑遗构。有观音堂，现存为清代建筑遗构。2019年被列入第五批中国传统村落名录。237 国道经此。

140827-C02　**解峪乡**［Xièyù Xiāng］垣曲县辖乡。在县境东南部。面积 215 平方千米。人口 0.59 万。辖 3 行政村。乡人民政府驻解村。1949 年境域属垣曲县第四区。1953 年设解峪乡。后改公社。1961 年设解峪公社。1984 年复设乡。2001 年安窝乡并入。从解村、峪里两个村名各取首字，组合成名解峪。地处山区、丘陵地带。有蚁山。境内河道属黄河流域，有板涧河、五福涧河 2 条，河流总长度 93 千米。最大河流为板涧河，从西北至东南流经境内差沟、槐坪、解村等村，长 49.5 千米。五福涧河，也称清水河，经毛家镇、解峪入黄河，全长 63 千米。年降水量 640.2 毫米，无霜期 235 天。有矿产资源烟煤、赤铁矿、重晶石、金属镁、铝矾土、白云岩等。有小学、卫生院。有古迹乐尧村黑龙庙、五福涧村鹰嘴庙等。有旧石器时代遗址毛古垛、前沟、黄疙塔、官沟等，有新石器时代遗址河堤西北、五福涧等。主产小麦、玉米、谷子、豆类作物及小杂粮。有经济作物棉花、烟叶、油料作物、蔬菜等。养殖以山羊和黄牛为主。工业以矿产开采为主。多条公路经此。

140827-C02-H01　**解村**［Xiècūn］解峪乡人民政府驻地。在县政府驻地新城镇东南 24 千米。人口 500。因解姓始居而得名。聚落呈团块状。有解峪乡卫生院。有特产核桃。沿黄一号旅游公路经此。

140827-C03　**华峰乡**［Huáfēng Xiāng］垣曲县辖乡。在县境东南部。面积 62 平方千米。人口 2.14 万。辖 8 行政村。乡人民政府驻华峰。1949 年境域属垣曲县第三区。1953 年设华峰乡。后改公社。1959 年设华峰公社。1984 年复设乡。2001 年陈堡乡并入。以驻地得名。原名下王村，1945 年为纪念在此牺牲的革命烈士郭华峰而更名。地形为小平原。丘陵面积占总面积的 58%，年平均日照时数 2209 小时，年平均降水量 642 毫米，无霜期 228 天。植被以稀疏灌木丛和草本植物为主。有麻姑山。杜村河流经。有中小学、卫生院等。有全国重点文物保护单位宋村永兴寺。有省级文物保护单位丰村遗址、东型马纯阳观。有县级文物保护单位烈士亭、有鸡冠岭遗址、洼地遗址、后河水库遗址等。有清代古建筑杜村绣楼、赵家照壁等。经济以农业为主，主产花椒、核桃，间种红薯、花生、西瓜、药材等。有干果经济林。工业以农产品加工为主。省道垣孙线、横济线经此。

140827-C03-H01　**华峰**［Huáfēng］华峰乡人民政府驻地。在县政府驻地新城镇东南 18 千米。人口 1000。因郭华峰烈士牺牲于此，故名。聚落呈团块状。有华峰中学、华峰乡中心卫生院。有凹里墓地，为汉代文化遗存。有马国楹老宅，现存为清代建筑遗构。有特产烟叶。县道谭王线经此。

140827-C03-H02　**河堤**［Hédī］在县政府驻地新城镇东北 18.6 千米。华峰乡辖行政村。人口 1300。因村民养殖白兔，原名白兔村。清初改河底村。雍正年间有巡查河防大臣到此而得名。聚落呈团块状。有河堤村堡址，现存为清代建筑遗构。有河堤东南遗址，为汉代文化遗存。有特产药材、花椒。2011 年被评为第三届全国文明村。县道谭王线经此。

140827-C03-H03　**宋村**［Sòngcūn］在县政府驻地新城镇东北 19.7 千米。华峰乡辖自然村。人口 380。早先宋姓人在此建村定居，故名。聚落呈团块状。有第七批全国重点文物保护单位永兴寺，又名重兴寺，现存为金代至清代建筑遗构。有特产花椒。乡村道路经此。

140827-C03-H04　**东型马**［Dōngxíngmǎ］在县政府驻地新城镇东南 24 千米。华峰乡辖自然村。人口 370。村内祠堂铸有邢、马二字，后因姓氏名演变为型马，本村居东，故名。聚落呈团块状。有第六批省级文物保护单位东型马纯阳观，现存正殿为元代建筑遗构。乡村道路经此。

140827-C04　**长直乡**［Zhǎngzhí Xiāng］垣曲县辖乡。在县境东南部。面积 98 平方千米。人口 1.34 万。辖 7 行政村。乡人民政府驻长直。1949 年境域属垣曲县第二区。1953 年设长直乡。1958 年改公社。1959 年设长直公社。1984 年复设乡。以驻地得名。传说 18 世纪末在此地选建县城，因牢狱一地无处可择，遂改建到古城，后城池二字演变为长直。地处丘陵地带。地势北高南低。有蘑菇山、羊家山、火老山。境内河道属黄河流域，有亳清河，为境内最大的河流，从西北至东南流经前青、峪里、鲁家坡、长直、西交等村，长 18.5 千米。有石英石、煤炭、石灰石等矿藏。有中心学校、小学、卫生院、文化活动室等。有古迹龙王崖遗址、口头遗址、青廉城遗址。有韩擒虎寨。粮食作物以小麦、玉米为主。经济作物主产核桃、花椒，有高效生态农业基地。畜牧业以饲养生猪、羊、牛、家禽为主。工业以有色金属冶炼为主。省道垣孙线、横济线经此。

140827-C05 **皋落乡**［Gāoluò Xiāng］垣曲县辖乡。在县境东南部。面积 137 平方千米。人口 1.65 万。辖 4 行政村。乡人民政府驻皋落。1949 年境域属垣曲县第二区。1953 年设皋落乡。1958 年设皋落公社。1984 年复设乡。2001 年望仙乡并入。以驻地得名。春秋时期赤狄别族皋落氏居于此，故名皋落。属丘陵地带。有天盘山，海拔 2500 米，为境内最高峰。年平均日照时数 2150 小时，年平均降水量 625.5 毫米，无霜期 250 天。境内河道属黄河流域，有亳清河，从西北至东南流经境内皋落、西窑，长 9.5 千米。有矿产资源铜、铁、石灰石、重晶石等。有小学、幼儿园、卫生院、文化活动室等。有全国重点文物保护单位埝堆玉皇庙。有古迹关帝庙、歇马店、东周古遗址、遛狗汉代古墓群。有民兴赤色文化旅游区、岭回仰舜亭传统文化园区。有纪念地民兴抗日纪念碑。农业以种植烟、桑、椒、蜂为主。工业以建筑材料加工为主。省道垣孙线、横济线经此。

140827-C05-H01 **皋落**［Gāoluò］皋落乡人民政府驻地。在县政府驻地新城镇东南 5 千米。人口 500。《水经注·河水四》载："清水出清廉山之西岭，东流经皋落城，服虔曰赤翟之都也，世谓之倚亳城。"城址在今县城东南。东山皋落氏为春秋时期赤狄别族，皋落乃其氏族聚居之地，故名。聚落呈团块状。有皋落示范小学、皋落乡卫生院。有皋落遗址，为新石器时代文化遗存。有皋落墓地，为东周时期文化遗存。有酒业、香菇酱企业，特产菖蒲酒。241 国道经此。

140827-C05-H02 **埝堆**［Niànduī］在县政府驻地新城镇东北 2.3 千米。皋落乡辖自然村。人口 240。聚落呈团块状。有第六批全国重点文物保护单位埝堆玉皇庙，现仅存戏台与正殿为元代建筑遗构。有特产核桃。乡村道路经此。

140828 **夏县**［Xià xiàn］运城市辖县。北纬 35° 18′，东经 111° 01′。在市境中部。面积 1351 平方千米。人口 28.79 万。辖 7 镇、4 乡。县人民政府驻瑶峰镇。北魏太和十八年（494 年）北安邑县改名为夏县，迁治今夏县县城，属河北郡。北周时为安邑郡治。隋开皇十六年（596 年）属河东郡。义宁元年（617 年）属安邑郡。唐初属虞州。贞观十七年（643 年）属绛州。大足元年（701 年）改属陕州，旋复属绛州。乾元三年（760 年）再属陕州。宋因之。金贞祐三年（1215 年）属解州。元、明、清因之。1912 年属河东道。1927 年废道，直属山西省。1937 年属山西第七行政区。抗日战争时期经多次变化，1947 年夏县恢复原建制。1948 年改属晋绥边区第十一专区。1949 年初属陕甘宁边区晋南专区，同年 8 月属山西省运城专区。1954 年属晋南专区。1958 年撤夏县，其行政区域分别并入闻喜、垣曲 2 县。1961 年恢复夏县，属晋南专区。1967 年属晋南地区。1970 年属运城地区。2000 年属运城市。因上古"禹都安邑"，夏朝在此建都的传说得名。地势中间高两侧低。中东部属中条山脉一部分，东南部为中条山脉南麓倾斜平原，西北部为运城盆地东北部，属涑水河冲积平原。有中条山、稷王山、鸣条岗等。最高海拔猫塔山 1583.5 米，最低海拔 227.5 米。年平均气温 12.8℃，1 月平均气温 -2.2℃，7 月平均气温 26.7℃。年平均降水量 525 毫米。涑水河和青龙河流经。有矿产资源铝、铜、铁、煤、金、重晶石、片麻岩、石灰岩、橄榄岩、砖瓦粘土等及水资源、林业资源。有野生动物 90 多种，其中被列为国家一类保护动物有金钱豹、国家二级保护动物有水獭。有省科研机构山西省蚕业科学研究试验基地、山西宇达青铜文化艺术股份公司研究所、山西省安瑞风机电气公司研究所。有中小学 66 所。国家级足球特色学校有新建路小学、第二示范小学、庙前小学、城内小学、涑水中学、裴介中学，夏县中学为省级示范高中。有二级医院、文化馆、图书馆、档案馆、博物馆等。有泗交绿色生态和瑶池温泉地热等丰富的旅游资源。有全国重点文物保护单位禹王城遗址、司马光墓、西阴村遗址、东下冯遗址、崔家河墓群、大洋泰山庙、薛嵩墓、上冯圣母庙、夏县文庙大成殿、墙下关帝庙。有省级文物保护单位河东特委革命活动旧址（堆云洞）、裴介遗址、嘉康杰烈士墓、苏村五虎庙正殿等。有市级文物保护单位4处。有爱国主义教育基地泗交镇韩家岭红色教育基地和河东特委革命活动旧址（堆云洞）。有省级非物质文化遗产司马光传说、嫘祖养蚕传说、夏县蛤蟆嗡、手工空心挂面制作技艺、弦儿戏。有国家3A级瑶台山旅游景区。有地方民间艺术鼓琴书、蛤蟆嗡、背肘、高轿、宫灯制作等。有古迹司马光墓、文庙大成殿 、上冯圣母庙等。中华民族的发祥地之一，东下冯遗址是夏商时期二里头文化东下冯类型的典型遗址。一代名相司马光、黄帝元妃嫘祖植桑养蚕，均始于夏县西阴。三次产业比42:22:36。农业以种植业为主，主产小麦、玉米、棉花、油料、蔬菜、西瓜。土特产品有祁家河柿饼、泗交板栗。工业以加工制造、医药化工、农副产品加工和金属冶炼为主。服务业以旅游、物流、运输、餐饮为主。南同蒲铁路、大西高铁，209国道，省道运风线、侯马线、太三线、临夏线经此。

140828-N01　**白沙河大桥**［Báishāhé Dà qiáo］在夏县城东南部。位于解放南路，纵跨白沙河之上，为小型河道桥梁，结构型式为钢筋混凝土双曲拱桥。桥长85米，桥面宽24米，最大跨度180米，桥下净高7.3米。1974年始建，1975年竣工。1994年重建，1996年建成。2009年重修。因跨白沙河得名，又名大禹桥。担负城区干道交通任务，最大载重量为20吨。

140828-B01　**瑶峰镇**［Yáofēng Zhèn］夏县人民政府驻地。在县境中部。面积197平方千米。人口6.1万。辖4社区、36行政村。镇人民政府驻城关。1949年属夏县第一区。1953年设城关乡。后改公社。1961年设城关公社。1984年改设城关镇。2001年城关镇、大庙乡、郭道乡合并为瑶峰镇。因瑶台山风景区得名。地处中条山南麓的冲积扇区，分山区、平川。境内河道属黄河流域，有洞崖河、赤峪河、白沙河、黄沙河、李峪河、寺儿河、横洛河7条，河流总长度46.5千米。最大河流为白沙河，从东至西流经境内郭家河、后坡、井曹、涧底河、神头岭、大庙、樊家峪、南关、小郭、秦寺后、车寺后、中留、石桥、湾里、小侯等村，长37千米。在红沙河、赤峪河上游，各建有小型水库。有平原性调供水库中留水库。有中小学、卫生院、文化站、农家书屋等。有全国重点文物保护单位大洋泰山庙、文庙大成殿。有省级文物保护单位苏村五虎庙正殿。古钟公园有宋朝时期古钟。粮食作物以小麦、玉米、棉花、谷子为主。畜牧业以饲养生猪、羊、牛为主。有红岑、柴胡药材生产基地，超吨粮田基地。有企业。多条公路经此。

140828-B01-K01　**东风西街**［Dōngfēng Xī jiē］在夏县城西北部。西起232省道（临夏线），东至新建路。以新建路为界，分东街、西街。与育英巷等道路相交。长0.8千米，宽47米。沥青路面。2008年在原有道路的基础上改扩建。路名取“东风吹，战鼓擂”之意。两侧有中共夏县委员会、夏县人民政府、夏县公安局、金地佳苑等。通夏县1路公交车。

140828-B01-K02　**东风东街**［Dōngfēng Dōng jiē］在夏县城东北部。西起新建路，东至康杰路东关东口。以新建路为界，分东街、西街。与解放路等道路相交。长0.8千米，宽47米。沥青路面。2008年在原有道路的基础上改扩建。路名取“东风吹，战鼓擂”之意。两侧有城内小学、瑶峰镇卫生院、药材公司等。通夏县9路公交车。

140828-B01-K03　**禹王大道**［Yǔwáng Dàdào］在夏县城东南部。西起解放南路，东至温泉路。与康杰路等道路相交。长2.3千米，宽59米。沥青路面。2000年开工，2001年建成。为纪念夏朝建立者大禹而得名。两侧有夏县中学（东校区）、第二示范小学、夏县文化中心、夏县人民法院等。通运城101、102、夏县1路等公交车。

140828-B01-K04　**新建北路**［Xīnjiàn Běilù］在夏县城中部。北起林荫街，南起东风街。以东风街为界，分南路、北路。与六门巷等道路相交。

长 0.8 千米，宽 32 米。沥青路面。2008 年在原有道路的基础上改扩建。作为县城新建的第一条主干路而得名。两侧有示范小学、新兴大酒店、莲湖公园等。通运城 102、夏县 9 路等公交车。

140828-B01-K05 **新建南路**［Xīnjiàn Nánlù］在夏县城中部。北起东风街，南至 232 省道（临夏线）。以东风街为界，分南路、北路。与小辛巷、大辛巷等道路相交。长 0.8 千米，宽 32 米。沥青路面。2008 年在原有道路的基础上改扩建。作为县城新建的第一条主干路而得名。两侧有夏县人民医院、瑶峰镇人民政府、鼓楼超市、邮电大楼、供电公司等。通运城 102、夏县 1 路等公交车。

140828-B01-K06 **解放北路**［Jiěfàng Běilù］在夏县城东北部。北起林荫街，南至白沙河。以白沙河大桥为界，分南路、北路。与八一街、东风东街等道路相交。长 1.9 千米，宽 30 米。沥青路面。因解放县城时解放军沿此路通过而得名。两侧有夏县中医院、南关幼儿园、文庙大成殿、南关中学等。通运城 101、夏县 9 路等公交车。

140828-B01-K07 **解放南路**［Jiěfàng Nánlù］在夏县城东南部。北起白沙河，南至夏都大道。以白沙河大桥为界，分南路、北路。与禹王大道等道路相交。长 1.3 千米，宽 30 米。沥青路面。因解放县城时解放军沿此路通过而得名。两侧有夏县汽车站、大禹公园等。通运城 101、102 路等公交车。

140828-B01-K08 **温泉路**［Wēnquán Lù］在夏县城东部。北起滨河路，南至禹王大道。与乡道相交。长 1 千米，宽 42 米。沥青路面。2004 年开工，2005 年建成。因附近有温泉得名。两侧有省煤矿职工疗养院、温泉瑶池山庄、禹泽苑、中条山国有林管理局等。通运城 101、夏县 1 路等公交车。

140828-B02 **庙前镇**［Miàoqián Zhèn］夏县辖镇。在县境南部。面积 120 平方千米。人口 3.02 万。辖 18 行政村。镇人民政府驻张郭店。1949 年属夏县第三区。1953 年设庙前乡。1958 年改公社。1984 年改置镇。因庙前路西有古庙，故名。地处中条山南麓，海拔 510 米—650 米，属半山区乡镇。地势呈阶梯状，分山、埝、川三层，山区丘陵起伏。为姚暹渠发源地。境内河道属黄河流域，有姚暹渠、刁崖河、史家河、柳沟河、王峪口河 5 条，河流总长度 140 千米。最大河流为姚暹渠，从南至北流经境内庙前镇的南吴、中吴、北吴、史家、堡尔、上埝底等村，长 5 千米。有中小学、卫生院等。有古迹柏塔寺。有省级非物质文化遗产王峪口村弦儿戏。经济以农业为主，盛产粮棉、蔬菜、瓜果。畜牧业以饲养生猪、羊、牛为主。为镁合金生产基地，有镁业公司。209 国道、省道侯平线经此。

140828-B03 **裴介镇**［Péijiè Zhèn］夏县辖镇。在县境西南部。面积 61 平方千米。人口 5.39 万。辖 18 行政村。镇人民政府驻裴介。1949 年境域属夏县第三区。1953 年设裴介乡。1958 年改公社。1984 年所在地由大吕迁至裴介，改置裴介镇。以驻地得名。为春秋忠孝名臣介子推故里，故名。地形以丘陵盆地为主，平均海拔 510 米。有中小学、文化站、卫生院等。有全国重点文物保护单位墙下关帝庙。有省级文物保护单位裴介遗址。为农业镇。种植蔬菜，主产粮棉，特产苹果、鸡心枣、冬枣、核桃、甜瓜等。有经济林。畜牧业以饲养生猪、羊为主。有多家食品加工、建材加工企业。209 国道、多条公路经此。

140828-B04 **水头镇**［Shuǐtóu Zhèn］夏县辖镇。在县境西部。面积 89 平方千米。人口 4.78 万。辖 20 行政村。镇人民政府驻水头。1949 年境域属夏县第四区。1953 年设水头乡。1958 年设公社。1984 年改置镇。以驻地得名。因该村位于涑水河旁，故名水头村。地形两边高，中间低。境内河道属黄河流域，有涑水河，从西至南流经境内仪门、水头、洛沱湾、西张等村，长 17 千米。地形以平川丘陵为主。有中小学、综合医院、卫生院等。有全国重点文物保护单位北宋古墓葬司马光墓、唐朝古墓葬薛嵩墓。有省级文物保护单位、省级红色文化遗址河东特委革命活动旧址。为全国乡村治理示范乡镇。主产粮、棉、油桃、葡萄、苹果、甜蜜蜜西瓜、梅杏。畜牧业以饲养生猪、羊、牛、家禽为主。有百余家企业。南同蒲铁路、大西高铁、省道侯平线经此。

140828-B04-H01 **水头**［Shuǐtóu］水头镇人

民政府驻地。在县政府驻地瑶峰镇西北 14.6 千米。人口 5400。因地处河岸前沿而得名。聚落呈团块状。有夏县李文中学、涑水中学、水头学校、水头镇中心卫生院。有李永文墓，墓碑碑身中刻“皇清例赠承德郎太学生李公讳永文字久安”，为清代墓葬。有特产苹果、桃、西瓜，为县西部农副产品集散地。省道侯风线经此。

140828-B04-H02　**大张**［Dàzhāng］在县政府驻地瑶峰镇西北 18 千米。水头镇辖行政村。人口 1600。相传原名前桥堡，堡内张姓兄弟分居，兄长住原地，故名。聚落呈团块状。有第七批全国重点文物保护单位薛嵩墓，为唐代文化遗存。乡村道路经此。

140828-B04-H03　**小晁**［Xiǎocháo］在县政府驻地瑶峰镇西北 10.8 千米。水头镇辖行政村。人口 1100。因原晁村已毁，就在晁村以西另建一新村，为纪念祖宗且当时村子比较小而得名。聚落呈团块状。有第三批全国重点文物保护单位司马光墓，现存为宋代建筑遗构。司马光是北宋著名的政治家、史学家、编撰有历史巨著《资治通鉴》。省道临夏线经此。

140828-B05　**埝掌镇**［Niànzhǎng Zhèn］夏县辖镇。在夏境北部。面积 52 平方千米。人口 1.28 万。辖 7 行政村。镇人民政府驻埝掌。1949 年属夏县第五区。1953 年设埝掌乡。后改公社。1961 年设埝掌公社。1984 年改设镇。1999 年埝掌镇分设新埝掌镇和南大里乡。以驻地得名。该村的东、西、北三旁是大埝，村的位置就似在手的中心，故名为埝掌。地形以丘陵山地为主，东北高，西南低。有中条山。年平均降水量 510 毫米，年平均气温 13℃，年日照时数 2217.5 小时，年平均无霜期 190 天。境内河道属黄河流域，有青龙河，从东至西流经境内上冯、八峪、枣庙等村，境内长 26 千米。有矿产资源铁、石英石、大理石等。有中小学、卫生院、文化活动中心等。有全国重点文物保护单位新石器时代至商古遗址东下冯夏文化遗址、崔家河墓群周朝古墓葬、上冯村圣母庙。主产大棚蔬菜、花椒。畜牧业以饲养生猪、羊为主。有塑料制品。多条公路经此。

140828-B05-H01　**埝掌**［Niànzhǎng］埝掌镇人民政府驻地。在县政府驻地瑶峰镇东北 15.5 千米。人口 3600。因有护村民埝，地势平坦而得名。聚落呈团块状。有埝掌中学、埝掌小学、埝掌镇中心卫生院。有县级文物保护单位埝掌堡址，现存为清代建筑遗构。有埝掌墓群，为五代时期文化遗存。有埝掌遗址，为新石器时代文化遗存。为县北边远地区农副土特产集散地。县道后夏线、埝裴线经此。

140828-B05-H02　**东下冯**［Dōngxiàféng］在县政府驻地瑶峰镇东北 15.3 千米。埝掌镇辖行政村。人口 1600。相传五代时期宰相冯道葬于此地，因村在坟墓下方而得名。聚落呈团块状。有东下冯小学。有第五批全国重点文物保护单位东下冯遗址，是夏商时期二里头文化东下冯类型的典型遗址。县道后夏线经此。

140828-B05-H03　**崔家河**［Cuījiāhé］在县政府驻地瑶峰镇东北 13.1 千米。埝掌镇辖行政村。人口 1400。聚落呈团块状。有第六批全国重点文物保护单位崔家河墓群，为东周时期文化遗存。有崔家河遗址，为新石器时代、夏、东周时期文化遗存。县道埝裴线经此。

140828-B05-H04　**上冯**［Shàngféng］在县政府驻地瑶峰镇东北 14.3 千米。埝掌镇辖行政村。人口 1400。相传五代时期宰相冯道葬于此地，因该村位于冯道墓上方而得名。聚落呈团块状。有第七批全国重点文物保护单位上冯圣母庙，现存圣母殿为元代建筑遗构，香亭为明代建筑遗构，配殿为清代建筑遗构。县道后夏线经此。

140828-B06　**泗交镇**［Sìjiāo Zhèn］夏县辖镇。在县境东部。面积 382 平方千米。人口 0.96 万。辖 10 行政村。镇人民政府驻泗交。1949 年境域属夏县第二区。1953 年设泗交乡。1958 年改公社。1984 年改置镇。2001 年曹家庄乡并入。以驻地得名。因该地处于四条溪水（窑头河、毛家河、南河、法河）交汇处，故得名泗交。多山、沟壑。泗交河、太宽河、干沟河、清水河、板漳河流经。有矿产资源铁、铜、镁、银、水晶石等。有国家一级保护动物金钱豹，国家二级保护动物水獭。有中小学、卫生院、泗交国际滑雪场等。有韩家岭红色教育基地。有唐回、架桑漂流及黑龙潭景区。

经济以农业为主，种植板栗。畜牧业以饲养牛、羊为主。有蔬菜、核桃、木耳香菇、中药材等产区。烟叶为特色产业，有厚民晋茶基地。多条公路经此。

140828-B06-H01 **泗交**［Sìjiāo］泗交镇人民政府驻地。在县政府驻地瑶峰镇东南17.6千米。人口800。因法河、南河、王家河、寨里河4河交汇于此而得名。聚落呈条带状。有泗交初级中学、泗交示范小学、泗交镇中心卫生院。有特产核桃、板栗、木耳、香菇。为县东边远地区农副土特产集散地。县道夏南线经此。

140828-B07 **禹王镇**［Yǔwáng Zhèn］夏县辖镇。在县境西部。面积53平方千米。人口3.21万。辖12行政村。镇人民政府驻禹王。1949年境域属夏县第一区。1953年设禹王乡。后改公社。1961年设禹王公社。1984年复设乡。2021年改设镇。以驻地得名。《帝王世纪》载，夏禹建都于此，故名禹王城，后在古城址上建村。地势东低西高。属半丘陵地区。有峨嵋岭。年平均日照时数2253.4小时，年平均气温12℃，年平均降水量633.3毫米。境内河道属黄河流域，有青龙河，从东北至西南流经庙后辛庄、中秦、西秦、师冯5个村庄，长8千米。有中小学、卫生所等。有全国重点文物保护单位禹王城遗址。禹王城为保存较好的东周及汉代较大型城址，附近有铸铜作坊遗址。遗物有锛、锄、镢、斧等器具的陶范、平首布陶范及陶罐、陶盆、铁锛等。有古庙会。经济以农业为主，主产小麦、玉米、棉花，特产红枣、油桃。有格瑞特酒庄。省道太三线经此。

140828-B07-H01 **禹王**［Yǔwáng］禹王镇人民政府驻地。在县政府驻地瑶峰镇西北6.8千米。人口3300。夏禹建都于此，故名。聚落呈团块状。有禹王初级中学、育博学校、禹王镇卫生院。有第三批全国重点文物保护单位禹王城遗址，大城可能为战国时期魏都安邑，中城为秦汉时期的河东郡治，小城使用年代最长，可能为原安邑的宫城，建于东周，至北魏仍沿用。有特产桃、枣、夏宝西瓜。省道太三线经此。

140828-C01 **尉郭乡**［Wèiguō Xiāng］夏县辖乡。在县境中部。面积31平方千米。人口2.63万。辖11行政村。乡人民政府驻尉郭。1949年境域属夏县第一区。1953年设尉郭乡。后改公社。1961年设尉郭公社。1984年复设乡。以驻地得名。相传夏朝和战国时期的魏国皆建都于禹王城，当时该地是将军们的城外住所，“尉”即官名，“郭”即城郭，即尉官居住的城郭，后来此地居住人家形成村庄，故名。地势平坦。年均日照时数2291.8小时，年平均气温13℃，年平均降水量524.9毫米，无霜期205天。境内河道属黄河流域，有青龙河，从东至西流经境内楼底、西阴、阴庄、下张、马村、白张大台等村，长5千米。有中小学、卫生院等。有全国重点文物保护单位西阴遗址。有省级非物质文化遗产嫘祖养蚕传说。有古迹卫夫人洗墨池等。经济以农业为主，主产粮食、蔬菜。特产红提葡萄、桃、苹果。畜牧业以饲养生猪为主。有牧业、食品等公司。多条公路经此。

140828-C01-H01 **尉郭**［Wèiguō］尉郭乡人民政府驻地。在县政府驻地瑶峰镇北5.9千米。人口5000。因尉、郭2姓始居而得名。聚落呈团块状。有尉郭中学、尉郭学校、尉郭乡卫生院。有尉郭堡址，现存为明代建筑遗构。有县级文物保护单位尉郭正觉寺，现存为清代建筑遗构。有尉郭泰山庙，现存为清代建筑遗构。县道埝裴线经此。

140828-C01-H02 **西阴**［Xīyīn］在县政府驻地瑶峰镇北8.3千米。尉郭乡辖行政村。人口2500。阴姓始居，与东阴相对，故名。聚落呈团块状。有西阴中心小学。有第四批全国重点文物保护单位西阴村遗址，为新石器时代文化遗存。有省级非物质文化遗产嫘祖养蚕传说。为世界蚕文化发源地。有远古先民彩陶文化遗存。县道埝裴线经此。

140828-C02 **胡张乡**［Húzhāng Xiāng］夏县辖乡。在县境北部。面积82平方千米。人口3.75万。辖18行政村。乡人民政府驻胡张。1949年境域属夏县第四区。1953年设胡张乡。1958年改公社。1984年复设乡。以驻地得名。据传古代胡人进中原时，首领张旗驻扎于此，故名胡张。地形由丘陵、平川组成。河道属黄河流域，有涑水河、运粮河2条，河流总长度15.5千米。最大河流为涑水河，从北至南流经境内沙流、大里、西晋等村，长 4.5 千米。有中小学、卫生院等。有省级文物保护单位嘉康杰烈士陵园。有县级文物保护单位王村古墓群。有东汉末年的汉墓群、清代大型浮雕壁画等。经济以农业为主，主产玉米、谷子、豆类、薯类，盛产粮油，特产油桃、苹果。养殖猪、羊为主。有金属镁厂。有玻璃器皿、苹果储藏等企业。多条公路经此。

140828-C02-H01　**胡张**［Húzhāng］胡张乡人民政府驻地。在县政府驻地瑶峰镇北 12.3 千米。人口 1800。聚落呈团块状。有胡张中学、胡张小学、胡张乡卫生院。有特产苹果。乡村道路经此。

140828-C03　**南大里乡**［Nándàlǐ Xiāng］夏县辖乡。在县境北部。面积 65 平方千米。人口 1.83 万。辖 10 行政村。乡人民政府驻南大里。1949 年属夏县第五区。1958 年属夏县胡张公社。1959 年属闻喜县胡张公社。1961 年属夏县埝掌公社。1984 年属埝掌镇。1999 年由埝掌镇分设。以驻地得名。相传该地距中条山脚三华里有余，人们走这段路时，觉得该地的三里比平常的三里长，故名大里。又因赵村南河将村子分为南北两个行政村落，便把河南边的村子称为南大里村，河北边的村子称为北大里村。地形以丘陵山地为主。年平均气温 13.1℃，无霜期 205 天。境内河道属黄河流域，青龙河流经。有矿产资源铁、石英石、大理石等 10 余种。有中小学、卫生院等。有古迹新石器时代郭牛遗址、商代北晋遗址、明代北晋分水口等。有中药材、核桃经济林、温室蔬菜产区。畜牧业以饲养生猪、家禽为主。有企业。多条公路经此。

140828-C03-H01　**南大里**［Nándàlǐ］南大里乡人民政府驻地。在县政府驻地瑶峰镇东北 11.7 千米。人口 900。因该村距中条山脚三华里有余，称三里远，后以此三里比平常三里大，又称大里村，又位于河南，故名。聚落呈团块状。有南大里中学、南大里乡卫生院。有南大里遗址，为新石器时代文化遗存。有南大里堡址，为唐代至宋代文化遗存。县道后夏线经此。

140828-C03-H02　**南郭**［Nánguō］在县政府驻地瑶峰镇东北 9.6 千米。南大里乡辖行政村。人口 1800。古时曾为军队驻地，筑有城墙，位于东下冯城堡以南，故名。聚落呈团块状。有南郭小学。有县级文物保护单位南郭遗址，包括了二里头文化、东周和汉代文化遗存。有南郭墓群，为金代文化遗存。2011 年被评为第三届全国文明村。县道后夏线经此。

140828-C04　**祁家河乡**［Qíjiāhé Xiāng］夏县辖乡。在县境东南部。面积 212 平方千米。人口 0.97 万。辖 11 行政村。乡人民政府驻祁家河。1949 年境域属夏县第二区。1953 年设祁家河乡。1958 年设公社。1984 年复置乡。以驻地得名。原是祁家坡村祁姓人家搬迁而来，又居住在泗交河边，故取名祁家河。地处中条山腹地，群山环绕，沟壑纵横。最高点楼山海拔 1666 米，最低点黄河边海拔 400 米。年平均气温 12.9℃，年平均降水量 550 毫米，无霜期 205 天。有下巴滩。境内河道属黄河流域，有泗交河、清水河 2 条，河流总长度 40 千米。最大河流为泗交河，从东至西流经境内上坪、麻岔、祁家河、庙坪等村，长 30 千米。有矿产资源铁、铝、煤、白云大里岩矿等。有中小学 14 所、卫生院。有省级非物质文化遗产西山头村“蛤蟆嗡”。有景点晋平漂流、金楼山。属山区乡镇。粮食作物以小麦、玉米、小杂粮为主。特产花生、烟叶、祁家河柿饼。畜牧业以饲养生猪、羊、牛、家禽为主。为省优质烤烟基地。多条公路经此。

140828-C04-H01　**祁家河**［Qíjiāhé］祁家河乡人民政府驻地。在县政府驻地瑶峰镇东南 38.2 千米。人口 800。因居民从祁家坡迁此，位于河边，故名。聚落呈条带状。有祁家河初级中学、祁家河中心小学、祁家河中心卫生院。有祁家河遗址，为新石器时代文化遗存。有特产柿饼、木耳、板栗、药材。522 国道经此。

140829　**平陆县**［Pínglù Xiàn］运城市辖县。北纬 34° 52′，东经 111° 13′。在市境南部。面积 1174 平方千米。人口 20.51 万。以汉族为主，还有回、满、蒙古等民族。辖 8 镇、1 乡。县人民政府驻圣人涧镇。因平陆县地处中条山南麓的一面向阳大坡上，故先秦时称大阳县，属河东郡。汉、三国魏、晋因之。北魏太和十一年（487 年）大阳县为河北郡治所。北周天和二年（567 年）

名河北县。唐天宝三年（744 年）陕郡太守李齐物开三门以利漕运，得古刃，刃上有篆文“平陆”二字，遂改名。五代周县治徙今老城村。五代、宋均属陕州。金兴定四年（1220 年）为解州治所。元至元三年（1266 年）并入芮城县，寻复分置，仍属解州。明、清因之。1912 年属河东道。1927 年废道，直属山西省。1937 年属山西省第七行政区。1944 年后隶属晋冀鲁豫边区太岳区五专区、三专区。1948 年属晋绥边区第十一专区。1949 年初属陕甘宁边区晋南专区，同年 8 月属山西省运城专区。1954 年属晋南专区。1956 年县人民政府迁驻张店镇。1958 年迁驻圣人涧。1967 年属晋南地区。1970 年属运城地区。2000 年属运城市。地势北高南低。最高海拔中条山莲花台 1631.2 米，最低海拔 237.8 米。年平均气温 14.5℃，1 月平均气温 -0.4℃，7 月平均气温 26.3℃。年平均降水量 543.5 毫米。黄河、太宽河、八政河流经。有矿产资源煤、铝土、石膏、铁矿、磷矿、大理石等。有野生脊椎动物 102 种，其中鸟类 47 种，兽类 33 种，两栖爬行类 22 种，白天鹅、金雕、鹿、猕猴、豹为国家级重点保护动物。有职业中学、中小学、二级医院、妇幼医院、专科医院、文化馆、图书馆、博物馆、文化馆、美术馆、档案馆等。有全国重点文物保护单位黄河古栈道遗址、虞国古城遗址、虞坂古盐道和下阳城遗址等。有省级文物保护单位赵家滑遗址、枣园村古墓群、前庄遗址、寺头关帝庙、下坪关帝庙、朱总司令路居等。有省级红色文化遗址朱总司令路居。有国家级非物质文化遗产平陆县窑洞营造技艺。有省级非物质文化遗产四弦书（平陆高调）等。有市级非物质文化遗产伯乐相马传说、禹的传说、太上老君神火炼山传说、傅说文化、放河灯。有中国传统村落张店镇侯王村、三门镇郭原村。有地方民间艺术剪纸、刺绣、纸扎、面塑、平陆高调、平陆花鼓戏等。有古迹茅津渡、傅相祠等。有景点大郎山风景区、龙陡峡景区、白天鹅栖息地。三次产业比 27:34:39。农业以种植业为主，主产小麦、玉米、谷类、高粱，有经济作物水果、瓜类、干果、蔬菜、烟叶、棉花、油料、中药材等。有特色农产品马泉沟水化柿、大久保桃、杜马百合、葛赵杏、涧北芹菜、烟叶、屯屯枣、玉露香梨，绿色环保农产品红富士苹果、西红柿、黄河滩莲藕、黄河鲤鱼、猕猴桃等。工业以煤电铝材为主。服务业以运输、餐饮、旅游为主。209 国道、省道侯平线经此。

140829-B01 **圣人涧镇**［Shèngrénjiàn Zhèn］平陆县人民政府驻地。在县境中部。面积 250 平方千米。人口 5 万。辖 29 行政村。镇人民政府驻圣人涧。1949 年镇境域属平陆县第二区。1953 年设圣人涧乡。1958 年 8 月设公社。1972 年更名城关公社。1984 年改置镇。2001 年城关镇、南村乡、晴岚乡合并为圣人涧镇。因商朝宰相圣人傅说生在一河旁得名。北高南低的丘陵地貌，由北向南呈阶梯状下降。年平均温度 13.8℃，极端温度超 40℃，1 月平均温度最低，年平均降水量 600 毫米左右，无霜期 238 天，年平均日照 2272 小时。黄河从该镇南端绕过，六条涧河、圣人涧、西延涧流经。有中小学、医院、卫生院等。有千年古渡茅津渡。有白天鹅栖息地。主产小麦、玉米、蔬菜。有土特产红富士、大玖宝、玉露香梨、贡梨、茅津贡枣等。工业以氧化铝生产、机械加工、塑料制品为主。服务业以商贸、货物运输为主。209 国道、省道侯平线经此。

140829-B01-K01 **五一街**［Wǔyī Jiē］在平陆县城北部。西起古虞路，东至茅津路。与太阳路、傅岩路相交。长 1.1 千米，宽 30 米。沥青、混凝土路面。2000 年 4 月开工，同年 10 月建成。两侧有圣人涧镇人民政府、平陆县妇幼保健医院、平陆县畜牧局、平陆县卫生局。

140829-B01-K02 **圣人大街**［Shèngrén Dàjiē］在平陆县城中部。西起侯马—平陆高速，东至茅津路。以太阳北路为界，分东街、西街。与桥西路、古虞路、太阳路、傅岩路等道路相交。长 2.5 千米，宽 40 米。沥青、混凝土路面。1959、1995 年多次改建。原名东、西大街。2004 年更今名。因境内有圣人傅说得名。两侧有西街幼儿园、城西广场、平陆县财政局、平陆县人民医院、百货大楼等。

140829-B01-K03 **春元街**［Chūnyuán Jiē］在平陆县城中部。西起古虞路，东至傅岩路。与太阳路等道路相交。长 1.5 千米，宽 30 米。沥青、混凝土路面。2013 年建成。因位于春元祥小区北侧而得名。两侧有平陆县实验小学、正宇嘉苑、春元祥小区等。

140829-B01-K04　**向阳街**［Xiàngyáng Jiē］在平陆县城中部。西起迎宾大道，东至茅津路。与傅岩路、太阳路等道路相交。长 2.5 千米，宽 20 米。沥青、混凝土路面。2013 年建成。路名取向阳而生、朝气蓬勃之意。两侧有平陆人文纪念园、上河坊、绿苑小区等。

140829-B01-K05　**条山大街**［Tiáoshān Dàjiē］在平陆县城南部。西起迎宾大道，东至茅津路。以太阳路为界，分东街、西街。与河阳路、古虞路、傅岩路等道路相交。长 3.4 千米，宽 70 米。沥青、混凝土路面。2005 年开工，2006 年建成。因平陆县地处中条山南麓得名。两侧有平陆县公安局、平陆县直初中、砥柱广场、影视城等。

140829-B01-K06　**学苑街**［Xuéyuàn Jiē］在平陆县城南部。西起太阳路，东至茅津路。与傅岩路等道路相交。长 0.3 千米，宽 30 米。沥青、混凝土路面。2013 年始建，2014 年建成。因途经平陆中学得名。两侧有平陆中学、学苑小区等。

140829-B01-K07　**新湖大街**［Xīnhú Dàjiē］在平陆县城南部。西起太阳路，东至侯马—平陆高速。与傅岩路、茅津路等道路相交。长 1.8 千米，宽 40 米。沥青、混凝土路面。2007 年建成。因途经新湖村得名。两侧有平陆县人民医院、工业园区等。

140829-B01-K08　**黄河大道**［Huánghé Dàdào］在平陆县城南部。西起 209 国道（苏北线），东至茅津路。与茅津路相交。长 4.3 千米，宽 16 米。沥青、混凝土路面。2003 年开工，2004 年建成。因平陆县位于黄河沿岸得名。两侧有王崖村、茅津村、辛庄村等。

140829-B01-K09　**桥西路**［Qiáoxī Lù］在平陆县城西部。北起圣人大街，南至 209 国道。与圣人大街等道路相交。长 0.5 千米，宽 8 米。沥青、混凝土路面。2004 年建成。因位于平陆大桥西侧得名。两侧有西韩窑村、国土小区、开发区医院等。

140829-B01-K10　**古虞路**［Gǔyú Lù］在平陆县城中部。北起五一街，南至条山大街。与圣人大街、春元街等道路相交。长 1.7 千米，宽 30 米。沥青、混凝土路面。2009 年建成。因平陆县古称虞国得名。两侧有三和小区、平陆县林业局、古虞市场等。

140829-B01-K11　**太阳路**［Tàiyáng Lù］在平陆县城中部。北起 209 国道（苏北线），南至新湖大街。与五一街、圣人大街、春园街、条山大街等道路相交。长 2.5 千米，宽 40 米。沥青、混凝土路面。2006 年 4 月开工，同年 10 月建成。因平陆县东汉时期称太阳县得名。两侧有平陆县人民法院、平陆县环境监察大队、图书馆、体育馆、时代广场等。

140829-B01-K12　**傅岩路**［Fùyán Lù］在平陆县城东部。北起圣人庙，南至条山大街。与五一街、圣人大街、春园街等道路相交。长 2.5 千米，宽 30 米。沥青、混凝土路面。2013 年建成。因传傅说在此从事版筑，被商王武丁起用而得名。两侧有百货大楼、平陆县交通运输局、圣人庙等。

140829-B01-K13　**茅津路**［Máojīn Lù］在平陆县城东部。北起 209 国道（苏北线），南至黄河大道。以条山大街为界，分茅津路、茅津南路。与五一街、圣人大街、青年街、条山大街等道路相交。长 4.9 千米，宽 40 米。沥青、混凝土路面。2005 年建成。因境内有黄河三大古渡之一的茅津渡而得名。两侧有圣人涧小学、平陆县公安局交警大队、平陆县医疗保障局等。

140829-B01-H01　**圣人涧**［Shèngrénjiàn］圣人涧镇人民政府驻地。在县政府驻地圣人涧镇 1 千米。人口 2700。相传殷商贤相傅说回乡骑马找水，马蹄刨出一泉，溢流成河，为纪念他，故名。聚落呈团块状。有圣人涧小学、圣人涧中心卫生院。有圣人涧墓群，为汉代文化遗存。有平陆古八景之一“傅岩霁雪”。209 国道经此。

140829-B01-H02　**茅津**［Máojīn］在县政府驻地圣人涧镇南 2 千米。圣人涧镇辖行政村。人口 1600。相传茅戎族居住之地，春秋时期就泛舟设渡，故名。聚落呈团块状。有县级文物保护单位茅津渡河战役纪念地，为民国时期文化遗存。有茅津堡址，为明代建筑遗构。有茅津晚渡，为平陆古八景之一。茅津渡口自古为晋豫两省交往的交通要道。有特产红枣、柿子、西瓜等。522国道经此。

140829-B02 **常乐镇** [Chánglè Zhèn] 平陆县辖镇。在县境西部。面积158平方千米。人口4.5万。辖23行政村。镇人民政府驻前村。1949年境域属平陆县第五区。1953年设常乐乡。1958年设公社。1984年改设镇。2001年西侯、留史2乡并入。相传女娲在黄河湾造出人时手舞足蹈，故名。北部为山地和丘陵，中部平原，南部为黄河滩涂和塬面坡地。地势北高南低。年平均气温13.8℃，年平均降水量550毫米，无霜期220天，年平均日照时数2272小时。有矿产资源石灰岩等。有中小学、中心校、中心医院。有省级文物保护单位赵家滑遗址。有古迹顺头汉墓群、平高靖亨墓、中张关帝墓等。“竹林晓钟”为平陆古八景之一。有纪念地卫部烈士殉难处、六十一个阶级弟兄纪念馆。主产小麦、玉米，特产红富士苹果、洪阳屯屯枣、桃等。经济作物有蔬菜、烟叶、油料作物。畜牧业以饲养生猪、牛、羊为主。有木材加工、服装加工、农副产品加工等企业。省道运风线经此。

140829-B02-H01 **前村** [Qiáncūn] 常乐镇人民政府驻地。在县政府驻地圣人涧镇西17.8千米。人口2600。原名前郭家爻，因位处郭家爻村前而更今名。聚落呈团块状。有常乐镇初级中学、常乐镇寄宿制小学、常乐镇中心卫生院。有常乐遗址，为商代文化遗存。有前村马王庙，现存为清代建筑遗构。522国道经此。

140829-B02-H02 **张家沟** [Zhāngjiāgōu] 在县政府驻地圣人涧镇西26千米。常乐镇辖行政村。人口400。聚落呈条带状。有张家沟烈士墓，为纪念在土改时期被土匪杀害的张铁茂而立。县道平洪线经此。

140829-B03 **张店镇** [Zhāngdiàn Zhèn] 平陆县辖镇。在县境北部。面积99平方千米。人口1.78万。辖12行政村。镇人民政府驻张店。1949年属平陆县第四区。1953年设张店乡。1958年设公社。1984年改设镇。以驻地得名。相传古时有一家姓张的在此开设店铺，故名。地势北高南低，东西两边系沿山地带，三面环山。平均海拔1000米。有四州山、门杠山、五龙山等。年平均气温10.5℃，年平均日照时数2272小时，年平均降水量550毫米，无霜期220天。有矿产资源大理岩、石灰岩等。有中小学、卫生院等。有全国重点文物保护单位虞坂古盐道、虞国古城遗址。有省级文物保护单位枣园村古墓群、北横涧虞国墓地。有省级红色文化遗址平陆西牛烈士陵园。有特色民居地窨院，其建筑技艺被列入国家级非物质文化遗产名录。有中国传统村落侯王村。有纪念地杜马战役西牛烈士陵园。有九龙沟景区。“假虞灭虢”“唇亡齿寒”“按图索骥”“伯乐相马”等成语典故源地。主产小麦、玉米、棉花及杂粮，特产苹果、桃、西红柿、药材等。209国道、省道侯平线经此。

140829-B03-H01 **张店** [Zhāngdiàn] 张店镇人民政府驻地。在县政府驻地圣人涧镇北12千米，人口3300。旧多客店，张姓聚居，故名。聚落呈团块状。有张店小学张店中心校、张店镇中心卫生院。有地窨院传统民居，现存为清至民国时期建筑遗构。有张店墓群，为西周时期文化遗存。有张店遗址，为汉代文化遗存。有特产西红柿、红不软桃等。有山西阳煤新科农业开发公司，以经营果蔬为主。209国道经此。

140829-B03-H02 **古城** [Gǔchéng] 在县政府驻地圣人涧镇北16.6千米。张店镇辖行政村。人口400。因曾为虞国古城而得名。聚落呈团块状。有第七批全国重点文物保护单位虞国古城遗址，为西周时期文化遗存。有古城村遗址，为新石器时代、东周、汉代文化遗存。有古城南遗址，为东周时期文化遗存。有地窨院传统民居，现存为清至民国时期建筑遗构。有特产苹果。209国道经此。

140829-B03-H03 **虞坂** [Yúbǎn] 在县政府驻地圣人涧镇北20千米。张店镇辖自然村。人口500。因从运城盐池运盐至此卸牛休息而得名。聚落呈团块状。有第七批全国重点文物保护单位虞坂古盐道，为明代文化遗存，是历史上河东盐池自开发以来将盐运往中原的主要通道，现名“青石槽”。有特产红不软桃。209国道经此。

140829-B03-H04　**侯王**［Hóuwáng］在县政府驻地圣人涧镇北 18 千米。张店镇辖行政村。人口 800。相传春秋时期晋国灭虢国后，返回时行止该地，起吞虞之心，故将虞灭，该村遂叫后望，后演变为今名。聚落呈团块状。有赵双秋地窨院、裴录娃地窨院，为民国时期建筑遗构。209 国道经此。

140829-B04　**张村镇**［Zhāngcūn Zhèn］平陆县辖镇。在县境中部。面积 88 平方千米。人口 2.66 万。辖 14 行政村。镇人民政府驻新村。1949 年属平陆县第一区。1953 年设张村乡。后改公社。1959 年设张村公社。1984 年复置乡。1994 年改置镇。2001 年老城乡并入。以驻地得名。相传张姓始居于此，故名。北部为山地和丘陵，中部为平原，南部为黄河滩涂和阶地坡田，地势北高南低。有天井山。年平均气温 13.8℃，年平均降水量 554.7 毫米。境内河道属黄河流域，有黄河从西至东流经境内东张峪、沙口、东坡、北村、窑头、太阳渡、大涧北、小涧北、后地、关家窝、后沟、三湾等村，长 13 千米。有中小学、卫生院等。有全国重点文物保护单位下阳城遗址。有古迹关公思乡庙遗址、平陆老县城遗址、下乐街盐道遗址等。有纪念地中条山抗日战争六六战役纪念碑、仝家场战役烈士墓等。为黄河金三角平陆大天鹅生态经济示范区，有天鹅湖之称。主产小麦、玉米，种植棉花、花生、油菜籽等，特产苹果、桃。养殖猪、牛、羊、鸡为主。有公路经此。

140829-B04-H01　**新村**［Xīncūn］张村镇人民政府驻地。在县政府驻地圣人涧镇东 10.8 千米，人口 900。1959 年三门峡水库蓄水时，原平陆县东街居民迁建新宅，故名。聚落呈条带状。有张村中学、张村镇卫生院。有特产苹果、桃等。有县长风机械厂等。209 国道经此。

140829-B04-H02　**门里**［Ménlǐ］在县政府驻地圣人涧镇西南 7.7 千米。张村镇辖自然村。人口 200。因该村在人门、鬼门、神门之上，又靠近三门峡大坝而得名。聚落呈团块状。有第七批全国重点文物保护单位下阳城遗址，为西周时期文化遗存。有门里墓群，为东周时期文化遗存。有门里遗址，为汉代文化遗存。522 国道经此。

140829-B05　**曹川镇**［Cáochuān Zhèn］平陆县辖镇。在县境东部。面积 156 平方千米。人口 2.15 万。辖 14 行政村。镇人民政府驻曹川。1949 年境域属平陆第三区。1953 年设川寨乡。1956 年改曹家川乡。1957 年更名曹川乡。1958 年设公社。1984 年复设乡。1994 年改置镇。2001 年下坪乡并入。以驻地得名。相传，曹姓居于一块平坦的小垣上，故名曹川。地势北高南低，为典型山区镇，有“平陆不平沟三千，曹川就有一千三”之说。有玉颜山、老堡圪垯、贠家山等。年平均降水量 700 毫米，无霜期 260 天，年平均气温 12.1℃。境内河道属黄河流域，有曹家川河，从西至东流经境内庙崖、新堡、前窑等村，总长 19.8 千米。有矿产资源煤、铝、铁、硫铁、石灰石、砂、硅等。有中小学、卫生院等。有全国重点文物保护单位黄河栈道遗址。有省级文物保护单位元朝寺头关帝庙、下坪关帝庙、朱德总司令路居、冯家老宅。有龙陡峡景区。主产小麦、玉米。有煤、铝、铁等矿产资源。有特色产业烟草、柿子、畜牧等。有煤炭开采、耐火材料生产等企业。省道侯平线经此。

140829-B05-H01　**曹川**［Cáochuān］曹川镇人民政府驻地。在县政府驻地圣人涧镇东北 31 千米。人口 900。原名曹家川，后简为今名。聚落呈团块状。有曹川中学、曹川镇中心卫生院。有曹家望楼，为民国时期建筑遗构。522 国道经此。

140829-B05-H02　**老鸦石**［Lǎoyāshí］。在县政府驻地圣人涧镇东北 40 千米。曹川镇辖自然村。人口 100。因该村前禹王庙脚下河中有一石头，形似乌鸦，河水涨落，淹没不尽而得名。聚落呈条带状。有第六批全国重点文物保护单位黄河栈道遗址，春秋时期已经出现，秦汉时期已具规模，唐代为最盛期，宋代走向式微，累计长 3000 余米，经黄河水道通山西垣曲、河南济源和洛阳。乡村道路经此。

140829-B05-H03　**冯家底**［Féngjiādǐ］在县政府驻地圣人涧镇东南 33 千米。曹川镇辖自然村。人口 100。因冯姓人家最早落户于此而得名。聚落呈团块状。有第六批全国重点文物保护单位黄河栈道遗址，春秋时期已经出现，秦汉时期已具规模，唐代为最盛期，宋代走向式微，累计长3000余米，经黄河水道通山西垣曲、河南济源和洛阳。乡村道路经此。

140829-B05-H04 **老庄**［Lǎozhuāng］在县政府驻地圣人涧镇东南30千米。曹川镇辖自然村。人口100。传古时船商黄河行船经常路居此庄而得名。聚落呈团块状。有第六批全国重点文物保护单位黄河栈道遗址，春秋时期已经出现，秦汉时期已具规模，唐代为最盛期，宋代走向式微，累计长3000余米，经黄河水道通山西垣曲、河南济源和洛阳。有特产花椒。乡村道路经此。

140829-B05-H05 **西河头**［Xīhétóu］在县政府驻地圣人涧镇东南35千米。曹川镇辖行政村。人口100。因黄河在此由西向东流而得名。聚落呈团块状。有第六批全国重点文物保护单位黄河栈道遗址，春秋时期已经出现，秦汉时期已具规模，唐代为最盛期，宋代走向式微，累计长3000余米，经黄河水道通山西垣曲、河南济源和洛阳。乡村道路经此。

140829-B05-H06 **车沟**［Chēgōu］在县政府驻地圣人涧镇东北26.4千米。曹川镇辖自然村。人口140。原名岔沟，因此地有条沟岔得名。民国十八年本村乡绅冯子建成立民团后，改称今名。有第六批省级文物保护单位冯家老宅，现存为民国时期建筑遗构。乡村道路经此。

140829-B05-H07 **寺头**［Sìtóu］在县政府驻地圣人涧镇东北30千米。曹川镇辖行政村。人口1500。聚落呈条带状。有第五批省级文物保护单位寺头关帝庙，创建年代不详，现存正殿为元代建筑，献殿为明代建筑，山门西侧厢房为新建，其余皆为清代建筑。522国道经此。

140829-B05-H08 **太寨**［Tàizhài］在县政府驻地圣人涧镇东北31.2千米。曹川镇辖行政村。人口1060。聚落呈条带状。有第五批省级文物保护单位平陆朱总司令路居，1939年秋与1940年春，朱总司令先后两次与第二战区前敌总司令卫立煌商谈中条山对日作战，居住于此。522国道经此。

140829-B06 **三门镇**［Sānmén Zhèn］平陆县辖镇。在县境东部。面积186平方千米。人口1.75万。辖11行政村。镇人民政府驻淹底。1949年，属平陆县第二区。1953年设三门乡。1958年改公社。1960年设三门公社。1984年复设乡。1997年改置镇。2021年撤销坡底乡，整建制并入三门镇。因大禹治水时，在此地开鬼门、神门、人门，以疏河道，后称“三门”得名。地势北高南低。有大量滩涂和阶梯坡田。年平均气温为13.8℃，7—8月份最热，平均气温26.5℃，1月份最冷，平均气温-0.5℃。全年日照时数为2272小时，全年降水量为551.3毫米。黄河流经。有煤、石膏、铝矾土、大理石等矿产资源。有九年制学校、卫生院等。有全国重点文物保护单位黄河古栈道遗址。有古迹集津仓遗址、坡底遗址、粮宿商城、寨后古城遗址、三门遗址、大禹庙等。有中国传统村落郭原村。有黄河三门峡大坝、黄河漂流景区、平陆古八景之一“箕山夕照”。有土特名优产品马泉沟水化柿。主产小麦、玉米、豆类、薯类、杂粮，种植烟叶、蔬菜、三樱椒等。养殖猪、牛、羊、鸡为主。有矿产资源加工企业。省道侯平线经此。

140829-B06-H01 **淹底**［Yāndǐ］三门镇人民政府驻地。在县政府驻地圣人涧镇东北14.5千米。人口580。因村在两山鞍部之下而得名。聚落呈团块状。有三门镇卫生院。县道曹三线经此。

140829-B06-H02 **寨后**［Zhàihòu］在县政府驻地圣人涧镇东南15.7千米。三门镇辖自然村。人口300。传春秋战国时此地有寨，寨前是黄河，寨后是该村，故名。聚落呈条带状。有第六批全国重点文物保护单位黄河栈道遗址，春秋时期已经出现，秦汉时期已具规模，唐代为最盛期，宋代走向式微，累计长3000余米，经黄河水道通山西垣曲、河南济源和洛阳。有特产双季槐。有石膏矿业公司、石膏厂等。522国道经此。

140829-B06-H03 **杜家庄**［Dùjiāzhuāng］在县政府驻地圣人涧镇东南17.8千米。三门镇辖自然村。人口100。聚落呈团块状。有第六批全国重点文物保护单位黄河栈道遗址，春秋时期已经出现，秦汉时期已具规模，唐代为最盛期，宋代走向式微，累计长3000余米，经黄河水道通山西垣曲、河南济源和洛阳。有煤、铁、铝等矿产。522国道经此。

140829-B06-H04 **岳家庄**［Yuèjiāzhuāng］

在县政府驻地圣人涧镇东南 16.4 千米。三门镇辖自然村。人口 200。聚落呈条带状。有卫生室。第六批全国重点文物保护单位黄河栈道遗址，春秋时期已经出现，秦汉时期已具规模，唐代为最盛期，宋代走向式微，累计长 3000 余米，经黄河水道通山西垣曲、河南济源和洛阳。有特产花椒。有煤业公司。乡村道路经此。

140829-B06-H05　**马泉沟**［Mǎquángōu］在县政府驻地圣人涧镇东北 23.3 千米。三门镇辖自然村。人口 100。因马姓始居于此，在沟底泉附近而得名。聚落呈条带状。有世界柿种珍品水化柿，自唐贞观年间就成为向朝廷进献的贡品。乡村道路经此。

140829-B06-H06　**西寨**［Xīzhài］在县政府驻地圣人涧镇东南 14.7 千米。三门镇辖自然村。人口 200。因古有军队在此驻扎，分东西 2 寨，该村在西而得名。聚落呈团块状。有第六批全国重点文物保护单位黄河栈道遗址，春秋时期已经出现，秦汉时期已具规模，唐代为最盛期，宋代走向式微，累计长 3000 余米，经黄河水道通山西垣曲、河南济源和洛阳。有特产花椒、槐米等。522 国道经此。

140829-B06-H07　**东寨**［Dōngzhài］在县政府驻地圣人涧镇东南 22.3 千米。三门镇辖自然村。人口。因古有军队在此驻扎，分东西 2 寨，该村在东而得名。聚落呈条带状。有第六批全国重点文物保护单位黄河栈道遗址，春秋时期已经出现，秦汉时期已具规模，唐代为最盛期，宋代走向式微，累计长 3000 余米，经黄河水道通山西垣曲、河南济源和洛阳。乡村道路经此。

140829-B06-H08　**粮宿**［Liángsù］在县政府驻地圣人涧镇东南 24.7 千米。三门镇辖自然村。人口 600。传隋炀帝夜宿于此，又运粮，故名。聚落呈团块状。有第六批全国重点文物保护单位黄河栈道遗址，春秋时期已经出现，秦汉时期已具规模，唐代为最盛期，宋代走向式微，累计长 3000 余米，经黄河水道通山西垣曲、河南济源和洛阳。有特产花椒。522 国道经此。

140829-B06-H09　**郭原**［Guōyuán］在县政府驻地圣人涧镇东北 27 千米。三门镇辖自然村。人口 1000。因郭姓居多，称郭家垣，简称郭垣，后演变而得名。聚落呈团块状。有五二六惨案遗址，1947 年 5 月 26 日拂晓，国民党项参加完土改胜利大会的学生演员和群众包围袭击，打死打伤农会干部、无辜群众及小学生 11 人。有郭耕义老宅、郭岩落老宅，为民国时期建筑遗构。有河东平陆分县县政府旧址，1921 年河东平陆分县政府在此成立。2019 年被列入第五批中国传统村落名录。乡村道路经此。

140829-B07　**洪池镇**［Hóngchí Zhèn］平陆县辖镇。在县境西部。面积 44 平方千米。人口 1.47 万。辖 11 行政村。镇人民政府驻上洪池。1949 年境域属平陆县第五区。1953 年设洪池乡。后改公社。1961 年设洪池公社。1984 年复设乡。2021 年改设洪池镇。以驻地得名。春秋时称共池，又说大禹治水称洪池。也说因该地处中条山南麓，并在一小盆地中，积山洪成池，人民排水耕地，称为洪池。境内北为山地和丘陵，中、南为垣面。地势从北到南由高到低。有矿产资源煤、石膏、铝矾土、金矿、硫铁矿、白云石、铜矿、风化煤、石英矿等。有位于花坪保护区的银杉树。有中小学、卫生院等。有檀道庙、流庆寺等多处古迹。为“虞芮让畔”典故发生地。有平陆古八景之一“闲田春色”。有纪念地刘湛革命烈士纪念碑。主产小麦、玉米、杂粮，有屯屯枣、青竹、芦苇、优质红富士苹果等特产。养殖猪、牛、羊、鸡为主。省道侯平线经此。

140829-B07-H01　**上洪池**［Shànghóngchí］洪池镇人民政府驻地。在县政府驻地圣人涧镇西 23 千米。人口 1300。《左传·桓公十年》载：“虞公出奔共池”，后演变为洪池，分南、北 2 自然村，该村在北，故名。聚落呈团块状。有洪池中学、洪池乡卫生院。有上洪池遗址，为汉代文化遗存。有荒年掩藏暴骨墓碑，为清代文化遗存。有张良臣烈士墓。有特产苹果、桃等。522 国道经此。

140829-B08　**部官镇**［Bùguān Zhèn］平陆县辖镇。在县境中部。面积 72 平方千米。人口 1.53 万。辖 12 行政村。镇人民政府驻部官村。1949 年境域属平陆一区。1956 年设部官乡。1958 年改公社。1960 年设部官公社。1984 年复设乡。2021

年改设部官镇。以驻地得名。相传春秋战国时期有一奸臣夜宿此地，索吃索喝，村民躲避不管，讽其为不管臣，后因其意不佳，改称部官臣，简称部官。地势西北高、东南低，为典型的山地丘陵地区。年平均气温13.5℃，1月份平均气温-4℃，7月份平均气温26℃，年平均日照时数2389小时，年平均降水量470毫米。有矿产资源重晶石、蛭石、铁、青石、大理石等。有九年制学校、小学、卫生院等。有遗址周仓庙、马刨泉、将军城等。主产小麦、玉米、西瓜，特产苹果、桃等。工业以空压机械配件生产为主。每年4月有桃花会。省道侯平线经此。

140829-B08-H01 **部官**［Bùguān］部官镇人民政府驻地。在县政府驻地圣人涧镇西北10千米。人口 。原名部官臣，后简为今名。聚落呈团块状。有部官镇卫生院。有地窨院民居，现存为清至民国时期建筑。乡村道路经此。

140829-C01 **杜马乡**［Dùmǎ Xiāng］平陆县辖乡。在县境中部。面积80平方千米。人口1.26万。辖7行政村。乡人民政府驻辛庄。1949年境域属平陆一区。1953年设杜马乡。1958年改关公社。1961年设杜马公社。1984年复设乡。因曾出土过一古碑，上刻"杜马垣"得名。地势南高北低。有凤凰山。年平均气温13.2℃，年平均降水量560毫米，季节分布不均匀，多集中在7—9月，有"十年九旱"、"火烧垣"之称。有九年制学校、小学、卫生院等。有马村七里坡遗址、杜马阻击战发生地等。有市爱国教育基地杜马烈士陵园。为农业镇。主产冬小麦、玉米、豆类。养殖猪、牛、羊、鸡为主。有特产苹果、桃、百合等。多条公路经此。

140829-C01-H01 **辛庄**［Xīnzhuāng］杜马乡人民政府驻地。在县政府驻地圣人涧镇西北1.6千米。人口600。因清末张村村民迁此新建庄，名新庄，后演变为今名。聚落呈团块状。有杜马乡卫生院、文化广场。乡村道路经此。

140830 **芮城县**［Ruìchéng Xiàn］运城市辖县。北纬34° 41′，东经110° 41′。在市境西南部。面积1176平方千米。人口34.29万。以汉族为主，还有回、满、蒙古、藏、苗等民族。辖8镇、2乡。县人民政府驻古魏镇。西魏分河北县东部置安戎县。北周明帝二年（558年）改安戎县为芮城县，治所在今县城。武成元年（559年）改河北县为永乐县，兼置永乐郡。保定二年（562年）永乐县并入芮城县，仍属永乐郡。隋开皇十五年（595年）属蒲州。大业三年（607年）属河东郡。唐武德元年（618年）分芮城县西境复置永乐县，次年于芮城置芮州，治所在今永乐镇，芮城、永乐2县属之。贞观元年（627年）废芮州，县属陕州。贞观八年（634年）属蒲州。开元九年（721年）属河中府。五代时期芮城县属陕州，永乐县属河中府。北宋淳化四年（993年）芮城、永乐县属陕州。熙宁六年（1073年）永乐县并入河东县。金属解州。元至元二年（1265年）平陆县并入。元贞元年（1295年）复分置。明属平阳府解州。清雍正二年（1724年）改解州为直隶州，芮城属解州。1912年属河东道。1927年废道，直属山西省。1937年属第七行政区。1947年5月芮城县成立，属晋冀鲁豫边区太岳区第三专区。1948年属晋绥边区第十一专区。1949年初属陕甘宁边区晋南专区，同年8月属山西省运城专区。1954年7月属晋南专区。1967年属晋南地区。1970年属运城地区。2000年属运城市。因境内有古芮王城得名。《左传》载，周桓王十一年，芮伯万母亲芮姜恶其宠姬太多，将其他赶出家门，芮伯万来到魏城西另筑城居住。芮字本义为大河弯曲之处，水草茂盛之地，故以地理位置和历史遗留命名芮城。地势北高南低。地形东西狭长。有中条山。黄河流经。最高海拔百梯山1993.8米，最低海拔302米。年平均气温12.9℃，1月平均气温-2.0℃，7月平均气温26.1℃。年平均降水量506.7毫米。有矿产资源石灰岩、白云岩、磷矿、石英砂等。有金雕、大鸨、白额雁、白琵鹭、大天鹅、小天鹅、鸳鸯、红腹锦鸡、鹰类、隼类等10种国家级重点保护野生动物。有省级保护野生动物29种。有观赏、药用等植物200余种。芮城中学、风陵渡中学、芮城县第一职业技术学校、芮城县第二中学、芮城县第四中学、七一示范小学、党政机关幼儿园等为省级示范学校。有二级医院、中医院、文化馆、图书馆、档案馆、博物馆、体育场馆。有全国重点文物保护单位永乐宫、西侯度遗址、清凉寺、广仁王庙、城隍庙、匼河遗址、西王村遗址、东庄遗址、金胜庄遗址、古魏城遗址、寿圣寺塔、坡头遗址。有省级文物保护单位古魏镇坑头墓地、东吕关帝庙、礼教遗址等。有市级文物保护单位。有国家4A级永乐宫景区、国家3A级大禹渡景区。有省级圣天湖景区、百梯山景区。有国家级非物质文化遗产线腔、永乐桃木雕刻。有省级非物质文化遗产匼河背冰、平王中医正骨、中医养生术、芮城布艺、扬高戏、杖头木偶、泥皮画、芮城麻片传统制作技艺等。有地方民间艺术芮城传统刺绣、提线木偶、芮城剪纸、芮城书调等。有古迹永乐宫、西侯度遗址、广仁王庙、寿圣寺、城隍庙、清凉寺等。有纪念地九峰山、吕公祠等。三次产业比29:33:38。农业以种植业为主，主产小麦、玉米、苹果、花椒、枣、芦笋。有土特产品芮城苹果、芮城芦笋、芮城花椒、芮城屯屯枣、芮城麻片、芮城酱菜、阳城卤肉、风陵渡糕点等。“芮城苹果”“芮城芦笋”“芮城花椒”“芮城屯屯枣”获国家地理标志农产品认证。工业以现代医药、医药包装、新材料和农产品加工、新能源产业等为主。有省级风陵渡经济开发区。服务业以物流、旅游、餐饮为主。南同蒲铁路过境设站。省道运风线、侯平线、临陌线经此。

140830-B01　**古魏镇**［Gǔwèi Zhèn］芮城县人民政府驻地。在县境中部。面积125平方千米。人口1.16万。辖21行政村。镇人民政府驻城关。1949年境域属芮城县第二区。1953年置城关镇。1958年改公社。1960年设城关公社。1984年复设镇。因境内有春秋时魏侯城，2001年更今名。地势北高南低，北部为基岩山河冲积扇，中部为黄土高台平原，南部为黄河阶地。有中条山。年平均气温12.8℃，1月份平均气温-4℃，7月份平均气温25℃，年平均日照时数2366.2小时，年平均降水量513毫米。境内河道属黄河流域，有黄河从西至东流经境内窑头、董村等村，长9千米。有中小学、幼儿园、医院、文化馆等。以古魏城遗址而得名。为两周时期古城址，城北中部有少量汉代堆积。《史记・魏世家》记载：“献公之十六年……以魏封毕万。”《正义》云：“魏城在陕州芮城县北五里”，即指此处。“魏城春色”为旧时芮城八景之一。有全国重点文物保护单位永乐宫、广仁王庙、城隍庙、寿圣寺塔。有省级文物保护单位坑头墓地、礼教遗址、柴涧墓地、芮城文庙大成殿等。有省级红色文化遗址芮城县烈士陵园。有企业、家庭副业，有民营科技工业园、学府教育园、农业特色产业园。省道运风线经此。

140830-B01-K01　**学府街**［Xuéfǔ Jiē］在芮城县城北部。西起西矿路，东至古魏路。与永乐北路等道路相交。长2.1千米，宽42米。沥青、混凝土路面。1999年开工，2000年建成。2004、2014年改扩建。因沿途分布多所学校得名。两侧有芮城第一职业学校、芮城中学、芮城三中、芮城县人民检察院等。

140830-B01-K02　**舍利街**［Shèlì Jiē］在芮城县城北部。西起西矿路，东至华泰路。与永乐路、亚宝路、育英路、古魏路等道路相交。长2.3千米，宽30米。沥青路面。2000年开工，2003年建成。2010年改扩建。因途经全国重点文保单位寿圣寺舍利塔得名。两侧有陌南中学、寿圣公园、古魏镇人民政府等。

140830-B01-K03　**洞宾街**［Dòngbīn Jiē］在芮城县城中部。西起育英路，东至华泰路。与古魏路等道路相交。长3.3千米，宽42米。混凝土路面。1995年开工，1997年建成。2006年改扩建。因纪念道教历史名人吕洞宾得名。两侧有黄河技校、东城小学、芮城县人民法院、芮城汽车站、会展中心等。通运城109、芮城2路等公交车。

140830-B01-K04　**黄河街**［Huánghé Jiē］在芮城县城南部。西起永乐路，东至古魏路。与永乐路、亚宝路等道路相交。长1.7千米，宽24米。沥青路面。2012年改扩建原有道路。因黄河在境内流经得名。两侧有古魏医院、鑫海职业技术学校、芮城城隍庙、芮城人民体育场等。

140830-B01-K05　**平安街**［Píng'ān Jiē］在芮城县城南部。西起古风线，东至古魏路。与永乐路、亚宝路等道路相交。长1.8千米，宽24米。沥青路面。2007年始建，2008年建成。路名取平安之美意。两侧有芮城县烟草专卖局、芮城县市场监督管理局等。

140830-B01-K06 **工业街**［Gōngyè Jiē］在芮城县城南部。西起西矿路，东至华泰路。与永乐路、亚宝路相交。长 3.1 千米，宽 42 米。沥青路面。2010 年改扩建。因附近有工业园得名。两侧有亚宝药业芮城工业园、山西华济药业及生物公司等。

140830-B01-K07 **西矿路**［Xīkuàng Lù］在芮城县城西部。北起舍利街，南至大禹街。与洞宾街等道路相交。长 5 千米，宽 30 米。沥青路面。2008 年建成。2014 年改扩建。因原矿产局在此路得名。两侧有新世纪幼儿园、芮城县中医医院、芮城县人力资源和社会保障局、芮城县道路运输管理所等。

140830-B01-K08 **永乐路**［Yǒnglè Lù］在芮城县城西部。北接侯马—平陆高速，南至工业街。与学府街、舍利街、洞宾街、黄河街等道路相交。长 5.3 千米，宽 42 米。混凝土路面。1973 年初开工，1973 年底建成。1989、2009 年扩建。因县内道教名胜、全国重点文保单位永乐宫得名。两侧有永乐宫、南街小学、中西医结合医院、芮城县教育局、国贸大楼等。

140830-B01-K09 **亚宝路**［Yàbǎo Lù］在芮城县城中部。北起舍利街，南至工业街。与学府街、洞宾街、大禹街、黄河街等道路相交。长 4.3 千米，宽 26 米。沥青路面。2012 年建成，2014 年改扩建。因亚宝药业位于此路得名。两侧有东关小学、东茂广场、芮城大酒店、寿圣寺舍利塔等。

140830-B01-K10 **育英路**［Yùyīng Lù］在芮城县城中部。北起学府街，南至洞宾街。与舍利街等道路相交。长 2.2 千米，宽 24 米。沥青路面。1990 年开工，1992 年建成。2014 年改扩建。两侧有芮城二中、蓝天学校、圣廷花园里等。

140830-B01-K11 **古魏路**［Gǔwèi Lù］在芮城县城中部。北起学府街，南至平安街。与舍利街、洞宾街、大禹街、黄河街等道路相交。长 2.6 千米。宽 30 米。混凝土路面。2003 年建成。2014 年改扩建。因春秋时古魏国都城在此得名。两侧有陌南中学、学府东街小学、仁康医院等。

140830-B01-K12 **华泰路**［Huátài Lù］在芮城县城东部。北起舍利街，南至工业街。与洞宾街、大禹街、黄河街等道路相交。长 2.8 千米，宽 30 米。混凝土路面。1993 年建成。2012 年改扩建。两侧有芮城四中、鑫源小区、古魏派出所、科技工业园等。

140830-B01-H01 **礼教**［Lǐjiào］在县政府驻地古魏镇西南 10 千米。古魏镇辖自然村。人口 1140。相传春秋孔子周游列国，在此地讲说封建礼教而得名。聚落呈团块状。有第六批省级文物保护单位礼教遗址，为新石器时代、夏代二里头、东周时期文化遗存。县道古风线经此。

140830-B01-H02 **涧西**［Jiànxī］在县政府驻地古魏镇北 4 千米。古魏镇辖自然村。人口 750。因村东有一水涧而得名。聚落呈团块状。有第六批省级文物保护单位柴涧墓地，东西长 1293 米，南北宽 1003 米，面积约 130 万平方米，为西周时期文化遗存。县道永九线经此。

140830-B02 **风陵渡镇**［Fēnglíngdù Zhèn］芮城县辖镇。在县境西部。面积 189 平方千米。人口 6.95 万。辖 1 社区、34 行政村。镇人民政府驻赵村。1949 年境域属芮城县第五区。1953 年设风陵渡乡。后改公社。1959 年设风陵渡公社。1984 年改置镇。2001 年中瑶、汉渡 2 乡并入。为黄河古渡，因有女娲陵，女娲风姓，故名。北枕条山，地形由北向南倾斜，山区、丘陵、平川、滩涂相间。年平均降水量 475 毫米。境内河道属黄河流域，黄河从西至东流经境内赵村、西王、中基等村，长 19.03 千米。有中小学、医院等。有全国重点文物保护单位西侯度遗址、匼河遗址、西王村遗址。有古迹羁马城遗址、风后陵、黄河古渡等。有地方民间艺术背花锣鼓、匼河亮膘背冰等。是黄河上最负盛名的渡口之一。金人赵子贞《题风陵渡》："一水分南北，中原气自全。云山连晋壤，烟树入秦川。"为农业镇、旅游镇。种植花椒、杏树、桃树、金针菇。"芮城花椒"获得国家地理标志农产品认证。工业以生物医药、绿色食品、新型材料、电子材料和精细化工等为主。有旅游业。南同蒲铁路过境设站。省道运风线经此。

140830-B02-H01 **赵村**［Zhàocūn］风陵渡镇人民政府驻地。在县政府驻地古魏镇西南 41.3

千米。人口 2700。因村形状像轿，名轿村，后转轿音为“赵”，故名。聚落呈团块状。有风陵渡第三中学、风陵渡镇卫生院。有风陵渡渡口，为秦晋豫三省的交通要道。有赵村墓葬，为汉代文化遗存。有赵村堡址，为明代建筑遗构。有特产桃、芦笋。有凤凰锰钢厂、制氧站。黄河一号旅游公路经此。

140830-B02-H02　**西侯度**［Xīhóudù］在县政府驻地古魏镇西 35.5 千米。风陵渡镇辖行政村。人口 700。因紧邻河岸有 2 村，旅客常在此候渡，该村因居西，名西候渡，后不再渡客，恐水灾，故名。聚落呈条带状。有第三批全国重点文物保护单位西侯度遗址，为旧石器时代文化遗存，有目前中国最早的人类用火证据。有特产花椒、桃树、杏、核桃。圣火路经此。

140830-B02-H03　**匼河**［Kēhé］在县政府驻地古魏镇西 40 千米。风陵渡镇辖行政村。人口 2800。因村 3 面临黄河而得名。聚落呈团块状。有第七批全国重点文物保护单位匼河遗址，为旧石器时代文化遗存。有省级非物质文化遗产背冰。有养殖业。521 国道经此。

140830-B02-H04　**西王**［Xīwáng］在县政府驻地古魏镇西南 35 千米。风陵渡镇辖行政村。人口 2400。风后加封为王侯，管辖千户，即封为王村。后一村分二，因居西而得名西王。聚落呈团块状。有第七批全国重点文物保护单位西王村遗址，为新石器时代庙底沟文化向龙山文化过渡的代表性文化遗存，为代表中原地区仰韶文化晚期发展阶段的标志性遗存。有特产芦笋、桃、杏。521 国道、省道运风线经此。

140830-B03　**陌南镇**［Mònán Zhèn］芮城县辖镇。在县境东部。面积 145 平方千米。人口 4.35 万。辖 1 社区、18 行政村。镇人民政府驻朱吕。1949 年境域属芮城县第一区。1953 年设陌南乡。后改公社。1959 年设陌南公社。1984 年改置镇。2001 年岭底乡并入。明代前称洹津街，后改为陌底镇。清末民初，名人景耀月深感其名不雅，遂改陌底为陌南。为丘陵旱垣地区，北部为基岩石，中部为洪积扇、黄土高台，南部为黄河阶地。境内海拔高度 317—1357 米。年平均降水量 500 毫米，无霜期 210 天。境内河道属黄河流域，黄河从西至东流经境内湾里、沟南、东窑等村，长 16 千米。有恭水涧、洹水涧两条沟涧纵贯全镇。有中小学、医院等。有全国重点文物保护单位坡头遗址。有省级文物保护单位景耀月故居。有古迹圣天湖、二十岭避暑胜地、饮马泉等。以农业为主，形成粮食、棉花、苹果、畜牧、干果、日光温室 6 支柱产业。有旅游业。省道运风线、临陌线经此。

140830-B03-H01　**朱吕**［Zhūlǚ］陌南镇人民政府驻地。在县政府驻地古魏镇东北 20.5 千米。人口 2300。因朱、吕两姓居民建村得名。聚落呈团块状。有县级文物保护单位朱吕村后土庙，现存为元代建筑遗构。有朱吕村革命烈士碑，为纪念民兵连长许知子、农会组长张小娃等二十烈士而立。有朱吕村遗址，为汉代文化遗存。有朱吕村薛家祠堂乐楼，现存为清代建筑遗构。有朱吕村圣旨楼，现存为清代建筑遗构。特产苹果，有果业交易市场。522 国道、省道临陌线经此。

140830-B03-H02　**坡头**［Pōtóu］在县政府驻地古魏镇东北 16 千米。陌南镇辖自然村。人口 400。因地处山坡头得名。聚落呈团块状。有第七批全国重点文物保护单位坡头遗址，包括枣园文化、庙底沟文化、仰韶晚期遗存、庙底沟二期文化和龙山时代遗存，是一处新石器仰韶时代向龙山时代过渡的重要遗址。有特产苹果、莲菜。省道临陌线经此。

140830-B03-H03　**寺前**［Sìqián］在县政府驻地古魏镇东北 19 千米。陌南镇辖行政村。人口 960。该村后原有一洪愿寺，故名。聚落呈团块状。有陌南初中、寺前中心校北街小学。有第六批省级文保单位景耀月故居，现存为民国时期建筑遗构。景耀月是辛亥革命风云人物，曾任中华民国教育次长，起草过孙中山总统就职演说、《中华民国临时约法》、《中华民国临时组织法》。省道临陌线经此。

140830-B04　**西陌镇**［Xīmò Zhèn］芮城县辖镇。在县境东北部。面积 83 平方千米。人口 2.07 万。辖 9 行政村。镇人民政府驻西陌。1949 年境域属芮城县第二区。1953 年设西陌乡。1958 年改公社。1959 年设西陌公社。1984 年复设乡。1995

年改西陌镇。以驻地得名。相传东汉建武年间，名将马武兵伐洛阳受阻，曾在西陌东二里古驿道休整，古称马武寨。后大军东渡，尚留老弱残兵安家为民，居古驿道西侧，取名西陌。北部为基岩山，中部为洪积扇，南部为黄土高台，山地面积占25.26%，呈北高南低一面坡走势。有矿产资源磷矿石、石灰岩、硫铁矿、大理石、白云石、花岗岩等。有中小学、卫生院等。有全国重点文物保护单位清凉寺。有马武寨、史永正烈士纪念馆。有地方文化奉公高台高跷、柏社狮子龙灯、柏社刺绣、朱阳剪纸、西陌书画业。有粮食、苹果、畜牧、药材、服务5产业，药材以种植黄芩、丹参、菊花为主。有公路经此。

140830-B04-H01 **西陌**［Xīmò］西陌镇人民政府驻地。在县政府驻地古魏镇东北13千米。人口1800。因陌姓始居，与东陌相对而得名。聚落呈团块状。有西陌中学、西陌集镇学校、西陌镇卫生院。有西陌遗址，为东周至汉代文化遗存。有陈君墓，为汉代文化遗存。522国道经此。

140830-B04-H02 **东升**［Dōngshēng］在县政府驻地古魏镇东北16.1千米。西陌镇辖自然村。人口100。聚落条带状。有第五批全国重点文物保护单位清凉寺，现存大雄宝殿为元代建筑遗构。有特产苹果、核桃。乡村道路经此。

140830-B05 **永乐镇**［Yǒnglè Zhèn］芮城县辖镇。在县境西南部。面积77平方千米。人口2.28万。辖8行政村。镇人民政府驻临河。1949年境域属芮城县第四区。1953年设永乐乡。1956年高家乡并入，设永乐镇。1958年改公社。1984年属原村乡。1989年政府驻地迁至临河。1995年更今名。2001年古仁乡10村划入。因北周武成元年（559年）置永乐县，后以县治所在地为永乐古镇得名。地处黄河边。北高南低。境内河道属黄河流域，黄河从西至东流经境内杨涧、蔡村等村，长21.4千米。有中小学、卫生院等。有古迹永乐宫遗址、吕公祠、舜耕历山遗址等。种植大棚蔬菜、大棚水果。养殖南美对虾、甲鱼、鹅。有生物工程公司、面粉厂等。省道348、侯平线经此。

140830-B06 **大王镇**［Dàwáng Zhèn］芮城县辖镇。在县境西部。面积126平方千米。人口2.91万。辖25村委会，有77自然村。镇人民政府驻新兴。1949年境域属芮城县第四区。1953年设大王乡。1958年改公社。1959年设大王公社。1984年复设乡。1998年个设镇。2001年古仁乡樊庄、大阳、尚村、陈常、古仁等5村并入。因为历代先贤帝王活动之地得名。南面黄河，北依中条山，地形北高南低，海拔530—1994米。有百梯山与九峰山。有野生动物狗獾等20余种，野生种子植物连翘等130多种，百梯山有五味子等草药近100种。有中小学、卫生院等。有全国重点文物保护单位金胜庄遗址。有古迹金胜庄遗址、元代玉泉观、玉皇庙、关王庙、芮伯城遗址等。为省首批旅游特色镇、省生态乡镇。有苹果、菊花、核桃、香椿4特色产业。省道侯平线经此。

140830-B06-H01 **新兴**［Xīnxīng］大王镇人民政府驻地。在县政府驻地古魏镇西12.8千米。人口2100。1960年三门峡库区高家、营里、永乐、河头、东庄等村移民迁此新建村舍，故名。聚落呈团块状。有新兴中学、新兴示范小学、大王镇中心卫生院。有新兴遗址，为汉代文化遗存。有特产花椒、菊花。省道平风线经此。

140830-B06-H02 **金胜庄**［Jīnshèngzhuāng］在县政府驻地古魏镇西13千米。大王镇辖自然村。人口100。因金胜庄遗址而得名。聚落呈团块状。有第七批全国重点文物保护单位金胜庄遗址，为新石器时代爷韶庙底沟类型文化遗存。有特产苹果、花椒。省道平风线经此。

140830-B07 **阳城镇**［Yángchéng Zhèn］芮城县辖镇。在县境西部。面积162平方千米。人口4.02万。辖17行政村。镇人民政府驻东任。1953年设阳城乡。1958年改公社。1959年设阳城公社。1984年复设乡。1999年改设镇。2001年杜庄乡并入。相传唐谏议大夫阳城奏劾裴延龄后，与当道不和，辞官隐居中条山之柳谷（今阳城镇一带），因尊其贤，颂其德，故名阳城。北侧中条山，南侧黄河。地形北高南低，属坡形，山、川、沟、垣、滩五型俱全，海拔330—1150米。年平均降水量450—500毫米，无霜期230—240天，年平均气温10—15℃左右。有中小学、卫生院等。有九峰山、宝玉峰等名胜。粮食作物以小麦、玉米为主。经济作物有花椒。畜牧业以饲养生猪、羊、家禽为主。为省红枣之乡。有名吃阳城卤肉，“东娃卤肉”制作工艺获国家专利。有橡胶制品、农副产品加工等企业。省道侯平线经此。

140830-B07-H01 **东任**［Dōngrèn］阳城镇人民政府驻地。在县政府驻地古魏镇西25.6千米。人口1300。魏晋时任氏兄弟二人从山东济宁迁至建村，分居东、西2沟，此地居东，故名。聚落呈条带状。有阳城中学、东任小学、阳城镇卫生院。有姚恒盛民宅、姚贵林民宅，均为清代建筑遗构。省道平风线经此。

140830-B08 **南磑镇**［Nánwèi Zhèn］芮城县辖镇。在县境中部。面积93平方千米。人口3.33万。辖9行政村。镇人民政府驻书院。1956年设南硙乡。1949年境域属芮城县第二区。1958年改公社。1959年设南硙公社。1984年复设乡。2001年大禹渡乡并入。2019年改设南磑镇。相传村北天然沟涧建有一水磨，名官道磨，磨俗称硙，得名南磑，一段时间“磑”曾演变同音字“卫”。地势北高南低。北部为基岩山和洪积扇，中部为黄土高台平原，南部为黄河阶地。年平均气温12.5℃，1月份平均气温4.5℃，7月份平均气温31.6℃，年平均降水量500毫米，无霜期200天。黄河流经。有“天心地胆”之称。有中小学6所、卫生院。有国家3A级旅游景区大禹渡黄河风景区。主产小麦、玉米、苹果。为大禹渡灌区高效农业示范区。工业以曲轴制作、化肥生产、食醋酿造、兽药生产为主。省道运风线经此。

140830-B08-H01 **书院**［Shūyuàn］南硙镇人民政府驻地。在县政府驻地古魏镇东4.2千米。人口400。因建卜子书院以祀之而得名。聚落呈团块状。有南硙中心小学、东城小学、南硙镇卫生院。522国道、省道平风线经此。

140830-C01 **东垆乡**［Dōnglú Xiāng］芮城县辖乡。在县境东南部。面积70平方千米。人口2.09万。辖13行政村。乡人民政府驻南曹庄。1949年境域属芮城县第一区。1953年设东垆乡。1958年改公社。1959年设东垆公社。1984年复设乡。1989年政府驻地迁至南曹庄。因位居古县城东，土质多为垆土而得名东垆。北部为倾斜平原区，南部为河滩地，地势开阔。年平均气温12.8℃，1月份平均气温4.5℃，7月份平均气温31.6℃，年平均降水量513毫米。境内河道属黄河流域，黄河从西至东流经境内牛皋、坑南等村，长8千米。有中小学、卫生院等。有省级文物保护单位东吕关帝庙。有古遗址龙王庙、二郎庙、东吕大庙、城垣村古屯兵城遗址、齐太公庙、魏豹遗址等。粮食作物以小麦、玉米为主。经济作物有藕、芦笋、桑等。养殖鱼、蚕。省道侯平线经此。

140830-C01-H01 **南曹庄**［Náncáozhuāng］东垆乡人民政府驻地。在县政府驻地古魏镇东11.5千米。人口1900。因置垆槽地带，南北2村，居南名下曹庄，后更今名。1989年政府驻地迁此。聚落呈团块状。有南曹中学、南曹小学、东垆乡卫生院。有县级文物保护单位薛家祠堂，为清代建筑遗构。522国道经此。

140830-C02 **学张乡**［Xuézhāng Xiāng］芮城县辖乡。在县境中部。面积104平方千米。人口2.25万。辖10行政村。乡人民政府驻学张。1949年境域属芮城县第三区。1953年设学张乡。1958年改公社。1959年设学张公社。1984年复设乡。2001年古仁乡杜家、王涧2村并入。以驻地得名。传说唐代官员张腾告老还乡，因其德行高尚，后人对其人品才学推崇备至，极力效学，故名学张。地形北高南低，海拔350—1190米，北部为基岩山，中部为洪积扇，南部为黄土高台。年平均降水量513毫米，无霜期203天。有小学、幼儿园、卫生院等。有县古八景中的“条山叠翠”、“水谷秋声”和“段庐夜月”。有景点王山风景区、桥头村上窑柏树沟农庄。有纪念地早期革命烈士纪念馆。为农业乡，农业以种植业为主，主产小麦、玉米、苹果、棉花。有轮窑砖瓦、预制等建材加工，采石，菊花、玫瑰等农产品加工产业。省道侯平线经此。

140830-C02-H01 **学张**［Xuézhāng］学张乡人民政府驻地。在县政府驻地古魏镇西5.8千米。人口1200。学、张2姓始居，故名。聚落呈团块状。有学张中学、学张小学、学张卫生院。有薛仁斋墓，为清代建筑遗构。有合成材料公司。522国道、省道平风线经此。

忻州市

140900 **忻州市**［Xīnzhōu Shì］山西省辖市。北纬 38° 09′—39° 40′，东经 111° 09′—113° 58′。在省境北部。面积 25154 平方千米。常住人口 268.96 万。以汉族为主，还有蒙古、壮、满、彝、回、土家、藏等民族。辖忻府 1 区，定襄、五台、代县、繁峙、宁武、静乐、神池、五寨、岢岚、河曲、保德、偏关 12 县，代管原平 1 县级市。市人民政府驻忻府区。西周属并州。春秋隶唐国、晋国。战国属赵。秦、汉为太原郡、雁门郡辖县。魏、晋归雁门、新兴郡。北朝属肆州管。隋属雁门、楼烦、马邑。开皇十八年（598 年）新兴郡改忻州。大业四年（608 年）罢州设楼烦郡，治所静乐。唐武德元年（618 年）置忻州，治所秀容（今忻府区）。天宝元年（742 年）忻州改定襄郡。乾元二年（759 年）复名忻州，隶属于河东道太原府。北宋与辽交界，隶属于河东路太原府，州有忻、代、宪，军有宁化、保德、岢岚、火山。辽武州辖神池、五寨、偏关。金设忻、代、台（五台）、坚（繁峙）、宪（静乐）、宁化、保德、隩（河曲）、管（静乐）、岢岚、武（神池、五寨）、宁边（偏关）州；县有定襄、崞县。元代属中书省冀宁路，设忻、代、崞、保德、管、岚、武，县仅剩忻州所辖定襄县。明代设忻、代、保德、岢岚、宁武府 4 州 1 府。成化二十三年（1487 年）于代州置雁门道。嘉靖中年改雁门道为雁平道，明末废。清代袭明。康熙十年（1671 年）复置雁平道。雍正二年（1724 年）升忻、代、保德 3 州为直隶州。清末废雁平道。1912 年直属省府。1913 年废府、州，称忻县，属雁门道。1930 年废道。1937 年忻县以北同蒲铁路为界，路西属晋绥边区六专署领导，路东属晋察冀边区二专署领导。1945 年设立忻县专员公署、忻县县政府，驻忻县城。1946 年忻县路西路东人民政府合并，辖十个区公所，属晋绥边区第六专署。1948 年忻县全境解放，属晋中专署。1949 年置忻县专区，专署驻忻县，辖忻县、代县、宁武、静乐、五台、定襄、繁峙、崞县、阳曲等 9 县。1952 年将原兴县专区所属兴县、保德、河曲、偏关、神池、五寨、岢岚、岚县等 8 县划入忻县专区。1958 年底，忻县专区与雁北专区合并为晋北专区。1961 年复置忻县专区。1967 年更名忻县地区。1970 年忻县专区改称忻县地区，地区驻忻县。1971 年将兴县、岚县划归吕梁地区，忻县地区辖 14 县。1983 年，忻县地区改为忻州地区，忻县改为忻州市，地区行署驻忻州市。1993 年，原平县改为原平市。忻州地区辖代县、繁峙、五台、定襄、静乐、岢岚、保德、五寨、河曲、偏关、神池、宁武 12 县，代管忻州、原平 2 市。2001 年撤忻州地区，设地级忻州市，撤县级忻州市，设忻府区后成今境。相传汉高祖北上抗匈奴，兵困平城（今大同），突围时大军南辙，到忻口方摆脱追兵，高祖破愁而笑，六军欣然如归，因“欣”通“忻”，故名。地势东西高、中部低。有恒山、五台山、太行山、系舟山等。最高海拔叶斗峰 3058 米，最低海拔滹沱河谷地 570 米。年均气温 7.4℃，1 月平均气温 -9.3℃，7 月平均气温 22.3℃。年平均降水量 428 毫米。属温带大陆性季风气候。过境和境内较大河流主要有黄河段、汾河、恢河、牧马河、云中河、滹沱河、岚漪河等。有野生动物 184 种，其中国家一级保护动物有褐马鸡、黑鹳、金钱豹等 7 种。有野生植物 1261 种，其中乔木 108 种，灌木 184 种，其余为草本植物。矿产资源有煤炭、铝矾土、铁、金、银、铜、水晶、云母、磷、硅石、陶瓷粘土、钛、锰、钒、钼及伴生镓、铅锌、镍、白云岩、硅石等。地热水资源丰富。知名人物有班婕妤、刘渊、白朴、元好问、徐继畬、阎锡山、徐向前、续范亭、高君宇、薄一波等。民俗文化有五台山佛乐、河曲民歌、晋北鼓吹、定襄高跷秧歌、五台山石砚雕刻技艺、神池月饼制作技艺、定襄面塑、神池八音会、宁武天池净身节、河曲二人台、挠羊赛、原平炕围画、静乐剪纸、忻州二鬼摔跤、云冈大锣鼓、偏关九曲黄河阵、海潮禅寺庙会、繁峙晋绣等。全国重点文物保护单位有南禅寺大殿、佛光寺、岩山寺、阿育王塔、边靖楼、代县文庙、白求恩模范病室旧址、徐向前故居、忻口战役遗址等 39 处。省级文物保护单位有广武古城遗址、繁峙南关故城、阳明堡羊舌祠、山会洪福寺、徐氏宗祠、八路军雁门关伏击战遗址等16处，全国爱国主义教育示范基地有五台县白求恩纪念馆、徐向前故居。省级爱国主义教育基地有西河头地道战遗址、原平续范亭纪念馆17个。市级爱国主义教育基地有五寨县赵宝成烈士纪念馆、岢岚县烈士陵园等20个。国家历史文化名城为代县，为第三批中国历史文化名城。被文化部命名为“中国民间绘画画乡”和“中国民间文化艺术之乡”。国家级历史文化名镇名村10个。省级历史文化名镇名村有代县阳明堡镇、定襄县河边镇、五台县台怀镇。国家级非物质文化遗产有北路梆子、二人台、河曲民歌等14项，省级非物质文化遗产有29项。国家5A级旅游景区有五台山景区、雁门关景区。国家4A级旅游景区有忻州古城、云中河景区、芦芽山景区、万年冰洞、禹王洞景区、老牛湾景区。国家级森林公园有五台山国家森林公园、禹王洞国家森林公园、赵杲观国家森林公园3处。省级森林公园有五峰山、岚漪、马营海3处。全市共有幼儿园457所，小学395所，普通初中164所，普通高中36所，中等职业教育学校33所，普通高等学校3所，成人高等学校2所。有省、市、县产品质量监督检验和计量检定技术机构75个，国家检测中心1个。有文化馆15个，文化站191个，公共图书馆15个，专业公共卫生机构50个。三次产业比9:50:41。主产玉米、谷子、燕麦、马铃薯。特产有五台砚、晋西北胡麻、保德油枣、原平酥梨，红芸豆等。为省甜糯玉米生产基地。工业以煤炭、冶金、化工、焦炭、建材、电力为主，有锻造、煤机、特色食品等产业集群。北同蒲、京原、神黄等铁路过境，运营里程总计880公里。二广高速，108、208、209国道过境，运营里程总计565公里。天镇—黎城、太原—佳县、右玉—芮城、灵丘—河曲等省道过境，运营里程总计2212公里。有五台山民航机场。黄河通航河道设老牛湾、五花城、冯家川3码头。

140902　**忻府区**［Xīnfǔ Qū］忻州市人民政府驻地。在市境南部。面积1987平方千米。人口57.71万。以汉族为主，还有土家、满、苗等民族。辖7街道、8镇、3乡。区人民政府驻秀容街道。1949年属忻县专区，为专署驻地。1958年与定襄县合并为忻定县，县人民政府驻原忻县城关镇，属晋北专区。1961年分置忻县，属忻县专区。1967年属忻县地区。1983年撤忻县，设县级忻州市，属忻州地区，为行署驻地。2000年撤忻州地区和县级忻州市，设地级忻州市，原县级忻州市设忻府区。无霜期平均167.1天。年平均降水量为462.5毫米，降水集中于7—9月份。年平均气温平川区8℃以上，丘陵区5℃—8℃，山区5℃以下。滹沱河、云中河、牧马河等流经，有米家寨、双乳山、西岁兴3水库。矿产资源有铁、石英石、长石、盐、碱、硝等有地下热水。有科研机构省玉米研究所、忻州市新技术研究所、农业机械科学研究所、林业科学研究所、水土保持科学研究所、水利科学研究所、煤炭地质勘测设计研究所、环境保护研究所。有普通高等院校及中等职业学校、中小学，第七中学为省级示范学校。有三级医院2所、文化馆、公共图书馆、档案馆、博物馆、体育场。有全国重点文物保护单位金洞寺。有省级文物保护单位北城门楼、秀容书院、元好问墓、连寺沟墓地、连寺沟泰山庙、向阳遗址、忻口战役遗址、九原冈墓群8处。有国家级禹王洞森林公园，国家级桃桃山森林景区。有省级休闲旅游度假区忻州奇村、顿村温泉。有省级爱国主义教育基地忻州忻口战役遗址、忻州元好问墓。晋北鼓吹、摔跤挠羊赛和晋作家具制作技艺被列入国家和省级非物质文化遗产名录。地方民间艺术有忻州三弦、八音（晋北鼓吹）、牛斗虎、跑驴、跑阁、龙灯、道教音乐和麦秸画、剪纸、面塑、木雕等。三次产业比7:29:64。主产玉米、蔬菜，土特产有甜瓜、甜糯玉米等。工业以新材料、节能环保、装备制造、食品医药、轻工纺织、铁合金、农副产品加工为主，有省级忻州经济开发区。服务业以商贸、物流、旅游为主。北同蒲、忻河支线铁路过境设站。二广、忻州—保德、忻州—阜平、忻州绕城高速，108、208国道，省道台忻线、忻五线、忻黑线经此。

140902-E01　**忻州经济开发区**［Xīnzhōu Jīngjì Kāifāqū］位于忻府区北部。1992年开始建设。1996年批准为省级开发区。扩区之后，2020年实际区域面积为119.98平方公里。东倚北同蒲铁路，西傍大西高速铁路、大运高速公路，南接忻台旅游公路，北接五保高速公路，距大运高速入口4公里，距大西高铁站3公里，距五台山机场30公里。由“一区七园”组成，包括核心区、煤化工循环经济园区、龙岗生物科技产业园区、蓝天科技创新园区、金山现代工业园区、云中温泉生态园区和豆罗建材工业园区。已形成以半导体产业为首位产业、以新材料、康养业为主要产业的多元化的产业发展格局。管委会位于汾源街73号。

140902-F01 **日月广场**［Rìyuè Guǎngchǎng］在忻府区境中部。横跨七一南路东西两侧，南侧为长征东、西街，紧邻忻州市人民政府大楼。总面积5.6万平方米。2002年建成。2007年修缮。广场与东、西两部分组成，因形似日月而得名。是忻州市举办群众文艺活动的重要场所。

140902-K01 **龙翔街**［Lóngxiáng Jiē］在忻府区境北部。西起牧马路，东至云中路。以七一北路为界，分东街、西街。与慕山路、七一路、新建路等道路相交。长4.5千米，宽60米。沥青路面。2011年开工，2012年建成。南侧紧邻云中河，与河对岸凤栖街平行，因得名。两侧有忻州一中北校区、云中河滑冰馆、云中河公园等。通204路公交车。

140902-K02 **凤栖街**［Fèngqī Jiē］在忻府区境北部。西起牧马路，东至云中路。以七一北路为界，分东街、西街。与慕山路、建设路、七一路、新建路等道路相交。长4.5千米，宽60米。沥青路面。2011年开工，2012年建成。北侧紧邻云中河，与河对岸龙翔街平行，两侧有云中河景区管理处、忻州大剧院、云中河公园等。通203路公交车。

140902-K03 **梨花街**［Líhuā Jiē］在忻府区境北部。西起牧马路，东至云中路。以七一北路为界，分东街、西街。与慕山路、建设路、新建路等道路相交。长4.4千米，宽30米。沥青路面。2011年开工，2012年建成。因附近有梨树得名。两侧有学府人才公寓、紫檀公园、忻州实验双语学校等。

140902-K04 **九原街**［Jiǔyuán Jiē］在忻府区境北部。西起牧马路，东至云中路。以七一北路为界，分东街、西街。与慕山路、建设路、新建路等道路相交。长4.5千米，宽30米。沥青路面。2011年开工，2012年建成。因忻州古称九原郡得名。两侧有山西海运技工学校、惠民小区、开莱国际社区等。通203、302路等公交车。

140902-K05 **公园街**［Gōngyuán Jiē］在忻府区境北部。西起慕山路，东至云中路。以七一北路为界，分东街、西街。与建设路、七一路、新建路等道路相交。长3.7千米，宽30米。沥青路面。2011年开工，2013年建成。因人民公园得名。两侧有忻州市人民医院、人民公园、忻州市公安局、忻州市人民检察院等。通302路公交车。

140902-K06 **雁门大道**［Yànmén Dàdào］在忻府区境北部。西起牧马路，东至云中路。以七一北路为界，分东大道、西大道。沿线与通岗路、慕山路、建设路、新建路等道路相交。长4.2千米，宽70米。沥青路面。2012年开工，2014年建成。因忻州代县境内有“中华第一关”雁门关而得名。两侧忻州市交通运输局、忻州碧桂园、和谐苑等。通202路公交车。

140902-K07 **团结街**［Tuánjié Jiē］在忻府区境北部。西起牧马路，东至云中路。以七一北路为界，分东街、西街。与通岗路、慕山路、建设路、新建路等道路相交。长4千米，宽50米。沥青路面。2011年改扩建。路名寓意团结一致。两侧有卢野村委会、遗山公园、民心家园、忻州市人民法院、忻州师范学院（东校区）等。通103路公交车。

140902-K08 **和平街**［Hépíng Jiē］在忻府区境中部。西起西外环路，东至云中路。以七一北路为界，分东街、西街。与通岗路、慕山路、建设路、新建路等道路相交。长5.7千米，宽60米。沥青路面。2012年改扩建。路名取热爱和平之意。两侧有和平广场、忻州市中医院、忻州五中、观音寺等。通201、301路等公交车。

140902-K09 **利民街**［Lìmín Jiē］在忻府区境中南部。西起牧马路，东至云中路。以七一南路为界，分东街、西街。与通岗路、慕山路、新建路等道路相交。长1.9千米，宽30米。沥青路面。2014年改扩建。路名取便利人民群众之意。两侧有忻州市体育馆、忻州市地震局、忻府区人民检察院等。通 302 路等公交车。

140902-K10　**长征街**［Chángzhēng Jiē］在忻府区境中部。西起牧马路，东至云中路。以七一南路为界，分东街、西街。与通岗路、慕山路、建设路、新建路等道路相交。长 5 千米，宽 60 米。沥青路面。2012 年改建。改建街道时，正处于拨乱反正时期，路名寓意“迈进新长征”。两侧有君华新天地购物广场、日月广场、忻州六中等。通 204、301 路等公交车。

140902-K11　**健康街**［Jiànkāng Jiē］在忻府区境中南部。西起通岗路，东至云中路。以七一南路为界，分东街、西街。与慕山路、建设路、新建路等道路相交。长 3.7 千米，宽 30 米。沥青路面。因原忻州市人民医院在此，路名寓意患者康复。2011 年改扩建。两侧有忻州市食品药品检验所、健康路学校、忻州十二中、龙岗幼儿园等。通 102、202 路等公交车。

140902-K12　**光明街**［Guāngmíng Jiē］在忻府区境南部。西起牧马路，东至云中路。以七一南路为界，分东街、西街。与慕山路、建设路、新建路等道路相交。长 4.2 千米，宽 50 米。沥青路面。2012 年改扩建。路名取光明大道之意。紧邻忻州北城墙，两侧有忻州古城、忻州市公安局、忻府区委老干部局、地质大楼等。通 204、305 路等公交车。

140902-K13　**桥西街**［Qiáoxī Jiē］在忻府区境南部。西起牧马路，东至新建路。与慕山路、建设路、七一路等道路相交。长 2.6 千米，宽 25 米。沥青路面。2008 年开工，2013 年建成。因位于飞虹桥西侧得名。两侧有忻州现代双语学校、怡居苑等。通 204、305 路等公交车。

140902-K14　**杏林街**［Xìnglín Jiē］在忻府区境北部。西起忻州西站，东至云中路。以七一北路为界，分东街、西街。与站前路、牧马路、通岗路、建设路等道路相交。长 4.6 公里，宽 30 米。沥青路面。2013 年开工，2015 建成。杏林为医学界的代称，因途经市人民医院而得名。两侧有忻州市人民医院、童乐国际双语幼儿园、人民公园、忻州市交通运输局等。通 102、103 路等公交车。

140902-K15　**汾源街**［Fényuán Jiē］在忻府区境北部。西起慕山路，东至云中路。以七一北路为界，分东街、西街。与建设路、新建路等道路相交。长 3.2 千米，宽 30 米。沥青路面。2003 年建成。因汾河源头位于忻州市宁武县境内而得名。两侧有忻州海关、忻州经济开发区管理委员会、忻州二中、恒康医院等。通 101、305 路等公交车。

140902-K16　**紫檀街**［Zǐtán Jiē］在忻府区境北部。西起慕山路，东至云中路。与建设路、七一路、新建路等道路相交。长 3.1 千米，宽 30 米。沥青路面。2012 年建成。因紧邻紫檀公园得名。两侧有光明小区、山西同德化工股份有限公司、紫檀公园等。通 203 路公交车。

140902-K17　**开元街**［Kāiyuán Jiē］在忻府区境北部。西起慕山路，东至云中路。与建设路、七一路、新建路等道路相交。长 3 千米，宽 30 米。沥青路面。2017 年建成。两侧有廿里铺中心小学、忻州职业技术学院等。通 203 路公交车。

140902-K18　**惠风街**［Huìfēng Jiē］在忻府区境南部。西起慕山路，东至南关大街。与建设路、普惠路、七一路等道路相交。长 2.3 千米，宽 40 米。沥青路面。2018 年改扩建。两侧有天绿源食品有限公司、忻州市公安局忻府分局文化旅游警察大队等。通秀容古城夜班 3 路公交车。

140902-K19　**南环街**［Nánhuán Jiē］在忻府区境南部。西起牧马路，东至七一路。与慕山路、建设路、普惠路等道路相交。长 2.6 千米，宽 50 米。沥青路面。2011 年开工，2014 年建成。因位于忻府区城区最南部而得名。两侧有工业园区、范野村等。

140902-K20　**牧马路**［Mùmǎ Lù］在忻府区境西部。北起旭来街，南至南环街。以和平街为界，分北路、南路。与凤栖街、梨花街、九原街、光明街等道路相交。长 14 千米，宽 60 米。沥青路面。2005 年开工，2014 年建成。原名芦芽山路，2012 年因境内有牧马河更今名。两侧有云中河景区、忻州西站、忻州客运中心、北赵村等。通 101、201 路等公交车。

140902-K21　**通岗路**［Tōnggǎng Lù］在忻府区境西部。北起九原街，南至长征街，南与健康街相连。以和平街为界，分北路、南路。与雁门大道、团结街、利民街等道路相交。长 4.8 千米，宽 30 米。沥青路面。2010 年开工，2014 年建成。因该路由北向南直通九龙岗而得名。两侧有忻州十中、遗山公园、惠泽园等。通 102、103 路等公交车。

140902-K22 **慕山路**［Mùshān Lù］在忻府区境西部。北起旭来街，南至南环街。以和平街为界，分北路、南路。与龙翔街、雁门大道、长征街、桥西街等道路相交。长 13.5 千米，宽 60 米。沥青路面。2008 年开工，2012 年建成。原名傅山路。2012 年更今名，两侧有云中河公园、秦城中学、顿村安置小区、体育公园等。通 204 路公交车。

140902-K23 **建设路**［Jiànshè Lù］在忻府区境西部。北起凤栖街，南至南环街。以和平街为界，分北路、南路。与梨花街、九原街、公园街、雁门大道等道路相交。长 6.6 千米，宽 30 米。沥青路面。2012 年改扩建。两侧有忻州市人民医院、忻州大剧院、忻州市博物馆、长征小学等。通 302、306 路等公交车。

140902-K24 **七一路**［Qīyī Lù］在忻府区境中部。北起 208 国道，南至南环街。以和平街为界，分北路、南路。与龙翔街、凤栖街、光明街、桥西街等道路相交。长 14.6 千米，宽 40 米。沥青路面。2012 年改扩建。为纪念中国共产党建党日得名。两侧有忻州市妇女儿童医院、忻州十三中、忻州师范学院（新校区）、二十里铺、日月广场等。通 103、202 路等公交车。

140902-K25 **新建路**［Xīnjiàn Lù］在忻府区境东部。北起顿奇街，南至光明街。以和平街为界，分北路、南路。与龙翔街、九原街、公园街、团结街等道路相交。长 9.3 千米，宽 40 米。沥青路面。2009 年开工，2012 年建成。两侧有人民公园、和平广场、北城门楼、忻州实验中学等。通 202、205 路等公交车。

140902-K26 **云中路**［Yúnzhōng Lù］在忻府区境东部。北起顿奇街，南至南环街。以和平街为界，分北路、南路。与龙翔街、雁门大道、长征街、光明街等道路相交。长 10.4 千米，宽 46 米。沥青路面。2012 年改扩建。因境内有云中河而得名。两侧有华严寺、云中花园、忻州火车站、金丰小商品批发市场等。通 102、103、302 路等公交车。

140902-R01 **忻州站**［Xīnzhōu Zhàn］见交通运输设施部分“忻州站”条。

140902-R02 **忻州西站**［Xīnzhōu Xīzhàn］见交通运输设施部分“忻州西站”条。

140902-A01 **秀容街道**［Xiùróng Jiēdào］忻府区人民政府驻地。在区境南部老城区。面积 18.7 平方公里。人口 4.55 万。辖 6 社区、7 行政村。以汉族为主，还有蒙古族等。2011 年改建南环街、桥西街，新建怡居苑小区。2013 年改造古城。1983 年 12 月设立。2009 年 9 月更今名。因秀容郡得名。牧马河流经。有中小学、幼儿园、医院、文化广场、体育场、党政机关。有省级文物保护单位北城门楼、秀容书院。有金大定年间铸造大古钟。有新石器遗址、古城墙遗址、“晋北锁钥”古城楼、元好问祠堂、兴国寺等。主产玉米、高粱、谷子、蔬菜。有土特产胡麻油、甜瓜。工业以锻造、加工生产为主。有旅游业。北同蒲铁路经此设站。

140902-A01-L01 **草市巷**［Cǎoshì Xiàng］在忻府区秀容街道中部。西起大坡街，东至南北大街。长 0.3 千米，宽 5 米。混凝土路面。因古有买卖草料商市得名。古代曾有各业商号 38 家、钱庄 7 家。有义生恒、敬业慎、源义恒、义聚恒、天德恒、义丰久、晋义兴、元义恒、复合源、选青源等记号。有清光绪二十五年（1899 年）英国传教士所建福音堂。

140902-A01-L02 **打磨巷**［Dǎmó Xiàng］在忻府区秀容街道中部。西起葛承绪故居附近，东至南北大街。长 0.3 千米，宽 5 米。混凝土路面。因古有数家打制石磨作坊得名。打磨巷 20 号坐北朝南属周家老宅，建于清嘉道年间，占地 2.7 亩，院落呈“目”字格局，属晋北典型传统四合院。现为快餐小吃一条街。

140902-A02 **长征街道**［Chángzhēng Jiēdào］属忻府区。在忻州市中心城区。面积 25 平方千米。人口 12.56 万。辖 11 社区、7 行政村。1983 年 12 月设立。因长征街得名。2011 年改建慕山路、雁门大道、杏林街。温泉地热水资源丰富。有中小学、幼儿园、卫生院、博物馆、公共图书室、剧院、文化站、党政机关、商厦、购物广场。经济以农业为主。北同蒲铁路经此设站。通多条公交线路。

140902-A02-H01　**卢野**［Lúyě］在区政府驻地秀容街道西北4.4千米。长征街道辖行政村。人口6390。相传明洪武二年（1369年）官府组织从洪洞、朔州移民忻州，卢氏祖先迁往忻州解原村定居。因地宽路遥、收运不便，就在村东五里处修设打场之地，称作卢家野场。明嘉靖年间，为耕作之便，众家人商议后迁往卢家野场建宅立村，称卢家场，1983年改今名。聚落呈团块状。有卢野初级中学、卢野小学、卢野卫生所。有贺龙元帅路居地天主堂。2017年被评为第五届全国文明村。通103、204、302路等公交车。108国道经此。

140902-A03　**新建路街道**［Xinjiànlù Jiēdào］属忻府区。在区境中部。面积14平方千米。人口7.21万。辖10社区、5行政村。1983年12月设立。因新建路得名。牧马河、云中河流经。街道辖区境内有"人、祠、庙、寺、林"等历史人文自然资源，主要有逯家庄村的公孙杵臼墓和忠烈祠；芝郡村的人文始祖庙和洪福寺；匡村的关帝庙和匡村传统历史文化演出"牛斗虎"；城区西南的九龙岗森林公园。2011年改建健康街、兴业路、安康路等。有中小学、幼儿园、中西医结合医院、口腔医院、卫生院、公共图书室、文化站、商厦、酒店。有忻州汽车客运站，通多条公交线路。

140902-A03-L01　**七贤巷**［Qīxián Xiàng］在忻府区新建路街道东南部。西起光明西街北巷，东至新建南路。长0.3千米，宽4.5米。混凝土路面。古代曾为春秋战国时期的7为贤士程婴、公孙杵臼、韩厥、廉颇、蔺相如、赵奢和李牧建"七贤祠"。20世纪50年代前期，由北关入此巷口，存有一座木结构牌坊，上书"七贤古道"四字。现巷内仍存有七贤祠和七贤古道遗迹。两侧有忻州中西医结合医院、长南居委会等。

140902-A04　**云中路街道**［Yúnzhōnglù Jiēdào］在忻定盆地西北端，地处忻州市主城区北近郊。境内总面积42.24平方公里。总人口逾5.55万。辖3社区、13行政村。明洪武二年，赵、冯两姓先祖分择佳地相继建立前、后二村，为取播撒大明朝光辉之意命名播明。民国时设乡，建国后依次设区、乡、人民公社和镇。因云中河得名。有云中河景区、华严寺、云中花园、忻州火车站等。通多条公交线路。北同蒲铁路纵贯南北，南云中河横穿西东，忻阜高速公路、忻台旅游线分别从北、南两端横向经过，交通便利。

140902-A05　**九原街街道**［Jiǔyuánjiē Jiēdào］在区境北部。位于忻州城西3公里处。全街道区域面积68平方公里。人口2.91万。辖2社区、16行政村。全街道主导产业以种植业为主。街道内共有五大基地，即万亩甜糯玉米示范基地、现代设施农业旅游基地、规模化奶牛养殖基地、综合建材工业基地和商贸物流集散基地。因忻府区古称九原郡得名。通多条公交线路。大运高速、大西高铁、西外环和忻五线、忻黑线以及城市基础建设的六路一桥一景区在境内纵横交错。

140902-A06　**旭来街街道**［Xùláijiē Jiēdào］忻州市城区北中部。距市区15千米，办事处设在后秦村。辖区面积58平方公里。人口3.1万。辖2社区、8行政村。秦朝时期曾规划在此建郡，但未建成，只建成村落，定名秦城。1958年成立人民公社时，秦城、播明、高城、曹张四个乡合并为卫星公社。1961年分设公社，本社驻后秦村，顾名秦城公社，1984年9月改建为秦城乡人民政府，2020年6月正式挂牌，改设为旭来街街道办事处。三产比例为12.5:22.2:65.3。前秦村、后秦村、河拱村、顿村、泡池村等5个行政村已进入城市规划区范围。有顿村温泉度假村、旭来考训中心、忻一中北校区、忻州师院新校区。辖区内主要城市街道有旭来街、龙翔街、凤栖街、七一路、幕山路、通岗路、牧马路等。

140902-A06-H01　**顿村**［Dùncūn］在区政府驻地秀容街道西北10.8千米。旭来街街道辖行政村。人口3870。相传因历史上胡汉交融，兵戎相见，屯兵休整驻扎而得名。聚落呈团块状。有秦城中学、忻州第一高级中学、顿村中心小学。有顿村遗址，为东周时期文化遗存。有顿村温泉度假村。2020年被评为第六届全国文明村。通203路公交车。县道牧马线经此。

140902-A07 **桥西街街道** [Qiáoxījiē Jiēdào] 在区境南部。辖区面积12.5平方公里。人口1.5万。辖2社区、4行政村。经省政府批准，2021年设立桥西街街道。3月15日，街道班子基本配齐并开展工作。街道办公场所位于忻州城区幕山南路与桥西街交界处怡居苑党群服务中心。辖区内有“四纵四横”主干道路：“四纵”—七一路、建设路、慕山路、牧马路（108国道）；“四横”—光明西街、桥西街、惠风街、南环街。

140902-B01 **奇村镇** [Qícūn Zhèn] 忻府区辖镇。在区境西北部。全镇总面积410平方公里。人口3.49万。辖27行政村。镇人民政府驻奇村。1953年设奇村乡。1961年改公社。1984年改设镇。2001年杨胡乡并入。古为忻州八镇之一。以驻地得名。云中河流经。有幼儿园、中小学、文化站、卫生院、疗养院等。有省级休闲旅游度假区忻州奇村温泉。奇村镇旅游资源有一泉、两山、两湖、两寺，一庙、一库、一沟、一甸。即：华北第一泉奇村温泉、金山、银山、双乳湖、金山湖、龙泉寺、文殊寺、岱岳庙、米家寨水库、道东沟、龙王脑草甸。主产玉米，全镇发展种植富硒西瓜、甜瓜、辣椒、金针、油用牡丹、美国大榛子、高油酸花生、玉露香梨等特色农业。养殖猪、牛、羊、鸡等。工业有制砖、化工、建材、淀粉加工等。服务业有餐饮、旅游。忻州—保德高速、忻州—五寨省道过境、大西高铁贯穿全境。

140902-B01-H01 **奇村** [Qícūn] 奇村镇人民政府驻地。在区政府驻地秀容街道西北19.3千米。人口5740。相传古名新会城，北魏太平真君七年（446年）为肆卢县治所。明朝初期建奇村，清康熙年间定为奇村镇。因该村与辛庄之间为肆卢县旧址，故名肆卢奇村，后演变为四六奇村，简称奇村。清光绪《山西通志·忻州》卷五《建置志》记载：“肆卢故县，州西五十里肆卢川，土人名四六奇村。”聚落呈团块状。有奇村中学、奇村小学、奇村中心卫生院。有奇村龙泉寺遗址，创建于唐代，仅存清代遗址。有肆卢城址，据《山西历史地名》载：“北魏置肆卢县，属肆卢郡，太平真君七年（446年）改属秀容郡，北齐废。故治在今忻县西北四十五里奇村与辛庄之间，遗址尚存。”古称“温泉之乡”，有温泉疗养业。省道忻五线、县道奇合线、县道顿奇线经此。

140902-B02 **三交镇** [Sānjiāo Zhèn] 忻府区辖镇。在区境西南部，距城区30公里。面积382平方千米。人口1.14万。辖16行政村。镇人民政府驻前三交。1953年设三交乡。1961年改公社。1984年改设镇。以驻地得名。牧马河流经。有中小学、卫生院、文化广场、文化站、敬老院等。主产玉米、高粱、谷子、大豆、葵花、薯类。养殖以猪、羊、牛为主。有苹果、核桃等干鲜果经济林。有甜糯玉米、药材种植等特色产业。工业以采矿为主。服务业有农产品贸易等。有马川沟涉水崖瀑布景点、观里村玉清观牡丹景点等旅游资源。有官庄党支部等红色资源。忻州—黑峪口省道过境，忻静公路纵穿全境。

140902-B02-H01 **前三交** [Qiánsānjiāo] 三交镇人民政府驻地。在区政府驻地秀容街道西南20千米。人口1800。因地处山区，坐落在牧马河上游北岸的高崖下面而得名。聚落呈条带状。有三交中心小学、三交中心卫生院。有三交遗址，为汉代文化遗存。337国道、县道三马线经此。

140902-B03 **庄磨镇** [Zhuāngmó Zhèn] 忻府区辖镇。在区境西南部。面积121平方千米。人口1.14万。辖18行政村。镇人民政府驻庄磨。1953年设庄磨乡。1961年改公社。1984年改设镇。以驻地得名。境内有五峰山、阴山、锅底山。牧马河、葫芦河流经。有中小学、卫生院、文体广场。有省级文物保护单位连寺沟墓地、连寺沟泰山庙。有古迹伞盖寺、香泉寺、天王寺、圣母堂等。有国家级桃桃山森林景区。农业主产玉米、谷子、高粱、薯类、葵花、蓖麻、西瓜。土特产有黄岭小米、坡头香椿、连寺沟核桃、南尧头黄杏、南河骏枣等。矿产资源豆砂储量大。有砂、石粉、砖、铸造等厂。北同蒲铁路、三高公路纵贯南北，豆付公路横穿东西。

140902-B03-H01 **庄磨** [Zhuāngmó] 庄磨镇人民政府驻地。在区政府驻地秀容街道西南18.9千米。人口820。原系两个村庄，一个叫庄里村，一个因村中安有水磨叫磨里村。清光绪《山西通志·忻州》卷五《建置志》载有“庄里村”

和“磨里村”。后两村合并，取二村首字得名。聚落呈团块状。有庄磨中心小学、庄磨镇卫生院。县道三马线经此。

140902-B04　**豆罗镇**［Dòuluó Zhèn］忻府区辖镇。在区境南部。面积134平方千米。人口2.26万。辖20行政村。镇政府坐落于新堡村。1961年设豆罗公社。1984年9月改设镇。2001年下佐乡并入。以原驻地豆罗村得名。牧马河由西向东流经。另有荫洛河、葫芦河等。豆砂、青石储量多。林木覆盖率31%。有卫生院、中小学、邮电所、供销社、信用社、粮站、市场监督管理所、法庭、土地所、派出所、火车站、超市等。有省级文物保护单位向阳遗址。有古迹古城堡遗址、千年古刹圣母寺、圣寿寺等。主产玉米、高粱、谷子、豆类。有林果业和小杂粮基地。有建材工业园区。服务业有汽修汽配。大西客运线、北同蒲铁路、108国道、二广高速经此。

140902-B04-H01　**豆罗**［Dòuluó］豆罗镇人民政府驻地。在区政府驻地秀容街道西南10.9千米。人口1870。据豆罗镇北寺清嘉庆年间碑刻记载，建村者为窦、罗二姓，故名窦罗，后把“窦”简化为“豆”，称作豆罗。聚落呈团块状。有豆罗学校、豆罗中心医院。有豆罗遗址，为汉代文化遗存。有豆罗万寿寺，寺内存碑刻3通。108国道经此。

140902-B05　**董村镇**［Dǒngcūn Zhèn］忻府区辖镇。在区境东部。面积86.2平方千米。人口2.41万。辖11行政村。从东西走向，分山区边五村（白家山、肖家山、武家山、定兴寨、刘家山），丘陵中三村（孙村、董村、遊邀），平川下三村（令归、南胡、太延）。镇人民政府驻董村。1953年设孙董乡。1961年改公社。1984年改设董村镇。以驻地得名。牧马河流经。有中小学、卫生院、敬老院。有古迹后汉建筑七峰寺、千佛寺、新石器遗址。主产玉米。有香瓜、红薯、辣椒、小杂粮、水果、蔬菜等特色产品。工业以石料加工、生产感光材料、机械配件为主。有多条公路过境，县道宏忻线东西贯穿全镇，东与忻州环城高速相通，西与108国道相连。

140902-B05-H01　**董村**［Dǒngcūn］董村镇人民政府驻地。在区政府驻地秀容街道东南11.2千米。人口4670。聚落呈团块状。有董村中学、董村中心小学、董村中心卫生院。有董村遗址，为新石器时代龙山文化遗存。有龙王庙，现仅存大佛殿，为清代遗构。有特产胡麻油。县道宏忻线经此。

140902-B06　**西张镇**［Xīzhāng Zhèn］忻府区辖镇。在区境东南部。总面积114.2平方公里。人口2.64万。辖18行政村。镇人民政府驻西张。1953年设西张乡。1961年改公社。1984年复设乡。2019年，与紫岩乡合并设立西张镇。以驻地得名。有小学、卫生院、文化站。有国家4A级景区禹王洞、元好问纪念园、貂蝉陵园、福田寺、读书山等自然人文景观。主要农作物有玉米、辣椒、豆类、薯类、谷类等。养殖猪为主。乡镇企业产品有石灰、水泥、砖瓦、石料、白灰粉等。境内有忻宏线、豆紫公路东西通过，忻金线、高速连接线贯穿南北，村村通有水泥公路。

140902-B06-H01　**西张**［Xīzhāng］西张镇人民政府驻地。在区政府驻地秀容街道东南6.2千米。人口2630。相传明初从洪洞县大槐树下迁来张姓者在此定居建村，名为张村。后来洪水将村子分割为二，该村在河西，故名西张。聚落呈团块状。有西张遗址，为战国、汉代文化遗存。有西张李氏宅院、王氏宅院等清代建筑遗构。有1958年建设的供销社旧址。乡村道路经此。

140902-B07　**忻口镇**［Xīnkǒu Zhèn］忻府区辖镇。在区境东北部。距市区19公里。面积103.92平方公里。人口3.19万。辖1社区、20行政村。镇政府驻地为金山铺村108国道旁。因汉高祖刘邦领兵作战，自平城脱围至此，“六军忻然”故名。有小学、幼儿园、卫生所等。有省级文物保护单位忻口战役遗址。主产玉米、马铃薯、红薯、辣椒，其中辣椒育苗、种植、加工是主导产业。特产胡麻油。北同蒲铁路、公路经此。

140902-B07-H01　**金山铺**［Jīnshānpù］忻口镇人民政府驻地。在区政府驻地秀容街道北19.5千米。人口2800。因历史上沿官道的村庄五里设墩，十里设铺，此村设铺，又处金山脚下而得名。聚落呈团块状。有金山铺小学。有县级文物保护单位铁佛寺，现存大殿为明代建筑遗构。有金山铺遗址，为战国时代文化遗存。108国道、县道金忻线经此。

140902-B08 **合索镇**［Hésuǒ Zhèn］忻府区辖镇。在区境西部。面积131平方千米。人口1.69万。辖13行政村。镇人民政府驻南合索。1953年设合索乡。1961年改公社。1984年复设乡。2001年温村乡并入。2021年撤销合索乡，设立合索镇。以驻地得名。云中河、陀罗河、合索河流经。有中小学、卫生院、文化广场等。有全国重点文物保护单位金洞寺，名胜“陀罗避暑”为忻州古八景之首。金洞寺、崇明寺、福田大院等构成古迹寺庙集群区；地热资源蕴藏丰富构成温泉康养时尚区；香椿、长山药、红薯等构成特色农业主产区；西呼延、陀罗构成矿泉水资源储存区。有合索镇陀罗山牌系列农副产品孙家湾香椿、西呼延红薯、作头长山药、水头沟酥梨、陀罗峰蜜、田家窑大白杏、北合甜瓜、蔬菜，下闹峪核桃。主产玉米、谷子。养殖猪、羊、牛、鸡为主。忻黑线、合马线、合奇线合抱。

140902-B08-H01 **南合索**［Nánhésuǒ］合索镇人民政府驻地。在区政府驻地秀容街道西北15.2千米。人口1450。相传明嘉靖年间以前此地有张合索、赵合索、鹄索里、鹄索南四个小村，后来合并为一个村庄，名合索。后来以方位分为两个村庄，位于北面的为北合索。聚落呈团块状。有盘台头遗址，为汉代文化遗存。337国道经此。

140902-C01 **兰村乡**［Láncūn Xiāng］忻府区辖乡。在区境南部。面积107平方千米。人口0.27万。辖16行政村。乡人民政府驻北场。1953年设南呼延乡。1961年改兰村公社。1984年改设兰村乡。2001年野峪乡并入。有中小学、卫生院、文化活动广场等。有省级文物保护单位九原冈墓群。有景点独担山。主产玉米、高粱、谷子。为忻州垄葱基地。有苹果、酥梨、核桃、杏等。“官珍”牌酥梨享有盛誉，为山西水果基地、区优质水果示范村。有煤化工循环经济工业园区。境内共有企业禹王煤炭气化、特瑞环保、侨友化工、三元煤机、高淳陶瓷20余家。经营范围涉及焦炭、陶瓷、化工、机械、玻璃、管材、环保设备、建筑材料等领域。服务业以商贸为主。北同蒲铁路，二广高速，108、208国道经此。

140902-C01-H01 **北场**［Běichǎng］兰村乡人民政府驻地。在区政府驻地秀容街道南5.1千米。人口1170。聚落呈团块状。有兰村中学、兰村乡卫生院。有三源煤矿机械公司。108国道、县道北杨线经此。

140902-C02 **东楼乡**［Dōnglóu Xiāng］忻府区辖乡。在区境东部。面积25.6平方千米。人口1.81万。其中汉族最多，另有土家族、朝鲜族、蒙古族、白族、苗族、黎族6个少数民族。辖7行政村。乡人民政府驻东楼。1948年7月21日，忻州建国后属忻县专区二区。1949年属忻县第二区。1953年设东楼乡。1953年析为东楼乡、肖郝乡。1956年撤肖郝乡并入东楼乡。1958年东楼、义井两乡合并成立红旗公社。1961年取消红旗东楼，设东楼人民公社，辖焦家庄、富庄、芝郡、东楼、西楼、南肖、北肖、前郝、后郝、段庄10个生产大队。1983年7月，属县级忻州市。1984年9月，撤销东楼人民公社，设立东楼乡。2000年6月撤市设区后，属忻府区管辖。以驻地得名。牧马河流经。有中小学、卫生院、文化站、体育馆等。建有乡级文化活动中心1个、村级农家书屋。有古迹八月台（悬三顶戏台）、洪济寺、三圣庙、圣母寺、圣寿寺、关帝庙等。主产玉米。有蔬菜、苗木花卉等。特色食品有高粱面鱼鱼、红面饺子、红面饸捞、酸菜莜子壳、蒸肉、糜谷粉、油炸糕、煎锅、豆糁糁等。工业产品有釉面砖、耐火砖、水泥管、铸铁管、瓦楞纸等。服务业以建筑装潢、管道安装、养殖贩运为主。北同蒲、忻河铁路，108国道，省道忻阜线、台忻线经此。

140902-C02-H01 **东楼**［Dōnglóu］东楼乡人民政府驻地。在区政府驻地秀容街道东7.5千米。人口6030。相传隋朝时曾在此修建望远楼，将村子命名楼村，明朝时期牧马河水泛滥，村子被淹，重建后形成两个村庄，以方位而得名。聚落呈团块状。有东楼中学、东楼小学、东楼乡卫生院。有东楼遗址，为东周时期文化遗存。有东楼洪济寺，现存为清代建筑遗构。通304路公交车。乡村道路经此。

140902-C03　**北义井乡**［Běiyìjǐng Xiāng］忻府区辖乡。在区境东部。面积 32 平方千米。人口 1.56 万。辖 8 行政村。乡人民政府驻北义井。1953 年设义井乡。1961 年改公社。1983 年复设乡。以驻地得名。牧马河、云中河流经。有中小学、卫生院、文化站等。种植以大田玉米为主，经济作物有甜瓜、辣椒、甜糯玉米、土豆、西瓜等。有特色菊花农场、安邑村葡萄园、“神谷六号”试验田、中药材种植示范点。养殖业以奶牛为主，兼养猪、羊、鸡等。有锅炉、煤矿设备、煤焦、水泥预制等企业。服务业有商贸等。忻河支线铁路过境设站。省道忻阜线、台忻线经此。

140902-C03-H01　**北义井**［Běiyìjǐng］北义井乡人民政府驻地。在区政府驻地秀容街道东 10 千米。人口 1200。相传初建村时，村民在村中打井一眼，共同使用，故名义井村，后来两村分治，以方位而得名。聚落呈团块状。有北义井中学、北义井卫生院。有普渡寺，现仅存大殿、左右耳殿为清代建筑遗构。有特产义井甜瓜。省道台忻线、县道金忻线经此。

140921　**定襄县**［Dìngxiāng Xiàn］忻州市辖县。北纬 38° 29′，东经 112° 57′。在市境中部。面积 851 平方千米。人口 19.39 万。以汉族为主，还有壮、苗、土家等民族。辖 5 镇、3 乡。县人民政府驻晋昌镇。春秋后期（公元前 541 年后）属晋，战国时属赵。秦时属太原郡。西汉时为阳曲县，属太原郡。东汉献帝建安二十年（215 年），移阳曲于太原界，在阳曲故城置定襄县，属新兴郡。西晋时，在定襄境西北置晋昌县，同属新兴郡。北魏太武帝始光三年（426 年），蒲子县（原地在今隰县）侨置定襄境北。太平真君七年（446 年），并晋昌入定襄县。孝庄帝永安二年（529 年），定襄县属永安郡。北齐武成帝时（562—564 年），移平寇县于定襄境东南，后废定襄县和蒲子县。隋文帝开皇十年（590 年），移平寇县于崞县，此地并入秀容县（今忻州市），属楼烦郡（治所静乐，即今静乐县）。唐高祖武德二年（619 年），此地为刘武周所辖。四年，唐复置定襄县，属忻州。玄宗天宝元年（742 年），改忻州为定襄郡（治所秀容），定襄县仍属之。肃宗乾元元年（758 年），改定襄郡为忻州，定襄县复属忻州。北宋神宗熙宁五年（1072 年），并定襄入秀容县。哲宗元祐元年（1086 年），复置定襄县，属忻州。金、元、明、清，定襄县均属忻州。1914 年 5 月，定襄县划归雁门道。1938 年 1 月，划入晋察冀边区晋东北区。1942 年 12 月，属晋察冀边区第一专区。1944 年 9 月，属晋察冀边区冀晋区第二专区；同年 10 月，与忻县东部合为忻定县。1945 年 11 月，分置定襄县。1947 年 11 月，属晋察冀边区北岳区第二专区。1948 年 8 月，划归晋中区第一专区。1949 年 3 月，属太原市忻县专区；8 月，划归山西省忻县专区。1958 年 12 月，与忻县合并为忻定县，属晋北专区。1961 年 8 月复置定襄县，属忻县专区（后称忻县地区）。1983 年 8 月，忻县地区改称忻州地区，定襄县仍属之。2000 年属忻州市。取“安民大虑曰定”、“辟地有德曰襄”之意得名。地处忻州盆地东缘，地势东、南、北 3 面环山，中西部为平川，有系舟山。最高海拔柳林尖 2102 米，最低海拔 574 米。年平均气温 8.7℃，1 月平均气温 -9.2℃，7 月平均气温 23.5℃。年平均降水量 400 多毫米。无霜期平均 155 天。滹沱河、牧马河、云中河、同河流经。矿产资源有铁、铜、白云岩、灰岩、板岩、砂岩、铝矾土、陶瓷粘土、河砂等，地下水资源丰富。有定襄中学、定襄二中、定襄县实验小学、第二实验小学等学校。有定襄县疾病预防控制中心、妇幼保健院、定襄县卫生监督所、新型农村合作医疗管理中心、定襄县人民医院、定襄县中医院等医疗卫生机构。有文化馆、公共图书馆等。有全国重点文物保护单位洪福寺、定襄关王庙、阎家大院、西河头地道战遗址。有国家 4A 级旅游景区阎锡山故居。有省级文物保护单位留晖洪福寺、白佛堂、西社遗址、白村遗址。有省级爱国主义教育基地定襄西河头地道战纪念馆、定襄薄一波故居。面塑被列入国家级非物质文化遗产。宋丑子的故事、定襄八音、蒋村麻纸、晟龙木雕、砚台被列入省级非物质文化遗产。有地方民间艺术木雕、石雕、刺绣、剪纸等。有凤凰山生态旅游区。有全国文明乡蒋村乡，省级历史文化名镇河边镇。三次产业比 11:46:43。主产小麦、玉米、水稻、高粱、向日葵。特产定襄蒸肉。工业有化工、采矿、机械、冶铁、纺织、造纸、建材、农机修造等，部分产品销往国外。服务业以商贸、物流为主。朔黄、忻河铁路过境并设站，二广、忻州—阜平、忻州绕城高速，省道台忻线、石阳线经此。

140921-F01 **金鼎文化广场**［Jīndǐngwénhuà Guǎngchǎng］在定襄县城南部。北侧为晋昌大街，东侧为文化路，西侧紧邻定襄县人民政府大楼。总面积5.4万平方米。2007年动工，2009年建成。因广场内设有青铜金鼎一座而得名，周围有仿古牌楼、四神雕塑、下沉舞台、健身器材等景观与设施。

140921-N01 **定襄滹沱河大桥**［Dìngxiāng Hūtuóhé Dàqiáo］在定襄县城西北部季定线公路上，纵跨滹沱河，是季庄—定襄公路的重要连接点。为大型河道桥梁，结构为连续梁桥。桥长325米，桥面宽8.5米，最大跨度23米，桥下净高7米。1975年始建，1977年竣工并通车。2013年重建。共有15孔，孔径20米。最大载重量30吨。

140921-R01 **定襄站**［Dìngxiāng Zhàn］见交通运输设施部分“定襄站”条。

140921-B01 **晋昌镇**［Jìnchāng Zhèn］定襄县人民政府驻地。在县境西部。面积41平方千米。人口7.51万。辖17行政村。镇人民政府驻解放路26号。1949年属七区，政府驻南关。1950年至1952年属一区，政府驻南关。1953年至1955年成立城关乡，下辖4个行政村，政府驻地城内村。1956年至1957年更名为城关镇，下辖9个行政村。1958年至1960年成立五星人民公社，下辖18个生产大队。1961年至1983年成立城关人民公社，下辖10个生产大队。1984年城关人民公社更名为城关镇，下辖10个行政村，政府驻地城关村。2001年将城关镇更名为晋昌镇并延续至今。2021年，撤销杨芳乡，整建制并入晋昌镇。“晋”为山西简称，“昌”为繁荣昌盛之意，故名。滹沱河流经。有中小学、医院、卫生院、图书馆。教育设施包括定襄中学、定襄县第二中学、定襄县第三中学、定襄县实验小学、定襄县第二实验小学、定襄县幼儿园等。医疗设施包括定襄县人民医院、晋昌镇卫生院、定襄县中医院等。有全国重点文物保护单位西河头地道战遗址、定襄关王庙。有古迹关帝庙。有省级爱国主义教育基地定襄西河头地道战纪念馆。主产玉米、高粱、谷物、蔬菜瓜果、油料作物。有蔬菜、西瓜复种芥菜、设施农业、辣椒套糯玉米、西瓜复种大豆等种植基地。工业有锻造加工、风电机头轴承、饲料加工、酿造、中药加工等。服务业以商贸、物流为主。忻河铁路过境设站。省道忻阜线、台忻线经此。

140921-B01-K01 **忻阜路**［Xīnfù Lù］在定襄县城中部。西起省道台忻旧线，东至城东广场附近。与团结路、新开路、待阳路、光明路相交。长5千米，宽18米。沥青路面。1920年，定襄、忻县、五台三县组成路工局，沿旧驿道修筑忻（县）河（边）公路。60年代初铺沥青路面。1979年延长至河北省阜平县。2010年扩建。因该路为忻州通往阜平方向的省道支线而得名。两侧有定襄火车站、运输公司小区、忻州交通运输执法局定襄县分局等。

140921-B01-K02 **晋昌大街**［Jìnchāng Dàjiē］在定襄县城南部。西起忻阜路，东至大墙后街。与董村路、团结路、文化路、待阳路等道路相交。长2.3千米，宽29米。沥青路面。原为县城南部小路，1981年正式修建。2006年扩建翻修。因位于晋昌镇得名。两侧有一波中学、定襄县人民政府、定襄县人民检察院、定襄县人民法院、金鼎文化广场等。

140921-B01-K03 **北大街**［Běi Dàjiē］在定襄县城北部。北起台山—忻州省道，南至东门街。与新建大街、东门街、邮行街等道路相交。长1.3千米，宽20米。沥青路面。2001年建成。2010年扩建。因作为县城北部的主街而得名。两侧有康福幼儿园、信合小区、农贸大市场等。

140921-B01-K04 **城中街**［Chéngzhōng Jiē］在定襄县城中部。北起东门街，南至解放大街。与文庙街、人武街、西门街等道路相交。长0.4千米。宽19米。沥青路面。1982年将原傅家街、炭市街、米粮市街、鸡市街合并建成，因位于县城中部而得名。2003年翻修。两侧有图书馆、定襄县妇幼保健苑、协和医院、口腔医院、富豪大厦等。

140921-B01-K05 **新开路** [Xīnkāi Lù] 在定襄县城中部。北起解放大街，南至忻阜路。与梨市东街、襄丰街、昌平街等道路相交。长0.7千米。宽18米。沥青路面。1950年拆除定襄县南城墙，与原南关龙虎街打通而成。作为新开通的道路得名。2005年翻修。两侧有靓都商城、农业银行、襄丰超市等。通定襄1、5路等公交车。

140921-B01-K06 **定卫路** [Dìngwèi Lù] 在定襄县城北中部。北起台山—忻州省道，南至东门街。南与康乐街相连。与新建大街、东井街等道路相交。长1.2千米，宽20米。沥青路面。因连接定襄县城至卫村得名。两侧有正大医院、定襄中医院、明月小区等。通定襄5路公交车。

140921-B01-K07 **康乐街** [Kānglè Jiē] 在定襄县城中部。北起东门街，南至解放大街。与府后街相交。长0.4千米，宽20米。沥青路面。1972年始建。1981年正式命名。2002年翻修。路名寓意健康快乐。两侧有国家电网定襄县供电公司、世纪花园等。通定襄5路公交车。

140921-B01-K08 **光明路** [Guāngmíng Lù] 在定襄县城中部。北起解放大街，南至忻阜路。与襄丰街等道路相交。长0.6千米，宽20米。沥青路面。1981年正式命名。2003年翻修。路名寓意前途光明。两侧有城市风景小区、定襄幼儿园、和谐光明小区等。

140921-B01-K09 **待阳路** [Dàiyáng Lù] 在定襄县城南部。北起忻阜路，南至三环路。与晋昌大街、牧马河大街等道路相交。长1.3千米，宽20米。沥青路面。1971年始建。2006年翻修。因途经待阳村境内得名。两侧有锦绣小区、晋昌镇卫生院、石油小区等。

140921-B01-K10 **文化路** [Wénhuà Lù] 在定襄县城南部。北起铁路南街，南至三环路。与晋昌大街、牧马河大街等道路相交。长1.2千米，宽20米。沥青路面。1981年正式命名。2001年重修。路名寓意文化发展。两侧有金鼎文化广场、第二实验小学、东方文悦台小区等。

140921-B01-K11 **董村路** [Dǒngcūn Lù] 在定襄县城南部。北起铁路南街，南至三环路。与晋昌大街、牧马河大街等道路相交。长1.5千米，宽20米。沥青路面。1984年正式命名。2016年重修。因道路直达董村而得名。两侧有虹桥绿洲、昌兴花园、新蕾幼儿园等。

140921-B01-K12 **牧马河大街** [Mùmǎhé Dà jiē] 在定襄县城南部。西起腾达路，东至待阳路。与文化路、董村路等道路相交。长1.1千米。宽30米。沥青路面。2010年建成。因街道南临牧马河而得名。两侧有定襄县人民政府、定襄电视台、金鼎佳苑等。

140921-B01-K13 **中心大街** [Zhōngxīn Dà jiē]在定襄县城南部。西起腾达路，东至三环路。与次一号路相交。长0.7千米，宽30米。沥青路面。2013年建成。因位于庄力工业园区中心而得名。两侧有山西宝航重工有限公司等。

140921-B02 **河边镇** [Hébiān Zhèn] 定襄县辖镇。在县境东部。面积231平方千米。人口2.51万。辖24行政村。镇人民政府驻河一村。1961年设河边公社。1984年改设镇。2001年南庄、李家庄2乡并入。因地处滹沱河边而得名。有初中、小学、幼儿园。有卫生院，农村卫生所。有全国重点文物保护单位阎家大院。省级文物保护单位白佛堂。有国家4A级旅游景区阎锡山故居。为省级历史文化名镇。主产谷子、蓖麻、马铃薯、豆类、瓜菜。有花椒、柿子、核桃。工业以锻造业、建筑建材业、石雕石刻业为主，纹山石砚享有盛名。服务业以旅游为主。忻河铁路过境设站。省道忻阜线、台忻线、石阳线经此。

140921-B02-H01 **河边** [Hébiān] 河边镇人民政府驻地。在县政府驻地晋昌镇东北18.6千米。人口2200。因地处滹沱河边而得名。聚落呈团块状。有河边高级职业中学、河边初级中学、河边一村小学、河边镇中心卫生院。为阎锡山故里。有第二批省级文物保护单位阎锡山旧居，1989年建成河边民俗博物馆，现为AAAA级旅游景区和国家二级博物馆。有特产纹山石砚。337国道、1路公交车经此。

140921-B03 **宏道镇** [Hóngdào Zhèn] 定襄县辖镇。在县境东北部。面积62平方千米。人口2.51万。辖17行政村。镇人民政府驻西街村。1949年，宏道镇境域属定襄县第六区。1956

年设宏道乡。1961 年改公社。1984 年改设镇。宏道旧时写作“横道”，传说因村前有横亘定襄、五台之大道而得名。清光绪丙子年举人郭岚取其谐音改写为“宏道”。有兔嘴山、龙山、墓山，地势北高南低。年平均气温 10℃。年平均降水量 392.9 毫米。滹沱河、同河流经。有铁矿和镁矿。有初中 3 所、小学 17 所，设有 1 个乡镇卫生院及 17 个农村卫生所。有全国重点文物保护单位洪福寺，省级文物保护单位西社遗址。还有春秋义士豫让曾栖身的漆郎洞、辛亥革命先驱续西峰故居、爱国将领续范亭故居等。主产玉米，有瓜菜、梨果、小杂粮等。工业主产重型锻件和法兰环件，产品外销国外。朔黄铁路、三瑶线、刘宏线、忻宏线、向宏线等铁路公路在宏道镇交汇辐射。有五台山民航机场。

140921-B03-H01 **西街**［Xījiē］宏道镇人民政府驻地。在县政府驻地晋昌镇东北 16.5 千米。人口 1430。聚落呈团块状。有宏道中学、宏道初级中学校、西街小学校、宏道卫生院。县道宏忻线、县道刘宏线经此。

140921-B03-H02 **北社东**［Běishèdōng］在县政府驻地晋昌镇东 19.8 千米。宏道镇辖行政村。人口 1210。社为古地方区域名，“二十五家为社”“方六里命之曰社”，有东、南、西、北四社，该村位于北社村东部，故名。聚落呈团块状。有北社东学校。有第五批全国重点文物保护单位洪福寺，现存建筑大雄宝殿为金代建筑遗构，殿内有明代塑像 9 尊，院内有金代经幢 1 通，历代补修碑 6 通。2016 年被列入第四批中国传统村落名录。县道瑶三线经此。

140921-B03-H03 **西社**［Xīshè］在县政府驻地晋昌镇东北 18.4 千米。宏道镇辖行政村。人口 1710。社为古地方区域名，“二十五家为社”“方六里命之曰社”，有东、南、西、北四社，此村在西，故名。聚落呈团块状。有西社小学。有第二批省级文物保护单位西社遗址，主要以龙山时期文化遗存为主。2019 年被列入第五批中国传统村落名录。县道刘宏线经此。

140921-B04 **季庄镇**［Jìzhuāng Zhèn］定襄县辖镇。在县境北部。面积 65 平方千米。人口 1.65 万。辖 10 行政村。镇人民政府驻季庄。1949 年，季庄乡境域属定襄县第二区。1958 年，分属东风、高峰 2 个公社。1956 年设季庄乡。1961 年改公社。1984 年复设乡。2021 年，撤销季庄乡，设立季庄镇。以驻地得名。年平均气温 8.7℃。年平均降水量 413 毫米。滹沱河流经。主要矿产资源有白云岩、石灰石。有初中、小学。有乡镇卫生院、农村卫生所。有清代建筑徐占元宅院。主产玉米、高粱。特色种植有辣椒、红薯、瓜菜、甜玉米、长山药等，有日光温室大棚、移动大棚近百座。工业以锻造、农产品加工、建筑、采矿业为主。朔黄铁路过境，定季公路、三瑶线公路为主要干线。

140921-B04-H01 **季庄**［Jìzhuāng］季庄镇人民政府驻地。在县政府驻地晋昌镇北 12.5 千米。人口 5100。相传元朝时期有季、马、夏三姓在此建村，季姓居多，故名。聚落呈团块状。有季庄小学、季庄乡卫生院。有季庄墓群，为汉代文化遗存。有季庄舞台，1970 年创建。有季庄供销合作社旧址，1960 年创建。县道瑶三线经此。

140921-B05 **蒋村镇**［Jiǎngcūn Zhèn］定襄县辖镇。在县境东部。面积 83 平方千米。人口 1.42 万。辖 14 行政村。镇人民政府驻蒋村。1949 年属定襄县第三区。1956 年分属蒋村、史家岗 2 个乡。1958 年属和平公社。1961 年撤销和平公社，分属蒋村、史家岗 2 个公社。1984 年复设乡。2001 年史家岗乡并入。2021 年撤销蒋村乡，设立蒋村镇。以驻地得名。地势东高西低，东面依山，西边傍水。平均年降水量 400—500 毫米。有史家岗铁矿与砂村矿泉水。有初中、小学、卫生院、农村卫生所。有省级爱国主义教育基地薄一波故居。2014 年被评为全国文明乡。种植玉米、黄米、小米、豆类等。有杏树、桃树、核桃、香椿和花卉苗木经济林。为县工业大乡，锻造业为支柱产业。产品有风电法兰、大型齿圈、环件、火车轴、大型船舶挂钩等。有工业园区。苎麻手工造纸业沿袭汉代传统技艺加工纸张。服务业有商贸、物流等。忻河铁路过境并设站。忻阜线、台忻线经此。

140921-B05-H01 **蒋村**［Jiǎngcūn］蒋村镇人民政府驻地。在县政府驻地晋昌镇东北 9.8 千米。人口 3420。清雍正五年《定襄县志》卷二《建置志》有“蒋村”。聚落呈团块状。有蒋村中学、蒋村乡卫生院。有市级文物保护单位薄一波故居，始建于清光绪三十四年（1908年），现存为一座典型晋北农村四合院，是薄一波青少年时期生活的地方。337国道、县道宏忻线、1路公交车经此。

140921-C01 **南王乡**［Nánwáng Xiāng］定襄县辖乡。在县境南部。面积67.3平方千米。人口2.29万。辖21行政村。乡人民政府驻南王村。1949年，属定襄县第一区。1956年设南王乡。1961年改公社。1984年复设乡。2001年官庄、董家堰2乡并入。以驻地得名。有红泉山、丛蒙山、居士山等。年平均气温8.7℃。无霜期150天左右。年平均降水量413毫米。牧马河流经。有吕布池、白沙泉、七岩泉等泉池。有铁矿、石灰石、陶土矿等。有初中、小学、卫生院、卫生所。有省级文物保护单位留晖洪福寺。有古迹北魏石刻居士山摩崖题刻、东魏石刻七岩山摩崖造像、任城王居室等。主产玉米、高粱、谷子、黍黍、大豆、马铃薯、向日葵、蓖麻、瓜菜。工业有锻压、铸造、农产品加工、食品加工等。服务业有商贸、物流等。忻州绕城高速过境，忻州—宏道公路、定襄—尧头公路、定襄—中霍三条县乡公路横贯境内。

140921-C01-H01 **南王**［Nánwáng］南王乡人民政府驻地。在县政府驻地晋昌镇东南5.3千米。人口3290。因王姓居此，方位在城南而得名。聚落呈团块状。有南王小学、南王中心校、南王中心卫生院。有县级文物保护单位南王遗址，为新石器时代、商代、汉代文化遗存。有县级文物保护单位周献臣墓，为元代文化遗存。县道刘宏线、2路公交车经此。

140921-C01-H02 **留晖**［Liúhuī］在县政府驻地晋昌镇东南4.2千米。南王乡辖行政村。人口1720。相传古时有一刘氏在此烧灰，俗称此地为刘灰，讹传为刘晖，后刘姓逐渐减少、杂姓增多，且刘、留通用，演变为今名。聚落呈团块状。有留晖学校、农村保健站。有第八批全国重点文物保护单位留晖洪福寺，现存正殿为明清时期建筑遗构，是山西明清佛教庙宇建筑群的典型实例。县道宏忻线经此。

140921-C02 **神山乡**［Shénshān Xiāng］定襄县辖乡。在县境东北部。面积31平方千米。人口1.38万。辖8行政村。乡人民政府驻神山。1949年神山乡境域属定襄县第五区。1956年设神山乡。1958年属和平公社。1961年设神山公社。1984年复设乡。因驻地得名。神山之名，传说因二郎神杨戬“担岭遗峰”造成。又因孤峰突兀，似所遗而成，名曰遗山。年平均气温8.7℃。无霜期150天。滹沱河、牧马河流经。有初中、小学、卫生院、农村卫生所。种植玉米、瓜果等。为县工业大乡，锻造业为支柱产业，法兰和精密锻件等工业产品出口国外。有“铁匠之乡”盛誉。服务业有物流、商贸等。忻河铁路，省道忻阜线、台忻线经此。

140921-C02-H01 **神山**［Shénshān］神山乡人民政府驻地。在县政府驻地晋昌镇东北8.7千米。人口2260。相传古称“宋村”，村东南有一孤山，似群山之遗，名遗山，山上建筑庙院供奉神位，亦称神山，故名。聚落呈团块状。有神山乡初级中学、神山小学、神山乡卫生院。据清代樊焕章《元遗山志》载，山上有“留月轩”，为元好问少年时读书处。有县级文物保护单位魁星塔，为清代建筑遗构。337国道、1路公交车经此。

140921-C03 **受禄乡**［Shòulù Xiāng］定襄县辖乡。在县境西北部。面积72平方千米。人口1.81万。辖21行政村。乡人民政府驻受禄村。1949年属定襄县第二区。1956年设受禄乡。1961年设公社。1984年复设乡。2001年白村乡并入。以驻地得名。年平均气温8.7℃。无霜期153天。年平均降水量413毫米。滹沱河流经。有初中、小学、卫生院、卫生所。有省级文物保护单位白村遗址。有古迹廻凤砖塔和白村新石器时代遗址。有景点山西凤凰山植物园等。农业以种植高粱、玉米为主。服务业有旅游等。朔黄铁路、二广高速、定白公路经此。

140921-C03-H01 **受禄**［Shòulù］受禄乡人民政府驻地。在县政府驻地晋昌镇西北11.9千米。人口1550。相传古为圣禄，意为神圣赐福于民，后谐音称为受罗。清代贤士王君旗常为民理事、公正廉洁、受人敬佩，知县知晓，甚感，遂改村名为受禄，至今沿用。聚落呈团块状。有受禄中心校、受禄乡卫生院。有李延通宅院，现存为民国时期建筑遗构。有受禄革命烈士纪念碑，为纪念受禄乡解放战争时期牺牲的12名烈士而立。县道北定线经此。

140921-C03-H02 **回凤**［Húifèng］在县政府驻地晋昌镇西北11.7千米。受禄乡辖行政村。人口1590。传说古时有凤凰在此回旋，故名。聚落呈团块状。有定襄县长征希望小学。有第六批省级文物保护单位迴凤砖塔，为楼阁式砖塔，据宋代《新修和尚石塔记》载，该塔建于宋哲宗元祐元年（1086年）。县道瑶三线、县道季定线经此。

140922 **五台县**［Wǔtái Xiàn］忻州市辖县。北纬38°43′，东经113°15′。在市境东部。面积2865平方千米。人口23.32万。以汉族为主，还有蒙古、藏、满等民族。辖6镇、8乡。县人民政府驻台城镇。西汉置虑虒县，属太原郡。三国属魏国，隶并州新兴郡。北齐改属雁门郡。隋大业三年（607年）改五台县，属雁门郡。唐、五代属代州。宋隶代州。金朝时属河东北路代州。贞祐四年（1216年）升五台县为台州，隶太原府。元属冀宁路。明洪武二年（1369年）废台州，复置五台县，属太原府。九年改属代州，仍辖于太原府。清雍正二年（1724年）代州升为直隶州。1912年属雁门道。1937年抗日民主政府成立，属第一行政区。1945年改属晋冀二专区。1948年改属晋中一专区。1949年属忻县专区。1958年忻县、雁北二专署合并，属晋北专区。1961年复属忻县专区。1967年属忻县地区。1983年属忻州地区。2000年属忻州市。因五台山得名。五台是革命老区，共和国元帅——徐向前诞生于五台，第一个敌后抗日根据地——晋察冀根据地发祥于五台，八路军北上抗日的第一个总部驻扎地——南茹村八路军总部旧址也在五台，第一个模范病室——白求恩模范病室还在五台。老一辈无产阶级革命家中“五大书记”、十大元帅都在五台工作过战斗过。地处太行山脉北端，忻州盆地东部边缘。地势东北高西南低。最高海拔北台顶3058米，最低海拔638.8米。年平均气温7℃，1月平均气温-9.7℃，7月平均气温21℃。年平均降水量500毫米。无霜期年平均147天。滹沱河、清水河、小银河、滤虒河等流经。矿产资源有煤、金、铁、铜、铝土、硫铁、灰岩等。有中等职业学校3所、中小学。五台县第一中学、第二中学、东冶实验小学为省级依法治校示范校。有剧院、文化馆、公共图书馆、博物馆、体育场。有全国重点文物保护单位罗睺寺、广济寺大雄宝殿、南禅寺大殿、佛光寺、延庆寺、五台山建筑群、南茹八路军总部旧址、白求恩模范病室旧址、徐向前故居。有省级文物保护单位尊胜寺、金阁寺、圆照寺、龙泉寺、殊相寺、南山寺、槐荫两级小学、晋察冀军区司令部旧址。有国家级爱国主义教育基地五台徐向前故居和纪念馆，省级爱国主义教育基地五台山白求恩纪念馆、五台晋察冀军区司令部旧址、五台山、五台县烈士陵园、五台山毛主席路居纪念馆、五台南茹村八路军总部旧址、五台徐继畬纪念馆。2009年五台山被列入世界遗产名录。地方民间艺术有赛戏、竹马社火等。五台山佛乐被列入国家级非物质文化遗产，晋北鼓吹、五台山石砚雕刻技艺被列入省级非物质文化遗产。有古迹罗睺寺、广济寺大雄宝殿、南禅寺大殿、延庆寺、佛光寺等。有五台山国家森林公园。有省级历史文化名镇台怀镇。三次产业比13∶28∶59。主产玉米、谷子、薯类。土特产台蘑、台砚。工业以镁、铝、铁选、煤炭、化工、电力为主。服务业以商贸、旅游为主。神黄、忻河铁路过境设站。省道忻阜线、天黎线、繁五线、石阳线、长原线、台忻线、大石线经此。

140922-B01 **台城镇**［Táichéng Zhèn］五台县人民政府驻地。在县境西部。面积88平方千米。人口3.87万。辖20行政村。镇人民政府驻西关村。1956年设城关乡。1983年改公社。1984年改设城关镇。2001年更今名。因五台县城所在地得名。境内地势西高东低，地形为黄土丘陵；境内最高峰青山垴位于西马村之西，海拔1557米；最低点位于河东村旁滤虒河床，海拔1050米。滤虒河流经。有唐家湾水库。有中小学、卫生院、文化活动中心。有全国重点文物保护单位广济寺大雄宝殿。有省级爱国主义教育基地五台徐继畬纪念馆。有古迹西汉古城墙、烈女墓、广济寺、华严寺等。主产玉米、高粱、谷子、豆类、山药、小杂粮。

饲养鸡、羊、猪。土特产豆腐丸子、万卷酥等。工业以机械加工业为主。省道忻阜线、原阜线、台忻线、长原线经此。有五台汽车客运站。

140922-B01-K01　**湖滨大街**［Húbīn Dàjiē］在五台县城北部。西起碧海花园 E 区，东至古城路。与迎宾北路、同楼里、新城路等道路相交。长 1.3 千米，宽 41 米。混凝土路面。2011 年建成。2014 年命名。因濒临唐家湾水库（般若湖）得名。两侧有般若湖公园、继畲广场、五台县综合馆等。

140922-B01-K02　**向前街**［Xiàngqián Jiē］在五台县城中部。东起新建路，西至文昌路，与台中路相交。长 0.5 千米。宽 16 米。沥青路面。1983 年建成。因途经县政府，路名取各项事业蒸蒸日上、阔步向前之意。两侧有五台县人民政府、五台县人民法院、聚金港购物中心等。

140922-B01-K03　**米市街**［Mǐshì Jiē］在五台县城中部。西起五台县医疗保障局，东至迎宾路。以新建路为界，分西街、东街。与文昌路、台中路等道路相交。长 1.4 千米，宽 9 米。沥青路面。2000 年建成。因有古时有米粮市场得名。两侧有实验小学、台城镇人民政府、广济寺（五台县博物馆）、五台县中医院、购物中心等。

140922-B01-K04　**兴安街**［Xīng'ān Jiē］在五台县城北部。西起新城路，东至兴安苑 18 号楼。与同楼里相交。长 0.4 千米，宽 8 米。沥青路面。2011 年建成。2014 年命名。路名取兴国安邦之意。两侧有兴安苑小区、龙泉学校等。

140922-B01-K05　**唐龙街**［Tánglóng Jiē］在五台县城北部。西起新城路，东至迎宾北路。与同楼里相交。长 0.5 千米，宽 14 米。沥青路面。2011 年建成。2014 年命名。因途经唐家湾和龙泉得名。两侧有碧海花园、龙泉学校等。

140922-B01-K06　**学府街**［Xuéfǔ Jiē］在五台县城东北部。西起迎宾北路，东至五台中学东侧，为 337 国道过境路段。与古城路等道路相交。长 0.7 千米，宽 8 米。沥青路面。1979 年建成。因途经众多学校得名。两侧有五台县第二中学、古城中学、五台中学、学府社区等。

140922-B01-K07　**信阳街**［Xìnyáng Jiē］在五台县城北部。西起新建路，东至迎宾路。长 0.4 千米，宽 12 米。沥青路面。2011 年建成。2014 年命名。因途经信阳春小区得名。两侧有信阳春小区、星光大道 KTV 等。

140922-B01-K08　**泰安街**［Tàiān Jiē］在五台县城南部。西起锦绣苑，东至新建路。与台中路相交。长 0.4 千米，宽 8 米。沥青路面。2009 年建成。路名寓意国泰民安。两侧有锦绣苑小区、慈云禅寺、五台县印刷厂等。

140922-B01-K09　**朝阳街**［Cháoyáng Jiē］在五台县城东部。西起新建路，东至迎宾路。长 0.4 千米，宽 8 米。沥青路面。2005 年建成。因途经朝阳小区得名。两侧有五台县水利局、朝阳小区、物资大楼等。

140922-B01-K10　**文昌路**［Wénchāng Lù］在五台县城西部。北起唐家湾水库，南至迎宾路。与向前街、西米市街、台中路等道路相交。长 2.2 千米，宽 20 米。沥青路面。1998 年开工、建成。因紧邻文昌山得名。两侧有五台县第一人民医院、五台县民政局、文昌山公园、锦绣苑等。

140922-B01-K11　**台中路**［Táizhōng Lù］在五台县城中部。北起向前街，南至文昌路。与米市街相交。长 1.6 千米，宽 12 米。沥青路面。2006 年建成。2013 年改扩建。因位于五台县城中部得名。两侧有五台县广播电视台、五台县生态环境局、实验小学、百合佳苑等。

140922-B01-K12　**新城路**［Xīnchéng Lù］在五台县城北部。北起北外环路，南至湖滨大街。与兴安街、唐龙街、碧海街等道路相交。长 1 千米，宽 41 米。混凝土路面。2011 年建成。2014 年命名。因位于新城区得名。两侧有新城医院、五台县公安局、五台县政务大厅、龙泉学校等。

140922-B01-K13　**新建路**［Xīnjiàn Lù］在五台县城中部。北起佛海桥西端，南至迎宾路。与向前街、朝阳街、信阳街、米市街等道路相交。长 2 千米，宽 12 米。沥青路面。1974 年为改变县城狭小拥挤的状况，填平沟壑修建。原称南北大街，2005 年更今名。两侧有五台宾馆、南关村委会、五台县教育科技局、金时代购物广场等。

140922-B01-K14　**迎宾路**［Yíngbīn Lù］在五台县城东部。北起唐龙街，南至忻州—阜平高速。以文昌路为界，分北路、南路。与学府街、朝阳街、信阳街等道路相交。长3.8千米，宽20米。沥青路面。2010年开工，2011年建成。2014年命名。因作为进出县城的主要干道得名。两侧有文昌山公园、湿地公园、台城镇卫生院、五台县交通运输局等。

140922-B01-H01 **西关** [Xīguān] 台城镇人民政府驻地。在县城西部。人口1100。因位于五台县旧城西关而得名。聚落呈团块状。有五台县实验小学。有第五批全国重点文物保护单位广济寺大雄宝殿，现存建筑大雄宝殿及殿内塑像为元代原作，殿前有唐代八角形石经幢一座。有省级爱国主义教育基地五台徐继畬纪念馆。有古迹五台城城址，始建于北魏。现存东、南、北城垣。337、338国道。多条公交线路经此。

140922-B02 **耿镇镇** [Gěngzhèn Zhèn] 五台县辖镇。在县境东部。面积348平方千米。人口1.75万。辖20行政村。镇人民政府驻耿镇。1956年设耿镇乡。1983年改公社。1984年改设镇。2001年屋腔乡并入。2020年岭镜乡并入。以驻地得名。属土石山区，温带季风大陆性气候，气候温凉，四季分明，冬季盛行西北风，夏季多为东南风。年平均气温8—9℃，年平均降水量400—500毫米。无霜期150—160天。清水河贯穿东西，南北，形成十字交叉状，发源于五台山紫霞谷及冬台沟，于坪上村汇入滹沱河。有中小学、卫生院。有全国重点文物保护单位白求恩模范病室旧址。有省级爱国主义教育基地五台山白求恩纪念馆。境内寺庙遍布，著名古建遗址有灵境寺、嵌岩寺、二崖占、十八盘等。主产玉米、谷子、马铃薯、核桃、仁用杏。省道忻阜线、台忻线、长原线经此。

140922-B02-H01 **耿镇** [Gěngzhèn] 耿镇镇人民政府驻地。在县政府驻地台城镇东27.5千米。人口2100。相传古称上耿家庄，后因乡民于此集市交易，改今名。聚落呈团块状。有耿镇示范中学、耿镇村实验小学。有耿镇广慈庵，现存为清代建筑遗构。有张皇初故里石大门，张皇初生于明天启元年（1621年），崇祯年间进士及第，现存为明代建筑遗构。337国道经此。

140922-B02-H02 **松岩口** [Sōngyánkǒu] 在县政府驻地台城镇东北28.9千米。耿镇镇辖行政村。人口1680。相传因北山岩石长千年古松，且地处殊宫寺沟口而得名。聚落呈团块状。有第二批全国重点文物保护单位白求恩模范病室旧址，1938年9月由国际共产主义战士白求恩亲自建成。337国道、县道堡河线经此。

140922-B03 **豆村镇** [Dòucūn Zhèn] 五台县辖镇。在县境东北部。面积330平方千米。人口2.81万。辖26行政村。镇人民政府驻豆村。1956年设豆村乡。1961年改公社。1984年改设镇。2001年大石、柳院、李家寨3乡并入。以驻地得名。地势中间低，两边高；地形为黄土丘陵、盆地、河谷沟川。主要山脉有大尖山，境内最高峰位于大尖山，海拔2367.2米；最低点位于泗阳河与豆村交界处，海拔1050米。属大陆性暖温带气候，四季分明，季节性变化明显，春季干旱多风，夏季温和无酷暑，秋季凉爽多雨，冬季漫长寒冷。年平均气温6.9℃。无霜期110—140天。年日照时数2710小时。昼夜温差8℃—10℃。年平均降雨量556.8毫米。境内河道属海河流域，主要河道有泗阳河、柳院沟2条，泗阳河，从南至北流经境内小北沟、小腰庄、大柏、铺上、芦咀头、东桂、歇马口、闫家寨、西营、豆村、田家等村，长19千米。有中小学、卫生院、文化站。有全国重点文物保护单位佛光寺。主产玉米、马铃薯、小杂粮。土特产台蘑、榛子、插麻花和黄芪等。工业有采矿、肉品加工、生化制药、生物有机复合肥生产等。服务业有商贸等。省道台忻线、五繁线经此。

140922-B03-H01 **豆村** [Dòucūn] 豆村镇人民政府驻地。在县政府驻地台城镇东北16.6千米。人口4400。相传原以姓氏得名窦村，后以谐音更今名。聚落呈团块状。有豆村中学、豆村小学、豆村镇中心卫生院。有短寨里遗址，为新石器时代龙山文化遗存。有豆村卢氏墓，为清代墓葬。239国道、省道台忻线、县道东豆线经此。

140922-B03-H02 **东会** [Dōnghuì] 在县政府驻地台城镇东北24.9千米。豆村镇辖行政村。人口390。因明代设立的“站”口得名东站，清代“站”口取消后更名东会。聚落呈团块状。

2016年被列入第四批中国传统村落名录。省道台忻线经此。

140922-B03-H03　**阎家寨**［Yánjiāzhài］在县政府驻地台城镇东北19.5千米。豆村镇辖行政村。人口1320。聚落呈团块状。有五座寨门，均为二层样式。明清时期商业繁荣，有票号，为保卫财富而砌寨墙寨门。2019年被列入第五批中国传统村落名录。239国道经此。

140922-B03-H04　**佛光**［Fóguāng］在县政府驻地台城镇东北19.8千米。豆村镇辖行政村。人口200。聚落呈团块状。因有唐代建筑佛光寺而得名。有第一批全国重点文物保护单位佛光寺，创建于北魏孝文帝时期（471年—499年），唐大中十一年（857年）重建，现存东大殿为唐代建筑遗构，文殊殿为金代建筑遗构，其余为明清时期建筑遗构。239国道经此。

140922-B04　**白家庄镇**［Báijiāzhuāng Zhèn］五台县辖镇。在县境东南部。面积80平方千米。人口1.75万。辖15行政村。镇人民政府驻白家庄。1983年设白家庄公社。1984年改设镇。以驻地得名。地势呈斜形状，地形分为山地、沟壑。主要山脉有维垴山、龙池山、大山，最高峰位于维垴尖，海拔1802米；最低点位于白砂岭，海拔680米。境内已探明地下矿藏有煤炭、铝土、硫黄、石灰石、高岭土等，其中煤炭储量9700万吨，铝矾土储量1800余万吨。有中小学、文化站、幼儿园、卫生院。名胜古迹有二龙洞山，山腰有天然溶洞，有佛殿、镇武庙、文昌庙、关帝庙、山神庙等。主产马铃薯、谷子等。企业有窑头、西头地方煤矿。有西龙池抽水蓄能电站。有公路经此。

140922-B04-H01　**白家庄**［Báijiāzhuāng］白家庄镇人民政府驻地。在县政府驻地台城镇东南14.7千米。人口2090。原为王姓居住，名王进村，明朝中叶迁来白氏，渐成大户，遂改名为白家庄。聚落呈团块状。有白家庄镇维湾学校、白家庄镇卫生院。白家庄村素有赶会的传统，为每年农历三月二十七。县道环河线经此。

140922-B05　**东冶镇**［Dōngyě Zhèn］五台县辖镇。在县境西南部。面积105平方千米。人口4.02万。辖19行政村。镇人民政府驻南街。1956年设东冶乡。1961年改公社。1984年改设镇。因古时为冶炼铜铁之地而得名。地势四面高，中间低；地形为黄土丘陵；境内最高峰位于雕王山，海拔1515米；最低点位于新堡村南侧滹沱河出境口，海拔700米。境内河道属海河流域，主要河道有滹沱河、小银河2条；河流总长度18千米，滹沱河从西至东流经境内槐阴、永安、石村、前堡、新堡等村，长5千米。有中小学、医院。有全国重点文物保护单位徐向前故居。省级文物保护单位槐荫两级小学和望景岗烽火台。有国家级爱国主义教育基地五台徐向前故居和纪念馆。种植玉米、高粱、谷子、小麦、棉花、蔬菜等。有机械、化工、建材、木业、地毯、制鞋等企业。神黄、忻河支线铁路过境设站，省道忻阜线、台忻线经此。

140922-B05-H01　**南街**［Nánjiē］东冶镇人民政府驻地。在县政府驻地台城镇西南12.1千米。人口2210。南街属东冶四街之一，故名。聚落呈团块状。有第二人民医院。有南街徐氏宅院、南街赵氏祠堂，现存皆为清代建筑遗构。县道东坪线经此。

140922-B05-H02　**永安**［Yǒng'ān］在县政府驻地台城镇西南12.2千米。东冶镇辖行政村。人口690。相传清乾隆三年因石村被水淹，徐朱两家从石村迁此，为思安定而得名。聚落呈团块状。有第六批全国重点文物保护单位、红色旅游景点徐向前故居。有徐向前元帅纪念馆。2016年被列入第四批中国传统村落名录。县道东坪线经此。

140922-B05-H03　**槐荫**［Huáiyīn］在县政府驻地台城镇西南13.3千米。东冶镇辖行政村。人口3800。相传此地原有大槐树，为董永七仙女结合处，故名。聚落呈团块状。有槐荫中学。有第五批省级文物保护单位槐荫两级小学，时称华北第一名校。有槐荫关帝庙、赵氏祠堂、赵承绶旧居、赵氏四号宅院、槐荫张氏宅院等清代建筑遗构。2016年被列入第四批中国传统村落名录。337国道经此。

140922-B06　**建安镇**［Jiàn'ān Zhèn］五台县辖镇。在县境西南部。面积64平方千米。人口 2.19 万。辖 16 行政村。镇人民政府驻大建安。1956 年设建安乡。1983 年改公社。1984 年复设乡。2021 年神西乡、建安乡合并，设立建安镇。以驻地得名。地势西南高东北低，地形为山脉、高原、丘陵、平原。主要山脉有紫金山，境内最高峰位于柳不凹，海拔 1781 米；最低点位于檀村旁滹沱河床，海拔 680 米。雨量充足，热量适宜，年平均气温 10.7℃。年平均降水量 500—800 毫米。无霜期 155—183 天。年日照时数 2850 小时。境内河道属海河流域；主要河道有滹沱河 1 条，从西至东流经境内瑶池、建安、张家庄、檀村、南湾等村，长 10 千米。有中小学、卫生院、文化站。有古迹福田寺、睡佛寺、土府遗址。为县稻谷、莲藕主产地。有五台小江南之称。段亩山盛产纹石，纹石砚历史悠久。朔黄铁路过境设站。省道忻阜线经此。

140922-B06-H01 **大建安**［Dàjiàn'ān］建安镇人民政府驻地。在县政府驻地台城镇西南 15.2 千米。人口 5640。因唐时此地有建安寺而得名。聚落呈团块状。有建安中学、建安乡卫生院。有第六批省级文物保护单位大建安徐氏宗祠，1928 年兴建，1934 年竣工，有走马板书“徐氏宗祠”。县道环河路经此。

140922-B07 **台怀镇**［Táihuái Zhèn］五台县辖镇。在县境东北部。面积 188 平方千米。人口 0.87 万。以汉族为主，还有满、蒙、藏等民族。辖 22 村委会，有 57 自然村。镇人民政府驻台怀。1984 年设台怀镇。以驻地得名。清水河流经。最高海拔北台顶 3058 米。有中小学、佛学院、卫生院。有全国重点文物保护单位罗睺寺、五台山建筑群。有省级文物保护单位金阁寺、龙泉寺、圆照寺、殊相寺、南山寺。有省级爱国主义教育基地五台山、五台县烈士陵园。有古迹万佛阁、黛螺顶、殊像寺、佛母洞等。有五台山国家森林公园。为晋察冀抗日根据地。为省级历史文化名镇。主产马铃薯、莜麦、蚕豆、玉米。有土特产台蘑、蕨菜、金针、台参、降龙木、金莲花、般若矿泉水等。服务业以旅游为主。省道大石线、台忻线经此。

140922-B07-H01 **台怀**［Táihuái］台怀镇人民政府驻地。在县政府驻地台城镇东北 43 千米。人口 300。因位于五台山五峰中心，五座台顶环抱而得名。聚落呈条带状。有台怀小学、台怀镇中心卫生院。有世界文化遗产地五台山。有第六批全国重点文物保护单位五台山古建筑群，包括台怀镇内及周围的塔院寺、罗睺寺、菩萨顶（寺）、龙泉寺、殊像寺、金阁寺等。有土特产台蘑。省道大砂线经此。

140922-B08 **石咀镇**［Shízuǐ Zhèn］五台县辖镇。在县境东北部。面积 150 平方千米。人口 0.59 万。辖 31 村委会，有 34 自然村。镇人民政府驻石咀。1956 年设石咀乡。1983 年改公社。1984 年复设乡。2001 年铜钱沟乡并入。2020 年设镇。以驻地得名。清水河、铜钱沟河流经。有中小学、卫生院、文化体育广场、文化站、图书室等。有景点晋察冀军区司令部旧址、晋察冀边区人民政府旧址、边区银行旧址。有古迹射虎川康熙行宫遗址、台麓寺、普济寺、福源寺、佛林寺、写字崖等。培育脱毒马铃薯，种植中药材，发展畜牧养殖园区。省道忻阜线、长原线、大石线经此。

140922-B08-H01 **石咀**［Shízuǐ］石咀镇人民政府驻地。在县政府驻地台城镇东北 62 千米。人口 590。因村坐落于石头山咀子前而得名。聚落呈条带状。有石咀村世纪小学、石咀中学。为佛教圣地五台山旅游生活服务区。有普济寺，始建于唐代宗元年（公元 766 年），历代为皇家寺院。有县级文物保护单位晋察冀边区银行旧址，下设冀晋、冀察、冀中三个分行。经济以旅游业为主。337 国道、省道大砂线经此。

140922-C01 **沟南乡**［Gōunán Xiāng］五台县辖乡。在县境南部。面积 117 平方千米。人口 2.08 万。辖 20 行政村。乡人民政府驻沟南。1949 年属五台县第一区。1956 年属松台乡。1959 年设沟南公社。1984 年改设乡。2001 年刘家庄乡并入。以驻地得名。地势由东北向西南渐下，地形为山间黄土盆地。境内最高峰位于西维垴尖，海拔 174 米；最低点位于石土堂虑河下游，海拔 920 米。境内河道属海河流域，主要河道有虑虒河 1 条，从北至南流经境内王家庄、东寨、东阳、南神坡、刘家庄、虎汉、马家庄、东坪寨等村，长 4.5 千米。地下矿藏有煤炭。有中小学 15 所、卫生院 2 所、文化站 1 个。有省级文物保护单位上西村西南侧烽火台 1 处。有化工、农业生产资料、农林畜产品加工企业。省道忻阜线、台忻线经此。

140922-C01-H01　**沟南**［Gōunán］沟南乡人民政府驻地。在县政府驻地台城镇东南 1.3 千米。人口 6340。因位于圈马沟南面，故名。聚落呈团块状。有沟南学校。有县级文物保护单位六度庵，现存建筑为清代建筑遗构。有沟南关帝庙、沟南戏台、沟南神厅、沟南姚氏宅院门楼、郭氏宅院等，现存皆为清代建筑遗构。337 国道经此。

140922-C02　**东雷乡**［Dōngléi Xiāng］五台县辖乡。在县境西北部。面积 145 平方千米。人口 1.15 万。辖 15 行政村。乡人民政府驻东雷。1949 年属五台县第九区。1956 年设西雷乡。1959 年属星火公社。1983 年设团城公社。1984 年改东雷乡。以驻地得名。因东西雷村有雷公殿，雷声发源于此，故名。地势由西北向东南倾斜，有油楼梁（亦名黄花庙）、黄崖岭、四楼岩、草垴梁、狐子窝、大蒜尖山等，境内平均海拔 1100 米。长年平均气温 6.9℃，夏季平均气温 18—20℃。年平均降水量 500—550 毫米。无霜期 130—140 天。年光照数 2710 小时。年平均风速 2 米 / 秒，大风日数 29 天左右。境内河道属海河流域，境内有虑虒河 1 条，从北至南流经东雷、小王等村，境内长 4 千米。有中小学、卫生院、文化站。主产玉米、谷子、马铃薯和小杂粮。经济作物有大葱、葵花等。饲养牛、羊。为县农产品基地之一。省道长原线、繁五线经此。

140922-C02-H01　**东雷**［Dōngléi］东雷乡人民政府驻地。在县政府驻地台城镇西北 7.8 千米。人口 600。相传此处有雷公殿，雷声发源于此，故名雷村，此村在东，故名。聚落呈团块状。338 国道、县道豆东线经此。

140922-C03　**高洪口乡**［Gāohóngkǒu Xiāng］五台县辖乡。在县境东南部。面积 110 平方千米。人口 0.81 万。辖 8 行政村。乡人民政府驻旺胜庄。1956 年设高洪口乡。1983 年改公社。1984 年复设乡。因明万历年间洪水将村冲为两段，始有南北高洪口之分，故此得名。地势东北高、西南低。境内最高峰位于黑古洞尖，海拔 1997 米；最低点位于清水河，海拔 710 米。清水河流经。大陆性气候比较明显，冬季漫长而严寒，春季干旱而多风，夏季温和而湿润，秋季凉爽而多雨。全年无霜期 190 天。年平均降水量 350 毫米。全年平均气温在 -5℃—10℃。有幼儿园、中小学、卫生院、文化站、体育场。景点有五台县人民英雄纪念碑、龙凤洞、樱桃园等。主产玉米、谷子、马铃薯。经济作物仁用杏，土特产榛子、蘑菇、地衣、降龙木等。饲养牛、羊。省道忻阜线、长原线经此。

140922-C03-H01　**旺胜庄**［Wàngshèngzhuāng］高洪口乡人民政府驻地。在县政府驻地台城镇东南 21.1 千米。人口 780。相传村中圣佛寺气势恢宏，殿宇雄伟，香火旺盛，信众络绎不绝，故名。聚落呈团块状。有五台山东台顶望海寺下院——圣佛寺，寺院内保存一棵树龄达 600 余年的木瓜树。337 国道经此。

140922-C04　**门限石乡**［Ménxiànshí Xiāng］五台县辖乡。在县境东北部。面积 171 平方千米。人口 1.02 万。辖 14 行政村。乡人民政府驻上门限石村。1949 年属五台县第二区。1984 年设门限石乡。2001 年湾子乡并入。以驻地得名，因村南清水河中有一青石，横亘于清水河中，像一门限而得名。地质属土石山区，海拔 1400 米左右，山多坡广。境内最高峰小凤凰尖位于门限石兰芝山村西北侧，海拔 2142 米；最低点位于长江塘村旁清水河床处，海拔 780 米。气候温凉，四季分明，冬春寒冷干燥，常有风沙，夏季温热、雨水较多，年平均气温 6℃。年平均降水量 450—600 毫米。无霜期 115 天。境内河道属海河流域，境内有清水河，从北至南流经境内化桥、西梁、下门限石、横岭、长江塘等村，长 16 千米。地下矿藏有石英矿、大理石矿等。有中小学、卫生院、文化站。有古迹张老沟五爷庙。主产玉米、马铃薯、小杂粮。饲养肉牛。有泉水开发企业。服务业以旅游为主。省道忻阜线、长原线经此。

140922-C04-H01　**上门限石**［Shàngménxiànshí］门限石乡人民政府驻地。在县政府驻地台城镇东北 39.4 千米。人口 780。因村南清水河有一石，形似门槛，石之南北各一村，有上下门限石之分，此村在上而得名。聚落呈团块状。有门限石乡卫生院。有上门限石关帝阁、上门限石戏台、上门限石杨氏祠堂等民国时期建筑。有五台山国有林管理局门限石林场。337国道、县道门河线经此。

140922-C05 **陈家庄乡**［Chénjiāzhuāng Xiāng］五台县辖乡。在县境东南部。面积285平方千米。人口1.32万。辖20行政村。乡人民政府驻陈家庄。1949年属五台县第三区。1956年设陈家庄乡。1983年改公社。1984年复设乡。2001年东峪口乡并入。以驻地得名。地势东北高西南低，地形为丘陵、山地。境内主要山峰有才塔尖、黄花塔、牛道岭、乌牛寨、王家寨、老君寨等，最高峰黄花塔位于硬青岩西北侧，海拔2134米；最低点李庄河谷地，海拔655米。清水河、移城河流经。境内河道属海河流域，有清水河、移城河2条，河流总长度50千米；境内最大的河流为清水河，从北至南流经境内国都殿、环椿坪、耿家庄、教场、南坡、罗家庄、耿家会、胡家庄、李家庄等村，长24千米。地下矿藏有铜、铁、花岗石、石灰石、白云母、云母、水晶、石英、长石、镜铁矿等。有中小学、卫生院、文化站。有古迹清代关帝庙、阎锡山藏兵洞、吴王城遗址、教场点将台等。有景点五龙池风景区、白羊岭景区。主产玉米、谷子、马铃薯、葵花、花椒、核桃、柿子。有干果经济林基地等。省道天黎线、石阳线经此。

140922-C05-H01 **陈家庄**［Chénjiāzhuāng］陈家庄乡人民政府驻地。在县政府驻地台城镇东南22.9千米。人口540。聚落呈团块状。有陈家庄中心卫生院。有晋察冀军区、晋察冀二地委，朱德、左权等老一辈革命家在陈家庄这片红色土地上都留下了足迹。有五龙池、白羊岭景区。有干果经济林基地，土特产有核桃、花椒、柿子、虹鳟鱼等。239国道、县道陈小线经此。

140922-C06 **蒋坊乡**［Jiǎngfāng Xiāng］五台县辖乡。在县境东北部。面积107平方千米。人口1.07万。辖9行政村。乡人民政府驻西峡。1949年境域属五台县第七区。1956年设蒋坊乡。1983年改公社。1984年复设乡。以驻地得名，因相传古时属制酱之地，有作坊，有一将军住该地，故名。地势东高西低；地形为盆地；境内最高峰位于娑婆寺角山，海拔1092米；最低点位于秀峰村，海拔920米。地下矿藏有石灰石、方解石、镁、煤炭等。虒阳河流经。有中小学、卫生院、文化站。有五台八景之一龙湾烟雨和白沙泉。有江南水乡之称。主产玉米、高粱、稻谷、豆类、山药。有铁矿采选。省道台忻线经此。

140922-C06-H01 **西峡**［Xīxiá］蒋坊乡人民政府驻地。在县政府驻地台城镇东北16.2千米。人口1250。因地处山峡之西而得名。聚落呈团块状。有蒋坊乡卫生院。有西峡关帝庙、西峡观音真武阁，现存皆为清代建筑遗构。有虹鳟鱼水产特色养殖业。239国道经此。

140922-C07 **阳白乡**［Yángbái Xiāng］五台县辖乡。在县境西北部。面积193平方千米。人口2.28万。辖19行政村。乡人民政府驻阳白。1949年境域属五台县第十区。1956年设阳白乡。1983年改公社。1984年复设乡。2001年红表乡并入。以驻地得名。阳白乡属土石山区，地形较为复杂，总体成盆地地貌。境内最高点为月贵山（教场梁）位于殿头村与代县交界处，海拔为2165.5米，最低点为郭家寨村，海拔为784.1米。大陆性季风气候，干旱少雨，光照充足。年平均气温10℃左右。年平均降水量500毫米左右。无霜期140天—170天。水资源丰富，适于农耕。境内河道属海河流域，主要河道有小银河1条，从北至南流经境内阳白、王家庄、泉岩、李家庄、郭家寨等村，长10千米。境内已探明地下矿藏有金、大理石、石英等。有中小学、卫生院、文化站。有全国重点文物保护单位南禅寺大殿、延庆寺。主产稻谷、高粱、玉米、谷子、薯类、瓜果、蔬菜、干鲜果。种植酥梨，有五台梨果之乡之称。种植红花、丹参、金银花、黄芪、甘草、北柴胡、桔梗、枸杞、白芍、天麻等，有中药材基地。养殖肉牛。工业以酿酒、原矿采选、澄泥砚制作、农产品加工为主，其温氏澄泥砚荣获19项国家专利。省道长原线经此。

140922-C07-H01 **阳白**［Yángbái］阳白乡人民政府驻地。在县政府驻地台城镇西14.1千米。人口2000。相传此村古名白泉乡，亦叫艳阳村，后人各取一字，定名为阳白，沿用至今。聚落呈团块状。有阳白学校、阳白乡卫生院。有县级文物保护单位阳白福田寺，现存为明清时期建筑遗构。有县级文物保护单位墩台遗址，为新石器时代文化遗存。338国道、县道殿东线经此。

140922-C07-H02 **李家庄**［Lǐjiāzhuāng］在县政府驻地台城镇西12.1千米，阳白乡辖行政村。人口560。聚落呈团块状。有第一批全国重点文物保护单位南禅寺大殿，重建于唐建中三年（782年），为保存最早的较为完整的木构大殿。县道殿东线经此。

140922-C08 **茹村乡**［Rúcūn Xiāng］五台县辖乡。在县境东北部。面积266平方千米。人口3.25万。辖22行政村。乡人民政府驻东茹。1949年境域属五台县第七区。1956年属东茹村。1959年属明星公社。1983年设茹村公社。1984年改设乡。2001年天和乡并入。以驻地得名，茹村乡因濮子坪原有茹湖，故名。地势四周高，中间低，地形为盆地。主要山脉有阁子岭、恶山、凤凰山，境内最高峰位于南茹村凤凰山，海拔1600米；最低点位于南沟尧，海拔850米。海拔平均高度为1190米。属大陆性季风气候，气候变化明显，雨量较集中，光、热、气比较充足。境内河道属海河流域，主要河道有清水河1条，从北至南流经境内石盆口、秋荷、柏板口、南沟尧等村，境内长5千米。有中小学、卫生院、文化站。有全国重点文物保护单位南茹八路军总部旧址、尊胜寺。有省级爱国主义教育基地五台南茹村八路军总部旧址。有茹湖落雁、阁道穿云胜景。为八路军出师华北前线进行抗日第一村。主产玉米、马铃薯、小杂粮等。养殖圈养肉牛为主，为县重点产粮区。工业有煤炭、铝土开采，甜糯玉米、羧甲基淀粉、木糖醇、佛家菜等加工等。省道忻阜线、天黎线、台忻线、长原线、阳石线经此。

140922-C08-H01 **东茹**［Dōngrú］茹村乡人民政府驻地。在县政府驻地台城镇东北10.5千米。人口3490。因面临茹湖，物产富饶，吃喝不缺，且“茹”为吃喝之意而得名“茹村”。明朝嘉靖六年（1527年）西掌沟发大水，山洪将村一分为二，该村位于洪水堆积的石沟之东，得名东茹。聚落呈团块状。有明德小学、茹村乡中心卫生院。有东茹华严寺，现存为明代建筑遗构。有东茹戏台、张氏宅院等清代建筑遗构。337、239国道经此。

140922-C08-H02 **南茹**［Nánrú］在县政府驻地台城镇东北15千米。茹村乡辖行政村。人口2890。因面临茹湖，物产富饶，吃喝不缺，且“茹”为吃喝之意而得名“茹村”。明朝嘉靖六年（1527年）西掌沟发大水，山洪将村一分为二，该村位于洪水堆积的石沟之南，得名南茹。聚落呈团块状。有第七批全国重点文物保护单位、省级爱国主义教育基地南茹八路军总部旧址，朱德、彭德怀、任弼时曾在此居住、工作。337、239国道经此。

140922-C08-H03 **北湾子**［Běiwānzi］在县政府驻地台城镇东北20千米。茹村乡辖行政村。人口340。村居山湾之中，故名，后因地名相重改名北湾子。聚落呈团块状。有第八批全国重点文物保护单位尊胜寺，寺内有宋天圣四年石经幢1座，现存主体结构为民国初年建筑。239国道经此。

140922-C09 **金岗库乡**［Jīngǎngkù Xiāng］五台县辖乡。在县境东北部。面积98平方千米。人口0.27万。辖10村委会，有11自然村。乡人民政府驻金岗库。1956年设金岗库乡。1983年改公社。1984年复设乡。以驻地得名。森林覆盖率达65%以上。有天然牧场。清水河流经。有小学、卫生院。有省级文物保护单位、国家级爱国主义教育基地五台晋察冀军区司令部旧址和五台山毛主席路居纪念馆。有古迹古佛寺、海会庵等。主产玉米、莜麦、马铃薯。饲养牛羊。省道大石线经此。

140922-C09-H01 **金岗库**［Jīngǎngkù］金岗库乡人民政府驻地。在县政府驻地台城镇东北40.6千米。人口890。相传村后有一石洞，为古人开采铜矿之处，人称金岗窟，后由“窟”改“库”而得名。聚落呈团块状。有五台山常青中小学、金岗库小学。有第八批全国重点文物保护单位晋察冀军区司令部旧址，建有晋察冀军区司令部旧址纪念馆。经济以旅游业为主。省道大砂线经此。

140923 **代县**［Dài Xiàn］忻州市辖县。北纬38°49′—39°21′，东经112°43′—113°21′。在市境东北部。面积1729平方千米。人口17.89万。以汉族为主，还有蒙古、回、满等民族。辖7镇、

2乡。县人民政府驻上馆镇。三国魏雁门郡治自今朔州市境徙广武县。明帝后广武县治徙今上馆。隋开皇五年（585年）县属代州。十八年避太子杨广名讳，改广武县为雁门县。大业三年（607年）改代州为雁门郡。唐武德元年（618年）废郡，复置代州。天宝元年（742年）属雁门郡。乾元元年（758年）废郡，复属代州。五代周显德元年（954年）于县置静塞军，寻废。宋属河东路。金属河东北路。天会六年（1128年）于县置震武军，隶河东北路，后废。蒙古中统四年（1263年）省雁门县入代州。元隶冀宁路。明洪武二年（1369年）废代州，改置代县。八年复为代州，隶太原府。成化二十三年（1487年）置雁门道，与州同治。嘉靖中叶改称雁平道，明末废。清康熙十年（1671年）复置雁平道，州仍属之。雍正二年（1724年）升代州为直隶州，属山西省。清末废雁平道。1912年改为代县，属雁门道。后直属省。1937年属山西第一行政区。1938年属晋东北政治主任公署。1939年属晋东北行政督察专员公署。1940年属晋察冀第一行政督察专员公署。1949年属忻县专区。1958年撤县，并入繁峙、原平2县。1961年复置，属忻县专区。1967年属忻县地区。1983年属忻州地区。2000年属忻州市。代县之“代”源于代国、代郡之地名。古代国，战国属赵，赵武灵王置代郡，为秦朝36郡之一，治所在今天的代县。汉高祖六年（公元前201年），刘邦把云中、雁门、代郡中的53县合并为代国。汉代以后，代国和代地之名还被经常使用，但区域范围不断变化。现在的代县，是一个古老地名的重要见证。地形轮廓呈长方形，基本地貌为“两山夹一川”、“七山一水二分田”。北部属恒山系，南部属太行山系，中间滹沱河自东向西横贯全境。地势自东向西倾斜。有恒山、五台山等，最高海拔黑圪塔尖2548米，最低海拔835米。年平均气温8.6℃，1月平均气温-8℃，7月平均气温23℃。年平均降水量430毫米。无霜期约140天。滹沱河流经。矿产资源有金、银、铜、铁、金红石、花岗岩、叶腊石等24种。有黄芪、党参、代半夏、代赭石、甘草等中药材。有职业技术学校、卫生学校、中小学。代县中学为省级高级中学。有文化馆、公共图书馆、体育场馆。有历史文化遗址、遗迹444处，其中国保文物4处，省保文物13处。有全国重点文物保护单位阿育王塔、边靖楼、长城雁门关段、代县文庙。有省级文物保护单位东段景遗址、晋王墓、代县钟楼、洪福寺砖塔、洪济寺砖塔、永和堡等三十九堡军事防御遗迹、赵杲观、杨忠武祠。有省级爱国主义教育基地杨家祠堂、雁门关。有地方民间艺术北路梆子、道情、秧歌、狮子舞、雁门民居营造技艺等。峨口挠阁、雁门民居营造技艺被列入国家级非物质文化遗产，上阳花社火、面塑被列入省级非物质文化遗产。有古迹李克用墓。为全国历史文化名城。有省级历史文化名镇阳明堡。是“中国历史文化名城”“中国现代民间绘画画乡”“中国民间文化艺术之乡”“中国特色文化产业示范县”。代县走出了一代佛宗大师晋释慧远、北魏昙鸾，诞生过元朝大诗人萨都剌、明朝诗人冯如京、晚清第一女诗人冯婉林，还是明朝兵部尚书张凤翼、孙传庭的故乡。南朝鲍照、唐朝李白、王昌龄、王维、李贺，北宋范仲淹，金朝元好问等历代文人墨客都曾多次到此光顾游历、赋诗抒怀，写下了许多千古流传的佳作。战国时期赵国名将李牧、唐朝名将薛仁贵、五代晋王李克用、北宋杨家将、明末农民起义领袖李自成以及抗战初期夜袭阳明堡飞机场的八路军将领陈锡联等曾在此驻兵戍边、征战沙场，留下了辉煌的战斗足迹。三次产业比5:60:35。主产玉米、水稻、谷子、高粱、莜麦、豆类、薯类，盛产辣椒干。为酥梨基地。工业有炼铁、机械、水泥、农副产品加工等，为铁矿粉生产基地。境内208国道、108国道纵横交叉，京原铁路贯穿全境，大运高速、灵河高速绕城而行，北同蒲复线穿境而过。三大板块旅游公路G108线至白仁岩段、刘家圪洞至赵杲观段、G108至胡峪口（县界）段3条79公里全面完成，集大原高铁快速推进。

140923-N01 **代县滹沱河大桥**［DàiXiàn Hūtuó hé Dàqiáo］在代县城南部代滩线公路上，横跨滹沱河。为大型河道桥梁，桥体结构为上部结构形式空心板梁，桥体材料钢筋混凝土浇筑一体成型。桥长226米，宽6米，最大跨度11.5米，桥下净高 6.3 米。1962 年开工，1963 年建成。2012 年更换桥面伸缩缝，加固桥墩改造。担负城区道路主干道交通任务。

140923-N02　**雁靖大桥**［Yànjìng Dàqiáo］在代县城南部雁靖大桥路上，横跨滹沱河。为大型河道桥梁，桥体结构为上部结构形式 T 形梁。桥长 302 米，宽 16 米，最大跨度 25 米，桥下净高 6.1 米。2003 年开工，2004 年建成。因北侧连接雁靖大街得名。担负城区道路主干道交通任务。

140923-R01　**代县站**［Dàixiàn Zhàn］见交通运输设施部分“代县站”条。

140923-B01　**上馆镇**［Shàngguǎn Zhèn］代县人民政府驻地。在县境中部。面积 96.96 平方千米。人口 7.38 万。辖 26 行政村。镇人民政府驻西南街村。1949 年上馆镇境域属代县第二区。1956 年设城关镇。1958 年为代城公社。1961 年代城公社为城关改公社。1984 年城关公社改为城关镇。2001 年城关镇更名上馆镇。代县曾名上馆城，故名。地形为由山地、丘陵和河谷盘结而成。滹沱河、关沟河、七里河流经。有中小学、镇级医院、卫生所、文化广场。有全国重点文物保护单位代州文庙、边靖楼、阿育王塔，有省级文物保护单位代县钟楼、永和堡等三十九堡军事防御遗迹。有滹沱河湿地公园。有景点镜湖、瞻远亭、风筝园等。主产玉米、高粱、黍谷、蔬菜、苹果、酥梨、核桃、葡萄。饲养肉牛、家禽、猪、羊为主。工业有选矿、小杂粮加工、黄酒、酥梨汁加工等。服务业有仓储和商品零售。京原铁路、108 国道、省道灵河线经此。

1400923-B01-K01　**西大街**［Xī Dàjiē］在代县城中部。西起西城门，东至大南街。与城隍庙街、赵家巷、冯家街、老爷庙街等道路相交。长 1.1 千米，宽 24 米。花岗岩石板路面。因作为县城东西向主要交通干道而得名。两侧有代州古城非遗展览中心、代县烈士陵园、西门城楼、边靖楼等。

1400923-B01-K02　**东大街**［Dōng Dàjiē］在代县城中部。西起大南街，东至东门外。与钟楼街、炭市街等道路相交。长 0.9 千米，宽 24 米。沥青路面。因作为县城东西向主要交通干道而得名。两侧有边靖楼、代县人民政府、代州衙署、实验小学等。

1400923-B01-K03　**雁靖大街**［Yànjìng Dàjiē］在代县城南部。西起 208 国道，东至十里铺村。与京原铁路平行。与等道路相交。长 9.8 千米。宽 20 米。沥青路面。2007 年开工，2009 年建成。因县域内有名胜古迹雁门关和边靖楼，各取一字命名。两侧有代县火车站、阳光苑、上馆镇人民政府、代县公安局交警大队、和平医院等。

1400923-B01-K04　**大南街**［Dànán Jiē］在代县城中部。北起鼓楼，南至雁靖大街。与教场巷、文庙街、老爷庙街、东大街等道路相交。长 0.5 千米，宽 24 米。花岗岩石板路面。因作为县城南北向主要交通干道而得名。两侧有万人商厦、代县道路运输管理所、代县汽车客运站等。

140923-B01-K05　**新南街**［Xīnnán Jiē］在代县城南部。北起东大街，南至雁靖大街。与周家巷、陈家圪洞巷等道路相交。长 0.5 千米，宽 24 米。花岗岩石板路面。作为县城内南北向的主要街道之一，为与大、小南街区分而得名。两侧有代县财政局、代县审计局等。

140923-B01-K06　**鼓楼后街**［Gǔlóuhòu Jiē］在代县城中部。北起马家街，南至东西大街。长 0.4 千米，宽 8 米。花岗岩石板路面。因位于边靖楼（鼓楼）后方得名。两侧有代县中学、边靖楼等。

140923-B01-K07　**北门街**［Běimén Jiē］在代县城北部。北起北关小学附近，南至马家街。与坡子街、天宁寺街、兴胜街等道路相交。长 0.7 千米，宽 8 米。花岗岩石板路面。因途经原代县北城门得名。两侧有北关小学、代县妇幼保健服务中心等。

140923-B01-K08　**紫塞街**［Zǐsài Jiē］在代县城中部。西起关沟河，东至代县职业技术学校以东。与琉璃井街、金融街、七一路、新城路等道路相交。长 3.5 千米，宽 20 米。沥青路面。2011 年重修。由原二环路与东城大街合并而成。因《千字文》中有“雁门紫塞”得名。两侧有新天地商业广场、代县五中、代县人民医院、代县新城体育馆等。

140923-B01-K09　**小南街**［Xiǎonán Jiē］在代县城东南部。北起东大街，南至雁靖大街。北与炭市街相连。与周家巷、康家巷、教场后巷等道路相交。长 0.6 千米，宽 8 米。沥青路面。为与大南街区分而得名。两侧有海源小区、工行小区等。

140923-B01-K10 **炭市街** [Tànshì Jiē] 在代县城东南部。北起兴胜街，南至东大街。南与小南街相连。与马家街、仓街、城墙后街等道路相交。长 0.8 千米，宽 8 米。沥青路面。因古时有煤炭买卖市场而得名。两侧有东北街村委会等。

140923-B01-K11 **东关大街** [Dōngguān Dàjiē] 在代县城东南部。西起东门外，东至滨河路。西与东大街相连。与天坛巷、同心路等道路相交。长 1 千米，宽 8 米。沥青路面。因位于东关村而得名。两侧有天坛小区、妙觉寺、东关中心小学等。

140923-B01-K12 **七一路** [Qīyī Lù] 在代县城东南部。北起丽华大酒店，南至东关大街。南与同心路相连。与新北街、紫塞街等道路相交。长 0.7 千米，宽 10 米。沥青路面。为纪念中国共产党建党日得名。两侧有中国农业银行、代县疾控中心、财税小区等。

140923-B01-K13 **同心路** [Tóngxīn Lù] 在代县城东南部。北起七一路，南至雁靖大街。北与七一路相连。与南街、同心路西巷等道路相交。长 0.5 千米，宽 24 米。沥青路面。路名取齐心协力、同心同德之意。两侧有银苑小区、中国人民银行（代县支行）等。

140923-B01-K14 **雁靖大桥路** [Yànjìngdàqiáo Lù] 在代县城东南部。北起雁靖大街，南至高苏线。北与大南街相连。与景观北路、景观南路等道路相交。长 1.2 千米，宽 10 米。沥青路面。2004 年建成。因途经雁靖大桥得名。两侧有滹沱河湿地公园、大南门粮油综合批发中心等。

140923-B01-H01 **西南街** [Xīnán Jiē] 上馆镇人民政府驻地。在县城西南部。人口 1490。因位于城内西南方向而得名。聚落呈团块状。有西南街小学、医院。有第六批全国重点文物保护单位代县文庙，现存建筑为明代建筑遗构，个别建筑为清代建筑遗构。有西南街关帝庙，建于元天历二年（1329 年），现存为明清时期建筑遗构。108 国道经此。

140923-B02 **阳明堡镇** [Yángmíngbǎo Zhèn] 代县辖镇。在县境西部。面积 134 平方千米。人口 2.02 万。辖 24 行政村。镇人民政府驻堡内村。1949 年属代县第三区。1961 年设阳明堡公社。1984 年改设镇。阳明堡镇原名羊头城。春秋时，晋大夫复姓羊舌，名恬字叔向，相传巡行于该地，有人夺羊以肉给叔向母，母埋之，故建羊舌大夫祠。庙塑有羊头像，俗称其为羊头城。阳明堡镇因地处滹沱河之阳，北宋治平二年（1065 年），筑堡，遂演变为阳明堡。地势西高东低。地形分为平川、丘陵；主要山脉有恒山山脉，境内最高峰白仁岩位于九龙村。年平均气温 8.5℃。无霜期为 160 天。地下矿藏有石灰石。滹沱河、大茹解河、东茂河、西茂河流经。有中小学、卫生院。有省级文物保护单位晋王墓、永和堡等三十九堡军事防御遗迹。有净土始祖慧远法师的修行地、旅游胜地白仁岩、明兵部尚书孙传庭的衣冠冢、战国古墓群、广武古城遗址。有八路军“夜袭阳明堡飞机场”遗址等。有羊舌寺、普渡寺、玉楼、柏林寺遗址及刘家祠堂等。为省级历史文化名镇。主产玉米、小杂粮、葵花、瓜类。有苗木培育、干鲜果、大棚瓜菜等。养殖肉羊、肉鸡等。京原、北同蒲铁路，二广（境内称大运高速）、灵丘—河曲高速，108、208 国道，七牛线经此。

140923-B02-H01 **堡内** [Bǎonèi] 阳明堡镇人民政府驻地。在县政府驻地上馆镇西南 9.4 千米。人口 1540。因位于阳明堡内而得名。聚落呈团块状。有阳明堡中学、阳明堡南关中学、阳明堡东关小学、南关中心小学、阳明堡镇南关村卫生所。有第六批省级文物保护单位羊舌祠，现存大雄宝殿为明代建筑遗构，其余均为清代建筑遗构。有堡内李家宅院、阎家宅院、贾家宅院、庆元德店铺，现存皆为清代建筑遗构。108 国道经此。

140923-B02-H02 **古城** [Gǔchéng] 在县政府驻地上馆镇西南 6.4 千米。阳明堡镇辖行政村。人口 1120。因村西有汉广武县古城遗址而得名。聚落呈团块状。有古城学校。有第六批省级文物保护单位广武古城遗址，据清光绪《代州志》载，初筑于战国，汉高祖三年（前 204 年）始置广武县，北魏熙平年间（516 年—517 年）迁于上馆城（今代县城），原城遂废。108 国道经此。

140923-B02-H03　**小茹解**［Xiǎorúhài］在县政府驻地上馆镇西南 12.3 千米。阳明堡镇辖自然村。人口 230。相传这里原为汪洋如海的沼泽地，故名，后演变为茹解，因户数较少，取名小茹解。聚落呈团块状。有第六批省级文物保护单位八路军夜袭阳明堡机场遗址，此战炸毁敌机 24 架，击毙日军百余人。108 国道经此。

140923-B03　**峨口镇**［Ékǒu Zhèn］代县辖镇。在县境东南部。面积 41 平方千米。人口 2.18 万。辖 19 行政村。镇人民政府驻郝街村。1949 年属代县第五区。1958 年属聂营人民公社。1961 年设峨口公社。1984 年改设镇。因村南山形似鹅，又位处山口处，故名。境内山脉属五台山余脉，有五台山北大门之称。年平均气温 8.3℃。年平均降水量 433.4 毫米。无霜期 174 天。滹沱河、峨河流经。铁矿资源丰富。太钢峨口铁矿驻于此。有中小学、卫生院、文化健身广场、文化站、客运汽车站等。有省级文物保护单位永和堡等三十九堡军事防御遗迹，有古迹白云寺、普照寺、隆镇庵、小佛光寺、证空寺、极乐寺、峨阑寺、观音寺、紫府庙等。有国家级非物质文化遗产峨口挠阁。主产玉米、小杂粮、蔬菜。有土特产夏土豆、大米、地梨、辣椒、烟叶等。工业有矿山机电、铸造、冶炼等。京原铁路、峨矿铁路专线，省道繁五线经此。

140923-B03-H01　**峨口西**［Ékǒuxī］峨口镇人民政府驻地。在县政府驻地上馆镇东北 21.9 千米。人口 1800。相传因村南山形象卧鹅，初名鹅口，后演变为峨口，又因方位在西而得名。聚落呈团块状。有代县新泰学校、峨口镇卫生院。有县级文物保护单位峨峰寺，现仅存正殿为清代建筑遗构。有县级文物保护单位峨口遗址，为新石器时代、东周时期文化遗存。为国家级非物质文化遗产峨口挠阁发源地。省道繁五线、县道高苏线经此。

140923-B04　**聂营镇**［Nièyíng Zhèn］代县辖镇。在县境东南部。面积 192.07 平方千米。人口 1.31 万。辖 11 行政村。镇人民政府驻聂营村。1949 年属代县第五区。1953 年设聂营乡。1961 年改公社。1984 年改设镇。2002 年西窖乡并入。以驻地得名。聂营村因金大定年间，聂姓大将在此扎营，故名。地形复杂，由山、坡、川、丘陵盘结而成。年平均气温 7.8℃。年平均降水量 450 毫米。无霜期 150 天。滹沱河流经。铁矿资源丰富。有中小学、卫生院。有省级文物保护单位东段景新石器时期至战国遗址。有报恩寺、龙王庙。宗庆寺等寺庙。主产玉米、小杂粮。养殖以肉牛、猪、羊为主。有铁矿企业。省道繁五线经此，高苏线由西向东横穿而过。

140923-B04-H01　**聂营**［Nièyíng］聂营镇人民政府驻地。在县政府驻地上馆镇东 16.8 千米处。人口 4000。相传金大定年间（1165 年）因聂姓大将在此扎营而得名。聚落呈团块状。有聂营中学、聂营中心小学。有县级文物保护单位报恩寺，现存为清代建筑遗构。有聂营郎家宅院门楼、郎雨亭功德碑等遗存。县道高苏线经此。

140923-B05　**枣林镇**［Zǎolín Zhèn］代县辖镇。在县境东部。面积 286.9 平方千米。人口 2.71 万。辖 33 行政村。镇人民政府驻小墩素村。新中国成立初期，解放初属代县一区。1953 年设枣林乡。1958 年改公社。1984 年改设镇。1993 年镇政府驻地由枣林村搬迁现址。2021 年胡峪乡和枣林镇合并为枣林镇。因本地枣树出名而命名。属平川乡镇，地势东南高，西北低。年平均气温 8.4℃。年平均降水量 430 毫米。无霜期 140 天。滹沱河流经。有中小学、卫生院、文化广场等。有省级文物保护单位鹿蹄涧杨忠武祠、永和堡等三十九堡军事防御遗迹。有省级爱国主义教育基地代县杨家祠堂。有杨家根祖文化园和东留属的杨七郎陵等。种植玉米、黍子、红芸豆、绿豆等。有红富士、国光、酥梨、玉露香梨、仁用杏、白水杏等，有干鲜果基地、小杂粮基地、畜牧基地以及中草药基地。工业有铁矿、橡胶、秸秆、红芸豆加工等。京原铁路过境并设枣林站，108 国道经此。

140923-B05-H01　**小墩素**［Xiǎodūnsù］枣林镇人民政府驻地。在县政府驻地上馆镇东北 13.1 千米。人口 800。相传以仁义乡里而得名仁里村，后又以敦厚朴素得名敦素，当初因户数较少，得名小敦素。聚落呈团块状。有新旺小学、枣林镇卫生院。有小墩素遗址，为夏代、汉代文化遗存。108 国道经此。

140923-B06 **雁门关镇**［Yànménguān Zhèn］代县辖镇。在县境西北部。面积 166 平方千米。人口 0.81 万。辖 11 行政村。镇人民政府驻上田。1949 年属代县第七区。1961 年属太和岭口公社。1984 年太和岭口公社改为上田乡。1999 年乡政府驻地由白草口迁至雁门关乡，更今名。2001 年上田、雁门关 2 乡合并，仍名雁门关乡。2020 年，撤销雁门关乡，设立雁门关镇。因境内景点雁门关而得名。“雁门”一词最早源于雁门山。最初的雁门山并非如今山西代县的雁门山，而是位于大同市阳高县以北，大雁冬天从那里南飞，春天又飞回来，山因大雁而得名。位于山区和冲积平原区之间，沟壑纵横、坡地呈不规则分布。年平均气温 7.2—9.3℃。年平均降水量 500 毫米。无霜期 170 天。有中小学、卫生院。有全国重点文物保护单位长城雁门关段。有省级爱国主义教育基地、国家 5A 级雁门关风景区。为中国古代军事要塞、古关隘。有雁门关伏击战遗址、国共会谈谈判窑洞、西径关古长城等。主产玉米、红芸豆。种植业以特色小杂粮种植、干鲜果种植为主。养殖肉牛、肉驴、绵羊。有洗煤、制砖等企业。208 国道、大运高速、繁大高速、大西高铁贯穿而过。

140923-B06-H01 **上田**［Shàngtián］雁门关镇人民政府驻地。在县政府驻地上馆镇西北 7.2 千米。人口 500。相传曾有李姓大户在此占有大片田地，称上田、下田，后成村而得名。聚落呈团块状。有上田小学、雁门关乡卫生院。208 国道经此。

140923-B06-H02 **太和岭口**［Tàihélǐngkǒu］在县政府驻地上馆镇西北 9.5 千米。雁门关镇辖行政村。人口 800。因有太和岭，又在雁门古道南口，故名。聚落呈条带状。是通往塞外的必经之地。有第六批省级文物保护单位八路军雁门关伏击战遗址，此战切断了日军的交通命脉，有力地配合了忻口战役。有县级文物保护单位第二战区司令长官总部旧址，现存木结构正房三间及西耳房两间，土窑洞两孔。有县级文物保护单位太和岭口老爷庙遗址，始建于清代，现仅存基址。208 国道经此。

140923-B07 **峪口镇**［Yùkǒu Zhèn］代县辖镇。在县境中部。面积 388.97 平方公里。人口 2.62 万。辖 27 行政村。镇人民政府驻峪口村。1949 年属代县第四区。1953 年设双徐乡。1958 年属新高公社。1961 年属下庄公社。1963 年下庄公社更名峪口公社。1984 年改设峪口乡。2021 年峪口乡与滩上镇正式合并为峪口镇。因居深峪口，故名峪口镇。全年平均气温 8.4℃，无霜期 160 天。滹沱河、峪河流经。有铁矿、石英矿。有中小学、卫生院、文化广场。有省级文物保护单位洪福寺砖塔、永和堡等三十九堡军事防御遗迹。经济支柱产业为传统种植业与养殖业，种植业主要以种植玉米、土豆为主，有“岗上葱，峪里的蒜，滩上的莜面、山药蛋”的传统特色农业。饲养牛、羊、土鸡、麻鸡、乌鸡等。服务业以生态旅游业为主。有多条公路经此。

140923-B07-H01 **峪口**［Yùkǒu］峪口镇人民政府驻地。在县政府驻地上馆镇东南 7.7 千米。人口 2000。因位于峪河出山区之沟口而得名。聚落呈团块状。有峪口中心小学、峪口乡卫生院。有第四批省级文物保护单位洪福寺砖塔，始建于明嘉靖四十五年（1566 年），为八角五层五檐楼阁式砖塔，通高 18 米。县道代滩线经此。

140923-C01 **新高乡**［Xīngāo Xiāng］代县辖乡。在县境西南部。面积 215.1 平方千米。人口 1.83 万。辖 27 行政村。乡人民政府驻新高村。1949 年属代县第四区。1953 年设新高乡。1958 年改公社。1984 年复改乡。2000 年交口乡并入。以驻地得名。年平均气温 8.4℃。年平均降水量 400—450 毫米。无霜期 120—160 天。滹沱河、中解河流经。有中小学、卫生院。有国家级赵杲观森林公园。有省级文物保护单位赵杲观。有古松寺、韩街积萃苑、李家大院、韩家大院、王家大院等旅游资源。主产水稻、玉米、谷子、莜麦、薯类、辣椒、蔬菜。有紫皮大蒜、小观小米、薄皮核桃、代州酥梨、黄花菜等特色农业。工业有铁矿采选、黄酒酿造、农产品加工等。服务业有化工配件、旅游、商贸等。高苏路横穿东西，赵杲观旅游公路南北相连。

140923-C01-H01 **新高**［Xīngāo］新高乡人

民政府驻地。在县政府驻地上馆镇南 4.5 千米。人口 500。曾名高村，因遭洪水冲毁在河畔较高地带重建而得名。聚落呈团块状。有代县六中、新高小学、新高中心幼儿园、新高乡卫生院。有新高关帝庙，现存为清代建筑遗构。县道高苏线经此。

140923-C02 **上磨坊乡**［Shàngmófāng Xiāng］代县辖乡。在县境中部。面积 208 平方千米。人口 1.41 万。辖 17 行政村。乡人民政府驻上磨坊村。1949 年属代县第二区。1953 年设上磨坊乡。1958 年属代城公社。1961 年改上磨坊公社。1984 年复设乡。2000 年胡家滩乡并入。以驻地得名。上磨坊因旧时官府在这里设过磨面作坊得名。地形复杂，平川、半坡地、山区各占三分之一。年平均气温 8.4℃。年平均降水量 397—770 毫米。无霜期 170 天。有中小学、卫生院、文化站。有省级文物保护单位洪济寺砖塔、永和堡等三十九堡军事防御遗迹。有古迹龙岩寺、蒙恬墓、扶苏太子庙等。主产玉米、水稻、马铃薯、葵花、胡麻、瓜菜、酥梨、核桃、苹果。优势产业有辣椒种植、蔬菜大棚，畜牧养殖。有农产品加工、屠宰加工、食品加工、钢铁选矿设备制造等企业。京原铁路、108 国道、省道灵河线经此。

140923-C02-H01　**上磨坊**［Shàngmófāng］上磨坊乡人民政府驻地。在县政府驻地上馆镇东北 7 千米。人口 1300。因在磨坊堡上建村而得名。聚落呈团块状。有磨坊中学、上磨坊村希望小学、上磨坊乡卫生院。有县级文物保护单位上磨坊文殊寺，现存文殊殿为清代建筑遗构。108 国道经此。

140924 **繁峙县**［Fánshì Xiàn］忻州市辖县。北纬 38° 58′—39° 27′，东经 113° 09′—113° 58′ 之间。在市境东北部。面积 2373 平方千米。人口 25.04 万。以汉族为主，还有满、蒙古、土家等民族。辖 4 镇、7 乡。县人民政府驻繁城镇。因山多、寺多且又南北两山对峙而得名。春秋属晋，为霍人邑。战国属赵，称葰人。秦属代郡。西汉置卤城县，属代郡，后属太原郡。东汉属雁门郡，建安中年废县。晋复置葰人县，治今县城东 30 公里代堡，属雁门郡，永嘉后废。隋开皇十八年（598 年）置繁峙县，治今县城东 30 公里葰人县故治，初属代州，后改属雁门郡。大业十二年（616 年）治徙武州城，在今县城西。圣历二年（699 年）治徙今县城南 1.5 公里杏园村东旧城，属代州。金贞祐三年（1215 年）升繁峙县为坚州，隶太原府。元隶冀宁路。明洪武二年（1369 年）改坚州为繁峙县，属太原府。八年改属代州。万历四年（1576 年）县治徙石龙岗，即今繁城，书作繁峙县。1912 年属雁门道，后直属省。抗日战争时期属晋察冀边区一专署。1949 年属察哈尔省浑源专署。1949 年后属忻县专区。1958 年改属晋北专区。1961 年复属忻县专区。1967 年属忻县地区。1983 年属忻州地区。2000 年属忻州市。县境北、东、南三面高山环绕，并覆盖着大片森林，西部和中部低洼，构成由东北向西南倾斜的地势。北部为恒山山脉，南部为五台山脉，主要山峰有北台叶斗峰海拔 3058 米为华北最高峰，西南马鬃山海拔 2440 米。东部泰戏山把南北两山连成一体，形成繁峙县的东部屏障，平型关就位于其中。中部为滹沱河上游谷地，为忻定盆地的组成部分。年平均气温 6.3° C，1 月平均气温 -10° C，7 月平均气温 23° C—24℃。年平均降水量 400 毫米。全年无霜期 130 天。境内河道属海河流域，滹沱河、涧头河、羊眼河、双井河、下寨河、峨河等流经。矿产资源有金、银、铜、铁、钼、铅、锌、锰、云母、石英石、褐煤等，有黄芪、党参、黄芩、麻黄、柴胡等中药材 90 余种。“恒山北芪”远销日本、加拿大、新加坡、马来西亚和我国港、澳等地区。是革命老区，抗日战争时期为晋察冀边区抗日根据地的重要部分。有独立科研与技术开发机构农业技术推广中心。有中等职业学校、中小学、文化馆、公共图书馆、博物馆、体育场、中小型水库。有全国重点文物保护单位繁峙正觉寺大雄宝殿、岩山寺、三圣寺、公主寺、秘密寺。有省级文物保护单位狮子窝琉璃塔。有国家级馒头山森林公园。有省级爱国主义教育基地繁峙佰强毛主席路居纪念馆。有国家 4A 级旅游景区憨山文化旅游景区、滹源景区。有国家 3A 级旅游景区平型关景区、桥儿沟景区、公主文化旅游景区、秘魔岩景区、韩庄长城景区、龙虎山景区。地方民间艺术有刺绣、金石雕刻、银器加工、高跷、挠阁、威风锣鼓等。繁峙秧歌被列入国家级非物质文化遗产，渔翁戏海蚌被列入省级非物质文化遗产。晋绣坊刺绣被命名为中国著名品牌、百花杯中国工艺美术精品银奖、省优秀文化产品奖。有圭峰寺、韩庄长城、吉祥寺、孤山晚照、狮子窝万佛琉璃塔等风景名胜区。有国家级传统村落茨沟营村、公主村、平型关村。有全国文明村镇砂河镇。有历史名人焦赞、张柱国、范慕韩等。三次产业比 10.3:45.5:38.6。主产玉米、莜麦、马铃薯、谷子、高粱、大豆、糜子、葵花，兼种水稻。土特产白水大杏、台蘑、水豆腐、豆腐干、粉丝、疤饼。工业以铁矿、金矿采选为主。服务业以物流、集市贸易为主。是国家卫生县城、国家级水利风景区、国家义务教育发展均衡县、全国计划生育优质服务县、国家电子商务进农村示范县、全国毽球之乡、中国黍米之乡、省级平安县城、省级园林县城、省级文明县城、省级双拥模范县、省级食品安全示范县、省级出口食品农产品质量安全示范区。京原铁路过境设站。108 国道，省道天黎线、灵河线、大石线、繁五线、大王线经此。

140924-R01 **繁峙站** [Fánshì Zhàn] 见交通运输设施部分“繁峙站”条。

140924-B01 **繁城镇** [Fánchéng Zhèn] 繁峙县人民政府驻地。在县境西部。面积 290 平方千米。人口 12.63 万。辖 38 行政村。镇人民政府驻笔峰。1949 年属繁峙县第七区。1956 年设繁圣镇。1958 年改城关公社。1984 年设城关镇。2001 年城关镇与高升寨乡合并，更今名。2021 年撤销杏园乡，整建制并入繁城镇。因是繁峙县政府所在地而得名。地势北高南低，地形分为南平川、中丘陵、北山区。主要山脉有铁吉岭、轿顶山、凤凰山，境内最高峰位于铁吉岭东堡自然村，海拔 2250 米；最低点位于滹沱河北岸笔峰村，海拔 920 米。滹沱河、赵庄河、马峪河流经。年平均气温 6.8℃。年平均降水量 400 毫米。无霜期 135 天。矿产资源有铁、铜、耐火黏土等。有中小学、卫生院、图书室、公园、广场等。有全国重点文物保护单位繁峙正觉寺大雄宝殿。有古迹古楼、正觉寺、建福寺、真如寺、真武庙、天齐庙、财神庙、关岳庙、三关庙等。主产玉米、油料、小杂粮、瓜果、蔬菜。干鲜果以杏、桃、梨、苹果、核桃、仁用杏为主，尤以白水大杏闻名。土特产豆腐干销往全国各地，“太平洋牌”粉丝远销华南及东南亚。有铸造、冶炼、建材、农产品加工企业。服务业有商贸、物流等。108 国道、省道灵河线经此。

140924-B01-K01 **石龙街** [Shílóng Jiē] 在繁峙县城中部。西起西牌楼，东至东牌楼。以向阳路为界，分西街、东街。与中兴路、光明路、真武路等道路相交。长 6 千米，宽 16 米。沥青路面。2010 年建成。由其形似巨龙横跨县城得名。两侧有新欣小学、繁城中学、繁峙县自然资源局、龙泉大酒店、繁峙宾馆等。

140924-B01-K02 **滹源大街** [Hūyuán Dàjiē] 在繁峙县城中部。西起双拥路，东至宝山中学东侧。以向阳路为界，分西大街、东大街。与西义路、光明路、新开路、东泰路等道路相交。长 4.9 千米，宽 11 米。沥青路面。1985 年建成。2010 年改扩建。原名新建路、二道街。因繁峙为滹沱河发源地更今名。两侧有繁峙中学、繁峙县第一人民医院、繁峙县人民政府、正觉寺、圣水头村委会等。

140924-B01-K03 **向阳路** [Xiàngyáng Lù] 在繁峙县城中部。北起 108 国道（京昆线）大转盘，南至繁峙火车站。与滹源大街、城南街、光华西街、滨河北大道等道路相交。长 3.8 千米，宽 18 米。沥青路面。1985 年建成。2005 年改扩建。两侧有酒店、繁峙汽车站、滨河公园、繁峙火车站等。

140924-B01-K04 **平型关街** [Píngxíngguān Jiē] 在繁峙县城北部。西起 108 国道（京昆线），东至金龙路。以向阳路为界，分西街、东街。与光明北路、红坡路、真武路等道路相交。长 2.3 千米，宽 18 米。沥青路面。2010 年建成。为纪念本县古代著名关隘平型关而得名。两侧有祥龙小区、繁峙汽车站、繁峙县人民法院、繁峙县公安局、繁峙广播电视台等。

140924-B01-K05 **永丰街** [Yǒngfēng Jiē] 在繁峙县城中部。西起双拥路，东至东泰路。以向阳路为界，分西街、东街。与光明路、万里路、鼓楼巷、衙门口巷等道路相交。长 2.7 千米，宽 18 米。沥青路面。2010 年由原建设街改建成。路名取永远丰盛之意。两侧有繁峙县实验小学、繁峙二中、东盛小区等。

140924-B01-K06 **滨河北大道**［Bīnhé Běidàdào］在繁峙县城南部。西起双拥路西侧，东至应繁线。与双拥路、万里路、向阳路等道路相交。长 3.3 千米，宽 16 米。沥青路面。2010 年建成。因位于滹沱河北侧得名。两侧有滨河公园、滨河小学、华茂嘉苑等。

140924-B01-K07 **滨河南大道**［Bīnhé Nándàdào］在繁峙县城南部。西起双拥路西侧，东至应繁线。与双拥路、向阳路等道路相交。长 3.3 千米，宽 16 米。沥青路面。2007 年建成。因位于滹沱河南侧得名。两侧有滨河公园、滨河移民小区、民心家园等。

140924-B01-K08 **东泰路**［Dōngtài Lù］在繁峙县城南部。北起石龙东街，南至永丰东街。与滹源东大街相交。长 0.5 千米，宽 10 米。沥青路面。因位于县城东部，寓意国泰民安之意。两侧有东盛小区、文苑小区、东泰社区居委会等。

140924-B01-K09 **东风路**［Dōngfēng Lù］在繁峙县城东北部。北起京昆线，南至石龙东街。长 0.9 千米，宽 10 米。沥青路面。因位于县城东部，路名寓意“东风吹，战鼓擂。”两侧有光福居、东风小区、北中小区、北城中学等。

140924-B01-K10 **金龙路**［Jīnlóng Lù］在繁峙县城北部。北起京昆线，南至石龙东街。与平型关东街相交。长 1 千米，宽 10 米。沥青路面。两侧有泰裕小区、万里装饰城、繁城镇文化站等。

140924-B01-K11 **真武路**［Zhēnwǔ Lù］在繁峙县城北部。北起 108 国道（京昆线），南至石龙东街。与平型关东街、富康街等道路相交。长 0.9 千米，宽 10 米。沥青路面。因真武庙得名。两侧有锦绣佳苑、真武小区、繁城中学、繁峙县综合职业学校等。

140924-B01-K12 **红坡路**［Hóngpō Lù］在繁峙县城西北部。北起 108 国道（京昆线），南至石龙西街。与平型关西街等道路相交。长 0.7 千米，宽 6.6 米。沥青路面。因途经红坡得名。两侧有丰泽苑、祥龙小区、吉祥苑等。

140924-B01-K13 **彩璟路**［Cǎijǐng Lù］在繁峙县城西北部。北起 108 国道（京昆线），南至石龙西街。与平型关西街、锦里巷等道路相交。长 0.8 千米，宽 6.6 米。沥青路面。1995 年彩璟女士捐资成立彩璟小学，道路因学校得名。两侧有幸福里小区、税苑小区、彩璟小学等。

140924-B01-K14 **光明路**［Guāngmíng Lù］在繁峙县城西南部。北起 108 国道（京昆线），南至滨河北大道。与平型关西街、石龙西街、滹源西大街、永丰西街等道路相交。长 2 千米，宽 6 米。沥青路面。路名寓意繁峙未来发展一片光明。两侧有新欣小学、繁峙中学、跃进小区等。

140924-B01-H01 **笔峰**［Bǐfēng］繁城镇人民政府驻地。在县政府驻地繁城镇西北 800 米。人口 1640。因其南有笔架山而得名。聚落呈团块状。有笔峰小学。108 国道经此。

140924-B01-H02 **公主**［Gōngzhǔ］在县政府驻地繁城镇东南 10.6 千米。繁城镇辖行政村。人口 1400。相传原名孔茹村，因纪念北魏孝文帝女诚信公主而得名。聚落呈团块状。有第六批全国重点文物保护单位公主寺，现存大雄宝殿、过殿为明代建筑遗构，余皆为清代建筑遗构。2012 年被列入第一批中国传统村落名录。乡村道路经此。

140924-B01-H03 **南关**［Nánguān］在县政府驻地繁城镇东南 2.7 千米。繁城镇辖行政村。人口 3300。因位于县城南面而得名。聚落呈团块状。有南关小学。有第六批省级文物保护单位繁峙南关故城，万历十四年（1586 年）因迁县于滹沱河北岸而废。县道砂高线经此。

140924-B02 **砂河镇**［Shāhé Zhèn］繁峙县辖镇。在县境中部。面积 247 平方千米。镇区常住人口 6.03 万。镇人民政府驻地地理坐标为北纬 39° 20′，东经 113° 30′。辖 26 行政村。1949 年属繁峙县第一区。1956 年设砂河镇。1958 年改公社。1984 年复置镇。2002 年后河、义兴寨 2 乡并入。2021 年东山乡的山会、杨林、角尔河 3 个村划归砂河镇管辖。因地处滹沱河畔，少石多砂，故名。地形北高南低，中间有滹沱河流经，属半山地带。矿产资源有金、银、铜、铁等。有中小学、医院、卫生院、文化站等。有全国重点文物保护单位三圣寺。有国家级森林公园馒头山。有省级文物保护单位永泉寺。有义兴寨、代堡等古遗址。2014年被评为全国文明村镇。2021年被认定为山西省农村电商强镇。主产玉米、黍子、谷子、马铃薯。有蔬菜示范园区。有采矿、冶炼、机械修理、化工建材、食品加工企业。为华北最大旅游集散地和金银产品流转地。京原铁路过境设站。京原铁路、108国道、灵河高速公路横贯全镇东西，砂应、砂台公路连接南北。砂河镇境内有五台山火车站；砂河镇汽车站坐落于十字路西侧；繁峙县滹源通用机场项目选址于砂河镇。

140924-B02-H01 **长胜号** [Chángshènghào] 砂河镇人民政府驻地。在县政府驻地繁城镇东北26.5千米。人口370。相传有杜姓者在砂河经商，铺名“长胜号”，后定居砂河之南，形成村落，村名沿用铺名而得名。聚落呈团块状。有朝阳中学、长胜小学。108国道经此。

140924-B02-H02 **砂河二村** [Shāhéèrcūn] 在县政府驻地繁城镇东北26.2千米。砂河镇辖行政村。人口5220。因地理方位而得名。聚落呈团块状。第六批省级文物保护单位北关永泉寺，现存正殿为明代建筑遗构，余皆为清代建筑遗构。省道大石线经此。

140924-B02-H03 **山会** [Shānhuì] 在县政府驻地繁城镇东北30.2千米。砂河镇辖行政村。人口3130。相传山里百姓逢年过节要到这里聚会，进行集市贸易，故名。聚落呈团块状。有第六批省级文物保护单位山会洪福寺，现存正殿为金代建筑遗构，东配殿为明代建筑遗构，余皆为清代建筑遗构。108国道经此。

140924-B03 **大营镇** [Dàyíng Zhèn] 繁峙县辖镇。在县境东北部。面积253平方千米。人口1.44万。辖40行政村。镇人民政府驻大营村。1949年属繁峙县第三区。1956年设大营镇。1958年改公社。1984年复设镇。2021年撤销柏家庄乡，整建制并入大营镇。曾为抵御外侵、长期驻扎守军的“大本营”，因而得名。地势东高西低，地形南北高中间低，中间滹沱河流经，属半山半丘陵地带。年平均气温5.9℃。年平均降水量350毫米。无霜期115—120天。有铅锌矿、花岗岩等资源。有中小学、卫生院、文化图书室、体育活动场所等。有繁峙十景之中“卤城现影”“三泉涌洌”景观。有龙虎山国家级AAA乡村旅游景区、卤王墓、青峰寺、秋月寺、近代驻军营房、团城口战役遗址、千年古刹诸圣寺等自然和人文景观。县志记载有“五路七县旱码头”之称。主产玉米、莜麦、谷子、马铃薯、胡麻、黄芥。工业以清洁能源为主业，冶金、制造、石料开采为辅。全镇11家工矿企业分别从事矿产采选、冶金制造、石料开采等领域。服务业以商贸、牲畜交易为主。京原铁路、108国道、天黎高速公路、县道龙砂线横贯东西，G239国道连通南北，县道金砂线通浑源县。

140924-B03-H01 **大营** [Dàyíng] 大营镇人民政府驻地。在县政府驻地繁城镇东北44.2千米。人口3540。相传宋代在此建过大营，故名。聚落呈团块状。有大营中学、大营小学、大营中心卫生院。有大营碧霞宫，现存为清代建筑遗构。省道大王线经此。

140924-B04 **平型关镇** [Píngxíngguān Zhèn] 繁峙县辖镇。在县境东北部。面积159平方千米。人口0.64万。辖19行政村。1949年属繁峙县第三区。1956年分属南峪口、前所、云务峪、河家洼4个乡。1958年属大营乡。1961年设立横涧公社。1984年改为横涧乡。2019年撤销横涧乡，设立平型关镇。镇人民政府驻横涧村。明朝正德六年（1511年）修筑内长城时在关岭上修建关楼，清以后改称平型关。以周围地形如瓶而得名。属冷冻平川区。年平均气温5.7℃。年平均降雨量400毫米。无霜期120天。最低海拔1181米。滹沱河发源桥儿沟村，故为“滹沱之乡”。矿产资源有铁矿、石英矿、云母矿等。有中小学、卫生院、文化站、农家书屋等。有全国重点文物保护单位平型关和平型关革命旧址。有国家级传统村落平型关村。有国家3A级景区平型关景区、桥儿沟景区。有名胜古迹平型关古城、孤山晚照、泰华池、滹沱河源头湿地跑马泉等。有六月十九日仰头山古庙会。粮食作物主要有玉米、谷子、土豆，油料作物有胡麻、黄芥等。工业有铁矿开采和磁选等。有铁矿企业4家，石英采选企业1家，磁选企业8家，涉煤企业6家。服务业有物流、旅游等。

京原铁路、108 国道经此，兴建“长城 1 号和太行 1 号”旅游公路。

140924-B04-H01　**横涧**［Héngjiàn］平型关镇人民政府驻地。在县政府驻地繁城镇东北 54.4 千米。人口 2680。因有小溪由东向西横贯全村而得名。聚落呈团块状。有横涧小学。有横涧遗址，为汉代文化遗存。有横涧堡址，为明代文化遗存。县道经此。

140924-C01　**下茹越乡**［Xiàrúyuè Xiāng］繁峙县辖乡。在县境中西部。面积 100 平方千米。户籍人口 0.44 万，常住人口 4430 人。辖 8 行政村。乡人民政府驻下茹越村。1949 年属繁峙县第七区。1956 年设下茹越乡。1958 年属城关公社。1961 年改公社。1984 年复设乡。因邻近恒山余脉上的古时关隘茹越口下方而得名。属半山半丘陵地带。年平均气温 7—8℃。年平均降水量 400 毫米。滹沱河自东向西流经。有玄武岩、褐煤等资源。有繁峙县库容量最大的下茹越水库。有小学、卫生院、文化活动中心、邮政网点、农商行、供电所、派出所、国土所、兽医站等。有天宫寺、五龙寺等。荣获忻州市文明乡镇、忻州市平安乡镇、忻州市脱贫攻坚先进集体、繁峙县先进基层党组织等诸多荣誉。主产玉米、小杂粮、油料。有酒葡萄、钙果、水稻、黄芪等新型农产品。养殖涉及猪、牛、羊、驴、鸡等。有粉丝厂、砖厂、石料厂等。引进了箱包加工、铁衣架加工、手提袋加工等手工业加工项目。服务业有商贸、物流等。108 国道、灵河县经此。

140924-C01-H01　**下茹越**［Xiàrúyuè］下茹越乡人民政府驻地。在县政府驻地繁城镇东北 9.1 千米。人口 2100。因地处恒山古关隘茹越口下方而得名。聚落呈团块状。有下茹越小学、下茹越中心卫生院。有下茹越遗址，为新石器时代龙山文化遗存。有侯氏碑，背面首题“侯氏碑序”，记述侯氏先祖自保德州火山村迁来此处的事由及经过等。108 国道经此。

140924-C02　**光裕堡乡**［Guāngyùbǎo Xiāng］繁峙县辖乡。在县境东南部。面积 100 平方千米。人口 0.49 万。辖 11 行政村。乡人民政府驻光裕堡村。1949 年属繁峙县第五区。1956 年分属大李牛、富家庄、茶铺 3 个乡。1958 年属铁家会公社。1961 年设光裕堡公社。1984 年改设乡。因宋王应麟《三字经》中的“光于前，裕于后”而得名。地势南高北低，属半山半丘陵区。北部平川区，中部黄土丘陵区，南部土石山区。年平均气温 7℃。年平均降水量 450 毫米。无霜期 120 天。大李牛河流经。有中药材 30 多种。有少量窝铁矿和金矿。有幼儿园、小学、卫生院、文化站、农家书屋和邮政网点。有古迹光裕古堡、南堡街文光寺、北堡街文昌阁、灵应寺等。主产玉米、小杂粮。经济作物主要是有葵花籽、瓜果、中药材等。养殖涉及猪、牛、羊、驴、鸡等。有修配厂、粉丝厂、磁选厂和粮食加工厂。京原铁路、108 国道横穿乡境。

140924-C02-H01　**光裕堡**［Guāngyùbǎo］光裕堡乡人民政府驻地。在县政府驻地繁城镇东 13.2 千米。人口 1290。相传清乾隆四十四年（1779 年），大李牛村被洪水冲毁，部分村民移此建村，取“光前裕后”之意而得名。聚落呈团块状。有光裕堡中心卫生院。有光裕堡遗址，为汉代文化遗存。有光裕堡堡址，现存为明清时期遗址。有光裕堡南影壁、北影壁、宫氏宅院，现存皆为清代建筑遗构。县道经此。

140924-C02-H02　**大李牛**［Dàlǐniú］在县政府驻地繁城镇东南 13.4 千米。光裕堡乡辖行政村。人口 1290。相传为纪念唐朝开国功臣李靖在村中修李卫公祠，并起村名为李留，后改名李牛。因逐年人口剧增，遂分为两村，因人多称为大李牛。聚落呈团块状。有第六批省级文物保护单位东文殊寺大雄宝殿，现存为元代建筑遗构。县道砂高线经此。

140924-C03　**集义庄乡**［Jíyìzhuāng Xiāng］繁峙县辖乡。在县境中西部。面积 76 平方千米。人口 0.68 万。辖 17 行政村。乡人民政府驻集义庄。1949 年属繁峙县第四区。1956 年分属南峪口、砂窑沟、山会、苏家口 4 个乡。1961 年分属南峪口、砂河 2 个公社。1974 年设集义庄公社。1984 年改设乡。以驻地得名。地势东北高，西南低，南、北两面环山，中部是狭长的滹沱河谷地，为忻定盆地的边缘部分。地形以滹沱河谷地为中心逐渐向南北两坡升高。地貌主要是中部平川区为滹沱河谷地、南北两坡丘陵地和南北两山。年平均气温 6.5℃。年平均降水量 400 毫米。无霜期 130—140 天。滹沱河、双井河、宋峪河流经。有中小学、卫生院。有大宋峪兰若寺、上永兴崇福寺、兴旺庄多宝寺等古迹。主产玉米、马铃薯、小杂粮。特色种植以大棚为主，主要种植蔬菜和樱桃、草莓等水果。养殖有驴、猪、牛、羊、鸡等。工业有选矿、制砖等。手工业有南龙兴、集义庄箱包加工厂。加工业有集义庄村福康醋业、坡头村万象农林牧有限公司小杂粮加工等。京原铁路、108 国道、灵丘—河曲高速过境。

140924-C03-H01 **集义庄**［Jíyì Zhuāng］集义庄乡人民政府驻地。在县政府驻地繁城镇东北 19.9 千米。人口 1240。相传唐安禄山反，李光弼复太原，本村村民举义兵应之，因号集义，沿用至今。聚落呈团块状。有明德小学、集义庄中心卫生院。有集义庄遗址，为汉代文化遗存。有集义庄关帝庙戏台，现存为清代建筑遗构。108 国道经此。

140924-C04 **东山乡**［Dōngshān Xiāng］繁峙县辖乡。在县境中南部。面积 250 平方千米。人口 1.32 万。辖 14 行政村。乡人民政府驻东山底村。1949 年属繁峙县第四区。1956 年分属南峪口、山会、苏家口、砂窑沟 4 个乡。1961 年属南峪口公社。1983 年更名东山公社。1984 年改为东山乡。2001 年佰强乡并入。以驻地得名。地势南高北低。年平均气温 7℃。年平均降雨量 450 毫米。全年无霜期 140 天。羊眼河流经。矿产资源有钼、铁、铜、金、铝、锌等。有太平沟瀑布。有中小学、卫生院、邮政网点、文化大院、农家书屋。有全国重点文物保护单位繁峙岩山寺。有省级爱国主义教育基地佰强毛主席路居纪念馆。有古迹岩山寺壁画、宝藏寺、洪福寺等。山西省 3A 级乡村旅游示范村伯强村。主产玉米、小杂粮、中药材、蔬菜。土特产台蘑。工业以钼、金、铁矿业为主。服务业有旅游业。省道大石线、砂台公路经此。

140924-C04-H01 **东山底**［Dōngshāndǐ］东山乡人民政府驻地。在县政府驻地繁城镇东 28.9 千米。人口 2200 人。因背靠东山，坐落在山脚下而得名。聚落呈团块状。有东山学校、东山乡卫生院。有李茎宅院，现存为清代建筑遗构，李茎为清代繁峙县有名文人。省道大石线经此。

140924-C04-H02 **中庄寨**［Zhōngzhuāng zhài］在县政府驻地繁城镇东北 24.4 千米。东山乡辖行政村。人口 2620。原本东、西、中三庄，因避水灾，东西二庄移居中庄，故名。聚落呈团块状。有第六批省级文物保护单位中庄寨宝藏寺，现存为明代建筑遗构。乡村道路经此。

140924-C05 **金山铺乡**［Jīnshānpù Xiāng］繁峙县辖乡。在县境中部偏东。面积 161 平方千米。人口 0.83 万。辖 20 行政村。乡人民政府驻金山铺村。1949 年属繁峙县第三区。1956 年分属砂河镇和净林、上狼涧、孙庄、下汇、下小沿 5 个乡。1961 年属砂河公社。1974 年析置金山铺公社。1984 年改设乡。2002 年小柏峪乡并入。以驻地得名。地势为东高西低、南高北低，分为南山区、中平川、北丘陵三大自然地形区。年平均气温 5—6℃。年平均降水量 400 毫米。无霜期 125 天。滹沱河流经。北部有较小储量的金矿、铁矿。有北龙山摩崖石刻。有小学、卫生院、文化站、邮政网点。主产玉米、谷子、黍子、胡麻。有海丰农牧场、金山铺农牧场两大种植基地。以养殖猪、牛、羊为主，有银河、辉煌、恒芪、裕丰 4 个大型养殖场。工业有生铁冶炼、球团加工、烧结辅料、高速线材生产等。京原铁路、108 国道、县道龙砂线横穿境内。

140924-C05-H01 **金山铺**［Jīnshānpù］金山铺乡人民政府驻地。在县人民政府驻地繁城镇东北 38 千米。人口 1760。清以前，沿官道的村庄五里设墩，十里设铺，此处设铺，又处金山脚下，故名。聚落呈团块状。有金山铺中心小学、金山铺中心卫生院。有金山铺金山寺，现存为清代建筑遗构。有金山铺烽火台，为明代遗存。108 国道经此。

140924-C06 **神堂堡乡**［Shéntángbǎo Xiāng］繁峙县辖乡。在县境东南部。面积 421 平方千米。常住人口 0.2 万。辖 12 行政村。乡人民政府驻神堂堡村。1949 年属繁峙县第二区。1956 年分属青羊口镇和大寨口、天桥2个乡。1958年设神堂堡公社。1984年改设乡。2001年庄旺乡并入。以驻地得名。传说这个地方钟灵毓秀，聚集着各路神仙，又因村子东西两头各有一座阁楼，整个村子像个堡垒一样，故名神堂堡。境内系五台山山脉，属高山地带，最高海拔为2230米，最低海拔为680米。青羊河、大青河流经。矿产资源有铁、金、云母、花岗岩、石英、长石等。有中小学、卫生院、文化站、邮政网点等。有韩庄长城和省级保护文物应关城。有特色旅游业茨沟营村国家级首批传统村落，韩庄明长城，杨树湾苹果采摘园。主产玉米、马铃薯。主要种植二代红富士苹果，玉露香梨、核桃，柿子等。108国道和神阜公路横贯东西。

140924-C06-H01 **神堂堡**［Shéntángbǎo］神堂堡乡人民政府驻地。在县政府驻地繁城镇东南57.9千米。人口490。相传因村后有神头寺，东西各筑一堡门而得名。聚落呈条带状。有神堂堡中学、神堂堡中心卫生院。有省级文物保护单位明内长城遗址繁峙段，修筑于明代成化至万历年间（1465年—1620年）。有神堂堡东阁、西阁，现存为清代建筑遗构。108国道经此。

140924-C06-H02 **茨沟营**［Cígōuyíng］在县政府驻地繁城镇东南58.1千米处。神堂堡乡辖行政村。人口510。因明代在茨沟驻军立营而得名。据村中东城门楼明代万历年间额嵌石匾“应关城”和城门楼北壁明代天启三年嵌碑“新建楼阁碑记”，茨沟营始建于明代万历初年。聚落呈团块状。有第一批国家级长城重要点段明长城茨沟营段。2012年被列入第一批中国传统村落名录。108国道经此。

140924-C06-H03 **韩庄**［Hánzhuāng］在县政府驻地繁城镇东南54.1千米处。神堂堡乡辖行政村。人口580。聚落呈条带状。韩庄段长城作为明内长城的重要组成部分，以茨沟营堡为中心，东起河北涞源狼牙口，西至繁峙县韩庄村北，与平型关长城相接，构成了一个完整的防御体系。2016年被列入第四批中国传统村落名录。108国道经此。

140924-C07 **岩头乡**［Yántóu Xiāng］繁峙县辖乡。在县境西南部。面积315平方千米。人口0.33万。辖19行政村。乡人民政府驻岩头村。1949年属繁峙县第六区。1956年设岩头镇。1958年改岩头公社。1984年改设乡。2001年茶铺、宽滩2乡并入。以驻地得名。地处五台山风景区外围，是五台山的西大门。年平均气温5.5℃。年平均降水量500毫米。无霜期105—115天。峨河流经。矿产资源有金、铁、铜、石灰岩、云母等。有全国重点文物保护单位秘魔岩（秘密寺）。有省级文物保护单位清凉寺、狮子窝大护国文殊寺和圭峰寺。有省级文物保护单位狮子窝琉璃塔。有市县级文物保护单位白马寺、香山寺、宝山寺、永安寺、古北台寺、西来寺、卧云寺和成果庵等。自然景观有圭峰古柏、岩山叠翠、峨岭秋红、峡谷溶洞、原始大森林。素有“五台山山中清净地、繁峙境内桃花源”之称。有中小学、卫生院、文化站、邮政网点等。主产玉米、谷子、黍子、莜麦、大豆，盛产台磨、中药材，经济作物有黄芥、豆类等。工业以铁矿采选业为主。主导产业以劳务输出、种植、养殖和台蘑沙棘采摘为主。239国道繁五公路南北贯通。

140924-C07-H01 **岩头**［Yántóu］岩头乡人民政府驻地。在县政府驻地繁城镇东南15.8千米。人口1280。相传因村居秘魔岩脚下，两山岩石抱头而得名。聚落呈条带状。有岩头小学、岩头中心卫生院。有第六批全国重点文物保护单位秘密寺，寺前还有金代石幢、砖塔等遗存，现存天王殿、大雄宝殿，东配殿为清代建筑遗构，其余均为新建。2016年被列入第四批中国传统村落名录。239国道经此。

140924-C07-H02 **庄子**［Zhuāngzǐ］在县政府驻地繁城镇东南27.4千米处。岩头乡辖行政村。人口320。相传因其为村中大姓人家之田庄而得名。聚落呈团块状。有第八批全国重点文物保护单位繁峙琉璃塔，是我国现存明代琉璃塔的典型代表。乡村道路经此。

140925 **宁武县**［Níngwǔ Xiàn］忻州市辖县。北纬38° 31′—39° 8′，东经111° 50′—120° 40′。在市境中部。面积1944平方千米。人口13.64万。以汉族为主，还有满、回、蒙古等民族。辖5镇、

7 乡。县人民政府驻凤凰镇。汉置楼烦县。魏、西晋因之，永嘉年废。北魏置太平郡，后置广宁郡、神武郡。隋大业四年（608 年）置楼烦郡，隋末废。唐，于楼烦郡治置宁武军，后废。五代北汉乾祐五年（952 年）置宁化军，后废，又置固军，属岚州。宋太平兴国四年（979 年）改为宁化县。宋太平兴国五年（980 年）置宁化军。宋熙宁三年（1070 年）废。元祐元年（1086 年）复置宁化县，元祟宁三年（1104 年）废。金大定二十年（1180 年）置宁化县。金大定二十二年（1182 年）升宁化军为宁化州。蒙古太祖十六年（1221 年）废州、县入管州。明洪武三年（1370 年）置宁化所。清雍正三年（1725 年）升宁化所为宁武县，于县建宁武府。1912 年废府，县属雁门道，后直属省。1949 年属忻县专区。1958 年崞县、神池县部分地域划入，属晋北专区。1961 年属忻县专区。1967 年属忻县地区。1983 年属忻州地区。2001 年属忻州市。元大德五年（1301 年）建宁武屯，以“咸宁偃武”得名。一说因北魏时置广宁、神武二郡而得名。宁武是古代抵御北方游牧民族入侵的战略要地，是万里长城的重要节点，现存赵、秦、东魏、北齐、宋、明时期的长城遗址。地貌主要分为河谷冲积平原区、基岩山区和黄土丘陵区，其中：平川面积占 1.67%、山区面积占 95.36%、丘陵面积占 2.97%，平均海拔 1600 米。地势由西向东倾斜，从中部高峰向南北两翼下滑，形成汾河、恢河冲积平原区。地处吕梁山脉北段。有管涔山、芦芽山、洪涛山、禅房山等。年平均气温 6.2℃。年平均降水量 470 毫米。无霜期 120—130 天。境内河道属黄河、海河流域，汾河、洪河、恢河流经。湖泊集中在余庄乡东庄村境内，积水成湖的有天池、元池、琵琶海、鸭子海。自然植被西部以针叶林、针阔叶混交林为主，东部以阔叶林为主。森林覆盖率 38% 以上。被誉为“华北之肺”“华北水塔”和“黄土高原上的绿色明珠”。矿产资源有煤、铁、铝土、铜、石灰石、花岗石等。有国家重点野生保护动物褐马鸡、黑鹳、金钱豹、石貂、青鼬、鸳鸯、大天鹅等。为全国科普教育基地，有中等职业学校、中小学。宁武县第一中学为省级示范学校。有剧院、公共图书馆、档案馆、博物馆、文化站、体育场，为省优秀运动队后备基地。有全国重点文物保护单位汾阳宫遗址、阳方口长城。有国家 4A 级旅游景区万年冰洞、芦芽山景区、汾河源头景区。有省级文物保护单位宁化古城、汾阳宫遗址、万佛寺。有地方民间艺术道情、民歌、剪纸、八音会等，根雕艺术、银盘蘑菇采摘工艺、毛尖茶制作工艺被列入省级非物质文化遗产。有国家地质公园万年冰洞，国家级管涔山森林公园，省级马营海森林公园。为省主要用材林基地之一。有国家级历史文化名村王化沟，国家级传统村落王化沟村、小石门村，全国文明村镇凤凰镇。三次产业比 5 ：60 ：35。2020 年被列入第二批革命文物保护利用片区分县名单。主产莜麦、谷子、高粱、玉米、蚕豆、红小豆、马铃薯。主要经济作物有胡麻、油菜、黄芥。土特产有莜面栲栳栳、银盘蘑菇、灵芝、沙棘汁、毛尖茶等。工业主要有采煤、机械加工、农机修造、五金修配、印刷、地毯、建筑、电力、编织、榨油、酱醋加工等。为省重要煤炭能源基地。服务业以旅游、集市贸易、批发及零售为主。北同蒲电气化铁路、宁岢铁路、朔黄铁路和宁静铁路共同构成了宁武县的铁路运输网。宁武站现为二等站。公路有太宁、大运、忻保、崞水、平阳、宁白、忻分等干线公路通过境内。

140925-N01 **杨庄大桥**［Yángzhuāng Dàqiáo］在宁武县城南部外环路与杨庄村连接处，横跨恢河。为大型河道桥梁，桥体结构为混凝土简支实心板梁。桥长 21 米，桥面宽 9 米，最大跨度 10 米，桥下净高 6 米。2004 年始建，2005 年建成。最大载重量 20 吨，担负城区主干道交通任务。

140925-N02 **恢河大桥**［Hūihé Dàqiáo］在宁武县阳方口村，横跨恢河。桥体结构为混凝土简支实心板梁。桥长 162 米，桥面宽 7 米，最大跨度 12 米，桥下净高 6.3 米。1968 年始建，1969 年建成。原名红旗大桥。2006 年改造。最大载重量 80 吨。

140925-R01 **宁武站**［Níngwǔ Zhàn］见交通运输设施部分“宁武站”条。

140925-B01 **凤凰镇**［Fènghuáng Zhèn］宁

武县人民政府驻地。在县境东北部。面积 195 平方千米。人口 4.63 万。辖 25 行政村。镇人民政府驻凤凰东大街。1949 年属宁武县第一区。1956 年分属城关、染峪、杨庄、录录湾、南沟、大河堡、朱家岩 7 个乡。1958 年属城关公社。1964 年改名为城关镇公社。1984 年改设城关镇。2001 年更今名。因地形似一只展翅欲飞的凤凰而得名。属北方土石寒冷山区，海拔高度为 1413 米。日平均气温 10℃以上，年积温 2500℃以上。无霜期平均 143 天左右。年平均年降水在 500 毫米左右。恢河流经。有煤炭、铝土矿等资源。有中小学、幼儿园、卫生院、文化活动中心、文化广场、体育场。有省级文物保护单位万佛寺。有古迹城中心古楼、杨庄旧石器遗址、周遇吉公墓、延庆寺、广济寺等。有宁武古八景之一龙泉寺染峪流虾。2014 年被评为全国文明镇。主产莜麦、玉米、马铃薯、豆类、蔬菜、油料。经济作物以红芸豆、胡麻为主。养殖以猪、牛、羊、禽为主。工业有煤矸石厂、洗选煤场、农副产品加工等。服务业有物流、商贸等。北同蒲、神黄、宁岢、宁静支线铁路过境设站。省道灵河线、宁白线、大忻线、马五线经此，有宁武汽车客运站。

140925-B01-K01 **人民街**［Rénmín Jiē］在宁武县城西北部。西起馆驿路，东至梧桐路。与水口门南巷路、延庆寺路、乌金路等道路相交。长 1.9 千米，宽 12.5 米。沥青路面。1970 年开工，1971 年建成。原名七百户街。因途经县政府，2013 年更今名。两侧有鼓楼、宁武县人民政府、宁武县人民法院、宁武县中医院等。

140925-B01-K02 **凤凰大街**［Fènghuáng Dàjiē］在宁武县城中部。西南起崞五线转盘，东北至宁武高中东北侧。与水口门路、南巷路等道路相交。长 3.6 千米，宽 32 米。1958 年始建，1959 年建成，属宁东路县城段。原名新建路。1987 年改扩建后，因宁武古称“凤凰城”更今名。两侧有宁武宾馆、凤凰镇人民政府、水利大厦、宁武高中、宁武县交通局等。

140925-B01-K03 **滨河北大街**［Bīnhé Běidàjiē］在宁武县城东南部。西南起西园路，东北至崞五线。与河南路等道路相交。长 5.3 千米，宽 17 米。水泥混凝土路面。2005 年开工，2007 年建成通车。原名外环路。因位于恢河西北岸，2013 年更今名。两侧有吉星小区、宁武政务服务中心、宁武县图书馆等。

140925-B01-K04 **滨河南大街**［Bīnhé Nán dàjiē］在宁武县城东南部。西起杨庄大桥，东至火车站路。与光明街、河南路等道路相交。长 1.4 千米，宽 28 米。水泥混凝土路面。1969 年开工，1970 年建成。原为崞阳—水泉堡公路一段。因位于恢河东南岸，2013 年更今名。两侧有宁武火车站、管涔安居小区、煤炭运销公司、龙山公园等。

140925-B01-K05 **凤凰东街**［Fènghuáng Dōng jiē］在宁武县城中部。西南起宁武高中东北侧，东北至宁武二中附近。西南与凤凰大街相连。长 3.4 千米，宽 16 米。沥青路面。1987 年建成。原名宁阳公路。2013 年，因位于凤凰大街东侧更今名。两侧有管涔山国有林管理局、宁武县体育馆、信合苑等。

140925-B01-K06 **凤凰西街**［Fènghuáng Xījiē］在宁武县城中部。西南起西园路，东北至崞五线转盘。东北与凤凰大街相连。与凤凰西街三巷、健康路等道路相交。长 2.2 千米，宽 24 米。沥青路面。2002 年建成。原名宁东公路。2013 年，因位于凤凰大街西侧更今名。两侧有凤舞广场、富安小区、宁武县医师协会附属医院等。

140925-B01-K07 **梧桐路**［Wútóng Lù］在宁武县城中部。西北起岭沟村小桥，东南至凤凰大街。东南与火车站街相连。与人民大街等道路相交。长 4.7 千米，宽 30 米。沥青路面。古代以梧桐为凤凰栖止之木，而宁武古称“凤凰城”，道路因此得名。两侧有庄只上村、北关村、利民医院、盐业公司等。

140925-B02 **阳方口镇**［Yángfāngkǒu Zhèn］宁武县辖镇。在县境北部。面积 76 平方千米。人口 1.79 万。辖 17 行政村。镇人民政府驻阳方口村。1949 年属宁武县第一区。1953 年设阳方口乡。1956 年分属阳方口、三岔、录录湾 3 个乡。1958 年属阳方口公社。1964 年改公社。1984 年改设镇。因“杨家将驻防的关口”，演变为“阳方口”三字。以驻地得名。地势东南高而西北低，平均海拔 1300 米。地处恢河东岸的内长城脚下，是三晋“表里河山”重要的出入口。年平均气温 6.8℃。年平均降水量 500 毫米。无霜期 130 天。恢河流经。有煤、铝、铁、硫磺、石灰石等矿产资源。有中小学、幼儿园、卫生院、文化站。有宁武古八景“禅房夕照”、“恢河伏流”。有阳方口堡、明代长城、突袭阳方口火车站遗址等。主产玉米、谷子、胡麻、薯类等。乡镇企业有小五金、陶瓷、水泥、采煤、石灰及供销等。服务业有商贸、旅游等。北同蒲线铁路、省道大忻线、忻五线、崞五线经此。

140925-B02-H01 **阳方口**［Yángfāngkǒu］阳方口镇人民政府驻地。在县政府驻地凤凰镇东北 11.9 千米。人口 2500。相传因杨家将驻防关口谐音得名。聚落呈带状。有阳方口中学、阳方口镇小学、阳方口中心卫生院。有抗战时期突袭阳方口火车站遗址，有阳方口南城门、阳方口烽火台群、阳方口一号堡等明代遗存以及清代阳方口秦家宅院建筑。241、338 国道经此。

140925-B03 **东寨镇**［Dōngzhài Zhèn］宁武县辖镇。在县境中部。面积 184 平方千米。人口 1.73 万。辖 20 行政村。镇人民政府驻东寨村。1949 年属宁武县第一区。1953 年设东寨乡。1958 年改公社。1984 年改设镇。2001 年马仑、大庙 2 乡并入。因村寨建于雷鸣寺及汾河源头东侧，故名东寨。以驻地得名。地势西高东低，地貌以丘陵为主，境内最高峰为管涔山。年平均气温 6.2℃。年平均降水量 600 毫米。无霜期 90—100 天。汾河从南至北流经。有煤、铝、铁、硫、花岗岩等资源。有含锶偏硅酸天然优质矿泉水。原始次森林华北落叶松为国家稀有树种。有国家一级保护动物褐马鸡、金钱豹。有中小学、幼儿园、卫生院等。有国家级管涔山森林公园。有国家 4A 级汾河源头景区，有名胜古迹雷音寺、广济寺、汾源灵沼、鸾桥烟虹、陆月虎头积雪、千年地火等，有景点马伦草原、情人谷、民俗村等。为省级特色旅游名镇。有历史名人孙文明、孙文郁、孙文萃、郭名都、郭维一等。主产马铃薯、莜麦、谷类、蚕豆、豌豆、胡麻、黄芥。养殖以猪、牛、羊、禽为主。工业以煤炭开采、石料加工为主，有煤矿。服务业以旅游为主。宁静支线铁路、省道宁白线、忻五线经此。

140925-B03-H01 **东寨**［Dōngzhài］东寨镇人民政府驻地。在县政府驻地凤凰镇西南 27.4 千米。人口 1430。因位于管涔山中峰，雷鸣寺及汾河源地之东侧而得名。聚落呈团块状。有东寨中学、东寨镇中心卫生院。有县级文物保护单位东寨摩崖石刻，宋元祐六年（1091 年）造，记载宋代军政各位官员游汾河源头，酒酣奏乐的情景。241 国道、省道忻五线经此。

140925-B03-H02 **二马营**［Èrmǎyíng］在县政府驻地凤凰镇西南 30.5 千米。东寨镇辖行政村。人口 2180。据传该村是宋代一个屯兵重地，因处头马营、三马营中间而得名。聚落呈团块状。有二马营完全小学、卫生院。有县级文物保护单位魁星阁，现存为清代建筑。有“二马营四阁楼”，现存均为清代建筑。有二马营堡址、烽火台等明代长城遗存。2019 年被列入第五批中国传统村落名录。241 国道经此。

140925-B04 **石家庄镇**［Shíjiāzhuāng Zhèn］宁武县辖镇。在县境西南部。面积 220 平方千米。人口 1.18 万。辖 21 行政村。镇人民政府驻石家庄村。1956 年属定河乡管辖。1958 年设石家庄乡。1961 年成立公社。1984 年改设镇。2021 年撤销新堡乡，整建制并入石家庄镇。因处交通要道的十字路口，故名十家庄，后演变为石家庄。以驻地得名。地形由一川两山构成，依山傍水，土地平坦，东西两山由土崖、夹山寺、八龙庙山，马家岩、大洼山、大寺山等 6 座山头组成，皆属管涔山系之余支。年平均气温 7℃。年平均降水量 600 毫米。无霜期 120 天。汾河、新堡河流经。有小学、卫生院、农家书屋、邮政支局等。有古迹新石器文化遗址、莲花洞、八路军地雷厂旧址等。有八龙庙、大庙、小庙、天花洞、昌宁公冢庙、歇马店、龙王庙等。种植玉米、高粱、红芸豆、莜麦、山药、谷子、荞麦、葵花、蔬菜、瓜果等。土特产有蘑菇、木耳、党参、猪苓、冬花。畜牧业以饲养生猪、家禽为主。宁静铁路、省道宁白线、忻保线、杨石线、石黄线经此。

140925-B04-H01 **石家庄**［Shíjiāzhuāng］石家庄镇人民政府驻地。在县政府驻地凤凰镇西南

53千米。人口1100。聚落呈团块状。有石家庄镇小学、石家庄中心卫生院。有县级文物保护单位青龙山天花洞，建在距地面高约500米的崖壁上。有县级文物保护单位新石器时代和汉代石家庄遗址。有石家庄村供销社旧址。241国道、县道石黄线经此。

140925-B05　**宁化镇**［Nínghuà Zhèn］宁武县辖镇。在县境南部。面积160平方千米。人口1.25万。辖20行政村。镇人民政府驻化北屯村。1949年属宁武县第二区。1956年分属散岔、李家庵、化北屯、蒯屯、宁化、坝门口6个乡。1958年属化北屯公社。1962年析置宁化公社。1984年改化北屯乡。2001年宁化乡并入。2021年撤销化北屯乡，更名设立宁化镇。因宋在此置宁化县，金改宁化州，故名。年平均气温7℃。年平均降水量600毫米。无霜期90—120天。汾河、洪河流经。有煤炭资源。有国家一级保护动物褐马鸡、金钱豹。有中小学、卫生院、文化站、邮政网点等。有省级文物保护单位宁化古城，有古迹头马营五道庙街、山寨李氏节孝牌坊、头马营墓群、宁化闫家宅院。主产莜麦、玉米、豆类、马铃薯。畜牧业以饲养生猪、羊、牛、家禽为主。是县木材生产基地之一。乡镇企业以采煤、制砖为主，有煤业公司、农产品加工企业。省道宁白线经此。

140925-B05-H01　**化北屯**［Huàběitún］宁化镇人民政府驻地。在县政府驻地凤凰镇西南37.6千米。人口850。相传因坐落于宁化北面，历史上曾驻扎过军队得名。聚落呈带状。有化北屯中学、化北屯完全小学、化北屯乡卫生院。241国道、省道宁白线经此。

140925-B05-H02　**宁化**［Nínghuà］在县政府驻地凤凰镇西南30.5千米。宁化镇辖行政村。人口720。《文献通考》卷316《古冀州》载："宁化军，本岚州地。刘崇置固军，太平兴国四年，徙军城稍南，改为宁化县。"即此。明代置巡检司，后废为村，名称沿用。有第五批省级文物保护单位宁化古城，现存遗址是明清在宋城基础上修建而成。241国道、省道宁白线经此。

140925-C01　**薛家洼乡**［Xuējiāwā Xiāng］宁武县辖乡。在县境东北部。面积156平方千米。人口0.86万。辖16行政村。乡人民政府驻薛家洼村。1949年属宁武县第一区。1956年分属散岔、李家庵、化北屯、蒯屯、宁化、坝门口6个乡。1958年属贾家窑公社。1963年贾家窑公社一分为三，设立薛家洼、下白泉、盘道梁3个公社。1984年改薛家洼乡。2001年盘道梁、下白泉2乡并入。因薛姓人先在境内安家落户而得名。地势东高西低，地形为山地。主要山脉有禅房山、翠屏山、秃顶山等。最高海拔禅房山2106米。年平均气温6.2℃。年平均降水量470—770毫米。无霜期120—130天。有煤、铝矾土、硫铁、石灰岩、耐火黏土、陶瓷黏土及建筑石材等。有国家一、二级保护动物黑鹳、金雕、狍子、獾子等。有小学、卫生院、邮政网点等。有东麻地沟地窨院群。主产莜麦、豆类、山药、谷子、玉米、黍子、荞麦、胡麻、油菜、黄芥。主要经济作物有胡麻、药材。畜牧业以饲养牛、羊为主。有多个煤业企业。有多条公路经此。

140925-C01-H01　**薛家洼**［Xuējiāwā］薛家洼乡人民政府驻地。在县政府驻地凤凰镇东北13.8千米。人口600。因该村在一山洼里，薛氏在此建村而得名。聚落呈团块状。有薛家洼乡中心卫生院。西北、东北方向有长城。有"煤铝之乡"的美誉。乡村道路经此。

140925-C02　**余庄乡**［Yúzhuāng Xiāng］宁武县辖乡。在县境西南部。面积163平方千米。人口0.88万。辖17行政村。乡人民政府驻上余庄村。1949年属宁武县第三区。1956年分属三张庄、余庄、分水岭、苗庄、东庄5个乡。1958年为余庄公社。1984年改余庄乡。2001年东庄乡并入。以驻地得名。地势西高东低。地形分为高山陡坡、河谷川地、低山缓坡、黄土丘陵。无霜期120天。汾河、恢河流经。有煤炭、铁、铝土、硫黄、石灰石等资源。有中小学、卫生院、文化站等。有省级文物保护单位汾阳宫遗址。有省级马营海森林公园。有省级风景名胜区天池。有古迹汾阳宫遗址、海瀛寺。有马营海、公海、琵琶湖3个湖泊和暖泉沟水库。主产莜麦、豌豆、山药、玉米、胡麻。养殖以猪、牛、羊、鱼为主。工业有煤炭开采、洗选煤厂、石料厂、农产品加工等。服务业以旅游、农家乐为主。宁静支线铁路、省道宁白线、忻汾线经此。

140925-C02-H01 **上余庄** [Shàngyúzhuāng] 余庄乡人民政府驻地。在县政府驻地凤凰镇西南12.8千米。人口1000。相传余姓建村，故名余庄，又因有两个余庄，根据其位置，称上余庄。聚落呈团块状。有余庄中学、余庄乡卫生院。有余庄烽火台，为明代遗存。有余庄戏台，现存为清代建筑。241国道经此。

140925-C02-H02 **马营** [Mǎyíng] 在县政府驻地凤凰镇西南18.8千米。余庄乡辖行政村。人口420。相传宋代曾有军队在此安营扎寨，故名。聚落呈团块状。有第八批全国重点文物保护单位汾阳宫遗址，位于村北的南滨山顶。遗址结构布局保存完整，对研究隋代皇家建筑规制、行宫建筑格局和古代建筑史等有重要价值。省道忻五线经此。

140925-C03 **涔山乡** [Cénshān Xiāng] 宁武县辖乡。在县境西部。面积184平方千米。人口0.48万。辖9行政村。乡人民政府驻沤泥湾村。1954年设岔上乡。1959年改设公社。1981年更名涔山公社。1985年乡政府搬迁至沤泥湾村，更名为涔山乡。2001年春景洼乡并入。境内山势险峻，沟谷交错，多以褶皱山为主。年平均气温6℃。年平均降水量600毫米。无霜期90天。有煤、铁、铝等矿产资源。有国家一级保护动物褐马鸡。有国家地质公园、国家4A级旅游景区万年冰洞，有景点悬棺、悬空寺、青石庵古栈道、支锅奇石、仙人洞等。为中国传统村落。主产莜麦、大豆、马铃薯、胡麻、黄芥。养殖业以羊、牛、骡驴、猪、家禽为主。有煤炭开采业。服务业以旅游为主。多条公路经此。

140925-C03-H01 **沤泥湾** [Ōuníwān] 涔山乡人民政府驻地。在县政府驻地凤凰镇西南24千米。人口200。相传因原村地有沤泥一滩，村建山湾得名。聚落呈带状。有县级文物保护单位泥湾村石刻，为明代遗存，上刻“紫塞长城”楷体大字。有长城机械厂办公区旧址，包括生活区旧址、组装车间旧址、炮管车间旧址、家属区旧址等。省道忻五线、县道春支线经此。

140925-C03-H02 **王化沟** [Wánghuàgōu] 在县政府驻地凤凰镇西南23.6千米。涔山乡辖行政村。人口140。聚落呈带状。相传王姓建村，因地势偏僻得名王化沟。悬空村海拔2300余米，整个村子呈东西走向分布在全长约1华里的悬崖上，被称为“悬空村”。为宁武旅游观光重点景区之一。2009年被列入第三批山西省历史文化名村名录。2010年被列入第五批中国历史文化名村名录。2012年被列入第一批中国传统村落名录。乡村道路经此。

140925-C03-H03 **小石门** [Xiǎoshímén] 在县政府驻地凤凰镇西南20.8千米。涔山乡辖行政村。人口200。相传因村建在沟中，对面有石门而得名。聚落呈带状。有县级文物保护单位悬空寺遗址，又称仙人洞，创建于唐代，清代重修。有小石门悬棺墓，是忻州市唯一的悬棺墓。2013年被列入第二批中国传统村落名录。乡村道路经此。

140925-C04 **西马坊乡** [Xīmǎfāng Xiāng] 宁武县辖乡。在县境西南部。面积202平方千米。人口0.94万。辖16行政村。乡人民政府驻西马坊村。1949年属宁武县第二区。1956年分属高崖底、细腰、小峪、营坊沟、馒头山5个乡。1958年为西马坊公社。1984年改为西马坊乡。以驻地得名。地势西高东低。年平均气温在6—7℃。年平均降水量500—600毫米。无霜期平均90—120天。西马坊河流经。有煤炭、铁、铝等资源。有幼儿园、小学、卫生院。文化站等。有国家级自然保护区、国家4A级旅游景区、省级风景名胜区芦芽山。主产莜麦、豌豆、蚕豆、胡麻、马铃薯。林区产落叶松、黄松。盛产中药材。畜牧业以猪、牛、羊、禽为主。工业以煤炭开采为主。多条公路经此。

140925-C04-H01 **西马坊** [Xīmǎfāng] 西马坊乡人民政府驻地。在县政府驻地凤凰镇西南44.6千米。人口900。相传因元代蒙古族人在此搭过马棚得名，又因在位置西而得名西马坊。聚落呈团块状。有西马坊村希望小学、西马坊乡卫生院。有西马坊关公阁，现存为清代建筑。有西马坊王家宅院，保存有清至民国三块木匾，“龄燕翼□”“慈贞兼优”“天伦乐事”。县道五坝线经此。

140925-C05　**迭台寺乡**［Diétáisì Xiāng］宁武县辖乡。在县境东部。面积 178 平方千米。人口 0.75 万。辖 15 行政村。乡人民政府驻圪谬寺村。1949 年属宁武县第四区。1953 年设迭台寺乡。1956 年分属西岭、迭台寺 2 个乡。1958 年属迭台寺公社。1984 年改为迭台寺乡。2021 年撤销圪谬乡，整建制并入迭台寺乡。因乡政府驻地原有三座寺院坐落坡上，高低重叠，故此得名。位于管涔山和云中山之间，境内地势高峻，沟谷纵横，属半坡半山黄土丘陵农牧区。主要山脉有刘家毛山，沙峁岩、照山岩、大山岩、大梁山、牛槽峁、驼岩梁等山，平均海拔 1800 米。年平均气温在 6℃以上。年平均降水量在 600 毫米以上。无霜期 120 天左右。洪河支流、圪廖沟河流经。主要树种为落叶松、云杉、白桦、杨树。有党参、黄氏、秦艽、猪苓、大黄、蒲公英、车前子等野生中药材。矿产资源有煤炭、铝土矿等。有幼儿园、中小学、卫生院、文化站等。有古迹永庆寺、侯家大院、马氏节孝坊、石庄马王庙等。主产莜麦、马铃薯、蚕豆。主要经济作物有胡麻。畜牧业以饲养牛、羊为主。省道忻五线经此。

140925-C05-H01　**圪谬**［Gēmiù］迭台寺乡人民政府驻地。在县政府驻地凤凰镇西南 31.6 千米。人口 2000。原名山峪村，久而久之演变为圪谬村。聚落呈团块状。有圪谬堡址，相传为蒙古人所建。有圪谬村村街。圪谬曾经被称为“宁四区小集镇”。省道忻五线经此。

140925-C05-H02　**西沟**［Xīgōu］在县政府驻地凤凰镇西南 22.5 千米。迭台寺乡辖行政村。人口 310。因地理位置而得名。聚落呈团块状。有县级文物保护单位永庆寺，现存为清代建筑。有西沟一品院、西沟七品院、西沟敬院、西沟当街院清代建筑。有胜天桥，为双曲拱平桥。2019 年被列入第五批中国传统村落名录。乡村道路经此。

140925-C06　**怀道乡**［Huáidào Xiāng］宁武县辖乡。在县境东南部。面积 138 平方千米。人口 0.61 万。辖 11 行政村。乡人民政府驻怀道村。1953 年设怀道乡。1949 年属宁武县第四区。1956 年分属谢家坪、下官庄、怀道 3 个乡。1958 年属怀道公社。1984 年改怀道乡。原名灰吊，清道光年间该地出了一位名弓怀林的举人，因嫌村名不雅，便取“弓怀林”的“怀”“道光”的“道”字，“怀道”由此得名。以驻地得名。地形总貌由西向东倾斜，由中部高峰向南北两翼下滑。由元卯子、大车山、大南岭、芥菜崖等主要山头组成。年平均气温 6.2℃。年平均降水量 470—770 毫米。无霜期 110—130 天。洪河、怀道沟河流经。矿产资源有煤炭、铁、石英等。树种有华北落叶松、油松、云杉、白桦、串杨、柳树等。有中小学、卫生院、文化站等。有古迹黄松沟石窟。农历六月二十四有庙会。农业以马铃薯、莜麦、胡麻、玉米、红芸豆、蚕豆为主。畜牧业主要养殖牛、羊、驴、鸡等。X123 县道经此。

140925-C06-H01　**怀道**［Huáidào］怀道乡人民政府驻地。在县政府驻地凤凰镇西南 36.5 千米。人口 1000。相传原名灰吊，道光年间，村里有名叫弓怀林的考中举人，取“弓怀林”的“怀”、“道光”的“道”字得名。聚落呈带状。有怀道乡小学、怀道乡卫生院。有怀道阁，现存为清代建筑。有怀道戏台，现存为清代建筑。县道隔怀线经此。

140925-C07　**东马坊乡**［Dōngmǎfāng Xiāng］宁武县辖乡。在县境东南部。面积 107 平方千米。人口 0.74 万。辖 11 行政村。乡人民政府驻东马坊村。1949 年属宁武县第四区。1953 年设东马坊乡。1958 年改公社。1984 年复设乡。2001 年辉顺沟并入。因元朝时该地曾驻过马队、搭过马棚，故名。以驻地得名。地势东高西邸，地貌以丘陵为主，境内平均海拔 1740 米。年平均气温 4.2℃。年平均降水量为 600 毫米以下。无霜期为 90—100 天。矿产资源有煤炭、铁、云母、石英等。有中小学、卫生院、体育活动广场等。有东马坊供销社旧址。粮食作物以土豆、莜麦、大豆、碗豆等小杂粮为主，经济作物以红云豆、胡麻为主。养殖以牛、羊为主。有国电、华能两处风电场。省道忻五线经此。

140925-C07-H01　**东马坊**［Dōngmǎfāng］

东马坊乡人民政府驻地。在县政府驻地凤凰镇东南35.8千米。人口1100。相传，元初曾在此驻过马队搭过马棚，取名马坊，因位置得名为东马坊。聚落呈团块状。有东马坊完全小学、东马坊乡卫生院。有清代张氏家族墓、明清墓地东马坊墓群。有东马坊张家宅院、东马坊钱家宅院照壁、东马坊宗家宅院门楼等清代遗构。有东马坊供销社旧址。省道忻五线经此。

140926 **静乐县**［Jìnglè Xiàn］忻州市辖县。北纬38° 08′—38° 40′，东经110° 43′—112° 20′。在市境中部。面积2037平方千米。人口11.92万。以汉族为主，还有蒙古、回、彝等民族。辖6镇、6乡。县人民政府驻鹅城镇。唐尧、夏、商均为冀州领域。春秋属晋地。战国为赵地。秦属太原郡晋阳邑。西汉高祖元年（前206年）始置县，名汾阳，属并州太原郡。东汉末废汾阳入九原县，立秀容护军于此，为秀容地。三国属魏并州地太原郡。西晋永嘉间置三堆县。北魏太平真君七年（327年）三堆入平寇县，属肆州新兴郡。北齐置三堆戍，属肆州秀容郡。隋开皇三年（583年）移岢岚县治于三堆旧城。十八年改汾源县。大业四年（608年）改静乐县，属河东楼烦郡。唐武德四年（621年）置管州，同年析置丰润县，治今鹅城南1.5千米丰润，次年废入宜芳县，改管州为北管州，静乐县属之。后废北管州，县属岚州。唐末析置玄池县，属宪州，治今鹅城东南30千米下马城。北宋太平兴国六年（981年）置静乐军。咸平五年（1002年）废静乐军，宪州治自今娄烦县境徙今鹅城。景德三年（1006年）玄池县废入静乐县。熙宁三年（1070年）废宪州，属岚州。十年复置宪州，县仍属之。政和五年（1115年）改宪州为汾源郡，县属之。金天德三年（1151年）改汾源郡为管州，县属之，隶河东北路。元废静乐县入管州，属冀宁路。明洪武三年（1370年）废管州，复置静乐县，属太原府。清雍正二年（1724年）改属忻州。1912年属雁门道，后直属省。1949年属忻县专区。1958年岚县废入静乐县，改属晋北专区。1961年岚县析出，静乐县复属忻县专区。1967年属忻县地区。1971年析出部分行政区归娄烦县。1983年属忻州地区。2000年属忻州市。寓意安静快乐生活得名。地处吕梁山脉北段，汾河上游，地势南、东、北3面环山，有大车山、万花山、中子山、高金寨山、黄苇山等。最高海拔甘沟2421米，最低海拔1139米。年平均气温7.3℃，1月平均气温-8.7° C，7月平均气温23° C左右。年平均降水量450毫米。无霜期145天左右。汾河流经，东碾河、鸣河、西碾河、扶头会河等支流汇入。矿产资源有煤、铁、锰、铝矾土、长石、云母等，有褐马鸡、野猪、野羊、野鸡、野兔等国家级重点保护野生动物。有药用野生植物黄芪、党参、黄芩、柴胡、冬花等。有中等职业学校、中小学。静乐县新建小学为省级示范小学。有剧院、文化馆、公共图书馆、档案馆、博物馆、体育场。有不可移动文物保护单位236处，古遗址128处、古墓葬37处、古建筑47处、石窟寺及石刻12处、近现代文物建筑12处。有国家4A级旅游景区天柱山。有国家级静乐汾河川湿地公园。有省级文物保护单位静居寺石窟、静乐文庙。有忻州市级文物保护单位卫国寺、狮子崖石窟、赵王城遗址等9处。有“静乐八景”天柱龙泉、神烟风洞、巾岩濑雨、文峰凌霄、悬钟神韵、显宇佛崖、太子灵蛇、千佛净居。有地方民间艺术八音、刺绣等。剪纸被列为省级非物质文化遗产。为中国民间文化艺术之乡。市级非物质文化遗产有静乐响工、拉碌碡、桦皮筒子制作技艺等。县级非物质文化遗产有静乐社火、古琴制作技艺、静乐割糕等。有国家级传统村落龙家庄村，有全国文明村镇凤凰镇。有历史名人刘涌、高君宇、郭炳、吕调元等。1946年王若飞、秦邦宪、邓发、叶挺、黄齐生因飞机失事，在兴县黑茶山遇难，由毛泽东主席亲笔题词“死难烈士万岁”的“四·八”烈士纪念碑就耸立在静乐城南汾水河畔。三次产业比12.4 ∶ 42.8 ∶ 44.8。获2019年“中国天然氧吧”创建地区称号。2020年被列入第二批革命文物保护利用片区分县名单（晋绥片区），获评第六届全国文明城市。主产莜麦、谷子、马铃薯、玉米、豆类、糜黍、高粱等，为省重要杂粮生产基地。被誉为冬花之乡。有土特产莜面窝窝、胡麻油、小梁油等。经济作物主要有胡麻、菜籽。工业有采煤、水泥、化肥、针织、机械加工、电机、农机修造、皮革制造等行业。形成以煤炭、铝矾土为主体的采掘业，以水泥、砖瓦、预制件为主的建材业。有宁静地方铁路，有太佳高速、忻保高速。有干线公路忻碛线公路、太宁线公路、忻保线。有省道忻黑线、宁白线、忻五线、康北线。

140926-N01 **润泽大桥**［Rùnzé Dàqiáo］在静乐县城南部241国道(呼北线)之上，横跨汾河。为大型河道桥梁，钢筋混凝土结构。桥长248.7米，桥面宽7.0米，最大跨度30米，桥下净高8.5米。1940年动工，1941年建成，是静乐第一座汾河大桥。1969、1985年重修。2007年扩建。桥名寓意汾河如春雨般滋润静乐，福泽人民。最大载重量80吨。

140926-N02 **永丰大桥**［Yǒngfēng Dàqiáo］在静乐县城西北部永丰街之上，横跨汾河。为大型河道桥梁，结构型式为钢筋混凝土桥。桥长346.4米，桥面宽12米，最大跨度25米，桥下净高7.5米。2010年动工，2013年建成。最大载重量60吨。

140926-N03 **碾河大桥**［Niǎnhé Dàqiáo］在静乐县城西南部，鹅城路与天柱路连接处，纵跨东碾河。为大型河道桥梁，桥体结构为混凝土简支空心板梁。桥长85.2米，桥面宽8米，最大跨度80米，桥下净高3米。1970年动工，1971年建成。最大载重量80吨。

140926-S01 **静乐汽车客运站**［Jìnglè Qìchē Kèyùn Zhàn］见交通运输设施部分“静乐汽车客运站”条。

140926-B01 **鹅城镇**［Échéng Zhèn］静乐县人民政府驻地。在县境中部。面积126平方千米。人口3.63万。辖26行政村。镇人民政府驻青龙街。1949年属静乐县第四区。1956年属火星人民公社。1961年属城关公社。1984年设城关镇。2000年西坡崖乡、城关镇合并为鹅城镇。因地处静乐县城，而县城形似一只展翅的天鹅而得名。地势四面高，中间低，地形为盆地型；三面环山，东部山地较高，海拔在2000米以上，西部较低，与岚县合成一个小型盆地，中部和西部为黄土丘陵区；主要山脉有岑山、封神山、天柱山。年平均气温7℃。年平均降雨水380至500毫米。无霜期120至135天。汾河、碾河流经。有中小学、幼儿园、医院、邮政网点。有省级文物保护单位静乐文庙。有名胜古迹战国赵王城遗址、寺坡文庙、岑山书院、护国寺和天柱山、风神山、岑山。2012年被评为“党的十八大期间信访工作先进集体”，2014年、2015年、2016年、2018年被评为省级“文明乡镇”，2014年被评为“全国重点乡镇”，2014年被命名为市级“平安乡镇”，2015年、2017年被授予“全国文明乡镇”称号，2012年—2017年连续六年全县乡镇年度目标责任制综合考核第一名，2021年被评为市级“平安乡镇”等。农业以旱地农业为主，主产玉米、马铃薯、糜谷、黄豆。有温室大棚种植。特色种养黄花菜、玫瑰，养殖獭兔等。有宁静地方铁路，省道忻黑线、宁白线经此。

140926-B01-K01 **鹅城路**［Échéng Lù］在静乐县城东部。北起岑山街，南至碾河大桥。南与天柱路相连。与东关街、汾河大街、鼓楼街、朝阳街等道路相交。长2.1千米，宽10米。沥青路面。1946—1965年，改造旧安乐街、康福街建成。原名东风路。1968、1978、1984、2014年重修。因位于鹅城镇中心更今名。两侧有利民小区、马家沟村、李敏小学、君宇中学、新建小学等。

140926-B01-K02 **汾河大街**［Fénhé Dàjiē］在静乐县城南部。西起宁白线，东至碾河大街。与静汾东路、西林路、鹅城路、忠信路等道路相交。长4.1千米，宽10米。沥青路面。2014年建成。因横跨汾河得名。两侧有人民公园、静乐一中、儒林小区、静乐三中、静乐县人民医院、牛家会村等。

140926-B01-K03 **静汾西路**［Jìngfén Xīlù］在静乐县城西部。北起永丰街，南至宁白线。与汾河大街、崇文街等道路相交。长3.5千米，宽16米。沥青路面。1989年建成。1994、2014年重修。因位于静乐汾河西岸得名。两侧有小康苑移民安置区、静乐县人民法院、静乐县体育中心、静汾苑、汾河湿地公园等。

140926-B01-K04 **静汾东路**［Jìngfén Dōng lù］在静乐县城西部。北起永丰街，南至碾河大街。

与岑山街、利民街、朝阳街、汾河大街等道路相交。长 2.4 千米，宽 16 米。沥青路面。1989 年建成。1994、2014 年重修。因位于静乐汾河东岸得名。东侧有百汇佳园、静乐县医疗保障局、致远中学等。

140926-B01-K05 **碾河大街**［Niǎnhé Dàjiē］在静乐县城南部。西起静汾东路，东至汾河大街。与健康路、西林路、鹅城路等道路相交。长 4.2 千米，宽 10 米。沥青路面。2014 年建成。因位于东碾河北岸得名。两侧有静乐汽车客运站、静乐三中、惠民小区、天和移民小区等。

140926-B01-K06 **西林路**［Xīlín Lù］在静乐县城西部。北起利民公园附近，南至碾河大街。与利民街、正源街、朝阳街等道路相交。长 2.2 千米，宽 16 米。沥青路面。1986 年建成。2014 年重修。因位于旧城墙外西林子附近得名。两侧有利民小学、静乐县林业局、静乐一中、兴瑞小区等。

140926-B01-K07 **利民街**［Lìmín Jiē］在静乐县城北部。西起静汾东路，东至朝阳山底。与西林路、鹅城路等道路相交。长 0.7 千米，宽 8 米。沥青路面。2014 年建成。因便利民众出行得名。两侧有静乐县食品药品监督管理局、利民小学、龙泉小区等。

140926-B01-K08 **正源街**［Zhèngyuán Jiē］在静乐县城西部。西起静汾东路，东至鹅城路。与西林路相交。长 0.6 千米，宽 8 米。沥青路面。2014 年建成。路名寓意品行端正、正本清源之意。两侧有静乐县医疗保障局、静乐县人民政府、鹅城镇人民政府等。

140926-B01-K09 **朝阳街**［Cháoyáng Jiē］在静乐县城中部。西起静汾东路，东至鹅城路。与西林路、光明路等道路相交。长 0.6 千米，宽 10 米。沥青路面。2014 年重修。因道路位于朝阳山下而得名。两侧有人民公园、静乐县人民政府、静乐县博物馆等。

140926-B01-K10 **鼓楼街**［Gǔlóu Jiē］在静乐县城中部。西起人民公园东门，东至鹅城派出所。与西林路、光明路、鹅城路等道路相交。长 0.6 千米，宽 5 米。沥青路面。1984、2014 年重修。因位于旧鼓楼附近得名。两侧有人民大礼堂、静乐县文旅局、静乐县自然资源和规划局、电业局生活小区等。

140926-B01-H01 **赵王城**［Zhàowángchéng］在县政府驻地鹅城镇西南 1.5 千米。鹅城镇辖行政村。人口 350。相传战国时期，赵武灵王推行胡服骑射，在此筑城练兵，故名。聚落呈团块状。有第六批省级文物保护单位赵王城遗址，城址平面呈长方形，战国至汉代延续使用。337 国道经此。

140926-B02 **杜家村镇**［Dùjiācūn Zhèn］静乐县辖镇。在县境东北部。面积 128 平方千米。人口 1.87 万。辖 28 行政村。镇人民政府驻杜家村。1949 年属静乐县第三区。1956 年设杜家村乡。1961 年改公社。1984 年改设镇。2000 年刁儿沟乡并入。2021 年撤销堂尔上乡，整建制并入杜家村镇。相传有外地人杜氏两兄弟到境内谋生定居，因而得名。地势北高南低，地形以山地为主，主要山脉有岩石山脉。年平均气温 15℃。年平均降水量 500 毫米。鸣河由东向西流经。有煤炭、铝矾土、石灰石、铁矿石等资源。有中小学、卫生院、农家书屋等。主产莜麦、豌豆、大豆、玉米、马铃薯。特色种植黄花菜、紫花白脱毒马铃薯、抗病毒胡麻。养殖獭兔。工业以煤炭开采、炼焦、运输为主。省道忻保线、宁白线经此。

140926-B02-H01 **杜家村**［Dùjiācūn］杜家村镇人民政府驻地。在县政府驻地鹅城镇东北 29.4 千米。人口 2800。聚落呈条带状。有杜家村中学、杜家村小学、杜家村镇中心卫生院。每年农历五月十三有庙会。县道杨石线经此。

140926-B03 **康家会镇**［Kāngjiāhuì Zhèn］静乐县辖镇。在县境东南部。面积 160 平方千米。人口 0.75 万。辖 11 行政村。镇人民政府驻康家会。1949 年属静乐县第一区。1956 年设康家会乡。1961 年改公社。1984 年改设镇。以驻地得名。属丘陵和半山区地貌。年平均气温 6.6℃。年平均降水量 470—750 毫米。无霜期 110—125 天。碾河由东向西流经。有云母、长石等资源。有中小学、卫生院、中心文化站。为百团大战首战之地，有县东大门之称。有悬钟山又名“馒头山”。主产玉米、高粱、莜麦、糜谷、马铃薯、大棚蔬菜。

特产冬花、黑枸杞、藜麦等。养殖獭兔、牛、羊、鱼等。服务业以农副产品加工业为主。省道忻黑线经此。

140926-B03-H01　**康家会**［Kāngjiāhuì］康家会镇人民政府驻地。在县政府驻地鹅城镇东南22.5千米。人口1700。由康氏在此建立村庄，“会”指当地较大的村镇，故名。聚落呈团块状。有康家会中学、康家会镇中心卫生院。有第六批省级文物保护单位百团大战康家会战斗遗址，原日军在康家会村设立指挥部及炮台，现仅存炮台外围月牙形的战壕1道。有特产黑枸杞、藜麦、红芸豆。337国道经此。

140926-B04　**丰润镇**［Fēngrùn Zhèn］静乐县辖镇。在县境南端。面积106平方千米。人口0.82万。辖11行政村。镇人民政府驻丰润村。1949年属静乐县第五区。1956年设丰润乡。1958年属火箭公社。1961年改公社。1984年改设镇。2000年步六社乡并入。以驻地得名。取“田肥地润、丰衣足食”之意。地形属土石丘陵区，地貌以陆地小地形为主年平均气温6℃。年平均降水量380—450毫米。无霜期135天左右。汾河流经。有中小学、卫生院、农家书屋、邮政网点等。有国家级汾河川湿地公园。有省级文物保护单位静居寺石窟。主产糜谷、高粱、玉米、豆类、马铃薯、小杂粮和大棚蔬菜。特色种植核桃、玫瑰。养殖獭兔、鱼。乡镇企业以运输、炼焦、农副产品加工为主。省道太佳线、宁白线经此。

140926-B04-H01　**丰润**［Fēngrùn］丰润镇人民政府驻地。在县政府驻地鹅城镇西南14.3千米。人口2300。相传取丰衣足食、雨露滋润之意而得名。聚落呈团块状。有静乐县君宇小学、丰润镇中心卫生院。有第八批全国重点文物保护单位静居寺石窟，推测建于唐仪凤二年（677年），是晋北地区小型石窟的重要代表。241国道经此。

140926-B05　**双路镇**［Shuānglù Zhèn］静乐县辖镇。在县境北部。面积145平方千米。人口1.91万。辖34行政村。镇人民政府驻上双路村。1949年属静乐县第三区。1956年设双路乡。1958年属幸福公社。1961年为双路公社。1984年复设乡。2000年泉庄乡并入。2021年撤乡设双路镇。以驻地得名。地势北高南低，地形为山地、丘陵，主要有黄苇山脉。年平均气温6—7℃。年平均降水量650毫米。无霜期100—120天。矿产资源有煤、铝矾土。双路河流经。有中小学、卫生院、文化站、村级组织活动场所。2021年被认定为山西省农村电商强镇。主产胡麻、菜籽、莜麦、马铃薯、豌豆、糜、谷、玉米。养殖有獭兔、鱼、牛、羊。有煤电企业。有X134县道经此。

140926-B05-H01　**上双路**［Shàngshuānglù］双路镇人民政府驻地。在县政府驻地鹅城镇东北19.4千米。人口1240。相传因故人在此建两座楼，取名上双楼，后因谐音而得名。聚落呈团块状。有中山完美希望学校、双路卫生院。有双路遗址，为汉代文化遗存。有毕氏家族墓地，为清代墓葬。县道悬石线经此。

140926-B06　**王村镇**［Wángcūn Zhèn］静乐县辖镇。在县境西部。面积159平方千米。人口1.21万。辖26行政村。乡人民政府驻王村。1949年属静乐县第四区。1956年设王村乡。1958年改为跃进公社。1959年改为王村公社。1984年撤销王村公社，改为王村乡。2000年马坊镇乡并入王村乡。2021年撤乡设王村镇。以驻地得名。地质地貌集汾河滩涂、黄土丘陵、土石山区于一体。林木覆盖率75%。无霜期115—140天。西碾河流经。有煤、锰、铁等资源。有黄芩、柴胡、党参、黄芪、冬花等野生植物资源有野猪、野鸡、野兔以及野生动物等。有中小学、卫生院、文化站等。粮食作物以谷子、豆类、马铃薯、胡麻、玉米等为主。特色种植黄花菜、抗病毒胡麻、中药材等。畜牧业以饲养生猪、羊、牛、家禽为主。有油料加工厂。有005乡道经此。

140926-B06-H01　**王村**［Wángcūn］王村镇人民政府驻地。在县政府驻地鹅城镇西北6.8千米。人口770。聚落呈团块状。有婆塔遗址，为新石器时代龙山文化遗存。有王村遗址，为汉代文化遗存。有王村堡址，为明代文化遗存。乡村道路经此。

140926-C01　**段家寨乡**［Duànjiāzhài Xiāng］静乐县辖乡。在县境西北部。面积110平方千米。常住人口1.09万。辖12行政村。乡人民政府驻段家寨村。1949年属静乐县第一区。1956年设段家寨乡。1958年改为友好公社。1959年改段家寨公社。1984年改为段家寨乡。2000年岔上乡并入。因有姓段的大户人家居住在境内而得名。地处汾河川。年平均气温7℃。年平均降水量400—500毫米，无霜期河川120—145天，山区110—120天。汾河、龙王沟河、五村沟河流经。有煤、铝矾土、高钙石炭岩、铁等矿产资源。有中小学、卫生院、农家书屋、邮政网点。主产莜麦、豌豆、马铃薯、玉米、高粱、大豆、糜谷。有日光节能温室百座。特色种植有黄花菜。养殖獭兔。有煤矿开采、石料厂。省道宁白线经此。

140926-C01-H01 **段家寨**［Duànjiāzhài］段家寨乡人民政府驻地。在县政府驻地鹅城镇东北13.6千米。人口1300。聚落呈条带状。有段家寨乡中心卫生院。有段家寨遗址，为东周时期文化遗存。有段家寨墓葬，为汉代墓葬。有段家寨堡址，为明代文化遗存。241国道经此。

140926-C02 **辛村乡**［Xīncūn Xiāng］静乐县辖乡。在县境西北部。面积127平方千米。人口0.74万。辖14行政村。乡人民政府驻辛村。1949年属静乐县第四区。1956年设辛村乡。1958年改为上游公社。1959年改辛村公社。1984年复设乡。以驻地得名。地势西北高，东南低；地形为丘陵土石山区；主要山脉有黄华山、二峰站、望乡台、关家沟山、中耳壑。年平均气温6℃。年平均降水量500毫米。无霜期110—120天。万辉河流经。有煤炭、铝矾土、石灰岩水晶石和铁等矿产资源。有国家一级重点保护动物金钱豹。有小学、卫生院、农家书屋、邮政网点。黄花山太子寺为县八景之一。种植胡麻、菜籽、莜麦、马铃薯、豌豆等小杂粮。有黄芪、冬花、葛根等中药材。养殖獭兔，建成青龙沟、辛村两个标准化大型獭兔养殖场。有多条公路过境，有018乡道经过经此。

140926-C02-H01 **辛村**［Xīncūn］辛村乡人民政府驻地。在县政府驻地鹅城镇西北10.3千米。人口700。聚落呈团块状。秋后有庙会，有唱大戏，扭秧歌等民俗活动。乡村道路经此。

140926-C03 **神峪沟乡**［Shényùgōu Xiāng］静乐县辖乡。在县境南部。面积159平方千米。人口1.01万。辖18行政村。乡人民政府驻神峪沟村。1949年属静乐第五区。1956年属张贵村乡。1958年设火星公社。1981年因驻地迁移更名神峪沟公社。1984年改设乡。2001年择善乡并入。因新村修建于神泉之沟神峪沟而得名。地貌集汾河滩涂、黄土丘陵、土石山区于一体。年平均气温6—7℃。年平均降水量380—450毫米。无霜期120—135天。汾河流经。有煤、铁、铝矾土等矿产资源。有幼儿园、小学、卫生院、文化站等。主产玉米、高粱、谷子、莜麦、马铃薯。特色种植核桃、枣树。养殖有獭兔、猪、牛、羊等。省道太佳线、宁白线经此。

140926-C03-H01 **神峪沟**［Shényùgōu］神峪沟乡人民政府驻地。在县政府驻地鹅城镇西南8.3千米。人口900。因村建于神泉之沟——神峪沟而得名。聚落呈团块状。有神峪沟卫生院。有东坡遗址，为新石器时代龙山文化遗存。有陶子沟遗址，为东周文化遗存。有神峪沟堡址，为明代遗址。有神峪沟戏台，现存为清代建筑遗构。241国道经此。

140926-C04 **娘子神乡**［Niángzǐshén Xiāng］静乐县辖乡。在县境东部。面积160平方千米。人口0.93万。辖16行政村。乡人民政府驻娘子神村。1949年属静乐县第一区。1956年属西会乡。1958年属城关公社。1961年设娘子神公社。1984年改设乡。以驻地得名。娘子神村的名字源自天女下凡治蟒的传说。传说远古时期，娘子神村南有雕崖山，山上有一洞，洞内有一巨蟒，经常下山卧道伤人，苍天难以忍受，就派一天女下凡，在天女婚嫁之日过该地道治蟒，最终同归于尽，为民除害，为了纪念此女，从此改村名为娘子神村。属黄土丘陵区。年平均气温7℃。年平均降水量450毫米。无霜期120—145天。碾河由东向西流经。有煤、石灰、铝矾土、泉水等资源。有国家一级保护动物金钱豹。有小学、卫生院、文化站等。主产玉米、高粱、谷子、豆类、莜麦、马铃薯。有热力、煤业、化工、洗煤等公司，县属电厂、煤矿、山梨酸厂、水泥厂等设境内。有313省道碛干线经此。

140926-C04-H01　**娘子神**［Niángzǐshén］娘子神乡人民政府驻地。在县政府驻地鹅城镇东南9.2千米。人口1100。相传因天女下凡治蟒的神话传说而得名。聚落呈条带状。有娘子神乡中心小学、娘子神卫生院。有县级文物保护单位雕儿崖石窟，现存石窟3窟。有娘子神遗址，为新石器时代龙山文化遗存。337国道经此。

140926-C05　**娑婆乡**［Suōpó Xiāng］静乐县辖乡。在县境东部。面积180平方千米。户籍人口0.68万。辖11行政村。乡人民政府驻娑婆村。1949年属静乐县第一区。1956年设娑婆乡。1958年改设卫星公社。1959年更名娑婆公社。1984年复设娑婆乡。以驻地得名。属典型的土山石区，境内群山环绕，各村主要分布于一川两沟（碾河川，北沟，东沟年）之中，整体地形北高南低。年平均气温7℃。年平均降水量300—450毫米。无霜期100—130天左右。碾河流经。林木覆盖率75%。有钾长石、石英石、云母、花岗岩等资源。有小学、卫生院、文化站等。巾山漱雨自然景区为县八景之一。主产红芸豆、胡麻、菜籽、玉米、莜麦、马铃薯等。有全国藜麦之乡之称。有农产品加工厂豆腐坊。油坊等。省道忻黑线经此。

140926-C05-H01　**娑婆**［Suōpó］娑婆乡人民政府驻地。在县政府驻地鹅城镇东北24.2千米。人口1300。相传因取佛家用语，祈求和平安宁之意而得名。聚落呈团块状。有县级文物保护单位歇马店，现存为清代建筑遗构，正殿内存壁画8平方米。县道悬石线经此。

140926-C05-H02　**大神沟**［Dàshéngōu］在县政府驻地鹅城镇东北27.8千米。娑婆乡辖行政村。人口510。相传因有神殿而得名。聚落呈团块状。有灵施庙遗址，遗址内有石窟1窟，存明、清石碑18通。乡村道路经此。

140926-C06　**赤泥窊乡**［Chìníwā Xiāng］静乐县辖乡。在县境东南部。面积273平方千米。人口0.93万。辖16行政村。乡人民政府驻赤泥洼村。1949年属静乐县第一区。1956年设赤泥窊乡。1958年改公社。1984年复设乡。2001年龙家庄乡并入。因背靠高金寨，面对罗汉山，两山之间有一奇特的赤泥窊地，故此得名。地势东低西高，南低北高，地形为黄土丘陵区，主要山脉有玉石窑山脉、老龙山脉。年均气温4℃左右。无霜期100—110天。沙滩河、龙家庄、任家庄河流经。有小学、卫生院、文化站。有唐碑亭古迹。有天然牧场和万亩森林。主产谷子、豆类、莜麦、马铃薯。养殖有獭兔、牛、优种绒山羊等。有矿业企业。省道太佳线经此。

140926-C06-H01　**赤泥窊**［Chìníwā］赤泥窊乡人民政府驻地。在县政府驻地鹅城镇东南24.3千米。人口1200。相传因村坐落红胶泥窊地而得名。聚落呈团块状。有赤泥窊乡中心卫生院。有赤泥窊李氏宅院，现存为清代建筑遗构。县道娘梭线经此。

140926-C06-H02　**龙家庄**［Lóngjiāzhuāng］在县政府驻地鹅城镇东南40千米。赤泥窊乡辖行政村。人口400。相传因村形似龙而得名。聚落呈团块状。有五龙圣母庙，现存为清代建筑遗构。村中民居多为明清建筑遗构。2014年被列入第三批中国传统村落名录。乡村道路经此。

140927　**神池县**［Shénchí Xiàn］忻州市辖县。北纬38° 56′—39° 24′，东经111°—112° 18′之间。在市境西北部。面积1471平方千米。人口7.57万。以汉族为主，还有回、苗等民族。辖3镇、5乡。县人民政府驻龙泉镇。春秋时期属北锹国。战国初期为北方林胡、楼烦等部族游牧区，战国后期为赵雁门郡地。赵惠文王十二年（公元前297年）征服楼烦，神池隶于赵。秦时属雁门。西汉属楼烦县。魏晋属鲜卑。北魏置神武郡，领尖山、殊颓两县，神池属尖山。隋、唐隶于鄯阳县（也作善阳）。辽重熙九年（1040年）属神武县。金元时隶于宁武县。明洪武七年（1374年）设神池堡。清雍正三年（1725年）建神池县，全县划分为14个屯，未编里数，归忻州地区行署管辖。道光年间，设20屯，共辖228个自然村。清光绪年间实行乡村制，全县有东、西、南、北4乡，共229村。民国七年（1918年）实行区村制，神池县设3个区。民国二十九年（1940年），神池县成立抗日民主政权（临时行政委员会），将神池县划分为5个区，59个行政村。1949年后改属兴县。1952年划归忻县。1956年实行乡村制。1958年9月实行社队制，全县设5个人民公社。1958年12月，神池并入五寨县，属晋北专员公署。1961年恢复神池县，后把神池县划分为15个公社，共辖162个生产队。1984年改社队制为乡镇制，神池县设3镇12乡，共辖255个村民委员会。2000年撤并乡镇后，神池县划分为10个乡（镇），254个行政村。2001年忻州地区撤地设市，更名为忻州市，神池县隶属忻州市。据《神池县志》记载：盖因县城西北“有水一泓，出无源，去无迹，旱不涸，雨不盈，鱼藻胥不生”，“湛然清澈，若有神嫣”得名。又一说，相传古时有一女子，无婚而生双龙，龙子腾空而去，龙母亦不见，但见其羊水渐涨，遂成西海子，亦即神池由来。地处晋西北黄土高原丘陵沟壑区，地势东高西低。有管涔山余脉和洪涛山余脉，有草垛山、三层塔、大火尖、摩天岭、祭阳山、磨石子、裂石峰等。最高海拔草垛山2545米，最低海拔1254米。年平均气温4.6℃，1月平均气温-13℃，7月平均气温19℃。年平均降水量481毫米。无霜期110天。境内河道属黄河、海河流域，朱家川河、县川河、野猪口河、涧口河流经。矿产资源有煤、铝土、铜、金、铁、水泥灰岩、蛇纹岩等，有国家一级保护动物金钱豹、褐马鸡。有甘草、黄芪、大黄、羌活、苍术、赤芍、柴胡、党参等野生药用植物近百种。野生食用菌、药用菌白银盘、红银盘、鸡腿银盘、猪苓、马勃（马屁泡）等颇负盛名。风能资源丰富。有中科胡麻研究所、粮油机械研究所。有中等职业学校、中小学。神池县第二中学为省级示范学校。有文化馆、公共图书馆、文化广场、体育馆、体育场地。有历史名人尔朱荣、虞仲文、谷如墉、刘棫、李启明、陈希等。有古迹镳轳窑沟悬空寺、显圣寺、明长城、北齐长城等。有纪念地毛泽东路居纪念馆。有景区西海子湿地生态公园。神池道情被列入国家非物质文化遗产。神池硬架子秧歌、神池月饼制作工艺被列入省级非物质文化遗产。地方民间艺术有踢鼓子、秧歌、剪纸等。三次产业比40:11:49。主产玉米、莜麦、大豆、谷子、糜黍、马铃薯。土特产有胡油、月饼、麻花、莜面、羔羊肉等。先后被命名为“中国亚麻油籽之乡”“中国北方月饼之乡”“三晋南瓜第一县”，是“全省有机旱作农业示范县”“国家电子商务进农村综合示范县”“全省养羊重点县”。工业主要有煤炭、水利、机械、粉丝、地毯、农机修配、翻新轮船、建筑等。形成以煤炭、铝矾土为主体的采掘业，以水泥、砖瓦、预制件为主的建材业，以豆类、山货为主的加工业。服务业以商品零售、旅游产业为主。县内“八路过境”，西连陕甘宁蒙地区，东达京津冀鲁环渤海经济区，宁岢铁路、神朔铁路、朔黄铁路、准池铁路，纵横交错，形成神池南站铁路大枢纽，拥有亚洲最大的二级铁路货运编组站；灵河高速、呼北高速，马五省道、神保省道贯穿东西，成为国家西气东输、西电东送、西煤东运的必经之地。

140927-R01 **神池站**［Shénchí Zhàn］见交通运输设施部分“神池站”条。

140927-R02 **神池南站**［Shénchí Nánzhàn］见交通运输设施部分“神池南站”条。

140927-B01 **龙泉镇**［Lóngquán Zhèn］神池县人民政府驻地。在县境东南部。面积109平方千米。人口3.25万。辖22行政村。镇人民政府驻新城街。1953年设城关乡。后改公社。1961年设城关公社。1984年改设城关镇。2001年城关镇、温岭乡合并为龙泉镇。因旧有五龙拱珠之说，县城周围有五泉川流不息得名。属黄土高原浅山丘陵地区。年平均气温4.7℃。年平均降水量460毫米。无霜期114天。有煤炭、铝矾土资源。有中小学、卫生院、文化活动中心、敬老院等。有古迹显圣寺、园明观。有景区西海子湿地生态公园。有纪念地毛泽东路居纪念馆。主产玉米、莜麦、马铃薯、胡麻、葵花。养殖肉羊。有大型集贸市场。宁岢铁路、朔黄铁路、崞水公路横穿境内。

140927-B01-K01 **神府西街**［Shénfǔ Xījiē］在神池县城东部。西起利民路，东至龙泉路。以龙泉北路为界，分西街、东街。与农业局路、法院路、人行西路、人行东路等道路相交。长0.5千米。宽16米。沥青路面。1990年开工，1991年建成。因位于县政府西侧得名。两侧有金德隆购物中心、建设银行、神池县住建局、神池县公安局办证大厅等。

140927-B01-K02 **神府东街**［Shénfǔ Dōng

jiē] 在神池县城东部。西起龙泉路，东至温岭路。以龙泉北路为界，分西街、东街。与广场西路、广场东路、教育路、开发路等道路相交。长 1.7 千米，宽 16 米。沥青路面。1995 年建成。2009 年改造。因位于县政府东侧得名。两侧有神池县人民政府、人民广场、神池二中等、神池县人民医院等。

140927-B01-K03 **南关街** [Nánguān Jiē] 在神池县城西部。西起桂龙路，东止龙泉南路。以南关南北路为界，分西街、东街。与健康北路、农业局路、人行路等道路相交。长 1.8 千米，宽 8 米。1970 年建成。1980 年铺设水泥路面，1983 年铺设沥青路面。因位于县城南关而得名。两侧有南关幼儿园、南关明德小学、神池县中医院、民生市场等。

140927-B01-K04 **崞水东街** [Guōshuǐ Dōng jiē] 在神池县城南部。东起温岭路，西至南关路。以南关南路为界，分东街、西街。与旧交警队路、利民南路、龙泉南路等道路相交。长 2.9 千米，宽 8 米。沥青路面。1990 年开工，1991 年建成。2009 年重修。因属省道崞水路过城段得名。两侧有馨乐苑、神池县人民医院、东关小学、神池站等。

140927-B01-K05 **崞水西街** [Guōshuǐ Xī jiē]在神池县城南部。西起苏兴彩钢复合板厂附近，东至南关路。以南关南路为界，分东街、西街。与健康路、南瓦窑北路、桂龙南路等道路相交。长 1.9 千米，宽 8 米。沥青路面。1990 年开工，1991 年建成。2009 年重修。因属省道崞水路过城段得名。两侧有龙泉镇敬老院、管涔山国有林管理局山丛林林场、神池汽车站等。

140927-B01-K06 **利民北路** [Lìmín Běilù] 在神池县城中部。北起学府东街，南至神府西街。以为神府西街为界，分北路、南路。与体育街、北城东街等道路相交。长 0.7 千米，宽 8 米。沥青路面。1989 年建成。2002 年铺设水泥路面。2005 年铺设沥青路面。路名寓意便利群众出行之意。两侧有龙泉苑、新城花园等。

140927-B01-K07 **利民南路** [Lìmín Nánlù] 在神池县城中部。北起神府西街，南至崞水东街。以为神府西街为界，分北路、南路。与南关东街等道路相交。长 0.4 千米，宽 8 米。沥青路面。1989 年建成。2002 年铺设水泥路面。2005 年铺设沥青路面。路名寓意便利群众出行之意。两侧有健康路卫生室、新时代购物等。

140927-B01-K08 **开发北路** [Kāifā Běilù] 在神池县城东部。北起窑子村路，南至神府东街。以神府东街为界，分北路、南路。长 0.4 千米，宽 12 米。沥青路面。1991 年开工，1992 年建成。2008 年重修。因位于县城新开发地段得名。两侧有文苑小区、税务局小区等。

140927-B01-K09 **开发南路** [Kāifā Nánlù] 在神池县城东部。北起神府东街，南至崞水东街。以神府东街为界，分北路、南路。长 0.3 千米，宽 12 米。沥青路面。1991 年开工，1992 年建成。2008 年重修。因位于县城新开发地段得名。两侧有恒顺小区、神池县疾控中心等。

140927-B01-K10 **龙泉南路** [Lóngquán Nán lù] 在神池县城南部。北起神府东街，南至崞水东街。以神府东街为界，分北路、南路。与南关东街等道路相交。长 0.3 千米，宽 9 米。1983 年开工，1984 年建成。2013 年重修。因位于龙泉镇得名。两侧有神池县卫生局卫生监督所、神池县国税局等。

140927-B01-K11 **龙泉北路** [Lóngquán Běi lù] 在神池县城北部。北起学府东街，南至神府东街。以神府东街为界，分北路、南路。与体育街等道路相交。长 0.5 千米，宽 9 米。1983 年开工，1984 年建成。2013 年重修。因位于龙泉镇得名。两侧有浩瀚新世佳大酒店、金辉汽车服务中心等。

140927-B01-K12 **温岭路** [Wēnlǐng Lù] 在神池县城东部。北起窑子上村附近，南至崞水东街。以神府东街为界，分北路、南路。与窑子村路等道路相交。长 1.5 千米，宽 5 米。沥青路面。1989 年建成。2013 年重修。因途经温岭村得名。两侧有馨乐苑、神康驾校等。

140927-B01-K13 **礼堂北路** [Lǐtáng Běilù] 在神池县城西部。北起健康移民新村街，南至北城街。以北城街为界，分北路、南路。与幸福街等道路相交。长 0.4 千米，宽 5 米。沥青路面。1999 年建成。2013 年重修。因位于大礼堂附近得名。两侧有神池县实验小学等。

140927-B01-K14 **礼堂南路**［Lǐtáng Nánlù］在神池县城西部。北起北城街，南至东七道街。以北城街为界，分北路、南路。南与南关北路相连。长 0.2 千米，宽 5 米。沥青路面。1999 年建成。2013 年重修。因位于大礼堂附近得名。两侧有礼堂大酒店、中国联通（礼堂南路营业厅）等。

140927-B01-K15 **南关南路**［Nánguān Nánlù］在神池县城南部。北起南关街，南至崞水东街。以南关街为界，分北路、南路。长 0.2 千米，宽 5 米。沥青路面。1970 年建成。1989 年重修。因作为南关南北向主街而得名。两侧有民生市场、神池县水务局等。

140927-B01-K16 **南关北路**［Nánguān Běilù］在神池县城南部。北起东七道街，南至南关街。以南关街为界，分北路、南路。北与礼堂南路相连。与东三道街相交。长 0.3 千米，宽 5 米。沥青路面。1965 年建成。1980 年重修。因作为南关南北向主街而得名。两侧有中国农业银行、便民超市等。

140927-B01-H01 **新城街**［Xīnchéngjiē］龙泉镇人民政府驻地。在县城东南部。人口 1740。聚落呈团块状。有神池县第二中学校、神池县东关小学、神池县人民医院。经济以养殖、餐饮、运输、食品加工业为主。338 国道经此。

140927-B02 **义井镇**［Yìjǐng Zhèn］神池县辖镇。在县境中部偏南。面积 123 平方千米。人口 1.84 万。辖 19 行政村。镇人民政府驻义井村。1953 年设义井乡。1958 年属卫星人民公社。1961 年设义井公社。1984 年改设镇。以驻地得名。“义井”因清康熙二十六年（1687 年），康熙帝西征格尔丹，驻骅于境内，见流水沟泉水聚溢，清澈可爱，以水饮马，翌日如故，深感奇怪，呼泉为“异井”，后演化为今名。属山地丘陵地貌，为土石山区。年平均气温 4.7℃。年平均降水量 481 毫米。无霜期 110 天。林木覆盖率 43%。有中小学、中心卫生院、文化活动中心、集贸市场、邮局等。有古迹感恩寺。有纪念地贺龙旧居、农民协会旧址、永祥山战场遗址、八路军 120 师指挥部旧址。自古为晋、陕、蒙粮食、牲畜集贸重地，有“塞上商贾，义井最佳”之称。主产玉米、胡麻、莜麦、红芸豆、谷子、小杂粮、大棚蔬菜。饲养羊。神黄、宁岢、神河支线铁路，省道灵河线、神保线、马五线经此。

140927-B02-H01 **义井**［Yìjǐng］义井镇人民政府驻地。在县政府驻地龙泉镇西南 17.5 千米。人口 2200。《神池县志》载：清康熙二十六年（1679 年）康熙皇帝西征格尔丹，驻跸于此，见泉水聚溢，以水饮马，翌日如故，称为“异井”，后演化为“义井”。聚落呈团块状。有义井明德小学、义井小学。有东沙坡遗址，为汉代文化遗存。有八路军第 120 师指挥部旧址。有义井侵华日军炮楼遗址。338 国道、县道义长线经此。

140927-B03 **八角镇**［Bājiǎo Zhèn］神池县辖镇。在县境西北部。面积 226 平方千米。人口 1 万。辖 19 行政村。镇人民政府驻八角村。1953 年设八角乡。1958 年属红旗公社。1961 年设八角公社。1984 年改设镇。以驻地得名。原名八角堡，因明弘治年间筑八角堡，城上建有八座城楼，故名。背靠南高山，属丘陵山区。年平均气温 4.4℃。年平均降水量 440 毫米。无霜期 120 天左右。朱家川河流经。有中小学、中心卫生院、文化活动广场、剧场。有古迹文殊观音庙。有八角遗址、解家围遗址。主产玉米、胡麻、豆类、莜麦、马铃薯。饲养猪、羊等。县乡公路西长线经此。

140927-B03-H01 **八角**［Bājiǎo］八角镇人民政府驻地。在县政府驻地龙泉镇西北 30.7 千米。人口 200。明弘治三年修筑城堡，城墙上建有八座城楼，形成“八角”，故名八角堡，后演变为聚落，并沿用名称。聚落呈团块状。有八角遗址，为战国时期文化遗存。有东梁墓群，为辽、金时期墓群。有八角城堡堡址，为明代遗存。有八角墓群，为明清时期墓群。有八角一号郭氏宅院、二号郭氏宅院门楼等，皆为清代建筑遗构。县道义长线经此。

140927-C01 **东湖乡**［Dōnghú Xiāng］神池县辖乡。在县境东部。面积 184 平方千米。人口 0.99 万。辖 20 行政村。乡人民政府驻东湖村。1953 年设东湖乡。1958 年属东风公社。1961 年改东湖公社。1984 年复设乡。2001 年小寨乡并入。以驻地得名。属土石山区。年平均气温 4.6℃。年平均降水量 470 毫米。无霜期 110—120 天。县川河流经。有小学、卫生院、文化活动广场。有古迹关帝庙、观音庙。有梦楼寨遗址、神池小寨遗址、万家卯遗址、达木河戏台。主产玉米、莜麦、糜粟、豌豆、马铃薯、胡麻、葵花、大棚蔬菜。饲养羊、牛、猪。有食品、矿业等公司，有油脂厂、制砖厂。有神黄、宁岢、神河支线铁路，准池铁路纵过境，108 国道崞水线、省道灵河线经此。2021 年被认定为山西省农村电商强镇。

140927-C01-H01　**东湖**［Dōnghú］东湖乡人民政府驻地。在县政府驻地龙泉镇西 7.8 千米。人口 1600。因该地原系一内陆小湖泊而得名。聚落呈团块状。有东湖中心小学、东湖乡卫生院。有东湖墓群，为汉代墓群。县道西长线经此。

140927-C02　**贺职乡**［Hèzhí Xiāng］神池县辖乡。在县境西部。面积 140 平方千米。人口 0.93 万。辖 16 行政村。乡人民政府驻贺职村。1949 年属神池县第六区。1956 年设贺职乡。1958 年属五寨县卫星公社。1961 年为神池县贺职公社。1984 年复设乡。2001 年韩家窳乡并入。以驻地得名。“贺职”一名因贺职村小西沟作为寺沟靠近沟口的一条较大的沟叉，有清泉一眼，可谓＇神泉’，不论旱涝，不涸不溢，泉水汇成小溪，从村中穿过，注入朱家川河，古村俗名叫“河池”，后人根据其谐音更名为今名。境内丘陵起伏，由南向北绵延数山脉。年平均气温 4.6℃。年平均降水量 470 毫米。无霜期 110—120 天。朱家川河流经。有中小学、卫生院。有古迹宰相窊古墓群、寺沟遗址。主产玉米、谷子、大豆、马铃薯、胡麻、大棚蔬菜。特色种植南瓜、西瓜、香瓜。有三晋南瓜第一乡之称。养殖肉牛、猪、羊等。有中小企业。神黄、神河支线铁路，省道灵河线、神保线经此。

140927-C02-H01　**贺职**［Hèzhí］贺职乡人民政府驻地。在县政府驻地龙泉镇西 30.3 千米。人口 1600。原名河池，后以方言谐音演变为今名。聚落呈条带状。有贺职乡卫生院。有县级文物保护单位寺沟遗址，为新石器时代文化遗存。有贺职遗址，为汉代文化遗存。338 国道经此。

140927-C03　**长畛乡**［Chángzhěn Xiāng］神池县辖乡。在县境西北部。面积 220 平方千米。人口 0.59 万。辖 9 行政村。乡人民政府驻长畛村。1958 年属红旗公社。1959 年设长畛公社。1984 年改设乡。2001 年红崖子乡并入。以驻地得名。地势东高西低。南山山脉是乡内最完整的山脉，呈东西走向，主峰自东向西有老烟洞山、阎王鼻山，平顶山、横洞山、岭角山。年平均气温 4.7℃。年平均降水量 461 毫米。无霜期 120—140 天。县川河流经。林木覆盖率 42%，林木主要是以灌木林、油松、杨树为主。有小学、卫生院、文化活动广场。有佛殿碑、堡子梁遗址。主产谷子、黍子、豆类、玉米、马铃薯。有规模化养殖小区，饲养大畜、猪、羊、牛、鸡。韩长公路及神池至长畛、烈堡至长畛县级公路过境。

140927-C03-H01　**长畛**［Chángzhěn］长畛乡人民政府驻地。在县政府驻地龙泉镇西北 37.2 千米。人口 600。因钟楼后地平，且地畛长而得名。聚落呈团块状。有长畛乡卫生院。有冯家坡遗址，为战国时期遗址。有长畛烽火台，为明代遗存。有长畛张氏家族墓地，为清代家族墓地。县道西长线、义长线经此。

140927-C04　**烈堡乡**［Lièbǔ Xiāng］神池县辖乡。在县境北部。面积 136 平方千米。人口 0.65 万。辖 9 行政村。乡人民政府驻烈堡村。1953 年设烈堡乡。1958 年属前进公社。1961 年改设公社。1984 年复设乡。因境内有大山裂石峰，峰下有一古堡而得名。境内丘陵起伏。有祭阳山。年平均气温 3℃。年平均降水量 428 毫米。无霜期不足 90 天。有中小学、卫生院、文化活动中心。有古迹古战场野猪口、辘轳窑沟悬空寺、石湖龙王庙。主产莜麦、胡麻、马铃薯、豆类、小杂粮。养殖大畜、猪、羊为主。县级环形公路经此。

140927-C04-H01　**烈堡**［Lièbǔ］烈堡乡人民政府驻地。在县政府驻地龙泉镇西北 33.8 千米。人口 900。相传因村西有大山裂石峰，峰下有一古堡而得名。聚落呈团块状。有烈堡乡中心卫生院。有市级文物保护单位悬空寺石窟，凿于明天顺四年（1460 年），成化十三年（1477 年）重修。有烈堡墓群、烈堡村堡址等明清文化遗存。县道西长线经此。

140927-C05 **大严备乡**［Dàyánbèi Xiāng］神池县辖乡。在县境东北部。面积142平方千米。人口0.58万。辖8行政村。乡人民政府驻大严备村。1949年属神池县第五区。1953年设大严备乡。1958年属跃进公社。1961年改设公社。1984年复设乡。2011年马坊乡并入。以驻地得名。属土石山区。年平均气温4.5℃。年平均降水量450毫米。无霜期110天。林木覆盖率55%。有铝矾土、石灰石、铁等资源。有小学、卫生院、文化活动广场等。有古迹关帝庙、兴国寺、马坊龙王庙。农作物有玉米、莜麦、黑豆、马铃薯、胡麻。养殖以羊为主，有数座养殖厂。有小杂粮、食品等加工厂。有X157县道经此。

140927-C05-H01 **大严备**［Dàyánbèi］大严备乡人民政府驻地。在县政府驻地龙泉镇西北17.2千米。人口1600。相传因宋代于此地严守备战，军需储备量大而得名。聚落呈团块状。有大严备乡卫生院。有台墩子遗址，为东周文化遗存。有大严备遗址，为汉代文化遗存。有大严备南寺，现存为清代建筑遗构。县道西长线、大郭线经此。

140928 **五寨县**［Wǔzhài Xiàn］忻州市辖县。北纬38°44′—39°17′，东经111°28′—112°。在市境西北部。面积1388平方千米。人口10万。辖3镇、7乡。县人民政府驻砚城镇。春秋属并州。战国为赵国北边地。秦时属雁门郡地。汉为雁门郡娄烦地，后汉为武州南境。三国时为魏之新兴郡。北魏时为肆州秀容梁郡岢岚县地。隋为马邑郡神武县。唐朝属河东道朔州，唐末建五州。五代后汉时属岢岚军。宋时为岚州岚谷县，置宁远寨，隶属岢岚军。辽重熙九年复武州号宣威军，属西京道，统神武县，有宁远镇。金为武州边下刺史所领宁远县。元朝为大同路武州，至元二年割宁边之半隶属。四年省宁远县及司候司入州。明洪武七年（1374年）设镇西卫隶山西都司。嘉靖十六年（1537年）建五寨堡，以堡辖前所、中所、上所、左所、右所5牧寨得名。清雍正三年（1725年）升堡为县，属宁武府。1912年属雁门道，后直属省。民国时期二十六年（1937年）山西属第二战区，五寨为第二行政区管辖。民国时期二十九年（1940年）建立五寨县人民政府。民国时期三十年（1941年）后，属晋西北行政公署第二专署。民国时期三十四年（1945年）建国后，五寨为晋绥二专署驻地。1949年属兴县专区。1952年属忻县专区。1958年神池县部分地域及岢岚县并入，属晋北专区。1961年岢岚、神池2县析出，属忻县专区。1967年属忻县地区。1979年属忻县地区行政公署。1983年属忻州地区。2000年属忻州市。五寨历史名人有明嘉靖年间参将邱升、万历年间甘陕洮州副总兵李联芳、崇祯年间右军都督袁信、清康熙年间重庆镇总兵张自成等。还有中华苏维埃政府总务厅长赵宝成、绥南专署专员程仲一等革命烈士、特等民兵英雄路玉小等无数英雄模范。地处晋西北黄土高原丘陵沟壑区。地势东南高、西北低，南部高山草甸荷叶坪海拔2783米，西北部韩家楼村海拔1300米，中部为“丁”字形平川，北部与西北部为黄土丘陵，南部为石山区。年平均气温5.8℃年平均降水量484.9毫米。平均日照2580.1小时。无霜期122天。境内河道属黄河流域，主要河流有朱家川河、县川河、岚漪河、清涟河、鹿角河，较大的水库有南峰水库、白草庄水库、郭家河水库。矿产资源有花岗岩、铁、铝矾土、建筑用灰岩、河砂等。森林覆盖率15.25%。野生动物有狍羊、狐狸、野兔、野鸡、褐马鸡等100多种，其中褐马鸡属国家一级保护的稀有珍禽。药用野生植物有党参、黄芩、黄芪、麻黄、猪苓等70余种。有高职（专科）师范、中等职业学校、中小学。忻州师范学院五寨分院、五寨县第一中学为省级学校。有剧院、文化馆、公共图书馆、档案馆、博物馆、体育场地。有省级文物保护单位五王城、武州城遗址。有景点芦芽山太子殿。有战国赵长城、东魏长城、隋长城、北齐长城、武王城、武州古城、方城古城、明将常遇春墓、火神庙古戏台、南禅寺、东雪山寺、林氏家庙等历史古遗迹。有山西最大的原始次森林、华北地区最大的天然狩猎区、芦芽山自然风景区。有国家级生态示范区“五寨沟”生态旅游区。有国家级自然保护区芦芽山荷叶坪。有市级非物质文化遗产八大角秧歌、五寨道情、五寨佛曲。有地方民间艺术踢鼓子秧歌、跑圈子秧歌等。三次产业比27:9:64。主产马铃薯、莜麦、糜黍、谷子、豆类、胡麻、油葵。土特产有银盘蘑菇、毛尖茶、五寨粉条、甜糯玉米、山羊肉、甚喜茶、晋北胡麻油、道地黄芪等。工业有化肥、水泥、地毯、酿酒、食品加工等。以煤炭洗选、风光发电、建材等产业为主。服务业以物流、集市贸易为主。宁岢、神河、神黄三条铁路过境，209 国道、省道马五线、神保线、韩禹线、忻五线经此。

140928-F01 **迎宾广场**［Yíngbīn Guǎngchǎng］在五寨县城中部。北侧为迎宾东街，西侧为新建路。总面积 5.4 万平方米。2000 年开工建设，2002 年建成。因位于迎宾东街与迎宾西街分界处而得名。附近有五寨宾馆、五寨大酒店，是五寨县城重要的迎宾窗口。广场中部建有大型雕塑，主题为“科学向宇宙进军”。广场地面为五寨县平面图。外围由四座花池、四组台阶通道围成一座圆形平台，供游人散步。

140928-N01 **西堰河桥**［Xīyànhé Qiáo］在五寨县城西北部迎宾西街上，横跨峤峪沟河。为大型河道桥梁。桥长 25.9 米，桥面宽 24 米，最大跨度为 10 米，桥下净高 3.5 米。1958 年修建。2004 年改扩建。最大载重量 15 吨。

140928-N02 **二道河子桥**［Èrdàohézǐ Qiáo］在五寨县城东北部迎宾东街上，横跨二道河。为大型河道桥梁，结构为 6 孔桥盖板式桥。桥长 42 米，桥面宽 7 米，最大跨度 15 米，桥下净高 3.6 米。1964 年开工，1965 年建成。最大载重量 15 吨。

140928-R01 **五寨站**［Wǔzhài Zhàn］见交通运输设施部分“五寨站”条。

140928-B01 **砚城镇**［Yànchéng Zhèn］五寨县人民政府驻地。在县境东南部。面积 35 平方千米。人口 3.29 万。辖 8 行政村。镇人民政府驻迎宾街。1956 年设城关乡。后改公社。1961 年设城关公社。1984 年改设城关镇。2001 年更今名。因三面环山，南高北低，形似砚台，故名。五寨县城古称砚城。三面环山，北展丁字平川，中间凹如古砚。南山高耸，呈笔架型，魏长城垂卧其间酷似巨笔一枝。相传明朝大将徐达，当年来到三岔，安葬副将常遇春毕，心情不悦，站在北关梁头向南远望，看到如此神奇的自然景观，禁不住脱口而出：“好一座笔架山，山下筑城，有如砚心文脉旺昌，必出文人”。回朝后奏明圣上“夷蛮之地，只有文治，不可武统”。圣上恩准，于嘉靖十六年（1537 年）动工，十八年竣工，建成砚城。境区地势平坦、南部为丘陵地带。年平均气温 4.9℃。年平均降水量 450—600 毫米。有中小学、卫生院。有古迹南城古戏台、西关古城墙遗址、五寨县古城、峰台梁遗址等。有景点颐峰公园、南山公园主产玉米、马铃薯、小杂粮、油料、蔬菜。养殖以羊为主。土特产有五寨粉皮、甜糯玉米、大棚蔬菜、畜禽产品、人参萝卜等。工业产品以石材、机制砖、预制板加工为主。有煤炭运销、农副产品加工、小杂粮加工、石材厂、机砖厂等企业。服务业有物流业。铁路宁岢线、209 国道、省道呼北线、忻五线经此。

140928-B01-K01 **民福北路**［Mínfú Běilù］在五寨县城西部。西北起耕地，东南至迎宾西街。以迎宾西街为界，分北路、南路。长 0.5 千米，宽 15 米。沥青路面。2014 年重修。因位于民政局西侧，路名取造福人民之意。两侧有等五寨县民政局、思源小学、砚城镇人民政府等。

140928-B01-K02 **民福南路**［Mínfú Nánlù］在五寨县城西部。西北起迎宾西街，东南至南环路。以迎宾西街为界，分北路、南路。长 1 千米，宽 15 米。沥青路面。2014 年重修。因位于民政局西侧，路名取造福人民之意。两侧有五寨消防、民福小区、百梦园等。

140928-B01-K03 **思源北路**［Sīyuán Běilù］在五寨县城西部。西北起耕地，东南至迎宾西街。以迎宾西街为界，分北路、南路。与等道路相交。长 0.5 千米，宽 20 米。沥青路面。2014 年重修。因附近有思源小学得名。两侧有五寨县生态环境局等。

140928-B01-K04 **思源南路**［Sīyuán Nánlù］在五寨县城西部。西北起迎宾西街，东南至南环路。以迎宾西街为界，分北路、南路。长 1.3 千米，宽 20 米。沥青路面。2014 年重修。因附近有思源小学得名。两侧有西华苑、佳泰花园等。

140928-B01-K05 **万通北路**［Wàntōng Běilù］在五寨县城西部。西北起五寨县卫生健康局附近，东南至迎宾西街。以迎宾西街为界，分北路、南路。

长 0.5 千米，宽 37 米。沥青路面。2010 年改造杨五线部分路段建成。2014 年命名。因通往万通实业公司得名。两侧有五寨县司法局、福兴小区、三中家属院等。

140928-B01-K06 **万通南路** [Wàntōng Nán lù] 在五寨县城西部。西北起迎宾西街，东南至南环路。以迎宾西街为界，分北路、南路。与西关街、河湾路、南关街等道路相交。长 1.5 千米，宽 37 米。沥青路面。2010 年改造杨五线部分路段建成。2014 年命名。因通往万通实业公司得名。两侧有利民苑、佳泰花园等。

140928-B01-K07 **西华路** [Xīhuá Lù] 在五寨县城中部。北起迎宾西街，南至南关村。与南关街、南城壕、西街、学府西街等道路相交。长 1.6 千米，宽 12 米。沥青路面。原名西关路。2005 年更今名。两侧有云峰景苑、农机小区、忻州师范学院五寨分院、第二小学等。

140928-B01-K08 **新建路** [Xīnjiàn Lù] 在五寨县城中部。北起迎宾街，南至政府街。与青年街、亨通巷等道路相交。长 1 千米，宽 18 米。沥青路面。1984 年建成。2014 年重修。因作为县城南北新建的主干道而得名。两侧有五寨县粮食局、五寨县第一小学、清涟苑等。

140928-B01-K09 **新建南路** [Xīnjiàn Nánlù] 在五寨县城南部。北起政府街，南至创业街。与如意街、千女湖街等道路相交。长 0.7 千米，宽 12 米。沥青路面。1983 年建成。2014 年重修。因作为县城南北新建的主干道而得名。两侧有京华苑、光兴苑、家园小区、锦绣苑等。

140928-B01-K10 **新建北路** [Xīnjiàn Běilù] 在五寨县城北部。北起 209 国道（苏北线），南至迎宾街。与等道路相交。长 2.4 千米，宽 18 米。沥青路面。1983 年建成。2014 年重修。因作为县城南北新建的主干道而得名。两侧有颐峰公园、五寨县实验学校、天鼎嘉龙小区、五寨大酒店等。

140928-B01-K11 **文源路** [Wényuán Lù] 在五寨县城东北部。北起迎宾东街，南至学府东街。与前所路相交。长 0.4 千米，宽 12 米。沥青路面。2006 年改造。2014 年重修。因此街旧时多出秀才得名。两侧有文园小区、怡苑小区等。

140928-B01-K12 **清涟路** [Qīnglián Lù] 在五寨县城东北部。西北迎宾东街，东南至南环路。与政府街相交。长 2.1 千米，宽 12 米。沥青路面。2003 年建成。2005 年命名。2012 年改扩建。因紧邻清涟河得名。两侧有滨河苑小区、五寨县园林管理处、清涟公园等。

140928-B01-K13 **南环路** [Nánhuán Lù] 在五寨县城南部。西起旧 209 国道，东至神武路。与民福南路、万通南路等道路相交。长 6.4 千米，宽 9 米。沥青路面。2010 年建成。因环绕县城南部得名。两侧有南山公园、周家村等。

140928-B01-K14 **滨河路** [Bīnhé Lù] 在五寨县城东北部。北起开发街，南至政府东街。与南峰街相交。长 0.7 千米，宽 18 米。沥青路面。2013 年开工，2014 年建成。因临近二道河得名。两侧有丰泽国际大酒店、华丰苑、五寨县中医院、第五小学等。

140928-B01-K15 **神武路** [Shénwǔ Lù] 在五寨县城东北部。北起迎宾东街，南至南环路。与光明街、开发街、南峰街等道路相交。长 2.3 千米，宽 25 米。沥青路面。原名旅游路。2014 年因途经清荷公园神武台附近更今名。两侧有五寨县公安局、山水嘉园小区、诚远华府等。

140928-B01-K16 **政府街** [Zhèngfǔ Jiē] 在五寨县城中部。西起新建路，东至清涟路。东与政府东街相连。与河堰畔、口子路等道路相交。长 1.6 千米，宽 12 米。沥青路面。2003 年改建。2014 年重修。因途经县政府得名。两侧有五寨县人民政府、廉政文化广场、五寨二中、五寨县第三小学等。

140928-B01-K17 **政府东街** [Zhèngfǔ Dōng jiē] 在五寨县城东部。西起清涟路，东至神武路。西与政府街相连。与滨河路等道路相交。长 0.5 千米，宽 22 米。沥青路面。2013 年改建，2014 年建成。因位于政府街东侧得名。两侧有五寨县人民检察院等。

140928-B01-K18 **学府东街** [Xuéfǔ Dōng jiē] 在五寨县城东北部。西南起新建路，东北至清涟路。以新建路为界，分西街、东街。长 1.1 千米，宽 12 米。沥青路面。2003 年扩建合并。2014 年重修。原名桥头街、右所路。2005 年更今名，因附近有忻州师范学院五寨分院、晋华学校（原五寨一中校址）等学校而得名。两侧有五寨县环境卫生管理大队、万宝商城、晋华职业学校、金水苑等。

140928-B01-K19　**学府西街**［Xuéfǔ Xījiē］在五寨县城西部。西起西华路，东至新建路。以新建路为界，分西街、东街。与北街、水口堰巷等道路相交。长 0.6 千米，宽 10 米。沥青路面。2014 年重修。原名小东街。2005 年更今名，因附近有忻州师范学院五寨分院、晋华学校（原五寨一中校址）等学校而得名。两侧有忻州师范学院五寨分院、五寨县城关医院等。

140928-B01-K20　**迎宾东街**［Yíngbīn Dōngjiē］在五寨县城东北部。西南起新建路，东北至神武路。以新建路为界，分西街、东街。与神武路、清涟路等道路相交。长 2 千米，宽 16 米。沥青路面。解放前即为大车道。1954 年初建。1958 年加铺为碎石路面。1968—1969 年改铺为油渣路面。2014 年重修。原为阳岢公路过城段。2005 年更今名，因作为外地进入五寨县城的必经之路，寓意欢迎四海宾朋。两侧有五寨一中、丽景华苑、滨河苑、五寨县国土资源局等。

140928-B01-K21　**迎宾西街**［Yíngbīn Xījiē］在五寨县城北部。西南起大辐车梁村，东北至新建路。与民福路、思源路、万通路、西华路等道路相交。长 2.8 千米，宽 36 米。沥青路面。2003 年扩建。2014 年重修。原为阳岢公路过城段。2005 年更今名，因作为外地进入五寨县城的必经之路，寓意欢迎四海宾朋。两侧有五寨火车站、宜居园、利民苑、佳泰花园等。

140928-B02　**小河头镇**［Xiǎohétóu Zhèn］五寨县辖镇。在县境东部。面积 144 平方千米。人口 1.21 万。辖 17 行政村。镇人民政府驻小河头村。1949 年属五寨县第四区。1952 年分属第二区和第四区。1956 年设小河头乡。1961 年改公社。1984 年改设镇。2021 年新寨乡撤销并入。以驻地得名。“小河头”因传说辽代时，从古城角、大武州流出一股水，流至境内而止而得名。全镇地形可分为东西两梁缓坡丘陵区和中部平川区。年平均气温 4.9℃。年平均降水量 470 毫米。无霜期 110 天。朱家川河、县川河、清涟河流经。有中小学、卫生院、文化活动站。有武州城遗址。主产玉米、马铃薯、小杂粮、胡麻。有发煤站、食品公司等。209 国道、省道阳韩线、县道李小线经此。

140928-B02-H01　**小河头**［Xiǎohétóu］小河头镇人民政府驻地。在县政府驻地砚城镇西北 15.6 千米。人口 1500。相传辽时从古城角、大武州流出一股水至此而止，故名。聚落呈团块状。有小河头镇中心卫生院。209 国道、县道李白线经此。

140928-B03　**三岔镇**［Sānchà Zhèn］五寨县辖镇。在县境北部。面积 189 平方千米。人口 1.22 万。辖 8 行政村。镇人民政府驻三岔村。1956 年设三岔乡。1958 年属火箭公社。1961 年设公社。1984 年改设镇。2001 年刘台乡并入。以驻地得名。“三岔”因该地东达神池，西通河曲保德，北向偏关当三路之冲，地处晋陕蒙三省区交通要塞得名。地处八十里“丁”字形平川北部，地势开阔。年平均降水量 500 毫米。无霜期 128 天。朱家川河、县川河流经。有中小学、县级医院。有古迹三岔古牌楼、三岔堡遗址、赵宝成烈士纪念馆、范若愚故居。主产玉米、马铃薯、谷子、莜麦、大棚蔬菜。企业有铁木加工、食品加工、饮食服务煤炭运销等企业。服务业有物流、商业批零等。为晋西北最大物资转运“旱码头”和商品集散地。有两条铁路、四条干线公路，神朔铁路线和神河线过境，209 国道、108 国道崞水线、省道忻保线、灵河线经此。

140928-B03-H01　**三岔**［Sānchà］三岔镇人民政府驻地。在县政府驻地砚城镇西北 30 千米。人口 3000。因东达神池、西通河曲保德、北向偏关，当三路之冲而得名。聚落呈团块状。有五寨四中、三岔小学、三岔镇卫生院、五寨县第二人民医院。有市级文物保护单位三岔牌坊，现存为清代建筑遗构。有县级文物保护单位三岔堡址，据清乾隆《五寨县志·疆域》载建于明嘉靖十八年（1540 年），现存北门洞、北墙及东墙残垣。有马明王庙乐楼遗址、三岔驿遗址，皆为清代文化遗存。338、209 国道经此。

140928-C01 **前所乡**［Qiánsuǒ Xiāng］五寨县辖乡。在县境东南部。面积203平方千米。人口1.19万。辖9行政村。乡人民政府驻前所村。1949年属五寨县二区。1956年设前所乡。1958年属南峰公社。1982年改公社。1984年复设乡。2001年经堂寺乡并入。以驻地得名。年平均气温5.6℃。年平均降水量478毫米。无霜期110天。花岗岩储量丰富。清涟河流经。有南峰水库。有小学、卫生院、省农科院五寨试验站。有古迹东雪山寺、黄草梁长城、南庄窝塔墓、芦芽山太子殿、洞儿上石窟、芦芽山龙王堂。有景点荷叶坪风景区等。主产玉米、马铃薯、小杂粮、蔬菜。养殖以羊为主。宁岢铁路，省道马五线、忻五线经此。

140928-C01-H01 **前所**［Qiánsuǒ］前所乡人民政府驻地。在县政府驻地砚城镇东北2.8千米。人口3300。据清乾隆《五寨县志》载，明洪武七年设镇西卫，设左、中、右、前、后五所为五寨堡，此地为当时之前所，故名。聚落呈团块状。有第七小学、前所乡卫生院。省道崞五线经此。

140928-C01-H02 **右所**［Yòusuǒ］在县政府驻地砚城镇东北2.5千米。前所乡辖行政村。人口2650。据清乾隆《五寨县志》载，明洪武七年设镇西卫，设左、中、右、前、后五所为五寨堡，此地为当时之右所，故名。聚落呈团块状。2017年被评为第五届全国文明村。省道崞五线经此。

140928-C02 **李家坪乡**［Lǐjiāpíng Xiāng］五寨县辖乡。在县境东部。面积83平方千米。常住人口0.55万。辖9行政村。乡人民政府驻李家坪村。1949年属五寨县第二区。1954年设李家坪乡。1958年属五寨县南峰公社。1961年改公社。1984年复设乡。以驻地得名。全乡东南高，西北低。北面以丘陵为主，南面以山地为主。年平均气温在4.5℃。年平均降雨量500毫米。无霜期130天。林木覆盖率49%。有国家一级保护动物褐马鸡。有小学、卫生院、文化站。有古迹宁远古城遗址、观音寺、官楼、洪佛寺。主产马铃薯、玉米、小杂粮。特产有芥菜和毛尖茶。畜牧业以饲养生猪、羊为主。有石料厂、储煤场。宁岢铁路过境设站。呼北高速公路、省道崞五线经此。

140928-C02-H01 **李家坪**［Lǐjiāpíng］李家坪乡人民政府驻地。在县政府驻地砚城镇东北12.4千米。人口450。相传因李氏最早建村，且地势平坦而得名。聚落呈团块状。有李家坪乡卫生院。省道崞五线、县道李白线经此。

140928-C03 **孙家坪乡**［Sūnjiāpíng Xiāng］五寨县辖乡。在县境东部。面积175平方千米。常住人口1.05万。辖17行政村。乡人民政府驻孙家坪村。1949年属五寨县第一区。1952年设孙家坪乡。1958年属跃进公社。1961年改公社。1984年复设乡。2001年黄土坡乡并入。2021年撤销梁家坪乡，整建制并入孙家坪乡。以驻地得名。南部为土石山区，西北部为丘陵沟壑区。年平均气温4.9℃。年平均降水量478毫米。无霜期110—130天。有小学、卫生院、文化站等。有古迹岳家老宅、韩岭庄遗址、瑞云寺遗址。有纪念地峰子头抗日烈士墓、暂编一师师部驻地旧址等。主产玉米、莜麦、马铃薯、小杂粮。养殖以牛、羊、猪、鸡为主，有畜牧园区多座。有小杂粮加工、淀粉加工、石料加工等企业。有黄土地脱毒马铃薯种植农民专业合作社。服务业有商贸、旅游等。宁岢铁路、209国道、呼北高速公路、县道五阳线经此。

140928-C03-H01 **孙家坪**［Sūnjiāpíng］孙家坪乡人民政府驻地。在县政府驻地砚城镇西4.8千米。人口780。该村姓氏以孙氏为主，且村周围较为平坦，故名。聚落呈团块状。有孙家坪乡中心小学、孙家坪乡卫生院。有孙家坪堡址，处于四面环沟的高地。有古道沿沟谷通过，为交通要津。有孙家坪墓群，为清代墓葬。209国道、县道阳五线经此。

140928-C04 **胡会乡**［Húhuì Xiāng］五寨县辖乡。在县境中部。面积91平方千米。人口0.75万。辖10行政村。乡人民政府驻大胡会村。1949年属五寨县第二区。1952年属五寨县第五区。1958年，属五寨县南峰公社。1966年设胡会公社。1984年改设乡。以驻地得名。“胡会”因远古时期，境内周边高林密布，排出之水汇聚成一片湖海泽国；又因该地水草丰美，红狐狸很多，胡人军队驻扎于境内，捕狐练兵而得名。全乡土地平整。年平均气温4.9℃。年平均降水量为532毫米。无霜期 133 天。林木覆盖率 40%。清涟河流经。有中小学、卫生院、文化站。有古迹方城墓群、方城古城遗址、方城遗址。主产玉米、马铃薯、小杂粮、蔬菜。养殖以猪、羊为主。企业有甜菊糖业、佳宁食品、春野牧业、饲料加工、屠宰生产等。209 国道经此。

140928-C04-H01 **大胡会**［Dàhúhuì］胡会乡人民政府驻地。在县政府驻地砚城镇西北 8.7 千米。人口 1500。相传因胡人军队驻扎在此练兵而得名。聚落呈团块状。209 国道经此。

140928-C05 **韩家楼乡**［Hánjiālóu Xiāng］五寨县辖乡。在县境西北部。面积 142 平方千米。人口 0.67 万。辖 12 行政村。乡人民政府驻韩家楼村。1949 年属五寨县第三区。1956 年设韩家楼乡。1958 年属五寨县火箭公社。1966 年改公社。1984 年复设乡。2001 年李庄乡并入。以驻地得名。境内属典型的梁状黄土丘陵区。年平均气温 5.3℃。年平均降水量 500 毫米。无霜期 120 天。朱家川河、县川河、鹿角河流经。有铁、铝等资源。有中小学、卫生院。文化站等。有宝林寺、天院寺、兑堡战场遗址、李家庄遗址、韩家楼堡址等。主产玉米、谷子、糜黍、红芸豆。养殖业以猪、牛、羊、鸡为主。有储煤场、洗煤厂等。服务业有汽修、汽配、餐饮服务等。神朔铁路、韩河公路、韩府公路经此。

140928-C05-H01 **韩家楼**［Hánjiālóu］韩家楼乡人民政府驻地。在县政府驻地砚城镇西北 40 千米。人口 1300。相传此地原建管楼，加之最早韩氏在此建村而得名。聚落呈条带状。有韩家楼明德小学、韩家楼乡卫生院。有韩家楼遗址，为汉代文化遗存。有韩家楼堡址、韩家楼烽火台，皆为明代文化遗存。338 国道、省道韩河线经此。

140928-C06 **东秀庄乡**［Dōngxiùzhuāng Xiāng］五寨县辖乡。在县境西北部。面积 140 平方千米。人口 0.65 万。辖 10 行政村。乡人民政府驻东秀庄村。1949 年属五寨县第四区。1956 年设东秀庄乡。1958 年属五寨县英雄公社。1961 年改公社。1984 年复设乡。2001 年白草庄乡并入。以驻地得名。“东秀庄”因传东坡居住张、陈两家都出了书生，后陈家衰败投靠张家，由西搬到东，故此得名。地势由西向东，由南向北倾斜。年平均气温 4.5—5℃。年平均降水量 480 毫米。无霜期 128 天。矿产资源有石灰石、黏土等。下会子沟、闹儿沟、西坪沟三大沟系汇入朱家川河。有白草庄水库、郭家河水库。有中小学、卫生院、文化广场。有汉代五王城遗址、五佛寺古遗址，郭家河靖边楼遗址和五寨县抗日革命根据地西坪沟旧址。农业种植玉米、高粱、莜麦、马铃薯、谷子、黍子、红芸豆等。种植板蓝根、党参等中药材。畜牧业以饲养生猪、羊、牛为主。有县乡公路胡白线。

140928-C06-H01 **东秀庄**［Dōngxiùzhuāng］东秀庄乡人民政府驻地。在县政府驻地砚城镇西北 17 千米。人口 1200。相传张姓住东坡，因出了秀才，将东坡定名为东秀庄。聚落呈团块状。有东秀庄学校、东秀庄乡卫生院。有东秀庄遗址，为汉代文化遗存。县道吴白线经此。

140928-C07 **杏岭子乡**［Xìnglǐngzǐ Xiāng］五寨县辖乡。在县境西北部。面积 186 平方千米。常住人口 0.53 万。辖 7 行政村。乡人民政府驻杏岭子村。1949 年属五寨县第四区。1952 年设杏岭子乡。1958 年属五寨县英雄公社。1961 年改公社。1984 年复设乡。2001 年下鹿角乡并入。因乡政府驻地林中杏树较多而得名。境内沟壑纵横，是典型的黄土丘陵区。地势东南高、西北低。年平均气温 4.9℃。年平均降水量 478 毫米。无霜期 110—130 天。鹿角河流经。野生动物有野鸡、野兔、獾子等。有小学、卫生院、文化广场等。有古迹五王城遗址、杏岭子遗址、五寨县抗日民主政府旧址等。主产玉米、谷子、糜黍、红芸豆、马铃薯、莜麦。有仁用杏。养殖以猪、牛、羊为主。县道五阳公路经此。

140928-C07-H01 **杏岭子**［Xìnglǐngzǐ］杏岭子乡人民政府驻地。在县政府驻地砚城镇西北 17.2 千米。人口 1700。相传因林中杏树较多，又因当地人习惯于在名称后面加“子”字而得名。聚落呈团块状。有杏岭子乡中心小学、杏岭子乡卫生院。有杏岭子遗址，为汉代文化遗存。有杏岭子墓群，为清代墓群。县道阳五线经此。

140929 **岢岚县**［Kělán Xiàn］忻州市辖县。北纬 38° 29'—38° 58'，东经 111° 13'—111° 52'。

在市境西部。面积1980平方千米。人口6.93万。以汉族为主，还有回、满等民族。辖3镇、7乡。县人民政府驻岚漪镇。殷商时，为冀州领域。西周时期，为蕃服燕京戎地。春秋时，属晋。赵武灵王元年（公元前325年），赵武灵王起兵逾黄花岭，驱逐林胡楼烦王，复置楼烦郡，岢岚属赵。西汉初，属太原郡，隶属朔方刺史部西河郡。东汉，隶属并州刺吏部西河郡。建安末，魏立新郡，岢岚名"广衍"，为其属地。三国时期，为羌胡属地。西晋末为刘元海之赵地。东晋十六国时期，皆属西河郡。北魏岢岚为秀容郡地，后因其地有岢岚山，名岚州。北齐河清二年（563年）筑苏孤戍。隋初，复置楼烦郡，岢岚为其属地。隋大业三年（607年）置岢岚镇。唐永淳二年（683年）改为岢岚栅。长安三年（703年）析宜芳县地置岚谷县，属岚州，同年于县置岢岚军。神龙二年（706年）废县。开元初年废军。十二年（724年）复置岚谷县。十三年复置岢岚军。五代废军。北宋太平兴国五年（980年）于岚谷县置岢岚军，属河东路。熙宁三年（1070年）岚谷县废入岢岚军。元丰六年（1083年）复置岚谷县。金大定二十二年（1192年）升岢岚军为岢岚州，属河东北路。蒙古太祖十六年（1221年）岚谷县废入管州，废岢岚州。明洪武七年（1374年）置岢岚县。八年升为岢岚州，隶太原府。清仍为岢岚州，辖岚县，兴县，直隶太原府。民国元年（1912年）改州为县，称岢岚县，属冀宁道。民国二十六年（1937年）属山西省第二行政区政治主任公署。民国二十九年（1940年）岢岚县城沦为日战区。民国三十二年（1943年）岢岚县属晋绥边区第二专署。1949年属兴县专区。1952年改属忻县专区。1958年废入五寨县。1961年复置岢岚县，仍属忻县专区。1967年属忻县地区。1983年属忻州地区。2000年属忻州市。因岢岚山得名。 地处晋西北黄土高原中部，管涔山西北麓。地势东南高，西北低。有岢岚山、烧炭山。最高海拔荷叶坪2784米，最低海拔1042米。年平均气温6.2℃，1月平均气温-10.3℃，7月平均气温20.7℃。年平均降水量450毫米。无霜期120天。境内河道属黄河流域，岚漪河、北川河、南川河、王家岔河流经。矿产资源有铝土、铁、石英砂岩、石灰岩、花岗岩、白云岩等。植物资源以原始次森林、牧草、药材为主。森林树种主要有落叶松、云杉、油松、杨、桦等。有党参，黄芪，蕨菜、蘑菇、黄花菜、刺玫瑰等野生植物。有国家级重点保护野生动物褐马鸡、金钱豹、野猪、狍、狐等。有中等职业学校、中小学。县第二中学、县东街示范小学为省级示范学校。有医院、文化馆、公共图书馆、档案馆、博物馆、体育场等。有省级文物保护单位岢岚县毛主席路居馆。有古迹宋代长城、岢岚城墙、北寺塔、仙人洞等。有吴家庄生态观光旅游基地。有省级森林公园岚漪森林公园。有省级爱国主义教育基地太原卫星发射基地、岢岚县毛主席路居馆。有地方民间艺术传说道情等。仙人洞传说、舟城传说被列入市级非物质文化遗产名录。有晋岚绒山羊、柏籽羊等文化节。有国家级传统村落寺沟会村、北方沟村。有历史名人刘仰峤、赵岚、崔如泉等。三次产业比19 ：20 ：61。2017年6月21日，习近平总书记视察岢岚发出"撸起袖子加油干"的号召。主产莜麦、马铃薯、玉米、红芸豆、糜黍、小麦、胡麻。土特产有中华红芸豆、燕麦、马铃薯、柏籽羊肉。工业以食品、饮料、纺织、煤炭加工为主，有建材、风电、光电企业。服务业以旅游、餐饮、批发和零售业为主。境内有宁岢、岢瓦铁路运输线连通，209国道、省道忻保线、右芮线、岢大线经此。

140929-N01 **东关桥**［Dōngguān Qiáo］在岢岚县城东部居仁街上，纵跨岚漪河。为大型河道桥梁，结构形式为4孔双曲拱型桥。桥长75米，桥面宽8米，最大跨度16米，桥下净高11.0米。1969年始建，1976年建成。2013年改扩建。因位于东关得名。最大载重量15吨。

140929-N02 **北道坡桥**［Běidàopō Qiáo］在岢岚县城西部新民路上，纵跨北川河。为大型河道桥梁，结构形式为上部混凝土桥面，下部桥墩采用拱形桥台。桥长48米，桥面宽12米，最大跨度25米，桥下净高10米。1986年动工，1988年建成。2013年维修改造，桥面加宽2米。因邻近北道坡社区得名。最大载重量20吨。

140929-N03 **云际路桥**［Yúnjìlù Qiáo］在岢

岚县城西南部云际路南段，纵跨岚漪河。为大型河道桥梁，桥体结构为混凝土简支空心板梁，桥体材料为钢筋混凝土浇筑一体成型。桥长 64 米，桥面宽 24.5 米，最大跨度 25 米，桥下净高 12 米。1999 年动工，2000 年建成。最大载重量 25 吨。

140929-N04　**宜阳路桥**［Yíyánglù Qiáo］在岢岚县城南部宜阳路上，纵跨岚漪河。为大型河道桥梁，桥体结构为混凝土简支空心板梁，桥体材料为钢筋混凝土浇筑一体成型。桥长 35.8 米，桥面宽 17 米，最大跨度 20 米，桥下净高 12 米。2010 年建成。2011 年加宽改造。2013 年桥体美化亮化。最大载重量 25 吨。

140929-N05　**正阳路桥**［Zhèngyánglù Qiáo］在岢岚县城南部正阳路上，纵跨岚漪河。为大型河道桥梁，桥体结构为混凝土简支空心板梁，桥体材料为钢筋混凝土浇筑一体成型。桥长 54.4 米，桥面宽 17 米，最大跨度 30 米，桥下净高 13 米。2006 年动工，2008 年建成。2013 年桥体美化亮化。最大载重量 25 吨。

140929-R01　**岢岚站**［Kělán Zhàn］见交通运输设施部分“岢岚站”条。

140929-B01　**岚漪镇**［Lányī Zhèn］岢岚县人民政府驻地。在县境中部。面积 214 平方千米。人口 3.35 万。辖 14 行政村。镇人民政府驻北大街。1949 年属岢岚县第一区。1956 年设城关镇。1958 年属五寨县岢岚镇钢铁公社。1961 年设公社。1984 年复设城关镇。2001 年王现庄乡、大巨会乡、城关镇合并设岚漪镇。因岚漪河横贯全境得名。境内属土石山区。年平均气温 6℃。年平均降水量 456 毫米。无霜期 120 天。岚漪河流经。有白云岩、石灰岩等资源。有小学、卫生院、文化站。有省级文物保护单位、省级爱国主义教育基地毛主席路居馆。有古迹山西省临时省委旧址、宋长城、北寺塔、云际寺等。有省级森林公园岚漪森林公园。境内“仙剑飞瀑”为岢岚古八景之一。主产莜麦、糜子、黍子、大棚蔬菜。养殖羊、猪、牛、马等。有水泥厂、西街砖厂、焦化厂等。209 国道、省道岢大线经此。

140929-B01-K01　**岚漪大道**［Lányī Dàdào］在岢岚县城南部。北起阳蒿塔桥，南至岢岚高速出入口。与云际路、正阳路、宜阳路等道路相交。长 7.7 千米，宽 18 米。沥青路面。2010 年始建，2012 年建成。原为 209 国道（岢大线）过城段，2014 年重修后更今名。因本县有岚山漪水得名。两侧有岚漪森林公园、岢岚汽车客运站、喜洋洋广场、漪惠园等。

140929-B01-K02　**安元街**［Ānyuán Jiē］在岢岚县城中部。西起镇西路，东至宜阳路。与舟城路、道门路等道路相交。长 1.4 千米，宽 16 米。沥青路面。1982 年建成。原名北大街。2014 年重修后更今名，因五代十国时岢岚城名为安元城得名。两侧有岢岚县人民政府、岢岚县国税局、百惠购物中心等。

140929-B01-K03　**崇德街**［Chóngdé Jiē］在岢岚县城中部。西起云际路，东至宜阳路。与舟城路、正阳路、道门路等道路相交。长 1.5 千米，宽 7 米。沥青路面。1952 年建成。原为朝阳街、西关南街、大西街、大东街。2014 年重修合并后，为纪念清代古街名而更今名。两侧有西城门、明湖公园、乾坤湖公园、忠义祠、东城门等。

140929-B01-K04　**居仁街**［Jūrén Jiē］在岢岚县城中部。西起云际路，东至岚漪大道。与舟城路、正阳路、道门路等道路相交。长 2.6 千米，宽 8 米。沥青路面。1952 年建成。原为西关街、居仁西街、居仁东街、仙人街。2014 年重修合并后，为纪念清代古街名而统一名称。两侧有乾坤湖公园、岢岚三中、东街示范小学、东城社区党群服务中心等。

140929-B01-K05　**镇西路**［Zhènxī Lù］在岢岚县城北部。北起岚山路，南至文渊路。与安元街、居顺街等道路相交。长 4 千米，宽 14 米。沥青路面。1985 年建成。原名振兴路。2014 年重修后，为纪念明朝时岢岚为镇西卫更今名。两侧有岢岚火车站、岢岚二中等。

140929-B01-K06　**漪水南街**［Yīshuǐ Nánjiē］在岢岚县城南部。西起岚漪公园，东至宜阳路。与云际路、宜阳路、正阳路等道路相交。长 2.2 千米，宽 8 米。沥青路面。2011 年建成。2013 年改扩建。原名景观南路。2014 年为纪念岚漪河上古有漪水桥更今名。两侧有岢岚县文化和旅游局、岢岚县人力资源和社会保障局等。

140929-B01-K07 **漪水北街**［Yīshuǐ Běijiē］在岢岚县城南部。西起岚漪大道，东至宜阳路。与崇德街、正阳路等道路相交。长 2.2 千米，宽 10 米。沥青路面。2009 年建成。2013 年改扩建。原名景观北路。2014 年为纪念岚漪河上古有漪水桥更今名。两侧有世纪嘉苑住宅小区、东华苑住宅小区等。

140929-B01-K08 **向阳街**［Xiàngyáng Jiē］在岢岚县城西部。西起岢岚中学，东至北川河附近。与新民路、广惠路、通惠路等道路相交。长 0.8 千米，宽 14 米。沥青路面。1989 年建成。路名寓意面向朝阳。两侧有岢岚中学、岢岚县中医院、国防苑小区、广惠园社区等。

140929-B01-K09 **鼓楼街**［Gǔlóu Jiē］在岢岚县城南部。西起岢岚县西街实验小学，东至东城南巷。与新宅南街、道门南街、正阳路、小西街文庙巷等道路相交。长 1 千米，宽 8 米。沥青路面。1952 年建成。原名小东街、小西街，2014 年重修后，因途经鼓楼而合并更名。两侧有鼓楼、岢岚四中、西街实验小学等。

140929-B01-K10 **岚山路**［Lánshān Lù］在岢岚县城东部。北起镇西路，南至岚漪大道。与居仁街等道路相交。长 4.5 千米，宽 9 米。沥青路面。2011 年改扩建。原名东外环路，2014 年因道路位于岚山下更今名。两侧有路雨亭小区等。

140929-B01-K11 **宜阳路**［Yíyáng Lù］在岢岚县城东部。北起永宁路，南至岚漪大道。与安元街、居仁街、漪水北街等道路相交。长 1.2 千米，宽 16 米。沥青路面。2010 年建成。2011 年改扩建。原名漪东路。2014 年因位于古宜阳门东更今名。两侧有岢岚汽车客运站、东街村东华苑住宅小区、锦绣苑小区、神箭广场等。

140929-B01-K12 **正阳路**［Zhèngyáng Lù］在岢岚县城中部。北起居仁街，南至岚漪大道。与崇德街、漪水北街、漪水南街等道路相交。长 0.8 千米，宽 14 米。沥青路面。1950 年建成。2007 年改扩建。原名正街。2014 年重修后，因作为古城中轴线更今名。两侧有鼓楼、喜洋洋广场等。

140929-B01-K13 **舟城路**［Zhōuchéng Lù］在岢岚县城中部。北起公路小区，南至西街村。与居顺街、居仁街、崇德街等道路相交。长 1.1 千米，宽 12 米。沥青路面。原为钟楼南街、钟楼北街、新建路。1982 年建成新建路段。2014 年重修合并后，为纪念岢岚别名舟城更今名。两侧有岢岚三中、舟城广场、岢岚县农业局等。

140929-B01-K14 **道门路**［Dàomén Lù］在岢岚县城中部。北起永宁路，南至崇德街。与安元街、居仁街、鼓楼街等道路相交。长 0.7 千米，宽 9 米。沥青路面。1950 年建成。因清代岢岚道署位于此路东侧得名。两侧有岢岚四中、道门路农贸市场、岢岚县住建局等。

140929-B01-K15 **永宁路**［Yǒngníng Lù］在岢岚县城北部。西北起镇西路，东南至宜阳路。与文明路、道门路、气象路等道路相交。长 1.1 千米，宽 6 米。沥青路面。1982、2011 年改建。原为民生西路、爱民路、民生东路，2014 年合并后，因企盼和平安宁更今名。两侧有岢岚县自然资源和规划局等。

140929-B01-K16 **文渊路**［Wényuān Lù］在岢岚县城西部。西起镇西路，东至向阳街。与广惠路等道路相交。长 1.3 千米，宽 10 米。沥青路面。2014 年建成。因临近岢岚中学与北川河得名。两侧有岢岚中学、文渊苑、岢岚县中医院等。

140929-B01-H01 **西街**［Xījiē］岚漪镇人民政府驻地。在县城西部。人口 2750。因地处旧城垣，在鼓楼十字街以西而得名。有岢岚县第三中学校、岢岚二中、岢岚县西街实验小学、岢岚县人民医院。有县级文物保护单位岢岚州故城，现存为明代遗存。209 国道经此。

140929-B02 **三井镇**［Sānjǐng Zhèn］岢岚县辖镇。在县境偏东。面积 113 平方千米。人口 1.31 万。辖 22 行政村。镇人民政府驻三井村。1949 年属岢岚县第五区。1956 年设三井乡。1958 年属五寨县岢岚镇红旗公社。1961 年改设公社。1984 年改设镇。2021 年以原神堂坪乡和原三井镇的行政区域为三井镇的行政区域。因村中三井皆无水，村人渴望井水，取名三井。以驻地得名。地处晋西北高寒山区。年平均气温 6℃。年平均降水量 456 毫米。无霜期 120 天。北川河流经。有中小学、卫生院。有岢岚三官庙、三井战役旧址和三井堡遗址等。主产红芸豆、玉米、马铃薯、小杂粮。有种植园区。畜牧业以饲养生猪、羊、牛、家禽为主。乡镇企业以农机、运输、商贸、饮食服务业为主。有安塘工业园区和孟家坡、焦山、宋家寨洗煤厂。209国道、省道岢大线、阳兴线经此。

140929-B02-H01　**三井**［Sānjǐng］三井镇人民政府驻地。在县政府驻地岚漪镇东北15.6千米。人口1180。相传因在此打三眼井供居民用水而得名。聚落呈团块状。有三井星星希望小学。有县级文物保护单位三井战斗遗址，战斗中缴获的一门“九零”火炮现陈列于中国军事博物馆，这是八路军第120师抗日战争中缴获的第一门大炮。有三井堡址、三官庙、三井墓群、张氏墓群等明清时期文化遗存。209国道经此。

140929-B03　**宋家沟镇**［Sòngjiāgōu Zhèn］岢岚县辖乡。在县境东南部。面积339平方千米。人口0.78万。辖15行政村。乡人民政府驻宋家沟村。1949年属岢岚县第一区。1956年属阳坪乡。1958年为五寨县岢岚镇宋家沟五星公社。1961年设宋家沟公社。1984年改乡。2001年马跑泉、燕家村2乡并入。2021年撤销王家岔乡，整建制并入宋家沟镇。因最早有宋姓人首居境内而得名。地处黄土高原土石山区。年平均气温3.4℃。年平均降水量不足400毫米。无霜期95天。岚漪河流经。有一级保护动物褐马鸡、獾、狍羊等。林区盛产蕨菜、毛尖茶、泽泻、银盘蘑菇等。有中小学、卫生院、文化站等。有宋代长城、八路军120师八团团部旧址纪念地。透窟窿崖与其周边风光形成的“宁洞旅雨”为县古八景之一。主产玉米、莜麦、马铃薯、红芸豆、架豆、胡麻、大棚蔬菜。养殖晋岚绒山羊。宋家沟为县工业生产基地，有煤炭洗选、石料开采、风力发电、农产品加工等企业。209国道、省道忻保线、岢岚线经此。

140929-B03-H01　**宋家沟**［Sòngjiāgōu］宋家沟镇人民政府驻地。在县政府驻地岚漪镇东南11.4千米，人口480。聚落呈团块状。有宋家沟乡初级中学、宋家沟乡寄宿制小学。有宋家沟景区。宋家沟是结合易地搬迁、农村特色风貌整治、美丽乡村建设、乡村振兴综合打造的岢岚县首个“乡村旅游示范村”，是国家AAA级旅游景区、山西省旅游扶贫示范村。209国道经此。

140929-B03-H02　**北方沟**［Běifānggōu］在县政府驻地岚漪镇东南17.2千米。宋家沟镇辖行政村。人口160。因村方位坐北，向沟内延深而得名。聚落呈团块状。有北方沟遗址，为元代文化遗存。有白家宅院、北方沟戏台，现存为清代建筑遗构。2012年被列入第一批中国传统村落名录。209国道、县道石黄线经此。

140929-B03-H03　**王家岔**［Wángjiāchà］在县政府驻地岚漪镇东南15.5千米。宋家沟镇辖行政村。人口130。因位于两河沟岔口上而得名。聚落呈团块状。有王正朔烈士墓，1939年12月牺牲于岢岚县神堂坪村，1940年安葬于此。有特产“荷叶坪”牌红芸豆。2016年被列入第四批中国传统村落名录。乡村道路经此。

140929-C01　**高家会乡**［Gāojiāhuì Xiāng］岢岚县辖乡。在县境北部。面积130平方千米。人口0.66万。辖13行政村。乡人民政府驻高家会村。1949年属岢岚县第三区。1956年设高家会乡。1958年属五寨县岢岚镇红旗公社。1961年为岢岚县高家会公社。1984年复置乡。以驻地得名。地处黄土丘陵缓坡区，为阶地和滩地组成的河谷地貌。年平均气温6℃。年平均降水量493毫米。无霜期120天。矿产资源有白云岩、铝土矿、铁矿、石灰岩等。植被资源有落叶松、杨树林、沙棘、杨桦树等混合林。有小学、卫生院、文化站。有古迹战国西会烽火台遗址。种植玉米。为中华红芸豆生产基地。有谷子示范园区。有养殖羊示范基地。有石料、水泥、洗煤、贮煤、预制等厂。宁岢铁路，209国道、省道忻保线、右芮线经此。

140929-C01-H01　**高家会**［Gāojiāhuì］高家会乡人民政府驻地。在县政府驻地岚漪镇东北8.9千米。人口320。聚落呈条带状。有高家会中学。有高家会遗址，为汉代文化遗存，地表采集有泥质灰陶片。有高家会烽火台，为明代遗存。有特产红芸豆。有特色养殖晋岚绒山羊。县道岢保线经此。

140929-C02　**李家沟乡**［Lǐjiāgōu Xiāng］岢岚县辖乡。在县境西北部。面积135平方千米。

人口 0.19 万。辖 4 行政村。乡人民政府驻李家沟。1949 年属岢岚县第三区。1956 年设李家沟乡。1958 年改公社。1984 年复设乡。因李姓人氏最早入迁该地而得名。属黄土丘陵沟壑区，地形较为破碎。有煤、铁、铝土、高岭土等资源。有中小学、卫生院、文化大院。有古迹弘福寺遗址等。主产小米、莜麦、荞麦、玉米、马铃薯、胡麻、豆类等。养殖以生猪、羊、牛、家禽为主。有公路经此。

140928-C02-H01 **李家沟** [Lǐjiāgōu] 李家沟乡人民政府驻地。在县政府驻地岚漪镇西北 22.5 千米。人口 140。聚落呈条带状。有李家沟乡卫生院。有李家沟遗址，为汉代文化遗存。乡村道路经此。

140929-C03 **水峪贯乡** [Shuǐyùguàn Xiāng] 岢岚县辖乡。在县境西北部。面积 220 平方千米。人口 0.48 万。辖 6 行政村。乡人民政府驻大化村。1949 年属岢岚县第二区。1956 年设水峪贯乡。1958 年属五寨县岢岚镇水峪贯公社。1961 年改设大化公社。1984 年改设大化乡。2001 年大化、芦子河 2 乡合并复名水峪贯乡。原名水峪关，是岢岚到保德的交通要道，也是岢岚的西北门户，以地形关防得名，后因讹传演变为水峪贯。地势由西北向东南倾斜。年平均气温 8.2℃。年平均降水量 528 毫米。无霜期 146 天。芦子河、马家河流经。矿产资源有铝矾土、铁等。有中小学、卫生院、文化站等。有古迹大兴寺、大化观音阁、李家庙。主产马铃薯、糜谷、莜麦、小红豆、绿豆、芸豆、胡麻等。饲养以生猪、羊、牛、家禽为主。有镇办煤矿、水泥厂。省道忻保线经此。

140929-C03-H01 **大化** [Dàhuà] 水峪贯乡人民政府驻地。在县政府驻地岚漪镇西北 26 千米。人口 310。相传原名大桦，因大桦树得名，后简化为今名。聚落呈团块状。有县级文物保护单位大兴寺，现仅存正殿。有县级文物保护单位大化戏台，有大化观音阁，现存皆为清代建筑遗构。乡村道路经此。

140929-C04 **西豹峪乡** [Xībàoyù Xiāng] 岢岚县辖乡。在县境西北部。面积 155 平方千米。常住人口 0.3 万。辖 4 行政村。乡人民政府驻前西豹峪村。1949 年属岢岚县第二区。1956 年设西豹峪乡。1958 年为五寨县岢岚镇西豹峪公社。1961 年为西豹峪公社。1984 年复设乡。2001 年王现庄乡并入。相传，西豹峪乡一带原曾为原始森林覆盖，林间常有金钱豹出没，且交通不便，该地是当地人西出“口外”的必经之地，因地形较高，形成了“豁口”，且位于岢岚县的西边，故称西豹峪。地势东高西低，沟、峁、梁、塬纵横。西豹峪河、马家河等流经。年平均气温 5.4℃。年平均降水量 320 毫米。无霜期 120 天左右。有小学、卫生院、文化站等。有汉代西豹峪遗址。主产玉米、马铃薯、红芸豆、胡麻、仁用杏、核桃、榛子。有晋岚绒山羊，有柏籽羊之乡盛誉。省道岢保线经此。

140929-C04-H01 **前西豹峪** [Qiánxībàoyù] 西豹峪乡人民政府驻地。在县政府驻地岚漪镇西北 15.3 千米。人口 110。相传因旧有豹子出没得名，又地处西山，故取名西豹峪，在前的称前西豹峪。聚落呈条带状。有西豹峪遗址，为汉代文化遗存。有特色养殖晋岚绒山羊。乡村道路经此。

140929-C05 **温泉乡** [Wēnquán Xiāng] 岢岚县辖乡。在县境西部。面积 113 平方千米。人口 1.80 万。辖 5 行政村。乡人民政府驻后温泉村。1949 年属岢岚县第四区。1956 年设温泉乡。1958 年属五寨县岢岚镇星火公社。1961 年改公社。1984 年复置乡。以驻地得名。境内属山区。年平均气温 10℃。年平均降水量 360 毫米。无霜期 130 天。岚漪河流经。有小学、卫生院、文化站等。有古迹咸康烽火台、咸康王氏墓群遗址。为县小杂粮、干鲜果生产基地。主产玉米、糜黍、谷子、绿豆、胡麻、葵花、葡萄、核桃、红枣。畜牧业以饲养生猪、羊、牛为主。岢瓦铁路、省道岢大线经此。

140929-C05-H01 **后温泉** [Hòuwēnquán] 温泉乡人民政府驻地。在县政府驻地岚漪镇西南 25.4 千米。人口 70。相传因此地有温泉水自山崖流出而得名，该村居东，称后，故名后温泉。聚落呈条带状。有温泉乡卫生院。省道岢大线经此。

140929-C06 **阳坪乡** [Yángpíng Xiāng] 岢岚县辖乡。在县境西南部。面积 199 平方千米。

人口 0.32 万。辖 7 行政村。乡人民政府驻阳坪村。1949 年属岢岚县第四区。1956 年设阳坪乡。1958 年属五寨县岢岚镇星火公社。1961 年改公社。1984 年复置乡。2001 年中寨、王现庄 2 乡并入。因境内村庄坐落在一片宽阔的河原平地上而得名。境内属土石山区。年均降水量 450 毫米。无霜期 140 天。花岗岩储量丰富。有中小学、卫生院、文化站等。有古迹松井遗址、阳坪观音阁。主产莜麦、豆类、糜黍、胡麻。有绿色农业生态园，有柴胡、黄芪、党参、苏子、黄芩、附子、甘草、穿地龙等中药材。养殖以猪、羊为主。有洗选煤厂、煤炭公司。岢瓦铁路、省道右芮线、岢大线经此。

140929-C06-H01 **阳坪**［Yángpíng］阳坪乡人民政府驻地。在县政府驻地岚漪镇西南 13.5 千米。人口 150。因村坐落于河原平地之上而得名。聚落呈团块状。有阳坪中心卫生院、阳坪敬老院。有阳坪墓群，为清代墓群。有阳坪观音阁，现存为清代建筑遗构，两山墙内壁现存彩绘壁画 21 平方米。省道岢大线经此。

140929-C07 **大涧乡**［Dàjiàn Xiāng］岢岚县辖乡。在县境南部。面积 127 平方千米。人口 0.41 万。辖 9 行政村。乡人民政府驻大涧村。1949 年属岢岚县第四区。1956 年设大涧乡。1958 年属五寨县岢岚镇钢铁公社。1961 年改公社。1984 年复置乡。因位于龙寺山与大虎沟焉中间而得名。地势南高北低，地形为典型的黄土丘陵缓坡区。南川河流经。有小学、卫生院、文化站等。龙岩寺“龙壁松风”景观，为县古八景之一。有大涧、小涧等名胜。主产马铃薯、莜麦、玉米、豆类、蔬菜、胡麻、葡萄、仁用杏。有观光农业示范园区。养殖牛羊为主。省道阳兴线、忻黑线经此。

140929-C07-H01 **大涧**［Dàjiàn］大涧乡人民政府驻地。在县政府驻地岚漪镇西南 12.3 千米。人口 180。因夹在两山中间的沟称涧，该村位于龙寺山与大虎沟中间，故名。聚落呈条带状。有大涧乡卫生院。有大涧遗址，为汉代文化遗存。乡村道路经此。

140929-C07-H02 **寺沟会**［Sìgōuhuì］在县政府驻地岚漪镇西南 14.2 千米。大涧乡辖行政村。人口 140。相传因临近龙岩寺，因每年庙会游人多聚此而得名。聚落呈团块状。有刘家宅院，现存为清代建筑遗构。2012 年被列入第一批中国传统村落名录。乡村道路经此。

140930 **河曲县**［Héqū Xiàn］忻州市辖县。北纬 38° 55′—39° 25′，东经 110° 09′—111° 37′之间。在市境西北部。面积 1317 平方千米。人口 12.35 万。以汉族为主，还有回、满等民族。辖 6 镇、5 乡。县人民政府驻西口镇。战国属赵，一名林胡，又曰儋林。秦汉属太原郡。汉武帝元朔四年（前 125 年）置河西郡，为河西郡宣武县地。西晋末刘渊据离石，其地属刘渊。南北朝时属北魏。唐隶太原，为岚州宜芳县地。五代北汉刘崇置雄勇镇，属岚州。宋太平兴国七年（982 年）建火山军，同下州，领雄勇、偏头、董家、横谷、桔槔、护水六寨。庆历初（1041 年）增领下镇寨。治平四年（1067 年）置火山县为“倚郭”。熙宁四年（1071 年）废，属代州。金贞元元年（1153 年）置河曲县。大定二十二年（1182 年）升火山军为火山州。大定末年改火山州为隩州，隶河东北路。兴定四年（1220 年）河曲县治徙今文笔附近。蒙古至元二年（1265 年）废河曲县及隩州入保德州。明洪武二年（1369 年）复置河曲县。六年废。十三年再置，属太原府。清雍正二年（1724 年）属保德州。乾隆二十七年（1762 年）河曲县治徙今文笔。民国三年（1914 年）置道，属雁门道。民国十六年（1927 年）废道，直属山西省。民国二十六年（1937 年）全省划为七个行政区，河曲属第二行政区。民国二十九年（1940 年）解放，属第二游击区行署二专区。民国三十年（1941 年）属晋西北行署二专区。民国三十二年（1943 年）属晋绥边区行署二专区。民国三十四年（1945 年）属晋绥边区雁门行署二专区。民国三十五年（1946 年）雁门行署撤后直属边区行署。1949 年属兴县专区。1952 年属忻县专区。1958 年偏关县及保德县部分地域并入，属晋北专区。1960 年偏关、保德 2 县析出。1961 年属忻县专区。1967 年属忻县地区。1983 年属忻州地区。2000 年属忻州市。因地处黄河曲折之处取“黄河千里一曲”之义而得名。河曲历史悠久，有“陕东重镇、晋右严疆”之称，历史上著名的走西口之地，地处晋西北黄土高原。地势由东南向西北倾斜。最高海拔翠峰山 1697 米，最低海拔 835 米。年平均气温 8.1° C，1 月平均气温 -10.9° C，7 月平均气温 23.7° C。年平均降水量 378 毫米。无霜期 145 天。黄河绕流县境北部与西部，有县川河、朱家川河、南曲沟河、邬家沟河等注入。矿产资源有煤、铁、硫磺、石灰岩、铝土矿、油页岩、高岭土、锰矿等。野生动物主要有野鸡、山雀、雁、鹰、兔、黄河鲤鱼。有中等职业技术学校、中小学、文化馆、公共图书馆、档案馆、博物馆、剧院（场）。有省级文物保护单位岱岳庙、海潮庵。有古迹海潮庵、岱岳庙等。有景点龙口峡谷、弥佛栈洞、娘娘滩等。河曲民歌、二人台、河灯节被列入国家级非物质文化遗产。有地方民间艺术河曲民歌、二人台等。为中国民间文化艺术之乡。有“北方民歌之乡”之称。有国家级传统村落旧县村。有历史名人白朴、苗朝阳、黄宅中等人。三次产业比 5 ∶ 67 ∶ 28。2020 年入选“第二批革命文物保护利用片区分县名单”。2021 年被文化和旅游部命名为 2021—2023 年度“中国民间文化艺术之乡”。主产谷子、糜黍、高粱、小麦、玉米、豆类、薯类、棉花。土特产有黄河鲤鱼、海红蜜、碗托、盐干酪、果丹皮等。为县粮、菜、水果生产基地。工业以煤炭、电力、化工、建材、冶炼、陶瓷为主。有晋西北“水旱码头”之称。有神朔铁路、朔准铁路、黄河龙口大桥、韩河公路、沿黄公路和府谷至河曲公路桥过境。有黄河渡口多处。

140930-B01 **西口镇**［Xīkǒu Zhèn］河曲县人民政府驻地。在县境西北部。面积 65 平方千米。人口 3.98 万。辖 12 行政村。镇人民政府驻向阳大街中段。1949 年属河曲县第一区。1953 年建城关镇。1956 年分属楼子营、唐家会 2 个乡。1958 年为城关公社。1984 年复设镇。2001 年城关镇更名文笔镇。2021 年由文笔镇更名为西口镇。西口源于以前河曲人走西口，也叫走口外，河曲人到内蒙古一带生存只有那一个渡口，从古时候流传下来，现在人就称作西口古渡，故名。地形东北高、西南底，从坡顶到平川呈三级平台状。年平均气温 8.9℃。无霜期 150—160 天。有中小学、医院、卫生院、图书馆、文化馆、博物馆等。有省级文物保护单位岱岳殿。有古迹文笔塔、护城楼、禹王庙、西口古渡等。历史名人有清代廉吏赵洲、“韩式密码”发明家韩聘鲁等。主产玉米、高粱、谷子、马铃薯、黄芥、蔬菜。被称为花果之乡。工业以电力、化工、建材产业为主。为全省新型能源工业基地之一。有石油企业、发电厂、碳素厂、石灰氮厂等。鲁能运煤专线铁路、336 国道、省道灵河线、万瓦线经此。

140930-B01-K01 **长城大街**［Chángchéng Dàjiē］在河曲县城北部。西起临隩大道，东至开元路。与益民北路、唐坪路等道路相交。长 3.3 千米，宽 60 米。混凝土路面。2012 年建成。因河曲境内有古长城遗址得名。两侧有河曲中学、河曲县中医医院、河曲县政务服务中心、河曲县公安局等。

140930-B01-K02 **黄河西大街**［Huánghé Xīdàjiē］在河曲县城西部。西起古渡广场，东至翠峰路。与西关巷等道路相交。长 0.5 千米，宽 40 米。混凝土路面。2000 年始建，2001 年建成。2009 年改扩建。因位于黄河大街西侧得名。两侧有西口古渡广场、党校小区等。

140930-B01-K03 **黄河大街**［Huánghé Dàjiē］在河曲县城中部。西起翠峰路，东至唐坪路。与玉泉路、益民路、平阳路等道路相交。长 1.6 千米，宽 40 米。混凝土路面。1982 年始建。2002、2004、2008 年改扩建。因河曲临近黄河得名。两侧有中共河曲县委、河曲县人民政府、河曲二中、黄河宾馆等。

140930-B01-K04 **黄河东大街**［Huánghé Dōngdàjiē］在河曲县城中部。西起唐坪路，东至沙畔村。与延瑞路、开元路等道路相交。长 3.1 千米，宽 40 米。混凝土路面。2001 年始建，2002 年建成。因位于黄河大街东侧得名。两侧有河曲汽车客运站、白朴公园、九华商务宾馆等。

140930-B01-K05 **向阳街**［Xiàngyáng Jiē］在河曲县城南部。西起古城路，东至唐坪路。与玉泉路、益民路等道路相交。长 1.3 千米，宽 20 米。沥青路面。1971 年建成。1982、2003、2007 年改扩建。两侧有红星中学、河曲县人民医院、西口镇人民政府等。

140930-B01-K06 **唐坪北路**［Tángpíng Běilù］在河曲县城东北部。北起249省道，南至黄河大街。以黄河大街为界，分北路、南路。与长城大街、坪泉路等道路相交。长2.8千米，宽9米。沥青路面。1976年建成。2004、2006年重修。曾名河偏路。因道路起点为唐家村、终点为坪泉村而得名。两侧有长城小区、化工东村等。

140930-B01-K07 **唐坪南路**［Tángpíng Nánlù］在河曲县城南部。北起黄河大街，南至249省道。以黄河大街为界，分北路、南路。长4.5千米，宽9米。沥青路面。1976年建成。2004、2006年重修。曾名河偏路。因道路起点为唐家村、终点为坪泉村而得名。两侧有银河小区、外贸东小区、河曲县交通运输局、河曲县革命烈士纪念馆等。

140930-B01-K08 **开元路**［Kāiyuán Lù］在河曲县城东部。北起249省道与唐坪北路交汇处，南至249省道与唐坪南路交汇处。以黄河东大街为界，分北路、南路。与长城大街等道路相交。长4.9千米，宽9米。沥青路面。2014年建成。路名寓意新阶段的开始。两侧有白朴公园、国华小区、范家梁新城苑等。

140930-B01-K09 **临隩大道**［Línyù Dàdào］在河曲县城西部。北起滨河新村，南至唐坪南路。与长城大街、黄河大街等道路相交。长8.2千米，宽33米。沥青路面。2021年建成，为沿黄旅游公路的一部分。因河曲古称隩州得名。两侧有临隩公园、西口古渡文化广场、北元护城楼等。

140930-B01-K10 **圆通街**［Yuántōng Jiē］在河曲县城西部。西起古渡小区，东至古城路。与翠峰路等道路相交。长0.5千米，宽6米。沥青路面。1975年建成。路名有祈盼吉祥之义。两侧有翠峰宾馆、南元农贸市场等。

140930-B01-K11 **玉泉路**［Yùquán Lù］在河曲县城中部。北起黄河大街，南至向阳街。长0.3千米，宽6米。沥青路面。因途经玉泉公园得名。两侧有满洲营小区、糖酒小区等。

140930-B01-K12 **益民南路**［Yìmín Nánlù］在河曲县城中部。北起黄河大街，南至向阳街。以黄河大街为界，分北路、南路。长0.4千米，宽9米。沥青路面。2005年建成。因便利居民出行而得名。两侧有河曲县委老干部局、益民小区等。

140930-B01-K13 **益民北路**［Yìmín Běilù］在河曲县城中部。北起河曲中学，南至黄河大街。以黄河大街为界，分北路、南路。与长城大街、东门路等道路相交。长1.2千米，宽9米。沥青路面。2005年建成。因便利居民出行而得名。两侧有河曲中学、河曲县中医医院等。

140930-B01-K14 **平阳北路**［Píngyáng Běilù］在河曲县城北部。东北起长城大街，西南至黄河大街。以黄河大街为界，分北路、南路。长1千米，宽6米。沥青路面。原为县城通梁家碛、龙口的大路。1976年改建。因起点属坪泉村、终点为向阳街得名。两侧有化工东村二区、河曲县水利局等。

140930-B01-K15 **平阳南路**［Píngyáng Nánlù］在河曲县城中部。东北起自黄河大街，西南至向阳街。以黄河大街为界，分北路、南路。长0.6千米，宽6米。沥青路面。原为县城通梁家碛、龙口的大路。1976年改建。因起点属坪泉村、终点为向阳街得名。两侧有众鑫商贸城、河曲县应急管理局等。

140930-B01-K16 **二道街**［Èrdào Jiē］在河曲县城西南部。西北起上马营围，东南至向阳小学。与乔儿街等道路相交。长1.1千米，宽6米。沥青路面。因所处位置为二道坡得名。两侧有四方墩小区、马营围小区等。

140930-B01-K17 **隩州西路**［Yùzhōu Xīlù］在河曲县城西部。北起长城大街，南至黄河大街。与东门路等道路相交。长0.7千米，宽6米。沥青路面。因河曲古称隩州得名。两侧有路西一小区、路东二小区等。

140930-B01-H01 **蚰蜒峁**［Yóuyánmǎo］在县政府驻地西口镇东6千米。西口镇辖行政村。人口430。相传旧称宴峁村，因传村民打窖时发现大蚰蜒，后演变而得名。聚落呈团块状。有河曲县实验小学蚰蜒峁分校。有蚰蜒峁李氏家族墓地，为清代墓地。有蚰蜒峁墓群，为明清时期墓群。2011年被评为第三届全国文明村。乡村道路经此。

140930-B02 **楼子营镇**［Lóuzǐyíng Zhèn］河

曲县辖镇。在县境东北部。面积61平方千米。人口0.84万。辖12行政村。镇人民政府驻楼子营村。1949年分属河曲县第一区、第三区。1956年设楼子营乡。1958年属城关公社。1961年设楼子营公社。1984年改设镇。因明宣德年间，原内蒙古准格尔旗楼子营寨迁入现楼子营境内建军营得名。地势南高北低，分为山区、半山区和河川区三类地形结构。年平均降水量380毫米。无霜期135天。有中小学、卫生院、文化站。有名胜古迹娘娘滩、罗圈堡、香山寺、吴峪洞、龙口大峡谷等。每月逢二举行传统古集会，四月初八举行香山寺庙会。主产花生、玉米、蓖麻、谷子、糜黍、马铃薯等。畜牧业以饲养羊、鸡为主。有柏鹿泉村有机红葱、西瓜、香瓜采摘观光示范片和楼子营村红辣椒种植产业示范片。主要工业产品有电石、水泥、活性炭。建有发电厂。服务业有旅游、商贸等。336国道、省道万瓦线、灵河线经此。

140930-B02-H01 **楼子营**［Lóuziyíng］楼子营镇人民政府驻地。在县政府驻地西口镇东北9.4千米。人口2780。相传该村系从内蒙古准格尔旗楼子营寨迁到此地，故名。聚落呈团块状。有楼子营小学、楼子营镇卫生院。有明代遗存楼子营堡，现存墙体外包砖石已被拆毁，只留夯土。有楼子营赵家宅院、刘家宅院、辛家宅院等，现存皆为清代建筑遗构。336国道经此。

140930-B02-H02 **罗圈堡**［Luóquānbǎo］在县政府驻地西口镇东北7千米。楼子营镇辖行政村。人口350。明弘治年间建城堡名“骡圈堡”，民国后改为“罗圈堡”。聚落呈条带状。有县级文物保护单位东梁墓群，为明清时期墓群。有县级文物保护单位西梁墓群，地表存清光绪二十三年（1897年）石碑一通。有罗圈堡堡址、罗圈堡烽火台群等明代遗存。有罗圈堡戏台、真武庙等，现存皆为清代建筑遗构。2016年被列入第四批中国传统村落名录。336国道经此。

140930-B03 **刘家塔镇**［Liújiātǎ Zhèn］河曲县辖镇。在县境东北部。面积129平方千米。人口1.69万。辖22行政村。镇人民政府驻刘家塔村。1949年分属河曲县第一区、第二区。1956年设刘家塔乡。1958年改公社。1984年复设镇。2001年树儿梁乡并入。因有一刘姓人家住一塔上而得名。属半山丘陵沟壑区。年平均气温8℃。年平均降水雨量447毫米。无霜期140天。邬家沟河流经。有黄铁矿、煤炭、黏土矿、油页岩、石灰岩、铝土矿、高岭土、石膏矿等资源。有中小学、卫生院、文化站等。有名胜古迹弥佛洞、龙口山峡。有“春耕节”、“灯盏盏”等传统古会。主产糜子、粟子、马铃薯、蓖麻、小杂粮、梨、杏、红枣、海红果。养殖以猪、牛、羊为主。有煤业企业。有准朔铁路、336国道、249省道经此；黄河公路、铁路大桥北接内蒙沿黄旅游公路、灵河高速公路纵贯全境、县道刘马线横切东西。

140930-B03-H01 **刘家塔**［Liújiātǎ］刘家塔镇人民政府驻地。在县政府驻地西口镇东北15.5千米。人口1010。因姓氏与村落所处地形结合而得名。聚落呈条带状。有刘家塔小学。县道刘马线经此。

140930-B04 **巡镇镇**［Xúnzhèn Zhèn］河曲县辖镇。在县境西部。面积85平方千米。人口1.53万。辖14行政村。镇人民政府驻河北村。1949年属河曲县第三区。1956年设巡镇乡。1958年改公社。1984年改设镇。2001年五花城乡并入。传说尉迟敬德得马于此，称巡镇为“得马水关”；明洪武九年（1376年），在此境内设巡检司，得名巡检司村；明清朝时期，为集镇，得名巡镇。沿河川底土地较平整，其余东、北部为半山区。年平均降水雨量380毫米。无霜期140天。黄河由西而南流经。矿藏有煤炭资源、煤层天然气等。有幼儿园、中小学、卫生院、文化站等。有古迹禅房寺、弘佛寺、三教寺等。主产玉米、高粱、糜子、马铃薯、豆类。为南瓜、果蔬生产基地。有工业园区，主产生钢、水泥、焦粉、高岭土、黏土砖、化肥等。省道万瓦线经此。

140930-B04-H01 **河北**［Héběi］巡镇镇人民政府驻地。在县政府驻地西口镇东南13.9千米。人口570。相传因村坐落于洞沟河以北而得名。聚落呈团块状。有巡镇小学、巡镇初中、河曲县第二人民医院、巡镇镇中心卫生院。有古迹戏台，现存为明代建筑遗构。有任氏祖庙，现存为清代建筑遗构。省道万瓦线经此。

140930-B04-H02 **五花城堡**［Wǔhuāchéng bǎo］在县政府驻地西口镇东南 9.2 千米。巡镇镇辖行政村。人口 760。相传历史上曾在这里修过五座堡城：城塔平城、城后平城、西城、堡城、城子梁城，故名五花城。居民又分居在堡内、堡外，堡内取名五花城堡。聚落呈条带状。有县级文物保护单位东周时期城子梁遗址。有东平梁遗址，为战国时期文化遗存。有墩平梁墓群等，为清代墓群。有五花城堡酒坊、宅第民居、水井等，现存为清代建筑遗构。2016 年被列入第四批中国传统村落名录。省道万瓦线经此。

140930-B05 **旧县镇**［Jiùxiàn Zhèn］河曲县辖镇。在县境中部偏西。面积 58 平方千米。人口 0.99 万。辖 17 行政村。镇人民政府驻旧县村。1949 年属河曲县第五区。1956 年设旧县乡。1958 年改公社。1984 年复设乡。2019 年撤销旧县乡，设立旧县镇。因位于河曲县故治而得名。地处半山区，属黄土丘陵区。年平均气温 8.8℃。年平均降雨水量 380 毫米。无霜期 130 余天。西临黄河，有县川河流经。矿藏资源有煤、铝、铁、硫黄等。有中小学、卫生院、文化站。有省级文物保护单位海潮庵。海潮庵庙会是河曲县规模最大的庙会。历史名人有明代兵科给事中苗朝阳、清道光年间大定府知府黄宅中等。主产玉米、马铃薯、糜谷、杂豆、蓖麻。养殖猪、羊、家禽为主。有煤运企业，有乌金之乡之称。服务业有餐饮、住宿、旅游等。神河支线、鲁能运煤专线铁路过境设站、省道韩禹线、万瓦线经此。2014 年旧县村被确定为全省第一批传统村落保护村。

140930-B05-H01 **旧县**［Jiùxiàn］旧县镇人民政府驻地。在县政府驻地西口镇东南 25.2 千米。人口 810。《清史稿》卷 60《地理七·山西》载："乾隆二十九年徙河保营为今治。"原治称为"旧县城"。聚落呈团块状。有旧县联校。有第二批省级文物保护单位海潮庵，始建于明万历年间（1573 年 S—1620 年），明末毁于兵火，清顺治年间重建，现存多为清代建筑遗构，有清代壁画遗存。2012 年被列入第一批中国传统村落名录。省道韩禹线、县道石铺线经此。

140930-B06 **沙泉镇**［Shāquán Zhèn］河曲县辖镇。在县境南部。面积 308 平方千米。人口 1.19 万。辖 26 行政村。镇民政府驻沙泉村。1949 年分属河曲县第五区、第六区、第七区。1956 年设沙泉乡。1958 年改公社。1984 年复设乡。2001 年阴塔乡并入。2019 年沙泉乡与赵家沟乡合并为沙泉镇。因相传很早以前，该地缺水，穷人们打出一口清泉被富人霸占，穷人气愤之下用石头、沙子将泉子填满，故此得名。朱家川河、县川河流经。林木覆盖率 43%。有中小学、卫生院、文化大院等。有景点翠峰山、保宁寺。主产糜子、谷子、马铃薯、杂豆、黄芥、胡麻、葵花。养殖以生猪、山羊为主。神朔铁路、神河铁路过境设站、338 国道经此。

140930-B06-H01 **沙泉**［Shāquán］沙泉镇人民政府驻地。在县政府驻地西口镇东南 42 千米。人口 600。相传因风大沙多，水源奇缺，人畜饮水困难，人们迫切盼望多出泉水而得名。聚落呈团块状。有沙泉中学、沙泉小学、沙泉乡卫生院。有沙泉堡址，为明代遗存。338 国道、县道沙保线经此。

140930-C01 **鹿固乡**［Lùgù Xiāng］河曲县辖乡。在县境中部。面积 150 平方千米。人口 1.31 万。辖 24 行政村。乡人民政府驻金鹿固村。1949 年属河曲县第三区。1956 年设鹿固乡。1958 年属巡镇公社。1959 年设鹿固公社。1984 年复设乡。2001 年寺墕乡并入。2021 年撤销前川乡，分别并入鹿固乡、单寨乡。相传，开垦土地时惊动了一对梅花鹿，鹿在逃离时回头顾盼，以谐音字而得名。地势东高西低，呈阶梯形。年平均降水量 380 毫米。无霜期 120—130 天。地下煤炭资源丰富。有小学、卫生院、文化大院。有古迹也头辽代砖塔、边家沟戏台和金鹿固文化生态园。地方民间艺术有河曲民歌。主产玉米、谷子、黑豆、糜子、马铃薯、油料。养殖以猪、羊为主。种植苹果、梨、槟果、沙果、海红、海棠、桃、杏、葡萄、山楂等，有"花果之乡"的美称。有北部的晋神磁窑沟煤矿、中部的华鹿阳坡泉煤矿、南部的鲁能上榆泉煤矿三座煤矿。有县道曲胡线、乡道巡磁线贯穿乡境。

140930-C01-H01 **金鹿固**［Jīnlùgù］鹿固乡人民政府驻地。在县政府驻地西口镇东南 20.9 千米。人口670。相传古代有金姓一家逃难于此定居，此地有鹿，见人就向村梁跑，时而回头环顾，因此取音为金家鹿固村，后演变为金鹿固。聚落呈团块状。有北龙咀遗址、凸洼咀遗址，为新石器时代文化遗存。有鹿固金氏家族墓地，为清代墓群。县道曲胡线经此。

140930-C02 **单寨乡**［Shànzhài Xiāng］河曲县辖乡。在县境中南部。面积187平方千米。人口0.81万。辖16行政村。乡人民政府驻单寨村。1949年属河曲县第六区。1956年设单寨乡。1958年改公社。1984年复设乡。2001年红崖峁乡并入。2021年撤销前川乡，分别并入鹿固乡、单寨乡。传说隋朝末年，单雄信带兵路过该地安营扎寨，故而得名。属黄土丘陵区，山大沟深，海拔在1300—1500米之间。年平均气温6.8℃。年平均降水量447.5毫米。县川河流经。有石灰岩等资源。有小学、卫生院、文化大院。种植马铃薯、谷子、玉米、红小豆、糜子、油料作物等。主产大果子、沙果、海红果、槟果。有肉牛养殖、养猪示范园区和绒山羊繁育基地。生产精制淀粉。有16座村级光伏电站。省道韩禹线、县道曲胡线经此。

140930-C02-H01 **单寨**［Shànzhài］单寨乡人民政府驻地。在县政府驻地西口镇东南32.9千米。人口1480。相传隋朝末年单雄信带兵路过此地，在此安营扎寨，故名。聚落呈散状。有单寨乡中心卫生院。县道曲胡线经此。

140930-C03 **土沟乡**［Tǔgōu Xiāng］河曲县辖乡。在县境东部。面积102平方千米。人口0.59万。辖11行政村。乡人民政府驻土沟村。1956年设土沟乡。1949年分属河曲县第三区、第六区。1958年改公社。1984年复设乡。因该地背靠一条土沙梁，东西两面均有山沟（河流）环绕，故名。地势从东北向西南倾斜，平均海拔1300米，属典型的黄土高原高山区。县川河流经。林木覆盖率33%。有石灰石等资源。有中小学、卫生院、体育健身广场、老年公寓等。主产糜黍、谷子、马铃薯、黑豆、玉米、莜麦、荞麦、葵花、黄芥。养殖种类有猪、牛、羊、鸡。林业树种有杨、榆、槐、松、柠条、沙棘。有物流配送、农资销售等企业。209国道、308省道、临河高速公路、县道巡大线，楼前线、乡道黑土线经此。

140930-C03-H01 **土沟**［Tǔgōu］土沟乡人民政府驻地。在县政府驻地西口镇东南39.3千米。人口680。因整个地区是黄土丘陵，又背靠一道土沙梁，面前两条山沟东西环绕而得名。聚落呈团块状。有土沟堡址，为明代遗存。乡道黑土线经此。

140930-C04 **沙坪乡**［Shāpíng Xiāng］河曲县辖乡。在县境中部。面积87平方千米。人口0.1万。辖12行政村。乡人民政府驻沙坪村。1949年属河曲县第一区。1956年设沙坪乡。1958年改公社。1984年复设乡。2001年葛真龙乡并入。以驻地得名。地势东高西低，呈阶梯形分布，属于典型的黄土丘陵区。无霜期130天。县川河流经。矿产资源有煤炭、石灰石、油页岩、铝矾土等。有小学、卫生院、文化站等。有党史教育基地暨红色旅游景点丁家洼支部。主产玉米、谷子、糜子、豆类、马铃薯、蓖麻、葵花。养殖肉牛、猪、羊为主。有核桃、杏经济林基地。有采煤业、白灰烧制业、采石业。县道韩河线、曲沙线经此。

140930-C04-H01 **沙坪**［Shāpíng］沙坪乡人民政府驻地。在县政府驻地西口镇东南23.4千米。人口660。因地形为四面环沟，中间有一平坦阔地，地形较平而多沙土而得名。聚落呈团块状。有沙坪乡中心卫生院。有沙坪菅氏家族墓地、青羊峁菅氏家族墓地，皆为清代墓群。乡道韩沙线经此。

140930-C05 **社梁乡**［Shèliáng Xiāng］县境西南部。面积88平方千米。人口0.82万。辖17行政村。乡人民政府驻社梁村。1949年属河曲县第五区。1956年分属尖山、旧县2个乡。1958年属旧县公社。1961年设社梁公社。1984年改设乡。2001年新尧乡并入。以驻地得名。地势东南高、西北低，属半山丘陵沟壑区。无霜期130天。县川河流经。有煤炭、石灰石、铝矿等矿产资源。有中小学、卫生院、文化站等。有古迹文殊寺。龙佛寺。有传统活动正月十五井裕沟古会，三月十五裴家甲庙会。主产玉米、谷子、糜子、马铃薯、杂豆、油料。有西瓜、海红果、梨、桃、杏等。

养殖小尾寒羊、盖县绒山羊、长白猪为主。有光伏发电企业。县道石铺线、闫刘线经此。

140930-C05-H01　**社梁**［Shèliáng］社梁乡人民政府驻地。在县政府驻地西口镇东南32.1千米。人口450。相传原为旧县公社大王家塄村李姓和新窑公社刘家沟村刘姓两家的山地庄子，名“社梁峁”，李、刘两家后来在此地定居后，改称今名。聚落呈团块状。有社梁乡中心卫生院。县道闫刘线经此。

140931　**保德县**［Bǎodé Xiàn］忻州市辖县。北纬38° 39′—39° 6′ 56″，东经111° 56′ 30″—112° 19′ 40″。在市境西部。面积995平方千米。人口14.42万。以汉族为主，还有回、土家等民族。辖5镇、6乡。县人民政府驻东关镇。春秋属晋，为林涛寨。晋三分后，为楼烦所据，名曰林胡，又名澹林。战国时，赵武灵王练武收复之，置楼烦郡。秦属太原。汉属雁门郡（今代州）。晋刘元海据离石，其地属汉。后拓跋氏据有北方，属魏。高氏篡位，属齐。宇文氏灭齐，属周。唐属岚州（即岢岚州）五代属后唐。后属北汉。北宋淳化四年（993年）置定羌军，隶河东道。景德二年（1005年）改保德军。金大定十一年（1171年）置保德县。金大定二十二年（1182年）升保德军为保德州，县属之，隶河东北路。蒙古宪宗七年（1257年）废县入州，隶冀宁路。至元二年（1265年）陕州废入保德州。三年岢岚军废人。四年岢岚军析出。明洪武七年（1374年）改州为县，属岢岚州。九年复为保德州，属太原府。清雍正二年（1724年）升直隶州，属山西省。民国元年（1912年）废州，复为保德县，属雁门道。民国十六年（1927年）废道，直属山西省。民国二十一年（1932年）隶属第二行政区管辖。1940年成立抗日民主政府，属中共领导的晋西北行政公署二专署（岢岚区）领导。1943年晋西北行政公署改名为晋绥边区行政公署，保德属二专署领导。1949年后属兴县专区。1952年属忻县专区。1958年废入河曲县与兴县。1960年复置保德县，属晋北专区。1961年属忻县专区。1967年属忻县地区。1983年属忻州地区。2000年属忻州市。以“民保于城，城保于德”之意得名。保德历史悠久，人杰地灵。早在新石器时代，保德地域就有人类活动。先后有名垂青史的杨家军、明代五省总督陈奇瑜、全国劳动模范造林英雄张侯拉等杰出人物。保德是革命老区，许光达、彭绍辉等老一辈无产阶级革命家曾在此工作。地处晋西北黄土高原，黄河北干流东岸。地势东高西低，有吕梁山脉。最高海拔木兰圪旦1585米，最低海拔786米。年平均气温8.8℃，1月平均气温-8℃，7月平均气温23.5℃。年平均降水量493毫米。无霜期135天。矿产资源有煤、铁、铝土、菱铁、硫铁、铁钒土、油页岩、白云岩等。森林覆盖率15.6%。天然灌木有沙棘（醋柳）、美蔷薇（油瓶）、柠条（黄荆儿）、黄刺梅（刺椿）、木兰（马茹茹）、金花忍冬（重皮子）、荆条、樱桃等。主要野生动物有豹、野猫、野猪、狍羊、狼、狐、獾、黄鼠狼、野兔等。有中等职业学校、中小学、文化馆、公共图书馆、体育场、剧院（场）。有各级文物保护单位215处，其中有林遮峪新石器遗址、清代故城关帝庙等省级保护单位，有宋代牙前塔金峰寺、故城春秋战国古文化遗址、清代城内陈烈女祠建筑群等市级保护单位，有明代城内祖师庙、清代后会灵感寺、清代白家庄金锁桥等县级保护单位，有国家级古脊椎动物三趾马化石保护区，保德红土因含三趾马及大唇犀等化石而被国际地质学界命名，保德铜贝更是人类金属铸币之鼻祖。保德钓鱼台被誉为“黄河第一钓鱼台”。古代龙山文化遗迹遍布全县。有飞龙山省级森林公园。非物质文化遗产项目有省级2个、传承3人，市级12个、传承9人，县级15个、传承18人。有地方民间艺术二人台等。保德民歌被列入省级非物质文化遗产。有黄河文化艺术节。有民歌之乡、红枣之乡、红土之乡和神秘的三趾马化石之乡美称。三次产业比10 ∶ 47 ∶ 43。2020年入选“第二批革命文物保护利用片区分县名单”主产玉米、马铃薯、大豆、谷子、糜黍、胡麻、棉花。土特产有油枣、海红果、石花鲤鱼、碗饦、黄酒、刺粉、糖麻叶等。工业有炼焦、化肥、水泥、陶瓷、电石、炼铁、玻璃及农副产品加工。神朔铁路、神保二级公路、沿黄干线公路、忻保高速公路穿境而过。

140931-B01　**东关镇**［Dōngguān Zhèn］保

德县人民政府驻地。在县境西北部。面积46平方千米。人口4.17万。辖24行政村。镇人民政府驻东关梅花东路。1949年属保德县第一区。1956年分属保德县东关镇、腰庄乡、路家沟乡、郭家梁乡、铁匠铺乡。1958年属保德县康家滩公社。1961年为保德县东关公社。1984年复设镇。又名东沟，因位于旧城东的梅花口沟口，故名，后因扩至城东门脚下得名东关。年平均气温8.8℃。年平均降水量494毫米。无霜期165天。前芦子沟河、香水渍河、康家滩河、梅花沟河流经。矿产资源有煤、红土、铝矾土、铁矿、高岭土、石灰石。有中小学、卫生院、文化站等。有景点水陆寺、飞龙山公园等。主产马铃薯、玉米、糜黍、谷子、小杂粮和蔬菜。有红枣、苹果、核桃、梨等。养殖以牛、羊为主，有规模养殖场。工业以煤炭开采为主。有中石油、中石化等企业。服务业有物流运输、商贸等。神朔铁路、省道神府线、忻保线经此。

140931-B01-K01 **府前大街** [Fǔqián Dàjiē] 在保德县城中部。西起前湾路，东至沙保路。与梅花路、康乐路、神华路等道路相交。长4.2千米，宽16米。1995年开工，1996年建成。原名河滨大街，因位于县政府前更今名。两侧有神华希望中学校、保德县人民医院、保德县人民政府、同舟广场等。通保德1、2路等公交车。

140931-B01-K02 **林涛大道** [Líntāo Dàdào] 在县城西北部。西北起黄河加油站，东北至黄河大桥。与梅花路、康乐路、神华路等道路相交。长5.7千米，宽16米。2010年建成。因保德县城古名林涛寨得名。两侧有玉涛花园、前湾农贸市场、保德县公安局、同舟广场等。通府保城际公交车。

140931-B01-K03 **迎宾大道** [Yíngbīn Dàdào] 在保德县城西南部。北起黄河大桥，南至故高加油站。与怡和路、钓鱼台路、桃源路等道路相交。长11千米，宽20米。沥青路面。2011年开工，2012年建成。路名寓意欢迎四方嘉宾。两侧有保德中学、保德县体育馆等。

140931-B01-K04 **梅花路** [Méihuā Lù] 在保德县城西部。北起林涛大道，南至梅花苑附近。与庆丰街、花园街、桥西大街、府前大街等道路相交。长2千米，宽20米。沥青路面。2000年建成。原名煤灰沟，改造后根据谐音雅化为梅花路。两侧有保德县第五小学、东关镇初级中学、保德县职业中学校等。通保德1路公交车。

140931-B01-K05 **中兴街** [Zhōngxīng Jiē] 在保德县城西部。西起桃源路，东至保德中学附近。长2.2千米，宽41米。沥青路面。2000年建成。因作为新城区中心干道，同时寓意保德兴旺发展而得名。两侧有启辰中学、保德中学、保德县体育馆等。

140931-B01-K06 **桥东大街** [Qiáodōng Dàjiē] 在保德县城西部。西南起友谊桥，东北至河滨大街。与后坡南巷、康乐路、神华路等道路相交。长6.1千米，宽13米。沥青路面。2000年建成。因在友谊桥东侧得名。两侧有河滨大市场、庙梁村、马家洼国贸小区、幸福家园等。

140931-B01-K07 **桥西大街** [Qiáoxī Dàjiē] 在保德县城西部。西起林涛大道，东至友谊桥。与梅花路、前湾路等道路相交。长1.2千米，宽12米。沥青路面。2000年建成。因在友谊桥西侧得名。两侧有万福苑、祥和苑、向阳小区、第二小学等。

140931-B01-K08 **神华路** [Shénhuá Lù] 在保德县城中部。北起林涛大道，南至桥东大街。与府前大街等道路相交。长0.4千米，宽25米。沥青路面。2000年建成。因邻近神华集团得名。两侧有丰泽苑居民小区、保德交警大队车管所等。通保德1、2路等公交车。

140931-B01-H01 **陈家梁** [Chénjiāliáng] 在县政府驻地东关镇东北3.7千米。东关镇辖行政村。人口820。相传原为古兵寨名陈家寨，后全为陈姓居住，名为陈家梁。聚落呈团块状。有县级文物保护单位陈家梁遗址，为新石器时代文化遗存。有陈家梁墓群，为宋代墓葬。有陈家梁瓷窑址，为明代窑址。有陈隋宝宅院，现存为清代建筑遗构。2019年被列入第五批中国传统村落名录。县道沙保线经此。

140931-B02 **义门镇** [Yìmén Zhèn] 保德县辖镇。在县境北部。面积89平方千米。人口1.76

万。辖 27 行政村。镇人民政府驻义门村。1949 年属保德县第四区。1956 年分属保德县暖泉、铁匠铺、荣家沟 3 个乡。1958 年属保德县贾家峁公社。1961 年设暖泉公社。1984 年改设义门镇。2001 年贾家峁乡并入。相传北宋治平年间，村民赵宁十世同堂，家众五百余口，和睦相处，很讲道义，经朝廷表扬，号其都义门，村亦应之。地处黄土高原腹地，地势东高西低、北高南低。黄河流经。有煤炭、石灰石、铝矾土、高岭土、油母页岩等。有中小学、卫生院、文化大院。有古迹毗卢殿、古戏台、龙王庙、观音庙等。主产玉米、马铃薯、小杂粮。有苹果、核桃、海红果等。工业以镁业、化工、水泥、炼焦、陶瓷为主，有煤炭、煤业企业。有天桥水电厂。服务业以商贸为主。省道万瓦线经此。

140931-B02-H01　**义门**［Yìmén］义门镇人民政府驻地。在县政府驻地东关镇东北 7.7 千米。人口 1000。相传因宋治平年间村民赵宁十世同堂，家人和睦相处讲道义而得名。聚落呈团块状。有义门镇卫生院。有义门遗址，为新石器时代文化遗存。有义门烽火台，为明代遗存。有义门龙王庙，现存为清代建筑遗构。省道韩河线经此。

140931-B03　**桥头镇**［Qiáotóu Zhèn］保德县辖镇。在县境中部偏北。面积 157 平方千米。人口 2.32 万。辖 37 行政村。镇人民政府驻桥头村。1949 年属保德县第二区。1956 年分属保德县下流碛、牧塔 2 个乡和桥头镇。1958 年属保德县桥头公社。1961 年属保德县桥头公社。1984 年由桥头公社改为桥头镇。2001 年深沟乡并入。2021 年撤销尧圪台乡，整建制并入桥头镇。相传，明万历年间，因郡人陈天和募建普济桥于村前要道，故名。有中小学、卫生院、文化站等。有古迹白家庄古城梁灰陶文化遗址。有抗日阵亡烈士纪念碑。主产玉米、薯类、谷类、豆类。工业有采煤洗精煤、矸石火电、水泥、焦粉、煤化、化工、制砖、石料加工等，有煤矿为县工业重镇。服务业有商贸、机械维修等。神黄铁路、省道忻保线、神保线经此。

140931-B03-H01　**桥头**［Qiáotóu］桥头镇人民政府驻地。在县政府驻地东关镇东南 10.7 千米。人口 300。相传明万历年间陈天和在此募建普救桥，村居桥前，故名。聚落呈条带状。有桥头镇中心小学、桥头镇卫生院。有县级文物保护单位桥头抗日阵亡烈士纪念碑。有桥头遗址，为新石器时代、东周时期文化遗存。有普济桥、资佛寺等清代建筑遗构。省道神府线经此。

140931-B04　**杨家湾镇**［Yángjiāwān Zhèn］保德县辖镇。在县境北部。面积 65 平方千米。人口 1.21 万。辖 18 行政村。镇人民政府驻杨家湾村。1949 年属保德县第二区。1956 年设杨家湾乡。1958 年改公社。1984 年复设乡。1998 年改设镇。以驻地得名。地势东高西低、北高南低。朱家川河流经。有煤、煤层气、建筑用沙等资源。有中小学、卫生院。有保德钓鱼台景区、林涛寨遗址以及古迹魁星阁和关帝庙。主产玉米、谷物、薯类和小杂粮。有规模养鸡场、养猪场、养羊场。有中石油、铝业等企业。服务业有物流集散等。神黄铁路、五保高速公路、省道神保线经此。

140931-B04-H01　**杨家湾**［Yángjiāwān］杨家湾镇人民政府驻地。在县政府驻地东关镇西南 7.1 千米。人口 1200。因村坐落于朱家河北岸阳湾里，有洪洞杨氏二兄弟迁此定居而得名。聚落呈团块状。有杨家湾遗址，为新石器、东周时期文化遗存。有杨家湾观音庙，现存为清代建筑遗构。乡村道路经此。

140931-B05　**孙家沟镇**［Sūnjiāgōu Zhèn］保德县辖镇。在县境中部偏东。面积 221 平方千米。人口 1.64 万。辖 29 行政村。镇人民政府驻孙家沟村。1949 年属保德县第三区。1956 年分属保德县袁家庄、青草沟、牧塔 3 个乡。1958 年属保德县曹虎公社。1961 年设孙家沟公社。1984 年改设乡。2001 年化树塔乡并入。以驻地得名。属丘陵地带，有陈家山、贺家山。年平均气温 8.6℃。年平均降水量 496 毫米。无霜期 132 天。石塘河流经。林木覆盖率 30.2%。有煤炭、铝土矿、红土、煤层气等资源。有中小学、卫生院、文化站。主产玉米、谷物、薯类、蔬菜、红枣、核桃。养殖以猪、牛、羊、鸡为主。有循环经济工业园区。有煤矿、洗煤厂等。有 X136 县道经此。

140931-B05-H01　**孙家沟**［Sūnjiāgōu］孙家沟镇人民政府驻地。在县政府驻地东关镇东南 20

千米。人口 3330。因孙姓居住在一条沟里而得名。聚落呈条带状。有孙家沟镇卫生院。有孙家沟遗址，为汉代文化遗存。县道桥西线、桥孙线经此。

140931-C01 **腰庄乡** [Yāozhuāng Xiāng] 保德县辖乡。在县境北部。面积 53 平方千米。人口 1.08 万。辖 17 行政村。乡人民政府驻腰庄村。1949 年属保德县第一区。1956 年设腰庄镇。1958 年属保德县康家滩公社。1961 年属保德县腰庄公社。1984 年改设乡。以驻地得名。属黄土丘陵地区。年平均气温 9.8℃。年平均降水量 396 毫米。有小学、卫生院、文化站等。主产谷子、豆类、马铃薯、小杂粮、蔬菜。有红枣、苹果、梨、桃等。养殖以猪、羊、鸡为主。工业以采煤、糖枣加工为主。有 003 乡道经此。

140931-C01-H01 **腰庄** [Yāozhuāng] 腰庄乡人民政府驻地。在县政府驻地东关镇东南 6.5 千米。人口 1600。相传原名逍遥村，由于此地煤炭多，埋藏浅，掘洞成窑即可取碳，因此叫成窑庄，后演变为今名。聚落呈团块状。有腰庄遗址，为东周时期文化遗存。有腰庄供销社旧址。县道沙保线经此。

140931-C02 **韩家川乡** [Hánjiāchuān Xiāng] 保德县辖乡。在县境西部。面积 47 平方千米。人口 0.69 万。辖 11 行政村。乡人民政府驻韩家川村。1949 年属保德县第四区。1956 年为保德县韩家川乡。1958 年属保德县杨家湾公社。1961 年为保德县韩家川公社。1984 年改为韩家川乡。以驻地得名。属晋西北黄土高原丘陵沟壑区，境内有黄龙山、木兰山。年平均气温 11℃。无霜期 183 天。西临黄河，有寨沟河、深沟河、寺沟河流经。有小学、卫生院、文化站等。主产玉米、糜子、谷子、马铃薯、黄豆、蔬菜。养殖以羊、猪、鸡为主。有红枣、海棠、山楂、核桃、海红果、梨等经济林。有红枣加工企业。有 002 乡道经此。

140931-C02-H01 **韩家川** [Hánjiāchuān] 韩家川乡人民政府驻地。在县政府驻地东关镇西南 16.4 千米。人口 800。相传因韩氏最早定居黄河大川东岸而得名。聚落呈条带状。有韩家川乡卫生院。有韩家川遗址，为新石器时代文化遗存。有韩家川戏台，现存为清代建筑遗构。省道韩河线经此。

140931-C03 **林遮峪乡** [Línzhēyù Xiāng] 保德县辖乡。在县境西南部。面积 47 平方千米。人口 0.61 万。辖 11 行政村。乡人民政府驻后村。1949 年属保德县第四区。1956 年设林遮峪镇。1959 年改公社。1984 年改设乡。因该地沿黄河滩自古以来枣树生长茂密，村落皆在枣林掩映之下，故此得名。地势东高西低，属丘陵沟壑地带。年平均气温 8.8℃。年平均降水量 450 毫米。无霜期 160 天。化树塔河、霍家塔河等流经。有中小学、卫生院。文化站等。有省级文物保护单位林遮峪遗址。主产谷子、豆类、马铃薯、蔬菜。养殖马、牛、羊为主。为县红枣主产区之一，有红枣加工业。沿黄公路经此。

140931-C03-H01 **后村** [Hòucūn] 林遮峪乡人民政府驻地。在县政府驻地东关镇西南 23.3 千米。人口 850。相传原为林遮峪的地庄子，因位于林遮峪村的后面，故称后林遮峪，为称呼方便，简称为后村。聚落呈团块状。乡村道路经此。

140931-C03-H02 **林遮峪** [Línzhēyù] 在县政府驻地东关镇西南 23.4 千米。林遮峪乡辖行政村。人口 850。因村在沿黄河滩枣树掩映之下而得名。聚落呈条带状。有第一批省级文物保护单位林遮峪遗址，为新石器时代、夏代、商代、东周时期文化存。省道韩河线经此。

140931-C04 **冯家川乡** [Féngjiāchuān Xiāng] 保德县辖乡。在县境西南部。面积 47 平方千米。人口 0.65 万。辖 9 行政村。乡人民政府驻冯家川村。1949 年属保德县第四区。1956 年设冯家川乡。1961 年改公社。1984 年复设乡。以驻地得名。地处晋西北黄土高原丘陵沟壑地带。年平均气温 8.8℃。年平均降水量 470 毫米。无霜期 145 天。冯家川河流经。有中小学、卫生院、文化站等。有古迹冯家川黄河古渡口、圆洞寺、牌楼院、旗杆院、八路军第三医院兵站、沙坪古峁古人类遗址等。有景点康熙枣园农业观光旅游区。主产红枣、马铃薯、糜谷、核桃。为油枣之乡，有红枣加工。养殖以牛、羊、猪、禽为主。省道韩禹线经此。

140931-C04-H01 **冯家川** [Féngjiāchuān]

冯家川乡人民政府驻地。在县政府驻地东关镇西南 45 千米。人口 1600。相传原为鸭头川，因黄河滩地鸭头状而得名，后因居民姓冯，改名为冯家川。聚落呈条带状。有冯家川遗址，为新石器时代、战国时期文化遗存。有石佛寺，现存为清代建筑遗构。有冯家川渡口。省道韩河线、县道依冯线经此。

140931-C05　**土崖塔乡**［Tǔyátǎ Xiāng］保德县辖乡。在县境南端。面积 50 平方千米。人口 0.57 万。辖 13 行政村。乡人民政府驻依杏塔。1956 年设土崖塔乡。1959 年改公社。1984 年复设乡。2001 年西梁乡并入。地势东高西低。年平均气温 8.8℃。年平均降水量 460 毫米。无霜期 135 天。安家山河、邓草塔河、岚漪河从东向西流经注入黄河。有中小学、卫生院、文化站等。主产马铃薯、糜谷、玉米、黄豆、红枣。畜牧业以饲养生猪、牛、羊为主。省道韩禹线经此。

140931-C05-H01　**依杏塔**［Yīxìngtǎ］土崖塔乡人民政府驻地。在县政府驻地东关镇西南 34 千米。人口 290。相传该地山杏遍野，村庄依山依塔，得名依杏塔，又称依谢塔。聚落呈散状。县道桥西线、依冯线经此。

140931-C06　**南河沟乡**［Nánhégōu Xiāng］保德县辖乡。在县境南部。面积 165 平方千米。人口 1.44 万。辖 27 行政村。乡人民政府驻南河沟村。1949 年属保德县第三区。1956 年属杋楼沟镇。1959 年改公社。1983 年更名南河沟公社。1984 年改设乡。2001 年东庄墕、尚家塔、白家沟 3 乡并入。属半山半丘陵地带。年平均气温 8℃。年平均降水量 470 毫米。无霜期 140 天。矿产资源有煤炭、铝等。天然气资源丰富。小河沟、安家山河、化岭塔河流经。天然气资源丰富。有中小学、卫生院、文化站等。有古迹鸿福寺、圆通寺、远古石燕化石。主产马铃薯、谷子、黄豆、玉米、小杂粮。特产有红葱、红枣、核桃等。畜牧业以饲养生猪、羊、家禽为主。乡镇企业以商贸、采煤、炼焦、饮食服务业为主。县道桥西线经此。

140931-C06-H01　**南河沟**［Nánhégōu］南河沟乡人民政府驻地。在县政府驻地东关镇东南 28.8 千米。人口 900。因小河沟依村南而流得名。聚落呈条带状。有南河沟乡卫生院。有南河沟遗址，为新石器时代、夏商、东周时期文化遗存。有保德县第三区公署旧址。县道桥西线经此。

140932　**偏关县**［Piānguān Xiàn］忻州市辖县。东经 111° 30′，北纬 39° 26′。在市境西北部。面积 1667 平方千米。人口 7.33 万。辖 6 镇、2 乡。县人民政府驻新关镇。五代北汉乾佑四年（951 年），刘崇在晋阳称帝时于韩光岭（今偏关城东一里处的山梁上）建立偏头寨。北汉天会元年（957 年）北汉王刘钧继而扩建，寨为土夯高墙。东靠双凤山，西俯关河川，“地控西北，为守城之权舆”。辽于今县境东部置宁边州，属西南招讨司。金正隆三年（1158 年）析置宁边县为州治，元至元四年（1338 年）废。元朝大德三年（1299 年）升偏头寨为偏头关，设置武节将军枢密院判守御此关。顺帝至正二十四年（1364 年）七月，河南右丞相魏赛因不花移镇偏头关。明成化二年（1466 年）置偏头关千户所，治今城关，属太原府。清雍正十三年（1735 年）升偏关县，属宁武府。民国初年属雁门道，道废后直属省。1949 年属兴县专区。1952 年属忻县专区。1958 年废入河曲县。1960 年复置，属晋北专区。1961 年属忻县专区。1967 年属忻县地区。1983 年属忻州地区。2000 年属忻州市。古称林湖，据《天下郡国利病书》，偏头关东连丫角山，西通黄河，与套虏仅隔一水，其地东仰西伏，故名。又据《偏关县志》，城临偏头关，以关名县。偏头关于宁武关、雁门关合称长城外三关，是明代长城外三关之首。地处黄河中上游黄土丘陵区，境内丘陵起伏，沟壑纵横，地势东高西低。最高处为青杨岭山，海拔 1855.2 米；最低处为黄河沿岸寺沟河畔，海拔 875 米；平均海拔 1377 米。境内山地属管涔山脉，有青杨岭山、柏杨岭山、草垛山、明灯山等山峰。年平均气温 7.3℃。年平均降水量 425.3 毫米，主要集中在 7、8、9 月内。无霜期为 105—145 天。境内主要为黄河水系，有关河、县川河、杨家川河流经。矿产资源有煤、铁矿、铝矾土、铁锰矿砂、硫铁矿、油母页岩、耐火黏土、石灰岩、大理石、石英石、明矾、黏土、石砂、白泥等。有中等职业学校、中小学。偏关实验小学为省级示范学校。

有剧院、文化馆、公共图书馆、档案馆、博物馆、体育场地。有省级文物保护单位护宁寺、吴城遗址。有风景名胜区老牛湾。有省级爱国主义教育基地万家寨引黄入晋工程。偏关万人会被列入省级非物质文化遗产。民间工艺主要有剪纸、面塑、石刻、布娃娃、刺绣、花灯和颇具特色的偏关绘画（主要有炕围画、壁画、国画、建筑彩画、玻璃画等）。有文化节龙华盛会、二月二古会、庙会、社火、灯游会等。有国家级传统村落万家寨村、老牛湾村。三次产业比 58:11:31。主产胡麻、莜麦、马铃薯、谷子、玉米、糜黍、豆类。土特产有黄河鲤鱼、羊肉、胡油、莜面等。特色食物有酸饭、酸粥、酸菜、糕、碗托、炖羊肉、羊杂碎及小杂粮食品。工业以煤炭、电力、冶炼、建材产业为主。服务业有物流配送、集市贸易等。有准朔铁路、209 国道、336 国道、省道灵河线经此。有老牛湾、寺沟、关河口等黄河渡口。

140932-N01 **南河大桥**［Nánhé Dàqiáo］在偏关县城东南部关河路上，纵跨偏关河。为大型河道桥梁，结构为 5 孔钢筋混凝土桥梁。长 97.8 米，桥面宽 11 米，最大跨度 22 米，桥下净高 7 米。1985 年建成。因在县城东南处得名。最大载重量 15 吨。

140932-N02 **西沟大桥**［Xīgōu Dàqiáo］在偏关县城西部窑河线上，横跨偏关河。为大型河道桥梁，结构为 6 孔石拱桥。桥长 101.4 米，桥面宽 7 米，最大跨度 12 米，桥下净高 9 米。1968 年开工，1969 年竣工。因位于西沟村附近得名。担负县城道路干道交通任务，最大载重量 15 吨。

140932-N03 **马梁大桥**［Mǎliáng Dàqiáo］在偏关县城南部林胡大道上，纵跨偏关河。为大型河道桥梁。桥长 100 米，桥面宽 9 米，最大跨度 60 米，桥下净高 21 米。1990 年开工，1991 年竣工。因位于马梁村附近得名。最大载重量 20 吨。

140932-N04 **新马梁大桥**［Xīnmǎliáng Dàqiáo］在偏关县城南部文笔大街上，纵跨偏关河。为大型河道桥梁，结构为连续箱梁桥。桥长 104 米，桥面宽 11 米，最大跨度 25 米，桥下净高 23 米。2009 年建成。因位于马梁村口，紧邻旧马梁桥而得名。桥头立有黄河入晋第一县标志。担负城区通往外界主干道交通任务。最大载重量 25 吨。

140932-B01 **新关镇**［Xīnguān Zhèn］偏关县辖镇。在县境西南部。面积 241.5 平方千米。人口 4.41 万。辖 36 行政村。镇人民政府驻新关黄河大街。1949 年属偏关县第一区。1955 年设城关镇。1961 年属红旗公社。1984 年红旗公社改为城关镇。2001 年马家墕乡、城关镇合并设新关镇。2021 年撤销天峰坪镇并入新关镇。昔称县西第一关镇，名将军渡。明初，武德将军覃添顺见该地水险可凭，山峻可固，乃设关戍守，始称新关。镇名缘此。年平均气温 9℃。年平均降水量 418 毫米。偏关河绕城而下。矿产资源有煤炭、黏土、石灰石、石沙、铁、硫铁等。有沙棘等天然植被。有中小学、卫生院、文化站等。有省级文物保护单位偏头关、公主坟（相传为尧的女儿所葬之地）、明万世德墓、明代寺庙白衣殿、云空禅寺等。有景点“文笔凌霄”宝塔、钟鼓楼、护城楼、云空禅寺白衣殿、万佛洞、塔梁公园、西山公园等。历史名人有明代兵部尚书万世德、进士王芋等。主产谷子、玉米、糜黍、豆类、马铃薯、莜麦、大棚蔬菜。畜牧业以饲养生猪、羊、蛋鸡为主。平万线、沿黄线从中穿过，209、336 国道、省道平偏线经此。

140932-B01-K01 **古城大街**［Gǔchéng Dàjiē］在偏关县城南部。北起龙华街，南至黄河大街。与隆岗街、文昌路、三道街等道路相交。长 0.6 千米。宽 8.5 米。沥青路面。2001 年开工，2002 年建成。2012 年改为步行街，是全县商业中心。因位于古城中心得名。两侧有南门城楼、中国邮政（鼓楼邮政支局）等。

140932-B01-K02 **文笔大街**［Wénbǐ Dàjiē］在偏关县城东部。北起铁厂大桥，南至新马梁大桥。与长城大街、龙华街、黄河大街等道路相交。长 3 千米，宽 8.5 米。沥青路面。1993 年开工，1994 年建成。因附近有古迹文笔塔得名。两侧有偏关县人民政府、万家寨引黄工程管理局、偏关县第二小学等。

140932-B01-K03 **黄河大街**［Huánghé Dàjiē］在偏关县城南部。西起西沟大桥，东至平万公路。与龙华街、古城大街、文笔大街等道路相交。长 3.4

千米，宽 8.5 米。沥青路面。1996 年开工，1997 年建成。因偏关濒临黄河得名。两侧有偏关县水利局、新关镇人民政府、南门广场等。

140932-B01-K04 **龙华街**［Lónghuá Jiē］在偏关县城南部。西起黄河大街，东至文笔大街。与黄河大街、长城大街等道路相交。长 1.4 千米，宽 8.5 米。沥青路面。1996 年开工，1997 年建成。2013 年拓宽改造。原名东、西门街。为纪念偏关民俗文化龙华盛会更今名。两侧有太虎坡广场、偏关县人民医院、偏关县人民法院等。

140932-B01-K05 **长城大街**［Chángchéng Dàjiē］在偏关县城北部。西起黄河大街，东至文笔大街。与龙华街等道路相交。长 1.2 千米，宽 8.5 米。沥青路面。2012 年开工，2013 年建成。因偏关境内有大量古长城遗址得名。两侧有污水处理厂、蓝云小区等。

140932-B01-K06 **护宁路**［Hùníng Lù］在偏关县城南部。北起新马梁大桥，南至沿黄公路。与黄河大街等道路相交。长 3 千米，宽 8.5 米。沥青路面。2006 年开工，2007 年建成。因通往古迹护宁寺得名。两侧有护城楼、关河口移民新村、偏关县公安局等。

140932-B01-K07 **关河路**［Guānhé Lù］在偏关县城南部。北起南河大桥，南至沿黄公路。与黄河大街等道路相交。长 1.5 千米，宽 8 米。沥青路面。2012 年开工，2013 年建成。因临近关河得名。两侧有偏关烈士陵园、移民新村学校等。

140932-B01-K08 **万佛路**［Wànfó Lù］在偏关县城南部。西起西沟大桥，东至铁厂大桥。与平鲁—偏关省道、窑头—河曲公路相交。长 1.1 千米。宽 8 米。沥青路面。2002 年开工，2003 年建成。因附近有古迹万佛洞得名。两侧有恒泰水泥有限公司、偏关县铁厂等。

140932-B01-H01 **西沟**［Xīgōu］在县政府驻地新关镇西北 1.8 千米。新关镇辖行政村。人口 1220。因坐落在县城西大沟中而得名。聚落呈团块状。有县级文物保护单位西沟戏台，现存为清代建筑遗构。有县级文物保护单位大关帝庙，现存为清代建筑遗构。有西沟烽火台群，为明代遗存。有贾侃宅院、贾氏宅院、胡氏宅院、龙王庙、郝氏糖坊等，现存皆为清代建筑遗构。有特产郝氏糖坊生产的麻糖。2017 年被列入第五批山西省历史文化名镇名村。省道韩河线经此。

140932-B02 **老营镇**［Lǎoyíng Zhèn］偏关县辖镇。在县境东部。面积 211.72 平方千米。人口 0.79 万。辖 11 行政村。镇人民政府驻老营村。1949 年属偏关县第三区。1955 年设老营乡。1958 年为五星公社。1960 年改公社。1984 年改设镇。2001 年教儿墕乡并入。因古时曾安营扎寨，故名。地处关河上游，地势较为平坦。年平均气温 5—8℃。年平均降水量 400 毫米。无霜期 110—140 天。林木覆盖率 33%。有中小学、卫生院、文化站等。有古迹老营堡。主产谷子、豆类、玉米、大棚蔬菜、苹果、海红果。畜牧业以饲养生猪、羊、牛、家禽为主。有晋电化工企业。有 336 国道、省道平万线、平偏线经此。

140932-B02-H01 **老营**［Lǎoyíng］老营镇人民政府驻地。在县政府驻地新关镇东北 31 千米。人口 560。因明成化初筑老营堡而得名。聚落呈团块状。有老营中学、老营小学、老营镇卫生院。为古代军事重镇。有县级文物保护单位老营堡，古有“铜偏关，铁宁武，生铁铸的老营堡”的说法，现由老营堡、北帮城、南帮城三部分组成。有烽火台群，为明代遗存。有老营观音殿、老营三官庙等，现存皆为清代建筑遗构。有六月初六古庙会。336 国道经此。

140932-B03 **万家寨镇**［Wànjiāzhài Zhèn］偏关县辖镇。在县境西北部。面积 111.14 平方千米。人口 0.41 万。辖 10 行政村。镇人民政府驻万家寨村。1949 年属偏关县第三区。1958 年为黄河公社。1984 年黄河公社更名万家寨乡。1994 年改设镇。2001 年黄龙池乡并入。明代兵部右侍郎、蓟辽总督万世德远祖万杰曾在境内建立兵寨抵御外虏，万家寨镇因而得名。属黄土高原丘陵土石山区。年平均气温 5—7℃。年平均降水量 390 毫米。无霜期 140 天。有黄河流经，为黄河入晋第一镇。林木覆盖率 35%。矿产资源有铁、锰铁、大理石等。有中小学、卫生院、文化站等。古迹有秦、北魏、明代长城 60 千米，古墩寨堡 8 处，烽火台 120 多座。有省级爱国主义教育基地万家寨引黄入晋工程。有老牛湾旧石器古文化遗址、吊桥、老牛湾风景区等。主产谷子、玉米、马铃薯、黑豆、糜黍。水果种植主要有海红果、苹果、桃、杏。畜牧业以饲养生猪、羊、家禽为主。乡镇企业以商贸、运输、建筑、建材和饮食服务业为主。省道平偏线经此，有万家寨黄河渡口。

140932-B03-H01 **万家寨**［Wànjiāzhài］万家寨镇人民政府驻地。在县政府驻地新关镇西北16.5千米。人口810。相传因明代兵部右侍郎、蓟辽总督万世德远祖万杰在此建兵寨而得名。聚落呈团块状。有万家寨镇卫生院。有万家寨遗址，为旧石器时代晚期文化遗存。有万家寨堡、万家寨烽火台，皆为明代遗存。有万家寨水利枢纽风景区。有特色网箱养鱼技术，土特产黄河鱼虾。2012年被列入第一批中国传统村落名录。省道韩河线、县道万老线经此。

140932-B04 **水泉镇**［Shuǐquán Zhèn］偏关县辖镇。在县境东北部。面积129平方千米。人口0.48万。辖10行政村。镇人民政府驻水泉村。1949年属偏关县第二区。1955年设水泉乡。1960年改公社。1984年复设乡。2020年底撤销水泉乡设立水泉镇。因该地泉水旺盛而得名。地处黄河中上游黄土丘陵区。有海子楼山、骆驼山、石家山、许家湾山。关河流经。有中小学、卫生院、广播电视站、文化站。有红门口地下长城、明长城遗址、古迹水泉堡、长城鸿门隘口。主要以渗水地膜谷子、马铃薯、优质莜麦、优质高粱、中药材为特色种植产业。养殖业主要以猪羊为主。主产玉米、高粱、糜黍、谷子、莜麦、马铃薯、胡麻、向日葵。有苹果、海红果、梨、杏等。209国道、偏呼公路经此。

140932-B04-H01 **水泉**［Shuǐquán］水泉镇人民政府驻地。在县政府驻地新关镇东北25.3千米。人口1000。相传明宣德九年（1434年）筑水泉营堡，因有泉而得名。聚落呈团块状。有水泉镇寄宿制学校、水泉镇中心卫生院。有大沙坪墓群，现存明、清时期石碑8通，为明清时期墓群。有崇宁寺，现存为清代建筑遗构。有水泉戏台，现为清代建筑遗构。有水泉堡、长城遗存。209国道、县道水明线经此。

140932-B05 **老牛湾镇**［Lǎoniúwān Zhèn］偏关县辖镇。在县境西北部。面积98.5平方千米。人口0.36万。辖9行政村。镇人民政府驻老牛湾村。2021年设立老牛湾镇。传说老君爷犁黄河到此，被明灯山灯光惊吓，老牛绕一大湾，故名。有小学、卫生院等。是文化旅游重点乡镇，有国家4A级风景区老牛湾景区，有景点老牛湾堡、望河楼、乾坤湾、石头民俗博物馆。农作物主要以玉米、马铃薯和糜、谷、黍类、小杂粮为主，牲畜养殖主要以羊、猪、鸡等为主。老牛湾村既是黄河入晋第一村，也是黄河与长城的唯一交汇点。有公路经此。有老牛湾渡口。

140932-B05-H01 **老牛湾**［Lǎoniúwān］老牛湾镇人民政府驻地。在县政府驻地新关镇西北23千米。人口220。相传老君爷犁黄河到此，老牛被明灯山灯火惊吓，老牛回头走偏犁下一大湾，故名。聚落呈团块状。有老牛湾楼塔遗址，为新石器时代文化遗存。有老牛湾堡、老牛湾烽火台、望河楼等明代文化遗存。有黄河老牛湾AAAA级旅游景区。有“黄河入晋第一村”的美誉。2013年被列入第二批中国传统村落名录。乡村道路经此。

140932-B06 **尚峪镇**［Shàngyù Zhèn］偏关县辖镇。在县境东南部。面积282.42平方千米。人口0.89万。辖19行政村。乡人民政府驻尚峪村。1949年属偏关县第三区。1955设尚峪乡。1960年改公社。1984年复设乡。2021年南堡子乡和尚峪乡合并成立尚峪镇。因位于县川河上游山谷中得名“上峪”，后演变为尚峪。境内坡多地广，平均海拔达1500米。年平均气温8.6℃。年平均降水量475毫米。无霜期110天。县川河流经。林木覆盖率53%。有中小学、卫生院、文化广场。全镇以张杂谷子、脱毒马铃薯、小杂粮种植、跑坡山羊、农家猪养殖，沙棘、油松林业为主要发展产业。 主产脱毒马铃薯、杂交谷子、玉米。养殖猪、羊、鸡为主。有苹果、海红果、梨、杏等。建有风电塔。县道南迤线经此。

140932-B06-H01 **西尚峪**［Xīshàngyù］尚峪镇人民政府驻地。在县政府驻地新关镇东南23.4千米。人口1100。因南北东三面环山，坐落于县川河中上游宽阔淤地，位于沟西而得名。聚落呈团块状。有尚峪乡小学、尚峪乡卫生院。县道南逦线经此。

140932-C01　**窑头乡**［Yáotóu Xiāng］偏关县辖乡。在县境东部。面积316.53平方千米。人口1.99万。辖42行政村。乡人民政府驻窑头村。1949年属偏关县第一区。1958年属红旗公社。1961年设窑头公社。1984年改设乡。2001年大石洼乡并入。2021陈家营乡并入。该地因系县境内地下煤藏、地上煤窑之尽头得名。有关河流经。林木覆盖率30%。有煤炭、石灰岩石等资源。有中小学、卫生院、文化站等。全乡以农业为主，畜牧、服务业为辅。主产小杂粮。有玉米、谷子、苹果、海红果、梨、杏等。有食品加工作坊、醋厂等。有吉泰洗煤厂、生物质电厂、万羽非笼养鸡场等企业。209、336国道、省道平万线经此。

140932-C01-H01　**窑头**［Yáotóu］窑头乡人民政府驻地。在县政府驻地新关镇东南3千米。人口1000。因有煤窑而得名。聚落呈条带状。有窑头烽火台，为明代文化遗存。209、336国道、省道平万线、县道仓堡线经此。

140932-C02　**楼沟乡**［Lóugōu Xiāng］偏关县辖乡。在县境南部。面积275.49平方千米。人口0.96万。辖13行政村。乡人民政府驻楼沟村。1949年属偏关县第四区。1956年设楼沟乡。1960年改公社。1984年复设乡。2001年曹家村乡并入。明隆庆二年兵使范大儒建堡，因堡楼建于沟畔而得名，旧称楼沟堡。境内坡多地广。年平均气温8.6℃。年平均降水量420毫米。有中小学、卫生院、文化站。有省级文物保护单位吴城遗址。有古迹楼沟堡、苍黄坪遗址、逦西石溶洞。主产马铃薯、谷子、玉米、糜黍。有苹果、海红果、梨、杏。养殖以猪、羊为主。工业以油料加工为主。服务业以商贸、粮油购销为主。209国道、省道灵河线、神河线经此。

140932-C02-H01　**楼沟**［Lóugōu］楼沟乡人民政府驻地。在县政府驻地新关镇东南17千米。人口800。明隆庆二年（1568年）年兵使范大儒建堡，因堡楼建于沟畔，是南通省会的必经之道而得名。聚落呈条带状。有楼沟乡中心卫生院。有楼沟堡址、楼沟一号烽火台、楼沟二号烽火台等明代文化遗存。209国道经此。

140981　**原平市**［Yuánpíng Shì］山西省辖县级市，由忻州市代管。北纬38° 35′—39° 09′，东经112° 17′—113° 35′。在市境中部。面积2550平方千米。人口41.39万。以汉族为主，还有壮、满、苗等民族。辖4街道、7镇、7乡。市人民政府驻北城街道。古称崞县，始置于秦始皇，属雁门郡。汉武帝元鼎三年（前114年）置原平县，属太原郡。东汉属雁门郡。建安十五年（210年）云中县治自今内蒙古托克托县徙今原平西南15公里楼板寨，属新兴郡。西晋末年楼烦县治自宁武府徙今崞阳镇东6公里大阳村。北魏始光三年（426年）于今红池村置敷城郡。太平真君七年（446年）云中县废入定襄县，敷城郡废，置敷城县，属秀容郡。北魏又置永定郡，治今原平北18公里崞阳镇；又置建安郡，亦治崞阳镇。永兴二年（533年）置石城县，治今崞阳镇，属秀容郡。永熙二年（533年）侨置云中郡，治今原平西南东汉云中故城，属朔州。东魏天平二年（535年）侨置繁畤县，治今原平南9公里板寺村，并置繁畤郡、又侨置恒州，治今原平西南云中故城，繁畤郡属之。寻废恒州。武定元年（543年）置新安郡，治今原平北；并置齐郡，治今原平北；又置武州，治今原平北35公里官地村，新安、齐郡2郡俱属之；又置广安郡，治今崞阳镇；又置廓州，寄治廓城，“以开廓土疆为称”，广安、永定、建安3郡俱属之。八年置吐京郡，属武州，治今原平北。北齐废原平、楼烦、敷城3县及永定、建安、广安3郡，改武州为北灵州。寻废北灵州，改廓州为北显州，治徙石城县，即今崞阳镇。北周时繁畤郡、县及北显州俱废。隋开皇十年（590年）废石城县。大业二年（606年）平寇县治自今定襄县境徙崞城，即今崞阳镇，改崞县，属代州。十二年繁畤县治徙武州城故地。唐贞观五年（631年）置怀化县，治今原平南12公里怀化村，属顺州。十二年属代州。高宗时怀化县废入秀容县。证圣元年（695年）析五台、崞县2县地置武延县，治今市区南9公里唐林岗村，属代州。圣历二年（699年）繁畤县复归原治。唐隆元年（710年）

改武延县为唐林县。五代梁开平二年（908 年）改唐林县为白鹿县。五代唐同光初年复改白鹿县为唐林县。五代晋改唐林县为广武县，后复为唐林县。北宋景德二年（1005 年）唐林县废入崞县，仍属代州。金因之。蒙古太祖十四年（1219 年）升崞县为崞州，属冀宁路。明洪武二年（1369 年）复为崞县，属太原府。八年改属代州。清因之。1912 年改属雁门道，后直属省。1949 年属忻县专区。1958 年与代县合并，改置原平县，属晋北专区。1961 年析置代县，原崞县境仍为原平县，属忻县专区。1967 年属忻县地区。1983 年属忻州地区。1993 年撤县，改置原平市。2000 年撤忻州地区，设地级忻州市，原平市由忻州市代管。因处地“原隰宽平”得名。地处忻州盆地北端。地势东西高、中部低。有天牙石鼓山、五峰山。最高海拔云中山主峰老君洞 2378 米，最低海拔 746 米。平川河流经。年平均气温 9° C，1 月平均气温 -7.7° C，7 月平均气温 23.3° C。年平均降水量 417 毫米。滹沱河、阳武河、北云中河、同河等流经，属海河水系。矿产资源有煤、金、铁、铝土、水泥石灰岩、熔剂石灰岩、钾长石、磷、硅石、铁矾石土、耐火粘土等。有国家一级保护动物黑鹳，二级保护动物啄木鸟、白天鹅、灰鹤。有中等职业学校，范亭中学为省级示范学校。有文化馆、公共图书馆、博物馆、体育场地，为省优秀运动队后备人才训练基地。有全国重点文物保护单位慧济寺，省级文物保护单位崞阳文庙、普济桥、土圣寺、朱氏牌楼主坊、佛堂寺。有国家 4A 级旅游景区大营温泉、天涯山风景区，省级五峰山森林公园。有景点天牙山。凤秧歌、云胜锣鼓被列入国家非物质文化遗产名录。有省级爱国主义教育基地续范亭纪念馆。有地方民间艺术八音会、踩圈秧歌等。有国家级农业旅游示范点大营旅游度假村，省级农业旅游示范点同川梨乡。有历史名人班婕妤、慧远大师、续范亭、徐永昌等。三次产业比 25 ∶ 51 ∶ 24。有“国家科技进步先进市”“全国文化先进市”“国家卫生城市”等国字号名片。主产高粱、玉米、小麦、谷子、莜麦、豆类、薯类、皮麻、甜菜。土特产有锅魁、崞阳麻叶、同川酥梨。工业以煤、电、铝为主。京原铁路、同蒲铁路、朔黄铁路、大西高铁穿境而过，108 国道、338 国道、大运高速、灵河高速、忻阜高速、忻保高速、大运公路纵横交错。

140981-F01 **原平人民广场**［Yuánpíngrénmín Guǎngchǎng］在原平市区中部。北侧为前进西街，西侧为体育南路。总面积 0.8 万平方米。前身为街心公园，又称街心广场、世纪广场。2004 年建成后，因广场为人民大众所开放、服务、利用，定名为人民广场。四周种植有多种灌木、花卉。

140981-K01 **平安大街**［Píng’ān Dàjiē］在原平市区北部。西起西镇乡政府附近，东至二广高速。以京原北路为界，分西大街、东大街。与永康路、永兴路等道路相交。长 5.8 千米，宽 50 米。沥青路面。1983 年开工，1985 年建成。路名寓意出行平安。两侧有原平市公安局、原平汽车客运站等。通原平 4、5 路等公交车。

140981-K02 **文殊西大街**［Wénshū Xīdàjiē］在原平市区北部。西起文殊庄村，东至京原北路。与慧远路等道路相交。长 1.1 千米，宽 46 米。沥青路面。因途经文殊庄得名。两侧有德金城市市场、原平华运汽车城等。

140981-K03 **前进街**［Qiánjìn Jiē］在原平市区中部。西起大忻路，东至二广高速。以京原北路为界，分西街、东街。与文化路、永康路、体育路、京原路等道路相交。长 6.2 千米，宽 43 米。沥青路面。1983 年开工，1985 年建成。因市政府驻该街，路名寓意原平向前进。两侧有原平市人民政府、原平市第一人民医院、世纪广场、范亭文体广场、中央时代购物广场等。通原平 1、8 路等公交车。

140981-K04 **青年街**［Qīngnián Jiē］在原平市区南部。西起云中路，东至京原路。与文化路、永康路、体育路等道路相交。长 2.1 千米，宽 18 米。沥青路面。1983 年开工，1985 年建成。路名寓意朝气蓬勃、蒸蒸日上。两侧有青年街小学、范亭文体广场、第四幼儿园、圣煜华庭等。

140981-K05 **建设街**［Jiànshè Jiē］在原平市区南部。西起文化路，东至京原路。与永康路、体育路等道路相交。长 1.7 千米，宽 28 米。1983 年开工，1985 年建成。路名取开拓创新、建设城市基础实施之意。两侧有原平市第十小学、新原乡小集镇管理委员会、蒙氏幼儿园等。

140981-K06　**文化路**［Wénhuà Lù］在原平市区西部。北起迎宾街，南至建设街。以前进街为界，分北路、南路。与青年街等道路相交。长 2.2 千米，宽 46 米。沥青路面。1983 年开工，1985 年建成。路名取振兴原平文化教育之意。两侧有第六幼儿园、原平市教育科技局、原平市博物馆等。通原平 4 路公交车。

140981-K07　**永康路**［Yǒngkāng Lù］在原平市区西部。北起范亭街，南至建设街。以前进街为界，分北路、南路。与将军街、平安大街、青年街等道路相交。长 4.2 千米，宽 25 米。沥青路面。1983 年开工，1985 年建成。因紧邻原平市第一人民医院得名，寓意永远健康。两侧有原平市第七小学、平安移民小区、原平市第一人民医院、原平市市场监督管理局等。通原平 4 路公交车。

140981-K08　**体育路**［Tǐyù Lù］在原平市区中部。北起幸福街，南至建设街。以前进街为界，分北路、南路。与青年街等道路相交。长 2 千米，宽 16 米。沥青路面。1983 年开工，1985 年建成。因紧邻体育场得名。两侧有世纪广场、农业科技中心、原平市第一小学、新世纪小区等。

140981-K09　**京原路**［Jīngyuán Lù］在原平市区中部。北起外环路，南至大同—忻州省道。以前进街为界，分北路、南路。与文殊西大街、平安大街、青年街、建设街等道路相交。长 9 千米，宽 34 米。沥青路面。1956 年筑沙砾路面。1965 年铺筑油路，是境内第一条柏油公路。1983 年开工改建。1995 年扩宽。因隶属京原公路路段得名。两侧有原平车管所、东大购物商场、农业学校、工业学校、牛卧河生态公园等。通原平 2 路公交车。

140981-N01　**红旗大桥**［Hóngqí Dàqiáo］在原平市区东部长原线公路上，横跨滹沱河。为大型河道桥梁，双曲拱 18 孔桥型。桥长 579 米，桥面宽 7 米，最大跨度 30 米，桥下净高 4 米。1970 年开工，1972 年建成。最大载重量 80 吨。桥名取高举红旗奔向美好前程之意。

140981-R01　**原平站**［Yuánpíng Zhàn］见交通运输设施部分“原平站”条。

140981-A01　**北城街道**［Běichéng Jiēdào］原平市人民政府驻地。在市境中部偏北。面积 16.1 平方千米。人口 7.31 万。辖 5 社区、3 行政村。2001 年 3 月成立。因地处前进大街以北得名。有中学，幼儿园，党政机关，企业，商厦。土特产锅魁。工业以加工生产为主。服务业以批发零售为主。

140981-A02　**南城街道**［Nánchéng Jiēdào］属原平市。在市境南部。面积 8.56 平方千米。人口 4.8 万。辖 4 社区、2 行政村。2001 年 3 月成立。因地处前进大街以南得名。有中小学，医院，妇幼保健站，疾控中心，公共图书室，文化馆，剧团，图书馆，博物馆，文体广场，体育场，行政事业单位，酒店。工业以铝为主，有钢铁、机械制造、锅炉、水泥、钢模板等企业。通多条公交线路。

140981-A03　**新原街道**［Xīnyuán Jiēdào］属原平市。面积 75.42 平方千米。人口 5.4 万。辖 7 社区、8 行政村。2021 年 3 月行政区划调整后撤销新原乡，设立新原街道。辖区内有中小学，卫生院，行政事业单位，酒店。工业有机械制造、锅炉、化工等企业。通多条公交线路。

140981-A04　**吉祥街道**［Jíxiáng Jiēdào］属原平市。在市境西北部。面积 48 平方千米。人口 8 万。辖 6 个居委会，4 个建制村，共 10 个村级组织，分别为吉祥花园社区、机关社区、刘家梁矿社区、黄家堡矿社区、焦家寨矿社区、沙河桥社区、张村村、武彦村、东营村、磨头村。2021 年 3 月设立。因街道办事处驻地设在吉祥花园社区而得名。有中小学、幼儿园、卫生所等。有煤矿、煤电等企业。北同蒲铁路、大忻公路经此。

140981-B01　**苏龙口镇**［Sūlóngkǒu Zhèn］原平市辖镇。在市境东北部。面积 222 平方千米。人口 1.35 万。辖 20 行政村。镇人民政府驻苏龙口村。1949 年境域属崞县第六区。1956 年设苏龙口乡。1961 年改公社。1984 年改设镇。2001 年白石乡并入。因地处长乐河入滹沱河口上，据传宋将苏龙曾镇守此地，故名。境内东部多山，是五台山脉延伸的余脉，海拔 900 米—1600 米，位于木图村东北与五台县交界处的爰木图尖，主峰海拔 2023 米，是苏龙口镇的最高点。属大陆性季风气侯，年平均气温 6° C 左右，积温 3000° C，一月最冷，七月最热，无霜期 135—140 天，年平均降水量 350—400 毫米。境内河道属海河流域，主要河道有长乐河、滹沱河。有中小学，卫生院，文化站等。有古迹木图石窟、西松彰关帝庙、郭家庄观音庙、苏龙口殊象寺等。主产玉米，高粱，谷子，糜黍，豆类，薯类，蔬菜。养殖以猪，羊，鸡为主。工业以采矿为主。服务业有商贸等。县道白停线、高苏线经此。

140981-B01-H01　**苏龙口**［Sūlóngkǒu］苏龙口镇人民政府驻地。在市政府驻地北城街道东北 26.7 千米。人口 780。因地处长乐河出山口，相传宋将苏龙驻军于此，故名。聚落呈条带状。有苏龙口中学、苏龙口小学、苏龙口镇中心卫生院。有苏龙口遗址，为新石器时代、南北朝时期文化遗存。有苏龙口殊象寺，现仅存正殿，为明代建筑遗构。有黄汉民烈士墓。县道高苏线、木峙线经此。

140981-B02　**崞阳镇**［Guōyáng Zhèn］原平市辖镇。在市境中部偏东。面积 154 平方千米。人口 3.09 万。辖 35 行政村。镇人民政府驻原部队营盘。1949 年分属崞县城关区、第二区。1956 年设城关镇。1961 年改公社。1984 年 10 月改镇。2001 年石寺乡并入。据《谷梁传》称，山之南为阳，水之北为阳。崞阳，因其位于崞山之南，滹沱河之北，故名。境内地势平坦。河道属海河流域，主要有滹沱河。年平均气温 8—9℃。年平均降水量 400—500 毫米。无霜期 150 天。有中小学，卫生院，文化站。有省级文物保护单位普济桥，崞阳文庙。有古迹关帝庙，城隍庙，蟾蜍寺，唐昌遗迹，白彪遗址，太平庄遗址等。主产玉米，谷子，大豆，糜黍，油料作物。养殖以猪，羊，鸡为主。有石料，白灰，耐火材料，水泥等企业。有市工业园区。服务业有商贸等。京原铁路、大运高速公路纵贯南北，崞红公路和崞大公路贯穿东西。

140981-B02-H01　**崞阳**［Guōyáng］崞阳镇人民政府驻地。在市政府驻地北城街道北 18 千米。人口 30160。据《谷梁传・僖公廿八年》载："水北为阳，山南为阳"。因其位于崞山之南，阳武河之北而得名。聚落呈团块状。有原平二中、宁远外国语学校、崞阳镇城西小学、崞阳镇西街小学、崞阳镇北街小学、崞阳致远小学、崞阳镇中心卫生院。108 国道、省道崞五线、县道大崞线经此。

140981-B02-H02　**小关**［Xiǎoguān］在市政府驻地北城街道东北 17 千米。崞阳镇辖行政村。人口 480 人。因属崞阳镇南关，与南关相比较，该村人口较少而得名。聚落呈团块状。有第八批全国重点文物保护单位普济桥，创建于金泰和三年（1203 年），建筑结构与赵州桥相仿，体现了金代建桥水平和雕刻技艺。108 国道经此。

140981-B02-H03　**北街**［Běijiē］在市政府驻地北城街道西南 12 千米。崞阳镇辖行政村。人口 730 人。因所处崞阳镇北部而得名。聚落呈团块状。有北街小学、卫生室。有第八批全国重点文物保护单位崞阳文庙，据光绪《崞县志》卷四《坛庙》记载，始建于元大德三年（1299 年），明洪武三年（1370 年）重建，现存为明清建筑遗构。108 国道、县道大崞线经此。

140981-B03　**大牛店镇**［Dàniúdiàn Zhèn］原平市辖镇。在市境西北部。面积 173 平方千米。人口 2.07 万。辖 20 行政村。镇人民政府驻大牛店村。1949 年属崞县第一区。1956 年设大牛店乡。1961 年改公社。1984 年改设镇。2001 年上阳武乡并入。相传唐末，李晋王十三太保李存孝（义子）被五牛分尸，有一头大牛跑到该地，又因店铺甚多而得名。境域属平川半干旱区。无霜期 150 天左右。日照总时数 2811.6 小时。年平均气温 8—9℃。年平均降水量 440 毫米，多在夏、秋两季。河道属海河流域，主要河道有阳武河，从西北至东南流经境内南泉、上阳武、第四沟等村，长 15 千米。有中小学，卫生院，文化大院。有省级文物保护单位朱氏牌楼。有古迹朱氏节孝坊。有民间文化八音会、秧歌队、威风锣鼓。主产玉米，高粱，谷子，小麦，大豆，向日葵，蓖麻。水果有酥梨，苹果。养殖以猪，羊，鸡为主。工业以精煤加工，建材生产为主。北同蒲、朔黄铁路过境设站。铁路京原线过境，大运公路贯穿全境，二广高速经此。

140981-B03-H01 **大牛店**［Dàniúdiàn］大牛店镇人民政府驻地。在市政府驻地北城街道西北11千米。人口1650。相传唐末李存孝被五牛分尸，有一头牛跑到此处，又因此地是交通要道，开店的甚多而得名。聚落呈团块状。有大牛店镇卫生院。有明代遗存大牛堡堡址。每年腊月初八举办雪山会。338国道经此。

140981-B03-H02 **阳武一村**［Yángwǔyīcūn］在市政府驻地北城街道西北15千米。大牛店镇辖行政村。人口1740。相传民间有“李阳武取水”的故事，后人将河命名为阳武河，该村居阳武河畔，故名。聚落呈团块状。有阳武一村小学。有第八批全国重点文物保护单位阳武朱氏牌楼，原为三座，现存两座石坊。338国道经此。

140981-B04 **闫庄镇**［Yánzhuāng Zhèn］原平市辖镇。在市境南部。面积111平方千米。人口2.38万。辖17行政村。镇人民政府驻阎庄村。1949年境域属崞县第三区。1956年设阎庄乡。1983年6月复设乡。1984年改镇。据传原名沿庄，因位于原铜川县治南边而得名。后以沿之谐音演变为闫庄。河道属海河流域，主要河道有永兴河。有观上水库。有中小学，卫生院，文化站。有省级文物保护单位土圣寺。有古迹卫村遗址，嘉庆院，刘庄古墓。主产玉米，高粱，谷子，小麦，大豆，向日葵，蓖麻。有辣椒制种。养殖以猪，牛，羊，鸡为主。工业有饲料加工，门窗生产，纺织服装，机砖生产等。服务业有商贸等。县道下辛线经此。

140981-B04-H01 **闫庄**［Yánzhuāng］闫庄镇人民政府驻地。在市政府驻地北城街道西南14千米。人口3790人。相传金元年间，闫侯德刚在此建庄，故名闫庄。聚落呈团块状。有闫庄镇联合学校、闫庄镇中心卫生院。有闫庄李氏宅院，现存为清代建筑遗构。有农历四月初七举办的土圣寺庙会。县道下辛线经此。

140981-B05 **轩岗镇**［Xuāngǎng Zhèn］原平市辖镇。在市境西北部。面积445平方千米，人口3.3万。辖31行政村。镇人民政府驻轩岗。民国八年（1919年）始设区的建置，为第四区驻地。1956年设轩岗镇，1959年改称人民公社，1984年撤社设镇。2001年龙宫、后口2个乡并入轩岗镇。2021年2月18日，长梁沟镇并入轩岗镇。因古时山岗上修有楼阁，名轩阁，后演变成今名。地势西北高、东南低，地形为山地，主要山脉有云中山脉，境内最高峰位于云中山脉水背尖，海拔2364米；最低点位于轩岗镇东南边缘阳武河畔，海拔1141米。气候属大陆性季风气候，年平均降水量532.4毫米。无霜期120天。有阳武河流经。矿产资源有煤炭、铝矾土、石灰石等。有中小学、卫生院、文化活动室、体育娱乐场。景点主要有轩岗东泉寺、龙宫太子崖等。主产莜麦，马铃薯，豌豆，大豆，谷子，糜黍，油料作物。养殖以羊，牛，猪为主。工业以原煤开采，洗选为主。有多个企业。服务业有批发零售等。北同蒲、朔黄铁路过境设站，二广高速，108、208国道，省道大忻线、崞五线经此。

140981-B05-H01 **轩岗**［Xuāngǎng］轩岗镇人民政府驻地。在市政府驻地北城街道西北30.7千米。人口1080人。相传因村依山而建，山间筑有楼阁而得名。聚落呈条带状。有轩岗镇中学、轩岗矿区中学、轩岗矿区小学、轩岗镇中心卫生院。有轩岗火车站旧址，始建于1937年，1959年因铁路改线废弃。为三等车站，现存车站旧址建有候车室、调度室、工作人员办公室等。省道崞五线经此。

140981-B06 **云水镇**［Yúnshuǐ Zhèn］原平市辖镇。在市境西南部。面积222平方千米。人口2.07万。辖22行政村。镇人民政府驻解村。2021年3月撤销楼板寨乡、解村乡，合并设立。云水是指地理概念上的云中河水，流经原平南部。据《方舆纪要》卷40载：“西北十五里有云中山。下有谷，云中水出焉。山之北即崞县界。”《大清一统志》载：“其山多产药草，下有谷，云中水出焉。”故名。地势北高，东南低。境内山峦叠嶂，坡梁起伏，沟壑纵横，最高海拔2000米以上。无霜期为150天左右。年平均降水量440毫米。境内有屯瓦河、山水河、北岗河、茹庄河、神沟河流经。有中小学，卫生院，文化活动室。景点有滴水崖、玉皇峁、老君洞、仙人石、峡谷、石滩、大龙门牡丹山庄等。主产玉米、高粱、谷子。养殖以羊，牛，猪为主。有朔黄铁路、大西高铁、省道大忻线、县道原崖公路经此。

140981-B06-H01 **解村**［Hàicūn］云水镇人民政府驻地。在市政府驻地北城街道西南4千米。人口1250。“解”为“调解”之意，相传旧时当地民事纠纷多在此公断，故名。聚落呈团块状。有云水镇中学、云水镇中心小学、云水镇卫生院。有解村遗址，为新石器时代、商代文化遗存。有解村关帝庙，现存关帝殿、戏台为清代建筑遗构。县道原崖线经此。

140981-B07 **同川镇**［Tóngchuān Zhèn］原平市辖镇。在市境东南部。面积288平方千米。人口4.69万。辖55行政村。镇人民政府王东社村。2001年撤销上庄乡，并入东社镇。2021年撤销南白乡、东社镇，合并设立同川镇。古称铜川、桐川。因同河贯穿全境而得名。境内三面环山，向东开阔，地势西高东低，沟壑纵横，属典型的丘陵山区。年平均气温8—10℃。年平均降水量450—500毫米。无霜期160天。有同河流经。有金矿、铜矿等资源。有中小学，卫生院，文化活动室。主产玉米、高粱、谷子、糜黍、豆类、薯类等。蔬菜作物以山药、白菜为主，水果有梨、果、枣。有手工砖厂、石灰厂、石料厂。338国道、县道刘宏线经此。

140981-B07-H01 **王东社**［Wángdōngshè］同川镇人民政府驻地。在市政府驻地北城街道东南25.8千米。人口1650人。因村人姓氏和方位而得名。聚落呈团块状。有同川镇高级小学、同川镇联校王东社小学、同川镇卫生院。有王东社遗址，为东周时期文化遗存。有铜佛寺，现存正殿为元代建筑遗构，余为明清时期建筑遗构。有王东社戏台、王东社关帝阁、王东社宅院群等清代建筑遗构。2017年被列入第五批山西省历史文化名村名录。2019年被列入第五批中国传统村落名录。338国道、县道刘宏线经此。

140981-C01 **子干乡**［Zīgàn Xiāng］原平市辖乡。在市境南部。面积88平方千米。户籍人口1.78万，常住1.1万。辖11行政村。乡人民政府驻子干村。1949年属崞县第七区。1956年设子干乡。1961年改公社。1984年复设乡。原名大莫村，因纪念抗战中为国捐躯、时任公安局社会股长的刘子干，将其出生地改名为子干。境内有天涯山、善护山、红门山三山环绕。气候属温带大陆性季风气候，年平均气温14.5℃。年平均降水量498.7毫米。无霜期150天。境内河道属海河流域，主要河道有滹沱河。有小型石英矿和粘土矿。有中小学，卫生院，文化站。有景点天涯石鼓神祠、滹沱河水利等。主产玉米、高粱、小杂粮。特产核桃，酥梨，玉露香梨。饲养猪、羊、奶牛等。工业以产石英矿，制砖为主。服务业有商贸等。有310省道过境，有县乡级公路长原线、子上线经此。

140981-C01-H01 **子干**［Zīgàn］子干乡人民政府驻地。在市政府驻地北城街道东南10.3千米。人口4220。相传原名大莫村，1945年，为了纪念革命烈士刘子干而得名。聚落呈团块状。有子干乡初级中学、子干中心小学、子干乡卫生院。有子干遗址，为龙山文化遗存。有子干墓群，为汉代墓群。有武氏宗祠，现存为清代建筑遗构。有特产酥梨。338国道经此。

140981-C02 **中阳乡**［Zhōngyáng Xiāng］原平市辖乡。在市境东部。面积121平方千米。户籍人口1.41万，常住人口0.64万。辖15行政村。乡人民政府驻中阳村。1949年属崞县第六区。1956年设大阳乡。1958年属崞县金花公社。1961年设中阳公社。1984年改设中阳乡。在明太祖时由洪桐县大槐树下迁来樊姓兄弟三人，其中一人定居于此，按崞县五阳之分，该村位居五阳之中，故名为中阳。属丘陵半山区。年平均气温8—9℃。无霜期150天。滹沱河流经。有中小学，卫生院，文化站，文化大院。有全国重点文物保护单位慧济寺。有古迹寿宁寺、史家岗玉皇庙、峙峪石叠山摩崖石刻、中庄戏台。有省级五峰山森林公园。主产高粱，玉米，小麦，谷子，糜黍，油料作物。养殖以羊，猪，牛为主。工业以机械，铝矿，果脯加工为主。服务业以商贸为主。县道白停线、大崞线经此。

140981-C02-H01 **中阳**［Zhōngyáng］中阳乡人民政府驻地。在市政府驻地北城街道东北

15.6 千米。人口 970。相传明代由洪洞县迁来樊姓兄弟三人，其一人定居于此，因全县有咸阳、大阳、崞阳、南阳、中阳等五“阳”，该村居中而得名。聚落呈团块状。有中阳乡中学、中阳乡卫生院。有中阳墓群，为汉代墓群。有民间艺术面塑、剪纸、刺绣。县道木峙线经此。

140981-C02-H02　**大阳**［Dàiyáng］在市政府驻地北城街道东北 19 千米。中阳乡辖行政村。人口 690 人。相传明正德末年，时任崞县知县的王佐按东、西、南、北、中五方阳气只缺东阳一说，选定北庄作东阳。因北庄张氏祖先在汉代迁河北涿州之前，部分家族成员曾居于河东大阳县，所以将北庄改名为大阳村。聚落呈团块状。有大阳堡址，为明代文化遗存。有大阳张氏家族墓地，张氏一族系明洪武年中期迁居于此，为清代墓葬。有大阳照壁，现存为清代建筑遗构。2019 年被列入第五批中国传统村落名录。县道木峙线经此。

140981-C03　**沿沟乡**［Yángōu Xiāng］原平市辖乡。在市境北部。面积 148 平方千米。户籍人口 1.9 万，常住人口 1.02 万。辖 27 行政村。乡人民政府驻沿沟村。1949 年属崞县第六区。1956 年分属崞县大芳、大营、咸阳 3 个乡。1958 年属崞县红光公社。1961 年设大营公社。1983 年更名沿沟公社。1984 年改设乡。2001 年大芳乡并入。以驻地得名。地势西北高、东南低，山地、丘陵占沿沟乡总面积的一半以上。年平均气温 8—9℃。年平均降水量 450—500 毫米。无霜期 150 天。大营温泉地热资源丰富。滹沱河流经。有中小学，卫生院。有国家级 4A 旅游景区大营温泉，国家级农业旅游示范点大营旅游度假村。有古迹慧远故里，三班故里，徐永昌故居，魏征庙。主产玉米，高粱，谷子，马铃薯，糜黍，胡麻，小杂粮。特产梨果，仁用杏。养殖以猪，羊，大牲畜为主。工业以矿粉生产为主。京原铁路、二广高速、108 国道经此。

140981-C03-H01　**沿沟**［Yángōu］沿沟乡人民政府驻地。在市政府驻地北城街道东北 26.3 千米。人口 390。相传清光绪年间建村，从大营至村曾有古道，古道旁有沟，故名。聚落呈团块状。有沿沟乡中学、沿沟乡卫生院。有沿沟遗址，为新石器时代文化遗存。有沿沟徐氏家族墓地，为徐永昌父、祖父、曾祖父的墓地。108 国道、省道大西线经此。

140981-C03-H02　**茹岳**［Rúyuè］在市政府驻地北城街道东北 30 千米。沿沟乡辖行政村。人口 1760。因依山傍水而居，砍荆开地为业而得名。聚落呈团块状。为著名高僧慧远故里。有市级文物保护单位娄烦寺，为净土宗始祖慧远的演教之地，现仅存山门为清代建筑遗构，寺内存唐永淳二年（683 年）石经幢 1 座，金大定十四年（1174 年）李秀塔 1 座，明万历四十一年（1613 年）重塑慧远禅师造像碑 1 通，清代重修娄烦寺碑记 1 通。乡村道路经此。

140981-C04　**大林乡**［Dàlín Xiāng］原平市辖乡。在市境中部。面积 96 平方千米。人口 1.7 万。辖 19 行政村。乡人民政府驻下大林村。1949 年属崞县第一区。1956 年设大林乡。1958 年属崞县流金公社。1961 年改公社。1984 年复设乡。原名万家庄，后因林木丛生，再度建村时得现名。境内西部为丘陵区，东部为广阔平川。年平均气温 8—9℃。年平均降水量 450 毫米。无霜期 150 天。中河，涧河，阳武河流经。有铁矿、石英石、紫砂石、石灰石等资源。有中小学，卫生院、文化站等。有古迹二郎庙，崞山大王庙，唐代僧墓塔、北苏鲁奶奶庙。有遗址迎新崞山寺遗址、禹王梁遗址、栢枝寺遗址。主产玉米，高粱，谷子，豆类，小杂粮，油料作物等。饲养猪，羊，鸡等。工业有酿酒，制砖，饲料加工等。服务业有商贸。二广高速、108 国道，多条公路经此。

140981-C04-H01　**下大林**［Xiàdàlín］大林乡人民政府驻地。在市政府驻地北城街道北 14.2 千米。人口 1850。相传原名万家庄，因明代战乱村被烧毁，后林木丛生再建村而得名。聚落呈团块状。有大林乡联合校、大林乡卫生院。有县级文物保护单位二郎庙，现存为明清时期建筑遗构。乡村道路经此。

140981-C05　**西镇乡**［Xīzhèn Xiāng］原平市辖乡。在市境西北。面积 77 平方千米。人口 1.31 万。辖 19 行政村。乡人民政府驻西镇村。

1949年属崞县第一区。1956年分属薛孤、石封2个乡。1958年属流金公社。1961年设西镇公社。1984年设乡。2001年薛孤乡并入。以驻地得名。境内地形分为南部丘陵区，中部平川区，东部沿河区三种类型。年平均气温8—9℃。年平均降水量460毫米。无霜期150天。有红胶土资源。滹沱河流经。有中小学，卫生院、文化站等。有省级文物保护单位前沙城福堂寺、梅家庄烽火台。有国家级非物质文化遗产北贾凤秧歌，传统民间表演下薛孤杠箱、后沙城彩圈秧歌等。主产玉米，薯类，豆类及蔬菜。特产有南阳紫皮大蒜、北贾西瓜。工业有皮带传送，锅炉，铝矾土烧结等。服务业有商贸等。北同蒲、京原、神黄铁路，二广高速，108国道经此。

140981-C05-H01 **西镇**［Xīzhèn］西镇乡人民政府驻地。在市政府驻地北城街道西北2.7千米。人口1930。相传明代原平至崞阳之间的村庄统称万家庄。此村居于西端，近临大路，人口集中，买卖繁多，故名西镇。聚落呈团块状。有西镇乡第二中学、西镇玉柱小学。有西镇墓地，为明代文化遗存。108、338国道、省道大忻线经此。

140981-C06 **王家庄乡**［Wángjiāzhuāng Xiāng］原平市辖乡。在市境南部。面积50平方千米。人口1.37万。辖19行政村。乡人民政府驻王家庄村。1949年属崞县第三区。1956年分属兰村、平地泉2个乡。1958年分属洪峰、和平2个公社。1961年属原平县王家庄公社。1984年改为王家庄乡。以驻地得名。地势西高东低，西部为丘陵地，东部为平川地。年平均气温8—9℃。年平均降水量440毫米。无霜期145—150天。云中河、滹沱河、永兴河流经。有中小学、卫生院、文化站等。宗教有佛教和基督教。有古迹钟楼寺。有南怀化村德育教育基地。有历史名人爱国将领张培梅和永兴村抗日英雄张培勋。有民间艺术剪纸、刺绣、秧歌、高跷、书法等。有玉米、青椒等制种。主产玉米、大棚蔬菜。养殖以猪为主。服务业以商贸为主。北同蒲、朔黄铁路，大西高铁，二广高速，108国道，省道大忻线经此。

140981-C06-H01 **王家庄**［Wángjiāzhuāng］王家庄乡人民政府驻地。在市政府驻地北城街道西南8.8千米。人口490。聚落呈团块状。有王家庄乡东风中学、王家庄乡卫生院。有古迹钟楼寺。有民间艺术剪纸、刺绣、秧歌、高跷、书法等。县道下辛线经此。

140981-C06-H02 **南怀化**［Nánhuáihuà］在市政府驻地北城街道南12千米。王家庄乡辖行政村。人口670。因旧县城得名，《新唐书》卷39《地理三》忻州秀容县：“贞观五年以思结部落于县境置怀化县”，高宗时废。聚落呈团块状。有南怀化惨案，是忻口战役期间侵华日军对南怀化村进行的血腥暴行。有忻口战役纪念馆、南怀化惨案纪念馆、忻口战役纪念广场及烈士纪念碑。有赵培兰旧居、怀化堡等传统建筑。2019年被列入第五批中国传统村落名录。乡村道路经此。

140981-C07 **段家堡乡**［Duànjiābǎo Xiāng］原平市辖乡。在市境西北部。面积324平方千米。人口1.14万。辖19行政村。乡人民政府驻段家堡村。1956年设段家堡乡。1958年属高峰公社。1961年改公社。1984年复设乡。2001年官地、牛食尧2乡并入。以驻地得名。境内四面大山环绕。年平均气温4—7℃。年平均降水量500毫米。无霜期110—120天。有野生中草药柴胡、甘草、党参等。赤泥泉河流经。地下煤、铝资源丰富。有中小学、卫生院、文化站等。有古迹万安寺、东寺庙、明内长城遗址、官地抗日烈士纪念碑。种植以莜麦、马铃薯、大豆、谷子、豌豆、玉米、红芸豆、胡麻、向日葵为主。有天然牧场，以羊、牛、猪为主。工业有煤矿、建材、水泥生产。有朔黄铁路过境，大运公路横穿南北、省级崞红公路贯穿东西。

140981-C07-H01 **段家堡**［Duànjiābǎo］段家堡乡人民政府驻地。在市政府驻地北城街道西北33.9千米。人口1580。聚落呈团块状。有段家堡乡中学、段家堡小学、段家堡乡中心卫生院。为每年正月十五、六月初六骡马交易举办地。有古迹东寺庙。338国道经此。